Hans Joachim Piechotta · Ralph-Rainer Wuthenow
Sabine Rothemann (Hrsg.)

Die literarische Moderne in Europa

Hans Joachim Piechotta
Ralph-Rainer Wuthenow
Sabine Rothemann (Hrsg.)

Die literarische Moderne in Europa

Band 1: Erscheinungsformen literarischer Prosa um die Jahrhundertwende

Westdeutscher Verlag

Die Deutsche Bibliothek – CIP-Einheitsaufnahme

Die **literarische Moderne in Europa** /
Hans Joachim Piechotta ... (Hrsg.). – Opladen:
Westdt. Verl.
Bd. 1. Erscheinungsformen literarischer Prosa
um die Jahrhundertwende. – 1994
ISBN 3-531-12511-7

NE: Piechotta, Hans Joachim [Hrsg.]

Der Westdeutsche Verlag ist ein Unternehmen der Verlagsgruppe Bertelsmann International.

Umschlaggestaltung: Horst Dieter Bürkle, Darmstadt
Titelbild: Wassily Kandinsky, Moskau I, 1916 (Detail). © VG Bild-Kunst, Bonn 1993
Satz: ITS Text und Satz GmbH, Herford
Druck und buchbinderische Verarbeitung: Lengericher Handelsdruckerei, Lengerich
Gedruckt auf säurefreiem Papier
Printed in Germany

ISBN 3-531-12511-7

Inhalt

Vorwort

Eine Geschichte der europäischen Literatur der Moderne ist etwas anderes als eine Geschichte der modernen europäischen Literatur. Nicht, was man oft unbestimmt 'moderne Literatur' im Sinn der neuzeitlichen, gar der Gegenwart zugehörigen Literatur nennt (dies im Gegensatz zur älteren, der der Aufklärung, der sog. Klassik, der Romantik etc.) ist der Gegenstand, der hier in einem Gemeinschaftswerk zur Debatte gestellt wird, sondern die der Moderne, die weit in das 19. Jahrhundert zurückreicht, wie es umgekehrt zeitgenössische Werke gibt, die, ohne deswegen auch als mißlungen gelten zu müssen, nicht als 'modern' bezeichnet werden können.

Das hat einerseits mit dem Verlust von literarischer Tradition, von Verbindlichkeit der klassischen topoi, Sinnstiftung, der Bedeutung von Mimesis, Programatik, Didaxe, Weltanschauung, Weltvergegenwärtigung und generalisierender Zeitkritik zu tun, andererseits aber mit zunehmender Fremdheit, Künstlichkeit, ja Bedrohlichkeit der Weltverhältnisse, mit der Verabschiedung des überkommenen 'Schönen' und der Verselbständigung der Kunst, der Umgestaltung der langgültigen Vorstellungen von Kunstwerk und Künstler, mit der Verfügbarkeit der Zeichen, die nicht mehr auf ein Bezeichnetes hin verbindlich ausgerichtet sind.

Nur so wird verständlich, was Friedrich Nietzsche als „Artistenmetaphysik" bezeichnet hat, die weitereichende Nachwirkung Arthur Schopenhauers, die neue Sehweise in der Malerei des 20. Jahrhunderts, die „Ästhetik der neuen Tonkunst", die ihres einst scheinbar festen Grundes nicht mehr gewisse Erzählhaltung. Das Subjekt selbst ist so wenig festgelegt, wie die Dinge noch als feststellbar gelten dürfen; das eine droht wie das andere zu verschwinden.

Das im europäischen Rahmen darzustellen und verständlich zu machen, bedurfte es einer entsprechend großen Zahl von verläßlichen und kenntnisreichen Mitarbeitern, die zu finden nicht ganz einfach war. Allerdings – es sind Lücken geblieben, die der Leser auch dann noch als schmerzlich empfinden wird, wenn er sich der Einsicht der Herausgeber angeschlossen haben sollte, daß kanonische Vollständigkeit dem Wesen einer die Ganzheits- und Einheitskonzeptionen in Frage stellenden literarischen Moderne widerspricht (vgl. Einleitung, S. 13f.), ja daß die dennoch notwendigen Versuche einer gewissen Grenzziehung, der Gliederung wie der entsprechenden philologischen Ausgestaltung den Abstand nur deutlicher machen, den die in gewisser Weise „zu sich selbst kommende" Literatur der Moderne zwischen sich und einer bestenfalls nach-denklichen Literaturwissenschaft immer wieder sichtbar zu machen weiß.

Ohne die großzügige finanzielle Unterstützung durch den Verein der Freunde und Förderer der J.W. Goethe-Universität, dem noch einmal öffentlich gedankt sei, hätte dieses Sammelwerk nicht publiziert werden können.

Ralph-Rainer Wuthenow

Einleitung: Die Differenzfunktion der Metapher in der Literatur der Moderne

Hans Joachim Piechotta

I.

Vorzügliche Darstellungen der modernen Literatur, ihrer Erscheinungsformen, poetischen Konfigurationen, Probleme, privilegierten Themen und Motive, liegen vor.[1] Deshalb wird man den folgenden einführenden Bemerkungen, die sich Wiederholungen und Neuaufbereitungen längst vorgetragener, wichtiger Einsichten in das Wesen und den entfalteten Reichtum der modernen Literatur ersparen dürfen, wenig über die genannten Aspekte, wenig auch über einzelne Autoren und Werke, entnehmen können. Stehen in den Hauptteilen des vorliegenden Werks „Die literarische Moderne in Europa" diese einzelnen Gegenstände im Mittelpunkt, so beschäftigt sich die Einleitung mit den literaturtheoretischen bzw. literaturtheoretisch erschließbaren Vorannahmen bei der Bestimmung des Begriffs „moderne Literatur" und seiner Behandlung im Rahmen der Literaturhistorie.

Im Ausgang von einigen wenigen Theoremen, wie z.B. der sog. Selbstbezüglichkeit des literarischen Zeichens,[2] der thematisch werdenden Distanzierung der literarischen Rede von überlieferten, vorbildhaften Realitätskonzepten und entsprechenden Bewegungen der „Derealisation" und „Entmimetisierung",[3] soll der Geltungssinn des in diesen Bewegungen wirksamen, spezifisch metaphorisch-figürlichen Differenzgedankens – und zwar in Abgrenzung von den Einheitshypostasen tradierter Wirklichkeitsbegriffe – untersucht und in der radikalen Form seiner Durchführung in der Moderne zur Darstellung gebracht werden. An den oben erwähnten Versuchen mißt sich die Einleitung schon deshalb nicht, weil sie sich ausdrücklich im theoretischen Vorfeld konkreter literarischer Phänomene auf- und zurückhält, und dies wiederum, weil eines ihrer Ergebnisse die Einsicht in die feindliche Nähe zwischen Literatur und Literaturtheorie bzw. -geschichte sowie die Notwendigkeit ist, der weltüberschreitenden Differenzleistung der Literatur an Ort und Stelle, also im Zusammenhang der in der Literatur entworfenen Welten selbst, nachzugehen.

Das ist weder eine Aufforderung zu intensiverer Primärlektüre, zum Festhalten irgendeines vorhermeneutisch-literarischen Klartextes, noch zum Verzicht auf literaturtheoretische Grundlagenreflexion. Was wir feindliche Nähe nennen, zielt nicht auf die theoretische Unzugänglichkeit und Nichtinterpretierbarkeit literarischer Werke oder literarischer Werke der Moderne, sondern darauf, daß im Zuge entfalteter selbstreflexiver Dimensionen, die insbesondere die moderne Literatur erschließt, auch deutlich wird, inwieweit die metaphorisch-figürliche, Symbolisierungen vornehmende Rede selbst den Raum der Möglichkeiten mit absteckt, in dem uns theoretische, einheitsimplikative Formen der Erhellung von Welt gegeben sein können: Alle wissenschaftliche Arbeit an der Literatur wird mit dem in der modernen Literatur angelegten Problem konfrontiert, daß, wenn der theoretische Blick auf literarische Phänomene nicht vollständig fehlgeht,[4] er doch selbst immer schon metaphorisch voreingestellt und damit die metaphorisch gewissermaßen unterwanderte Wissenschaft möglicherweise unfähig ist, aus eigener Kompetenz das vielmehr *sie* erklärende und prägende Phänomen, Literatur, erklären zu können.

Damit ist allerdings nicht gesagt, daß die Literatur verbindliche Ursprache sei, aus der anderes, z.B. begriffliches, einheitsauslegendes Sprechen, abgeleitet werden müsse. Die hier von ihrem strukturalen Ende her betrachteten Versuche, der literarischen Rede alle gegenständlich-realistische Bedeutung zu *entziehen*, führen im Gegenteil zu einem ambivalenten Modell literarischen Sprechens, das seinen Differenzanspruch nunmehr unhörbar, unanschaulich, jedenfalls aber in permanenter Zitation und Neuentdeckung soeben „entzogener" Welten und Weltkonzepte anmelden kann. Die Gründe dafür (zugleich der Grund dafür, daß moderne Literatur alles andere als „weltlos" ist, *und* Grund für die notwendige größtmögliche Immanenz literaturgeschichtlicher Arbeit) liegen in der Methodik und äußersten Anspannung, mit der die moderne Literatur Abstand von - zeichenfunktional gesprochen - zentralen Präsenzen[5] und dem alten, damit verbundenen Gebot zu gewinnen versucht, wonach die literarischen Elemente zu Repräsentationszwecken und das in Einheit, Beständigkeit und Gegenwärtigkeit gedachte Zentrum herumzugruppieren seien.

In Hinsicht sprachspezifischer Derepräsentation und Dezentrierung zeichnet die moderne Literatur einen epochalen Grundzug der Moderne nach, „die dadurch gekennzeichnet ist, daß keinerlei akzeptierte Garantien, Normen oder Vorbilder mehr in Anspruch genommen werden können" (E. Lobsien).[6] In der Tat scheint der Rückbezug auf eine durch Orientierungs- und Vorgabeverlust charakterisierte Epoche sinnvoll, wofern damit nicht bloß ein zeitlich-historischer Rahmen gesetzt und ein Bruch mit der Tradition festgestellt, sondern ein nicht immer ganz durchsichtig gemachtes Sprach- und Artikulationsproblem angesprochen wird, mit dem eine nunmehr, wie es heißt: auf sich selbst verwiesene, ihre Ausdrucksmöglichkeiten überdenkende und eigenlegitimierte Literatur auf invalidierte Begriffsgehalte bzw. die Fragwürdigkeit ihr zugemessener, außerliterarischer Bedeutungen überhaupt reagiert. Denn mit der Einführung mißverständlicher Termini im Umkreis der Autoreferentialität, Selbstreflexivität, Intertextualität oder auch des Signifikantenuniversums ist es solange nicht getan, als nicht die diese Gegenpositionen - möglicherweise - vorbereitende *Negation* überlieferter, *schriftregierender Bedeutungsgaranten* bedacht worden ist. *Wenn* Dezentrierung, Derepräsentation und Entmimetisierung sowie in deren *Folge* immanente literarische Verweisungsphänomene terminologisch und problemspezifisch hinreichen sollten, moderne Literatur zu charakterisieren, dann betrifft die geschilderte Reaktion weit mehr als die paradigmatische Umbesetzung oder die Ablösung einer alten durch eine neue fixierte Bedeutung und weit mehr als den Abbruch der Beziehungen zu diesen oder jenen Wirklichkeitsbegriffen; sie zieht die Versammlungsfunktion, den „Logos" oder den „Begriff" des Wirklichen überhaupt, in Zweifel, greift also bewußt die Grundstrukturen - und nicht bloß den jeweiligen einzelnen Titel (Ich, Realität, Ding, Subjekt etc.) - jenes Bezugspunktes an, in dem die Menge der sprachlichen Zeichen versammelt, *als* Zeichen aufgehoben und in ihrem Differenzstatus ignoriert wurden oder doch idealiter hätten ignoriert werden dürfen.

In dem Moment, in dem diese *erste* Differenz weder übersehen noch gewaltsam übergangen, sondern im Schreibverfahren methodisch gesucht und unter Hinweis auf einen solchen faktisch möglichen Sprachgebrauch, den metaphorischen nämlich, beglaubigt wird, der aus der Differenz eines umwegigen, übersetzenden, imaginativ-überschreitenden Sprechens lebt, muß sie, die Differenz, auch schon einen jeden möglichen Ort der Versammlung, jede festgestellte Bedeutung und einen jeden einheitsbildenden Wirklichkeitsbegriff hintergehen. Die auf ihren Abschluß hin verfolgte Dezentrierungsbewegung und der differenzwahrende, erste „Entzug“[7] zentraler Präsenzen sind unweigerlich – allerdings unter dem wichtig werdenden Vorbehalt, daß hier eine der Literatur und Philosophie des 19. Jahrhunderts abgelesene, theoretisch umschriebene Tendenz auf ein projektives, theoretisch umschriebenes Ziel hin getrieben wird – in das Zentrum selbst zu transponieren. Ohne daß im dekonstruktivistischen Sinne von metaphorisch-sprachlicher Unterhöhlung des Zentrums, von Signifikantentaumel und vorschnell von Autoreferentialität gesprochen werden darf, muß doch aus der einfachen Beobachtung einer von Begriffsgehalten und vorbildhaften, außerliterarischen Referenten absehenden oder aber diesen Referenten zersetzenden Literatur zwischen Baudelaire, Mallarmé und dem semiotisch hochkonstruktiven Roman der „Postmoderne“[8] die Bilanz unbegrenzt tiefengestaffelter Differenzen, der unendlichen Proliferation von Verweisungen und damit eines *zweiten* Entzugs gezogen werden. Nicht nach dem Zeitpunkt des Auftretens, wohl aber im Grad poetischer Reflexion unterscheidbar, bringt der erste entmimetisierende Entzug einen zweiten hervor – und so scheint sich ein unauslotbarer Abgrund von Metaphern zu öffnen, der jeden sinnvollen Bezug literarischen Sprechens auf eine selbst nicht wiederum nur metaphorisch-differentiell verfaßte Welt und die diesen Bezug überdenkende Theorie verschluckt: Dieser Metaphernabgrund gibt aber nur die *eine* Richtung an, in die die Denkbewegung der Dezentrierung gelenkt werden muß. Die Rede vom Spiel der Differenzen verschweigt in aller Regel sowohl ihre nur im Zusammenhang konzedierter Identität plausiblen Voraussetzungen als auch die *gerade* im Zusammenhang verabsolutierter Differenz eintretenden Konsequenzen, die im *Rekurs* des Entzugs des Entzugs... auf „Welt“, d.h. auf eine Welt innerzeichenhaft nicht nur *nicht aufgehender*, sondern „naturalistisch“ aufgefaßter Gegebenheiten liegen, gegen die das zeichenbewußte Differenzargument soeben noch angeführt wurde.

Die folgenden Ausführungen gehen dieser rekursiv-gegenzügigen Auslegung der Differenz nach, und zwar zunächst in Konturierung der radikalen oder „reinen“ Differenz, die als Denkfigur aus den avancierten literarischen Phänomenen der zweiten Hälfte des 19. Jahrhunderts erschlossen werden muß, und schließlich im Hinweis auf die spezifischen Differenzleistungen der Metapher bzw. metaphorisch-figürlichen Rede, die im Sinne des gegenzügigen Entzugs des Entzugs auf ihr Verhältnis zu wissenschaftlichen, einheitsauslegenden Formen des Denkens hin befragt wird: Eben die Differenz, die nicht mehr bloß einem Anderen, in Identität Bestimmten anhaftet, sondern ganz frei wird, treibt, wie zu zeigen, in *zwei* erzwungene Richtungen ihrer Ausdeutung auseinander, weil sich die (die Differenz fest- und unendlich fortschreibende) Metapher der Metapher der Metapher... *zur Welt schließt* und je schon zu „Welten“ geschlossen hat, die in der Form ihrer Artikulation nicht mehr von den Welten „natürlichen“ Denkens und Sprechens unterschieden werden können.

Unabhängig von der Beantwortung der Frage, ob denn Derepräsentation und Dezentrierung allem Sprechen eigneten oder der Literatur oder gar nur der die metaphorischen Potentiale ausdrücklich nutzenden, „modernen“ Literatur – wird ein mittels entmimetisierenden Entzugs in Gang gesetzter Rekurs auf Dinge dieser Welt unausweichlich. Wenn nämlich der Denk- und Sprachhorizont, innerhalb dessen uns Dinge, Welt, Tatsachen, Meinungen etc. angehen, vielleicht auch in die Irre führen mögen, *vollständig* metaphorisch-differentiell vorbesetzt ist, dann verstetigt sich die Metapher selbst zu Dingen dieser Welt;[9] wenn ein durchweg metaphorisch sprechendes, dezentriertes Sprechen keinen Rückhalt hat, auch gar keinen Rückhalt in Gestalt einer der Differenz vorausgehenden substantiellen Realität, weder eines weltkonstitutiven Bewußtseins noch eines Dings an sich, zuläßt, dann zieht die Differenz selbst die Qualitäten der Ursprünglichkeit, Beständigkeit und Einheit irgendwie auf sich. Die inflationär ausgebreitete, nichts hinter sich als sich selbst findende und so verstetigte Differenz „macht“ selbst eine in Ursprünglichkeit und Einheitlichkeit bestimmte Welt „aus“. Ob Einheit etc. als solche benannt oder eine beständig anwesende Welt in vorthematisch-selbstverständlicher Weise bloß beansprucht und „wahrgenommen“ wird, ist hierbei unerheblich. Damit werden Differenz und Differenzwissen fragwürdig (was soll der entpflichtende Sprachgebrauch von Differenzen, die sich doch zwischen Einheiten, die wir unberechtigterweise, aber gezwungenermaßen unterstellen, einzurichten haben?), wenn auch nur so, daß der Vorgang, in dem die als solche zu denkende, nicht abgeleitete Differenz sich rekursiv in Welten einbringt, d.h. *als* Welt ausbringt, ebenso radikal und rückhaltlos das Aufgehen der Differenz in diesen Welten und damit das Verschwinden des Differenzbewußtseins impliziert (hieran wiederum die Frage zu schließen, was different an einer Differenz ist, die nicht mehr als solche kenntlich ist?). Wiewohl paradox, ist die Wendung, die den sofortigen Verfall der Differenz zu dem, was einfach und beiläufig ist, verstehen hilft, darin konsequent, daß sie die skeptische Aufmerksamkeit, die eine bewußt derepräsentativ verfahrende Literatur auf mimetisch bindende Weltkonzepte richtet, nicht aus einer höheren Intelligenz, prophetischem Wissen oder einem anderen, residualen Weltkonzept begründet, sondern immer auch erblinden läßt.

Der im Zusammenhang der „Differenz schlechthin“ leitende Gedanke besteht also in der Rückübereignung allen Weltverstehens (einschließlich des dichterischen) an gewissermaßen „gedankenlose“, vergeßliche Weltkonzepte und Bedeutungen, hinter denen die sich *in ihnen*, nirgendwo anders und von nirgendwo anders her artikulierende Differenz verblaßt. Die von der modernen Literatur in ihrer Rückhaltlosigkeit erschlossene Differenz legt sich restlos in Bedeutungen aus (sofern man unter Rest irgendein unveräußerbares, intellektuelles, ästhetisches oder divinatorisches Privileg verstehen will). Das in der Moderne zum ersten Male aufscheinende Privileg der Literatur besteht eben nicht in einer Interpretationen ausschließenden Welt- und Bedeutungslosigkeit, sondern in einer als solche benannten und vielfach durchgespielten Gegenzügigkeit aus differenzbetonender, mimetischer Entpflichtung, Verstetigung und so bewirkter Marginalisierung der Differenz, die einerseits Welten einfach zeigt oder entdeckt und andererseits das Gezeigte der gezeigten Welt – Welt *als* diese oder jene, je bestimmte und konkrete – deutlich macht (das und *nur* das ist der einzig bemerkliche „Anteil“ der metaphorischen Differenz an der gleichwohl aus ihr heraus entdeckten Welt).

Die Gegenwendigkeit der sich in Welten und Identität als ihrem logischen Korrelat ausbringenden Differenz sowie schließlich das nur in der metaphorisch-figürlichen Rede ganz wahrgenommene Privileg, zu zeigen, was ist, indem das, was ist, zugleich in seinem Gezeigtwerden ganz aufgeht, könnte unter bestimmten Voraussetzungen als eine Poetik der literarischen Moderne angesehen werden. Nur setzt eine solche Poetik, neben dem den Werken ablesbaren Bewußtsein der Gegenzügigkeit im Entzug des Entzugs, eine einheitliche, jederzeit wieder in die Welt rückübersetzbare Struktur voraus, die nicht bloß zum vorliegenden literarischen Bestand paßt, sondern auch umgekehrt zwingende Folgerungen bezüglich der ihrerseits vom theoretischen Regelwerk durchmusterten, seligierten und bewerteten Literatur einklagt. Wenn nun die sog. moderne Literatur komplizierte Differenzkonstellationen erprobt, die Regelhaftigkeiten, kanonische Selektionen und theoretisch gesicherte Wertungen zwar ebensowenig ausschließen wie die theoretisch zugängliche Bedeutungsdimension literarischer Werke überhaupt, dabei aber die in allen Wertungen, Selektionen, Bedeutungen und Realitätsbegriffen verschwundene, sie indes erst ermöglichende Voraussetzung – reine Differenz – per definitionem ungreifbar werden lassen, dann erscheint es müßig, an Begriff und Anspruch einer Poetik festzuhalten. Als theoretisches Gebilde ist sie weder der zur Vielfalt möglicher Welten zurückgekehrten modernen Literatur, weder dem diesen Welten jeweils mitgeteilten, aber unhörbaren Überschuß, noch der Simultaneität von Nähe und Welt als Welt erscheinen lassender Ferne gewachsen. Der kategorialen Verlegenheit, in die alle wissenschaftliche Bemühungen um die moderne Literatur in dem Maße gerät, in dem die gegenzügig eingeräumten Möglichkeiten, theoretisch an die sich in Bedeutungen und Weltkonzepte auslegende Differenz anzuschließen, qua metaphorisch festgeschriebener Differenz stets auch durchkreuzt werden, geben wir im Titel des Sammelwerks „Die literarische Moderne in Europa" vorläufigen Ausdruck.

Wichtiger aber als der Versuch, eine epochale Umschrift durchzusetzen, die die Literatur an der Geschichtlichkeit der modernen Welt, d.h. dem vollständigen Verbindlichkeitsverlust denk- und handlungssteuernder Überlieferung, vorsichtig orientiert, sind die aus dem gegenwendigen Modus dieser Rückorientierung zu ziehenden Konsequenzen für die theoretische Bemühung um die moderne Literatur. Gegenzügigkeit, Sich-Auslegen der Differenz in Bedeutung, realistische und logisch konnotierbare Rückübereignung heißt zunächst einmal, daß Literaturtheorie und Literaturgeschichte sehr wohl an die weltkonzeptuell artikulierten *Resultate* der Differenz heranreichen und diese im Detail zu entfalten haben, so zwar, daß die gültige theoretische Beschäftigung auf die theoretisch zugänglichen Resultate der bedeutsam-realistisch herabgestimmten Differenz zielt, welche *selbst* nur in literarisch-metaphorischen Sätzen in umwegige Erscheinung treten, dort festgehalten werden oder sogar, wie in der modernen Literatur geschehen, in bestimmten literarisch-metaphorischen Satzkonstellationen auffällig gemacht werden kann. Die Differenz selbst verstellend, nutzt die Theorie deren gegenzügige Angebote, und nur wenn sie sie ganz, in concreto und damit gleichsam blind nutzt, genügt sie ganz dem gegenzügigen Auslegungsgeschehen der radikalen Differenz – wenngleich im Sinne bleibender feindlicher Nähe. Deren Bewußtsein kann zwar in die literaturwissenschaftliche Tätigkeit hinüberspielen (z.B. als Einsicht in das Endliche und Unabgeschlossene der Begriffsbildung), bleibt aber nicht nur folgenlos im Duktus einer an literarisch annoncierten Welten und Klassifikationen interessierten Arbeit, sondern hat folgenlos zu bleiben, weil mit ihm der äußerste Grad der Selbstalienation der nur in *anderem* und über anderes umwegig verlautenden Differenz angezeigt ist. So hat, beunruhigt zwar, gerade die Literaturgeschichte, die durch die moderne Literatur mit Gewalt auf die „übermäßigen" Differenzqualitäten der Metapher gestoßen wird, scheinbar alles Recht, jene orthodoxen Fragen nach Realitäts- und Geschichtsbegriff zu stellen und jene orthodoxen Klassifikationen in Nationalliteratur, Schreibweisen, Gattungen usf. vorzunehmen, die die neuere Literaturwissenschaft im gescheiten Hinweis auf die in der modernen Literatur eben gegen diese Strukturierungsversuche gerichteten Angriffe zu umgehen versuchen – wenn sie nicht, noch klüger, mit dem Letztargument der metaphorischen Bodenlosigkeit gegen jede vermeinte theoretische Vereinnahmung der Literatur auftritt.

II.

Einer falschen Antwort, die in die Beliebigkeit unendlicher metonymischer Verschiebungen ausufert, kann allerdings nicht in einfacher Wiederholung eines alten wissenschaftlichen Systemgedankens widersprochen werden, der künstlich noch im Vorfeld des Fragens nach seiner Reichweite gehalten wird. Das ist um so weniger möglich, als beinahe das Gesamtwerk der literarischen Moderne in sich den Verlust der Zentralfunktion, die Fragwürdigkeit fixierter Bedeutungen und Begriffsgehalte, also einen ersten Entzug reflektiert, der im Prozeß der Gegenzügigkeit radikaler Differenz nicht einfach wettgemacht wird und einen schlichten Realismus reinthronisieren hilft, sondern den Vermittlungs- und Voraussetzungscharakter aller durch die Differenz hindurchgegangenen Realität und aller darauf bezogenen Begrifflichkeit statuiert. So wenig der differentielle Status der theoretischen Ordnungsangebote unmittelbar in der Theorie selbst berücksichtigt werden kann und so wenig die wissenschaftliche, vereinheitlichende Aussage befähigt ist, sich selbst zur Disposition zu stellen, so dringlich ist sie gehalten, in ihren auf die Sache zielenden „Inhalten" die Struktur des Gegenstandes und damit auch die von diesem bestimmten Gegenstand (der modernen Literatur) ausgehende Verunsicherung eines *jeden* Denkens in Inhalts-, Gegenstands-, Begriffs- und Realitätskategorien herauszustellen. Ohne in Denk- und Handlungslähmung zu erstarren, müssen Literaturtheorie und Literaturgeschichte den Geschichte und Theorie suspendierenden Entzug in selbst wiederum gegenzügiger Weise auf sich wirken lassen; sie haben dabei einerseits den Ansätzen derepräsentativer Schreibverfahren z.B. bei Mallarmé, dem Versagen menschlicher Ordnungen z.B. im Werk Hans Henny Jahnns oder dem Ende eines einheitlichen Weltbegriffs in den Determinantentableaus des europäischen Naturalismus usw. nachzugehen, wenn sie sich auch andererseits davor hüten müssen, solche Beispiele eines allfälligen Entzugs in ein ebenso totales wie vereinfachtes Zertrümmerungsszenario oder die oben erwogene Poetik der literarischen Moderne übersetzten zu wollen.

Weil der Entzug Welt, Ich, Subjekt, Geschichte, Theorie etc. und den Sinn der darin involvierten Rede nicht einfach vernichtet, sondern einer radikalen Differenz aussetzt, die sich gegenzügig immer wieder in theoriefähigen Welt- und Weltkonzepten artikuliert, und weil *dies* – der *Dual* nämlich aus Entzug und Gegenzug – in der modernen Literatur zum Schreibmotiv geworden ist, haben sich entsprechend die Klassifikationsinstrumentarien von Literaturtheorie- und -geschichte der bleibenden Differenz hin zu den von ihnen erfaßten (und ihnen in gewisser Weise auch immer entgegenkommenden!) literarischen Werken auszusetzen. Das heißt, daß der Bestand literaturwissenschaftlicher Gliederungsofferten weder konservativ abgeschirmt noch einfach aufgelöst, sondern in den Rahmen der Verpflichtung zu einer solchen *äußersten Immanenz* gestellt wird, die in wechselseitiger Konturierung des Modernitätsbegriffs durch die Werke, der Werkauswahl durch vorangestellte Überlegungen zur literarischen Moderne, gewahrt bleibt.

Im Sinne des intendierten Verfahrens gegenseitiger Erhellung und Korrektur – Ableitung des Modernitätsbegriffs aus den Werken; Auswahl, Interpretation und literaturgeschichtliche Exposition der Werke im Hinblick auf ihre paradigmatische Bedeutsamkeit für literarische „Modernität" – können die zentralen Probleme der Literaturgeschichtsschreibung, wie z.B. die Methodik unzulässiger Subsumtion, traditionelle geschichtsphilosophische Hypostasierung (Kontinuität, Fortschritt bzw. teleologische Strukturierung des Gegenstandsbereichs etc.) wohl nicht gelöst, aber angemessen berücksichtigt werden: das Werk z.B. Kafkas, die Diaristik des 20. Jahrhunderts, der nouveau roman oder die deutschsprachige Nachkriegsdramatik interessieren nicht mit Blick auf die Frage, inwieweit sie „modern" seien, in die Moderne „passen", sondern werden in ihrer konstitutiven Funktion für unser, unter anderem *an ihnen* gewachsenes Verständnis von moderner Literatur gewürdigt. Das Kriterium der Unhintergehbarkeit einzelner Autoren und Werke für die Bestimmung eines nicht dogmatisch vorgeschalteten Epochenbegriffs gibt dabei dem ständigen Zweifel an der Möglichkeit begrifflicher Vereinheitlichung des Bereichs, bis hin zu jüngeren Auffassung von der Inkommensurabilität literarischer Werke schlechthin,[10] einigen Raum.

Die so verantwortete skeptische Limitierung des Epochenbegriffs und die ständige Rückbesinnung auf die literarischen Phänomene mögen jedem literaturgeschichtlichen Projekt gut zu Gesicht stehen; mit dieser beinah falschen Bescheidenheit wird man aber die oben skizzierten Probleme wissenschaftlich-historisch organisierten Einheitsdenkens nicht nur nicht los, sondern verfehlt, dem intellektuell redlichen Prinzip der Offenheit und Nähe zum Gegenstand folgend, die methodologisch folgenreiche Struktur der Sache selbst. Denn die besondere Schwierigkeit der Beschäftigung mit der modernen Literatur liegt darin, daß die evidente Inhomogenität der literaturhistorisch erfaßten und literaturtheoretisch-epochal klassifizierten Objekte (auch in ihrer Einzelheit) nicht anderes als das ernstgenommene Fazit der Zweifel ist, die von der Philosophie *und* der *Literatur* der zur Diskussion stehenden Epoche – spätestens seit Nietzsche – an der Einheit der Erfahrung und der Homogenisierbarkeit der Erfahrungswelt vorgetragen wurden.[11] Es sind die Zweifel, aus denen sich der unmittelbar projektgefährdende, sprachliche und literaturspezifische Ausgangsaspekt des Konzepts – die Problematisierung literarischer *Abbildungsfunktionen* infolge *problematischer realistischer Referenzen* – direkt herleitete, welcher Aspekt einerseits eine zufriedenstellende Gesamtcharakteristik moderner Literatur anbot, andererseits im Sinne der den Werken eigenen, desaströsen Botschaft Gesamtcharakteristiken, Objektivationen, überhaupt ein auf die zusammenfassende Beschreibung realer Gegebenheiten zielendes Denken und damit eine jede Geschichte der modernen Literatur gründlich zu diskreditieren schien.

Der besonderen Gewaltsamkeit literaturwissenschaftlicher Begriffsapplikation bezüglich der modernen Literatur und der von ihr ausgehenden Weigerung, der Gegenstandswelt und historischem Inventar zugeschlagen zu werden, kann also nicht (allein) im (nötigen) Rekurs auf die Werke selbst Rechnung getragen werden, weil ausgerechnet diese sich der literaturtheoretischen und -geschichtlichen Behandlungsart kraft systematischen metaphorisch-figürlichen Entzugs entziehen. Wofern sie sich aber entziehen und soweit entziehen, daß die Radikalisierung der klassischen Zeichenrelation in Richtung einer auf Signifikat bzw. Bedeutung durchschlagenden, reinen Differenz diesem – zweiten – Entzug angemessenen Ausdruck geben konnte, entziehen sie sich systematisch und ausdrücklich ebenjenen Wirklichkeitsbegriffen, korrespondierenden logischen Einheiten und diesen wiederum korrespondierenden literaturtheoretischen bzw. -geschichtlichen Begriffen, von denen sie sich somit Maß und Ziel eigener Abweichung vorgeben lassen müssen: in Exposition relativ geschlossener außer- und innerliterarischer „Einheiten" (Autor, Gattung, Motiv, Werk etc.) werden zugleich die für die *faktische Entwicklung* der modernen Literatur signifikanten *Angriffspunkte* markiert. Indem „Die literarische Moderne in Europa" die Geschichte der *Auseinandersetzung* der modernen Literatur mit dem von der Tradition übernommenen Einheiten selbst bzw. tradierten und schließlich destruierten Realitätsbegriffen ist, erscheint eine Gliederung zwingend, die einerseits den Namen z.B. des Schriftstellers Franz Kafka und die „Einheit" seines „Werks" ebenso selbstverständlich und bedenkenlos anführt, wie sie andererseits nicht umhin kann, die mit diesem Autorennamen verbundene und im Werk methodische betriebene, extreme Problematisierung einheitlicher Bedeutungen und fixer Bezugsgrößen, also jener Voraussetzungen zu registrieren, die bei der Exposition eines „Franz Kafka" im Zusammenhang einer literaturgeschichtliche Gliederung direkt oder indirekt beansprucht werden. Daß hiermit keine gezierte Paradoxie, kein redundantes Hin und Her zwischen supponierten und entzogenen Einheiten gemeint sein kann, sondern nur der Nachvollzug des in der modernen Literatur selbst entwickelten und häufig verbalisierten gegenzügigen Duals, wird ein ganz beiläufiges Zitat verständlich machen, welches weder die endgültige Vernichtung noch die plumpe Restitution positioneller Einheiten, weder einen schieren Relativismus verschwimmender, mobiler Elemente, unendlichen Flottierens und wechselnder Perspektiven noch die Sistierung der Bewegung besorgt – ein theorievordenkliches

Kafka-Zitat, das einseitige, unter Gegenzügigkeitsniveau abgesenkte Ausdeutungen verbietet:

> Eigentümliche Schwimmkörper tauchten hie und da selbständig aus dem ruhelosen Wasser, wurden gleich wieder überschwemmt und versanken vor dem erstaunten Blick; Boote der Ozeandampfer wurden von heiß arbeitenden Matrosen vorwärtsgerudert und waren voll von Passagieren, die darin, so wie man sie hineingezwängt hatte, still und erwartungsvoll saßen, wenn sie es auch nicht unterlassen konnten, die Köpfe nach den wechselnden Szenerien zu drehen. Eine Bewegung ohne Ende, eine Unruhe, übertragen von dem unruhigen Element auf die hilflosen Menschen und ihre Werke! (Franz Kafka, Amerika).[12]

Wenn Entzug *und* gegenzügige Entäußerung der radikalen oder „reinen" Differenz in Positionen, nicht aber das unbegrenzte Fortschreiben von Entzügen, auch nicht bloße Position, als der Fokus moderner Schreibweisen anzusehen sind, dann gilt dies auch dann, wenn der jeweilige poetische Ausdruck lediglich *eine* Stelle im Artikulationsspektrum der Moderne besetzt, also, wie etwa im Falle zahlreicher naturalistischer Produktionen, verdinglichende Faktizitäten schildert, oder, wie etwa die sprachspielerische Tradition zwischen Lewis Carroll und Italo Calvino, Realitätsaspekte im Interesse beobachteter literarisch-ästhetischer Selbstbewegung zurückzudrängen versucht. Beide Einstellungen, die eine, letztgenannte, die das Bewußtsein des Entzugs kultiviert, und die andere, die naturalistisch-dinghaft konnotierte Determinanten des Denkens und Handelns betont, sind gleichrangig differenzabkünftige Auslegungsformen, deren gegenwendige Zusammengehörigkeit und deren artikulationspraktisch bedingtes Auseinandertreten das Kafka-Zitat halbironisch, halbernst darlegt.

An dieser Stelle, die eigentlich nur in Absicht der methodologischen Erinnerung an die begrenzten Adaptionsfähigkeiten einer die moderne Literatur gliedernden Systematik eingenommen wurde, wird ein transzendentaler Sinnanspruch der reinen, gegenständlich uneinholbaren Differenz sichtbar. Reine Differenz, die sich einerseits ganz an Figuren des Entzugs oder aber gegenzügig postulierte Welten verschwendet und die damit zugleich *Aufschluß* über die *zwei Hauptlinien* der modernen Literatur – den Naturalismus sowie die dem ersten Entzugsmotiv gehorchenden Traditionen des Formalismus und Ästhetizismus gibt,[13] kann andererseits nicht in den instrumentellen Korpus der Literaturwissenschaft integriert und in der entsprechenden historischen Gliederung aufgefangen werden. Obwohl Differenz, Entzug und gegenzügiger Dual empirischen Datierungen und „inhaltlichen" Aussagen über Sinn und Bedeutung modernen literarischen Sprechens sogar zuarbeiten, bleiben diese Konkretisationen des die reine Differenz aufzehrenden Auslegungsgeschehens defizient; in literaturgeschichtlicher und literaturtheoretischer Argumentation beuten wir nur die *Entäußerungsresultate* der reinen Differenz aus, ohne *diese selbst* vorstellen zu können, d.h. ohne den Umstand zu würdigen, daß die moderne Literatur die seltsame Figur der Reinheit einer Beziehung *auf...*, aber ohne primären Bezug auf *vorausgesetzte*, bereits vorliegende und schriftorientierende Objekte vorzeichnet, *zwischen* denen es nach herkömmlicher Auffassung zu Differenzen kommen mochte.

Reine Differenz, die ja nur das terminologische Fazit methodischer, zu Ende gedachter Entgegenständlichungs- und Entmimetisierungstendenzen ist, ist nicht beziehungslos, bezeichnet nicht sowohl einen unmäßigen räumlichen Abstand als das transzendentale „Vorher" einer Beziehung, die den Gegenständen der Beziehung systematisch (*nicht* zeitlich) vorzuordnen ist, obwohl *und weil* sich die reine Differenz restlos in diesen Gegenständen erschöpft. Die auf das empirische Material literarischer Überlieferung angewiesene Literaturgeschichte sagt also immer zu wenig, wenn sie z.B. von Beckett als einem absurden Dramatiker spricht, sie sagt immer noch zu wenig, wenn sie dem Entzugsmotiv im Hinweis auf die Auflösung dramatischer Handlungs- und Kommunikationsformen z.B. im Werk Čechovs direkt nachkommen will, aber sie sagt sogleich zuviel, wenn sie die übermäßigen Differenzleistungen der modernen Metapher in eine einzige gegenhermeneutische Fluchtbewegung der modernen Literatur, der Literatur überhaupt und aller Sprache umzudichten versucht. Dekonstruktion reicht nicht an das transzendentale Niveau heran (das die moderne Literatur in Formulierung der Gegenzügigkeit von Entzug und Entzug des Entzugs entdeckt hat), weil die in der reinen „Differenzbeziehung auf..." festgestellte, *unendliche* gegenseitige *Verweisung* literarisch thematisierter Welten auf die Fragwürdigkeit oder Nichtigkeit der diese Welten aufbauenden logisch-ontologischen Annahmen, aber *ineins* mit der Verweisung der diesen Entzug ausführenden Frage wiederum auf Welt schlicht ignoriert wird; weil die radikalsten Visionen der Zerstörung von Welt, Ich, Subjekt, Form usf., selbst der Sprache und der Literatur, die verheerendsten negativen Utopien, wie z.B. die am Schluß von Svevos „La coscienza di Zeno"[14] erträumte Sprengung der Erde oder die projektive Sprengung der Eisenbahnbrücke bei Traunstein, zu der der Erzähler in Thomas Bernhards autobiographischer Schrift „Ein Kind" aufblickt wie zu einer „allergrößten Ungeheuerlichkeit, einer viel größeren Ungeheuerlichkeit als Gott"[15] – weil diese Vorstellungen keinen unmittelbaren Sachverhalt, keine gegenständliche Erwartung schildern oder drastisch ausgestalten, sondern einen Überschreitungs- und (mit Bernhard:) „Übertreibungs"-*Modus* illustrieren. Auch derartige Katastrophenmotive veranschaulichen „nur" die *vorgegenständlich* dimensionierte *Art und Weise* differenzbildender Abstandnahme, die aber zugleich eine realistische Basis, Gegenstände, Fakten, Dinge, Welt braucht, zu der sie auf eine eben nicht annihilierende, sondern Welt als Welt herausstellende Distanz geht.

Der gesamte destruktive Sprach- und Motivbestand, der sicher aus dem Leiden an der Welt gewachsen ist, steht in der modernen Literatur im Dienste einer die Voraussetzungen zerstörerischer Weltkonzepte demonstrierenden und deshalb durchaus kritischen Differenz, die aber mehr als die Apokalypse oder den tragischen Rückzug nahezubringen sucht. Im Aufriß einer reinen Differenz, die den Entzug aufdringlicher Unmittelbarkeitsvorstellungen an Welt rückbindet, behauptet die moderne Literatur eine die „Welt als Welt" in ihrer konzeptuellen Verfaßtheit exponierenden Offenheit und eine nur so mögliche Freiheit, die indes dem gegenzügigen Auslegungsgeschehen der reinen Differenz darin zu folgen hat, daß sie sich immer wieder dem Widerstand der Faktizität ausgesetzt weiß und aussetzt. Die (neutral gesprochen) Zeichenfolgen der modernen Literatur bleiben eingebunden in eine höhere Funktion, die die Semantik im Interesse an der Differenz als dem *Ort der Beziehung* auf mögliche Zeichen und Bedeutungen opfert, zugleich aber die Ausfüllung dieses transzendentalen Ortes durch denotierte geschichtliche Welten zwingend fordert. Im Unterschied zur Literaturwissenschaft, die das vergegenwärtigte transzendentale Niveau der modernen Literatur nicht oder doch nur per gesonderter Einzelanzeige von Entzug und Gegenzug, also nur ex cathedra, zu halten vermag, gibt die Literatur gleichzeitig den Blick auf Dinge dieser Welt, auf den differentiellen, Suggestionen unmittelbarer Einheit und Gegenwart abwehrenden Grund der Welt und auf die Notwendigkeit je fragwürdiger, neuer realistischer Sedimentierungen frei:

> Der treffliche Umkreis von Fakten. Das endgültige Gedicht wird ein Gedicht von Fakten in der Sprache von Fakten sein. Aber es wird ein Gedicht von Fakten sein, die vorher nicht bekannt waren (Wallace Stevens).[16]

Man lese die Tatsache, daß es sich bei dem hier Zitierten um einen modernen amerikanischen Schriftsteller handelt, der aus dem von uns gezogenen europäischen Umkreis der literarischen Moderne hinausfällt, als Ausdruck des Verzichts auf kompendiöse Vollständigkeit, aber auch als Eingeständnis; dahingehend, daß Literaturtheorie und -geschichte mit der Bewegung, die die differenzbetonende moderne Literatur auf vorgegenständlich-transzendentales Niveau hebt, zugleich zu innerweltlich bedeutsamen Äußerungen und damit zu Dingen als Dingen, zu Fakten als in Faktizität durchsichtig gemachten Fakten, zur Welt als Welt anleitet, nicht Schritt halten können. Weder kann sich die Literaturwissenschaft auf die Analyse rein formaler und rhetorischer Techniken literarischer Selbstbewegungen, Verschiebungen, Vertauschungen etc. beschränken, weder bei alten Grenzziehungen und historiographischen Ordnungsprinzipien beruhigen, noch aber glauben, sie könne die über den gegenzügigen Dual in den Rang eines Themas erhobene Transzendentalität der modernen Metapher gleichsam rückwärtsgewandt vergegenständlichen, also entweder selbstbezügliche Spezifikationen des (ersten) Entzugs und einen Formalismus der Intertextualitäten favorisieren oder aber mittels zweideutiger Zusammenstellung bildexzessiver und katastrophensympathetischer literarischer Erscheinungen (Céline, Genet, Bernhard, Jünger usw.) einen Kompromiß zwischen Entzug und Gegenzug herbeireden.

Wenn im Ausgang von beobachteten, radikalen literarischen Entzugsphänomenen die Figur einer „Differenz schlechthin" bemüht werden muß, um den Horizont der literarischen Moderne zu fixieren, wenn ferner diese Differenz im Hinweis auf den transzendental-vorgegenständlichen Sinn unendlich gegenzügiger Verweisungen in der modernen Metaphorik literaturtheoretisch relevant wird und wenn schließlich, wie z.B. bei Kafka, diese Gegenzügigkeit noch einmal explizit gemacht wird, dann wird eine Grenze literaturgeschichtlicher Arbeit sichtbar. Diese Grenze wird man nicht mehr unter Berufung auf die Notwendigkeit überschreiten können, wonach sich die reine Differenz in etwas, in eine Welt hinein auslegen müsse und so eben nur aus dem Zusammenhang sie ganz verstellender Formen erschlossen werden könne. Dieses – triftige – Argument, das Differenz an der Einheit, Negation an Position festmacht und über den gegenzügigen Vergegenständlichungsmodus auch die literaturgeschichtliche Begriffsbildung in abstracto rechtfertigt, sichert stets nur die eine „Hälfte" des in der modernen Literatur verhandelten Themenbestandes, d.h. den *einen* nützlichen Aspekt des theoretische Zugänge miteröffnenden gegenzügigen Duals. Das kann aber dann nicht mehr genügen, wenn die „volle" Aussage der die Gegenzügigkeit benennenden modernen Metapher über die Gegenzügigkeit und den einen, weltexponierenden Aspekt der Gegenzügigkeit hinaus auf die Voraussetzung der Gegenzügigkeit, also auf eine solche Differenz zielt, die schlechthin alles, sowohl diese oder jene Entzugsfigur als auch diese oder jene posible Welt, diesen oder jenen Weltbegriff, überragt: Dementsprechend liegt die volle „Bedeutung" der metaphorisch-figürlichen Rede der Moderne in diesem „Überragen", man kann auch sagen, in der Frage nach der schlechthin ort- und substanzlosen Transzendenz, von der wir fragend wissen können, deren Frageniveau wir aber in den vorformulierten Antworten literaturgeschichtlicher Verallgemeinerung unterbieten oder solange zu unterbieten genötigt sind, als wir nicht sehen, daß unser gutes Recht, literarische Texte auf die in ihnen aufgestellte Welt hin zu interpretieren, den Geschichtsbegriff Thomas Manns zu entfalten, die Technik paradigmatischer Schaltungen in den Romanen Ecos und Calvinos zu vergleichen oder die „Modernität" naturalistischer Bühnenbilder zu bedenken usw., den in der modernen Literatur gemachten Uneinholbarkeitsvorbehalt der Differenz übergeht, damit stets auf der Grenze zum Fehlurteil balanciert, ja eigentlich nichts anderes ist als diese Grenze.

Die Literaturwissenschaft kann auch nichts Besseres sein wollen. Das Recht zur Interpretation und zur zeitlich-kategorialen Gliederung des literarisch Überlieferten verkehrt sich damit nicht in Unrecht; schon deshalb nicht, weil die wissenschaftliche Ausübung dieses Rechts auf den die literarische Produktion und Lektüre regierenden *Zwang* zur Vergegenständlichung der Differenz, also den Entzug des Entzugs rekurriert. Weil die reine Differenz, im Hörfeld aktualisierter Rede gesprochen, ihre restlose, sie *verbergende Verausgabung* an ein in Anwesenheit, in Beständigkeit, in Einheit Geglaubtes erzwingt, erzwingt sie die Übersetzung auch der den ganzen Differenzkomplex ansprechenden modernen Metapher in jene logischen und ontologischen Denkvoraussetzungen, die Literaturwissenschaft und Literaturgeschichte lediglich zum System entfaltet haben.

Die Verachtung, die die wissenschaftliche Kritik und die wissenschaftlich angeleitete Historie der Literatur von jeher gezeigt haben, erscheint nun unter Modernitätsgesichtspunkten in einem ganz merkwürdigen, mehrfach gebrochenen Licht. Es kann nicht mehr allein darum gehen, die doppelte Ignoranz zu beklagen, mit der die historischen Wissenschaften den Differenzgedanken verdrängt haben, also sich nicht nur der Aufgabe nicht stellen, den eigenen Erfahrungsbegriff und die Konstitution ihrer begrenzten Geschäftsbereiche zum Problem zu machen, sondern darüber hinaus der Einsicht verschlossen bleiben, daß einzig die symbolhafte Rede den geschichtlichen Bereich sichern kann, weil sie sowohl die Unübersichtlichkeit, Unregierbarkeit und Fatalität einer unendlich langen zeitlichen Kausalkette konzediert (s.u., Teil IV., S. 43ff., insbes. 46) als auch der Notwendigkeit zur Fixierung eines geschichtlichen Einheits- und Anfangsgrundes nachkommt, der Orientierung und motiviertes Handeln zuläßt: Die in der Regel verkannte Metapher gibt, indem sie die Art und Weise des differenten, d.h. den realen Entzug stets mittragenden Gegebenseins von Welt überhaupt angibt, die Herkunft der Wissenschaft aus der Differenz selbst mit an – nur reißt die Literatur die rückhaltlose Differenz als solche auf, die keinen *eigenen* transzendenten Ort, keinen anderen Ort als den auffälliger Sprachlichkeit selbst besetzt hält und sich sogleich differenzausblendenden, verfallenden Bewußtseinsformen *unsichtbar* einschreibt.

Aus moderner Perspektive wird damit die Verachtung gegenüber den „lügenden Dichtern" geradezu zum inversen Signum einer *möglichen* Teilhabe der Wissenschaft an der die Verstellung *brauchenden*, selbstvergessenen Differenz, sofern die Wissenschaft ihrer eigenen Denkbewegung nur konsequent genug folgt und *dabei* um so anfälliger für den Einbruch abweichender Erfahrungen, paradigmatische Begründungsschwächen, auch selbst produzierte Katastrophen und schließlich einen allumfassenden Zweifel wird, oder kurz gesagt, sofern die sich ernstnehmende, auf's Ganze gehende Wissenschaft in Sprachnot geraten muß.

So liegt es auch nicht nur an der en passant registrierten Selbstreflexivität moderner Literatur, daß sie sich wissenschaftlichen Konjunkturen,[17] szientifischen Verfahrensweisen und Themen über dilettierendes Interesse und beiläufige Zitation hinaus immer wieder angeschlossen hat. Der sezierende Blick, den Zola, Nietzsche und die Naturalisten auf die Welt und die Literatur gerichtet haben, kehrt sich gegen tradierte Formen poetischer Überschreitung, die aus der Gewißheit eines Überschreitungen erst ermöglichenden, hinterweltlichen Gegenbereichs finanziert werden sollten, und wird ab dem Zeitpunkt des erkannten Mangels eines solchen, Differenz vermeintlich garantierenden Bereichs konsequenterweise von einheitsimplikativen Denk- und Redeweisen okkupiert (z.B. wissenschaftlichen, alltagssprachlichen, z.T. bewußt banalisierenden Formen), deren (reine) Differentialität gerade aus der Differenzen übergehenden, einfachen Exposition, banalen Nennung, Zitation und widerstandslosen Assimilation des „fremden" Diskurses hervorgeht.

Auch wenn die Unausweichlichkeit der Herabstimmung reiner Differenz auf augenscheinlich differenzloses Niveau gesehen werden sollte und die notwendige referentielle Aktualisierung ihres vorgegenständlich-vorreferentiellen Aspekts nachvollzogen wird, kann doch weder Differenz noch das weltproduzierende Auslegungsgeschehen, dem die Differenz lange vor einer jeden hermeneutischen und vor jeder literaturwissenschaftlichen Anstrengung anheimfällt, zur Grundlage literaturwissenschaftlich-literaturgeschichtlicher Begriffsbildung gemacht werden. Denn diese Grundlage, die bei Anlaß eines buchstäbliche Bedeutungen und Wirklichkeitsbezüge bewußt entziehenden modernen Sprachgebrauchs entdeckt und ausgebaut wurde, verbietet die Formulierung von Basissätzen und darauf wiederum aufbauenden Folgesätzen, weil sie, die auch nur parenthetisch bemühbare „Grundlage", *uneindeutig* ist, weil sie sich sogleich ihrem epistemologischen Gegenteil, der Beziehung auf Dinge dieser Welt, anverwandelt und so auch nur Folgesätze gestatten würde, die auf den sofortigen Widerruf einer beliebigen, soeben getroffenen Feststellung hinauslaufen müßten. Wenn es die reine Differenz „gibt", sie uns dabei nur als differenzverstellende Herabstimmung gegeben sein kann, gibt es sie für die Wissenschaft *nicht*. Vorbehaltlich der Chance, die Differenz, Herabstimmung, Gegenzügigkeit wissenschaftlich zum Thema zu machen, ist die Differenz in aller wissenschaftlichen Praxis nur dann angemessen vertreten, wenn sie in einem Allgemeinheit und Objektivität des Urteils anstrebenden Denken glatt vergessen und wenn sie gerade *so* wirksam wird, d.h. sich in ihrem differenzausblendende Auslegung erzwingenden Wesenszug voll zur Geltung bringt. Die Wissenschaft von der *Literatur*, insbesondere der modernen Literatur, läßt nun den *Sonderfall* einer feindlichen Nähe eintreten, der das Ineins von Entzug und Gegenzug zwar benennen kann (übrigens genügte hier das eine Mal), aber den eigentlichen Sinn dieses Ineins, nämlich die Demonstration der unvordenklichen Differenz um seine entscheidende Dimension verkürzt, weil dieser Sinn selbst im Zuge literaturgeschichtlicher Strukturierung vor den Strukturen stets zurückweicht *und obwohl* die historiographisch komplette Struktur negativ-invers an der Differenz *partizipiert*. Um die „Halbherzigkeit" einer in die Differenzproblematik verwickelten, weil mit der Literatur beschäftigten Wissenschaft noch klarer zu benennen: Der Sinn, den die Literaturwissenschaft erzwungenermaßen verkürzt, *ist* das stete Zurückweichen, das sich allerdings im Ineins von Entzugs- und Gegenzugsstrukturen artikuliert und nur in ihnen umwegig anmeldet. Nur eine Literaturwissenschaft oder eine Literaturgeschichte, die sich gewissermaßen „umbiegt" und ihre logisch-ontologischen Voreinstellungen *im Moment* des Aussprechens oder der Applikation, revoziert, also nicht erst nachträglich-metatheoretisch, sondern ad hoc zurücknimmt, könnte im vollen Sinne der Differenz sprechen, die die Literatur inkorporiert hat.

Diese Wissenschaft kann es nicht geben. Weniger gilt es, dies zu beklagen (und die Verwandlung der Wissenschaft in etwas selbst Literaturähnliches zu befürchten, vielleicht zu betreiben) als die differenzspezifischen *Anzeigemöglichkeiten* zu bedenken, die einer um ihre Kapazitäten besorgten Literaturgeschichte bleiben. Ungenommen bleibt zuvörderst die Möglichkeit einer radikale Differenzimplikationen vorstellenden *Einleitung*. Diese wird die Unumgänglichkeit der privativen Herabstufung des Differenzgedankens, wie ihn die moderne Literatur vorgedacht hat, anzeigen. Zu dieser Anzeige, die nicht das letzte Wort ist, gehört aber nicht nur die Frage, wie eine die Differenzdimension spontan ignorierende Literaturwissenschaft noch den Anspruch erheben könne, solche literarischen Phänomene erschöpfend zu behandeln, ja zu berühren, denen die Uneinholbarkeitsparaphrase dieser Differenz wesentlich ist – vielmehr ist zu fragen und dann methodologisch umzusetzen, wie die Wissenschaft die reine Differenz überhaupt in Erfahrung bringen könne. Denn wenn das Bewußtsein der Moderne darin kulminiert, daß sich die

Differenz Formen des sie Vergessens, der Ignoranz, anbequemt, dann werden die Bedingungen, unter denen Literaturwissenschaft und -geschichte von ihr wissen können, zum Problem.

Durch die Verstellung selbst, gewiß, doch diese erste Alogik – reine Differenz legt sich gegenzügig in sie nicht aufweisende Artikulationen, Redeformen und realistisch konnotierbare Bedeutungen aus – wird dadurch verschärft, daß die moderne metaphorische Sprachveranstaltung, die bis zur Gegenzügigkeit, bis zum Entzug des Entzugs vordringt, selbst schon abständig-spurenhafte *Rekonstruktion* der (reinen) *Differenz aus der Differenz* zwischen nolens volens eingenommen, realistisch ausdeutbaren Positionen und Konfigurationen der Aufhebung dieser Positionen ist: Somit leistet die Literatur*wissenschaft* und die den empirischen literarischen Bestand durcharbeitende Literaturgeschichte die Rekonstruktion einer Rekonstruktion der Differenz aus den theoretisch zugänglichen und realitätsbegrifflich aussagefähigen Spurenelementen, also aus den Entzugs- und/oder Gegenzugsbelegen einer Literatur, denen die Wissenschaft einerseits nacheilt, um ihre Konstrukte, wie es sich gehört, dem vorliegenden literarischen Problem- und Figurenbestand anzupassen, deren Intentionen sie aber andererseits nicht nur nicht abdecken, sondern nicht einmal aus sich heraus entdecken kann.

Unabhängig von der jeweiligen einzelnen Lektüre ist die Literaturwissenschaft, die Differenzleistungen der modernen Metapher unterbietend, selbst auf ein dichterisches Weltverständnis, auf ein anderweitig entlehntes Differenzgedächtnis angewiesen, das aber in der wissenschaftliche Praxis nicht zum Zuge kommen *darf*, vielmehr nur so – gegenzügig-partizipatorisch – Wirkung erlangen kann, daß die Wissenschaft sowohl das Übermaß der reinen Differenz als auch ihr Hineinregieren in das wissenschaftliche Denken *ignoriert* und zu ignorieren hat. Obwohl also die Wissenschaft in zweifacher Weise Anschluß an die (moderne) Literatur sucht, zum einen dadurch, daß sie selbst dichterisch-metaphorisch prädisponiert sein muß, um sich eine Ahnung von der Differenz verschaffen zu können, zum anderen dadurch, daß sie ganz selbstverständlich geeignete Oberbegriffe für eine das Differenzverständnis radikalisierende literarische Entwicklung zu finden trachtet – findet sie *faktisch* doch nur Anschluß in halbbornierter Fortschreibung privativer Kategorien und Strukturen; es handelt sich bei ihnen um die *zulässigen* Korrelate entzugstheoretisch unterstellter und gegenzügig produzierter Weltbegriffe (Werk, Autor, Gattung, Epoche usf.), die der Denkbewegung der modernen metaphorisch-figürlichen Rede insofern entsprechen, als auch sie unter das Fazit der prinzipiellen innerweltlichen Bedeutsamkeit der Differenz fallen.

Wenn beispielsweise der „Josephs"-Roman das Thema der Geschichte und der geschichtlichen Überlieferung verhandelt (s.u., Teil IV. der Einleitung, S. 42f.), dann wird einer entsprechenden literaturhistoriographischen Transkription[18] auch dadurch nichts genommen, daß Thomas Mann die Notwendigkeit symbolischer Identifizierung geschichtlicher Anfangsgründe betont, ironisch das Unzulängliche aller (unausweichlichen) Objektivationen des Grundes zeigt, also transzendental-vorgegenständliches Niveau besetzt hält und, von *hier* aus geurteilt, weder einen mythologischen, religiösen, noch einen Geschichtsroman geschrieben haben dürfte. Entsprächen nicht der äußersten Zurückhaltung, die die Reinheit der gleichwohl nicht nichtigen Differenz ausmacht, klassifizierbare und produktive Momente vollständiger Verausgabung, der Delegation an umgängliche Materialien menschlichen Denkens und Handelns (vielleicht ist es das, was wir unter der von Thomas Mann beabsichtigten, humanen Umfunktionierung des Mythos zu verstehen haben),[19] dann hätte es der Schriftsteller bei einer einzigen Geste, die Hinweise auf den Überstieg der Differenz, ihre Rückbindung an Welt und die Metapher als den gemeinsamen Ort beider Bewegungen umfaßt, belassen und sich die epische Entfaltung der geschichtlichen Welt ganz ersparen können.

Diese Welt ist nicht bloß austauschbares Spielmaterial rhetorischer Ekzesse oder imaginär zerspielte Basis.[20] Obwohl (und *weil*) sie unter Ägide des differentiellen Exzesses steht und obwohl man sich mit historisierenden, hier etwa ägyptologischen Authentizitätserwartungen lächerlich machen würde, ist die jeweilige, innergeschichtlich formulierbare Welt der uns angehende Schauplatz „restloser" differentieller Rezession, im Falle des Thomas Mann-Romans Auslegung der Differenz in eine Welt der exemplarischen Auseinandersetzung zwischen zwei Gottesvorstellungen und Kulturkonzepten, die zugleich auf ihre mythologisch-bildhaften Anteile hin überdacht werden.[21]

Aus den Hinweisen auf das gegenzügige Auslegungsgeschehen der von allen Vorgaben befreiten, reinen Differenz und ihren dadurch bewirkten Rückzug aus dem gleichwohl von ihr umrissenen Hörfeld artikulierten Sprechens leiteten wir die Aufforderung zur Immanenz des Vorgehens, d.h. zur Ausbildung und Zugrundelegung solcher literaturgeschichtlich distinkten Einheiten ab, die den Rekurs auf die gegenzügig produzierten Welten, vor allem die unter Bezug auf diese Welten jeweils aufzugebende, systemkritische Einzelanzeige des gegenzügigen Duals wenigstens nicht verunmöglichen; demnach unterliegen moderner Entzug vorbildhafter, realer Entitäten und Entzugs des Entzugs einer radikalen Differenzerfahrung, der wiederum die jeweilige literaturgeschichtliche Einheit bei noch so vorsichtiger Ansetzung hochindividuierter Gliederungspunkte oder bei progressiver Umschrift orthodoxer in problemgeschichtlich orientierte Kategorien niemals wird gerecht werden können. Bis hinunter zum einzelnen Autor, Werk, zum einzelnen Zitat und zum Satz entkommt keine wie auch immer subtil aufgefächerte und kritisch befragte Einheit dem Dilemma, *gleichzeitig* die Lizenz zur Ordnung der von ihr auf diese Weise hermeneutisch vorpräparierten, modernen literarischen Phänomene *erteilt* und von diesen Phänomenen eine Abmahnung zu bekommen, dahingehend, daß die parallel zu den gegenzügig produzierten Welten der Literatur gemachten Ordnungsofferten der Literaturgeschichte als im doppelten Sinne „unüberbietbare" Offerten herauszustellen sind - also sowohl im Sinne größtmöglicher szientifischer Anstrengung, die Gesamtmenge der unter sie fallenden Elemente, Werke, Autoren, Zeichen etc. zu bewältigen und interpretatorisch zugänglich zu machen, als auch in Vergegenwärtigung der Tatsache, daß sich die Offerte in ihrer Beschränktheit, in ihrem bloßen Angebotscharakter selbst nicht los wird und darauf wiederum nur mit der Bereitschaft der Interpreten, sich dem lautlosen Differenzpotential der literarischen Moderne auszusetzen, antworten kann.

Nur diese von außerhalb des wissenschaftlichen Systems kommende, aber aus seinen Defizienzen erklärliche Bereitschaft, einfach hinzuhören, genau zu lesen, sich auf die Unlogik gegenzügiger Schreibbewegungen einzulassen, kann die im angemaßten Interesse der Literatur vorgenommene vollständige Fragmentierung der Epoche, des literarischen Gegenstandsbereichs überhaupt, oder die ebenso unsinnige dogmatische Vorschaltung eines die Werke selektiv behandelnden Modernitätsbegriffs verhindern. Bei der oben vorgezeichneten, wechselseitigen Konturierung des Modernitätsbegriffs durch die Werke, der Werke durch den am dünnen Leitfaden des Entmimetisierungs- und Selbstbezüglichkeitstheorems entwickelten Begriffs einer schlechthin differentiell sprechenden literarischen Moderne - waren die Herausgeber gehalten, Konzept und Gliederung heuristisch auf die von der traditionellen Literaturgeschichtsschreibung zugrundegelegten Einheiten (Nationalliteraturen, Gattungen, die Einheit des Werks selbst, des Autoren etc.) rückzubeziehen. Das Spektrum der in diesem „angebotenen" Zusammenhang erfaßten Erscheinungen ist auch insoweit problematisch, als die schon von der älteren Literaturhistorie erkannten, immanente Konkurrenz der Ordnungsprinzipien - z.B. der spätestens ab der Mitte des 19. Jahrhunderts konstatierbare Vorrang der Erzählprosa vor anderen Gattungen in ordnungsspezifischem Gegensatz zur nationalliterarischen, -kulturellen oder gar -politischen Orientierung der Literatur, etwa der slavischen Literaturen - einen Wechsel des kategorialen Niveaus nahelegt. Wie dem Inhaltsverzeichnis zu entnehmen, mußte dabei die im wesentlichen nach Gattungen gegliederte Geschichte der Moderne europäischer Literatur (bis etwa zum Ersten Weltkrieg) in eine nach jeweils differenzierteren Einheiten verfahrende Organisation des Materials übersetzt werden, wobei die größeren literarischen Formationen (Expressionismus, Futurismus etc.) allmählich von kleinschrittig gegliederten, zeitlich begrenzten nationalliterarischen Phänomenen (z.B. der DDR-Literatur) monographischen Darstellungen (z.B. B. Brecht) verdrängt und durch einige wenige Exkurse ergänzt werden, die die Grenze literarischer Praxis zum Thema machen (vgl. z.B. den Abschnitt über die Korrespondenz und Grenzüberschreitung der Künste zu Anfang des 20. Jahrhunderts, Bd. 2). Wenn wichtige Namen und Literaturen fehlen (z.B. die ungarische), wenn die Chronologie häufig durchbrochen und überhaupt darauf verzichtet wurde, den Beiträgern eine am ohnehin dubiosen Modernitätsgedanken orientierte Argumentationsstruktur vorzugeben, dann dürfen es die Herausgeber dem Leser anheimstellen, diesen Einheitsmangel als einen nur Flickenteppiche wirkenden Konzeptionsfehler oder aber nur als Reflex jenes Verzichts auf jedwedes epistemologische, ästhetische und ethische *Vor*verständnis lesen zu wollen, durch den die moderne metaphorisch-figürliche Rede in einen unendlichen Möglichkeitsraum rein differentiell, d.h. sowohl radikal transgressiven als auch innerweltlich rückgebundenen Sprechens versetzt wird – und durch den schließlich die Literaturgeschichte in die Verlegenheit gerät, weder den transzendentalen Sinn (der reinen Differenz) noch die dadurch hervorgerufene Artikulationsvielfalt der literarischen Moderne jemals ganz fassen zu können: dies noch für nötig zu halten, hieße, die moderne Literatur Lügen strafen zu wollen.

III.

Das Problem der folgenden Bemerkungen, die sich näher mit dem Wirklichkeitspotential der Metapher beschäftigen, liegt im Hauptthema begründet: bei der sog. „modernen" Literatur handelt es sich nicht um eine „Epoche" unter anderen, die der Literatur z.B. der Aufklärung, der Romantik oder des Barock als einfaches Vergleichsobjekt an die Seite gestellt werden könnte. Die damit behauptete Unvergleichbarkeit und die Sonderstellung der modernen Literatur sollen nun keineswegs unter Hinweis auf die (tatsächlich) mangelnde Homogenität der von uns erfaßten literarischen Phänomene aus dem Zeitraum zwischen der zweiten Hälfte des 19. Jahrhunderts und der Gegenwart belegt werden, allerdings auch nicht mit Blick auf die Fragwürdigkeit von Epochenklassifikationen überhaupt.

Ohne diese Fragwürdigkeit, d.h. die grundsätzliche Schwierigkeit der Übertragung literaturgeschichtlicher und literaturwissenschaftlicher Begriffe auf das dazu möglicherweise ganz untaugliche Objekt, die Literatur bzw. die die Einheit des Begriffs unterlaufende *Metapher* leugnen zu wollen, kann doch gesagt werden, daß sich die oben zitierten älteren Vergleichsbeispiele einer auf Großformation und Epochalisierung zielenden, dabei am jeweiligen Wirklichkeitsverständnis ansetzenden Beschreibung als zugänglich erwiesen haben. Auch dann, wenn man die kunstsprachliche Verfassung der niemals in erschließbaren gegenständlichen Referenten aufgehenden Literatur ernstnimmt und den eigenen Geltungssinn aller metaphorisch-figürlichen Rede anerkennt, wird man mit Blick auf die große literarische Tradition nur schwer von dichtungspraktisch gültigen Programmen der mimetischen Illusionserzeugung,[22] d.h. der Erzeugung eines „schönen Scheins" absehen können, der stets auf den Zweck berechnet war, Konzepte wahrer Wirklichkeit oder „idealer Welten" zu vermitteln, die nun ihrerseits in den Rang literarisch bloß nachzuschaffender, mimetisch abzubildender Vorbilder erhoben wurden.

Hierin liegt nun der von uns in Anspruch genommene Unterschied zur modernen Literatur. Die moderne Literatur zeichnet sich unserer Meinung nach nicht sowohl durch ein anderes, avancierteres, kritischeres usw. „Weltbild", einen anderen „Wirklichkeitsbegriff", als vielmehr dadurch aus, daß sie die zu ihrer Beschreibung vorgenommene Zu- und *Vorordnung* von Weltbildern und Wirklichkeitsbegriffen *überhaupt* nicht mehr zuläßt – und zwar deshalb nicht, weil ihr der Sinn und die philosophisch-begrifflich tradierten Vorannahmen bei der Formulierung dessen, was „Welt" oder „Wirklichkeit" sei, fragwürdig geworden sind (s.u.). Die moderne Literatur ist deshalb keine Epoche unter anderen, vielleicht gar keine Epoche, weil sie – vorsichtig und unter Beachtung aller dabei drohenden Mißverständnisse gesprochen – gar keinen vorbildhaften Wirklichkeitsbegriff und keine darauf positiv reagierende Poetik hat; das sich gerade damit einstellende Paradox, daß der modernen Literatur zwischen Baudelaire und Char, Musil und Bernhard, die Einheit des Wirklichen in vielfältiger, auch innerliterarisch relevanter Umschreibung zum Thema und Ausgangspunkt systematischer dekonstruktiver Neuorientierung wird, bedarf einer Erläuterung.

Mit gewissem Recht darf behauptet werden, daß mit der modernen Literatur, die, sofern es uns darum noch gehen sollte, als *ganzes* nur in Würdigung zunehmend radikaler, dabei methodisch bewußt „entgegenständlichter" und „derepräsentativer" Schreibpraxis in den Blick geraten kann, die Literatur zu sich selbst komme. Aber auch nur mit gewissem Recht. Denn der Verlust der Vorbild- oder Zentralfunktion einer in Einheit, Beständigkeit und unmittelbarer Gegenwärtigkeit gedachten Wirklichkeit für das literarische Zeichen ist weder endgültig, weder allgemein akzeptiert (wie leicht unter Verweis auf die in der Schreibtradition des Realismus stehenden literarischen Werke der Gegenwart gezeigt werden könnte), weder ist damit die Frage nach dem Weltbezug der Literatur überflüssig geworden, noch aber kann behauptet werden, sie sei im Sinne literarisch-ästhetischer Umschrift von Welt beantwortet. Bei notwendiger Reformulierung des in der modernen Literatur zur Disposition gestellten Wirklichkeitsbegriffs und Weltbezugs stellt sich das berüchtigte Mimesisproblem, wenigstens solange, als man sich auf die Werke selbst einzulassen bereit ist und ganz an ihnen orientiert, nur anders.

Wie anders, das soll in den folgenden Teilen der Einleitung gezeigt werden, wobei es in der Absicht der Darstellung liegt, lediglich die den Weltbezug und das umstrittene Wirklichkeitspotential der Metapher selbst charakterisierenden *Voraussetzungen* für eine respektierbaren Begriff der modernen Literatur, also eben jener Literatur zu klären, in der die Metapher von der Aufgabe, eine eigentliche, sog. „Realität" abzubilden, mit strategischem Kalkül entlastet zu werden scheint. Trotz der paradigmatisch verpflichtenden Vorentscheidung, die mit der Konzentration auf methodisch ausgeführte Derepräsentation- und Derealisationsbewegungen in der Literatur getroffen wurde und den Zeitraum der behandelten literarischen Phänomene auf die zweite Hälfte des 19. und das 20. Jahrhundert begrenzt, wurde in der Einleitung darauf verzichtet, „den" Typus der modernen Literatur vorzustellen und eine einschlägige (andernorts vorgelegte) Merkmalsbeschreibung anschließen zu wollen.[23] Dies aus mehreren Gründen. So erzwingt die geschilderte poetologische Ausgangslage bei der Begriffsbestimmung – die moderne Literatur nimmt Abstand vom Realitätsbegriff und setzt begrifflich-thematisch vorausgelegte Weltperspektiven außer Kraft – ein Darstellungsverfahren, das eng an den Werken orientiert ist und die bei der Auswahl der behandelten Werke gleichwohl zugrundegelegte Poetik der modernen Literatur, ebenso wie alle anderen außerliterarisch begrifflichen Vorgaben, lediglich *ex negativo* im Spiel hält. Wenn nämlich die einzige verbliebene Möglichkeit einer „epochemachenden" Definition, einer einheitlichen Darstellung der modernen Literatur im Hinweis auf die Abwendung der modernen Literatur von Definitionen und Einheiten besteht, genauer: letztlich in der Ablehnung einer Auffassung besteht, die alles Wirkliche in seiner Ausgelegtheit als Einheit faßt und *nur* das in Einheit Ausgelegte als Wirkliches bestätigt, *dann* muß wohl jede, noch so verhaltene (literatur-)wissenschaftliche Äußerung die Sache, um die es geht, verfehlen.

Wenigstens scheint es so; der Streit um die wissenschaftliche Darstellbarkeit der Literatur – mittlerweile zehren einige Generationen sich selbst abschaffender Gelehrter von der immer wiederholten Lehrmeinung, daß alles auf Allgemeinheit und Objektivität der Aussage zielende Fragen das Überschußpotential literarischer Bilderwelten nicht nur nicht erschöpfen könne, sondern von vornherein ausblenden müsse – ist zugleich aufschlußreich für das in ihrer Nichtfixierbarkeit fixierte „Wesen" aller Literatur, in deren Zusammenhang die moderne Literatur deshalb zu isolieren ist, weil sie das Unzureichende allgemeiner vorgängiger Weltauslegungen in unterschiedlicher Gestaltung zum Thema gemacht hat. Wenn etwa Paul de Man die These aufstellt, daß die Literaturtheorie (wir ergänzen: daß Literaturtheorie, Literaturwissenschaft und Literaturgeschichte) nicht sowohl einen Widerstand gegen die Literatur selbst aufbauten als dieser Widerstand selbst *sind*,[24] so verfängt er sich damit in der interessanten Paradoxie, die in äußersten Abstand von theoretisch erschließbaren Bedeutungen, objektiven Gehalten und Sinnbezügen versetzte Literatur zugleich ganz dem ihr Wesensfremden ausliefern zu müssen. Denn sofern noch über Literatur geredet wird *und* während dieser Rede der uneinholbare Differenzcharakter der metaphorisch-figürlichen Rede deutlich wird, entsteht das in der modernen Literatur häufig diskutierte Einlässigkeitsdilemma, wonach die Differenz *als solche*, daß der die Literatur charakterisierende, radikale „Entzug" aller Bedeutungen und objektiven Gehalte nur am Anderen, eben an diesen dem metaphorischen Kontext abgenötigten Bedeutungen festgemacht werden kann, daß also das differente Wesen der Literatur in den ihr fremden Formen weltverstehender Rede gleichsam verschwinden muß. Damit sind nun weder de Man noch gar die Literatur, noch moderne Literatur und Kunst widerlegt. Erst recht nicht kann gefolgert werden, Kunst und Literatur seien unmöglich oder behaupteten ihr Existenzrecht im Maße der an ihnen aufgewiesenen, in der Moderne ausdrücklich werdenden Unmöglichkeit.[25]

Immerhin, der leicht forcierte Kurzschluß, daß Kunst und Literatur nur in dem Maße zu sich selbst kommen oder souverän werden können, in dem sie sich selbst zumindest fragwürdig werden, ist mit einiger Mühe nachvollziehbar: die Fragwürdigkeit ist das Ergebnis eines indirekt erfolgenden, in der Moderne expliziten Kriterienabbaus; dieser Abbau ist seinerseits Ergebnis eines Verlust an Orientierungen, der zunächst die jeweiligen in der Tradition noch unbefragten „transzendenten" Bezugspunkte, also die jeweiligen Vorstellung einer Wirklichkeit tangiert, die als konstante, außerhalb zeitlich bedingter Veränderung stehende, gedacht und damit zugleich als die allem anderen zugrundeliegende, alles andere, Wechselnde und Unterschiedliche auf sich versammelnde Einheit vorgestellt wurde – gleichgültig ob diese als gegebene, außerhalb des Denkens und Erfahrens bereits vorliegende, oder aber als eine erst in der Erfahrung produzierte Einheit bestimmt wurde. Es scheint nun, daß das Erlöschen eben dieser Einheits- oder Versammlungsfunktion des Wirklichen das Signum der Moderne im engeren Sinne sei, insofern damit auch alle Möglichkeiten erschöpft sind, die wesentlichen Kulturphänomene des mittleren und ausgehenden 19. sowie des 20. Jahrhunderts auf einen solchen gemeinsamen Nenner zu bringen, der zugleich die Abwehrgeste dieser Phänomene gegen gemeinsame Nenner, gegen alle „Garantien, Normen oder Vorbilder" (E. Lobsien)[26] mitabdeckt. Wohlgemerkt, gegen *alle*, und das heißt, die Versammlungs- und Identifikationsfunktion, die Normen, die Autoritäten etc. eignet, *grundsätzlich* aufzufassen und grundsätzlich zu bestreiten. Wir greifen zu kurz, wenn wir uns bei der Beschreibung der normfeindlichen Akte der Moderne und der modernen Literatur auf einzelne, diese oder jene in der Begriffsgeschichte proliferierten Größen und Axiome wie „Ich", „Geist", „Subjekt", auf „Metaphysik", „Idealismus" und die entsprechenden, in die Literatur übersetzten Vorbilder, Gattungen oder Dichtungsregeln konzentrieren. Gemeint ist mit der mimetisch entpflichtenden Derealisationsgeste in der modernen Literatur die Befreiung kunstsprachlicher Äußerungen einer zu reproduzierenden Wirklichkeit, die das Produkt einer „Anstrengung des Systems" (G. Willems)[27] sein sollte – und zwar nicht nur in der Hinsicht, daß die Wirklichkeit in systematischen, begrifflichen Zusammenhängen sichtbar und für „wahr" gehalten werden könne, sondern vielmehr, daß Wirklichkeit, daß „Gegenstände", „Tatsachen", „Dinge" durch die systembildende, vereinheitlichende Leistung des Begreifens überhaupt erst für uns seien:

> Das bedeutet nicht nur, daß die Ziele der Geschlossenheit und Vollständigkeit aufgegeben werden – in dem äußerlichen Sinne des vollständigen Zusammentragens in Form von Wissen, Bildung, Wissenschaft ebensowohl wie in dem weitergehenden Verständnis des durchgängigen argumentativen Zusammenhangs –, sondern auch, daß eine Prinzipienreflexion überhaupt in Frage gestellt wird, ja das Reflektieren schlechthin, jedwede Begriffsbildung als Systematisierungsleistung (...) (G. Willems, a.a.O., 388).

Die moderne Literatur distanziert und problematisiert den Begriff und die Begriffsbildung infolge problematischer realistischer Differenzen, die aufgegeben werden müssen, weil eine wesentliche Bedingung dafür – alle vorgestellte Realität stehe unter der formalen Bedingung einer in der Erfahrung erst gestifteten Einheit – fraglich wird. Man ermißt die Bedeutung und überhaupt ein hinreichendes Motiv der Derealisationsbewegung, wenn man *diese* Einheit, die nicht einfach das Zwangskorsett einer dem Leben oder den Dingen angelegten, abstrakten Begriffsbezeichnung, sondern umgekehrt dasjenige ist, das sich nach traditioneller Auffassung vor die ansonsten naive Rede von „Dingen" schiebe, also die Rede von Dingen erst gestatte, in dieser stärkeren Lesart zunächst einmal annimmt; danach umschreibt das Begreifen eine in den Strukturen unserer Erfahrung liegende Funktion, die einen regelhaften, gleichmäßigen Umgang mit den „Materialien" der Erfahrung, mit solchen Vorstellungen nämlich impliziert, von denen wir den Eindruck haben, daß sie uns gegeben und nicht etwa von uns „gemacht" seien. Der Begriff ist nichts weiter als diese Funktion, bei deren spontaner Ausübung das Gegebene zu einer Einheit zusammengestellt wird; diese ist kein die Welt oder die Dinge zurechtlegender Zusatz, sondern weltkonstitutive, produktive Minimalbedingung.

Über den in den verschiedensten Formen ablaufenden Entgegenständlichungs- und Derepräsentationsvorgang hat die moderne Literatur Anteil an der Zerstörung von Systemen eines an die vollständige Durchdringung der Welt glaubenden Wissens, zugleich aber Anteil an einer ungleich radikaleren Begriffskritik, die die – formale und gar inhaltliche – Konstitution der Welt im Denken bestreitet und in einer solchen, als gestiftete Einheit konzipierten Welt nicht mehr das Vorbild sinnvollen Denkens und Sprechens sehen kann. In den Zeugnissen des Positivismus und der Lebensphilosophie des 19. Jahrhunderts, in Friedrich Nietzsches Schrift „Über Wahrheit und Lüge im außermoralischen Sinne", auch diversen Manifesten des Naturalismus oder Hofmannsthals „Brief des Lord Chandos..." wird zumindest eine – sich selbst dabei nicht immer ganz klare – Tendenz deutlich: Ein uns in der Erfahrung unmittelbar Gegebenes soll nicht nur von dem Diktat eines objektiven Erkenntnisideals befreit, sondern von dem Welt „zurechtlegenden" Bedürfnis, dieses Gegebene in allgemeiner Form haben und zu diesem Zweck „mit einem Begriff umspannen" zu wollen,[28] gereinigt werden. Wenn nun Begriff bzw. begriffliche Einheit in ihrer starken, d.h. funktionalen, formal konstitutiven Lesart die Voraussetzung für das Vorhandensein einer Welt und demzufolge unseren Umgang mit ihr, mit „Dingen", dem „Leben", der „Wirklichkeit" ist, dann erscheint der Angriff auf die Einheit ebenso maßlos wie ein die Dinge oder das Leben gegen den Begriff ausspielender Sprachgebrauch. Anders aber als im Sinne einer auf die Dinge in ihrem Bestand selbst durchschlagenden Begriffskritik sind z.B. die einander ergänzenden Bemerkungen des Lord Chandos, er könne die Dinge nicht mehr „mit dem vereinfachenden Blick der

Gewohnheit (...) erfassen", ihm „zerfiel(e) alles in Teile, die Teile wieder in Teile, und nichts mehr ließ(e) sich mit einem Begriff umspannen" (a.a.O., 14) nicht verstehen. Das, *was* vom Begriff umspannt werden sollte, also nicht (oder nicht nur) die Vereinheitlichungstendenzen einer Welt interpretierenden Verfahrensrationalität, nicht oder nicht nur das „System", nicht nur der Begriff als dubiose, den Dingen und dem Leben zugemutete semantische Veranstaltung, also das Ding selbst, steht *mit* dem Begriff zur Disposition. Schon Nietzsches Adresse „An die Realisten" aus dem Zweiten Buch der „Fröhlichen Wissenschaft"[29] streift die Konstitutionsfrage in dem Moment, in dem die Unmöglichkeit, Wirklichkeit von wirklichkeitskonstitutiven „Zusätzen" zu scheiden, deutlich wird; wenn aber die Trennung nicht durchzuführen ist (die, einmal versuchsweise unternommen, nicht sowohl den Abzug weltzurechtlegender Zusätze als vielmehr den Abzug der Welt zur Folge hätte), macht es keinen Sinn mehr, das Denken als *Zutat* zu disqualifizieren oder (wie in dem Aufsatz „Über Wahrheit und Lüge im außermoralischen Sinn") den die Wirklichkeit begrifflich identifizierenden Menschen in ein semantisch-grammatikalisches Gefängnis versetzen zu wollen.

> Da, jener Berg! Da, jene Wolke! Was ist denn daran 'wirklich'? Zieht einmal das Phantasma und die ganze menschliche Zutat davon ab, ihr Nüchternen! Ja, wenn ihr *das* könntet (...) Es gibt für uns keine 'Wirklichkeit' – (...) (Fröhliche Wissenschaft, a.a.O., 351).

Wir sind auf eine besondere Schwierigkeit des Derealisationsparadigmas im Zusammenhang mit Fragen literarischer Selbstbezüglichkeit, dem Abbau mimetischer Fremdorientierung und der dabei prominenten, vielfach selbstmißverständlichen Begriffskritik gestoßen: Es geht letztlich um den Status des dem Begriff, der begrifflichen Einheit und der begrifflich bestimmten „Wirklichkeit" entgegengesetzten, nicht begrifflichen, differenten Moments. Dieses – neutral formulierte – Differenzmoment wird im Zentrum einer *vorbereiteten* Diskussion über eine Literaturepoche stehen, die uns die klassischen Themen und Instrumente zur Klassifikation literarischer Phänomene im Zuge der Zersetzung dieser Themenbereiche und klassifikatorisch nutzbarer „Einheiten" verweigert oder zu verweigern scheint. Die moderne Literatur nimmt sich des Differenzmoments in dem Maße und in dem Maße ausdrücklich an, in dem sie das uns in der Erfahrung gegebene Einzelne gegen den (subsumierenden) formalen Begriff und gegen begrifflich konstituierte „reale" Entitäten stark zu machen vermag. Nur in einer solchen radikalen Differenzierungs- und Entzugsabsicht, die alles bestimmte Seiende, das Denken in Bahnen des „schlechthin Allgemeinen, Unveränderlichen und Notwendigen" (J. Habermas)[30] und, nebenbei, das literaturwissenschaftliche Wissen in Mitleidenschaft zieht, liegt ein entsprechendes starkes Motiv für die ansonsten bloß krankhaft zu nennenden Abstraktions-, Verformungs- und Reduktionsprozesse in den Äußerungen moderner Literatur.

Dieses starke Motiv, das es gibt und uns zur engen, ins einzelne gehenden Orientierung an den Werken selbst zwingt, widerspricht der oben entfalteten starken Lesart des formal weltkonstitutiven Begriffs auf evidente Weise. Wenn einerseits die Einheit des Begriffs weder der Wirklichkeit, den Gegenständen noch den Dingen oder dem Leben „angedient" zu werden braucht, weil Einheit „unvermeidlich supponiert" ist (J. Habermas, a.a.O., 25),[31] gleichgültig, ob sie als solche vor Augen gestellt wird oder nicht, andererseits aber die moderne, d.h. mimetisch entlastete, metaphorisch-figürliche Rede der Einheit sich irgendwie entziehen können muß, so ist nacheinander nach dem, worin sich die Differenz artikuliert, *was* die Literatur in differenzbildender Absicht zu sagen hat, und der Art und Weise zu fragen, in der die moderne Literatur etwas, nicht zuletzt etwas über den eigenen Literarizitätscharakter, zu sagen hat.

Die unangenehme Schärfe des Problems macht sich in den oben zitierten begriffs- und wirklichkeitskritischen Beiträgen der modernen Gewährsleute Hofmannsthal und Nietzsche sogleich bemerkbar. So spricht Hofmannsthal, ungeachtet des von ihm ja erschlossenen Zusammenhangs zwischen Denk- und Weltzerfall – „Es zerfiel mir alles in Teile, die Teile wieder in Teile, und nichts mehr ließ sich mit einem Begriff umspannen" (Hofmannsthal, a.a.O., 14) –, von *Dingen*, die mit dem Erlöschen begrifflicher Funktionen in der Erfahrung freigegeben würden: „Mein Geist zwang mich, alle Dinge in einer unheimlichen Nähe zu sehen" (a.a.O., 14).

Ohne in die Deutungsgeschichte des Textes weiter eindringen zu wollen, müssen Auslegungen, die die Dinge oder ein vor der Reflexion stets zurückweichendes „Leben" als das positive Ergebnis einer Befreiung von den Einheitshypostasen des Begriffs oder gar von der Erfahrung herausstellen, zurückgewiesen werden. Hofmannsthal selbst unterdrückt vulgärrealistische Assoziationen, indem er seinen Protagonisten die Dinge stets in Abhängigkeit vom „Tiefste(n), (...) Persönlichste(n) meines Denkens" (a.a.O., 14) sehen und erleben läßt. Darüber hinaus aber wird der Eindruck erweckt, daß es Dinge, wo nicht außerhalb unserer Erfahrung, so doch jenseits und unabhängig von den Strukturen des Denkens geben könne. Diesem Eindruck ist nicht nur im allgemeinen – unter Hinweis auf die Notwendigkeit formaler synthetischer Vorleistungen bei der Konstitution einer erfahrbaren Welt – sondern gerade mit genauerem Blick auf den Text und dort beobachtbare Einlassungen des Protagonisten zu widersprechen. In Verbindung mit der oben zitierten weltfragmentierenden Verlustbilanz, die aus dem Erlöschen begrifflicher Funktionen gezogen werden mußte, wirken Interpretationen, die die „*unheimliche* Nähe" der – wie es ähnlich bei Nietzsche heißt – „änigmatischen Dinge" bloß als psychologisch beschreibbare Folge nicht mehr funktionierender Bezeichnungen bestimmen wollen, eher verharmlosend. Erst dann, wenn das berüchtigte Sprachzerfallsproblem im „Chandos"-Brief – wonach dem Sprecher die „abstrakten Worte im Munde wie modrige Pilze" zerfallen (Hofmannsthal, a.a.O., 13) –, in Richtung eines zugleich die Dinge verunklarenden Bestandproblems erweitert wird, wird die Unheimlichkeit der immer auch Ferne und Fremdheit besagenden, unheimlichen Nähe ganz verständlich.

Auch Nietzsche, der häufig mit der changierenden Bedeutung und der Kompetenz der Begriffsbildung spielt, geht so weit, die harmlose Auslegung des Begriffs als eines den Dingen bloß beigelegten oder übergestülpten Namens, als eines Akts der „Anmenschlichung der Dinge",[32] der „stärkeren" Lesart, die die Dinge aus ihrem Namen herleitet, zu unterwerfen. Wenn es z.B. heißt (Fröhliche Wissenschaft, a.a.O., Originalität) – „Wie die Menschen gewöhnlich sind, macht ihnen erst der Name ein Ding überhaupt sichtbar"[33] – so wird der Interpret, wie im Falle des „Chandos"-Briefs, genötigt, auf der Grenze zwischen bloßen „Namen" oder „Zeichen" für die Dinge und einer solchen Auslegung zu balancieren, die, wenn nicht das Sichtbarwerden, das Erscheinen selbst, so doch die Bestimmung der Erscheinung als eines uns erst namentlich wirklich und wahrhaftig vorliegenden Dings, die Bestimmung von etwas *als etwas* begründet.

Ohne diese (hierdurch legitimierte) begriffliche Bestimmung ist das „etwas", „ob es gleich vor aller Augen liegt" (a.a.O.), zwar nicht nichts, aber kein Ding, zwar etwas, aber nicht etwas als etwas. Gleichzeitig aber halten Nietzsche und Hofmannsthal das andere Motiv, das die Befreiung von den „umspannenden" Einheitshypostasen begrifflicher Bestimmungen besorgt, nach wie vor in der Diskussion: Deshalb sind die „Dinge" und alle auf die Konstitutionsproblematik bezogenen Aussagen doppelt zu lesen, und gerade deshalb machen die Texte Hofmannsthals und Nietzsches in ihrer Widersprüchlichkeit oder ihrem *Doppelsinn* – der „Name" oder der „Begriff" als eine den Dingen willkürlich zugewiesene Bezeichnung; Name oder Begriff als weltkonstitutives Strukturprinzip – auf die in der jeweiligen Deutungsvariante *vergessene Voraussetzung* aufmerksam, also auf die Notwendigkeit einer Formulierung mit Rücksicht auf das vermittelnde „als“ zwischen „etwas“ und „etwas“. Von den beiden (das „als“ gewöhnlich ausblendenden) Positionen her gelesen, erzwingt das hier auffällige „als“ eine Formulierung mit Rücksicht auf die im natürlichen oder konventionellen Sprachgebrauch vergessene funktional-begriffliche Einheit (kein Ding ohne erst in der Erfahrung erzeugte Einheit) und – dementsprechend – die andere Formulierung mit Rücksicht auf die im einheitsauslegenden („theoretischen“) Sprachgebrauch vergessene Differenz (kein Ding ohne die Tatsache eines theoretisch und praktisch uneinholbaren Gegebenseins).

Hier kann es schon nicht mehr darum gehen, Hofmannsthals oder Nietzsches Begriffskritik bzw. die dieser korrespondierende Vorstellung von der Welt und den Dingen in ihrer theoretischen Unstimmigkeit aufgreifen und widerlegen zu wollen. Wir haben es eben nicht, auch im Falle der stark nominalistisch gefärbten Einlassungen Nietzsches nicht, mit theoretischen Texten, sondern mit einem konkurrierende theoretische Modelle vorstellenden Hinweis auf den zwischen ihnen liegenden, sie begrenzenden *Zwischenraum* zu tun, der die direkte, positive Bezugnahme auf eines der beiden Modelle verhindert und bei der Bezugnahme eine jeweils nötige, moderierende Übersetzung erforderlich werden läßt: Indem das zwischenräumige „als“ das Denken die Figur eines Umwegs beschreiben läßt, zu dem das davon herkömmlicherweise absehende Denken künstlich veranlaßt werden muß, handelt es sich bei den „Dingen“ Hoffmannsthals und Nietzsches ebensowohl wie beim Begriff, bei der Begriffskritik wie der Kritik an unmittelbar präsent vorgestellten Dingen, um *Metaphern*. Die „Dinge“ bei Hofmannsthal und Nietzsche sind unabhängig von ihrem *theoriefähigen* Bedeutungsgehalt selbst eine Metapher, in der die Notwendigkeit bedingter begrifflicher Identifizierung bzw. eines realistischen Ausdrucks und der Hinweis auf die im Identifikationsakt vergessene Differenz in *einem* Sprachakt, einem Wort, übereinkommen. Indem nun dieses eine Wort *hier* in den Möglichkeiten seiner verschiedenen Auslegung und mit Blick auf den konkurrenziell-umwegigen Zusammenhang dieser Auslegung eigens zur Sprache gebracht wird, wird es verdoppelt und zur (selbstbezüglichen) Metapher einer Metapher.

Entgegenständlichung, Derepräsentation, Entmimetisierung findet in der metaphorisch-figürlichen Rede immer statt, und deshalb eignen den metaphorischen Redezusammenhang stets *auch* selbstreflexive Züge – nur daß dort, wo diese Rede in ihrem Sinn entfaltet und auf ein bis dato nicht methodisch belastetes, realistisches Sinnfundament einwirkt (also in der modernen Literatur), Selbstbezüglichkeit nicht nur stattfindet, nicht nur Thema, sondern problematisch wird. Diese Problematik – Diffusion der Literarizitätseigenschaften einer zu sich selbst kommenden Literatur – stellt sich nun, auf dem Umweg der die Einheit des Begriffs unterlaufenden, differenzartikulierenden Metapher, entsprechend differenzierter dar, als es die oben eingegebenen Stichworte im Spektrum zwischen Derepräsentation und immanenten Zeichen- bzw. Textrelationen vermuten ließen: Die ambivalenten Lesarten der Dinge und Begriffe bei Hofmannsthal und Nietzsche, die konkurrierenden Motivbestände der zugleich supponierten und degradierten Einheit, können an die *Frage nach der Differenz* delegiert und einander angeglichen werden. Das heißt, nicht die Einheit einer mimetisch-illusionären Welt an sich, nicht der formal weltkonstitutive Begriff, nicht das „Ding“, sondern die beobachtbare, vielleicht unvermeidliche Tendenz, in der Rede darüber die Differenz zu zerreden, steht zur Disposition. Das heißt zunächst, daß alle Charakterisierungen der modernen Literatur als abstrakt, weltlos u. dgl. unsinnig sind, weil sie das durchaus konsequent gedachte Paradigma der Entmimetisierung in das Mißverständnis radikaler, nichtzeichenhafte Bezüge auflösender Referenzlosigkeit übersetzen (und dabei vergessen lassen wollen, daß absolute Differenz ein

Beziehungsphänomen ist); das heißt aber auch, daß die Vertreter einer an Intertextualitäten und Signifikantenrelationen interessierten Literaturtheorie ein sprachspezifisches, innerzeichenhaftes Differenzkriterium unklarer Provenienz ins Feld führen und dabei die mit der Aufgabe heteronomer Bindungen (man kann auch sagen: mit der Aufgabe des Menschen und der Welt) drohende Möglichkeit ignorieren, daß in allem Sprechen Differenz unaussprechlich oder „nur so dahergesagt" wird.

Jedenfalls gibt es literarische Selbstbezüglichkeit, wenngleich als Versuche umwegig-metaphorischer Zurückweisung ganz bestimmter lebensweltlicher Bezüge. Diese aufgekündigten Bezüge sind nicht nur insofern Fremdbezüge, als sie ein (wie auch immer verschobenes oder vermitteltes) Abbildverhältnis zwischen Literatur und „Wirklichkeit" suggerieren, wobei die Zwischenschaltung nicht gegenständlicher Instanzen, kultureller Codes, ideologischer Orientierungen, tiefentextueller Schichten usw. das Prinzip der außerliterarisch-mimetischen Rückbindung ganz unberührt läßt;[34] die in problematische Selbstbezüglichkeitsphasen eintretende moderne Literatur weist Fremdbezüge nicht einfach deshalb zurück, weil sie Bezüge überhaupt als fremd leugnete, nicht weil es keine Bezüge außer ihr gäbe, auch nicht, weil ihr die Welt und der Mensch nicht „paßten" oder ihr die Welt und der Mensch monströs vorkämen, sondern weil es die Bezugsobjekte in der Form ihres vorgestellten Gegebenseins als differenzlose, externer Beziehungen ihrerseits nicht zwingend bedürftige Einheit gar *nicht gibt*: Jenseits ausmachbarer Unterschiede in den logisch, ontologisch, erkenntnis- und zeichentheoretisch beschreibbaren Aspekten des Problems gilt, daß die moderne Literatur den traditionellen mimetischen Bezug auf eine im Modus „beständigen Anwesens" definierte und vermeintlich nur so gegebene Welt (M. Heidegger),[35] auf eine in Ursprünglichkeit und Einheit definierte und nur so überhaupt zugestandene „Wirklichkeit" (Th.W. Adorno),[36] auf eine in den „kategorialen Bestimmungen einer produzierenden Vernunft" vollständig aufgehende Welt (J. Habermas),[37] auf reale „Präsenzen" – deshalb außer Kurs setzt, weil Welt nicht nur so nicht gegeben ist, sondern diesen Welten das Moment des Gegebenseins, eine irgendwie eingeräumte Differenz hin zum Weltbegriff, nicht mehr ablesbar ist.

Also geht es der modernen Literatur um die *Rettung* der Beziehung zur Welt und um Selbstbezüglichkeit nur im Zuge der nötigen Distanzierung chimärischer Welten? Um den Entzug realer „Präsenzen" zum Zwecke der Revision des von realen Präsenzen betriebenen Differenzentzugs, also um den Entzug eines Entzugs (s.o., Teil II., S. 14ff.)? Andere Deutungen, die der modernen Literatur die Aufgabe kritischer, utopischer oder imaginativer Überschreitung realer Grenzen zumessen, unterbieten zumeist das Alternativniveau einer entweder gegebenen oder nicht gegebenen, da chimärischen Welt, auf die sich Literatur dann auch – sozusagen „mangels Masse" – gar nicht einzulassen vermag. Solche Deutungen, die vom richtigen Gedanken an eine nicht wiederum zeichenhaft absorbierte Welt inspiriert wird, hinterlassen die Frage, ob denn Literatur tatsächlich die Grenzen einer – einmal unterstellten – Realität überschreite und, diesen Fall gesetzt, warum sie das und warum der Mensch dies denn überhaupt solle. Alle Konzepte, die mit einer nicht vorab hintergangenen, nicht mental vermittelten „Wirklichkeit" argumentieren (wie z.B. dem allerdings mißverstandenen, um die Konstitutionsdimension verkürzten „Ding" bei Nietzsche und Hoffmannsthal), entwerfen eine suisuffiziente, keinerlei Reflexion und Brechung brauchende Welt, von der aus geurteilt Literatur als pathologische oder kriminelle Abirrung und der Dichter als der bekannte (noch bei Nietzsche so firmierende)[38] Lügner denunziert werden müssen.

Wenn die moderne Literatur hiervon Abstand nimmt und deshalb selbstreflexive Züge annimmt, so heißt das nicht, daß sie alle Beziehungen aufkündigt. Sie kündigt im Gegenteil nur die Beziehung zu solchen suisuffizienten Ausdrücken von Realität auf, die ihrerseits nämlich die Notwendigkeit von Fremdbezügen, wo nicht methodisch leugnen, so doch nicht erkennen lassen können. Es wäre widersinnig, im aufwertenden Interesse einer zu sich selbst kommenden Literatur auf der Vorstellung souveräner Immanenz und nur dort virulenten Selbstbezugs zu bestehen, die kraft metaphorischen Hinweises auf das notwendig *differente* Gegebensein von Dingen dieser Welt, auf das vermittelnde „als", soeben noch als irreführend entlarvt werden sollte. Unter der durchaus nicht irreführenden, vielmehr unabweisbaren, *hier allerdings* überdehnten Prämisse literarischen Selbstbezugs werden die einzelnen literarischen Beziehungselemente und der gesamte literarische Korpus selbst zu Dingen,[39] deren behauptete Differenz hin zu den anderen literarischen Elementen, zu anderen Texten und Textkonfigurationen, ebenso unklar würde wie der Status des sich in bestimmter Weise von der Realität distanzierenden Sprachphänomens Literatur als *Literatur*: Das nicht gemäßigte, vorab transkribierte Paradigma souveräner literarischer Selbstbezüglichkeit, wonach Zeichen mit Zeichen, Texte mit Texten, Textkonfigurationen mit Textkonfigurationen wie auch immer interferierend kommunizieren, läßt Herkunft und Gültigkeit des (ihm ja zentralen!) Differenzgedankens im Dunkeln, weil der Ausblick auf ein Zeichen-Zeichen- oder Text-Textrelationen regulierendes Anderes (Substanz, Signifikat, Realität, Bewußtsein etc.) verstellt ist. Wie kann es aber ohne eine Außenpositionen haltende Welt, ohne ein Unterschiede und Zusammenhänge stiftendes Bewußtsein zu einer Differenz innerhalb eines auf Welt und/oder Bewußtsein nicht mehr rückbeziehbaren Signifikanten- und Intertextualitätsuniversums kommen? Doch nur so, daß diesem selbst strukturierende welt-, ding- und bewußtseinshafte Qualitäten zukommen oder unter der Hand zugesprochen werden: Auf eigentümliche Weise führt das von den Einheitshypostasen und den Mimesisansprüchen des traditionellen Realitätsbegriffs absehende Selbstbezüglichkeitsparadigma zu einer Realitätsimitation und zur Umkehrung der Mimesis, wonach nun entweder Texte „*Vor*ahmung", nicht Nachahmung eines Wirklichen seien, oder aber Texte andere Texte nachahmen würden.[40] Mit einer solchen Konstruktion handelt man sich das alte, aus herkömmlichen Mimesiskonzepten bekannte Folgeproblem der zentralen Präsenz, der Repräsentationslogik und des dabei in Anspruch genommenen, differenztilgenden Wirklichkeitsbegriffs ein – freilich unter umgekehrten Vorzeichen einer die „eigentliche" Realität textueller Vorgaben imitierenden Welt.

Das erste (auf die Unmöglichkeit moderner Literatur verweisende) Problem methodisch angestrebter literarischer Selbstbezüglichkeit lag in einem quasirealistischen, subsumtionslogischen Rückfall. Dieser diskreditierte die Versuche einer entmimetisierenden Lösung von realistischen Vorbildern, Weltbildern und Wirklichkeitsbegriffen, welche Ablösung indes als der allgemeinste, die zusammenfassende Darstellung der modernen Literatur ermöglichende Nenner angesehen werden muß. Wenn es aber darunter, also unter dem Niveau der thematisch werdenden Referenzlosigkeit metaphorisch-figürlicher Rede in der Moderne, nicht geht *und damit* Selbstbezüglichkeit stattzufinden hat, dann liegt das zweite Problem der modernen Literatur in einem Dilemma. Es handelt sich um das Dilemma, daß weder von vorgeordneten realistischen Referenzen der (in der Moderne dagegen ausdrücklich polemisierenden) Metapher ausgegangen noch auf Referenz verzichtet werden kann; daß diese Referenz, als das gesuchte differenzbildende, Bezüge herstellende Prinzip, auch nicht in der absoluten Immanenz miteinander kommunizierender Zeichen und Texte belassen werden kann (siehe oben), obwohl methodisch kultivierte Intersignifikanzen und -textualitäten nicht nur im Zusammenhang theoretisch-poetologischer Schlußfolgerungen postuliert werden müssen, sondern auch faktisch moderne literarische Praxis motiveren: Ganz richtig wurde bemerkt, daß durch den Verlust der repräsentationslogischen Orientierung literarischer Zeichen an ihrem „Anderen" die

Verlagerung der Lektüre in Richtung der Art und Weise der Darstellung provoziert werde, also eine „Verauffälligung" der Darstellungsweisen, der formalen Merkmale literarischer Texte initiiert und damit die Darstellung zum Dargestellten werde.[41]

Dem kann nun wohl nur in modifizierender Absicht, unter anderem im Hinweis darauf widersprochen werden, daß sich die moderne Schreibszene dem Selbstreferentialitäts- und Intertextualitätsparadigma nicht vollständig unterwerfen läßt. Auch werden vielfach - wenngleich theoretisch nicht vollständig entfaltet - die Funktionen des weltverstehenden Bewußtseins bei der Auflösung gegenständlicher Referenzen und der Etablierung interner literarischer Verweisungsverhältnisse konzediert. So ist etwa das Großstadtmotiv in der Literatur des 19. Jahrhunderts als Markierungspunkt eines Übergangs von gegenständlicher zu „subjektiv-erlebnishafter" Darstellung, darüber hinaus allerdings als der konsequent durchgeführte Versuch zu sehen, hinter die Dimension subjektiven Erlebens noch einmal zurückzudringen und die Großstadt als den motivgeschichtlich ausgemachten Ausgangsort der unendlichen Proliferation nicht mehr wesenhaft rückführbarer Oberflächenbeschreibung aufzuwerten. Hier interessiert weniger das singuläre Motiv als der *auch* es prägende Streit oder das Dilemma zwischen Referenz und Referenzlosigkeit, Differenz und Differenzlosigkeit in der Folge grundsätzlich verfahrender, entgegenständlichender Schreibpraxis. Mit der Antwort auf die Frage nach der Differenz steht und fällt die Möglichkeit eines literaturtheoretisch plausiblen Konzepts moderner Literatur, deren starkes, nur so Selbstbezüglichkeitsstrukturen hervorbringendes Motiv - die Zerstörung der mimetischen Illusion - nicht bei der abgelaufenen Bestandsgarantie einer in Einheitlichkeit und Ursprünglichkeit vorgegebenen Dingwelt an sich Halt machen kann. Vielmehr muß sie die im Subjekt liegenden, formalen Bedingungen vorgestellter Welten, also die Deutung von Erscheinungen in Richtung einer einheitlichen und *nur* in erdeuteter Einheit oder als „System" lizenzierten Welt, mitangreifen. Gemeint sind damit nicht (nicht nur) diese oder jene verdächtigen aus der Begriffsgeschichte bekannten Denksysteme, wie der Materialismus, der spekulative deutsche Idealismus, die Lebensphilosophie, die Physik u.dgl., sondern das Begreifen und Denken selbst, sofern die von ihnen erzeugten Welten, Sinnzusammenhänge, Tatsachen und Dinge einen Diskurs dominieren, in dem die Differenz, d.h. die Abkünftigkeit des zur Diskussion Stehenden von uns begegnenden Erscheinungen, keine Rolle mehr spielt. Differenz-, Referenz-, Referenzlosigkeits- und Selbstbezüglichkeitsmotive greifen auch im Falle einer gegen die verabsolutierte Einheit des Begriffs mobilisierten, einzelnen Erscheinung bzw. Anschauung ineinander, *sofern* uns nun dieses einzelne als ein Ding, als etwas Faktisches und Sinnvolles aufgedrängt werden und seinerseits von der Verwiesenheit an ein welterdeutendes Verstehen befreit werden soll.

Derepräsentation, Entmimetisierung, Selbstbezüglichkeit zielen also auf ein literarisches Sprechen, das sich qua Bildung *selbst*bezüglicher Konfigurationen gegen, wenn man sie so nennen will: jeweilige, pathologische Extremversionen „absolutistischer" Welten sperrt, die deshalb nicht zum Referenten sinnvollen Denkens und Handelns taugen, weil es die Welt in Form einer beziehungslosen, vermittlungsfreien Einheit, sei es als System absoluter Begriffe, sei es als reinen Affekt oder einzelnes Ding, nicht gibt.[42] Eigentümlicherweise sind damit die Figuren der Referenzlosigkeit und Selbstbezüglichkeit, kraft derer sich die moderne Literatur von gegenständlicher Bedeutung als dem einen ihr zugemuteten Referenten und vermeintlich von selbst sinnfälliger Anschauung (als dem anderen) systematisch fernhält, jeweils auf die *Herstellung* fremdbezüglicher Referenzen berechnet - nämlich auf die Durchsetzung reflexiver Deutungselemente gegen „lebensunmittelbare" Einstellungen einerseits und auf den Versuch andererseits, lebendige Anschauung und Erfahrung beim Erkennen im Spiel zu halten. Das, was wir literarische

Selbstbezüglichkeit nennen, ist in der Moderne die strategisch kalkulierte Demonstration eines differenten Sprachgebrauchs, der, indem er Versionen überschwenglicher Einheiten konterkariert, den Nachweis der Differenz über den Nachweis eines „eigenen Daseins"[43] der Sprache führt.

Mit diesem Nachweis, also der selbstbezüglichen Manifestation möglicher Abstandnahme von einem Bereich „falscher" Referenzen, ist das die Selbstbezüglichkeitsdimensionen der Literatur selbst durchkreuzende Dilemma zwischen Referenzlosigkeit und Referenzzwang aber nicht gelöst. Selbstverständlich kann man nicht Literaturwissenschaft treiben und dabei die Literarizität ausmachende Qualität interner formsprachlicher Verweisungen ignorieren wollen, erst recht nicht im Falle einer sich absichtlich auffällig machenden Differenzhaltung literaturäußerlichen Instanzen gegenüber. Wie oben gezeigt, gefährdet allerdings der Mangel einer solchen Instanz, die gleichsam von außen in die Struktur immanenter literarischer Beziehungen hineinwirkt, sowohl den Differenzgedanken als auch den Literaturstatus der Literatur. Man muß verschärfend sagen, daß sowohl die konstatierte zentrale Präsenz einer solchen, Mimesis begründenden Instanz die Differenz vernichtet und Literatur zumindest überflüssig macht (weil Literatur, von hier aus gesehen, nur noch verdoppelnde Darstellung begrifflich faßbarer, als Einheit begegnender Gehalte wäre) als auch die konzedierte Abwesenheit zentraler Präsenzen die Differenz verschwimmen und gerade die internen Beziehungen zwischen signifikantenhaften oder textuellen Beziehungselementen diffus werden läßt (weil der selbstbezügliche Kontext, in dem die Beziehungselemente stehen, keine Auskunft über einen Unterschied zwischen den Elementen gibt, die insofern auch gar keine Beziehung eingehen können – es sei denn, dieser Kontext selbst gewönne eine, die Elemente anordnende und konturierende Bedeutung von außerhalb des Signifikanten- oder Textuniversums). So stark das entgegenständlichende Motiv der modernen Literatur sein mag, die sich nicht mehr mit der Entfaltung einer auf die Einheit fixierten, begrifflich gefaßten, „realen" Welt beschäftigen will und diesem Willen auch deutlichen Ausdruck gibt, so schwach muß die Gegenposition werden, die das Wissen um die Nichtigkeit aller welterzeugenden „Anstalten zur Herstellung von Ganzheitlichkeit"[44] konsequent auf das Wissen um die Nichtigkeit realer Referenzen überträgt und daraus die Konsequenz reiner literarischer Immanenz zieht.

Erst der Nachvollzug der damit verbundenen, tief in Probleme der Erfahrungskonstitution und Begriffsbildung eingreifende Paradoxie – die Polemik gegen die Einheit des Wirklichen als einheitsstiftendes Signum der Moderne, die Einheit als fragwürdiges logisches Korrelat allen begrifflich-szientifischen und natürlichen Weltumgangs – erlaubt es, die Selbstlegitimations- und Selbstreflexivitätsdimension und zum unverwechselbaren Charakteristikum der modernen Literatur zu machen. Der problematische Selbstbezug der – deshalb modern genannten – Literatur kann dabei nicht aus einer noch so entschlossenen Frontstellung gegen literarische Tradition abgeleitet werden; dergleichen hatte eigentlich eine jede innovative literarische Generation gegen ihren jeweiligen Vorläufer in der Vergangenheit in Anspruch nehmen können. Der epochal-grundsätzliche Zug des problematischen Selbstbezugs metaphorisch-figürlicher Rede in der Moderne geht aber erst aus der Opposition gegen systembildende Grundstrukturen menschlichen Denkens und Sprechens hervor, mit deren behaupteter Hinfälligkeit auch die Chancen verspielt scheinen, Literatur als einen eigenständigen, identischen Bereich zu konturieren und von anderen Formen des Denkens und Sprechens abzugrenzen. Alle Literatur, die mimetische *Fremd*beziehungen abbricht, indem sie die gewissermaßen „optimistischen", Konstanz und vollkommene Erschließbarkeit der Welt suggerierenden Einheitshypostasen traditionellen (metaphysischen) Denkens zurückweist, gerät in ein Selbstanwendungsdilemma; da sie sich weder auf einen vorbildhaften Wirklichkeitsbegriff, weder auf festgeschriebene außerliterarische Weltperspektiven noch auf einen eigenen gültigen Kanon von Dichtungsregeln und Gattungen berufen darf (und sie darf es nicht, weil sie, wenigstens den in ihr angelegten, ihre epochale Klassifikation ermöglichenden Tendenzen zufolge, allen identitätsstiftenden Vorgaben widersteht) scheint sie sich in dem oben angedeuteten „kriterienlosen" Abseits reiner oder leerer Differenz aufzuhalten, indem weder „Geist", „Wirklichkeit", „Dinge", „Subjekt", „Bedeutung" noch aber „Form", „Gattung", „Roman", „Erzählung", „Stil" und – vor allem – „moderne Literatur" etwas über moderne Literatur besagen.

Ohne dies für das letzte Wort halten und nurmehr metaphorisches, literarisches Sprechen über Literatur zulassen zu wollen, wird man einen plausiblen Unterschied zwischen der modernen und vormodernen Literatur nur aus der besonderen Heftigkeit des geschilderten prinzipiellen Affekts, des radikalen Entzugs von Begriffsinhalten und Gattungsnormen, herleiten können; eines Affekts, der es verhindert, daß, wie noch zu Zeiten Goethes, literarische Praxis relativ unproblematisch in ihrem Produkt aufgeht; der statt dessen häufig einen Prozeß komplizierter, theoretisch-diskursiver Rückversicherungen und Selbstvergewisserungen in der Literatur selbst in Gang setzt; der also das Eindringen des fremden theoretischen Diskurses in die moderne Literatur nicht bloß gestattet, sondern insoweit, als sich der Status der nicht mehr rückbindbaren, „kriterienlosen" Literatur auf *reine Differenz* reduzieren *muß*, zwingend fordert.

Damit aber: souveräne Selbstbezüglichkeit der literarischen Rede; Aufgabe mimetischer Fremdbezüge; Abstandnahme vom Wirklichkeitsbegriff als dem Orientierungszentrum mimetisch-„repräsentationslogisch" verfahrender Schreibweisen;[45] die Einheit als das mitbetroffene logische Korrelat verlorener mimetischer Orientierung an einem in Einheitlichkeit, Ursprünglichkeit, Beständigkeit und Gegenwärtigkeit definierten Wirklichen; damit Verlust *aller* außer- und innerliterarisch gültigen Distinktionen und Definitionen; damit Diffusion der literarischen Rede in ihrem Literarizitätscharakter und schließlich der gerade im Vollzug souveräner literarischer Selbstbezüglichkeit eingeleitete *Abbruch* literarischer Selbstbeziehungen – wären wir noch vor Eintritt in die Diskussion moderner literarischer Werke an ein derepräsentativ-dogmatisch vorbeschlossenes Ende gelangt. Dieses Ende würde nur noch von der Invasion literaturfremder Äußerungen und allenfalls von Texten markiert werden können, die, wie z.B. die expositorischen „Gedichte" des jungen Peter Handke,[46] ihren literarischen Anspruch nur noch gestisch-deklaratorisch, mittels simpler Einbindung in einen Gedichtband-Kontext, anmelden.

Literarische Selbstbezüglichkeit, die es gibt, und die nicht im Hinweis auf drohende Absurditäten entschärft werden darf, heißt also im Grunde: jenseits von Anschauung und jenseits der Einheit des Begriffs, jenseits unmittelbaren Geltungssinns und jenseits aller vermittelten Sinnzusammenhänge, jenseits von Dingen und Gegenständen. Soll sich Literatur von Mimesis und Repräsentation lösen, muß sie selbstreflexiv werden, selbstreflexiv ist sie, wenn sie sich – wie weit auch immer ersichtlich – rein different verhält. Reine Differenz – und nicht bloß Überschreitung, Modifikation, Verfremdung – liegt unabweisbar im Duktus einer um entgegenständlichende Schreibpraxis kreisenden Argumentation. Diese kann sich auf die Analyse überschüssiger, nicht referentiell auflösbarer Rede überhaupt, insbesondere aber auf die Beobachtung neuzeitlicher literarischer Phänomene stützen, die in ihr Sprechen Gesten und Proklamationen einschalten, welche einen sinnvollen, innerhalb lebenswirklicher Zusammenhänge und realer Gegebenheiten nachvollziehbaren Rückbezug nicht nur nicht mehr zulassen, sondern erkennbar, systematisch, verunmöglichen wollen. Von Systematik kann hierbei nur gesprochen werden, wenn der systematische Zug referentiell andringlicher Welten unkenntlich gemacht wird; d.h. wenn die als geschlossenes System oder Einheit erdeutete Welt in ihren Voraussetzungen, der begrifflichen Produktion einer selbst *nicht* abkünftigen, die Differenz *vergessen lassenden* Welt, angegriffen wird. Von diesem systematisch-konstitutionellen

Grundzug her gesehen, dessen identitätslogischer Sinn in dem das neuzeitliche Denken charakterisierenden Satz „Sein ist Produktion des Denkens" (M. Heidegger)[47] wiedergefunden werden kann, spielt es eine nur geringe Rolle, ob nun die in derealisierender Schreibart distanzierten Welten als Ensemble von Gegenständen, als Realität oder Ding, als präreflexiv vertraute Lebenswelt oder Wirklichkeit vorgestellt werden. Wichtig ist die erzwungene Reaktion darauf, nämlich der mit dem Derealisations- und Repräsentationsparadigma gesetzte Zwang zu einem solch großen Abstand, der die Literatur der Moderne nicht nur von dieser oder jener unbedingten Welt trennt, sondern zugleich von ihren in den kritischen Blick geratenen, unbedingte Welten produzierenden Voraussetzungen. Er heißt sie von einer begriffsbildenden Denk- und Schreibpraxis Abstand nehmen, deren jeweilige *Resultate* Welt- oder Wahrnehmungsmodelle sind, die ohne Rücksicht auf das Modellartige und damit ohne Rücksicht auf die unlösbare Spannung zwischen Modellentwurf und dem darin Erfaßten Geltung beanspruchen. Reiner Abstand, reine Differenz (und in deren Folge das, was wir unvorsichtig literarische Selbstbezüglichkeit nannten) sind systemlogisch erzwungen. Reine Differenz, Differenz „schlechthin" ist erzwungen und wird in der Diskussion über moderne Literatur bleiben müssen, weil die Kritik an den welterzeugenden Voraussetzungen differenzausblendender, Erfahrung stillstellender Welten, also die Kritik am „Reflektieren", „an jedweder Begriffsbildung" (s.o., S. 26f.), artikuliertem Sprechen keinen Ort, keinen Bezugspunkt mehr übrigläßt, von dem her gesprochen werden oder auf den sich Literatur einlassen könnte.

Es mag sein, daß eine solche Terminologie – reine Differenz, Differenz schlechthin – abstrus wirkt, schon deshalb, weil ihr in der modernen Literatur, die ja nicht schweigt und sich vielfach in sprachartistisch-abundanter Weise auf Welten bezieht, wenig zu entsprechen scheint. Genau genommen kann ihr auch gar nichts entsprechen. Die Schwierigkeit sprachkritischen Differenzierungswillens besteht in der unvermeidlichen Infektion sprachlicher Äußerungen mit eben den realistischen Hypostasen, die auch dann in die jeweilige Äußerung herüberspielen, wenn die Sprache Verfahren, Bedeutungszuweisungen und Verhaltensweisen entwickelt, mit denen sie sich von Realität abzusetzen versucht. Ob dabei z.B. festgestellt wird, daß es einem Dichter nicht um die epische Darstellung einer Welt, sondern um deren Destruktion gehe, ob die begriffliche Subsumtionsfunktion direkt angegangen oder im Hinweis auf die unmittelbare Dignität von Dingen oder Gefühlen unterlaufen oder schließlich eine poetische Ursprache bemüht wird, deren bloße Schwundform der Begriff sei – in allen diesen, selbst schwierigen Fällen fungiert die Vorstellung der in Einheit ausgelegten Welt als negativ fixierende Folie dissonanter Welten und gibt das Unmaß einer „reinen", so Derealisationspraxis zugleich fordernden und ad absurdum führenden Differenz vor.

Die *Artikulations*möglichkeiten reiner Differenz scheinen gegen Null zu gehen, weil Sprache immer auch Artikulation mit Bezug auf vorgestellte Realität ist. Was hat man sich schließlich unter einer Differenz vorzustellen, die ohne Pole sein soll, *zwischen denen* doch nur Spannung bzw. Differenz sein kann? Dennoch, diese Absurdität muß in Kauf genommen werden, weil die Differenz *als solche* zwangsläufig in dem Moment als Denkfigur auftaucht, in dem die Literatur in das Stadium der Reflexion auf fragwürdige Voraussetzungen und Implikationen des Wirklichkeitsbegriffs, also solcher „Welten" eingetreten ist, die der Tendenz verabsolutierender Schließung nicht von sich aus, eben im Moment ihrer Artikulation als Welt der Physik, des unmittelbar präreflexiv vertrauten Lebens, der Philosophie, der Ökonomie etc., widersprechen können. Nun ist die Forderung nach Weltausdrücken, die die eigene Axiomatik im Moment ihrer Formulierung sogleich widerrufen sollen, Unsinn; sie liefe auch darauf hinaus, die Existenz von Molekülen im Weltall, überhaupt die ganze Faktizität und angehender Lebensumstände, leugnen zu wollen. Dies kann, trotz der oben so genannten „Kritik" an den identitätslogisch prekären

Prämissen des Wirklichkeitsbegriffs, nicht das Anliegen radikaler literaturspezifischer Differenzierung sein. Derealisation und thematischer Selbstbezug der modernen Literatur, die Differenz durchzusetzen und als Differenz zu erreichen versucht, wirken auch gar nicht in diese Richtung. Kritik, utopische Transzendierung, Widerlegung dieser oder jener Welten ist nicht nur nicht Hauptanliegen moderner Literatur, sondern widerspricht ihr, obwohl die moderne Literatur den Einheitsimplikationen dieser und jener Welten widerspricht. Moderne Literatur widerspricht *aber auf die Weise eines erzwungenen Rückzugs der reinen Differenz hin zu der als Einheit ausgelegten und nur als Einheit artikulierten Welt.* Damit zieht sie sich zugleich aus der Artikulation und damit der Artikulation des Widerspruchs zurück. Reine Differenz repräsentiert gerade deshalb das Überschußpotential der modernen Literatur über die Differenzleistungen einer mit dieser oder jener jeweils vorgegebenen Welt brechenden, nicht aber deren Voraussetzungen thematisierenden literarischen Tradition, weil sie sich *als solche* nicht artikuliert, weil sie nicht direkt widerspricht.

Sie kann sich eigentlich nicht artikulieren, weil sie sich die unbedingten Voraussetzungen einer solchen, Kritik und Widerlegung beglaubigenden Artikulation, nämlich den Besitz einer höheren Wahrheit, die Kenntnis einer eigentlichen Wirklichkeit und den von dort aus eingeräumten, überlegenen Standpunkt, selbst entzogen hat. Reine Differenz, die aus der auf Prinzipien gebrachten Derealisationsbewegung, aus dem Entzug von Realität gefolgert werden muß, ist im Entzug von Gegenpositionen zu den Welten, die entzogen bzw. in ihrem „absolutistischen" Anspruch gezeigt und angefochten werden. Deshalb ist alle moderne Literatur im Entzug eines Entzugs, wobei hier weder über ein Niveau modernen metaphorischen Sprechens vorentschieden und ein Maßstab über klagenswerte poetische Rückfälle vorgegeben noch darüber befunden werden soll, ob die (z.B. bei Beckett und Pessoa erfolgende) nochmalige Demonstration dieses „doppelten" Entzugs eine essentielle Bestimmung moderner Literatur sei. Für uns ist zunächst nur von Bedeutung, daß sich Derealisation, Entmimetisierung und literarische Selbstbezüglichkeit nicht etwa in der einfachen Negation fragwürdiger Wirklichkeitsaspekte, sondern im *Entzug* eines *Entzugs* vollenden.

Jedenfalls verhindert die drohende Kontamination mit welterzeugend-begrifflichen Hypostasen den Aufbau systematisch durchhaltbarer, innerweltlich gar verifizierbarer Gegenpositionen und zwingt die moderne Literatur zu, wenn man so will, kritikloser Affirmation. Das heißt allerdings, kritiklose Affirmation auf der Grundlage angestrebter Realitätsnähe und jenes angemaßten kritischen Besserwissens attestieren zu wollen, mit dem die moderne Literatur im Wortsinne „nichts anzufangen weiß", mit dem sie, es so stehen lassend, gleichwohl nicht den Anfang machen darf. In dieser Formulierung trifft sich die Feststellung einer widerstandslosen Indifferenz (Entzug von Gegenpositionen) mit der Behauptung eines dennoch ausmachbaren Widerstands oder zumindest Abstands von den Welten, in denen die reine Differenz, ihrem radikalen Wesenszug folgend, aufzugehen hat. Wie ist das zu denken?

Mit den Welten, die die reine Differenz stehen oder vorliegen läßt, ist zunächst einmal der eine artikulierte, sprachhabende Bezugspunkt, der erste, oben gesuchte Spannungspol gefunden, den die Differenz braucht, um Differenz sein zu können. Nur wird mit dem Entzug der ausdrücklichen Gegenposition, also im Verzicht auf bessere Welten, utopische Daseinsmöglichkeiten des Menschen etc. der notwendige zweite Bezugspunkt gestrichen, den die reine Differenz braucht, um auch *als* Differenz in Erscheinung treten zu können. Reine Differenz, die gebraucht wird, um den Impuls der literarischen Moderne zu verstehen, verschwindet in der Welt und ist soweit verschwunden, daß sie nicht einmal den zumeist in nachrealistischen Spielarten der Literatur anzutreffenden, kritisch-utopischen Weltgegenentwürfen zu widersprechen vermag.

Moderne Literatur artikuliert sich, indem sie methodisch den Entzug sucht. Virtueller Fluchtpunkt des gesuchten, methodischen Entzugs ist das, was mißverständlich literarische Selbstbezüglichkeit genannt wurde. Literarische Selbstbezüglichkeit in der den Entzug methodisch suchenden Moderne ist etwas anderes als jener aller metaphorisch-figürlichen Rede zukommende Selbstbezug, der eine eigene Bedeutsamkeit beanspruchen kann, weil die Literatur formsprachliche Konfigurationen bildet, die unter partieller Vernachlässigung der in diesen Konfigurationen vertretenen, semantisch-realistischen Bezüge verstanden werden können und sich in ihrem verstehbaren, eigenen begrifflich übersetzbaren Gehalt von den zitierten, realistischen Bedeutungen unterscheiden, aber dennoch auf eine reale, einheitsimplikative Basis, auf einen Wirklichkeits- oder Weltbegriff – wenn auch in modifizierender, kritischer, utopischer, revolutionärer Absicht etc. – rückverwiesen bleiben. Der methodische Entzug hingegen zielt auf eine solche Autoreferenz literarischer Rede, die die Methode von Wirklichkeits- oder Weltbegriffsbildung überhaupt, d.h. die begrifflich identifizierende Erdeutetheit von Wirklichkeit oder Welt im Sinne einer als Einheit ausgelegten und nur als Einheit artikulierten Welt zur Disposition stellt.

Deshalb ist der methodische Entzug zur Auseinandersetzung mit dem Problem einer *reinen* Differenz genötigt und kann sich weder bei der Destruktion dieser oder jener Welt, des Ich, der Dinge, des rationalen Menschenbildes, des wissenschaftlichen Weltverständnisses etc. noch aber entmimetisierenden Schreibpraktiken aufhalten, die die „Verauffälligung" der Darstellungsmittel zu Lasten des Dargestellten betreiben. Eine solche, der modernen Literatur häufig ablesbare Sympathie für ein losgelöstes Signifikantenmilieu leistet wohl immer noch dem doppelten Mißverständnis Vorschub, es handele sich bei der Literatur um eine selbstgenügsame Sphäre, deren Existenz dann auch die Klärung der Beziehung zwischen der Literatur und den Dingen und Problemen dieser Welt überflüssig mache.

Wenn reine Differenz diese Beziehung sein soll, (welche Differenz das methodische Prinzip des Weltentzugs ist), dann kann moderne Literatur *nicht* „eigens", nicht autonom sphärisch, nicht *selbst* welthaft „verlauten". Im methodischen Vollzug des Entzugs, d.h. in prinzipieller Vermeidung realistischer Referenz, gerät die moderne Literatur, *vom Problem* der Artikulation und des Sprechenkönnens *her gesehen*, selbst in einen Entzug, der die *Differenz stumm* macht. Dies gilt wenigstens insoweit, als sich die Differenz nicht mehr in einem Differenten, also einer anderen Welt, einer eigenen Botschaft, vernehmen läßt, sondern *als solche*, eben als *reine* Differenz, nur in den entzogenen Welten selbst mit-spricht. Der Entzug des Entzugs meint die *stumme Mitsprache* der Differenz in den Grenzen vorliegender Welten, die nicht utopisch überschritten, negiert, sondern *ganz ausgeschritten werden müssen*. Erst dann ist *ganz* Entzug von Welt (und literarischer Selbstbezug), wenn ein Entzug des Entzugs stattfindet, dann also, wenn Realität nicht (nur) unter einfachen Zeichen- und Abwesenheitsvorbehalt gestellt, sondern wenn dieser Vorbehalt in Richtung der in allen Realitätsbegriffen ausgeblendeten Differenz thematisch erweitert wird. Indem der erweiterte Vorbehalt der Differenz als solcher Raum gibt, ihr aber keinen eigenen Bezirk, keinen ruhigen Ort des Ausdrucks zugestehen darf und damit den Artikulationsraum der Differenz *vollständig* einengt, wird das (erste) Entzugsmotiv – Entgegenständlichung, Derepräsentation, Aufhebung zentraler Präsenzen – revidiert. Diese Revision, die die Aufwertung der Literatur zum kritischen Organ, zum Medium intuitiver Welterkenntnis oder Instrument zur Erzeugung besserer Gegenwelten, man darf auch sagen: die die *metaphysische Auszeichnung* der Metapher verbietet, kann als das zweite Hauptereignis der modernen Literatur bezeichnet werden. Wir haben nicht darüber zu befinden, ob dieses zweite Ereignis zu der Unterscheidung zwischen einer „klassischen" literarischen Moderne – also der Generation, die die Befreiung des Zeichens von der Repräsentationslogik und die kritische Fragmentierung von Gegenstandsbereichen bewußt betreibt – und einer eigentlich „modernen" Moderne[48] berechtigt, die auf den Mangel vorgestellter transzendenter Bezugspunkte sowie die Notwendigkeit der Entäußerung der Schrift in vorliegende Welten aufmerksam wird und dabei partiell revisionistische Konsequenzen aus dem ersten Entzug zieht. Auch wenn klar wird, daß es einen Rückzug der reinen Differenz aus dem *Artikulations*spektrum *der* Kritik gibt, mit der alle Literatur auf die Verfaßtheit des Wirklichen und herrschende Ausdrucksweisen reagiert, so ist damit keine Abwertung der auch in der Moderne vertretenen literarischen Bewegungen verbunden, die sich auf die Demonstration der Gewalt realer Existenzbedingungen und unmündig machender Traditionszusammenhänge einlassen. Ebensowenig wird in Verfolgung der Denkbewegung, die zur rückzügigen Radikalisierung des Entzugs- und Differenzmotivs führen muß, jene Potenz geschwächt, die durch die *Erschließung* kritischer literarischer Gehalte in Lektüre, szenischer Nachgestaltung, insbesondere bei der Inszenierung dramatischer Werke, auch in der wissenschaftlichen Interpretation frei wird: Das Gegenteil trifft zu. Wie oben angedeutet, liegt es ganz im Duktus des doppelten Entzugs, daß die reine Differenz kritisch intentionale Diskurse und die ihnen entsprechenden Weltkonzepte ebenso rückhaltlos und stumm begleitet wie die Welten, die jene provozieren. Es versteht sich dabei, daß die Differenzleistung der Metapher zunächst und vor allem den herrschenden, uns vertrauten und naturwüchsig steuernden Diskurs „angehen" müssen, sofern darunter nicht wiederum Widerlegung, Belehrung und Aufklärung über einen besseren, vernünftigeren Weltumgang, sondern ein *Erscheinen-* und *Vorliegenlassen*, ein ausführliches Zeigen und *Entfalten* verstanden wird, das *vorliegende* Widersprüche und Gewaltkomplexe zwanglos einschließt. Der Entzug des Entzugs kassiert nicht Differenz, indem er der Literatur die Instrumente kritischer Distanzierung aus der Hand schlüge, sondern umschreibt in rückhaltloser Präsentation dessen, was ist, erst eigentlich zur Gänze den Raum, innerhalb dessen – immanent – Differenz sein kann.

Deshalb ist der doppelte Entzug auch nicht einfach Verdoppelung herrschender Ausdrucksweisen, Rückfall in primitiven Realismus und bewußtlose Rehabilitierung differenztilgender Weltkonzepte. Er ist vollständige Auslegung und damit Interpretation, aber eine solche, die das vollständige Sich-Auslegen der Metapher in eine Welt fordert – Interpretation, die die – den Möglichkeiten des sinnlichen Vernehmens nach: sinnlose – Verausgabung der Sprache fordert. Bis hin zum erwogenen Verbot der Metapher selbst, die vollständig in der Immanenz vorliegender Welten aufzugehen habe, bis hin zu modernen Remimetisierungsprogrammen, die „in vielem an die der älteren mimetisch-illusionistischen Kunst (erinnern), (...) jedoch keineswegs mit ihnen identisch" sind (Willems, a.a.O., 424) – unterliegt die konsequent verfahrende metaphorische Rede in der Moderne einer ubiquitär-panlogistischen Umwertung; sie unterliegt einer gleichzeitig erfolgenden Ab- und Aufwertung, mit der der Rückzug der Differenz aus der Artikulation eingeleitet, damit die widerspruchslose, vollständige Entfaltung einer Welt als so oder so vorliegende Welt gestattet, aber gerade so – eben durch *Faltung* im Sinne des weltauslegenden „als..." – Differenz *überall* eingepflanzt wird.

Die nicht mehr vernehmbare, an Welten „verschwendete" Differenz, die aber nur als nicht vernehmbare, fern der Anschauung liegende Differenz reine Differenz ist (welche reine Differenz methodisch erzwungen ist), läßt vorliegen. Ohne *selbst* anschaulich zu sein, ohne etwas durchschauen, kritisieren oder ändern zu wollen, läßt die reine Differenz doch Welt schauen: „Kann ich die Welt nicht durchschauen, so kann ich sie doch schauen" (Willems, a.a.O., 367).

Man darf ergänzen: Das Schauen oder Schauenlassen der Welt als *diese oder jene*, praktisch vorliegende Welt kommt den systemlogischen Erfordernissen des doppelten Entzugs darin nach, daß der erste Entzug *zugleich* revidiert und in differenzwahrendem Interesse an der Welt *als* Welt radikalisiert wird. Der zweimal erfolgende Entzug schreibt eine Ambivalenz fest, deren eine Seite, das Wiederauftauchen entzogener Welten, denen die Differenz nicht ins Gesicht geschrieben steht, oben gezeigt wurde. Den Entzug des Entzugs zieht es hin zu Welten, die eigentlich zweifach distanziert wurden, indem nicht nur ihr Zeichen- und gewagter Entwurfcharakter bloßgelegt, sondern der Konsistenzanspruch dessen, worauf das Zeichen je hätte zielen können, zurückgewiesen wurde.

Dem Modell ohne Ankunft und Wiederkehr soll auch gar nichts genommen werden, nur daß es, bei sich angekommen, selbstbezüglich in sich kreisend, selbst Welt „ausmacht", von der als Wirklichkeit oder Realität zu sprechen nur deshalb problematisch sein kann, weil sich der Verdacht auf rückfällige Vorstellungen einer unmittelbar gegenwärtigen Welt dazwischenschiebt. Es gehört zu der Ambivalenz, daß auch das tautologische Signifikantenuniversum, das sich zur Welt schließt, diesem Verdacht ausgeliefert bleibt, und zwar so lange, als nicht das Umschlagen des Entzugs des Entzugs in die volle Präsenz, in ein pures Ding, von einem das Modell selbst irritierenden Differenzwissen verhindert wird.

Die Frage nach Herkunft und Ort dieser Irritation, die ja ganz am Anfang der zwischen ersten und zweiten Entzug gespannten Ableitungskette steht und nur vorläufig in Einführung einer ganz bestimmten, systemnotwendig postulierten reinen Differenz sowie unter Hinweis auf deren rückzügig-welterzeugende Funktion beantwortet werden konnte, muß gar nicht genau beantwortet werden. Die Antwort unterbleibt im Bewußtsein, daß weder Denkweisen, die den Nachweis souveräner literarischer Selbstbezüglichkeit führen oder dagegen das Argument des differentiellen Gegenzugs hin zu entfalteten Welten stark zu machen versuchen, noch einfache „naturalistische" Modelle die reine Differenz aus sich selbst herausspinnen können: Sie setzen sie voraus. Das Souveränitäts- (Autoreferentialitäts-, Intertextualitäts-) Modell setzt sie voraus, weil sie das Ausgangsmotiv, den schließlich auf Bedeutungen und Signifikate durchschlagenden, ersten Entzug, radikalisiert/revidiert, aber das so beiderseits etablierte, homogene Milieu (das außenweltlich referenzlose Signifikantenuniversum, das selbst Welt „ausmacht") vor dem Relativismus nur unter Ansetzung und Inanspruchnahme einer solchen Differenz retten kann, die weder aus dem Vorrat zugrundegelegter Entitäten (Rückfall in den Realismus), weder aus höherem, von jenseits selbstbezüglicher Sprachelemente entlehnten Wissen noch aus diesen Elementen selbst bestritten werden kann.[49] Wenn Differenz ist, dann ist sie im Vorhinein in jedem Zeichengebrauch da, wenn auch nur so, daß sie aus diesem zwar erschlossen, aber nicht begründet werden kann.

Also muß in Anbetracht des steten, allem reflexiven Erschließen und Begründen vorläufigen Vorausgesetztseins die *Frage* nach der (reinen, uneinholbaren) Differenz die Antwort sein? Richtig ist, daß die metaphorische Rede in der Moderne Fragestatus hat, weil sie Techniken entzugshafter Nichtfestlegung entwickelt, die gerade dann funktionieren, wenn es die rückhaltlos sprechende moderne Metapher zu vorliegenden, vorgelegten Welten hinzieht. Das Über-hinaus rein differentiellen Fragens wird sichtbar, indem das, was fraglos, beiläufig, einfach ist, als das, was es ist, benannt wird. Unbeschadet des Auftrags, das, was ist, in seiner Widersprüchlichkeit, Häßlichkeit und Verworfenheit mitzubenennen, läßt die moderne Literatur Welt vorliegen, weil sie in ihrer gegenzügigen Strukturierung nicht anders kann als immer schon „draußen", bei den Dingen, bei der

Welt zu sein. Nur ist sie ersichtlich draußen im Maße, in dem sie über den verfolgten radikalen Entzug ganz „drinnen", selbstbezüglich zu sich selbst gekommen ist. Ob Konzepte methodischer Entmimetisierung und Dezentrierung verfolgt werden oder, wie in der literarischen Vormoderne, die Anlehnung an außerliterarische Wirklichkeitsmodelle gesucht wird, macht nur den Unterschied, daß die moderne Literatur, die den Entzug zugleich verschärft *und* welthaft zurückzieht, ihre Welten damit *zugleich* als reines Kunstprodukt *und* Faktenaußenwelt sehen läßt. Die moderne Literatur teilt ihren Welten das Moment notwendiger und sichtbarer Inszeniertheit mit, wonach Welt nur ist, indem sie benannt, als solche nämlich benannt wird, die das Pathos kritisch-utopischer Transgression oder ästhetischer Überformung gar nicht braucht, sondern durchaus Genauigkeit sprachlicher Wiedergabe fordert. Jenseits behelfskonstruktiver Verhältnisse zwischen Zeichen und Bezeichnetem, Kunst und Natur, verbum und res, aber auch jenseits einer um die Wahrheitsdimension verkürzten Rhetorik und, wenn nicht jenseits, so doch ziemlich unbeeindruckt von strömungs- oder stilfreundlichen Fassungen der literarischen Moderne als Realismus, Ästhetizismus, Formalismus etc. – ist diese Welt starres Ziel und hochartifizielles Ergebnis poetischer Tätigkeit *in einem*.

Die Alogik, die den gegenzügigen Entzug des Entzugs begleitete, schreibt sich im poetologisch relevanten Begriff einer „modernen" Literatur fort, die das Ganze der Ereignisfolge aus epistemologischer Befreiung und Rückbindung an vorliegende, theoretisch beschreibbare Welten bildet. D.h. nicht, daß die Literatur dieses Ganze wollen und sich die Ökonomie jener reinen, realistisch umschlagenden Differenz vorab zunutze machen kann, zu deren gegenwendig produzierten Welten das Entzugsmotiv nur vordringt, wenn es, wie einmal gesagt worden ist, unbedingter Negativität, man kann auch sagen: ethischer und theoretischer Verantwortungslosigkeit verschrieben bleibt. Alles andere, etwa eine prophetische Wahrheitsnähe oder „Realpräsenz" beanspruchende Dichtung[50] läuft zumindest Gefahr, die Metapher teleologisch zu refunktionalisieren und den essentiellen Umweg, der die *Metapher selbst ist*, begradigen zu wollen. Welt, realistisch konnotierte, wissenschaftlich interpretierbare und die literaturwissenschaftlich auf ihre sprachlich-metaphorischen Konstitutionsmodalitäten hin interpretierte Welt – ist, indem sie benannt wird, ganz gleichgültig, ob der „Anteil" des Nennens an Welt mitbenannt wird oder nicht; doch wenn die literaturwissenschaftliche Konstruktion überhaupt noch an avancierte literarische Gebilde anschließt, dann wird sie mit der Literatur Welt so sehen müssen, daß diese nur ist, wenn sie so wiederum benannt wird, daß die logische und ontologische *Begrenztheit des Nennens* einer gleichwohl *nur im Nennen vorliegenden* Welt im Spiel gehalten wird, kurz: wenn die *uneinholbare* Differenz „gefragt" ist, aus der heraus Welt der Sprache und die Sprache der Welt zugesprochen werden. Alles sei Sache der Sprache sagt man; die modernen literarischen Konstellationen *zeigen* „alles" als die Sache einer weder von anderem, indes weder nur sich selbst sprechenden noch souverän weltenstiftenden, sondern aus der reinen Differenz sprechenden Sprache.

Es scheint, daß sich die moderne Literatur mit der differentiellen Wendung, derzufolge das, was ist, in seinem metaphorischen Benanntsein ist, wieder den poetologisch entschlüsselbaren Auffassungen der alten Mythologen, insbesondere Homers und Hesiods, angenähert hat, bei denen der Kosmos nur ist, insofern er von der Göttin gesungen, von den Musen gerühmt und gepriesen wird. Ein Differenzmotiv, das ein wie auch immer anfechtbares Bewußtsein des Getrenntseins und der Beziehung von Sprache und Welt voraussetzt, findet sich dort wohl nicht.[51] Somit werden Sprache und Kunstsprache selbst auch nicht zum Problem. Dennoch erreichen die mythologischen Gestaltungen kategoriales Niveau, auf dem allgemeine Bedingungen menschlichen Weltumgangs in einer dem gegenzügigen Wirklichkeitspotential der Metapher analogen Form erörtert werden. In weltimmanenten Sach- und Handlungszusammenhängen, bis hin zu psychischen Vorgängen, erbringen die Götter Homers kategoriale Leistungen, die über den Erklärungswert weit hinausgehen, der mit dem Wissen von eingreifenden Übermächten und einem gewissen menschlichen Zug dieser Mächte verbunden sein mag; bei Vorgängen, deren Sinn nicht im einfachen lebensweltlichen Vollzug liegt, sondern außerhalb seiner von den Protagonisten gesucht werden müßte, treten Götter als Verursacher auf, die dem Menschen damit einerseits eine interpretativ zugängliche Welt erst aufschließen und ihn das Maß aller Dinge sein lassen, andererseits aber als teils wohlratende, teils täuschende und bösartig neidische Götter stets auch jenseits menschlichen Maßes, interpretierter Welten und humaner Personifikationen residieren. Bis in die Tragödie und das frühe philosophischen Denken Heraklits hinein definiert die Überlieferung die Götter, darunter ein bereits philosophisch präpariertes „Eins, das einzig Weise, (das) sich *nicht* und (...) *doch mit dem Namen des Zeus benennen* (läßt)" (Heraklit, B32),[52] in dieser differenzwahrenden Gegenzügigkeit. Ohne zum bewußten metaphorischen Ausdruck und zum szientifischen Metaphernwissen vorzudringen, hält das alte Denken Differenzen und den Zug der Differenz hin zur Welt in Gestalt der die Menschen brauchenden Götter fest, die immer dann zur tödlichen Gefahr werden, wenn nur der *eine* Aspekt welterschließenden Nennens - sei es die vermeinte absolute Trugschlüssigkeit aller sprachhermeneutischen Bemühung, sei es ein auf gewaltsamer Identifikation und vorgeblich perfekter Information beruhendes Herrschaftswissen - hervorgekehrt und nicht das Ganze der hermeneutischen Bewegung respektiert wird, die den Schein als Scheinen, die Welt als endlichen, unumgänglichen Entwurf, d.h. ein Fragen im jeweiligen Entwurf, in der jeweiligen Welt durchsetzt. Und wenn, wie Ernst Jünger schreibt, „immer Dichter vorangehen müssen",[53] nicht etwa weil sie Propheten, unvergleichliche Kenner der menschlichen Seele und irdischen Verhältnisse wären, sondern Sachwalter eines längst vorgedachten, seinerzeit innerweltlich evidenten Differenzwissens, das aber die Metapher in der Moderne gerade im Durchgang durch die differenzverstellenden Extreme reiner Zeichenhaftigkeit, hochartifizieller Simulationen oder naturalistischer Wirklichkeitsreproduktionen wiederzugewinnen weiß, dann ist der von Wertungen und Verrechnungen befreite, literaturtheoretische Nachtrag nicht ganz überflüssig, der weniger darauf achtet, ob die moderne Literatur mimetische Illusionen zerstören, die Hinordnung der Schrift auf eine Idee des Ganzen oder einen Weltbegriff aufheben will, ob sie hingegen vielmehr die Notwendigkeit der vollständigen Verausgabung eigener Differenzansprüche an die Welt als Welt sichtbar macht oder die vielleicht komplizierteste, verrätselte Sprachform wählt, indem sie die Dinge „bloß" beim Namen nennt:

Es ist ein Licht, das der Wind ausgelöscht hat.
Es ist ein Heidekrug, den am Nachmittag ein Betrunkener
verläßt.
Es ist ein Weinberg verbrannt und schwarz mit Löchern
voll Spinnen.
Es ist ein Raum, den sie mit Milch getüncht haben
(Georg Trakl, Psalm).[54]

IV.

Dies ist *keine* „Geschichte der modernen Literatur". Der Titel des vorliegenden Sammelwerks „Die literarischen Moderne in Europa" scheint also, nicht zuletzt in seiner den Gegenstandsbereich geographisch beschränkenden Formulierung, den schon seit vielen

Jahren gültigen, wenn auch nicht immer ausgesprochenen und konsequent praktizierten Vorbehalt zu bestätigen, mit dem die traditionelle Literaturgeschichtsschreibung und die in ihr wirksamen Prinzipien (wie z.B. Kausalität, Kontinuität, Evolution, Fortschritt, Ganzheit bzw. Einheit und ein diese Einheit regierendes „Zentrum" bzw. eine einheitskonstitutive „Substanz") versehen worden sind: die gegen diese Prinzipien geäußerten Bedenken zielen weit über Literaturgeschichte und Geschichtswissenschaft hinaus auf einen diesen Wissenschaften - der Wissenschaft überhaupt - zugrundeliegenden Weltbegriff sowie auf dessen logische und ontologische Korrelate (wie z.B. Einheit, Ganzheit, Ursprung), deren Problematik in der unhaltbaren Annahme einer verstetigten, *beständig anwesenden* - und auch nur in dieser Hinsicht als solche anerkannten - „Wirklichkeit" liege.

Da überdies das neuzeitliche Verständnis von „Geschichte" mit der suggestiven Begriffsäquivokation von „Erzählung" und tatsächlich Geschehenem operiere, dabei den Wesensunterschied zwischen der „historia rerum gestarum" und den kontingenten „res gestae", zwischen der Geschichtserzählung und dem faktischen Chaos begegnender „Taten und Begebenheiten" ignoriere, komme die Geschichtswissenschaft als Interpretationsrahmen weder für phänomenale noch aber literarische Ereignisse in Betracht.[55] Auch wenn man die gerade an diesem Punkt auffällige Annäherung einer wie auch immer gewaltsam oder künstlich verfahrenden Geschichte an die Literatur nicht verdrängen wollte, auch wenn man gewisse Voraussetzungen und Konsequenzen der oben vorgetragenen Kritik bestreitet, die Prämisse einer wissenschaftlich vorgeblich nur entstellten, eigentlichen Welt der Dinge und Tatsachen, einen aus der theoretischen Nichtbeherrschung der Kontingenz resultierenden, erkenntnistheoretisch aber äußerst problematischen Perspektivismus und die Zurückweisung von Wahrheitsansprüchen usw., so folgt doch aus dem Grundeinwand gegen den Wirklichkeitsbegriff für jedes literaturgeschichtliche Projekt der Verdacht, geschichtliches Wissen, das ihm zugrundeliegende, historische Ereignisse zwanghaft vereinheitlichende Konzept einerseits und das Wesenselement der Literatur, die zumindest vom Eindruck der gesuchten und methodisch kultivierten Differenz zwischen Wirklichkeit und Möglichkeit, Wahrheit und Schein begleitete Metapher andererseits, seien unvereinbar.

Ohne erneut in die Diskussion der genannten Prinzipien, insbesondere der literaturgeschichtlich anleitenden Totalitäts- und Zentralvorstellungen sowie der daraus abgeleiteten Aufgabe einer angemessenen Darstellung prinzipiell *aller* dem epochalen Gegenstandsbereich zuzurechnenden literarischen Phänomene, eintreten zu wollen, kann gesagt werden, daß wir weder die Literatur für „die Unmöglichkeitserklärung der Literaturgeschichtsschreibung" (W. Hamacher)[56] halten, noch aber die voreilige Lösung favorisieren, wonach der begriffliche, die eigene Herkunft angeblich bloß verleugnende Sprachgebrauch selbst als ein metaphorischer zu dekomponieren und, demzufolge, *die* Literaturgeschichte in eine Vielzahl narrativ transformierter *Literaturgeschichten* umzuschreiben sei. - Dies tun wir nicht aus Trotz, sondern, schlimmer noch, wider besseres Wissen; wenigstens wider den Anschein eines solchen Wissens, gerade im Bewußtsein der Tatsache nämlich, daß die Mehrzahl der uns (unter dem selbst wiederum totalisierenden und vereinheitlichenden Gesichtspunkt der sogenannten „Modernität") interessierenden Werke und Autoren, literarischen Tendenzen und Gattungsentwicklungen zwischen Baudelaire und Eco, zwischen dem europäischen Naturalismus und Thomas Bernhard - dem Gedanken jedweder außerliterarisch-realistischer oder auch innerliterarisch situierter „Einheit" noch energischer zu widersprechen scheinen als die hier angedeuteten Überlegungen zu dem auch im Grundsätzlichen hervortretenden Unterschied zwischen der Literatur und der Literaturgeschichte, zwischen Literatur und Literaturtheorie. Um die These, begriffliche Wahrheit und metaphorischer Schein, das Denken in den Kategorien der Allgemeinheit und Objektivität einerseits, und Literatur andererseits seien inkommensurabel, noch einmal, nun aber in Zitation einer Allgemeinheit und Objektivität unmittelbar problematisierenden Sentenz ausdrücklich zu stützen, verweisen wir auf den Anfang des Romans „Joseph und seine Brüder" von Thomas Mann. Es heißt dort: „Tief ist der Brunnen der Vergangenheit. Sollte man ihn nicht unergründlich nennen?"[57]

In diesem Zitat verbindet sich der Vorteil einer unseren Zwecken dienlichen Beziehung auf Geschichte mit dem die – mitbetroffene – Literaturgeschichtsschreibung gefährdenden Nachteil eines auf verschiedenen Ebenen ausgesprochenen oder doch zumindest in Erwägung gezogen Abbruchs ebendieser Beziehung. Wichtig erscheint nicht nur der einfache geschichtsskeptische Ausdruck – der womöglich unergründliche Grund des Brunnens –, sondern ein diesen Grund jeweils noch weiter absenkender, schließlich ins Bodenlose führender Radikalismus des sich per definitionem entziehenden *Objekts* (der Vergangenheit, auf die der skeptische Ausdruck gemünzt ist) und der besonderen, nämlich metaphorisch-umwegigen *Art und Weise* seiner *Vermittlung,* die nun ihrerseits den mit der Vergangenheit gesetzten Entzug und die diesen Entzug bestätigende Aussage nicht glücklich kompensiert, sondern nur wiederholt: sofern sie in den Blick geraten, sind die Taten und Begebenheiten der Vergangenheit schlicht dadurch charakterisiert, daß sie nicht (mehr) da sind – die Vergangenheit ist eben vergangen –, womit bereits der Sonderfall einer Beziehung auf ein Objekt eingetreten ist, das, indem es uns (nur) in Form erschließungsbedürftiger „Reste vergangenen Erdenwallens"[58] überliefert ist, unmittelbar zur Problematisierung der Einheits-, Beständigkeits- und Präsenzhypostasen des traditionellen Wirklichkeitsbegriffs nötigt. Die Vergangenheit umschreibt den Sonderfall eines Objekts, das direkt an seine faktische Abwesenheit appelliert und damit auf die im „natürlichen" Sprachgebrauch überspielte Differenz hin zum Bezeichneten, also auf die Zeichenhaftigkeit von „Taten", „Dingen", „Fakten" und dgl., aufmerksam macht. Wohl ist es möglich, die geschichtliche Differenz im Sinne eines naiven „Wie es eigentlich gewesen ist" (Ranke)[59] nachträglich wieder kassieren zu wollen, historische Denken auf lineare Repräsentation und damit den Präsenzgedanken rückzuverpflichten, doch gerät man, gerade Thomas Mann zufolge, in das Paradox, sich auf etwas zu beziehen, zu dem man in Unkenntnis seines womöglich unauslotbaren Grundes gar nicht in Beziehung treten kann, weil die Unergründbarkeit einer Sache nicht sowohl einen ihrer „Teile" oder „Aspekte" als vielmehr die Sache selbst, eben das, was sie „im Grunde" ist, dem Blick entziehen muß.

Unter der Bedingung, daß die Vergangenheit, sobald sie zum kritischen Thema wird, stets Synonym eines Entzugs von „Wirklichkeit" ist, kann der fragende Nachsatz Thomas Manns, ob man den Brunnen der Vergangenheit unergründlich nennen sollte, nicht als halbherziger Widerruf des ausgesprochenen skeptischen Gedankens gedeutet werden. Bei Konzession der Möglichkeit, die historische Differenz und den zeitlich-räumlichen Erfahrungsverlust im nachzeitigen Umgang mit einem „immer wieder und weiter ins Bodenlose zurückweichen(den)" Ursprung (Hervorhbg. von mir, a.a.O., 9) zu ignorieren, stellt schon der einfache einschlägige Verdacht den *gesamten* historischen Bereich zur Disposition, weil man im Zusammenhang der einmal formulierten Frage nach „Anfangsgrund", „Einheit", „Wesen" nur mehr negativ auf das dahinterstehende Bedürfnis reagieren kann, der Vergangenheit „als solcher" habhaft zu werden und das geschichtliche „Menschenwesen" (a.a.O., 9) als ganzes zu begreifen.

Tatsächlich aber liegt im Zitat Thomas Manns der Abbruch der Beziehung zwischen „Geschichte" und „Geschichte", also zwischen geschichtlichem „Faktum" und Geschichtswissenschaft, zwischen „literarischem Ereignis" (Hamacher, a.a.O., 11, 14) und Literaturgeschichtsschreibung – früher und läßt die Aporien, in die die thematisch-referentiellen Probleme der Brunnen-Metapher führen, beinahe überflüssig erscheinen. Denn die Sentenz, in der der historische Ursprungs- und Einheitsverlust, damit der vollständige Entzug einer auf vollständige Ursprungs- und Einheitsbestimmung angewiesenen „Wirklichkeit" *und damit* die „Bodenlosigkeit" des wissenschaftlichen Weltbegriffs angezeigt oder doch zum Problem werden, steht selbst im Zeichen einer besonderen, die Umwegigkeit und Verstelltheit der reklamierten Ursprungs- und Einheitsbestimmungen *vorab* anzeigenden, bildhaften Rede, die das Entzugsmotiv, jedenfalls das am szientifischen Bestimmungsversuch und dem Präsenzgedanken orientierte Motiv – schon vorweggenommen hat. Die Metapher, hier nicht bloß verstanden als einzelne rhetorisch-kanonische Figur, sondern „bildlich Rede überhaupt, (...) uneigentliche, übertragene, figürliche Rede" (G. Willems),[60] die vom *Bewußtsein* des Übertragungsvorgangs und der Uneigentlichkeit geprägt wird – diese Metapher bildet jenen räumlich-zeitlichen Entzug der Präsenz *vor*, dessen der Erzähler in seiner Frage nach der Vergangenheit auf die Weise notwendiger thematisch-„inhaltlicher" Problematisierungen des Wirklichkeitsbegriffs und seiner angeschlossenen Korrelate innewurde. Der „Brunnen der Vergangenheit" hat den Status einer Metapher, die die positive Beziehung zu einer in Form thematisch ausgelegter Einheit und Ursprünglichkeit begriffenen Wirklichkeit abgebrochen hat, welcher Abbruch oder „Entzug" in der Reflexionen über die Bodenlosigkeit des Vergangenen gewissermaßen „verdoppelt" wird.

Die hiermit umschriebene Denkfigur des doppelten Entzugs oder des „Entzugs des Entzugs" (s.o.) rekurriert auf eine eigentümliche Metapher, die das jeder Metapher und jedem als solches bewußten Zeichen ablesbare Motiv, die Abwesenheit einer beständig anwesenden Wirklichkeit, unter Verweis auf die auch „natürliches" Sprechen und Denken begleitende „Illusion" beständig anwesender Wirklichkeit derart radikalisiert, daß jedwede, dem genannten Wirklichkeitsbegriff verpflichtete wissenschaftliche Beschäftigung mit der Literatur bzw. der metaphorischen Rede – Literaturtheorie, Literaturgeschichte – absurd zu werden droht. Wenn der metaphorische Ausdruck einen solchen wiederholten Entzug, die Abwesenheit des Abwesenden und den endgültigen Verlust des geschichtlichen Gegenstandsbereichs signalisiert, so dürfte der womöglich unergründliche „Brunnen der Vergangenheit" auch nicht mehr als sinnlich-anschauliches Korrelat des „irgendwie" doch noch vorliegenden historischen Kontinuums und als ein mittelbar gegebenes Versprechen auf Wiederherstellung der verlorenen Einheit mißverstanden werden – einer Einheit oder der Einheiten, mit denen zu operieren die Literaturgeschichtsschreibung gehalten ist, ganz gleichgültig, ob sie nun von „Epochen", „Formen", „Gattungen", dem „Erzählerbewußtsein" usw. oder einem einzelnen literarischen „Werk" und Thomas Mann spricht.

Auf den ersten Blick also entwirft auch das Thomas-Mann-Zitat das Sprachmodell des metaphorisch-figürlichen beschrittenen „Umwegs ohne Ankunft und ohne Rückkehr" (B. Menke).[61] Nicht zufällig verwiesen die meisten der respektierten Kritiker, die, wie z.B. Paul de Man oder Werner Hamacher, aus den genannten Gründen den unüberbrückbaren Abstand zwischen dem einzelnen, überlieferten literarischen Faktum und allen Versuchen seiner theoretischen, d.h. vereinheitlichenden, verallgemeinernden, objektivierenden Aneignung thematisieren, auf dieses Modell, das die Verabsolutierung des schon dem traditionellen Zeichenmodell eingeschriebenen Abwesenheits- oder Differenzgedankens betreibt und zum Abschluß der Sprache gegen Bedeutungen bzw. Referenzen überhaupt tendiert. Ein Autor, ein literarisches Werk wurde zitiert, nicht etwa, um hier erneut einen Prototypen moderner Schreibweisen ins Spiel zu bringen, sondern um aus den Aporien eines die „Anfangsgründe des Menschlichen" (Thomas Mann, a.a.O.,

9) vergeblich bemühenden Geschichtsdenkens – Aporien, die der Skeptiker Thomas Mann benennt – auf die notwendige Bildung einer eben diese Skepsis einzig angemessen artikulierenden Metapher, den Brunnen der Vergangenheit, zu schließen: Die Probleme des Geschichtsdenkens laufen auf die diesbezüglich problembewußte, weil alle Formen des Einheits- und Ursprungsdenkens in Zweifel ziehende, sie gleichsam „umgehende" Metaphorik zu – nur, daß von dort aus wiederum der Rückweg zur Geschichte versperrt scheint.

Rückweg wohin? Wie schon gezeigt, liegt nicht in dieser vermeintlich obsoleten Frage, sondern in der von den neueren Kritikern der Literaturgeschichte gegebenen negativen Antwort eine Inkonsequenz. Alle prominenten Konfigurationen, die gegen Literaturwissenschaft, Literaturgeschichte und Literaturtheorie mobilisiert werden und mit dem Abschluß der Sprache, mit Aufschub, Verzögerung und der Metonymizität des Wirklichen bis hin zur reinen Selbstbezüglichkeit eines realistisch nicht rückbindbaren Zeichenuniversums argumentieren, bleiben nolens volens auf, die von ihnen zugleich verworfene, als Illusion enttarnte Präsenz oder *Vorhandenheit*, also die „Vorstellung einer ungeteilten, restlos bei sich seienden, mit sich identischen Anwesenheit" (Menke, a.a.O., 239) fixiert. Dies gilt gerade dann, wenn die dem Abbruch signalisierende Metapher in *absolute* Differenz (zu der in unserem Falle exemplarisch zitierten geschichtlichen Welt) gesetzt wird bzw. gesetzt werden soll. Dafür – und damit gegen die Kritik an Literaturtheorie und Literaturgeschichte – sprechen und sprachen mehrere Argumente. So, wie der „Brunnen der Vergangenheit" bei Thomas Mann wohl einen unvermeidlichen und nicht „hintergehbaren" Umweg, der eben einen Umweg um die ihn überhaupt als „Um-weg" ausweisenden, anleitenden Vorstellungen direkt zugänglicher Dinge herum markiert, operiert die Metapher per definitionem mit aufeinanderbezogenen Elementen eines womöglich ganz unsinnigen, nichtsdestoweniger aber vorbildhaften, eigentlichen und nicht übertragenen Sprachgebrauchs – mithin der jedem Entzug vorausliegenden Welt der Präsenzen, die zwar bei näherer Betrachtung ins Bodenlose absacken und nur „Scheinhalte" (Thomas Mann, a.a.O., 9) gewähren mag, indes damit überhaupt erst die Notwendigkeit dichterischen Sprechens stiftet, an dem sie – Illusion oder nicht Illusion – bleibenden Anteil hat.

Schon an diesem einfachsten Aspekt, am Umwegigkeits- und Übertragungscharakter, wird vollends deutlich, daß die auf Präsenzelemente zurückgreifende Metapher gar nichts essentiell anderes, Autochthones, sein kann, sondern nur ein zwischen die Dinge geschriebenes Differenzphänomen innerhalb ein und derselben Sprache, die zugleich mit dem Schein sogenannter Dinge und dem sie heraufrufenden Artikulationszwang die Möglichkeit der Erkenntnis des Scheins *als Schein* und des Zwanges als Zwang bereithält. Wie immer borniert oder „betriebsblind" alltägliche und wissenschaftliche Redepraxis agieren, indem sie die Zeichendimension und das metaphorisch thematisierte Moment der Abwesenheit vernachlässigen, vernachlässigen müssen, so können sie doch im Hinblick auf ihre – im wörtlichen und übertragenen Sinne – „Vor-läufigkeits"-Funktion nicht mehr als bloßer Schein denunziert und von der Metapher als der vermeintlich höheren Form des Wissens abgegrenzt werden.

Spätestens an dieser Stelle, die den Abbau der strikten Alternative zwischen Begriff und Metapher markiert, den Doppelzug der begrifflichen, indes ihrerseits strictu sensu verweigerten Wahrheit hin zur umwegig verfahrenden Metapher *und* der einen Umweg einschlagenden Metapher hin zum Begriff erzwingt, ist der erhellende Rückbezug auf die von Thomas Mann angegebenen, als „halbherzig" charakterisierbaren Konsequenzen des Einheits- und Ursprungsproblems ratsam: Der „Brunnen der Vergangenheit" ist, indem er tief, möglicherweise unergründlich ist, auch *unerschöpflich*. In dieser Unerschöpflichkeit, die eine auf Totalität und differenzloser Einheit bestehende Wissenschaft überfordert, bietet er zugleich der wissenschaftlichen Reflexion Anlaß zur allerdings nie endenden hermeneutischen Bemühung um die Darstellung des Gewordenen und die sie notwendig begleitende Bestimmung von Einheit und Ursprung der Geschichte. Diese Bestimmung, die wir als besonderen Problemfall des in den doppelten, hier thematisch gewordenen Entzug geratenen Wirklichkeitsbegriffs herausstellen, ist deshalb nicht müßig, weil es in der Tat um „Geschichte" geht (und weder um rein innerthetisch verrätselte Brunnentiefen noch um Brunnen in ihrer isolierten dinghaften Bedeutung), allerdings dabei um den in seinem absoluten Geltungsanspruch und Uranfänglichkeitswahn zurückgewiesenen, begrenzten Begriff von Geschichte, dessen Begrenzung und *Bedingtheit* (nicht Widerlegung) in der Mannschen Metapher ausdrücklich wurde:

> So gibt es Anfänge bedingter Art, welche den Ur-beginn der besonderen Überlieferung einer bestimmten Gemeinschaft, Volkheit oder Glaubensfamilie praktisch-tatsächlich bilden, so daß die Erinnerung, wenn auch wohlbelehrt darüber, daß die Brunnenteufe damit keineswegs ernstlich als ausgepeilt gelten kann, sich bei solchem Ur denn auch national beruhigen und zum persönlich-geschichtlichen Stillstande kommen mag. (Thomas Mann, a.a.O., 10)

Dieses alles andere als bescheidene Fazit bezeichnet keineswegs einen ironisch eingeleiteten, augenzwinkernden Kompromiß, in dem eigentlich unsinniges Ursprungsdenken und das metaphorisch-entzugstheoretisch provozierte, wohl nur mehr deprimierende Wirklichkeitsdefizit miteinander verrechnet und irgendwie ausgeglichen würden. Die den Entzug besagende, ihn radikal auslegende Metapher[62] gibt dem Artikulationszwang zur „praktisch-tatsächlichen Bildung" von Ur-, Einheits- und darauf aufbauenden Weltbegriffen nicht einfach nach, sondern ruft ihn ebenso hervor, wie sie je spezifischen Resultate: *dieses* „Ur", *diese* Welt als so oder so beschaffene, gleichzeitig begrenzt. So beläßt es auch Thomas Mann nicht bei einer ins Unerklärliche hinabreichenden Vergangenheits-Frage, deren vermeintliche Halbherzigkeit oder Unentschiedenheit wir nunmehr als folgerichtigen Ausdruck der Gegenzügigkeit metaphorischen Sprechens, d.h. bedingter Identifizierung von Welt bei ständig erinnerter Fragwürdigkeit solcher „stillstellender" und „beruhigender" Identitäten lesen dürfen: Der ansonsten überflüssige Nachsatz zeigt, daß die Metapher weder auf ihr vorausliegende, „grundlegende" Äußerungen zu Ursprung und Einheit der Welt verzichten kann, um die sie, wenn auch in Akten permanenter Einrede, herumorganisiert ist, noch aber die Sphäre eines reinen „Über-Hinaus", einer leeren Transzendenz der Sprache über die in konventionellen Sprach- und Zeichensystemen fixierten Welten auf Dauer besetzt halten kann. Ohne *selbst* jemals ganz auf einen je spezifischen Wirklichkeitsentwurf, diese Welt, diese Bedeutung, diese Utopie reduziert werden zu können, liegt sogar der *Sinn* des ganz ernstzunehmenden, der Metapher eigentümlichen doppelten Entzugs in einem *Zug* zur Welt, zur Vergegenständlichung von Ursprung und Einheit; in dem Maße, in dem das qua Metapher radikalisierte Abwesenheitsmotiv den apriorischen Aspekt der Sprache erschließt, fordert es einen empirischen Ausdruck, einen zwar jeweils neuen, weil provisorisch und begrenzten, aber eben deshalb auch scharf umgrenzten, distinkten Ausdruck einer erkennbaren Welt heraus:

> Hinab denn, und nicht gezagt! Geht es etwa ohne Halt in des Brunnens Unergründlichkeit? Durchaus nicht. Nicht viel tiefer als dreitausend Jahre tief – und was ist das im Vergleich mit dem Bodenlosen? (...) Die Augen auf, wenn ihr sie in der Abfahrt verkniffet! Wir sind zur Stelle. Seht – schattenscharfe Mondnacht über friedlicher Hügellandschaft! Spürt – die milde Frische der sommerlich ausgestirnten Frühlingsnacht! (Thomas Mann, a.a.O., 60)

Diesen Akt der Vergegenständlichung wiederum für metaphorisch-uneigentlich halten zu wollen, ist ebenso richtig wie trivial und expliziert nur das gegenseitige „Vor-läufigkeits"-Verhältnis, in dem das auf die Metapher zulaufende Ursprungs- und Wirklichkeitsproblem, der metaphorische Abbruch und der metaphorische Rekurs zueinander stehen; d.h. die metaphorisch ausgesagte Abwesenheit abwesender Gegenstände und der Rückbezug der Metapher auf die gegenständlich konturierte, in Form „schattenscharfer Mondnächte" und „Hügellandschaften" artikulierte Welt sind hierbei durchaus vereinbar. Das Motiv der Grundlosigkeit und des sehr wohl eruierbaren Grundes fällt nicht auseinander, weil die Metapher nicht bloß exzessive „Verweisung über hinaus" und rekursive „Verweisung auf ..." bleibt, die, gewissermaßen nach getaner subversiver Arbeit, einen gegenständlichen, theoretisch-begrifflich zugänglichen Bezirk provozierte, sondern sich immer schon an einen solchen Gegenstandsbezirk *voll* und *ganz ausgegeben* hat; die Metapher muß „restlos" in der Artikulation, das im Entzug erschlossene, virtuelle Sprachapriori muß voll und ganz im empirischen Sprachgebrauch aufgegangen sein, um überhaupt zu sein – anderenfalls sie nicht uneigentliche, umwegige Metapher, sondern selbst etwas Substantielles, die Botschaft einer höheren, eigentlichen Wahrheit aus einer höheren, für eigentlich deklarierten Welt wäre. Das aber, restlose Auslegung, vollständige Artikulation, heißt, daß Entzug und Gegenzug, Grundlosigkeit und Grund, Äußerung und metaphorische „Erwiderung" *ihrem sprachlichen Erscheinungsbild nach ein- und dasselbe* sind: Die Metapher verbleibt in der Zweideutigkeit eines (Einheit problematisierenden, Wirklichkeit entziehenden) *metaphorischen* Ausdrucks, der (einheitlicher, gegenständlicher) metaphorischer *Ausdruck* ist, und in diesen beiden Aspekten sowohl ein Bewußtsein der Abweichung von der Alltagssprache und dem „grundlosen" Wirklichkeitsbegriff der Tradition verkörpern kann, als auch die Rede von „Dingen", „Grund", Wirklichkeit, Ursprung und Einheit „ausdrücklich" zuläßt. Die Metapher, das Wesenselement der Literatur, und – unter anderem – jene Form begrifflicher Artikulation, die wir im Hinblick auf die sie charakterisierenden, mit Allgemeinheits- und Objektivitätsanspruch auftretenden Sätze als Wissenschaft bezeichnen, stehen in einer Nähe, die nun wiederum im Hinblick auf die bei Thomas Mann zum *Thema* gewordene rekursive Annäherung der Metapher an eine begründbare Wirklichkeit besonders augenfällig wird.

Die Literatur ist theoriefähig und -bedürftig; sie schließt weder Literaturtheorie noch Literaturgeschichte aus, sie ist keine Unmöglichkeitserklärung der Literaturgeschichtsschreibung – nur läßt sich die szientifische Näherung der Metapher, gerade dort, wo sie Resultat einer am Problembestand historischen Einheits- und Ursprungsdenkens ansetzenden Überlegung ist, nicht als Freibrief für alle nur denkbaren Klassifikationen und theoretischen Inventarisierungen mißbrauchen. Da Entzug und Zug, *metaphorischer* Ausdruck und metaphorischer *Ausdruck* dasselbe sind, sind sie auch verschieden nach Maßgabe einer vorausgesetzten Differenz, die beider, wenn auch folgerichtige, sprachartikulatorische Vereinigung erst gestattet. Wenn man die oben gestellte Frage nach der Bedingung der Möglichkeit dieser Differenz für einen Augenblick vergißt und einfach von der Existenz der Literatur ausgeht, die den (ebenso folgerichtig eingenommenen) Ort markiert, an dem die Bodenlosigkeit der geschichtlichen Welt, der provisorische Gebrauch aller klassifikatorischen Bestimmungen im Spektrum zwischen der begrifflichen Einheit im allgemeinen und den besonderen diversen „Einheiten" literaturwissenschaftlicher Provenienz registriert werden können, dann wird man auch von hier aus die *feindliche Nähe* im Verhältnis der Literaturwissenschaft zu ihrem „Objekt" und dessen Geschichte konstatieren und konzeptionell berücksichtigen müssen (s.o., S. 9f., 13, 20). Solange nicht der bleibende Fremdheitscharakter aller Dichtung innerhalb der Literaturwissenschaft zur Sprache kommt, tendiert noch die unschuldigste Rede vom „Werk", vom Schriftsteller

„Thomas Mann", vom „Roman", von einem einzigen Satzgebilde und noch der Hinweis auf den radikalen Entzug zu einer einseitig identifizierenden, den Entzugsaspekt gerade ausblendenden Begrifflichkeit, die damit das Differenzphänomen Literatur einer in Einheit und Vorhandenheit definierten Welt bloß nachordnet.

Auch wenn man den rekursiven Zug der Metapher mitausführt, die faktische Ununterscheidbarkeit von Entzug und Gegenzug, *metaphorischem* Ausdruck und metaphorischem *Ausdruck* konzediert[63] (aber auch *nur* „faktische") bleibt die „über ... hinausweisende" Dimension und die diesbezüglich methodisch bewußte Dimensionierung der Metapher bei Thomas Mann zu erinnern. Ohne die Gegenzügigkeitskoalition jemals aufkündigen zu können, behauptet sich die metaphorische Differenz gegen den natürlichen Versuch ihrer Rückführung auf die *jeweilige,* von der Metapher selbst inspirierte Bedeutung (wie z.B. die Dunkelheit geschichtlichen Ursprungs), in der sie, sich artikulierend, zugleich *ganz* aufgeht. Unter der Bedingung kenntlicher metaphorischer Differenz spaltet sich die Artikulation in einen gegenständlich konnotierten, theoretisch erschließbaren Bedeutungsaspekt und einem alle Bedeutungen schlechthin überragenden, damit wohl nicht vernichtenden, aber begrenzenden Aspekt. Diesen kann man näher als den *Sinnaspekt* der Metapher kennzeichnen und in Vermeidung irgendwelcher weltflüchtiger Ungreifbarkeitsassoziationen als den Vorgang bestimmen, in dem begrenzte Bedeutung *eingeräumt* wird. Bei dem „Brunnen der Vergangenheit" handelte es sich um eine die Bedeutsamkeit geschichtlichen Anfangenwollens einräumende Metapher, die mit Blick darauf, daß sie, als theoretisch irreduzible, differente Metapher, sowohl jenseits totalen Geschichtszweifels als auch jenseits naiver Ursprungssetzungen ist, von diesen ihren beiden Bedeutungsaspekten (es gibt keinen Ursprung, es gibt ihn) gar nicht in einen Widerspruch verwickelt werden kann, geschweige denn, daß sie im Konflikt mit einer der genannten Bedeutungen läge.

Das „Jenseits" oder „Über-Hinaus" der metaphorischen Differenz bringt sich in der Bedeutung, diese begrenzend oder konturierend, voll zur Geltung. („So gibt es Anfänge bedingter Art..."; vgl. oben), so zwar, daß die Metapher von gar keinem *anderen* Ort her, aus keinem anderen Wirklichkeitsbezirk und als gar kein anderer Gegenstand spricht, sondern „nur" eine die jeweilige Bedeutung transzendierende *Art und Weise* ist, auf die uns Bedeutungen, Gegenstände, Wirklichkeitsbezirke oder Welten überhaupt ineins mit der möglichen Erkenntnis ihrer Begrenztheit oder gar ihres Trugcharakters *gegeben* sind; die Metapher, von der Seite der Differenz her gesehen, ist ein nur grenzbegrifflich bestimmbare „Wie?", das ein sachhaltiges, theoretisch befragbares und historisch exponierbares „Was?" induziert bzw. einräumt. Es versteht sich, daß eine theoretisch informiertere Literaturgeschichtsschreibung nicht mit der Entfaltung des zweiten, sachhaltigen Aspekts, gleichsam in Ausnutzung der Nähe rekursiv-gegenzügiger Metaphorik zum Begriff, zufrieden sein kann, sondern das von uns oben sogenannte „feindliche" Moment, also die theoretische Uneinholbarkeit der sich bei Gelegenheit artikulierter Bedeutungen (und in ihnen) geltend machenden Differenz schlechthin, in Gliederung und Ausführung respektieren wird.

Der volle Sinn der Metapher zeigt sich nicht sowohl in der Korrelation von Entzug und Zug hin zur Welt, *metaphorischem* Ausdruck und metaphorischem *Ausdruck* als vielmehr in der für jede Literaturgeschichte verbindlichen Einsicht, daß die *Art und Weise,* in der uns Welt durch die Differenz gegeben ist (Einräumung), das mögliche Bewußtsein der *Begrenztheit* oder, positiv formuliert, des als solcher erkennbaren Perspektiven- oder Entwurfcharakters von Welt und *Welt* selbst in einer Sprachäußerung *übereinkommen*: Diese Konvergenz, die die besondere differenzbildende Beziehung auf ... als (formal) konstitutiv für Welt – welträumend – erkennen läßt, ist der oben schon erörterte *tran-*

szendentale Sinn der Metapher. Dieser wiederum ist die Vorbedingung, unter der eine Reihe bekannter literatur- und erkenntnistheoretischer Mißverständnisse im Zusammenhang der zum Ausgangspunkt der Argumentation genommenen Polemik gegen den Wirklichkeitsbegriff der metaphysischen Denktradition, insbesondere das Mißverständnis der einer mißdeuteten Metapher zugeschriebenen, vollständigen Perspektivierung und der Schließung der Schrift zum selbstzüglich-indifferenten Signifikantenuniversum aufgeklärt werden können. Das radikale Entzugsargument, also die Abwesenheit des abwesenden Wirklichen, kann deshalb nicht in Richtung eines schrankenlosen Perspektivismus ausgebaut werden, weil die oben bilanzierte Konvergenz von metaphorisch thematisierter, perspektivischer Beziehung auf Welt und perspektivisch vollständig charakterisierter Welt keineswegs Unterschiedslosigkeit, das Aufgehen der Welt in der Perspektive (oder auch die Nobilitierung beliebig austauschbarer Perspektiven „als" Welt!) meint, sondern reine Differenz im Spiel hält, aber die Perspektive auf den Status einer auf Nichtperspektivisches angewiesenen, für anderes als sie selbst offenen Perspektive einschränkt – ohne umgekehrt dieses Nichtperspektivische im Sinne einer „absoluten", den Perspektiven und metaphorischen Umwegigkeiten vorgelagerten Welt undifferenzierter Dinge und Tatsachen rehabilitieren zu können.

Daß die Abwesenheit des Abwesenden, des Entzugs des Entzugs nicht zum hermetisch-indifferenten Zeichenuniversum führt, daß die Theorie nicht Schwundform eines ursprünglicheren, poetisch-metaphorischen Weltumgangs und selbstvergessenes Endergebnis gewaltsam verengter Perspektiven ist, konnte schon im Hinweis auf das Vorläufigkeitsverhältnis von Metapher und Begriff, auf den rekursiven Zug und die Notwendigkeit der vollständigen Auslegung der Metapher in artikulierten Bedeutungen verdeutlicht werden. So kann auch das interessante Konzept einer Vielzahl narrativ anverwandelter Literaturgeschichten verworfen werden, weil die ihm ablesbare Konzeption einer allseitig dominierenden Metaphorizität den rekursiven Umstand ignoriert, daß die Metapher, um uneigentlich-umwegig sprechende Metapher zu sein, den auf Eigentliches, Ursprung und Einheit zielenden begrifflichen Sprachgebrauch voraussetzt. Das Scheinargument der Nähe einer erzählend verfahrenden Literaturgeschichtsschreibung zur Literatur verfehlt das differente Wesen der Metapher, ihre innere, theorieanteilige Dimension und damit die Literatur selbst. Sofern über metaphorischen Sprachgebrauch als solchen gesprochen wird, kann dies entweder, wie im Falle des Romananfangs bei Thomas Mann, selbst wiederum metaphorisch geschehen (und dies nennen wir, ungeachtet der erschließbaren oder direkt artikulierten theoriefähigen Elemente solchen Sprechens, Dichtung, Literatur, Poesie), oder aber auf jene begriffliche Einheiten gleich welcher Art mobilisierende, metaphorische Elemente methodisch bewußt zu Einheiten zusammenstellende Sprechweise, die wir, ungeachtet des *bleibenden* Widerstands der Metapher gegen begriffliche Vereinheitlichung und ungeachtet der Begrenztheit einheitsreklamierender Wirklichkeitsbegriffe, Literaturwissenschaft, Literaturtheorie, Literaturgeschichte nennen.

Es genügt allerdings nicht, im Ausgang von einem Zitat, daß die differenzbildende Funktion der Metapher, die Ursprungs- und Einheitsimplikate des Geschichts- und Wirklichkeitsbegriffs, *metaphorischen* Ausdruck und metaphorischen *Ausdruck*, Entzug und Gegenzug in *korrelative* Beziehung setzt, *die* Literaturgeschichtsschreibung kurzerhand für sakrosankt zu erklären, wo man sie vordem, mit Blick auf den repressiven Totalitätsanspruch traditioneller Geschichtskonzepte und die Abständigkeit literaturferner Theorie endgültig erledigt glaubte; die Korrelation der in begrifflichen Bedeutungen vollständig ausgelegten Metapher und des auf metaphorische Uneigentlichkeit angewiesenen Begriffs umschreibt einen Prozeß unendlicher gegenseitiger Verweisung, die den Begriff durch die Metapher, die Metapher wiederum durch den Begriff, Zug durch

Entzug, Entzug durch Zug usw. definiert, damit aber beide gegenzügigen Elemente jeweils ins Unbestimmte abzudrängen und selbst relativistisch zu werden droht. Obwohl die Korrelation oder „unendliche Verweisung" sogar als Definition für die in ihren „Be-deutungs-" Funktionen betrachtete Metapher herangezogen werden könnte, hat der damit auftauchende Relativismus negative Konsequenzen für jedes kritische, an der (im doppelten Sinne) Begrenzung des eigenen Gegenstandsbereichs interessierte Literaturgeschichtskonzept, das seine Terminologie und die von ihm produzierten wissenschaftlichen Resultate nicht mehr ernst nehmen dürfte und in eine Grauzone irgendwo zwischen metaphorisch angewiesener Begrifflichkeit und begrifflich einlässiger Metaphorik verlagern müßte. (So könnte hingegen noch das abwegigste literaturhistorische Konzept, das Dichtung z.B. als Ausdruck biologisch-rassischer Grunddispositionen begreift, den weltrekursiven Zug und die wissenschaftliche Bedeutsamkeit der Metapher ausnutzen, so wie sich umgekehrt eine nur mehr willkürlich verfahrende Nachdichtung auf den unlösbaren, metaphorischen Umschreibungen entgegenkommenden Problembestand historischen Denkens berufen könnte.)

Tatsächlich *ist* die Korrelation, die gegenseitige „Vor-läufigkeit" von Äußerung und Erwiderung, nichts anderes als dieses „Zwischen", das zur Vermeidung relativistischer Vertauschungen und damit zur Etablierung wahrer Verweisungsverhältnisse zwischen distinkten Elementen einer *eigenen Begründung* bedarf, die nicht dem differentiellen Spiel von Metapher/Begriff – Begriff/Metapher überlassen werden, sondern gleichsam nur von „außen" kommen kann. Oben wurde gesagt, daß der transzendentale Sinn der Metapher, d.h. die in jeder Metapher und in jeder aus Metaphern erschlossenen, jeweiligen Bedeutung virulente „Differenz schlechthin", den Modus, die (das *ganze* System „Metapher/Begriff" virtuell transzendierende) Art und Weise bezeichnet, auf die uns Welt, und zwar *aus dieser* außerperspektivischen, außergegenständlichen Differenz heraus – eingeräumt wird: Diese Differenz ist von der zuerst genannten, relativen Differenz zu unterscheiden, als welche die Metapher in bezug auf den von ihr problematisierten Begriff und der Begriff in bezug auf die rekursiv definierte Metapher begegnet – also von der Definition zu unterscheiden, die zur Formulierung der Korrelation bzw. des gegenseitigen Voraussetzungsverhältnisses von Begriff, begrifflich bestimmtem Gegenstand einerseits und Metapher andererseits führte.

Nur in gedankliche Einzelschritte aufgelöst, ist die Differenz diejenige Art und Weise (kein sachhaltiges Etwas), die uns etwas „einräumt", etwas sehen läßt, dabei aber ihren Status als Modus und Differenz *in der Weise behauptet*, daß sie etwas *als* etwas sehen läßt. Die Metapher macht auf dieses „als" als die im Regelfall nicht artikulierte Vorbedingung aller sprachlichen Artikulationen aufmerksam, was nicht heißen kann, die Artikulationsformen, in denen sich ein unbedingtes Bedürfnis nach voller Präsenz und eigentlicher Bedeutung ausspricht, für baren Unsinn zu erklären oder von „höherer" Warte aus skeptisch läutern zu wollen. Die Metapher ist *nur* der *hier eingetretene* Ausnahmefall der Artikulation der „als"-Bedingtheit aller Artikulationen, deren Bedeutungsgehalt sie im Prinzip gar nicht korrigiert, sondern insgesamt als jeweiligen gedeutete Erscheinungen (etwas als etwas sehen lassen) ausweist und begrenzt. Rückbezogen auf unser Ausgangsbeispiel, das Thomas Mann-Zitat mit der ihm angeschlossenen Frage nach dem Grund des „Brunnens der Vergangenheit" heißt das, daß der Blick auf das historisch gewordene Weltganze dann ins Bodenlose gelenkt wird und daß die Annahmen des Geschichtswissenschaftlers zu hilflosen Setzungen verkommen, wenn das „als", also die metaphorisch artikulierte reine Differenz, die von ihr bewirkte Beschränkung auf die Welt der Erscheinung, ignoriert wird und statt dessen „Vergangenheit an sich" und Welt als geschichtliche Totalität „verlustfrei" vergegenwärtigt werden sollen.

Weder das „Ganze", die „Einheit", noch Objektivität und Allgemeinheit „an sich" bodenlosen wissenschaftlichen Erkennens, vielmehr ein die Zeichenhaftigkeit, also die Abwesenheit substantieller Realität verkennendes, überschwengliches Denken und die sich erst *damit* einstellenden semantischen Antinomien (grundlos-begründet etc.) werden diskreditiert – allerdings auch nur insoweit, als die Frage nach Grund, Einheit und Ursprung des geschichtlichen Gegenstandsbereichs zwar aus dem bereits erreichten, metaphorisch indizierten, aus der als Differenz gewußten und artikulierten Differenz heraus gestellt ist, damit aber lediglich das Fazit der Endlichkeit allen Erkennens und die Beschränkung der Geltung gegebener Antworten auf das Niveau *anleitender* (nicht unsinniger) Vorstellungen verbunden ist. Das Bodenlosigkeitsszenarium und das Ethos innerweltlichen Anfangens konfligieren nicht, weil jeweils etwas anderes gemeint ist; das geht schon aus dem Umstand hervor, daß der notwendige Blick auf das Ganze, auf Grund und Einheit, und zwar *nur dann*, wenn nach einem positiv-gegenständlichen Ausdruck dafür gefahndet wird, nichts als *sich selbst* findet, gewissermaßen *auf sich selbst* und damit das Bewußtsein einer leer-differentiellen Hinsichtnahme auf ... ohne Aussicht auf Ausfüllung der mit den Punkten markierten Leere zurückgelenkt wird.

Theoretisch relevant ist hier nicht nur der pathologische Bedeutungsaspekt, die mögliche Grund- und Wesenlosigkeit der Welt, die sich als das Ergebnis einer versuchten innerweltlichen Vergegenständlichung von Grund und Wesen einstellen – aber, wie bei Thomas Mann, nicht das letzte Wort sein müssen, sofern aus eben diesem pathologischen Befund Konsequenzen gezogen werden, die im Schluß – erstens – auf die metaphorisch angezeigte, metaphysische Antworten (nicht aber metaphysisches Fragen) überbietende Differenz und – zweitens – auf den die Differenz wiedergebenden „als"-Vorbehalt gegenüber eingeräumten Grund- und Wesensbestimmungen liegen. Mit dem Bodenlosigkeitsszenarium ist also ein Ebenenwechsel, die erzwungene Konzentration auf die Art und Weise und die erst von daher so zu nennende Differenz „schlechthin" gemeint, wobei die Versuche „inhaltlich"-innergeschichtlicher Begründung auch dann zulässig sind, wenn ihnen ein beunruhigendes Differenz- oder Problembewußtsein ablesbar ist.

Grundlagenbewußtes Sprechen und Denken könnte sich darauf berufen, in seiner Begrifflichkeit von der Differenz nicht nur nicht direkt betroffen zu sein, nicht nur „in Ruhe" gelassen werden zu müssen, sondern durch die Differenz selbst „freigegeben" oder, wenngleich unter dem eingeführten Vorbehalt, „eingeräumt" worden zu sein; der in seiner Alogizität irritierende Satz, daß *aus der Grundlosigkeit der den* „Grund an sich" *korrumpierenden Differenz der Grund freigegeben,* „entlassen" wird, kann ausgesprochen werden, sobald klar geworden ist, daß sich gerade die reine Differenz nur als innere, nur als die aus dem metaphysischen Grundverständnis selbst und *in* ihm wirksame Differentialität artikuliert, welche Artikulation dann hätte unterbleiben müssen, wenn nicht zuvor (im metaphysischen) Sinne des bleibend Anwesenden nach der Welt und ihrem Grund gefragt worden wäre. Die reine Differenz, der unhintergehbare wiederholte Entzug, das Fazit der Abwesenheit des Abwesenden oder, nur zeichentheoretisch, das Zeichen, das sich vorab schon an die Stelle des Bezeichneten gesetzt hat – beläßt den Grund ganz bei sich, nur daß die Differenz ihn als „Grund-als-Grund" entläßt. Der Terminus der anleitenden Vorstellung bzw. der etwas prägnantere, mit Blick auf den differentiellen „Aufschub" des in lebendiger Rede Gemeinten vertretbare Terminus der „Schrift" scheint geeignet, die Konvergenz aus Entzug, doppeltem Entzug und Gegenzug zumindest provisorisch zu fassen, sofern die sich sogleich aufdrängenden Mißverständnisse, „bloße" Vorstellung und geschlossene Signifikatenuniversum, ausgeräumt werden können.

Der Sinn der Metapher liegt nicht allein in der Problematisierung der Einheit, des durch den Begriff in Einheit bestimmten Gegenstandes oder der an der thematischen Auslegung von Einheit interessierten Theorien und Wissenschaften. Erst recht nicht bläht sie sich zum Einheitsgrund oder neuen, nur irgendwie ästhetisch anverwandelten Weltbegriff auf, aus dem alles andere abgeleitet werden könne. Die Metapher ist ein problematisches, dabei unselbständig-rekursives Differenzphänomen, das auf die ihm und dem Begriff vorhergehende reine Differenz aufmerksam macht (anderenfalls entweder die Metapher oder der Begriff metaphysisch refunktionalisiert würde). Somit macht die Metapher auf das „als" *zwischen* ... (z.B. dem erstgenannten, identisch, präsent, an sich gedachten Grund und dem differierenden zweitgenannten Grund) aufmerksam - mit der „internen" Zwischenplazierung aber wiederum auf den ganzen Konvergenzmechanismus aus Entzug, radikalem Entzug und Gegenzug (oder Entzug des Entzugs) aufmerksam, in welchem der Wirklichkeitsbegriff und das ganzheitlich orientierte Fragen der Metaphysik, der Wissenschaft, der Literaturwissenschaft ihren, wenn man das noch so sagen darf, „festen" Platz haben: Die Metapher ist einerseits die strukturale Mitte zwischen Sein und Nichtsein, andererseits aber Anzeige der Kluft, aus der alle Formen des Weltumgangs entspringen. Sie dehnt sich damit auf die Ränder der Korrelation aus Entzug und Gegenzug aus, ist also unendliche Mitte und ein „Zwischen", das das Ganze umfaßt.

Hieran könnte deutlich werden, daß das unsere Begegnungen mit Metaphern regierende *Bewußtsein* der Uneigentlichkeit und Umwegigkeit, das Wissen des metaphorischen „als ob", das Wissen um „Fiktionen", Erdichtung u. dgl. - eben nicht das von der Metapher bzw. von der metaphorisch angezeigten Differenz eingeräumte „als" überwuchert und den Geltungsanspruch unserer, als anleitende Vorstellungen entfalteten Realitätsbegriffe ins Unernste zieht.[64] Das künstlich distanzierende „als ob", das im Übertragungsvorgang Distanz ausdrücklich hält und Differenz anzeigt, läßt das den Realitätsbegriff differentiell „ent-faltende" *als* gelten. Wenn Thomas Mann sich zu widersprechen schien, indem er zu Anfang und Ende eines Kapitels Grund- und Grundlosigkeit der Welt konstatierte, dann war dies als Hinweis auf die Notwendigkeit weltidentifizierender Fixierung bei einer gleichzeitig ausgesprochenen Warnung vor den Stabilitäts- und Glücksversprechen differenzausblendender Denksysteme, also solcher Systeme zu deuten, die nicht nur mit Identitäten umgehen, nicht nur Einheiten, wie es oben hieß, thematisch auslegen, sondern Welt in ihrem Bestand und bedeutsame Welterfahrung ausschließlich von differenz*losen* bzw. Differenzlosigkeit behauptenden Aussagen abhängig zu machen versuchen. Die Frage nach dem Grunde und der Unergründlichkeit wiederholt zunächst die Notwendigkeit identifizierender, ganzheitlicher Fixierung, zwingt aber dabei unter Verweis auf die Unmöglichkeit einer innerweltlich-gegenstandsorientierten Antwort zur Formulierung der einschränkenden Voraussetzungen unserer Weltbegriffe (reine Differenz; die Art und Weise des „als" anleitender Vorstellung) und hat von daher *selbst* den Status der gesuchten, wenngleich nicht auf demselben Niveau gegebenen *Antwort*.

Diese Antwort hält den Widerspruch zwischen Grund und Grundlosigkeit, zwischen Realitätsbegriff und Realitätsentzug aus, ohne die begriffliche Bestimmung einfach zu widerrufen; indem sie das Bewußtsein der fundamentalen Unselbständigkeit - nicht der Falschheit - aller der (Brunnen-)Metapher zugemuteten theoretischen Lesarten ist, einschließlich übrigens der Insuffizienz ihrer literaturtheoretischen und geschichtsphilosophischen Auslegungen, mag sie in einem persistierender Negativität verpflichteten Sinne dialektisch genannt werden. In dieser entzugstheoretischen Formulierung wird jedenfalls das Mißverständnis sowohl eines jenseits der Endlichkeit (jenseits der Bedingungen geschichtlicher Faktizität) situierten Wesensgrundes als aber auch das einer schlußendlich in absoluten Begriffen beruhigten, stillgestellten Dialektik vermieden.

Doch geht es nicht um die Rehabilitierung eines philosophiegeschichtlich belasteten Terminus, und sicher löst ein „dialektischer" Begriff des Grundes bzw. der auf ihren Grund hin befragten geschichtlichen Welt die subsumtionslogischen Probleme nicht, die sich mit aller Begrifflichkeit und dem nicht auszuräumenden Verdacht der Ausblendung der Differenz verbinden. Allerdings *überbietet* dieser Begriff, der sich in der von Thomas Mann entwickelten, zweifellos hochironisch umschriebenen Konstruktion des Grundes im Grundlosen, des „als" im „als ob" – festsetzt, den bloß formallogisch-subsumierenden Begriff, weil er die Ferne des Absoluten in der Erfahrung und die Notwendigkeit analogischen Sprechens immerhin zum Thema, zum „Inhalt" hat – ohne allerdings an sich selbst genuiner Ausdruck dieser Ferne (des Grundes, des Wesens, des Wirklichen) und selbst analogisch sein zu können.[65] Es scheint nun das Bewegungsgesetz der ins Bodenlose führenden historischen „Höllenfahrt" (Thomas Mann, a.a.O., 9-60), diese *einerseits* immer mehr beschleunigen zu müssen, weil der mit Allgemeinheits- und Überzeitlichkeitsansprüchen belastete Grund der Welt in die unendlich prolongierbare Zeitlichkeit zurückweicht; auf dieser die Kausalitätenkette blitzschnell rückverfolgenden Zeitreise wurde der Grund nicht nur nicht angetroffen, sondern erschien, als das fehlende Objekt einer möglicherweise verfehlten Suche, vorab nichtig. So gibt es gute Gründe, Höllenfahrten und Ursprungsfragen, universalistisches Fragen überhaupt, zu unterlassen. *Andererseits* – wofern schon Höllenfahrten besser unterlassen werden sollten, werden sie doch unternommen, weil sie unternommen werden müssen – und dies wiederum, weil es Weltverstehen und die Faktizität einer fragwürdigen, gewordenen Welt einfach gibt.

Also doch eine Rückkehr zu Dingen, Fakten, Tatsachen, zu substantiellen Realitäten? Aber gewiß doch. Wenn dem Bedürfnis nach Rückversicherung und Fundierung des der Metapher antwortenden, vereinheitlichenden Weltbegriffs entsprochen werden kann, dann allerdings im nunmehr unhintergehbaren Sinne eines exponierten Weltentwurfs. Dieser bleibt aber auf „Faktisches" also auf etwas bezogen, das sich nicht unter der Hand in referenzlose, *innerzeichenhafte* Verhältnisse auflöst – und zwar insofern, als er, weltidentifizierend, differenztilgend, überhaupt erst den Horizont für mögliche Begegnungen in der Welt umgrenzt *und* zugleich diesen Horizont kraft dialektischer Exposition, kraft Hinweises auf das „als" endlicher anleitender Vorstellungen, für *faktische* Weltbegegnungen offenzuhalten versucht.

Wenn auch sehr zu bezweifeln ist, ob einheitsauslegende Gebilde spontan über sich hinaus und lebendiger Erfahrung geöffnet werden können, so sind *sie* es doch, so sind es die jeweils ausgelegte Einheit, der jeweilige exponierte Grund, der so oder so firmierende Realitätsbegriff, über die es hinauszukommen gilt. Schärfer noch, sie müssen und können nicht nur nicht über sich hinaus, sondern dürfen es auch nicht, weil nur an ihnen das von ihnen Getilgte und an ihnen Vermißte, nämlich abweichende, einzelne Erfahrung, das für jede Erfahrung konstitutive Moment des Einzelnen überhaupt, sichtbar werden kann. So begegnet im Zusammenhang ganzheitlichen Fragens und der daraus notwendig folgenden Skepsis allen substantiellen Einheits- und Ursprungsbestimmungen gegenüber nicht allein der vielleicht erfragte „moderatere" dialektische Geschichts- und Wirklichkeitsbegriff, mit dessen Hilfe der Theoretiker allenfalls der eigenen Bereitschaft aufhelfen kann, Dogmatisierungen zu vermeiden und das Gespräch nicht abreißen zu lassen; die eigentliche Pointe der von Ursprung und Einheit des Wirklichen wegführenden Denkbewegung liegt in der – vom dekonstruktiven Standpunkt des Entzugs des Entzugs her gelesen – Rehabilitierung der Einheit als „Einheit": Nicht also die Auslöschung begrifflicher Einheitsfunktionen, nicht der Verzicht auf einheitsauslegende Theorie, nicht gar ihre literarisch-metaphorische Umschrift, sondern Grund, Ursprung, Einheit selbst sind die Konsequenz der Besinnung auf die Bodenlosigkeit des Wirklichen. Dem moderaten

Zug, den die dialektische Exposition einer jeden Literatur einschließenden theoretischen Konstruktion einzeichnet, darf mit Recht in vorsichtigen Vorüberlegungen zur Uneinholbarkeit der Metapher nachgegeben werden. Man kommt ihm aber eigentlich erst in Einnahme eines ihn verfehlenden Standpunkts entgegen, also in Erschließung des, wenn man so will, der Metapher abgepreßten, umgrenzten Bedeutungshorizonts, dessen gleichwohl und stets von ihr zitierte Begrenztheit die Metapher aufzeigt, auch dann, wenn, wie im Falle der „modernen" Literatur, die Begrenztheit aller tradierten Wirklichkeitsbegriffe unmittelbar zur Diskussion gestellt wird.

Wir sind an diesem Punkt, der an den rekursiven Zug der Entzugsproblematik erinnert, einer unaufhebbaren Paradoxie ausgeliefert: Von Bescheidenheit literaturwissenschaftlicher Bedeutungshorizonte kann nur in dem Maße die Rede sein, in dem die Interpretationsansätze eine möglichst große Zahl literarischer Textelemente zu vereinigen und in jenen Bedeutungshorizont einzuschließen imstande sind, den die Metapher gleichzeitig ausschreitet und *nur so erst* sprengt – so wie umgekehrt die geforderte Mäßigung der Theorie im Umgang mit der Metapher gerade im „unmäßigen" Vollzug wissenschaftlich nachprüfbarer Verallgemeinerungen und Objektivationen besteht.

In Umkehrung des schlecht totalisierenden Anspruchs, der einer ihrer Grundlagen, d.h. die eingeschränkte Seinsgeltung dieser Grundlagen und den „Entzug" bedenkenden Wissenschaft nicht mehr zugeschrieben darf, kann von der exemplarischen Brunnenmetapher auf die Bedingungen geschlossen werden, unter denen die schlechthin uneinholbare Differenz in ein literaturgeschichtliches Konzept übersetzt werden kann, das die differenzanzeigende Metaphorizität ihres Gegenstandes und den differentiellen Status der eigenen Paradigmen gleichermaßen berücksichtigt. Man könnte hier, reichlich abstrakt, von Selbstbegrenzung reden. Selbstbegrenzung aber in welchem Sinne? Sicher weder im Sinne der Zurücknahme literaturgeschichtlicher Ansprüche noch aber einer unendlichen Zerstreuung je einzelner historischer Interpretations- und Expositionsansätze in Richtung bewußt marginalisierter Anmerkungen, ambivalent gehaltener Urteile oder der Entfernung literarischer Einzelmomente aus dem wie auch immer näher bestimmten geschichtlichen Kontext. Wenn als eine Lehre aus dem Differenzphänomen Metapher die prinzipielle Möglichkeit der auf Einheit verpflichteten, Allgemeinheit und Objektivität beanspruchenden Aussage angenommen werden sollte, dann muß das auf die Literaturwissenschaft und die von ihr bereitgestellten Klassifikationsinstrumente auch zutreffen – wenigstens solange als dabei, erstens, der Eigenart des klassifizierten (dabei Klassifikationen problematisierenden) Gegenstandes entsprochen und, zweitens, in alle Klassifikationsakte ein Bewußtsein der Begrenztheit, d.h. des „Einräumungs"- und Entwurfcharakters ebenso anspruchsvoller wie revisionsbereiter Klassifikationen hinübergerettet wird. Wie aber ist das wiederum *praktisch* möglich? Galt nicht für die (literatur-)wissenschaftliche Aussage das Gesetz einer von allem Differenten absehenden, notwendig „vergeßlichen" Artikulation, der nichts anderes als die Bedeutung abgelesen werden kann, daß die Einheit nicht nur ein subjektiv Veranstaltetes, sondern *real* gegeben sei? Und bestand nicht der Unterschied zur Literatur und der differenzanzeigenden Künstlichkeit, dem „als ob" der Metaphorik, in eben diesem „es *ist* Einheit" aller traditionellen Wirklichkeitskonzepte, also letztlich in der Behauptung einer der Welt immanenten Logik, die die Differenz vergessen lassen und blind gegenüber der Literatur machen müssen?

Diese Blindheit, mit der alle Versuche der Verständigung über Literatur geschlagen sind, erweist sich indes eher als eine Stärke. Die Beschränktheit vorgenommener Bedeutungszuweisungen (im doppelten Sinne einer Umgrenztheit und eines dubiosen Produkts reduzierter Erkenntnisfähigkeiten) muß gar nicht erst nachträglich mental realisiert und in ein schlechtes Gewissen der Interpreten übersetzt werden, weil, wie versuchsweise gezeigt, der Entzug der Entzugs auf Bedeutungen, erschließbare Begriffsinhalte und korrespondierende wissenschaftliche Gliederungsnotate, zuläuft. Der „doppelte" Entzug hat selbst eine Doppelnatur, in der Blindheit und Hellsichtigkeit, differenzausblendender Deutungsanspruch und nur so erschlossene, nur so thematisierbare Differenzdimension, „Wirklichkeit" und dadurch verstellte, aber nur erst durch die Verstellung hindurch uns „angehende" Möglichkeit übereinkommen. Beide Weisen der Hinsichtnahme auf die Literatur, begrifflich fixierte Bedeutung und alle Bedeutungen hintergehendes Differenzwissen, sind nicht mehr, oder doch nur noch theoretisch - heuristisch, unterscheidbar. Jedenfalls bleibt ihr Unterschied „bedeutungs"- und *folgenlos* - mit Ausnahme einer allerdings einer ganz untheoretischen Aufmerksamkeit und Offenheit solchen Einzelerfahrungen gegenüber, die imstande sind, der uns vertrauten Axiomatik, den aus ihr abgeleiteten Klassifikationen und Definitionen (die literaturwissenschaftlichen eingeschlossen) einen entscheidenden Stoß zu versetzen.

Prinzipiell gilt das natürlich für jede Erfahrung; d.h. gemeint sind nicht krasse, sensationelle Novitäten, fliegende Kühe u. dgl., oder das schlechthin Namenlose oder eine nicht mehr zu bewältigende Flut von Reizen usw., sondern die an beliebigen Gegenständen demonstrierbare Änderung hergestellter Sinnzusammenhänge, wie z.B. die Erfahrung der Großstadt als Ort räumlich-zeitlicher Fraktionierung und Reduzierung von Gegenständen auf den Status beliebig montierbarer, beliebig abrufbarer Erlebnismomente, und - was hier interessiert - die auch hinter solche abweichenden Erfahrungen nochmals zurückgreifende Aktualisierung der Erfahrungsgrenze überhaupt. Nicht der Inhalt der jeweiligen neuen, abweichenden Erfahrung, sondern die Ungeheuerlichkeit der in allen möglichen Erfahrungen virulent werdenden Distanz hin zu allen bestimmten Inhalten ist Anlaß aller Metaphernbildung und steht, wie hier einmal ausnahmsweise gesagt werden soll, in der modernen Literatur zur Debatte. Vgl. z.B. Botho Strauß, Paare, Passanten:[66]

In einem Restaurant erhebt sich eine größere Runde von jungen Männern und Frauen. Es ist bezahlt worden, und alle streben in lebhafter Unterhaltung dem Ausgang zu. Doch eine Frau ist sitzen geblieben am Tisch und sinnt dem nach, was eben an Ungeheuerlichem einer gesagt hat. Die anderen stehen bereits im Windfang des Lokals, da kommt ihr Mann zurück. Er hat, kurz vor dem Ausgang, bemerkt, daß ihm die Frau fehlt. Aber das steht sie auch schon auf und geht an ihm vorbei durch beide Türen (9).

Diese Szene kann von kommunikationstheoretischen oder sozialpsychologischen Assoziationen befreit werden, weil das hier einbrechende „Ungeheuerliche" die Hemmung der Verständigungs-, Beziehungs- und Handlungsabläufe erst bewirkt. Als ein ganz und gar Fremdes, Unheimliches - das deshalb auch kein Thema der Kommunikation ist, obwohl es in der Sprache auftaucht - liegt es diesen Abläufen voraus. Hieraus folgt aber, daß tatsächlich dieses „Ungeheuerliche" dem wir bis dato in logisch-negativer Erschließung den Namen der Differenz schlechthin, des radikal Einzelnen bzw. der Einzelerfahrung beigelegt haben, sich *ganz von selbst zeigen*, sich uns irgendwie von selbst geben muß. Anderenfalls erwiese sich die Differenz als immer schon begrifflich (oder auch metaphorisch) präokkupiert, d.h. systemimmanent, und könnte dem ihr eigenen, notwendigen Anspruch, schlechthin uneinholbare Differenz zu sein und axiomatisch erschütternd wirken zu können, nicht genügen; wir erinnern daran, daß sich das Differenzmotiv, das mit der sprachspezifischen Wendung der Begriffsgeschichte gegen die tradierten Vorstellungen substantieller Realität erfolgreich ins Spiel gebracht wurde, nur unter Hinweis auf eine auch aller sprachlichen Artikulation entrückte Außenstellung, schlechthin abseitige Positionierung der Differenz, ernstlich durchhalten läßt. Daran ändert auch nichts die Einsicht, daß sich die radikale Differenz *nur in* und *an* sprachlichen Kontexten zeigt – und auch der Umstand nichts, daß die Metapher als differentieller Sonderfall sprachlicher Kontexte das Hineinwirken der Differenz in die Sprache *eigens* anzeigt. D.h. aber, daß das Einzelne der Erfahrung (d.i. erkenntnistheoretisch der singuläre Repräsentationsmodus der Anschauung) nicht nur als kontrafaktische Entsprechung zum Begriff, als das bei Abzug des Allgemeinen im Bewußtsein Übrigbleibende und heuristische Sprachsystemgröße bestimmt und damit ontologisch entschärft werden darf, sondern ein Sich-Gebendes und damit eine Art „Wirk-lichkeit" vor der Wirklichkeit ist.

Das Wirklichkeitspotential der Metapher liegt also – erstens – im Aufweis einer Anschauungs-„Wirk-lichkeit", genauer: eines Sich-Gebens und Überlieferns von „Wirklichkeit" vor *der* Wirklichkeit, die von der Metapher – zweitens – „als" Wirklichkeit eingeräumt wird und – drittens – dabei zugleich in ihrer Geltung eingeschränkt, überschaubar, relativiert wird. Der Sinn der uns interessierenden radikalen Differenz liegt zwar seinerseits im Aufweis der Fixierung an vorliegende und stets vorauszusetzende Sprachkontexte, in die das Erfahrungsgeschehen der Differenz – des Ungeheuerlichen, wie es bei Botho Strauß hieß – einbricht. Doch genügt es eben nicht zu sagen, daß die Literatur bzw. die differenzindizierende Metapher vorliegende Wahrnehmungsmodelle destruiere. Diese Destruktion ist nicht nur identisch mit dem Aufbau eines anderen, neuen Wahrnehmungsmodells, sondern es geht ihr notwendig eine die Destruktion erst ermöglichende, schlechthin einzelne Erfahrung voraus,[67] die sich zwar aus theoretischer Perspektive, d.h. in Vermeidung substantialistischer Rückfälle, nur als Differenz in..., Differenz von... *darstellen* läßt, die es aber ganz von selbst, als unverfügliche, uns „gespendete", muß geben können, damit überhaupt so etwas wie Bewegung des Denkens und Veränderung der Welt stattfinden kann. Ohne diese einzelne jemals vorstellen zu können, bewahrt die Metapher, wenn nicht diese einzelne als solches, so doch die Möglichkeit des Auftretens dieses einzelnen auf. Alles, was über das *Zusprechen dieser Begegnungsmöglichkeit* hinausgeht, überfordert die Metapher und gibt ihr priesterlichen oder prophetisch-autoritativen Rang, der einer künstliche Übersetzungsmöglichkeiten erprobenden Sprachveranstaltung trotz des Appells an Unverfügliches, „Ungeheuerliches", das sich zeigen möge, nicht zukommt.[68]

Gefordert ist daher eine zwiespältige, dabei den Ausgleich *vermeidende* Einstellung, mit der sich Literaturwissenschaft und Literaturgeschichte in die oben beschriebene *feindliche Nähe* zur Literatur begeben – nämlich die einer auf's „Ganze" gehenden, ihre Entwürfe als Entwürfe, aber von der Literatur selbst angebotene Entwürfe exponierenden Wissenschaft einerseits und die eines grenzwerthaften, im Grunde selbst schon dichterischen Weltverstehens andererseits, ohne das eine theoretisch avancierte Literaturwissenschaft zwar nicht auskommt, das aber in ihr sprachlos bleiben muß. Im literaturwissenschaftlichen Angewiesensein auf die radikale Differenz und das die Differenz thematisierende Phänomen Literatur liegt zugleich das Gebot der Abstandnahme von der Differenz, also einer Differenz zur Differenz (nichts anderes ist, nur von der Seite der Metapher und ihren einheits- bzw. gegenstandsdestruktiven wie -konstruktiven Funktionen her gesehen, der doppelte Entzug), ohne welche abständige, Begriffe jenseits von Anschauungen, Einheit jenseits von Unterschieden situierende Positionierung des Denkens nicht nur keine als solche *hart* konturierte Differenz, sondern auch keine wirkliche Erfahrung wäre. Die Äußerlichkeit und „Blödigkeit" allen auf eine verläßliche Welt setzenden Denkens: der naive Realismus alltäglichen Weltumgangs und der elaboriertere, Einheiten thematisch machende Realpräsenzglaube der Wissenschaft, sind Folien jenes radikalen, von der Literatur in Erfahrung gebrachten Differenzgeschehens, das keinen eigenen positiven Ausdruck finden darf und seine Radikalität, d.h. Uneinholbarkeit und *objektive Unbe-*

stimmtheit, ausschließlich auf dem Umweg über die es gänzlich überlagernden Einheitsextreme, in äußerster Zurückhaltung und Aussparung also, demonstriert.

Behauptet wird damit nicht, daß die Wissenschaft Voraussetzung der Literatur (oder gar der metaphorisch indizierten Differentialität der Erfahrung) wäre, sondern nur, daß die überschwenglichen, ins Bodenlose führenden Einheitsimplikate, wie sie allen wissenschaftlich erarbeiteten und vorgenommenen Klassifikationen eigen sind, Voraussetzung der Erfahrung literarisch artikulierter Differenzimplikate sind. Dies gilt, gerade weil die Differenz schlechthin, die alles Weltverstehen auszeichnet, der Begriffs- und Metaphernbildung voraus – und damit fernliegt. Nur in der Haltung „wachen Boniertseins" – und weder im lamentösen Scheinheroismus von Kunstwissenschaftlern, die das Obsolete des eigenen Tuns bezeugen, weder in Versuchen, mittels ambivalenter Formulierungen und Diskursmischungen Unbekanntes, Kommendes dennoch irgendwie vorwegzunehmen, noch aber im stupiden Perfektions- und Totalitätswahn – kann die Wissenschaft der Einzelheit und objektiven Unbestimmtheit entsprechen, an der einer jeden, den metaphorischen Sprachgebrauch favorisierenden Begriffskritik gelegen ist; so zwar, daß diese beiden Momente, die jeder lebendigen Erfahrung zugrundeliegen, in wissenschaftlicher Begriffsbildung nur ex cathedra benannt, aber auch aus dem metaphorischen, sie einschließenden Sprachzusammenhang nur virtuell erschlossen werden können. Die Abträglichkeit einer jeden Rede über..., die Verfehlung jeglicher Artikulation, tangiert nicht nur die einheitsdefiniten Aussagen der Wissenschaft, sondern auch die Metapher, der die Differenz zwar „auf den Leib geschrieben" ist, welche aber *selbst* nur indirekt verlautet – wie auch die im Differenzinteresse begonnene Rede von Einzelheit und objektiver Unbestimmtheit lediglich logisch-ontologisch gelesene Gegenpositionen innerhalb eines theoretisch längst vorausgelegten Systems aus Begriff und Anschauung besetzt.

Man mag erneut einwenden, deshalb sei die Rede über Metaphern, sofern sie nicht selbst metaphorisch sei, verfehlt. Diese Kritik, die die neueren dekonstruktivistischen Verständigungsversuche über die Literatur belebt und bekanntlich zu den oben erwähnten halbmetaphorischen, halbszientifischen Mischdiskursen geführt hat, ignoriert den rekursiven Zug der Metapher, indem sie die Konsequenzen des von ihr selbst formulierten, *radikalen* Existenzvorbehalts (des Entzugs der Entzugs, der Abwesenheit des Abwesenden) nicht zieht: Wenn oben gesagt wurde, daß die den Entzug und die Differenz ausdrücklich machende Metapher um wirklichkeits- und einheitsimplikative Aussagen herum organisiert sei und auf diese zulaufen müsse, so ist dies weder *bloß* eine Konzession an die zwingenden logischen Prämissen des Einheit „brauchenden" Differenzgedankens noch ein Verlegenheitsplädoyer für das Fortleben irgendwelcher Restsubstanzen oder Spuren substantieller Realitäten im Bewußtsein, deren sogleich durchschaute Hinfälligkeit uns zum Eingeständnis hilflosen Befangenseins in falschen, aber unvermeidbaren Annahmen bringen müßte. Vielmehr ist zu erinnern: Der gegenzügig verstandene Entzug des Entzugs, das von der Sprache her nur zu Ende gedachte, metaphorisch auffällig werdende Differenzmotiv, übersetzt und wahrt das Einheitsmotiv *gerade* in Form der *Verselbständigung* und tendenziellen Schließung des Sprachuniversums zu einer in sich differentiellen – transmundane, substantielle Exkurse von selbst verbietenden – Welt: Diese ist auch dann eine uns angehende, bedeutsame Welt der einen Erfahrung, und nicht etwa die Simulation einer Simulation einer Simulation... oder „stimmliche Pluralität", wenn sie als „verstetigter Diskurs" gefaßt wird, und sie ist auch dann differentiell entfaltete „Welt-als-Welt", wenn die reine Differenz im Dienste einheitsauslegender Wissenschaft übergangen wird und die jeweils bestimmte Einheit – Grund, Wesen, Ursprung, Autor, literarische Gattung, moderne Literatur usf. – nur mehr schattenhaft zu begleiten vermag.

Mithin macht die gegenzügig verstandene Metapher in der Moderne auf die Faktizität von Welt, auf den, wie es oben schon einmal hieß, „trefflichen Umkreis von Fakten" (Wallace Stevens), aufmerksam. Sie hält zwar, als Metapher, das Andenken der auch in der Faktizität wirksamen, verschatteten Differenz wach, die das, was ist, in einen ontisch-ontologischen Zwiespalt setzt. Als eine solche Metapher aber, die ihren Dienst, den Hinweis auf die *reine* Differenz so versieht, daß die Schließung radikal differentiellen oder „unbedingt negativen" Sprechens zur Welt und die vollständige artikulatorische Auslegung in die differenzlose Tatsächlichkeit sinnfällig werden, signalisiert sie *immer auch* Vorhandenheit, Massivität und Materialität von Welt, also alles andere als eine mit traditioneller Kunstästhetik, literarischer Phantasie und metaphorischer Freiheit verbundene sprachartistische Beliebigkeit. Wenn sie im Gegenteil das induziert, was es gibt und was nicht ohne weiteres geändert werden kann, *obwohl* (und weil!) sie das, was es gibt, im Modus des doppelten Entzugs, der Abwesenheit des Abwesenden, zeigt, macht die moderne Metapher, die die Differenz als solche thematisch macht, die Auslegung der Differenz in die Präsenz, in ein zeitlich Gegenwärtiges thematisch, das „feststeht" – weil es aus einer Vergangenheit stammt, die dasjenige ist, was nicht mehr geändert werden kann. Diese *faktische* zeitlich-geschichtliche Dimensionierung metaphorischer Realität wird dadurch nicht revozierbar, daß uns die metaphorisch indizierte Differenz im Prinzip jedes Faktum, jede Realität in Abwesenheit, als immer schon Vergangenes und damit als Teil eines Vergangenheit, Gegenwart und Zukunft verschiebenden, paradigmatisch ausgreifenden Diskurses umdefinieren heißt. Wenn wir solchermaßen zu einer weltentwurfshaften, das heißt hier: zeitigenden Umdefinition vorselegierter Fakten, Daten, Dinge genötigt sind, wenn wir denkend Daten und Dinge in den unauslotbaren Brunnen der Vergangenheit fallen lassen müssen, dann aber mit der vollen Konsequenz, daß das immer schon Vergangene, in den Zeitenabgrund Gestürzte, die uns *hier und jetzt* massiv angehende, faktisch widerständige Welt selbst ist, die, weil sie alles ist, weil es *nur* den Aufschub gibt, uns weder zum Bewußtsein des Absturzes noch dem verschobener Abständigkeit und Grundlosigkeit, sondern zum Präsenzwissen kommen lassen müßte. Derjenige, der sich unter allen Umständen im Rahmen der Brunnen-Metapher halten möchte, wäre genötigt, sowohl die unauslotbare Tiefe des Zeitenabgrunds zu konzedieren, als auch den Abstand zwischen den Wänden des Brunnens ins Unendliche zu vergrößern, um einerseits so dem unendlichen Aufschub und dem radikalen Abwesenheitsargument zu entsprechen, andererseits die dadurch bewirkte Ausdehnung der präteritalen Innenwelt anzuzeigen, deren Bewohner nichts von Abwesenheiten, Entzügen und Innenwelten und gar nichts von Brunnentiefen wissen könnten. Der Brunnen der Vergangenheit würde zum jetztzeitigen Universum, indem ein Brunnen der Vergangenheit, d.h. virtuell außenperspektivische Differenzerfahrung, die Grund und Einheit des Wirklichen der Erfahrung immer wieder entzieht, eigentlich nicht vorkommt.

Vollständig durchgeführt, initiiert also das Abwesenheitsargument eine endlose Schleifenbewegung, die von Bildern und Zeichen zur Welt, von der Welt zu Bildern und Zeichen führt; allerdings setzt das Bild der Endlosschleife, die den Kreislaufprozeß von Bildern und Welten, den realistischen Umschlag realitätssimulierender, omnipräsenter Vermittlungen und die radiale Unendlichkeit des Zeitbrunnens veranschaulicht, schon immer eine Position außerhalb der Schleife voraus, von der aus der Kreislauf als Kreislauf, zeichenhafte Vermitteltheit als Vermittlung überhaupt registriert und der Radius des Brunnens überschaut werden könnten. Obwohl der radikale Entzug des Wirklichen, man kann auch sagen: die Befangenheit des seine selbstproduzierten Maßstäbe nicht loswerdenden Menschen – Wirklichkeit als Wirklichkeit gegenzügig verstehen läßt und (zunächst) zu Faktischem zurückführt, muß das solchermaßen wieder ermächtigte Wort von Welt solange unterdrückt werden, als nicht auch der bleibende Unterschied zwischen gleichwohl zusammengehörigen, ja zusammenfallenden Bildern und Welten, Maßstab und Gemessenem, dargelegt worden ist – dargelegt aber unter Rückgriff auf einen ersten, *fundamentalen* Unterschied, der Einheit und – sekundären – Unterschied von Bildern und Welten, Macht und *begrenzte* Macht von Bild-Weltsimulationen, faktische Vorhandenheit und bildhaften Inszenierungsstatus von Welt sowie deren gegenseitigen Austausch erst einmal erfahrbar macht. Nur eine solche Konstruktion – gesprochen wird von einer Differenz oder einem Unterschied, der sich in Form des uns eingeräumten Unterscheidenkönnens zwischen Zeichen und Bezeichnetem, Bildern und Welten, gewissermaßen zurückerhält, der immer wieder in die Zeichenwelten eintreten kann, obwohl dieser Wiedereintritt („re-entry")[69] ein Stadium des Vergessens von Differenz voraussetzt – nur diese umständliche Konstruktion der sich zugleich zurückerhaltenden und als solche artikulatorisch zurückhaltenden, reinen Differenz scheint tauglich, einen Relativismus und vermanschenden Pluralismus, wenn sich nicht sogar das trivialisierte „anything goes", zusammen mit der „paradiesischen" Annahme extramundaner Subjekte oder Substanzen verhindern zu können.

In diesem Zusammenhang ist der literarisch-metaphorische Sprachgebrauch, insbesondere der die Differenz- und Kreislaufqualitäten selbst beobachtende Sprachgebrauch der literarischen Moderne, die ungeheuerliche Ausnahme. Wenn nun Thomas Manns Brunnen-Metapher den – aus desaströser Abgrundperspektive so zu sehenden – Glücksfall des bereits eingenommenen Differenzstandpunkts eintreten ließ, dann tut sie dies um den Preis der indirekt erfolgenden Anerkennung einer differenzlos erscheinenden, ganz intransingenten Faktizität, also der gefährlichen Möglichkeit vollständigen Verfallens menschlichen Denkens und Handelns. Dieser Preis ist aber schon deshalb nicht zu hoch, weil es dem ironischen Metaphoriker, der die Bodenlosigkeit des Wirklichen notierte, um die Restitution dieser nicht sogleich wieder entstofflichten Wirklichkeit, um einen distinkten Ursprung und eine faßbare Einheit des Wirklichen, gehen mußte. Doch dabei beläßt es die Metapher ja nicht: Die metaphorisch-figürliche Rede der Moderne versteigt sich nämlich zur Indikation einer solchen reinen Differenz, aus der heraus, kraft vollständiger Auslegung, faktisch vorhandene Wirklichkeit *und* – kraft Wiedereintritt der Differenz – riskanter Sprachentwurfscharakter der Wirklichkeit *ineins entdeckt sind*, also die theoretisch-praktische Unzugänglichkeit des als präsent, vorhanden gedachten Faktischen stets vorab, wenn auch nicht immer aktualisiert, im metaphorisch ausdrücklichen Hinweis auf seine depräsent-zeitliche Dimension, auf den Umstand seines präteritalen „eigentlich" Niedagewesenseins, aufgebrochen wird. Dieses „Wie es eigentlich nie gewesen ist" leugnet nicht im mindesten die Kraft des Faktischen, die Gewalt von Traditionen und Daseinsbedingungen. Sie werden in ihrer Faktizität, an der sich die Freiheitsansprüche des seinen Tod vorwegnehmenden Menschen immer brechen werden, überhaupt erst mit Blick auf das Auslegungsgeschehen der Differenz, die ganz in die Welt hineingeht, entsprechend ganz verständlich. Nur bewahrt die Metapher, bewahrt ein dichterisches Weltverstehen das differenzabkünftige Andenken daran auf, daß alles Faktische, Tradierte, Daseiende, nicht Veränderbare zugleich *ganz* Ergebnis einer aus der Zukünftigkeit anleitender Vorstellungen und Entwürfe auf Vergangenes und Gegenwärtiges rückgreifenden Zeitigung ist, die sich in das, was ist und geworden und Tatsache ist, immer schon vorselegierend, vergessend, erinnernd, überzeichnend, kurz: Welt als Welt hervorbringend eingeschaltet hat. Zeitigung, d.h. das zeitliche dimensionierte, metaphorisch-umwegig bezeichnete Ineins von Präsenz und Absenz, gegenwärtig Vorhandenem und eigentlich Niedagewesenem, meint dabei keineswegs einen herbeigeredeten freiheitlichen Bruchteil von dem, mit dem man sich gefälligst abzufinden habe, aber erst recht nicht den Tenor einer von Designern und Werbestrategen vorgeführten, realitätsimplosiven Ästhetik, die ein switching zwischen Codes und Paradigmen und die Auflösung der Welt in Serienbilder und Bildpunkte nahelegt.

Ohne den Terminus der Geschichtlichkeit strapazieren oder auf die oben bezeichneten zwei Weisen herunterstufen zu wollen, kann doch wenigstens der Zeitaspekt der Metapher bei der Verhinderung einseitig fatalistischer und einseitig erwünschter Weltbegriffe bemüht werden. So darf man das Wort des Dichters, der das vielleicht nachzeitigste aller deutschsprachigen Bücher, den „Nachsommer", geschrieben hat, auch nicht in eine hemmungslos faktokratische Richtung drängen, deren Verfolgung zur Denunziation aller Entwürfe als Einbildung und zur Abtötung der in den jahreszeitlichen Verlauf gesetzten menschlichen Erwartungen führen müßte: Wenn es in einem Brief Adalbert Stifters heißt: „...welch ein Sommer hätte sein können, wenn einer gewesen wäre"[70] – so ist doch die Gesamtheit (nicht ein ausgesparter Teil) der Welt, in der es vergängliche Sommer gibt, *aus diesem* zweifach entzogenen Sommer, aus der Fülle des nie erfüllten Lebens, entdeckt, sowie es umgekehrt den Sommer nur in der Form des zeitigenden Blicks auf sein Fehlen, sein Niedagewesensein in seinen jederzeit sehr wohl bedürftigen Umständen gibt.

Wer will, mag eine solche Figur, die die schon behandelten Entzugsphänomene bei Nietzsche, Kafka und Thomas Mann nur referiert, für einen schon im 19. Jahrhundert angestimmten Abgesang auf ein Denken in alteuropäischen Realitäts- und Rationalitätsbegriffen halten. Er werde sich nur darüber klar, daß ihn, den eigentlich modernen Modernen, der Differenzen von Differenzen von Differenzen fordert, weil er sich von der großen Paradoxie – Welt als faktische und kontrafaktisch-geschichtlich gezeitigte – an der nachvollziehbaren Beschreibung der Welt gehindert glaubt, die ganze Wucht jener doch erst zur Paradoxie führenden, reinen Differenz immer schon getroffen haben muß, die Zeichen und Bezeichnetes, Bilder und Welten in kein flirrendes Austauschverhältnis setzt, sondern Zeichen als Zeichen (und zwar rückhaltlos) und Welt als Welt (und zwar rückhaltlos) bestätigt. Aber nur so, in der Sparsamkeit des explikativen „als" und der bestätigenden Tautologie, die die dennoch vorhandene Differenz zwischen den Gliedern der Tautologie („Zeichen" und „Zeichen"; „Welt" und „Welt") zumeist vergessen läßt, sind der Welt- oder Faktizitäts- oder Realitätscharakter der Zeichen und der Zeichen- oder Sprachentwurfscharakter der Welt, damit auch das Verhältnis beider, im Vorhinein gesichert. Allerdings handelt es sich um eine irritierende Sicherheit, die uns einerseits ebenso die Welt, die es gibt, ernst zu nehmen erlaubt wie die gleichursprünglichen, als solche indes kenntlichen Träume und Inszenierungen von Welt – andererseits aber immer wieder dazu zwingt, das, was es gibt, ganz neu zu entdecken und, nicht zuletzt, das geschichtlich-zeitigende Entdecktsein dessen, was es *nur* gibt, *weil* es entdeckt, benannt, bezeichnet werden *muß*, herauszustellen. Das ist keineswegs nur die Aufgabe des Literaturwissenschaftlers, der an den besonderen Differenzleistungen der metaphorisch-figürlichen Rede in der Moderne interessiert ist. Vor jeder wissenschaftlichen Begriffspraxis, ja noch vor jeder Lektüre moderner literarischer Werke, fordert die moderne Metapher dazu auf, auf das, was es gibt, so aufmerksam werden zu wollen, daß wir uns nicht nur über das, was es alles geben mag und was uns möglicherweise entgeht, sondern über die Art und Weise verwundern, in der uns etwas als etwas gegeben und damit zugleich stets als etwas ganz Reales und ganz, wie man so sagt: Fiktives gegeben ist. Wenn wir dabei dahin kommen sollten, mit den Werken der literarischen Moderne die Art und Weise des Gegebenseins von Dingen dieser Welt als reine Differenz zu bestimmen, die verbietet, uns in den gleichwohl aus ihr heraus eingeräumten Dingen und Tatsachen einzurichten oder ganz in die Sphäre fahriger Weltsimulationen überzuwechseln – um so besser.

Anmerkungen

1 Uwe Japp: Literatur und Modernität, Frankfurt/M. 1987; vgl. bes. Die Moderne. Elemente der Epoche, S. 294ff.; Silvio Vietta: Die literarische Moderne. Eine problemgeschichtliche Darstellung der deutschsprachigen Literatur von Hölderlin bis Thomas Bernhard, Stuttgart 1992; Eckhard Lobsien: Das literarische Feld. Phänomenologie der Literaturwissenschaft, München 1988; Peter Bürger: Prosa der Moderne, Frankfurt/M. 1988; Neues Handbuch der Literaturwissenschaft; Jahrhundertende und Jahrhundertwende I, (II), Bd. 18, (19) hrsg. von Klaus von See, Wiesbaden 1976, darin insbesondere Helmut Kreuzer; Literatur nach 1945 I, (II), Bd. 21, (22), Wiesbaden 1979; in letzterem vgl. insbesondere die Einleitung von Jost Hermand.

2 Vgl. hierzu u.a. Uwe Japp: „...selbstbezügliche Souveränität des Wortes", in: Kontroverse Daten der Modernität. Akten des VII. Internationalen Germanistenkongresses, hrsg. von Albrecht Schöne, Bd. 8, Göttingen 1985/Tübingen 1986, S. 125-134, hier S. 129; Werner Hamacher: Über einige Unterschiede zwischen der Geschichte literarischer und der Geschichte phänomenaler Ereignisse, ebd., Bd. 11, S. 5-15, hier S. 15.

3 Gottfried Willems: Anschaulichkeit. Zu Theorie und Geschichte der Wort-Bild-Beziehungen und des literarischen Darstellungsstils, Tübingen 1989.

4 Paul de Man: Der Widerstand gegen die Theorie, in: Romantik. Literatur und Philosophie, hrsg. von Volker Bohn, Frankfurt/M. 1987, S. 80-107; vgl. auch Eckhard Lobsien: Das literarische Feld, a.a.O, S. 62: „Die phänomenologisch und anthropologisch universalisierte Behandlung des Metaphernthemas findet ihr Gegenstück in der von J. Derrida initiierten Dekonstruktion. Derridas Argument gewinnt seine Pointe im 'Nachweis' der Unmöglichkeit einer Metapherntheorie; diese sei darin begründet, daß in jeden wissenschaftlichen oder philosophischen Diskurs Metaphern unhintergehbar integriert sind. Jede Metapherntheorie enthält bereits in ihren Voraussetzungen das, was es doch erst noch zu bestimmen gilt: und so öffnet sich, wie Derrida formuliert, ein unüberschreitbarer Metaphernabgrund" (vgl. J. Derrida: La mythologie blanche: La metaphore dans le texte philosophique, in: Ders.: Marges de la philosophie, p. 302). Derrida schlägt deshalb vor, Metaphern nicht elimieren oder substituieren zu wollen, sondern sie bis an den Punkt ihrer Selbstaufhebung zu entfalten, sie dekonstruierend derart exzessiv auszulegen, bis sie in andere Metaphern übergehen. Ein nicht-metaphorischer Grund für die Metapher läßt sich nämlich nicht angeben, da stets eine letzte Metapher übrigbleibt, jene nämlich, von der her das Konzept des Metaphorischen selber gedacht und konstruiert ist. Es gibt keine Meta-metapher, sondern nur eine Metapher der Metapher. Diese aber kann der philosophische Diskurs ausdrücklich setzen und dekonstruieren, so daß er doch ein – freilich prekäres – Verhältnis zu seinem Gegenstand gewinnt (vgl. als Exempel Derridas Behandlung der Metapher „Post", in: Die Postkarte von Sokrates bis an Freud und jenseits, p. 81sqq.). Derridas Dekonstruktion des Metaphernproblems führt nicht zu einer Theorie der Metapher, sondern zu einer Metapher der Theorie.

5 Jacques Derrida: Die Schrift und die Differenz. Die Struktur, das Zeichen und das Spiel im Diskurs der Wissenschaften vom Menschen, Frankfurt/M. 1967, S. 422ff.; S. 424ff.

6 Eckhard Lobsien: a.a.O., S. 12.

7 Vorliegende Einführung orientiert sich terminologisch, wenn auch mit anderen Resultaten, an Jacques Derrida: Der Entzug der Metapher, in: Romantik. Literatur und Philosophie, hrsg. von Volker Bohn, Frankfurt/M. 1987, S. 317-355.

8 Vgl. Helga Schwalm und Uwe Wirth, in: Bd. 3 des vorliegenden Sammelwerkes.

9 Vgl. S. 32f. der Einleitung und Anmerkung 42.

10 Werner Hamacher: Literatur ist die Unmöglichkeitserklärung der Literaturgeschichtsschreibung, a.a.O., S. 15.

11 wie immer überzeugend dieser Zweifel selbst vorgetragen worden sein mag; so stehen etwa die Kritik Nietzsches an der „Einheit" der gegenständlichen Welt sowie seine Begründung des Relativismus und Perspektivismus in einer bezeichnenden Ambivalenz; dahingehend, ob nun die Identität des distinkten einzelnen Objekts bzw. des Ich gemeint sei, oder lediglich die formal gegenstandskonstitutive Funktion des transzendentalen Subjekts zur Disposition gestellt werde, ferner, ob es nicht vielmehr die Synthese aus theoretischer und praktischer Vernunft, Individuum und Gesellschaft, etc., also eine in bloß analogem Sprachgebrauch zitierte historische bzw. historisch-empirische Einheit sei, die in Abrede gestellt wird und als „verlorene Einheit" in diversen Modernitätsdiskussionen auftaucht.

12 Franz Kafka: Amerika, in: Franz Kafka, Gesammelte Werke, hrsg. von Max Brod, Frankfurt/M. 1976, S. 20.

13 Vgl. z.B. Peter Bürger (Prosa der Moderne, a.a.O.), der nahelegt, das „realistische Produkt in seiner Modernität (zu) begreifen" (S. 385); ferner Helmut Kreuzer, der in seiner Einleitung zum 18. Band des „Neuen Handbuchs der Literaturwissenschaft" (a.a.O.) die literarische Moderne im „Gegen- und Miteinander von soziozentrischen und psychozentrischen, szientifischen und irrationalen, *gegenstands-* und *formorientierten* Tendenzen" definiert (Hervorhbg. von mir): „Beide Richtungen (Symbolismus und Naturalismus – Erg. v. Verf.) stehen im Zeichen des modernistischen Experiments", a.a.O., S. 23.

14 Italo Svevo: Zeno Cosini, Reinbek bei Hamburg 1987, S. 578f.

15 Thomas Bernhard: Ein Kind, Salzburg/Wien 1982, S. 23.

16 Wallace Stevens: Der Planet auf dem Tisch. Gedichte und Adagia, Stuttgart 1983, S. 193.

17 Vgl. Hermann J. Schnackertz, in: Bd. 1 des vorliegenden Sammelwerkes.

18 Vgl. Reinhard Baumgart: Joseph in Weimar – Lotte in Ägypten, in: Thomas Mann, Jahrbuch 4, 1991, S. 75-88; Volkmar Hansen: Die Kritik der Modernität bei Thomas Mann, in: a.a.O., S. 145-160; Marcel Vuillaume: Zeit und Fiktion als Wiederbelebung von Vergangenem und Erschließung von fremden Welten, in: Begegnung mit dem „Fremden", 1, 1992, S. 87-98.

19 In einem Brief Thomas Manns vom 7.9.1941 an Karl Kerényi heißt es: „Dies Einander-in-die-Hände-Arbeiten von Mythologie und Psychologie ist eine höchst erfreuliche Erscheinung! Man muß dem intellektuellen Faschismus den Mythos wegnehmen und ihn ins Humane umfunktionieren. (...)", Thomas Mann: Gesammelte Werke in zwölf Bänden, Bd. XI, Reden und Aufsätze 3, Frankfurt/M. 1960, S. 652f., 'Briefe an Karl Kerényi'.

20 Mir scheint die Wolfgang Iser (Das Fiktive und das Imaginäre. Perspektiven literarischer Anthropologie. Was ist das Fiktive im fiktionalen Text?, Frankfurt/M. 1991, S. 121f.; vgl. aber auch schon Ders. u. D. Henrich: Funktionen des Fiktiven (Poetik und Hermeneutik, Bd. X, München 1983, S. 9ff. und W. Iser, Akte des Fingierens. Oder: Was ist das Fiktive im fiktionalen Text?, a.a.O., S. 122ff.) vorschwebende Einführung einer Trias aus Fiktivem, Realen und Imaginären, also die Einführung eines dritten, die Opposition von Fiktivem und Realen hintergehenden Moments, von der Erkenntnis des drohenden Relativismus diktiert zu sein, der sich in die Konturierung des Realen durch das Fiktive und des Fiktiven durch das Reale einschleicht und damit gerade den Akt der Grenzüberschreitung, der das Fiktive prägt, in statu nascendi verhindert. Iser hofft, im Hinweis auf ein neutrales Imaginäres, das sich im Fiktiven manifestiere bzw. von ihm mobilisiert werde, die Überschreitungskompetenz des Fiktiven erläutern und begründen zu können. Dieser Rekurs, so zwingend (und im einzelnen fruchtbar) er sein mag, wird allerdings zum Problem, weil das Imaginäre bei Iser ausdrücklich nicht der transzendentale Ort ist, an dem das Gesamtsystem Fiktion-Realität generiert wird, sondern lediglich als realitätszerspielender Akt Berücksichtigung findet. Imaginäres bekommt es zwar mit Vorfindlichem, Realen zu tun, weil Imaginäres mit Fiktivem zu tun hat, das Realität überschreitet. Wenn aber Imaginäres nicht vorab in eine selbst vorab differentiell-imaginär bestimmte „Realität" eingegriffen hat, also immer schon bei der Realität ist, dann wird es zu einer wohl hilfreichen, indes äußerlichen Zusatzannahme mit deux-ex-machina-Anspruch. Dagegen wiederum ist einzuwenden, daß die Grenzüberschreitungskompetenz des Fiktiven qua Imagination nur in dem Maße geklärt wird, in dem das Überschrittene selbst ungeklärt bleibt bzw. in vorkritisch-realistischem Sinne unterstellt wird. Solange nicht der imaginär-gegenwendige Differenzcharakter des Realen konstatiert wird, bleibt man im Banne einer mit erheblichen Schwierigkeiten kämpfenden Zwei-Welten-Theorie, die Faktizität und Notwendigkeit der Überschreitung nicht begründen kann. Dagegen aber: wenn im Rahmen einer Theorie, die das ursprüngliche Zusammen nicht sowohl von Imaginärem und Fiktivem, als vielmehr von Imaginär/Fiktivem und Realen entfaltet, ein gegenseitiges Voraussetzungsverhältnis von Wirklichkeit und Möglichkeit zugrundegelegt und die Opposition Fiktives-Reales vorab relativiert wird – was zwingt uns dann noch zur „Bezuschussung" des Fiktiven mittels Einführung eines imaginären, dritten Moments? Was hindert daran, auf das Imaginäre zu verzichten und dem oben skizzierten Relativismus in vorgängiger, beidseitiger Implementierung des Differenzmoments zu entgehen, einer allerdings radikalen Differenz, die weder aus dem Fiktiven, weder aus dem Realen noch aus der zwischen ihnen bestehenden Differenz abgeleitet werden kann, sondern vorausgesetzt werden muß? – Es muß allerdings betont werden, daß Iser in seiner beziehungsreichen Großstudie stets auf der Spur dieses radikalen Differenzgedankens bleibt – so etwa, wenn er darauf insistiert, daß das nicht objektivierbare, nicht als Vermögen hinreichend charakterisierbare und

insoweit „leere" Imaginäre unter „Formzwang" (S. 393 u.a.) stehe, um überhaupt grenzüberschreitend wirksam sein zu können.

21 Vgl. Kazuhiko Tamura: Die Idee der Wiederholung. Zu Thomas Manns Josephsroman (Joseph, der Ernährer), in: Forschungsbericht zur Germanistik 29, 1987, 1/S. 22; Rüdiger Sturm: Thomas Manns Roman Joseph und seine Brüder. Der Mythos als göttliche Unterhaltung, in: Der zweite Kongreß der Phantasie, 1989, 259/S. 70; Eckhard Heftrich: Mythos, Typus, Psychologie, Thomas Manns Josephsromane, in: Paradeigmata, 1989, 723/S. 36; Ders.: Potiphars Weib im Lichte von Wagner und Freud. Zu Mythos und Psychologie im Josephsroman, in: Thomas Mann, Jahrbuch 4, 1991, S. 58-74; Henry Hartfield: Mythos versus secularism. Religion in Thomas Manns „Joseph", in: Critical Essays on Thomas Mann, 1988, 115/S. 23 (zuerst erschienen 1967).

22 Ob dieser mimetische Zweck erreicht werden kann oder nicht, ob die mimetische Illusion selbst eine Illusion ist, weil die Dichtkunst von vornherein ihrer Reduktion auf gegenständliches Niveau widerstehe – ist solange nicht von Interesse, als nicht die völlige Bedeutungslosigkeit semantisch referentiell orientierten, literarischen Sprechens, d.h. die Bedeutungslosigkeit der Bezugnahme auf Wirklichkeit in Literatur erwiesen ist.

23 Auch Datierungsfragen (nach dem Anfang der literarischen Moderne) interessieren uns hier nicht, weil mit ihnen wesentliche Anschlußprobleme, also vor allem die Frage danach, was denn unter dem Selbstbezug oder der Souveränität der literarischen Rede im Unterschied zum mimetischen Fremdbezug bzw. der Repräsentationslogik zu verstehen sei und was die moderne Literatur über diesen Unterschied hinaus auszeichne, übergangen werden. Hinzuweisen ist allerdings auf den interessanten Achronismus, wonach in der Forschung respektierte Datierungen der modernen oder neuzeitlichen Philosophie mit entsprechenden Zuweisungen auf literarischem Gebiet nirgendwo übereinstimmen. Wenn es Sinn macht, modernes Philosophieren in einen Zusammenhang mit dem Denken Descartes' und der dort eingeleiteten Wendung hin zu einem das Sein im Sinne vorgestellter Gegenstände produzierenden Denken zu stellen (vgl. Martin Heidegger: Vorträge und Aufsätze, Moira. Parmenides, Fragment VIII 34-41, Pfullingen 1954, S. 226-229), so wird man folgerichtig die von gegenständlichen Bedeutungen bewußt abstrahierende moderne Literatur als postmodern bezeichnen (vgl. hierzu Helga Schwalm, in: Bd. 3 des vorliegenden Sammelwerkes) und dem häufig als postmodern charakterisierten Denken Nietzsches zuordnen. Das sich hier zeigende Problem, daß philosophiegeschichtlich konnotierte Modernität und literarische Moderne zueinander querliegen und damit der Begriff der Moderne diffus zu werden droht, löst sich nicht einfach im Hinweis auf den evidenten Unterschied zwischen philosophisch-begrifflicher und literarisch-metaphorischer Rede, weil dabei die terminologische Gemeinsamkeit, also der beide charakterisierende Terminus „modern" unentfaltet bleibt. Es läßt sich nur lösen im erläuternden Hinweis auf diejenige konkrete Reaktion der umwegig-übersetzend verfahrenden Metapher auf den Begriff, die es erlaubt, überhaupt von einem in der Literatur selbst thematisch werdenden Unterschied zwischen begrifflicher und metaphorischer Weltauslegung zu sprechen und nur insoweit, als das Querliegen der Metapher zur philosophiegeschichtlich modernen, d.h. begrifflich-bestimmenden Produktion von Gegenständen in der metaphorischen Rede selbst ausdrücklich wird, können die terminologische Gemeinsamkeit und damit auch der Terminus „moderne" Literatur sanktioniert werden.

24 „Nichts kann den Widerstand gegen die Theorie überwinden, da die Theorie selbst dieser Widerstand ist", Paul de Man: Der Widerstand gegen die Theorie, in: Romantik. Literatur und Philosophie, a.a.O., S. 106.

25 So auch Peter Bürger: Prosa der Moderne, a.a.O., S. 447f.: „Kunst ist Einheit von Subjekt und Objekt, von Geist und Sinnlichkeit, und kann es doch nicht sein, weil die Entzweiung die Grunderfahrung modernen Lebens ist. Mit anderen Worten: Innerhalb der Moderne stößt Kunst ständig auf die Bedingungen ihrer Nichtrealisierbarkeit. (...) Die gleiche Grunderfahrung, aus der das Individuum nach einer Sphäre verlangt, die ihm erlaubt, mit Gebilden umzugehen, welche ganz den Strukturen seiner Subjektivität angemessen sind, bedingt auch die Unmöglichkeit der Gebilde, nach denen es sich sehnt." Ohne dieses Paradox in seinem weitreichenden Formulierungsanspruch bestreiten zu wollen, kann ich doch nicht finden, daß ein ohnehin im Bewußtsein seines Symbolcharakters artikuliertes Bedürfnis nach der Versöhnung oder Einheit von Geist und Sinnlichkeit, Subjekt und Objekt, Transzendenz und Immanenz, der Grunderfahrung des entzauberten modernen Zeitalters, dem durchgängigen Dualismus bzw. der Entzweiung an sich widerspräche. Ein solcher kunstgefährdender Widerspruch liegt nur dann vor, wenn z.B. „Geist" als „Geist" und „Sinnlichkeit" als „Sinnlichkeit" zersetzt, demzufolge dann auch

das Verhältnis beider vorab und mit Gründen unterlaufen wird, die nicht erst in der inkriminierten Abweichung von einer zugrundeliegenden antagonistisch verfaßten Realität, sondern in der Übernahme realistisch-begrifflicher Implikate überhaupt, also in dem von der Kunst *abgewiesenen* Import ab ovo fragwürdiger Einheitshypostasen („Ich", „Welt", „Subjekt", „Objekt" etc.) zu suchen sind, welche bereits die entzweiten Momente des modernen Lebens terminologisch wie inhaltlich prägen. Die „Unmöglichkeit" der Kunst in der Moderne ist Ergebnis eines Artikulationsdilemmas, in das die Kunst, die sich zu artikulieren hat und verständlich zu machen hofft, mit Ablehnung einer jeglichen einheitlichen Weltauslegung geraten muß – so wie umgekehrt die radikale Entzweiung keinen hier angemessenen innerweltlichen Ausdruck finden dürfte. Erst mit Ausdehnung des Dualismus auf die einander konfrontierten Glieder der Opposition selbst und im Hinweis auf die Begrenztheit der sich in dieser Form präsentierenden Welt liegt ein hinreichend starkes Motiv vor, das die von Bürger sehr genau verfolgten Autonomietendenzen moderner Kunst bzw. Literatur legimitiert und es überhaupt erlaubt, aus dem Bannkreis der Hegelthese vom Ende der Kunst herauszutreten.

26 Eckhard Lobsien: Literarisches Feld, a.a.O., S. 12.

27 Gottfried Willems: Anschaulichkeit, a.a.O., S. 378.

28 Hugo von Hofmannsthal: Ein Brief, in: Hugo von Hofmannsthal, Gesammelte Werke in Einzelausgaben, hrsg. von Herbert Steiner, Prosa II, S. 14.

29 Friedrich Nietzsche: Fröhliche Wissenschaft, 2. Buch, 57, in: Friedrich Nietzsche, Werke, hrsg. von Karl Schlechta, Bd. II, Frankfurt/M. 1969, S. 351.

30 Jürgen Habermas: Nachmetaphysisches Denken, Frankfurt/M. 1988, S. 21.

31 Auch „natürliches" oder „konventionelles" Sprechen in lebensweltlichen Zusammenhängen ist, wenngleich vorthematisch, nicht auslegend, insofern positiv auf Einheit bezogen, als „Lebenswelt" die „teleologische intentionale Gerichtetheit auf Einstimmigkeit und (...) Erfülltheit" (Eckhard Lobsien: a.a.O., S. 212) impliziert, deren Störung oder nicht mehr gewährleistete Selbstverständlichkeit im literarischen Kunstwerk Thema wird. Ohne lediglich diese Gestörtheit zum Ausdruck bringen zu wollen, tangiert die übersetzend-umwegige Metapher also nicht nur die begrifflich und explizit begrifflich verfahrende Artikulationsform, die die Einheit direkt vor Augen stellt, sondern auch den lebendigen Zusammenhangsanspruch „natürlicher" Rede, die sich im Rahmen eines „poröse(n) Ganze(n) aus präreflexiv gegenwärtigen und vorreflexiven Zugriffen zurückweichenden Vertrautheiten" hält (Jürgen Habermas: a.a.O., I. Rückkehr zur Metaphysik?, S. 24f.). Auch der Terminus der „Lebenswelt", der fast immer im begriffskritischen Kontext Bedeutung gewinnt, ist, insofern er eine Ganzheit oder ein Ganzes impliziert, nicht von dem Problem der Möglichkeit einer „unvermeidlich supponierten" Einheit entlastet (a.a.O., S. 25), gleichgültig, ob die Grenzen dieser Einheit eigens umrissen oder im lebensweltlichen Vollzug selbstverständlich ausgeschritten werden. Im Grunde stellt sich mit der Wendung des lebensgeschichtlichen Arguments gegen die Einheit des Begriffs die Frage, ob es Welt ohne Begreifen, d.h. ohne einen regelhaften Umgang des Bewußtseins mit gegebenen Auschauungen gebe oder nicht.

32 Friedrich Nietzsche: Fröhliche Wissenschaft, Drittes Buch, Ursache und Wirkung, 112, a.a.O., S. 394; Friedrich Nietzsche: a.a.O., Originalität, 261, S. 432.

33 Friedrich Nietzsche: a.a.O., Originalität, 261, S. 432.

34 Vgl. Jürgen Landwehr: Von der Repräsentation zur Selbstbezüglichkeit und die Rückkehr des/zum Imaginären. Konzepte von Literatur und literarischem (Struktur-) Wandel und ein „verkehrtes" Mimesis-Modell, in: Modelle des literarischen Strukturwandels, hrsg. von Michael Titzmann, Tübingen 1991, S. 275-295, hier S. 278. „Muß Literatur zwecks Beschreibung und Erklärung ihres Wandels auf Außerliterarisches bezogen werden, ist vorab zu klären, ob eine solche Korrelierung überhaupt durchführbar ist ohne kategoriale Vermischungen. Wird 'Literatur' verstanden als Menge von Schrift-Texten, müßte ein (evtl. besonderes) Sprachliches auf etwas bezogen werden, was zumindest nach gängigem Verständnis außersprachlich ist, z.B. auf Lebensgeschichtliches, Psychisches, Ökonomisches, im weitesten dann auf gesellschaftliche Prozesse. Hier müßte offensichtlich Heterogenes und Heterologes korreliert werden, weshalb auch der Rückgriff auf Systemtheorien solange kein Ausweg sein kann, als nicht geklärt ist, worin exakt Literatur z.B. als gesellschaftliches 'Subsystem' zu begreifen wäre, und vor allem, worin ein mögliches Bindeglied oder eine Vermittlungsinstanz zwischen den zunächst völlig inkompatiblen Bereichen Literatur und Gesellschaft bestehen könnten. [...] Demgegenüber ist zu fragen, ob es nicht eine Literaturauffassung geben könnte und gibt, die in die Literatur hineinführt. Dazu bedarf es eines Prinzips, das Literatur als solche konstituiert und zugleich

eine Rückbindung an Außerliterarisches ermöglicht, ohne doch das Literarische zum bloß dienenden und zu überschreitenden Durchgangsbereich herabzusetzen".

35 Martin Heidegger: Was ist Metaphysik?, Frankfurt/M. 1975, S. 34.

36 Vgl. hierzu Theodor W. Adorno: Zur Metakritik der Erkenntnistheorie, Gesammelte Schriften, Bd. 5, Frankfurt/M. 1970, S. 28f. „Die Ursprungsphilosophie, die aus der eigenen Konsequenz der Flucht vorm Bedingten, ins Subjekt, die reine Identität, sich wendet, fürchtet zugleich, in die Bedingtheit des bloß Subjektiven sich zu verlieren, das als isoliertes Moment, eben doch nie die reine Identität erlangt und seinen Markel so gut behält wie sein Gegenüber. Dieser Antinomie ist die große Philosophie nicht entronnen".

37 Jürgen Habermas: a.a.O., S. 39.

38 Vgl. Friedrich Nietzsche, Menschliches, Allzumenschliches; Viertes Hauptstück. Aus der Seele der Künstler und Schriftsteller, S. 145ff., insbesondere S. 193f., a.a.O., Bd. I, S. 545ff.; 564ff.

39 „Wozu denn das Wort außerhalb seines Bezugs zum Ding (als zur psychologischen Dichte des Autors oder des Lesers) vernehmen, wozu in ihm die Abwesenheit des Dings (und der Subjektivität) hören, wenn es dazu führt, es abermals zu einem Ding zu machen? Wie sollte man nicht sehen, daß es ein Widerspruch ist, in dem Augenblick eine Ontologie der Sprache auferstehen zu lassen, da man gerade erkannt hat, daß sich die Sprache eben dadurch definiert, daß sie zu einem anderen Register gehört, dem Sein und Nicht-Sein nicht mehr beikommen?" (Francois Wahl: Die Philosophie diesseits und jenseits des Strukturalismus. I.Gibt es eine strukturalistische Episteme? Oder von einer Philosophie diesseits des Strukturalismus, Michel Foucault, in: Einführung in den Strukturalismus, hrsg. von Francois Wahl, Frankfurt/M. 1973, S. 323-408, hier S. 336.

40 Ein klärendes Wort in Sachen literarischer Selbstreflexivität spricht u.a. Jürgen Landwehr a.a.O. Allerdings muß der Verfasser bei seinem Versuch einer Umkehrung der Mimesis, d.h. der „Verauffälligung" (a.a.O., S. 288) sprachlicher Mittel bei der Darstellung oder Inszenierung von Lebenswelten, offenlassen, ob überhaupt noch von einem Unterschied zwischen Darstellung bzw. spielerischem Sprachhandeln und dem, worauf dieses gerichtet ist, oder, wenn ein solches reales Bezugsobjekt hinfällig wird, von einem Unterschied innerhalb aller nur möglichen Darstellungsweisen und Sprachhandlungen gesprochen werden kann. Wenn aber eine solche, aus dem literarischen Sprachkontext schlechthin hinausführende Differenz kassiert wird (die sich gar nicht an einer sog. „Realität" festmachen muß), dann kann weder von Welt, Lebenswelten, weder von „realistisch" noch „unrealistisch" noch aber davon ausgegangen werden, daß eine Darstellungsweise auffällig werden könne. Von der Verwandlung der Darstellungsweise in das Dargestellte kann solange nur mit größtem Vorbehalt gesprochen werden, als nicht ein bleibender Unterschied zwischen der Art und Weise einerseits und einer „Sache" andererseits, zwischen dem Modus und dem, was schlechterdings nicht modifiziert werden kann, gemacht und als Unterschied entfaltet wird. In Abweisung der an traditionelle Realitäts- und Mimesismodelle gerichteten Fragen ist nach der Herkunft der alle Darstellung ebenso wie alles Dargestellte übertragenden und das Verhältnis beider erst ermöglichenden Differenz zu fragen.

41 „So gelesen, repräsentieren Schriftstücke durchaus etwas, nämlich ihr Geschriebensein. Da dies aber erst als kohärent, als einer Logik folgend und darin eben als Ergebnis eines Handelns begriffen werden kann, wenn es erneut vollzogen wird, repräsentieren Schriften dann primär nicht etwas Abwesendes, sondern etwas, das als Vorlage für etwas dienen kann, das allererst werden soll. Sie sind programmatisch im eigentlichen Sinne: Vor-Schriften. 'Verkehrt' wäre damit, wie angekündigt, das Mimesis-Modell. Aus der Mimesis von Welt durch Literatur wird die Mimesis der Poiesis, insoweit sie den als Literatur gelesenen und zu lesenden Schriften spurenhaft und inizitiv eingeschrieben ist." – Jürgen Landwehr: a.a.O., S. 289.

42 Vgl. Nelson Goodman: Weisen der Welterzeugung, Frankfurt/M. 1990, S. 30: „(...) Ich wollte lediglich auf die Vielfalt von Prozessen hinweisen, die wir ständig gebrauchen. Zwar ließe sich sicherlich eine straffere Systematisierung entwickeln, aber keine kann endgültig sein; denn (...) eine einzige Welt aller Welten gibt es ebensowenig wie eine einzige Welt".

43 Vgl. Uwe Japp: Kontroverse Daten der Modernität, in: a.a.O., S. 130: „Im Zeichen dieser experimentellen Poetik, die genauer als eine Poetik des Experiments der Sprache anzusehen ist (...), 'beginnt' die sogenannte literarische Moderne".

44 Gottfried Willems: Anschaulichkeit, a.a.O., S. 170.

45 „Dies aber ist das Entscheidende jeder Repräsentationslogik: Literatur ist von jedem ihr anderen her bestimmt und erhält nur im Bezug auf dieses Andere ihre Funktion, ja Legitimation. Literatur ist selbst nur Mittel und Vehikel, ein Uneigentliches und ein Durchgang zu jenem Anderen und

dann Eigentlichen, das sie selbst nicht ist, auf das sie als Ausdruck oder Zeichen(träger) nur verweist." – Jürgen Landwehr: a.a.O., S. 281.

46 Peter Handke: Die Angst des Tormanns beim Elfmeter, Frankfurt/M. 1972; vgl. Volker Bohn: Die Aufstellung des 1. FC Nürnberg vom 27.1.1968. Methodische Vorüberlegungen zu einer Interpretation, in: Diskussion Deutsch, Heft 52, 1980, S. 196-211.

47 Martin Heidegger: Vorträge und Aufsätze, Pfullingen 1954, S. 227.

48 Vgl. dazu Rolf Günter Renner: Die postmoderne Konstellation. Theorie, Text und Kunst im Ausgang der Moderne, Freiburg 1988.

49 Der Vollständigkeit halber sei bemerkt, daß auch die Konstruktion des intertextuellen, differentiellen Systems das Differenzproblem nicht löst, sondern dessen Lösung nur unterstellt. Denn wenn behauptet wird, daß die Eigenart eines textuellen Beziehungselements aus der Differenz hin zu allen anderen Beziehungselementen hervorgehe und deshalb auf die Annahme einer das ganze System überragenden, äußerlichen Differenz verzichtet werden könne, dann wird dabei übersehen, daß die Gesamtheit der anderen, die Identität des einen Elements stiftenden Elemente bei dieser Stiftung oder Konturierung gar nicht herangezogen werden darf. Denn diese anderen Elemente sind ja ihrerseits in ihrer Eigenart von der Gesamtheit der jeweiligen anderen Elemente (unter Einschluß des ersterfragten Elements) bestimmt, so daß bei der Bestimmung des einen Elements dieses eine Element als immer schon bestimmt mithinzugedacht, also zu einem Beweis die Bewiesenheit des noch zu Beweisenden schon unterstellt wird. Auch kann weder das eine Element durch das andere oder die anderen Elemente, noch aber können die anderen oder das andere Element durch das eine bestimmt werden, weil das zur Bestimmung des einen Elements (sagen wir „A") herangezogene andere Element (sagen wir „B") nicht es selbst, sondern seinerseits von wiederum anderen Elementen (unter anderem von A) „unterwandert" ist. Wenn aber A gar nicht auf B, sondern auf B/A, und auch gar nicht auf B/A stößt, weil das relativierende A wieder von B mitbestimmt ist (B/A/B ... usw.), welches B wiederum relativiert werden muß (usw.), so gehen beide Elemente, die Gesamtheit aller Elemente und die zwischen sie gesetzte Differenz zugrunde. Das Signifikanten-Signifikanten – bzw. Intertextualitätsmodell, so hilfreich es bei der provisorischen Beschreibung moderner Textphänomene ist, fällt solange dem Relativismus zum Opfer und bleibt solange ontologisch unbestimmt, als nicht die Differenzqualitäten der Metapher unter Annahme einer Differenz schlechthin entfaltet worden sind. D.h. allerdings auch, daß diese Differenz, wenn sie schon nicht Sache autonomer Fiktion ist, weder in die Kompetenz einer irgendwie von selbst vorstrukturierten Welt noch eines souveränen Bewußtseins gestellt werden darf.

50 Vgl. Georg Steiner: Von realer Gegenwart. Hat unser Sprechen Inhalt?, München 1990.

51 Vgl. dazu Ernesto Grassi: Kunst und Mythos, Hamburg 1957; Walter F. Otto: Die Musen und der göttliche Ursprung des Singens und Sagens, Düsseldorf 1955.

52 Heraklit: Fragmente. Zitiert nach Bruno Snell, Tübingen 1965, B32, S. 14f.

53 Ernst Jünger: Der Weltstaat. Organismus und Organisation, in: Ernst Jünger, Sämtliche Werke, zweite Abteilung, Essays I, Bd. 7, S. 525.

54 Georg Trakl: Psalm, 1. Fassung, in: Georg Trakl, Das dichterische Werk, München 1972, S. 200.

55 Werner Hamacher: a.a.O., s.o. Anmerkung 10, S. 7f.

56 Werner Hamacher: a.a.O., S. 15.

57 Thomas Mann: Joseph und seine Brüder, Bd. 1, Frankfurt/M. 1952, S. 9.

58 Erich Heintel: „Reste vergangenen Erdenwallens", in: 'Wie es eigentlich gewesen ist'. Ein geschichtsphilosophischer Beitrag zum Problem der Methode der Historie, in: Erkenntnis und Verantwortung. Festschrift für Theodor Litt, Düsseldorf 1960, S. 207-230, hier S. 209.

59 Friedrich Ranke: „Er (der gegenwärtige Versuch – Erg. v. Verf.) will bloß zeigen, wie es eigentlich gewesen ist." (Geschichte der Romanischen und Germanischen Völker 1494-1514, 1824) zitiert nach Erich Heintel: a.a.O., S. 207.

60 Gottfried Willems: Die Metapher – „Kern und Wesen aller Poesie" oder „Schminke und Parfüm"? zur Problematisierung der bildlichen Rede in der modernen Literatur, in: Deutsche Vierteljahreszeitschrift, 62, 1988, S. 549-569, hier S. 549.

61 Bettine Menke: Dekonstruktion – Lektüre: Derrida literaturtheoretisch, in: Neue Literaturtheorien. Eine Einführung, hrsg. von Klaus-Michael Bogdal, Opladen 1990, (S. 235-264) S. 238.

62 Heißt also, daß die Sprachlichkeit habende Metapher, die different ist gegenüber konventioneller und wissenschaftlicher Sprache, nicht selbst die von ihr in Anspruch genommene, ihr auf den Leib geschriebene Differenz ist.

63 Mit Ausnahme metaphorisch-metonymischer Bildungen im engeren, rhetorisch-figuralen Sinne, die das Gegenzügigkeitsverhältnis selbst in den Blick rücken, indem sie, wie der „Brunnen der Vergangenheit", einen aus zwei „widerstimmig" zusammengestellten Gegenstandsbereichen finanzierten und eben darin konkreten Sinn machenden „Kategorienfehler" begehen.

64 Zweifellos legt Thomas Mann im Zusammenhang einer durchgängigen Ironisierung und humoristischen, teils bewußt trivialisierenden Ausgestaltung der Schauplätze eine solche Auffassung, d.h. historische Relativierung und Abwertung des historischen Gegenstandsbereichs, häufig nahe. Man vergleiche z.B. Josephs Rede vom „drolligen Ägyptenland" (a.a.O., Bd. 3, S. 1822). Dies tangiert aber das Einräumungsprinzip, innerhalb dessen das Differenzphänomen Metapher zur Limitierung des Weltbegriffs im doppelten Sinne einer Beschränkung und Konturierung gebraucht wird, nicht.

65 Hier stellt sich ein wichtiges Anschlußproblem. Wenn die analogisch-metaphorische Sprechweise keinen anderen Sinn hätte, als diese Abständigkeit und den Differenzgedanken auszusprechen, dann erschiene sie als eine selbst unvollkommene Wiederholung im dialektischen Begriff ohnehin selbstkritisch Gesagten.

66 Botho Strauß: Paare, Passanten, München 1984, S. 9.

67 In der Rede vom Wahrnehmungsmodell wird die Modellhaftigkeit, d.h. die Möglichkeit der Versammlung der Wahrnehmungen in Modellform einfach vorausgesetzt; faßt man „Wahrnehmung" in Absetzung vom Allgemeinen des Begriffs, so unterstellt man mit dem Wahrnehmungsmodell die bereits vollzogene und immer nur als vollzogen gedachte Integration des einzelnen der Erfahrung ins Modell, wobei das Niveau des radikalen Differenzgedankens unterboten wird. – An Beispielen: Daß Kafka, Beckett oder Proust tradierte Wahrnehmungsmodelle destruiert haben, steht außer Zweifel: Welche Wahrnehmungsmodelle zerstören aber Homer, Hölderlin oder der späte Goethe? Das Unzureichende der modellhaften Funktionalisierung tritt sogleich an den Werken jener Autoren hervor, denen es nicht mehr um Modelle, Weltbilder, diesen oder jenen Wirklichkeitsbegriff geht, sondern um das einzelne der Erfahrung und die Wirkmächtigkeit dieses einzelnen selbst.

68 Folgt man respektierten Theorien zum Mythos darin, daß dessen Zentrum noch nicht die ausgearbeitete Göttergeschichte, sondern zunächst die Kollision zwischen dem Menschen und einem Außermenschlichen sei, ferner, daß aus dem Sich-Zeigen dieses Außermenschlichen, Ungeheuerlichen der endliche Mensch sich selbst und sein Verhältnis zur Welt verstanden habe, so gewinnt man eine ungefähre Vorstellung von einem in der Kulturgeschichte vorgedachten, radikalen Differenzmodell, das in Grundzügen, vorbehaltlich der auch bei den Griechen ansatzweise erörterten Sprach- bzw. Artikulationsproblematik, dem metaphorisch indizierten Differenz- und Entzugsgedanken an die Seite gestellt werden kann. Vielleicht kommt man mit der in Kauf genommenen, unbeholfenen Formulierung von einer außendimensionierten „Wirklichkeit vor der Wirklichkeit" jener sprach- und literaturtheoretisch verbindlicheren Umschrift der Differenz nahe, die Friedrich Hölderlin im Anschluß an den griechischen Göttermythos wie folgt versucht hat:

„Aber weil so nahe sie sind die gegenwärtigen Götter
Muß ich seyn, als wären sie fern, und dunkel in Wolken
Muß ihr Nahme mir seyn, nur ehe der Morgen
Aufglänzt, ehe das Leben im Mittag glühet
Nenn' ich stille sie mir, damit der Dichter das seine
Habe, wenn aber hinab das himmlische Licht geht
Denk' ich des vergangenen gern, und sage – blühet indeß"

Der Archipelagus, in: Hölderlin, Sämtliche Werke, hrsg. von Friedrich Beissner, Band 2, 2, Gedichte nach 1800. Lesarten, Stuttgart 1946 (1951), S. 646.

69 „Diese Annahme entspricht dem Formenkalkül von Georg Spencer Brown, das mit einer verdeckten Paradoxie beginnt, nämlich mit der Anweisung, ein 'distinction' zu setzen, das aus distinction und indication besteht, aber als ein einziger Operator zu handhaben ist; und mit der offenen Paradoxie eines 're-entry' der Unterscheidung in das Unterschiedene endet." Niklas Luhmann, Beobachtungen der Moderne, Opladen 1992, S. 11.

70 Adalbert Stifter: Werke in 4 Bänden, hrsg. von Uwe Japp und Hans Joachim Piechotta, Frankfurt/M. 1978, Bd. 4, Kleine Schriften und Briefe, S. 278 (Brief Nr. 30 vom 2.1.1855 an Gustav Heckenast).

Der Naturalismus

Roy C. Cowen

Zum Begriff

In der Kunst- und Literaturgeschichte findet die Bezeichnung „naturalistisch" Anwendung auf viele Werke, die lange vor der hier zu besprechenden Epoche entstanden sind. Denn man versteht unter dieser Bezeichnung schlechthin die extremste Ausprägung eines „realistischen" Stilwillens, der eine möglichst vollständige Wiedergabe der „materiellen Realität" anstrebt. Dieser Stilwille bestätigt sich hauptsächlich in einer scheinbar gegen die strengen klassischen Kompositions- und Strukturforderungen verstoßenden Vorliebe für – nicht selten unangenehme – Details. Daß man auch den historischen „Naturalismus" nur als eine Ausprägung der allgemeinen Tendenzen des „Realismus" neuer, zeitgemäßer Stoffe betrachten kann, wird an der Tatsache deutlich, daß selbst die deutschen Naturalisten sich anfänglich als „Realisten" und ihre Werke als Beispiele eines „konsequenten Realismus" proklamierten.

Doch der historische „Naturalismus" erscheint im Rückblick weniger als bloße Extension alter Techniken auf neue Stoffe. Vielmehr erweist er sich als lediglich eine, nur zu einer bestimmten Zeit mögliche, annähernd gesamteuropäische Literaturbewegung, die sich auf eine durch die Natur- und Sozialwissenschaften vermittelte und damit eingeengte Auffassung der Realität gründete. Will man also die Ursachen und Auswirkungen des seinen Höhepunkt etwa 1889-1900 in Deutschland erreichenden historischen Naturalismus ergründen und begreifen, so muß man wohl die inzwischen in der soziopolitischen Wirklichkeit vorangegangenen Entwicklungen und zugleich das neue Verhältnis des Menschen zur Realität nachzeichnen. Denn nicht nur das, *was* man im ausgehenden 19. Jahrhundert zum ersten Mal sah, sondern auch die *Art und Weise*, in der man seine Umgebung nunmehr auffaßte, erklärt die Entstehung einer „modernen" Literatur. Vor allem haben wir es in Deutschland mit einer neuen Generation (fast alle deutschen Naturalisten wurden während der sechziger Jahre geboren) zu tun, die sich bewußt darum bemühte, im Sinne stofflich-motivlicher Themenwahl *und* schreibtechnisch „modern" zu sein. Die neue Sichtweise erforderte also neben neuen oder bisher ausgeschlossenen Stoffen einen neuen Stil. Allerdings liegt dem ahistorischen-systematisch verstandenen sowie dem historisch-epochalen Naturalismus die implizite Prämisse zugrunde, daß der Mensch „außerhalb" einer als gegeben verstandenen Wirklichkeit stehe und sie unter bestimmten Voraussetzungen und überindividuellen Bedingungen beschreiben oder wiedergeben könne. Dabei setzt der Künstler nicht nur voraus, daß wir alle das Gleiche sehen, sondern auch, daß durch bestimmte Konventionen die Wiedergabe der dreidimensionalen Realität im Zuge einer Transformation auf einer zweidimensionalen Fläche hinreichend gewährleistet sei. Der Schriftsteller verläßt sich darauf, daß alle Leser unter „rot", „weich" usf. das Gleiche verstehen, also gewisse sprachliche Konventionen schlicht akzeptiert sind. Auch werden Bezeichnungen für Abstraktionen, z.B. „gut", „schlecht" usw. und Gefühle, z.B. „Liebe", „Haß" usw., also Worte, die sich einer allgemein akzeptierten Bedeutung entziehen könnten, aus dem streng realistischen Vokabular weitgehend verbannt. Kein einziges Mal wird etwa in Hauptmanns *Bahnwärter Thiel* ausdrücklich gesagt, daß der Protagonist seine erste Frau „liebte".

Noch wichtiger für jede Form des Realismus ist die Annahme, wir wüßten alle, was ist und was nicht ist bzw. wie ein Objekt oder „Wesen" erscheinen und sich verhalten müsse. Weiterhin wissen wir, welche Eigenschaften einem Gegenstand oder Menschen nicht zugeschrieben werden dürfen. So bedeuten sowohl das Übernatürliche als auch das durch solche Stilmittel wie beispielsweise Synästhesie angedeutete Uneigentliche einen Bruch mit dem strengen oder konsequenten Realismus. Zugegeben, die in spirituellen Zusammenhängen stehende Figur Jesu Christi erscheint sehr wohl in der naturalistischen Malerei, z.B. in „Lasset die Kinderlein zu mir kommen" (1884) von Fritz von Uhde, oder in der Dichtung, z.B. in *Hanneles Himmelfahrt* (Uraufführung 1893) von Hauptmann; aber in solchen Werken spielt der Maler auf gängige, geradezu volkstümliche und insofern innerweltlich konnotierte Vorstellungen der Messias-Gestalt oder seiner Situation an. Der Dramatiker läßt zudem sein Publikum alles „Übernatürliche" durch die Augen des sterbenden Mädchens sehen bzw. die erträumte himmlische Hochzeit miterleben, wobei diese in den Grenzen eines kindlichen Glaubens bleibt.

Mit anderen Worten, der Naturalismus benutzt bereits vorhandene, vom Dichter und Publikum geteilte Vorstellungen, sogar dort, wo er etwas enthüllen oder sein Publikum schockieren will. Daß sich der historische Naturalismus durchsetzte, ist folglich darauf zurückzuführen, daß die künstlerischen und nichtkünstlerischen Entwicklungen im ganzen 19. Jahrhundert zugleich die stofflichen Erwartungen des Publikums prägten und dem Publikum sowie dem einzelnen Naturalisten, wie wir sehen werden, gleichsam „Scheuklappen" aufsetzten.

Die Parole der Naturalisten - auch im Ausland - lautet, daß die „Wahrheit" wichtiger sei als die „Schönheit". Im Falle der Deutschen klingt dies freilich wie ein Echo der Jungdeutschen. Dieser Verwandtschaft wohl bewußt, bezeichneten sich die Naturalisten auch als „Jüngstdeutsche". Ein erstes Dokument der Geschichte dieser Generation finden wir in Adalbert von Hansteins *Das jüngste Deutschland. Zwei Jahrzehnte miterlebter Literaturgeschichte* (Leipzig 1900). Aber bekanntlich scheiterten die künstlerischen, sozialen und politischen Bestrebungen des Jungen Deutschland. Dies läßt sich dadurch erklären, daß den Jungdeutschen - mit Ausnahme von Heine - das dichterische Talent weitgehend fehlte. Zugleich aber war das intellektuelle und soziale Klima noch nicht günstig. Demzufolge liegt es nahe, die nichtliterarischen Veränderungen zu umreißen, die den Naturalisten - trotz anfänglicher Angriffe und Verbote - letzten Endes zu ihren Erfolgen verhalfen.

Die wichtigsten außerliterarischen Entwicklungen, die zur Entstehung und zum Erfolg des Naturalismus beitrugen

Auf die Verengung der Perspektive, aus der der Mensch im Naturalismus gesehen wird, haben wir bereits hingewiesen. Sie entspricht dem, was Emile Zola schon in seiner grundlegenden Schrift *Der experimentelle Roman* (1880) proklamiert:

> Der metaphysische Mensch ist tot, mit dem physiologischen Menschen verändert sich die ganze Grundlage ... Der Standpunkt ist neu: aus dem philosophischen wird der experimentelle. Alles ist schließlich in der einen Tatsache beschlossen: Die experimentelle Methode ist sowohl in der Literatur wie in der Wissenschaft dabei, die natürlichen, individuellen und sozialen Phänomene zu

bestimmen, über welche die Metaphysik bisher nur irrationale und übernatürliche Erklärungen abgegeben hat...[1]

Allerdings starb der Glaube an einen metaphysisch definierbaren Menschen im 19. Jahrhundert im Denken der meisten Menschen nur langsam; und dies nicht zuletzt weil die Religion nach wie vor als eine Stütze des sozialen Lebens galt. So erinnern wir an den Bundestagsbeschluß von 1835, der die Schriften des Jungen Deutschland verbot. Darin heißt es, daß „sich in Deutschland ... eine literarische Schule gebildet hat, deren Bemühungen unverhohlen dahin gehen, in belletristischen, für alle Klassen von Lesern zugänglichen Schriften die christliche Religion auf die frechste Weise anzugreifen, die bestehenden sozialen Verhältnisse herabzuwürdigen und alle Zucht und Sittlichkeit zu zerstören".[2] Offensichtlich hielt die Obrigkeit den gläubigen Menschen für einen notwendigen Bestandteil der erwünschten stabilen gesellschaftlichen Ordnung. Doch im Jahr des Verbots erschien David Friedrich Strauß' *Das Leben Jesu*, in dem historisch-kritische Maßstäbe auf das Wirken des Gottessohnes angewandt werden. Sechs Jahre später veröffentlichte Ludwig Feuerbach sein viel radikaleres *Wesen des Christentums*, worin Gott als ein Wunschbild der Menschen gedeutet wird. Es folgten dann solche bekannten Schriften wie Max Stirners *Der Einzige und sein Eigentum* (1844) und Ludwig Büchners *Kraft und Stoff* (1855). Wenigstens unter den Intellektuellen (das Volk kaufte allerdings noch auf lange Sicht vorwiegend religiöse Schriften) erhielt die Idee des reinen Materialismus zunehmend Bedeutung und sollte öffentlichkeitswirksame Unterstützung durch den Kapitalismus der Gründerzeit erhalten.

Doch von nachhaltigerem Einfluß als die genannten philosophischen Schriften waren diejenigen Charles Darwins. Obwohl der sogenannte Darwinismus weitreichende Wirkungen auf viele sehr unterschiedliche Tendenzen im 19. Jahrhundert ausübte, ist der Naturalismus ohne diesen Einfluß einfach nicht zu denken. Nicht die Evolutionslehre an sich, so umstritten wie sie anfangs gewesen sein mochte, war der Stein des Anstoßes. (Schließlich war wenig Neues an ihr, wurde sie doch von anderen Wissenschaftlern schon länger propagiert.). Vielmehr empörten sich die Theologen über die teleologischen bzw. theologisch ausdeutbaren Implikationen einer „natürlichen Zuchtwahl", die sich auf einen „Kampf ums Dasein" gründete. Denn damit schien sich jegliche „Entwicklung" wenn nicht zufällig, so doch ohne das Versprechen einer göttlichen Erfüllung zu vollziehen. Nicht ein theologisch zu erfassender Endzweck liegt der „Evolution" zugrunde, sondern lediglich ein naturwissenschaftlich zugängliches Vererbungsgesetz. Dichterisch hat diese Wendung im Naturalismus ihren Niederschlag gefunden: Weil das Leben nur ein Kampf ums Dasein sei, den nicht der moralisch Bessere, sondern der körperlich oder geistig Stärkere gewinne, dürfe es in einem konsequent realistischen Werk keine poetischen Manifestationen bestimmter Moralvorstellungen, z.B. der Gerechtigkeit, mehr geben. Ja, manchmal verdanke der „Stärkere" seine Überlegenheit gar keinem „Prinzip" oder handlungsanleitenden Ideal, sondern geradezu seiner unmoralischen, skrupellosen Rücksichtslosigkeit. Die Vorherrschaft des Vererbungsgesetzes bringt literarisch mit sich, daß der Mensch nunmehr und manchmal ausschließlich in tierhafter Abhängigkeit von seinen Trieben dargestellt wird. Inwieweit der Naturalist sich dieser Weltsicht verpflichtet fühlte, zeigen Werke wie Zolas *La bête humaine* (Das menschliche Tier) und Hauptmanns *Bahnwärter Thiel*. Selbst in solchen literarischen Produktionen, in denen der Mensch nicht vom Tierhaften her gestaltet wird, spielt die Vererbung eine ausschlaggebende Rolle, wie z.B. in Ibsens *Gespenster*, Hauptmanns *Vor Sonnenaufgang* oder Halbes *Jugend*.

Offensichtlich erfaßt der literarische Darwinismus den Menschen vorwiegend von außen. Infolgedessen verschwindet, wie wir noch sehen werden, ein auf die Enthüllung des „inneren" Menschen gerichtetes dramatisches Mittel wie der Monolog. Dieser auf die Naturwissenschaft zurückgreifenden Tendenz, sich auf das Sicht- und Meßbare im Menschenleben zu konzentrieren, kommt eine neue Disziplin entgegen: die Soziologie. Deren Gründer war Auguste Comte (1798-1857), ein Schüler von Claude Henri de Rouvroy, Comte de Saint-Simon (1760-1825). Was Saint-Simon für das Junge Deutschland gewesen war, wurde Comte für den Naturalismus. Weiterhin verkörpert Comte eine Verbindung mit der langen Tradition des englischen Empirismus, zu dessen einflußreichsten Vertretern im 19. Jahrhundert John Stuart Mill (1806-1873) gehörte (Mill wirkte später auf Arno Holz).[3]

Comte veröffentlichte 1830-1842 in sechs Bänden sein Meisterwerk über die Philosophie des Positivismus und 1851-1854 sein zweites wichtiges Werk über ein System der positivistischen Politik oder ein Traktat über die Institutionierung der Religion der Humanität durch die Soziologie. Von der Naturwissenschaft, die nicht mehr nach einem „metaphysischen" Warum, sondern nur noch dem Wie fragt, ausgehend, verlangt Comte die gleiche Verhaltensweise von Sozialwissenschaftlern. Dieses Ziel glaubt Comte durch die Soziologie als eine „Sozialphysik" erreichen zu können, denn diese neue Wissenschaft soll die Menschen wie Atome behandeln und ihre Wechselbeziehungen mathematisch exakt feststellen. Offensichtlich verdrängt das rein quantitative Denken das qualitative fast vollständig und unterstützt damit die den Realismus seit alters charakterisierende Neigung, möglichst viele Details zu bieten, eine Neigung, die ihren Höhepunkt im Naturalismus erreicht. Darüber hinaus betont man nicht mehr das Individuelle und damit auch nicht mehr den bei den Jungdeutschen noch vorkommenden „Genie"-Begriff.

Einen ersten Reflex in der Literatur findet die Soziologie in den Schriften Hippolyte Taine (1828-1893) *Über die Geschichte der englischen Literatur* (1864) und in seiner *Philosophie der Kunst* (1865-1867). Damit wird Taine für viele zum Verkünder der „Milieu-Theorie" der Künste (allerdings bildete diese lediglich einen Teil seiner Kunstansichten, die bereits bei Montesquieu und Herder antizipiert wurden). Die Relevanz der Milieu-Theorie im Hinblick auf die Gestaltung der Charaktere im Naturalismus wird noch besprochen werden. Hier sei nur darauf hingewiesen, daß die nichtliterarischen Entwicklungen bei dem gelehrten Publikum die Tendenz gefördert hatte, sich und ihre Mitmenschen als Produkte der Vererbung und ihres Milieus zu akzeptieren.

Bestimmten die philosophischen, natur- und sozialwissenschaftlichen Entdeckungen und Ansichten die Perspektive, aus der der Mensch nunmehr betrachtet und in einer „modernen" Literatur gestaltet wurde, so brachten die politischen und wirtschaftlichen Veränderungen neue Einstellungen gegenüber bisher unterdrückten Themen hervor und lieferten zudem ganz neue Stoffe aus dem „modernen" Leben. Dazu gehörten etwa die Prostitution, das Problem der ledigen Mütter und die moralische Verlogenheit im Bürgertum, ferner das Großstadtelend, die Armut und die veränderte Situation auf dem Lande.

In dem Maße, in dem sich der Mensch weniger „metaphysisch", um so mehr aber materialistisch zu orientieren begann, beschäftigten ihn die politischen, wirtschaftlichen und sozialen Veränderungen. Dieser Entwicklung, die eigentlich schon im 18. Jahrhundert begonnen und zur Französischen Revolution geführt hatte, bot die sogenannte Restauration nur vorübergehend Einhalt. Die Revolution von 1848, an der sich die Unmöglichkeit zeigte, die Uhr zurückzustellen, wurde zwar niedergeschlagen, diese Niederlage aber der nicht nur an das materielle Elend des Volkes denkenden, sondern auch aus dem romantischen Gedankengut sowie dem Schillerschen Idealismus schöpfenden Liberalen trug letzten Endes zur Entwicklung des deutschen Naturalismus bei, und zwar insofern, als nunmehr die rein materielle Basis als Ursache der sozialen Mißstände um so deutlicher hervortrat. Denn die reale gesellschaftliche Macht ging größtenteils in die Hände des Bürgertums über. Der Geldschein ersetzte die Geburtsurkunde als Zeugnis einer Machtstellung, und ein arbeitsam-„tüchtiges" Menschenbild wurde kultiviert. So trug der enorm erfolgreiche Roman *Soll und Haben* (1855) von Gustav Freytag als Motto das Zitat von Julian Schmidt: „Der Roman soll das deutsche Volk da suchen, wo es in seiner Tüchtigkeit zu finden ist, nämlich bei seiner Arbeit."

Man hatte auf wirtschaftlichem Wege scheinbar das erreicht, was den politisch denkenden Vormärzlern versagt geblieben war: dank seiner Tüchtigkeit konnte jeder als Individuum, aus eigener Kraft erfolgreich und glücklich werden. Ja, selbst eine Frau konnte es schaffen, wie wir im weitgelobten Roman von Louise von François, *Die letzte Reckenburgerin* (1871) lesen. So wenig aber diese Emanzipationsbestrebung im Roman einer wirklichen Befreiung der Frau gleichkam, kann man trotz der gesellschaftlichen Veränderung von einer durchgreifenden Demokratisierung der Arbeitsverhältnisse und adäquaten Verdienstmöglichkeiten für Männer und Frauen sprechen. Die Gesellschaft ließ sich zwar nicht mehr in den Adel und Nichtadel gliedern, wohl aber – nach wie vor – in Habende und Nichthabende bzw. in der Terminologie des 1848 erschienenen *Kommunistischen Manifests* von Marx und Engels in Bourgeoisie und Proletariat. Solange die Mittel der Produktion in den Händen der Wenigen konzentriert blieben, würden die Reichen reicher werden, die Armen aber nur ärmer.

Selbstverständlich hatte es immer Arme gegeben. Aber als eine selbstbewußte Klasse traten sie erst im 19. Jahrhundert, als eine Folge der Vergroßstädterung, hervor. Die Industrialisierung führte zur Entwicklung eines Proletariats, das seine politische Stimme im Namen des Sozialismus erhob. Ein Jahrzehnt nach der gescheiterten Revolution wurde von Ferdinand Lassalle der Allgemeine Deutsche Arbeiterverein (1863), von August Bebel und Wilhelm Liebknecht die Sozialdemokratische Arbeiterpartei (1869) in Deutschland und von Marx und Engels die I. Internationale (1864) in Frankreich gegründet. Es folgten auch die Gründungen von sozialistischen Parteien in Dänemark, Norwegen, Schweden und England. Als Begleitphänomen anzusehen ist die Vergroßstädterung, vor allem in Deutschland: so zählte Berlin 1819 201.000 Einwohner, 1871 914.000, 1888 1.800.000 und 1900 2.712.000. „Mietskasernen", die in der naturalistischen Literatur eine große Rolle spielen sollten, waren die Folge des plötzlichen Wachstums der Großstädte. Daß die Probleme des Proletariats nicht mehr zu übersehen waren, bzw. die Forderungen und Aktivitäten der Sozialisten nicht mehr ignoriert werden konnten, bezeugen die sozialen Zugeständnisse und die berüchtigten „Sozialistengesetze" Bismarcks. Obwohl die Verbindung zwischen den Naturalisten und dem Sozialismus – wo es überhaupt eine solche gegeben hat – bestenfalls eine äußerst lockere und kurzlebige war, machten die sozialistischen Bewegungen die Bevölkerung aller europäischen Länder mit der Thematik vertraut, deren sich die naturalistische Dichtung annehmen sollte, z.B. Frauenrechte, Pazifismus, die kapitalistische Ausbeutung der Enteigneten, die Unterdrückungsmaßnahmen des Staates usf. Darüber hinaus konnte man die Probleme der Armut nicht mehr einfach mit dem Hinweis auf eine „metaphysische" Lösung abtun oder das Elend gar veredeln. Nicht nur an Holz' berühmte Worte: „Für mich ist jener Rabbi Jesus Christ nichts weiter, als – der erste Sozialist",[4] braucht man zu denken, sondern auch an Holz' *Eine Andres* oder von Hansteins *Die Mutter*, vor allem im Vergleich mit Adalbert von Chamissos Biedermeier-Gedicht *Die alte Waschfrau*.

Von allen politischen Ereignissen erwiesen sich der Deutsch-Französische Krieg und die darauffolgende Reichsgründung (1870/71) als die wichtigsten. In Frankreich verschwand ein Kaiser, in Deutschland erschien einer. Während die Dritte Republik zunächst unter der Last der Reparationen litt, gedieh die Wirtschaft im neuen deutschen Kaiserreich bis zur großen Depression von 1873. Im Unterschied zur Entstehung des französischen Naturalismus als Ausdruck des sozialkritischen Pessimismus in der Folge des verlorenen

Krieges war in Deutschland die Voraussetzung, trotz wiederholter Krisen und wirtschaftlicher Flauten, für eine ähnliche literarische Reaktion noch nicht gegeben.

Fast alle deutschen Naturalisten kamen aus gutbürgerlichem Hause. Sofern sie ihre dichterische Mission als eine zeit- und sozialkritische auffaßten, konzentrierten sie sich – positiv gesehen – auf einen verständnisvollen, manchmal sogar idealisierenden Einblick in das Elend und Leid der Armen und – negativ gesehen – auf eine Enthüllung der Scheinheiligkeit und Verlogenheit der Bourgeoisie. Am 1. Januar 1885 erschien die erste Nummer der ersten erfolgreichen naturalistischen Zeitschrift in Deutschland, der von Michael Georg Conrad gegründeten *Gesellschaft*, die als ihr Vorhaben ankündigt:

„Unsere 'Gesellschaft' bezweckt zunächst die Emanzipation der periodischen schöngeistigen Litteratur und Kritik von der Tyrannei der 'höheren Töchter' und der 'alten Weiber beiderlei Geschlechts'; sie will mit jener geist- und freiheitsmörderischen Verwechslung von Familie und Kinderstube aufräumen, wie solche durch den journalistischen Industrialismus, der nur auf Abonnentenfang ausgeht, zum größten Schaden unserer nationalen Litteratur und Kunst bei uns landläufig geworden. ... Wir brauchen ein Organ des ganzen, freien, humanen Gedankens, des unbeirrten Wahrheitssinnes, der resolut realistischen Weltauffassung! ... Unsere 'Gesellschaft' wird keine Anstrengung scheuen, der herrschenden jammervollen Verflachung und Verwässerung des litterarischen, künstlerischen und sozialen Geistes starke, mannhafte Leistungen entgegenzusetzen, um die entsittlichende Verlogenheit, die romantische Flunkerei zu bekämpfen. Wir künden Fehde dem Verlegenheits-Idealismus des Philistertums, der Moralitäts-Notlüge der alten Parteien- und Cliquenwirtschaft auf allen Gebieten des modernen Lebens."

Die „moderne" Literatur soll also dem größeren Kampf gegen die Gesellschaftsnormen und -werte dienen, die der Literatur als „Verlegenheits-Idealismus" und „Moralitäts-Notlüge" zugrundeliegen. Gemeint ist offensichtlich der bürgerliche Optimismus der von Freytag in *Soll und Haben* verherrlichten Welt, einer Welt, die ihre Vertreter nicht nur im Freytagschen Werk, in den Romanen der Marlitt und in den anderen minderwertigen Produktionen der „Familienblätter" wie der *Gartenlaube*, sondern auch in den Elternhäusern vieler Naturalisten fand.

Dieser sich dort artikulierende Optimismus muß als Reaktion, zugleich als Mittel gegen die tiefgreifende Enttäuschung der Liberalen nach der gescheiterten Revolution von 1848 begriffen werden. Diese kehrten dem politischen Idealismus des Vormärz und seinen Spielarten den Rücken und konzentrierten sich – der philosophischen Tendenz der Zeit folgend – auf eine Idealisierung der auf materiellem Erfolg fußenden bürgerlichen Werte. Überhaupt tauchte der Begriff eines literarischen Realismus erst nach 1848 häufiger auf, blieb jedoch dabei den Vorstellungen sowie den moralischen und sozialen Maßstäben des Bürgertums verpflichtet.

Allerdings erfolgte die „Bekehrung" vormärzlicher Liberaler nicht unmittelbar auf die gescheiterte Revolution, sondern vollzog sich im Sog weiterer Entwicklungen: So erschien 1855 anonym der erste Band der *Grundsätze der Realpolitik* (2. Band 1869).

Verkünder der „Realpolitik" war Ludwig August von Rochau, der nach seiner Beteiligung an einer Revolte im Jahre 1833 nach Frankreich hatte fliehen müssen und erst nach der Revolution von 1848 zurückkehren konnte. Sich vom vormärzlichen Idealismus entfernend, behauptet Rochau nun, daß die Gesetze der Macht im politischen Leben die gleiche Bedeutung hätten wie die Gesetze der Schwerkraft in der materiellen Welt. Wer unter den enttäuschten Liberalen nicht vom optimistischen Materialismus Freytagscher Prägung überzeugt war, fiel jetzt dem der „Realpolitik" zum Opfer, und zwar hauptsächlich nach den militärischen Erfolgen Bismarcks, die in der Gründung des Zweiten Reichs gipfelten. Nach Theodor S. Hamerow hatte Rochau, der alle ethischen Probleme verabschiedet hatte, doch einräumen müssen, „daß es bestimmte gesellschaftliche Vorstellungen gibt, die vom Staate anerkannt werden sollten". Und zu diesen zählt er das bürgerliche Selbstbewußtsein, das Konzept der Freiheit, den Wunsch nach nationaler Einheit, die Idee der menschlichen Gleichberechtigung und die Entstehung des Parteienwesens. ... Die Bauern erscheinen ihm unwichtig, ja der Adel geradezu überflüssig. „Aber der Mittelstand", lesen wir, „ist und bleibt der unentbehrlichste und wertvollste Stoff für den deutschen Staatsbau. ... Das Bürgertum unterscheide sich demnach vom Adel durch seinen Fleiß und vom Proletariat durch seinen Erfolg".[5]

Das Produkt der deutschen „Realpolitik" war das neue Reich in seinem scheinidealistischen Dasein, das den krassesten Materialismus verschönerte und damit unterstützte. Einerseits also bestätigte Rochau das Selbstbewußtsein des Bürgertums und seinen Anspruch, in der Gesellschaft die führende Rolle innezuhaben. Damit wurden sowohl er als auch seine Anhänger zwar nicht als Personen, wohl aber als Mitverantwortliche für das bürgerliche „Klima" und die Institutionen, die die Naturalisten kritisieren, zur Zielscheibe des Angriffs. Andererseits trägt Rochaus Lehre gleichzeitig zur Entstehung des Naturalismus bei, indem sie eine Verengung der allgemeinen Auffassung von „Realismus" impliziert, die zur ausschließlichen Akzeptanz einer reinen Materialität und dem damit verbundenen „Recht des Stärkeren" hinführt.

Die Entstehung des literarischen Naturalismus

Der europäische Naturalismus erreicht, wie gesagt, seinen Höhepunkt in Deutschland. Deshalb empfiehlt es sich, eine Darstellung seiner Entstehung und Entwicklung auf die den Deutschen als vorbildlich geltenden Dichter zu beschränken. Dieses Verfahren bietet sich an, weil es fast ebensoviele „Naturalismen" zu geben scheint wie Länder und jeweilige Dichter. Darüber hinaus ist darauf hinzuweisen, daß das Auftreten des Naturalismus in Amerika meistens erst 1893, d.h. mit dem Erscheinen von Stephan Cranes Roman *Maggie*, datiert wird. Zwar lobten schon die deutschen Naturalisten Brett Harte und vor allem Walt Whitman, über den Gerhart Hauptmann später berichtet:

Ein Dichtwerk, das weiterhin auf uns von größtem Eindruck war, hatte den Amerikaner Walt Whitman zum Verfasser und trug den deutschen Titel *Grashalme*. Nicht zuletzt durch unsere Begeisterung hat es dann seinen Weg gemacht und ist in einer herrlichen Übertragung in den Bestand unserer Literatur übergegangen. (VII, 1062)[6]

Dennoch wird es sich im Laufe der deutschen Entwicklung herausstellen, daß die wichtigsten theoretischen und dichterischen Fortschritte der Naturalisten nicht in der Lyrik, sondern in der Erzählprosa und im Drama stattfinden werden. In England gab es übrigens kaum eine naturalistische Bewegung als solche, und der Einfluß des europäischen Naturalismus und der Kräfte, die zu seiner Entstehung beigetragen hatten, blieb bestenfalls peripher.

„Naturalismus" als Bezeichnung für eine neue literarische Schule erscheint erst in der Kritik der Werke Emile Zolas. Holz stellt Zola in einem 1885 entstandenen Gedicht an die erste Stelle:

Zola, Ibsen, Leo Tolstoi,
eine Welt liegt in den Worten,
eine, die noch nicht verfault,
eine, die noch kerngesund ist! (X, 35)

Obwohl Holz offensichtlich nur Zolas Dichtung meint und andere Dichter – denen auch Björnstjerne Björnson, Fëdor Dostoevskij und August Strindberg hinzuzufügen wären –

Dichter nämlich ohne expliziten theoretischen Anspruch nur erwähnt, muß man Zolas Theorie als ersten Schritt zur Begründung des Naturalismus sehr ernst nehmen, wenn auch Holz sie später für unzulänglich befand.

Selbst Zola schaute auf dichtende sowie nicht-dichtende Vorgänger als Wegbereiter zurück, z.B. Honoré de Balzac, Gustave Flaubert, die Brüder de Goncourt (Edmond und Jules) und vor allem Claude Bernard. Auf Bernard, Gründer der modernen Physiologie und Verfasser von *Introduction à l'étude de la médecine expérimentale* (1865), beruft sich Zola so häufig, daß Günther Mahal mit Recht behaupten kann: „Zolas 'Le roman expérimental' liest sich über weite Strecken hin wie ein studentisches Exzerpt aus Bernards Schrift: Bernard ist sein absoluter Lehrmeister. Ihm bleibt im Grunde nur die Aufgabe, 'médecin' durch 'romancier' zu ersetzen".[7] Die Anfänge von Zolas Hauptwerk wurden schon vor der Veröffentlichung seines grundlegenden Aufsatzes (1880) publiziert. 1871 erschien *La fortune des Rougon*, der erste der zwanzig Bände von *Les Rougon-Macquart, histoire naturelle et sociale d'une famille sous le Second Empire* (der letzte Band erschien 1893).

Allerdings löst erst L'Assommoir (1877), der siebte Band der Familienchronik, eine heftige kritische Reaktion in Frankreich und Deutschland aus. Was Zolas Popularität in seiner Heimat anbelangt, so kann man nun vom Anfang eines goldenen Zeitalters des Naturalismus sprechen, das bis 1887 dauerte. Obwohl Zola seinen im Aufsatz über den „experimentellen Roman" aufgestellten Forderungen in der Praxis nicht immer folgte und sie bestimmt nicht immer ganz so doktrinär auslegte, wie sie andere verstanden, so waren sie doch wichtigster Ausgangspunkt für weitere Diskussionen einer „naturalistischen", d.h. „modernen", die Errungenschaften der Natur- und Sozialwissenschaften verkörpernden Kunst. Offensichtlich bekennt sich Zola in Theorie und Praxis zur Vererbungslehre und zum Einfluß des Milieus. Die „Chronik" verfolgt das Schicksal der Nachkommen der Ahnmutter Adelaide Fouqué, die sich in zwei Stämme teilen: der eine Stamm entspringt der legitimen Ehe mit Rougon, der andere der Verbindung mit Macquart, einem Schmuggler und Alkoholiker. Aber Zolas konsequente Übernahme des Vererbungsgesetzes als Leitfaden soll keineswegs dahin ausgelegt werden, daß die Abkömmlinge der Adelaide je nach Herkunft moralisch oder unmoralisch handeln, denn es sind nur die Ziele, die beide Familienteile unterscheiden. So ersetzt die Rougon-Nachkommenschaft die Hingabe an fundamentale Gefühle durch die Sucht nach Geld und Macht, zeigt also keine moralische oder ethische Überlegenheit, die auf ihre Legitimität zurückzuführen wäre. Wiederum wird die Kritik Zola Pessimismus vorwerfen, der bald als kennzeichnend für den Naturalismus überhaupt hervorgehoben wird. Daß die Ziele der beiden Stämme, wenn auch moralisch verwerflich, doch verschieden ausfallen, ist ja ein Zeugnis für den Einfluß des Milieus. Gerade dies lobt M.G. Conrad, begeisterter Anhänger Zolas:

Treue Wiedergabe des Lebens unter strengem Ausschluß des romantischen, die Wahrscheinlichkeit der Erscheinung beeinträchtigenden Elementes; die Komposition hat ihren Schwerpunkt nicht mehr in der Erfindung und Führung einer mehr oder weniger spannenden, den blöden Leser in Atem erhaltenden Intrigue (Fabel), sondern in der Auswahl und logischen Folge der dem wirklichen Leben entnommenen Szenen, in deren Faktur und gesellschaftlicher Umrahmung die höchste Wahrheit als vollendete Kunst sich darzubieten hat (*Gesellschaft* 1 [1885], 746).

Auf Zolas Theorie des *experimentellen Romans* zurückkommend, merken wir aber sofort, wie sie – eher als die Werke selbst – die für den Naturalismus charakteristische Verengung der Darstellungsperspektive zur Folge haben konnte. Unter den Dichtern der älteren Generation wird keiner den „modernen" Dichtern mehr Verständnis entgegenbringen als Theodor Fontane, aber wir erinnern uns zugleich an seine Kritik der Erzählungen von Iwan Turgenev:

Ich bewundere die scharfe Beobachtung und das hohe Maß phrasenloser, alle Kinkerlitzchen verschmähender Kunst; aber eigentlich langweilt es mich, weil es im Gegensatz zu den teils wirklich poetischen, teil wenigstens poetisch sein wollenden „Jägergeschichten" so grenzenlos prosaisch, so ganz *unverklärt* die Dinge wiedergibt. Ohne diese Verklärung gibt es aber keine eigentliche Kunst, auch dann nicht, wenn der Bildner in seinem bildnerischen Geschick ein wirklicher Künstler ist. Wer *so* beanlagt ist, muß *Essays* über Rußland schreiben, aber nicht Novellen. Abhandlungen haben ihr Gesetz und die Dichtung auch.[8]

Es ist gerade das angebliche Fehlen jeglicher „Verklärung", das Zolas experimentellen Roman bei der jungen Generation in Deutschland beliebt und poetologisch relevant werden läßt. Der Franzose rechtfertigt die Ausschaltung „verklärender" Momente durch seine konsequente Anlehnung an die Naturwissenschaft. Der Romancier solle gleichsam „Laborverhältnisse" im Werk schaffen:

Wenn wir uns dem Roman zuwenden, so stellen wir das gleiche fest: auch der Romanautor setzt sich aus einem Beobachter und einem Experimentator zusammen. Der Beobachter in ihm gibt die Tatsachen so wieder, wie er sie beobachtet hat, bestimmt den Ausgangspunkt und schafft den soliden Untergrund, auf dem sich dann die Personen bewegen und die Geschehnisse entwickeln. Dann erscheint der Experimentator und setzt das Experiment an, d.h. er läßt die Personen sich in einer besonderen Geschichte bewegen, um daran zu zeigen, daß die Reihenfolge der Tatsachen so ist, wie es der Determinismus der in Frage stehenden Phänomene erfordert.

Es fällt auf, daß etwas „bewiesen", nicht „entdeckt" werden soll: Hier liegt nun eine Tautologie vor, denn der Romancier soll sich lediglich auf das natur- und sozialwissenschaftlich Feststellbare der Vererbung und des Milieus beschränken, um zu beweisen, daß lediglich diese Komponenten alles im Leben determinieren. Man kann leicht einwenden, daß Zola damit eigentlich bloß ein Kunstprodukt erfaßt. Nur die als Artefakt dargestellte Welt kann mit Sicherheit durch Anlehnung an das Wissenschaftliche allein hinlänglich „erklärt" und „realistisch" motiviert erscheinen. Außerdem gab Zola früher selbst zu, daß die „Berichterstattung" – und darum handelt es sich bei einem „Experiment" – doch durch das Temperament des Berichtenden beeinflußt werden müsse:

Der berühmteste Satz der Zolaschen Theorie erscheint nicht im Aufsatz über den experimentellen Roman, sondern nach Mahal (153) lediglich im Aufsatz *Proudhon* et Courbet vom 26. Juli/31. August 1865 in *Le salut public*: „Un œuvre d'art est un coin de la création vu à travers un tempérament". Dieser Satz wird später von Holz zitiert und angegriffen als: „L'art est un coin de la nature, vu à travers un tempérament", und Mahal vermutet, daß Holz ihn mit Bedacht falsch zitiert, weil er die metaphysischen Konnotationen von „création" ausschalten wollte. Wie dem auch sei, in der Holzschen Formulierung ist er landläufig geworden. Überhaupt muß man jedoch dabei bedenken, daß diese Äußerung schon fünfzehn Jahre vor dem Erscheinen des Aufsatzes über den experimentellen Roman kursierte.

Das Einwirken eines „Temperaments" wäre sogar mit Fontanes Forderung einer „Verklärung" in Einklang zu bringen, aber die auf der Person des Erzählers liegende Betonung hat den Intentionen eines wirklich „experimentellen Romans" gemäß einer Verlagerung des Akzents auf die Außenwelt als gemeinsames, vom Leser und Romancier geteiltes Gut nachgeben müssen. Folglich kümmert sich der Romancier als wissenschaftlich vorgehender Experimentator nicht mehr darum, ob oder in welchem Maße sein Publikum ihm als „Berichterstatter" traut – man bedenke doch, wie oft noch der poetische Realist wie C.F. Meyer sich eines betont inadäquaten Erzählers in einer Rahmengeschichte bedient oder Fontane selbst einen humorvollen, aber vertrauenserweckenden Konversationston anschlägt. Statt dessen verläßt sich der moderne, den Naturwissenschaftler nachahmende Romancier nun darauf, daß das Publikum seine Einschränkung der „Wirklichkeit" auf das wissenschaftlich Feststellbare teile und die im Werk wiedergegebene Welt als hinlänglich motiviert und gedeutet akzeptiere. So oft Zola mit seiner eigenen Theorie zu brechen scheint, so muß man sich doch vor Augen halten, daß er sich im Grunde eher auf eine „moderne" Auffassung der Welt unter den Lesern als auf eine veränderte Sichtweise des Dichters verläßt, die als das eigentlich „Moderne" seiner Kunst zu bezeichnen wäre. Mit dem Verlust eines „qualitativ" denkenden Erzählers, von dem der Leser „bessere" oder tiefere Einsichten erwarten kann, verschwindet die Hoffnung des Lesers, die Wahrheit nach „qualitativen" Maßstäben zu erfahren. Es versteht sich, daß der Schilderung der Realität damit jede Möglichkeit einer dichterischen „Verklärung" genommen wird. Im Gegenzug verlangt Zola, daß der Romancier Tatsachen beobachte, begreife und erfinde „pour arriver à la connaissance complète d'une vérité". Die dargebotene „Wahrheit" überzeugt, nicht weil der Erzähler feinfühliger oder künstlerischer veranlagt zu sein scheint, sondern weil er die „komplette Wahrheit" einem Publikum darbietet, das sich an die natur- und sozialwissenschaftliche Bemühung um eine vollständige Erfassung des Tatsächlichen gewöhnt hat und nur durch eine entsprechende Vollständigkeit in der dichterischen Darstellung zu überzeugen ist. Damit rechtfertigt der Naturalist, daß auch das Unangenehme und Banale miterfaßt werden müsse.

So behauptet der deutsche Zola-Anhänger Conrad Alberti:

„Das Milieu in der Kunst wie in der Kunstlehre konnte sich erst entfalten, sobald die jahrhundertealte Legende vom freien Willen des Menschen zerstört war, sobald man wußte, daß der Wille des Menschen in keinem Augenblick frei ist, sondern jeder Mensch nur das will, was er wollen muß, wozu seine Natur und das Milieu ihn zwingen, daß er in jedem Augenblicke einem physiologischen und milieumäßigen Zwange gehorcht". Und zu einem geflügelten Wort ist Albertis provozierende Äußerung über die Gleichwertigkeit aller Aspekte des Lebens geworden: „Daher sind vor dem Naturgesetz und vor der Aesthetik alle Wesen und Dinge einander gleich, es gibt keine künstlerischen Stoffe zweiten und dritten Ranges, sondern als Stoff steht der Tod des größten Helden nicht höher als die Geburtswehen einer Kuh", und prägnanter formuliert: „Der Tod des größten Helden steht hinsichtlich der künstlerischen Verwertbarkeit auf gleicher Stufe mit den Geburtswehen einer Kuh".[9]

Allerdings werden durch die Abkehr vom moralisch oder ästhetisch motivierten Qualitätsdenken zum natur- und sozialwissenschaftlich orientierten Quantitätsdenken zwei der häufigsten Kritiken am Naturalismus überhaupt provoziert: zum ersten, daß der naturalistische Dichter sein Streben nach der vollständigen, bisher nicht ganz erfaßten „Wahrheit" bloß als Vorwand benutze, um sich auf das Häßliche, Abstoßende und Unmoralische konzentrieren zu können; und zum zweiten, daß die Aufnahme bedeutungsloser Banalitäten in so großen Mengen, wie ein naturalistisches Werk dies nunmehr tat, Langeweile bewirkte.

Die Romane Zolas werden heute noch gelesen, die seiner Nachfolger und Anhänger aber, wenn überhaupt, nur sehr selten. Dies ist zum einen ohne weiteres durch Zolas überlegenes Talent als Dichter zu erklären, zum anderen liegt der Grund in der bewußten Abweichung von seiner eigenen Theorie. Darüber hinaus werden wir an der deutschen Weiterführung des französischen Naturalismus sehen, daß mit der Übernahme dessen Theorie nicht mehr dem Roman als adäquate Form Geltung zukommen konnte: Diesen Stellenwert erhielt nun das Drama.

Obwohl Zola selbst mindestens ein Drama von Belang schrieb, gebührt doch Henrik Ibsen das Verdienst, dem Naturalismus seine eigentliche Entfaltung im Drama bzw. auf der Bühne ermöglicht zu haben. Freilich wurde zunächst Ibsens Landsmann Björnson durch seine Sozialdramen *Ein Fallissement* (1874, dt. 1875) und *Über die Kraft* (1883, dt. 1886) in Deutschland bekannt. Doch nicht er, sondern Ibsen wurde zum nachahmbaren Vorbild der Deutschen. An Ibsens Dramen also kann man die Keime des naturalistischen

Dramentyps erkennen (der lange nach dem Abklingen des historischen Naturalismus noch bühnenwirksam ist). Wenn auch selbst kein Theoretiker, verstand es Ibsen, mit Dramen hervorzutreten, die den latenten Tendenzen seiner Zeit entsprachen und sich in das zur Entstehung des Naturalismus beitragende Weltbild einfügten, ohne in ausschließlich zeitbedingten Problemen und Charaktertypisierungen zu verharren.

Was seine Zeitgemäßheit anbelangt, so urteilt Otto Brahm in der *Deutschen Rundschau* 49 (1886): „Ibsen wird der große Naturalist des Dramas, wie Zola der Naturalist des Romans geworden ist". Das erste wichtige Zeugnis für Ibsens potentielle Bedeutung für das naturalistische Drama in Deutschland erschien schon in Georg Brandes' „Ibsen", *Nord und Süd* 27 (1883). Dort erkennt Brandes nämlich: „Sein Pessimismus ist nicht metaphysischer, sondern moralischer Natur, begründet in der Überzeugung, daß sehr wohl die Möglichkeit vorhanden, die Ideale in die Wirklichkeit zu überführen". Und gerade dieser Aspekt verbindet den Norweger in Brahms Denken mit Zola: „Ibsen gleicht Emile Zola darin, dem andern großen Naturalisten dieser Tage; und die Anschauung welche der französische Dichter jüngst aussprach, gilt auch für den norwegischen: beiden ist das Kunstwerk ein Winkel Natur, angeschaut durch ein Temperament! Und zwar angeschaut durch ein ethisch-ästhetisches Temperament" (270). So, könnte man hinzufügen, schreibt Ibsen auch dem Reformgeist entsprechend, der uns aus der *Gesellschaft* und anderen frühnaturalistischen Schriften entgegenruft; nur stellte es sich heraus, daß Ibsen und das Drama überhaupt keine Unterstützung unter den Münchnern erfuhren. Formal gesehen, bietet das Ibsensche Drama nach Brandes zwei Hauptmerkmale: eine nuancierte psychologische Gestaltung der Charaktere und ihre Determiniertheit, die er mit einem Hinweis auf die Vererbungsthematik in den *Gespenstern* belegt. Hier sei überhaupt vermerkt, daß die wichtigsten naturalistischen Dramen Ibsens thematisch den Bestrebungen der Jüngstdeutschen sehr nahestehen: der Einfluß der Vererbung in *Gespenstern*, die emanzipierte bzw. zu emanzipierende Frau im *Puppenheim*, und die Übermacht eines rein materialistisch denkenden bürgerlichen Milieus, an der ein idealistischer Reformer zugrunde geht (angesichts ihrer zunächst negativen Rezeption zeigen viele Naturalisten gleichsam einen „Märtyrerkomplex", und zweifellos spielt das Autobiographische eine Rolle in Ibsens *Volksfeind*, das sich wie ein Echo auf die feindliche Aufnahme seiner *Gespenster* anhört). Was Ibsen aber noch beliebter bei den Deutschen machen sollte, betont Brandes, der sich wohl eines nichtliterarischen Problems bei der Zola-Rezeption bewußt ist: er hebt das „Grundgermanische" der Ibsenschen Werke hervor. Dadurch nämlich, daß sie für Zola eintraten, setzten sich die deutschen Naturalisten, die sich auf dem Territorium des sehr chauvinistisch denkenden Zweiten Reichs, des Siegers des Krieges von 1870/71, befanden, dem Vorwurf der „Ausländerei" aus. (Natürlich darf man hierbei keineswegs übersehen, daß die „guten Bürger" der Dritten Republik von Zolas Kritik an ihrem Land nicht geradezu erbaut waren und auch Ibsens *Peer Gynt* die norwegische Mentalität scharf satirisiert. Daß die meisten Naturalisten obendrein mit den international denkenden Sozialisten für viele in Verbindung zu stehen schienen, kann ebenfalls erwähnt werden.)

Ibsens wesentlichster Beitrag zur Entwicklung des naturalistischen Dramas liegt jedoch im Aufbau seiner Stücke. Zwar bleibt er der „pièce bien faite", z.B. den „Thesenstücken" eines Dumas fils, verpflichtet. Ibsen vermeidet aber nicht nur die Intrigen, Verwechslungen und als selbstverständlich hingenommenen Zufälle solcher bewußt theatralischen Stücke, sondern er belebt eine Dramenform wieder, die so alt ist wie Sophokles' *Oedipus Rex*, und so verhältnismäßig modern wie das Schicksalsdrama des ersten Jahrhundertviertels: die des „analytischen Expositionsdramas".

Was Sophokles und den Schicksalsdramatikern das rätselhafte, unerforschliche Schicksal war, ist Ibsen nunmehr das zu enthüllende, erforschliche Gesetz der Vererbung und des Milieus. Mit Sophokles und den Schicksalsdramatikern teilt Ibsen die Dramenstruktur, die mit einer Situation ansetzt, die als unabwendbar erscheint und deren Ursachen im Laufe des Stückes enthüllt bzw. „analysiert" werden. In seinem Beitrag *Zur Theorie des Dramas im deutschen Naturalismus* beobachtet Gerhard Schulz: „Ibsens Dramen wirkten als lauter letzte Akte, von denen aus die geheimen Fäden, die sich zum Schicksal des Menschen verbanden, bloßgelegt wurden".[10] Demzufolge kann ein

Ibsensches Drama sich auf eine „realistisch" kurze Zeitspanne und überhaupt auf die sogenannten drei Einheiten der klassischen Dramatik beschränken, denn gleichviel, welche Orte und Jahre dabei überschaut werden, bewegt sich das Stück nicht vorwärts, d.h. mit großen zeitlichen Auslassungen und Ortsverlegungen, sondern rückwärts. In seiner Nachfolge wird eine solche Struktur fast gar keine Handlung mehr aufweisen bzw. nötig haben, so daß das naturalistische Drama bald als „episch" kritisiert wird. Aber auch dies kommt insofern den naturalistischen Kunstansichten entgegen, als etwa Gerhart Hauptmann später behauptet: „Was man der Handlung gibt, nimmt man den Charakteren" (X, 1043). Auf dasselbe ausgehend meint Arno Holz: „... die Menschen auf der Bühne sind nicht der Handlung wegen da, sondern die Handlung der Menschen auf der Bühne wegen. ... Mit anderen Worten: nicht Handlung ist also das Gesetz des Theaters, sondern Darstellung von Charakteren" (X, 224f.). Wie wir sehen werden, berufen sich die deutschen Naturalisten darauf, daß es im Leben keine Handlungen gebe.

Aus Ibsens Gebrauch einer „analytischen Exposition" werden die Deutschen die notwendigen Konsequenzen für die Darstellung einer bereits determinierten, an der Erbanlage und am Milieu der Menschen zu erkennenden Situation ziehen. Dabei werden sie sich eines schon bei Ibsen vorkommenden Hilfsmittels bedienen: des „Boten aus der Fremde", der durch sein Hinzukommen und seine Gegenwart die zur Enthüllung der Lage notwendigen Fragen stellt oder veranlaßt.

Wie die deutschen Naturalisten den Einfluß von Erbanlage und Milieu über Ibsen hinausgehend radikalisieren, manifestiert sich hauptsächlich in der Einbeziehung und Gestaltung des Proletariats und Bauerntums sowie in der Verwendung einschlägiger Dialekte. Während der Adel und die Bourgeoisie die allen Menschen gemeinsame Abhängigkeit von diesen Einflüssen zeigen, tritt bei den unteren Ständen die Wirkung des Milieus besonders stark hervor, denn sie leben – ob in den Mietskasernen der Großstädte oder in dörflichen Hütten auf dem Lande – am entferntesten von den geistigen Strömungen der Zeit und leiden entsprechend mehr unter dem engen Horizont, den ihr Milieu ihnen auferlegt. Sie verkörpern am deutlichsten das, was Alberti bei seiner oben zitierten Verleugnung des „freien Willens" sagt, nämlich daß „jeder Mensch nur das will, was er wollen muß, wozu seine Natur und das Milieu ihn zwingen". Schon bei Zola begegnete man der Verwendung des Dialekts als Ausdruck der einschränkenden Macht der Sprache. Die deutschen Dramatiker vergegenwärtigten nun, wenn auch in vielem auf das Ibsensche Drama des Mittelstandes zurückgreifend, die Situation der dialektsprechenden Vertreter der ärmeren Klassen: Wie Hauptmanns Weber im gleichnamigen Schauspiel können solche Menschen in keine Distanz zu sich treten, um ihre Lage und ihre Probleme zu überblicken. Hierfür (und damit für das Verständnis seitens des Publikums) ist ein Außenstehender notwendig, eben der „Bote aus der Fremde". Denn, wie wir weiter sehen werden, kommt es beim streng realistischen, auf Hilfsmittel wie den Monolog und das Beiseitesprechen verzichtenden Drama auf eine „indirekte Charakterisierung" durch die Gestalten selbst an. Alle milieubefangenen Menschen und insbesondere die sprachlich und geistig isolierten Gestalten sind einer solchen Selbstcharakterisierung und einer Darstellung ihrer Situation nicht fähig.

Daß die deutschen Dramatiker ihren Blick auch auf das Proletariat und Bauerntum richten, unterscheidet sie, wie oben gezeigt, von Ibsen, der seine Dramen hauptsächlich mit Vertretern des Mittelstands bevölkert. In diesem Zusammenhang müssen wir – von einigen Zolaschen Werken absehend – nach Rußland schauen, und zwar auf Tolstoj. Der Einfluß von Dostoevskij läßt sich nicht übersehen, aber konkreter wird der von Tolstoj sein.

Zugegeben, Hauptmann berichtet im *Abenteuer meiner Jugend:* „Ich hatte Zola, dann als ersten Russen Turgenev, später Dostoevskij und schließlich Tolstoj wesentlich in mich aufgenommen, wobei das größte Erlebnis, das mich immerwährend durchwühlte, Dostoevskij blieb. ... Ich nun habe den Kreis um Carl mit Dostoevskij und wieder mit Dostoevskij infiziert" (VII, 1058). Aber letzten Endes läßt sich Dostoevskijs Einfluß auf Hauptmann und die deutsche Literatur überhaupt eher mit dem Strindbergs vergleichen als mit demjenigen Ibsens und Tolstojs. Denn genauso, wie Strindberg solche naturalistischen Stücke wie *Fräulein Julie* schreibt, doch auch solche auf den Expressionismus stark wirkenden wie *Nach Damaskus* und *Traumspiel*, so erwies sich Dostoevskijs Einfluß – nicht zuletzt ebenfalls auf den Expressionismus – als nachhaltiger. Wenn Hauptmann später (1910 und 1920) Tolstoj würdigt, betont er vorwiegend das Mystische und Weltbürgerliche bei ihm. Was Tolstojs konkrete, also stoffliche Wirkung auf den Naturalismus betrifft, so erfahren wir von Hauptmann in bezug auf sein erstes, für die theatralische Etablierung des deutschen Naturalismus wichtiges Stück *Vor Sonnenaufgang*: „Dieses Drama würde ohne 'Thérèse Raquin' von Zola, ohne die 'Macht der Finsternis' von Tolstoj und die Vehemenz des 'Buches der Zeit' und seines Dichters [Arno Holz] wohl kaum entstanden sein" (XI, 533). Und in einer allerdings später gestrichenen Äußerung über *Macht der Finsternis* meint Hauptmann: „Dieses Werk, und ganz allein dieses Werk, dies hier beiläufig gesagt, hat meinem bescheidenen Wirken, soweit es sich um das Drama handelt, die entscheidende Wendung gegeben" (XI, 953). In der Tat fallen einem deutliche Spuren von des Russen Bauerndrama um Mord, Inzest und schließliche Reue in Hauptmanns Erstling auf. Beispielhaft für die deutschen Naturalisten waren außerdem die großen Romane *Krieg und Frieden* und *Anna Karenina*. Bei der Nachzeichnung der Rezeptionslinien, die auch den Einfluß Dostoevskijs auf den Naturalismus mitcharakterisieren, sind die Hinweise Albert Soergels[11] auf Tolstojs *Meine Beichte*, insbesondere auf die russische Tendenz zum Mystischen wertvoll, denn das Mystische und das es begleitende, überwältigende Schuldgefühl (man denke doch nur an Dostoevskijs weitbekannte Romane *Schuld und Sühne* bzw. *Raskolnikov*, *Der Idiot* und *Die Brüder Karamazov* sowie an Tolstojs *Macht der Finsternis*) finden in naturalistischen Werken deutscher Dichter häufig ihren Niederschlag. Aber im großen und ganzen und im Gegensatz zu späteren Dichtern blieben die Naturalisten der Zolaschen Perspektive einer „wissenschaftlichen" Erklärung für das religiöse Erlebnis verpflichtet, z.B. in Hauptmanns *Bahnwärter Thiel* oder *Hanneles Himmelfahrt*, sowie Schlafs *Meister Oelze*. Das bedeutet allerdings nicht, daß der Leser oder Zuschauer sich immer mit einer rationalistischen, psychologischen Erklärung ganz zufrieden geben könnte, erinnere man sich doch daran, wie *Hanneles Himmelfahrt* die Kritik hervorrief, das Werk sei blasphemisch.

Schon der kurze Überblick ausländischer Bestrebungen um eine stark „realistische" Kunst zeigt, wie verschieden diese Bemühungen ausfielen, obwohl sie fast alle von der Bedeutung des Milieus und der Vererbung für eine „moderne" Erfassung und Darstellung der Menschen ausgingen. Um so mehr ist demzufolge das poetologisch charakterisierbare Verdienst des deutschen Naturalismus zu schätzen, der – wenn auch unsicheren und keineswegs einheitlichen Ansätzen folgend – letzten Endes in einigen hervorragenden Werken all diese weitverstreuten und teils widersprüchlichen Einflüsse aufzunehmen und dichterisch umzusetzen vermochte.

Der Hintergrund und erste theoretische Entwicklungen des deutschen Naturalismus

Vorwiegend aus soziopolitischen Gründen brachte Deutschland als letztes europäisches Land seinen eigenen Naturalismus hervor. Aber wenn man auch gerne von einer langjährigen Tradition der realistischen Dichtung in anderen Ländern und oft von einem literarischen „Sonderweg" der Deutschen vor allem auf dem Gebiet des Romans spricht, darf dagegen nicht übersehen werden, daß die Deutschen selbst auf mehrere Vorgänger zurückschauen konnten, deren Wirkung nicht selten aus politischen Gründen eingeschränkt blieb.

Daß die Naturalisten von aufklärerischem, insbesondere durch G.E. Lessing vermitteltem Denken geprägt waren, steht außer Zweifel.

So führen die Brüder Hart Lessing des öfteren an, und in seiner *Revolution der Literatur* meint Bleibtreu: „Vor Goethe und Schiller schritt wenigstens Lessing her, um die kritische Herkulesarbeit in dem Augiasstall der Pseudo-Literatur zu verrichten. Bei uns aber werden die Herkulesse schon in der Wiege verkrüppelt und die heilige Dreieinigkeit der Dummheit, Heuchelei und Trägheit hat ihren Schmutzhaufen allzuhoch gethürmt. Und doch muss man heut sein eigner Lessing sein, um für positive Originalarbeit festen Grund zu finden".[12] Auch Hauptmann lernte die *Hamburgische Dramaturgie* früh kennen, und in den Tagebuchaufzeichnungen über seine italienische Reise von 1897 steht die folgende für den 16. März: „Lessings und Goethes Prosastücken reiht Ibsen die seinigen an; er macht sie ernster, tiefer, spezifisch schwerer. Er zeigt, daß auch mit dieser Form allerernste[ste], tragische Stoffe zu fassen sind".[13] Viele Naturalisten loben Lessings logisches Denken und seine sachlichen Formulierungen. Weiterhin erblickt man heute noch in Lessing den Gründer des „bürgerlichen Trauerspiels" in Deutschland, dessen letzter wichtiger Praktiker vor dem Naturalismus Friedrich Hebbel mit seiner *Maria Magdalene* (1844) war. In der *Gesellschaft* 2 (1886) behauptet Julius Hillebrand, *Maria Magdalene* „scheint mir in der dramatischen Litteratur unserer Zeit, was 'Miß Sara Sampson' im vorigen Jahrhundert war. Wie nämlich mit diesem Drama das bürgerliche Trauerspiel begründet wurde, so ist 'Maria Magdalena' als der erste Versuch des sozialen Dramas zu betrachten, welchem die nächste Zukunft gehört" (236). Und aus Leo Bergs Aufsatz *Hebbel und Ibsen – eine Parallele* in *Zwischen zwei Jahrhunderten* (Frankfurt/M. 1896) erfährt man: „Man könnte fast sagen: Ibsen ist ein Hebbel *redivivus* in vollkommener Gestalt. Er ist gleichsam seine Erfüllung. Beinahe alles, was Hebbel versucht, hat Ibsen erreicht; was jener gewollt, hat dieser durchgesetzt" (260). Vor allem konnten die deutschen Naturalisten Lessing bei ihrem Kampf gegen das das 19. Jahrhundert in der Nachfolge Schillers dominierende Geschichtsdrama – wie auch den Zeitroman der Jungdeutschen und Zolas gegen den historischen Roman bzw. den Professorenroman eines Felix Dahn – ausspielen. In bezug auf den Roman glaubt Bleibtreu schon zu erkennen: „Wenn der historische Roman überhaupt eine Zukunft haben soll, so muss er endlich das Alterthum und Mittelalter im Rücken lassen. Mit der grossen [= Französischen] Revolution beginnt erst der Theil der Geschichte, dessen Nachwirkung in uns Lebendigen nachzittert. ... Theoretisch kann ich daher dem historischen Roman *keine* Zukunft prophezeien. Eine Dichtung hohen Ranges kann hier höchstens durch bestimmte tendenziöse Zwecke erzeugt werden, indem man z.B. die Probleme der grossen Revolution oder die Strömungen der Befreiungskriege in *Beziehung zur Gegenwart* setzt" (22).

Sonst erweist sich Bleibtreu kaum als ein guter Prophet, hier aber wird die Entwicklung des Naturalismus seine Voraussage bestätigen. Denn nur ein historisches Werk hat die Zeit des Naturalismus überdauert, Hauptmanns *Florian Geyer: Die Tragödie des Bauernkrieges* (1896), wobei der Dialekt auch hier nuanciert verwendet wird. Aber trotz Hauptmanns offensichtlicher Konzessionen an naturalistische Prinzipien fiel das Stück bei der Uraufführung durch und galt erst nach der Neuaufführung von 1904 als spielbar.

Auf der anderen Seite, d.h. neben der Dramatik des sehr formbewußten Lessing, findet das Drama des Sturm und Drang die Anerkennung der Naturalisten, die sich gelegentlich als „Stürmer und Dränger" bezeichnen oder bezeichnen lassen müssen. Insbesondere meint Bleibtreu:

Aber die vulgäre Kunstanschauung haftet stets zu sehr am sogenannten 'Künstlerischen', dem äusseren Gewande der Form – was es denn begreiflich macht, wie der titanische Grabbe stets vernachlässigt und der an eigentlicher Grösse Grabbe keineswegs erreichende Kleist so übermässig vergöttert wird. An Tiefblick für das Tragische, an echtestem Realismus des Schmerzes steht aber 'Der Hofmeister' von Lenz für mich hoch über allen anderen Erzeugnissen dieses Styls. ... An Lenz wird der moderne Naturalismus der Zukunfts-Dramatik viel zu lernen und zu studieren haben (4).

Im großen und ganzen mußte der dramatische Naturalismus wahrhaftig neue Formen entwickeln, aber in ebendiesen ausgereiften Dramenformen wird der Stil - ironischerweise und entgegen dem Lenzschen Einfluß - die sogenannten drei Einheiten wieder zur Geltung bringen.

Überhaupt drückt Bleibtreu eher die neue Stimmung um 1886 aus als die für alle Naturalisten verbindlichen Kunsturteile. Ja, Bleibtreus Äußerungen wirken fast symptomatisch für die anfängliche Verwirrung unter den deutschen Naturalisten, selbst da, wo sie sich auf vorbildliche Vorgänger einigen. Denn auf solche Bleibtreuschen Fehlurteile stoßen wir wie etwa das folgende: „Ein einseitiger Ausbauer Kleistscher Tendenzen ist Grillparzer, krankhafte Missgeburten aus Lenz und Grabbe sind Hebbel und Büchner" (4). Literaturhistorisch verfolgbar ist allerdings die Entwicklungslinie, die von Lenz über Grabbe und Büchner - sogar über den Naturalismus, Expressionismus und Brecht bis in die Gegenwart - führt. Was den Naturalismus insbesondere betrifft, so müssen wir, wie oben gezeigt, auch den Einfluß Hebbels mitberücksichtigen. Kleists Belang für die Entwicklung eines naturalistischen Theaterstils erweisen allein schon Otto Brahms Bewunderung und eingehende Beschäftigung, die zur Veröffentlichung einer Kleist-Biographie (1884) beitrugen. Wenn der Naturalismus auch in vielem Entwicklungen des 19. Jahrhunderts verpflichtet blieb und demzufolge als das notwendige Ergebnis dieser Entwicklungen angesehen werden muß, darf man ihm dennoch Anerkennung als erstem Schritt auf die „Moderne" hin zollen. Letzteres wäre allein schon mit der Wiederentdeckung und Neubewertung solcher im 19. Jahrhundert nur gelegentlich und meistens von literarischen Randfiguren geschätzten Dichtern durch den deutschen Naturalismus zu belegen. Zweifellos darf man in diesem Zusammenhang die Wiederentdeckung von Georg Büchner als eine der größten Anregungen und Bestätigungen einer einheimischen, „realistischen" Tradition zitieren.[14]

Büchners von seinem Bruder Ludwig herausgegebene *Nachgelassene Schriften* erschienen erst 1850, also dreizehn Jahre nach seinem Tod und ohne den Text des *Woyzeck*, dessen Veröffentlichung - und zwar in einer keineswegs zuverlässigen Fassung - erst 1879 in der von Karl Emil Franzos eingeleiteten und herausgegebenen *Ersten kritischen Ausgabe* erfolgte. Was die ältere Generation von Büchners Werken hielt und in welchen Zusammenhang sie diese Dichtung stellte, erkennt man nirgendwo deutlicher als an Gottfried Kellers Brief vom 29.3.1880 an Paul Heyse, der übrigens auch zu den am häufigsten von der jungen Generation angegriffenen Literaten gehörte: „Hast Du den Band 'Werke von Georg Büchner' schon angesehen? Dieser germanische Idealjüngling, der übrigens im Frieden ruhen möge, weist denn doch in dem sogenannten Trauerspielfragment 'Wozzek' eine Art von Realistik auf, die den Zola und seine 'Nana' *jedenfalls* überbietet, nicht zu reden von dem nun vollständig erschienenen 'Danton', der von Unmöglichkeiten strotzt".[15] Wie wenig Verständnis der Briefschreiber dem „germanischen Idealjüngling" entgegenbringt, kann man an seiner weiteren Bemerkung erkennen, Büchner habe keine Originalarbeit im Sinne des *Götz von Berlichingen* oder der *Räuber* produziert, sondern nur „Frechheit" gezeigt. Auf der anderen Seite muß man feststellen, daß Keller und sein Freund und Zeitgenosse Theodor Storm, also zwei der bedeutendsten „Realisten" der Zeit entsprechend selten die Zustimmung der jungen Naturalisten fanden.[16] So behauptet Bleibtreu in seiner *Revolution der Literatur*: „Hierher gehören aber auch Autoren von hoher Begabung, wie *Storm* und *Keller* - Beide bei weitem überschätzt. In Bezug auf Ersteren hebt dies schon Franz Hirsch sehr richtig hervor. Es ist meisterhafte Kleinmalerei, nicht ohne verschnörkelte Manierirtheit - weiter nichts. Keller ist allerdings durchaus Originalpoet. In seinen Werken leuchten Natur und Wahrheit hervor. Er weiss die menschliche Seele conventioneller Enthüllung zu entkleiden und packt oft gewaltig unser Herz. *Grosse* Conflikte und Leidenschaften stehn ihm dagegen fern. Auch entspricht seiner wohlgefeilten Sprache nicht die künstlerische Ausfeilung der Composition. Jedenfalls aber ist auch er Kleinmaler von episodischer, nicht epischer Auffassung. Auch bei ihm sind nicht historische oder sociale oder tief psychologische Probleme, sondern alleinzig 'Liebesleid und Liebeslust' das treibende Moment" (26). Und von Conrad Alberti hört man, Keller sei „der langweiligste, trockenste, ödeste Philister", seine Novellen seien „Dutzendgeschichten".[17] Allerdings wird Otto Brahm Keller zu den großen Dichtern rechnen, und Otto Julius Bierbaum rechnet 1891 mit dem zeitgenössischen Roman, der Lieblingsgattung der Frühnaturalisten, klipp und klar in Curt Grottewitz' „Die Zukunft der deutschen Litteratur im Urteil unserer Dichter und Denker. Eine Enquête", ab: „Mit dem Roman sieht es am übelsten aus, - auch für die Zukunft. Die besten Wurzeln stacken da noch im Alten, - Nur - wer zu nennen: Keller und Fontane".[18]

Natürlich fällt uns heute noch einmal auf, wie uneinig sich die deutschen Naturalisten bei der Wahl ihrer Vorbilder waren. Aber eines bleibt bestehen: Büchners Einfluß auf den erfolgreichsten Dramatiker der Zeit läßt sich nicht verleugnen. So führte Gerhart Hauptmann am 17. Juni 1887 bei einer Sitzung von „Durch", einem der wichtigsten naturalistischen Literaturvereine, Büchner in die Diskussion ein. Wie gewaltig Büchner, insbesondere durch seine Novelle *Lenz* und *Woyzeck*, auf ihn gewirkt hatte, dokumentierte Hauptmann später im 40. Kapitel vom *Abenteuer meiner Jugend* (VI, 1061).

Warum Büchner mehr als jeder andere Dichter des Vormärz zu einem selbst Zola an Realistik überbietenden Vorbild werden konnte, wird durch seine Äußerungen und Werke erklärlich. Denn der junge Dichter, der im selben Jahr (1813) wie Zolas Vorbild Claude Bernard geboren wurde und wie der Franzose Medizin und Physiologie studierte, verschreibt sich der Allmacht der Vererbung und des Milieus im Menschenleben. Ja, was die Jungdeutschen seiner Zeit von den späteren Jüngstdeutschen unterscheiden wird, erkennt schon Büchner, wenn er 1836 an Gutzkow schreibt: „Die Gesellschaft mittelst der Idee, von der gebildeten Klasse aus reformieren? Unmöglich! Unsere Zeit ist rein materiell; wären Sie je direkter zu Werke gegangen, so wären Sie bald auf den Punkt gekommen, wo die Reform von selbst aufgehört hätte. Sie werden nie über den Riß zwischen der gebildeten und ungebildeten Gesellschaft hinauskommen. ... Und die große Klasse selbst? Für sie gibt es nur zwei Hebel: materielles Elend und religiöser Fanatismus. Jede Partei, welche diese Hebel anzusetzen versteht, wird siegen".

Was die Naturalisten etwa fünf Jahrzehnte später über die zeitgenössische Gesellschaft sagen, klingt fast wie ein Echo von Büchners weiteren Beobachtungen im selben Brief: „Ich glaube, man muß in socialen Dingen von einem absoluten *Rechts*grundsatz ausgehen, die Bildung eines neuen geistigen Lebens im *Volk* suchen und die abgelebte moderne Gesellschaft zum Teufel gehen lassen".

Wer die Verbindung der Naturalisten mit dem Sozialismus und deren Propagierung sozialistischer Werte hervorhebt, darf nicht vergessen, daß Büchner als Mitherausgeber des *Hessischen Landboten* und Agitator steckbrieflich verfolgt wurde.

So tut Büchner jede Art idealistischer, weltfremder Philosophie ab: „Ich werde ganz dumm in dem Studium der Philosophie; ich lerne die Armseligkeit des menschlichen Geistes wieder von einer neuen Seite kennen. Meinetwegen! Wenn man sich nur einbilden könnte, die Löcher in unsern Hosen seien Palastfenster, so könnte man schon wie ein König leben; so aber friert man erbärmlich" (an Gutzkow 1835, II, 450). Daß der später als „Dichter des Mitleids" gerühmte Gerhart Hauptmann eine persönliche Beziehung zu Büchner empfand, versteht sich, wenn man die Worte liest, die Büchner seinem Lenz in den Mund legt: „Dieser Idealismus ist die schmählichste Verachtung der menschlichen Natur. Man versuche es einmal und senke sich in das Leben des Geringsten und gebe es wieder in den Zuckungen, den Andeutungen, dem ganzen feinen, kaum bemerkten Mienenspiel. ... die Gefühlsader ist in fast allen Menschen gleich, nur ist die Hülle mehr oder weniger dicht, durch die sie brechen muß" (I, 87). Damit erfaßt Büchner nicht nur die Thematik vieler naturalistischer Dramen, sondern auch die naturalistische Schauspielkunst, die sich oft dem Problem der Kommunikation des Unaussprechlichen zur Aufgabe stellt. Zwar lebte Büchner nicht lange genug, um Darwins Schriften zu rezipieren, aber die folgenden Worte, die er im Februar 1834 an die Familie schrieb, können durchaus in die Nähe Darwinscher Einsichten gerückt werden: *„Ich verachte Niemanden*, am wenigsten wegen seines Verstandes oder seiner Bildung, weil es in Niemands Gewalt liegt, kein Dummkopf oder kein Verbrecher zu werden, – weil wir durch gleiche Umstände wohl Alle gleich würden, und weil die Umstände außer uns liegen. Der *Verstand* nun gar ist nur eine sehr geringe Seite unsers geistigen Wesens und die Bildung nur eine sehr zufällige Form desselben. ... Es ist wahr, ich lache oft, aber ich lache nicht darüber, *wie* Jemand ein Mensch, sondern nur darüber, *daß* er ein Mensch ist, wofür er ohnehin nichts kann, und lache dabei über mich selbst, der ich sein Schicksal theile". Und am 10. März 1834 heißt es im Brief an seine Braut: „Ich fühlte mich wie zernichtet unter dem gräßlichen Fatalismus der Geschichte [der Französischen Revolution]. Ich finde in der Menschennatur eine entsetzliche Gewalt, allen und Keinem verliehen. Der Einzelne nur Schaum auf der Welle, die Größe ein bloßer Zufall, die Herrschaft des Genies ein Puppenspiel, ein lächerliches Ringen gegen ein ehernes Gesetz, es zu erkennen das Höchste, es zu beherrschen unmöglich". Auch dramentheoretisch hätte sich Büchner wohl in der Nähe eines Hauptmann gesehen, denn wie fast alle Naturalisten betont er im Brief vom 28. Juli 1935 an die Familie den Vorrang der Charakterisierung: „Was übrigens die sogenannte Unsittlichkeit meines Buchs [Dantons Tod] angeht, so habe ich Folgendes zu antworten: der dramatische Dichter ist in meinen Augen nichts, als ein Geschichtschreiber, steht aber *über* Letzterem dadurch, daß er uns die Geschichte zum zweiten Mal erschafft und uns gleich unmittelbar, statt ein trockene Erzählung zu geben, in das Leben einer Zeit hinein versetzt, uns statt Charakteristiken Charaktere, und statt Beschreibungen Gestalten gibt. ... Der Dichter ist kein Lehrer der Moral. ... Was noch die sogenannten Idealdichter anbetrifft, so finde ich, daß sie fast nichts als Marionetten mit himmelblauen Nasen und affectirtem Pathos, aber nicht Menschen von Fleisch und Blut gegeben haben, deren Leid und Freude mich mitempfinden macht, und deren Thun und Handeln mir Abscheu oder Bewunderung einflößt. Mit einem Wort, ich halte viel auf Goethe oder Shakespeare, aber sehr wenig auf Schiller".

Zuletzt soll aber festgehalten werden, daß Büchner sogar Zolas wissenschaftliche Objektivität und Bekenntnis zur Wahrheit als oberstes dichterisches Gebot antizipiert, und selbst wenn er meint, der Dichter sei „kein Lehrer der Moral", bleibt er im selben Sinne wie Zola und Ibsen ein von moralischen und wenigstens ethischen Grundsätzen bewegter Sozialkritiker. Denn bei allen Naturalisten finden wir die Einstellung: man braucht nicht zu predigen, wenn man die moralisch unannehmbaren Mißstände des Lebens und der Gesellschaft wirklichkeitsgetreu wiedergibt.

Dieser knappe Überblick auf Büchnersche Positionen und die der anderen erwähnten Vorgänger, wie beispielsweise Lenz, belegt eindeutig, daß unter günstigeren Rezeptionsmöglichkeiten ein deutscher Naturalismus ebensogut zur selben Zeit oder gar früher als in anderen Ländern hätte entstehen können. Nicht weniger auffällig aber ist es, daß – selbst als ein günstiges soziopolitisches Klima in Deutschland endlich existierte – sich die Befürworter und Verfechter einer „modernen" Literatur nicht auf die „richtigen" bzw. als paradigmatisch relevant herausstellbaren Vorbilder, geschweige denn eine einheitliche Theorie, einigen konnten.

Zugestanden, unter den ausländischen Naturalisten entwickelte lediglich Zola eine verhältnismäßig konsequente Theorie von der Grundlage, dem Zweck und der Form der „modernen" Literatur. Gerade den Umstand, daß die Naturalisten seine Werke mit solcher Begeisterung aufnahmen, empfand dann Ibsen selbst, der häufig mit Paul Heyse verkehrte, als ausgesprochen unangenehm. Ebenfalls kann von den anderen ausländischen Vorbildern als Theoretikern keine Rede sein, und Tolstoj verfolgte offensichtlich ganz andere Ziele als die deutschen Naturalisten, die ihn gleichwohl künstlerisch bewunderten.

Zunächst findet man unter den Deutschen hauptsächlich ärgerliche Kommentare zur Literatur der Gründerzeit und den abstrakten Vorsatz, etwas Zeitgemäßes, Realistisches, Wahres, sogar „Männliches" zu produzieren. Da die ersten Jahre wenig Konkretes hervorbrachten – sowohl theoretisch als auch dichterisch – gibt es keine einheitliche Meinung über den eigentlichen Anfang der naturalistischen Bestrebungen in Deutschland. Zudem werden erst die wichtigsten Werke geschrieben und im Anschluß die Theorien entwickelt, die ihnen eigentlich zugrundeliegen müßten. Daher lassen sich die theoretischen Höhepunkte am besten im Zusammenhang der ihnen vorangehenden Werke besprechen. Außerdem wird ersichtlich, daß, nachdem sich der Naturalismus an Lyrik und Epik versucht hatte, er sich dem Drama als der optimalen Form einer alle naturalistischen Grundsätze vereinigenden literarischen Gattung zuwandte. Ohne diese Wendung bewußt eingeleitet zu haben (eigentlich fand das Drama in München nie Anklang, und in Berlin wollten Holz und Schlaf wohl Prosa schreiben, aber was sie hervorbrachten, eignete sich eher für die Bühne bzw. für den Vortrag als für die Lektüre), näherten sich die Naturalisten konsequent der Dramatik an. Diese Entwicklung wurde dadurch begünstigt, daß zwei Städte, München und Berlin, die Hauptorte naturalistischer Impulse, je nach bevorzugter Gattung, waren. Zwar gab es schon ab 1880 eine Reihe Romane des verschiedentlich als „Berliner Zola" bezeichneten Max Kretzer:

So denkt man an *Die beiden Genossen* (1880), *Schwarzkittel oder die Geheimnisse des Lichthofes: Wahrheit und Dichtung aus den Arbeitsstätten einer großstädtischen Fabrik* (Erzählungen, 1882), *Die Betrogenen* (1882), und an andere bis hin zu seinem bekanntesten, sogar nach dem Zweiten Weltkrieg neu aufgelegten Roman *Meister Timpe* (1888). Ohne Zweifel gehören diese Werke zum größeren Umkreis der naturalistischen Dichtung. Aber während Zola fordert, der Romancier habe „das kalte Seziermesser" zu benutzen, meint Kretzer in „Meine Stellung zum Naturalismus": „Ich glaube das Richtige zu treffen, wenn ich behaupte, daß hinter meinen Figuren immer der *Mensch* Kretzer steht, nicht bloß der Autor, der sie mit berechnender Kühle zu dirigieren pflegt".[19] Indem er das Mitwirken des „Temperaments", das Holz angreift, einräumt, dokumentiert er keinen erzähltechnischen Fortschritt, der über Zola hinausginge.

Außerdem darf man die ersten Zeitschriften der Brüder Hart nicht ganz außer acht lassen, vor allem die vollständig von ihnen geschriebenen *Kritischen Waffengänge* (1882-1884). Doch so wichtig sie auch als Ausdruck der unter den jungen Literaten herrschenden Unzufriedenheit und deren Hoffnung auf eine „neue" Literatur waren, lassen sich diese und andere journalistische Versuche keineswegs mit der 1885 in München gegründeten *Gesellschaft* vergleichen, die bis 1902 erschien und damit nicht nur die meisten anderen Zeitschriften, sondern wohl auch ihre eigene Existenzberechtigung um einiges überlebte. Freilich wurde sie erst vom belesenen Gründer Michael Georg Conrad, dann von Carl Bleibtreu herausgegeben, konnte zu ihren Beiträgern neben den eben Genannten auch Conrad Alberti, Julius Hillebrand und andere führende Literaten zählen, und publizierte unter anderem solche bedeutenden Werke wie Hauptmanns *Bahnwärter Thiel* und Thomas Manns *Gefallen* und *Luischen*.

Zwar lag ihr Verdienst zunächst in den Bemühungen um eine günstige Rezeption der Zolaschen Werke und später in der Pflege seines Erbes, doch fand der große erzähltechnische Durchbruch in Berlin statt. Dort lebten nämlich Arno Holz und Johannes Schlaf, die Verfasser von *Papa Hamlet*, einem Werk, das den Übergang zum eigentlich naturalistischen Drama bilden wird. Weil die Münchner keinen eigenständigen literarischen Ausdruck im Drama entwickeln konnten, verlagerte sich das Zentrum des Naturalismus nach Berlin, von wo aus die neuen Theaterstücke und Schauspieltechniken bald ganz Deutschland eroberten. Es verhielt sich aber nicht so, daß alles schlagartig im Norden entstanden wäre. (Dort gab es vorab eine Reihe Vereinsgründungen und Diskussionen, die wenig einbrachten. Die theater- und dramengeschichtliche Bedeutung des Vereins „Die Freie Bühne" ist aber kaum zu überschätzen.)

Im Mai 1886, also im Veröffentlichungsjahr von Bleibtreus *Revolution der Literatur*, wurde der Verein „Durch" von Konrad Küster und zwei jungen Literaten, Leo Berg und Eugen Wolff, in Berlin gegründet. Den Sitzungen wohnten u.a. bei: die Brüder Hart, Alberti, Bruno Wille, Bleibtreu, von

Hanstein, Holz, Paul Ernst, John Henry Mackay, Wilhelm Bölsche, Verfasser der *Naturwissenschaftlichen Grundlagen der Poesie* (1887), und Gerhart Hauptmann. Bei so divergierenden Teilnehmern ist es nicht verwunderlich, daß viel besprochen, aber wenig beschlossen wurde. Dennoch wirkten die Diskussionen äußerst stimulierend. Ein weiteres fruchtbares Ergebnis der literarischen Turbulenz in und um Berlin war 1888 die fast zufällige Bildung des sogenannten Friedrichshagener Kreises, zu dessen ständigen und gelegentlichen Besuchern Wille, die Brüder Hart, Bölsche, Otte Erich Hartleben, Carl und Gerhart Hauptmann, Max Halbe, Frank Wedekind, Mackay, Richard Dehmel, Stanislav Przybyszewski, Wilhelm von Polenz, Gustav Landauer, Holz, Schlaf u.a. gehörten. Wieder einmal gibt es viele Diskussionen und – abgesehen von einer Konversion einiger Teilnehmer vom Sozialismus hin zum Individualismus – wenige faßbare Resultate. Aber diese Zusammenkünfte – sowie die Gründungen anderer Vereine – zeigen, wieviele Kontakte es unter den deutschen Vertretern des Naturalismus gab. Ja, solche Intensität unterscheidet diese Entwicklung von denen in anderen Ländern, und selten zuvor hatte Deutschland eine derartige Konzentration der Kräfte innerhalb einer literarischen Bewegung gekannt: Das Jüngstdeutschland grenzte sich auf diese Weise nicht nur vom Jungen Deutschland ab, das sich eben nicht als die vom Bundestagsbeschluß bezeichnete „literarische Schule" angesehen hatte, sondern auch deutlich vom „Poetischen" oder „Bürgerlichen" Realismus, dessen Hauptgestalten Keller, Storm, Meyer, Raabe und Fontane sich kaum persönlich gekannt hatten. Das Stichjahr für die endgültige Etablierung Berlins als Hauptstadt des – man möchte meinen gesamteuropäischen – Naturalismus ist 1889: In diesem Jahr erscheint *Papa Hamlet* von Holz und Schlaf, und die *Freie Bühne* wird gegründet, die dann den Erstling von Hauptmann, dem größten deutschen Naturalisten, auf die Bühne bringt. Übrigens erschien ab 1890 die Berliner Konkurrentin der Münchener *Gesellschaft*: *Freie Bühne für modernes Leben* (ab dem 3. Jahrgang *Freie Bühne für den Entwicklungskampf der Zeit*, ab dem 5. Jahrgang *Neue deutsche Rundschau*, und ab dem 15. Jahrgang *Die neue Rundschau*) unter der Redaktion von Brahm, später Bölsche, J. Hart, Bierbaum u.a. Samuel Fischer übernahm die Veröffentlichung die Schriften der jungen Naturalisten durch seinen Verlag.

Bald schieden einige Gründer des Vereins aus, und unter denen, die sie ersetzten, befand sich auch Gerhart Hauptmann. Die treibende Kraft war der begabte Theaterkritiker Otto Brahm. Als erster Präsident (und im Widerspruch zur offiziellen Nennung anderer als Regisseure bei den einzelnen Aufführungen) entwickelte Brahm fast eigenhändig den konsequent „naturalistischen" Inszenierungs- und Schauspielstil – obwohl Conrad die angebliche „Ausländerei-Wirtschaft" der *Freien Bühne* kritisierte, Alberti schon 1890 „Die 'Freie Bühne'. Ein Nekrolog" (*Gesellschaft* 6), veröffentlichte und Bahr, Bierbaum, Ernst, Holz, Schlaf u.a. in der *Gesellschaft* 6 (1890) erklärten, daß „sie jede Verbindung mit der von Herrn Otto Brahm in Berlin herausgegebenen Wochenschrift 'Freie Bühne für modernes Leben' abgebrochen haben und dieses Blatt nicht als Organ ihrer Anschauungen anerkennen" (1367). Also entstand auch um die *Freie Bühne* bald ein interner Streit, der die Entwicklung des deutschen Naturalismus so oft charakterisiert hatte.

Vorbild dieser Privatbühne war André Antoines „moderne" Stücke aufführendes, 1887 in Paris gegründetes *théâtre libre*. Die Deutschen aber wiederholten Antoines Fehler nicht: Anstatt sich auf Amateure zu verlassen, engagierten die Berliner Berufsschauspieler, und da das Pariser Unternehmen einer die Theaterexistenz gewährleistenden Zuschauerzahl nie sicher sein konnte, wurden nun Mitgliedschaften verkauft, die zwar den Eintritt zu den Vereinsaufführungen, aber keine Stimme bei der Programmwahl mit sich brachten. Bis Juni 1889 hatte der Verein 354 Mitglieder, aber bereits ein Jahr später 1000, unter denen sich viele angesehene Theaterdirektoren, Schauspieler, Kritiker und Autoren befanden. Wie die folgende Liste der Aufführungen des Vereins zeigt, unterlag der Spielplan im Laufe der Jahre einer deutlichen Veränderung:

Unter Brahm: Ibsen, *Gespenster* (29.9.1889), Hauptmann, *Vor Sonnenaufgang* (20.10.1889), Brüder de Goncourt, *Henriette Maréchal* (17.11.1889), Björnson, *Ein Handschuh* (15.12.1889), Tolstoj, *Die Macht der Finsternis* (26.1.1890), Anzengruber, *Das vierte Gebot* (2.3.1890), Holz und Schlaf, *Die Familie Selicke* und Alexander Kielland, *Auf dem Heimwege* (7.4.1890), Arthur Fitger, *Von Gottes Gnaden* (4.5.1890), Hauptmann, *Das Friedensfest* (1.6.1890), Strindberg, *Der Vater* (12.10.1890), Hartleben, *Angèle* und Marie von Ebner-Eschenbach, *Ohne Liebe* (30.11.1890), Hauptmann, *Einsame Menschen* (11.1.1891), Henri Becque, *Die Raben* (15.2.1891), Anzengruber, *Doppelselbstmord* (15.3.1891), Zola, *Thérèse Raquin* (3.5.1891), Strindberg, *Comtesse Juli* (3.4.1892), Hauptmann, *Die Weber* (26.2.1893), Ernst Rosmer (= Else Bernstein), *Dämmerung* (30.3.1893). Unter Paul Schlenther: Georg Hirschfeld, *Die Mütter* (12.5.1895) und Emil Marriot (= Emilie Mataja), *Grete's Glück* und Ebner-Eschenbach, *Am Ende* (11.4.1897). Unter Ludwig Fulda: Hugo von Hofmannsthal, *Madonna Dianora* und Ernst Hardt, *Tote Zeit* (15.5.1898), Eduard von Keyserling, *Ein Frühlingsopfer* (12.11.1899), und Rosmer (= Bernstein) *Mutter Maria* (19.5.1901). Die letzte, am 30.11.1909 unter der Leitung von Brahm stattfindende Aufführung war von Hauptmanns *Vor Sonnenaufgang*, mit dem alles zwanzig Jahre früher angefangen hatte.

Schließlich war der Verein nie allein dem Naturalismus als solchem verpflichtet, sondern dem „modernen" Drama schlechthin. Wohl verstand Brahm darunter Stücke Ibsenscher Prägung. Aber als sich der Naturalismus durchsetzte und seine Stücke keinem öffentlichen Aufführungsverbot mehr unterlagen, also nicht mehr nur in Privatvorstellungen aufgeführt werden mußten, sah sich der Verein gezwungen, „neue" Werke ins Programm zu nehmen, verlor jedoch zugleich mit seinen ursprünglichen Absichten allmählich die Daseinsberechtigung. Aber unter Brahms Leitung hatte die „Freie Bühne" schon einen unangefochtenen Platz in der Literaturgeschichte erlangt. Als ein tüchtiger Geschäftsmann verstand es Brahm, als erste Darbietung des neuen Vereins ein zwar umstrittenes, verbotenes, aber auch als bühnenwirksam erwiesenes Schauspiel zu wählen: *Gespenster.* Dann entdeckte er in Hauptmann den Dramatiker, dem es gelang, mit rasch aufeinanderfolgenden, kontroversen und bühnenwirksamen Theaterstücken den nach wie vor erhobenen Vorwurf der „Ausländerei" zu entkräften. Persönlich brauchte Hauptmann diese Gelegenheit, um sein dichterisches Talent zu entdecken und zu entwickeln; ohne ihn hätte sich indes der dramatische Naturalismus in Deutschland nicht durchgesetzt, nicht zuletzt weil er – wie Alan Marshall[20] überzeugend darlegt – zum meistbewunderten und meistimitierten, aber zugleich auch meistbeneideten Vorbild zahlreicher anderer Dramatiker wurde.[21]

Die Lyrik als Vorspiel. Ihre Grenzen

1885 erschienen *Moderne Dichter-Charaktere*, die wichtigste Sammlung naturalistischer Lyrik. Aber die Tatsache, daß die im selben Jahre gegründete *Gesellschaft* und die Münchner Szene überhaupt ihre Vorrangstellung sehr bald zugunsten Berlins und der Berliner Theater verloren, ließ sich ebenso auf dem Gebiet der Lyrik, der nunmehr bevorzugten und in dieser Hinsicht kaum langlebigeren Gattung, registrieren. Ja, Jürgen Schutte begrenzt die Dauer naturalistischer Lyrik auf die Jahre 1885 bis 1893.[22] Doch wenn wir auf die wichtigsten theoretischen und praktischen Leistungen des Naturalismus zurückblicken, müssen wir in Frage stellen, ob es überhaupt eine – allenfalls im damaligen Sinne – „konsequent realistische" Lyrik hätte geben können.

Wohl belegen viele Zeitgenossen und spätere Kritiker die historische Bedeutung und Wirkung dieser Anthologie, die Willhelm Arent mit auf 1884 datieren Einleitungen von Hermann Conradi und Karl Henckell herausgab. So schreibt Gerhart Hauptmann darüber: „Ich fühlte sofort, sie war Fleisch von meinem Fleische, Geist von meinem Geiste. ... Für jeden Zug der chaotisch gärenden Seelenverfassung mit ihrer brünstigen Natur-, Gottes- und Menschenliebe, wie sie die Anthologie zeigt, gab es Parallelismen in mir. Höchstens war ein gewisser Kristallisationsprozeß bei mir bereits weiter fortgeschritten: Naturliebe, Gottesliebe, Menschenliebe, Weltschmerz, Weltflucht" (VII, 1049-1054). Aber von Anfang an meldeten sich ablehnende Stimmen, und zwar nicht nur unter den konservativen Anhängern von „sauber gegossener, feingeistiger, eleganter, geistreicher Lyrik", die nach Conradi „nichts Titanisches, nichts Geniales" habe, sondern auch unter denen, die eine Realisierung der von den Beiträgern angegebenen Ziele begrüßt hätten. Wenn man bedenkt, wie unterschiedlich diese angeblich „modernen" Dichter-Charaktere und deren Werke waren, erscheint es nicht verwunderlich, daß viele Beiträger selbst ihrer Ablehnung der Sammlung öffentlich Ausdruck verliehen. Viel objektiver wirkt dagegen das Urteil von Albert Soergel, dessen Geschichte dieser Zeit wegen ihres Detailreichtums heute noch von großer Bedeutung ist: „Die Sammlung konnte nicht halten, was die Einleitungen verhießen. Zwar gab sie stofflich manches Neue, neue Motive aus der neuen Zeit. ... Und fand sich nun in der Sammlung das, was die Herausgeber an der zeitgenössischen Lyrik vermißten? Hatte die neue Lyrik etwas Hinreißendes, Imposantes, Majestätisches, Göttliches, Titanisches, Geniales? Nein. Abstraktionen und Reflexionen werden in alten Formen gegeben. Programmlyrik, Tendenzlyrik wie die des jungen Deutschland" (89f.). Die eingetretene Enttäuschung bei der jüngeren Generation belegt eine Äußerung Adalbert von Hansteins: „So hatte die Anthologie wohl Staub aufgewirbelt, aber doch nur in den engsten literarischen Kreisen. Auf ein weiteres Publikum wirkte sie gar nicht" (61). Fast die gleichen Einwände wie bei Soergel finden wir bei den modernen Literaturhistorikern Mahal und Schutte. Trotz seiner Kürze bietet der unter dem treffenden Titel „Wirklich eine Revolution der Lyrik?" erschienene Aufsatz von Günther Mahal,[23] auf den Schutte häufig zurückgreift, wohl die ausgewogenste Einführung in die naturalistische Lyrik überhaupt. Dort resümiert Mahal: „Formal jedoch hatten weder die pathetisch angekündigte Anthologie von 1885 noch die Gedichte der Folgezeit Neues oder gar Revolutionäres gebracht" (34). Den Grund dafür umschreibt er mit der Feststellung: „Für die Lyrik des Naturalismus blieb das, was viele Zeitgenossen als 'revolutionär' ansahen, im Gegensatz zur thematischen *und* formalen Neuorientierung in Epik und Dramatik allein aufs Stoffliche beschränkt" (36).

Wer also Hoffnung auf eine vom Formalen her „naturalistische" Lyrik hegt, muß sich bestenfalls dem weiteren Werde- (und das heißt:) Alleingang eines Beiträgers zur Anthologie, Arno Holz, zuwenden. Denn selbst wenn man sein ihn beinahe lebenslänglich beschäftigendes Epos *Phantasus* dem Jugendstil, dem Impressionismus oder gar einfach seiner Skurrilität zurechnen wollte, so gilt doch, daß er von den Grundsätzen des eigentlichen Naturalismus auszugehen versucht, um eine unter formsprachlichen Aspekten legitimierbare „Revolution der Lyrik" durchzuführen.[24]

Nach dem Erscheinen der *Dichter-Charaktere* erntete Holz das größte Lob. Zum Beispiel: Obwohl er Wilhelm Arent als „das bedeutendste rein lyrische Talent" (55) bezeichnet, meint Bleibtreu: „Die auffallendste Erscheinung Jungdeutschlands ist Arno Holz, dessen wilder Künstlerübermuth erquicken würde, wenn nicht ein preiswürdiges Selbstbewusstsein sich störend dabei breitmachte" (55). Aber wie isoliert Holz – trotz der späteren Gedichtbände von Maurice von Stern, Henckell, Arent und anderen – als naturalistischer Lyriker bleiben mußte, findet sich schon bei Bleibtreu vorweggenommen, wenn er konstatiert: „Ein rechter Kerl belästigt die Welt überhaupt nur mit Lyrik *nebenbei*, neben seinen grösseren Arbeiten" und einklagt: ...„Die Lyrik für sich als Dichterberuf sollte doch endlich überlebt sein" (69f.). Und in der Tat werden die Naturalisten – auch Holz, wenn nur vorübergehend – die Lyrik aufgeben müssen.

Unter allen Lyrikpublikationen kann Holz' *Buch der Zeit* als das Bedeutsamste bezeichnet werden. Erst nach dem Erscheinen von *Papa Hamlet, Die Familie Selicke* (1890), *Die Kunst, ihr Wesen und ihre Gesetze* (1891/92), der Sammlung seiner mit Schlaf gemeinsam verfaßten Werke in *Neue Gleise* (1892) und anderen Arbeiten, veröffentlichte Holz sein Hauptwerk in Versen, den *Phantasus* (1898-1899) sowie die *Revolution der Lyrik* (1899). Mehr als irgendein anderes Werk stellt *Phantasus* die Möglichkeit einer naturalistischen Lyrik auf die Probe.

In „Idee und Gestaltung des Phantasus" behauptet Holz, jedes Zeitalter solle sein eigenes „Weltbild" dichterisch gestalten und formen. Sodann fährt er fort: „Als die beiden letzten, ragenden Typen von solchen werden heute gewertet: für die heidnische Antike die homerischen Gesänge und für das christliche Mittelalter Dantes *Divina Commedia*. Für unser neues, sogenannt 'naturwissenschaftliches' Zeitalter hat sich ein solches 'Weltgedicht' noch nicht bilden können" (X, 650). Diese Aufgabe glaubt Holz nunmehr mit dem *Phantasus* erfüllt zu haben. Zum Wesen des *Phantasus* gehört allerdings, daß dieses Epos niemals fertiggestellt werden kann, da es selbst der Möglichkeit eines Abschlusses entgegenwirkt. Das Grundkonzept geht auf das in die 2. Auflage des *Buchs der Zeit* aufgenommene Gedicht „Nacht" zurück, denn es wird sich stets um die imaginäre Flucht eines phantasierenden Dichters vor seiner Umgebung in eine exotische Welt handeln. Für den *Phantasus* selbst, aus dem mehrere Gedichte im Vorabdruck in *Pan* und *Jugend* erschienen waren und der dann (1898/99) in zwei Heften mit jeweils fünfzig Gedichten veröffentlicht wurde, wählte Holz die Form der „Mittelachse", unter Verzicht auf Reim, Metrum und Strophe. Was bleibt, beschreibt Holz: „Eine Lyrik, die auf jede Musik durch Worte als Selbstzweck verzichtet und die, rein formal, lediglich durch einen Rhythmus getragen wird, der nur noch durch das lebt, was durch ihn zum Ausdruck ringt" (X, 498). Damit meint er jedoch nicht den „freien Rhythmus" bei Goethe, Heine und Walt Whitman, vielmehr: „Der Rhythmus, den ich will, ist nicht mehr der freie, sondern ich will den notwendigen" (X, 537). Was er damit im Sinne hat, erläutert er dann am folgenden Vers: „Ich schreibe als Prosaiker einen ausgezeichneten Satz nieder, wenn ich schreibe: 'Der Mond steigt hinter blühenden Apfelbaumzweigen auf.' Aber ich würde über ihn stolpern, wenn man ihn mir für den Anfang eines Gedichts ausgäbe. Er wird zu einem solchen erst, wenn ich ihn forme: 'Hinter blühenden Apfelbaumzweigen steigt der Mond auf.' Der erste Satz referiert nur, der zweite stellt dar. Erst jetzt, fühle ich, ist der Klang eines mit dem Inhalt. Und um diese Einheit bereits deutlich nach außen zu geben, schreibe ich:

'Hinter blühenden Apfelbaumzweigen
steigt
der Mond auf.'

Das ist meine ganze 'Revolution der Lyrik'" (X, 538f.).

Was aber das „Naturwissenschaftliche" an Holz' lyrischer Sprache ausmachen solle, verdeutlicht folgende Äußerung: „Wenn ich einfach und schlicht – nota bene vorausgesetzt, daß es mir dieses gelingt, nur mißlingt es mir leider noch meistens! – 'Meer' sage, so klingt's wie 'Meer'; sagt es Heine in seinen Nordseebildern, so klingt's wie 'Amphitrite'" (X, 501). Mit anderen Worten: Holz strebt eine rein benennende Sprache an mit der damit notwendig einhergehenden Ausschaltung des Persönlichen, ein Ziel, mit dem, wie wir sehen werden, seine in *Papa Hamlet* entwickelte „Formel" für das Wesen der Kunst überhaupt charakterisiert ist.

Holz' Auffassung von der zu erzielenden Sprache erklärt, warum sein „Weltgedicht" kein Ende findet, nicht nur im Sinne einer abgeschlossenen Handlung – er verzichtet ohnehin von Anfang an auf eine Handlung –, sondern auch in dem Sinne, daß es niemals aufhört, gleichsam von innen heraus zu wachsen. So erscheint 1916 ein neuer, überarbeiteter *Phantasus*, dessen Seitenzahl bis auf 336 angewachsen ist, und die im *Werk* (1924/25) abgedruckte Fassung bringt die Seitenzahl auf 1345, die posthum (1961/62) von Wilhelm Emrich und Anita Holz herausgegebene Version aber auf 1591 Seiten angeschwollen ist. Ja, das „1002. Märchen" enthält schon 1924 einen Satz von 2516 Zeilen auf 70 Seiten. Darauf ist Holz stolz, denn er berichtet über den *Phantasus*: „Man wird finden: die Zahl der Worte in ihm, die noch nie bisher in einem deutschen Verse, geschweige denn gar in deutscher 'Lyrik' gebracht und gebraucht wurden, ist eine so ungeheuere, die Anzahl der Neubildungen, die sich als solche erst bei näherem Zusehn entpuppen, so sehr gehen sie in den Ton des Übrigen auf, außerdem eine so überraschende, daß ich mich nicht scheue hier niederzuschreiben: kein Wortkunstwerk unserer Sprache kann nach dieser Richtung ... mit ihm ... in Vergleich gezogen werden!" (X, 670). Warum sich eine solche Überzahl von Neubildungen ergeben mußte, erklärt Holz in einem Brief vom 6. Januar 1917: „Sie verwechselten Addition und Division, wo Sie mir 'Häufung' vorwarfen, während Differenzierung vorlag". Hier geht es fast um eine Anwendung des später zu besprechenden „Sekundenstils" mit der gleichen Tendenz, notwendig keinen Abschluß erreichen zu können. Weiterhin ließe sich Holz' Verfahren, die wahrgenommenen oder eingebildeten Phänomene immer feiner zu nuancieren, mit dem „Pointillismus" von George Seurat vergleichen, wobei einzuräumen ist, daß Seurat und seine Anhänger nicht vom „Pointillismus", sondern vom „divisionisme" sprechen.

Gerade weil solche Überdifferenzierung weder von der dichterischen Persönlichkeit motivisch-thematisch und sprachlich gebändigt, noch aber von einer sinnvollen Wirkung auf den Leser ausgegangen werden kann, ist leicht nachvollziehbar, weshalb die Sprache des *Phantasus* dem Dichter entgleitet und seltsam abstrakt, diffus wirkt. Um dieses Problem zu lösen, entwickelt Holz später eine Zahlenmystik, die hier nicht näher gezeigt werden muß (siehe Band X des Werkes).

Schon der zweite Teil des Erstdrucks beginnt mit:

Sieben Billionen Jahre vor meiner Geburt
war ich eine Schwertlilie.

Meine Wurzeln
saugten sich
in einen Stern.

Ein paar Seiten weiter heißt es: „Horche nicht hinter die Dinge. Zergrüble dich nicht! Suche nicht nach dir selbst./ Du bist nicht!/ Du bist der blaue, verschwebende Rauch, der sich aus deiner Cigarre ringelt,/ der Tropfen, der eben aufs Fensterblech fiel,/ das leise, knisternde Lied, das durch die Stille deine Lampe singt." Der Sprecher versucht, in den Dingen selbst aufzugehen und Subjektivität in ihnen aufgehen zu lassen, ein Vorgang, der den in *Papa Hamlet* angewandten, noch zu besprechenden Perspektivismus radikalisiert. Was er anstrebt, ist – um die Bezeichnung von Ingrid Strohschneider-Kohrs[25] zu gebrauchen – die „Unmittelbarkeit im Mittel", aber die Wortwucherungen belegen, daß nur die „Mittel" bleiben. In diesem Zusammenhang zitiert Strohschneider-Kohrs zu Recht aus Ernst Machs *Die Analyse der Empfindungen und das Verhältnis des Physischen zum Psychischen:* „Es gibt keine Kluft zwischen Psychischem und Physischem, kein Drinnen und Draussen, keine Empfindung, der ein äusseres von ihr verschiedenes Ding entspräche. Es gibt nur einerlei Elemente ..., die eben nur, je nach der temporären Betrachtung, drinnen oder draussen sind. Die sinnliche Welt gehört dem physischen und psychischen Gebiet zugleich an" (58). Holz setzt jedoch eine benennende Funktion der Sprache als sein Ziel und damit implizit doch wieder eine klare Trennung zwischen der Außenwelt und dem Sprecher voraus. Gleichzeitig macht Holz den „notwendigen Rhythmus" zur Grundlage seiner Lyrik. Hierzu gehört, daß der Dichter Medium werden muß, um in dieser Funktion das verwirklichen zu können, was Holz zum Wesen der Lyrik überhaupt erhebt: „Wortlyrik ist sprachliche Wiedergabe von Empfindungen" (X, 605). Aber was er in *Papa Hamlet* und Hauptmann etwa in *Hanneles Himmelfahrt* erreichten, nämlich den Leser an den von einem allwissenden Erzähler oder Dramatiker losgelösten Gedanken und Vorstellungen einer Gestalt teilnehmen zu lassen, scheitert im *Phantasus* an Holz' Begriff vom Rhythmus und von Empfindungen. Die in der Prosa und im Drama bestehende Distanz zwischen den dargestellten Gedanken und Vorstellungen und dem Leser oder Zuschauer kann in einem lyrischen Epos wie dem des *Phantasus* nicht aufrechterhalten werden. Der Verfasser des „Weltgedichts" verläßt sich darauf, daß der Leser den Rhythmus spüre und die Empfindungen nachvollziehe. Damit annulliert Holz, was er für den phantasierenden Dichter als maßgebend anstrebt: eine rein benennende Sprachgestaltung der wirklichen und imaginären Welt. Denn für den stets nach weiteren Differenzierungen suchenden und die Zahl der Worte vergrößernden Dichter im Gedicht wird die Sprache „autonom", aber vom Leser erwartet Holz, daß er auf den Klangwert, d.h. den sinnlichen Wert dieser Sprache achte und damit – fast im Machschen Sinne – die Kluft zwischen außen und innen in seiner Person überwinde.

So sehen wir, daß Holz, obwohl auf ein dem „naturwissenschaftlichen Zeitalter" angemessenes, szientifisches Weltgedicht zielend, sein Ziel nicht erreichte. Dies schmälert selbstverständlich seine dichterische Leistung nicht. Es vergegenwärtigt lediglich die Unfähigkeit, einige grundlegende Voraussetzungen des Naturalismus für die Lyrik fruchtbar zu machen, was wiederum damit zusammenhängt, daß das implizierte Verhältnis zum Leser ein recht konventionelles blieb.

Die naturalistische Erzählkunst und Holz' „Kunstgesetz"

Keineswegs verwundert, daß die deutschen Naturalisten zunächst den Roman und die Erzählprosa überhaupt als die den theoretischen Implikationen adäquate Form begriffen. Dies hat drei Gründe. Erstens: Von Anfang an konnte die Lyrik, wie wir gesehen haben, bestenfalls ihre Begeisterung ausdrücken und neue Stoffe einführen, denn in ihr kann – nicht einmal bei Holz, der immer noch an seinen Vorstellungen von Rhythmus und Empfindung als den wesentlichen Komponenten der Lyrik festhielt – die erwünschte Vermählung von natur- und sozialwissenschaftlichem, quantitativem Denken und der Forderung nach der „kompletten Wahrheit" mit der „Poesie" nicht vollzogen werden. Zweitens: Genauso wie die Jungdeutschen den Roman, d.h. die Prosa schlechthin, als ihr gegebenes Medium angesehen hatten, betonten die Jüngstdeutschen nunmehr ihre Vorliebe für Prosa, und zwar nicht selten aus ähnlichen Gründen, z.B. dahingehend, daß die Prosa, nicht der Vers, die Sprache des Volkes sei.[26] Drittens: Die Erzählung bzw. Novelle dominierte schon lange die auch noch in die Zeit des Naturalismus reichende literarische Produktion aller berühmten, manchmal gegen die Einwände der „modernen" Generation als „Realisten" verteidigten Vorgänger, wie die Kellers, Meyers, Storms, Raabes, Fontanes und Heyses (den die Jüngstdeutschen besonders heftig angriffen).

So erschienen 1885 nicht nur die *Gesellschaft* und *Moderne Dichter-Charaktere*, sondern auch Fontanes *Unterm Birnbaum*, Kellers *Martin Salander*, Meyers *Die Richterin*, Raabes *Unruhige Gäste*, sowie Storms *Eine stille Geschichte* (später u.d.T. *John Riew'*) und *Noch ein Lembeck* (später u.d.T. *Ein Fest auf Haderslevhuus*). Das Jahr 1887 erlebte nicht nur die Veröffentlichung von Albertis *Plebs: Novellen aus dem Volk* und Bölsches *Die naturwissenschaftlichen Grundlagen der Poesie*, sondern auch Meyers *Die Versuchung des Pescara*, Raabes *Im alten Eisen* und Storms *Ein Bekenntnis*. Obendrein sollten noch in den darauffolgenden Jahren solche großen Werke der älteren Generation erscheinen wie 1888 Fontanes *Eine Berliner Alltagsgeschichte* (später u.d.T. *Irrungen, Wirrungen*), Raabes *Das Odfeld* und Storms *Der Schimmelreiter*, 1889 Fontanes *Stine* und Raabes *Der Lar*, in deren Folge u.a. Fontanes *Frau Jenny Treibel* (1892) und *Effi Briest* (1894) und *Der Stechlin* (1897), sowie Raabes *Stopfkuchen* (1891), *Die Akten des Vogelsangs* (1896) und *Hastenbeck* (1899). Und während dieser ganzen Zeit und lange danach brachte der unermüdliche Paul Heyse eine Unmenge neuer Werke in allen Gattungen, aber vorwiegend Novellen heraus, für die er 1910 den Nobelpreis erhielt.

Die jüngere Generation trat also ganz bewußt mit der älteren, immer noch produktiven und erfolgreichen Schriftstellergeneration in Konkurrenz. Die Anzahl der naturalistischen Romane, die heute noch von Bedeutung sind, läßt sich leicht überblicken, denn für diese Romane gilt, analog dem oben zur Lyrik Ausgeführten: auf der Suche nach Neuem fanden zwar neue Inhalte Eingang in die Werke, aber die Dichter entwickelten keine hierfür notwendigen, neuen formalen Kriterien.

Nur im Hinblick auf die Tendenzen und Motive der Zeit, z.B. moralische Verfallenheit, Darwinismus und das Proletariat, sind die Titel und Untertitel einiger Werke noch erwähnenswert: Bleibtreus *Schlechte Gesellschaft*: Realistische Novellen und Kraftkuren (1885), Conrads *Totentanz der Liebe*: Münchener Novellen (1885), Conradis *Brutalitäten*: Skizzen und Studien (1886), Albertis *Plebs: Novellen aus dem Volke* (1887), Albertis *Der Kampf ums Dasein*: Eine Romanreihe. Band 1: *Wer ist der*

Stärkere? Ein sozialer Roman aus dem modernen Berlin (1888), und Bleibtreus *Die Propaganda der Tat*: Sozialer Roman (1890). Einen Anspruch auf eine gegenwärtige Leserschaft erheben mit der Ausnahme von Hauptmann, Holz und Schlaf bestenfalls Max Kretzer, Wilhelm von Polenz und Hermann Sudermann. Wie wir bemerkt haben, brachte Kretzer stilistisch wenig Neues, aber erwähnenswert ist, daß von seinen 35 Romanen und vielen Sammlungen kurzer Erzählwerke *Der Millionenbauer* und *Meister Timpe* nach dem Zweiten Weltkrieg neue Auflagen erlebten. In *Timpe*, seinem besten Roman, werden immerhin zahlreiche sozialkritische Themen aufgegriffen, die ein beeindruckendes Bild diverser Generationen unter dem Druck der sich ändernden Wirtschaftsverhältnisse zeichnen. An epischer Breite ist jedoch Polenz' *Der Büttnerbauer* (1895, [14]1909), den auch Lenin lobte, weitaus überlegen. Heute noch durchaus lesenswert, zeigt Polenz' Roman viele stilistische Vorteile gegenüber dem Werk Kretzers. So kann man hier insofern von einem „naturalistischen" Stil sprechen, als Polenz – im Gegensatz zu Kretzer – seine Gestalten im Dialekt sprechen läßt und überhaupt – sich erneut von Kretzer distanzierend – nur selten Ereignisse und Gestalten sentimentalisierend oder moralisierend kommentiert. Weiterhin wäre es ein Irrtum, den *Büttnerbauer* zur Heimatkunst zu rechnen, denn Polenz verschönert das Landleben nicht und zeigt mit Unerbittlichkeit den beinahe deterministisch anmutenden Untergang der Bauern, die zwar den Machenschaften der Landspekulanten zum Opfer fallen, aber selbst nicht ganz ohne Schwächen sind. Und es ist nicht verfehlt, Polenz einen bewundernswerten Grad an Objektivität bei seiner Schilderung der Zeit zuzusprechen. Was den *Büttnerbauer* davon abhält, in der Reihe großer Romane der Zeit zu erscheinen, liegt eigentlich mehr in den Grenzen, die Polenz sich selbst gesetzt hat, als in der künstlerischen Ausführung seines Vorhabens. Damit wirft der *Büttnerbauer* eher die Frage nach der Möglichkeit einer strikten Anwendung naturalistischer Kriterien im Roman auf als etwa die Romane von Hermann Sudermann, der – wie in seinen später zu erörternden Dramen – einen „Pseudo-Naturalismus" pflegt.

Abgesehen von den Romanen, die nicht dem naturalistischen Programm entsprechen, aber unter dem Einfluß des Naturalismus entstanden sind, wie Thomas Manns *Buddenbrooks*, gehört kein jüngstdeutscher Roman zum heutigen literarischen „Kanon":

Anders jedoch ist es um die sogenannte „Studie" oder „Skizze" bestellt. Fast von Anfang an trugen kurze Prosastücke die Gattungsbezeichnungen „Studie" oder „Skizze", z.B. Conrads *Französische Charakterköpfe*: Studien nach der Natur (1881) und *Madame Lutetia!*: Neue Pariser Studien (1883), Conradis *Brutalitäten* (1886), John Henry Mackays *Schatten*: Novellistische Studien (1887). Hervorzuheben ist der 1888 in der *Gesellschaft* erschienene „Bahnwärter Thiel: Novellistische Studie aus dem märkischen Kiefernforst", ein Werk, das diese Gattungsbezeichnung unauslöschlich in die Literaturgeschichte eintrug.

Die Novelle war die Lieblingsform der poetisch realistischen Erzähler (Keller, Storm, Meyer, Heyse), eine Form, die der Tendenz entgegenkam, den Realismus durch bewußte Kunstgriffe und Strukturierung zu „verklären". Jede Darstellung der „Wirklichkeit" wurde durch ihre „Einrahmung", ausgeprägte Symmetrie und strenge Auswahl unter Weglassung des „Zufälligen", nicht zur Idee oder Motivik Gehörigen, zu einer ausgeprägten künstlerischen als solche auch kenntlichen „Schöpfung". Die auffällige Hervorhebung einzelner Aspekte der geschilderten „Realität" unterlag unverkennbar einem qualitativen, auktorial vermittelte Wertungen und Einsichten dokumentierten Denken, das durch einen meist aus der Rahmengeschichte stammenden – persönlichen Erzähler gleichsam „garantiert" war, einen Erzähler, der eher ein „persönlich-lebendiges" als „objektives" oder wissenschaftliches Bild der Welt entwarf. Zwar bezeichneten die Naturalisten ihre Werke oft als „Novellen", opponierten aber in diesen gegen jede Form der „Verklärung" der Realität und distanzierten sich von der Haltung der poetischen Realisten.

Was die jüngere Generation der herkömmlichen Novellenform entgegensetzt, läßt sich aus den begrifflich-szientifischen Implikationen von „Studie" oder „Skizze" ableiten. Offensichtlich wird „Studie" den Natur- und Sozialwissenschaften entlehnt und konzentriert sich auf ein scheinbar wirklich existierendes, vom Berichterstatter unabhängiges und darin nicht manipulierbares Phänomen. Es handelt sich um etwas, was bewußt isoliert und „studiert" wird. In seiner berühmten Beschreibung eines „poetischen Realismus" verwendet Otto Ludwig oft den Begriff der „Totalität".[27] Die Naturalisten streben nunmehr die „komplette Wahrheit" an, geben aber zugleich durch die Bezeichnungen „Studie" und „Skizze" zu erkennen, daß sie auf keine „Totalität" der Darstellung zielen können, weil der selektive Charakter allen Sprechens – nicht zuletzt im Leserbewußtsein – keinesfalls ignoriert werden kann.

Wenn Meyers Armbruster im *Heiligen* vom Hof Heinrichs II. „erzählt", bietet er zwar keine endgültige Antwort auf Beckets wirkliche Motivationen und seinen Anspruch auf Heiligsprechung, gibt aber *seine* Welt als geschlossene und insofern „total" wieder. Selbst wenn er ein inadäquater Erzähler bleibt, erweist er sich – nicht zuletzt dank seiner arabischen Sprachkenntnisse, Erfahrungen usf. – als der bestmögliche Beobachter und Teilnehmer am Geschehen. Wenn Hauptmanns Erzähler dagegen über Thiel „berichtet", tut er dies als Außenseiter. Der erste Textteil ist von einer radikalen Außenperspektive geprägt, wie die Formel „die Leute meinten" und deren Variationen bekräftigen. Über diesen Modus der Berichterstattung („wie die Leute versicherten", „nach Verlauf eines halben Jahres war es ortsbekannt") wird der Leser erst langsam in die Gedankenwelt Thiels, die er schließlich vollständig ausgeschritten hat, eingeführt. Zugleich zeigt die Studie lediglich einen Lebensausschnitt der in übergreifende und damit uneinholbare Zusammenhänge eingebetteten Figur. Nicht nur hat sie einen „offenen" Anfang – die Vorgeschichte wird dem Leser vorenthalten –, sondern auch einen gleichsam offenen Schluß, der im Hinweis auf die Internierung Thiels – er wird einfach abgeholt – nur provisorisch markiert wird. (Man denke doch zum Vergleich an die Vorgeschichte für Becket im *Heiligen* und daran, wie wesentlich sie für die Hauptgeschichte ist.) Eigentlich wird die Hauptgeschichte in vielen naturalistischen Werken paradoxerweise fast zur Vorgeschichte eines etwa in der Sensationspresse erscheinenden Berichts. Doch ungleich Kellers Erzählung von *Romeo und Julia auf dem Dorfe*, die mit einer als Abschluß einer Umrahmung wirkenden Anspielung auf die Zeitungsnotiz ausklingt, endigt Hauptmanns ebenfalls unter den Armen, Enterbten angesiedelte „Studie" in einem unendlichen Schweigen. Die Ähnlichkeit mit Büchners Novelle Lenz fällt auf. Aber darüber hinaus merken wir, daß Büchners Lenz und sogar Woyzeck sowie Kellers Sali und Vrenchen ihre Gedanken artikulieren können, Thiel dagegen nicht. Thiel gehört zu den sprachlosen Massen. Während Keller zu Beginn seiner Erzählung die überzeitliche Wahrheit des Liebespaars betont, konzentriert sich Hauptmann auf das Besondere an Thiel. Im Gegensatz zu der eher durch individuelle Disposition und lebensgeschichtliche Merkwürdigkeiten geprägten Situation von Sali und Vrenchen – hätte der Schwarze Geiger einen Taufschein gehabt, dann hätte es keinen Streit um das verwilderte Feld gegeben –, hebt Hauptmann das „Normale" der vor und nach Thiel existierenden Lebenswelt, hier die Eisenbahnroutine als Symptom des allgemeinen technischen Fortschritts, hervor. Weil das Schicksal von Sali und Vrenchen, wenn auch aus materialistischer Perspektive durchaus nachvollziehbar, einen überzeitlichen Situationstypus und dessen gerade deshalb auffällige individuelle Erscheinungsformen reproduziert, kann es Eigenständigkeit und Totalität beanspruchen. Wer Thiels Geschichte erfährt, ist sogleich genötigt, die vielen Einzelheiten in der Darstellung, insbesondere der Persönlichkeit des Protagonisten, in das Bewußtsein einer die Menschen verdinglichenden und vermassenden Umwelt zu integrieren, in der es viele „Thiel"-Charaktere geben muß – die sich freilich durch Schweigen, ihren subjektiven und objektiven Artikulationsmangel der Darstellung entziehen.

Die Hauptmannsche Studie verkörpert – wenigstens der Rezeption nach[28] – die Forderung, die Bleibtreu in seiner *Revolution der Literatur* wie folgt formuliert: „Der wirkliche Realist wird die Dinge erst recht sub specie aeterni betrachten und je wahrer und krasser er die Realität schildert, um so tiefer wird er in die Geheimnisse jener wahren Romantik eindringen, welche trotz alledem in den Erscheinungsformen des Lebens schlummert. ... Die *Neue Poesie* wird ... darin bestehen, Realismus und Romantik derartig zu verschmelzen, dass die naturalistische Wahrheit der trockenen und ausdruckslosen Photographie sich mit der künstlerischen Lebendigkeit idealer Composition verbindet" (31). Was Bleibtreu vorschwebt, ist allerdings nicht weit weg von der Forderung Otto Ludwigs entfernt. Aber bei Hauptmann erweist sich das „Romantische" lediglich als ein „poetisch"-praktisch eingesetztes Mittel, das nicht das Geheimnis der Welt, sondern nur das Denken des einen Mannes Thiel enthüllt. Gegenüber der Romantik erschöpft sich hier der Symbolgehalt im unmittelbaren Geschehen. Der Beschreibung der herannahenden und einlaufenden Züge kommt ausschließlich innerhalb des Textgeschehens ein Stellenwert zu. Die vollzogene Dämonisierung des Zuges weist in ihrer Bedeutung nicht auf ein Außertextliches, sondern erhält in der Darstellung der Figur des in sich gekehrten, mystisch veranlagten Bahnwärters ihren Sinn. Figur und Zug sind Bausteine eines in sich hermetisch geschlossenen Wahrnehmungs- und Beschreibungssystems, in welchem sie analogisch, in einem ausschließlich gegenseitigen Verweisungszusammenhang stehend, funktionieren.

Solche Textpassagen haben nur noch wenig mehr mit einer „Verklärung" der Dinge, wie sie Fontane fordert, gemein, legen sie doch Wert weder auf die Erschließung einer „höheren" Wahrheit, noch auf einen souveränen „Humor" des Erzählers. Sie betonen geradezu die Enge des Thielschen Lebens, der sie als Fluchtmöglichkeit entsprungen sind. Dennoch treten solche Passagen derart stark aus dem Text heraus (wie der Auftritt des alten Hilse in den *Webern*) und markieren damit einen fast unvermeidlichen Bruch mit dem rein „quantitativen" Denken des Naturalismus.

Trotz aller naturalistischen Merkmale der novellistischen Studie Hauptmanns müssen wir Fritz Martini[29] recht geben, wenn er in ihr Reste des poetischen Realismus erkennt, eine Einschätzung, die gewiß nicht den Intentionen des Dichters entsprechen muß, sondern der kritischen Rezeption des Lesers zu verdanken ist. Denn solche Beschreibungen sprengen die impliziten Grenzen eines Detailrealismus. Den Zeitgenossen scheint das Ziel eines in der Dichtung reproduzierten quantitativ-positiven Denkens in Holz und Schlafs *Papa Hamlet* realisiert zu sein.

Unter Berufung auf dieses literarische Vorbild prägt Adalbert von Hanstein den Ausdruck „Sekundenstil", den er wie folgt näher umschreibt:

> Die innere Technik ist das, was ich als „Sekundenstil" bezeichnen möchte, insofern Sekunde für Sekunde Zeit und Raum geschildert werden. Nichts Keckes, Dreistes ist mehr gestattet, kein kühner Sprung darf mehr über die Wüsten hinwegsetzen, um die Oasen einander näher zu bringen. Nein, ein Sandkorn wird nach dem anderen sorgfältig aufgelesen, hin und hergewendet und sorgsam beobachtet und in die tagebuchartige Dichtung eingezeichnet. Solch peinliche Kleinmalerei läßt allerdings einen kleinsten Ausschnitt aus Leben und Wirklichkeit mit absoluter Treue wiedererstehen, aber sie hängt gleichzeitig der Dichterphantasie unerträgliche Bleigewichte an die Füße (159f.).

Diese Bemerkungen beziehen sich insbesondere auf *Ein Tod,* und von Hanstein erkennt zugleich die Schwäche eines solchen Vergehens:

> Eine ganze Novelle aber – das heißt einen wirklichen Abschnitt aus der Geschichte eines Menschenlebens mit der Entwicklung wirklicher Seelenkämpfe zu schreiben – die Herren Holz und Schlaf hätten dazu mit 2800 Seiten noch nicht ausgereicht – mit anderen Worten, es wäre ihnen einfach nicht möglich gewesen (160).

Weiter heißt es dort, Holz und Schlaf hätten Zola „überzolat" (160). Was seine Kritik betrifft, so kann man in bezug auf die „Dichterphantasie" entgegnen, daß die ganze Szene ohnehin einer hochkonstruktiven Phantasie entspringt und keinesfalls eine wirklich existierende Situation photographisch wiedergibt. Dennoch zielt von Hanstein in das

Problemzentrum naturalistischer Poetik. Denn sein zweiter Einwand, daß eine herkömmliche, übliche Geschichte durch ebendiesen Stil ins Uferlose ausgedehnt und ad absurdum geführt würde, trifft natürlich zu. Aber nicht bloß die Detailwiedergabe unterscheidet *Papa Hamlet* vom poetischen Realismus, Zolas Romanen und solchen Werken wie *Bahnwärter Thiel,* sondern der an das äußerste Ende getriebene Versuch, den Erzähler bzw. „Experimentator" oder den Berichterstatter auszuschalten. Dort wo unbedingt erzählt werden muß und Erzählen thematisch zu werden droht, wird ein radikaler Erzählperspektivismus angestrebt.

Unter dem Titel *Papa Hamlet* und mit „Bjarne P. Holmsen" als Verfasser erschienen 1889 eigentlich drei angeblich aus dem Norwegischen übersetzte Studien: „Papa Hamlet", „Der erste Schultag" und „Ein Tod", von denen die erste die erzähltechnisch interessanteste ist. Auch „Papa Hamlet" hinterläßt beim Leser den Eindruck, daß kein Detail unerwähnt bleibt, wobei der Erzähler zurücktritt. Der Leser erlebt sinnliche Eindrücke unmittelbar – so wenigstens die Suggestion eines Textes, der das, was innerhalb einer bestimmten Zeitsequenz gehört werden konnte, in sprachlicher Umschreibung aller auffallenden Höreindrücke unmittelbar wiederzugeben versucht. Wenn z.B. das Tauwasser fällt, lesen wir das lautmalerische Wort „Tipp" viermal innerhalb 115 Punkten als Auslassungszeichen bzw. wie Sekundenschläge, als würden einem Vorlesenden die Intervalle angedeutet, die zwischen den Wiederholungen liegen. Überhaupt kommen Unterlassungszeichen häufig in Reden vor, etwa „N... Nein! Das heißt..." oder „Sag a...a...a... Nun? Wird's bald?...Na?...A!...Du Schlingel!A!...A!!...Ha! Siehst du?!" oder (im Lachen des Kindes) „Grrr...grrr...grrr...äh! Alles drängt zum Vorlesen und zur Imitation einer dialogisch-dramatischen Sprechweise, die von der einer Erzählerinstanz deutlich unterschieden werden kann. Eine andere, erst in den *Neuen Gleisen* veröffentlichte Studie der beiden, *Die papierne Passion,* zeigt das Druckbild eines Dramas: alle beschreibenden Passagen sind in kleineren Drucktypen gesetzt. Alle derartigen Mittel zielen selbstverständlich auf das Dramatische hin, d.h. auf die totale Eliminierung eines epischen Erzählers.

Wäre der „Sekundenstil" aber das einzig Neue an Holz' und Schlafs Studien, dann hätten wir es eigentlich nur mit einer graduierenden Variante des Detailrealismus zu tun. Als wesentlich bedeutender erweist sich einerseits die Aufgabe einer bestimmten, durchgehend eingehaltenen Erzählperspektive in *Papa Hamlet,* in einer Studie, die nicht bloß von der Verkommenheit, dem Verbrechen und schließlich tödlich ausgehenden Wahnsinn eines arbeitslosen, in der Bohème lebenden Schauspielers erzählt, dessen größte Rolle zufällig die des Hamlet war. Andererseits greifen Holz und Schlaf ein literarisches Thema und einen im ganzen 19. Jahrhundert beliebten Stoff wieder auf, und wenn sie ihr Werk mit Zitaten aus der Shakespeareschen Tragödie spicken, tun sie es als eine bewußte Herausforderung an ein belesenes Publikum.

Daß „Papa Hamlet" als herausfordernde Literatur über Literatur konzipiert ist, geht schon aus dem ironischen Titel hervor: Nicht nur ist der Schauspieler ein schlechter Vater, der sein Kind in trunkenem Zustand tötet; vielmehr spielt der Titel ironisch darauf, daß der Shakespearesche Held kein Kind hatte, d.h. darauf, daß es gar keinen „Papa Hamlet" geben könne. Wir haben es hier mit einem Erzählwerk zu tun, das bereits im Titel den Anspruch der ironisch-destruktiven Selbstzitation von Literatur in Literatur erhebt. Diesem Gestus entsprechen ähnliche destruktive, gegen überlieferte narrative Instanzen gerichtete Maßnahmen auf der Ebene des Textes selbst. In der Tat kulminiert die Ironie darin, daß es keinen einzelnen Erzähler als Quelle souveränen Humors gibt. Wohl macht sich ein spielerisch ironischer Erzähler häufig geltend, z.B. wenn das rötliche Kind als „der kleine Krebsrote" bezeichnet wird, wenn oft mit Adjektiven wie „groß" und „klein" ein bewußtes Spiel getrieben wird, und wenn wir Sätze lesen wie „Seinen William aufgeklappt, hatte er sich jetzt wieder tiefsinnig rücklings über das kleine Blaukattunene geworfen". Doch gerade die privatsprachliche Wendung „William", ein Ausdruck, den nur Niels selbst gebrauchen würde, erinnert uns daran, daß wir nicht wissen, wer erzählt, obwohl erzählt wird und paradoxerweise niemand soll erzählen dürfen. Und wir müssen uns zuletzt fragen, wer die Schlußzeilen nach Niels' Tod spricht: „Lirum, Larum! Das Leben ist brutal, Amalie! Verlass Dich drauf! Aber – es war ja alles egal! So oder so!" Dem Vokabular und der Ausdrucksweise nach müßten sie dem schon toten Niels zugeordnet werden. Dazwischen liegen auch Sätze wie: „Die alte, liebe, gute Frau Wachtel war ganz außer sich. Aber sie hatte wirklich Pech mit ihren Mannsleuten. Der kleine Ole hatte sich in der Tat nicht entblödet, ihr mit Hinterlassung einiger alter 'Schinken', deren Darstellungsobjekte es unmöglich zuließen, daß man sie sich übers Sofa hing, auszukneifen". Diese scheinbar überpersonal erzählende Textpassage ist von der Sprache der Figur der Frau Wachtel durchgesetzt und geprägt. Episches Erzählen, indirekte Rede und innerer Monolog gehen an vielen Stellen ineinander über, so daß man den Eindruck bekommt, es werde zugleich aus mehreren Perspektiven erzählt. Mit der einheitlichen Erzählperspektive verschwindet wiederum das wesentlichste Überbleibsel des Poetischen Realismus, der sich eines relativen bzw. inadäquaten Erzählers bediente.

Für Holz stellt der Erzähler – ob eine am Geschehen teilnehmende Person oder ein nur an seinen Worten zu erkennender Berichterstatter – das notwendige „Mittel" der Erzählkunst bereit, wobei zugleich, wie wir an seinem sogenannten „Kunstgesetz" sehen werden, das Mittel der Kunst, d.h. eines kunstsprachlich überformten und darin kenntlichen Erzählens auf ein Minimum reduziert werden soll.

1891 veröffentlichte Holz *Die Kunst. Ihr Wesen und ihre Gesetze*, 1893 die *Neue Folge* derselben, und 1899 *Revolution der Lyrik* (später: *Evolution der Lyrik*), die alle im X. Band des *Werks* (1924/25) erscheinen. Hierbei handelt es sich trotz Holz' Bemühung, ein Problem systematisch und logisch anzugehen, um teils autobiographische, teils kritisch-polemische, teils salopp unterhaltende Schriften, deren Ton suggerieren soll, wie „einfach" die Lösung sei. Im allgemeinen kann man sagen, daß diese Schriften nur einen kleinen Kreis begeisterter Anhänger fand. Dagegen trug Hauptmann, der *Vor Sonnenaufgang* „Bjarne P. Holmsen, dem konsequenten Realisten, Verfasser von 'Papa Hamlet'" gewidmet hatte, am 16. November 1890 in sein Pultbuch über *Die Kunst* ein: „Es ennuyierte mich, ärgerte mich, belehrte mich aber nicht. Hauptsächlich interessant als 'document humain' des Individuums Holz".[30] Und Felix A. Voigt zufolge soll er verächtlich gesagt haben: „Mit diesem Gesetz kann man Schuhmacher ausbilden".[31]

Dennoch bleibt Holz' „Entdeckung" des „Kunstgesetzes" eines der wichtigsten Dokumente der Zeit – wenn nicht im Sinne einer Lösung aller Kunstfragen, so doch als eine Lösung der Probleme, die die naturalistische Kunstauffassung impliziert.

Holz geht nämlich von Zolas Behauptung aus: „Une œuvre d'art est un coin de la nature vu à travers un tempérament". Dies lehnt er (als nichts Neues) ab. Holz nimmt seinerseits nicht den Künstler zum Ausgangspunkt, sondern das Kunstmittel. Als Prämisse und Gesetz stellt er fest: „Die Kunst hat die Tendenz, wieder die Natur zu sein. Sie wird sie nach Maßgabe ihrer jedweiligen Reproduktionsbedingungen und deren Handhabung" (X, 83): später präziser formuliert: „Die Kunst hat die Tendenz, die Natur zu sein: sie wird sie nach Maßgabe ihrer Mittel und deren Handhabung" (X, 187). Dies drückt er dann in einer algebraischen Gleichung aus: „Kunst = Natur – x" (X, 80). Hier scheint er vorauszusetzen, daß die Kunst eine lediglich mimetische Aufgabe habe. Später muß er diese Formel wie folgt revidieren: „Herr Möller-Bruck verschimpfiert meine Formel K = N – x in 'K = N + y', indem er '+ y' = 'Vorstellungsbild' setzt, und in seiner Einfalt, um nicht zu sagen Einfältigkeit, merkt er nicht, ahnt er nicht einmal, daß dieses 'Plus', dieses 'Vorstellungsbild', mit meinem N einfach identisch ist. Als ob schon je ein Mensch irgendein Ding selbst reproduziert hätte und nicht bloß immer sein betreffendes Vorstellungsbild!" (X, 198f.). Auf diese Konzession werden wir zurückkommen, aber hier sei zunächst hervorgehoben, daß Holz das Wesentliche des Naturalismus als „moderne Literatur" erfaßt, wenn er schreibt, der Naturalismus sei „eine Methode ..., eine Darstellungsart und nicht etwa 'Stoffwahl'" (X, 271). Denn es handelt sich bei einer Wiedergabe der „Natur" oder einem „Vorstellungsbild" stets um die Reduzierung des „x" der Mittel auf ein Minimum, ob dies die Zweidimensionalität einer Leinwand (Holz meint auch Adolf Menzels Gemälde mit seinem „Gesetz" erfaßt zu haben [X, 159]) oder das Medium eines Erzählers ist.

Offensichtlich strebt er in *Papa Hamlet* eine Fragmentierung des festen Erzählpunkts als Ausdruck der Reduzierung des „x" an. Dabei räumt er aber ein: „Eine völlig exakte Reproduktion der Natur durch die Kunst ist ein Ding der absoluten Unmöglichkeit, und zwar – von allem anderen abgesehen – schon aus dem ganz einfachen und ... plausiblen Grunde, weil das betreffende Reproduktionsmaterial, das uns Menschen nun einmal zur Verfügung steht, stets unzulänglich war, stets unzulänglich ist und stets unzulänglich bleiben wird" (X, 131). Dies bestätigt sich in der Studie „Papa Hamlet", in der der Erzähler zunächst ironisch konturiert werden muß, um sich überhaupt fragmentieren lassen zu können.

Wohl behauptet Holz selbst: „Das strittige x wird sich niemals auf Null reduzieren" (X, 130f.). Offensichtlich biete aber das Drama die beste Möglichkeit, das „x", also die Lücke zwischen einem Kunstwerk und der „Realität" bzw. dem, was wir als das „Reale" begreifen, auf ein Minimum zu reduzieren. Denn das Drama kennt keinen Erzähler und erlaubt die Wiedergabe aller Details, die zur „kompletten Wahrheit" gehören. Schließlich werden alle Details, die der epische Erzähler im „Sekundenstil" mühsam und über zuviele Seiten benennen und beschreiben muß, simultan vom Zuschauer eines Bühnenstücks gesehen und in ihrem passenden Verhältnis zueinander erfaßt. Selbst wenn man Holz' Kunstgesetz ablehnt, muß man nichtsdestoweniger konstatieren, daß die Naturalisten, die in den Studien in *Papa Hamlet* die notwendige, aber in der Prosa nicht konsequent durchführbare Idee einer quantitativ-extensiven Wiedergabe der „Wirklichkeit" gestaltet sehen, sich dem Drama zuwenden mußten.

Das Drama als Vollendung der naturalistischen Kunstauffassung

Wer die Geschichte des deutschen Dramas im 19. Jahrhundert kennt, möchte fast meinen, der Naturalismus müsse es leicht gehabt haben, die Bühnen zu erobern. Nicht nur war kein – jedenfalls von der heutigen Sicht aus – nennbarer Dramatiker seit Friedrich Hebbels Tod (1863) hervorgetreten; sogar die wichtigsten Dramatiker seit Schillers Tod (1805), vor allem Kleist, Grabbe und Büchner, wurden auf den deutschen Bühnen fast gänzlich ignoriert.[32]

Zwar wurden die Werke des seit 1838 nicht mehr für die öffentliche Bühne schreibenden Franz Grillparzer von Heinrich Laube nach dessen Übernahme des Wiener Burgtheaters wieder inszeniert. Aber Grillparzer genoß nie einen seinen Leistungen entsprechenden Platz in den deutschen Spielplänen. Selbst Nestroys Stücke verschwanden in der Zeit zwischen dem Tod ihres Autors und ihrer Renaissance im Jahre 1881 von den Bühnen Wiens.

Zu alldem gesellt sich die auffällige Tatsache, daß keiner der großen Poetischen Realisten, also Keller, Storm, Meyer, Raabe und Fontane, je ein Drama abschloß. Trotz des hohen Ansehens, das das Drama als Gattung in den Ästhetiken des 19. Jahrhunderts genoß – man denke an die ästhetischen Schriften Hegels, Schopenhauers, Vischers u.a. –, beschränkten sich die Theaterdarbietungen auf Opern, seichte Komödien und Melodramen hauptsächlich französischer und deutscher Herkunft. Was das „ernste" Drama betraf, entstanden „Tragödien" über ausgewählte klassische, biblische und historische Stoffe nach dem Vorbild Schillers. Die Dichter und Theoretiker setzten sich nicht mit Frage auseinander, wie man ein zeitgemäßes Drama schreiben solle, sondern stritten darüber, ob Shakespeare oder Schiller das bessere Vorbild sei.[33]

Dialektstücke – etwa von Angely und Holtei – hatte es auch schon im Vormärz gegeben, aber ernste, sozialkritische Dialektstücke gelangten erst im Naturalismus auf öffentliche Bühnen. Weil die

Naturalisten oft mit dem Sozialismus liebäugelten und zeitweise engere Beziehungen zu ihm pflegten, könnte man versucht sein, dem seit der Jahrhundertwende existierenden Arbeiterdrama eine Art Vorläuferfunktion für das naturalistische Drama zuzuschreiben. Bei aller Unsicherheit in den Spekulationen über diese Stücke war dem gewiß nicht so, jedenfalls dramentechnisch nicht. Denn die Arbeiterstücke waren größtenteils für Feste und Versammlungen bestimmt, und sie zeigten letzten Endes die gleiche wenn auch sozial und politisch entgegengesetzte Einseitigkeit der vielen durch die Gründerstimmung hervorgerufenen „hurra-patriotischen" Festspiele. In diesem Zusammenhang wird man registrieren, daß die Arbeiter auch nach dem Durchbruch des Naturalismus die Werke Schillers denen der engagierten Naturalisten vorzogen.

Zusammenfassend kann man sagen, daß die deutschen Spielpläne im Dienst eines „guten Tons" aus dem klassischen Erbe Goethes, Schillers und deren Epigonen schöpften und sich ansonsten bedenkenlos und unkritisch den leichteren, anspruchslosen, auf Kassenerfolg zielenden Stücken widmeten. Aber so unzeitgemäß, unkritisch und geradezu banal die theatralischen Darbietungen noch um 1889 auch gewesen sein mochten, so gefielen sie im Gründungsjahr der *Freien Bühne* sowohl dem breiten Publikum als auch dem Staat, der sich mit einer strengen Zensur und daran anschließenden Verboten gegen das sozialkritische, „unmoralische" Drama zu wehren versuchte.

Damit kein falsches, einseitiges Bild vom deutschen Theaterwesen im gesamteuropäischen Kontext entsteht, sei zugleich darauf hingewiesen, daß die Spielpläne auf den ausländischen Bühnen kaum anspruchsvoller waren.

Zunächst fällt auf, daß nur die ausführlichsten Literaturgeschichten Englands und Frankreichs überhaupt die Dramatiker im 19. Jahrhundert erwähnen, und zwar mit Recht. Denn im Vergleich mit der deutsch-sprachigen Dramenkultur brachten diese beiden Nationalliteraturen nur wenige Stücke hervor, die die Zeit des Vor- und Nachmärz überdauern sollten und auch heute noch als spielbar gelten. Zwar schrieben die Brüder Goncourt und Zola Dramen, aber die großen Erfolge erzielten nicht sie, sondern Eugène Scribe, Victorien Sardou, Eugène Labiche, Georges Feydeau, sowie Alexandre Dumas fils und Emile Augier, wobei Dumas und Augier in ihren sogenannten „Thesenstücken" zwar Sozialkritisches zu präsentieren versuchen, ansonsten aber die gleiche theatralische Glätte kultivieren wie die anspruchslosen Stücke der anderen erfolgreichen Dramatiker. In Skandinavien ragen nur Bjørnson, Ibsen und Strindberg hervor, doch sie fanden mehr Anerkennung in Deutschland als in ihren Heimatländern (Strindbergs *Der Vater* und *Fräulein Julie* erschienen erst 1887 bzw. 1888). Die russische Literatur, die im 19. Jahrhundert zwischen Puškins Tod (1837) und 1889 im Ausland bekannt wurde und einen Einfluß ausübte, bestand hauptsächlich aus Romanen und Erzählungen Turgenevs, Dostoevskijs und Tolstojs, denn dort dominierte, wie in England und Frankreich, der realistische Roman. Wohl wurden die Dramen von Anton Čechov weltberühmt, doch entstanden sie erst ab 1896 (*Die Möwe*).

In ganz Europa wurden indes die Theater mit Begeisterung besucht. Aber für die deutschen Dramatiker des Naturalismus ergab sich damit weder im Inland noch im Ausland eine wirkliche, literarisch bedeutsame Konkurrenz (schon mit der *Frau vom Meere*, also 1888, wandte sich Ibsen einem stark symbolischen Drama zu). Den deutschen Dichtern blieb es überlassen, die naturalistische Revolution des Theaters zu verwirklichen. Diese Revolution konnte aber erst als erfolgreich bezeichnet werden, nachdem die gesamten verschiedenen internationalen Einflüsse zu einem Ganzen verschmolzen waren. Dies hieß zum Beispiel, daß man die vom „gutgemachten Stück" übernommene Form des Ibsenschen Dramas über die engen Grenzen der bürgerlichen Welt ausdehnte, um die sozialen Probleme und Sprache des Bauerntums und des Proletariats mitzuerfassen.

Nach all den o.a. historischen, literarischen und literaturtheoretischen Tendenzen, die auf das Drama zuliefen, durfte man Theaterstücke erwarten, die endlich alle Aspekte der naturalistischen Realitätsauffassung, der vereinzelten, erzähltechnisch und theoretisch erarbeiteten Kunstansichten zu vereinigen vermochten. Aber ohne andere Entwicklungen wäre ein solches Drama doch nicht entstanden. So ist das Drama die einzige Literaturgattung, deren Erfolg nicht nur von den Fähigkeiten des schaffenden Künstlers abhängt, sondern auch von der Mitwirkung anderer, nicht unmittelbar am kreativen Akt Beteiligten bestimmt ist. D.h., es hätte wohl einen Hauptmann, Max Halbe, Holz, Schlaf, Georg Hirschfeld, Erich Hartleben, Arthur Schnitzler und andere geben können, ohne daß das, was wir unter dem „naturalistischen Theater" verstehen, entstanden wäre. Schließlich erforderte ein wirklich „modernes" Theater nicht bloß neue Texte, sondern vielmehr neue Inszenierungen und nicht zuletzt eine Änderung in der Schauspielkunst. Letzteres haben wir in erster Linie Otto Brahm zu verdanken, während dessen Arbeit am Theater (in der Nachfolge des Theaterstücks *Vor Sonnenaufgang*) viele Schauspiele entstanden sind.

Was die Inszenierung angeht, so hatte Brahm allerdings Vorgänger. Alle, die den Versuch unternommen hatten, das Bühnenbild dem Leben anzugleichen, können gewissermaßen als seine Vorgänger gelten, wobei einer Gruppe besondere Bedeutung zukam, den sog. Meiningern, einer von Georg II. von Meiningen (1826-1914) gegründeten Theatergruppe, die zwischen 1874 und 1890 in fast allen wichtigen Städten Europas gastierte. Georg bezweckte eine Theaterreform, zu der John Osborne[34] – sich auf zwei sich widersprechende Äußerungen Hauptmanns (VII, 635f. und 898f.) beziehend – feststellt: „Die Meininger waren tatsächlich beides: ein unmittelbarer Ausdruck des damals herrschenden 'pompösen Stils', des Historismus à la Makart, *und* eine für die Geschichte des europäischen Theaters, namentlich des modernen, realistischen Theaters, wenn nicht revolutionäre, so doch äußerst einflußreiche, zukunftsweisende Erscheinung" (2). In der Tat liegt das Hauptverdienst der Meininger darin, daß Kostüme und Kulissen eine bisher nicht gekannte geschichtliche Akkuratheit zeigten. Gewissermaßen die Brahmschen Schauspielinszenierungen antizipierend, wurde der Wert auf das Ensemble-Spiel statt der Deklamationskunst des einzelnen Schauspielers gelegt, da man sich von dem Ensemble-Spiel die Garantie szenischer Authentizität versprach. Osborne zitiert aus den „Texten zur Rezeption" einen Text Otto Brahms, in dem dieser auf das bei den Meiningern gestaltete Gesamtbild kritisch eingeht. So bilanziert Brahm 1882: „Sie sind in einigen Teilen reformatorisch, originell, wirksam, alles was man will; aber sie sind niemals mustergültig, niemals kanonisch" (132). Fünf Jahre später urteilt er allerdings günstiger in einem ebenfalls von Osborne zitierten Text (138-140) über eine Aufführung der *Jungfrau von Orleans*.

Trotz der Leistungen der Meininger, und zwar nicht zuletzt, weil deren Spielplan aus historischen Dramen bestand, müssen Brahms erfolgreiche Bemühungen um eine Totalität des Bühnenbildes, um Sprechweise und sonstige Darbietungsformen als der Grund für den durchschlagenden Erfolg des naturalistischen Dramas angesehen werden. Gerade hieran wird deutlich, wie wichtig im dramenpraktischen Zusammenhang Stimmung und Atmosphäre der Inszenierung sind, denn schließlich müssen die Zuschauer glauben, daß das Bühnengeschehen eine wirklich stattfindende Begebenheit sei, und sie müssen derart von der dramatischen Gegenwärtigkeit überzeugt werden, daß sie vergessen, daß sie sich im Theater befinden. Wenn Brecht später die „dramatische Form des Theaters" durch die „epische Form" ersetzte, so hat dies, zumindest im Hinblick auf die Ablehnung traditioneller Kunstmittel, seine Wurzeln im naturalistischen Theater.[35] In dem Maße schließlich, in dem der Regisseur uns das Theater im Theater vergessen läßt, gelingt ihm, der naturalistischen Dramenpoetik zufolge, die von Holz angestrebte Reduzierung des „x" des Mittels (= Theaters), auf ein äußerstes, gleichwohl artifizielles und insofern typisch naturalistisch paradoxes Minimum.

Andererseits schreibt der Dramatiker und inszeniert der Regisseur stets auch ohne Blick auf das Publikum. Nach der Uraufführung von *Vor Sonnenaufgang* schrieb Hauptmann: „Schon oft hat man die alte Forderung wiederholt: die Bühne sei kein Katheder!

und ich unterschreibe diese Forderung. Ich stellte sie auch an mich, als ich mein Stück begann..., und schrieb es durch ohne an das Publikum nur zu denken, als ob die Bühne nicht drei, sondern vier Wände hätte" (X, 754). Das Publikum wird gleichsam als eine „vierte Wand" behandelt.

Auch dies ist Reflex der Tatsache, daß Menschen sprechen oder nicht sprechen können, wie dies nun einmal von ihrer Situation und individuellen Fähigkeit bedingt ist. Stammeln, belanglose Phrasen und durch Gesten kompensierte Sprachlosigkeit gehören zur naturalistischen Dialoggestaltung. In diesem Sinne verstehen wir auch Holz' Forderung: „Die Sprache des Theaters ist die Sprache des Lebens", eine Forderung, die es dem Dramatiker ermöglicht, „aus dem Theater allmählich das 'Theater' zu drängen" (X, 214). Hierin bestand ebenso Brahms Schauspielkunst, die sich nicht bloß mit der Frage nach dem Vokabular erschöpfte, sondern vielmehr eine „natürliche" Sprechweise oder ein notwendiges Schweigen betonte. Hinzu kommt, daß die Bühnensprache gerade als die „Sprache des Lebens" auf die Konventionen des Theaters, insbesondere auf Monologe und das Beiseitesprechen, verzichtet. – Wie bereits erwähnt, meinen die Naturalisten, das Leben habe keine „Handlung". Also gehört eine Handlung im Sinne von Intrigen, Verwechslungen usf. ebenfalls zu den stillschweigend vom Publikum akzeptierten literarischen Konventionen und soll – wie in Holz' und Schlafs Studien – vermieden werden. Folglich, wie wir bereits von Holz und Hauptmann erfahren haben, rückt der individuelle Charakter entsprechend weiter in den Vordergrund. Es ist aber ein Merkmal des Naturalismus, sich nicht mehr des Monologs und des Beiseitesprechens bedienen zu wollen, um die Figuren zu konturieren. Dieser Verlust an Charakterdarstellung, verstanden als eine sich erst im Sprechen offenbarende Innerlichkeit, wird durch die genaueste Bestimmung des äußeren Erscheinungsbildes des Schauspielers kompensiert. So wird das Publikum auf jede Kleinigkeit gleichsam „umdisponiert", um die Eigenarten eines Charakters umwegig äußerlich erfassen zu können. Verständlich wird in diesem Zusammenhang, daß der Dramatiker auch jedes Detail des Schauplatzes, auf dem die milieubedingten Charaktere auftreten, vorschreibt.

Die präzise Koordination aller Details der quantitativ umgestalteten Welt ruft den intendierten Gesamteindruck für das lediglich als „vierte Wand" existierende Publikum hervor.

Doch gerade wegen ihrer Bemühungen, eine scheinbar vollständig wiedergestaltete Szene aus dem „wirklichen" Leben entstehen zu lassen, bleiben die Dramatiker gleichsam Gefangene dieser „Realität". Dies bestätigt Hauptmann, wenn er über die Zentralgestalt in *Vor Sonnenaufgang* schreibt: „Nicht der ganze Alfred Loth mit all seinen Empfindungen, Gedanken, Eigenschaften, Fähigkeiten, sondern nur Alfred Loth unter gewissen im Drama vorhandenen Bedingungen ist geschildert, Bedingungen, die seinem Charakter, aber nicht seinen hervorragenden Denkfähigkeiten erlauben, sich zu entwickeln" (XI, 755). Mit diesem und ähnlichen Problemen setzt sich Alfred Kerr in seinem heute noch lesenswerten, zuerst 1891 in der *Vossischen Zeitung* erschienenen Aufsatz über *Technik des realistischen Dramas* auseinander und kommt zu dem Schluß, daß die Anziehungskraft eines streng realistischen Dramas in dessen „Reiz des Schlüsseziehens" liege.[36]

Bei Kerr findet man vieles versammelt, worauf wir bereits hingewiesen haben. Er spricht von der durch die Ausschaltung der Monologe und des Beiseiteredens begrenzten „Selbstcharakteristik" der Gestalten sowie von der neuen Art der „indirekten Charakteristik" in der Gestaltung anderer Charaktere. Was jene betrifft, so meint er: „Selbstverständlich fällt in der neuen Technik auch die gröbste Art der direkten Charakteristik weg; die Selbstcharakteristik. Es ist gewiß nicht unmöglich, daß ein Mensch eine Charakteristik von sich selbst entwirft: das kommt alle Tage vor. Nur daß wir im Leben nicht so kindlich sind, eine solche Charakteristik gelten zu lassen. Wir lügen selbst viel zu viel, um sie als Urkunde zu nehmen" (434). Dies alles ungeachtet dessen, daß der Mensch Gefangener seines Milieus bleibt und sich selbst nie so sehen kann, wie andere es tun. In bezug auf die „indirekte Charakteristik" macht Kerr aber auf das folgende Problem aufmerksam: „Im gewöhnlichen Leben laufen nicht lauter feinsinnige Psychologen herum, die nichts Dringenderes zu tun haben, als Personen und Zustände ihrer Umgebung scharf und einschneidend zu analysieren. Und solche, die die Fähigkeit dazu besitzen, brauchen noch lange nicht den Willen zu haben. ... Nicht einmal alles, was man hier sagt, ist wahr, geschweige, daß man alles sagt, was wahr ist, – tausend Rücksichten binden die Zunge" (433). Demzufolge bleibt das Publikum auf kleine Hinweise und äußerliche Spuren angewiesen, aus denen es Schlüsse auf Gedankenwelt und Motive der dramatischen Personen zu ziehen hat.

Kerr geht auch darauf ein, wie der „realistische" Dramatiker das Problem der Vorgeschichte lösen könne. Problematisch wird hierbei die Behandlung der Zeit. Der Dramatiker müsse sich auf eine „Aneinanderreihung wesentlicher Momente" beschränken:

Während man also in der Wirklichkeit, um eine Handlung für sich zu begreifen, erst vieles Nichtzugehörige aussondern muß, bietet der dramatische Dichter von vornherein seine Handlung herausgeschält und befreit von allem Zufälligen. Darin liegt der Widerspruch zum Realismus. Je staunenswerter die knappe Kunst des Dichters wird, desto größer wird dieser Widerspruch. Er ist unlösbar (444).

Um diesen Widerspruch, wenn nicht zu lösen, so doch in der Art der Exposition zu entschärfen, versucht der Naturalist, sich auf die Vorgeschichte zu konzentrieren, indem er die Enthüllung der Vorgeschichte zur Hauptgeschichte macht. Schließlich erinnern sich die Menschen hauptsächlich an das „Wesentlichste" und scheiden es von dem von ihnen als solches bestimmten Zufälligen. Also: um die Illusion der Wirklichkeit aufrechtzuerhalten, beschränkt sich der Realist auf eine kurze Zeitspanne und einen Ort, allerdings unter der von Kerr betonten Einschränkung:

Im Leben kommt es nicht vor, daß in der letzten Frist vor einer Katastrophe oder einem glücklichen Ereignis alle zum Verständnis dieses Vorgangs notwendigen Punkte von den Beteiligten rekapituliert werden, so daß sich einem Unvertrauten, der plötzlich in diesen Kreis versetzt wird, nicht nur die lückenlose, weit zurückliegende Vorgeschichte, sondern auch die lückenlose, abgestufte Charakteristik aller Personen in diesen letzten Stunden deutlich offenbarte (445).

So entsteht, möchte man meinen, ein Drama, das die „drei Einheiten" des klassischen Dramas unter naturalistischen Aspekten möglichst wieder zu ihrem Recht kommen läßt. Allerdings wird im Zusammenhang der naturalistischen Realitätsauffassung die beklemmende Enge der Situation und die Unfreiheit der Menschen, also ein den Freiheitsimplikationen der klassischen Dramenform widersprechender Wirklichkeitsbegriff thematisch.

So wichtig, einsichtsvoll und vorausweisend Kerrs Aufsatz genannt werden muß, so darf doch der heutige Leser nicht vergessen, daß die eigentlichen paradigmatisch ergiebigeren Meisterwerke naturalistischer Dramatik erst nach 1891 entstanden.

Wohl kann man Bestätigungen für Kerrs Thesen in den Dramen von Ibsen, auf den Kerr sich oft beruft, und in den früheren Dramen von Hauptmann finden. Vor allem trifft der Großteil dieser Thesen auf Holz' und Schlafs *Die Familie Selicke* zu, ein Werk, das zugleich den Höchst- bzw. Tiefpunkt naturalistischer Dramatik darstellt. Aber die angedeuteten Grenzen des von Kerr umrissenen „realistischen" Dramas sprengen mindestens zwei der seitdem als Musterbeispiele realistischer Dramatik geltenden Stücke: Hauptmanns *Weber* und *Der Biberpelz*. Denn *Die Weber* erfüllen nicht nur die Forderungen eines strengen Realismus, sondern antizipieren – trotz der Enge der dargestellten Situation – die Massendramen des Expressionismus. Mit dem offenen Schluß des *Biberpelz*, des ersten Theaterstücks, bei dem das Publikum vergeblich auf die Bestrafung der Täterin wartet, sind weitere Möglichkeiten eröffnet.

Obwohl die Blütezeit des naturalistischen Dramas um 1900 vorüber war, entstand weiterhin vieles unter seinem Einfluß, z.B. Hauptmanns *Gabriel Schillings Flucht* (1912) und *Vor Sonnenuntergang* (1932), sowie die Dramen Carl Zuckmayers und sogar Brechts *Die Gewehre der Frau Carrar* (entstanden 1937) und *Furcht und Elend des Dritten Reiches* (entstanden 1934-38) – ganz abgesehen von den ausländischen Theaterstücken etwa Eugene O'Neills. Als endgültigen, dramatischen Schwanengesang des Naturalismus könnte man Hauptmanns Tragikomödie *Die Ratten* (1911) bezeichnen: hier zieht der vielseitigste, erfolgreichste und einflußreichste Dramatiker des Jüngsten Deutschland nicht nur die Dramenpraxis, sondern auch den Naturalismus selbst vors Gericht, indem er die Inadäquatheit der naturalistischen Sozialreformen und die Unangemessenheit der idealistischen Überhöhung von Welt im klassischen Theater ebenso bloßstellt wie das naive Wirklichkeitsverständnis der Naturalisten.

Einen ausgezeichneten Überblick über das dramatische Schaffen der Naturalisten bietet Sigfrid Hoefert.[37] Eine bescheidene Auswahl der Dramen der Naturalisten und ihrer Gegner bietet meine Anthologie:[38]

Hauptmann: *Vor Sonnenaufgang*, Sudermann: *Die Ehre*, Holz/Schlaf: *Die Familie Selicke*, Conrad Alberti: *Im Suff!*, Hauptmann: *Die Weber*, Schlaf: *Meister Oelze*, Max Halbe: *Jugend*, Hauptmann: *Der Biberpelz*, Ernst Rosmer (eigentlich Elsa Bernstein, 1866-1949): *Dämmerung*, Oskar Panizza: *Das Liebeskonzil*, Josef Ruederer: *Die Fahnenweihe*, Georg Hirschfeld: *Zu Hause*, Holz: *Sozialaristokraten*, Frank Wedekind: *Die junge Welt* (= erst u.d.T. *Kinder und Narren*), Max Dreyer: *Der Probekandidat*, Otto Erich Hartleben: *Die Lore*, *Abschied vom Regiment* und *Rosenmontag*, Arthur Schnitzler: *Das Vermächtnis*, Emil Rosenow: *Kater Lampe* und Karl Schönherr: *Erde*.

So lesen sich Albertis und Wedekinds Stücke wie Parodien auf Hauptmann. Die Produktionen Schnitzlers und Panizzas, dessen keineswegs zur gängigen Vorstellung des Naturalismus passende Himmelstragödie in fünf Akten, ein Stück, das M.G. Conrad vor dem Gericht verteidigt hatte, machen anschaulich, wie disparat die zeitgenössischen Vorstellungen vom „Naturalistischen" ausfallen konnten.

Unter den eben angeführten Werken ist auch Sudermanns Drama *Die Ehre* zu nennen, dessen Erfolg – zusammen mit dem einiger darauf folgender Stücke – den Verfasser zum Konkurrenten Hauptmanns auf dem Gebiet des „modernen" Dramas zu machen schien. Heute neigt man jedoch dazu, die Sudermannschen Dramen als führende Beispiele eines weitverbreiteten „Pseudonaturalismus" anzusehen, der im Sog des naturalistischen Durchbruchs entstand und sich Äußerlichkeiten, z.B. in der Verarbeitung „moderner" Themen und Stoffe, dem Naturalismus anglich, aber der eigentlichen Realitätsauffassung und dramatischen Technik der Naturalisten fernblieb.

So verwendet Sudermann in der *Ehre* das Motiv des Hinter- und Vorderhauses, läßt aber keinen wirklichen, in basalen ökonomischen Gegebenheiten und Antagonismen begründeten Klassenkampf entstehen. Freilich wird die Verlogenheit des Bürgertums gezeigt, doch beutet es die im Hinterhaus lebende Heinecke aus, um sich mit 40.000 Mark abfinden zu lassen. Eines „Boten aus der Fremde" bedient sich Sudermann, aber dieser – der Graf Trast, ein stark verschuldeter Offizier, der sich weigert, die „Ehre" seiner „Kaste" im Selbstmord zu wahren, statt dessen auf eine Südseeinsel fährt und reich wird – gehört eher in ein Intrigenstück als in ein naturalistisches Drama. Nicht enthüllend, sondern dozierend und predigend, tritt er, ein Sprachrohr des Verfassers, in diesem mit beflissentlich übersehenen Zufällen gespickten Stück allwissend auf. Auch der zum Hinterhaus gehörige Dialekt wird hier eingesetzt, aber wie der Sudermannsche Dialog überhaupt, wirkt er konzis erhellend statt begrenzt verschleiernd. In dieser sowie in manch einer anderen Hinsicht müssen wir Kerr recht geben, wenn er feststellt: „Wesentliche Einwände lassen sich gegen diesen Dramatiker nicht machen. Außer etwa, daß kein echtes Haar an ihm ist. Man betrachte seine Werke. Sie zeigen falsche Interessantheit, falsche Rührung, falsche Leidenschaft und falsche

Schlichtheit" (*Die Welt im Drama*, I, 220f.). Den Begriff der religiösen oder sozialen Ehre, der beim Alten Hilse in Hauptmanns *Webern* oder Hartlebens *Rosenmontag* und *Abschied vom Regiment* ungelöst und damit tragisch bleibt, tut Trast einfach ab, und sein Schützling darf ein komödienhaftes, „happy end" erleben: er heiratet ein Mädchen, bekommt eine gutbezahlte Stelle von Trast und zieht in Richtung Südsee. Während Sudermann den bürgerlichen Materialismus zwar anzugreifen scheint, schließt das Schauspiel aber mit der ebendieses Bürgertum charakterisierenden fragwürdigen Einsicht, daß Geld alle Wunden heile.

Der Beitrag pseudonaturalistischer Werke konnte jedoch den eigentlichen Naturalismus nicht mehr diskreditieren. Ein Sudermann machte zweifellos den Naturalismus auf paradoxe Weise gesellschaftsfähig, indem er das von den Stücken Hauptmanns und anderen entschiedenen Naturalisten brüskierte Publikum wieder versöhnte.

Der Untergang des Naturalismus

Bei den Versuchen, eine „naturalistische Lyrik" zu konzipieren, erwiesen sich die Realitäts- und Sprachauffassung des Naturalismus nach kurzer Zeit als ungeeignet, und Holz' Bemühungen um eine „moderne", in Einklang mit seinen Erzähl- und Dramentheorien stehende Lyriktheorie sonderten ihn eher von den anderen Naturalisten ab, als daß sie die bezweckte „Revolution" oder gar „Evolution" der Lyrik herbeiführten. Selbst wenn man noch von einem nachhaltigen Einfluß naturalistischer Ziele und Motive auf die Erzählkunst sprechen kann – man denke etwa an die sozialkritischen Romane von Heinrich Mann und an das Vererbungsmotiv bei seinem Bruder Thomas –, war der eigentliche Höhepunkt, damit aber zugleich das Ende der naturalistischen Erzähltechnik mit *Papa Hamlet* schon erreicht, einem Werk, dessen „Sekundenstil" sich nach den Ansichten der Zeitgenossen kaum auf längere Erzählformen übertragen ließ. Auf den Roman werden die Techniken dieser Studie erst etwa von Alfred Döblin in *Berlin Alexanderplatz* (1929) erfolgreich angewandt. Zwar verlangt Döblin in „Futuristische Worttechnik: Offener Brief an F.T. Marinetti" (1913): „Naturalismus, Naturalismus; wir sind noch lange nicht genug Naturalisten".[39] Doch sein Meisterwerk über den ehemaligen Sträfling Franz Biberkopf zeigt nicht nur den Einfluß von Arno Holz, sondern ist ebenso vom Expressionismus geprägt. Lediglich dramen- bzw. theatergeschichtlich lassen sich die dauerhaftesten Leistungen sowie die Gründe für den endgültigen Untergang des Naturalismus eindeutig ausmachen, denn nur das naturalistische Theater erreichte und „bekehrte" ein großes Publikum, und – abgesehen von *Bahnwärter Thiel* und *Papa Hamlet*, die immer noch zur Pflichtlektüre in den Schulen gehören – sind nur die Dramen (und zwar eigentlich nur die von Hauptmann) dem heutigen Publikum vertraut und stellen das lebendige Erbe dieser Zeit dar. Mit anderen Worten: Im Theater lernte man den Naturalismus als den zeitgemäßen Stil akzeptieren, und folglich sind an den Gründen für das Verschwinden des naturalistischen Theaters auch die Gründe für den Untergang des Naturalismus abzulesen.

Die bis heute wirksamen Leistungen des naturalistischen Theaters liegen zunächst in der stofflichen Befreiung aller Künste von den Einschränkungen und Erwartungen des 19. Jahrhunderts, das den sprachlichen und nichtsprachlichen Kunstwerken lediglich die öffentlichen Funktionen der Erbauung und Unterhaltung einräumte. Mit dem Naturalismus verschwand auch die Forderung, daß Künstler und Dichter verpflichtet seien, das Schöne auf Kosten des dann endgültig separierten Wahren und Realistischen zu gestalten oder zumindest das Realistische zu „verklären". Diese Verdienste erkennen sogar Kritiker und Gegner des Naturalismus an. So schreibt Frank Wedekind, dem mehr oder weniger die literaturhistorische Rolle eines Vermittlers zwischen dem Naturalismus und dem Expressionismus (und die eines Vorbilds für Brecht) zugesprochen wird: „Die Werke der naturalistischen Bühnendichter verdankten ihre ungemein rasche Verbreitung nicht in letzter Linie dem Vorzug, daß sie kinderleicht darzustellen waren. ... Die heutige Dramatik behandelt ernstere Probleme und pflegt eine weitaus höhere Kunstform, als sie der Naturalismus kannte".[40] Doch erinnert die Problematik in seinem Erstling, *Frühlings Erwachen*, an diejenige vieler naturalistischer Theaterstücke.

Selbstverständlich hätten die vornaturalistisch-bürgerlichen Theaterkriterien wie z.B. Erbauung, Unterhaltung und Schönheit kaum so lange dominieren können, wenn sie den tieferliegenden Bedürfnissen und Erwartungen des allgemeinen Theaterpublikums nicht entsprochen und keinen dem jeweiligen Rezeptionshorizont entsprechenden historischen Ausdruck gefunden hätten. Die Tatsache, daß das naturalistische Theater diesen seit Jahrhunderten bestehenden Erwartungen bewußt und derart konsequent entgegenwirkte, daß es das Gewicht auf das Obszöne, Häßliche und Abstößige verlegte, kann mit gewissem Recht für seine Kurzlebigkeit verantwortlich gemacht werden. Die einseitige Hervorhebung des Unschönen und Abstoßenden reflektiert nicht allein den Wahrheitsdrang der „konsequenten Realisten", sondern die Absicht, das Publikum – häufig erscheinen ihre Gegner als „Philister" in den Kampfschriften der Jüngstdeutschen – zu schockieren. Unter den engen Prämissen des naturalistischen Wirklichkeitsbegriffs erschöpften sich bald die Möglichkeiten, dem bürgerlichen Publikum schockierende, dennoch als „realistisch" akzeptierbare Bilder der Realität vorzusetzen. Dazu gesellt sich die Tatsache, daß der Naturalismus die Theater Deutschlands, bis hin zum Ausschluß anderer theatralischer Sicht- und Darbietungsweisen, derart beherrschte, daß der „Sättigungspunkt" verhältnismäßig rasch erreicht war.

Da sich der Naturalismus im Drama hauptsächlich den zeitgenössischen Problemen wie Armut, Prostitution, moralischer Verlogenheit und religiöser Heuchelei zuwandte, war das Publikum bald müde, sie immer wieder auf der Bühne dargestellt und bloß variiert zu sehen. Schließlich beschränkten sich die Naturalisten auf das natur- und sozialwissenschaftlich Partikuläre ihrer Zeit und eines bestimmten Ortes. So überlebten diese Zeit praktisch nur die Dramen Hauptmanns, da in ihnen die Charaktere interessanter als ihre Probleme bleiben (z.B. *Der Biberpelz* und *Fuhrmann Henschel*) und selbst die Reformergestalten problematisiert werden (z.B. Loth in *Vor Sonnenaufgang* und Spitta in *Die Ratten*). Damit hat die Darstellung problematischer Motiv- und Themenkreise über die Entstehungszeit der Dramen hinaus an Wirksamkeit wenig eingebüßt. Die Stoffwahl allein für den Untergang verantwortlich zu machen, hieße, Holz' durchaus zutreffende Behauptung, der Naturalismus sei kein Stoff, sondern eine „Darstellungsart" zu ignorieren. Was den durchschlagenden Erfolg des naturalistischen Theaters ermöglichte, war die konsequente Übereinstimmung vom Text-, Aktions- und Inszenierungsstil im Dienst eines einheitlichen Effekts. Wiederum: Was den Untergang eines solchen Theaters als unausweichlich erscheinen läßt, liegt nicht in dessen „Elendsmalerei" oder in der Zeitgebundenheit der dargestellten Sozialprobleme allein. Vielmehr unterlag das Publikum im Bewußtsein einer kritikablen sozialen Realität einem Gewöhnungseffekt, so daß sich die Grenzen des Erträglichen hin zu allgemeiner Akzeptanz und Etablierung des in der Darstellung Gegebenen verschoben. Die Folge war, daß mit der zunehmenden Schwächung einer anfänglich schockierenden Wirkung, die die Dramen beim Publikum ausgelöst hatten, das Dargestellte selbst an Brisanz verlor. Neue Einflüsse traten hinzu, alte erlebten eine Akzentverschiebung. Letzteres erfolgte hauptsächlich in der Rezeption der Schriften Friedrich Nietzsches.

Der Beitrag Nietzsches zum intellektuellen Klima, das den Naturalismus begünstigte, wird häufig unterschätzt. Daß er als Gewährsmann des anwachsenden Atheismus im 19. Jahrhundert immer wieder zitiert wurde und selbst manche darwinistischen Implikationen übernahm, muß hier sicher nicht gezeigt werden. Erwähnenswert ist gleichwohl, daß Nietzsche der Bourgeoisie insbesondere im Zusammenhang mit den Maximen christlicher Moral Heuchelei und Verlogenheit vorwirft und dagegen den Trieb im Menschen betont. Man lobte Ibsen wegen seiner psychologischen Charakterisierungskunst, aber bei Nietzsche spielt die „Entlarvungspsychologie" eine noch prominente Rolle. In *Jenseits von Gut und Böse* heißt es: „Eine eigentliche Physio-Psychologie hat mit unbewußten Widerständen im Herzen des Forschers zu kämpfen, sie hat 'das Herz' gegen sich: schon eine Lehre von der gegenseitigen Bedingtheit der 'guten' und 'schlimmen' Triebe macht als feinere Immoralität, einem noch kräftigen und herzhaften Gewissen Not und Überdruß –, noch mehr eine Lehre von der Ableitbarkeit aller guten Triebe aus den schlimmen".[41] Schon das acht Jahre früher erschienene *Menschliches, Allzumenschliches* (1878) enthält die Behauptung: „... in dem gegenwärtigen Zustande einer bestimmten einzelnen Wissenschaft ist die Auferweckung der moralischen Beobachtung nötig geworden, und der grausame Anblick des psychologischen Seziertisches und seiner Messer und Zangen kann der Menschheit nicht erspart bleiben" (I, 477). Fast wie ein Echo der Worte Nietzsches klingt es, wenn Irma von Troll-Borostyani in ihrem Aufsatz über „Die Wahrheit im modernen Roman" schreibt: Der Realist „führt uns in die Höhlen des Lasters, des Verbrechens, des Wahnsinns; er zerlegt mit anatomischer Schärfe die Schwächen der menschlichen Natur und der sozialen Verhältnisse" (*Gesellschaft* 2, 1886, 216). Aber bald wird Nietzsche zu einem Sinnbild antinaturalistischer Bestrebungen, z.B. in Holz' *Sozialaristokraten*. Später gilt Nietzsche als einer der wichtigsten Wegbereiter des Expressionismus, einer Bewegung, die mit ihrer Idee von der Darstellung der Wirklichkeit antipodisch zum Naturalismus steht.

Der Naturalismus erfuhr von Marxisten wie z.B. Franz Mehring heftige Kritik, obwohl der Aufstieg des Sozialismus den Boden für den Naturalismus mit vorbereitet hatte. Mehring griff vor allem den Determinismus des naturalistischen Menschenbildes an. Es waren jedoch die neuen ästhetischen und poetologischen Entwicklungen, mit denen eine Neubestimmung des Verhältnisses von Subjekt und Objekt, Künstler und Realität einherging, die dem Naturalismus ein Ende bereiteten.

Diese Entwicklung vergegenwärtige man sich durch das folgende Beispiel: Man nehme die Photographie eines Sees. Der realistische Maler versucht – freilich mit kompositionsbedingten Änderungen –, den See mit photographischer Genauigkeit und Vollständigkeit wiederzugeben. Dann stelle man sich vor, wie ein Pissaro oder Manet denselben See malen würde, danach wie ein Corinth ihn auf eine Leinwand brächte, und danach wie ein Schmitt-Rottluff oder ein Kirchner die gleichen Aufgaben ausführen würde. Die „Realität" des Sees mag sich aus der Perspektive alltäglichen Weltumgangs nicht verändert haben – wohl aber die Darstellungsart.

Für solche Wandlungen in der künstlerischen Darstellungsweise bot das Drama als Gattung bessere Ausdrucksmöglichkeiten als andere Literaturformen, da jede Aufführung lebendige Konfrontation bedeutete. Das heißt: Analog den Impressionisten und Jugendstilkünstlern, die das Publikum an neue Sehweisen gewöhnt hatten, forderte später der Expressionismus für seine Theaterstücke wiederum eine eigene Aufführungspraxis, die den im Naturalismus entwickelten Erwartungshaltungen der Zuschauer entgegengesetzt waren. Das Verlangen nach einem neuen Bühnenbild, also nach der Revision des theatralischen Elements, das dem naturalistischen Drama zentral war, bedeutete folgerichtig dessen Untergang. Schon aufgrund dieser bühnenpraktischen Fixierung konnte das naturalistische Drama expressionistischem Aufführungsstil nicht mehr angepaßt werden. Was Brahm bei der Einführung des naturalistischen Theaters geleistet hatte, besorgte dann Max Reinhardt, der 1903 Direktor des Deutschen Theaters in Berlin wurde, im Dienste eines neuen Theaterstils und einer neuen Inszenierungskunst, die alles verkörperte, was das naturalistische Theater hatte vermissen lassen: Farbenfreude, Pracht, Eleganz, schlechthin das visuell Schöne, Aufregende und Exotische.

Relevanter als solche äußerlichen Veränderungen ist die neue Einstellung zum Verhältnis zwischen einem Subjekt und Objekt oder – um mit Holz zu sprechen – die Wandlung des „Vorstellungsbildes" vom Objekt. In seiner Besprechung der Aufführung von Ibsens *Gespenster* durch die *Freie Bühne* schreibt schon Fontane:

> Wir werden nicht hingerissen bzw. niedergeworfen durch die Wahrheit, die drin lebt, sondern einfach durch Ibsens Glauben, durch den künstlerischen Ernst seines Schaffens. ... Daß es möglicherweise noch eine schärfere Beobachtung und ein tieferes Eindringen in das Wesen der Dinge gibt, ist eine Beobachtung, die morgen wieder aufhebt, was heute diesem und jenem noch gelten darf, das nimmt dem Ibsenschen Stücke nichts von der Macht der Überzeugung (nicht der Wahrheit; die ist etwas anderes), worauf seine Wirkung beruht, wie die Wirkung in Kunst und Leben überhaupt (*Vossische Zeitung* vom 30.9.1889).

Für ihn ist naturalistisches Theater Täuschungskunst, denn der Dramatiker täusche überzeugend vor, er habe das Bühnengeschehen im wirklichen Leben beobachten können. Alles – die Sprache, Kulissen und Atmosphäre – ziele auf ein Überzeugen-wollen. Der Naturalist beabsichtigte tatsächlich, das Publikum von seiner „Echtheit" zu überzeugen. Auch wenn es nur ein „Vorstellungsbild" gibt, so soll gerade dieses „Bild" möglichst aus dem Zustande einer bloßen „Vorstellung" in den der objektiv scheinenden Reproduktion einer außerliterarisch definierten Welt versetzt werden. Ungeachtet der damit verbundenen erkenntnistheoretischen und literarischen Paradoxien und Probleme galt es, beim Zuschauer des Stücks den Eindruck hervorzurufen, er stelle sich das Geschehen zumindest nicht nur vor, sondern sehe und höre alles in der Weise, wie es sich „wirklich" zugetragen habe, was auch immer dieses „Wirkliche" in concreto sei und wie weit sich dieses Wirkliche den Versuchen einer naturalistischen Wiedergabe entziehen mag.

Die Rezeption Ernst Machs und Nietzsches hatten den Glauben an die Möglichkeit der Distanznahme des Beobachters zur Realität erschüttert und damit den Glauben an eine überindividuelle Gültigkeit jeder einzelnen Wahrnehmung. Für die Erzählkunst hatte dies zur Folge, daß der Verabsolutierung der reproduktiv-benennenden Funktion der Sprache abgesagt werden mußte, da mit der Einsicht, daß das Benennen nur *eine* Funktion der Sprache sei, die darin gesetzte Garantie für Objektivität selbst hinfällig wurde. Für das Theater und die Dramenrezeption ergab sich die Konsequenz, daß sich der Zuschauer des Bühnengeschehens nunmehr nicht mit der Wiedergabe eines vermeintlich bloß Beobachteten zufrieden geben konnte. Denn selbst wenn der Dramatiker im Sinne des hier einmal unterstellten objektivistischen Wirklichkeitsverständnisses „gut" beobachten kann, entsteht das unlösbare Problem, daß alle Zuschauer nicht unbedingt Gleiches auf der Bühne sehen. Wenn der deutliche Abstand zwischen Künstler oder Dramatiker und dargestellter Welt nicht mehr naivrealistisch vorausgesetzt werden darf, ist die Distanz vom Zuschauer zum Bühnengeschehen ebensowenig aufrechtzuerhalten. Kurz: Man verlangte vom Dramatiker wieder Wertung und Auktorialität.

Mit dieser Forderung nach künstlerischer Interpretation anstelle eines philosophisch und poetologisch fragwürdigen Postulats der Wiedergabe der Wirklichkeit verlor der Naturalismus den Boden unter den Füßen. Seine mangelnde Fähigkeit, sich mit der Notwendigkeit sprachkünstlerischer Weltbeschreibung auseinanderzusetzen, führte zu einer Sichtweise, deren hyperrealistische Implikationen der Gefahr des Wahrheitsverlusts, nicht zuletzt im Bewußtsein des Theaterpublikums, vorbeugen sollten. Doch hier, im naturalistischen Drama als dem privilegierten Ort einer aus Detail, an erlebte Gegenwart, an die in allen Filiationen präsentierte Realität rückgebundenen „wahren" Sprache, vollzieht sich der Untergang des Naturalismus. Sein detailfreudiges, aufwendiges Angebot, aus der Fülle der auf der Bühne gezeigten äußeren Umstände die „richtigen" Schlüsse (auf den weitestgehend determinierten Menschen) zu ziehen, verlor in dem Maße seinen Reiz, in dem klar wurde, daß nicht alle dieselben Schlüsse aus denselben Umständen ziehen; und wo nun dieses scheinbar nebensächliche Rezeptionsphänomen in das Bewußtsein des Interpretationscharakters von Wirklichkeit, der Möglichkeit also, Umstände vielseitig zu interpretieren, übersetzt werden mußte, konnten die weltanschaulichen und ästhetischen Grundsätze des Naturalismus schon nicht mehr erfolgreich verteidigt werden.

Anmerkungen

1 Die Übersetzungen aus Zolas Aufsatz stammen von Wolfgang Kayser: Die Wahrheit der Dichter, Hamburg 1959 (= rowohlts deutsche enzyklopädie 87).
2 Zitat nach Jost Hermand (Hrsg.): Das Junge Deutschland: Texte und Dokumente, Stuttgart 1966, S. 313 (= UB 8703-07).
3 Zu J.S. Mills Einfluß auf Arno Holz siehe vor allem Hanno Möbius: Der Positivismus in der Literatur des Naturalismus, München 1980.
4 Holz' Werke werden zitiert nach: Das Werk von Arno Holz. Erste Ausgabe mit Einführungen von Dr. Hans W. Fischer, 10 Bände, Berlin 1924/25. Hier: V, S. 14.
5 Theodor S. Hamerow: Moralfreies Handeln. Zur Entstehung des Begriffs 'Realpolitik'. In: Reinhold Grimm u. Jost Hermand (Hrsg.): Realismustheorien in Literatur, Malerei, Musik und Politik, Stuttgart/Berlin/Köln/Mainz 1975, S. 33f.
6 Alle Angaben über das Werk Hauptmanns beziehen sich auf Gerhart Hauptmann: Sämtliche Werke. Centenar-Ausgabe, hrsg. von Hans-Egon Hass, fortgeführt von Martin Machatzke und Wolfgang Bungies, 11 Bände, Frankfurt 1962ff.
7 Günther Mahal: Naturalismus, München 1975, S. 64 (= UTB 363).
8 Brief vom 24. Juni 1881 an Emilie Fontane. Über die weitreichende Bedeutung von „Verklärung" und dem damit verbundenen Begriff des „Humors" siehe Roy C. Cowen: Der Poetische Realismus. Kommentar zu einer Epoche, München 1985.
9 Zitate nach Mahal, S. 48 und 50.
10 In: Reinhold Grimm (Hrsg.): Deutsche Dramentheorien II, 3. verb. Auflage, Wiesbaden 1981, S. 93.
11 Albert Soergel: Dichtung und Dichter der Zeit, Leipzig 1911.
12 Carl Bleibtreu: Revolution der Literatur, hrsg. von Johannes Braakenburg, Tübingen 1973, S. 13f. (= deutsche texte 23).
13 Gerhart Hauptmann: Italienische Reise 1897, hrsg. von Martin Machatzke, Frankfurt/M. 1967, S. 103.
14 Büchners Schriften werden zitiert nach Georg Büchner: Sämtliche Werke und Briefe. Historisch-kritische Ausgabe mit Kommentar, hrsg. von Werner R. Lehmann (= Hamburger Ausgabe), 2 Bände, Hamburg 1967, 1971.
15 Zitiert nach Gottfried Keller: Sämtliche Werke und ausgewählte Briefe, hrsg. von Clemens Heselhaus, 3 Bände, München 1958, III, S. 1240.
16 Siehe Warren R. Maurer: The Naturalist Image of German Literature, München 1972, S. 202f.
17 Zitat nach Literarische Manifeste des Naturalismus 1880-1892, hrsg. von Erich Ruprecht, Stuttgart 1962, S. 124.
18 Ebd., S. 263.
19 Zitat aus „Meine Stellung zum Naturalismus". In: Günther Keil: Max Kretzer: A Study in German Naturalism, New York 1928.
20 Alan Marshall: The German Naturalists and Gerhart Hauptmann. Reception and Influence, Frankfurt/M. u. Bern 1982 (= Historisch-kritische Arbeiten zur deutschen Literatur 2).
21 Über das ganze dramatische Oeuvre unterrichtet Roy C. Cowen: Hauptmann-Kommentar zum dramatischen Werk, München 1980. Von der seitdem erschienenen Literatur bieten die folgenden Werke besonders wertvolle Einblicke in Hauptmanns naturalistisches Schaffen: Klaus

Hildebrandt: Naturalistische Dramen Gerhart Hauptmanns, München 1984 (= Analysen zur deutschen Sprache und Literatur); Peter Sprengel: Gerhart Hauptmann. Epoche – Werk – Wirkung, München 1984 (= Becksche Elementarbücher); Otto Brahm-Gerhart Hauptmann Briefwechsel 1889-1912, hrsg. von Peter Sprengel, Tübingen 1985 (= Deutsche Text-Bibliothek 6); Gert Oberembt: Gerhart Hauptmann: Der Biberpelz. Eine naturalistische Komödie, Paderborn 1987 (= Modellanalysen: Literatur 16). Die für die Forschung ausschlaggebenden Bibliographien sind die von Sigfrid Hoefert: Internationale Bibliographie zum Werk Gerhart Hauptmanns, Bd. 1 [Primärliteratur] und Bd. 2 [Sekundärliteratur], Berlin 1986, 1989 (= Veröffentlichungen der Gerhart-Hauptmann-Gesellschaft 3 und 4). Forschungsberichte von Klaus Hildebrandt erscheinen in der Zeitschrift *Schlesien*.

22 Lyrik des Naturalismus, hrsg. von Jürgen Schutte, Stuttgart 1982 (= UB 7807 [3]).

23 In: Helmut Scheuer (Hrsg.): Naturalismus. Bürgerliche Dichtung und soziales Engagement, Stuttgart 1974, S. 11-47 (= Sprache und Literatur 91).

24 Die wichtigsten Monographien über Holz sind Helmut Scheuer: Arno Holz im literarischen Leben des ausgehenden 19. Jahrhunderts (1883-1896), München 1971 (= Winkler-Studien) und Gerhart Schulz: Arno Holz. Dilemma eines bürgerlichen Dichterlebens, München 1974.

25 Sprache und Wirklichkeit bei Arno Holz Poetika (1967), S. 44-68.

26 Über die Arten des Romans und die Einstellung zur Gattung im 19. Jahrhundert unterrichtet knapp und überzeugend Hartmut Steinecke: Romanpoetik von Goethe bis Thomas Mann, München 1987 (= UTB 1435).

27 So schreibt Otto Ludwig: „Es handelt sich hier von einer Welt, die von der schaffenden Phantasie vermittelt ist, nicht von der gemeinen; sie schafft die Welt noch einmal, keine sogenannte phantastische Welt, d.h. ... eine, in der der Zusammenhang sichtbarer ist als in der wirklichen, nicht ein Stück Welt, sondern eine ganze, geschlossene, die alle ihre Bedingungen, alle ihre Folgen in sich selbst hat. So ist es mit ihren Gestalten, deren jede in sich so notwendig zusammenhängt als die in der wirklichen, aber so durchsichtig, daß wir den Zusammenhang sehen, daß sie als Totalitäten vor uns stehen; das Handeln in dieser Welt, so greiflich und anschaulich es ist, es ist ebenfalls zugleich durchsichtig, und wir sehen einen notwendigen Zusammenhang mit der handelnden Gestalt, wir sehen es aus der Totalität der poetischen Person hervorgehen und ebenso wieder auf die betreffende Totalität einer andern wirken" (zitiert nach Bürgerlicher Realismus, hrsg. von Andreas Huyssen, Stuttgart 1974, S. 45; Die deutsche Literatur in Text und Darstellung 11 = UB 9641 [4]).

28 Über die Rezeption dieses und anderer Prosawerke Hauptmanns siehe Roy C. Cowen: Hauptmann-Kommentar zum nichtdramatischen Werk, München 1981 sowie die Bibliographie von Sigfrid Hoefert (Anmerkung 21).

29 Bahnwärter Thiel. In: F.M.: Das Wagnis der Sprache, Stuttgart 1954, S. 59-98.

30 Zitiert nach Peter Sprengel: Die Wirklichkeit der Mythen. Untersuchungen zum Werk Gerhart Hauptmanns aufgrund des handschriftlichen Nachlasses, Berlin 1982, S. 54 (= Veröffentlichungen der Gerhart-Hauptmann-Gesellschaft 2).

31 Ebd., S. 56.

32 Über die Geschichte des deutschen Dramas im 19. Jahrhundert siehe Edward McInnes: German Social Drama 1840-1900, Stuttgart 1976; Dieter Kafitz: Grundzüge einer Geschichte des deutschen Dramas von Lessing bis zum Naturalismus, 2 Bände, Königstein/Ts. 1982 (= Athenäum Taschenbücher 2176); Edward McInnes: Das deutsche Drama des 19. Jahrhunderts, Berlin 1983 (= Grundlagen der Germanistik 26); Roy C. Cowen: Das deutsche Drama im 19. Jahrhundert, Stuttgart 1988 (= Sammlung Metzler 247).

33 Eine Ausnahme war Hermann Hettner: Das moderne Drama, Braunschweig 1852, Neudruck Berlin 1924. Allerdings fällt auch er dem Denken Hegels letzten Endes zum Opfer sowie einer klassischen Poetik mit einer strengen Unterscheidung von Tragödie und Komödie, also unter Ausschaltung aller Mischformen.

34 Die Meininger: Texte zur Rezeption, hrsg. von John Osborne, Tübingen 1980; siehe auch Osbornes ausgezeichnete Monographie The Meiningen Court Theatre 1866-1890, Cambridge (England) 1988.

35 Vergleiche etwa Brechts Aufstellung der Unterschiede in seinen Anmerkungen zur Oper Aufstieg und Fall der Stadt Mahagonny: Gesammelte Werke, Bd. 17, Frankfurt/M. 1967, S. 1009f. (= werkausgabe edition Suhrkamp in 20 Bänden). Freilich zollt Brecht dem Naturalismus auch Anerkennung, z.B. in seinem Kölner Rundfunkgespräch, wo es heißt: „Die Anfänge des Naturalismus waren die Anfänge des epischen Dramas in Europa. ... Die Naturalisten (Ibsen,

Hauptmann) suchten die neuen Stoffe der neuen Romane auf die Bühne zu bringen und fanden keine andere Form dafür als eben die dieser Romane: eine epische. Als ihnen nun sofort vorgeworfen wurde, sie seien undramatisch, ließen sie mit der Form sofort auch die Stoffe wieder fallen, und der Verstoß kam ins Stocken, anscheinend der Vorstoß in neue Stoffgebiete, in Wirklichkeit aber der Vorstoß in die epische Form" (ebd., S. 15, 151). Offensichtlich ist „undramatisch" aber nicht gleichbedeutend mit dem – im Brechtschen Sinne – „Epischen", denn die Naturalisten betonen Charakter und Milieu auf Kosten einer Handlung mit einem „dramatischen" Konflikt. In solchen „epischen" Stücken wie Der kaukasische Kreidekreis stellen wir fest, daß es eine sehr ausgeprägte Handlung gibt, dafür aber keine von den Naturalisten angestrebte psychologische Tiefe der Charaktere.

36 Alle Seitenangaben beziehen sich auf Alfred Kerr: Gesammelte Schriften in zwei Reihen, 1. Reihe: Die Welt im Drama, 1. Bd., Berlin 1917.

37 Das Drama des Naturalismus: 3. durchges. u. erg. Aufl., Stuttgart 1979 (= Sammlung Metzler 75). Siehe auch John Osborn: The Naturalist Drama in Germany, Manchester 1971. Eine ausgezeichnete, gutkommentierte und -eingeleitete Auswahl der Rezensionen findet man in Norbert Jaron, Renate Möhrmann und Hedwig Müller (Hrsg.): Berlin – Theater der Jahrhundertwende. Bühnengeschichte der Reichshauptstadt im Spiegel der Kritik (1889-1914), Tübingen 1986.

38 Dramen des deutschen Naturalismus, hrsg. von Roy C. Cowen, 2 Bände, München 1981.

39 Aufsätze zur Literatur, Freiburg 1963, S. 9.

40 Schauspielkunst. Ein Glossarium, München 1910. Zitiert nach Frank Wedekind: Werke in 3 Bänden, Berlin 1969, S. 213-232.

41 Zitiert nach Werke in 3 Bänden, hrsg. von Karl Schlechta, München 1954ff., hier: II, S. 587.

Literatur

Fritz Achberger: Wirkungen in der Praxis? Naturalismus, Neue Sachlichkeit, Dokumentarismus. In: Realismustheorien in der Literatur, Malerei, Musik und Politik, Hrsg. von Reinhold Grimm und Jost Hermand, Stuttgart/Berlin/Köln/Mainz 1975, S. 97-102.

Pierre Angel: Max Kretzer. Peintre de la sociéte Berlinoise de son temps. Le romancier et ses romans (1880-1900), Paris 1966 (= Publications de la Faculté des Lettres et Sciences humaines de Pointiers).

Hans-Peter Bayerdörfer, Karl Otto Conradi und Helmut Schanz (Hrsg.): Literatur und Theater im Wilhelminischen Zeitalter, Tübingen 1978.

Klaus-Michael Bogdal: „Schaurige Bilder": Der Arbeiter im Blick des Bürgers am Beispiel des Naturalismus, Frankfurt/M. 1978.

Wilhelm Bölsche: Die naturwissenschaftlichen Grundlagen der Poesie hrsg. von Johannes J. Braackenburg, Tübingen 1976 (= Deutsche Texte 40).

Otto Brahm: Kritiken und Essays hrsg. von Fritz Martini, Zürich 1964.

Heinz-Georg Brands: Theorie und Stil des sogenannten „Konsequenten Naturalismus" von Arno Holz und Johannes Schlaf, Bonn 1978 (= Abhandlungen zur Kunst-, Musik- und Literaturwissenschaft 277).

Manfred Brauneck: Literatur und Öffentlichkeit im ausgehenden 19. Jahrhundert. Studien zur Rezeption des naturalistischen Theaters in Deutschland, Stuttgart 1974.

Christa Bürger, Peter Bürger und Jochen Schulte-Sasse (Hrsg.): Naturalismus: Ästhetizismus, Frankfurt/M. 1979 (= edition suhrkamp 992).

Roy C. Cowen (Hrsg.): Dramen des deutschen Naturalismus. Von Hauptmann bis Schönherr, 2 Bände, München 1981.

Ders.: Der Naturalismus: Kommentar zu einer Epoche, München 1973, ^{3}1981.

Wolfgang Friedrich (Hrsg.): Im Klassenkampf. Deutsche revolutionäre Lieder und Gedichte aus der 2. Hälfte des 19. Jahrhunderts, Halle 1962.

Karin Gafert: Die soziale Frage in Literatur und Kunst des 19. Jahrhunderts: Ästhetische Politisierung des Weberstoffes, 2 Bände, Kronberg 1973.

Reinhold Grimm: Nach dem Naturalismus. Essays zur modernen Dramatik, Kronberg 1978 (= Athenäum-Taschenbücher 2134).

Katharina Günther: Literarische Gruppenbildung im Berliner Naturalismus, Bonn 1972 (= Abhandlungen zur Kunst-, Musik- und Literaturwissenschaft 120).

Karl S. Guthke: Gerhart Hauptmann. Weltbild im Werk, Göttingen 1961, ^{2}1980 (= Uni-Taschenbücher 982).
Max Halbe: Sämtliche Werke, 14 Bände, Salzburg 1943.
Adalbert von Hanstein: Das jüngste Deutschland. Zwei Jahrzehnte miterlebter Literaturgeschichte, Leipzig 1900.
Gerhart Hauptmann: Sämtliche Werke. Centenar-Ausgabe zum 100. Geburtstag des Dichters, hrsg. von Hans-Egon Hass und fortgeführt von Martin Machatzke und Wolfgang Bungies, 11 Bände, Frankfurt/M. 1962-74.
Manfred Hellge: Der Verleger Wilhelm Friedrich und das „Magazin für die Literatur des In- und Auslandes": Ein Beitrag zur Literatur- und Verlagsgeschichte des frühen Naturalismus in Deutschland. Sonderausgabe aus dem „Archiv für Geschichte des Buchwesens", Frankfurt/M. 1976.
Eberhard Hilscher: Gerhart Hauptmann, Berlin (Ost) 1969, ^{5}1990 (Auflage von 1987 auch in Frankfurt/M. erschienen).
Sigfrid Hoefert: Das Drama des Naturalismus, Stuttgart 1968, ^{2}1973 (= Sammlung Metzler 75).
Ders.: Gerhart Hauptmann, Stuttgart 1974, ^{2}1982 (= Sammlung Metzler 107).
Arno Holz: Das Werk. Erste Ausgabe mit Einführungen von Dr. Hans W. Fischer, 10 Bände, Berlin 1924/25.
Ders.: Werke, hrsg. von Wilhelm Emrich und Anita Holz, 7 Bände, Neuwied/Berlin 1961-64.
Neue Gleise. Gemeinsames von Arno Holz und Johannes Schlaf. In drei Teilen und einem Bande, Berlin 1892.
Dieter Kafitz: Struktur und Menschenbild naturalistischer Dramatik. In: ZfdPh 97 (1978), S. 225-255.
Günther Keil: Max Kretzer. A Study in German Naturalism, New York 1928 (= Columbia University Studies).
Alfred Kerr: Die Welt im Drama. 5 Bände, Berlin 1917 (= Gesammelte Schriften Reihe 1).
Gerhard Kluge: Das verfehlte Soziale: Sentimentalität und Gefühlskitsch im Drama des deutschen Naturalismus. In: ZfdPh 96 (1977), S. 195-234.
Helmut Koopmann: Die Klassizität der „Moderne". Bemerkungen zur naturalistischen Literaturtheorie in Deutschland. In: Beiträge zur Theorie der Künste im 19. Jahrhundert, hrsg. von Helmut Koopmann und J. Adolf Schmoll gen. Eisenwerth, Band 12, 2: Studien zur Philosophie und Literatur des 19. Jahrhunderts, Frankfurt/M. 1972, S. 132-148.
Oskar Koplowitz: Otto Brahm als Theaterkritiker. Mit Berücksichtigung seiner literarhistorischen Arbeiten, Zürich/Leipzig 1936 (= Baseler Beiträge zur deutschen Literatur- und Geistesgeschichte, Neudruck unter dem Namen Oskar Seidlin, Bonn 1978).
Heinz Linduschka: Die Auffassung vom Dichterberuf im deutschen Naturalismus, Frankfurt/Berlin 1978.
Georg Lukács: Deutsche Literatur im Zeitalter des Imperialismus. In: Skizze einer Geschichte der neueren deutschen Literatur, Berlin 1955, S. 93-153.
Martin Machatzke: Geschichtliche Bedingungen des sozialen Dramas in Deutschland um 1890. In: Michigan Germanic Studies 1 (1975) (= W.A. Reichart-Festschrift), S. 283-300.
Günther Mahal: Naturalismus. Deutsche Literatur im 20. Jahrhundert, Band 1, München 1975 (= Uni-Taschenbücher 363).
Rudolf Majut: Geschichte des deutschen Romans vom Biedermeier bis zur Gegenwart. In: Deutsche Philologie im Aufriß, hrsg. von Wolfgang Stammler, Berlin 1960, Sp. 1357-1794.
Jean-Paul Mathieu Mannes: Die Aufnahme der dramatischen Werke Hermann Sudermanns: Eine Untersuchung seines theatralischen Erfolgs, Utrecht 1976.
Bruno Markwardt: Geschichte der deutschen Poetik. Band 5: Das 20. Jahrhundert, Berlin 1967.
Warren R. Maurer: The Naturalist Image of German Literature, München 1972.
Edward McInnes: Die naturalistische Dramentheorie und die dramaturgische Tradition. In: ZfdPh 93 (1974), S. 161-186.
Franz Mehring: Aufsätze zur deutschen Literatur von Hebbel bis Schweichel, hrsg. von Hans Koch, Berlin 1961 (enthält mehrere 1892-1908 geschriebenen Aufsätze über den Naturalismus und dessen Dichter und einzelne Werke).
Dieter Meyer: Max Kretzer: Meister Timpe. Der Roman vom Untergang des Kleinhandwerks in der Gründerzeit. In: Romane und Erzählungen des bürgerlichen Realismus. Neue Interpretationen, hrsg. von Horst Denkler, Stuttgart 1980, S. 347-361.
Theo Meyer (Hrsg.): Theorie des Naturalismus, Stuttgart 1973 (= UB 9475-78).
Artur Müller und Hellmut Schlien (Hrsg.): Dramen des Naturalismus, Emsdetten 1962.

Ursula Münchow: Deutscher Naturalismus, Berlin 1968.
Dies. (Hrsg.): Naturalismus 1885-1899. Dramen, Lyrik, Prosa. Anthologie, 2 Bände, Berlin 1970.
John Osborne (Hrsg.): Die Meininger. Texte zur Rezeption, Tübingen 1980.
Roy Pascal: Arno Holz, Der erste Schultag: The Prose-Style of Naturalism. In: Erfahrungen und Überlieferung: Festschrift for C.P. Magill, hrsg. von Hinrich Siefkin und Alan Robinson, Cardiff 1974, S. 151-165.
Walter Requardt und Martin Machatzke: Gerhart Hauptmann und Erkner. Studien zum Berliner Frühwerk, Berlin 1980 (= Veröffentlichungen der Gerhart-Hauptmann-Gesellschaft 1).
Walter T. Rix (Hrsg.): Herman Sudermann: Werk und Wirkung, Würzburg 1980.
Wolfgang Rothe (Hrsg.): Deutsches Theater des Naturalismus, unter Mitwirkung von Sigfrid Hoefert hrsg. und eingel. von W.R., München/Wien 1962.
Ders. (Hrsg.): Deutsche Großstadtlyrik vom Naturalismus bis zur Gegenwart, Stuttgart 1973 (= UB 9448-52/52a/b).
Ders. (Hrsg.): Einakter des Naturalismus, Stuttgart 1973 (= UB 9468-70).
Erich Ruprecht (Hrsg.): Literarische Manifeste des Naturalismus 1880-1892, Stuttgart 1962.
Helmut Scheuer (Hrsg.): Naturalismus. Bürgerliche Dichtung und soziales Engagement. Stuttgart/Berlin/Köln/Mainz 1974 (= Sprache und Literatur 91).
Gernot Schley: Die Freie Bühne in Berlin. Der Vorläufer der Volksbühnenbewegung. Ein Beitrag zur Theatergeschichte in Deutschland, Berlin 1967.
Walter Schmähling (Hrsg.): Naturalismus. Die deutsche Literatur: Ein Abriß in Text und Darstellung, Band 12, Stuttgart 1977 (= UB 9645-48).
Gerhard Schulz (Hrsg.): Prosa des Naturalismus, Stuttgart 1973 (= UB 9645-48).
Ders.: Zur Theorie des Dramas im deutschen Naturalismus. In: Deutschen Dramentheorien, hrsg. und eingel. von Reinhold Grimm, Frankfurt 1971, S. 394-428.
Jürgen Schutte (Hrsg.): Lyrik des Naturalismus, Stuttgart 1982 (= UB 7807 [3]).
Ders.: Lyrik des deutschen Naturalismus (1885-1893), Stuttgart 1976 (= Sammlung Metzler 144).
Hans Schwerte: Der Weg ins zwanzigste Jahrhundert. In: Annalen der deutschen Literatur, hrsg. von Heinz Otto Burger, Stuttgart 1952 (vgl. Karl Riha: Naturalismus und Antinaturalismus. In: Annalen der deutschen Literatur, hrsg. von H.O. Burger, 2., überarb. Aufl., Stuttgart 1961, S. 719-760.
Albert Soergel: Dichtung und Dichter der Zeit. Eine Schilderung der deutschen Literatur der letzten Jahrzehnte. Leipzig 1911 (bedeutend materialreicher als die Neubearbeitung von Curt Hohoff, Düsseldorf 1961).
Peter Sprengel: Die Wirklichkeit der Mythen, Berlin 1982 (= Veröffentlichungen der Gerhart-Hauptmann Gesellschaft 2). Interpretationen: Dramen des Naturalismus, Stuttgart 1988 (= UB 8412 [3]).
Mary E. Stewart: German Naturalism and the Novel. In: Modern Language Review 71 (1976), S. 846-856.
Hermann Sudermann: Dramatische Werke. Gesamtausgabe in 6 Bänden, Stuttgart 1923.
Ders.: Romane und Novellen. Gesamtausgabe, 2 Reihen, 6 und 4 Bände, Stuttgart 1930.
Raleigh Whitinger: Art Works and Artistic Activity in Holz'/Schlaf's „Die Familie Selicke": Reflections on the Play's Naturalistic and Epic Consistency. In: Michigan Germanic Studies 14 (1988), S. 139-150.
Hans Joachim Schrimpf (Hrsg.): Gerhart Hauptmann, Darmstadt 1976 (= Wege der Forschung 201).

Der Europäische Ästhetizismus

Ralph-Rainer Wuthenow

I.

Was wir mit einem recht allgemeinen Programmwort als Ästhetizismus zu bezeichnen pflegen, gehört nicht ausschließlich einer genau bestimmbaren Epoche an und bezieht sich meist eher auf eine Haltung, eine Tendenz, eine künstlerisch-literarische (und nicht nur eine) Bewegung; keine Phase oder Epoche der Literaturgeschichte wird damit bezeichnet, ist jedoch an eine solche gebunden, ohne von ihr jemals aufgesogen zu werden oder einfach in ihr aufzugehen. Auch prägt sie sich in den verschiedenen Ländern unterschiedlich aus: Romantik wie Spätromantik, französische frühe Moderne, englischer Präraffaelitismus, Symbolismus, Wiener Neuromantik, Jugendstil und insbesondere die europäische Dekadenz erscheinen unter wechselnden Gesichtspunkten als 'ästhetizistisch'.

Ist 'esthеticism' im England des späten 19. Jahrhunderts ein Oppositionsbegriff gegen Utilitarismus, Mechanisierung des täglichen Lebens und fortschreitende Verhäßlichung durch erbarmungslose Industrialisierung, so ist Ästhetizismus (ohne daß der Begriff schon Anwendung fände) bereits in der deutschen Romantik in der bewußt gewordenen Gegensätzlichkeit, ja Unvereinbarkeit von Kunst und Leben und in der frühen Kritik an fragwürdiger Kunstvergötzung zu erkennen (so bei Jean Paul). Zugrunde liegt dieser 'betroffenen Kritik' die Einsicht in die drohende Verfälschung der Lebenswirklichkeit durch Literarisierung, durch den Primat des Ästhetischen, aber auch in den damit eng zusammenhängenden Funktionswandel, ja Funktionsverlust der künstlerischen Hervorbringungen.

Die Reaktion ist so zwiespältig wie sie verständlich ist: der Anspruch des Künstlers auf die Absolutheit der Kunst ist als eine Reaktion auf die von Nützlichkeitsdenken geprägte Ausbreitung des bürgerlichen Arbeitsethos zu verstehen, die aber bereits durchsetzt ist von der Ahnung ihrer Fragwürdigkeit. Das zeigt sich bei Friedrich Schlegel wie bei John Keats und Charles Baudelaire, bei dem sich dann schon eine in bestimmter Hinsicht antiromantisch zu nennende Entsakralisierung der Kunst, ihrer Gegenstände wie auch der Gestalt des Dichters selbst vollzieht, nicht zuletzt als Wendung gegen Konvention gewordene falsche Andacht und Emphase. Nur was ihm als obsolet erscheint, versucht Baudelaire zu destruieren und setzt dagegen eine Kunst des Unvertrauten, eine gefährliche, medusenhafte Schönheit.

Im Schönen, Ton, Bild, Figur und Gedicht, ist der Gehalt, ja die Gestalt der erlebten und erlittenen Wirklichkeit verklärt: „A thing of beauty is a joy for ever", beginnt J. Keats seinen *Endymion*;[1] was Leid war, wird Gesang und findet darin seinen Sinn. Und Théophile Gautier versichtert:

> Oui, l'œuvre sort plus belle
> D'une forme au travail
>   Rebelle,
> Vers, marbre, onyx, émail.

Wo alles vergeht, bleibt die Kunst als einziges Zeugnis des Gewesenen:

> Tout passe. – L'art robuste
> Seul a l'éternité:
> Le buste
> Survit à la cité.
>
> Et la médaille austère
> Que trouve un laboureur
> Sous terre
> Révèle un empereur.
>
> Les dieux eux-mêmes meurent,
> Mais les vers souverains
> Demeurent
> Plus forts que les airains.[2]

Mehr und mehr wird Kunst als Gegenwelt zu Leben, Welt, den Ansprüchen des natürlichen Daseins, dem Materiellen, dem sich ausweitenden System der Bedürfnisse empfunden, so daß es auch konsequent ist, wenn sie mehr und mehr von den stofflich-mimetischen Elementen sich befreit und dann sich selbst und ihre Verfahrensweise, ja noch ihre Angefochtenheiten thematisiert.

Damit wird Kunst auch in einem neuen Sinne, statt Luxus oder nur Décor, gar bloße Ablenkung nach den Mühen des Werktages zu sein, selbst wieder angespannte Tätigkeit, die ihren Sinn nur darin zu besitzen scheint, daß sie gegen die Vulgarität der Welt sich richtet. Man könnte in der Folge, in der bewußten Abkehr von jener romantisch-empfindsamen Kunstreligiosität, wie sie in den „Herzensergießungen eines kunstliebenden Klosterbruders" von W. Wackenroder und L. Tieck (1798) schon einsetzt, sogar von einem ästhetischen, also einem Kunst-Nihilismus sprechen. Der aber hat nichts mit Verzweiflung zu tun, sondern manifestiert sich in herausforderndem Stolz und im Bewußtsein der Verfügbarkeit der künstlerischen Mittel wie noch der der Stimmungen und Empfindungen.

Der 'Untergang der romantischen Sonne' ist der Triumph der Form über einen als stumpfsinnig empfundenen Fortschritt wie über die Merkantilisierung und damit einhergehende Barbarisierung der Lebensverhältnisse in der modernen Zivilisation. Der Typus des Dandy, der nicht eigentlich als Künstler, sondern als Ästhet im Leben stehend, das eigene Dasein stilisiert, ist eine quasi aristokratische Verkleidungsform; er verkörpert hochmütig die Opposition gegen Arbeit, Planung, Zeitaufwand, Verdienst und Tüchtigkeit. Gegen die Ökonomisierung der Welt erhebt sich nun nicht etwa der einfach rhetorisch-sentimentale Protest, sondern die Kunst als Gegenwelt, nicht nur in ihrer prätendierten Selbstgenügsamkeit, ja Selbstbezüglichkeit, sondern auch noch in ihrer provokativen antimimetischen auf sich und das eigene Entstehen sich immer neu wieder beziehenden Reflexivität. Das erklärt auch ihren stetig stärker werdenden Verweischarakter auf andere Werke, die Beziehungen der Werke zueinander, ihre intertextuelle Konversation. Innerhalb eines künstlerisch-literarischen Binnen-Kosmos präzisiert sich die Vorstellung der Moderne.

II.

Merkmale, Motive, mögliche Ausdrucksformen des sog. Ästhetizismus zusammenzustellen, ist minder schwer als ihre Gültigkeit zu behaupten und zu erklären, zumal die Widersprüche, die darin liegen, nicht zu leugnen sind, wie sie etwa in der zunehmenden

Versachlichung und Nüchternheit des Künstlers gegenüber seiner Tätigkeit und der gleichzeitig sich entwickelnden immer größeren Künstlichkeit wie dem Hermetismus der literarischen Texte erkennbar werden. Zu den Charakteristika und Kennzeichen gehört nun in der Tat die programmatisch hervorgehobene Künstlichkeit der Kunst als eine Folge der Verabschiedung der europäischen Mimesis-Tradition. Sie geht einher mit einer entschiedenen Abkehr von Natur- und Stimmungspoesie als den traditionellen Formen der lyrischen Selbstaussage; hierhin wirken freilich Momente der frühromantischen Poetologie von F. Schlegel und Novalis sichtbar nach.

Zu den eigentümlichen Merkmalen gehören weiter Gesten, Ornamente, Intérieurs, was die Objekte betrifft, und, im Hinblick auf das Subjekt, Lebensekel, Lebensverachtung, ästhetische Schwermut, Ennui; Lektüre tritt in wachsendem Maße an die Stelle einer nicht mehr garantierten Unmittelbarkeit der Erfahrung. Hinzu tritt der Kult des Andenkens und Leben in vorweggenommener Nachempfindung oder Erinnerung, ferner das Auflösen der Gegenwart in eine Folge von transitorisch-impressionistischen Momenten. In einer bestimmten Phase kann man überdies von einem weitverbreiteten Renaissance-Kult sprechen, damit vom (kompensatorisch verständlichen) Kult des starken ungebrochenen Lebens, der schließlich, wie bei Gabriele D'Annunzio, in eine Verherrlichung der Aktion einmünden kann. Dem wäre, gleichsam gegenläufig, die verehrungsvolle Orientierung an den Präraffaeliten zuzuordnen, deren strenge Einfachheit ein anderes, selten erreichtes Muster abgibt.

Es ist dann wohl kein Wunder, daß der ambivalente Schönheitskult zuweilen die Grenzen des Kitschigen und beinahe Komischen nicht nur streift.

Die Erstarrung des Gemüts erscheint als ästhetischer Anspruch, als die impassibilité des Künstlers:

> Hernieder steig ich eine marmortreppe.
> Ein leichnam ohne haupt inmitten ruht.
> Dort sickert meines teuren bruders blut.
> Ich raffe leise nur die purpurschleppe.[3]

Nicht selten gerät der Preis des schönen, reichen, abenteuerlichen Lebens durch den willensschwachen Individualisten zur bloßen Gebärde, wird unwahr, so wie ihn Heinrich Mann in *Pippo Spano* entlarvt, so wie ihn Thomas Mann in *Königliche Hoheit* in der Gestalt des Dichters Axel Martini zur Karikatur werden läßt. Vor der Jahrhundertwende hat der junge Loris dieses Erbe überaus genau, hellsichtig fast, charakterisiert:

> Heute scheinen zwei Dinge modern zu sein: die Analyse des Lebens und die Flucht aus dem Leben. Ästhetizismus ist das Signum der Epoche. Modern sind alte Möbel und junge Nervositäten. Modern ist das psychologische Graswachsenhören und das Plätschern in der rein phantastischen Wunderwelt. Modern ist Paul Bourget und Buddha, das Zerschneiden von Atomen und Ballspielen mit dem All, modern ist die Zergliederung einer Laune, eines Seufzers, eines Skrupels, und modern ist die instinktmäßige, fast somnambule Hingabe an jede Offenbarung des Schönen, an einen Farbenakkord, eine funkelnde Metapher, eine wundervolle Allegorie.[4]

Nun, es ist dies nicht so ganz modern; auch wenn es nicht immer alte Möbel und jüngere Nervositäten waren, so hat doch die psychologische Hellhörigkeit wie der vergnügungsvolle Umgang mit der Welt des Phantastischen seine romantische Vorgeschichte, genau wie der ennui, die noia, vor Baudelaire schon, bei Bonaventura, Byron und Büchner, bei Musset, Lenau und Leopardi, als herrschende Stimmung der Epoche ihren Ausdruck gefunden haben, so daß mit der Beschreibung des eigenen Leidens die Diagnose mehrerer Generationen geliefert werden konnte. Walter Rehm hat mit dem Blick auf Iwan Gontscharow und Jens Peter Jacobson einen Beitrag zur Geschichte von Langeweile und Schwermut im 19. Jahrhundert geliefert; er hat zu Recht in der Selbstanalyse die Tochter der Langeweile und des aufkommenden Nihilismus gesehen, aber durch einseitige religiös-moralische Wertungen Herkunft und Bedeutung des Phänomens eingeschränkt, gar verschleiert.[5]

Gewiß hängen die Zerrissenheit, der Lebensekel, das taedium vitae mit dem das 18. und 19. Jahrhundert bestimmenden Säkularisationsvorgang eng zusammen, der die Generationen in der Folge von Aufklärung und Revolution kennzeichnet, sie sind aber dadurch weder schon erklärt noch gar 'therapierbar' geworden.

Wenn Arnold Hauser hingegen versucht ist, Romantik und Ästhetizismus zu parallelisieren, wenn nicht gar gleichzusetzen, so hat er dabei eher schon etwas richtig gesehen, als wenn er in den verzweifelten Anstrengungen des Künstlers, die er an Gustave Flaubert demonstriert, nichts als die Absicht erkennt, sich vor dem „sicheren Untergang zu retten".[6] Dann wird dem Ästhetizismus psychologisch die Rolle zugewiesen, wie sie soziologisch die Romantik angeblich hat spielen können: die einer Flucht vor der unerträglich gewordenen Wirklichkeit.

Eindeutige und einseitige, pauschale soziologische Erklärungsversuche sind so fragwürdig wie die entsprechenden weltanschaulich-religiösen, ob nun so etwas wie ein „Verlust der Mitte" gemeint ist oder ein „Verlust der Funktion"; es wird etwas Richtiges benannt, das aber eine Erklärung eher suggeriert als wirklich anbietet. F. Schlegels Konversion etwa hat die Probleme seiner Existenz nur um den Preis gelöst, daß er der Literatur seiner Epoche in einem bedauerlichen Maße abhanden kam, Søren Kierkegaards religiöse Entscheidung hat die Problematik der ästhetischen Existenz und der ihr verbundenen Schwermut nicht gelöst, sondern nur beschreibbar, benennbar und analysierbar gemacht. Mit affirmativen Deutungen und Deklarationen ist das Problem so wenig zu lösen, wie das der Dekadenz, welche die Gestalt ist, in der sich der Ästhetizismus schließlich manifestiert, so daß für Mario Praz Romantik, Ästhetizismus und Dekadenz synonym zu werden beginnen.[7]

Ohne sich voreilig auf Bewertungen festzulegen, läßt sich so viel doch sagen, daß im Zeichen des Ästhetizismus die literarische Welt immer künstlicher, die Kunst wiederum immer literarischer wird, wie dies besonders bei den Präraffaeliten der Fall ist; die Literatur nimmt in wachsendem Maße eine vom Klassizismus sich entfernende, bald auch programmatisch antiidealistische, später dann, entsprechend, eine antinaturalistische Wendung. Ästhetischer Hedonismus verbindet sich zuweilen auch mit entschiedenem Kunstwollen und nicht selten sogar mit einer geschichtsphilosophisch geprägten, quasi eschatologischen Untergangsstimmung.

Dabei vollziehen sich nicht selten noch absichtsvolle geschichtliche Spiegelungen, so im späten Hellenismus, in der ausgehenden römischen Kaiserzeit oder im untergehenden Byzanz wie in der Spätrenaissance, gelegentlich auch im ausgehenden 18. Jahrhundert; Venedig als die vom Untergang bedrohte, in bewegten Wassern sich spiegelnde und ihrer einstigen Macht beraubte Serenissima wird zur Stadt par excellence, in der Verfeinerung, Müdigkeit, Schönheit und Verfall eine einmalige faszinierende Verbindung eingegangen sind.

Überdruß, Verfeinerung, Bildung, Eleganz, eine elitäre Haltung gegenüber den bedrohlichen Banalitäten des Alltags, gegenüber der wesentlich stillosen Natur, allem Organischen überhaupt, werden gern zur Schau gestellt, können aber auch umschlagen in lähmende Lebensangst. Abgrund, gouffre, erscheint als ein Schlüsselwort. Aber in der künstlerischen Leistung, in der Form, wird als in der eigentlichen künstlerischen Moral ein Halt erkennbar: Form und Distance, Stil und Diskretion, Teilnahmslosigkeit und

Disziplin erscheinen als Merkmale des Verhaltens, ja der Selbstbehauptung von Künstler und Dandy, der doch das eigene Leben als Kunstwerk gestalten (und genießen) möchte. In einem solchen Bewußtsein versteht sich die Dekadenz, wie Friedrich Nietzsche dies andeutet, als ästhetizistisch und modern.

Dabei ist der Zwiespalt auffällig, der sich zwischen künstlerischer Leidenschaft und Schönheitskult einerseits, sodann zwischen Lebensüberdruß und Geschichtsmüdigkeit andererseits auftut, zwischen Hedonismus und morbidezza, Formkult und Satanismus: die Flucht aus dem als roh und ungestalt erscheinenden Leben soll eigentlich doch als Verwahrung vor ihm, ja als Herrschaft über das Leben erscheinen, insofern es im Kunstwerk seine Bändigung erfährt. Aus bedrohlich gewordenem Lebensekel und der alles zerfasernden Helligkeit eines überwachen Bewußtseins zieht der Künstler wiederum neue Reizwirkungen und düstere Schönheiten. Die Hervorbringung von Versen gilt bei Baudelaire, ähnlich dann bei George, als ein kämpferischer, ja heroischer Akt. Wie der Dandy als sanfte und subtile Provokation der Gesellschaft von Gewerbetreibenden und Genußsüchtigen, widersetzt sich das Gedicht dem herrschenden Konsumdenken, der Welt der Waren und der Zwecke. Die Vervollkommnung der Form, der die Spuren der Mühe nicht mehr anhaften dürfen, gilt als Zeugnis für die Aufrechterhaltung der Herrschaft über die Welt der Dinge im dergestalt gereinigten Medium der Sprache.

So wird denn auch das pejorative Adjektiv, der kulturkritische Terminus der 'Dekadenz' allmählich, bei Nietzsche explizit, zu einer nunmehr positiven Bestimmung. Aus Niedergangsstimmung wird Stolz, Verfeinerung wird (andersgearteter) 'Fortschritt', was ja, ästhetisch betrachtet, durchaus stimmt. Der „Kultus des Unwahren" (Nietzsche) wird zum Schein, der als durchschaubar ertragen, ja sogar genossen werden soll. Der so gewußte Schein klärt auf über die grundsätzliche Scheinhaftigkeit der Welt; Fortschritt besteht dann in der gesteigerten Illusionslosigkeit. Von falschen Ansprüchen befreit, darf die Kunst nunmehr die Lüge unangefochten sein, als die man sie so gerne, so oft, denunziert hat. Die eingestandene 'Lügenhaftigkeit' macht sie wiederum wahrhaftig. Was man die 'Ruchlosigkeit' des Ästhetizismus genannt hat, betrifft freilich etwas anderes, nämlich die nur-ästhetische, dementsprechend spielerische und unverbindliche, weil scheinhafte und daher auch trügerische Behandlung der Lebenswirklichkeit durch Einzelne, denen Menschen, den Dingen gleich, zu bloßen Materialien werden, ausbeutbare Objekte, die man lediglich verwendet, gleich ob noch lebendig oder bereits tot. So verfährt allerdings Roquairol im *Titan* von Jean Paul, so auch der Verführer in Kierkegaards fiktivem Tagebuch; so verfährt auch Conte Andrea Sperelli in D'Annunzios *Il piacere.* Des Esseintes in *A rebours* von Joris-Karl Huysmans handelt ähnlich, als er an einem jungen Manne moralische Experimente anstellt, wie es schließlich noch Lord Henry Wotton mit Dorian Gray im Roman von Oscar Wilde zu tun sich gestattet. Ausbeutung erfolgt hier um der psychologischen Erkenntnis, um der künstlerischen Produktion, aber auch um des intellektuellen Genusses willen. Doch will man sich freilich auf den Gedanken ernsthaft einlassen, daß alle Kunst möglicherweise nicht nur Bändigung, sondern vielleicht sogar ein Raubbau am Leben ist, so hat man bereits eine 'Position' des Ästhetizismus eingenommen, die als solche weder ganz neu noch überhaupt widerlegbar ist – nur daß sie eben nicht mehr ganz frei von Skrupeln kann behauptet werden.

III.

Künstler und Kunstwelt, an den Rand der Gesellschaft geraten, manifestieren sich in einer als revolutionär, zumindest aber als rebellisch erscheinenden Eigenart; was eben noch die Abende des Arbeitstages einer energisch tätigen bürgerlichen Schicht und adliger Restbestände verschönern sollte als Alibi für das 'Höhere' im Streben auch des Bourgeois, wird bald schon als Angriff oder doch als Belästigung empfunden, sei es, daß die Unverständlichkeit als Hohn auf eine in engen Grenzen erfolgreich tätige Vernunft aufgefaßt werden kann, sei es, daß der Triumph der Form über das zarte Empfinden als Angriff auf Gefühlswelt und Innerlichkeit des die Kunst so gern Genießenden, sei es gar, daß ein satirisch hergestelltes Einverständnis als unangemessene Entlarvung, ja als Denunziation verstanden wird, ganz zu schweigen von dem amoralischen, der Libertinage verdächtigen Lebenswandel, der dem fast unterschiedslos der Bohème zugeordneten Künstlertypus unterstellt wird.

Die Brüder Edmond et Jules de Goncourt bemerken hierzu mit entwaffnender Nüchternheit in ihrem Tagebuch:

Oh was für ein belustigender Irrtum: diese Leute, die der Bürger immer beim Festefeiern, bei Orgien sieht und von denen er meint, daß sie doppelt so viel erleben wie andere Leute – haben nicht einmal einen Abend frei, um ihn der Freundschaft und der Geselligkeit zu opfern! Zurückgezogen lebende einsame Arbeiter, die fern vom Leben mit einem Gedanken und einem Werk dahinleben.[8]

Ernst Theodor Amadeus Hoffmann hatte bereits in seinen *Kreisleriana* zu verstehen gegeben, daß die Kunst zwar nicht völlig überflüssig geworden, aber doch zu einem auf bescheidene Weise nützlichen Phänomen heruntergekommen ist; ihr Zweck ist eben kein anderer

als dem Menschen eine angenehme Unterhaltung zu verschaffen und ihn so von den ernstern oder vielmehr von den einzigen ihm anständigen Geschäften, nämlich solchen, die ihm Brot und Ehre im Staat erwerben, auf eine angenehme Art zu zerstreuen, so daß er nachher mit gedoppelter Aufmerksamkeit und Anstrengung zu dem eigentlichen Zweck seines Daseins zurückkehren, d.h. ein tüchtiges Kammrad in der Walkmühle des Staats sein und (ich bleibe bei der Metapher) haspeln und sich trillen lassen kann.

Die Lektüre hat immerhin den Nachteil, daß man an das, was man liest, auch zu denken genötigt wird. Ein Bild anzusehen verlangt nur wenig Zeit, denn das Interesse erlischt, sobald man herausgefunden hat, was dargestellt wird. Die Musik hingegen weckt wunderbare Reize, bei denen man von allem Denken entbunden wird, oder doch leichte, gefällige Gedanken, deren Inhalt kaum wahrgenommen wird und die rasch miteinander wechseln. Dabei läßt sich außerdem gut plaudern. Künstler, die ihr Leben der Unterhaltung und Zerstreuung widmen, sind dementsprechend untergeordnete Subjekte, und nur weil wir kultiviert sind, gehen wir mit ihnen auf eine höfliche Weise um.

Von den großen öffentlichen Konzerten läßt sich nur das beste sagen, sie bieten die günstigsten Gelegenheiten,

musikalisch begleitet, diesen oder jenen Freund zu sprechen; oder, ist man noch in den Jahren des Übermuts, mit dieser oder jener Dame süße Worte zu wechseln – wozu ja sogar die Musik noch ein schickliches Thema geben kann. Diese Konzerte sind die wahren Zerstreuungsplätze für den Geschäftsmann, und dem Theater sehr vorzuziehen, da dieses zuweilen Vorstellungen gibt, die den Geist unerlaubterweise auf etwas ganz Nichtiges und Unwahres fixieren, so daß man Gefahr läuft, in die Poesie hineinzugeraten, wovor sich denn doch jeder, dem seine bürgerliche Ehre am Herzen liegt, hüten muß![9]

Was hier ironisch konstatiert wird, von jenem sonderbaren Kapellmeister Kreisler, den die Menschen nicht für ihresgleichen achten können und der sich nicht einfügen kann in die Welt, in die man ihn gestellt hat, wird nur wenig später von John Keats in einem

Brief geständnishaft und ohne Hochmut wie folgt ausgesprochen: „I have not the slightest feel of humility towards the public or anything in existence – but the eternal Being, the principle of Beauty, – and the Memory of great Men."[10]

Der Verfasser der *Fleurs du mal* schließlich wagt es, den Leser komplizenhaft und in versteckter Bosheit als seinesgleichen anzureden:

> C'est le Diable qui tient les fils qui nous remuent!
> Aux objets répugnants nous trouvons les appas;
> Chaque jour vers l'Enfer nous descendons d'un pas,
> Sans horreur, à travers de ténèbres qui puent.
>
> Ainsi qu'un débauché pauvre qui baise et mange
> Le sein martyrisé d'une antique catin
> Nous voulons au passage un plaisir clandestin
> Que nous pressons bien fort comme une vieille orange.

In der Menagerie der Laster aber befindet sich eines, das schlimmer ist als alle anderen, fähig, in einem gewaltigen Gähnen die Welt zu verschlingen:

> C'est l'Ennui! – L'oeil chargé d'un pleur involontaire
> Il rêve d'échafauds en fumant son houka.
> Tu le connais, lecteur, ce monstre délicat,
> – Hypocrite lecteur, – mon semblable, – mon frère![11]

Damit lädt der Dichter zur Lektüre seiner Gedichte ein als wisse er, daß der Leser demselben ennui, denselben Schrecken, denselben Versuchungen unterworfen ist wie er, der Verfasser dieser gar nicht mehr persönlichen Verse. Man kann das als Provokation verstehen, man kann aber auch annehmen, Baudelaire habe wirklich nur an einen kleinen Zirkel von sozusagen Eingeweihten gedacht, die er keineswegs bloß in verschlagener Bosheit als seinesgleichen anzusprechen wagen durfte. Doch beginnt er hier, was erst zwanzig Jahre später Nietzsche sich vornehmen sollte, eine Entlarvung des Künstlers, seiner Ansprüche, seiner Posen, seiner Rollen. Der romantischen Kunstidolatrie entspricht hier die immer wieder geübte Entmystifizierung des Künstlers und die Entsakralisierung der künstlerischen Gegenstände. *Le coucher du soleil romantique* und *La perte d'auréole* lassen sich als durchaus programmatische Texte lesen, die zugleich wie die Zeiger einer Uhr auf die geschichtsphilosophische Stunde weisen.

Nietzsche wird, noch ohne Kenntnis Baudelaires, in seinen ersten Aphorismen-Büchern die analogen Einsichten formulieren. Der „Narr der modernen Kultur" hat natürlich den Glorienschein, der den Poeten einst geziert hatte, längst verloren, und der „Untergang der romantischen Sonne" sieht für ihn wie folgt aus: die Kinder dieses Jahrhunderts verstehen sich auf die *„nervöse Sinnlichkeit"*; das Edelste und Köstlichste wächst jetzt nur noch als Ruine empor, „ohne die Vergangenheit und Zukunft des Vollkommenseins"; die „Abendröthe der Kunst" ist hereingebrochen, bald schon wird die Menschheit sich der Kunst nur noch als einer verlorenen Jugendfreude entsinnen, und man wird dann den Künstler

> bald als ein herrliches Ueberbleibsel ansehen und ihm, wie einem Fremden, an dessen Kraft und Kühnheit das Glück früherer Zeiten hieng, Ehren erweisen, wie wir sie nicht gleich Unseresgleichen gönnen. Das Beste an uns ist vielleicht aus Empfindungen früherer Zeiten vererbt, zu denen wir jetzt auf unmittelbarem Wege kaum mehr kommen können; die Sonne ist schon hinuntergegangen, aber der Himmel unseres Lebens glüht und leuchtet noch von ihr her, ob wir sie schon nicht mehr sehen.[12]

Die Kunst als liebenswerter Anachronismus, Statthalterin vager metaphysischer Bedürfnisse, das ist freilich nur die Wendung, die der frühe Nietzsche, wohlwollend, dem Phänomen gibt. Eine andere, und das ist die der meisten Artisten der Epoche, ist die einer neuen, wie immer unvollkommenen, wie immer nervösen, wie immer zum Abstrakten tendierenden Kunst, die es der veränderten Situation abzugewinnen gilt:

> Comme tu me plairais, ô Nuit! sans ces étoiles
> Dont la lumière parle un langage connu!
> Car je cherche le vide, et le noir, et le nu![13]

Dem Unvertrauten, Bedrohlichen, dem Häßlichen und Ekligen die neue Kunst zu entreißen, das ist die antiromantisch-moderne Wendung Baudelaires, durch welche das Häßliche nun nicht mehr nur akzeptierte, gerechtfertigte Kontrastfolie des Kunstschönen ist, sondern die neue Grundlage oder doch Stimulanz, um die Suche nach dem ungekannten Neuen zu unternehmen. Daher erscheint der Bruch mit dem Überkommenen nicht als programmatische Abwertung und Abwendung, sondern als verkehrendes Spiel, als Deformation.

IV.

Es entsteht nunmehr eine nicht-klassisch orientierte Formkunst, die weder schon gegenstandslos zu nennen ist noch als unbefangen-emphatische Apotheose des Kunstschaffens gelten kann. Vielmehr ist von einer bewußten Aufnahme jener Formen des Erschreckenden und Abstoßenden, die bislang ausgegrenzt waren, zu sprechen. Auch dienen sie zuweilen dazu, preisgegebene Mythologeme zu ersetzen. Man muß überdies die eingestandene Angefochtenheit konstatieren, die als solche sogar thematisch werden kann, so daß die Kunst als 'Lüge' zum Gedicht, der ennui und die Verzweiflung in einer verfinsterten, entleerten Welt zum Gegenstande wird, ohne daß noch einmal Trost und Rettung verhießen würden.

Zusammen mit einer Auflösung und Umgestaltung, ja Deformation der überlieferten Topoi, mit der Entsakralisierung konventionell gewordener poetischer Sujets entwickelt sich nun auch ein unüberhörbarer und permanenter Zweifel an der Kunst und ihrer (noch) möglichen Funktion, der dann selbst wieder, wie bereits bei Baudelaire, in allegorischer Gestalt behandelt wird. Die Welt, der Kosmos dazu, erscheint in solcher Entwicklung als entheiligt, entgöttert, schließlich sogar dem Untergange preisgegeben, so daß sich jetzt neben der entschiedenen Abkehr von aller Natur die Vorstellungen von einer Weltvernichtung, damit der Verlust der bisherigen Kunstwelt und der bis dahin noch gültigen Horizonte ankündigt.

Der Dichter als Subjekt ist selbst entpoetisiert und erscheint nur noch als grenzenlose Disponibilität, in ununterbrochener und ihn ständig verzehrender Affizierbarkeit, gleichsam subjektlos geworden, wie schon in den Briefen von Keats zu lesen ist, und das nun, in allem gegenwärtig, allem gleich nah ist, ohne ihm anteilnehmend vertraut zu werden. Einzig in der Form, die er hervorbringt, scheint er noch als ein Subjekt faßbar zu sein, in seiner Perspektive, seiner Handschrift – geometrischer Ort aller Reize wie aller möglichen Produktivität, die der diesen Reizen schließlich doch verdankt – wie nicht selten wohl auch den ihnen gegenüber entwickelten Abwehrstrategien. Teilnahmslos neugierig, anteilnehmend gelassen, wird er dem Menschlichen 'fremd' und erblickt in jedem Vorgang, jedem Gegenstand nur noch 'Material', so daß die bis zur Entleerung vorangetriebene Subjektivität in ihrer „negative capability"[14] eine neue Art von Objektivität zu erlangen vermag.

Doch nicht allein in der Entpoetisierung der Gegenstände oder der Gestalt des Dichters, des Künstlers, liegt Widerstand gegen das zur Lüge gewordene konventionell Erstarrte und Obsolete; man muß den Widerstand nicht in einer dergestalt aufklärerisch zu nennenden Tendenz sehen wollen, sondern vor allem darin, daß sich das Kunstwerk, wo es nicht in einer Art von finsterer Geschmacklosigkeit sich erschöpft, der Welt sich verweigert, die es negiert und z.T. dann wieder als negierte in sich aufnimmt. So wird 'abolition' ein Schlüsselwort in der Lyrik von Stéphane Mallarmé, das Werk wird dementsprechend hermetisch, oder es gibt sich herausfordernd als die Lüge zu erkennen, die niemand an ihm wahrnehmen möchte. So wird ästhetische Produktion wie 'ästhetische attitude' angesichts der Welt, die durch den Fortschritt verhäßlicht, entstellt, gar entleert wird, durch Erwiderung und Vorgriff in gleicher Weise rebellisch.

Das Häßliche und Widrige besitzt zugleich eine Signalfunktion: es zeigt an, daß die Welt aufgehört hat, Gottes schöne, geordnete oder gar sinnvolle Welt zu sein. In diesem Zusammenhang erlangt die Kunst in der Tat, wie Nietzsche dies erkannte, eine Ersatzbedeutung und -funktion, dies ohne deswegen ihrerseits gleichfalls obsolet geworden zu sein. Sie ist heilsamer Schein, der nicht mehr sein soll als Schein, und ist gleichzeitig Entlarvung einer Scheinwelt, die mehr sein will als eben nur das.

Wie um dies sichtbar zu machen, wird ihre eigene Genese, ihr Hervorgebracht-Werden, zum Sujet. Was als Landschaft, als Szenerie erscheint, ist im Gedicht oft nur Hinweis auf das Material zur Verfertigung von Gedichten. Die Evozierung der Gegenstände dient nicht dem Preis der Gegenstände, sondern ihrer Funktion für das Gedicht.

V.

Der ästhetische Typus, der die Literatur ins Leben tragen möchte, sie mit diesem vermengt, weil er in seiner Phantasie eine Sonderung zwischen beiden nicht mehr vorzunehmen vermag und dadurch, ahnungslos vielleicht, betrügerisch, ja zerstörerisch wirkt, ist seit dem Roquairol aus dem *Titan* von Jean Paul eine immer wieder neu auftretende faszinierende Gestalt. Als der Verführer in dem von Kierkegaard zu diesem Zweck entworfenen Tagebuch und in seinen Verhaltensmaximen in den „Diapsalmata" gezeichnet, dient er dazu, die ästhetische Existenz präzise zu umreißen. Wir finden ihn bei D'Annunzio in *Il piacere* wieder. Dies aber ist nur die eine, die sozusagen energischer tätige Inkarnation dieser Figur, die im *Pippo Spano* von H. Mann bereits zur Karikatur verkommt und in der *Branzilla* ihr triumphierendes Pendant findet. Die andere Erscheinungsweise ist die des Willensschwachen, vom Leben Abgesonderten, der vor der Roheit und Banalität des Daseins schon erschrickt, bevor er sie hat erfahren müssen, der sich absperrt und, dem Kult schöner Dinge hingegeben, sich nach dem Leben sehnt, dem er sich angstvoll in einer stets von Verlangen durchzitterten Klausur entzieht (so die Gestalt des Claudio in Hofmannsthals *Der Tor und der Tod*, aber auch die des Kaufmannssohnes im *Märchen der 672. Nacht*). Daß es sich dabei nicht allein um Entwürfe fiktiver Existenzen handelt, sondern um die Pathologie mindestens einer Generation, hat insbesondere die Veröffentlichung der „Fragments d'un journal intime" von Henri-Fréderic Amiel deutlich gemacht. Damit erklärt sich wohl auch seine europäische Wirkung.

Die Allegorie dieses Zustandes hat früh schon Kierkegaard entworfen; es ist die vom Schmerz, der jene Ritterburg ist, die, entfernt von der Heerstraße der Wirklichkeit, in der Höhe liegt, von welcher her der Schmerz sich in das wirkliche Dasein herabläßt, um dort seine Beute zu schlagen und sie heimzutragen in die Burg, nicht aber um sie dann zu verzehren. Sie wird dort nur aufbewahrt, denn diese Beute ist

ein Bild, das ich hineinwebe in die Tapeten auf meinem Schloß. Dort lebe ich wie ein Toter. Alles Erlebte tauche ich hinab in die Taufe des Vergessens zur Ewigkeit der Erinnerung. Alles Endliche und Zufällige ist vergessen und ausgelöscht. Da sitze ich als ein altklug ergreister Mann, gedankenvoll, und erkläre mit leiser Stimme, fast flüsternd, die Bilder, und neben mir sitzt ein Kind und hört zu, obwohl es sich an alles erinnert, noch eh' ich es erzähle.[15]

Das ist die vollkommene Allegorie der ästhetischen Existenz.

Aus den hier verschlüsselten Erkenntnissen erwächst nun bei Kierkegaard die Einsicht in die Notwendigkeit, den ethischen Standpunkt zu gewinnen, doch ist eine solche Forderung nicht frei von Gewaltsamkeit, als wäre ein solcher aufgrund eines bloßen Entschlusses schon einzunehmen und dem trügerischen Wesen des ästhetischen Existierens so einfach abzusagen. Im „Tagebuch des Verführers" wird daraus die Maskerade, die der Geliebten die Trennung schmackhaft machen soll: um existieren zu können, muß er diese Verbindung, die er nicht meint wagen zu dürfen, lösen und tut dies, indem er sich moralisch exekutiert. Die von Kierkegaard gedichtete Neutralität ist aber, das weiß er selbst, nicht durchzuhalten. So steht hinter dem von ihm fiktiv entworfenen Ästhetizismus bereits die ethische Vorentscheidung. Kierkegaard stellt die ästhetische Existenz nur dar, sie erscheint bei ihm als eine dem ethischen Zustand vorausgehende Phase – was an der Eindringlichkeit seiner Darstellung und seiner Analyse nichts ändert. Diese geht sogar so weit, daß man ganz Partien von *Entweder-Oder* als Kommentar zur Literatur des Ästhetizismus lesen kann.

Die Art, neben dem Leben zu stehen, beschreibt er dergestalt als eine „frivole Kunst"; sie wird nicht etwa dadurch ermöglicht, daß man jeden Eindruck sofort wieder tilgt: Vergessen-Können und wirkliche Vergeßlichkeit sind eben keineswegs identisch. Denn das der Selbstbewahrung dienende Vergessen-Wollen muß wohl noch eine Form der Erinnerung sein; Vergessen hingegen heißt hier der rechte Ausdruck „für die eigentliche Assimilation, die das Erlebte zum Resonanzboden herabsetzt".[16]

Als „Wechselwirtschaft" thematisiert Kierkegaard das Genießen, das zugleich ein (vorweggenommenes) Erinnern ist, also auch eine besondere Weise zu vergessen. Es sei ein eigenes Gefühl, heißt es hier, „wenn man mitten im Genuß auf ihn sieht, um sich zu erinnern", ein wiederholt auftretendes Motiv in der Literatur des Ästhetizismus; Kierkegaard fährt fort: „Wenn man sich dergestalt in der Kunst des Vergessens perfektioniert hat, so ist man imstande, mit dem ganzen Dasein Federball zu spielen". (392)

Wie dem Künstler alles zum Material möglicher Gestaltung, so wird dem ästhetisch Existierenden alles, was ihm widerfährt oder besser noch: was er sich vornimmt und arrangiert, zum Motiv seiner Stimmungen, seines inneren Lebens, das sich von solchem künftigen Erinnern nährt, welches man auch ein bewahrendes Vergessen nennen könnte. So rettet sich das Subjekt vor dem möglichen Fixiert-Werden und Erstarren in einem einzigen, besonderen Lebensverhältnis. Die Unfähigkeit sich festzulegen, treu zu sein verkehrt sich dergestalt in einen genußreichen Vorzug: die poetische Unendlichkeit des Erotischen etwa fordert den Mut zur jeweiligen Beendigung des bestehenden Verhältnisses. Hier geht es darum, Stimmungen auszukosten und zu benutzen, gar sie herzustellen, sie auszuwerten und so zu einer niemals abschließenden Reihe von Kombinationen zu gelangen. Die Leidenschaften sind dann in der Tat „poetische Freiheiten, die sich die moralische nimmt", wie Roquairol im *Titan* schon behauptet.[17]

Das raffinierte Spiel mit Stimmungen, mit zu deren Stimulanzen gewordenen schönen

Gegenständen und aus der Literatur übernommenen, inzwischen leicht verwertbaren Stimmungsbildern, welche die Empfindungsweisen, die sich authentisch wähnen möchten, längst überlagert haben, erscheint als typisches Kennzeichen einer sozusagen überbildeten und hochliterarisierten Epoche, ist aber weder als Dekadenz leichthin abzutun noch etwa mit der bloßen Forderung nach Authentizität, nach intellektueller oder künstlerischer 'Gesundheit' zu erledigen.

Als Merkmal einer Generation, die sich nach großen Begebenheiten ihrer Erschöpfung bewußt wird, hat sie Alfred de Musset bereits in der „Confession d'un enfant du siècle" ausführlich beschrieben. Die Ideale sind zertrümmert, die noch für die vorausgegangene Generation Verbindlichkeit besaßen, übrig bleibt die acedia, Lebensekel, noia, ein Empfinden von Unverbindlichkeit, die das Leben eher als erschreckend denn abenteuerlich und verführerisch erscheinen läßt, der Kunst aber den Impetus und den Lebensatem geraubt zu haben scheint. Übrig bleibt die melancholische Lebenshaltung des gelangweilten Dandy, der meint, alles ausgekostet und nichts als eigentlich wichtig und bedeutungsvoll erfahren zu haben. Mag man an der fortwirkenden literarischen Bedeutung der „Confession" berechtigte Zweifel hegen, ihr dokumentarischer Rang bleibt nichtsdestoweniger unbestritten.

Daneben muß man die Position von Gautier als provokativ bezeichnen: indem er jeder möglichen Zweckhaftigkeit von Kunst eine energische Absage erteilt, vertritt er ein von allen moralischen, didaktischen, humanitären Ansichten befreites Prinzip des l'art pour l'art, demzufolge nichts gültig sein soll als das Schöne, das insofern unbestimmt bleibt, als es nicht anders denn durch Negationen verdeutlicht werden kann: schön ist allein, was sich nicht benutzen läßt, hält Gautier den Tugendvertretern der literarischen Kritik entgegen, welche die Äußerungen fiktiver Figuren naiv für die Ansichten des Autors halten möchten und keine Bücher zulassen wollen, die nicht den Fortschritt verbreiten und nicht den Anstand fördern. Man könne freilich Antithesen nicht als Regenschirm verwenden, einen Vergleich nicht als Pantoffel, spottet der junge Gautier. „J'ai la conviction intime, qu'une ode est un vêtement trop léger pour l'hiver, et qu'on ne serait pas mieux habillé avec la strophe, l'antistrophe et l'épode que cette femme du cynique qui se contentait de sa seule vertu pour chemise (...)." Dagegen versichert Gautier: „Rien de ce qui est beau n'est indispensable à la vie. – On supprimerait les fleurs, le monde n'en souffrirait pas matériellement; qui voudrait cependant qu'il n'y eût plus de fleurs? Je renoncerais plutôt aux pommes de terre qu'aux roses (...)."[18] Michelangelo dem Erfinder des weißen Senfes vorzuziehen, wäre sicherlich absurd, bemerkt er weiter. „Il n'y a de vraiment beau que ce qui ne peut servir à rien; tout ce qui est utile est laid, car c'est l'expression de quelque besoin, et ceux de l'homme sont ignobles et dégoûtants, comme sa pauvre et infirme nature. – L'endroit le plus utile d'une maison, ce sont les latrines." Keinen Tugendpreis will er für notwendig halten, aber eine Belohnung hat verdient, wer eine neue Lust erfindet. Das gilt so für Frankreich; in England aber entsteht der Ästhetizismus unter anderen Bedingungen.

VI.

„Englischer Ästhetizismus als Element unserer Kultur", bemerkt Hofmannsthal in seinen Aufzeichnungen und versucht zu gliedern: „I. Erstes Entgegentreten als Sonderbarkeit, wohl etwa Affektation, Kostümtragen etc. II. Oscar Wilde, 'Intentions': starker narkotischer Zauber, sophistisch verführerisch, unelegant paradoxal, Reaktion gegen englischen Utilitarismus. III. Ruskin, Pater, Madox Brown, Rossetti, Burne-Jones – die tiefen Zusammenhänge mit Seelenleben; das Ganze als Versuch einer inneren Kultur."[19] Ihn als „Element unserer Kultur" zu bezeichnen, ist gewiß ein wenig übertrieben, nur für George und wenige seiner Freunde, darunter Rudolf Kassner, später auch Rudolf Borchardt, mag dies seine Gültigkeit haben.

Später führt er unter demselben Stichwort noch einmal Ruskin an, aber auch Gautier, als Höhepunkt Swinburne, dann wiederum Pater („schon morbide Ausschreitung der Kritik"), er fürchtet ein Raffinement, das schließlich ohne Wirkung bleibt. In einem weiteren Ansatz nennt er Khnopff, aber auch Mallarmé, „lüsterne, unheimliche Heiligtümer, Tempel aus Steinen, Gold und lebendigen weißen Körpern, eine Dämonologie, leichtfertig zusammengeknüpft aus spontanen Eindrücken und fremden Symbolen".

Wenige Jahre später heißt es dann über „ästhetische Weltanschauung", es sei der Kern davon „eine Hypnotisierung durch das Unmenschliche, das im Künstler-sein steckt".

Den vollen Umfang der englischen Einwirkung geben erst die Essays des jungen Loris zu erkennen, vor allem die Aufsätze über Walter Pater und Algernon Charles Swinburne. Wie aber sieht diese Einwirkung aus und welche Elemente darin erscheinen ihm vor allem als wichtig? Es ist der Charakter der konsequenten Künstlichkeit, den Loris sofort erkennt - und begreift. Daß diese Künstler nicht von der Natur zur Kunst, sondern den umgekehrten Weg gehen, vermerkt er und erläutert: „Ihnen wird das Leben erst lebendig, wenn es durch irgendeine Kunst hindurchgegangen ist, Stil und Stimmung empfangen hat."[20] Das nun ist ohne Affektation so gekommen, macht er sich klar, denn sie kommen aus der Großstadt, sind in künstlichen Wohnungen aufgewachsen, „wo kleine sensitive Kinder die Offenbarung des Lebens durch die Hand der Kunst empfangen, die Offenbarung der Frühlingsnacht aus Bildern mit mageren Blumen und rotem Mond, die Offenbarung menschlicher Schmerzen aus der wächsernen Agonie eines Kruzifixes, die Offenbarung der koketten und verwirrenden Schönheit aus Frauenköpfchen des Greuze auf kleinen Dosen und Bonbonieren".

Die Lebensverhältnisse selbst schon begünstigen dergestalt den noch nicht programmatisch gewordenen Abstand von einer unvermittelt sowieso nicht mehr zugänglichen Natur; der konsequente Rückzug aus dem Leben, der manchen Dokumenten des Ästhetizismus einen medusenhaften Charakter oder doch ihnen medusenhafte Motive verleiht, liegt in der Folge davon, was den Bruch mit den herrschenden künstlerischen und literarischen Konventionen ganz folgerichtig macht, zumal er mit einem energischen Stilisierungswillen verknüpft ist. Die Tätigkeit des Dichters liegt eben nicht darin, die Gesellschaft zu belehren, gar der Epoche Sinn zu verleihen, sondern gute Verse zu verfassen, nun aber, wie man meint, in besonderer Weise: die Sprache wird gewissermaßen selbständig, sie scheint sich frei zu entfalten und über alle Absichten des Dichters als eines privaten Subjekts zu triumphieren - wie auch über die Gegenstände, derer er sich bedient.

Die Individualität als Objekt persönlicher Leiden und Interessen tritt bis zum Verschwinden zurück, es gibt kaum noch persönliche Aussagen mehr, so wenig wie den Charakter des Bekenntnisses oder der Verkündigung. Das gilt vor allem für die „Poems and Ballads" von Swinburne, dessen letztes großes Gedicht „A Ballad oft Dreamland" dann zu einem Dokument nicht so sehr der Zerstörung und der Weltabkehr, sondern vor allem auch der souveränen, fast möchte man sagen: der Selbstbezeugung der Sprache wird:

I hid my heart in a nest of roses;
  Out of the sun's way hidden apart;
In a softer bed than the soft white snow's is,
  Under the roses I hid my heart.
  Why would it sleep not? why should it start,
When never a leaf of the rose-tree stirred?
  What made sleep flutter his wings and part?
Only the song of a secret bird.[21]

Die drei achtzeiligen Strophen mit dem vierzeiligen Envoi werden von nur drei Reimwörtern getragen und von einem ungewöhnlich beschwingten Rhythmus regiert. Evoziert wird ein Stück Welt außerhalb aller Welt und vor jeglichem fremden Zugriff bewahrt; kein Reisender hat es je auf seiner Landkarte eingetragen, kein Kaufmann je ein Stück Land darin erworben. Ruhe und Schlaf und Traum werden allein vom Lied eines nicht näher bezeichneten Vogels unterbrochen, dessen refrainhafte Erwähnung auf die Insistenz dieses Liedes hindeutet. Im Lied des Vogels scheint alle mögliche Bewegung stillgestellt zu sein, sie ist aber in seinem stets wiederkehrenden Lied als stillgestellte immer noch gegenwärtig. So zeigt sich schließlich das Lied des Vogels als der eigentliche Gehalt dieses hortus conclusus, der eine ganze Landschaft darstellt – und dürfte nichts anderes mehr sein als das – Gedicht.

Auch dies ist eine Gegenwelt, wie nun alle künstliche Hervorbringung mehr und mehr als Teilstück einer Gegenwelt zu erscheinen bestrebt ist.

„Die im Medium der Künste angeschaute, stilisierte Vergangenheit" hingegen zaubert nach Loris' Worten W.H. Pater hervor, und es ist dies „sozusagen unsere Art, in ideales, wenigstens in idealisiertes Leben verliebt zu sein. Das ist Ästhetizismus, in England ein großes, berühmtes Wort, im allgemeinen ein übernährtes und überwachsenes Element unserer Kultur und gefährlich wie Opium".[22]

Die Poesie der Präraffaeliten, die mehr interpretieren als hervorbringen, durchdringt eben noch ihre Interpretationen, die von der Beherrschung nicht allein, sondern auch von der „Beseelung der körperlichen Dinge" zeugen; diese Maler suchen eine von innen heraus entwickelte, von innen herausgetriebene, nicht mehr mimetisch orientierte Schönheit.

Dieses Konzept von Künstlichkeit – und warum sollte Kunst nicht künstlich sein? – hat wenig später dann O. Wilde auf paradoxe Weise zugespitzt. Er hat Pater, dessen Diskretion er zugunsten der blendenden Wirkung preisgegeben hat, durchaus bewundert, die Effekte aber der Stilisierung vorgezogen. In seinen „Intentions" versichert er nunmehr, daß die Natur die Kunst nachahme, womit er jedenfalls deutlich machte, daß unsere Wahrnehmungsweise der ersten Wirklichkeit von der der zweiten, der der Kunst eben, präformiert wird. Auch das hatte schon Jean Paul, subtiler freilich, zu verstehen gegeben, daß sich die Wirklichkeit nach seinen Erfindungen richte und sich ihr anzupassen bemühe. Damit ist die Vorrangstellung der Kunst gegenüber der Wirklichkeit, verstanden als biographische, chronologisierbare Realität, besiegelt. Der Primat der Kunst ist also keine völlig neue Idee, und spätestens im Zusammenhang mit der Wirkung Arthur Schopenhauers wurde sie neubelebt. Überraschend und provozierend ist nur die 'Bedenkenlosigkeit', mit der Wilde, sich in Szene setzend und seine Paradoxa genießend, sie als neu vorzutragen sich bemüht, in der Erwartung, das Publikum werde als Überraschung hinnehmen, was doch nur ein glänzend inszeniertes Nachspiel ist. Ruskin, Rossetti, Pater gaben sich weniger radikal, Swinburne freilich war es, wie Wilde, aber als glänzender Dichter und ohne paradoxe Einfälle und Maximen auszubreiten. Aber so zieht nun Wilde die Konsequenzen:

My own experience is that the more we study Art, the less we care for Nature. What Art really reveals to us is Nature's lack of design, her curious crudities, her extraordinary monotony, her absolutely unfinished condition. Nature has good intentions, of course, but, as Aristotle once said, she cannot carry them out.[23]

Wäre Natur bequem genug, so hätten wir eben keine Architektur entwickelt. Wilde kehrt zum Standpunkt Gautiers zurück, denn er hat gegen die Wahrheiten Zolas nichts einzuwenden, sondern einzig gegen seine Kunst: die einzig schönen Dinge sind die, welche uns nichts angehen. Sie dienen dem Leben nicht, sie schmücken es nicht, sie formen es. Mehr noch: „Nature is not the great mother who has born us. She is our creation. It is in our brain, that she quickens to life." Selbst wenn niemand mehr bestreitet, daß die Natur die Kunst imitiert, so weiß Wilde dem noch hinzuzufügen, daß dies das einzige ist, was sie mit zivilisierten Menschen in Verbindung bringt, obschon sie doch weder den Zeitgeist noch die soziale Wirklichkeit oder die soziale Moral einer Gesellschaft ausdrücken kann, im Gegenteil:

Remote from reality, and with her eyes turned away from the shadows of the cave, Art reveals her own perfection, and the wondering crowd that watches the opening of her marvellous, many-petalled rose fancies that it is its own history that is being told to it, its own spirit that is finding expression in a new form. But it is not so. The highest art rejects the burden of the human spirit, and gains more from a new medium or a fresh material than she does from any enthusiasm for art, or from any lofty passion, or from any great awakening of the human consciousness. She develops purely on her own lines.

Die Natur hat sich gewissermaßen durch Dilettantismus, Monotonie und Stillosigkeit diskreditiert. Was künstlich ist, allein ist gut, lautet fortan die Devise; ihre Motive sind erschöpft, das einst unerschöpflich erscheinende Arsenal ihrer Bestandteile ist uninteressant geworden wie Waldesschatten oder Sonnenuntergänge.

Baudelaire hatte schon im Salon von 1859 erklärt, er finde es unnütz und langweilig, das darzustellen, was ist, da nichts von dem ist, ihn zufriedenzustellen vermöchte. Die Natur erklärt er einfach für häßlich, er ziehe die Ungeheuer seiner Phantasie der Trivialität des Bestehenden vor.[24]

In seinen Gedichten steht letztlich nichts anderes, und wenn man diese als 'Großstadtlyrik' bezeichnet hat, so wäre sie dies nicht, wenn die Großstadt in ihr nur einfach Gegenstand wäre wie sonst wohl eine Landschaft oder ein Seestück. Nicht allein das Sujet hat sich gewandelt, sondern auch die Behandlungsart, das poetische Verfahren.

Noch was auf den ersten Blick Naturgegenstand zu sein scheint, wird in künstliche Welten überführt. Paysage ist keine normale Landschaft mehr:

Les deux mains au menton, du haut de ma mansarde,
Je verrai l'atelier qui chante et qui bavarde,
Les tuyaux, les clochers, ces mâts de la cité,
Et les grands ciels qui font rêver d'éternité.

Naturanrufung ist dies so wenig wie das Folgende:

Il est doux, à travers les brumes, de voir naître
L'étoile dans l'azur, la lampe à la fenêtre,
Les fleuves de charbon monter au firmament
Et la lune verser son pâle enchantement.
Je verrai le printemps, les étés, les automnes;
Et quand viendra l'hiver aux neiges monotones,

Je fermerai partout portières et volets
Pour bâtir dans la nuit mes féeriques palais.[25]

Das Ich sperrt sich ab und starrt durchs Fenster, geschützt gegen die Witterung, vor sich eine Industrieszenerie. Die Wälder sind ihm ein Schrecken, der Ozean ist ihm verhaßt. Natur ist nicht nur roh, gar banal, als Vertrautes ist Natur auch nicht mehr interessant, sie ist widerwärtig geworden und erscheint als Störung; selbst ihre Schrecken sind gering angesichts dessen, was Geist und Phantasie des Menschen zu entfesseln in der Lage sind. Konsequent wird in dem Constantin Guys gewidmeten Gedicht eine reine Kunstlandschaft entfaltet:

Le sommeil est plein de miracles!
Par un caprice singulier,
J'avais banni de ces spectales
Le végétal irrégulier,

Et peintre fier de mon génie,
Je savourais dans mon tableau
L'enivrante monotonie
Du métal, du marbre et de l'eau.[26]

Säulen anstelle von Räumen, diamantene Abgründe, nie erschaute Steine, reines Meer aus Eis, dies sind die neuen Reize, und noch das dunkle Schwarz wird hier zur funkelnden Farbe, kein Stern schimmert auf, keine Sonne erstrahlt, es leuchtet hier alles aus einem eigenen Feuerglanz. Darüber aber kreist, über diesen Wundern, als furchtbare Neuheit dem Auge nur, nicht dem Gehör, „Un silence d'éternité".

Nicht aber aus einer unerfindlichen Idiosynkrasie wird das Natürliche ausgegrenzt – es ist ein fast feindliches Element geworden, Wildwuchs; als 'végétal irrégulier' ist es ungegliedert, undiszipliniert. Das Meer noch gilt es zu bändigen: fließt doch durch riesige Tunnel 'l'océan dompté'. Doch geht es nicht etwa nur darum, denkbar gewordene Triumphe der Technik zu feiern, sondern es geht um die der Natur die Regeln gebende, ja nun sie überbietende schöpferische Kraft des menschlichen Geistes, welcher der Monotonie des immer-Gleichen, dem die Natur verpflichtet bleibt, das Neue entgegensetzen will, die geplante anstelle der unwillkürlichen Schönheit.

In *A rebours* hat Huysmans den konsequenten Repräsentanten dieser antinaturalen Schönheitskonzeption und seine Aktivitäten vorgeführt: nicht Gegenstände werden hier anvisiert, sondern Möglichkeiten der Erfahrung; Natur und Stoff haben aufgehört, Vorwand von Mimesis zu sein. So handelt es sich hierbei um ein Buch aus Büchern, über Bücher auch, aber doch nicht nur, denn es ist überhaupt ein Konzentrat höchst absichtsvoller Künstlichkeit. Wie vormals Landschaft ein état d'âme sein konnte, so sind es nunmehr Bücher, Bilder, Möbelstücke, schöne Gegenstände, Bibelots, Edelsteine, die als Seelenzustände literarisch in das Dasein integriert werden. Natur, sofern sie nicht durch die veredelnd umgestaltende Menschenhand gegangen ist, erscheint lediglich als vulgär. Natur wird also entnaturalisiert, es geht einzig um den Vollzug eines künstlichen Lebens.

Nach frühen sinnlichen Erfahrungen gleichsam verbraucht, neurasthenisch und blutarm, kann Des Esseintes nur noch zusehen, nur noch in künstlichen Genüssen schwelgen. Er hat keine Jugend gehabt, Vorstellungen von Kindheit dürften ihm eher peinlich sein; die Wirklichkeit ist das Gewöhnliche, sein Leben vollzieht sich (will man es noch ein Leben nennen) in einer hochstilisierten künstlichen Welt mit kostbaren Gerätschaften, Bildern, prachtvoll eingebundenen Büchern und sonderbaren, eigens gezüchteten Pflanzen, die ihn nach kurzer Zeit dann nicht mehr interessieren. Eines seiner vielen kunstvoll ausgestatteten, gleichsam komponierten Gemächer gleicht mit gewölbter Decke der Kabine eines Schiffes, und ein großes Aquarium hinter dem Fenster erzeugt die vollkommene Illusion, auf See zu sein, die es ihm gestattet, hin und wieder die *Abenteuer des Arthur Gordon Pym* zu lesen. So genießt Des Esseintes die Reise, ohne abzufahren: Bewegung, Ortsveränderung bleiben imaginär, vielleicht sogar das Leben selbst...

Natur erscheint ihm durchaus als 'überholt', und auch hiervon wird man das Echo bei O. Wilde vornehmen; die Einförmigkeit der Landschaften wie der Himmel über ihnen wirkt ermüdend auf den raffinierten Mann. Die natürliche Vielfalt erscheint ihm als Armut, die Natur bietet nichts, was das Genie des Menschen nicht besser hervorzubringen vermöchte, Felsen, Wasserfälle oder Gewächse. Es gibt hier nichts zu bewundern, sondern nur etwas Besseres, also Kunstvolleres, entgegenzusetzen, Natur zu überbieten und sie endlich ihrer Überflüssigkeit zu überführen. Selbst was manche als das Meisterstück der Natur ansehen, die Frau, muß hinter dem Produkt des Mannes zurückstehen, das zugleich künstlich und lebendig ist wie an plastischer Schönheit ihr durchaus gleichzusetzen: der neuesten Lokomotive.

Die Farben und Muster eines wertvollen Teppichs werden dementsprechend verschönt durch ein gemächlich auf ihm sich bewegendes Objekt, was Des Esseintes bewerkstelligt durch den Ankauf eine Riesenschildkröte, deren Panzerfärbung übergoldet wird und die er durch eingelegte Edelsteine noch verschönern läßt, wodurch der leuchtende Goldton wiederum vorsichtig gedämpft werden kann. Es werden hierfür seltene Mineralien verwendet, die nach dem Vorbild einer japanischen Zeichnung zusammengesetzt sind. Leider überlebt die schwache Kreatur diese unnatürliche Ornamentierung nicht und verendet vorzeitig. Sie ist der ihr zugemuteten veredelnden Prozedur nicht gewachsen und bestätigt damit im Grunde nur ihre eigene Minderwertigkeit.

So wird hier auf verschiedenen Ebenen die Wirklichkeit gebrochen durch ein künstlerisches Temperament. Aber der ästhetisch so Einfallsreiche und Genießende endet als einer, der zum Leben und seiner sich ausbreitenden Vulgarität gleichsam nur verurteilt ist; er existiert in einem künstlich erleuchteten Zwischenreich in Verachtung der Gesellschaft, des Existenzkampfes, dem er in der Form der von ihm provozierten Balgerei zweier Knaben angewidert und genüßlich zugleich zuzusehen weiß, und geht schließlich an Anämie zugrunde. Die Apotheose der Künstlichkeit hat ihren unentrinnbaren Preis. –

Das Motiv wird aufgenommen in Georges Gedichtzyklus *Algabal* mit der Konstruktion des Unterreichs, in dem der fiktive Herrscher zu Hause ist (und das nicht weniger von Baudelaires „Rêve parisien" inspiriert sein mag). Im Schimmer kostbarer Erze, im Glanz der Juwelen, die im Schein der Kerzen erstrahlen, genießt der junge Monarch das Werk seines Geistes, die machtvolle Bezeugung kühn konstruierter Anti-Natur:

> Der schöpfung wo er nur geweckt und verwaltet
> Erhabene neuheit ihn manchmal erfreut.
> Wo ausser dem seinen kein wille schaltet
> Und wo er dem licht und dem wetter gebeut.

Die Parkanlage selbst ist künstlicher noch als Säle und Gemächer seines Palastes:

> Mein garten bedarf nicht luft und nicht wärme:
> Der garten den ich mir selber erbaut
> Und seiner vögel leblose schwärme
> Haben noch nie einen frühling geschaut.[27]

Die Hervorbringung ist also zeitlos, Jahreskreislauf und Tagesablauf stehen gewissermaßen still, es wachsen keine Pflanzen, Früchte brauchen nicht zu reifen; fahle Farben, ja Düsternis regieren den optischen Eindruck, Kohle und Lava bestimmen dieses Unterreich, ein Schimmer von staubigem Grau. Luftströmungen sind ausgeschaltet, kein Vogelflug stört die große Stille, in der Mandelöle als Duft-Essenzen und als sublimierte Erinnerung an Organisches schweben. Dennoch fühlt sich in diesem sterilen Stillstand Algabal noch von einem Verlangen gepeinigt, das, im Hervorbringen selbst und nicht im Arrangieren und Ausgrenzen nur, der Natur überlegen sich zu zeigen:

Wie zeug ich dich aber im heiligtume
– so fragt ich wenn ich es sinnend durchmass
In kühnen gespinsten der sorge vergass
Dunkle grosse schwarze blume? (96)

Die Frage ist rhetorisch – es gibt jenseits der Natur keine natürliche Hervorbringung mehr. Die ersehnte Blume könnte höchstens noch aus Onyx sein, das aber wäre den hybriden Vorstellungen Algabals keineswegs genug.

Der dem *Algabal* zugehörige Zyklus *Tage* macht deutlich, daß der starren Kunstlandschaft ein ähnlich tatenstarrer Gemütszustand entspricht, in dem sich eine impassibilité manifestiert, die man sehr wohl auch als Grausamkeit bezeichnen kann. Ziel eines solchen Verfahrens ist eine von Wirklichkeit wie von Subjektivität weitgehend gereinigte Sprache, die, wenn es nur ginge, eines sie tragenden Subjektes gar nicht mehr bedürfen würde. Der Widerstand gegen das Banale und stets Erniedrigende der Wirklichkeit nimmt auch das Zweideutige einer Haltung, die man ebenso hybrid wie grausam nennen kann, gelassen in Kauf. Das Lebendige wird gewissermaßen dem Tode überantwortet – um als ein Schönes (und sei es nur als Ornament) wieder zu erstehen.

VII.

Stefan George hat an dieser Position, deren tiefgehender Bedrohlichkeit er sich, wie spätere Äußerungen belegen, durchaus bewußt gewesen ist, nicht festgehalten, aber noch im *Jahr der Seele* sind Element davon durchaus erkennbar, so wenn er den lebenden Freunden Worte des Andenkens zu widmen wagt als wären sie bereits abgeschieden, es sind dies die „Flüchtig geschnittenen Schatten zum Schmuck für meiner Angedenken Saal".

An E.R. sind die folgenden Verse gerichtet:

Oft scheint es als ob wir unsre besten
Erhebungen mit ihren süssen reizen
Aus früher frühe holen und mit resten
Die öde ganzer lebensräume heizen.

Bald so dass höchster schatz den wir besessen
Nur noch in seltner nacht uns mag bekümmern
Und wir auf eines schönen alters trümmern
Hin schreiten kühl mit grausamem vergessen.[28]

Grausam ist dieses Vergessen wohl weniger, weil es verhängnisvoll unentrinnbar ist, als vielmehr weil es sich um ein gewolltes handelt, eben jenes, in welchem das Lebendige der Gegenwart entrissen und in die Dauerhaftigkeit des Bildes überführt worden ist.

Es handelt sich um ein bewahrendes Vergessen, wie Kierkegaard es in „Entweder – Oder" beschrieben hat, ein kunstvolles, und darin gerade liegt seine Grausamkeit.

Die Gegenstände, von denen im Gedicht gehandelt wird, die in ihm und durch es evoziert werden, sind andere als sie dem ersten hörenden Blick sich darzubieten scheinen. Der 'totgesagte Park' wird nicht gefeiert, weil er in Wahrheit noch lebendig ist, er ist nur noch ein Anlaß, ästhetisches Wahrnehmen deutlich werden zu lassen und zu vermitteln, das als Stilisierung auch die Möglichkeit erst eröffnet, den Kranz, das Bild, das Gedicht zu 'verfertigen': schimmernd lächelnde Gestade, unerhofftes Blau reiner Wolken triumphiert über spätherbstlich farbloses Dasein, daher heißt es:

> Dort nimm das tiefe gelb – das weiche grau
> Von birken und von buchs • der wind ist lau •
> Die späten rosen welkten noch nicht ganz •
> Erlese küsse sie und flicht den kranz.[29]

Der Farbton der Astern, das tiefe Rot des wilden Weins und was vom grünen Leben noch geblieben, „Verwinde leicht im herbstlichen gesicht" – das wohl auch ein Gedicht sein könnte. Das Wahrnehmbare ist als solches auch poetisch verfügbar, wie in Georges Sonett auf Fra Angelico, das wie andere seiner Verse auch den Vorgang des Gestaltens in die Darstellung aufnimmt. Dabei weisen Sprödigkeit, Festigkeit und erlesener Wohlklang der Verse eher auf das Vorbild Mallarmés als auf das Swinburnes zurück. Anders als für Baudelaire ist für George nicht der Gestus der Preisgabe als vielmehr der Verwahrung charakteristisch, weshalb er auch das „Widrige" ausgrenzt und die Entsakralisierung des Poeten und der überlieferten Topoi nicht mit- oder nachvollzieht. Auf den offenkundigen Funktionsverlust von lyrischer Poesie reagiert er nichtsdestoweniger. Erlebnislyrik also darf man hier nicht suchen. Der Dichter 'erlebt' nicht und macht daraufhin Gedichte, sondern er sieht und erfährt im Hinblick auf sein dichterisches Verfahren. Der Dichter steht nicht im Leben, sondern zusehend, auswählend, sondernd neben diesem. Auch er versteht es, in der Vorwegnahme von Abschied und Vergängnis das 'Nachbild' zu bewahren und den künftigen Nachklang des bald schon Gewesenen. Auch die Seelenzustände will er nicht erleiden, sondern fest in seiner Gewalt haben; das berechtigt ihn, auch über den Freund oder die Geliebte zu verfügen, von sich aus zu bestimmen, was noch 'sein darf'. Die einzige noch gestattete Möglichkeit, ein Spaziergang, wird als Ritual huldvoll verheißen:

> Verschweigen wir was uns verwehret ist.
> Geloben wir glücklich zu sein
> Wenn auch nicht mehr uns beschert ist
> Als noch ein rundgang zu zwein.[30]

Was als Resignation erscheint, wird von dem, der hier das Wort hat, dekretiert: Empfinden wie Verhalten werden stilvoll einem Diktat unterworfen – dem des Dichters.

Dergleichen gilt freilich nicht für George allein, der aber nun ein hervorragendes Beispiel abgibt für die Art, wie ein moderner Dichter im (also: neben dem) Leben steht. Er bleibt beispielhaft, auch wenn er in seiner Sprödigkeit und Strenge sich von den Momenten des Schwelgerischen, von Swinburne, D'Annunzio, Loris u.a. unterscheidet, wie ihm auch das geistreich-Paradoxe eines Wilde so wenig zu entsprechen schein, wie die beispiellose, die Gegenstände auflösend vernichtende Sanftheit eines Mallarmé.

Décadence, Mystique, les écoles se déclarant ou étiquetées en hâte par notre presse d'information, adoptent, comme rencontre, le point d'un Idéalisme qui (pareillement aux fugues, aux sonates) refuse les matériaux naturels et, comme brutale, une pensée exacte les ordonnant, pour ne parler de rien que la suggestion. Instituer une relation entre les images exacte, et que s'en détache un tiers aspect fusible et clair présenté à la divination ... (...)[31]

Bei D'Annunzio schaut dies anders aus, man ist beinahe (was aber wohl falsch wäre) versucht, das Wort 'ungebrochen' zu verwenden, nicht 'dekadent'. Jedenfalls ist sein Wortprunk von der heilsamen wie anstrengenden Intensität der Reflexion der französischen Dichter weitgehend noch verschont geblieben. So erfährt Andrea Sperelli, der Held von *Il piacere*, ohne daß der Erzähler eine Andeutung von Abstand erkennbar werden ließe, Worte wie Rhythmus, Reime wie Kadenzen als eine seine Seele ganz erfüllende Musik. Er unterwirft sich bereitwillig der zauberischen Macht der Verse, die im genauen Sinne Carmina werden für ihn, er ist nun nichts als hingegebener Leser:

La magia del verso gli soggiogò lo spirito, e l'emistichio sentenziale d'un poeta contemporaneo gli sorrideva singolarmente. 'Il verso è tutto'.

Er schreibt und beobachtet dabei aufmerksam sich selbst:

Gli pareva che le rime, uscenti a mano a mano dal suo cervello, asvessero un sapor nuovo. La consonanza gli veniva spontanea, senza ch'ei la cercasse; e i pensieri gli nascevano rimati.

Die Strophe allerdings wird mit allen Schwierigkeiten von Wortklang und Reim, Rhythmus und Konstruktion nicht einfach gleich gemeistert, das präzise Adjektiv hat den notwendig starken Akzent nicht, und schließlich erscheint die Strophe:

come una medaglia riuscita imperfetta par colpa d'un fonditore inesperto il qual non avesse saputo calcolare la quantità di metallo fuso necessaria a riempirne il cavo. Egli, con acuta pazienza, rimetteva di nuovo nel crogiuolo il metallo, e ricominciava l'opera da capo. La strofa alla fine gli usciva intera e precisa; qualche verso, qua e là, aveva una certa asprezza piacente: (...)[32]

Schließlich ist das Sonett als ein unabhängiger Organismus durchgearbeitet und fertiges Gebilde. Genährt von Versen, die er bewundert und im Gedächtnis trägt, taucht Sperelli freudvoll ein in Rhythmus und Musik der Worte, und „quella spontanea improvisa agitazion poetica gli dava un inesprimibile diletto". Dies ist der Zustand, in dem er dann selbst, nicht ganz ohne Mühe, seine Sonette komponiert, vor und in sich das Beispiel von Ton und Bild, strahlender Metapher, genauestem Epitheton, gesuchter Harmonie, erlesener Kombination von Hiatus und Diärese, von den feinsten Raffinements in Metrum und Stil, von allen geheimnisvollen Künstlichkeiten des Elfsilblers der italienischen Dichter des 14. Jahrhunderts.

Kein Gesang also entsteht, für den der Dichter nur das unschuldige Medium ist; Kenntnis der Muster, Empfänglichkeit für die Kostbarkeiten der Verskunst und wiederholte, geduldige Arbeit sind die Voraussetzung für das Entstehen der Sonette des jungen Grafen, der hier für einen Augenblick zum Dichter wird, angerührt vom Zauber alter Verse. Von Gefühlen, Stimmungen, Sehnsüchten und Ängsten ist nicht die Rede, nur von einer einzigen Leidenschaft: der für den Vers.

Was dergestalt ausgeführt wird, könnte natürlich auch von einem der bedeutenden Formkünstler des 19. Jahrhunderts, A. v. Platen oder C.F. Meyer, Lord Tennyson oder auch einem der Parnassiens, von jedem Apostel des Neoklassizimus ebenso gesagt werden: erst im zeitgenössischen Kontext und in dem des Buches von D'Annunzio erhalten diese

Ausführungen einen anderen Stellenwert. Aus der Kunstübung beginnt ein Kult zu werden, denn diese richtet sich nicht auf das (scheinbar) Einfache, (gemacht) Natürliche, sondern auf das Erlesene, das Kostbare und Prunkvolle, vielleicht sogar Preziöse. Das Gedicht enthält keine Botschaft, es lebt nicht vom Gedanken, den es gefällig werden läßt, sondern einzig durch seine Gestalt.

Wirklichkeit herzustellen aus dem scheinbar völlig Unwirklichen, das ist der Triumph. So notiert Dante Gabriel Rossetti: „Poetry is the apparent image oft unapparant realities." Noch das Natürliche, das sogenannte, ist, soweit es nicht ausgegrenzt wird, hier nur noch ein Produkt der Kunst, wiewohl auf nicht immer leicht erkennbare Weise: „The deepest trait of nature in fiction will appear as if nothing but fact could have given it birth, and will yet show that consumate art is its true source."[33]

VIII.

Friedrich Nietzsche, der in vieler Hinsicht einem klassischen Stilideal huldigte und dementsprechend immer wieder einen Kanon antiker und quasi klassischer Werke des 17. und 18. Jahrhunderts propagierte, der immer wieder kritisch die Phänomene einer Modernität examinierte, der er als Décadence die Phänomene der Auflösung abzulesen vermochte, der sich selbst nicht freisprach von der Teilhabe daran (was ihn eben derart empfindlich reagieren ließ), Nietzsche hat Positionen des europäischen Ästhetizismus vertreten ohne den Begriff zu verwenden, ohne auch etwa als 'Wortführer' einer möglichen Gruppe von Künstlern und Schriftstellern aufzutreten oder umgekehrt von ihr als ein solcher reklamiert zu werden. Vermutlich ist, was er in diesem Zusammenhange dachte und schrieb entweder – doch von weniger nur – als selbstverständlich akzeptiert oder vom anderen umgekehrt als Teil seiner modernistischen Wühlarbeit angesehen worden. Jedenfalls fehlt es in der zeitgenössischen Kritik an Reaktionen gleich welcher Art gerade auf diese bedeutenden Teile seiner kritischen und kunstpsychologischen Bestimmungen. Begriffe wie 'Artisten-Metaphysik' oder 'Kunst als letzte metaphysische Tätigkeit des Menschen' werden erst später (bei Th. Mann oder G. Benn) zu handelsüblichen Parolen.

Der einzige, der ihm in dieser Hinsicht zu Lebzeiten schon spontan hätte zustimmen können, wird Richard Wagner gewesen sein, doch wissen wir davon nichts Genaues. Auch mag, was er *Aus der Seele der Künstler und Schriftsteller* mitzuteilen hatte, eher für Deutschland neu gewesen sein als für Frankreich oder England, abgesehen vielleicht von den Einsichten, die den Funktionswandel der Kunst betreffen, von dem er bereits in der vierten seiner *Unzeitgemäßen Betrachtungen* handelt.

Doch auch in *Menschliches, Allzumenschliches* ist davon die Rede. Es heißt hier:

> „Der künstlerische Genius will Freude machen, aber wenn er auf einer sehr hohen Stufe steht, so fehlen ihm leicht die Geniessenden; er bietet Speisen, aber man will sie nicht. Das giebt ihm ein unter Umständen lächerliches, rührendes Pathos, denn im Grunde hat er kein Recht, die Menschen zum Vergnügen zu zwingen. Seine Pfeife tönt, aber Niemand will tanzen; kann das tragisch sein? – Vielleicht doch. Zuletzt hat er als Compensation für diese Entbehrlichung mehr Vergnügen beim Schaffen, als die übrigen Menschen bei allen andern Gattungen der Thätigkeit haben."[34]

Nietzsche spricht hier nur von Kompensation – der Künstler wird auf sich selbst zurückverwiesen, und die an anderer Stelle geforderte „Artistische Erziehung des Publikums" bleibt eine bloße Wunschvorstellung, gegründet auf die Einsicht in das kulturelle und soziale 'Klima' vergangener Epochen wie anderer Länder.

Dies ist die eine Seite, die der Rezeption, der Wirkung, die freilich an der grundsätzlichen Problematik nichts ändert. Sie bestimmt Nietzsche unter der Überschrift *Achilles und Homer* auf eine Weise, daß nicht allein für Autoren wie Th. Mann etwa daraus eine Fülle von Motiven gewonnen werden konnte. Der Gegensatz von Leben und Gestalten, Handeln und Betrachten wird so nüchtern bestimmt als wäre er ein Grundgesetz der künstlerischen Hervorbringung:

Es ist immer wie zwischen Achilles und Homer: der Eine hat das Erlebnis, die Empfindung, der Andere beschreibt sie. Ein wirklicher Schriftsteller giebt dem Affekt und der Erfahrung Anderer nur Worte, er ist Künstler, um aus dem Wenigen, was er empfunden hat, viel zu errathen. Künstler sind keineswegs die Menschen der grossen Leidenschaft, aber häufig geben sie sich als solche, in der unbewussten Empfindung, dass man ihrer gemalten Leidenschaft mehr traut, wenn ihr eigenes Leben für ihre Erfahrung auf diesem Gebiete spricht.[35]

Zügellosigkeit ist keineswegs Leidenschaft, gibt Nietzsche zu verstehen, wenn sie auch schon als solche wirken mag; mit der wirklichen, der das Individuum verzehrenden Leidenschaft freilich verhält es sich anders, denn „wer sie erlebt, beschreibt sie gewiss nicht in Dramen, Tönen oder Romanen. Künstler sind häufig zügellose Individuen so weit sie eben nicht Künstler sind: aber das ist etwas Anderes."

Nietzsche nimmt dann insofern wieder eine Einschränkung vor, als er auch ein Schaffen aus Fülle und Überfluß, Sicherheit und Gesundheit anzuerkennen bereit ist, nicht allein aus Entbehrung, Verlangen und Abstand. Dabei handelt es sich im Grunde um die Differenz von Klassik (als antik) und Romantik (als modern), wie sie von Schiller und vor allem von Fr. Schlegel festgehalten worden war, wobei es sich aber nicht allein um historisch bestimmbare Unterschiede handelt, sondern gleichzeitig um typologische: „Sowohl die klassisch als die romantisch gesinnten Geister – wie es diese beiden Gattungen immer giebt – tragen sich mit einer Vision der Zukunft: aber die ersteren aus einer Stärke ihrer Zeit heraus, die letzteren aus deren Schwäche." So erklärt sich Nietzsches klassizistisch orientierter Stilwille unschwer als Reaktion auf die Dekadenz-Phänomene der Gegenwart: Stilwille und Zukunftsvision des Ästhetizismus sind Stigmata einer oft uneingestandenen Schwäche. In der 2. Nachschrift zu *Der Fall Wagner* wird diese Argumentation negativ auf J. Brahms angewandt; schon im *5. Buch* der *Fröhlichen Wissenschaft* sprach Nietzsche von seiner 'Hauptunterscheidung' – „ist hier der Hunger oder der Überfluss schöpferisch geworden?"[36] Als er dann diese Überlegungen für *Nietzsche contra Wagner* übernimmt, wird die Stelle überarbeitet, ja präzisiert und auf charakteristische Weise verändert: „In Hinsicht auf Artisten jeder Art bediene ich mich jetzt dieser Hauptunterscheidung: ist hier der Hass gegen das Leben oder der Überfluss an Leben schöpferisch geworden?" In Goethe zum Beispiel wird die Überfluß schöpferisch, in Flaubert der Haß: Flaubert, eine Neuausgabe Pascals, aber als Artist, (...) „dem der Mensch nichts, das Werk hingegen alles ist". Diese besondere Selbstlosigkeit erscheint Nietzsche als „décadence-Princip, der Wille zum Ende in der Kunst sowohl wie in der Moral". Flaubert als krankhafte Antithese zu Goethe, das ist neu, neu wie die Folgerung, die Nietzsche hier zieht. Er wehrt sich – nicht nur gegen Wagner, sondern auch gegen den ihm so wohl vertrauten, sogar ihm eigenen Ästhetizismus.

IX.

Man kann vom Ästhetizismus als von einer Fortführung und Steigerung zugleich der europäischen Romantik sprechen und mit nicht geringerer Berechtigung im Hinblick auf die sentimental und trivial gewordene romantische Überlieferung von einer konsequenten Entromantisierung. Die Mortifikation des Lebens wird vollzogen, um dieses im Schönen wiedererstehen zu lassen. Impassibilité, ein Leitwort Flauberts, ist zugleich das Stichwort für die Entsubjektivierung der Kunst, für ihre Befreiung vom persönlich-Geständnishaften und Empfindsamen. Der Choc der Moderne, Reizüberflutung bei Aufnahmesperre, da doch die überbordende Fülle nicht mehr rezipierbar ist, wird als eine Provokation vermittelt, und der Dichter spricht nicht von seinen Gefühlen, sondern von den fiktiven des Hörers oder des Lesers. Er spricht auch nicht mehr wie früher von der Natur, die als moralisch minderwertig, ja als häßlich oder doch als reizlos und daher uninteressant sich darstellt; was schön ist, gehört dem Geiste des Menschen zu, seiner Planung und Berechnung, seiner hervorbringenden Fähigkeit und insofern seiner 'Tugend'. Als solches ist es eine Manifestation der 'Künstlichkeit'. Andererseits sind die künstlerischen Hervorbringungen auch bedrängt durch Naturwissenschaft und Technik, d.h. durch fortschreitende Realitätsbeherrschung und dem hinter den durch die daraus entstehenden Veränderungen sich manifestierenden Wahrheitsanspruch der modernen Wissenschaft. Die Photographie z.B. läßt alle Nachahmungsansprüche der Malerei obsolet werden.

Die Schwierigkeiten in der Bestimmung des Ästhetizismus bleiben bestehen: die sog. „schwarze Romantik" (M. Praz) ist nur ein Ausschnitt davon. Die Ambivalenz ist die von Tod und Verklärung, Glorifizierung und Verdächtigung der Kunst, wie sie bei Nietzsche erkennbar wird. Man muß überdies zwischen dem Ästhetizismus des Künstlers, der wie bei Flaubert asketische Züge annehmen kann, und demjenigen unterscheiden, der die Lebenshaltung des 'ästhetischen Menschen' ist. Jedenfalls aber kann man sagen, daß nach einem vollen Jahrhundert von Erlebnis- und Empfindungsdichtung so der Literatur wie der Kunst ihre gewissermaßen 'ursprüngliche Künstlichkeit' zurückgewonnen wird.

So gehört der Ästhetizismus nicht nur zu den Voraussetzungen, sondern auch zu den Merkmalen der Moderne, dies nicht als Ausdruck von Lebensekeln, noia, Schwermut oder als Preis des Schönen, gar um seiner symbolistischen Momente willen, sondern in der konsequenten Künstlichkeit des Kunstprinzips, im entschlossenen Stilwillen, den sich entwickelnden Formen des Hermetismus. Die Entsakralisierung des poetischen Subjekts, die Demaskierung des künstlerischen Genies, die Reinigung der Kunst von allen religiösen, moralischen, weltanschaulichen und sozialen Elementen, die neue Präzision und Sachlichkeit, die Einbeziehung des bis dahin ausgegrenzten sog. Häßlichen, die Opposition gegen eine immer mehr ökonomisch bestimmte Gesellschaft, das sind Momente der ästhetizistischen Revolte in der Vor- und Frühzeit der europäischen Moderne. Das künstlerische Werk erscheint als Verweigerung, als Herausforderung und wirkt dadurch rebellisch in einer immer banaler und immer barbarischer werdenden Welt.

The service of philosophy,of speculative culture, towards the human spirit is to rouse, to startle it into sharp and eager observation. Every moment some form grows perfect in hand or face; some tone on the hills or the sea is choicer than the rest; some mood of passion or insight or intellectual exitement is irresistibly real and attractive for us, – for that moment only. Not the fruit of experience, but experience itself, is the end. A counted number of pulse only is given to us of a variegated, dramatic life. How may we see in them all that is to be seen in them by the finest senses? fragt W. Pater und erwidert: To burn always with this hard, gemlike flame, to maintain this ecstasy is success in life.[37]

Momente, Motive, Attituden und Ansichten des Ästhetizismus bleiben keineswegs auf die zweite Hälfte und das Ende des 19. Jahrhunderts beschränkt. Sie wirken weit über das fin de siècle hinaus und treten bei Schriftstellern und Dichtern von ganz unterschiedlicher Eigentümlichkeit in Erscheinung wie Rudolf Borchardt oder Gottfried Benn, und noch das *Buch der Unruhe* von Fernando Pessoa hat sie in sich aufgenommen. Denn die 'Unruhe' ist nicht zuletzt eine Folge des ständig fortschreitenden Verlustes der Unbewußtheit - die doch als Voraussetzung des Lebens gelten muß. Das Leben, das zu denken begönne, würde sich stillstellen. Es wird - Kunst.

Paul Valéry, der sehr genau wußte, wovon er sprach, hat 1920 an wenig bemerkter Stelle und gleichsam nebenbei einen kurzen Rückblick auf diese Phase des Ästhetizismus und der sog. Dekadenz gegeben: die auch auf seine Jugend nachhaltig eingewirkt haben: absolute Reinheit, heißt es hier: verträgt sich nicht mit den Bedingungen des Lebens. Die Idee der Vollkommenheit durchqueren wir nur,

> wie die Hand ungestraft durch die Flamme streift. Aber die Flamme ist unbewohnbar, und die Behausungen der höchsten Glückseligkeit stehen notwendigerweise leer. Ich meine, unser Streben nach der äußersten Strenge der Kunst - nach einer Folgerung aus den Voraussetzungen, die uns frühere gelungene Werke boten -, nach einer Schönheit, die ihrer Entstehungsgeschichte immer tiefer bewußt wäre, die von allen *Inhalten* immer unabhängiger, von vulgären Gefühlsreizen ebenso wie von groben Effekten der Beredsamkeit immer freier geworden wäre - all dieser allzu aufgeklärte Eifer führte vielleicht zu einem beinahe unmenschlichen Zustand. Das ist eine allgemein feststellbare Tatsache: die Metaphysik, die Moral, ja sogar die Wissenschaften haben es bezeugt.[38]

Anmerkungen

1 John Keats: The poetical works of..., ed. with Introduction and Memoir by Walte S. Scott, New York 1907, S. 119.
2 Theophile Gautier: Emaux et Camées. Genève, Droz 1947, S. 130ff.
3 Stefan George: Hymnen Pilgerfahren Algabal (GA, Bd. II), Berlin 1928, S. 108.
4 Hugo von Hofmannsthal: Posa I, hrsg. von Herbert Steiner, Frankfurt/M. 1950, S. 149.
5 Vgl. hierzu Walther Rehm: Gontscharow und Jacobson oder Langeweile und Schwermut, Göttingen 1963.
6 Arnold Hauser: Sozialgeschichte der Kunst und Literatur, München 1967, S. 285f. u. S. 363f.
7 Vgl. Mario Praz: Liebe, Tod und Teufel. Die schwarze Romantik, übers. von Lisa Rüdiger, 2. Aufl., München 1980.
8 Edmond u. Jules de Goncourt: Tagebuch vom 20.2.1860, übers. und hrsg. von J.F. Witkop, Frankfurt/M. 1983, S. 146.
9 E.T.A. Hoffmann: Fantasie- und Nachtstücke, hrsg. v. Walter Müller-Seidel, München 1960, S. 36f. („Kreisleriana", 3. Stück).
10 John Keats: Letters of ..., a new selection, edited by Robert Gittings, London/Oxfort/New York 1970, S. 85.
11 Charles Baudelaire: Les Fleurs du Mal, Paris 1968, S. 21f.
12 Friedrich Nietzsche: Sämtliche Werke, Kritische Studienausgabe, hrsg. v. G. Colli u. M. Montinari, München 1980 (dtv), Bd. 2, S. 427, S. 452 u. S. 186.
13 Charles Baudelaire, a.a.O., S. 148.
14 John Keats: Letters, a.a.O., S. 41, vgl. auch S. 157: der Dichter besitzt keine Identität, heißt es hier, er ist ein Chamäleon: „A Poet is the most unpoetical of any thing in existence; because he has no Identity - he is continually in for - and filling some other Body - The Sun, the Moon, the Sea and Men and Women who are creatures of impulse are poetical and have about them an unchangeable attribute - the poet has none; no identity - he is certainly the most unpoetical of all God's Creatures."
15 Søren Kierkegaard: Entweder - Oder, hrsg. von Hermann Diem u. Walter Rest, München 1975 (dtv), S. 54.
16 Ebd., S. 392.
17 Jean Pauls Werke in zwölf Bänden, hrsg. von Norbert Miller, München 1975, Bd. 5, S. 490.

18 Alfred de Musset: La confession d'un enfant du siècle, Paris 1968, 1ere Partie, Chap. II; Théophile Gautier, Mademoiselle de Maupin: Chronologie et introduction par Geeviève van den Bogaert, Paris 1966, S. 43ff.
19 Hugo von Hofmannsthal: Gesammelte Werke, Reden und Aufsätze III, hrgs. von Bernd Schoeller u. Ingeborg Beyer-Ahlert, Frankfurt/M., 1980, S. 386, S. 404f., S. 426.
20 Hugo von Hofmannsthal: Prosa I, a.a.O., S. 99f.
21 Algernon Charles Swinburne, Poems and Ballads, Volume III, London 1904, S. 85. Vgl. hierzu: Christian Enzensberger: Viktorianische Lyrik. Tennyson und Swinburne in der Geschichte ihrer Entfremdung, München 1969, S. 195ff.
22 Hugo von Hofmannsthal: Prosa I, a.a.O., S. 204, S. 198.
23 Oscar Wilde: Intentions, Leipzig/London 1908 (The English Library 54), S. 4, S. 15, S. 33, S. 36.
24 Charles Baudelaire: Curiosités Esthétiques, Paris 1917, S. 273.
25 Charles Baudelaire: Les Fleurs du Mal, a.a.O., S. 161f..
26 Ebd., S. 199ff.
27 Stefan George: Hymnen Pilgerfahrten Algabal, a.a.O., S. 91, S. 96.
28 Stefan George: Das Jahr der Seele, 11. Aufl., Berlin 1922, S. 73, S. 81.
29 Ebd., S. 12; siehe hierzu auch die Vorrede zur 2. Auflage, in der sich George gegen falsche Deutungsversuche verwahrt, dagegen, „sich unweise an das menschliche oder landschaftliche urbild zu kehren: es hat durch die kunst solche umformung erfahren dass es dem schöpfer selber unbedeutend wurde und ein wissen-darum für jeden andern eher verwirrt als löst". Dazu die grundsätzliche Feststellung: „namen gelten nur da wo sie als huldigung oder gabe verewigen sollen und selten sind sosehr wie in diesem buch ich und du die selbe seele".
30 Ebd., S. 93.
31 Stéphane Mallarmé: Oeuvres complètes, Texte établi et annoté par H. Mondor et G. Jean-Aubery, Bibliothèque de la Pléiade, Paris 1945, S. 365.
32 Gabriele d'Annunzio: Il piacere. Nella sresura preparata dall' autore per l'edizione francese del 1894, Milano 1976, S. 117f.
33 Dante Gabriel Rossetti: Collected Works, ed. by William Rossetti, London 1886, Vol. I, S. 511.
34 Friedrich Nietzsche: Sämtliche Werke, a.a.O., Bd. 2, S. 147f., S. 157.
35 Ebd., S. 172; zum Thema „Classisch und romantisch" ebd., S. 652.
36 Friedrich Nietzsche: Sämtliche Werke, a.a.O., Bd. 3, S. 620 unter der Frage „Was ist Romantik?".
37 Walter H. Pater: The Renaissance. Studies in Art and Poetry, London 1890, S. 247.
38 Paul Valéry: Vorwort zur 'Erkenntnis der Göttin', in: P.V. Werke 5, Frankfurter Ausgabe. Zur Theorie der Dichtkunst und Vermischte Gedanken, hrsg. von Jürgen Schmidt-Radefeldt, Frankfurt/M. 1991, S. 35.

Nietzsche als Paradigma der Moderne

Theo Meyer

Selbst wir geborenen Räthselrather, die wir gleichsam auf den Bergen warten, zwischen Heute und Morgen hingestellt und in den Widerspruch zwischen Heute und Morgen hineingespannt, wir Erstlinge und Frühgeburten des kommenden Jahrhunderts [...] woran liegt es doch, dass selbst wir ohne rechte Theilnahme für diese Verdüsterung, vor Allem ohne Sorge und Furcht für *uns* ihrem Heraufkommen entgegensehn (3, 574-FW [Nr. 343])

In diesen Sätzen aus dem 5. Buch der *Fröhlichen Wissenschaft* (1887) setzt Nietzsche dem über Europa heraufziehenden Nihilismus, dem alles erfassenden Sinnschwund, der allgemeinen „Verdüsterung und Sonnenfinsternis" (3, 573), einen Utopismus der Erneuerung, das Postulat eines radikal neuen Daseins- und Weltentwurfs, entgegen. Er fühlt sich getragen vom Bewußtsein, zu den Vorläufern und Bahnbrechern eines neuen Zeitalters zu gehören, in einer großen geschichtlichen Wende zu leben und der Vorbereiter einer grundsätzlich neuen Daseinsform und Weltdeutung zu sein. Dabei steht dieser Prozeß unter dem Vorzeichen einer spezifischen Dialektik von Verlust und Gewinn, Destruktion und Entwurf, Nihilismus und Freiheit. Für Nietzsche ist die 'Gott-ist-tot'-Philosophie eine Philosophie der Freiheit:

In der That, wir Philosophen und „freien Geister" fühlen uns bei der Nachricht, dass der „alte Gott todt" ist, wie von einer neuen Morgenröthe angestrahlt; unser Herz strömt dabei über von Dankbarkeit, Erstaunen, Ahnung, Erwartung, – endlich erscheint uns der Horizont wieder frei, gesetzt selbst, dass er nicht hell ist, endlich dürfen unsre Schiffe wieder auslaufen, auf jede Gefahr hin auslaufen, jedes Wagniss des Erkennenden ist wieder erlaubt, das Meer, *unser* Meer liegt wieder offen da, vielleicht gab es noch niemals ein so „offnes Meer". (3, 574-FW)

Für Nietzsche ist der Tod Gottes nicht nur ein Unglück, sondern auch ein Glück, denn erst durch den Tod Gottes gewinnt der Mensch seine Freiheit, seine absolute Freiheit. Erst der Tod Gottes ist *„die grosse Befreiung,* – damit erst ist die *Unschuld* des Werdens wieder hergestellt ... Der Begriff „Gott" war bisher der grösste *Einwand* gegen das Dasein ... Wir leugnen Gott, wir leugnen die Verantwortlichkeit in Gott: *damit* erst erlösen wir die Welt." (6, 97-GD).

Der Tod Gottes ist nicht nur Ausdruck einer Krise, einer alle Fundamente der abendländischen Geschichte erschütternden Krise, sondern auch ein Signal der Freiheit, das Signal der schöpferischen Freiheit des Menschen. Für Nietzsche ist Freiheit, wahre Freiheit, Freiheit ohne Gott. Erst durch den Verlust resp. das Verschwinden Gottes gewinnt der Mensch unbedingte Selbstverantwortlichkeit und absolute Schaffensfreiheit. Es ist Nietzsches tiefstes Anliegen, den Menschen als den Schaffenden ganz aus sich selber zu begründen. Der Tod Gottes ist die Voraussetzung der menschlichen Freiheit. Die Existenz Gottes würde eine Einschränkung der menschlichen Freiheit implizieren. Indem Nietzsche den Menschen ganz auf sich selber stellen will, kann er keine ihm überlegene Macht mehr anerkennen. Zarathustra will selbst die höchste Macht sein, die höchste schaffende, gesetzgeberische Macht. Nicht der göttliche Wille, sondern der menschliche Wille ist der die Welt prägende Wille. Dies wird von Zarathustra nicht einfach nur als logische Tatsache, sondern als psychologisches Postulat begründet:

> *wenn* es Götter gäbe, wie hielte ich's aus, kein Gott zu sein! *Also* giebt es keine Götter. [...] Hinweg von Gott und Göttern lockte mich dieser Wille; was wäre denn zu schaffen, wenn Götter – da wären! (4, 110f.-Za [Auf den glückseligen Inseln])

Damit werden Dasein und Welt in die Verfügungsgewalt des Willens, des menschlichen Willens, gestellt. Der schaffende Wille des Menschen erscheint als die höchste Potenz überhaupt. Ausgehend von dem Grundgedanken, daß die Welt an sich keinen Sinn hat, daß 'Gott', das Sinnzentrum der Welt, eine bloße Fiktion ist und daß erst der Mensch einen Sinn in die Dinge legt, daß er es ist, der überhaupt erst so etwas wie 'Sinn' schafft, stellt Nietzsche an den Menschen die absolute Forderung, die höchste Form der Selbstverwirklichung anzustreben, das heißt, ein Schaffender zu sein, und zwar ein Schaffender, der ständig über sich hinaus schafft und dessen letztes Schaffensziel der „Übermensch" ist. Der „Übermensch", dieser inhaltlich so schwer, ja vielleicht überhaupt nicht definierbare Daseinsentwurf Nietzsches, ist die große regulative Idee des Schaffenden. Der Tod Gottes und die Idee des „Übermenschen" bedingen einander. Zarathustra verkündet, „dass *Gott todt* ist!", und erklärt zugleich: „*Ich lehre euch den Übermenschen*. Der Mensch ist Etwas, das überwunden werden soll." (4, 14-Za [Vorrede]). Dabei sind Ursache und Wirkung wechselseitig. Der Entwurf des „Übermenschen" ist nicht nur die Folge, sondern auch die Ursache von Gottes Tod. Um der Freiheit des Menschen willen ist der Tod Gottes eine unabdingbare Forderung. Im Textstück *Der tolle Mensch* aus der *Fröhlichen Wissenschaft*, das vom Motiv „Gott ist todt!" durchdrungen ist, wird dies als Tat des Menschen herausgestellt, und zwar als eine, als *die* alles umwälzende Tat, die höchste Tat in der bisherigen Geschichte der Menschheit, die höchste Tat deshalb, weil sie nicht nur das bisherige höchste Gut der Menschheit vernichtet, sondern auch Ausdruck der höchsten Freiheit des Menschen ist. Es heißt:

> Wohin ist Gott? rief er, ich will es euch sagen! *Wir haben ihn getödtet*, – ihr und ich! Wir Alle sind seine Mörder! [...] Ist nicht die Grösse dieser That zu gross für uns? Müssen wir nicht selber zu Göttern werden, um nur ihrer würdig zu erscheinen? Es gab nie eine grössere That, – und wer nur immer nach uns geboren wird, gehört um dieser That willen in eine höhere Geschichte, als alle Geschichte bisher war! (3, 480f.-FW [Nr. 125])

Mit existentiellem Pathos beschwört Nietzsche die kopernikanische Wende vom Gottesglauben zur Gottlosigkeit, von der Metaphysik zum Nihilismus. Gemeint ist allerdings nicht der „*passive* Nihilismus" (= „*Niedergang* und *Rückgang der Macht des Geistes*"), sondern der „*aktive* Nihilismus" (= „Zeichen der *gesteigerten Macht des Geistes*") (III, 557). Im Unterschied zum *passiven* Nihilismus, d.h. dem Nihilismus der Willenlosigkeit, wie er sich in der *décadence*, in Christentum, Buddhismus und Wagnerianismus zeigt, ist der *aktive* Nihilismus, wie ihn Nietzsche und Zarathustra betreiben, ein Nihilismus des Willens, des das Dasein radikal verändernden Willens zur Macht. Diese Form des „Nihilism" ist „eine göttliche Denkweise" (13, 196-F), ein „ekstatischer Nihilismus", der dem „Leben" Bahn bricht (11, 547-F). Dieser „Nihilismus" vollzieht den dialektischen Umschlag aus der „Negation" zum „*dionysischen Jasagen* zur Welt" (13, 492-F). „'Nihilismus' als Ideal der *höchsten Mächtigkeit* des Geistes, des überreichsten Lebens, teils zerstörerisch, teils ironisch" (III, 557). So ist der „Nihilismus" für Nietzsche eine produktive Herausforderung. Er ist der Probierstein des Willens. In dem Maße, in dem es dem Menschen gelingt, den „Nihilismus", die „radikale Ablehnung von Wert, Sinn, Wünschbarkeit" (III, 881), durch schöpferische Akte zu bewältigen, ja zu überwinden, erweist er sich als konstruktive Existenz. Der Philosoph, Kulturkritiker und Psychologe Nietzsche legt den Zeitgenossen nicht nur eine Nihilismus-Diagnose vor, die schärfste, schonungsloseste Diagnose des Nihilismus, die je vorgelegt wurde, sondern er betreibt zugleich – durch die Philosophie des Schaffens – die Nihilismus-Überwindung.

Nietzsches Denken und Schaffen zielt in eine Doppelrichtung. Einerseits konzentriert er sich auf zeitlose Probleme, auf existentiell-anthropologische Grundfragen, auf die *conditio humana*, sowie auf die kosmisch-mythischen Aspekte der Welt. Andererseits setzt er sich ständig mit historischen Problemen auseinander, mit Vergangenheit, Gegenwart und Zukunft, und zwar in der Weise, daß er die Vergangenheit sowohl kritischen Verdikten unterzieht (sofern sie – wie in der christlich-platonischen Weltauslegung – das Leben schwächt) als auch die Vergangenheit hochstilisiert (sofern sie – wie insbesondere die großen Künstler der Vergangenheit – das Leben stärkt), daß er des weiteren die Gegenwart, seine eigene Zeit, fast ausschließlich der Kritik unterwirft, in schroffer Negation des herrschenden Gesellschafts- und Kultursystems, und daß er schließlich, unbeschadet der in ihr drohenden Schrecknisse, in der Zukunft die eigentliche Dimension der Erneuerung erblickt, wie dies vor allem in der Utopie des „Übermenschen" zum Ausdruck gelangt. Nietzsche steht in permanenter Opposition zur eigenen Zeit, und er ist zugleich der Utopist der kommenden Zeit. Schon in *Schopenhauer als Erzieher* (1874) umkreist Nietzsche den Antagonismus zwischen dem schöpferischen Subjekt und seiner unschöpferischen Epoche. Das Beispiel Richard Wagners zeige,

> wie der Genius sich nicht fürchten darf, in den feindseligsten Widerspruch mit den bestehenden Formen und Ordnungen zu treten, wenn er die höhere Ordnung und Wahrheit, die in ihm lebt, an's Licht herausheben will. (1, 351-SE)

Schopenhauer bietet den „Kampf eines solchen Grossen *gegen* seine Zeit" (1, 362-SE). Nietzsche versteht die Opposition gegen die Zeit als produktive Opposition, denn im Widerstand gegen die (unschöpferische) Zeit vermag der 'Genius' seine (schöpferischen) Kräfte zu entfalten. Deshalb meint Nietzsche, daß „wir Alle durch Schopenhauer uns *gegen* unsre Zeit erziehen können" (1, 363-SE). Und schon zu dieser Zeit erhebt er das kreative Subjekt in den Rang einer weltverändernden Potenz:

> Denken wir uns das Auge des Philosophen auf dem Dasein ruhend: er will dessen Werth neu festsetzen. Denn das ist die eigenthümliche Arbeit aller grossen Denker gewesen, Gesetzgeber für Maass, Münze und Gewicht der Dinge zu sein. (1, 360-SE)

Die Auseinandersetzung mit der Epoche wird zum Wettstreit, in dem der schöpferische Mensch seine Kräfte an den Widerständen der Zeit erprobt. Es sind überhaupt nicht nur die Mißstände der Zeit, die Nietzsches Epochenkritik herausfordern, sondern es ist auch dieser agonale Zug in seinem Wesen, der ihn immer wieder zu provokatorischer Zeitkritik stimuliert.

Nietzsche, der kompromißlose Kritiker seiner Zeit, greift nicht nur das konservative Lager, Machtstaat, Chauvinismus und Antisemitismus, sondern auch die progressiven Kräfte der Zeit, Demokratie und Sozialismus, vehement an. Die „Modernität", der „moderne Mensch" und die „modernen Ideen" sind ihm höchst suspekt, ja verhaßt. Im Unterschied zum zeitgenössischen Realismus, der die 'Moderne' auf seine Fahnen geschrieben hat,[1] ist Nietzsche ein geschworener Feind des 'modernen' Lebens. Er polemisiert gegen das 'Moderne', wo immer er es antrifft, ob in Gesellschaft, Kultur oder Kunst. Die modernen Lebensformen sind Erscheinungsformen der *décadence*. Die „*'Modernität'*" ist charakterisiert durch die „*Schwächung* der *Willenskraft*" (WzM, Nr. 74). Der „Modernität" fehlt es an „Zucht", „Autorität", „Mäßigung" und „Feinheit" (U II, Nr. 1075). Sie ist gekennzeichnet durch einen flachen biologistischen Pragmatismus: „Die '*Modernität*' unter dem Gleichnis von Ernährung und Verdauung." (WzM, Nr. 71). Die Kritik der „Modernität" kann bei Nietzsche Züge eines extremen Kulturkonservativismus, ja einer reaktionären Gesellschaftsideologie annehmen, wie im Textstück *Kritik der Modernität*, in dem progressive Gesellschaftstendenzen zugunsten einer imperialen Machtpolitik abgelehnt werden (vgl. 6, 140ff.-GD).[2] Der „moderne Mensch" ist gekennzeichnet durch die Stigmata der Lebensschwäche, der Schein- und Lügenhaftigkeit, des plattesten Utilitarismus. Der „moderne Mensch", angefüllt mit unverdautem Bildungsgut und stolz auf seine „'Innerlichkeit'", ist die „'schwache Persönlichkeit'" (1, 272ff.-HL). Nietzsche wendet sich gegen das „ganze moderne Kunst-Lügenwesen" (1, 474-WB). Mit besonderer Vehemenz attackiert Nietzsche die 'Christlichkeit' des „modernen Menschen": „was für eine *Missgeburt von Falschheit* muss der moderne Mensch sein, dass er sich trotzdem *nicht schämt*, Christ noch zu heissen!" (6, 211-AC). Dem modernen Menschen fehlt der Impetus zum Übermenschen. Der „Mensch der 'modernen Ideen', dieser stolze Affe" (5, 156-JGB), huldigt statt dessen einem alles nivellierenden Demokratismus.[3] Die „modernen Ideen" – das ist der Glaube „an den 'Fortschritt' und 'die Zukunft'" (5, 210-JGB); die „sogenannten Gebildeten", diese „zeitunglesende Halbwelt des Geistes", sind die „Gläubigen der 'modernen Ideen'" (5, 218-JGB); es herrscht die „Paralysis agitans der 'modernen Ideen'" (5, 408-GM). Nietzsches Kritik der „modernen Ideen" erwächst aus der Vorstellung eines prinzipiellen Antagonismus zwischen (westlicher) Zivilisation und (deutscher) Kultur. Er schreibt:

> Das, was man „die modernen Ideen" oder „die Ideen des achtzehnten Jahrhunderts" oder auch „die französischen Ideen" nennt – Das also, wogegen sich der *deutsche* Geist mit tiefem Ekel erhoben hat –, war englischen Ursprungs [...] Die Franzosen sind nur die Affen und Schauspieler dieser Ideen gewesen [...] (5, 197-JGB)

Der Widerstreit von Geist und Politik, Künstlertum und Gesellschaft, Kultur und Zivilisation, der weite Kreise des deutschen Bildungsbürgertums prägt und später vor allem in Thomas Manns *Betrachtungen eines Unpolitischen* seinen repräsentativen Niederschlag findet, zeigt Nietzsche als einen un-modernen Denker und Kritiker. Gegenüber den 'modernen' Ideen vertritt er unzeitgemäße Ideen. Er ist auch in dem Sinne Paradigma der Moderne, daß er die Moderne bekämpft. Er bekämpft sie freilich nicht aus einem 'bürgerlichen' Harmoniebedürfnis heraus, sondern er ist der nonkonformistische Provokateur, der den Vermassungstendenzen der industriellen Epoche durch Berufung auf den kreativen Geist Widerstand entgegensetzt. Nietzsche versteht sich allerdings nicht nur in der Relation zur eigenen Epoche, sondern vor allem auch als zeitüberdauernde Antizipation der Zukunft. Er mißt die Gegenwart an seinem futurischen Weltentwurf. Er denkt nicht nur in der (begrenzten) Kategorie eines Zeitalters, sondern in der (unbegrenzten) Dimension von Jahrtausenden. Einerseits ist er das Paradigma der Moderne, der Zeit vom *fin de siècle* bis zur aktuellen Gegenwart. Andererseits läßt er die Historizität einer Epoche hinter sich, um in äternalistischen Zeiträumen zu operieren.

Ein Signum des modernen Menschen ist seine labyrinthische Orientierungslosigkeit. Dem setzt Nietzsche die nonkonformistische Utopie des neuen Menschen entgegen, der durch kreative Akte aus dem 'Labyrinth' hinausfindet:

> Wir sind Hyperboreer [...] Wir haben das Glück entdeckt, wir wissen den Weg, wir fanden den Ausgang aus ganzen Jahrtausenden des Labyrinths. Wer fand ihn *sonst?* – Der moderne Mensch

etwa? „Ich weiss nicht aus, noch ein; ich bin Alles, was nicht aus noch ein weiss" – seufzt der moderne Mensch ... An *dieser* Modernität waren wir krank, – am faulen Frieden, am feigen Compromiss, an der ganzen tugendhaften Unsauberkeit des modernen Ja und Nein. (6, 169-AC)

Der „Ausgang", das „Glück", das Nietzsche gefunden hat, ist der Wille zur Macht, der neue Daseinsentwurf durch Akte der absoluten Poiesis, der Sinnsetzung kraft unbedingter kreativer Autonomie.[4] Die „Modernität", die Nietzsche bekämpft, ist das in geistiger Saturiertheit und bürgerlicher Harmonie erstarrende Leben.[5]

Während Nietzsche diese dekadente 'Modernität' schroff ablehnt, würde er einer kreativen Modernität durchaus das Wort reden. Dies wäre eine Modernität, die nicht von Fortschrittsdenken, Demokratismus und Pragmatismus, sondern von einer schöpferischen Kultur, Philosophie und Kunst geprägt wäre, deren letztes, anthropologisches Ziel ein neuer Mensch sein würde. Damit aber gewinnt die Zukunft im Denken Nietzsches zentrale Bedeutung. Nietzsche, der häufig genug als Anwalt eines (schöpferischen) Kulturkonservativismus auftritt, ist zugleich der Verkünder einer (zukünftigen) Kulturrevolution. Er ist Traditionalist und Utopist in einem. Dabei gehen Fortschrittsfeindschaft und Zukunftsgläubigkeit bei ihm Hand in Hand. Die Zukunft ist die Zeiterstreckung, in die der Schaffende seine großen Entwürfe projizieren kann. Dies ist für Nietzsche allerdings nicht die Angelegenheit der modernen Massenmenschen, sondern der Daseinsentwurf einer geistigen Elite, einer Elite der einsam Schaffenden. So erklärt Zarathustra, im Kapitel *Vom Gesindel:* „Auf dem Baume Zukunft bauen wir unser Nest; Adler sollen uns Einsamen Speise bringen in ihren Schnäbeln!" (4, 126-Za). Nietzsches Höhenmenschpathos findet in der Zukunft sein ideales Betätigungsfeld. Die eigene Gegenwart hingegen erscheint als brüchig, verloren, sinnlos. Im Textstück *Wir Heimatlosen* heißt es:

Wir Kinder der Zukunft, wie *vermöchten* wir in diesem Heute zu Hause zu sein! Wir sind allen Idealen abgünstig, auf welche hin Einer sich sogar in dieser zerbrechlichen zerbrochnen Uebergangszeit noch heimisch fühlen könnte; was aber deren „Realitäten" betrifft, so glauben wir nicht daran, dass sie *Dauer* haben. Das Eis, das heute noch trägt, ist schon sehr dünn geworden: der Thauwind weht, wir selbst, wir Heimatlosen, sind Etwas, das Eis und andre allzudünne „Realitäten" aufbricht... (3, 628f.-FW)

Indem die Gegenwart als bloße Übergangszeit verstanden wird, verliert sie an Gewicht, ja, sie wird zum Destruktionsobjekt des auf die Zukunft hin sich entwerfenden Willens zur Macht. Es mischen sich ständig Destruktion und Entwurf, Gegenwartskritik und Zukunftsutopie. Dabei kann die Utopie eine stärker geistig-visionäre Utopie sein (wie im *Zarathustra*), oder sie kann zum realistisch-biologistischen Utopismus werden (wie dies in manchen späteren Fragmenten der Fall ist).[6] Nietzsches utopisches Denken kann sich, gewissermaßen als Prinzip Hoffnung, ins Schwärmerisch-Imaginäre entfalten, und es kann ausgesprochen harte, realistische Züge im Sinne eines Züchtungsbiologismus annehmen.[7] Im Kapitel *Von der Erlösung* sagt Zarathustra:

Ein Seher, ein Wollender, ein Schaffender, eine Zukunft selber und eine Brücke zur Zukunft – und ach, auch noch gleichsam ein Krüppel an dieser Brücke: das Alles ist Zarathustra. (4, 179-Za)

Hier ist Zarathustra der Vates, der große Inspirierte, der visionär die Zukunft vorwegnimmt und sich nur als Instrument und Wegbereiter des zukünftigen Menschen, des „Übermenschen", begreift. Dieser Romantizismus kann in den Vitalismus umschlagen. Immer dann, wenn Nietzsche das idealistische Pathos des Erhabenen, des Großen und Unendlichen, nicht mehr genügt, wenn die 'romantische' Utopie zur 'konkreten' Utopie werden soll, kommt als reale Komponente der Züchtungsgedanke in die Überlegungen. Das zeigt sich bereits deutlich im *Zarathustra:*

Oh meine Brüder, ich weihe und weise euch zu einem neuen Adel: ihr sollt mir Zeuger und Züchter werden und Säemänner der Zukunft [...] (4, 254-Za [Von alten und neuen Tafeln])

Aber im *Zarathustra* ist das Züchtungsmotiv noch Ausdruck eines romantischen Unendlichkeitsverlangens:

Eurer *Kinder Land* sollt ihr lieben: diese Liebe sei euer neuer Adel, - das unentdeckte, im fernsten Meere! Nach ihm heisse ich eure Segel suchen und suchen! (4, 255-Za)

Dies ist noch eine Utopie im ursprünglichen Sinne, denn hier hat die Zukunftserwartung noch 'keinen Ort' (ou topos); es ist eine vage, unbestimmbare Aufbruchsstimmung, im Sinne der säkularisierten Eschatologie des in einer imaginären Zukunft liegenden „Zarathustra-Reichs":

Wer muss einst kommen und darf nicht vorübergehn? Unser grosser Hazar, das ist unser grosses fernes Menschen-Reich, das Zarathustra-Reich von tausend Jahren - - (4, 298-Za [Das Honig-Opfer])

Huldigt Nietzsche hier dem chiliastischen Mythos eines zukünftigen Reiches, dem Mythos vom tausendjährigen Reich, so gibt es bei ihm auch die Tendenz, die mythisch-phantastische Utopie in die realistische Möglichkeit konkreter Menschenzüchtung zu verwandeln. Diese konkrete Utopie Nietzsches steht im Zeichen eines radikalen Vitalismus, der den Traum des neuen Menschen gewaltsam verwirklichen will. Im Textstück *Die Starken der Zukunft* (WzM, Nr. 898) propagiert Nietzsche die „Hervorbringung einer *stärkeren Art*", die „Züchtung einer *stärkeren Rasse*", einer „Herren-Rasse". Obschon Nietzsche damit einem fatalen Biologismus das Wort redet und zum Anbeter der puren Stärke zu werden scheint, ist nicht zu übersehen, daß es das für Nietzsche so symptomatische Postulat menschlicher Größe ist, was ihn zu diesen biologistischen Ideologemen treibt. Die „Züchtung einer *stärkeren Rasse*" soll der „zunehmenden Verkleinerung des Menschen" entgegenwirken. Nietzsche gibt auch dort, wo er - in oft schriller imperatorischer Gebärde - im bloßen Bios, im puren Leben, zu versinken scheint, den 'Geist' nicht auf. Bezeichnenderweise betreiben die „neuen *Barbaren*" die „Vereinigung der geistigen Überlegenheit mit Wohlbefinden und Überschuß von Kräften" (WzM, Nr. 899). Nietzsche spielt nicht das 'Leben' gegen den 'Geist' aus, sondern er verkündet die Symbiose von 'Leben' und 'Geist', freilich im Zeichen des Willens zur Macht, der Kraft und Stärke involviert. Jedenfalls ist der vom Willen zur Macht durchdrungene Schaffende der Gestalter der Zukunft. Nietzsche notiert: „Vorbereitung dazu, die Gesetzgeber der Zukunft, die Herren der Erde zu werden, zum mindesten unsre Kinder." (III, 451). Im Fragment *Gesetzgeber der Zukunft* (WzM, Nr. 972) unterscheidet Nietzsche „zwei unterschiedliche Arten von Philosophen", nämlich Philosophen, die „Wertschätzungen" „feststellen", und Philosophen, „welche *Gesetzgeber* solcher Wertschätzungen sind". Der wahre, der kreative Philosoph sanktioniert nicht das Bestehende, sondern schafft das Neue. Er ist der imperatorische Denker, der kraft eigener Omnipotenz den Sinn des Daseins diktatorisch neu festsetzt.[8] Es gibt keinen Wert an sich, keinen vorgegebenen Sinn der Welt, sondern nur den vom Menschen selbst gesetzten Wert, nur den vom Schaffenden gesetzten Sinn. Die diktatorischen Setzungen der großen Philosophen werden zu autoritativen Seinsaussagen katexochen:

Die eigentlichen Philosophen aber sind Befehlende und Gesetzgeber: sie sagen „so *soll* es sein!", sie bestimmen erst das Wohin? und Wozu? des Menschen [...] Ihr „Erkennen" ist *Schaffen*, ihr Schaffen ist eine Gesetzgebung, ihr Wille zur Wahrheit ist – *Wille zur Macht*. (5, 145-JGB)

Der Philosoph ist der „große Erzieher, mächtig genug, um von einsamer Höhe herab lange Ketten von Geschlechtern zu sich hinaufzuziehen" (WzM, Nr. 980). Nietzsche möchte diese philosophische Utopie in der realen Welt verwirklichen. Daher fordert er die globale Herrschaft einer Machtelite, einer Führungselite freilich, in der der Geist dominiert:

Der neue Philosoph kann nur in Verbindung mit einer herrschenden Kaste entstehen, als deren höchste Vergeistigung. Die große Politik, Erdregierung in der Nähe; vollständiger *Mangel an Prinzipien* dafür. (WzM, Nr. 978)

Dieses dem Platonischen Staatsideal nicht unähnliche Staatsmodell[9] erwächst aus der Idee der „großen Politik", unter der Nietzsche die Neuorganisation der Welt durch den gesetzgeberischen Willen des großen Menschen versteht.[10] Nietzsche überträgt die Philosophie des Willens zur Macht auf die reale Politik. So fordert er angesichts einer europäischen Mächtekonstellation, in der eine Hegemonie Rußlands droht, die imperiale Einheit Europas unter einem einheitlichen Willen, einem „langen furchtbaren eigenen Willen, der sich über Jahrtausende hin Ziele setzen könnte [...] Die Zeit für kleine Politik ist vorbei: schon das nächste Jahrhundert bringt den Kampf um die Erd-Herrschaft, – den *Zwang* zur grossen Politik." (5, 140-JGB). Hier fließt der Imperialismus der zweiten Hälfte des 19. Jahrhunderts in das politische Denken Nietzsches ein – ein Denken, das zuletzt ein apolitisches Denken ist, denn Nietzsche unterzieht die politische Lage kaum je einer konkreten Analyse, sondern er projiziert seine philosophischen Ideen in das politische Geschehen. Er war kein *homo politicus*. Das zeigt sich nicht zuletzt daran, daß es ihm nicht um die „Menschheit", sondern um den „Übermenschen" geht: „Nicht 'Menschheit', sondern *Übermensch* ist das Ziel!" (III, 440).[11] Ganz im Unterschied zu den idealistischen Geschichtsphilosophien der klassischen Epoche, die den historischen Progreß als humanen Fortschritt der 'Menschheit' deuteten,[12] ist für Nietzsche die Menschheit, zumindest die bisherige Menschheit, nur ein Reservoir zur Hervorbringung großer Individuen und deren Kulmination, des „Übermenschen". Nietzsche fragt: *„wie könnte man die Entwicklung der Menschheit opfern*, um einer höheren Art, als der Mensch ist, zum Dasein zu helfen?" (III, 908). Damit wird der Mensch zum Gegenstand des Experiments, gemäß der Nietzscheschen Denkweise, daß der Mensch immer nur Stoff, nur 'Material' ist, das es zu formen gilt, daß er ein Versuch ist, daß das Dasein Aufgabencharakter hat, und dies nicht nur im kollektiven, sondern auch im individuellen Bereich.

Das Dasein als Experiment – dies ist eine der Hauptmaximen Nietzsches. Nun ist das 'Experiment' auch ein Schlagwort des Naturalismus. Aber das naturalistische Experiment, wie es vor allem von Emile Zola programmatisch verkündet und schriftstellerisch realisiert wurde,[13] ist ein kausalanalytisches Experiment, das den Menschen als ein von Trieb, Milieu und Vererbung determiniertes Lebewesen begreift und zum Objekt einer literarischen Beschreibung macht. Bei Nietzsche hingegen ist das Experiment ein existentielles Experiment, ein Experiment, in dem das eigene Dasein der Gegenstand des Versuchs ist und in dem es darauf ankommt, die höchstmögliche Lebensintensität zu erreichen. In diesem Experiment, in dem Subjekt und Objekt des Experiments identisch sind, setzt sich der Experimentator selber mit aufs Spiel. In diesem Sinne spricht Nietzsche auch von der „Experimental-Philosophie, wie ich sie lebe" (13, 492-F).[14] Nicht die abstrakte Philosophie, sondern das konkrete Philosophieren, d.h. das Philosophieren als Daseinsvollzug, steht an. Ein bezeichnendes Fragment aus der Zarathustra-Zeit lautet: „Dein Leben ein Versuch und Denkmal deines Versuchs." (10, 183-F). Mit existentiellem Pathos stellt Nietzsche die unbedingte Forderung: *„Die große Probe: bist du bereit, das Leben* zu ***rechtfertigen****? Oder das Sterben für dich?"* (10, 184-F). „Aus seinem Leben selbst ein Experiment machen – das erst ist *Freiheit* des Geistes, das wurde mir später zur Philosophie..." (13, 618-F). Nietzsches Philosophieren und Schaffen steht unter dem Vorzeichen des *tua res agitur*. In seinen Texten ist nicht nur der Schreibende, sondern auch der Leser zu existentieller Entscheidung, zum Entweder-Oder aufgerufen. Die Texte sind Herausforderungen, Provokationen, die den Leser in der Wurzel zu treffen suchen. Der existentielle Appell an den Leser, sich auf sein eigenes Selbstsein zu besinnen, ist ein zentraler Impetus dieser Texte.[15]

Nietzsches Texte sind allerdings nicht nur auf Mitteilung angelegt, sondern können auch als Monolog konzipiert sein. Im Grunde ist das Selbstgespräch sogar die genuin Nietzschesche Ausdrucksform. Dies hat seinen Grund in der Einsamkeit Nietzsches bzw. in seiner Philosophie der Einsamkeit. Immer wieder hat Nietzsche in seinen Texten und Briefen sich über die ihn bedrohende wachsende Vereinsamung beklagt. Die „Einsamkeit" ist eine „furchtbare Göttin", die „umringt und umringelt ihn, immer drohender, würgender, herzzuschnürender [...] aber wer weiß es heute, was *Einsamkeit* ist? ..." (2, 17-MA I). Ende Juli 1888 trifft er die erschütternde Feststellung:

Es ist wirklich sehr *leer* um mich geworden. Wörtlich gesagt, es giebt Niemanden, der einen Begriff von meiner Lage hätte. Das Schlimmste an ihr ist ohne Zweifel, seit 10 Jahren nicht ein Wort mehr gehört zu haben, das mich noch *erreichte – und* dies zu begreifen, dies als nothwendig zu begreifen! (B 8, 377)

Zarathustra sagt: „Niemand redet mit mir, der Frost der Einsamkeit macht mich zittern." (4, 52-Za [Vom Baum am Berge]). Die höchste, unüberbietbare Form der Einsamkeit nennt Nietzsche auch die *„siebente* Einsamkeit", die *„letzte* Einsamkeit" (6, 392f.-DD [Das Feuerzeichen]). Nun hat die Einsamkeit bei Nietzsche ihre eigene Dialektik. Sie läuft nicht nur auf totale Verlassenheit hinaus – die in Verzweiflung enden kann –, sondern sie kann auch zu Selbstfindung und Kreativität führen. Nietzsche notiert: „ich bin die *Einsamkeit* als Mensch ... Daß mich nie ein Wort erreicht hat, das *zwang* mich, mich selber zu erreichen..." (13, 641-F). Die Einsamkeit wird zur Voraussetzung und zum Element des Schöpferischen:

Aber ich habe *Einsamkeit* nöthig, will sagen, Genesung, Rückkehr zu mir, den Athem einer freien leichten spielenden Luft ... Mein ganzer Zarathustra ist ein Dithyrambus auf die Einsamkeit [...] (6, 276-EH)

Für Nietzsche ist die absolute Einsamkeit kreative Einsamkeit. Diese Einsamkeit hat sowohl die gängige weltschmerzliche Einsamkeit[16] als auch die misanthropische Einsamkeit eines Schopenhauer[17] hinter sich gelassen. Das höchste Spezifikum und die letzte Konsequenz dieser Einsamkeit ist die Hervorbringung des „Übermenschen". Zarathustra verkündet:

Ihr Einsamen von heute, ihr Ausscheidenden, ihr sollt einst ein Volk sein: aus euch, die ihr euch selber auswähltet, soll ein auserwähltes Volk erwachsen: – und aus ihm der Übermensch. (4, 100f.-Za [Von der schenkenden Tugend])

Nietzsche wendet die Einsamkeit ins 'Positive'. Die Einsamkeit bedeutet nicht Selbstentfremdung, sondern Selbstfindung. Allein in der Einsamkeit ist Zarathustra mit sich selber identisch:

Oh Einsamkeit! Du meine *Heimat* Einsamkeit! Zu lange lebte ich wild in wilder Fremde, als dass ich nicht mit Thränen zu dir heimkehrte! (4, 231-Za [Die Heimkehr])

Die aus der absoluten Einsamkeit erwachsende Kunst ist monologische Kunst. Im Textstück *Wie man zuerst bei Kunstwerken zu unterscheiden hat* hat Nietzsche diesen Gedanken als sein ästhetisches Credo herausgestellt:

Alles, was gedacht, gedichtet, gemalt, componirt, selbst gebaut und gebildet wird, gehört entweder zur monologischen Kunst oder zur Kunst vor Zeugen. Unter letztere ist auch noch jene scheinbare Monolog-Kunst einzurechnen, welche den Glauben an Gott in sich schliesst, die ganze Lyrik des Gebets: denn für einen Frommen giebt es noch keine Einsamkeit, – diese Erfindung haben erst wir gemacht, wir Gottlosen. (3, 616-FW [Nr. 367])

Nach dem Verlust aller metaphysischen Inhalte erhebt Nietzsche die Kunst in den höchsten Rang. Er konstatiert: „Die Kunst erhebt ihr Haupt, wo die Religionen nachlassen." (2, 144-MA I). Diese Bedeutung kann die Kunst nur erlangen, weil sie der potenzierte Ausdruck des Schaffenden ist. Durch den kunstschöpferischen Akt vermag der Mensch den Nihilismus zu überwinden. Dies funktioniert aber nur, wenn der Schaffende sich von allem falschen Schein, besonders von der Fiktion der metaphysischen Geborgenheit, löst, das Zurückgeworfensein auf sich selber annimmt und allein aus dem eigenen Selbstsein schöpferisch tätig wird. Wahre und wahrhaftige Kunst ist nur noch als monologische Kunst möglich. Die monologische Kunst erwächst aus einer Notsituation, aber sie ist zugleich Ausdruck der unbedingten Redlichkeit des Schaffenden und erweist sich als stärkste Möglichkeit der Lebenssteigerung. Im Zeichen der Schaffensästhetik, jener Ästhetik, die allein im Schaffen einen Daseinssinn erblickt, gewinnt die Kunst den höchsten metaphysischen Rang und wird zum intensivsten Ausdruck des Lebens. Sie ist die „eigentlich metaphysische Thätigkeit dieses Lebens" (1, 24-GT), und sie ist das „große Stimulans des Lebens":

Die Kunst und nichts als die Kunst! Sie ist die große Ermöglicherin des Lebens, die große Verführerin zum Leben, das große Stimulans des Lebens. (13, 521-F)

Das Leben bringt die Kunst hervor, erhält sich durch die Kunst und steigert sich durch die Kunst in seine höchsten Möglichkeiten. Diese Lebensfunktionalität der Kunst setzt notwendigerweise voraus, daß der Monolog des Vereinsamten über sich hinaus drängt, zur Mitteilung der großen Ideen an eine potentielle Zuhörerschaft. Bezeichnend sind die Sentenzen, mit denen Zarathustra nach zehnjähriger „Einsamkeit" vor die aufgehende „Sonne" hintritt:

Du grosses Gestirn! Was wäre dein Glück, wenn du nicht Die hättest, welchen du leuchtest! [...] Siehe! Ich bin meiner Weisheit überdrüssig, wie die Biene, die des Honigs zu viel gesammelt hat, ich bedarf der Hände, die sich ausstrecken. (4, 11-Za [Vorrede])

Zarathustras Monologe sind expansive Monologe. Die in der Einsamkeit gewonnenen Ideen, Ideen wie der Wille zur Macht, der Übermensch, die ewige Wiederkehr,[18] fordern von sich her die Mitteilung. Nietzsche notiert:

Das Alleinsein mit einem großen Gedanken ist unerträglich. Ich suche und rufe Menschen, denen ich diese Gedanken mitteilen darf, die nicht daran zugrunde gehn. (U II, 451)

Man müßte allerdings zwei Formen des Monologs bei Nietzsche unterscheiden, nämlich den oratorischen Monolog, wie er z.B. in den Reden Zarathustras zum Ausdruck gelangt, und den introvertierten Monolog, wie er sich z.B. im *Nachtlied, Tanzlied* und *Grablied* zeigt. Der Monolog kann zur großen didaktischen Gebärde an ein Publikum werden und eine Lehre mitteilen, und er kann zum ganz nach innen gewandten Monolog werden, zum reinen lyrischen Selbstgespräch. Dabei sind die Grenzen vielfach fließend, denn zum einen ist bei den Reden Zarathustras die Zuhörerschaft nur eine fiktive, imaginäre Zuhörerschaft, bloße Kulisse des Orators, und zum andern sind die absoluten Lyrismen Zarathustras philosophische Lyrismen, in denen eine bestimmte Daseinsauffassung und Welterfahrung mitgeteilt wird.[19]

Die bislang erörterten Nietzsche-Probleme sind zu Paradigmen der Moderne geworden. Sie haben eine bis in die Gegenwart reichende historische Wirkung gehabt. Die angeschnittenen Fragen, die existentiellen, künstlerischen und kulturkritischen Fragen, haben die Bewußtseinslage des modernen Menschen in entscheidender Weise mitgeprägt. Kaum ein moderner Autor von Rang hat sich der Wirkung Nietzsches entziehen können. Er ist für Philosophen und Dichter, für Denker und Literaten, für Künstler und Kulturkritiker, für Psychologen und Theologen gleichermaßen von zentraler Bedeutung. Sie alle sehen sich in die Beschäftigung und Auseinandersetzung mit Nietzsche genötigt, sei es in Form der affirmativen Würdigung, sei es in Form der kritischen Verurteilung, sei es in Form der exegetischen Deutung Nietzsches. Die Sprengkraft seiner Ideen, die Suggestivität seiner Sprache und die Unbedingtheit seiner Existenz haben die Moderne in ihren Bann gezogen, ja, die Moderne hat sich durch den Nietzsche-Einfluß in ihren wesentlichen Elementen überhaupt erst konstituiert. Dabei fällt auf, daß Nietzsche kaum je bloß sachlicher Gegenstand der objektiven Analyse, sondern fast durchgängig das Sujet eines forcierten Engagements ist. Selbst die großen philosophischen Nietzsche-Deutungen, wie sie von Heidegger und Jaspers vorgelegt worden sind, sind keine 'neutralen' Interpretationen, sondern auch Ausdruck der jeweiligen philosophischen Perspektive des Interpreten, der fundamentalontologischen und der existenzphilosophischen Perspektive. An Nietzsche kam (und kommt) keiner vorbei.

Für die Orthodoxie war er das große Ärgernis, da er alle Sicherungen ausschaltete. Für die Progressiven war er der imperialistische Reaktionär, der Philosoph der Macht, der den Herrschenden das geistige Instrumentarium zur Festigung der bestehenden Verhältnisse lieferte. Für die Philosophen und Dichter des 'Lebens' war er das große Ereignis, und manche stilisierten ihn zur Kultfigur, ja zu einer Art Religionsstifter. Für die Existenzphilosophie war er ein geistiges Identifikationsangebot, das geprägt ist durch Ursprungserfahrung, Grenzsituation und Existenzerhellung. Für die neuere Ontologie hat er eine neue Wesensbestimmung des Seienden als Wille zur Macht vorgenommen. Die Kritische Theorie, die ihm lange kritisch gegenüberstand, hat neuerdings in ihm den Aufklärer mit eminent gesellschaftskritischem Potential entdeckt. Für die modernen Kunstgläubigen und Sprachartisten wiederum war er der große Vorläufer und Gewährsmann, von dem her man den eigenen Kunstabsolutismus begründen und rechtfertigen konnte. Wie immer man zu ihm stand, er war eine Herausforderung, und zwar empfand man ihn entweder als Provokation oder als Befreiung oder als Provokation und Befreiung in einem. Was Nietzsche vielen Lesern vermittelte, war ein elementares Gefühl von Freiheit. Unbeschadet der inhaltlichen Motive ging schon allein von seinem geistigen Habitus, dem ständigen Sich-Entwerfen auf offene, freie Horizonte hin, eine starke Ausstrahlung aus. Ihre spezifische Note gewinnt diese Freiheit dadurch, daß sie nicht auf Harmonie, sondern auf Zersetzung zielt. Sie ist subversive Freiheit. „Mit Nietzsche erscheint die schwarze Freibeuterflagge des Piraten zum erstenmal auf den Meeren der deutschen Erkenntnis" (Stefan Zweig).[20] Der nomadische Zug im Denken, Schaffen und Leben Nietzsches vermittelt seinen Lesern ein Gefühl von Freiheit gegenüber allen etablierten Autoritäten. Noch entscheidender aber ist, daß die Wirkung Nietzsches alle Bereiche des geistigen Lebens erfaßte und ihnen wichtige Impulse vermittelte. In seinem Vortrag *Nietzsche – nach fünfzig Jahren* (1950) hat Gottfried Benn diese historische Breitenwirkung und geistige Initialzündung Nietzsches mit Nachdruck hervorgehoben:

> Eigentlich hat alles, was meine Generation diskutierte, innerlich sich auseinanderdachte, man kann sagen: erlitt, man kann auch sagen: breittrat – alles das hatte sich bereits bei Nietzsche ausgesprochen und erschöpft, definitive Formulierung gefunden, alles Weitere war Exegese. Seine gefährliche stürmische blitzende Art, seine ruhelose Diktion, sein Sichversagen jeden Idylls und jeden allgemeinen Grundes, seine Aufstellung der Triebpsychologie, des Konstitutionellen als Motiv, der Physiologie als Dialektik – 'Erkenntnis als Affekt', die ganze Psychoanalyse, der ganze Existentialismus, alles dies ist seine Tat. Er ist, wie sich immer deutlicher zeigt, der weitreichende Gigant der nachgoetheschen Epoche. (GW I, 482)

Damit zieht Benn nicht nur die existentielle Summe des Nietzscheschen Schaffens, sondern er erklärt Nietzsche zugleich zum *spiritus rector* der Moderne schlechthin. Nietzsche wird zum *rocher de bronze* der gesamten Moderne deklariert. Obschon Benns Panegyrikus der pathetische Ausdruck eines engagierten Nietzscheaners ist, trifft er im Grundzug doch die Sache. Ob es sich um die 'Gott-ist-tot'-Philosophie, den Nihilismus, seine Analyse und seine Überwindung, um die Schaffensästhetik, um Wesen und Funktion der Kunst, um den Lebensbegriff, um Einsamkeit und Monolog, um den Erneuerungsutopismus, um die Enthüllungspsychologie und Kulturkritik, die Entdeckung des 'Leibes', des Triebhaft-Unbewußten, handelt – immer steht Nietzsche hinter diesen Problemen, offen oder verdeckt, oder er ist zumindest an der Entwicklung resp. Weiterentwicklung dieser Fragen beteiligt. Dies soll nicht bedeuten, daß nun die geistige Physiognomie der Moderne nur monokausal, allein von Nietzsche her, zu interpretieren wäre. Dazu sind die historischen Wurzeln der Moderne zu vielfältig, zu verzweigt, zu weitreichend. Aber in Nietzsche bündeln und konzentrieren sich wie in einem Brennspiegel die wichtigsten Denkmotive der Moderne. Er ist ein Prisma, das ein überreiches Spektrum von Ideen erzeugt, die das moderne Bewußtsein durchdringen. Dabei ist die Nietzsche-Rezeption in der Regel stark emotional gefärbt. Kaum ein Denker hat den modernen Menschen so aufgewühlt wie Nietzsche. Die Geschichte der Nietzsche-Rezeption ist weitgehend eine Geschichte der Nietzsche-Begeisterung und der Nietzsche-Feindschaft, aber kaum je der Nietzsche-Gleichgültigkeit. Dabei sind auch die Rezeptionsperioden von Bedeutung. Rezeptionsgeschichtlich interessant ist die generationstypische Klassifikation Thomas Manns, derzufolge die Generation der um 1870 Geborenen den „Nietzsche militans", den kämpfenden Nietzsche, verehrte, während die Generation der 15 Jahre später Geborenen den „Nietzsche triumphans", den siegreichen Nietzsche, favorisierte.[21] Von seiner eigenen Generation sagt Thomas Mann:

> Wir haben von ihm die psychologische Reizbarkeit, den lyrischen Kritizismus, das Erlebnis Wagners, das Erlebnis des Christentums, das Erlebnis der Modernität, – Erlebnisse, von denen wir uns niemals vollkommen trennen werden, sowenig, wie er selbst sich je davon getrennt hat.[22]

Während diese Generation noch ganz im Banne Nietzsches steht und ihn noch unmittelbar 'erlebt', ist die folgende Generation nur noch an seinen generellen Philosophemen interessiert:

> Sie haben von ihm die Bejahung der Erde, des Leibes, den antichristlichen und antispirituellen Begriff der Vornehmheit, der Gesundheit und Heiterkeit, Schönheit in sich schliesst [...][23]

Dies sind bemerkenswerte Feststellungen. In der Tat hat man zu unterscheiden zwischen einem mehr emotionalen, binnenliterarischen Nietzsche-Erlebnis und einer mehr exogenen, schlagwortartigen Nietzsche-Verwendung. Läuft ersteres auf die subtile Identifikation mit Nietzsche hinaus, ist letzteres gekennzeichnet durch die plakative Verkündigung Nietzschescher Thesen.

Dennoch geht es bei der Nietzsche-Rezeption und -Wirkung nicht in erster Linie um emotionale Reaktionen und subjektive Werturteile, sondern um grundsätzliche Probleme der menschlichen Existenz, der *conditio humana,* und der geschichtlichen Situation des modernen Menschen. Nietzsche hat historische Probleme aufgeworfen, die zugleich von zeitloser Aktualität sind. Ihre Bedeutung für die Gegenwart ist kaum zu überschätzen:

> Die Aufgabe, vor der Nietzsche stand, und um deren Lösung er sich bemühte, besteht heute noch so gut wie damals. Denn seine Sicht auf das Zeitalter, woraus sie entsprang, ist bis heute noch die umfassendste und tiefste, und wir stehen in ihrem Licht und Umkreis, ob wir es wollen und wissen oder nicht.[24]

Worin besteht nun diese historische Bedeutung Nietzsches für die Gegenwart? Das zentrale Problem, mit dem Nietzsche die Moderne belastet (und befreit) hat, ist die 'Gott-ist-tot'-Philosophie. In Trivialbezirken ist er damit zum Bürgerschreck, zum Philosophen der Gottlosigkeit geworden. Für seine weiter und tiefer blickenden Rezipienten hat er den für die moderne Welt symptomatischen Verlust aller metaphysischen Inhalte aufgedeckt und zugleich Möglichkeiten der Überwindung dieses Sinnverlustes aufgezeigt. Nach Heidegger diagnostiziert und überwindet Nietzsche den Nihilismus durch die Konzeption der Einheit von Willen zur Macht, Wiederkunftsgedanken und Übermenschidee. Indem der vom Willen zur Macht durchdrungene Mensch ja sagt zur ewigen Wiederkehr, ist er der „Übermensch", d.h. der in sein wahres Wesen gelangende Mensch.[25] Das Medium bzw. das Instrument, mit dem er dieses Ja-Sagen in vorzüglicher, höchster Weise vollbringt, ist die Kunst. „Die Kunst ist die ausgezeichnete Gegenbewegung gegen den Nihilismus."[26] Damit ist die Bedeutung Nietzsches für die Moderne in einem zentralen Punkt herausgestellt: in dem hohen, 'metaphysischen' Rang, den man der Kunst in der klassischen Moderne zugesteht. Obschon Nietzsche nicht der alleinige Katalysator des modernen Kunstabsolutismus ist und sowohl der Kunstenthusiasmus der deutschen Frühromantik als auch die Sprachartistik der französischen Symbolisten hier ihre unverwechselbaren Spuren hinterlassen haben, gehen doch von Nietzsche entscheidende Impulse aus, vor allem auf den George-Kreis und Gottfried Benn. Durch die Kunst als das Ja-Sagen zum Dasein in allen seinen Erscheinungsformen gewinnt der Mensch neuen Stand im Dasein – dies ist ein Axiom der Nietzscheschen Ästhetik. Es hat einen starken Einfluß auf die Kunstdoktrinen der Moderne ausgeübt – unbeschadet der modernen Tendenzen, die Poesie in eine „Lazarettpoesie" (Goethe)[27] zu verwandeln. Nach Jaspers besteht die Bedeutung Nietzsches für den gegenwärtigen Leser darin, daß er nicht eine feste Lehre mitteilt, sondern durch seine permanente Unruhe jeden festen Halt auflöst, daß er aber gerade durch seinen destruktiven Radikalismus dem Leser die wahre Selbst-Erfahrung ermöglicht:

Er zeigt uns nicht den Weg, lehrt uns nicht einen Glauben, stellt uns nicht auf einen Boden. Er läßt uns vielmehr keine Ruhe, quält uns unablässig, jagt uns auf aus jedem Winkel, verwehrt jede Verschleierung. / Er will uns, indem er uns ins Nichts stellt, gerade dadurch die Weite unseres Raumes schaffen; indem er uns der Bodenlosigkeit ansichtig macht, gerade dadurch die Möglichkeit schaffen, unseren echten Grund zu erfassen, aus dem wir kommen.[28]

Aus dieser Konstellation ergibt sich, daß Nietzsches Wort 'Gott ist tot' nicht einfach auf 'Atheismus' hinausläuft, sondern bereits eine Dimension jenseits von Theismus und Atheismus avisiert. Nietzsche steht zwar durchaus in der Kontinuität des Atheismus des 19. Jahrhunderts,[29] aber indem er den Atheismus auf die äußerste Spitze treibt, läßt er ihn bereits hinter sich. Indem es ihm um das Leben selbst, das Diesseits, um die Immanenz der Welt, um die 'Erde' geht,[30] erledigt sich für ihn die Gottesfrage von selbst. „Mit Nietzsche vollendet sich der Atheismus des 19. Jahrhunderts zur Wiederanerkennung der Welt als Welt. Er hört damit auf, a-Theismus zu sein."[31]

Die Freiheit ohne Gott, die „Freiheit ohne Transzendenz",[32] hat freilich auch ihre Schattenseiten. Der Tod Gottes kann nicht nur ein Befreiungsgefühl, sondern auch ein Verlorenheitsbewußtsein aufkommen lassen. So notiert schon 1891 Hugo von Hofmannsthal: „Die Welt, deren Gott gestorben ist, die abendlicher, unheimlicher wird mit gewaltigen rätselhaften Schatten."[33] Nietzsches Wort 'Gott ist tot' wird immer wieder zum Stein des Anstoßes. Hugo Ball notiert 1917: „Das bekannte Philosophenwort 'Gott ist tot' beginnt ringsum Gestalt anzunehmen. Wo aber Gott tot ist, dort wird der Dämon allmächtig sein."[34] Ball findet im ersten Weltkrieg, in diesem „universalen Karfreitag"[35] die Bestätigung für den Tod Gottes. Aber er erhebt zugleich, aus religiös-moralischer Verantwortung, hinsichtlich jener Todeserklärung warnend seine Stimme. Dabei vereinfacht, ja verflacht er allerdings die Problemstellung Nietzsches, indem er sie auf die Alternative „Gott" oder „Dämon" reduziert. Demgegenüber betont Eckart von Sydow, Nietzsche habe keineswegs den Tod Gottes schlechthin proklamiert, sondern nur einen Teilaspekt des traditionellen Gottes negiert. Er habe nur den repressiven, nicht aber den lebendigen Gott verneint. Mit dem Tod Gottes habe Nietzsche dem „Leben" zum Durchbruch verhelfen wollen:

Die Ruhe ist gründlich verscheucht aus unserer modernen Welt: äußerlich durch den Kapitalismus, innerlich durch die aufpeitschende Dogmatik Nietzsches. Ihn, den Leitstern unserer jüngsten Vergangenheit, hat man in sehr unkluger Weise als den „Mörder Gottes" bezeichnet. Sehr unklug –: denn er trat dem Gotte mit offenem Visier und vor allen Völkern Europas entgegen; und sehr falsch –: weil er in Wirklichkeit gar nicht das Göttliche Wesen in seiner Totalität tötete, sondern nur sozusagen die eine seiner beiden Hälften niederschlug, um in die andere Hälfte alle Macht und Lebendigkeit hineinzupressen. Diese zweite, unendlich kräftige Hälfte der Göttlichkeit nannte er das „Leben".[36]

Ungeachtet seiner expressionistischen Emphase erfaßt von Sydow den Befund, daß Nietzsche an die Stelle 'Gottes' das 'Leben' setzt. Aber im Expressionismus, der getragen ist von einem neuen Gemeinschaftsethos, wird Kritik am aristokratischen Individualismus Nietzsches laut. Der expressionistische Kritiker Rudolf Kayser, der den „Renaissance-Individualismus" verurteilt, schreibt:

Aus der sieghaften Herrengeste der Renaissance, die noch Nietzsche so sehr entzückte, dem Freiheitsrausch gegenüber dogmatischen Zwängen ward mählich ein anderes, schmerzliches, ungeheuerliches: das Erlebnis der Einsamkeit.[37]

Aufschlußreich ist auch, wie Kurt Hiller, halb ironisch, halb affirmativ, den „aktiven Nihilismus" Nietzsches definiert: „Eine neue Naivetät, das Naturburschentum der Kultürlichen."[38]

Nietzsches 'Gott-ist-tot'-Philosophie, sein 'Nihilismus' und seine Einsamkeitsproblematik sind bis in die Gegenwart hinein eine unablässige Herausforderung gewesen. Vielfach hat man auch versucht, in der Auseinandersetzung mit Nietzsches 'Gott-ist-tot'-Deklaration einen eigenen Standort zu gewinnen. So notiert Max Kommerell: „Nietzsche: Gott tot / George: Gott lebt!"[39] In der Tat, George hält noch, wie Rilke, am Gottesbegriff fest, wenngleich sich in seiner Gottesvorstellung christliche und heidnische Elemente mischen und es sich um einen unerkennbaren, ständig sich wandelnden Gott handelt.[40] Bei Benn hingegen zeitigt der 'Nihilismus' Nietzsches seine vollen Konsequenzen. Im Essay *Nach dem Nihilismus* (1932), der zunächst den genuin Nietzscheschen Titel *Der Nihilismus und seine Überwindung* trug,[41] deutet er die neuzeitliche Geschichte als triadischen Ablauf von „Gott" (die Zeit vor Goethe), „Natur" (die Goethezeit) und „Nihilismus" (die Zeit nach Goethe). Nach Goethes Tod entwickelte sich das „Weltbild, dem jede Spannung zu einem Jenseits, jede Verpflichtung gegenüber einem außermenschlichen Sein fehlte" (GW I, 153). Hier steht Benn ganz in der Nachfolge Nietzsches. Im Unterschied zu Nietzsche erfolgt für ihn die Überwindung des Nihilismus aber nicht mehr durch das 'biopositive' „Leben", sondern durch den 'bionegativen' „Geist" (GW I, 159). In der *Rede auf Stefan George* (1934) trägt Benn das gleiche (ästhetische) Dreistadiengesetz der historischen Entwicklung von Gott über den Nihilismus zur Kunst vor. Dort heißt es:

> Es ist das Formgefühl, das die große Transzendenz der neuen Epoche sein wird, die Fuge des zweiten Zeitalters, das erste schuf Gott nach seinem Bilde, das zweite der Mensch nach seinen Formen, das Zwischenreich des Nihilismus ist zu Ende. (GW I, 475)

Die Überwindung des Nihilismus, von Nietzsche noch projektiert, sieht Benn bereits als vollzogen an. Das hat seinen Grund in der absoluten Stellung, die Benn der Kunst einräumt. In den statischen Gebilden der Kunst ist für ihn der Nihilismus getilgt. Dies ist freilich ein ästhetisches Postulat. Faktisch ist die 'nihilistische' Grundstimmung bei Benn weiterhin virulent. Wenn aber Benn bestrebt ist, den 'Nihilismus' Nietzsches durch die Kunst zu dämpfen, ist ein Literat wie Ernst Jünger bestrebt, den Nihilismus Nietzschescher Observanz noch zu verschärfen. Im Essay *Über die Linie* (1950) vertritt dieser die Auffassung, daß der Nihilismus Nietzsches sich erst in der Gegenwart erfülle:

> Obwohl seit der Konzeption dieser Gedanken mehr als sechzig Jahre verflossen sind, wirken sie noch immer erregend auf uns, als Sätze, die sich mit unserem Schicksal beschäftigen. Sie füllten sich inzwischen mit Inhalt, mit gelebtem Leben, mit Taten und Schmerzen an. (239)

Ausgehend von der Überlegung, daß der Nihilismus erst in den Katastrophen des 20. Jahrhunderts voll zum Durchbruch gelangt sei, ist Jünger der Meinung, „daß bei Nietzsche der Nihilismus nicht in die Tiefe eingedrungen ist" (250). Während Benn den Nihilismus durch die Kunst entschärfen möchte, faßt Jünger die Realereignisse der Epoche als verschärften Nihilismus auf. Es ist allerdings die Frage, ob Jüngers 'Nihilismus'-Begriff nicht zu sehr auf Faktizitäten, auf Vorgänge der empirischen Wirklichkeit, bezogen ist, während Nietzsche den 'Nihilismus' psychologisch vertieft und in seiner existentiellen Bedeutung zum Vorschein bringt. Freilich, auch Nietzsche diagnostiziert nicht nur den theoretischen Nihilismus, sondern er fordert auch den praktischen Nihilismus: „Nichts wäre nützlicher und mehr zu fördern, als ein konsequenter *Nihilismus der Tat.*" (WzM,

Nr. 247). Jüngers Expertise fördert einige Einsichten in das Wesen des Nihilismus zutage. So betont er, daß der (aktive) „Nihilismus" keineswegs eine „Krankheit", sondern im Gegenteil „physische Gesundheit mit ihm verbunden" sei (250). Auch läuft der „Nihilismus" keineswegs nur auf Anarchie und Chaos hinaus, sondern kann „tatsächlich mit ausgedehnten Ordnungswelten harmonieren", ja, es zeigt sich, „daß die Ordnung dem Nihilismus nicht nur genehm ist, sondern daß sie zu seinem Stil gehört" (249). Weiterhin ist im Blickfeld zu halten, daß wir in einer Welt leben, „in der der Nihilismus nicht nur herrschend, sondern, was schlimmer, auch zum Normalzustand geworden ist" (264). Jünger macht auch auf die Definitionsschwierigkeit aufmerksam: „Die Schwierigkeit, den Nihilismus zu definieren, liegt darin, daß der Geist vom Nichts unmöglich eine Vorstellung gewinnen kann." (246). Eine exakte Definition des „Nihilismus" hat in der Tat auch Nietzsche nicht vorgelegt. Aber er hat das Phänomen des „Nihilismus" durch Partialdefinitionen und pointierende Umschreibungen in den wesentlichen Charakteristika exponiert. Er hat den „'Nihilismus'" definiert als das „durchbohrende Gefühl des - 'Nichts'" (III, 661). Er hat den „Nihilismus" existentiell definiert als die „radikale Ablehnung von Wert, Sinn, Wünschbarkeit" (WzM, 1). Er hat den „Nihilismus" historisch definiert als einen „pathologischen *Zwischenzustand*" (WzM, Nr. 13). Im ganzen zielen Nietzsches „Nihilismus"-Definitionen weniger auf den Nihilismus als existentiell-anthropologisches Grundphänomen, als zeitlose Grundbefindlichkeit des Menschen, sondern in erster Linie auf den Nihilismus als geschichtlich-modernes Ereignis, als die letzte Konsequenz der christlich-platonischen Weltauslegung. Nietzsches Beschreibung des Nihilismus läuft auf eine Aufdeckung des in der modernen Welt offen oder verdeckt herrschenden Nihilismus hinaus, eines Nihilismus, der alle Lebensbereiche erfaßt hat und der um so intensiver, durchdringender ist, je mehr man versucht, ihn zu tilgen resp. zu kaschieren, durch einen enormen Aufwand an Ideologien, an ideologischen, pragmatischen, ja auch religiösen Erneuerungsangeboten. Demgegenüber haben viele produktive Geister der Moderne das Gefühl, daß dies alles Scheinlösungen sind und daß wir in Wahrheit in einem Vakuum leben. So schreibt Benn in einem Brief vom Januar 1945:

> wir beziehen uns als Wesen u. Existenz doch ehrlicherweise gesagt auf *garnichts mehr*, auf nichts Vergangenes u. auf nichts Zukünftiges, wir stehn allein, schweigend aber auch zitternd in uns selbst. [...] Wieviel bezog z.B. Nietzsche auf sich von Vergangenem u. Zukünftigem! Alles eigentlich! Wir nichts. Das ist das Neue, das ist das entscheidend Neue in uns. So sein u. dennoch arbeiten, Ausdruck schaffen müssen. Seltsam u. qualgeboren, aber es ist so. Erkennen wir es an.[42]

Damit radikalisiert Benn noch den Nietzscheschen Nihilismus, indem er einerseits eine völlige *tabula-rasa*-Situation, die Reduktion auf die punktuelle Existenz des Monologisten, konstatiert, und andererseits in das Refugium der Kunst flüchtet. Einerseits verstärkt er den Nihilismus Nietzsches, andererseits schwächt er ihn ab. Jedenfalls tendiert er in stärkerem Maße als Nietzsche dazu, den 'Nihilismus' als ein im Wesen des Menschen angelegtes Phänomen zu deuten, als ein zeitloses Grundphänomen mit entsprechenden historischen Epiphänomenen. In der *Akademie-Rede* (1932) heißt es: „Dies Nichts, das wir hinter allen Gestalten sehen, allen Wendungen der Geschichte, den Begriffen, hinter Stein und Bein." (GW I, 437) Ähnlich im Essay *Kunst und Drittes Reich* (1941): „Alle großen Männer der weißen Rasse hatten seit Jahrhunderten nur die eine innere Aufgabe empfunden, ihren Nihilismus zu verdecken." (GW I, 311) Den gleichen Gedanken äußert Benn in *Weinhaus Wolf* (1937). Die „großen Geister" der „letzten fünfhundert Jahre" hätten den „Nihilismus" „unaufhebbar" in sich getragen. „Alle großen Geister der weißen Völker haben, das ist ganz offenbar, nur die eine innere Aufgabe empfunden, ihren

Nihilismus schöpferisch zu überdecken." (GW II, 146f.) So steht der Nietzsche-Adept Benn mit seinen „Nihilismus"-Thesen zwar in der Nachfolge Nietzsches – ohne den Nietzsche-Einfluß würde das Nihilismusproblem bei Benn überhaupt nicht diese Brisanz gewinnen –, aber er sieht in ihm nicht nur ein historisches, sondern ein zeitloses Problem. Zugleich jedoch funktionalisiert er den „Nihilismus" zum ästhetischen Stimulans. Im Essay *Zum Thema Geschichte* (1943) notiert er: „Nihilismus ist eine innere Realität, nämlich eine Bestimmung, sich in Richtung auf ästhetische Deutung in Bewegung zu bringen" (GW I, 388). Hier zeigt sich besonders deutlich, wie Benn – im Banne des Nietzscheschen 'Nihilismus' – dem 'Nihilismus' doch eine eigene Deutung gibt, indem er den Nihilismus zum Probierstein des Schaffens erklärt. Sicherlich, auch für Nietzsche ist der 'Nihilismus' eine 'ästhetische' Herausforderung, eine das Schaffen herausfordernde Kraft. Aber bei Benn kann der 'Nihilismus' zu einer Funktion der 'Artistik' werden. Er wird dann zur Voraussetzung der artifiziellen Wortkombinatorik, der absoluten Kunst. Während für Nietzsche die Kunst eine Funktion des 'Lebens' ist, trennt Benn Kunst und 'Leben' und verabsolutiert die Kunst zu einer Wirklichkeit *sui generis*. Er verlagert die Lebensintensität in den kunstproduktiven Akt selbst, das heißt, 'Leben' wird nur noch durch Kunst erzeugt. Die Kunst 'provoziert' 'Leben'. Im Essay *Provoziertes Leben* (1943) formuliert Benn: „Arbeiten heißt Steigerung zu geistigen Formen. Mit einem Wort: *Leben heißt provoziertes Leben.*" (GW I, 341) Es versteht sich fast von selbst, daß im Lichte dieses Kunstabsolutismus Nietzsche für Benn in erster Linie als der 'Artist', als der große Sprachvirtuose, in Frage kommt. So stellt er denn auch in der Nietzsche-Rede Nietzsche als den Vorläufer und Protagonisten der „Artistik" und der „Ausdruckswelt" heraus (GW I, 489).

Es ist überhaupt charakteristisch für die Nietzsche-Rezeption, daß aus dem perspektivenreichen Komplex der Nietzscheschen Denkmotive jeweils bestimmte Motive und Probleme herausgegriffen und verabsolutiert werden, sei es das 'Leben', sei es die 'Kunst', sei es die 'Existenz'. Dabei hängt es vor allem auch vom jeweiligen Zeitgeist, von der jeweiligen geistigen Situation der Zeit, ab, welche Fragen in den Vordergrund des Interesses rücken. Zudem wechseln die Perspektiven und Methoden der Rezeption. Das Werk kann im Mittelpunkt stehen oder die Person. Am Werk kann die philosophische Substanz, die psychologische Analyse, die artistische Sprache oder das zeitkritische und utopische Potential interessieren. Die Person kann zur Kultfigur emporstilisiert werden, sie kann als paradigmatische Existenz des modernen Menschen aufgefaßt werden, und sie kann als empirische Person Objekt des biographischen Interesses sein. Die Rezeptionsform kann die philosophische Interpretation, die essayistische Studie, die deskriptive Darstellung, das panegyrische Manifest, die polemische Kritik sein. Was die philosophische Nietzsche-Rezeption betrifft, so kann man, im groben Raster, drei Hauptperioden unterscheiden: 1) die lebensphilosophische Nietzsche-Rezeption (die von der Jahrhundertwende bis zum Ende der 20er Jahre reicht), 2) die existenzphilosophische und fundamentalontologische Nietzsche-Rezeption (die von Mitte der 30er Jahre bis in die 60er Jahre reicht), 3) die dekonstruktive Nietzsche-Rezeption (die seit den 70er Jahren Aufsehen erregt hat).[43] Nietzsche ist einer der großen Wegbereiter der sog. Lebensphilosophie. Er hat dem Begriff „Leben" eine spezifische metaphysische Dignität verliehen und zugleich seine biologistischen Aspekte hervorgekehrt. Es ist ja das wesentliche Anliegen Nietzsches, unter Aufhebung der Zweiweltentheorie das diesseitige 'Leben' als die allein bestehende schöpferische Kraft herauszustellen. Das „Leben" ist der einzige wahre Gesprächspartner Zarathustras. In existentiellem Pathos spricht er das „Leben" an:

> In dein Auge schaute ich jüngst, oh Leben! Und in's Unergründliche schien ich mir da zu sinken. [...] Von Grund aus liebe ich nur das Leben – und, wahrlich, am meisten dann, wenn ich es hasse!

[...] Ach, und nun machtest du wieder dein Auge auf, oh geliebtes Leben! Und in's Unergründliche schien ich mir wieder zu sinken. (4, 140f.-Za [Das Tanzlied])

Hier zeigt sich, daß Nietzsche das „Leben" keineswegs nur rein biologistisch, als den puren Bios, auffaßt, sondern es als irrationale, undurchschaubare Macht erleben kann. Es kommt Nietzsche nicht auf das pure Leben, sondern auf das schaffende Leben an: „Auf *die ewige Lebendigkeit* aber kommt es an: was ist am 'ewigen Leben' und überhaupt am Leben gelegen!" (2, 534-VM). Nietzsches Begriff des 'Lebens' hat historisch stark gewirkt, auf Philosophen des 'Lebens' wie Wilhelm Dilthey, Georg Simmel, Henri Bergson, Ludwig Klages, und zwar in jeweils spezifischer Ausprägung. Simmel betont, daß Nietzsche „nur einen einzigen absoluten Wert" kenne: „Leben", daß „alle sonst als selbständig anerkannten Werte: Schönheit und Heiligung, metaphysische Vertiefung und Sittlichkeit" nur „Mittel der Bejahung und Steigerung des Lebens" seien.[44] Nietzsche hat das „Gefühl für die Feierlichkeit des Lebens".[45] Es ist dieses Pathos des „Lebens", das um die Jahrhundertwende und in der Folgezeit eine so starke Wirkung auf die Zeitgenossen ausübt. Es hat freilich nicht an Stimmen gefehlt, die diese Verherrlichung des „Lebens" als autonomer Macht kritisiert haben. So fordert der Wertethiker Heinrich Rickert, ausgehend von dem Grundsatz, daß das Leben sich an lebenstranszendenten Werten und Normen orientieren müsse, die „Philosophie des Lebens" müsse aufgehen in einer „Philosophie der Werte"[46]. Auch Thomas Mann wird später, in seinem Vortrag *Nietzsche's Philosophie im Lichte unserer Erfahrung* (1947) die Frage nach dem Sinn des 'Lebens' aufwerfen:

Das Leben über alles! Warum? Das hat er nie gesagt. Er hat nie einen Grund dafür angegeben, warum das Leben etwas unbedingt Anbetungswürdiges und höchst Erhaltenswertes ist, sondern hat nur erklärt, Leben gehe über Erkennen, denn mit dem Leben vernichte das Erkennen sich selbst. (35)

Demgegenüber ist anzumerken, daß Nietzsche das „Leben" überhaupt erst aus der Erstarrung in Normsystemen befreien mußte, daß in seiner Philosophie Werte allererst durch das „Leben" gesetzt werden und daß das „Leben" für ihn eine irrationale, agnostizistische Größe ist. Simmel meint:

Durch diesen in ihm unmittelbar gelegenen Trieb und die Gewähr der Erhöhung, Bereicherung, Wertvollendung *kann das Leben selbst zum Zweck des Lebens werden* und ist damit der Frage nach einem Endzweck enthoben, der jenseits seines rein und natürlich verlaufenden Prozesses läge. (4)

Nun kann die Philosophie des „Lebens" allerdings auch zur kultischen Verehrung des „Lebens" führen. Überhaupt wird Nietzsche seit der Jahrhundertwende von seinen Verehrern zu einer übermenschlichen Gestalt, zu einer pseudoreligiösen Figur, zu einem Mythos stilisiert. Bezeichnenderweise nennt Ernst Bertram sein Nietzsche-Buch *Nietzsche. Versuch einer Mythologie* (1918). In diesem Werk, das großen Einfluß auf das Nietzsche-Bild des deutschen Bildungsbürgertums ausgeübt hat, wird die historische Methode, die die empirische Wirklichkeit zu rekonstruieren versucht, ausdrücklich desavouiert zugunsten eines mythenbildenden Verfahrens, das allein am geistigen Bild Nietzsches, an der ihm zugewachsenen geistigen Aura interessiert ist. Es geht nicht um „Wirklichkeitsherstellung", sondern um „Entwirklichung" und „Wertsetzung", nicht um das „Leben" Nietzsches, sondern um seine „Legende" (1). Von der „Persönlichkeit" heißt es:

Nur als Bild, als Gestalt, nur als Mythos also lebt sie, nicht als Kenntnis und Erkenntnis eines Gewesenen. [...] Die Legende eines Menschen, das ist sein in jedem neuen Heute neu wirksames und lebendiges Bild. (2)

In den 30er Jahren hat die Existenzphilosophie Nietzsche vom hohen Podest der Kultfigur heruntergeholt und ihn als lebendigen Menschen entdeckt. In seinem Buch *Nietzsche. Einführung in das Verständnis seines Philosophierens* (1936), in dem er nicht nur den mythischen Nietzsche Bertrams, sondern auch den triebpsychologischen Nietzsche eines Ludwig Klages[47] und den politischen Nietzsche eines Alfred Baeumler[48] weit hinter sich läßt, rückt Karl Jaspers die Existenz Nietzsches in den Mittelpunkt seiner (bedeutenden) Interpretation. Es geht ihm weder um die „mythische Symbolik" noch um eine bloß „psychologisch verstehende Durchleuchtung", sondern um „Existenzerhellung" (14), um die „existentielle Bedeutung dieses Lebens und Denkens", um die Frage, „wie ein nicht für alle repräsentativer Mensch doch eine herrschende Bedeutung erlangen kann, als ob er das Menschsein selbst ausspräche" (23). In geistiger Disziplin und mit emotionalem Engagement soll das „Nietzsche-Studium" die „Berührung mit dem Ursprung" ermöglichen (15). Bei Jaspers wird Nietzsche zum Paradigma des durch Grenzsituationen geprägten modernen Menschen, ja, Nietzsche verkörpert Tiefe, Gefährdung und Möglichkeit der menschlichen Existenz schlechthin. Demgegenüber zeigt Martin Heidegger kein Interesse an der Existenz Nietzsches, d.h. an der Rückgründung der Philosophie in der Person, sondern stellt die Frage nach der von Nietzsche neu vorgenommenen Wesensbestimmung des Seienden. In seinem aus Vorlesungen und Abhandlungen der Jahre 1936 bis 1946 hervorgegangenen fundamentalen Opus *Nietzsche* (1961) nimmt er eine seinsgeschichtliche Bestimmung des Nietzscheschen Denkens vor, derzufolge der 'Wille zur Macht', die 'ewige Wiederkehr' und der 'Übermensch' die neue Wesensbestimmung des Seienden durch Nietzsche ausmachen. Diese Bestimmungen sind zwar auch Zentralmotive der Jasperschen Interpretation, aber bei Jaspers sind sie zurückgebunden an die Person des Philosophierenden, während Heidegger von der Person abstrahiert. Festzuhalten ist, daß die Nietzsche-Interpretationen von Heidegger und Jaspers jeweils geprägt und durchdrungen sind vom Perspektivismus ihrer Autoren, daß sie in gewisser Hinsicht auch Selbstinterpretationen ihrer Verfasser sind und daß auf diese Weise die Philosophie Nietzsches durch die führenden Köpfe der Gegenwartsphilosophie eine intensive Wirkung in der Moderne zeitigt. Zumal die Heideggersche Nietzsche-Interpretation hat eine ungemein starke Wirkung ausgeübt und eigentlich über Jahrzehnte hin die Nietzsche-Deutung in den Grundzügen geprägt. Selbst das antihermeneutische, 'dekonstruktive' Interpretieren der französischen Avantgarde steht im Banne der Heideggerschen Nietzsche-Hermeneutik. Man will die Hermeneutik überwinden, um zu einer freien, offenen Nietzsche-Interpretation zu gelangen, aber man argumentiert faktisch mit den vor allem von Heidegger erarbeiteten Schlüsselmotiven. Freilich, in der Intention geht es diesen französischen Theoretikern nicht mehr primär um die inhaltlichen Aussagen Nietzsches, sondern um die Mobilität des Denkens selbst. Man möchte auf die hermeneutische Rekonstruktion der Nietzscheschen Textinhalte verzichten, um das experimentierende Weiterdenken dieser Texte zu betreiben. Man konzentriert sich auf den Text als Text, auf die immanente Dynamik des Textes, auf das sprachliche Zeichensystem.[49] Es wird programmatisch erklärt:

> Man fragt nie, was ein Buch bedeuten will [...] man fragt, womit ein Buch funktioniert, in welchen Verbindungen es Intensitäten strömen läßt [...] Findet die Stellen in einem Buch, mit denen ihr etwas anfangen könnt. [...] In einem Buch gibt's nichts zu verstehen, aber viel, dessen man sich bedienen kann. Nichts zu interpretieren und zu bedeuten, aber viel, womit man experimentieren kann. [...] Ja, nehmt, was ihr wollt.[50]

Sieht man einmal ab von der Frage, ob damit nicht die hermeneutische Wahrheit an das subjektive Erleben des Textes ausgeliefert wird, und sieht man des weiteren davon ab, daß dieses 'experimentelle' Lesen sich im Grunde doch wiederum an den besonders von Heidegger exponierten Schlüsselmotiven orientiert,[51] kann man feststellen, daß diese Form der Nietzsche-Rezeption in paradigmatischer Weise demonstriert, wie die Texte Nietzsches das gegenwärtige Denken befruchten können. Nietzsche als Initiator bzw. als Initialzündung für freies, offenes Denken - auch dies macht seine Bedeutung für die Moderne aus.

Dabei hat er nicht nur die Philosophie, sondern auch die Literatur geprägt. Nicht nur das hymnisch-dithyrambische Pathos der Jahrhundertwende und des Expressionismus, sondern auch die für die Moderne so symptomatische kritisch-analytische Schreibweise und die Vorliebe für Fragment und Aphorismus sind ohne den Einfluß Nietzsches kaum denkbar. Um die Jahrhundertwende, d.h. zur Zeit des größten Nietzsche-Enthusiasmus, wird Nietzsche vielfach wie ein Übermensch verehrt.[52] Häufig wird Nietzsche in dithyrambischen Gedichten als religiöser Erlöser gepriesen. Ein charakteristisches Beispiel für solch hyperbolisches Nietzsche-Pathos ist Hermann Conradis Gedicht *Triumph des Uebermenschen*

Siehe! Unter dem Baldachine
Ewiger Unermeßlichkeit
Heitert sich des Dulders Miene!
Golgatha's blutrotes Schmerzenskleid
Färbt sich zu weißem, bläulichem Glanze -
Himmelsprache: köstlich Kristall,
Drin sich erklären die Stäubchen im Tanze -
Draus sich enthüllt das erlösende *All*![53]

Durch den Vergleich mit Christus wird Nietzsche resp. der „Übermensch" ins Religiös-Sakrale überhöht. Dabei ist es bezeichnend, daß der „Übermensch" die Passion Christi in einer neuen Heiterkeit, im dionysischen Tanz und in kosmischer Entgrenzung aufhebt. Das gleiche deklamatorische Pathos findet sich im Gedicht *Zarathustra* von Michael Georg Conrad. Er dichtet Zarathustra wie folgt an:

Und wie in Adlerfängen blutend,
gebrochen,
und doch voll Übermenschen-Schöne
und Heilands-Glorie,
schwebt dein prometheischer Heldenleib
majestätisch
im Sternenreigen
durch die blaue Nacht
empor -[54]

Auch bei Conrad wird der Panegyrikus auf Nietzsche zum leeren rhetorischen Pathos, zu einer in den Sprachkitsch umschlagenden Attitüde, zur epigonalen Sprachpose.[55] Die kultische Verehrung Nietzsches zeigt sich auch in Richard Dehmels hymnischem Gedicht *An Friedrich Nietzsche*. In diesem Zwiegespräch zwischen „Meister" und „Jünger", dessen Thema die Nachfolge Zarathustras durch das eigene Selbstsein ist, schwingt sich der Jünger zu schwülstigem Pathos auf:

Der Du Deine neue Sünde lehrtest,
habe Dank! o dürft' ich dir

dein letztes Wort vom Munde küssen,
du lächelnder Priester des zeugenden Todes![56]

Dieses hyperbolische Pathos findet seine Fortsetzung im Expressionismus. Die expressionistischen Erneuerungsgebärden, das O-Mensch-Pathos und der messianische Utopismus, haben ihre Wurzeln im Jugendstil und bei Nietzsche. Im Vergleich zur Jahrhundertwende hat die Wirkung Nietzsches im Expressionismus eher nachgelassen. Obschon Nietzsches Begriff des Lebens, seine Idee des Traumes und des Rausches, sein Erneuerungsidealismus und nicht zuletzt seine Zeit- und Kulturkritik in der expressionistischen Generation auf einen fruchtbaren Boden stoßen,[57] wird doch Nietzsches „Übermensch" vom expressionistischen „neuen Menschen" verdrängt, von jenem „neuen Menschen", der nicht mehr auf einen aristokratischen Individualismus, sondern auf ein humanitäres Gemeinschaftsethos hinausläuft. Ein charakteristisches Beispiel bietet Georg Kaisers Ideendrama *Die Bürger von Calais* (1913). Die Sprache ist geprägt von Bibel-Sprache und Zarathustra-Sprache. So geht die Wendung „Ich bin ein Becher - der überfließt - -" (3. Akt) unmittelbar auf die Zarathustra-Wendung „Segne den Becher, welcher überfliessen will" zurück (4, 12-Za [Vorrede]). Aber der „neue Mensch", den der Seher verkündet, ist nicht der „Übermensch" Zarathustras, sondern der sich für die Gemeinschaft opfernde Mensch. Die Expressionisten stehen nicht in der bedingungslosen Nachfolge Nietzsches. Es gibt auch Versuche, Nietzscheanismus und Gemeinschaftsethos miteinander zu verbinden. In seinem Drama *Antichrist* (1911) verkündet Reinhard Johannes Sorge die große Synthese aus Dionysos und Christus.[58] Sorge löst die Nietzschesche Antithese Dionysos - Christus in einer mystischen Synthese auf. Dies wird bereits im hymnischen Prolog *Christus und Nietzsche* programmatisch formuliert:

Den beiden Brüdern
Geist in Geist
Neigt der Jünger fromm das Knie.

Eines Vaters,
Einer Sehnsucht,
Werbende gleich und Süchtige nach dem erlösenden Reich.

Nennt ihr ihn Antichrist?
Nietzsche?
Den Auferstandenen,
Niedergefahrenen
Nenne ich ihn.[59]

Hier erscheint Nietzsche nicht mehr als Gegner des Christentums, sondern als eine im Grunde tiefchristliche Gestalt. Im Dialog zwischen Meister und Jünger werden der christliche Gedanke des „Ewigen Lebens" und Nietzsches Idee der „Ewigen Wiederkehr" als ein und derselbe Grundgedanke gedeutet.[60] Nietzsche erscheint damit als christlicher *homo religiosus*, der sich zuletzt mit Christus solidarisiert. In dieser mit großem rhetorischen Aufwand betriebenen Christianisierung Nietzsches wird nicht an die Ratio, sondern an die Emotionen des Lesers appelliert, in einem eher schwülstigen Pathos. Aber das Drama ist auch ein Zeitsymptom, denn es signalisiert eine im Expressionismus wiederholt aufkeimende Tendenz, nietzscheanisches Höhenmenschentum mit urchristlicher Weltsicht zu verbinden. Aber Sorges Symbiose aus Nietzsche und Christus war zu brüchig. War er im *Antichrist* um eine Synthese von Nietzscheanismus und Christentum bemüht, so schleudert er in dem pathetischen Redemonument *Gericht über Zarathustra. Vision* (1912) den Bannstrahl gegen Nietzsche. Nun schlägt Sorges Nietzsche-Begeisterung endgültig in Nietzsche-Verdammung um. Es ertönt der Ruf:

In meines Herrn Namen, Zarathustra! / Zarathustra, steh auf aus deinem Grab! / Gericht zu halten, bin ich gekommen; Gericht wird längst über dich gehalten, Gericht ist auch schon über dich gehalten, über deinen Leib, Gericht zu halten über deinen Leichnam bin ich gesandt.[61]

Damit schlägt die Kunst in den Kitsch um. Dennoch ist festzuhalten, daß die Auseinandersetzung mit Nietzsche für viele Dichter ein religiöses Problem ist. Dabei kann er selbst zu einer religiösen Gestalt werden, zur Erlösungsfigur oder zur Passionsgestalt. Kasimir Edschmid erklärt, er beschwöre die höchste „Tragik" menschlichen Scheiterns, „wenn ich Nietzsches heiligen Namen nenne".[62]

Es ist der pathetisch-dithyrambische Nietzsche, der Nietzsche des *Zarathustra*, der in Literatur und Dichtung der Jahrhundertwende und im Expressionismus dominiert. Es fehlt zwar auch nicht an Überlegungen, an Essays zum Sprachkünstler,[63] Philosophen[64] und Zeitkritiker[65] Nietzsche, aber im Mittelpunkt des Interesses steht Nietzsche als Übermensch, als Religionsstifter, als Mythos. Selbst der geistig so disziplinierte, formstrenge Stefan George ist diesem Nietzsche-Pathos verfallen. In dem nach Nietzsches Tod entstandenen Gedicht *Nietzsche* wird Nietzsche zur religiösen Erlösungsgestalt stilisiert. Er ist der „Donnerer", „der einzig war / Von tausenden aus rauch und staub um ihn" und den die Menschen nicht verstehen: „Blöd trabt die menge drunten." Nietzsche wird als eine ins Religiöse erhobene Gestalt mit Christus verglichen. Wie Christus erscheint er als Menschheitserlöser:

[...]
Dann aber stehst du strahlend vor den zeiten
Wie andre führer mit der blutigen krone.

Erlöser du! selbst der unseligste –
Beladen mit der wucht von welchen losen
Hast du der sehnsucht land nie lächeln sehn?
[...][66]

Im späteren Nietzsche-Gedicht aus dem *Stern des Bundes* (1914), in dem der Name Nietzsches allerdings nicht genannt wird, erscheint Nietzsche als der große Umwerter aller Werte, der die Menschheit vergeblich zur Umkehr aufruft, so daß sie nun dem Nihilismus ausgeliefert ist:

Einer stand auf der scharf wie blitz und stahl
Die klüfte aufriss und die lager schied
Ein Drüben schuf durch umkehr eures Hier..
[...]
Ihr handelt weiter sprecht und lacht und heckt.
Der warner ging.. dem rad das niederrollt
Zur leere greift kein arm mehr in die speiche.[67]

George hat aber in Nietzsche nicht nur den mythischen Seher, sondern auch einen Protagonisten der neuen Kunstidee gesehen. In den *Blättern für die Kunst* von 1896 lauten programmatische Sätze:

Einfach liegt was wir teils erstrebten teils verewigten: eine kunst frei von jedem dienst: über dem leben nachdem sie das leben durchdrungen hat: die nach dem Zarathustraweisen zur höchsten aufgabe des lebens werden kann [...][68]

Deutlich zeigen sich hier Affinität und Differenz zu Nietzsche. Nietzsches Grundsatz, daß die Kunst der höchste Ausdruck und eine Funktion des Lebens sei, gehört auch zum ästhetischen Credo Georges. Aber bei George wird die Kunst zugleich vom Leben abgelöst, und sie verselbständigt sich zum reinen *mundus aestheticus*. Nietzsche betont die Lebensfunktionalität der Kunst, George verkündet die Autonomie des Kunstwerks. Bei George löst sich das Kunstwerk als apollinisches Kunstwerk vom dionysischen Leben ab und wird zum autonomen ästhetischen Gebilde.

Dem Einfluß Nietzsches vermag sich um die Jahrhundertwende kaum ein Dichter zu entziehen. Und dieser Einfluß ist auch dort wirksam, wo der Name Nietzsche nicht unmittelbar fällt. So ist Rilkes *Florenzer Tagebuch* (1898) voll von Motiven Nietzschescher Observanz. Vor allem der Begriff des „Schaffenden" vermag seine Herkunft von Nietzsche nicht zu verleugnen. Die von Nietzsche inaugurierte Ästhetik des einsam Schaffenden, die Apotheose des schöpferischen Lebens und der Kunst als der höchsten Ausdrucksform des Lebens – sie durchzieht das *Florenzer Tagebuch*. Es heißt:

Der Schaffende ist der weitere Mensch, der über welchen hinaus die Zukunft liegt. [...] Wenn es für den Künstler eine Verheißung gibt, der er vertrauen kann, ist es: der Wille zur Einsamkeit. [...] Denn wenn ein Schaffender zu sich fand, bleibt er in seiner Einsamkeit; er will in der Heimat sterben. [...] Die Kunst geht von Einsamen zu Einsamen in hohem Bogen über das Volk hinweg.[69]

Dies ist ein Stück Nietzsche-Exegese. Sie findet sich gleichfalls in Rilkes Marginalien zu Nietzsches Tragödienschrift, in denen das „Dionysische Leben" als ein „unbegrenztes In-Allem-Leben" beschrieben wird.[70] Obschon Rilke damit stärker auf einen Nietzsche eher fremden lyrischen Gefühlsmonismus abhebt, stimmt er doch mit Nietzsche überein in der Auffassung von der unbedingten Bedeutung des Dionysischen, der Musik und des Schaffens, der „schaffenden That des Künstlers".[71] Wie Nietzsche fordert er die „Auferstehung des Dionysos".[72]

Steht Rilkes Lebens- und Kunstbegriff um die Jahrhundertwende noch eindeutig in der Nachfolge Nietzsches, so zeigt sich bei Hofmannsthal eine eher verdeckte und ambivalente Nietzsche-Rezeption. Auch ist es weniger die Zarathustra-Dithyrambik als vielmehr die Luzidität und geistige Freiheit der Prosa Nietzsches, die ihn beeindruckt. Eine Notiz vom 6.7.1892 lautet: „Nietzsche ist die Temperatur, in der meine Gedanken crystallisieren."[73] Im Brief an Arthur Schnitzler vom 13.7.1891 heißt es sinnentsprechend: „En attendant les' ich Nietzsche und freue mich wie in seiner kalten Klarheit, der 'hellen Luft der Cordilleren', meine eigenen Gedanken schön crystallisieren."[74] Aber bei Hofmannsthal kommt das zeittypische Nietzsche-Pathos nicht voll zur Geltung, sondern wird wiederholt im ironischen Parlando relativiert. Bei aller Nietzsche-Verehrung wahrt Hofmannsthal doch eine Art von kultivierter Distanz. Im Brief an Richard Beer-Hofmann vom 8.7.1891 schreibt er: „Gut. Also da les' ich gestern Menschliches, Allzumenschliches und esse Kirschenkuchen dazu."[75] Hofmannsthal reagiert auf Nietzsche mit einer eigentümlichen Mischung aus Ernst und Ironie. Im Brief an Schnitzler vom 27.7.1891 schreibt er:

Besonders Nietzsche – zuletzt hat mich sein Schlußcapitel und das Schlußgedicht zu Jenseits von Gut u Böse ergriffen. – Erinnern Sie sich? Nietz'sche Sentimentalität! – Weinender Marmor! Stellen, die sogar auf Weiber wirken, ohne daß man den Stellen oder den Weibern bös werden müßte.[76]

Damit drückt Hofmannsthal sowohl ein echtes Ergriffensein als auch eine ironische Reserve gegenüber dem Gefühlspathos Nietzsches aus. An anderer Stelle schreibt er freilich: „wir erleben bei 3 Seiten Nietzsche viel mehr als bei allen Abenteuern unseres Lebens,

Episoden und Agonien".[77] Aber in einem Brief vom 7.7.1903 meint er, daß Nietzsche in früheren Jahren „imponierend und aufregend in mein Leben getreten ist, ohne daß diese Eindrücke in mir eine rechte Kontinuität gefunden hätten".[78] Es handelt sich bei Hofmannsthals Nietzsche-Beziehung in der Tat eher um „Eindrücke", um tiefe „Eindrücke", als um ein zentrales, existenzbestimmendes Erlebnis. Er gewinnt im Laufe seiner Entwicklung immer mehr Abstand zu Nietzsche. Im Essay *Österreich im Spiegel seiner Dichtung* (1916) schreibt er:

> Denke ich an Männer wie Kant, Hölderlin, Nietzsche, so ist der geistige Aufschwung ohnegleichen vor meinem Auge und ich könnte an der Höhe des Fluges die Deutschheit und das Aufgeflogensein vom deutschen Geistesboden erkennen, nicht aber das Gefieder. Ein österreichischer Vogel fliegt nicht so hoch, daß man nicht das Gefieder erkennen könnte.[79]

Der weltmännischen Lebensnähe Hofmannsthals ist das strenge Philosophieren contre cœur. Die pathetische Abstraktion liegt ihm nicht. Sympathischer ist ihm die moderate Einfühlung. Hofmannsthal war kein Nietzscheaner. 'Ästhetizismus', Melancholie und Dekadenzbewußtsein trennen Hofmannsthal, zumal den frühen Hofmannsthal, von Nietzsche. Während Nietzsche die Willensstärke verkündet, hat Hofmannsthal das Gefühl der Willensschwäche. Im Essay *Gabriele d'Annunzio* von 1893 stellt er der Epoche die Diagnose der Willenlosigkeit:

> Wir haben nichts als ein sentimentales Gedächtnis, einen gelähmten Willen [...] Wir schauen unserem Leben zu [...] Heute scheinen zwei Dinge modern zu sein: die Analyse des Lebens und die Flucht aus dem Leben. [...] aber alle haben einen gemeinsamen Grundzug: jene unheimliche Willenlosigkeit, die sich nach und nach als Grundzug des in der gegenwärtigen Literatur abgespiegelten Lebens herauszustellen scheint [...][80]

Dies ist die Symptomatik der *décadence*, wie sie Nietzsche immer wieder beschrieben hat. Was Nietzsche betrifft, so ist Hofmannsthals Rezeption von verhaltener, diskreter Art, häufig nicht ohne schillernde Zweideutigkeit.

Demgegenüber ist die Nietzsche-Rezeption der beiden bedeutendsten Nietzsche-Rezipienten der modernen Literatur, nämlich Thomas Manns und Gottfried Benns, im Grundzug von eindeutiger, affirmativer Art. Dabei fällt allerdings auf, daß der Epiker Thomas Mann trotz aller Nietzsche-Verehrung größere Distanz zu Nietzsche hält als der Lyriker Gottfried Benn, der sich, unbeschadet kritischer Abgrenzungen, weitgehend mit Nietzsche identifiziert. Die emotionale Identifikation von Lyrikern mit Nietzsche weicht bei Prosaschriftstellern häufig einer engagierten Distanz. Thomas Mann, der Nietzsche immer die Reverenz erwiesen hat und für den das „Dreigestirn" Schopenhauer, Nietzsche und Wagner[81] ein lebenslängliches Leitbild gewesen ist, verliert nie ganz die epische Distanz zu Nietzsche. Sein Interesse, das dem Künstler, Menschen und Psychologen Nietzsche gilt, konzentriert sich primär auf den Prosaschriftsteller. In den *Betrachtungen eines Unpolitischen* (1918) führt er seine eigene Tätigkeit als „*Verfalls*psychologe" auf Nietzsche, den „Meister", zurück und fährt fort:

> denn nicht so sehr der Prophet irgendeines unanschaulichen „Übermenschen" war er mir von Anfang an, wie zur Zeit seiner Modeherrschaft den meisten, als vielmehr der unvergleichlich größte und erfahrenste Psychologe der Dekadenz...[82]

Weniger der oratorische, pathetische „Prophet" als vielmehr der zeitkritische, artistische „Psychologe" löst kreative Impulse bei dem Epiker Thomas Mann aus. Es ist bezeichnend, daß Thomas Mann noch in der Nietzsche-Rede von 1947 von Nietzsches „blinder Überschätzung" des *Zarathustra* spricht und Zarathustra als „gestaltlosen Unhold und Flügelmann" bezeichnet, der nur „Rhetorik, erregter Wortwitz, gequälte Stimme und zweifelhafte Prophetie" sei.[83] Nicht der Lyriker, der Hymniker, sondern der Prosaist und Essayist Nietzsche hat für Thomas Mann europäischen Rang:

Nietzsche war vor allem ein großer Kritiker und Kultur-Philosoph, ein aus der Schule Schopenhauers kommender europäischer Prosaist und Essayist obersten Ranges, dessen Genie zur Zeit von 'Jenseits von Gut und Böse' und der 'Genealogie der Moral' auf seinen Scheitelpunkt kam.[84]

Kurzum, Nietzsche ist kein wirklicher „Dichter", sondern ein „Kritiker".[85] Nun hat Thomas Mann zu einer bestimmten Zeit durchaus dem dichterisch-prophetischen Nietzsche gehuldigt. In dem offenbar unter dem Einfluß des Bertramschen Nietzsche-Buches verfaßten *Vorspruch zu einer musikalischen Nietzsche-Feier* (1924) heißt es, daß Nietzsche „zu einem Seher und Führer in neue Menschenzukunft geworden ist". „Dies ist er uns: ein Freund des Lebens, ein Seher höheren Menschentums, ein Führer in die Zukunft [...]".[86] Freilich, Thomas Mann verleugnet auch hier den Aspekt des Kritischen nicht, denn er bezeichnet Nietzsche als einen „Erkenntnislyriker", als einen Lyriker, bei dem „Kritik" und „Lyrik" eine Symbiose eingegangen seien.[87] Im übrigen möchte Thomas Mann sich nicht auf apodiktische Aussagen über Nietzsche festlegen lassen. Im *Lebensabriß* von 1930 schreibt er:

ich sah in Nietzsche vor allem den Selbstüberwinder; ich nahm nichts wörtlich bei ihm, ich *glaubte* ihm fast nichts, und gerade dies gab meiner Liebe zu ihm das Doppelschichtig-Passionierte, gab ihr die Tiefe.[88]

Dies bedeutet, daß man sich Nietzsche nur durch die „Ironie" „assimilieren" kann. Ausgehend von dem (angeblichen) Gegensatz von 'Leben' und 'Geist' bei Nietzsche, ist es Thomas Mann nicht um den „heroisch-ästhetischen Rausch", sondern um die (humane) „Verbürgerlichung" zu tun.[89] Auch in der späten Nietzsche-Rede heißt es: „Wer Nietzsche 'eigentlich' nimmt, wörtlich nimmt, wer ihm glaubt, ist verloren."[90] Demnach sollte man sich nicht auf inhaltliche Identifikation mit Nietzsche einlassen, sondern ironisch-spielerische Distanz zu ihm wahren. Demnach käme es weniger auf die inhaltlichen Aussagen als auf die geistige, ästhetische Intensität der Nietzscheschen Texte an. Und tatsächlich hat Thomas Mann die großen Denkmotive Nietzsches kaum eingehender reflektiert. Ihm geht es in erster Linie um die von Nietzsche ausgehende geistige Mobilität und ästhetische Faszination. Und mit zunehmenden Jahren rückt dies ins Licht des Humanum. Diese Sicht verstärkt sich noch durch Exil, Krieg und NS-Terror. In der Nietzsche-Rede dominieren zwei Grundmotive: das Künstlertum und die Humanität. Thomas Mann, der mit dem *Doktor Faustus* einen Nietzsche-Roman verfaßt und auch nach 1945 seine Nietzsche-Verehrung nicht aufgegeben hat, umkreist im Nietzsche-Essay den 'Ästhetizismus', den Lebensbegriff und die Psychologie Nietzsches. Dabei geht er aus von dem Menschen und Künstler Nietzsche, hebt die Verbindung von Genialität und Krankheit hervor und zeichnet das Bild eines genial Leidenden, das „Schauspiel einer erschütternden Selbstkreuzigung".[91] Nicht der Philosoph, sondern der Psychologe Nietzsche steht im Mittelpunkt. „Zum Psychologen ist er geboren, die Psychologie ist seine Urleidenschaft".[92] Aber Thomas Mann übt auch Kritik an Nietzsche. Nicht zuletzt unter dem Eindruck der Zeitereignisse hält er Nietzsche „zwei Irrtümer" vor. Nietzsche habe den „Intellekt" an den „Instinkt" und die „Moral" an das „Leben" verraten.[93] Der Moralist Thomas Mann erhebt Einspruch gegen den Immoralismus einer 'ästhetizistischen' Lebensphilosophie.

Diese Bedenken hat Benn nicht. Sein Nietzsche-Vortrag ist eine Huldigung an den jenseits der Moral schaffenden Artisten Nietzsche. In Fragen der Moral erteilt er Nietzsche Absolution, ja, er erklärt die Frage nach dem Verhältnis von Kunst und Moral für irrelevant. Ausdrücklich nimmt er Nietzsche gegen den Vorwurf der politischen Gefährlichkeit in Schutz, mit der Begründung, die Politiker hätten Nietzsche überhaupt nicht verstanden und im übrigen habe Nietzsche vor seinem Mißbrauch durch „Unberechtigte und gänzlich Ungeeignete", vor den „Schweinen und Schwärmern" gewarnt (GW I, 482f.).[94] Für Nietzsche, wie überhaupt für die kreative Existenz, desavouiert Benn alle moralischen Kategorien und läßt nur ästhetische Kategorien gelten. Die höchste Form des 'Ästhetischen' aber ist die Tilgung des Inhalts in der Form. Benn nimmt Nietzsche als Vorläufer der absoluten Form in Anspruch. „Der Weg vom Inhalt zum Ausdruck, das Verlöschen der Substanz zugunsten der Expression, das war elementar." (GW I, 489) Nietzsche wird zum Protagonisten der „Artistik" und der „Ausdruckswelt" erklärt (ebd.). Sofern aber „Artistik" der „Versuch der Kunst" ist, „innerhalb des allgemeinen Verfalls der Inhalte sich selber als Inhalt zu erleben" (GW I, 500 [Probleme der Lyrik]) und sofern die „Ausdruckswelt" ein *mundus aestheticus* über dem Leben ist, ist die Anwendung dieser Kategorien auf Nietzsche ein produktives Mißverständnis. Entgegen der Behauptung Benns, Nietzsche habe die „Vorstellung der Artistik" in Deutschland 'eingeführt' (GW I, 543 [Vortrag in Knokke]), gehört weder der Begriff „Artistik" zum Wortschatz Nietzsches, noch läßt sich sinngemäß Nietzsches Kunstauffassung durch Benns „Artistik" definieren. Nietzsche spricht von den „Artisten", und zwar zumeist in entschieden pejorativer Weise, denn die „Artisten" sind für ihn die *décadence*-Künstler, die sich in bloß äußerer Formvirtuosität erschöpfen.[95] Bemerkenswerter aber als diese Umdeutung Nietzsches ist die Tatsache, daß die Selbstinterpretation Benns durch Nietzsche-Lektüre gefördert worden ist. Aufschlußreich sind die unterschiedlichen Perspektiven Benns und Thomas Manns. Dessen Erörterungen sind stark 'psychologisch' ausgerichtet, während Benn vorrangig 'artistisch' ausgerichtet ist. Thomas Mann beschäftigt sich in erster Linie mit dem Künstler und Menschen Nietzsche. Benn konzentriert sich stärker auf das Werk, das Kunstgebilde. Thomas Mann interessiert sich primär für den Künstler, Benn für die Kunst. Thomas Mann will das ästhetische Erleben Nietzsches verlebendigen, Benn will seine artistischen Finessen herausstellen. Thomas Manns Interesse gilt der Künstlerpsychologie, Benns Perspektive richtet sich auf die Kunstmetaphysik. Freilich, auch Benn geht in seiner Prosa und vor allem in den Nietzsche-Gedichten *Sils-Maria* und *Turin* (I, II) auf die Gestalt Nietzsches ein. Aber dort geht es nicht um die Psychologie des Künstlers, sondern um die Existenz des Schaffenden, und zwar des Schaffenden als des Leidenden, der Passionsgestalt. Benn bringt die Denkmotive Nietzsches ins Gedicht ein. Im Gedicht *Sils-Maria* hebt er Nietzsches *amor-fati*-Gedanken hervor, den Gedanken der Liebe zum Schicksal, der besagt, daß man die Notwendigkeit in den Willen aufnehmen soll, daß man damit das große Ja zum Dasein zu sagen hat und daß man die Daseinsverwandlung leistet:

Ein Alles-zum-Besten-Nenner
den trifft die Stunde nicht,
ein solcher Schattenkenner
der trinkt das Parzenlicht. (GW III, 153)

Es stellt sich nun noch die Frage nach der konkreten Wirkung Nietzsches in den dichterischen Texten der Moderne. Generell läßt sich feststellen, daß Nietzsche stärker durch seine Theoreme als durch seine Sprache in diesen Texten präsent ist. Der hymnisch-dithyrambische Stil, wie er vor allem für den *Zarathustra* symptomatisch ist, hat eigentlich nur die Sprache der Hymniker des Jugendstils und des Expressionismus geprägt. Das hängt damit zusammen, daß seit den 20er Jahren Hymne und Dithyrambus auf dem Rückzug begriffen sind - sieht man von Ausnahmen wie dem Rilke der *Elegien*, dem seherischen Pathos eines Stefan George und dem zwischen 'Göttern und Dämonen' sich tummelnden Josef Weinheber ab.[96] Die durch die Zeitereignisse bedingte Nüchternheit und Sachlichkeit läßt eine dithyrambische Diktion kaum noch zu. Insofern sind die großen expressiven Gebärden des *Zarathustra* und der *Dionysos-Dithyramben* obsolet geworden. Dennoch wirkt das aus innerer Wahrhaftigkeit erwachsene existentielle Pathos weiter, wie die neuere Nietzsche-Renaissance eindrucksvoll bezeugt. Obschon es nicht mehr möglich ist, im *Zarathustra*-Stil zu dichten, sind doch die *Zarathustra*-Probleme historisch keineswegs überholt. Insbesondere die Gott-ist-tot-These hat nichts von ihrer Aktualität verloren, ja, es hat den Anschein, als hätte sie durch die Vernichtungsexzesse des 20. Jahrhunderts ihre makabre Bestätigung erfahren. Fragwürdig geworden ist allerdings die Idee des Übermenschen. Seitdem die germanischen Herrenmenschen sich als Untermenschen entpuppten, ist die Rede vom „Übermenschen" verstummt. Faßt man freilich den „Übermenschen" nicht als biologische, sondern als rein geistige Möglichkeit auf, findet er in der Nietzsche-Diskussion weiterhin ein spezifisches, wenngleich begrenzteres Interesse. Auch der Wiederkunftsgedanke hat an Brisanz verloren. Aber eigentlich war er nie so recht in das Bewußtsein der Nietzsche-Leserschaft eingedrungen. Dagegen erfreut sich der 'Wille zur Macht' weiterhin ungeteilter Aufmerksamkeit. Angesichts des aktiven Nihilismus, wie er in der Gegenwart durch totalitäre Systeme praktiziert wurde, ist dies nicht verwunderlich. Obschon der nationalsozialistische Vernichtungswille eine Perversion des Nietzscheschen Willens zur Macht war, ist doch auch er eine Erscheinungsform des Machtwillens. Nietzsches Philosophie (und Psychologie) des Willens zur Macht hat in der Gegenwart schlimme Triumphe gefeiert. Mit dem Willen zur Macht hat Nietzsche historisch recht behalten. Was er unterschätzt hat, ist die trotz aller Rückfälle in die Barbarei erkennbare gegenläufige Tendenz zu einer demokratisch-humanitären Entwicklung der Menschheit. Man darf allerdings nicht verkennen, daß der Wille zur Macht nicht nur eine politisch-gesellschaftliche, sondern auch eine anthropologisch-psychologische Kategorie ist. Er ist in den zwischenmenschlichen, privaten Beziehungen ebenso wirksam wie in den öffentlichen, politischen Relationen. Auch der demokratische Politiker ist nicht frei vom Willen zur Macht - auch wenn er gerne für den Begriff 'Wille zur Macht' den Begriff 'Verantwortung übernehmen' einsetzt. Aber dies ist ein menschlich, allzumenschlicher Euphemismus. Und in Verbindung mit einer humanitären Gesinnung kann der Wille zur Macht durchaus eine positive Qualität sein. Auf jeden Fall aber hat Nietzsche mit dem Begriff des 'Willens zur Macht' nicht nur eine philosophische Wesensbestimmung des Seienden, sondern auch eine psychologische Enthüllung des Menschen, der wahren menschlichen Motive, vorgenommen. Auch ist der Kulturkritiker Nietzsche noch keineswegs überholt. Ein *Zarathustra*-Textstück wie *Von den Fliegen des Marktes* hat kaum etwas von seiner Aktualität eingebüßt. Was dort über Repräsentationsbedürfnis, Rollenfunktion und Schauspielertum des öffentlichen Menschen gesagt wird, ist von überraschender Modernität, ja von zeitloser Aussagekraft:

Wo die Einsamkeit aufhört, da beginnt der Markt; und wo der Markt beginnt, da beginnt auch der Lärm der grossen Schauspieler und das Geschwirr der giftigen Fliegen. [...] Um die Erfinder von neuen Werthen dreht sich die Welt: - unsichtbar dreht sie sich. Doch um die Schauspieler dreht sich das Volk und der Ruhm: so ist es der Welt Lauf. (4, 65-Za)

Wenn somit der Satiriker, der Gesellschafts- und Weltsatiriker Nietzsche noch keineswegs passé ist, so hat doch auch der Lyriker, der monologische Lyriker Nietzsche das moderne Gedicht mitgeprägt. Gedichte wie *Im deutschen November* („Dies ist der Herbst") (11, 323), *Der Freigeist* („Die Krähen schrei'n") (11, 329), *Nach neuen Meeren* (3, 649-FWP), *Yorick- Columbus*(11, 328), *Ecce homo* (3, 367-FWS), das Venedig-Gedicht „An der Brücke" (6, 291-EH), *Die Sonne sinkt* (6, 395-DD) sind monologische Gedichte, die in Motiv und Sprache das moderne absolute Gedicht beeinflußt haben. Als Kronzeugen muß man hier wieder Gottfried Benn anführen. Seine monologischen Lyrismen sind ohne Nietzsche kaum denkbar. In Nietzsches Venedig-Gedicht hat sich das lyrische Ich ganz in seine Innerlichkeit zurückgezogen, eine dionysische, halkyonische Innerlichkeit, in der sich die „Seele" selber ein „Gondellied" singt: „Hörte Jemand ihr zu?..." Diese Form der 'naiven' Entrücktheit ist dem 'Intellektualisten' Benn nicht mehr möglich, aber auch bei ihm erfolgt die monologische Reduktion, freilich in der Form des meditativen Spruchs, in dem ein distanziertes Ich seine Melancholie, sein Untergangsbewußtsein artikuliert. So heißt es im Gedicht *Verzweiflung:* „Sprich zu dir selbst, dann sprichst du zu den Dingen" (GW III, 296). Das einsame Subjekt – es ist gleichermaßen ein Grundthema, ja *das* Grundthema Nietzsches und Benns. Bei Nietzsche wird dieses Thema allerdings zum mythischen Erlebnis des weltentrückten Subjekts, während es sich bei Benn um die melancholische Stimmung des introvertierten Ich handelt. So ist in Nietzsches Dionysos-Dithyrambus *Die Sonne sinkt* (6, 395ff.-DD) die „Siebente Einsamkeit", d.h. die unüberbietbare Einsamkeit, die Dimension einer absoluten Freiheit, einer halkyonischen Losgelöstheit: „Silbern, leicht, ein Fisch / schwimmt nun mein Nachen hinaus..." In Benns Gedicht *Einsamer nie* – (GW III, 140) hingegen spricht sich ein trauererfülltes Ich aus, das sein Lebensdefizit durch den „Geist", das „Gegenglück", d.h. den kreativen Akt, kompensiert. Der dionysische Nietzsche und der melancholische Benn, der euphorische Mythiker und der skeptische Intellektuelle – ihre Einsamkeitserfahrungen sind von unterschiedlicher Art. Dennoch fühlt sich Benn nicht zuletzt im Hinblick auf die Einsamkeit in der Nachfolge Nietzsches. Er beruft sich ausdrücklich auf Nietzsches Gedicht „Die Krähen schrei'n": „ich habe jahrelang über den Vers nachgedacht: 'Wer das verlor, was du verlorst, macht nirgends halt." Und er führt dann weiter aus, Nietzsche wolle in diesem Vers nicht den Verlust der menschlichen „Gemeinschaft", sondern den Verlust der „Gemeinschaft mit der Substanz", d.h. mit allen Inhalten, zum Ausdruck bringen (GW IV, 308 [Erwiderung an Alexander Lernet-Holenia]). Dies wiederum ist ein Stück Bennscher Selbstinterpretation. Ähnlich verhält es sich mit Benns Deutung der „bruchstückartigen Lyrik" Nietzsches (und Hölderlins) als reine „Ausdrucksdichtung", als eine ohne „inhaltliche Beziehung" aus der reinen 'Wortspannung' erwachsende Dichtung (GW I, 244 [Expressionismus]). Hier nun ist zu betonen, daß Nietzsche nie eine Ästhetik der reinen Sprachimmanenz verkündet hat, geschweige denn, daß er immanente Sprachspiele betrieben oder hermetische Lyrik inszeniert hätte.

Nietzsche ist der große Vorläufer der Einsamkeitsproblematik und des Monologs in der modernen Lyrik, während ihm die Montage, die lyrische Montagetechnik, noch weitgehend fremd ist.[97] Seine lyrischen Texte sind noch keine sprachimmanenten Konstruktionen, sondern Expressionen, Expressionen des Lebens. Nicht das abstrakte Sprachspiel des reinen Geistes, sondern die expressive Signatur des dionysischen Lebens ist sein Metier. Der moderne Hermetismus, der von Stéphane Mallarmé bis Paul Celan praktizierte Lyrismus der bewußten Vieldeutigkeit, Verrätselung und Verdunkelung, ist Nietzsche noch fremd. Nicht die *obscuritas*, sondern die *claritas* ist sein Stilprinzip. Und zwar ist nicht nur der enthusiastische Dithyrambus, sondern auch der witzige Spruch durch die Klarheit der Aussage gekennzeichnet – unbeschadet der Allusionen und des Maskenspiels in manchen Texten. Nietzsches Aussagen bleiben im Prinzip immer identifizierbar. Dunkles Dichten war seine Sache nicht. Nietzsche treibt zwar im existentiellen Pathos der Grenzsituationen die Sprache an den Rand ihrer Möglichkeiten, aber er verrätselt sie nicht ins Unwegsame, Undurchschaubare. Die Sprache ist bei ihm noch nicht artistischer Selbstzweck, sondern ein expressives Mittel. Es geht nicht um die Konstruktion der absoluten Kunst, sondern um die Evokation des dionysischen Lebens. Man möchte daher hinsichtlich der Nietzscheschen Bildersprache nicht von absoluter Metapher, sondern von evokatorischer Metapher sprechen. So sind die *Dionysos-Dithyramben* keine hermetischen Sprachgespinste, sondern Gebärden des Lebens, Anrufungen des Dionysos. In diesem Zusammenhang ist im Blickfeld zu halten, daß Nietzsches Lyrik aus der traditionellen Naturlyrik erwächst und daß er in allen Schaffensperioden mit Naturmetaphern operiert. Die Jugendlyrik besteht zum großen Teil aus Naturgedichten, in denen sich die naturlyrischen Topoi und Requisiten des 18. Jahrhunderts und vor allem der Romantik in Fülle wiederfinden. In den auf diese epigonale Frühphase folgenden Schaffensperioden entwickelt er dann allerdings eine originäre Metaphernsprache, eine existentielle Chiffrensprache. Aber er entnimmt seine Metaphern weiterhin dem Bereich der Natur - wobei die Frage ist, inwieweit die Naturmetaphern auf eine Mythisierung der Natur hindeuten oder ob sie nur noch Metaphern des monologischen Subjekts sind.[98] In jedem Fall aber ist der Naturlyrismus das ihm genuine Ausdrucksmedium. Auch ist zu beachten, daß Nietzsche wie selbstverständlich die traditionellen lyrischen Gattungsbezeichnungen benutzt. „Dithyrambus", „Spruch" und „Lied" sind ihm geläufige Begriffe. Er füllt allerdings die traditionellen Formen mit seinen neuen Inhalten auf. Nietzsche ist Traditionalist und Modernist in einem. So artikuliert er seine großen Ideen in der traditionellen Form des Dithyrambus, wobei allerdings eine Monologisierung und Intellektualisierung des Dithyrambus erfolgt - wie der reflexionsmonologische Dithyrambus *Nur Narr! Nur Dichter!* (6, 377-DD), in dem das Dichtertum als Schein und Lüge entlarvt wird, exemplarisch verdeutlicht. Das hymnische Ansprechen ist aus der Tradition vertraut. Aber 'modern' ist die für diesen Dithyrambus charakteristische monologische Reduktion. Die dithyrambische Apostrophe richtet sich nicht mehr auf eine übergeordnete, übermenschliche Instanz, weder auf den christlichen Schöpfergott (wie bei Klopstock) noch auf die abstrakten Ideale der Menschheit (wie bei Schiller) und auch nicht mehr auf die überindividuellen Lebens- und Naturmächte (wie bei Hölderlin), sondern auf das eigene Selbst, das eigene selbstanalytische, selbstkritische Subjekt. So schafft Nietzsche den Typus des monologischen Dithyrambus. Es ist nicht ein 'naiver', aus der Unmittelbarkeit des Gefühls erwachsender, sondern ein 'sentimentalischer', durch kritische Reflexion gebrochener Dithyrambus. Dabei bewahrt sich dieses selbstquälerische, sich selber radikal in Frage stellende Ich durch die Frage nach der Wahrheit sein existentielles Pathos. Mit einem solchen Dithyrambus entspricht Nietzsche seinem Begriff der „Monolog-Kunst" (3, 616-FW). Und auf eben diese „monologische Kunst" Nietzsches beruft sich Benn (GW II, 169 [Roman des Phänotyp]). Bei Benn hat sich allerdings die dithyrambische Form historisch verbraucht. Bei ihm erfolgt das Selbstgespräch in Form des Spruchs. Während Nietzsches Dithyrambus vom hektischen Pathos einer verzweifelten Selbstbefragung getragen ist, paaren sich in Benns stillem, gefaßtem Spruch Monolog und Melancholie. Was bleibt, sind „ein paar Reste einsamer Seelen, etwas sehr bewußter, tief melancholischer, schweigend sich erlebender Geist" (GW II, 219 [Der Ptolemäer]). Bei Nietzsche herrscht noch der dionysische Geist. Bei Benn gibt es nur noch den meditativen Geist. Aber ohne Nietzsche wäre es nicht so weit gekommen.

Anmerkungen

1 Zum Begriff der 'Moderne' vgl. vor allem Eugen Wolff: Die jüngste deutsche Litteraturströmung und das Princip der Moderne, Berlin 1888 (= Litterarische Volkshefte, Nr. 5). Vgl. weiterhin: Die literarische Moderne. Dokumente zum Selbstverständnis der Literatur um die Jahrhundertwende. Eingeleitet u. hrsg. von Gotthart Wunberg, Frankfurt/M. 1971.

2 Unter Machtpolitik versteht Nietzsche die „grosse Politik", d.h. die aus dem Willen zur Macht erwachsende Herrschaftsstruktur elitärer Individuen, einer (geistigen) Führungskaste, die der Welt neue Ziele setzt. Vgl. 5, 140-JGB; 6, 366-EH. Zur „grossen Politik" vgl. generell Jaspers: Nietzsche, S. 254-289, sowie Henning Ottmann: Philosophie und Politik bei Nietzsche, Berlin/New York 1987, S. 239-292. Zu den ideologischen Implikationen, zeitgeschichtlichen Einflüssen und politischen Konzepten vgl. Ernst Nolte: Nietzsche und der Nietzscheanismus, Frankfurt/M., Berlin 1990. Nicht unproblematisch ist allerdings Noltes These bezüglich Nietzsches „Wendung zur Praxis" (S. 71-83), denn die entsprechenden Äußerungen Nietzsches stammen aus seiner geistigen Endphase, zeigen kaum realpolitischen Sinn, und im übrigen war Nietzsche Parteibildung eher wesensfremd.

3 Zum 'Demokratie'-Begriff Nietzsches vgl. Kurt Braatz: Friedrich Nietzsche - Eine Studie zur Theorie der Öffentlichen Meinung, Berlin/New York 1988, S. 185ff.

4 Zum Glücksbegriff Nietzsches vgl. generell Ursula Schneider, Grundzüge einer Philosophie des Glücks bei Nietzsche, Berlin/New York 1983.

5 Nietzsche ist ein Vorläufer der vehementen Kritik an der trügerischen, falsche Sicherheiten vortäuschenden Welt des wilhelminischen Bürgertums im Expressionismus. Es ist jene Stimmung, wie sie z.B. bei Georg Heym zum Durchbruch gelangt: „Mein Gott - ich ersticke noch mit meinem brachliegenden Enthousiasmus in dieser banalen Zeit. [...] Ich hoffte jetzt wenigstens auf einen Krieg." (Georg Heym: Dichtungen und Schriften, hrsg. von K.L. Schneider, Bd. 3, München, 3. Aufl. 1986, S. 164 [Tgb. vom 15.9.1911]).

6 Benn hält Zarathustra für einen „Naturburschen" mit „Züchtungsoptimismus", mit einer „flachen Utopie vom Geist und seiner Verwirklichung" (GW II, 147 [Weinhaus Wolf]) - ein biologistisches Mißverständnis.

7 Ohne Rassist zu sein, kann Nietzsche an die „Züchtung einer *stärkeren Rasse*", an eine „Herren-Rasse" denken, eine „Rasse mit *eigener Lebenssphäre,* mit einem Überschuß von Kraft für Schönheit, Tapferkeit, Kultur, Manier bis ins Geistigste" (WzM, Nr. 898). Er bewahrt also auch in seinem Biologismus seine 'ästhetischen' Optionen.

8 An die Stelle des „Du sollst" tritt das „Ich will" (4, 30-Za [Von den drei Verwandlungen]). Vgl. WzM, Nr. 940. Was ansteht, sind die „*Gesetzgeber*" neuer „Wertschätzungen" (WzM, Nr. 972).

9 Auch bei Nietzsche sollen die Philosophen im Staat herrschen. Es ist die Idee, daß nur auf der Grundlage der von den Denkern gesetzten absoluten Maßstäbe der Staat gedeihen kann. Der Unterschied besteht allerdings darin, daß die Platonischen Philosophen-Herrscher sich an zeitlosen Ideen orientieren, während Nietzsches Philosophen die Gesetze überhaupt erst schaffen. Die Idee einer Herrschaft der Geistigen taucht auch im Expressionismus auf, im Aktivismus eines Kurt Hiller, der eine Symbiose von „Geist" und „Macht", ein „Machthabertum der geistigen Menschen", eine „Logokratie" fordert (Kurt Hiller: Ein Deutsches Herrenhaus, S. 382f., S.406, in: Tätiger Geist! [2. Ziel-Jb.] 1917/1918, S. 379-425). Vgl. auch Kurt Hiller: Logokratie oder ein Weltbund des Geistes, Leipzig 1921. Hiller vertritt allerdings keinen antidemokratischen Aristokratismus Nietzschescher Prägung, sondern was ihm vorschwebt, ist eine merkwürdige Kombination von aufklärerisch-demokratischem Fortschrittsdenken und aristokratisch-elitärem Führerprinzip.

10 Nietzsche unterscheidet zwei Arten von Philosophen: 1. Philosophen, welche Befunde feststellen, und 2. Philosophen, welche Befunde schaffen (vgl. WzM, Nr. 972).

11 Der klassische Humanitätsgedanke widerstrebt der Idee des Übermenschentums. In den *Briefen zu Beförderung der Humanität* plädiert Herder für „*Humanität*" und „*Menschheit*" und lehnt es ab, daß der „Mensch mehr als Mensch, ein Ueber- ein Außermensch werden könne und solle" (Herders Sämmtliche Werke, hrsg. von B. Suphan, 17. Bd., Berlin 1881, S. 115).

12 Die „göttliche Vorsehung ist die Weisheit nach unendlicher Macht, welche ihre Zwecke, das ist, den absoluten, vernünftigen Endzweck der Welt verwirklicht" (G.W.F. Hegel: Vorlesungen über die Philosophie der Geschichte. Mit einer Einführung von Theodor Litt, Stuttgart 1961, S. 53).

13 Das naturalistische Experiment, das auf dem Prinzip der Symbiose von Dichtung und Naturwissenschaft basiert, geht davon aus, „que le romancier est fait d'un observateur et d'un expérimentateur" („daß der Romancier aus einem Beobachter und einem Experimentator gemacht ist") (Emile Zola: Le Roman Expérimental, S. 16, in: E.Z., Les Œuvres complètes (Bd. 35), Paris, S. 1-125).

14 Vgl. dazu generell Theo Meyer: Nietzsche. Kunstauffassung und Lebensbegriff, Tübingen 1991, S. 623ff.

15 Die Forderung, die Franz Kafka an das Buch stellt, könnte auch Nietzsche so gestellt haben: „Wenn das Buch, das wir lesen, uns nicht mit einem Faustschlag auf den Schädel weckt, wozu lesen wir dann das Buch?" (Franz Kafka: Briefe 1902-1924, Frankfurt/M. 1958, S. 27 – 27.1.1904 – an Oskar Pollak).

16 Vgl. Nietzsches Kritik am „europäischen 'Weltschmerz'", dem „'Pessimismus' des neunzehnten Jahrhunderts" (5, 378-GM).

17 Vgl. dazu das Kapitel *Paränesen und Maximen* in Schopenhauers *Aphorismen zur Lebensweisheit.*

18 Vgl. dazu die fundamentalen Nietzsche-Interpretationen von Heidegger und Jaspers.

19 G. Colli ist der Auffassung, der *Zarathustra* entstamme den „archaischen Ausdrucksformen" und lasse sich „nur schwer als philosophisches Werk" bezeichnen (Giorgio Colli: Distanz und Pathos. Einleitungen zu Nietzsches Werken. Mit einem Nachwort von Mazzino Montinari, Frankfurt/M. 1982, S. 86).

20 Stefan Zweig: Friedrich Nietzsche, S. 232, in: St.Z., Der Kampf mit dem Dämon. Hölderlin. Kleist. Nietzsche, Frankfurt/M. 1981 (Erstausgabe 1925), S. 203-285).

21 Hans Wysling: „Geist und Kunst". Thomas Manns Notizen zu einem „Literatur-Essay" [1909], in: Paul Scherrer/Hans Wysling, Quellenkritische Studien zum Werk Thomas Manns, Bern u. München 1967, S. 208.

22 Ebd.

23 Ebd. Wiederholt haben Nietzsche-Exegeten auf die unterschiedlichen Perioden der Nietzsche-Rezeption und -Wirkung hingewiesen. Der Nervenarzt und Psychologe Hans Prinzhorn zieht Ende der 20er Jahre das Fazit, daß auf eine Welle des Nietzsche-Enthusiasmus vor 40 Jahren, zu einer Zeit, in der der „Zarathustraprediger", der „Ethiker", der „Verkünder des Übermenschen" einen „Rausch" erzeugten, in der Gegenwart ein modischer, unfruchtbarer Nietzscheanismus getreten sei, inszeniert von Schwarmgeistern, eine 'magere' „Ernte", daß sich aber zugleich hinsichtlich der Wirkung Nietzsches „Anzeichen" einer „ruhigeren und tieferen Wucht" zeigten. „Der utopische Glaube an den Edelmenschen der Zukunft hat seine Faszination eingebüßt durch die Wirklichkeit dieser 40 Jahre." Die neue Bedeutung Nietzsches liege vor allem in der Einbeziehung des Dionysos in die Psychologie. „So gilt uns Nietzsche als Schöpfer einer Psychologie [...] Im Namen des Dionysos müssen wir Psychologen unser Denkgehäuse ausweiten durch Einbeziehung des Elementaren, des unbewußt dunklen, schöpferischen Lebensgrundes, aus dem die Triebkräfte hervorbrechen." (Hans Prinzhorn: Nietzsche und das XX. Jahrhundert. Zwei Reden, Heidelberg 1928, S. 101, 103, 105f.).

24 Karl Ulmer: Nietzsche. Einheit und Sinn seines Werkes, Bern 1962, S. 69.

25 So Martin Heidegger: Wer ist Nietzsches Zarathustra?, S. 124, in: M.H., Vorträge und Aufsätze, 2. Aufl., Pfullingen 1959 (^{1}1954), S. 101-126.

26 Heidegger: Nietzsche I, S. 90.

27 Johann Peter Eckermann: Gespräche mit Goethe in den letzten Jahren seines Lebens. Mit einer Einführung hrsg. von Ernst Beutler, München 1976, S. 268 (24.9.1827).

28 Karl Jaspers: Nietzsche und das Christentum (1938), Hameln 1946, ^{2}1952, S. 83.

29 Vgl. Karl Löwith: Nietzsches Vollendung des Atheismus, in: Nietzsche. Werk und Wirkungen, hrsg. von Hans Steffen, Göttingen 1974, S. 7-18.

30 Zarathustra ist getragen vom Pathos eines lebensimmanenten Daseinsverständnisses: „Ich beschwöre euch, meine Brüder, *bleibt der Erde treu*" (4, 15-Za [Vorrede]).

31 Löwith, a.a.O., S. 18

32 Jaspers: Nietzsche, S. 155.

33 Zitat nach: Nietzsche und die deutsche Literatur. I. Texte zur Nietzsche-Rezeption 1873-1963. Mit einer Einführung hrsg. von Bruno Hillebrand, Tübingen 1978, S. 78 (Entwurfsblätter zu „Der Tod des Tizian" [1891]).

34 Hugo Ball: Die Flucht aus der Zeit. Fuga saeculi, München u. Leipzig 1927, S. 171 (Eintragung vom 21.5.1917).

35 Ebd.

36 Eckart von Sydow: Das religiöse Bewußtsein des Expressionismus, S. 194, in: Neue Blätter für Kunst und Dichtung I, 1918/19, S. 193-199.
37 Rudolf Kayser: Die Zeit ohne Mythos, Berlin 1923 (Nachdruck Kraus Reprint 1973), S. 29.
38 Kurt Hiller: Die Weisheit der Langenweile. Eine Zeit- und Streitschrift. Erster Band, Leipzig 1913 (Nachdruck Kraus Reprint 1973), S. 20.
39 Max Kommerell: Notizen zu George und Nietzsche, S. 229, in: M.K., Essays, Notizen, poetische Fragmente. Aus dem Nachlaß hrsg. von Inge Jens, Olten/Freiburg i.B. 1969, S. 225-250.
40 Vgl. dazu Hansjürgen Linke, Das Kultische in der Dichtung Stefan Georges und seiner Schule, München/Düsseldorf 1960, S. 109ff.
41 Vgl. GW I, 156 u. 614.
42 Gottfried Benn: Briefe an F.W. Oelze 1932-1945. Vorwort von F.W. Oelze, Wiesbaden/München 1977, S. 378f.
43 Vgl. dazu u.a. Alfredo Guzzoni (Hrsg.): 90 Jahre philosophische Nietzsche-Rezeption, Hain 1979.
44 Georg Simmel: Schopenhauer und Nietzsche. Ein Vortragszyklus, 3., unveränderte Aufl., München u. Leipzig 1923 (zuerst 1907), S. 142 [neu: „Schopenhauer und Nietzsche". Mit dem Essay „Tendenzen im deutschen Leben und Denken seit 1870". Nachwort von Werner Jung, Hamburg 1890].
45 Ebd., S. 4.
46 Heinrich Rickert: System der Philosophie. I. Teil: Allgemeine Grundlegung der Philosophie, Tübingen 1921, S. 48f. In seiner Schrift *Die Philosophie des Lebens. Darstellung und Kritik der philosophischen Modeströmungen unserer Zeit* (Tübingen 1920) versucht der Neukantianer Rickert, die Grenzen der Philosophie des „Lebens" aufzuzeigen. Im Vorwort heißt es programmatisch: „Der Hauptzweck der Schrift besteht also darin, zu zeigen, daß man beim Philosophieren über das Leben mit dem Leben allein nicht auskommt." (S. III). „Wo wir zum Leben Stellung nehmen, kennen wir immer noch etwas anderes, das nicht aus dem bloß aufsteigenden Leben selber kommt." (S. 137).
47 Vgl. Ludwig Klages: Die psychologischen Errungenschaften Nietzsches, Leipzig 1926 (3. Aufl. 1958).
48 Vgl. Alfred Baeumler: Nietzsche. Der Philosoph und Politiker, Leipzig 1931 (^{3}1937).
49 Es geht um „une lecture textuelle", eine textliche Lektüre, die auf den Ursprung des Textes („la naissance de la textualité") rekurriert und die aus der immanenten Sprachdynamik erwachsenden Impulse aufgreift bzw. initiiert: Die Dekonstruktion („la déconstruction") konzentriert sich nicht auf Gedanken und Ideen („des concepts"), sondern auf Kombinationen („combinaison"), nicht auf das Wort („des mots"), sondern auf den Satz („une syntaxe") (Philippe Lacoue-Labarthe: La Dissimulation. Nietzsche, la question de l'art et la „littérature", S. 21, in: Nietzsche aujourd'hui?, Bd. II, Paris 1973, S. 9-36).
50 Gilles Deleuze/Felix Guattari: Rhizom Berlin 1977 (Originalausgabe: Rhizome. Introduction, Paris 1976), S. 7 und S. 40f.
51 Vgl. dazu u.a. die Vorträge und Diskussionen in: Nietzsche aujourd'hui?, Bd. I (Intensités) u. Bd. II (Passion), Paris 1973, sowie: Cahiers de Royaumont. VIIe colloque: Nietzsche (1964), Paris 1967. Immer wieder sind Heideggers Nietzsche-Theoreme (der Wille zur Macht, die ewige Wiederkehr, der Übermensch) in diesen Texten gegenwärtig, auch dort, wo man die Hermeneutik längst überwunden zu haben glaubt.
52 Was Georg Heym 1906 über Nietzsche in sein Tagebuch schreibt, ist symptomatisch für eine ganze Generation von Nietzsche-Verehrern: „Seine Lehre ist groß. Was man dagegen sagen mag, sie giebt unserm Leben einen neuen Sinn, daß wir Pfeile der Sehnsucht seien nach dem Übermenschen, daß wir [...] Sprossen werden auf der Leiter zum Übermenschen." (Dichtungen u. Schriften, Bd. 3, S. 44 [Tgb. vom 17.2.1906]).
53 Hermann Conradi: Lieder eines Sünders, Leipzig 1887, S. 145.
54 Michael Georg Conrad: Salve Regina. Lyrischer Cyklus, Berlin und Leipzig 1899, S. 95. Vgl. auch die Nietzsche-Deutung sowie den anekdotischen Bericht Conrads über eine Begegnung mit Nietzsche auf Capri (M.G. Conrad: Gelüftete Masken. Allerlei Charakterköpfe, Leipzig 1890, S. 257-296).
55 Man unterscheidet allerdings schon bald zwischen Nietzsche und dem Nietzscheanismus. So sieht Conrad in Nietzsche das große Leitbild, das epochale Vorbild: „Mit ihm stehen wir auf der Linie des aufsteigenden Lebens." (M.G. Conrad: Jugend!, S. 1, in: Die Gesellschaft 11, 1895, S. 1ff.).

56 Richard Dehmel: Erlösungen. Eine Seelenwandlung in Gedichten und Sprüchen, Stuttgart 1891, S. 133.
57 Vgl. dazu generell Gunter Martens: Im Aufbruch das Ziel. Nietzsches Wirkung im Expressionismus, in: Nietzsche. Werk und Wirkungen, hrsg. von Hans Steffen, Göttingen 1974, S. 115-166.
58 Vgl. Reinhard Johannes Sorge: Antichrist. Dramatische Dichtung, in: R.J.S., Werke. Bd. 1. Eingeleitet u. hrsg. von Hans Gerd Rötzer, Nürnberg 1962, S. 327-350.
59 Ebd., S. 328.
60 Ebd., S. 346.
61 Reinhard Johannes Sorge: Gericht über Zarathustra. Vision, S. 98, in: R.J.S., Werke. Bd. 2. Eingeleitet u. hrsg. von H.G. Rötzer, Nürnberg 1964, S. 95-128.
62 Kasimir Edschmid: Über die dichterische deutsche Jugend (1918), S. 22, in: Tribüne der Kunst und Zeit (I), hrsg. von Kasimir Edschmid, Berlin 1919, S. 11-38.
63 So spricht Conrad von der „genialsten Künstlernatur des Jahrhunderts, die wir in Nietzsche verehren" (M.G. Conrad: Der Kampf um Nietzsche, S. 813, in: Die Wage 2, 1899, S. 811-814). Man verweist auf den „Künstler" Nietzsche, auf seine meisterhafte „Sprache", auf seine Werke als „Gedanken-*Dichtungen*" (Ferdinand Avenarius: Zu Friedrich Nietzsches Tod, S. 429f., in: Der Kunstwart 13, 2, 1900, S. 429-431).
64 Obschon die strenge philosophische Nietzsche-Rezeption erst später, mit Heidegger und Jaspers, einsetzt, wird der Philosoph Nietzsche bereits um die Jahrhundertwende entdeckt. Vgl. dazu einschlägige Schriften wie: Ernst Horneffer: Nietzsches Lehre von der Ewigen Wiederkunft und deren bisherige Veröffentlichung, Leipzig 1900; Raoul Richter: Friedrich Nietzsche. Sein Leben und sein Werk, Leipzig 1903; Theobald Ziegler: Friedrich Nietzsche, Berlin 1900; Lou Andreas Salomé: Friedrich Nietzsche in seinen Werken, Wien 1894.
65 Conrad, der die „philosophisch-künstlerischen Schöpfungen" Nietzsches und seine „ästhetisch-psychologische Betrachtungsweise der Weltdinge" hervorhebt, nennt ihn das „schönste und reichste Phänomen moderner Culturkritik" (M.G. Conrad: Der Kampf um Nietzsche, S. 812). Es wird freilich auch Kritik an dem Kulturkritiker und Kulturschöpfer Nietzsche geübt: „Aber jene wichtigste Aufgabe, Kultur zu erzeugen, hat er nicht gelöst und nicht lösen können, weil er Einzelheiten, den 'Übermenschen' und das 'Leben', mit unbesonnener Gewaltsamkeit zu einer Allheit zu steigern versuchte." (Samuel Lublinski: Friedrich Nietzsche, S. 72f., in: S.L., Der Ausgang der Moderne. Ein Buch der Opposition, Dresden 1909 [Wiederabdruck: Tübingen 1976], S. 65-73).
66 Stefan George: Werke. Ausgabe in zwei Bänden, 2. Aufl., Düsseldorf u. München 1968 (^{1}1958), Bd. 1, S. 231.
67 Ebd., S. 362.
68 Blaetter für die Kunst. Eine Auslese aus den Jahren 1892-98, Berlin 1899, S. 15.
69 Rainer Maria Rilke: Das Florenzer Tagebuch (1898), Frankfurt/M. 1984, S. 29, 38, 40.
70 Rainer Maria Rilke: Marginalien zu Friedrich Nietzsche. Die Geburt der Tragödie, S. 1165, in: R.M.R., Sämtliche Werke, hrsg. vom Rilke-Archiv, in Verb. mit Ruth Sieber-Rilke besorgt durch Ernst Zinn, Frankfurt/M. 1987, Bd. 6, S. 1163-1177.
71 Ebd., S. 1167.
72 Ebd., S. 1168.
73 Zitat nach: H. Jürgen Meyer-Wendt: Der frühe Hofmannsthal und die Gedankenwelt Nietzsches, Heidelberg 1973, S. 17.
74 Hugo von Hofmannsthal – Arthur Schnitzler. Briefwechsel, hrsg. von Therese Nickl u. Heinrich Schnitzler, Frankfurt/M. 1964, S. 7.
75 Hugo von Hofmannsthal – Richard Beer-Hofmann. Briefwechsel, hrsg. von Eugene Weber, Frankfurt/M. 1972, S. 4.
76 Hofmannsthal – Schnitzler. Briefwechsel, S. 9.
77 Hugo von Hofmannsthal: Briefe 1890-1901, Berlin 1935, S. 57 (27.7.1892).
78 Hugo von Hofmannsthal: Briefe 1900-1909, Wien 1937, S. 118.
79 Hugo von Hofmannsthal: Österreich im Spiegel seiner Dichtung, S. 337, in: H.v.H., Ges. Werke in Einzelausgaben, Prosa III, Frankfurt/M. 1952, S. 333-349.
80 Hugo von Hofmannsthal: Gabriele d'Annunzio (I), S. 148ff., in: H.v.H., Ges. Werke in Einzelausgaben, Prosa I, Frankfurt/M. 1956, S. 147-158. Vgl. auch den Essay „Das Tagebuch eines Willenskranken", in: Prosa I, S. 22-35.
81 Thomas Mann: Betrachtungen eines Unpolitischen (= Politische Schriften und Reden 1, Frankfurt/M. 1968, S. 53, 58.

82 Ebd., S. 58.
83 Thomas Mann: Nietzsche, S. 26f.
84 Ebd.
85 Ebd., S. 27.
86 Thomas Mann: Vorspruch zu einer musikalischen Nietzsche-Feier, S. 236, in: Th.M., Schriften und Reden zur Literatur, Kunst und Philosophie 1, Frankfurt/M. 1968, S. 234-237.
87 Ebd., S. 235.
88 Thomas Mann: Lebensabriß, S. 229, in: Th.M., Autobiographisches, Frankfurt/M. 1968, S. 220-255.
89 Ebd. Demgegenüber ist Heinrich Mann, zur Zeit der Jahrhundertwende, ein enthusiasmierter Nietzscheaner. In einem Gedicht wie *Bekehrungsgeschichte* (1891) ist der *Zarathustra* die Inkarnation der „Sehnsucht" (vgl. Hillebrand, Texte zur Nietzsche-Rezeption, S. 80f.). Im Unterschied zu Thomas Mann, der primär den Ästheten, Psychologen und Kritiker Nietzsche im Blickfeld hat, hebt der frühe Heinrich Mann entschieden auf Nietzsches Kult des heroischen Individuums, des vom Willen zur Macht geprägten Künstlertums ab. Ist Thomas Mann vor allem am geistig differenzierten Künstlertum Nietzsches interessiert, so zeigt sich bei Heinrich Mann ein ästhetizistischer Vitalrausch, ein Kult des machtvollen Genies. In seiner Romantrilogie *Die Göttinnen* (1903) wirkt sich dieser Nietzscheanismus sowohl in den jugendstilartigen Bildern eines schönen, rauschhaften Lebens als auch in einem amoralistischen Vitalismus aus. Später tritt bei Heinrich Mann der ästhetische Rausch zurück zugunsten der aufklärerischen Sozialkritik. Aber er gibt auch dann Nietzsche nicht preis, sondern nimmt ihn für die eigene gesellschaftskritische Position in Anspruch – wenngleich Nietzsche an den Rand seines Interesses rückt. Im Essay *Nietzsche* von 1939 zeigt sich eine eigentümliche Ambivalenz in der Beurteilung Nietzsches. Einerseits werden die von Nietzsches Machtphilosophie ausgehenden Gefahren durchaus gesehen. Andererseits wird deutlich unterschieden zwischen Nietzsche und seiner Pervertierung durch den Nationalsozialismus. Ungeachtet kritischer Vorbehalte rückt Heinrich Mann Nietzsche in die Nähe der Aufklärung. Nun ist Nietzsche nicht mehr der dionysische, sondern der aufklärerische Nietzsche, der in der Nachfolge Voltaires stehende Nietzsche, der für die Gegenwart von Bedeutung ist (vgl. Heinrich Mann: Nietzsche, in: Maß und Wert 2, 1939, S. 277-304). Thomas Mann und Heinrich Mann sehen in Nietzsche nicht einen Vorläufer des Faschismus, sondern nehmen ihn für eine antifaschistische Gesinnung in Anspruch: „Wer zweifelt, daß er sich im Grabe umdrehen würde, wenn er dort unten erführe, was man aus seinem Macht-Philosophem gemacht hat? [...] Er, der als Emigrant lebte, schon unterm Kaiserreich – wo wäre er heute? Bei uns wäre er, in Amerika." (Thomas Mann: Ansprache zu Heinrich Manns siebzigstem Geburtstag, S. 209 in: Thomas Mann – Heinrich Mann. Briefwechsel 1900-1949, hrsg. von Hans Wysling, Frankfurt/M. 1968, S. 206-212).
90 Thomas Mann: Nietzsche, S. 46.
91 Ebd., S. 25.
92 Ebd., S. 32.
93 Ebd., S. 36f.
94 Vgl. Nietzsche: „[...] doch ich will Zäune um meine Gedanken haben und auch noch um meine Worte: dass mir nicht in meine Gärten die Schweine und Schwärmer brechen!" (4, 237-Za [Von den drei Bösen]).
95 Die „Artisten" werden apostrophiert als „Geisteskranke" (13, 504-F), „hysterische Weiblein" (13, 298-F), „spezifische Cultur-Pflanze" (13, 367-F).
96 In Rilkes *Elegien* wird das Sein selbst zum Sujet eines hymnischen Rühmens, der unbedingten Daseinsbejahung: „Dass ich dereinst [...] / Jubel und Ruhm aufsinge zustimmenden Engeln." (10. Elegie). George steigert sich in ein hyperbolisches Pathos des „Sehers" (vgl. z.B. das Gedicht *Der Krieg* aus dem *Neuen Reich* (George: Werke, Bd. 1, S. 410-415). Zu Josef Weinheber vgl. seinen pseudomythischen Gedichtband *Zwischen Göttern und Dämonen*, Hamburg 1949 (geschrieben 1937/38).
97 In seinen Sprachreflexionen hat Nietzsche allerdings das moderne Montageprinzip vorweggenommen. So ist die Sprache dem „freigewordenen Intellekt nur ein Gerüst und ein Spielzeug für seine verwegensten Kunststücke: und wenn er es zerschlägt, durcheinanderwirft, ironisch wieder zusammensetzt, das Fremdeste paarend und das Nächste trennend, so offenbart er, [...] dass er jetzt nicht von Begriffen sondern von Intuitionen geleitet wird" (1, 888-WL). Damit hat Nietzsche jene Montage des Disparaten und des Heterogenen, wie sie von vielen modernen Lyrikern praktiziert wird, theoretisch antizipiert. Aber er hat die Montage noch nicht als

dichterisches Stilprinzip praktiziert. Er betreibt noch nicht die Wortmontage à la Benn, jene Montagetechnik, die thematisch, geographisch und historisch extrem weit auseinanderliegende Motive abrupt ineinander verfugt: „uralte Sphinxe, Geigen / und von Babylon ein Tor, / ein Jazz vom Rio del Grande, / ein Swing und ein Gebet –" (GW III, 185 [Quartär –]). Im Vergleich zu dieser mehrdimensionalen Sprache ist Nietzsches Sprache von eher eindimensionaler Art. Die Montage ist ihm zwar nicht fremd: „Tanzen wir gleich Troubadouren / Zwischen Heiligen und Huren" (3, 651-FWP [An den Mistral]). Aber bei Nietzsche beschränkt sich die Montage auf die witzige Pointe, vor allem im spruchartigen Gedicht, wie z.B. in der Spruchsammlung *Scherz, List und Rache* (3, 353-367). Nietzsche ist noch kein Zivilisationslyriker. Man müßte ihn eher geradezu als Naturlyriker bezeichnen, denn immerhin entnimmt er seine Metaphern, vor allem in seiner hymnisch-dithyrambischen Lyrik, vorwiegend dem Bereich der Natur. Er zeichnet allerdings keine lebendigen Naturbilder, sondern die Natur liefert ihm die Metaphern für die Ich-Aussprache. Insofern ist er wiederum kein 'Natur'-Lyriker. Jedenfalls ist er hinsichtlich des Monologs, des monologischen Gedichts, von keinem modernen Autor eingeholt, geschweige denn übertroffen worden. Aber er hat noch keine Experimentallyrik verfaßt, die Sprache noch nicht als reines Spielobjekt gehandhabt. Der Lyriker Nietzsche – einerseits ist er Traditionalist (hinsichtlich seiner Metaphorik), andererseits ist er Modernist (hinsichtlich der existentiellen Einsamkeit).

98 Nietzsche erlebt zwar die Natur, das Meer und das Hochgebirge, aber er erlebt sie in erster Linie als geistige Zeichen des monologischen Subjekts. Jaspers spricht allerdings im Hinblick auf den späteren Nietzsche von einer mythischen „Identifikation mit der Landschaft" (Jaspers: Nietzsche, S. 368). Demgegenüber ist zu fragen, ob nicht die Natur bei Nietzsche nur ein Spiegelbild des Menschen ist. Im Textstück *Doppelgängerei der Natur* heißt es: „In mancher Natur-Gegend entdecken wir uns selber wieder, mit angenehmem Grausen; es ist die schönste Doppelgängerei." (2, 699-WS). Der Mensch darf über der Natur nicht sich selber, seine eigene 'Natur' vergessen: „*Die vergessene Natur.* – Wir sprechen von Natur und vergessen uns dabei: wir selber sind Natur, quand même –." (2, 696-WS).

Literatur

Benutzte Nietzsche-Ausgaben und Siglen

Friedrich Nietzsche: Sämtliche Werke. Kritische Studienausgabe in 15 Bänden. Hrsg. von Giorgio Colli und Mazzino Montinari, München, Berlin/New York 1980 – Werkzitationen erfolgen hauptsächlich nach dieser Ausgabe. Zitate werden mit arabischer Band- und Seitenzahl angegeben.

Siglen der Werke:

AC	Der Antichrist
DD	Dionysos-Dithyramben
EH	Ecce homo
FW	Die fröhliche Wissenschaft
FWS	Die fröhliche Wissenschaft. „Scherz, List und Rache"
FWP	Die fröhliche Wissenschaft. Lieder des Prinzen Vogelfrei
GD	Götzen-Dämmerung
GM	Zur Genealogie der Moral
GT	Die Geburt der Tragödie
HL	Vom Nutzen und Nachtheil der Historie für das Leben
JGB	Jenseits von Gut und Böse
MA	Menschliches, Allzumenschliches
SE	Schopenhauer als Erzieher
VM	Vermischte Meinungen und Sprüche
WB	Richard Wagner in Bayreuth
WL	Über Wahrheit und Lüge im aussermoralischen Sinne
WS	Der Wanderer und sein Schatten
Za	Also sprach Zarathustra
F	Fragmente

Friedrich Nietzsche: Werke in drei Bänden. Hrsg. von Karl Schlechta, Darmstadt 1966 – Zitate werden mit römischer Band- u. arabischer Seitenzahl angegeben.
Friedrich Nietzsche: Der Wille zur Macht. Versuch einer Umwertung aller Werte. Mit einem Nachwort von Alfred Baeumler, Stuttgart 1952 (copyright Leipzig 1930 – Sigel: WzM.
Friedrich Nietzsche: Die Unschuld des Werdens. Der Nachlaß. Ausgewählt u. geordnet von Alfred Baeumler. Bd. I u. II., Stuttgart 1956 – Zitate werden angegeben durch das Sigel U mit römischer Band- u. arabischer Seitenzahl.
Friedrich Nietzsche: Sämtliche Briefe. Kritische Studienausgabe in 8 Bänden. Hrsg. von Giorgio Colli u. Mazzino Montinari, München, Berlin/New York 1986 – Zitate werden angegeben durch das Sigel B mit arabischer Band- u. Seitenzahl.

Gottfried Benn: Gesammelte Werke in vier Bänden, hrsg. von Dieter Wellershoff, Wiesbaden 1958-1961 – Zitate werden durch das Sigel GW mit römischer Band- u. arabischer Seitenzahl angegeben.
Ernst Bertram: Nietzsche. Versuch einer Mythologie, Berlin 1918 (9. Aufl. 1989).
Martin Heidegger: Nietzsche. Bd. I u. II, Pfullingen 1961.
Karl Jaspers: Nietzsche. Einführung in das Verständnis seines Philosophierens, 4., unveränderte Aufl., Berlin/New York 1981 (1. Aufl. 1936).
Ernst Jünger: Über die Linie, in: E.J., Sämtliche Werke, Bd. 7, Essays I, Stuttgart 1980, S. 237-279.
Thomas Mann: Nietzsche's Philosophie im Lichte unserer Erfahrung, in: Th.M., Schriften und Reden zur Literatur, Kunst und Philosophie 3, Frankfurt/M. 1968, S. 21-49.

Lewis Carroll

Helga Schwalm/Dietrich Schwanitz

Charles Lutwidge Dodgson, Oxford-Don, Mathematiker, Hobbyphotograph, Autor von fachwissenschaftlichen Artikeln, zwei Büchern über Logik, von satirischen Pamphleten, Nonsens-Gedichten, Parodien, Burlesken, Anagrammen, Akrosticha, Balladen, Phantasmagorien, Liedern und schließlich Kinderbüchern – das ist Lewis Carroll. Berühmt wurde er durch zwei seiner Kinderbücher: *Alice's Adventures in Wonderland* (1865) und *Through the Looking-Glass* (1872).

Dodgson wurde am 27.1.1832 in Daresbury in der englischen Grafschaft Cheshire geboren – fünf Jahre vor der Thronbesteigung der Queen Victoria. Er starb am 14.1.1898, drei Jahre vor seiner Königin. Nicht nur seine Lebensdaten weisen ihn als Viktorianer aus. In vieler Hinsicht erscheint seine Person geradezu als Verkörperung viktorianischer Bürgerlichkeit (inklusiv ihrer – photographisch gesprochen – unbelichteten Seite).

Dodgson stammte aus einer nordenglischen Familie, die seit Generationen in Kirchen- und Staatsdienst stand. Schon als Kind zeigte er eine logisch-linguistische Begabung: In dem abgeschiedenen Pfarrhaushalt in Croft (wo der Vater 1843 eine Stelle übernommen hatte) unterhielt er trotz seines Stotterns seine Geschwister mit Zaubereien, selbst erfundenen Spielen, kleinen Stücken für das Marionettentheater und kurzen Geschichten und Versen für die Familienzeitschrift.[1]

Nach dem Besuch der Privatschulen Richmond School und Rugby bezog Dodgson das Christ Church College in Oxford: zunächst als Student der Mathematik (1850-54), dann als Dozent. Bereits von 1854 an verfaßte er humoristische Beiträge für verschiedene Zeitschriften. Obgleich er sich 1861 zum Diakon weihen ließ, verzichtete er auf die Priesterweihe und hielt nur gelegentlich Predigten. 1881 ließ er sich von seinen Lehrverpflichtungen entbinden, um sich stärker seinem Schreiben zu widmen. In den Jahren 1882-1892 hatte er den Posten des Kurators des *Senior Common Room* inne. Dodgson verließ Oxford nur selten – wenn, dann fast immer für Ferienaufenthalte in England oder Wales oder gelegentliche London-Besuche. Seine Briefe[2] zeugen davon, daß ihn die Besuche von Galerien, des Theaters und der Weltausstellungen weit mehr inspirierten als seine sonstigen Reiseeindrücke, etwa auf seiner einzigen Auslandsreise nach Rußland im Jahr 1867.

Alles andere als ein Weltbürger war Dodgson also fest in der englischen *upper middle class* verankert, mit strengen moralischen Maßstäben, Anglikaner, erzkonservativ, kein Literat im gesellschaftlichen Sinn, obgleich er mit anderen Autoren, darunter Tennyson, Thackeray, Ruskin, George MacDonald, Dante Gabriel Rossetti, befreundet oder bekannt war. Auf der anderen Seite steht der Photograph und Autor Lewis Carroll. In der Photographie und Literatur verlieh er seiner Mädchenliebe Ausdruck. Carrolls Leistung als Photograph liegt auf dem Gebiet des Kinder-, präziser: Mädchenportraits,[3] und daß seine zahlreichen Kind-Freundinnen die literarische Einbildungskraft des Junggesellen inspirierten, dokumentieren die Widmungen seiner Texte deutlich. Allein seine Korrespondenz mit seiner Kinder-Bekanntschaft ist von beträchtlichem Umfang; viele komische Verse und Rätsel komponierte er zu ihrer Unterhaltung. Auch der späte Roman *Sylvie and Bruno* (1889/93) ist einem Kind gewidmet; er ist jedoch von seiner Struktur und der Anlage der Erzählerfigur her zu komplex, um Kinder zu interessieren. *Sylvie and Bruno* ist weniger ein Kinderbuch als ein Roman, der dem idealisierten Kinderbild des Autors Ausdruck verleiht: der kaum verschleierte Erzähler führt durch eine vielschichtige Traumwelt mit engelgleichen Kinderhelden – der unendlich guten und vernünftigen Sylvie und ihrem Bruder Bruno –, mit mißratenen Knaben und mit einer Liebesgeschichte, in der die Liebenden erst durch wahren Gottesglauben zueinanderfinden. Für kindliche und erwachsenen Leser des zwanzigsten Jahrhunderts ist *Sylvie and Bruno* gleichermaßen befremdlich.

Kindervernarrtheit, ästhetischer Voyeurismus oder pathologische Ersatzerotik – die Forschung streitet noch heute über die psychische Befindlichkeit und ästhetische Motivation des Autors. Wie dem auch sei, mit seiner Liebe zu Mädchen reihte Carroll sich durchaus in eine literarische Tradition ein, die von den Romantikern (Novalis) über Poe und Ruskin bis zu den Präraphaeliten (Dante Gabriel Rossetti) reicht.[4] In Carrolls unmittelbarem sozialen Umfeld wurde damals jedenfalls gemunkelt. Bei den Liddells, der Familie der berühmten Alice, erhielt er wegen eines obskuren Vorfalls Hausverbot, und 1880 gab er das Photographieren auf, vielleicht weil die Eltern eines seiner Modelle die Portraitabsichten des Kinderfreundes für unschicklich befunden hatten.[5] Auch Carroll selbst mögen Ahnungen geplagt haben, daß sein Interesse nicht von so reiner Natur war, wie er vor sich und anderen behauptete. Die Komposition von Denksportaufgaben, den sogenannten *Pillow Problems* (1893), dienten ihm als Ablenkung von 'unheiligen' Gedanken, die ihn des Nachts wachhielten.[6]

Schöpferische Impulse bezog Carroll indes nicht allein aus seinem Umgang mit Kindern; ein beträchtlicher Teil seiner Nonsens-Gedichte, die *College Rhymes*, die parodistischen und satirischen Verse und Pamphlete entstanden im Kontext seiner universitären Rollen – Bibliothekar, Dozent, Kurator – und der daraus resultierenden Konflikte. Diese literarischen Kurzformen boten dem überaus peniblen Carroll das Medium, in dem er die akademische Tagespolitik kommentierte.

1898, im Todesjahr Carrolls, veröffentlichte Stuart Dodgson, der Neffe des Autors, eine umfangreiche Biographie.[7] Damit reagierte er auf die enorme Popularität von *Alice's Adventures in Wonderland* (180.000 Exemplare bis 1898) und *Through the Looking-Glass* (160.000 Exemplare bis 1893) noch zu Carrolls Lebzeiten.[8]

Die Kritik des neunzehnten Jahrhunderts fand von Beginn an Gefallen am doppelten Zielpublikum – Kinder und Erwachsene. In beiden Bereichen galt Carroll als innovativ; die Zeitgenossen des Autors schätzten das Fehlen der Didaktik und jeglichen Moralisierens in den Kinderbüchern und genossen den literarischen Nonsens als Entlastung vom viktorianischen Alltag. Die andere Seite Carrolls: die parodistisch-satirischen Elemente, das Dunkle, Groteske und schließlich die psychische Disposition des Autors rückten, nachdem die Forschung in den ersten beiden Jahrzehnten fast gänzlich versiegt war,[9] erst in den dreißiger Jahren dieses Jahrhunderts in den Blickwinkel einer vor allem psychoanalytisch interessierten Forschung. Später verlagerte sich die kritische Orientierung auf die logischen Grundlagen und die Ästhetik des Nonsens.[10] Die Aspekte der sprachlichen und literarischen Selbstreflexivität bilden inzwischen das dominante Thema der jüngsten Carroll-Deutungen. Viele Studien beschränken sich indes auf die Dechiffrierung der vom Autor aufgegebenen Rätsel, ohne sie auf ihren poetischen Sinn zu befragen. Die Forschung, die bisweilen wie die Kommunikation einer Fan-Gemeinde anmutet, verdoppelt damit gewissermaßen nur die ästhetizistische Grundposition des literarischen Spiels in den Alice-Büchern.

Im breiteren literaturhistorischen Rahmen bleibt Carroll für die Forschung eine eigentümlich vage Größe: er ist keiner Schule zuzuordnen, er ist kein Vertreter der *Victorian Novel*, kein früher Moderner. Es ist bezeichnend, daß Epochendarstellungen und Romantheorien Lewis Carroll als Sonderfall marginalisieren oder gänzlich ignorieren.[11] Carroll gehört nicht zum *main stream* der englischen Literatur.

Carrolls literaturhistorischer Standort ist in der Tat ambivalent. Er ist waschechter Viktorianer *und* zugleich Vorläufer der Moderne. Mit einer zutiefst konservativen Weltanschauung (die freilich technische Neuerungen begrüßt) schreibt er Erzähltexte, die in formaler Hinsicht weit ins zwanzigste Jahrhundert vorausweisen. Seine Romane sind frühe Vorläufer der *Metafiction*, des selbstreferentiellen Romans der (Post-) Moderne. - Vielleicht können sie so avanciert sein, weil das marginale Genre Carroll von literarischen Konventionen entbindet - so wie Dodgson sich mit der Photographie einen Freiraum innerhalb der viktorianischen Etiquette schuf.

Im Zentrum des literarischen Oeuvres von Carroll stehen *Alice's Adventures in Wonderland* und *Through the Looking-Glass*. Carroll verstößt mit ihnen gleich doppelt gegen die literarische Konvention: gegen den Realismus des Romans - Dickens, Thackeray und George Eliot sind seine Zeitgenossen - *und* gegen den didaktischen Moralismus der georgianischen und viktorianischen Kinderliteratur. Dabei sind Einflüsse des viktorianischen (Kunst-) Märchens erkennbar, das erst Mitte des neunzehnten Jahrhunderts populär wurde: Ruskins *King of the Golden River* (1841), Dickens' *A Christmas Carol* (1843), Thackerays *The Rose and the Ring* (1855) und Kingsleys *Water Babies* (1863) entstanden unter dem Einfluß der Grimm- und Andersen-Übersetzungen.[12] Anders als in der deutschen Romantik kommt diesen Märchen kein kanonischer Stellenwert zu, sie reflektieren nicht auf das Verhältnis von Poesie und Leben. Carrolls Ironie ist eine pädagogische, nicht transzendental-poetische. Er übernimmt tatsächlich nur das Motiv der vielfältigen Verwandlung und den Rahmen des Wunderbaren; mit der Ambivalenz seiner Figuren[13] und der narrativen Komplexität seiner Texte geht er weit über die Vorgaben des viktorianischen Märchens hinaus.

Carrolls Erzähltexte sind also, wie die Viktorianer solch generische Einzelgänger nannten, *sports* - zu dieser Klasse der Undefinierbaren gehörten auch Sternes *Tristram Shandy* und aus anderen Gründen Emily Brontës *Wuthering Heights*[14] - Werke also, die wegen ihrer exzessiven Selbstreflexivität oder Symbolik abseits der englischen Romantradition stehen.

Im Bereich der Kinderliteratur nun zählt Carroll zu den ersten, die die Funktion des - noch neuen - Genres nicht allein in der strengen moralischen Unterweisung des Kindes sehen. Dabei distanziert Carroll sich nicht so sehr von den Inhalten der viktorianischen Pädagogik, die auf bisweilen paradoxe Weise rousseauistische und puritanische Tradition verknüpft:[15] er verzichtet jedoch darauf, seine Vorstellungen in die viktorianische Schrekkenspädagogik (mit realistischem Setting) umzusetzen, die das georgianische und frühviktorianische Kinderbuch auszeichnet, wie etwa Charlotte Sherwoods *The History of the Fairchild Family* (1818), die Standardlektüre für Kinder bis ins späte neunzehnte Jahrhundert.[16] Nur die für das Kinderbuch typische Faktenfülle[17] übernimmt Carroll, allerdings verkleidet als witzige Denksportaufgaben, Rätsel etc. Carroll ersetzt Didaktik durch Spiel, moralische Belehrung durch ironische Distanz des Erzählers zu den Schwächen des Kindes.

Alice's Adventures in Wonderland ist also das erste *unterhaltende* und das erste *phantastische* englische Kinderbuch. Damit wirkt Carroll für die Kinderliteratur - anders als für den Roman - traditionsbildend: George MacDonalds *The Golden Key* (1867) und seine Alice-Imitation *Cross Purposes* (1867), Maggie Brownes *Wanted - A King* (1890), George Edward Farrows *The Wallypug of Why* (1895) sind von Carroll beeinflußt,[18] ohne jedoch den Witz und die sprachliche Brillanz des Vorbilds zu erreichen. Ebensowenig imitieren die Folgetexte Carrolls unkonventionelle Darstellung der Heldin. Im Gegensatz zu *Alice's Adventures in Wonderland* und *Through the Looking-Glass* zeigen *Sylvie and Bruno* und Carrolls Photographien einen wesentlich stärkeren Hang zur Sentimentalisierung. Anders als ihre Zeitgenossen und anders auch als Sylvie ist Alice eine aktive, unabhängige und (vergleichsweise) unerschrockene Heldin. Sie trägt, sieht man von ihren gelegentlichen Tränenausbrüchen ab, keine der typisch weiblichen Züge, mit denen etwa Thackeray und Dickens die Geduld des modernen Lesers strapazieren, und im Vergleich zur 'femme fragile' der Präraphaeliten beweist Alice seelische Robustheit und *common sense*.

Die phantastische Geschichte der kleinen Alice im Wunderland entstand als Stegreifproduktion während einer sommerlichen Kahnfahrt im Jahr 1862 mit den Töchtern des Christ Church-Dean Liddell, der damals zehnjährigen Alice und ihren Schwestern Lorina und Edith. Auf Wunsch von Alice schrieb Carroll die Geschichte später nieder. Die erste Fassung, *Alice under Ground*, überarbeitete und erweiterte er zu *Alice's Adventures in Wonderland*; die Illustrationen dazu stammen von John Tenniel.[19]

Die ursprüngliche Erzählsituation – von Carroll im Prolog retrospektiv verklärt – bestimmt die narrative Anlage: Die phantastische Irrealität erhält über die Rahmenstruktur des Traumes eine quasi-realistische Einbettung: „'Wake up, Alice dear!' said her sister. 'Why, what a long sleep you've had!' 'Oh, I've had such a curious dream!' said Alice..." (129).[20] Doch erst das *Ende* löst das phantastische Geschehen in ein 'wirkliches' (einen Traum) auf; bis zu diesem Punkt ist für die Heldin – und den Leser, der ihr gewissermaßen durch das Kaninchenloch ins Erdinnere folgt – die Wirklichkeit suspendiert. Normalität verwandelt sich in eine verkehrte, groteske Welt, deren spöttische Bezüge auf die Wirklichkeit freilich für Eingeweihte erkennbar sind.[21] Alice wird erst winzig klein, dann riesig groß, nimmt ein Bad in ihren (Riesen-)Tränen, schließt Bekanntschaft mit den verschiedenen Bewohnern des Wunderlandes, spielt mit der absolutistischen Königin und einigen der Untertanen eine Partie Kroquet und tritt schließlich als Zeugin vor einem willkürlichen Gericht auf. Grundkonstellation dieser Episoden ist die Unvereinbarkeit der Ordnungssysteme der beiden Welten. Alices *common sense* prallt auf eine Un-Logik, die mit autoritärer Unverschämtheit – hier verzerrt Carroll die Pädagogik des viktorianischen Kinderbuchs gewissermaßen zur Kenntlichkeit – gepaart ist. Die Bewohner des Wunderlandes verstoßen permanent gegen die gesellschaftliche Norm. So eröffnet der Hutmacher seine Konversation mit „'Your hair wants cutting'" (75).[22] Alice reagiert ihrerseits auf solche verbalen Übergriffe mit einem Satz viktorianischer Kinder(nase)weisheiten, in diesem Fall: „'You should learn not to make personal remarks', Alice said with some severity: 'it's very rude'" (ebd.).[23] Auch die sozialen Rollen sind verkehrt: Alice wehrt sich gegen die infantile Direktheit bzw. Unverschämtheit, indem sie die Rolle des erzieherisch wirkenden Erwachsenen ('you should learn') übernimmt. Ebenso unkonventionell ist das Rollenverhalten der Wunderlandwesen untereinander: die Herzogin stillt wie eine Amme in der Küche ein Baby etc. Daß aber die Vorgaben von Alices Sozialisation außerhalb der Kommunikationssituationen der Wirklichkeit nicht adäquat sind, zeigen die ungewollten grotesken Verkehrungen ihres Bildungsschatzes, den sie immer wieder als Stütze zitieren will:

„... oh dear! How puzzling it all is! ... let's try Geography. London is the capital of Paris, and Paris is the capital of Rome ... no, *that's* all wrong, I'm certain! ... I'll try and say *'How doth the little-* [busy bee Improve each shining hour, H./D.S.]'", and she crossed her hands on her lap as if she were saying lessons ... but her voice sounded hoarse and strange, and the words did not come the same as they used to. –

How does the little crocodile
Improve his shining tail ... (29)[24]

Ihre behütete Welt erscheint gerade in den in die Fabel inkorporierten Parodien[25] und Wirklichkeitsbezügen als lieblose, grausame Märchenwelt.[26] Carrolls eigene ursprüngliche Illustrationen betonen im Gegensatz zu den 'abgeschwächten' Tenniels diese dunkle, groteske Dimension des Phantastischen besonders.[27]

Die Welt des Wunderlandes ist mit Alices Vernunft und Konventionalität unvereinbar, weil seine Bewohner die Heldin permanent in Paradoxien verstricken. Anders als die physischen Anomalien - die Aufhebung der Schwerkraft, die physischen Transformationen, die sie zu Beginn ihrer Reise erlebt und an die sie sich gewöhnen kann - bedürfen Paradoxien einer *metasprachlichen* Analyse, weil sie logisch zirkulär sind. Gegen falsche logische Schlüsse, wie das Beharren der Taube darauf, daß Alice eine Schlange sei, kann Alice sich noch wehren: Sie esse Eier nicht roh. Der Hinweis, eines der Prädikate treffe nicht auf sie zu, überzeugt die Taube (61/2).

Komplexer sind logische Probleme, die aus einer Vermischung von Ebenen resultieren. Carroll konfrontiert seine Heldin sowohl mit semantischen als auch pragmatischen Paradoxien, die heute als schizophrenogene double-binds durchschaut sind. Die Ente versteht die Ausführungen der Maus über die normannische Invasion nicht, weil sie nicht zwischen Referenzobjekt und grammatischem Objekt zu unterscheiden vermag:

„I proceed. 'Edwin and Morcar ..., declared for him; and even Stigand, the patriotic archbishop of Canterbury, found it advisable –'"

„Found *what*?" said the Duck.

„Found *it*", the Mouse replied rather crossly: „of course you know what 'it' means."

„I know what 'it' means well enough, when *I* find a thing," said the Duck: „it's generally a frog, or a worm. The question is, what did the archbishop find?" (36)[28]

Der Verrücktheitsbeweis der Katze resultiert hingegen aus einer Verwechslung bzw. unzulässigen Gleichsetzung von zwei semiotischen Systemen, von Hund und Katzensprache:

„And how do you know that you are mad?"

„To begin with," said the Cat, „a dog's not mad" ...

...

„Well, then," the Cat went on, „you see a dog growls when it's angry, and wags it's tail when it's pleased. Now I growl when I'm pleased, and wag my tail when I'm angry. Therefore I'm mad."

„*I* call it purring, not growling," said Alice (72).[29]

Die Schlußfolgerung der Katze ist unsinnig, weil sie nur für Hunde gelten würde; sie unterstellt, daß der gleiche Signifikant in zwei verschiedenen Zeichensystemen das gleiche Signifikat hat, daß die Bedeutung der Zeichen identisch ist. Alice spürt dies, weiß jedoch keine richtige Antwort. Sie sucht nach einer Unterscheidung auf Signifikantenebene, ohne das Problem selbst anzugehen.

Auch dem Irrtum der Katze liegt also eine falsche Analogie zugrunde. Mit ähnlichen Problemen spielt Lewis Carroll in seiner *Symbolic Logic*: der Autor zieht logisch richtige Schlüsse aus - an der Realität gemessen - unsinnigen Voraussetzungen. Aus „All cats understand French" ('alle Katzen verstehen Französisch' und „Some chickens are cats" ('manche Hühner sind Katzen') folgert er richtig „Some chickens understand French" ('manche Hühner verstehen Französisch').[30]

Die Wahrheit der Aussagen bemißt sich einzig an der arbiträren Definition der Signifikate, nicht an einer 'wirklichen Referenz'. Für den Mathematiker und Logiker

Dodgson/Carroll gilt, was definiert ist, unabhängig von der lebensweltlichen Unsinnigkeit der Definitionen. Im Carrollschen Universum kann deshalb die 'Mockturtle' – die kulturelle Entsprechung im Deutschen wäre ein 'falscher Hase' – existieren: was in der Sprache existiert, nimmt im Wunderland Gestalt an. Es ist dieser *linguistic turn* in *Alice's Adventures in Wonderland*, der die Textualisierungspraktiken des selbstreferentiellen Romans der Moderne und Postmoderne vorwegnimmt.

Der Irrsinn der Begegnung von Alice mit dem Hutmacher und dem Hasen ist dagegen ein Effekt pragmatischer Paradoxien.

The table was a large one, but the three were all crowded up together at one corner of it. „No room! No room!" they cried out when they saw Alice coming. „There's *plenty* of room!" said Alice indignantly, and she sat down in a large armchair at one end of the table.

„Have some wine," the March Hare said in an encouraging tone.

Alice looked all round the table, but there was nothing on it but tea. „I don't see any wine", she remarked.

„There isn't any", said the March Hare.

„Then it wasn't very civil of you to offer it", said Alice angrily. (75)[31]

Alice nimmt die Erwachsenenrolle an ('it wasn't very civil of you'), weil sie damit die paradoxe Kommunikationsebene verlassen und sie metasprachlich kommentieren kann. 'Schluß mit diesem Unsinn', weist sie sozusagen den Hasen zurecht, ein Sprechakt, der ihr in der wirklichen Welt als Kind gegenüber einem Erwachsenen nicht zustünde.

Der seltsamen Unterhaltung ihrer Teegesellschaft über Uhren und Zeit kann Alice nur sporadisch folgen, denn ihre Sprache ist, obgleich semantisch und syntaktisch korrekt, vollkommen sinnlos. „Alice felt dreadfully puzzled. The Hatter's remark seemed to her to have no sort of meaning in it, and yet it was certainly English" (76/7).[32] Die ganze Situation ist verrückt, denn die Zeit verstreicht, und doch steht sie still: „'It's always six o'clock now'" (80)[33] – eine Paradoxie, die Lewis Carroll schon als Kind beschäftigte: „Where does the day begin?" Wo beginnt der Tag?[34] Auf jeder Ebene der Sprache und der Erzählung spielt Carroll also mit Paradoxien. Selbst die Erzählsituation ist in gewissem Sinne paradox, denn der Rahmen negiert retrospektiv das Geschehen: es war nur ein Traum.

Through the Looking-Glass, die Fortsetzung von *Alice's Adventures in Wonderland*, radikalisiert die Dimension der Paradoxie und der Selbstreflexivität. Insgesamt ist dieser Text, darüber sind sich die Interpreten einig, wesentlich stärker durchkomponiert als das erste Alice-Buch. Der Plot ist nicht als lockere Sequenz von Episoden organisiert, sondern als strukturelle Analogie. Das Land hinter dem Spiegel entspricht einem Schachbrettmuster und der Handlungsverlauf einer Schachpartie, die die Heldin in zehn Zügen gewinnt. Alice, ein weißer Bauer, wird schließlich Königin und schlägt die rote Königin – so gibt es die Skizze des Schachproblems vor, die dem eigentlichen Erzähltext vorangestellt ist (137).

Über die Analogisierung mit den Figurenbewegungen in einer Schachpartie wird der Plot selbstreflexiv: nicht das Geschehen (als die dem narrativen Diskurs unterliegende Sequenz von Ereignissen) ist allein das Bezeichnete, sondern gleichzeitig seine Fiktionalität. Der Plot ist ein Spiel, seine Regeln richten sich nicht nach der Wirklichkeit, sondern nach einem anderen Plot: „White Pawn (Alice) to play, and win in eleven moves" (137).[35]

Mit dem Eintritt in das Land der Spiegel erlebt Alice die Welt verkehrt: Ursache und Folge verhalten sich umgekehrt zueinander; um der Roten Königin zu begegnen, muß sie nicht in ihre Richtung, sondern in die entgegengesetzte laufen (161); um an einem

Ort zu bleiben, muß sie sich fortbewegen; um sich fortzubewegen, muß sie die doppelte Geschwindigkeit erreichen (164/5). Gegen Durst bietet die Königin der Heldin trockene Kekse an (166), ein Ei kostet mehr als zwei Eier (207), und die Schrift des Buches, das Alice zur Hand nimmt, ist spiegelverkehrt (153). Erst als sie es gegen den Spiegel hält, vermag sie das berühmteste Nonsens-Gedicht der englischen Literatur zu entziffern: *Jabberwocky* (ebd.).

Die Relation zur Welt erlebt Alice invers (das Prinzip der Inversion wird allerdings nicht stringent durchgehalten), denn Spiegel kehren um. Zugleich sind sie eine Metapher für (Selbst-)Reflexivität. Auf den literarischen Text bezogen heißt das: der Spiegel wirft den Text auf sich selbst zurück; die Welt erscheint dem Ich (spiegel-)verkehrt.

Jabberwocky verdichtet das Prinzip der (Spiegel-)Verkehrung zum selbstreflexiven Un-Sinn. Der Inversion der Schrift unterliegt die Verkehrung der Zeichen zum Nonsens. Hier zeigt Lewis Carroll die von der Forschungsliteratur einstimmig diagnostizierte literarische Verwandtschaft mit Edward Lear, dem Erfinder des Nonsens-Gedichts für Kinder.[36]

Die englische Flexion und Syntax bildet die Folie, auf der die semantische Leere als solche überhaupt erkennbar wird. In Umkehrung der linguistischen Abweichung von der Norm, denen die Heldin in *Alice's Adventures in Wonderland* begegnet, ist es die paradigmatische Dimension der Sprache, die in *Jabberwocky* ausgeschaltet ist. Dort ist es die Verknüpfung von semantisch und syntaktisch korrekten Sätzen (die Bemerkungen des Hutmachers und des Hasen), also die syntagmatische Relation, die Unsinn produziert. Im Redezusammenhang ergeben die Sätze keinen Sinn.

Meister der Verletzung linguistischer Konventionen ist Humpty Dumpty. Es ist dieses „monster of private language",[37] der Erfinder des „un-birthday" und Exeget von *Jabberwocky*, der wegen seiner sprachphilosophischen Implikationen in der Forschung am meisten Beachtung gefunden hat.

Bereits die ersten Sätze, die Alice und Humpty Dumpty wechseln, bewegen sich auf der Ebene sprachlicher Selbstreflexivität.

„... tell me your name and your business."

„My *name* is Alice, but –"

„It's a stupid name enough!" Humpty Dumpty interrupted impatiently. „What does it mean?"

„*Must* a name mean something?" Alice asked doubtfully.

„Of course it must", Humpty Dumpty said with a short laugh: „*my* name means the shape I am – ..." (209)[38]

Mit der Vorstellung ihrer Person führen die beiden gleichzeitig einen Dialog über die Relation von Zeichen und Welt. Alice, die gemäß dessen, was sie bisher über menschliche Kommunikation gelernt hat, davon ausgeht, daß die Relation von Wort und Bedeutung arbiträr ist und daß Eigennamen ein Sonderfall der Zeichenfunktion sind, trifft auf einen radikalen Verfechter einer nominalistischen und subjektivistischen Sprachtheorie.[39] Im Sprechen selbst, so demonstriert Humpty Dumpty der Heldin mit seinem ungewöhnlichen Dialogverhalten, wählt das sprechende Subjekt willkürlich einen Signifikanten für die gemeinte Bedeutung. Daß Alice seinen Kommentar „There's glory for you!" (213)[40] nicht verstehen kann, sieht Humpty Dumpty als natürliches und intendiertes Phänomen der Kommunikation:

Humpty Dumpty smiled contemptuously. „Of course you don't – till I tell you. I meant there's a nice knock-down argument for you!"

„But 'glory' doesn't mean 'a nice knock-down argument'," Alice objected.

„When I use a word," Humpty Dumpty said, in rather a scornful tone, „it means just what I choose it to mean – neither more nor less." (214)[41]

Die Relation von Signifikanten und Signifikat ist nicht konventionalisiert. Ein Wort kann sogar ein ganzes Cluster von Bedeutungen repräsentieren. Doch „'When I make a word do a lot of work like that'", erläutert Humpty Dumpty die Bedeutungsfülle seines Gebrauchs von „impenetrability", „'I always pay it extra'" (ebd.).[42] Ganz im Sinne ökonomischer Effizienz läßt Humpty Dumpty die Sprache Akkord arbeiten.

Erst durch eine retrospektive Paraphrasierung bzw. Übersetzung in Alices Sprache wird die Privatsprache intersubjektiv eingeholt. Für Humpty Dumpty sind Illokution und Proposition identisch, weil er semantische und pragmatische Ebene nicht trennen kann – im Unterschied zu Alice, deren konventioneller Sprachgebrauch über diesen Gegensatz funktioniert:

„... How old did you say you were?"
Alice made a short calculation, and said „Seven years and six months."
„Wrong!" Humpty Dumpty exclaimed triumphantly. „You never said a word like it!"
„I thought you meant 'How old *are* you?'" Alice explained.
„If I'd meant that, I'd have said it," said Humpty Dumpty. (211)[43]

Auch unter den anderen Spiegelfiguren herrscht Sprachverwirrung. Der weiße Springer kann nicht zwischen wörtlicher und figurativer Bedeutung unterscheiden (244), die weiße Königin nicht zwischen Homophonien und Bedeutungsidentität (254). Diese Reflexion der semantischen und pragmatischen Funktion von Sprache schafft die diskursive Folie für die ästhetische Selbstreflexivität der Nonsens-Verse und der Anlage des Plots. Nicht von ungefähr ist es Humpty Dumpty, der die semantische Leere von *Jabberwocky* mit Bedeutung füllen kann. Die Selbstreferentialität der Sprache – die Wörter weisen nur auf sich selbst, weil sie Erfindungen des Autors sind – schafft keine Ambiguität und dient nicht der semantischen Verstärkung, sondern funktioniert *ohne* Bedeutung: Asemantische Wörter reimen sich, haben ein Metrum, aber – zumindest gemäß der sprachlichen Konvention – keinen Sinn. Dennoch schaffen die syntaktischen und prosodischen Strukturen einen vagen Eindruck von Sinnhaftigkeit.

Das Nonsens-Gedicht übertreibt also die poetische Funktion des Textes. Analog dazu funktioniert die Schichtung von (Un-)Wirklichkeitsebenen – das ist die Selbstreflexivität des Plots. Alice geht durch den Spiegel und betritt damit die erste Ebene der Irrealität; im Geschäft erblickt sie ein Ei, das sich auf einer weiteren Ebene als Humpty Dumpty entpuppt, der aber seinerseits eine Figur aus einem Kinderreim ist. Und Alice selbst kann sich nicht sicher sein, ob sie nicht nur im Traum des Königs existiert.

Was bei Humpty Dumpty durchaus kein ins Unbewußte verdrängter pathologischer, sondern höchst eigenwilliger Gebrauch einer Privatsprache ist, erscheint auch in *Sylvie and Bruno* als kindliches Beharren auf einer abweichenden individuellen Sprache.

Dieser individualistische Umgang mit Sprache ist in Lewis Carrolls *Symbolic Logic* Programm. Dort legitimiert der Autor die Arbitrarität der Signifikantenzuordnungen:

... I maintain that any writer of a book is fully authorized in attaching any meaning he likes to any word or phrase he intends to use. If I find an author saying, at the beginning of his book, 'Let it be understood that by the word *black* I shall always mean *white*, and that by the word *white* I shall always mean *black*, I meekly accept his ruling, however injudicuous I may think it.[44]

Eine Abweichung von der konventionellen Semantik ist also legitim, solange der Autor sie vorher als solche kennzeichnet. Humpty Dumpty jedoch bricht die Regel der vorherigen

Definition, die erst die intersubjektive Gültigkeit des semantischen Systems etablieren würde. Gemäß Carrolls Logik bedürfte es nur der 'öffentlichen Definition, nicht aber einer 'wirklichen' Referenz – inwieweit ein Wort oder ein Satz der Wirklichkeit bzw. unserem konventionellem Sprachgebrauch entspricht, ist belanglos. Logik funktioniert ebenso nach ihren eigenen autonomen Regeln wie die Nonsens-Kunst Carrolls. Das Spiel als gemeinsame diskursive Praxis von Literatur und Logik bzw. Wissenschaft, prägt im übrigen auch Carrolls andere Fachbücher. *The Dynamics of a Part-icle* (1865) verknüpft satirische Bezüge auf das Zeitgeschehen (die Kandidatur Gladstones für den Wahlkreis Oxford) und die Euklidsche Geometrie, *Euclid and His Modern Rivals* (1879) imitiert die Struktur des Dramas, und *A Tangled Tale* stellt mathematische Probleme als verschlungene Geschichten dar.

Die Schichtung von Erzählebenen teilt *Sylvie and Bruno* mit den Alice-Büchern. Der Erzähler, dessen Mischung aus moralischem Belehrungswillen, Sentimentalität und Selbstironie an den Autor Carroll erinnert, verschränkt das Tun seiner Kinderhelden in der Feenwelt (vor dem Hintergrund eines satirischen staatspolitischen Komplottgeschehens im *Outland)* mit einem realistischen Handlungsstrang, der die entsagungsvolle Liebe zwischen dem Arzt Arthur Forster und der klugen und schönen Lady Muriel Orme schildert. Stärker als in den Alice-Büchern verfließen die Grenzen zwischen den einzelnen Wirklichkeitsebenen; die drei verschiedenen Bewußtseinszustände des Erzählers – die Wahrnehmungswirklichkeit *(ordinary state)*, der Tagtraum *(eerie state)* und das Überschreiten der Wahrnehmungswirklichkeit im *trance* – ermöglichen das Gleiten zwischen den Welten.

Mit seiner komplexen narrativen Struktur, der Schichtung von Erzählebenen und dem Einweben von Nonsens-Elementen, unterscheidet sich der Roman (den Carroll aus einzelnen Einfällen zusammensetzte) von seinem literarischen Umfeld; ihm fehlen jedoch die brillante parodistische Intertextualität und Selbstreflexion, die die Alice-Bücher auszeichnen. Statt dessen kombiniert Carroll metafiktionale Elemente und protestantisch-moralische Erbaulichkeit – mit höchst fragwürdigem literarischen Ergebnis, wie Kreutzer feststellt: „Ähnlich wie in seiner ernsten Lyrik mit ihrer Thematik verlorener Unschuld und Liebe – zuerst in *Phantasmagoria* (1869) der komischen Dichtung beigegeben – wird er auch in seinem Erzählwerk unerträglich, wenn er das Motiv des phantasievollen Nonsens verläßt".[45] Es ist diese Sentimentalität, die *Sylvie and Bruno* mit dem viktorianischen Roman teilt.[46]

Die Selbstreflexivität in Carrolls Erzählgedicht *The Hunting of the Snark* (1876) ist im Vergleich zu den Erzähltexten wesentlich reduzierter: Die Quest als literarische Struktur wird ad absurdum geführt. Die höchst literarische und alliterierende Schiffsmannschaft (die Namen der Figuren beginnen alle mit 'B') begibt sich auf die Suche nach dem fabelhaften Snark. Doch die Fahrt läuft ins Leere – schon die Gliederung des Gedichts in acht 'fits' parodiert die balladeske Form; das gejagte Tier entpuppt sich als unfaßbares 'Boojum'. „For the Snark *was* a Boojum, you see" (778),[47] lautet die Schlußzeile des Gedichtes, deren Eingebung Carroll zu dem ganzen Gedicht inspirierte. Die fabelhafte Suche nach Sinn löst sich in Unsinn auf.

Carrolls Texte schwanken zwischen bewußter Fiktionalität, dem Spiel mit Parodie und Nonsens und (sentimentaler) Märchenhaftigkeit. Ihnen ist gemein die Ansiedlung im Phantastischen außerhalb der mimetischen Dimension. Das Phantastische aber ist, so Humes Definition, keine Negation der Möglichkeit eines mimetischen Weltbezugs, sondern ein weiterer komplementärer Impuls von Literatur.[48] In diesem Sinne stehen Autoren wie Barth, Pynchon, Vonnegut und Coover in einer Linie mit dem Autor der Alice-Bücher und sicherlich auch mit Carrolls Zeitgenossen Edwin A. Abbott, dessen ebenfalls für Kinder geschriebene geometrische Fantasy *Flatland*[49] Carrolls Sinn für das Phantastische und für mathematische Probleme und das pädagogische Interesse teilt. Die Neugier auf andere Welten wird jedoch in *Flatland* bestraft. Der Held gleicht dem Zauberlehrling, der die Geister, die er rief, nicht mehr los wird, während Carroll dem Ausflug seiner Heldin ins Erdinnere keine Sanktionen folgen läßt.

Über die Vorgabe des Phantastischen entwickelt Carroll eine selbstreflexive Erzähltechnik, die erst Borges, Nabokov, Pynchon u.a. wieder aufgreifen. In der Tat definiert sich der metafiktionale Roman der Postmoderne genau über diese Kopplung von linguistischer, narrativer und poetischer Selbstreflexivität.[50]

Diese Feststellung bedarf jedoch einer Einschränkung. Daß die Texte auf sich selbst als Spiel von Zeichen, nicht aber auf die sinnkonstituierenden Elemente bzw. die Konventionen eines Genres verweisen, bedingt ihre Sonderstellung zwischen Kunstmärchen, Roman (bzw. Erzählgedicht), Nonsens-Literatur und Erbauungsschrift. Carroll spielt mit der Repräsentationsfunktion von Zeichen und Geschichten, indem er sie unterläuft; den Realismus des Romans stellen die Texte jedoch nicht in Frage. Das unterscheidet sie von *Tristram Shandy* und der *Metafiction* des zwanzigsten Jahrhunderts, die immer auch den Wirklichkeitsbezug des Romans bzw. des literarischen Textes zum Gegenstand ihrer diskursiven und strukturellen Reflexion machen. Bezugspunkt der Romanpoetiken des zwanzigsten Jahrhunderts ist, faßt man ihren gemeinsamen Nenner pauschal zusammen, die Auseinandersetzung mit dem Wirklichkeitsbezug des Romans. Carrolls phantastische *Metafiction* hingegen ist das Produkt einer spielerischen Einbildungskraft und zugleich des sprachphilosophischen Interesses eines Logikers. Sie ist *nicht* die ästhetische Konsequenz einer Subjektivierung/Perspektivierung von Welterfahrung wie im modernistischen Roman oder der Fiktionalisierung der Wirklichkeit im postmodernen Roman. Carroll praktiziert ein Zeichen-Spiel, ohne daß die Mimesis-Frage überhaupt gestellt würde – denn er bewegt sich im Rahmen des Phantastischen. Deshalb ist er für die Romanentwicklung des frühen zwanzigsten Jahrhunderts irrelevant – Joyce dürfte ihn nicht so sehr als literarischen Einfluß denn als kulturellen Bezugspunkt zitieren,[51] und deshalb kann er als früher Vertreter bzw. Vorläufer der *Fantasy*-Literatur gelten.

Als gemeinsame Basis der Logik und Literatur Carrolls wurde die Selbstreflexivität ihres autonomen Spiels bezeichnet. Worin aber besteht nun der Unterschied?

Carrolls Kunst spielt mit der paradoxen Selbstreflexivität des Textes. Die Paradoxie entsteht dadurch, daß das Subjekt der Reflexion sich selbst zum Objekt der Reflexion machen will. Diese logische Vermischung von Ebenen des narrativen Diskurses wird bestätigt durch die selbstwidersprüchlichen Elemente der Sprache und Kommunikation im Plot. Hier also bleiben die Paradoxien als solche bestehen; erst sie erzeugen den auf verwirrende Weise ambivalenten Sinn – Tweedledum und Tweedledee verkörpern diesen semantischen Effekt im Text. Anders in der Logik: dort gilt es, alle Unklarheiten auszuschalten, Definitionen präzise anzulegen und zwischen logischen Ebenen zu differenzieren. Ziel der Logik ist die gedankliche Klarheit.[52] Die ästhetische Wirkung der Carrollschen Kunst beruht also auf den Paradoxien, denen die Logik – Bertrand Russell sollte nur wenig später seine Typentheorie verfassen – beizukommen versucht. Allerdings scheint dieser Versuch seit Gödel gescheitert zu sein.

Carroll ist Literat *und* Mathematiker, Wissenschaftler *als* Künstler. Als Kinderbuchautor ist ihm gestattet, Ebenen zu vermischen, die in der Moderne unter dem Gesetz ihrer Autonomisierung stehen. Seine ästhetischen und analytischen Texte haben die gleichen Themen. Carroll schrieb die *Symbolic Logic* für Kinder. Dies ist bezeichnend für sein Werk: der pädagogische Anspruch überwiegt den wissenschaftlichen. Und der Autor zeichnet mit seinem literarischen Pseudonym; mit der Verwandlung in Lewis Carroll entzieht er sich der Rolle des Mathematikers und wird zum Künstler.

Tatsächlich ist Carrolls algebraische Logik, wie Quine argumentiert, eindeutig vormodern. Er führt die Boolesche und Vennsche Methode, Syllogismen mit Hilfe von Diagrammen zu prüfen, nur unwesentlich und nicht überzeugend weiter.[53] Den entscheidenden Umbruch zur modernen Logik 1879 mit Frege vollzieht Carroll nicht nach, was ihm vielleicht angesichts der langen Verspätung der Frege-Rezeption nicht anzulasten ist; doch auch von Peirce, von dessen Existenz er wußte, zeigt er sich gänzlich unbeeinflußt.[54] Daß Carroll, wie Quine eher beiläufig konstatiert, seine Logik mit einer ontologischen Annahme beginnt,[55] nämlich „The Universe contains *Things* ... Things have *attributes*"[56] läßt vermuten, daß Carrolls *linguistic turn* eher ästhetischer denn sprachphilosophischer Natur ist.

Carrolls Stellung zum klassischen Modernismus im engeren literaturhistorischen Sinne ist ebenso zwiespältig. Er schwankt zwischen Viktorianismus und modernistischen Tendenzen. Einbindung in die gesellschaftlichen Werte des neunzehnten Jahrhunderts und formale Innovationen bilden die konträren Pole seines Werkes. Carrolls *logische* Paradoxien setzt dann der 'klassische Modernismus' in Relation zur Welterfahrung des Subjekts: die Absurdität der Welt, das ist die moderne Paradoxie bei Kafka und Beckett. Wenngleich die absurden Ingredienzien auch bei ihm schon da sind – Paradoxien, befremdliche Regelsysteme und autoritäre Willkür – die Relation von Selbstreflexivität und Welterfahrung fehlt noch in der Kunst des Viktorianers Lewis Carroll. Zugleich mag dieser Mangel an Erdenschwere der Grund dafür sein, daß das Anregungspotential Carrolls für die Liebhaber artistischer Darstellungsformen unter den Logikern und Wissenschaftstheoretikern nie nachgelassen hat; und vor dem Hintergrund eines neuen, post-typentheoretischen Interesses an Paradoxien und Fragen der Selbstbezüglichkeit und Selbstorganisation illustriert ein von Carroll inspirierter Wissenschaftsbestseller wie Douglas Hofstadters „Gödel, Escher, Bach. A Metaphorical Fugue on Minds and Machines in the Spirit of Lewis Carroll"[57] mit der ungebrochenen Popularität eines 'Spirit of Lewis Carroll' unter den avanciertesten Wissenschaftlern selbst auch seine Modernität.

Anmerkungen

1 Eberhard Kreutzer sieht in diesen frühen Produkten Vorläufer der Alice-Bücher. Siehe seine Studie: Lewis Carroll. „Alice in Wonderland" und „Through the Looking-Glass", München 1984, S. 49.
2 The Letters of Lewis Carroll, hrsg. von Morton N. Cohen, 2 Bde., London 1979.
3 Zu Carrolls Photographie siehe Jan B. Gordon/Edward Guilano: From Victorian Textbook to Ready-Made: Lewis Carroll and the Black Art, in: English Language Notes 20, 1982, S. 2.
4 Nicht von ungefähr übertrug der Schöpfer des Nymphomanen Humbert Humbert in Lolita, Vladimir Nabokov, Alice's Adventures in Wonderland ins Russische.
5 Ann Clark hält diese Deutung für zweifelhaft, vgl. ihre Biographie: Lewis Carroll. A Biography, Guildford 1979, S. 208ff.
6 John Fisher: The Magic of Lewis Carroll, London 1973, S. 219.
7 Stuart Dodgson: The Life and Letters of Lewis Carroll, London 1898.
8 Vgl. Kreutzer, S. 13.
9 Erst mit der Jahrhundertfeier lebte die Carroll-Forschung wieder auf.
10 Elizabeth Sewell: The Field of Nonsense, London 1952.
11 Lediglich als früher Vertreter des *Fantasy*-Genre wird er zitiert. Vgl. Rosemary Jackson: Fantasy. The Literature of Subversion, London 1981, S. 37 und W.R. Irwin: The Game of the Impossible. A Rhetoric of Fantasy, London & Chicago 1976, S. IX.

12 Die Märchen der Gebrüder Grimm wurden 1821 ins Englische übersetzt, Andersen 1846. Zu Carroll und dem englischen Märchen im neunzehnten Jahrhundert siehe Nina Demurova: Toward a Definition of Alice's Genre: The Folktale and Tairy-Tale Connections, in: Edward Guilano: Lewis Carroll. A Celebration, New York 1982, S. 75-88.

13 Vgl. Roger B. Henkle: Carroll's Narratives Underground: 'Modernism' and Form, in: Edward Guilano: Lewis Carroll. A Celebration, New York 1982.

14 A.a.O., S. 89.

15 Zur englischen Kinderliteratur und Pädagogik des 19. Jahrhunderts siehe David Gryllis: Guardians & Angels. Parents and Children in Nineteenth Century Literature, London 1978 und Edith Lazaros Honig: Breaking the Angelic Image. Woman Power in Victorian Children's Fantasy, New York 1988.

16 Zur viktorianischen Kinderlektüre siehe Gryllis, darin bes. Kap. III.

17 Gryllis, S. 23.

18 Honig, S. 72.

19 Dabei verstärkte er besonders die Dimension des Sprachspiels und des Nonsense. – Zum Vergleich der verschiedenen Fassungen siehe Kreutzer, S. 37ff.

20 Lewis Carroll: Alice's Adventures in Wonderland, in: The Complete Works of Lewis Carroll, New York (The Modern Library) o.J., S. 129. Alle Carroll-Zitate sind im folgenden, wenn nicht anders angegeben, dieser Werkausgabe entnommen. – Die deutsche Übersetzung lautet:
„'Wach auf, liebe Alice!' sagte ihre Schwester. 'Wie lange du geschlafen hast!'
'Ach und ich hatte einen so seltsamen Traum!' sagte Alice ..." (Alice im Wunderland, übers. von Christian Enzensberger, Frankfurt/M. 1973, S. 125; alle übersetzten Zitate aus Alice's Adventures in Wonderland im folgenden aus dieser Ausgabe).

21 Siehe die Annotationen zu den verschiedenen Alice's Adventures in Wonderland-Ausgaben, bes. The Annotated Alice. Alice's Adventures in Wonderland and Through the Looking-Glass, hrsg. von Martin Gardner, Harmondsworth 1970 (revised edition).

22 „'Du mußt zum Friseur'" (70).

23 „'Solche direkten Bemerkungen solltest du dir abgewöhnen, sagte Alice mit einiger Strenge; 'sie sind unschicklich'" (70).

24 „'...lieber Himmel, wer soll sich denn da noch zurechtfinden? ... Dann schon eher die Geographie. London ist die Hauptstadt von Paris, und Paris ist die Hauptstadt von Rom ... nein, das ist *bestimmt* alles falsch! ... Ich will einmal aufsagen: 'Wie emsig doch das Bienchen'; und sie faltete die Hände im Schoß, wie wenn sie ihre Schulaufgabe hersagen müßte ... aber ihre Stimme klang heiser und fremd, und die Worte kamen nicht so heraus wie sonst:
Wie emsig doch das Krokodil
Den Schwanz sich aufgebessert ..." (22/3).

25 Von den insgesamt vierundzwanzig Gedichten in den Alice-Büchern sind zehn erkennbare Parodien, wobei bei manchen, wie bei Speak Roughly, der Prätext nicht eindeutig zu bestimmen ist. Siehe Martin Gardner: Speak Roughly, in: Edward Guilano: Lewis Carroll Observed, New York 1976, S. 24.

26 Gerade daß die Symbolwelt von Alice's Adventures in Wonderland ein besonderes Gespür für kindliche Ängste zeigt, ist möglicherweise ein Grund, warum Kinder das Buch nicht schätzten, vgl. Henkle, S. 96.

27 Vgl. die Analyse der Illustrationen von Nina Auerbach: Fallen Alice, Fallen Women, and Victorian Dream Children, in: English Language Notes 20, 1982, 2, S. 46-64. Auerbach deutet Carrolls Illustrationen, die Alices physische Überdimensionalität im Kaninchenhaus betonen, als Faszination des Autors für das Potential des Wachsens im Mädchen (S. 52ff.) Die Obsession mit den latenten Mächten der Weiblichkeit verbinde Carroll mit den Präraphaeliten (ebd.).

28 „'Ich darf fortfahren.' 'Die Unterhandlungen mit Sachsen ... Aber Kurfürst Max Joseph von Bayern lenkte voller Mißtrauen gegen die österreichischen Absichten auf die Seite Napoleons. Er fand es klüger –'
'*Was* fand er?' fragte die Ente.
'Es', antwortete die Maus etwas spitz. 'Was 'es' ist, wirst du ja wohl noch wissen.'
'Wenn ich etwas finde, weiß ich ganz genau, was 'es' ist, sagte die Ente, nämlich im allgemeinen ein Frosch oder ein Wurm. Aber hier geht es ja darum, was der Kurfürst von Bayern fand.'" (29).

29 „'Und woher weißt du, daß du selbst verrückt bist?'
'Zunächst einmal', sagte die Katze, 'ist ein Hund doch nicht verrückt. Zugegeben?'
'Meinethalben', sagte Alice.

'Nun also', fuhr die Katze fort, 'siehst du: ein Hund knurrt, wenn er zornig ist, und wedelt mit dem Schwanz, wenn er sich freut. *Ich* dagegen knurre, wenn ich mich freue, und wedle mit dem Schwanz, wenn ich zornig bin. Folglich bin ich verrückt.'
'*Ich* nenne das 'schnurren', nicht 'knurren'', sagte Alice." (67/8).

30 Lewis Carroll: Symbolic Logic, hrsg. von William Warren Bartley, New York 1977, S. 111/2.

31 „Der Tisch war schon eher eine Tafel, doch saßen alle drei eng zusammengedrängt in einer Ecke. 'Besetzt! Besetzt!' riefen sie, als sie Alice näher treten sahen. 'Von besetzt kann doch gar keine Rede sein!' sagte Alice empört und setzte sich in einen großen Sessel am Tischende.
'Ein Schluck Wein?' fragte der Schnapphase einladend.
Alice sah sich auf dem Tisch um, aber da stand nur eine Teekanne. 'Ich sehe keinen Wein', bemerkte sie.
'Ist auch gar keiner da', sagte der Schnapphase.
'Dann war es nicht sehr höflich, welchen anzubieten', sagte Alice zornig." (70).

32 „Daraus konnte Alice nun gar nicht klug werden. Die Antwort des Hutmachers schien keinerlei Sinn zu haben, und doch waren alle Worte darin deutsch." (72/3).

33 „... es bleibt immer fünf Uhr". (75).

34 Fisher, S. 22-44.

35 „Weißer Damenbauer (Alice) zieht und gewinnt in zehn Zügen." (Alice hinter den Spiegeln, übers. von Christian Enzensberger, Frankfurt/M. 1973, S. 12; alle übersetzten Zitate aus Through the Looking-Glass im folgenden aus dieser Ausgabe).

36 Edward Lear schrieb die Nonsens-Texte Book of Nonsense (1846), Nonsense Songs (1871/2) und Laughable Lyrics (1877).

37 Michael Hancher: Humpty Dumpty and Verbal Meaning, in: Journal of Aesthetics and Art Criticism 40, 1981, S. 49.

38 „'... sag, wie du heißt und was du willst'.
'Ich heiße Alice, aber –'
'Albern genug für einen Namen', unterbrach sie Goggelmoggel unwirsch.
'Was soll der denn bedeuten?'
'*Muß* denn ein Name etwas bedeuten?' fragte Alice zweifelnd.
'Das ist doch klar', sagte Goggelmoggel, kurz auflachend; '*mein* Name zum Beispiel bedeutet meine Leibesform –...'" (82/3).

39 Ebd.

40 „'Wenn das keine Glocke ist!'" (87).

41 „Goggelmoggel lächelte verächtlich. 'Wie solltest du auch – ich muß es dir doch zuerst sagen. Ich meinte: 'Wenn das kein einmalig schlagender Beweis ist!'
'Aber 'Glocke' heißt doch gar nicht ein 'einmalig schlagender Beweis', wandte Alice ein.
'Wenn *ich* ein Wort gebrauche', sagte Goggelmoggel in recht hochmütigem Ton, 'dann heißt das genau, was ich für richtig halte – nicht mehr und nicht weniger.'" (88).

42 „'Wenn ich ein Wort so schwer arbeiten lasse wie jetzt eben, ... dann gebe ich ihm eine Zulage.'" (88).

43 „'...Wie alt bist du, hast du gesagt?'
Alice rechnete schnell nach und sagte: 'Siebeneinhalb Jahre.'
'Falsch!' rief Goggelmoggel triumphierend. 'Kein Wort hast du davon gesagt.'
'Ich dachte, Sie meinen, wie *alt* ich bin', erklärte ihm Alice.
'Wenn ich das gemeint hätte, hätte ich es auch gesagt', versetzte Goggelmoggel." (85).

44 Lewis Carroll: Symbolic Logic, S. 232: „Ich behaupte, daß jeder Verfasser eines Buches das volle Recht hat, jedem Wort oder Satz, den er benutzen möchte, jede beliebige Bedeutung zuzuordnen. Sollte ein Autor am Anfang seines Buches sagen: 'Hiermit sei festgelegt, daß ich mit dem Wort *schwarz* im folgenden *weiß* und mit dem Wort *weiß* im folgenden *schwarz* meine', dann akzeptiere ich diese Regelung sanftmütig, wie unklug sie mir auch erscheinen mag."

45 Kreutzer, S. 59.

46 Siehe dazu Edmund Miller: The Sylvie and Bruno Books as Victorian Novel, in: Guilano: Lewis Carroll Observed, S. 136.

47 „Denn der Schnark *war* ein Buuhdachamm: todsicher!" (Die Jagd nach dem Schnark. Agonie in 8 Krämpfen, in: Lewis Carroll: Alice im Wunderland. Alice hinter den Spiegeln. Die Jagd nach dem Schnark, übers. von Christian Enzensberger, Frankfurt/M. 1982, S. 336).

48 Katherine Hume: Fantasy and Mimesis. Responses to Reality in Western Literature, New York & London 1984, S. VII und ebenso Irwin, S. 33.

49 Edwin A. Abbot: Flatland, London 1984^2.
50 Linda Hutcheon: Narcissistic Narrative. The Metafictional Paradox, New York 1984, S. 17ff.
51 Zu den intertextuellen Bezügen auf Carroll in Finnegans Wake siehe Ann McGarrity Buki: Lewis Carroll in Finnegans Wake, in: Edward Guilano: Lewis Carroll. A Celebration, S. 154-166.
52 Carroll: Symbolic Logic, S. 53.
53 W.V. Quine: Lewis Carroll's Logic, in: Ders.: Theories and Things, Cambridge, Mass. & London 1981, S. 137ff.
54 Quine, S. 135.
55 Quine, S. 138.
56 „das Universum besteht aus Dingen ... Dinge besitzen Attribute".
57 Der volle Titel lautet: Douglas R. Hofstadter: Gödel, Escher, Bach: An Eternal Golden Braid. A Metaphorical Fugue on Minds and Machines in the Spirit of Lewis Carroll, Harmondsworth 1980.

Literatur

The Complete Works of Lewis Carroll, New York (The Modern Library) o.J.
The Annotated Alice. Alice's Adventures in Wonderland and Through the Looking-Glass, hrsg. von Martin Gardner, Harmondsworth 1970 (revised edition).
Lewis Carroll: Alice im Wunderland, übers. von Christian Enzensberger, Frankfurt/M. 1973.
Lewis Carroll: Alice hinter den Spiegeln, übers. von Christian Enzensberger, Frankfurt/M. 1973.
Lewis Carroll: Symbolic Logic, hrsg. von William Warren Bartley, New York 1977.
Lewis Carroll: Symbolic Logic, hrsg. von William Warren Bartley, New York 1977.
The Letters of Lewis Carroll, hrsg. von Morton N. Cohen, 2 Bde., London 1979.
Lewis Carroll: Alice im Wunderland. Alice hinter den Spiegeln. Die Jagd nach dem Schnark, übers. von Christian Enzensberger, Frankfurt/M. 1982.
Oscar Wilde: The Critic as Artist, in: The Writings of Oscar Wilde, hrsg. von Isobel Murray, Oxford 1989, S. 241-297.
Oscar Wilde: Der Kritiker als Künstler, in: Oscar Wildes Werke in zwölf Bänden, Berlin 1918.

Nina Auerbach: Fallen Alice, Fallen Women and Victorian Dream Children, in: English Language Notes 20, 1982, 2, S. 46-64.
Ann Clark: Lewis Carroll. A Biography, Guildford 1979.
Nina Demurova: Toward a Definition of Alice's Genre. The Folktale and Tairy-Tale Connections, in: Edward Guilano: Lewis Carroll. A Celebration, New York 1982, S. 75-88.
Stuart Dodgson: The Life and Letters of Lewis Carroll, London.
John Fisher: The Magic of Lewis Carroll, London 1973.
Martin Gardner: Speak Roughly, in: Edward Guilano: Lewis Carroll Observed, New York 1976, S. 24.
Jan B. Gordon/Edward Guilano: From Victorian Textbook to Ready-Made: Lewis Carroll and the Black Art, in: English Language Notes 20, 1982.
David Gryllis: Guardians & Angels. Parents and Children in Nineteenth Century Literature, London 1978.
Roger B. Henkle: Carroll's Narratives Underground: 'Modernism' and Form, in: Edward Guilano: Lewis Carroll. A Celebration, New York 1982, S. 89-100.
Edith Lazsros Honig: Breaking the Angelic Image. Woman Power in Victorian Children's Fantasy, New York 1988.
Rosemary Jackson: Fantasy. The Literature of Subversion, London 1981.
W.R. Irwin: The Game of the Impossible. A Rhetoric of Fantasy, London & Chicago 1976.
Eberhard Kreutzer: Lewis Carroll: „Alice in Wonderland" und „Through the Looking-Glass", München 1984.
Elizabeth Sewell: The Field of Nonsense, London 1952.

Die Entwicklung der literarischen Moderne in der englischen Prosa: Henry James und Joseph Conrad

Hermann Josef Schnackertz

Die Rolle von Joseph Conrad und Henry James als Vorläufer und Wegbereiter der ästhetischen Moderne erscheint ebenso plausibel wie problematisch. Bereits die Biographie beider Autoren zeigt zwei unterschiedliche Lebensprofile, die sowohl moderne wie auch traditionelle Züge aufweisen. So zeichnet sich im Falle J. Conrads (1857-1924) ein Lebensmuster ab, das exemplarisch zu sein scheint für die Widersprüchlichkeit und Zerrissenheit moderner Existenz sowie für die ungesicherte Position des Künstlers im Spannungsfeld verschiedenartiger kultureller Traditionen. Die Brüche und Verwerfungen von J. Conrads wechselvollem Leben als polnischer Aristokrat und Emigrant, als Seemann der französischen und englischen Handelsmarine, als Schriftsteller und Bürger Großbritanniens haben in seinem Werk unübersehbare, wenngleich keineswegs eindeutige Spuren hinterlassen. Conrads außergewöhnliche Lebensumstände wie auch sein exotisch wirkendes Erscheinungsbild prädestinieren ihn zu einer Sonderrolle, die indes von seinen englischen Zeitgenossen weniger als Beispiel moderner Entfremdung denn als Ausdruck einer romantisch-idealistischen Lebenseinstellung gesehen wird. Die Stilisierung des Autors zum „Elizabethan Gentleman Adventurer"[1] findet dabei ein geteiltes Echo. Entweder wird sie als dandyhafte Pose, anachronistische Attitüde und feudales Relikt beargwöhnt oder aber als respektheischende altmodische Noblesse bewundert.

Im Gegensatz zur Conradschen Biographie fehlt es den Lebensumständen des gebürtigen New Yorkers Henry James (1843-1916) - der die meiste Zeit seines Lebens in England verbringt und schließlich 1915, kurz vor seinem Tode, die britische Staatsbürgerschaft erwirbt - trotz ihrer „transkontinentalen" Dimension an äußerer Dramatik. Die Faszinationskraft alteuropäischer Kultiviertheit erlebt James nicht aus der Perspektive eines bohemienhaften Außenseiters, sondern aus der eines distinguierten Beobachters und wohlsituierten Connaisseurs.[2] Das in seinem Werk vielfach abgewandelte „internationale Thema", die Konfrontation der moralischen Naivität Amerikas mit dem verwirrenden Raffinement europäischer Lebensformen, ist denn auch nicht so sehr ein Reflex existentieller Betroffenheit, als vielmehr das Resultat einer hochentwickelten Sprachphantasie. Selbst die erschütterndsten Lebenskrisen der Jamesschen Romanfiguren verlaufen vornehmlich als subtil formulierte Bewußtseinsdramen.

Der zwiespältige Eindruck, den die Biographie von Conrad und James hervorruft, bestimmt auch die Klassifikation ihrer Werke. So läßt sich ein stimmiges Bild literarischer Modernität nur dann zeichnen, wenn alle gegenteiligen Befunde ausgeblendet werden. Bei der Konzentration auf die ästhetischen Neuerungen von Conrad und James wird ihr Festhalten an traditionellen Vorstellungen zumeist stillschweigend übergangen. Die exklusive Zuordnung der Texte zur modernen Literatur ist daher auch nicht ohne Widerspruch geblieben. So wird etwa im Falle Conrads dem literarischen Impressionisten und modernistischen Skeptiker der traditionsverbundene Romantiker und das epische Urtalent gegenübergestellt. Conrads See- und Abenteuergeschichten werden demzufolge in den Traditionszusammenhang von Epos und Romanze eingereiht und als Revitalisierung archaischer Erzählrituale gelesen.[3] Kein Geringerer als J.L. Borges meint denn auch in Conrads heroischen Seefahrten den „heute so raren Geschmack des Epischen"[4] zu spüren. Die Behauptung, im Werke Conrads vollziehe sich eine Wiederbelebung episch-romanzenhafter Erzählformen, ist insgesamt ebenso einseitig wie die Charakterisierung der Texte als impressionistische, symbolistische, proto-existentialistische oder metafiktionale Konstruktionen. Vergleichbares gilt auch für H. James. Seiner Vereinnahmung als Pionier einer modernen Romanästhetik wird die Traditionsverhaftung dieses viktorianischen Bildungsbürgers aus Amerika entgegengehalten, der in vieler Hinsicht eine stärkere Affinität zur Vorstellungswelt von Balzac und Matthew Arnold erkennen läßt als zum modernistischen Selbstverständnis von Virginia Woolf und James Joyce.

Eine auf Eindeutigkeit fixierte Klassifikationspraxis verfehlt die Eigenart der Texte von Conrad und James, da sie ihre Spannungen und Widersprüche entschärft und damit gerade vor jenem „challenge of bewilderment"[5] zurückweicht, das durch den Mischcharakter dieser Fiktionen bewirkt wird. Ein Zugang zu ihrer spezifischen Zwischenlage wird so lange verstellt, wie man ihre widersprüchlichen Darstellungsimpulse, perspektivischen Brechungen, rhetorischen Paradoxien und stilistischen Ambiguitäten durch vereinfachende Schablonen zu beseitigen versucht, statt sie als ästhetischen Ausdruck jener Dissonanzen zu verstehen, die konstitutiv sind für die Erfahrungslage der Moderne.

Geht man davon aus, daß das „Projekt der Moderne" (J. Habermas) durch die „Entzauberung der Wirklichkeit" (M. Weber), durch vielschichtige Prozesse der Rationalisierung und Säkularisierung, der Ausdifferenzierung gesellschaftlicher Funktionsbereiche und der Pluralisierung von Lebenswelten gekennzeichnet ist, dann bedeutet dies für das Selbstverständnis von Kunst und Literatur eine doppelte Herausforderung. So stellt sich das Problem, wie man eine Wirklichkeit abbilden kann, die immer komplexer, unübersichtlicher und vieldeutiger wird, in der überkommene Anschauungen fragwürdig werden, tradierte Maßstäbe ihre Verbindlichkeit verlieren und sich rivalisierende Sinnangebote ihren Erklärungsanspruch streitig machen. Ein instruktives Beispiel für das Verunsicherungspotential naturwissenschaftlicher Theorien liefert in diesem Zusammenhang die Ausbreitung der Darwinschen Abstammungslehre in der zweiten Hälfte des 19. Jahrhunderts. Ihre Verallgemeinerungen und Uminterpretationen im Sinne eines umfassenden, weltanschaulich höchst brisanten und vielfach funktionalisierbaren Evolutionismus verändern die bisherigen Sichtweisen von Mensch, Natur und Gesellschaft in nachhaltiger Weise und werden damit zum Auslöser aspektreicher literarischer Reaktionen.[6]

Für die Literatur geht es aber nicht nur darum, einem sich tiefgreifend wandelnden Realitätsverständnis neue Ausdrucksmöglichkeiten zu verschaffen, sondern auch im Wettbewerb mit anderen Aussagesystemen die Eigenwertigkeit und spezifische Leistungsfähigkeit ästhetischer Diskurse zu behaupten. Die Literatur der Moderne sieht sich daher immer wieder mit der Schwierigkeit konfrontiert, ihren Realitätsbezug angesichts einer Wirklichkeit aufrechtzuerhalten, die durch das Bewußtsein von der Überholbarkeit aller vermeintlich sicheren Positionen geprägt ist. Zugleich soll sie aber auch als integraler Bestandteil dieser sich fortwährend ändernden Welt das Kunststück fertig bringen, die Selbständigkeit des Ästhetischen unter Beweis zu stellen. Auf diese Situation reagiert Literatur im Prinzip mit einer variationsreichen und formbildenden Doppelstrategie. Dem Legitimationsdruck einer sich immer stärker ausdifferenzierenden Wirklichkeit antwortet Literatur, indem sie durch Autoreflexion und Selbstthematisierung ihren Autonomieanspruch zu erkennen gibt. Andererseits tendiert sie dazu, durch Entgrenzung ihren Darstellungsbereich zu erweitern sowie durch die Komplexitätssteigerung textueller Verfahren den Zugriff auf eine als uneinheitlich erlebte Wirklichkeit zu gewährleisten.[7]

In der für die Literatur der Moderne charakteristischen Spannung zwischen Außen- und Selbstbezug zeigt sich auch stets ein spezifisches Verhältnis zur Tradition. Im Gegensatz zur radikalen Absage an die Vergangenheit, wie sie die ästhetischen Avantgarden des zwanzigsten Jahrhunderts programmatisch fordern und in ihren provokativen Formexperimeten konkretisieren, bleiben die Texte der „early modernists" den Darstellungs- und Wirkungsintentionen der viktorianischen Tradition noch in vieler Hinsicht verhaftet. Statt sich von dem Ziel realistischen und romanzenhaften Erzählens, repräsentative Abbilder der Wirklichkeit zu entwerfen, grundsätzlich zu distanzieren, bringen die Texte von Conrad und James auf unterschiedliche Weise ihre Zweifel und Bedenken an den Gegenständen und Methoden des herkömmlichen Romans zur Geltung. Statt eines radikalen Bruchs mit der Tradition, wird eine Modifikation ihrer Darstellungsabsichten ins Auge gefaßt.

So signalisieren die von Conrad entwickelten Erzählstrategien keinen Verzicht auf die narrative Vergegenwärtigung von Wirklichkeit. Die selbstreflexiven Relativierungen ihrer Darstellungsleistung lassen es vielmehr immer wieder zweifelhaft erscheinen, ob beispielsweise die problematische Verstehbarkeit eigener und fremder Subjektivität überhaupt mitteilbar sei durch das Verschleierungsinstrument einer inflationär abgenutzten Sprache. Der skeptische Perspektivismus der Conradschen Texte gibt zwar zu verstehen, daß die Suche nach Ganzheit, Ursprünglichkeit und Authentizität an kein Ziel führt, gleichwohl ist immer wieder das Bedauern spürbar, daß die Überwindung von Trennung, Fremdheit und Unverständnis sowie die Evidenz gemeinsamer Sinnorientierungen sich nicht mehr problemlos darstellen läßt.

Auch bei James führt das Ungenügen an der Tradition zu einer produktiven Korrektur ihrer Realitäts- und Darstellungskonzeption. An die Stelle einer Abbildung vermeintlich objektiver Außenwelt tritt in verstärktem Maße die Darstellung subjektiver Innenwelten. Die Thematisierung der bewußtseinsmäßigen Erfahrungsweisen von Wirklichkeit macht die Entwicklung von Darstellungsmodalitäten erforderlich, die den Ruf von H. James als Schrittmacher der Moderne begründen.

Es bleibt festzuhalten, daß die durchgängige Problematisierung viktorianischer Erzählkonventionen – trotz aller skeptischen Distanz – dennoch keine emphatische Abkehr von den Zielvorstellungen der Darstellungsästhetik bedeutet. In den formalen Neuerungen der Texte bekundet sich denn auch weniger die Absicht, die literarische Darstellbarkeit von Realität als anachronistisches Wunschdenken zu verabschieden. In erzählerischer Praxis wie auch in theoretischer Reflexion artikuliert sich vielmehr der Verdacht, ob eine sprachliche Repräsentation von Wirklichkeit in Anbetracht ihrer konkret erlebbaren Veränderungen auf eine so selbstverständliche Weise möglich sei, wie es der viktorianische Realismus für sich in Anspruch nahm. Suspekt ist also nicht in erster Linie die Suche nach einer verbindlichen Ansicht von Welt, als vielmehr deren Realisierbarkeit. Wie problematisch indes die mimetische Orientierung von Literatur im Falle von James und Conrad geworden ist, zeigt sich vor allem dann, wenn man theoretisches Programm und literarische Praxis miteinander vergleicht.

Henry James: Kunstanspruch und Realitätsillusion

In diesem Zusammenhang sind die poetologischen Überlegungen von H. James sowohl nach Art und Umfang wie auch hinsichtlich ihrer Anregerfunktion für die anglo-amerikanische Roman- und Erzähltheorie von ungleich größerer Bedeutung als die kritischen Bemerkungen J. Conrads. Etwa 60 literaturkritische Essays, „Notebooks", eine umfangreiche Korrespondenz und annähernd 250 Rezensionen von H. James sind eindrucksvolle Belege für einen lebenslangen Dialog mit den amerikanischen und europäischen Romanciers seiner Zeit. In den literarischen Porträts von Hawthorne, Emerson, Scott, Trollope, G. Eliot, Meredith, Balzac, Flaubert, Zola und Turgenev erweist sich James als brillianter „man of letters", der dem eigenen Ideal kultivierter Sensibilität durch seine scharfsichtigen Beobachtungen gerecht zu werden versucht. Die produktive Auseinandersetzung mit anderen Autoren dient zugleich dazu, Position zu beziehen, Standpunkte zu klären und eigene literarische Absichten zu verdeutlichen. Aufschlußreich sind in dieser Hinsicht vor allem die erzähl- und romantheoretischen Reflexionen, mit denen der Autor sein Schreiben begleitet. So macht er in den für die „New York Edition" (1907 bis 1909) seiner gesammelten Werke geschriebenen „Prefaces" den Entstehungs - und Revisionsprozeß des eigenen literarischen Lebenswerkes zum Gegenstand kritischer Kommentierung.

Zu den einflußreichsten Arbeiten von James gehört aber sicherlich der Essay *The Art of Fiction* (1884). Als programmatisches Manifest gewinnt er dadurch an Profil, daß James jeden prospektiven Romanproduzenten mit zwei gewichtigen Forderungen konfrontiert. Der Roman solle zur Kunstform entwickelt und auf die Darstellung von Wirklichkeit verpflichtet werden. Mit seinem Plädoyer für die Nobilitierung des Romans („fiction is one of the fine arts"[8]) distanziert sich James von dem ironisch unterstellten Formverständnis des viktorianischen Romans,

> that a novel is a novel, as a pudding is a pudding, and that our only business with it could be to swallow it. (187)

Zur diskutierwürdigen Kunst wird der Roman allein durch kompositorische Sorgfalt. Formstrenge ist indes kein Selbstzweck, kein selbstverliebtes „L'art pour l'art", sondern steht ganz im Dienste der Darstellungsaufgabe des Romans. James bringt sie auf die bündige Formel:

> The only reason for the existence of a novel is that it does attempt to represent life. (188)

Eine solche Definition klingt zunächst alles andere als revolutionär, hätte doch vermutlich keiner der von James verdächtigten Anhänger der leicht konsumierbaren Formlosigkeit an ihr Anstoß genommen. Die weiteren Ausführungen lassen indes sehr schnell deutlich werden, daß er trotz seines Festhaltens an der traditionsreichen Mimesis-Vorstellung, sie in entscheidender Hinsicht modifiziert sehen will.

> A novel is in its broadest definition a personal, a direct impression of life: that, to begin with, constitutes its value, which is greater or less according to the intensity of the impression. (192)

Mit Repräsentation des Lebens ist also nicht der naive Abbildrealismus einer Darstellung vorgeblich objektiver, vom Subjekt unabhängiger Außenwelt gemeint, sondern die Darstellung einer subjektiven Erlebnisweise von Wirklichkeit. Der Zugang zu ihren „myriad forms" (194) erschließt sich durch die Erfahrung der vielfältigen Eindrücke, die wir von ihr empfangen.

> If experience consists of impressions, it may be said that impressions are experience, just as ... they are the very air we breathe. (195)

Der Ratschlag an den schriftstellerischen Novizen, allein die Erfahrung zur Grundlage seines Schreibens zu machen und sich offen zu halten für die bunte Fülle möglicher

Erfahrungen, wird nachgerade zum kategorischen Imperativ literarischer Produktivität: „Try to be one of the people on whom nothing is lost!" (195)

Wenn die künstlerische Qualität eines Werkes und „the quality of the mind of the producer" (205) nicht voneinander zu trennen sind, dann wird die Empfänglichkeit für Eindruckserfahrungen zum entscheidenden Kriterium für den literarischen Rang jedes Romanautors. Dieser ist wie kein anderer dazu aufgerufen, jener Erfahrungsstruktur des Bewußtseins künstlerischen Ausdruck zu verleihen, die James mit folgendem bildlichem Vergleich umschreibt.

> Experience is never limited, and it is never complete; it is an immense sensibility, a kind of huge spider-web of the finest silken threads suspended in the chamber of consciousness, and catching every air-borne particle in its tissue. (194)

Mit dieser Gleichsetzung von „impression" und „experience" steht James in einer Traditionslinie, die sich von Walter Pater bis Virginia Woolf ziehen läßt. Im Gegensatz zu Walter Pater,[9] in dessen ästhetischem Credo Kunst zum exquisiten Medium ekstatischer Momenterfahrung avanciert, ist jedoch bei James eine gesteigerte Bewußtseinsaktivität kein hedonistischer Selbstgenuß. Sie ist stets auf eine durch Literatur zu bewirkende Erfahrungserweiterung gerichtet. Die vom Romanautor geforderte Sensibilität für die Paradoxien und Ambiguitäten des Lebens bildet die unabdingbare Voraussetzung seiner Kreativität. Diese bezeugt sich allererst in der gestalterischen Kraft seiner Imagination, die eigenen Eindrücke in ein Bild der Wirklichkeit umzuformen, das dem Leser neue Weisen ihrer Erfahrung ermöglicht. Als Kunst leistet die literarische Fiktion „a chemical transformation for the aesthetic, the representational, end."[10]

Der Roman erweist sich dabei als „the most magnificent form of art" (202), weil er – im Vergleich zur restriktiven Praxis anderer Künste – dem Ausdruckswillen des Schriftstellers nur wenig formale Beschränkungen auferlegt. Der geradezu euphorische Ausblick auf die schier unbegrenzten Gestaltungsmöglichkeiten des Romanciers sollte indes nicht als uneingeschränktes Bekenntnis zum Ideal schonungsloser, tabufreier Offenheit mißverstanden werden. Die Erweiterung des Darstellungsbereiches zu befürworten, ist keineswegs gleichbedeutend mit einem Plädoyer für die radikale Entgrenzung des Romans. Dessen Anspruch, Realität darzustellen, dabei aber auch zugleich Kunst zu sein, ist für James nur vorstellbar im Rahmen eines harmonisch-organizistischen Formverständnisses.

> A novel is a living thing, all one and continuous, like any other organism ... in each of the parts there is something of each of the other parts. (196)

Die Kohärenz der Form ist dabei die entscheidende Voraussetzung, jene „air of reality" (195) zu erzeugen, die den mimetischen Anspruch des Romans allererst einzulösen vermag. Der Erfolg des Romanciers als Künstler bemißt sich gerade daran, inwieweit es ihm gelingt, alle Mittel für die Produktion der „illusion of life" (195) einzusetzen. Da der Roman nicht im Dienste moralisch-didaktischer Absichten stehen soll, wird er der einzigen Anforderung, nämlich interessant zu sein, in dem Maße genügen, wie seine Darstellungstechnik einen möglichst intensiven Illusionseffekt hervorzurufen vermag. Die Wirklichkeitsillusion wird dabei nicht durch die Abbildung bestimmter Realitätsbereiche hergestellt („The house of fiction has ... not one window, but a million"[11]), sondern durch die Fingierung der für uns charakteristischen Art und Weise, Wirklichkeit durch subjektive Impressionen zu erfahren.

Zu einem Hauptproblem für die gesamte literarische Praxis von James wird demnach die Entwicklung von Darstellungsäquivalenten lebensweltlicher Erfahrungsstrukturen.

Sein Lösungsvorschlag ist die Konzeption eines zentralen Bewußtseinsträgers. James geht dabei von der Überlegung aus, daß die Konvention des omnipräsenten, allwissenden Erzählers kein taugliches Instrument sei, um die subjektive Gebundenheit menschlicher Wirklichkeitserfahrung wiederzugeben. Der souveräne Olympierblick des auktorialen Erzählers täuscht eine totalisierende Weltsicht vor, die mit dem Perspektivismus eines impressionistischen Erfahrungsbegriffs nicht mehr zu vereinbaren ist. Das auktoriale Medium disqualifiziert sich überdies dadurch, daß es aufgrund seiner expliziten Wertungen und Kommentare die Aufmerksamkeit des Lesers auf sich lenkt und sich damit als auswählende und arrangierende Vermittlungsinstanz in einer Weise zu Bewußtsein bringt, die das Aufkommen eines Illusionserlebnisses stört. Letzteres zu gewährleisten, ist für James von vorrangigem Interesse. Nur im Hinblick auf die Erzeugung einer möglichst intensiven Realitätsillusion ist es also notwendig, alle Spuren im Text zu tilgen, die Rückschlüsse auf die Anwesenheit des Autors erlauben. Die von James in diesem Zusammenhang erhobene Forderung nach einer Dramatisierung des Erzählens, nach Formen szenischer Darstellung ist erst von seinen theoretischen Adepten zum konkurrenzlosen Ideal literarischer Modernität verabsolutiert worden. Gegenüber der vermeintlich obsoleten Praxis des „telling" wurden die dramatischen Präsentationsformen des „showing" in geradezu dogmatischer Weise aufgewertet. James hingegen bevorzugt szenische Darstellung nur insoweit, als sich durch sie eine intensivere Illusionswirkung erzielen läßt als durch herkömmliche Formen berichtenden Erzählens.[12]

Die besten Voraussetzungen, um die Illusion der Lebens- und Wirklichkeitserfahrung hervorzurufen, bietet nach Ansicht von James die Einführung einer als „central intelligence" fungierenden Figur. Diese soll zwar in ihrer Registrierfähigkeit und Verarbeitungskapazität von Wirklichkeit realistisch erscheinenden menschlichen Begrenzungen unterliegen, zugleich aber auch als „lucid reflector" und „the most polished of possible mirrors"[13] jene Wahrnehmungssensibilität und Reflektiertheit unter Beweis stellen, die dem Jamesschen Ideal kultivierter Aufmerksamkeit entspricht. In den Reaktionen der Reflektorfiguren auf die Personen und Ereignisse ihrer Umwelt konkretisiert sich nicht nur die äußere Realität, sondern durch sie gewinnt auch das Subjekt an individuellen Konturen. Indem die szenische Perspektive des „central intelligence" Welt in die spezifische Sichtweise einer Figur übersetzbar macht, dient Subjektivität der Vermittlung von Wirklichkeit wie auch der Profilierung ihrer selbst.

Wenn die Bewußtseinsvorgänge einzelner Protagonisten derart in den Mittelpunkt der Darstellung rücken, dann hat dies Konsequenzen für die Form des Romans. Da nun das Bewußtsein eines Akteurs quasi zum Schauplatz des Geschehens wird, tritt die Dramaturgie herkömmlicher Handlungsentwicklung in den Hintergrund. Für James verringert sich folglich auch die Bedeutung ihrer Organisationsformen „story" und „plot". Der Realitätseffekt des Romans soll ja nicht primär darin bestehen, über zeitlich und kausal verknüpfte Ereignissequenzen die Illusion eines Kontinuums objektiver Außenwelt zu erzeugen, vielmehr soll mittels figuraler Wahrnehmungsperspektiven der Eindruck erweckt werden, als sei dies die repräsentative Art und Weise der Realitätserfahrung. In den Romanen von H. James verlagert sich demnach das Schwergewicht der Darstellung von der spannungsgeladenen Schilderung äußerer Aktionen zu den facettenreichen Bewußtseinsdramen seiner „Zentralintelligenzen".

Die emphatischen Formulierungen von James

> ... the province of art is all life, all feeling, all observation, all vision ... it is all experience (200)

evozieren eine Vorstellung von Literatur, die sich in souveräner Mißachtung engstirniger Verbote, weltanschaulich geprägter Schönfärberei und der heuchlerischen Diktate viktorianischer Prüderie allen Bereichen der Erfahrungswirklichkeit vorurteilslos zuwendet. Derart weitreichende Erwartungen werden allerdings in den Romanen und Erzählungen von James nur in sehr behutsamer Weise erfüllt. Das provokativ klingende Plädoyer für die Entgrenzung des Darstellbaren führt nur insoweit zu einer vorbehaltlosen Erkundung menschlicher Subjektivität, als sie sich mit dem Entwurf einer „moralischen Vision" menschlichen Lebens in Einklang bringen läßt.

Die Wahrnehmungsperspektiven seiner Figuren werden nicht eingesetzt, um rein subjektivistische Zufälligkeiten zu präsentieren und die Auffassung beliebiger Gegebenheiten des Lebens abzubilden. Die figurale Perspektive soll vielmehr eine Form des Realitätszuganges darstellen, die insofern Repräsentativität beanspruchen kann, als sie die auch für den Leser typische Erfahrung der „moral ambiguities of life"[14] nachvollziehbar werden läßt. Um dies zu ermöglichen, wird die Kombination von „central intelligence" und erlebter Rede zu einem bevorzugten Mittel. Die aus der begrenzten Sicht eines personalen Mediums erfaßten Wirklichkeitsaspekte werden in einer Sprache artikulierbar, die nicht unbedingt die der Figur zu sein braucht. Die konstitutive Ambivalenz der zentralen Bewußtseinsträger besteht darin, daß sie zwar subjektive Realitätseindrücke vermitteln, in deren Formulierung sich aber ein Erzähler als sinn-und ordnungsstiftende Instanz zur Geltung bringen kann.

Während innerer Monolog und Bewußtseinsstrom mit der Annahme operieren, daß ein Subjekt die Welt als Kontingenz erfährt, legt die von James verwendete Form der erlebten Rede die Ansicht nahe, Wirklichkeit sei als widersprüchliche, vieldeutige und paradoxe, gleichwohl als sinnvoll geordnete erfahrbar.[15] Die subjektiven Wahrnehmungen der Reflektorfiguren sind objektivierenden Vorbehalten unterworfen, indem sie durch den Artikulationsfilter des Erzählers gebrochen werden. Die personalen Medien bieten daher trotz ihres subjektiven Blickwinkels keine radikal offene und unverstellte Selbstaussprache. Die durch das wahrnehmende Subjekt in Gang gesetzte Erkundung der Umwelt und seines Selbst gerät immer dann in eine Tabuzone des Unformulierbaren, wenn jene Grenzen der Konvention und des guten Geschmacks überschritten zu werden drohen, die James mit der Verbotstafel „vulgarity" markiert.

Es ist ein Indiz für den Übergangscharakter des Jamesschen Werkes, daß es – trotz eines ausdrücklichen Bekenntnisses zur rückhaltlosen Öffnung des Romans – vor dem Bereich des Unbewußten, des Trieb-und Instinkthaften sowie rational nicht mehr Kontrollierbaren zurückzuschrecken scheint. Getreu seiner Mahnung an den Künstler „You must be possessed, and you must strive to possess your possession"[16] entwickelt James in seinen Bewußtseinsträgern eine Form, die Erfahrungserweiterung mit der Kontrolle und Disziplinierung ihres Ausdrucks zu verbinden versucht. Der Autor kann sich in die figurale Wahrnehmung einschalten und quasi als Zensor wirksam werden, indem seine Formulierungen ungewöhnliche und potentiell anstößige Erfahrungen entschärfen und im Hinblick auf konventionelle und normative Vorverständnisse umdefinieren. So gesehen, sind die auktorialen „Eingriffe" von „James the Old Intruder"[17] – die ihm als vermeintlicher Verstoß gegen die eigenen programmatischen Postulate häufig zum Vorwurf gemacht worden sind – geradezu ein konstitutiver Bestandteil der von ihm praktizierten Form des personalen Erzählens.

Die in *The Art of Fiction* angestellten Überlegungen hinterlassen insgesamt den Eindruck eines ästhetischen Programms, in dem das Verhältnis von Selbst und Welt, von Kunst und Leben in nahezu klassischer Ausgewogenheit erscheint. James figuriert in der Rolle des Apologeten, der die Wechselwirkung von Kunst und Leben sowie ihre Bedeutsamkeit füreinander unterstreicht.

Lebensferne Kunst ist demnach schlechte Kunst, während die Kunstlosigkeit einer schlecht gemachten Kunst in ihrer Aufgabe versagt, der Vielgestaltigkeit des Lebens Gerechtigkeit widerfahren zu lassen. In Abkehr von den „large loose baggy monsters“[18] des viktorianischen Romans wird eine formal disziplinierte, im Dienste einer „illusion of life“ stehende Erzählkunst anvisiert. Betrachtet man die literarische Entwicklung von H. James im Lichte dieser programmatischen Äußerungen, dann zeigt sich allerdings ein wachsendes Ungleichgewicht von Kunst und Leben. Die Umsetzung der eigenen ästhetischen Postulate führt schließlich zu einer sprachlichen Preziosität, die den Künstlichkeitscharakter der Texte immer stärker hervortreten läßt. Besonders augenfällig wird die Diskrepanz zwischen Wirklichkeitsbezug und Kunstanspruch aufgrund der stilistischen Komplexität der späten Romane. In ihrer Lektüre wird erfahrbar, inwieweit eine konsequent praktizierte „art of fiction“ gerade das zu gefährden droht, was James als das höchste Ziel literarischer Kunst proklamiert, nämlich die Erzeugung einer Realitätsillusion.

The Portrait of a Lady (1881) gilt sowohl H. James selbst wie auch der Literaturkritik als erster großer Roman, der den Vergleich mit viktorianischen Vorbildern, insbesondere mit George Eliot, immer wieder herausgefordert hat.[19] Wenn auch das Buch – im Gegensatz zur exklusiven Bewußtseinswelt der Spätwerke – den Eindruck erweckt, ein vielgestaltiges Panorama äußerer Wirklichkeit zu entfalten, so ist es doch bereits aufschlußreich für die Absichten von H. James, sich vom Realismus des viktorianischen Gesellschaftsromans abzusetzen und ästhetische Strategien einer subjektbezogenen Wirklichkeitserfahrung zu entwickeln. In *The Portrait of a Lady* wendet sich der Autor jenem „internationalen Thema“ zu, das er bereits in *Roderick Hudson* (1876), *The American* (1877) und *Daisy Miller* (1879) behandelt hatte und das er selbst noch in seinen letzten Romanen aufgreifen sollte. Die Unschuld aus der Neuen Welt, die zum desorientierten Opfer der korrumpierenden Einflüsse alteuropäischer Zivilisiertheit wird, der naive Amerikaner oder die ahnungslose Amerikanerin, denen erst allmählich zu Bewußtsein kommt, daß sie von anderen benutzt, verraten und zum Objekt undurchsichtiger Intrigen geworden sind, bilden das Grundmuster einer Geschichte, die von James in immer wieder neuen Variationen erzählt wird.

Die Porträtstudie Isabel Archers ist der künstlerische Versuch, eine Vorstellung davon zu vermitteln, inwieweit es – wie James immer wieder behauptet – „a complex fate“ bedeutet, Amerikaner zu sein. Zu den Voraussetzungen, die den Bewohner der Neuen Welt in ausgezeichneter Weise zur Kultur befähigen, zählt der Autor „our moral consciousness, our unprecedented spiritual lightness and vigour.“[20] Isabel Archer besitzt all diese Eigenschaften. Ihr Fall ist insofern typisch für die Lage der amerikanischen „Expatriierten“ in Europa, als der Kontakt mit der anderen Kultur dazu führt, die Komplexität und verwirrende moralische Ambiguität des Lebens kennenzulernen. Isabel, die nicht nach Europa reist, um Altertümer zu besichtigen, sondern um das Leben zu entdecken, muß die schmerzliche Erfahrung machen, daß ihre romantisierenden Vorstellungen hinsichtlich persönlicher Freiheit, eigener Identität und der Teilhabe „am wirklichen Drama des Lebens“ sich nicht realisieren lassen angesichts der konkreten Wirklichkeit menschlicher Beziehungen.

Isabel Archer wird von vornherein als ein von gegensätzlichen Impulsen beherrschter Charakter eingeführt. So attestiert ihr der Erzähler „a certain nobleness of imagination“, das ihr zwar „a good many services“ leistet, sie aber auch mit „a great many tricks“ überrascht.[21] Für Isabels Lebensentwurf spielt ihre Imagination eine trügerische Rolle, insofern die Mischung aus „meagre knowledge“ und „inflated ideals“, aus „curiosity“ und „fastidiousness“, aus „vivacity“ und „indifference“ (69) das Bild einer Zukunft projiziert, dessen bunte Vielfalt ein Reservoir unausschöpfbarer Möglichkeiten verheißt. Isabels widersprüchliche Erwartung, am Leben teilzuhaben und dennoch gleichsam in der Distanz des solipsistischen Zuschauers verharren zu wollen, kontrastiert mit einer Vorstellung von Identität, wie sie Mme Merle zur Sprache bringt. Ihr zufolge gewinnt das Ich seine unverwechselbaren Konturen durch die Handlungen und Gegenstände, in denen es sich zum Ausdruck bringt.

One's self – for other people – is one's expression of one's self; and one's house, one's furniture, one's garments, the books one reads, the company one keeps – these things are all expressive. (287/88)

Im Gegensatz zu dieser Auffassung von Subjektivität, die sich in ihren vielfältigen Realitätsbezügen manifestiert, vertritt Isabel die Ansicht eines autonomen und isolierten Selbst, das sich weder durch die eigenen Entscheidungen noch durch äußere Umstände definieren läßt.

'I don't know whether I succeed in expressing myself, but I know that nothing else expresses me. Nothing that belongs to me is any measure of me; everything's on the contrary a limit, a barrier, and a perfectly arbitrary one.' (288)

Aus dem Verlangen, ihre Freiheit und Unabhängigkeit zu bewahren und sich nicht auf ein einengendes Rollenverhalten festlegen zu lassen, lehnt Isabel zunächst zwei Heiratsanträge ab. Früher als ihr selbst wird dem Leser bewußt, daß Isabels Vorstellung, sich den Horizont der Möglichkeiten durch Entscheidungsabstinenz erhalten zu können, einer fatalen Illusion gleichkommt. Illusionär ist Isabels Lebensvision deshalb, weil sie die Welt nur aus ihrem privaten Blickwinkel betrachtet und die Realität der anderen, vor allem deren Wünsche und Absichten außer acht läßt. Als begüterte Erbin wird sie daher zum Objekt skrupelloser Spekulationen, aber auch ungewollt zur Komplizin der Pläne und Ambitionen anderer. So ist ihre Heirat mit Gilbert Osmond durch den Wunsch bestimmt, sich der als Einengung ihres Handlungsspielraumes empfundenen Erbschaft dadurch zu entledigen, daß sie die Last der Verantwortung dem Manne „with the best taste in the world“ (193) aufbürdet. Die Motive des Ehemannes sind demgegenüber alles andere als uneigennützig. Hinter Gilbert Osmonds vorgetäuschtem aristokratischen Ästhetentum verbirgt sich ein unsentimentales Versorgungsdenken. Während sich die Protagonistin des Romans noch der trügerischen Hoffnung hingibt, durch ihre Heirat die unverbindliche Distanz zur Wirklichkeit wiederzugewinnen, ist dem Leser durch den Erzähler bereits hinlänglich signalisiert worden, daß Isabel dabei ist, ihre Freiheit unwiderruflich zu verspielen.

In diesem Zusammenhang bildet das 42.Kapitel einen Dreh- und Angelpunkt des ganzen Romans. Das mitternächtliche Selbstgespräch kulminiert in der für Isabel desillusionierenden Erkenntnis, gerade wegen der Eigenständigkeit ihrer Ansichten gehaßt und selber zum Gefangenen konventioneller Ressentiments geworden zu sein. Die Annahme, Osmond sei „a man living in the open air of the world“ (195) stellt sich als naive Selbsttäuschung heraus.„... the infinite vista of a multiplied life“ verengt sich zur beklemmenden Aussicht eines „dark, narrow alley with a dead wall at the end.“ (189)

Das 42. Kapitel ist besonders aufschlußreich für die Darstellungsintentionen des Autors, weil Isabels rückblickende Selbstanalyse dem Ideal einer durchgehend szenischen Präsentationsweise am ehesten nahekommt. So erklärt James im Vorwort zur „New York

Edition", die Perspektive Isabel Archers – „a certain young woman affronting her destiny" (xii) – sei das zentrale Strukturelement des Romans.

> 'Place the centre of the subject in the young woman's own consciousness,'I said to myself,'and you get as interesting and as beautiful a difficulty as you could wish' (xv)

Was James hier im Rückblick beschreibt, bleibt weitgehend noch ästhetisches Ideal, da zwar Isabels Situation stets im Mittelpunkt steht, die formale Dramatisierung von Bewußtseinsvorgängen aber noch nicht so konsequent praktiziert wird wie in den späteren Romanen. Die Hauptfigur wird überdies in viel stärkerem Maße aus dem Sichtwinkel ihrer „satellites" (xv) erfaßt, als es die Formulierungen des „Preface" nahelegen. Die Wirkungsstrategie von *The Portrait of a Lady* ist darauf gerichtet, das Interesse des Lesers auf die Erfahrungsperspektive der Protagonistin zu konzentrieren, zugleich aber durch die sprachliche Formulierung ihrer Realitätswahrnehmung, durch die Eigenart der Deskriptionen sowie nicht zuletzt durch explizite Kommentierungen den illusionären Charakter ihrer Lebensvorstellungen durchschaubarer zu machen.

Zu diesem Zwecke verwendet der Text den bildlichen Gegensatz offener und geschlossener Räumlichkeit sowie eine Metaphorik der Dunkelheit und des Todes, um Isabels paradoxe Erfahrung zu artikulieren, daß das Verlangen nach unbeschränkter Freiheit in der gefängnisgleichen Enge von Osmonds „house of darkness" (196) seine Grenzen findet. Die Formulierungen des erzählten Monologs in Kap. 42 pointieren dabei die Gesamttendenz, durch die sich im Wechsel von Haus und Garten, von umgrenztem Interieur und landschaftlicher Weite entfaltende Handlung die Erfahrungslage der Protagonistin zu verdeutlichen. Die konkrete Anschaulichkeit, mit der die Parks und das Innere englischer Herrenhäuser beschrieben, sowie die topographische Genauigkeit, mit der die italienische Landschaft erfaßt wird, dienen denn auch weniger einer Abbildung äußerer Realität als vielmehr einer Profilierung der Hauptfigur. Die dargestellte Gegenständlichkeit gewinnt damit in zunehmendem Maße ihre Bedeutung als ästhetisches Ausdrucksmittel subjektiver Bewußtseinszustände. Insofern ist das 42. Kapitel symptomatisch für die Tendenz des modernen Romans, Außen- in Innenwelt zu verwandeln. Es ist daher auch kaum überraschend, wenn James „my young woman's extraordinary meditative vigil" (xx) als den gelungendsten Teil des ganzen Buches hervorhebt und ihn überdies als „supreme illustration of the general plan" (xxi) verstanden wissen möchte. Die kompositorische Disziplin, die angewandt wird, um durch ein dichtes Netz innertextueller Bezüge und sprachlicher Verweise Isabels Bewußtseinslage in literarisch gestalteter Form zu vermitteln, soll dabei den programmatischen Anspruch einlösen, die romanhafte Darstellung des Lebens zur Kunst erheben zu wollen.

Für die Gestaltungsabsicht von James ist das 42. Kapitel auch noch in anderer Hinsicht von exemplarischer Bedeutung. Wenn er von einem Kapitel, in dem Isabel Archers Handlungsmöglichkeiten als extrem eingeschränkt erscheinen, ihr aber auch zugleich die bisherigen Fehleinschätzungen von Selbst und Wirklichkeit zum ersten Male voll bewußt werden, behauptet, „it throws the action further forward than twenty „incidents" might have done" (xxi), dann unterstreicht er damit eine gewichtige Akzentverschiebung in der Darstellungspraxis des Romans. Wichtiger für die thematische Entfaltung als die Dramaturgie äußerer Ereignisse sind demnach die Einstellungsänderungen im Bewußtsein der zentralen Romancharaktere.

Daß der „plot" als tragendes Element einer mimetisch orientierten Romanästhetik für James immer mehr an Bedeutung verliert, zeigt sich in der vielfach kritisierten Offenheit des Schlusses von *The Portrait of a Lady*. Er bricht dabei mit jener Konvention des „happy ending", die er in *The Art of Fiction* als „distribution at the last of prizes, pensions, husbands, wives, babies, millions, appended paragraphs, and cheerful remarks" (190) ironisiert. Das *Portrait* endet demgegenüber mit der Aussicht, daß Isabel Archer von ihrer Londonreise zu Gilbert Osmond zurückkehren wird, obgleich doch die unerwartete Wiederbegegnung mit Caspar Goodwood noch einmal die Chance zu versprechen schien, jenes emotional erfüllte Leben zu führen, das ihr bislang versagt geblieben war. Der Text schweigt sich über die Motive ihres Verhaltens aus und begnügt sich mit einer Außenansicht der Protagonistin, so daß dem Leser ein Einblick in ihr Bewußtsein vorenthalten wird. Der durch Informationsentzug erzielte Effekt der Rätselhaftigkeit Isabel Archers vermittelt einen Eindruck von der Undurchsichtigkeit menschlicher Subjektivität, von der Offenheit und Unvorhersehbarkeit lebensweltlicher Erfahrungszusammenhänge und somit von der von James immer wieder beschworenen Komplexität und moralischen Ambivalenz des Lebens.

Thema des Romans *What Maisie Knew* (1897) ist das wachsende Bewußtsein eines Kindes. Der Autor begibt sich auf ein noch weitgehend tabuisiertes Terrain, wenn er die Reaktionen Maisies auf die verwirrenden Liebesbeziehungen von Eltern, Stiefeltern und Gouvernanten zur Sprache bringt. James, der selber stets die „uncleanness" naturalistischer Sujets kritisierte, sieht sich unversehens dem Vorwurf ausgesetzt, die Korruption kindlicher Unschuld ohne Empörung und moralische Verurteilung vorzuführen. Er kontert darauf mit dem Hinweis, was Maisie auszeichne, sei gerade

> her undestroyed freshness ... that vivacity of intelligence by which she indeed does vibrate in the infected air, indeed does flourish in her immoral world.[22]

Er habe sie nicht nur als Scheidungsopfer und als Spielball des rücksichtslosen Egoismus darstellen wollen – rechtfertigt James im nachhinein seine Absicht – Maisie vielmehr als „register of impressions" (vii) eine aktive Rolle als Wahrnehmungszentrum komplexer Liebesverhältnisse zugedacht. Zum Stein des Anstosses wird eine solche Konzeption, da die intime Nähe zu den „gross immoralities surrounding her" (xiii) sie schließlich dazu bringt, das Intrigenspiel der Erwachsenen zu durchschauen, ohne daß ein solcher Wissenszuwachs mit der Herausbildung eines moralischen Bewußtseins einherginge.

Das viktorianische Klischee der Kindheit als eines romantisierten, von Erfahrungswissen noch nicht befleckten Zustandes engelsgleicher Unschuld findet in Maisies dubioser Naivität ein beunruhigendes Gegenbild. Die Unbefangenheit, die sich Maisie erhält, ist auf eigentümliche Weise amoralischer Natur, da sie nicht zwischen Gut und Böse, zwischen Wahr und Falsch zu unterscheiden lernt. Selbst gegenüber einer schwer verstehbaren Wirklichkeit stumpft ihre Sensibilität nicht ab. Maisie vermag sich ihre überraschende Offenheit, ihre wache Intelligenz und ihre selbstlose Neugier auf das Leben zu bewahren, bleibt dabei jedoch auf irritierende Weise von moralischen Erwägungen unberührt. James betont denn auch, die Rolle seines „interesting small mortal" bestehe darin,

> to live with all intensity and perplexity and felicity in its terribly mixed little world (viii)

Maisie soll demnach als „little wonder-working agent" (vii) dienen, dessen staunender Blick die „vulgären Erscheinungen" der Erwachsenenwelt in den Stoff von „poetry and tragedy and art" (xii) verwandelt. Wider Erwarten wird die kindliche Sichtweise nicht als Kategorisierungsinstrument moralischer Verurteilung eingesetzt, sondern gleichsam als ästhetisches Medium, dessen „associational magic" (xii) die Wirklichkeit in neuem Lichte erscheinen läßt.

Zu diesem Zwecke wird eine Vielzahl unterschiedlicher Phänomene in das Wahrnehmungsfeld Maisies gebracht. Ihr „infant mind" (ix) ist durch diese Konfrontation mit der Wirklichkeit überfordert, da sie zwar vieles in der Welt der Erwachsenen sieht, ein Großteil des Gesehenen ihr aber unverständlich bleibt oder zunächst falsch interpretiert wird. Das Problem, daß seine kindliche Protagonistin über „more perceptions than ... terms to translate them" (x) verfügt, versucht der Text dadurch zu lösen, daß er auf das restriktive Formulierungspotential einer Kindersprache verzichtet und statt dessen eine Erzählinstanz einführt, die Maisies Wahrnehmungen „transkribiert". Die Übersetzung in sprachliche Deutungsmuster, „in figures that are not yet at her command" (x), erfährt ihrerseits durch die laufenden Erzählerkommentare noch weitere Perspektivierungen. Das von James gewählte Verfahren, sich formal auf die Auffassungsperspektive Maisies einzustellen, die von ihr gemachten Beobachtungen aber durch das elaborierte Sprachbewußtsein eines Erzählers zum Ausdruck zu bringen, hat zur Folge, daß zwischen dessen Artikulationsniveau und den Wahrnehmungen der jungen Maisie eine große Diskrepanz entsteht. Die Vermittlungsfunktion des Erzählers, die anfangs als notwendig erscheint, verliert im Verlaufe der Geschichte an Plausibilität. Je mehr die heranwachsende Maisie an Bewußtsein und damit an sprachlichem Ausdrucksvermögen gewinnt, desto öfter ist der Erzähler um Rechtfertigung bemüht, weshalb sie immer noch seiner Formulierungshilfe bedarf und sich nicht aus eigenem Recht zu Wort melden kann.

Den Roman als realistische Entwicklungsgeschichte einer kindlichen Psyche zu lesen, hieße jedoch, Maisies Hauptfunktion als „ironic centre" (xi) zu verkennen. Die Verbalisierung von Maisies argloser Verwunderung durch die ironisch-distanzierte Stimme eines Erwachsenen unterbindet eine emotionale Identifikation mit der Situation des Kindes. Statt Sympathie und Mitleid für das Opfer sexueller Intrigen zu erwecken, wird die Aufmerksamkeit des Lesers auf das gelenkt, was die Differenz zwischen Kinderperspektive und Erzählersprache sichtbar werden läßt. Die Selbststilisierung des Erzählers als unverzichtbarer Übersetzer eines potentiell artikulierten Bewußtseins vermittelt den Eindruck einer fast konspirativen Intimität zwischen Autor und Hauptfigur. Für den Leser bleibt es daher vielfach unentscheidbar, welche Formulierung gleichsam als suggestive Einflüsterung der Erzählerstimme, als vielsagende Interpretation oder lediglich als begriffliche Verdeutlichung eines noch nicht voll sprachfähigen Bewußtseins aufzufassen ist.

Indem der Erzähler Einsicht in Maisies kindliches Bewußtsein beansprucht, sich aber auch – infolge der Selbstbeschränkung auf seine Dolmetscherrolle – das Vorrecht des allwissenden Durchblicks versagt, läßt sich seinen Verlautbarungen nie definitiv entnehmen, inwieweit sich Maisie der Tragweite ihrer Wahrnehmungen und der Implikationen ihrer Andeutungen bewußt ist. Es bleibt ambivalent, ob sie von dem, was sie sieht, überfordert ist, oder in geradezu hellsichtiger Weise mehr weiß und versteht, als sie zu vermuten gibt. Ist es etwa Zeugnis kindlicher Naivität oder frühreifer Boshaftigkeit, wenn sie beispielsweise der Mutter im Auftrag des geschiedenen Vaters ausrichten läßt, „that you're a nasty horrid pig!" (13)? Zum „ironischen Zentrum" wird Maisie aber auch dadurch, daß dem Leser Zusammenhänge durchschaubar sind, die Maisie ihrerseits nicht versteht. So geben die ihr quasi in den Mund gelegten Formulierungen zu erkennen, daß sie bestimmte Dinge – insbesondere die Sexualität der Erwachsenen – nicht begreift, ja nicht begreifen kann, weil ihr mangels Erfahrung der entscheidende Schlüssel zum Verständnis fehlt. Dem Leser ist hingegen bewußt, daß die Maisie zugeschriebenen Interpretationen die Situation vielfach verfehlen. Es ist gerade die komisch wirkende Unangemessenheit ihrer Reaktionen, die neue Perspektiven auf die Welt der Erwachsenen und deren fragwürdige Sprachgewohnheiten eröffnet.

So läßt die naive und quasi referenzlose Verwendung der Erwachsenensprache deutlich werden, wie wenig sich Sprache und Realität, Gesagtes und Gemeintes decken. Aus dem Munde Maisies klingt die moralisierende Rhetorik ihrer Umgebung wie ein entlarvendes Zitat. Danach scheint es zur Lebensnormalität zu gehören, Sprache zur Täuschung zu gebrauchen, zur Verschleierung der Ziele und Motive des Handels. Die gleichsam spielerische Art und Weise, in der sich Maisie der vorgegebenen Sprache bedient, um sich in ihrer eigenen phantasmagorischen Welt einzurichten, läßt scheinbar festgefügte Konzepte und Vorstellungen nur als eine Möglichkeit erscheinen, die Wirklichkeit zu sehen. Indem mit der gleichen Bezeichnung ganz unterschiedliche Phänomene gemeint sein können, gerät die Willkürlichkeit und Konventionalität sprachlicher Zeichen in den Blick. Wenn es zu den Kennzeichen literarischer Modernität gehört, daß fiktionale Texte ihre sprachliche Konstitution problematisieren, dann ist die modernistische Tendenz von *What Maisie Knew* unverkennbar. Mehr als die dargestellten Ereignisse rücken in diesem Roman ihre verschiedenartigen Sichtweisen, ihre Auffassungs- und Verbalisierungsmöglichkeiten in den Mittelpunkt des Interesses.

Überall dort, wo Offenheit, Unbestimmtheit und Vieldeutigkeit zu den Kriterien kunstvoller Modernität gezählt werden, gilt *The Turn of the Screw* (1898) als kanonischer Text der Frühmoderne. Durch seine Charakterisierung als „an amusette to catch those not easily caught"[23] gibt James zu verstehen, daß die Geschichte einer jungen Frau, die sich um die Aufdeckung eines sie beunruhigenden Geheimnisses bemüht, als ein ausgeklügeltes Spiel konzipiert sei, um auch den geschulten Leser in die Unauflösbarkeit kalkulierter Ambiguität zu verstricken. Wie nachhaltig es James mit seiner kunstvollen Adaptation der viktorianischen Gespenstergeschichte gelungen ist, vor allem die Literaturkritik zu beschäftigen, beweist die Vielzahl vorliegender Interpretationen.[24]

Im Mittelpunkt der Erzählung stehen die Erinnerungen einer jungen Gouvernante, Tochter eines Landpfarrers, an ihre erste Stelle. Beherrschendes Thema ist dabei die angstvolle Sorge, die ihr anbefohlenen Schützlinge Flora und Miles seien den korrumpierenden Einflüssen zweier Personen ausgesetzt, die angeblich unter mysteriösen Umständen ums Leben gekommen sind. Was von den Erscheinungen des Hausverwalters Peter Quint und der früheren „governess" wirklich zu halten ist, inwieweit Flora und Miles das sehen, was sie selber sieht oder zu sehen glaubt, inwieweit die Kinder den Einwirkungen dieser „Geister" ausgeliefert sind oder sogar mit ihnen im Bunde stehen, wird für die Gouvernante zur existentiellen, obgleich kaum zu bewältigenden Herausforderung. All dies in der Abgeschiedenheit von Bly herauszufinden, scheint eine unlösbare Aufgabe, weil die Zwanzigjährige mit ihren trügerischen Wahrnehmungen weitgehend allein gelassen wird. Das strikte Verbot, sich mit irgendwie gearteten Erziehungsproblemen an den Onkel und Vormund der Kinder zu wenden, gehört zu den wesentlichen Vereinbarungen des Kontraktes zwischen „Master" und „governess". Die Erinnerung an die beeindruckende Gestalt ihres „prospective patron", eines „bachelor in the prime of life" (153) wirkt dabei für die junge Erzieherin als besonderer persönlicher Ansporn, der übertragenen Verantwortung auch und gerade dann gerecht zu werden, wenn sie von allen Möglichkeiten der Rückfrage abgeschnitten ist.

Spekulationen sind daher naheliegend, daß die Situationswahrnehmung der Gouvernante, ihre Art auf Äußerungen ihrer Zöglinge zu reagieren und sich Schutzmaßnahmen gegen deren vermutete Bedrohung auszudenken, das uneingestandene Ergebnis romantischer Projektionen, hysterischer Ängste oder sexueller Frustrationen sei. Derartige Mutmaßungen werden durch Formulierungen des Textes genährt, ohne jedoch eine definitive Bestätigung zu finden. Die Situation des spekulierenden Lesers gleicht damit strukturell jener Lage, in der sich die Protagonistin befindet. So wie ihr die Rolle zugewiesen wird, eine vorgegebene Situation ohne hilfreiche Rückversicherung mit dem abwesenden Arrangeur eben dieser Situation interpretativ zu bewältigen, so wird auch die Leseraktivität auf die Enträtselung eines Textes gelenkt, in dem der Autor jede eindeutige Festlegung verweigert. Es ist daher verschiedentlich behauptet worden, in der manipulativen Instanz des nicht anwesenden „Master" allegorisiere James die eigene souveräne Meisterschaft als Autor.[25] Der Onkel von Miles und Flora initiiert durch die Delegation seiner Autorität ein Psychodrama zwischen Herren und Dienern, dessen Fäden er gleichwohl aus der Ferne zieht. Das strikte Verbot der kommunikativen Kontaktaufnahme dient dabei zur Verschleierung wie auch zur Aufrechterhaltung seiner Macht. Analog dazu – so die Argumentation – erhält und bestätigt James seine literarische „mastery", indem er seine Autorität durch die Zurücknahme ihrer Textpräsenz scheinbar preisgibt, gleichzeitig jedoch die hermeneutische Aktivität des Lesers zu Bedingungen in Gang hält, die ihm vom Autor vorgeschrieben werden.

Dessen Strategie, den Leser in die Falle kalkulierter Unentscheidbarkeit zu locken, wird bereits in der prologartigen Rahmenerzählung vorprogrammiert. Ihre schillernde Mischung aus Informationen und Andeutungen zur Lebensgeschichte der Gouvernante ist als vereindeutigendes Korrektiv der Haupterzählung kaum zu verwenden. Der in ihr beschriebene Rückblick auf die Ereignisse in Bly erscheint durch diesen Erzählrahmen als zweifelhaftes Schlußglied in einer Kette mündlicher und schriftlicher Übermittlungen. So wird der dem Leser vorliegende Text als ein vom Ich-Erzähler der Rahmenhandlung – zudem noch wesentlich später – angefertigtes „exact transcript" (152) des im Besitz einer anderen Figur befindlichen und von dieser im Verlaufe der Einleitung vorgelesenen Originalmanuskripts der Protagonistin präsentiert.

Zur Wirkungskalkulation eines Textes, der von vornherein seine Zuverlässigkeit unterminiert, gehört es auch, durch die zitierten Konventionen des Schauerromans die Erwartung zu ironisieren, daß die Handlungsentwicklung mit der Enthüllung eines Geheimnisses ende. All dies hält jedoch die meisten Leser nicht davon ab, das Rätsel des Textes lösen und für die ambivalenten Wahrnehmungen der „governess" die „richtige" Deutung finden zu wollen. Die um diesen Anspruch konkurrierenden Auslegungsvarianten – die „apparitions" als tagträumerische Halluzinationen der Gouvernante, als „wirkliche" Geistererscheinungen der verstorbenen Mrs. Jessel und Peter Quints oder als Spuren der noch lebenden, aber versteckt gehaltenen Mutter von Flora und Miles – sind zwar in mancher Hinsicht jeweils einleuchtend, ohne sich allerdings auf eine Vereindeutigungsinstanz im Text berufen und seine konstitutive Ambiguität beseitigen zu können.

Zu den unerschütterlichen Grundüberzeugungen, an denen James sein ganzes Leben lang wie ein Credo festhielt, gehört die Auffassung, daß Literatur ihre eigentliche Aufgabe nur dann erfülle, wenn sie zu Kunst werde.

> It is art that makes life, makes interest, makes importance ... and I know of no substitute whatever for the force and beauty of its process.[26]

„The art of fiction" verlangt daher einen Autor, für den künstlerische Perfektion eine fast moralische Verpflichtung bedeutet; aber auch Leser, die ihrerseits bereit sein sollten zu ungeteilter Aufmerksamkeit und sensibler Einfühlung. Insbesondere erfordert eine derartige Kunstauffassung einen neuen Typus von Literaturkritiker, der sich weder als moralisierender Zensor noch als geschmäcklerischer Dilettant geriert, sich vielmehr in der Kunst der „analytic appreciation"[27] als kompetenter Leser zu erweisen hat. Die Vorstellung eines auf verständnisvolle Kooperation angelegten Verhältnisses zwischen

Autor und Kritiker, zwischen Text und Leser beschreibt ein erstrebenswertes Ideal, das James der Oberflächlichkeit einer sich ausbreitenden Konsumliteratur entgegensetzt. Er ist sich der Widersprüche voll bewußt zwischen einer Gesellschaft, die den Schriftsteller entweder marginalisiert oder für ihre utilitaristischen Zwecke zu vereinnahmen sucht, und dem exklusiven Ideal eines der Kunst gewidmeten Leben. Die mannigfaltigen Spannungen zwischen Kunst und Leben sind dabei ein durchgängiges Thema der Fin-de-siècle-Literatur, das James seinerseits in Romanen wie *The Tragic Muse* (1890) und in Erzählungen wie u.a. *The Aspern Papers, The Author of Beltraffio, The Lesson of the Master, The Jolly Corner, The Private Life, The Middle Years* oder *The Death of a Lion* mit satirischer Ironie und spielerischem Humor behandelt.

Im Gegensatz zu anderen Texten, die das problematische Verhältnis zwischen dem Schriftsteller als Künstler und seinem Leserpublikum zum Gegenstand haben, steht *The Figure in the Carpet* (1896) bis heute im Mittelpunkt literaturwissenschaftlicher Kontroversen. Der Grund dürfte darin liegen, daß diese Erzählung nicht nur – wie andere „hermeneutische Fabeln"[28] von James – kunstvoll inszenierte Mehrdeutigkeit bietet, sondern die Suche nach dem Sinn literarischer Texte zum ausdrücklichen Thema macht. Die aus der Ich-Perspektive eines jungen Kritikers geschilderte Suche nach dem „inner meaning",[29] das angeblich im Werke des Schriftstellers Hugh Vereker verborgen liegt, ist von dem Ideal eines produktiven Zusammenspiels zwischen Autor und Rezensent weit entfernt. Die mit verbissener Intensität betriebene Sinnsuche, die auch den Freund und Kollegen Corvick mit einbezieht, wird zur fixen Idee, als aus dem Bestreben, die geheime Bedeutung von Literatur wie einen „vergrabenen Schatz "aufzuspüren, unversehens der Sinn des Lebens wird. Der Versuch, etwas wie ein Objekt besitzen zu wollen, das sich allenfalls „like a complex figure in a Persian carpet" (240) bildhaft umschreiben läßt, wirkt in dem Maße als komische Farce, wie er von sachfremden Beweggründen bestimmt zu werden scheint. Danach sieht es so aus, als sei das Interesse an Hugh Vereker in erster Linie von dem ehrgeizigen Wunsch motiviert, durch die Bekanntschaft mit einer literarischen Berühmtheit kritische Lorbeeren zu erringen.

Überdies drängt sich der Verdacht auf, im Hinblick auf den ebenfalls vom Entdekkerehrgeiz gepackten Corvick sei nicht nur berufliches, sondern auch privates Konkurrenzdenken im Spiel. Durch Corvicks Verlobung mit Gwendolen erscheint die von beiden nun gemeinsam betriebene Suche als Teil ihrer intimen Beziehungen und wird damit für den Kritiker zu einem Objekt voyeuristischer Neugier, aber auch wachsender Frustration. Diese erreicht ihren Höhepunkt, als der Tod des Rivalen während der Hochzeitsreise die angekündigte Enthüllung des endlich entdeckten und von Vereker höchstpersönlich bestätigten Sinnes vereitelt. Auch die nun einsetzenden Werbungsversuche des Kritikers, durch eine Ehe mit Corvickes Witwe doch noch in den Besitz des begehrten Wissens zu gelangen, schlagen fehl, da sie hartnäckig schweigt und den Journalisten Drayton Deane heiratet. Als der Erzähler nach Gwendolens Tod von ihm erfährt, zwischen ihnen sei nie von einer ominösen Botschaft die Rede gewesen, schlägt die Enttäuschung des Kritikers in eine erlesene Form der Rache um. Indem er Drayton Deane suggeriert, seine Frau habe ihm das große Geheimnis ihres Lebens vorenthalten, vermag er das Interesse des mißtrauisch gewordenen Mannes an Verekers „exquisite scheme" (231) zu wecken. Mit unverhohlener Genugtuung kann daher der Kritiker zum Schluß seiner Erzählung konstatieren, er und Drayton Deane seien nun gleichermaßen „victims of unappeased desire". (277)

Wirkt die abwegige Sinnsuche des Kritikers als komische Monomanie, so entbehrt doch auch die eitle Selbstgefälligkeit des Schriftstellers selbst nicht der farcenhaften Züge. Wenn Vereker das Unvermögen der Kritiker beklagt, jene „general intention" (236) in seinem Werk ausfindig zu machen, die er doch mit jedem Satz geradezu in ihr „great blank face" (231) geschrieen habe, dann spricht daraus die verletzte Eitelkeit eines Autors, der sich in seiner wahren Bedeutung verkannt fühlt. Die Motive für Verekers Verhalten geraten ins Zwielicht, indem er das kritische Urteil der Rezensenten als „the usual twaddle" (226) diffamiert, andererseits aber das Interesse der geschmähten Schwätzer durch seine herablassenden Andeutungen schürt und sie gleichsam wie Spürhunde auf sein Werk ansetzt. Durch seine selbstgefälligen Reaktionen bringt sich der Schriftsteller in Verdacht, er bedürfe der professionellen Literaturkritik zur Mehrung seines künstlerischen Ansehens, sei sie doch als Mystifikationsinstanz literarischer Größe geradezu unverzichtbar. Ginge es Vereker primär darum, in seinen künstlerischen Absichten verstanden zu werden, dann dürfte er die Kritiker nicht wider besseres Wissen auf ihre obsessive Schatzsuche schicken. Wenn die Summe dessen, was die kreativen Anstrengungen des Autors ausmacht, sein ganzes Werk wie ein eingewobenes Muster durchzieht, das sich nicht in begrifflicher Prägnanz fassen, sondern allenfalls als „the very string ... that my pearls are strung on" (241) metaphorisieren läßt, dann steht es Vereker schlecht an, sich über die Naivität einer detektivischen Sinnsuche zu mockieren, die er selber aus egoistischen Gründen ermuntert.

Im Hinblick auf Verekers „Geheimnis" befindet sich der Leser von *The Figure in the Carpet* am Ende der Erzählung in einer dem Kritiker durchaus vergleichbaren Position. Die Eigenart des Textes, die vom Leser erwartete Enthüllung immer wieder hinauszuschieben und sie dann schließlich ganz zu verweigern, erlaubt allerdings prinzipiell zwei verschiedenartige Reaktionen. Entweder resultiert aus der Unentscheidbarkeit der Frage, wie das angebliche Geheimnis des Schriftstellers beschaffen und wie Corvicks Behauptung, es gelüftet zu haben, einzuschätzen sei, eine zunehmende Distanzierung von der fixen Idee des Kritikers. Dies könnte dann zu der Einsicht führen, daß der Sinn literarischer Texte nicht wie etwas gesucht werden sollte, das sich finden und wie eine resümeehaft formulierte Botschaft vorzeigen läßt, sondern im Prozeß wiederholter Textlektüren immer wieder neu Gestalt gewinnt. Insofern trüge dann auch die unabschließbare Suche ihren Sinn und Zweck in sich selbst. Oder es verdichtet sich jedoch der frustrierende Eindruck, an einem ergebnislosen Katz-und-Maus-Spiel beteiligt worden zu sein. Eine solche Einstellung des Lesers wäre dann derjenigen nicht unähnlich, die in der vergeblichen Suche des Kritikers ad absurdum geführt wird.

Die ästhetische Grundüberzeugung von James, der Romancier wetteifere mit dem Leben, als Künstler beschreibe er es nicht, sondern gestalte es, wird in der Künstlichkeit seiner späten Romane auf eine Weise konkretisiert, die den Anspruch der Wirklichkeitsdarstellung an eine Grenze bringt. In *The Wings of the Dove* (1902), *The Ambassadors* (1903) und *The Golden Bowl* (1904) greift James auf Themen, Motive, Situationen und Figurentypen seiner früheren Romane zurück und setzt sie als Strukturmomente von Texten ein, in denen die Darstellung gesellschaftlicher Realität – wie etwa noch in *The Bostonians* (1886) und *The Princess Casamassima* (1886) – gegenüber der Vermittlung von Bewußtseinsvorgängen völlig an Bedeutung verliert. In *The Ambassadors* – nach Meinung von James das gelungenste seiner Werke – ist denn auch die gewohnte Romanhandlung auf ein fast trivial zu nennendes Maß reduziert.

Lambert Strether, ein fünfundfünzigjähriger Junggeselle, reist im Auftrag von Mrs. Newsome nach Paris, um deren Sohn Chad vor den verderblichen Einflüssen europäischer Zivilisation zu bewahren und nach Amerika zurückzuholen. Für den „Gesandten" aus Neuengland wird jedoch der Kontakt mit Europa selber zum Auslöser einer tiefgreifenden Lebenskrise. Ohne seine Mission erfüllt zu haben, kehrt Strether schließlich zurück zu seiner Fabrik in Woollett, Massachusetts, von der man als Leser nie erfährt, welche profanen Dinge in ihr eigentlich hergestellt werden.

Im Gegensatz zu den Darstellungsgegenständen des traditionellen Romans sind nicht die Ereignisse selbst, sondern die Wahrnehmungen der Figuren die eigentlichen Ereignisse der *Ambassadors*, d.h. vor allem die sich im Bewußtsein Lambert Strethers vollziehenden Änderungen. James macht ihn daher konsequenterweise zur „central intelligence", dessen Wahrnehmungsperspektive als Organisationsprinzip des Textes fungiert. Die vielzitierten Einleitungssätze des ersten Kapitels lassen dies bereits deutlich werden.

Strether's first question, when he reached the hotel, was about his friend; yet on his learning that Waymarsh was apparently not to arrive till evening he was not wholly disconcerted. A telegram from him bespeaking a room „only if not noisy," reply paid, was produced for the enquirer at the office, so that the understanding they should meet at Chester rather than at Liverpool remained to that extent sound. The same secret principle, however, that had prompted Strether not absolutely to desire Waymarsh's presence at the dock, that had led him thus to postpone for a few hours his enjoyment of it, now operated to make him feel he could still wait without disappointment.[30]

Von Anfang an wird deutlich, daß die methodische Absicht „employing but one centre and keeping it all within my hero's compass" (xv) zwar bedeutet, daß sich der Erzählvorgang auf Strethers „point of view" konzentriert, dieser jedoch nicht selber als Erzähler auftritt. Um „the terrible fluidity of self-revelation" (xix) zu vermeiden, werden Strethers Empfindungen und Erwartungen durch eine beobachtende Erzählinstanz gebrochen, die gleichsam „artikulatorische Hilfestellung"[31] leistet und durch ihre kommentierenden Äußerungen die Wahrnehmungen des Zentralbewußtseins ihrerseits zum Gegenstand aspektreicher Betrachtungen macht.

Der 'narrator as observer' bekommt nie etwas direkt in den Griff. Er kann immer nur Beobachtungen von Beobachtungen machen; denn was er am Zentralbewußtsein registriert, sind nur perspektivische Brechungen, die dem komplizierten Interaktionsverhältnis zwischen Strethers Bewußtsein und dem Bewußtsein der anderen Personen des Romans entsprechen.[32]

Der „Erzähler als Beobachter" unterscheidet sich vom Typus des auktorialen Mediums, indem ihm weder das Privileg einer radikalen Offenlegung von Strethers Bewußtseinsregungen zugestanden wird noch das einer perspektivischen Integrationsinstanz aller im Text gebotenen Ansichten. Die diskret wirkende Zurückhaltung des Erzählers hat zur Folge, daß Strethers Bewußtsein trotz seiner nuancenreichen Versprachlichung nie als etwas endgültig Durchschaubares erscheint. Selbst dort, wo die Kommentare über den aktuellen Bewußtseinsstand Strethers hinausgehen und gegenwärtige Situationen bereits im Horizont ihrer künftigen erinnerungsmäßigen Verarbeitung antizipieren, verstehen sich die Vorblicke des Erzählers nie als ein endgültiges Resümee, das seinerseits nicht wieder relativierbar wäre.

In einer stilistischen Analyse der Einleitungssätze hat Ian Watt aufgezeigt, daß in ihrer Grundstruktur der kunstvoll verzögerten Aufklärung sich bereits jene Tendenz zum ausweichenden Zögern und zur unentschlossenen Zurückhaltung ankündigt, die konstitutiv ist für Strethers Grunddilemma.[33] In seiner Eigenschaft als „Gesandter", der einen genau definierten Auftrag ausführen soll, ist von ihm die Entschlossenheit pragmatischen Handelns gefordert. Angesichts der geradezu überwältigenden Fülle neuer und unvertrauter Eindrücke erweisen sich jedoch die puritanischen Orientierungen Neuenglands als unangemessen und erschweren die Eindeutigkeit klarer Entscheidungen. Je stärker sich Strether indes auf die neue, ganz anders geartete Lage einzustellen versucht, desto mehr verliert er seine ursprüngliche Aufgabe aus dem Blick.

Das Formulierungspotential der Sprache wird dabei in einer für den Roman signifikanten Weise eingesetzt, um den Konflikt zwischen den Forderungen einer pragmatischen Lebenshaltung und den Möglichkeiten einer impressionistischen Welterfahrung auszutragen. Das Bewußtseinszentrum Strethers fungiert als „hochsensibler Registrierapparat"[34] für das aus seiner Doppelrolle als beteiligter Akteur und Beobachter des Geschehens resultierende Wechselverhältnis zwischen innerer und äußerer Wahrnehmung, zwischen Selbst- und Fremdbeobachtung, zwischen Reflexion und Erinnerung. Die komplexe Verbalisierung von Strethers Reaktionen mit ihrer verschachtelten Syntax, ihrem idiosynkratischen Vokabular, ihrer nuancierten Bildlichkeit sowie ihrem Abstraktionsgrad und ihrer Anspielungsdichte evozieren dabei die Vorstellung einer vielgestaltigen Realität, die immer wieder neue Wahrnehmungsansichten ermöglicht und sich dadurch jeder definitiven Erfassung entzieht. Im Widerspruch zu dieser quasi-ästhetischen Einstellung steht die für Strethers ambivalente Doppelrolle als Impressionist und Puritaner ebenso charakteristische Haltung des Zauderns und der scheinbar gewollten Blindheit gegenüber den unangenehmen Tatsachen des Lebens. Die vagen Andeutungen und Umschreibungen sowie die häufigen Unterbrechungen und Inversionen der gewohnten Satzstruktur machen Strethers Zwiespalt nachvollziehbar und lassen überdies Vermutungen aufkommen, welche Motive sich hinter seinen rhetorischen Ausweichmanövern verbergen.

Die für die sprachliche Verarbeitung von Strethers Eindrücken charakteristische Tendenz, Erfahrungsprozesse offenzuhalten und keine Position in einem abschließenden Sinne festzuschreiben, ist auch in den Dialogpartien des Romans zu beobachten. Sie unterscheiden sich dabei in auffälliger Weise von vertrauten Formen des Romandialogs. Dem abrupten Beginn der Unterhaltungen entspricht das gleichermaßen unvermittelte Ende eines Kapitels in der Mitte eines Dialogs. Es entsteht der Eindruck, das Gesprächsthema sei den beteiligten Personen intuitiv bekannt, gehen doch die Dialoge „fast immer von einem nicht näher explizierten Einverständnis über den Gegenstand der Unterhaltung"[35] aus. Die Tonlage der Konversation tendiert dabei zum ironischen Sprachspiel, in dem alle Beteiligten die Kunst der aspektreichen Wechselrede ausprobieren. Durch die Abstraktion und Indirektheit des Dialogstils können unterschiedliche Personen, Gegenstände und Ereignisse zugleich gemeint sein. Die daraus entstehenden Mißverständnisse werden jedoch im Verlaufe der Unterhaltung selten aufgeklärt, sondern meist zum Anlaß weiterer vieldeutiger Formulierungen. Die Gesprächsteilnehmer finden ein offenkundiges Vergnügen daran, nach Definitionen zu suchen, die Formulierungen der anderen aufzugreifen, ihre Bedeutungen zu nuancieren und zu erweitern, ohne dabei jedoch das ganze Spektrum möglicher Implikationen zu entfalten. Auf Vermutungen und Spekulationen einzugehen, aber nicht sogleich aufgefordert zu werden, Tatsachen aussprechen und Schlußfolgerungen akzeptieren zu müssen, gehört ebenso zur sprachbewußten Konversationskunst wie die scheinbare Übereinstimmung im Minimalverständnis von Worten und Wendungen, bei gleichzeitiger Beibehaltung ganz privater Interpretationen und persönlicher Bedeutungsschattierungen. Die Dialoge vermitteln somit eine Vorstellung von Wirklichkeit, in der nichts konkret benannt und definitiv geklärt werden kann, sich alles vielmehr im Zustand einer vagen, gleichwohl offenen Vieldeutigkeit präsentiert.

Wenn sich das Hauptthema der *Ambassadors* in Strethers zögernder Einsicht entfaltet, daß die Entschiedenheit eines moralischen Rigorismus eine Haltung sei, die den Zugang zum Erfahrungspotential der Realität eher versperrt als erschließt, dann ist die Episode in Glorianis Garten eine Schlüsselszene in diesem Prozeß der Einstellungsänderung. Die Fülle und Intensität der auf Strethers Bewußtsein einstürmenden Bilder wirkt wie ein

Erkenntnisschock, der ihn zu dem – immer wieder als Lebensmaxime zitierten – Ratschlag an „Little Bilham" bewegt:

> Live all you can; it's a mistake not to. It doesn't so much matter what you do in particular, so long as you have your life ... I'm too old; too old at any rate for what I see ... What one loses one loses; make no mistake about that ... I'm a case of reaction against the mistake ... Do what you like so long as you don't make my mistake. For it was a mistake. Live! (217/218).

Strethers emotionaler Ausbruch impliziert dabei mehr als die larmoyante Resignation eines alternden Junggesellen oder den banalen Aufruf zu hedonistischer Lebensführung. In seiner Reaktion klingt vielmehr das Dilemma des ungelebten Lebens an, ein von James wiederholt angesprochenes Thema, das auch für seine persönliche Existenz als Schriftsteller Bedeutung besitzt. So scheut etwa John Marcher, der Protagonist der Erzählung *The Beast in the Jungle* (1902), private Bindungen, da er sich in die Illusion flüchtet, zu einem außergewöhnlichen Schicksal bestimmt zu sein, für das er sich alle Handlungsmöglichkeiten meint offenhalten zu müssen. Schließlich trifft ihn die blitzartige Erkenntnis, im vergeblichen Warten das Leben unwiderruflich versäumt zu haben.

Auch für Strether ist die Einsicht des „Live all you can" von durchaus problematischer Natur. Wenn Leben Handeln erfordert, dann heißt dies, daß jede Handlung eine Festlegung zur Folge hat, die den Spielraum des Möglichen einschränkt. Andererseits sind aber auch die Vorzüge einer ästhetischen Einstellung, die sich für die Wahrnehmung einer potentiell unausschöpfbaren Erfahrungswirklichkeit offenzuhalten versucht, durchaus fragwürdig. Ist eine solche Haltung nicht gerade jenes „experience without involvement",[36] das den Namen „Leben" schwerlich verdient? Für Strether bleibt die neu gewonnene Erkenntnis zunächst folgenlos, da er die Realisierung bestimmter Implikationen des „Live all you can" weiterhin beharrlich zu verdrängen scheint. Erst die peinliche Zufallsbegegnung an der Seine läßt deutlich werden, daß auch Strether nicht länger die Augen vor der Liaison zwischen Chad Newsome und Madame de Vionnet verschließen kann. Das widerstrebende Eingeständnis seiner bisherigen Selbsttäuschung markiert den Kulminationspunkt der in Europa erfahrenen Einstellungsänderung. Nach Amerika kehrt Strether mit der Absicht zurück, sich künftige Erfahrungsmöglichkeiten nicht durch die Festlegung auf eine bestimmte Existenzform zu versperren.

Strethers zögernde Wahrnehmung von Tatsachen, die seine Vision des Lebens trüben könnten, kommt in einer sprachlichen Diktion zum Ausdruck, die charakteristisch ist für die Funktion des Stils in den späten Romanen von H. James. So scheinen die assoziative Vielfalt und die metaphorischen Bedeutungserweiterungen darauf gerichtet zu sein, der Wahrheit auf die Spur zu kommen. Andererseits wirken aber die Umschreibungen, Generalisierungen und vagen Andeutungen geradezu so, als solle vermieden werden, die Dinge beim Namen zu nennen. Diese gegenläufige Tendenz des Prosastils – aufzudecken und zugleich zu verschleiern – ist das gemeinsame Kennzeichen der drei letzten großen Romane von H. James.[37] Sowohl in *The Wings of the Dove* wie auch in *The Golden Bowl* ist es offensichtlich das Ziel der Sprache, der erotischen, psychischen und sozialen Komplexität menschlicher Beziehungen gerecht zu werden, das Unfaßbare der Subjektivität zu begreifen, hinter die Fassaden gesellschaftlicher Konventionalität zu schauen und alle Dimensionen menschlicher Existenz unverstellt in den Blick zu bringen. Gleichzeitig ruft aber die Dunkelheit des Stils den Eindruck hervor, als laufe die Bezeichnung der „vulgären" Fakten des Lebens darauf hinaus, ihre Aufdeckung hinauszuzögern, vor ihnen auszuweichen und sie durch vieldeutige Formulierungen zu umkreisen, umzubenennen und zu relativieren.

Im Sprachstil des späten James, dessen Subtilität sich von der Erfassung der Wirklichkeit eher zu entfernen als sich ihr anzunähern scheint, zeigen sich die Konsequenzen der für das Gesamtwerk symptomatischen Spannung zwischen mimetischem und künstlerischem Anspruch. Daß Fragen des Stils im programmatischen Selbstverständnis von James keinen sprachspielerischen Selbstzweck besitzen, war bereits in *The Art of Fiction* deutlich geworden. Schreiben verlangt demzufolge eine Haltung rigoroser Konsequenz, weil jedwede stilistische Meisterschaft sich aus der höchsten Aufgabe aller Erzählkunst rechtfertigt, den ganzen Aspektreichtum der Wirklichkeit in künstlerische Formen zu gießen. Die Bewußtseinsvorgänge der Zentralfiguren bedürfen daher eines differenzierten sprachlichen Ausdrucks, um die Illusion einer vielgestaltigen Realität und ihrer Erfahrungsmöglichkeiten ästhetisch überzeugend zu vermitteln. Die stilistische Dichte soll aber nicht nur dem mimetischen Anspruch gerecht werden, eine unverkürzte Erfahrung von Wirklichkeit wiederzugeben. Gleichzeitig gilt es auch, den Forderungen nach einer bewußten künstlerischen Gestaltung von Realität zu genügen.

In den späten Romanen gewinnt nun aber das Raffinement sprachlicher Formulierungskünste ein derartiges Eigengewicht, daß die mimetische Funktion des Stils als adäquates Ausdrucksmittel eines hochsensiblen Bewußtseins immer fragwürdiger wird. Die Wahrnehmung der Komplexität menschlicher Beziehungen wird nunmehr durch einen Stil vermittelt, dessen intrikates Muster aus konnotationsreichen Anspielungen, obskuren Metaphern und vagen Abstraktionen sich zunehmend stärker zu Bewußtsein bringt. In dem Maße, wie sich der Stil kompliziert, wird er selber zum Auffassungsgegenstand und mindert damit die ihm abverlangte Leistung, illusionsfördernd zu wirken. So ruft die verschachtelte Syntax einen Zerstreuungseffekt hervor, indem sie die rezeptive Aufmerksamkeit derart absorbiert, daß es für den Leser nicht nur schwierig wird, das filigrane Beziehungsgeflecht dargestellter Bewußtseinsvorgänge zu entwirren, sondern auch das gegenständliche Korrelat längerer Textzusammenhänge in den Blick zu bekommen. Der Verzicht des Erzählers auf seine auktoriale Integrationsfunktion ist ein weiteres Indiz für eine erschwerte Kohärenzbildung. Damit wird die Konstitution eines Illusionszusammenhanges problematisch, da nun die Darstellungsmittel selber in den Mittelpunkt des Interesses rücken und den Stil in gewisser Weise selber zum Thema machen. Was die Bewußtseinsaktivität des Lesers engagiert, ist daher weniger der Aspektreichtum des Wirklichen als die metaphorische Imagination des Autors, die sich in immer neuen stilistischen Subtilitäten auslebt. So entsteht oft der Eindruck, Banales und Triviales werde durch die Gewähltheit seiner Formulierungen aufgewertet, Alltägliches mystifiziert und normalen Gegebenheiten eine Bedeutsamkeit zugeschrieben, die völlig unangemessen erscheint. Die elaborierten Formulierungen wirken wie die brilliante Selbstinszenierung eines virtuosen Sprachmanieristen, der nicht mehr primär darauf bedacht ist, ein präzises Abbild der Wirklichkeit herzustellen, sondern die schöpferische Flexibilität einer souveränen Sprachphantasie vorzuführen.

In der stilistischen Komplexität der späten Romane manifestiert sich daher der Grenz- und Übergangscharakter des Werkes von H. James auf eine geradezu paradoxe Weise. Wenn die sprachliche Artifizialität den Konstruktionscharakter der Texte zum Vorschein bringt, dann ist dadurch zwar unter Beweis gestellt, daß jene dem Ideal einer „art of fiction" entsprechen, gleichzeitig aber immer weniger in der Lage sind, eine „illusion of life" zu erzeugen. So gesehen, leistet das Spätwerk von James – entgegen den eigenen programmatischen Absichten – seinen Beitrag zu der für die Moderne signifikanten Entkoppelung von Kunst und Leben. Indem die stilistische Komplexität die Einlösung des theoretischen Postulats der Realitätsrepräsentation gefährdet, vergrößern die späten Romane ihre Distanz zur traditionellen Darstellungsästhetik und nähern sich jenen Konfigurationen fiktionaler Selbstreferentialität, die als Signatur der klassischen Moderne gelten.

Joseph Conrad: Romantizismus und impressionistische Skepsis

Die kritischen Äußerungen Joseph Conrads zur eigenen literarischen Produktion sind weder nach Art noch Umfang mit den romantheoretischen Reflexionen von Henry James vergleichbar. Angesichts der sporadischen Bemerkungen in Vorworten und Rezensionen hat das „Preface" zu Conrads Seegeschichte *The Nigger of the „Narcissus"* (1897) besondere Aufmerksamkeit gefunden. Zumeist als modernistisches Bekenntnis zum literarischen Impressionismus zitiert, wird dabei geflissentlich übersehen, daß es sich mit gleichem Recht als romantisierendes Plädoyer für die bewahrende Kraft der Kunst lesen läßt.[38] Durch seine einseitige Überbewertung als poetologisches Manifest, als provokativer Entwurf einer avantgardistischen Ästhetik oder als prägnantes Exposé der Conradschen Arbeitsweise werden gerade jene Spannungen und argumentativen Widersprüche aufgehoben, die symptomatisch sind für Conrads ambivalente Position zwischen Romantik und Moderne.

Bereits die einleitenden Definitionen des Vorworts bringen eine Kunstauffassung zur Sprache, die keinerlei Distanz zur ästhetischen Tradition zu erkennen gibt, sich vielmehr ganz ihrem mimetischen Ideal zu verpflichten scheint. So rechtfertigt sich für Conrad der Anspruch der Kunst allein durch die kompromißlose Darstellung wahrnehmbarer Wirklichkeit.

> A work that aspires, however humbly, to the condition of art should carry its justification in every line. And art itself may be defined as a single-minded attempt to render the highest kind of justice to the visible universe, by bringing to light the truth, manifold and one, underlying its every aspect. It is an attempt to find in its forms, in its colours, in its light, in its shadows, in the aspects of matter and in the facts of life what of each is fundamental, what is enduring and essential – their one illuminating and convincing quality – the very truth of their existence.[39]

Literatur vermag demnach eine Wirkung zu entfalten, wenn es ihr – aufgrund einer „impression conveyed through the senses" (ix) – gelingt, das „Temperament" ihrer Adressaten anzusprechen und „the secret spring of responsive emotions" (ix) zu erreichen. Es sei das Ziel seiner schriftstellerischen Arbeit, erklärt Conrad nicht ohne rhetorisches Pathos, seinen Lesern die Augen zu öffnen:

> My task which I am trying to achieve is, by the power of the written word to make you hear, to make you feel – it is, before all, to make you see. (x)

Die konventionell anmutende Auffassung von Kunst als Abbild der Wirklichkeit wird zwar bestätigt, erhält aber zugleich einen durchaus modernen Akzent. So wird der Literatur ja nicht lediglich die Aufgabe zugewiesen, Vorgegebenes zu vergegenwärtigen und die Geltung von Bekanntem zu bekräftigen. Sie soll vielmehr neue Formen der Wahrnehmung eröffnen und bislang unbekannte und wenig beachtete Dimensionen der Wirklichkeit sichtbar werden lassen. Was als Vorwegnahme des formalistischen Plädoyers für das Neue Sehen verstanden werden könnte, bleibt indes an einen traditionellen Vorstellungshorizont zurückgebunden. Soll doch der ästhetische Blick nicht nur die Oberfläche der Dinge treffen, sondern hinter der äußeren Erscheinung die innere Wahrheit entdecken. Mit einer solchen Ansicht teilt Conrad die zentrale Prämisse der philosophischen Ästhetik, derzufolge Kunst – in der Hegelschen Formulierung – als das sinnliche Scheinen der Idee begriffen wird.[40] Dem „sichtbaren Universum" Gerechtigkeit widerfahren zu lassen, heißt demnach nicht – wie es Conrads Formulierungen nahelegen könnten – sich der Fülle der Wahrnehmungsphänomene um ihrer selbst willen zuzuwenden, sondern durch ihre Darstellung „the very truth of their existence" zu veranschaulichen.

Die ambivalente Modernität von Conrads Kunstauffassung zeigt sich auch noch in anderer Hinsicht. So scheint die vom Künstler erwartete Treue gegenüber seinen „passing emotions"[41] zunächst ein unzweideutiges Indiz für ein avanciertes Kunstverständnis zu sein, das die subjektive Erfahrung des flüchtigen Augenblicks privilegiert. Sehr schnell wird indes deutlich, daß der Kunst nicht die Rolle zugedacht ist, das Bewußtsein zu schärfen für die in sich paradoxe Suche nach dem bleibenden Augenblick, sondern ihr im Gegenteil die konservierende Leistung abverlangt wird, die rasch vorübergehenden Erfahrungsmomente vor der auslöschenden Kraft der Zeit und des Vergessens zu retten. Die eindringliche Selbstaufforderung, „to snatch in a moment of courage, from the remorseless rush of time, a passing phase of life" (x), reaktiviert demnach das traditionsgeheiligte Konzept von Literatur als Bewahrerin des Lebens. Wenn sich in der Vergänglichkeit des Augenblicks schon nicht die ganze Wahrheit offenbart, so gilt es doch, jenen „glimpse of truth" (x) festzuhalten, der sich in epiphaniehafter Weise enthüllt.

Wie ist nun die Wahrheit beschaffen, der die Kunst zur Anschauung verhelfen soll? Die Aussagen darüber sind von doppeldeutiger Natur. So soll die Wahrheit zugleich „manifold and one" sein, also sowohl eine ursprüngliche Einheit wie auch die Mannigfaltigkeit individueller Wahrheiten verkörpern. Der monistische Wunsch, zum wahren Wesen des Seins vorzudringen, ist dabei in Einklang zu bringen mit der verunsichernden Erfahrung einer Pluralität des Wirklichen, die sich nur in Form von provisorischen, partiellen und subjektiven Wahrheiten erschließt. Der Harmonisierungsversuch des Unvereinbaren ist dabei die Antwort des Conradschen Textes auf das modernitätstypische Dilemma, die Sehnsucht nach ursprünglicher Ganzheit mit der unabweisbaren Erkenntnis relativierender Partikularität versöhnen zu wollen.[42] In Conrads Romanen und Erzählungen kommt dieser Zwiespalt unter anderem darin zum Ausdruck, daß sich die wahrnehmbare Welt aufgrund einer personifizierenden Rhetorik als Verblendungszusammenhang präsentiert, der die Wahrheit der Dinge eher verschleiert als enthüllt. Eine Bildlichkeit des Zwielichtigen und Nebulösen vermittelt die Vorstellung, die trügerische Fassade der Realität sei deshalb schwer zu durchdringen, weil die hinter ihr verborgene Wahrheit wie ein Geheimnis eifersüchtig gehütet werde.

Die Frage, welche Wahrheit die Kunst zum Vorschein bringe, kompliziert sich noch dadurch, daß Conrad sie – in Anknüpfung an die romantische Tradition von Wordsworths „Preface" zu den *Lyrical Ballads* – von der Wahrheit des Denkers und des Wissenschaftlers unterschieden wissen möchte. Genau wie dieser ist der Künstler zwar auch ein Wahrheitssucher, dessen Streben jedoch weder darauf gerichtet ist, eine transzendente Realität aufzuzeigen, noch die „herzlosen Geheimnisse" der Naturgesetze auszuforschen. Angesichts des rätselhaften Schauspiels der Wirklichkeit sucht der Künstler in den Untiefen des eigenen Selbst nach jenen „terms of his appeal" (viii), welche die Wahrheit der Kunst verbürgen.

> ... the artist ... speaks to our capacity for delight and wonder, to the sense of mystery surrounding our lives; to our sense of pity, and beauty, and pain; to the latent feeling of fellowship with all creation – and to the subtle but invincible conviction of solidarity that knits together the loneliness of

innumerable hearts, ... which binds men to each other, which binds together all humanity – the dead to the living and the living to the unborn. (viii)

Wenn Conrad argumentiert, im Gegensatz zum zweckorientierten Erkenntnisgewinn von Naturwissenschaft und Philosophie suche der Künstler die Wahrheit in sich selbst, dann reklamiert er damit die für die Moderne unabdingbare funktionale Autonomie der Kunst. Er weist ihr überdies – in deutlicher Abweichung der zu Beginn des Vorwortes angesprochenen Kunstauffassung – einen neuen Darstellungsbereich zu. Kunst erscheint nun nicht länger als Abbild einer äußeren, sondern als Ausdruck einer inneren Wirklichkeit. Was zur weiteren Konkretisierung dieser Funktionsbestimmung zu lesen ist, bezeugt jedoch eine weiteres Mal Conrads zwiespältige Modernität.

Das modernistisch klingende Bekenntnis zur ästhetischen Erkundung von Subjektivität ist keineswegs als Plädoyer für die vorbehaltlose Vermittlung subjektiver Erfahrungen gemeint. Die Erforschung des Selbst dient letzten Endes der traditionellen Aufgabe, allgemeingültige Wahrheiten darzustellen. Was der Schriftsteller beim Abstieg in die einsamen Regionen von „stress and strife" (viii) zutage fördert, kann deshalb zum Rohmaterial ästhetischer Wirkung werden, weil die Erfahrungen des Künstlers repräsentativ sind für die existentielle Situation des Menschen. Die Tatsache, daß der Autor den Widersprüchen des Daseins und den unberechenbaren Wechselfällen des Lebens in gleicher Weise ausgeliefert ist wie seine potentiellen Leser, schafft eine Basis zwischenmenschlicher Gemeinsamkeit. Diese bildet ihrerseits die Voraussetzung für den Appellwert von Kunst und Literatur. Die ihr zugeschriebene Wahrheitsfunktion erscheint als schillerndes Amalgam aus Skeptizismus, romantischer Nostalgie und existentialistischem Pathos, wenn man sich bewußt macht, welche widersprüchlichen Leistungen von literarischen Fiktionen erwartet werden. So sollen sie ein Gefühl menschheitsumfassender Gemeinsamkeit mobilisieren, sich aber gleichzeitig nicht der beunruhigenden Einsicht in die Undurchschaubarkeit des eigenen Selbst und in die Unverstehbarkeit des anderen verschließen. Es bleibt daher auch in den Romanen und Erzählungen weitgehend unentschieden, ob Conrad die Aufgabe von Literatur in erster Linie darin sieht, das Bewußtsein zu schärfen für „the hazardous enterprise of living" (vii), oder ob durch die Beschwörung einer menschheitsumspannenden Schicksals- und Solidargemeinschaft den verunsichernden Erfahrungen der Moderne entgegengewirkt werden soll.

Was Introspektion und Beobachtung des anderen enthüllen, faßt die Conradsche Prosa durch eine Rhetorik der Dunkelheit, des Mysteriösen und der Abwesenheit, die alle vermeintliche existentielle Wahrheit in das Zwielicht unaufhebbarer Ambiguitäten taucht. Wenn die Negativität der Formulierungen die „Substanz der Wahrheit" als flüchtigen Schatten, als bilderlose Leere, als gestaltlose Dunkelheit und ursprüngliches Schweigen umschreibt, dann bleibt es offen, ob damit die Nichtexistenz einer seinsfundierenden Wahrheit, ihre standpunktgebundene Relativität oder jedoch ihre sprachliche Unfaßbarkeit zum Ausdruck gebracht werden soll. Allenthalben taucht der kritische Hinweis auf, gerade der dubiose Charakter der Sprache erschwere jedwede Wirkungsabsicht. So hebt Conrad in seinen Vorbemerkungen zum *Nigger of the „Narcissus"* die Notwendigkeit hervor, dem „commonplace surface of words", der durch gedankenlosen Gebrauch abgenutzten Sprache jene evokative Potenz zurückzugewinnen, die unabdingbar ist für jede ästhetische Wirkung. Sein erzählerisches Werk löst dieses Postulat ein, indem es sich der Praxis einer „magic suggestiveness" (ix) verschreibt, die jedoch von grundsätzlichen Zweifeln an der Leistungsfähigkeit der Sprache begleitet ist. Immer wieder wird die Schwierigkeit, wenn nicht gar Unmöglichkeit thematisiert, die ungreifbaren Phantome der Subjektivität wie auch die dunkle Abgründigkeit des anderen durch die als unzulänglich erkannte, gleichwohl unverzichtbare Sprache mitteilbar zu machen. Das künstlerische Problem, der Mannigfaltigkeit individueller Erfahrungen einen verbindlichen Wahrheitsanspruch zu sichern, verschärft sich durch skeptische Überlegungen, dabei auf ein Kommunikationsmedium angewiesen zu sein, das sich nicht reinigen läßt von überholten Vorverständnissen, klischeehafter Einseitigkeit und ungewollter Assoziationslast.

Als Bekenntnis zur Kompromißlosigkeit kreativer Anstrengungen ist Conrads Vorwort zum *Nigger of the „Narcissus"* durchaus vergleichbar mit dem künstlerischen Rigorismus von H. James. Conrads kunsttheoretische Überlegungen erreichen allerdings kaum jenen Reflexionsgrad kritischer Selbstkommentierung, der die *Prefaces* von H. James auszeichnet. Worin sich Conrad jedoch vor allem unterscheidet, ist der auffällige Mangel an theoretischen Stellungnahmen zu jenen künstlerischen Mitteln und Verfahren, die dem Autor allererst den Ruf eines literarischen Impressionisten und Wegbereiters der Moderne eingetragen haben. Die diesbezügliche Abstinenz ist beispielhaft für das Conradsche Gesamtwerk. Methoden wie etwa das Aufbrechen der chronologischen Ordnung, die Fragmentierung und Neugruppierung narrativer Sequenzen, multiperspektivisches Erzählen und metafiktionale Selbstthematisierungen sind das Kennzeichen der Conradschen Schreibpraxis, aber kein Gegenstand poetologischer Reflexionen. Marginale Hinweise finden sich allenfalls in den biographischen Erinnerungen seines Koautors Ford Madox Ford. Was der Literaturkritik als Ausweis literarischer Modernität gilt, wird von Conrad eher beiläufig als „unconventional grouping and perspective"[43] erwähnt.

Die in den ästhetischen Überlegungen des „Preface" aufweisbaren Spannungen, Paradoxien und Widersprüche zeugen von einer ambivalenten Modernität, die charakteristisch ist für das Conradsche Gesamtwerk. Das Bewußtsein von der Flüchtigkeit subjektiver Erfahrungen, den Unwägbarkeiten der menschlichen Existenz, der Fragwürdigkeit überkommener Wahrheiten und der problematischen Natur der Sprache steht dabei unvermittelt neben romantisch-konservativen Tendenzen. Sie sind darauf gerichtet, an traditionellen Positionen festzuhalten, verbindliche Einsichten zu eröffnen und der Kunst eine bewahrende und universalistische Funktion zu sichern. Im Gegensatz zur ausdrücklichen Bejahung eines „perfect blending of form and substance" (ix) in den programmatischen Vorbemerkungen zum *Nigger of the „Narcissus"* entsprechen die meisten Romane des Conrad-Kanons keineswegs den Forderungen klassischer Harmonie. Nicht Ausgewogenheit, sondern diskursive Diskontinuität und ein perspektivischer Impressionismus werden als Merkmale Conradscher Modernität veranschlagt. Die Nichterfüllung ästhetischer Normen sollte indes nicht als künstlerisches Defizit gewertet werden. Sie ist eher ein Anzeichen dafür, daß die vielfältigen Widersprüche menschlicher Existenz sich in den geschlossenen Formen des viktorianischen Romans nur unzulänglich verbildlichen lassen. Indem die narrativen Innovationen auf den Anachronismus bisheriger Formen von Realitätsrepräsentation aufmerksam machen, verhelfen sie nicht länger einer unangefochtenen Wahrheit zur Erscheinung, vielmehr schaffen sie ästhetische Äquivalente für die beunruhigende Erfahrung, in einem in vieler Hinsicht unsicheren Universum zu leben.

Besonders aufschlußreich ist es in diesem Zusammenhang, wie sich Conrad der stark autobiographisch geprägten Figur Kapitän Marlows bedient, um durch das Spannungsverhältnis von erlebendem und erzählendem Ich die Formulierbarkeit verunsichernder Grenzerfahrungen ins Werk zu setzen. In *Heart of Darkness* (1899) beispielsweise werden im sich wechselseitig perspektivierenden Zusammenspiel von Rahmen- und Binnenerzählung Marlows Erinnerungen an seine Suchexpedition in das Innere Kolonialafrikas als ein intellektuell und emotional noch nicht verarbeitetes und daher nur schwer erzählbares Unternehmen präsentiert. Die traumatische Konfrontation mit der Abgründigkeit eines Alter ego und den Schattenseiten der eigenen Kultur ist für Marlow immer noch lebendig. Die schockierende Entfremdung von den Orientierungsvorgaben der eigenen Kultur, der kein annäherndes Verständnis der fremden Welt entspricht, wird als Reise in ein metaphorisch vieldeutiges Herz der Finsternis beschrieben. Die Marlows selbstreflexiven Diskurs strukturierenden Permutationen der Dunkelheitsmetaphorik lassen den destabilisierenden Effekt eines Kontaktes mit kultureller Andersartigkeit nachvollziehbar werden, bei der die simplen viktorianischen Schwarz-Weiß-Schablonen von eigener und fremder Kultur, von Natur und Zivilisation, von Ordnung und Chaos, von Vernunft und Instinkt, von Fortschritt und Barbarei in ihrer realitätserfassenden Funktion versagen.

Sein Problem liege nicht nur darin, gibt der Erzähler seinen Zuhörern zu verstehen, Klarheit zu gewinnen über den als groteskes Zerrbild eigener Wertvorstellungen erlebten kolonialen Kulturexport, sondern auch Worte zu finden für die monströse Degeneration des Mr. Kurtz und die durch sie erschütterte Selbstwahrnehmung. Vor allem gelte es aber, die Nachwirkungen des als tranceartigen Realitätsverlust Erlebten in Gestalt einer Geschichte begreifbar zu machen. In der erzählerischen Wiedergabe ein abgeschlossenes Verständnis von etwas vorzutäuschen, was immer noch mit obsessiver Intensität weiterlebt, gestalte sich auch deshalb als prekäres Unterfangen, läßt Conrad seinen desorientierten Protagonisten erklären, weil sich der ohnehin nicht einfache Verarbeitungsprozeß noch durch den Versuch kompliziere, ihn anderen mitteilen zu wollen und dabei auf ein so unzuverlässiges Kommunikationsmedium wie die Sprache angewiesen zu sein.[44]

Die Erzählerfunktion des englischen Sprachlehrers in *Under Western Eyes* (1911) ist mit Marlows Rolle als Instrument eines sprach- und erkenntniskritischen Skeptizismus in mancher Hinsicht vergleichbar. Die Schwierigkeiten seines erzählerischen Vorhabens, den rätselhaften Charakter der russsischen Psyche in westliche Vorstellungskatagorien zu übersetzen, verdeutlicht er durch die gleichsam entschuldigende Warnung „Words, as is well known, are the great foes of reality".[45] Für den Roman gilt dies gleich in doppelter Hinsicht. Die Schwierigkeiten von Razumovs „self-communion" (5), im „Schatten der Autokratie" seine Situation der Einsamkeit und des Verrates durch Schreiben zu bewältigen, potenzieren sich durch die perspektivischen Brechungen ihrer erzählerischen Transmission. So dient die bruchstückhafte Konfession von Razumovs Tagebucheintragungen als hauptsächliche Informationsquelle eines Erzählers, der sich für seine Aufgabe gleich selber in mehrfacher Hinsicht disqualifiziert. Razumovs Geschichte erzählen zu wollen, um durch sie eine Vorstellung von den „moral conditions" (67) unter den korrumpierenden Bedingungen eines „un-European despotism" (319) zu vermitteln, sei ein fragwürdiges Vorhaben, gibt der Sprachlehrer zu bedenken, da die Kluft zwischen dem zynischen Nihilismus zaristischer Autokratie und dem Bewußtsein westlicher Liberalität unüberbrückbar sei. Außerdem fehle ihm jedes Verständnis des „russischen Charakters". Infolge seiner professsionellen Beschäftigung mit Sprache seien aber vor allem jene „high gifts of imagination" (3) verkümmert, die für einen einfühlsamen Erzähler unverzichtbar sind.

In *The Secret Agent* (1907) bedient sich Conrad des Mittels der Ironie, um durch die skeptische Desillusionierung eines anonymen Erzählers ein Bild von London und der englischen Gesellschaft zu entwerfen, das durch eine Atmosphäre der Absurdität, der Groteske und des „moral squalor"[46] verdüstert ist. Dieses „simple tale" – so das „understatement" des Untertitels – richtet die Methode einer allumfassenden Ironie sowohl gegen die institutionellen Stützen der Gesellschaft wie auch gegen die parasitären Gegner der bestehenden Ordnung. Durch die Strategie ironischer Relativierung entpuppt sich die Oberflächenharmonie viktorianischer Familienidylle als Brutstätte von Wahnsinn und Verbrechen. Das Verhalten von Diplomaten, Politikern und Polizisten erscheint durch private Motive bestimmt und gerät damit ebenso ins Zwielicht wie der aus persönlichen Ressentiments gespeiste Aktivismus von Doppelagenten, Anarchisten und Revolutionären.

Als Kennzeichen Conradscher Modernität wird unter anderem die in seiner Prosa zu beobachtende Tendenz angeführt, die Voraussetzungen erzählerischer Weltkonstruktionen zu reflektieren, statt den Entwurf von Bildern und Modellen der Wirklichkeit gleichsam als unbefragte Selbstverständlichkeit zu betreiben. Beispielhaft dafür ist die Auseinandersetzung mit den Darstellungsansprüchen des historischen Romans in *Nostromo* (1907), dem sowohl nach Art wie Umfang ambitioniertesten Projekt des Autors. Es wird darin ein beeindruckendes Erzählpanorama entrollt, um die revolutionären politischen Umwälzungen in dem fiktiven südamerikanischen Küstenstaat Costaguana, insbesondere die Gründung der separatistischen „Occidental Republic of Sulaco" darzustellen. Diese narrative Absicht mißlingt insofern, als das aufwendige Unternehmen statt dessen demonstriert, daß sich die kollektive Dimension des Geschichtsprozesses selbst durch ein perspektivenreiches „story-telling" nicht fassen läßt. Das Aufbrechen von Raum- und Zeitkontinuen, der Verzicht auf eine lineare Chronologie sowie die Aufsplitterung in subjektive Erzählfacetten diskreditiert nicht nur die Suche einer vorgeblich realistischen Geschichtsdarstellung nach den Ursprüngen und Anfängen historischer Verläufe. Sie macht zudem durch die Wahrnehmungsperspektiven der beteiligten Figuren erfahrbar, daß ihre subjektiven Intentionen nicht ungebrochen in die Gestaltung historisch-politischer Vorgänge eingehen. Die handelnden Akteure erscheinen demnach eher als Opfer und Marionetten von historischen Ereignissen, die in der Eigendynamik der „material interests" ihre eigentlichen Antriebskräfte besitzen. Die erzählten Einzelgeschichten summieren sich daher weder zu einem Gesamtbild der „großen" Geschichte noch werden sie durch eine übergeordnete Erzählinstanz in einer Zusammenschau synthetisiert, die dem Anspruch gerecht werden könnte, eine realistische Vergegenwärtigung von Geschichte zu leisten.[47]

Die Skizzierung der Conradschen Romane wäre allerdings recht einseitig, wenn sie den Blick ausschließlich darauf lenken würde, inwieweit die diskursiven Innovationen die Schwierigkeit zum Ausdruck bringen, mittels der Geschlossenheit überlieferter Erzählformen die Erfahrung einer sich wandelnden Wirklichkeit zu ermöglichen. Die genannten Texte implizieren zwar einerseits das Versprechen, die mannigfachen Irritationen der Moderne bewußt zu machen. Andererseits scheinen sie aber vor den radikalen Konsequenzen rückhaltloser Modernität gleichsam zurückzuschrecken und sie neutralisieren zu wollen. So gesehen, sind es „mixed fictions".[48] Sie treiben die durch Innendifferenzierung und selbstproblematisierende Rhetorik angezeigte Verunsicherung nie ins Extrem, vielmehr versuchen sie potentiell beunruhigende Erfahrungen abzuschwächen und in traditionelle Bahnen zurückzulenken. Die Conradschen Texte stellen dem Leser in Aussicht, ihm die Augen zu öffnen für die Relativität seiner gewohnten Orientierungen, während sie zugleich vor den Folgen solcher Erfahrungen ausweichen, indem zumindest Restbestände von Positivem, Bewährtem und Verläßlichem gerettet werden sollen. Typisch für diesen Modernismus mit Vorbehalten sind etwa die häufig anzutreffenden Effekte der Wiederholung, Verdoppelung und Überdeterminierung. So werden beispielsweise auf der semantischen Ebene der Texte noch einmal jene Einsichten und Erfahrungen unmißverständlich ausbuchstabiert, auf deren Ermöglichung auch die ästhetische Form angelegt ist. Als weiteres Indiz für diese modernistische Halbherzigkeit ließe sich das Verfahren nennen, eine mystifizerende Rhetorik der Dunkelheit und des Rätselhaften zu generieren, um durch die Umcodierung vertrauter Anschauungen ihre zweifelhaft gewordene Verläßlichkeit zu erhalten.

Im Blick auf das Conradsche Gesamtwerk läßt sich eine Entwicklung beobachten, die im Widerspruch zu der vom Autor als Normvorstellung akzeptierten Balance von Inhalt und Form verläuft. Gerade in den späteren Texten offenbart sich ein immer größeres Mißverhältnis von perspektivischem Raffinement und der Schlichtheit der zu transportierenden Botschaft. Im Unterschied zur verstärkten Artifizialität des späten James ist bei Conrad – beispielsweise in Romanen wie *Chance* (1913/14), *The Arrow of Gold* (1919), *The Rescue* (1920), *The Rover* (1923) und *Suspense* (1925) – die entgegengesetzte Tendenz festzustellen. Entweder verraten die Romane durch ihren Rückgriff auf populäre Erzähl- und Vorstellungsmuster eine zunehmende Konzessionsbereitschaft an herkömmliche Lesererwartungen oder sie verschleiern mit ihrer aufwendigen Darstellungsapparatur die Konventionalität der erzählten Geschichte.

In diesem Zusammenhang ist *Chance* – der zu Lebzeiten des Autors weitaus populärste seiner Romane – ein oft zitiertes Negativbeispiel. Wenn Conrad auch in der „Author's Note" seine ungebrochene Überzeugung bekräftigt,

> to interest people in my vision of things which is indissolubly allied to the style in which it is expressed,[49]

so hält doch eine solche Behauptung einer Prüfung nicht stand. Die dreifach verschachtelte Rahmenkonstruktion mit ihren verschiedenen Erzählern und ihren mannigfachen Digressionen erweist sich in Anbetracht der Simplizität der heroisch-romanzenhaften „Vision" als völlig unmotivierter Erzählaufwand. Sogar Marlow wirkt nur noch wie ein überholtes Zitat seiner selbst. Mangelndes persönliches Engagement und die kühle Distanz seiner mitunter zum Zynismus neigenden Pauschalurteile lassen sein Räsonnement zur rhetorischen Pose verflachen. Aus früheren Texten wird gleichsam das skeptische Standardrepertoire wiederholt, das dabei zur banalen Altersweisheit verkommt. In einem Nachruf auf Joseph Conrad bedenkt denn auch V. Woolf den inhaltlichen Anachronismus der „few simple ideas" mit verhaltener Kritik:

> ... the old nobilities and sonorities – fidelity, compassion, honour, service – beautiful always, but now a little wearily reiterated, as if times had changed. Perhaps it was Marlow who was at fault. His habit of mind was a trifle sedentary. He had sat upon deck too long ...[50]

Von den Haupttexten des Conrad-Kanons ist es neben *Heart of Darkness* vor allem *Lord Jim*, bei dem Conrads ambivalente Modernität vielleicht am deutlichsten zutage tritt. Zum Abschluß soll daher dieser Text einer detaillierteren Analyse unterzogen werden.[51] – Was Marlow einem vertrauten Kreis von Freunden und Bekannten zu einem nicht näher bestimmten Zeitpunkt von seinen Erfahrungen mit Jim zu erzählen versucht, enttäuscht von Anfang an die Erwartungen eines kurzweiligen Seemannsgarns. Was auf den ersten Blick als romantische Reaktivierung mündlicher Erzählpraktiken anmuten mag, stellt sich sehr bald als höchst problematisches Unterfangen heraus. Die Erzählbarkeit von Jims Geschichte, d.h. also die Ursachen und Folgen seines fatalen Rettungssprunges von dem vermeintlich sinkenden Pilgerschiff *Patna*, gestaltet sich als aporetisches Unternehmen, weil sie gerade jenes abgeschlossene Verständnis der Titelfigur voraussetzt, das zwar als erstrebenswert, aber auch von vornherein als unerreichbar bezeichnet wird. So wird Marlow nicht müde zu betonen, Jim sei nicht nur ein rätselhaftes Individuum, dessen Verstehbarkeit Schwierigkeiten bereitet, sondern alle diesbezüglichen Versuche seien letzten Endes von der paradoxen Vergeblichkeit bestimmt, „to comprehend the

Inconceivable".[52] Sein Dilemma, suggeriert der Erzähler seinen Zuhörern, verschärfe sich noch durch die Absicht, die Erfahrung der Unverstehbarkeit anderen mitteilen zu wollen. Damit sei nicht nur ihr Auffassungsvermögen überfordert, sondern vor allem die Leistungsfähigkeit der Sprache. Marlow unterläuft sein erzählerisches Vorhaben überdies dadurch, daß er auch die eigenen Motive, sich mit Jim zu beschäftigen, immer wieder in seine Zweifel einbezieht. So bringt sich Marlow selbst in den Verdacht einer dubiosen Komplizenschaft, wenn er sich argwöhnisch fragt, ob nicht die Solidarität mit dem Jüngeren durch den egoistischen Wunsch motiviert sei, die verunsichernden Rückwirkungen der skandalösen Pflichtverletzung auf die eigenen Grundüberzeugungen zu neutralisieren und die durch Jims unbegreifbares Verhalten ausgelösten Selbstzweifel mit fadenscheinigen Erklärungen zu beruhigen.

Die als subjektiver Verstehensversuch präsentierte Geschichte von *Lord Jim* manövriert den Leser in die paradoxe Situation, sich an einem von Anfang an vorprogrammierten Mißlingen beteiligt zu finden. Statt der Geschlossenheit einer chronologisch geordneten Geschichte werden fragmentarische Auskünfte über die Titelfigur als zufallsbedingte Informationen vorgelegt, die Marlow aufgrund sporadischer Kontakte mit Jim oder durch Interpretationen aus zweiter Hand erhalten hat. Dem Leser werden gleichsam Materialien zur Konstruktion einer Geschichte angeboten, obwohl feststeht, daß ihre Erzählung zum Scheitern verurteilt ist. Durch Marlow werden fortwährend neue Ansichten unterbreitet, deren Synthese eine Annäherung, wenn nicht sogar schließlich eine Transparenz von Jims rätselhafter Persönlichkeit verheißt. Gleichzeitig wird aber die in Aussicht gestellte Durchschaubarkeit durch die Offerte neuer erklärungsbedürftiger Aspekte hinausgezögert. Statt der erhofften Aufklärung bewirkt Marlows narrativer Impressionismus eine weitere Verrätselung von Jims abgründiger Individualität.

Die Allgegenwart einer mythisierenden Rhetorik der Dunkelheit und des Geheimnisses verstärkt noch diese Tendenz. Die enigmatische Undurchsichtigkeit des Protagonisten erscheint als beispielhafter Einzelfall eines düsteren kosmischen Geheimnisses, eines Zusammenhanges universeller, sich jeder Verstehbarkeit entziehender Finsternis. Wenn die Strategie des Textes darin besteht, das Interesse für Jim zu stimulieren, indem mit der Aura des Geheimnisvollen auch die Erwartung erzeugt wird, in ein Mysterium eingeweiht zu werden, dessen Reiz gerade darin besteht, sich der leichten Aufdeckung zu entziehen, dann ist die Effektivität einer solchen Absicht dadurch gefährdet, daß die verheißene Enträtselung immer aufs Neue suspendiert wird. Darüber hinaus wird auf der semantischen Ebene des Textes der Erfolg aller diesbezüglichen Verstehensbemühungen explizit ausgeschlossen. Der Leser befindet sich demnach in der tendenziell frustrierenden Lage, zur Entdeckung eines Geheimnisses aufgefordert zu werden, zugleich jedoch die Vergeblichkeit eigener Interpretationsaktivitäten vorweg bereits unmißverständlich bescheinigt zu bekommen. Die zirkuläre Tendenz von Marlows skeptischem Impressionismus rückt die dunkle Rätselhaftigkeit Jims in eine zeitenthobene und mythische Dimension, indem sie sie als offenes Problem von fortdauernder Aktualität umkreist, dessen Unlösbarkeit vorab zwar schon festgeschrieben, aber dennoch immer wieder zum Thema tiefschürfender Betrachtungen gemacht wird.

Einer solchen diskursiven Strategie ist der Vorwurf nicht erspart geblieben, Conrad habe seine eigene ästhetische Empfehlung

> Explicitness ... is fatal to the glamour of all artistic work, robbing it of all suggestiveness, destroying all illusion[53]

als wohlfeiles Erfolgsrezept allzu wörtlich genommen und eine Schreibweise der bewußt kalkulierten Dunkelheit kultiviert. Eine solche Kritik ist vom ästhetischen Standpunkt aus sicherlich nicht unberechtigt, sie verkennt jedoch die historische Funktion von *Lord Jims* mythisierender Rhetorik. Es ist ein Kennzeichen für Conrads Stellung zwischen Viktorianismus und Moderne, daß der facettenreiche Diskurs von *Lord Jim* zunächst ein Bewußtsein von der Krisenhaftigkeit und Relativität tradierter Vorstellungen zu ermöglichen scheint, dann jedoch eine mystifizierende Rhetorik entwickelt, um hergebrachte Normen und Einstellungen in ihrer Orientierungsfunktion zu konservieren. So wird das im England der Jahrhundertwende vorherrschende Bewußtsein, nicht länger in einem „safe universe" (17) zu leben, in verschiedener Hinsicht angesprochen. Ein Einblick in die Komplexität kultureller und sozialer Voraussetzungen des zeitgenössischen Krisenbewußtseins wird freilich verwehrt, wenn der Text Darstellungsstrategien einsetzt, die die Wirklichkeit als mysteriösen Zusammenhang dämonisierter Naturgewalten erscheinen lassen. *Lord Jim* leistet damit eine höchst effektvolle Uminterpretation und Neuorientierung solcher Werte, die sich – wie die Ideale des ritterlich-aristokratischen Ehrenkodex und die pragmatischen „few simple notions" (43) der viktorianischen Arbeitsethik – im Verlauf der historischen Entwicklung in ihrer Geltung gerade als problematisch erwiesen haben.

Die Konzeption einer geheimnisvoll-undurchschaubaren Individualität fügt sich in eine Wirklichkeitsdarstellung, in der solche konstitutiven Realitätsmerkmale aus dem Umkreis von Evolutions- und Entropiedebatte wie Zufall und Sinnlosigkeit zu dämonischer Willkür stilisiert worden sind. Natur und Schicksal zeigen sich demnach als bösartige, gefährliche und unberechenbare Gegenmacht, als quasi-personifizierte Widersacher menschlichen Wollens und Handelns. Auf perfide Weise vereiteln sie Jims heroische Ambitionen, indem sie die Aktivität seiner Imagination dazu benutzen, die irrationalen Antriebe eines kreatürlichen Persönlichkeitskerns zu entfesseln. Durch eine derartige Realitätssicht rücken auch Jims romantische Lebenspläne in eine veränderte Perspektive. Erscheinen sie zunächst als zu literarischen Klischees degradierte Sehnsucht nach heroischer Selbstverwirklichung, als triviales Phantasieprodukt eines jugendlichen Träumers, so gewinnt Jims unbeirrbare Treue gegenüber seinen Idealvorstellungen in dem Maße den suggestiven Reiz einer geheimnisvollen, weil unerklärbaren Haltung nobler Auflehnung und heroischer Vergeblichkeit, wie er sie in der Auseinandersetzung mit einem übermächtigen kosmischen Antagonisten behauptet.

Eine solche Wirkung ist für die Funktion des Textes insofern signifikant, als sich das Verhalten des Protagonisten an einem ritterlich-aristokratischen „code of honour" orientiert, dessen soziale Geltungsproblematik gerade dadurch verschwiegen wird, daß er eine Neubegründung und damit Bekräftigung als quasi-existentialistische Lebenseinstellung erfährt. Daß die Wertvorstellungen der Aristokratie in einer durch die Folgen der industriellen Revolution veränderten Gesellschaft zunehmend in eine Defensivposition geraten, ist zwar ein Vorgang, auf den der Text reagiert, ohne indes dazu beizutragen, ihn in seiner soziohistorischen Dimension durchschaubar zu machen. Im immerwährenden Zweikampf mit finsteren Schicksalsmächten wird der aristokratische „code of honour" jenseits aller Standesschranken zu einem Ausdruck von Seelenadel und persönlicher Noblesse. Indem seine Konturen als soziales Regulativ verschwimmen, steigert sich zugleich seine Symbolfähigkeit. Durch Marlows mythisierende Interpretationsaktivität wird Jim zum geheimnisvoll-unduchschaubaren Individuum, das als Inbegriff eines jugendlich-romantischen Heroismus, als zeitloses Symbol einer idealisierten Jugend, als Gentleman, ritterlicher Beschützer und wagemutiger Einzelgänger sowie als melancholisches Wunschbild einer vergangenen „nobility" die Imagination des Lesers anzusprechen vermag. Durch Marlows Vermittlung werden indes nicht nur nostalgische Reminiszenzen beschworen sowie Sehnsüchte nach einer von Idealismus geprägten und von kommerziellem Nützlichkeitsdenken freien Lebensform geweckt, sondern auch kritische Einwände gegen Jims exzessiven Romantizismus vorgebracht.

Lord Jim läßt ein ambivalentes Verhältnis zur Romantik erkennen, das symptomatisch ist für die prekäre Modernität des Conradschen Werkes. So begibt sich der Text auf kritische Distanz zu einem trivialisierten Romantizismus, wenn er Jims Sehnsucht nach einem Leben heroischer Selbstverwirklichung als das Phantasieprodukt leichter Ferienlektüre diskreditiert. In diesem Zusammenhang erscheint auch die Imagination, also das romantische Vermögen par excellence, als äußerst suspektes Gefährdungspotential. Sich vorzustellen, was abwesend oder nicht vorhanden ist, aber dennoch existieren könnte, wird nicht als Ausweis kreativer Fähigkeiten gesehen, sondern als bedrohliches Menetekel. Die Imagination erscheint als Kampfplatz dualistischer Prinzipien, da sie neben der Projektion edelmütiger Ambitionen auch chimärische Visionen aktiviert, welche die Realisierung von jenen vereiteln. So resultiert die Diskrepanz zwischen Jims exaltiert romantischem Selbstverständnis und dem kläglichen Fiasko seiner tatsächlichen Handlungsweise daraus, daß der imaginierte Schrecken möglicher Katastrophen Jims Entschlußkraft und Handlungsfähigkeit fatalerweise in jenen Entscheidungssituationen paralysiert, die es erfordern würden, den kühnen Projektionen Taten folgen zu lassen. Die Einbildungskraft wird zur Schwachstelle in der zivilisierten Psyche, wenn sie zu tagträumerischer Inaktivität und narzißtischer Selbstbespiegelung verleitet und damit dem dunklen anderen ordnungsfeindlicher Irrationalität die Schleusen öffnet. Jims Anfälligkeit für die verführerischen Einflüsterungen finsterer Mächte hat zur Folge, daß er sich zu Wunschbildern einer illusionären Sicherheit animieren läßt, die gerade jene zivilisationserhaltende Wachsamkeit einschläfern, deren es bedarf, um das Chaos naturhafter Triebe und Instinkte unter Kontrolle zu halten.

Bei allem Argwohn gegenüber der janusköpfigen Rolle der Imagination und einem Romantizismus, der zu sterilen Privatphantasien abgewertet erscheint, zeigt sich im letzten Teil von *Lord Jim* das zwiespältige Verhältnis zur romantischen Vorstellungswelt. Auf deren Faszinationskraft scheint der Autor – trotz aller mißtrauischen Vorbehalte – nicht verzichten zu wollen. So befördert er Jim auf Patusan zum Helden eben jener Abenteuerromanze, die der Text zuvor in den Verdacht gebracht hat, nur noch exotische Fluchtphantasien aus einer unromantischen Wirklichkeit zu inszenieren. Der Rückgriff auf populäre Erzählmuster bietet Jims romanzenhaftem Selbstbild einen Realisierungsrahmen, der den irrealen Charakter einer in exotische Ferne projizierten Traumwelt gleichwohl nicht verleugnet. Patusan wirkt wie ein aus der Wirklichkeit ausgegrenzter Freiraum heroischer Selbstverwirklichung, der Jim die Möglichkeit einräumt, Traum und Wirklichkeit miteinander zu versöhnen. Der fiktiven Erfüllung romantischer Sehnsüchte und heroischer Wünsche kommt der Rückfall in eine konventionelle Erzählmanier entgegen.

So werden die nur indirekt zugänglichen Geschehnisse auf Patusan mit größter Selbstverständlichkeit als erzählbare Geschichte geboten, obgleich Marlow zuvor gerade die Problematik reflektiert, Jims Geschichte in einer endgültigen Version zu erzählen. Die gebrochene Art und Weise, in der sich der Patusan-Teil die Anziehungskraft des romantischen Idealismus als Wirkungsphänomen zunutze macht, zeigt sich in der Tatsache, daß er zwar als realisierbar dargestellt wird, allerdings in einer exotischen Traumwelt, die ihren Charakter als „pure exercises of imagination" (282) nicht verschweigt. Wenn der Wunsch nach einer Einheit von hehrer Gesinnung und heroischer Tat wenigstens vorübergehend als erfüllbar dargestellt wird, so erscheint doch Jims Bereitschaft, für seine Ehre den Preis des Todes zu zahlen, als egoistische Rigorosität, die seine Vorbildlichkeit als Kolonialist und Mann der Tat zweifelhaft werden läßt. Zwar gewinnt der ritterliche Idealismus seine Attraktivität im Kontrast zur Phantasielosigkeit und Selbstgefälligkeit eines materialistischen Utilitarismus, zugleich mindern aber seine egozentrischen Tendenzen die Tauglichkeit als nachahmenswertes Verhaltensmodell.

Dem von ihm als narzißtisch gedeuteten Ehrverständnis hält Marlow die „few simple notions" des seemännischen Verhaltenscode entgegen, durch die zentrale Maximen der viktorianischen Arbeitsethik wie Disziplin, Fleiß und Pflichterfüllung als organisch gewachsene Werte bekräftigt werden. Marlows Interpretation zufolge dienen sie weniger dem Zusammenhalt einer einzelnen sozialen Gruppe, als vielmehr der Solidarität einer Menschheit, die sich durch die gemeinschaftliche Abwehr zerstörerischer Naturkräfte definiert. Wenn das unkalkulierbare Zusammenspiel dämonischer Mächte als Ursache für die Gefährdung elementarer viktorianischer Verhaltensregeln erscheint, dann blendet eine derartige Darstellungsstrategie zwar die gesamte Dimension soziokultureller Entwicklungen aus, gleichzeitig erhalten die problematisch gewordenen Normen eine besondere Plausibilität und als universale menschheitsumfassende Werte eine geradezu zivilisationserhaltende Notwendigkeit gegenüber allen Veränderungen, die als Einbruch von Irrationalität und naturhaftem Chaos mystifiziert werden.

Anmerkungen

1 Vgl. hierzu David Thorburn: Conrad's Romanticism, New Haven und London 1974, S. 18. Zur Conradschen Biographie insgesamt Frederick R. Karl: Joseph Conrad. The Three Lives, New York 1979 (Dt. von Christian Spiel: Joseph Conrad. Eine Biographie, Hamburg 1983).
2 Vgl. Leon Edel: The Life of Henry James, 2 vols., Harmondsworth 1977 (Peregrine Books).
3 Vgl. Thorburn: Conrad's Romanticism.
4 Jorge Luis Borges und Osvaldo Ferrari: Lesen ist denken mit fremdem Gehirn, Zürich 1990, S. 193.
5 So der Titel eines Buches von Paul B. Armstrong, Ithaca und London 1987.
6 Siehe hierzu Hermann Josef Schnackertz: Darwinismus und literarischer Diskurs. Der Dialog mit der Evolutionsbiologie in der englischen und amerikanischen Literatur, München 1992.
7 Vgl. hierzu u.a. Eckhard Lobsien: Das literarische Feld, München 1988, S. 11f.
8 Henry James: The Art of Fiction, in: The Critical Muse. Selected Literary Criticism, Harmondsworth (Penguin Books), hrsg. von Roger Gard, S. 189. Die folgenden Seitenzahlen im Text beziehen sich auf diese Ausgabe.
9 Vgl. Walter Pater: The Renaissance, in: William E. Buckler (Hrsg.): Walter Pater: Three Major Texts, New York und London 1986, S. 217f.
10 Percy Lubbock (Hrsg.): The Letters of Henry James, 2 vols., New York 1920, Vol. I, S. 182.
11 Henry James: The Portrait of a Lady, 2 vols., New York Edition Vol. III, New York 1970 (^{1}1908), Vol. I, S. x.
12 Vgl. insbesondere Percy Lubbock: The Craft of Fiction, London 1966 (^{1}1921). Zur Kritik an Lubbock siehe Wayne C. Booth: The Rhetoric of Fiction, Chicago und London 1961.
13 Booth, S. 45.
14 Ebd., S. 49.
15 Vgl. u.a. Dorrit Cohn: Transparent Minds. Narrative Modes for Presenting Consciousness in Fiction, Princeton 1978.
16 Evan Carton: Henry James the Critic, in: Raritan V:3 (1986), S. 130.
17 So der Titel eines Aufsatzes von John E. Tilford Jr., in: Modern Fiction Studies IV (1958), S. 157-64.
18 Henry James: Preface to The Tragic Muse, in: The Critical Muse, S. 515.
19 Vgl. hierzu u.a. Joel Porte (Hrsg.): New Essays on The Portrait of a Lady, Cambridge 1990.
20 Tony Tanner: Henry James. The Writer and His Work, Amherst 1985, S. 8.
21 Henry James: The Portrait of a Lady, 2 vols., New York Edition, Vol. III, New York 1970 (^{1}1908), Vol. I, S. 68. Die folgenden Seitenzahlen im Text beziehen sich auf diese Ausgabe.
22 Henry James: What Maisie Knew, New York Edition, Vol. XI, New York 1970 (^{1}1908), S. xiii/xiv. Die folgenden Seitenzahlen im Text beziehen sich auf diese Ausgabe.
23 Henry James: The Turn of the Screw, New York Edition, Vol. XII, New York 1971 (^{1}1908), S. xviii.

24 Siehe hierzu u.a. Gerald Willen (Hrsg.): A Casebook on Henry James's „The Turn of the Screw", New York 1960.
25 Vgl. John Carlos Rowe: The Theoretical Dimensions of Henry James, Madison, Wisconsin 1984, S. 120ff.
26 Frank Kermode (Hrsg.): The Figure in the Carpet and Other Stories, Harmondsworth (Penguin Books), S. 11.
27 The Novels and Tales of Henry James, New York Edition, Vol. XV, New York o.J. ([1]1909), S. xv.
28 Peter Conrad: The Everyman History of English Literature, London 1985, S. 579.
29 Henry James: The Figure in the Carpet, in: New York Edition, Vol. XV, S. 243. Die folgenden Seitenzahlen im Text beziehen sich auf diese Ausgabe.
30 Henry James: The Ambassadors, 2 vols., New York Edition, Vol. XXI/XXII, New York 1971 ([1]1909), Vol. I, S. 3. Die folgenden Seitenzahlen im Text beziehen sich auf diese Ausgabe.
31 Peter Hasenberg: Erzählen ohne Erzähler?, in: Perspektivität in Sprache und Text, hrsg. von Peter Canisius, Bochum 1987, S. 74.
32 Manfred Smuda: Der Gegenstand in der bildenden Kunst und Literatur, München 1979, S. 106.
33 Ian Watt: The First Paragraph of the The Ambassadors. An Explication, in: Essays in Criticism, Vol. 10 (1960).
34 Smuda, S. 106.
35 Eckhard Lobsien: Theorie literarischer Illusionsbildung, Stuttgart 1975, S. 116; vgl. ferner Alan W. Bellringer: The Ambassadors, London 1984, S. 50ff.
36 Tony Tanner, S. 101.
37 Vgl. u.a. Ruth B. Yeazell: Language and Knowledge in the Late Novels of Henry James, Chicago 1976.
38 Siehe hierzu Ian Watt: Conrad in the Nineteenth Century, London 1980, S. 76ff.
39 Joseph Conrad: The Nigger of the „Narcissus". A Tale of the Sea, in: The Medallion Edition of the Works of Joseph Conrad, 22 vols., London 1925-1928, Vol. III, S. vii. Die folgenden Seitenzahlen im Text beziehen sich auf diese Ausgabe.
40 Georg Wilhelm Friedrich Hegel: Ästhetik, hrsg. von Friedrich Bassenge, 2 Bde., Frankfurt/M. o.J. ([1]1842), Bd. 1, S. 42ff.
41 Elsa Nettels: James and Conrad, Athens, Georgia 1977, S. 34.
42 Vgl. u.a. Paul de Man: Blindness and Insight, New York 1971; Perry Meisel: The Myth of the Modern, New Haven und London 1987.
43 Eloise Knapp Hay: Impressionism Limited, in: Joseph Conrad. A Commemoration, hrsg. von Norman Sherry, London 1976, S. 57.
44 Vgl. hierzu im einzelnen Hermann Josef Schnackertz: Joseph Conrad, Heart of Darkness (1902). Die Rhetorik der Dunkelheit und die Auflösung evolutionistischer Oppositionen, in: Darwinismus und literarischer Diskurs, München 1992.
45 Joseph Conrad: Under Western Eyes, The Medallion Edition, Vol. XII, London 1925, S. 3. Die folgenden Seitenzahlen im Text beziehen sich auf diese Ausgabe.
46 Joseph Conrad: The Secret Agent, The Medallion Edition, Vol. X, London 1925, S. vii.
47 Vgl. u.a. Fredric Jameson: The Political Unconscious, Ithaca, New York 1981, S. 269ff.
48 Allon White: The Uses of Obscurity. The Fiction of Early Modernism, London 1981, S. 20.
49 Joseph Conrad: Chance, The Medallion Edition, Vol. XIV, London 1925, S. x.
50 Virginia Woolf: The Common Reader. First Series, London 1968 ([1]1925), S. 290.
51 Siehe hierzu im einzelnen Hermann Josef Schnackertz: Joseph Conrad, Lord Jim, München 1984 (= UTB 1310).
52 Joseph Conrad: Lord Jim, The Medallion Edition, Vol. IV, London 1925, S. 93. Die folgenden Seitenzahlen im Text beziehen sich auf diese Ausgabe.
53 Allon White, S. 121.

Literatur

Henry James: The Art of the Novel. Critical Prefaces, hrsg. von Richard P. Blackmur, New York 1934.
The Notebooks of Henry James, hrsg. von F.O. Matthiessen und K.B. Murdock, New York 1947.
Henry James: Die Kunst des Romans. Ausgewählte Essays zur Literatur, Hanau/Main 1984.
Henry James: Bildnis einer Dame, Frankfurt/M., Berlin und Wien 1981 (= Ullstein Buch 30121).

Henry James: Maisie, Frankfurt/M. 1982 (= Ullstein Buch 20289).
Henry James: Die Gesandten, Frankfurt/M. 1982 (= Ullstein Buch 20441).
Henry James: Gespenstergeschichten, Frankfurt/M. 1982 (= Ullstein Buch 20197).
Henry James: Erzählungen, Frankfurt/M. 1983 (= Ullstein Buch 20338).

Joseph Conrad: Gesammelte Werke in Einzelbänden, 19 Bde., Frankfurt/M. 1962-1984. – Die meisten Bände sind inzwischen auch als „Fischer Taschenbücher" erhältlich.

Paul B. Armstrong: The Phenomenology of Henry James, Chapel Hill und London 1983.
Alan W. Bellringer: Henry James, London 1988 (= Macmillan Modern Novelists).
Alwyn Berland: Culture and Conduct in the Novels of Henry James, Cambridge 1981.
Christine N. Brinckmann und Ulrich Keller: Erzählen und Lügen. Zur Auslegung von Henry James' „The Turn of the Screw", in: Miscellanea Anglo-Americana. Festschrift für Helmut Viebrock, München 1974.
Frieder Busch: Erzähler-, Figuren- und Leserperspektive in Henry James' Roman „The Ambassadors", München 1967 (= Mainzer Amerikanistische Beiträge Bd. 8).
Sharon Cameron: Thinking in Henry James, Chicago 1989.
Seymour Chatman: The Later Style of Henry James, Oxford 1972.
C.B. Cox: Joseph Conrad. The Modern Imagination, London 1974.
H.M. Daleski: Joseph Conrad. The Way of Dispossession, London 1977.
Leon Edel: Henry James. A Collection of Critical Essays, Englewood Cliffs, N.J. 1963.
Avrom Fleishman: Conrad's Politics: Community and Anarchy in the Fiction of Joseph Conrad, Baltimore, Md. 1967.
Herwig Friedl: Die Funktion der Bildlichkeit in den kritischen und theoretischen Schriften von Henry James. Ein Entwurf seiner Literaturtheorie, Heidelberg 1972.
David Galloway: Henry James. The Portrait of a Lady, London 1967.
Kenneth Graham: Indirections of the Novel: James, Conrad and Forster, Cambridge 1988.
Roger Gard: Henry James. The Critical Heritage, London 1968.
Paul Goetsch: Die Romankonzeption in England 1880-1910, Heidelberg 1967.
William R. Goetz: Henry James and the Darkest Abyss of Romance, Baton Rouge und London 1986.
Albert J. Guerard: Conrad the Novelist, Cambridge, Mass. 1968.
Jeremy Hawthorn: Joseph Conrad. Narrative Technique and Ideological Commitment, London 1990.
Eloise Knapp Hay: The Political Novels of Joseph Conrad. A Critical Study, Chicago 1963.
Winfried Herget: Untersuchungen zur Wirklichkeitsdarstellung im Frühwerk Joseph Conrads, Frankfurt/M. 1965.
Frederick R. Karl: A Reader's Guide to Joseph Conrad, New York 1960.
Dorothea Krook: The Ordeal of Consciousness in Henry James, Cambridge 1962.
Olof Lagercrantz: Reise ins Herz der Finsternis. Eine Reise mit Joseph Conrad, Frankfurt/M. 1988.
F.R. Leavis: The Great Tradition, London 1948.
Jakob Lothe: Conrad's Narrative Method, Oxford 1989.
Daniel Mark Fogel: Henry James and the Structure of the Romantic Imagination, Baton Rouge und London 1981.
Marvin Mudrick (Hrsg.): Conrad. A Collection of Critical Essays, Englewood Cliffs, N.J. 1966.
Peter Nicolaisen: Joseph Conrad, Reinbek bei Hamburg 1988 (= Rowohlts Monographien 384).
Sergio Perosa: Henry James and the Experimental Novel, New York und London 1983.
Samuel Gorley Putt: A Reader's Guide to Henry James, London 1966.
Shlomith Rimmon: The Concept of Ambiguity. The Example of Henry James, Chicago 1977.
Royal Roussel: The Metaphysics of Darkness. A Study in the Unity and Development of Conrad's Fiction, Baltimore und London 1971.
John Carlos Rowe: Henry James and Henry Adams: The Emergence of a Modern Consciousness, Ithaca, N.Y. 1976.
Edward W. Said: Conrad. The Presentation of Narrative, in: The World, the Text, and the Critic, Cambridge, Mass. 1983.
Ferdinand Schunck: Joseph Conrad, Darmstadt 1979 (= Erträge der Forschung Bd. 112).

Sallie Sears: The Negative Imagination. Form and Perspective in the Novels of Henry James, Ithaca, N.Y. 1968.
Werner Senn: Conrad's Narrative Voice. Stylistic Aspects of his Fiction, Bern 1980.
Norman Sherry: Conrad's Eastern World, Cambridge 1966.
Ders.: Conrad's Western World, Cambridge 1971.
Ders.: Conrad. The Critical Heritage, London und Boston 1973.
Franz K. Stanzel: Die typischen Erzählsituationen im Roman. Dargestellt an „Tom Jones", „Moby-Dick", „The Ambassadors", „Ulysses" u.a., Wien und Stuttgart 1955.
Martin Tucker: Joseph Conrad, Berlin 1984 (= Köpfe des 20. Jahrhunderts, Bd. 100).
Cedric Watts: A Preface to Conrad, London und New York 1982.
Hermann J. Weiand: Joseph Conrad. Werk und Leben, Düsseldorf 1979.
Renate Wiggershaus: Joseph Conrad. Leben und Werk in Texten und Bildern, Frankfurt/M. 1990.
Judith Woolf: Henry James. The Major Novels, Cambridge 1991.
Donald Yelton: Mimesis and Metaphor. An Inquiry into the Genesis and Scope of Conrad's Symbolic Imagery, The Hague 1967.

Die Prosa Virginia Woolfs

Konzentration und Entgrenzung

Verena Olejniczak

„The method of writing smooth narration can't be right; things don't happen in one's mind like that."[1] – Diese Beobachtung, die Virginia Woolf kurz nach Abschluß des Manuskripts von *To the Lighthouse* in ihrem Tagebuch notiert, geht einher mit der Vermutung, sie habe nunmehr „ihre Methode" des Schreibens gefunden, ihren Prosastil so weit perfektioniert, daß sie ihn nunmehr auch für zukünftige Romanvorhaben beibehalten könne – „it will now stay like this and serve whatever use I wish to put it to" (*A Writer's Diary*, 105). Die Zuversicht sollte sich alsbald als voreilig erweisen. Wohl kaum eine andere Autorin hat bis zum Ende ihres Lebens so unermüdlich nach neuen Formen des literarischen Ausdrucks gesucht. Noch ihr letzter Roman, *Between the Acts*, ist im Vergleich mit seinen Vorgängern deutlich innovativ.

Angesichts solch modernistischer Radikalität erscheint die Rede von 'der Prosa' Woolfs problematisch. Zu stark variiert die Woolfsche Schreibweise von Text zu Text. Gleichwohl bleibt sie dabei durchaus charakteristisch, unverkennbar die Handschrift eben dieser Autorin. Dieser scheinbare Widerspruch provoziert nicht nur die Frage nach der Art und Weise der Veränderung, die der Woolfsche Prosastil von Roman zu Roman durchmacht, sondern auch danach, was – nach Maßgabe dieser Ästhetik der Überbietung – seine ebenso unbestreitbare Kontinuität und Identität ausmacht. Gibt es, anders formuliert, ein Interesse, das die Woolfschen Texte auf immer neuen Wegen verfolgen, einen Fokus, den sie aus wechselnden Perspektiven, aber mit unvermindertem Engagement und möglicherweise zunehmender Schärfe in den Blick zu nehmen suchen? Welcher Art ist die Dominante ihrer narrativen Struktur? Wie läßt sich die Problemkonfiguration beschreiben, der sie in fortgesetzter erzähltechnischer Variation gerecht zu werden suchen, und woran liegt es, daß es hier keine endgültige und ein für allemal befriedigende Lösung zu geben scheint?

Eine Antwort auf diese Fragen, der im folgenden nachgegangen werden soll, lautet so: Der experimentelle Gestus im Schreiben Woolfs ist ebensowenig zufällig wie die Reflexion dieses Vorgangs in den Texten selbst. Vielmehr korrespondieren reflektierende Überarbeitung und unaufhörlicher stilistischer Neueinsatz einer Grundstruktur des Problems, das die Woolfschen Romane anvisieren und dessen ästhetische Erschließung zugleich eine der Signaturen der klassischen literarischen Moderne ist: das Problem menschlichen Selbstseins.

Dabei liegt dieses Problem keinesfalls als bereits vorformuliertes außertextuell parat, so daß es die Literatur nur noch aufzugreifen bräuchte. Es findet vielmehr die seiner Struktur adäquate Artikulation recht eigentlich erst im literarischen Text. Dieser bildet das ihm kongeniale Medium, während es andererseits gegen philosophische Diskursivität resistent erscheint.[2]

Das hat seinen Grund in der Art dieser Problematik. Der paradoxe und aporetische Charakter der Subjektivitätsfrage macht diese zu einer zugleich unausweichlichen und unlösbaren, die Arbeit an ihr zu einer unabschließbaren. Denn zum einen konstituiert sich Subjektivität im interaktiven Zusammenhang: in Intersubjektivität und in Auseinandersetzung mit den Dingen der Welt, der belebten und unbelebten Natur, den von Menschen geschaffenen Objekten, Zuständen, Institutionen. Als „Personalität"[3] mit je eigener (zurechenbarer und zu verantwortender) Geschichte, individueller Kontur und veränderlichen Grenzen erfährt sie sich, indem sie sich sprechend, wahrnehmend und handelnd von anderen und von der Welt unterscheidet. Zum anderen und gleichzeitig impliziert Subjektivität in einem engeren Sinn das Problem des Selbstbewußtseins. Dessen Brennpunkt wiederum liegt in der Paradoxie, daß sich Ichsein in der Reflexion der eigenen Unfähigkeit zu reflexiver Selbstbegründung konstituiert. Der Grund des Selbst ist denkend nicht hintergehbar. Die Selbsterfahrung eines auf einen Ichpunkt hin oder von diesem her strukturierten Bewußtseins ist ebenso fraglos wie im letzten unerklärlich, beinhaltet doch diese Erfahrung eine zweifelsfreie Gewißheit des Selbstseins in Form unmittelbarer Selbstvertrautheit.

Subjektivität stellt sich dar als ein unübersichtliches, wenn auch mit Hilfe bestimmter, teilweise miteinander verschränkter, teilweise in unklarer Beziehung zueinander stehender Parameter zu ordnendes Problemfeld mit zahlreichen 'weißen' Arealen, das weder diskursiv noch epistemisch vollständig bewältigt werden kann. Es wird von den Relationen 'Ich und Welt', 'Ich und andere' gleichsam begrenzt und von den Aporien, die sich in der Rückwendung des Ich auf sich einstellen, intern strukturiert. Zu seinen konstitutiven Momenten gehört der Index des Selbstseins, den jedes Sprechen in der 1. Person mit sich führt, also die unvermeidliche Selbstreferenz des Redenden im Personalpronomen „ich"; weiterhin die von Kant angesprochene Synthesisfunktion – „Das: *Ich denke,* muß alle meine Vorstellungen begleiten *können*"[4] –, die das Ich als substanzfreien Fokus des Bewußtseins, als ausdehnungslosen Ort von Wahrnehmungs-, Erkenntnis- und Organisationsleistungen versteht. Deiktische und epistemische Aspekte schließen sich mit personalen und intersubjektiven zu einer erkennbaren, aber unklaren Einheit zusammen. *Daß* sie zusammengehören, erscheint offensichtlich; *wie* sie aufeinander bezogen sind und *aus welchem Grund,* bleibt dunkel. Dunkelheit und Unabschließbarkeit dieses Problemfelds resultieren so gleichermaßen aus der Art und Weise seiner Kohärenz, aus den Weglosigkeiten, in die das Ich gerät, das sich selbst und seinem rätselhaften Bewußtsein von sich auf den Grund zu kommen sucht, aus der Vergeblichkeit dieser Anstrengung und ihrer gleichzeitigen Unaufgebbarkeit, ebenso wie aus dem Schwebezustand zwischen Weltbindung und Weltdistanz,[5] den das Subjekt weder nach der einen noch nach der anderen Seite ohne Selbstverlust aufzuheben vermag. Beide Problembereiche, der der Personalität unter dem Aspekt der Relation zur Welt und der des Selbstbewußtseins sind als Zentralthemen neuzeitlichen Philosophierens im deutschen Idealismus systematisch untersucht worden und werden nicht zuletzt unter den Vorzeichen der Poststrukturalismusdebatte bis in die Gegenwartsphilosophie hinein kontrovers erörtert.

Die Literatur der Moderne, insbesondere die Prosa Woolfs, nimmt gleichsam eine erneute Kartierung dieses Problemfelds mit seiner je nachdem mehr oder weniger deutlich sich abzeichnenden romantischen Hypothek vor. Dabei geht die Wirkungsintention des Woolfschen Werkes vor allem auf eine Restrukturierung des Feldes, die sich im Spannungsbereich der beiden fundamentalen, gleichwohl gegenläufigen Modi der Subjektivitätsdynamik orientiert. Diese Modi lassen sich vorläufig mit den Metaphern 'Konzentration' und 'Entgrenzung' beschreiben.

Die Selbsterfahrung der Woolfschen Figuren bewegt sich zwischen den Polen diskreten, bei sich versammelten, gleichsam fokussierten Ichbewußtseins und einer Art Dispersion, einer Grenzüberschreitung zu anderen und anderem, einer Art Zerstreuung in Stimmungen, einer Verausgabung in erinnerten, imaginierten oder tatsächlichen Relationen und den zu ihnen gehörigen Gefühlsqualitäten. Die Figuren suchen sich zwischen diesen Extremen emphatischen Selbstseins und der Weltbindung bzw. einer Selbstverschwendung bis hin zur Selbstvergessenheit in der Schwebe zu halten – ein Balanceakt, der von der ständigen Gefahr des Mißlingens begleitet ist. Allenfalls vorübergehend wird diese Schwierigkeit einer inner- und intersubjektiven Balance von Differenz und Diffusion bewältigt, geht es hier doch um ein dynamisches, immer wieder neu zu regulierendes

Gleichgewicht und nicht um einen Zustand ein für allemal zu gewinnender Harmonie. Zudem läßt sich diese Dynamik erzähltechnisch nicht schematisieren. Oder vielmehr umgekehrt: Sie wird als solche erfahrbar in einer Weise literarischer Präsentation, die ihrerseits durch äußerste Flexibilität, ständige Innovation und Überholung der einmal gewählten Verfahren gekennzeichnet ist und die die beiden gegenläufigen Bewegungen in einer unauflöslichen dialektischen Konfiguration verbindet. Indem sie dieses Problem als paradoxe Simultaneität von Konzentration und Entgrenzung artikulieren, durchmessen die Woolfschen Romane ein außerordentlich breites wirkungsstrategisches Spektrum. Einige der charakteristischen Erzählverfahren und ihre Veränderungen von Roman zu Roman werden im folgenden beispielhaft und notgedrungen in thesenhafter Verkürzung vorgestellt.

Ich überspringe – neben der fiktionalen „Biographie" *Orlando* (1928) – zwei Texte: Woolfs zweiten Roman, *Night and Day* (1919), und ihren vorletzten, *The Years* (1937). Eine Diskussion hätte sowohl die Gemeinsamkeiten der beiden Texte als auch ihren Bezug zu dem hier herausgestellten Zentralthema des Gesamtwerks zu zeigen. Abgesehen davon, daß in beiden Romanen vergleichsweise traditionell erzählt wird – *Night and Day* ist eine Komödie in Austenscher Manier, *The Years* eine Spielart der Familienchronik; beide bevorzugen einerseits auktoriale Modi, lassen andererseits die Figuren in langen, naturalistischen Konversationen zu Wort kommen –, kreisen beide Texte um den Gegensatz zwischen „the life of solitude and the life of society, this astonishing precipice on one side of which the soul was active and in broad daylight, on the other of which it was contemplative and dark as night".[6] In beiden Romanen suchen die Protagonisten nach Übergängen und Beziehungen zwischen den Welten (in *Night and Day* mit stärker moralischer und individualpsychologischer, in *The Years* mit deutlicher politischer Emphase). In beiden Texten wird angesichts dieser Spannung zwischen Bewußtseinsleben und Gesellschaft, Isolation und Partizipation gegen egoistische Optionen und für eine Vision des Ausgleichs zwischen den Nacht- und Tagseiten des Lebens und der befreiten Wechselseitigkeit und Solidarität plädiert. Beide Texte unternehmen allerdings Versuche, diese 'Lösungen' zu explizieren, ohne sie zuvor strukturell ausreichend plausibel gemacht zu haben. Daher können Formulierungen der Problematik nur entweder pathetisch oder plakativ bis hilflos ausfallen. „What would the world be (...) without 'I' in it?" fragt etwa einer der Charaktere in *The Years*,[7] und anders als später in *The Waves* wird die diskursive Direktheit dieser Passage nicht durch die Einbettung in einen poetologischen Kontext bzw. einen stark stilisierten inneren Monolog aufgefangen.[8] Die Schwierigkeit eigenständigen Selbstseins wird wie folgt präsentiert: „She had been thinking, Am I that, or am I this? Are we one, or are we separate – something of the kind. (...) 'What's „I"? ... „I" ...' She stopped. She did not know what she meant. She was talking nonsense."[9] Da derartige rein aufs Inhaltliche zielende Thematisierungen der Relation von Konzentration und Entgrenzung weitgehend ohne strukturelle Korrelate bleiben, gelangen sie über das Diskursive und Programmatische nicht hinaus. Nicht zuletzt deshalb vermögen *Night and Day* und *The Years* nicht die Wirkungsintensität der anderen Romane Woolfs zu erreichen.

The Voyage Out (1915), Woolfs Erstling, tastet sich in ausgesprochen obliquer Manier an sein Thema heran.

Erzählt wird die Geschichte Rachels, der einzigen Tochter des Reeders Willoughby Vinrace, die nach einer viktorianischen Kindheit – wohlbehütet aber unaufgeklärt – ihren Vater auf einer Südamerikafahrt begleitet. Mit an Bord der von London segelnden „Euphrosyne" sind ein alter Studienfreund des Vaters und das Ehepaar Ambrose: Rachels Onkel Ridley und seine Ehefrau Helen. Der Abgeordnete Richard Dalloway und seine Gattin Clarissa kommen in Spanien für eine Etappe als zusätzliche Passagiere an Bord. Dalloway imponiert Rachel, und während schweren Seegangs küßt er sie. Auf Helens Betreiben hin schließt sich Rachel den Ambroses auf unbestimmte Zeit an, um in deren Villa in Santa Marina und im Umgang mit den im dortigen Hotel einquartierten Engländern größere gesellschaftliche Gewandtheit zu gewinnen. Rachel verliebt sich auch prompt in den jungen Schriftsteller Terence Hewet. Sie verloben sich, aber nach kurzer Zeit erkrankt Rachel an einem mysteriösen Tropenfieber und stirbt.

Die Form des Romans mutet auf den ersten Blick durchaus konventionell an. *The Voyage Out* folgt dem Schema des Bildungsromans, obendrein modelliert über der ehrwürdigen Metapher der Ausfahrt. Bei näherem Hinsehen weist indes die Realisierung dieses Musters einer Lebensreise von Unschuld zu Erfahrung, Reife und Selbstfindung eine Reihe irritierender Momente auf. Vor allem Rachels abrupter Tod subvertiert die teleologischen Implikationen des Schemas, aber auch die einzelnen Schritte des vermeintlich vorgeführten Bildungsprozesses erscheinen, vom Ende her betrachtet, zweifelhaft. Die Etappen - erste Erfahrung von Sexualität, Bekanntschaft mit anderen Lebensentwürfen, Begegnung mit dem Partner, Liebe und Verlobung - verlieren an Konsistenz und Folgerichtigkeit. Rachels Tod wirkt keineswegs zwangsläufig oder gar tragisch. Auf diese Weise läßt aber die vorzeitig gekappte Lebenslinie der Heldin retrospektiv den Plan, dem ihr Leben zu folgen schien, sichtbar und zugleich fragwürdig werden.

Allerdings zeigt sich hier nicht nur die Dürftigkeit der Optionen, die einer jungen Frau von Rachels Typ und Herkommen um die Jahrhundertwende zur Verfügung standen. Vielmehr fungiert die Subversion des literarischen Schemas über diese feministische Pointe hinaus als Bloßlegung und Problematisierung der generellen Annahme, auf der jenes ruhte: daß nämlich in der Auseinandersetzung mit der Welt, mit inneren und äußeren Widrigkeiten sich schließlich ein 'reifes' Selbst herausbilde, kontinuierlich entfalte und stabilisiere. Indem diese Annahme ihrer selbstverständlichen Geltung entkleidet wird, stellt sich die Frage nach dem Wesen des Selbstseins, nach Subjektivität und den adäquaten Weisen ihrer Präsentation mit neuer Dringlichkeit. Rachel stirbt, weil nur so die Unzulänglichkeit der bisherigen Weisen der Darstellung von Selbstsein erwiesen und dieses als ungelöstes Problem erfahrbar gemacht werden kann.

Zu den narrativen Verfahren, die bei dieser Entfunktionalisierung und Umarbeitung des literarischen Schemas mitwirken, zählt auch die Anlagerung zahlreicher untergeordneter Episoden an die Hauptlinie des *plot*, sowie die Ausführlichkeit, mit der eine große Anzahl von Nebenfiguren Erwähnung findet und zu Wort kommt. Eine eigentümliche Nivellierung ist die Folge. Nebensächliches rückt mit Bedeutsamem auf die selbe Ebene; oder vielmehr: Dieses ist von jenem nicht von vornherein zu unterscheiden. Wege der Annäherung an zentral Wichtiges sind noch nicht gebahnt, sondern müssen erst gefunden werden.

Auch die Annäherung an die Hauptfigur Rachel vollzieht sich umweghaft und indirekt. Die Figuren, auf die der Text zu Beginn den Blick richtet, sind Helen und Ridley Ambrose. Erst nachträglich erweisen sich diese als Nebenfiguren. Und auch sie selbst rücken einigermaßen umständlich über eine Reihe von Vermittlungsstufen ins Bild, bevor sie vorübergehend zu Wahrnehmungssubjekten und ihrerseits zu Instanzen der Perspektivierung im Hinblick auf Rachel werden. Bis in Mikrostrukturen des Textes hinein läßt sich diese Strategie des Vorschiebens von anderem, der distanzierenden Verstellung, der Verunklärung von Relevanzgrenzen verfolgen. Rachel muß von Anfang an gesucht werden. Oder genauer: Es fragt sich, ob und an welcher Stelle sie überhaupt in die dargestellte Welt gehört und welche Rolle sie dort spielen wird.

Auch das auktoriale Erzählen, das diesen Roman über weite Strecken prägt, und die Art und Weise, wie die auktoriale Instanz mit den Figurenstimmen interferiert, fügt sich dieser schon in den ersten Textabschnitten spürbar werdenden Wirkung ein. Zwar handhabt Woolf schon in ihrem Erstling die auktoriale Stimme mit größter Flexibilität, aber auch ihr spielerisch-ironischer Umgang mit den Privilegien erzählerischer Omnipotenz impliziert das Vorhandensein eines zeitlich, räumlich und psychologisch übergeordneten Standpunkts in einem weitgehend anonymen, personal kaum konturierten Bereich. Die Figuren scheinen umgeben zu sein von einem Medium bloßer Bewußtheit 'vor' der

Profilierung von Persönlichkeit und partikulärem Selbstsein. Gleichzeitig kann dieses Medium sich jederzeit über die Grenzen der Figurensubjektivitäten hinwegsetzen und in eine Wechselwirkung mit diesen eintreten, in welcher Nähe und Distanz, vorsichtige Mutmaßungen über die Befindlichkeit der beobachteten Person und blitzartige Einblicke in ihr Gefühlsleben einander unberechenbar ablösen. Eines der wirkungsvollsten Verfahren, mit denen die Erzählstimme dieses ortlose Schweben zur Leseerfahrung werden läßt, ist der *free indirect discourse*.[10] Viel charakteristischer für die Woolfsche Prosa als die Illusion unmittelbarer Wiedergabe des Bewußtseinsstroms im inneren Monolog, wird *free indirect discourse* schon in *The Voyage Out* als außerordentlich sensibles und variationsreiches Instrument eines gleichsam stereophonen Erzählens eingesetzt. Ein Satz wie der folgende: „When one gave up seeing the beauty that clothed things, this was the skeleton beneath"[11] – flottiert zwischen Helens Stimme und der der Erzählerin. Er spricht nicht nur von der Sterblichkeit, der melancholischen Transparenz der Dinge auf ihren Tod hin, die hinter Schönheit und Lebendigkeit ihr Gegenteil sichtbar werden und eines so zugleich immer auch ein anderes sein läßt, sondern er ist, insofern er Helens Empfindung im Medium der Erzählstimme zur Sprache bringt, gleichsam die Performanz dieser Simultaneität von Identität und Selbstverlust, Präsenz und Entzug, Separierung und Grenzübertritt. Schon auf den ersten Seiten nimmt der Prosastil so strukturell vorweg, was später in der Beschreibung von Rachels zweifelhafter Selbstwerdung thematisch wird.

Die Heldin selbst ist relativ selten Wahrnehmungssubjekt. Überdies bleiben ihre Bewußtseinszustände an den wenigen Stellen, wo sie für längere Passagen zu Wort kommt, eher diffus und ambivalent. Rachel, um deren Selbstfindung es doch zu gehen scheint, erscheint vorwiegend vage, passiv und unbestimmt. Auch scheint die sinistre Wiederholung von Traummotiven zum Schluß jeden 'Fortschritt' zu dementieren. Und auch die in direkter Einstellung auf sie gezeigten Befindlichkeiten ähneln sich in fataler Weise. Ihr gemeinsames Kennzeichen ist vor allem die Tendenz zum Verschwimmen. Sie münden fast immer in tranceartiger Selbstvergessenheit.

So zum ersten Mal in einer längeren Passage, die als Erzählerkommentar zu Rachels Aufwachsen und ihrem Naturell beginnt (25-28).[12] Konventionelle Erziehung – „(...) she had been educated as the majority of well-to-do girls in the last part of the nineteenth century were educated" –, Teilbildung und Neugier – „Her mind was in the state of an intelligent man's in the beginning of the reign of Queen Elizabeth; (...)" –, Phlegma – „a fine natural indolence" – und musikalische Begabung sind die markantesten Zuschreibungen. Der ob dieser geringen Profiliertheit leicht ironisch getönte Kommentar vermischt sich allmählich mit ihren eigenen Meditationen. Assoziationen und Reminiszenzen, ausgelöst durch die Lektüre einer *Tristan*-Übersetzung und eines Satzes aus *Cowper's Letters*, bewegen sich zunächst in Richtung 'Liebe' und 'Tod', weichen dem sich andeutenden Grundsätzlichen aber sogleich aus. Rachels Sinnieren gleitet rasch von der Erinnerung an eine ergebnislose Diskussion mit ihrer Tante ab in eine Art Tagtraum:

> By these means Rachel reached that stage in thinking, if thinking it can be called, when the eyes are intent upon a ball or a knob and the lips cease to move. Her efforts to come to an understanding had only hurt her aunt's feelings, and the conclusion must be that it is better not to try. To feel anything strongly was to create an abyss between oneself and others who feel strongly perhaps but differently. It was far better to play the piano and forget all the rest. The conclusion was very welcome. (...) Absorbed by her music she accepted her lot very complacently, blazing into indignation perhaps once a fortnight, and subsiding as she subsided now. Inextricably mixed in dreamy confusion, her mind seemed to enter into communion, to be delightfully expanded and combined with the spirit of the whitish boards on deck, with the spirit of the sea, with the spirit of Beethoven Op. 112, even with the spirit of poor William Cowper there at Olney. Like a ball of thistledown it kissed the sea, rose, kissed it again, and thus rising and kissing passed finally out of sight. The rising

and falling of the ball of thistledown was represented by the sudden droop forward of her own head, and when it passed out of sight she was asleep. (28f.)

Signifikant erscheint hier nicht nur die schon im Gedanklichen sich abzeichnende Konfliktscheu Rachels. Ihr Zurückweichen vor allzu großer Gefühlsintensität scheint dem gleichen Impuls zu entspringen: In beiden Fällen droht eine Erfahrung der Differenz, des Getrenntseins von anderen. Wenn Subjektivität auch die Qualität des Sichzeigens hat, wenn zu ihr auch Emotionalität gehört als eine Weise des Selbst, sich zu erkennen zu geben, biographischen Mut und Zurechnungsfähigkeit zu demonstrieren, dann sucht Rachel den möglichen Folgen solcher Abgrenzung durch Bestimmtheit zu entgehen. Sie möchte weder den Schmerz exponierten, lebensgeschichtlich relevanten Selbstseins, noch den „Abgrund" zwischen sich und anderen wahrhaben. Solcher Unterschiedenheit wird die Verschwommenheit träumerisch wirrer, quasi musikalischer Gemütszustände vorgezogen, in denen die Grenzen verfließen, Widersprüche sich auflösen in einem komplexen, aber harmonischen Zusammenklang. Diese Expansion bloßen Wahrnehmungsbewußtseins, leicht, unreflektiert, sprach- und ichlos, mündet folgerichtig im Schlaf.

Der Text ironisiert Rachels intellektuelle Bequemlichkeit, ohne zu unterschlagen, wie stark für sie dieser Sog schweigender, undifferenziert sinnlicher „Realität" ist:

Reality dwelling in what one saw and felt, but did not talk about, one could accept a system in which things went round and round quite satisfactorily to other people, without often troubling to think about it, except as something superficially strange. (29)

Zugleich eröffnet diese Prosa aber auch Einsichten in die Struktur von Bewußtsein und Selbstbewußtsein. Hier werden Zustände selbstvergessenen Da-seins – „the world seen without a self", wie es später in *The Waves* heißen wird[13] – vorgeführt: Zustände, deren Gefahren ebensowenig verschwiegen werden wie ihre Attraktivität.

Ein Ausgleich zwischen den gegenläufigen innersubjektiven Strömungen findet hier nicht statt. Auch bei späteren Gelegenheiten überläßt sich Rachel gern dem Strudel der „dissolution", der Auflösung von Personengrenzen und dem Verschwimmen mit einer übermächtig werdenden, als „vast masses of substance" das Bewußtsein vollständig okkupierenden Welt (114). Was mit einer rhythmischen Bewegung zwischen Kontraktion und Expansion beginnt – „(...) the exercise of reading left her mind contracting and expanding like the mainspring of a clock" (114) –, mündet in einer völligen Ebbe des Selbstbewußtseins. Das Gefühl für die Grenzen und Möglichkeiten des Körpers schwindet, es bleibt nur ein Bewußtsein bloßer Präsenz der Dinge, ein Konglomerat von Sinneswahrnehmungen ohne zentrierendes Ich, bar jeder Persönlichkeit.

Rachels Entgrenzungserfahrungen werden von einer Wassermetaphorik begleitet und akzentuiert. Wiederholt wird sie als 'Nixe' präsentiert: fließend in ihren Wesenszügen, nicht greifbar, kühl, aber auch unberechenbar überschwenglich, kindlich konturlos, musikalisch-phlegmatisch, dann wieder fähig zu heftiger Gemütswallung, wandelbar und indefinit. Nicht zufällig wird diese irritierende Gleichzeitigkeit von Transparenz, „childlike intentness" und „reserve", von Fluidität und Entschiedenheit besonders augenfällig in einem langen Gespräch mit Hewet, das sich anspinnt, während beide von der Höhe eines Kliffs ins Meer blicken (194ff.). Sie selber vergleicht sich in Situationen des Alleinseins, des Sehens ohne teilzunehmen und ohne wahrgenommen zu werden, mit der Anonymität der Elementarkräfte: „(...) it's like being the wind or sea" (203). Die hier schon anklingende sinistre Note und mit ihr die Suggestionen eines bevorstehenden Verhängnisses kehren bei späteren Anlässen wieder. So kommentiert Terence Rachels eruptive Emotionalität:

'(...) There are moments (...) when, if we stood on a rock together, you'd throw me into the sea.'
(...) she repeated, 'If we stood on a rock together –'

> To be flung into the sea, to be washed hither and thither, and driven about the roots of the world – the idea was incoherently delightful. (281)

Der sich anschließenden Balgerei entzieht sie sich durch ein charakteristisches Rollenspiel: „'I'm a mermaid! I can swim,' she cried, 'so the game's up.' Her dress was torn across, (...)" (282).

Überdeutlich wird die metaphorische Korrespondenz zwischen expansiven Bewußtseinszuständen, motiviert von der Sehnsucht nach Entpersönlichung und Ungeschiedenheit, nach undifferenziertem Einssein mit der Welt und mit anderen, und dem Eintauchen oder (möglicherweise tödlichen) Versinken in einem wäßrigen Medium, das Konturen auslöscht, konfliktträchtige Trennungen überspült und Grenzen verschwimmen läßt, im vorletzten Kapitel des Romans, in dem Erkrankung und Sterben Rachels erzählt werden. Hier realisiert sich gleichsam das pathologische Potential der Wassermetaphorik.

Schon im ersten Satz wird das Geräusch der Brandung mit Seufzen einer erschöpften Kreatur verglichen (308). Während Terence aus Miltons „Comus" vorliest, bekommt Rachel plötzlich starke Kopfschmerzen; als sich ihr Zustand verschlechtert, versucht sie angestrengt, die Anrede an die „gentle nymph" Sabrina zu memorieren. Schließlich wird die Gedichtzeile „Under the glassy, cool, translucent wave" zum Bestandteil ihrer Fieberfantasien (311). Diese unterseeische Vorstellung wandelt sich ins Alptraumhafte, als sich die Krankheit verschlimmert (vgl. 313). Die ursprünglich befreiend entgrenzende Vision des Ein- und Untertauchens wird dabei abgelöst von einer des Abgeschnittenseins von der Welt, der Inkommunikation und totalen Isolation im Körper. Rachel erfährt ihr Versinken im Koma als eine Weise des Ertrinkens:

> At last the faces went further away; she fell into a deep pool of sticky water, which eventually closed over her head. She saw nothing and heard nothing but a faint booming sound, which was the sound of the sea rolling over her head. While all her tormentors thought that she was dead, she was not dead, but curled up at the bottom of the sea. There she lay, sometimes seeing darkness, sometimes light, while every now and then some one turned her over at the bottom of the sea. (322)

Auf den Abstieg in todähnliche Passivität folgt die Krisis, deren Ausgang indes in Vorstellungen des Erfrierens bereits vorweggenommen erscheint:

> She had come to the surface of the dark, sticky pool, and a wave seemed to bear her up and down with it; she had ceased to have any will of her own; she lay on the top of the wave conscious of some pain, but chiefly of weakness. The wave was replaced by the side of a mountain. Her body became a drift of melting snow, above which her knees rose in huge peaked mountains of bare bone. (327)

Hier wird nun in der Tat „the skeleton beneath"[14] sichtbar. Erstarrung und der Wunsch nach ungestörter Einsamkeit sind an die Stelle lustvoller Fluidität, Durchlässigkeit und Erweiterung der Ichgrenzen getreten. Rachels Sterben wird zudem von einem ironischen *Tristan*-Echo begleitet, das in Terences hysterischer Verklärung der Situation ihren mißglückten Liebestod pointiert (vgl. 334).

The Voyage Out läßt sich nicht erst am Schluß auch als Pathologie spät- bzw. nachromantischer Subjektivitätsmetaphorik lesen. So scheinen Rachels Entgrenzungsfantasien außerhalb ihrer Krankheit keinen rechten Ort zu haben. Ist ihre Unbestimmtheit ihr bestimmtester Wesenszug, so kommt sie in ihren Trancen und schließlich auf dem Krankenbett recht eigentlich erst zu sich. Ihre selige Selbstvergessenheit im Verschwimmen mit Licht, Wind und See oder den Gegenständen im Raum antizipiert den völligen, tödlichen Selbstverlust, mit dem sie im trüben Tümpel ihrer Krankheit ertrinkt. In der Wiederkehr früheren Materials und in seiner fiebrigen Verzerrung zeigen sich, fratzenhaft entstellt, die Konsequenzen der in Rachel repräsentierten Geistesverfassung. Die Konturlosigkeit bloßer Bewußtheit wird überführt in ein rettungsloses Eingeschlossensein in der eigenen Befindlichkeit. Umfassende Sensibilität kippt in ein Ausgeliefertsein an pathologische Wahrnehmungszwänge. Das Ausweichen vor der Differenz, die Aversion gegen distanzierende Reflexion, gegen Profil und Konfliktpotential 'autonomen' Selbstseins findet eine stimmige Fortsetzung im völligen Rückzug des Ichpunkts in einen Bereich ungestörten Beisichseins, unerreichbar tief „auf dem Grund der Welt" – an einem Ort, an dem es allerdings kein Leben mehr gibt. Rachels Tod erscheint so auf sinistre Weise einleuchtend.

In Zitat und kritischer Beleuchtung spätromantischer Konfigurationen zeichnet sich die Modernität des Romans, im Fehlen konturgebender Bewußtseinsmodi seine analytische Dimension ab. Der Text läßt die nichtlineare Genese von Selbstsein als problematische Doppelstruktur von Expansion und Kontraktion erkennbar werden. Die Dominanz des Expansiven, Rachels Neigung zum diffusen Aufgehen in der Welt, zur Flutung des Bewußtseins, und die fatale Verquickung dieser Neigung mit ihrer Krankheit werfen, indem sie den Negativumriß einer Gegenbewegung implizieren, die Frage nach der Verfaßtheit des Selbst auf. Das wiederholt verfehlte Gleichgewicht weist auf den ungeklärten Grund funktionierender 'Identität' hin. Hier wird also weniger die Lebensuntüchtigkeit eines nicht ausreichend definierten Selbst bedauert, als daß Rachels Neigung zum wachen Nichtdenken deutlich werden ließe, was Voraussetzung von Selbstbewußtsein und Personalität ist: ein 'Meer' unfokussierter Bewußtheit das, indem es zum Eintauchen einlädt, zwar einen entindividualisierenden Sog ausübt, zugleich aber gestaltlos-vielgestaltiges Potential und als solches Grund jeder Reflexionsleistung und jeder Profilierung ist. Auf diese Weise bietet der Text ambivalente Einsicht in die Unvordenklichkeit der Subjektivität – nicht, indem Unergründlichkeit proklamiert wird, sondern indem die Möglichkeit einer Balance evoziert, ihre Verwirklichung aber suspendiert wird.

Erscheint hier das romantische Selbstentgrenzungsschema nurmehr in der Reduktionsform eines transzendierenden Gestus, gekürzt um seine metaphysischen Implikationen, so herrscht andererseits Mangel an Alternativen. Weder bieten sich nach dem Wegfall der metaphysischen andere Ordnungen als externe Stabilisatoren an, noch gibt es positive Gegenmodelle, die für die Protagonistin in Frage kämen. Ebensowenig kann sich in diesem Roman Woolfs eine eigenständige innere Ordnung etablieren. Die individuelle Erfahrung der Rachel Vinrace formiert sich nicht zu einer lebensfähigen Struktur.

The Voyage Out präsentiert moderne, zumal weibliche Subjektivität als Problem – als zu lösende Aufgabe, die aber auf herkömmliche Weise nicht bewältigt werden kann. Die Bilanz fällt negativ aus: Weder romantische noch viktorianische Schemata greifen noch. Das Verhältnis der entgegengesetzten Strebungen wird nicht als genuine Interaktion, sondern als mehr oder minder statische Opposition konstruiert. So kann es aber weder eine wirkliche Vermittlung zwischen ihnen geben, noch vermag eine von ihnen wirklich produktiv zu werden. Die Negativität Rachels, die ihre begonnene Lebensreise jäh abbrechen läßt, fungiert indes gerade in ihrer Destruktivität als klärende Freilegung eines Themenbereichs. Indem der Text ihr Auseinanderfallen vorführt, vermag er die begrifflich nicht hintergehbare Einheit spontaner Zentrierung auf dem Grund ebenso unmittelbar gegebener Entgrenzung durch das Eingebettetsein dieser Leistung in einem Bereich bloßer Bewußtheit anzuzeigen. So kündigen sich in *The Voyage Out* bereits einige der Dimensionen jenes komplexen Projekts an, das im Gesamtwerk Woolfs entfaltet wird: das unausgeglichene Oszillieren zwischen den Polen des Selbstseins und den Blick in den unklaren Grund ihrer Zusammengehörigkeit als Kennzeichen der *conditio moderna* zu verstehen.

Negativität ist auch Hauptmerkmal der narrativen Strategien in Woolfs drittem Roman, *Jacob's Room* (1922). Allerdings ist die Negativität hier nicht nur um einiges radikaler, sie bezieht sich vor allem auch auf andere Bereiche der Textstruktur, findet sich weniger im Thematischen als auf seiten der Leserwirkung.

Weitere Unterschiede – und Parallelen – sind offenkundig: Stellte *The Voyage Out* die der Heldin zur Verfügung stehenden biographischen Schemata in Frage, so wird das Muster in *Jacob's Room* nahezu vollständig erfüllt. Die Hauptfigur Jacob Flanders durchläuft geradezu klassische Stationen im Werdegang eines jungen Mannes im England des beginnenden 20. Jahrhunderts – Jugend mit häuslicher Förderung in den alten Sprachen und Schulbildung in Rugby, Studium in Cambridge, Beginn des Berufslebens in London, diverse Liebesaffären, Reisen nach Paris und Griechenland, Tod im 1. Weltkrieg. Ist aber Jacobs gesellschaftlicher Ort im Gegensatz zu Rachels von Anfang an klar, seine Laufbahn vorgezeichnet, so bleibt doch sein charakterologisches Profil mindestens ebenso undeutlich wie ihres. Wo Rachel allerdings vage und diffus erscheint, bleibt Jacob fast gänzlich unkenntlich. Kreiste *The Voyage Out* nicht zuletzt auch um Schwierigkeiten der Selbstwerdung, so handelt *Jacob's Room* in erster Linie vom Problem intersubjektiven Erkennens. Beide Hauptfiguren sterben vor ihrer Zeit; in beiden Romanen erscheinen zunächst affirmierte Teleologien subvertiert. Hinterläßt Rachels Sterben aber weniger Trauer als Ratlosigkeit und Befremden, so erzeugt die Nachricht vom Tod Jacobs Wehmut und das Gefühl schmerzlicher Leere. Genauer: Der Text intensiviert zum Schluß Emotionen, die er von Anfang an genährt hatte. Die intermittierend und unklar elegische Stimmung des ersten Romans erscheint hier abgelöst von einer sich progressiv vertiefenden Melancholie. Schon in der Eingangspassage des Buchs ist Jacob verloren – er hat sich verirrt und muß gesucht werden.

Hier zeigt sich mehr als nur ein atmosphärischer Unterschied. *Jacob's Room* ist insgesamt eine Anatomie unerfüllten Begehrens.[15] Eine der grundlegenden Wirkungsstrukturen dieses Romans ist der Struktur der Sehnsucht analog. Jacob wird von Anfang an als faszinierend, zugleich als ungreifbar präsentiert, während Rachel zwar ebenso elusiv, aber vergleichsweise 'flach' und ein wenig fade erscheint. Dabei mag die Figur Jacobs näher besehen genauso wenig außergewöhnlich sein wie die Rachels – der Roman umgibt sie dennoch mit einer Aura des Geheimnisvollen. Grund dieser Attraktivität ist, daß *Jacob's Room* einerseits die Bewußtseinsvorgänge seines Protagonisten nur höchst selten in der Innenschau vorführt, andererseits dennoch gerade im Hinblick auf dessen Seelenleben eine Fülle von Suggestionen ausstreut. Genauer: Wir erfahren gelegentlich, was und wie Jacob denkt oder empfindet; einen totalen Verzicht auf Bewußtseinsdarstellung (wie er etwa Kennzeichen der Dialogromane Ivy Compton-Burnetts ist) praktiziert Woolf nicht. Aber derartige Passagen beziehen sich fast durchweg auf Triviales, sie sind klischeehaft und wenig aufschlußreich, sie geben häufig nur Denkmuster an und fehlen an entscheidenden Stellen ganz (etwa, als Jacob Florindas Untreue entdeckt). Mußte in *The Voyage Out* die Tiefensuggestion ausbleiben, weil zum einen Rachels Seelenleben immer wieder in Ausschnitten präsentiert wird, zum anderen diese Ausschnitte in erster Linie die Auflösung individueller Denk- und Wahrnehmungsstrukturen und das Schwinden persönlicher Prägnanz vorführen, so stellt sich der Eindruck unausgeloteter Charakterdimensionen in *Jacob's Room* ein, weil dort die Negation kontinuierlicher Bewußtseinstransparenz kombiniert ist mit dem gegenläufigen Verfahren gezielter, zugleich nicht einlösbarer Evokation.

Jacob wird nahezu ausschließlich in Außenansichten gezeigt, und diese wechselnden Perspektivierungen kommen überein im Befund der Undurchschaubarkeit bei gleichzeitiger Anziehungskraft. So wird zwar aus verschiedenen Richtungen ein Zentrum ins Auge gefaßt, aber dieses Zentrum bleibt leer. War das Pendeln zwischen Über- und Unterbestimmtheit ein Kennzeichen Rachels, so ist Hauptmerkmal Jacobs die negierte Präsenz. Überdies wird dieser Entzugscharakter von der Erzählerin mehrfach ausdrücklich reflektiert und generalisiert. „Nobody sees any one as he is, (...). They see a whole – they see all sorts of things – they see themselves ..."(23). Und wenig später heißt es: „Anyhow, this was Jacob Flanders, aged nineteen. It is no use trying to sum people up. One must follow hints, not exactly what is said, nor yet entirely what is done (...)" (24).

Insgesamt - auch dies ein Unterschied zu *The Voyage Out* - ist die auktoriale Stimme in *Jacob's Room* um einiges prominenter und auch stärker individualisiert. Sie expliziert und kommentiert wiederholt die Schwierigkeit, Jacob darzustellen und sein Verhalten zu deuten. Diese ausführliche Thematisierung des Repräsentationsproblems läßt auf einer Meta-Ebene die gleiche Skepsis durchscheinen, mit der der Text insgesamt das Problem intersubjektiver Erkenntnis betrachtet.

Zuletzt erscheint dieses ebenso zentral wie unlösbar. Die Frage, die der vorzeitige Tod der Hauptfigur in *The Voyage Out* und *Jacob's Room* aufwirft, bleibt offen. Sie verschärft sich allenfalls, ähnelt doch die nunmehr auf Dauer gestellte Abwesenheit unübersehbar der schon vorher irritierend spürbaren Absenz. Die Afinalität der episodischen Struktur beider Romane verleiht ihnen den Charakter fortsetzbarer Listen mit unklarem Richtungssinn, ihrem Ende Beliebigkeit. Nicht zuletzt läßt sie die Unbeantwortbarkeit der sich aufdrängenden Frage nach der Signifikanz - „What was the meaning of it all?"[16] - und einer möglicherweise verdeckten, aber kaum noch glaubhaften Ordnung der Dinge - „(...) surely order did prevail"[17] - nur noch krasser hervortreten. Sowohl eine sinnvolle Ordnung als auch die Subjektivität, die ihren Fokus bilden oder von ihr her Orientierung beziehen könnte, erscheint dem Zugriff entrückt. Dabei setzt *Jacob's Room* wiederum andere Akzente als *The Voyage Out*. Galt in Woolfs Erstling ein Hauptinteresse dem dunklen Grund des Selbstseins, so insistiert *Jacob's Room* auf dem charismatischen Profil eines offenbar durchweg über ein gänzlich ungetrübtes Selbstvertrauen verfügenden Helden: Gerade aus Jacobs prägnanter Kontur resultiert seine Rätselhaftigkeit, aus seiner immer wieder (vor allem aus weiblicher Sicht) affirmierten Präsenz seine schmerzliche Abwesenheit.

Die Entgrenzung, die *The Voyage Out* nicht ohne Betonung ihrer pathologischen Implikationen vorführte, ist in *Jacob's Room* zu einem Strukturprinzip geworden, das die Skepsis dieses Romans angesichts der begrenzten Möglichkeiten intersubjektiver Wahrnehmung zur Leseerfahrung werden läßt. Übergreifendes Verfahren ist dabei die metonymische Verschiebung. Wie der Titel des Romans andeutet, expandiert Jacobs Subjektivität - sie streut gleichsam in seine (objektive wie interpersonale) Umgebung. Sie ist nirgends auffindbar außer an den Orten, an denen Jacob sich aufhält, in den Räumen, die er bewohnt, den Dingen und Menschen, mit denen er Umgang hat, den Ideen, Fragen, Gedanken, die ihn beschäftigen (soweit sie von außen erschließbar sind). Aber eben dort finden sich nur Indizes, Spuren, die nicht eine lediglich vorübergehend entrückte Anwesenheit bezeichnen, sondern deren prinzipielle Unzugänglichkeit. Was hier angezeigt wird, ist nicht mehr zu entschlüsseln. Die Verweise, deren Signifikanten doch der unmittelbaren Nachbarschaft Jacobs entstammen, sind gleichsam blind. Sie tendieren ins Leere oder entfalten umgekehrt eine solche Fülle an widersprüchlichen Implikationen, daß sich keine eindeutige semantische Tendenz ausmachen läßt.

> Listless is the air in an empty room, just swelling the curtain; the flowers in the jar shift. One fibre in the wicker armchair creaks, though none sits there. (31, vgl. auch 155)

Die Passage, die eine inventarisierende Beschreibung von Jacobs Zimmer in Cambridge zusammenfaßt und abschließt und die ganz am Ende des Romans, nach Eintreffen der Nachricht von Jacobs Tod, wiederholt wird, läßt die Dinge vom abwesenden Bewohner des Zimmers sprechen. Passagen wie diese - und der Text enthält eine Reihe derartiger Stilleben - können zugleich als Beispiele für eine weitere charakteristische Innovation der Woolfschen Prosa dienen, deren Funktion sich in *The Voyage Out* erst in einzelnen poetischen Momenten andeutete. Waren diese dort noch kaum mehr als *purple patches*, so bedient sich *Jacob's Room* gezielt bestimmter Funktionen des Lyrischen. Zum einen wird die Passage durch das Selbstzitat des Textes zum Teil eines Parallelismus. Die Äquivalenz der Elemente in unterschiedlichen Kontexten suggeriert ihre Vergleichbarkeit. Jacobs Nichtanwesenheit in seinem Zimmer erscheint so als Vorwegnahme seines endgültigen Fehlens in der Welt des Romans – „a sort of death" (25). Zum anderen ist diese metaphorische Qualität mit dem Zentralverfahren des Romans, der Metonymie, gekoppelt. Die Dinge im Zimmer – Vorhang, Blumen, Korbsessel, Schuhe, Bilder, Bücher – werfen in ihrer Heterogenität die Frage nach dem Grund ihrer Juxtaposition auf. Dieser zeigt sich in ihrem Verweischarakter: Sie sind allesamt gleichsam kontaminiert von der Subjektivität Jacobs. Dieses Inbeziehungstehen zu ihrem abwesenden Referenten aber bleibt uneindeutig. Die zentrifugale Deixis geht unklar in viele Richtungen, ohne zuletzt ein einheitliches Bild entstehen zu lassen. Anstatt Jacobs Individualität zu konnotieren, schwingen diese Metonymien aus ins Nichts. Das Diffundieren über vermeintlich angedeutete Personenkonturen hinaus ist nicht zuletzt deshalb so wirkungsvoll, weil der Text zugleich über Äquivalenzen und Assoziationen zur Herstellung von Kohärenzen auffordert, die Semantik dieser Gebilde prekären Zusammenhangs jedoch systematisch ausdünnt und Bedeutungen so in den Kontext streut, daß sie nicht mehr synthetisierbar sind. Der Effekt ist paradox: Jacobs Subjektivität breitet sich ins Unübersehbare aus, zugleich beharrt der Text aber auf ihrer Besonderheit – „distinction" ist das Epitheton, das in Zusammenhang mit der Person des Helden am häufigsten wiederkehrt (58, 155 u. passim). Gerade der „distinguierte", im Wortsinn von allen anderen unterschiedene Jacob ist in seiner Eigenart nicht zu fassen.

In dieser Wirkungsstruktur von Sinnsuggestion und -entzug wiederholt sich die für die Woolfsche Prosa kennzeichnende Verklammerung von Konzentration und Entgrenzung. Dabei bilden Unmittelbarkeitssehnsucht und die Erfahrung von Unverfügbarkeit, ins hellste Licht gerückte Anwesenheit und Obskurität mit dem Subjektivitätsproblem eine Extremkonfiguration, die die nachfolgenden Romane in Variationen und in unterschiedlicher Intensität immer wieder aufgreifen. „Such is the manner of our seeing. Such the conditions of our love" (60): In seiner Exploration der Dialektik von Präsenz und Entzug legt *Jacob's Room* die Bedingungen und Aporien intersubjektiven Erkennens frei und artikuliert ineins damit das Subjektivitätsproblem als Problem literarischer Präsentation.

Die autoreflexive Komponente bleibt in den folgenden Romanen Woolfs erhalten. So explizit und eloquent wie die Erzählerin in *Jacob's Room* kommt allerdings ein reflektierendes Medium erst wieder in den letzten drei Romanen zu Wort. In *To the Lighthouse, The Waves* und *Between the Acts* übernimmt mit den Figuren Lily Briscoe, Bernard und Miss La Trobe jeweils eine Künstler-*persona* diese Funktion. In *Mrs Dalloway* (1925), dem auf *Jacob's Room* folgenden Text, spitzt Woolf zunächst die Thematik von Konzentration und Entgrenzung, der sich *Jacob's Room* gleichsam von außen annäherte, nochmals zu, indem sie sie vor allem aus der Sicht Clarissa Dalloways und des Protagonisten der Parallelhandlung, Septimus Smith, bearbeitet.

Hier, in einem der stilistisch homogensten Romane Woolfs, tritt an die Stelle der Fragmente, Brüche und scharfen Kontraste des Vorgängers ein relativ gleichmäßiges, assoziativ verknüpftes und die Figuren untereinander vernetzendes Kontinuum erlebter Rede *(free indirect discourse)*. Zudem finden sich hier die deutlichsten Formulierungen der beiden Pole der subjektivitätstheoretischen Zentralkonfiguration.

Deren dynamische Komplementarität zeichnet sich in der Gegensätzlichkeit und geheimen Verwandtschaft ab, mit der Clarissa und der im Wahnsinn seinem Leben ein Ende setzende Septimus aufeinander bezogen sind. In seinem Tod wird für sie eine lebensnotwendige Grenzüberschreitung sichtbar, eine Geste der Hingabe und ein Versuch der Partizipation: „Death was an attempt to communicate, people feeling the impossibility of reaching the centre which, mystically, evaded them; closeness drew apart; rapture faded; one was alone. There was an embrace in death."[18] Zwischen ihr und Septimus offenbart sich eine verborgene Identität: „She felt somehow very like him – the young man who had killed himself." (204) Zudem wird darin die unaufhebbare Spannung zwischen den Extremen ihres eigenen Seelenlebens deutlich, die in einem visionären Moment zu einem ebenso prekären wie transitorischen Gleichgewicht finden. Zwischen diesen Polen ist kein schlichter Ausgleich und erst recht keine dauerhafte Synthese möglich. Der *modus vivendi,* der sich für Clarissa dennoch am Schluß abzeichnet, liegt in der reflektierten Annahme ihrer Unvereinbarkeit und Koexistenz als gleichberechtigte Dimensionen des Bewußtseins und in der rhythmischen Bewegung zwischen ihnen.

Diesen Rhythmus führt der Text wiederholt vor. So empfindet Clarissa zunächst Expansion und interpersonale Bezogenheit als den Modus, in dem sie als sie selbst überleben wird:

> Did it matter then, she asked herself, walking towards Bond Street, did it matter that she must inevitably cease completely; all this must go on without her; did she resent it; or did it not become consoling to believe that death ended absolutely? but that somehow in the streets of London, on the ebb and flow of things, here, there, she survived, Peter survived, lived in each other, she being part, she was positive, of the trees at home; of the house there, ugly, rambling all to bits and pieces as it was; part of people she had never met; being laid out like a mist between the people she knew best, who lifted her on their branches as she had seen the trees lift the mist, but it spread ever so far, her life, herself. (9f.)

Kurz darauf aber wird diese Metapher kreativer Selbstentgrenzung abgelöst von einer der äußersten Versammlung und Zentrierung:

> How many million times she had seen her face, and always with the same imperceptible contraction! She pursed her lips when she looked in the glass. It was to give her face point. That was her self – pointed; dartlike; definite. That was her self when some effort, some call on her to be her self, drew the parts together, she alone knew how different, how incompatible and composed so for the world only into one centre, one diamond, one woman who sat in her drawing-room and made a meeting-point, (...) (40)

Beide Vorstellungen – die des Morgennebels, „image of white dawn in the country" (10), und die des pfeilspitzen Diamanten – stellen sich ein in Augenblicken der Selbstreflexion Clarissas (vor einer Schaufensterscheibe; beim Blick in den Spiegel); beide werden ausgelöst vom Gedanken an die eigene Endlichkeit. Aber darin erschöpft sich auch schon die Gemeinsamkeit dieser *meditationes mortis.* Ihre Implikationen sind diametral entgegengesetzt.[19] Dem Bild völligen Aufgehens in Gegenseitigkeit, reiner Symbiose, konturlos sich selbst verschwendender Vitalität in einer Art immanenten Transzendierens steht das Bild eines klar abgegrenzten, 'geschliffenen' und 'brillanten', aber auch aggressiv zugespitzten Selbst gegenüber. Beide Selbstbilder weisen eine soziale Komponente auf. Während aber das eine eine Vorstellung idealer Intersubjektivität beschwört, weist das andere auf den Zwangscharakter seines Zustandekommens hin: Der Druck gesellschaftlicher Verpflichtungen macht Clarissa zu der, die sie ist.

Mrs Dalloway kreist bis zum Schluß um dieses Oppositionsverhältnis von Dunst und Diamant. Auf den ersten Blick zeichnet sich in Clarissas Zweigesichtigkeit gar eine sinistre Parallele zu Septimus' Schizophrenie ab. Gegen Ende des Romans wird jedoch eine gegenläufige Funktionalisierung dieser Analogie sichtbar: Was Septimus in den Tod treibt, erweist sich für Clarissa als Bedingung des Überlebens. Dabei behauptet der Text weder einfach die Normalität des Pathologischen, noch propagiert er ein Harmoniemodell der Subjektivität. Nicht das Erringen statischer Ausgewogenheit erscheint hier als Aufgabe und Ziel; keineswegs wird eine Jungsche Individuation in versöhnter Gegensätzlichkeit angestrebt, und auch die prekäre Balance des Schlusses, in der Clarissa im entgrenzenden Akt des Septimus empathetisch den Fokus ihres Selbst entdeckt und einen Moment lang die Paradoxie ihrer eigenen Subjektivität reflektiert, erscheint in erster Linie als uneindeutiger Zufall ohne bleibende Folgen.

Die von *Mrs Dalloway* unternommene Analyse dynamischer Unstimmigkeit bleibt ohne 'Ergebnis'. Oder genauer: Es kann hier kein Ergebnis geben. Die Einsicht, die der Roman bereithält, besteht vielmehr in der Bloßlegung der aporetischen Grundstruktur des Selbst. *Mrs Dalloway* übersetzt in eine ästhetische Konfiguration, was diskursiv nicht formuliert werden kann.

Die Schilderung eines Tages im Leben der Clarissa Dalloway bot Woolf die Möglichkeit, Verfahren der Bewußtseinsdarstellung zu erproben, die auch in *To the Lighthouse* Anwendung finden sollten. Zugleich gelingt damit aus der Sicht einer einzelnen Figur die im Vergleich mit anderen Texten des Romanwerks wohl am schärfsten pointierte Präsentation der beiden Pole, zwischen denen sich die Subjektivitätsdynamik abspielt. Auch klingt in der Beschreibung von Clarissas Party bereits das Motiv einer Analogie von künstlerischer und sozialer Kreativität an, das *To the Lighthouse* in einiger Ausführlichkeit entfalten wird. Gleichwohl läßt die hier gefundene Form, insbesondere die Einheitlichkeit des *free indirect discourse*, Aspekte des Problemkomplexes unberücksichtigt, die *The Voyage Out* und *Jacob's Room* schon angesprochen, wenn auch noch keiner befriedigenden ästhetischen Lösung zugeführt hatten. Zu diesen zählt vor allem auch die Frage nach dem Verhältnis von isolierter Bewußtseinstätigkeit und intersubjektiver Bezogenheit. Auch die Schwierigkeiten interpersonalen Erkennens und die Sehnsucht nach dem abwesenden anderen, die in *Jacob's Room* dominierten, treten erzählstrategisch erst in *To the Lighthouse* wieder stärker in den Vordergrund. Schließlich wird auch die Geschlechterdifferenz bzw. die mit ihr verbundene Frage nach allfälligen Unterschieden männlicher und weiblicher Subjektivität hier nochmals anders als in *The Voyage Out* und *Jacob's Room* und um einiges drastischer als in *Mrs Dalloway* akzentuiert.

Zu den auffälligsten Innovationen in *To the Lighthouse* zählt die bereits von Erich Auerbach beobachtete Modifikation der Hierarchie der Ordnungen.[20] Unter traditionellen Gesichtspunkten Wesentliches (wie z.B. der Tod Mrs. Ramsays) wird beiläufig erwähnt, scheinbar Nebensächliches tritt entschiedener noch als in den vorhergehenden Texten in den Vordergrund. Äußere Ordnungen werden abgelöst und verdrängt von anderen: der subjektiven Ordnung des Inneren (das Bewußtseinsleben der Figuren), der künstlerischen Ordnung von Formen, Flächen und Farben (Lily Briscoes Gemälde) und unpersönlichen Modi entropischer Selbstorganisation von Natur und Objektwelt („Time Passes").

Charakteristisch für die Erzähltechnik von *To the Lighthouse* ist weiterhin ein Verfahren, dessen sich Woolf bereits in *Mrs Dalloway* bediente, das hier allerdings weitaus komplexere Wirkungen erzielt: die 'Parenthesen' im Erzähldiskurs.[21] Das Erzählen öffnet sich wiederholt auf das Bewußtseinsleben der Figuren hin. Damit wird indes nicht nur die erzählte Wirklichkeit uneindeutig und gleichsam mehrbödig, es tritt zudem ein poetischer Effekt ein. Der Text behauptet die Simultaneität des Ungleichzeitigen, die Vergleichbarkeit des Heterogenen und die Parallelität des Unvereinbaren, indem er das Jetzt – etwa die Anfertigung des braunen Strumpfes für den Sohn des Leuchtturmwärters – als vielfach durchbrochen von anderem – von Erinnerungen, Wünschen, Ansichten, Reflexionen –

präsentiert und diese eingefügten Elemente nochmals nach Art eines syntaktischen *multiple embedding* ineinander verschachtelt. Das auf diese Weise Zusammengestellte bildet Äquivalenzbeziehungen. Die Elemente beginnen, sich wechselseitig zu relativieren. Die narrative Grundstruktur aber, die sich in diesem Interaktionsverhältnis abzeichnet, gleicht der Struktur der Metapher.

Das metaphorische Prinzip kommt auf allen Ebenen des Romans zum Tragen. So erscheint nicht nur die Handlung, damit die Gegenwart der Figuren gleichsam durchlöchert, ihr Leben in die Zeit gestreut, insofern Gegenwart, Vergangenheit und Zukunft als nur in ihrer wechselseitigen Interpretation existierend vorgeführt werden. Auch in der Art und Weise, wie Erzähler- und Figurenstimmen einander polyphon durchdringen und sich gegenseitig beleuchten, stellen sich metaphorische Effekte ein, die ihrerseits interessante subjektivitätstheoretische Implikationen aufweisen. Denn indem der Text das Bewußtsein einzelner Figuren ausufern, ihren Diskurs auf andere innere Diskurse hin durchlässig werden läßt, entgrenzt er das jeweilige Selbst und durchsetzt es mit anderem, ohne daß das auf diese Weise gleichsam diaphan gewordene dabei seine Identität verlöre bzw. (wie das Rachels in *The Voyage Out*) gänzlich diffundierte und sich in Anonymität auflöste.

So gelingt es Woolf in *To the Lighthouse*, in einer Fortentwicklung des in früheren Romanen bereits erkennbar werdenden Projekts Intersubjektivität zur Leseerfahrung werden zu lassen. An die Stelle für sich bestehender Figurensubjektivitäten tritt hier ein Beziehungsgeflecht, in dem höchst unterschiedliche Wahrnehmungs-, Gefühls- und Gedankenwelten auf unvorhersehbare Weise vielfältig miteinander verknüpft sind und füreinander offenstehen. Dieser interaktiven Verknüpfung korrespondiert auf der Ebene der Handlung die relationierende Aktivität Mrs. Ramsays, die sie Separates und Auseinanderstrebendes im ephemeren Harmonieerlebnis des „Boeuf-en-Daube"-Liebesmahls zusammenführen läßt.

Die Wirkungsstrukturen umfassender inner- und intersubjektiver Relationierung, die dieser Roman als Radikallösung des Problems von Ich und anderen, Konzentration und Entgrenzung, Distanz und Bindung anbietet – eine 'Lösung', die außerhalb des Leseprozesses keinen Bestand hat –, weisen eben die Struktur der metaphorischen Interaktion auf, die den Text als ganzen bestimmt. In der Tat scheint ja die literarische Figur der Metapher auf paradoxe Weise beide Modi miteinander zu vereinen: Sie konzentriert, indem sie die Äquivalenz des Ungleichen behauptet, die Differenz ihrer Komponenten akzentuiert und sie dennoch an einem Identitätspunkt zusammenzieht; zugleich wirkt sie entgrenzend, insofern sie divergente Implikationssysteme in ein Verhältnis unabschließbarer Interaktion bringt und so aus dem Wechselspiel des Disparaten immer neue Bedeutungskonstellationen entstehen läßt, die nicht auf einen begrifflichen Nenner zu bringen sind.[22] Ist aber in Woolfs *To the Lighthouse* alles immer auch ein anderes, so kann es keine ungebrochene Präsenz des Selbstseins geben, kann das Subjekt weder für sich noch für andere je vollständig verfügbar sein. Es 'hat' sich nur als anderes seiner selbst. Das Ziel des Begehrens – „the thing itself before it has been made anything" (209) – ist unerreichbar, wenngleich die Sehnsucht ungestillt fortbesteht und das entrückte Unmittelbare nur in der Gestalt dessen, wozu es „gemacht" wurde, erkannt wird.

An dieser Stelle wird auch deutlich, wie eng die durchgängige Metaphorizität der Erzählprosa in *To the Lighthouse* und ihre Perspektivierung der Subjektivitätsproblematik mit der autoreflexiven Dimension des Romans verquickt sind. Woolfs modernistisches Credo ist vielleicht in keinem anderen ihrer Texte so eindringlich und klar hinterlegt wie in diesem. Nur als Sinnkonfiguration in einem anderem Medium vermögen wir das 'Wesen' der Wirklichkeit zu erkennen und mitzuteilen – also nur in der Kunst, genauer: in ästhetischen Gegenständen, die uns (wie die Woolfschen Romane) zugleich Einsicht in die nicht hintergehbare Metaphorizität der Wirklichkeit ermöglichen. Als hervorragende Realisierung dieser Wirkungsintention moderner Kunst macht *To the Lighthouse* die unaufhebbare Bedingtheit der Wahrnehmung nicht nur in ihrem Lastcharakter als Teil der *conditio humana* erfahrbar, sondern stellt auch das kreativ-transformierende Potential bewußten Wahrnehmens als Fähigkeit, die Wahrheit dessen, was ist, zu zeigen, heraus – und dies wiederum auf mehreren textuellen Ebenen.

So fungieren zunächst die Figuren als Träger der poetologischen Selbstreflexion, insbesondere Mrs. Ramsay und Lily Briscoe. Im ersten Teil des Romans, „The Window", sind schöpferisch strukturierende und formgebende Kräfte vor allem in Mrs. Ramsay verkörpert. Ihr 'Kunstwerk' ist die Versammlung der charakterlich und biographisch höchst disparaten Mitglieder des Familien- und Freundeskreises zu einem Abendessen, das in einem „moment of being"[23] sich zur *communio*, zur entgrenzenden Feier der prekären Verbundenheit der Tischgemeinschaft rundet. Ihr „triumph" (109), das Gelingen ihres integrativen, kompositorischen Akts, der Heterogenes zu einer über sich hinausweisenden, signifikanten Einheit zusammenfügt, bahnt sich an, als mit dem Anzünden der Kerzen eine übervolle Obstschale in der Mitte der Tafel sichtbar wird. Diese wird für Mrs. Ramsay und ihre Gäste zum Bild, zur Vorwegnahme des erfüllten Moments einer dionysischen Festlichkeit:

> What had she done with it, Mrs. Ramsay wondered, for Rose's arrangement of the grapes and pears, of the horny pink-lined shell, of the bananas, made her think of a trophy fetched from the bottom of the sea, of Neptune's banquet, of the bunch that hangs with vine leaves over the shoulder of Bacchus (in some picture), among the leopard skins and the torches lolloping red and gold ... (105)

Mrs. Ramsays relationierende Anstrengung – „the effort of merging and flowing and creating" (91) – ist von Erfolg gekrönt. Die Mahlzeit wird zur Metapher, eine beliebige und flüchtige, mit Trivialem gefüllte Gegenwart wird verwandelt zum *kairos*, zum ewigkeitsträchtigen Augenblick von Frieden und Ganzheit:

> There it was, all round them. It partook, she felt, carefully helping Mr. Bankes to a specially tender piece, of eternity; (...) there is a coherence in things, a stability; something, she meant, is immune from change, and shines out (she glanced at the window with its ripple of reflected lights) in the face of the flowing, the fleeting, the spectral, like a ruby; so that again to-night she had the feeling she had had once to-day already, of peace, of rest. Of such moments, she thought, the thing is made that remains for ever after. This would remain.
>
> 'Yes,' she assured William Bankes, 'there is plenty for everybody.' (114)

Steht im ersten Teil des Romans Mrs. Ramsays proto-künstlerische Relationierung von Individuen und die Umgestaltung ihrer zufälligen Ansammlung zu einem zwingenden Bild der Fülle und der überdauernden Gemeinschaft im Vordergrund, so wird diese im dritten und letzten Teil, „The Lighthouse", abgelöst von Lily Briscoes Neubeginn und Vollendung ihres vor zehn Jahren angefangenen Gemäldes. Woolfs Text parallelisiert die metaphorischen Grundstrukturen bestimmter Bewußtseinsvorgänge mit Prozessen intersubjektiver Integration und diese wiederum mit den Rhythmen künstlerischer Produktivität. Im Feld dieser spannungsreichen Äquivalenzen wird die autoreferentielle Funktion der Figur Lily Briscoe besonders deutlich. Ihre Wiederaufnahme des früher nicht bewältigten, aber nach wie vor bedrängenden Sujets ist ein Repräsentationsversuch: ein Bemühen um Vergegenwärtigung, das indes um seine Fragwürdigkeit und Vergeblichkeit weiß. Insofern Lilys Malerei nicht schlichte Abspiegelung ist, sondern Verfremdung, Überführung des Wahrgenommenen in eine neue Ordnung – „The question being one of the relations of masses, of light and shadows (...)" (59) –, kann sie das unaufhebbare Entzogensein des Unmittelbaren als dessen 'eigentliche' Bedeutung zeigen. Das unmittelbar und irritierend Präsente (konkret: Mrs. Ramsay und ihr Jüngster, James, im Fenster des Hauses) kann paradoxerweise nur als ein anderes seiner selbst und das heißt, als unwiederbringlich Entzogenes vergegenwärtigt werden. Deshalb muß Lilys Bild auch bis nach Mrs. Ramsays Tod auf seine Fertigstellung warten: Erst die tatsächliche und endgültige Abwesenheit des Bildzentrums ermöglicht die Darstellung seines 'Wesens' (vgl. 212, 226). Oder umgekehrt: Es kann nie anders als aus der Erinnerung gemalt werden. Nur im Wissen um den Entzugscharakter des Dargestellten kann die Struktur der mit ihm verbundenen Erfahrung rekonstruiert werden. Anwesenheit ist nur in einer Form, die ihren Zeichencharakter offenbar macht, darstellbar – und also nur als Abwesenheit.

Indem Mrs. Ramsay so in ein Zeichen transformiert wird, genauer: in einen Signifikanten, dessen Signifikat dunkel bleibt, pointiert Lilys Gemälde die Nichterkennbarkeit seiner Zentralgestalt. Zugleich wird damit bekräftigt, worauf der Text durchgehend beharrt. Mrs. Ramsay gleicht dem Strahl des Leuchtturms: unvermittelt sichtbar, dann wieder völlig abgeblendet; unbestreitbar da, aber ungreifbar. Der Grund solcher Elusivität liegt nicht nur darin, daß sie als Inbegriff weiblicher Schönheit und daher nahezu entindividualisiert, aufs Typische reduziert erscheint, oder darin, daß sie in ihrem altruistischen Dasein für andere und in anderen sich verlöre. Auch in Momenten einsamer Reflexion findet sie ihre Identität in einer Vorstellung der Unsichtbarkeit für andere und der Entpersönlichung: „a wedge-shaped core of darkness" (69). Mrs. Ramsay ist leeres Zentrum der in diesem Text vorgeführten Repräsentationsbemühungen. Sie muß „a centre of complete emptiness" (194) sein, weil nur ein abwesendes Signifikat eine solche Explosion von Signifikanten auslöst und auf diese Weise die Unabschließbarkeit des metaphorischen Prozesses besonders eindringlich demonstriert werden kann.

Gleichzeitig potenziert sich die Metaphorizität des Textes, indem Lilys Bild zur Metapher für ihre „Vision" (vgl. 60, 226 und passim), diese wiederum zur Metapher für Mrs. Ramsay als leeres Zentrum metaphorischer Dynamik wird. In seiner zugleich zentrierenden und entgrenzenden Meta-Metaphorizität spricht der Woolfsche Diskurs von sich selbst – von seiner eigenen Fähigkeit, Zeichen zu schaffen, die ein anderes sind und doch nicht sind, die Präsenz behaupten, indem sie Entzug kundgeben, die Identisches wiederholen und dabei Differenz spüren lassen. Ein entscheidender Satz enthält so etwas wie eine Selbstbeschreibung des Romans: James' Einsicht während der Fahrt zum Leuchtturm – „Nothing was simply one thing" (202) – gibt nicht nur eine Antwort auf die quälende Frage „What does it mean then, what can it all mean?" (159, vgl. 194f.) oder erklärt, weshalb das Streben nach dem „thing itself" (209) unerfüllbar bleiben muß. Das Bestehen auf der Vieldeutigkeit der Welt charakterisiert auch das Verfahren der Kunst: Kunst macht die Unverfügbarkeit der Präsenz erfahrbar, indem sie diese zu anderem in Beziehung bringt und sie so in einen unendlichen bedeutungsgenerierenden Prozeß überführt – „one of those globed compacted things over which thought lingers, and love plays" (209).

The Waves (1931) ist der letzte Roman Woolfs, in dem solche „moments of being" noch zustandekommen.[24] Ja, man kann sagen, daß diese kostbaren Augenblicke erfüllten Daseins, in denen gleichsam einen Lidschlag lang zuvor separate Individuen sich in Gemeinschaft finden und einen Zustand idealer Intersubjektivität erfahren, das eigentliche Paradigma bilden, das dieser Text zu realisieren sucht. Die Steigerung auf diese Momente hin und das Verebben der mit ihnen verbundenen Intensität, der Wechsel von Intimität und Distanz ist einer der fundamentalen Rhythmen dieses Romans. Die erfüllten Augenblicke intersubjektiver Kreativität stellen sich ähnlich wie in *To the Lighthouse* ein, indem die Figuren über einem leeren Zentrum konvergieren. Anders als in *To the Lighthouse* wird dieses Zentrum jedoch nicht von einer Figur gebildet, die, wie Mrs. Ramsay, selbst ausführlich zu Wort käme. Percival, die Mitte, um die sich die Protagonisten gruppieren, deren stilisierte innere Monologe den Romantext konstituieren, ist die schweigende Hauptfigur. Im Zusammenkommen mit ihm oder auch, nach seinem Tod – der, wie in Woolfs früheren Romanen, nur seine gewichtige Absenz affirmiert, – zu seinem Gedenken erfüllt sich für die Freunde Bernard, Susan, Louis, Rhoda, Neville und Jinny die Gegenwart. Sie wird zur gemeinsamen Schöpfung, von den einzelnen für sich und für alle reflektiert und kommentiert:

'Now once more,' said Louis, 'as we are about to part, having paid our bill, the circle in our blood, broken so often, so sharply, for we are so different, closes in a ring. Something is made. Yes, as we rise and fidget, a little nervously, we pray, holding in our hands this common feeling, „Do not move, do not let the swing door cut to pieces the thing that we have made, that globes itself here, among these lights, these peelings, this litter of bread crumbs and people passing. Do not move, do not go. Hold it for ever."'

'Let us hold it for one moment,' said Jinny; 'love, hatred, by whatever name we call it, this globe whose walls are made of Percival, of youth and beauty, and something so deep sunk within us that we shall perhaps never make this moment out of one man again.'

(...)

'What is to come is in it,' said Bernard. 'That is the last drop and the brightest that we let fall like some supernal quicksilver into the swelling and splendid moment created by us from Percival. What is to come? I ask, brushing the crumbs from my waistcoat, what is outside? We have proved, sitting eating, sitting talking, that we can add to the treasury of moments. We are not slaves bound to suffer incessantly unrecorded petty blows on our bent backs. We are not sheep either, following a master. We are creators. We too have made something that will join the innumerable congregations of past time. We too, as we put on our hats and push open the door, stride not into chaos, but into a world that our own force can subjugate and make part of the illumined and everlasting road. (109-110)

Der Vollkommenheits- und Ewigkeitscharakter dieses „swelling and splendid moment" erscheint hier indes bereits stärker gebrochen als noch in *To the Lighthouse*, seine Vergänglichkeit und Ungreifbarkeit deutlicher und schmerzlicher spürbar: „Let us stop for a moment;" mahnt Bernard bei einer späteren Gelegenheit, „let us behold what we have made. Let it blaze against the yewtrees. One life. There. It is over. Gone out." (176)

Sobald sich das gemeinsam Geschaffene offenbart, ist es auch schon vorbei. Auch in erzähltechnischer Hinsicht sind diese prekären Epiphanien indes aufschlußreich. Auffällig ist die starke Stilisierung der im Wechsel ertönenden Figurenstimmen. Die Figuren artikulieren sich auf einer Ebene zwischen Bewußtseinszitat und direkter Rede. Tatsächliche Äußerung und still Gedachtes oder Empfundenes sind ununterscheidbar. Dabei zeichnen sich die Monologe durch einen gleichmäßig hohen Ton und durchgehende Poetizität aus. Die Figuren sind nicht am Duktus ihrer Rede zu erkennen, sondern allenfalls an bestimmten typischen Themen und Präokkupationen oder bevorzugten Metaphern und Similes.

Die Wirkung dieser massiven 'Überarbeitung' der Figurenstimmen ist durchaus ambivalent. Einerseits bereitet diese artifizielle Homogenisierung die Gipfelmomente gelingender Intersubjektivität vor, insofern die Figurendiskurse von Anfang an ähnlich und füreinander durchlässig erscheinen. Der Eindruck wechselseitiger Transparenz – „when the walls of the mind become transparent" (175) – tritt nicht überraschend ein, sondern wird in jeder Äußerung der Figuren vorwegnehmend realisiert.

Mehr noch: Die konsistente Poetisierung und das Schöpfen aus einem gemeinsamen Bilderreservoir machen nicht nur die inter-, sondern auch eine innersubjektive Entgrenzung erfahrbar. Es gibt nicht nur eine unterschwellige Relationierung der Figuren, einen geheimen, wiederholt festlich aufgipfelnden Rapport, sondern die Rede der einzelnen steht gleichsam auch zu ihrem Unbewußten hin offen. In Metaphern und immer wieder in Vergleichen werden Strukturen der Angst und des Begehrens nachgezeichnet, die der bewußten Wahrnehmung normalerweise verschlossen sind.[25] Es konstituiert sich eine Art gemeinsamer Traumdiskurs; die Figuren wachsen zu einer komplexen, pluralen Kollektivsubjektivität zusammen. Unter der Ähnlichkeit verbirgt sich Einheit, die Differenzen gehen auf in einem gemeinsamen Umriß: „'Like' and 'like' and 'like' – but what is the thing that lies beneath the semblance of the thing? (...) The structure is now visible; what is inchoate is here stated; we are not so various or so mean; we have made oblongs and stood them upon squares. This is our triumph; this is our consolation." (123)

Die äußerste, in ihrer Radikalität nicht mehr zu überbietende Entgrenzung erweist sich hier paradoxerweise als Figur extremer Konzentration. Die gemeinsame Struktur erscheint als geschlossene Kontur eines statischen und symmetrischen Ordnungsgefüges. Andererseits (und eben deshalb) ist der Gesamteffekt der radikalen Entgrenzung unter der Herrschaft des holistischen Paradigmas der einer alle Brüche und Oppositionen überspielenden, durch nichts zu erschütternden Harmonie. Intersubjektivität ist hier kein Problem mehr. Zwischenmenschliche Abgründe wie innerpsychische Hemmnisse werden sanft aber unerbittlich planiert und zugeschüttet. So kann es auch kaum überraschen, daß dieser Roman kaum komische oder ironische Momente kennt: Hier bleibt nur der hohe Ernst, die intensive, distanzlose Emotion. *The Waves* ist der poetischste, aber auch der humor-ärmste Roman Woolfs.

Das Experiment, in sich vollkommen stimmig und konsequent durchgeführt, gelingt – aber es führt erzähltechnisch in eine Sackgasse. Mit den *Waves* sind die Möglichkeiten der gerade erst gefundenen Form auch bereits ausgeschöpft, und gerade im Hinblick auf das Subjektivitätsproblem sind Grenzen sichtbar geworden: Die 'Lösung' dieses Problems ist eben keine Lösung, sondern eine Weise, es zu verfehlen.

Between the Acts (1941),[26] Woolfs letzter Roman und in vieler Hinsicht sicherlich ihr avantgardistischster Text, läßt sich als erfolgreicher Ausbruch aus den selbstauferlegten Beschränkungen lesen. Von der sprachlichen Einheitlichkeit, der massiven Harmonisierung, der formalen Geschlossenheit und dem Pathos, die den Vorgängerroman kennzeichneten, ist hier kaum etwas zu spüren. Dabei ist dieser durch und durch antiholistische Text zugleich einer der respektlosesten und amüsantesten im Gesamtwerk Woolfs: Formsprengender Elan und kritische Negativität des am Vorabend des 2. Weltkriegs spielenden Romans eröffnen Möglichkeiten der Ironie und des abgründigen Humors, die den *Waves* gänzlich fremd sind. In seiner unverkrampften Virtuosität und technischen Flexibilität ebenso wie in seinem Verzicht auf einfache Problemlösungen ist dies vielleicht Woolfs souveränster Text.

Stärker als alle seine Vorgänger optiert *Between the Acts* für Entgrenzung, aber ohne diesen Modus undialektisch und eindimensional als Ausweg aus den Aporien der Subjektivitätsfrage zu präsentieren.[27] Schon die enorme Versatilität des Erzählmediums macht dies deutlich. Die erzählende Instanz bezieht im raschen Wechsel die Psyche der verschiedenen Personen und gewährt aus unterschiedlicher Distanz – die Verfahren reichen vom zusammenfassenden Bericht über die Gemütslage bis zum Bewußtseinszitat, bei dem nur noch die Stimme der jeweiligen Person vernehmbar zu sein scheint, – Einblicke in die Verfassung der Protagonisten. Dabei geht die auktoriale Stimme weder völlig in der der Figuren auf, noch zeigt sie selber persönliche Konturen. Sie ist präsent, aber nicht identifizierbar. Sie vermittelt, bleibt dabei aber kapriziös und unberechenbar. Die dargestellte Welt erscheint so eingefaßt von einem fremden, zugleich unbestimmt changierenden Bewußtsein.

Auf besonders eindrucksvolle Weise macht sich dies bemerkbar in jenen Passagen, in denen das Erzählmedium für sich in Erscheinung tritt. Nicht nur die lyrische, monologisch-musikalische Qualität dieser Passagen fällt auf, sondern auch ihre Anonymität. Die Aufmerksamkeit wird über das Bewußtseinsleben der Figuren hinaus in einen gegenüber der dargestellten Wirklichkeit indifferenten Bereich gelenkt. Die Welt der Figuren wird fortwährend überschritten, aber der transzendierende Gestus verweist nicht etwa auf ein tröstliches Aufgehobensein in einem übergreifenden Sinnzusammenhang. Statt dessen geht der Blick ins Leere – wie z.B. ins Blau des Himmels oberhalb der Wolken: „It never fell as sun, shadow, or rain upon the world, but disregarded the little coloured ball of earth entirely" (16) – oder ins Schweigen, das sogar als Herzstück der Welt des Romans bezeichnet wird:

> The room was empty.
>
> Empty, empty, empty; silent, silent, silent. The room was a shell, singing of what was before time was; a vase stood in the heart of the house, alabaster, smooth, cold, holding the still, distilled essence of emptiness, silence. (24)

Das in allen Romanen Woolfs mehr oder minder prominent figurierende Motiv der zentralen Absenz wird in ihrem letzten Text, konzentriert in diesem Bild der Menschenleere und vollkommener, selbstgenügsamer Stille, zugleich der perfekten, in sich ruhenden Form, nicht nur zum Hinweis auf reine Negativität, Entgrenzung ins Nichts, sondern auch zur Selbstreflexion modernistischer Praxis. Indem Woolf auf die berühmten Zeilen aus Eliots „Burnt Norton" anspielt,[28] erinnert sie zugleich an ihre eigene Rhetorik des entgrenzenden Zeichens und des entzogenen Signifikats.[29]

Die paradoxe Eloquenz des Nichtgesagten ist auch Kennzeichen der Figurengespräche. Deren Doppelbödigkeit hängt wiederum mit einem gemeinsamen Grundzug in der Befindlichkeit der Bewohner und Gäste von Pointz Hall zusammen: Sie sind alle in der einen oder anderen Weise nicht identisch mit dem Gesicht, das sie für die übrigen tragen (müssen). Isa und Giles, Bartholomew und Lucy, William Dodge und Mrs. Manresa – sie alle sind am vollständigen Einssein mit sich gehindert durch ihren „unacted part" (92).

> Dabei handelt es sich bei diesem nicht gelebten Selbst nicht schlicht um Verdrängtes, sondern vielmehr in der Regel um durchaus bewußte, allerdings gesellschaftlich nicht zugelassene Persönlichkeitsanteile (wie Dodges Homosexualität), Vergangenes (Barts Jugend als Kolonialoffizier in Indien), um umständehalber nicht Realisierbares (Giles' Traum von einer bäuerlichen Existenz oder Isas romantische Liebe zum „gentleman farmer" Haines), oder um Möglichkeiten des Selbstseins, die als fantasierte ihren Anteil am Alltag behaupten (wie Lucys Absenzen und imaginative Fluchten und das seit ihrer Kindheit bewahrte, zu ihrer orthodoxen Frömmigkeit in krassem Widerspruch stehende, aber von La Trobes *pageant* überraschend wieder aufgerufene Bild ihrer selbst als Kleopatra).

Diese verschwiegene, teilweise aber auch den anderen bekannte Dimension der interagierenden Subjektivitäten läßt ihr Sprechen doppelsinnig werden. Das Latente, Grund ihrer offenbar unaufhebbaren Selbstentfremdung, drängt zur Äußerung und muß doch verborgen bleiben. Das insgeheim Bewegende darf nicht expliziert werden: Daher versickern viele der Figurengespräche im Schweigen oder treten auf der Stelle.

Andererseits wissen die Figuren wechselseitig zumindest andeutungsweise vom anderen ihrer selbst. Daher ereignen sich gelegentlich Bedeutungsexplosionen, drängt der unausgesprochene Hintergrund in einer Weise nach vorn, die das soziale Gleichgewicht bedroht. Aber auch Momente, in denen sich die Konfiguration umkehrt, bringen keine Erlösung. Die Positionen von Manifestem und Latentem vertauschen sich lediglich, das Unglück reduzierten Selbstseins bleibt. So sind die Figuren in *Between the Acts* nie 'ganz da'. Sie erscheinen unfähig zu umfassendem Selbsterleben, sind weder ihrer eigenen Reflexion noch dem Erkanntwerden durch andere vollständig verfügbar.

Solch mangelnder Selbstbesitz, für den auch die Sprache nie Mittel zu adäquater Selbstauslegung sein kann, erscheint in Woolfs Roman zunächst noch quälend und defizitär. Dies ändert sich jedoch allmählich: Die unvermeidlich scheiternde Selbstvergegenwärtigung der Figuren wandelt sich vom Unglück zur Normalität, vom Verhängnis zur (nahezu) akzeptierten *conditio humana*. Subjektivität ist in *Between the Acts* von Anfang an als paradox und aporetisch konzipiert. Selbstsein heißt: von sich getrennt sein – und dies zu wissen. Denn die Figuren werden nicht als in ihrer Befindlichkeit dumpf befangen vorgeführt, sondern als außerordentlich reflektiert. Sie sind dem Scheitern ihrer Repräsentationsversuche nicht schlicht ausgeliefert, sondern sind sich des unaufhebbaren Gegensatzes von Gezeigtem und Verschwiegenem bewußt und artikulieren dieses Wissen auch wiederholt (vgl. 104f., 106 und passim).

Mehr noch: Nichtidentität und Selbstverfehlung erscheinen in *Between the Acts* als Bedingungen künstlerischer Wirkung und Kreativität. Miss La Trobes *pageant* erweist sich als schockierende Exposition und kritische Feier von Fragmentierung und Entgrenzung. Das von den Dorfbewohnern unter La Trobes Regie auf dem Rasen von Pointz Hall aufgeführte Freilufttheater nimmt nicht nur den größten Teil des Romans ein, es fungiert auch als Spiel im Spiel, das heißt als Reflexion und Modifikation der gespannten Situation der in Pointz Hall Lebenden und ihrer Gäste. Dabei unterscheidet es sich indes in verschiedener Hinsicht vom traditionellen Spiel im Spiel.

So gibt es von Anfang an keine fraglose Wirkungsgewißheit. Zwar kreisen schon die Szenenfolgen der ersten drei Akte, die in einem exemplarischen Durchgang durch die englische Geschichte nacheinander einen Einakter im Stil des elisabethanischen Theaters, eine Posse nach Art der *comedy of manners* des 18. Jahrhunderts und eine mit music-hall-ähnlichen Einlagen versehene Szene aus dem viktorianischen Familienleben darbieten, allesamt um Verkennen und Erkennen, verdeckte und wahre Identitäten und das Zutagetreten des Verborgenen. Aber obwohl die Zuschauer angesichts der überdeutlichen Parallelen zu ihrer eigenen Verfassung eigentlich mit Betroffenheit reagieren müßten, erweist sich auch in der Kommunikation zwischen Bühne und Publikum nochmals die Ohnmacht der Repräsentation. Das Gezeigte erzielt höchstens zufällige, nie direkte Wirkungen; es wird nicht als Vergegenwärtigung der eigenen Realität wahrgenommen. Eine direkte Anteilnahme der Zuschauer in Form eines identifikatorischen Wiedererkennens bleibt aus. Bewegt werden die Figuren allenfalls von außerdramatischen Ereignissen – von der zur Untermalung und Überbrückung dienenden Musik, von den plötzlich losbrüllenden Kühen, von unberechenbaren Assoziationen – also gleichsam von dem, was „zwischen den Akten" liegt.

Werden Wirkungen schon in den ersten drei Akten des *pageant* erratisch, in jedem Fall aber durch nicht-repräsentierende Momente hervorgerufen, so setzt der vierte Akt (mit dem suggestiven Titel „The present time. Ourselves.") ganz auf Selbstvergegenwärtigung durch negierte Repräsentation. So wird den Zuschauern zunächst jede Darbietung vorenthalten. Dann folgt ein vergleichsweise konventionelles, aber bereits von parodistischen Elementen durchsetztes Tableau und auf dieses, begleitet von zunehmend disharmonischer werdenden Klängen, überraschend eine Performance, in der den Zuschauern von den Akteuren im Wortsinne 'der Spiegel vorgehalten' wird. Die Spiegelung des Publikums ist keine Metapher mehr. Vielmehr wird, indem die Schauspieler spiegelnde Gegenstände hin- und herbewegen – „Anything that's bright enough to reflect, presumably, ourselves?" (109) –, den Zuschauern in bedrängender, nicht mehr distanzierbarer Sinneserfahrung deutlich gemacht, daß sie selbst in der Tat auf der Bühne stehen – und zwar keineswegs so, wie sie sich gern sehen oder gesehen werden würden, sondern zu ihrem Entsetzen „only (...) in parts" (109). Das aber heißt: So, wie sie sind, und mit allen Mehrdeutigkeiten, die das impliziert. Denn dieser letzte theatralische Gewalt-'Akt' zeigt die Figuren als Darsteller ihrer selbst (vor sich und vor den Augen der anderen), als Rollenspieler, die stets „not quite here or there", „not quite themselves" sind (90). In der Multiplikation und Zerstückelung durch die vielen beweglichen Reflektoren führt er ihnen ihre eigene unwiederbringlich verlorene Ganzheit vor Augen.

Enthüllt, allen Blicken preisgegeben wird das alltägliche Versteckspiel der Figuren. Und damit nicht genug: Hatte die Spiegelung zunächst überfallartig alle Abwehrmechanismen übersprungen, so wird sie als Reflexion vervollständigt und vollends unausweichlich gemacht durch ein verbales Nachspiel des Spektakels. Eine nicht identifizierbare Stimme aus dem Hintergrund setzt an zu einer ausführlichen Publikumsbeschimpfung, die das soeben am eigenen Leibe Erfahrene nochmals drastisch expliziert (111-112). Als „orts, scraps, and fragments" tituliert, angeredet also als das, als was sie sich gerade wahrgenommen hatten, werden die Zuschauer einerseits schonungslos mit ihrer Zerrissenheit zwischen Gezeigtem und Verschwiegenem konfrontiert, wird andererseits suggeriert, genau in dieser Entfremdung fänden sie sich selbst. Die unmittelbar anschließende Grammophonmusik bekräftigt die paradoxe Einheit von Bindung und Zertrennung: „Was that voice ourselves? Scraps, orts and fragments, are we, also, that? The voice died away." (112)

Im 'Wir', das sich in dieser Publikumsreaktion zaghaft andeutet, wird zuletzt nochmals die Komplexität und reflektierte Dialektik des in *Between the Acts* artikulierten (Inter-) Subjektivitätsverständnisses sichtbar. Woolf hat ihr Konzept zu Beginn der Arbeit an ihrem Roman fast so tentativ wie später im Text selbst in einer Tagebucheintragung vom 26.4.1938 umrissen:

> (...) 'I' rejected: 'We' substituted: (...) 'We' ... the composed of many different things ... we all life, all art, all waifs and strays – a rambling capricious but somehow unified whole – the present state of mind? (*A Writer's Diary*, 276)

Die Passage hebt, bei aller Behutsamkeit der Formulierung, das befreiende Moment der in *Between the Acts* präsentierten Entgrenzungserfahrung hervor: Diese erscheint nicht nur beängstigend; die hier nochmals beschworene Ganzheit erscheint nicht nur unter dem Aspekt des Verlusts. Vielmehr läßt sich dieser zum einen auch als Entlastung von Einheits-, Bestimmtheits- und Konsistenzzwängen, als eine Form der Befreiung also verstehen. Die Karnevalisierung, mit der La Trobes *pageant* endet, entbindet – wenigstens vorübergehend – von den alten Eindeutigkeitsverpflichtungen, klaren Hierarchien und unvertauschbaren Identitäten. Zum anderen werden die Figuren und ihr Erleben durchaus unter den Anspruch einer Wiedergewinnung des Verlorenen gestellt – allerdings nicht auf dem Wege einer schlichten Rückkehr zu den alten Formen der Interaktion, sondern gleichsam auf einer höheren Ebene der Reflexion.

Anders ausgedrückt: In der widersprüchlichen Struktur der dargestellten Erfahrung scheint die Utopie eines „somehow unified whole" auf.

> Like quicksilver sliding, filings magnetized, the distracted united. The tune began; the first note meant a second; the second a third. Then down beneath a force was born in opposition; then another. On different levels they diverged. On different levels ourselves went forward; flower gathering

some on the surface; others descending to wrestle with the meaning; but all comprehending; all enlisted. The whole population of the mind's immeasurable profundity came flocking; from the unprotected, the unskinned; and dawn rose; and azure; from chaos and cacophony measure; but not the melody of surface sound alone controlled it; but also the warring battle-plumed warriors straining asunder: To part? No. Compelled from the ends of the horizon; recalled from the edge of appalling crevasses; they crashed; solved; united. And some relaxed their fingers; and others uncrossed their legs. (*Between the Acts*, 112)

Im selbstverständlichen, wenn auch prekären und durch und durch ambivalenten Zugleich von Zersplitterung und Zusammenklang und vor allem im Wissen darum zeichnet sich die Möglichkeit neuer Formen der Bezogenheit, anderer, begrifflich nicht faßbarer Weisen der Zentrierung ab. Deren Realisierung indes steht nicht nur in der Welt des Romans noch aus und widersteht hier wie dort der diskursiven Formulierung:

'Did you feel,' she [Lucy] asked 'what he said: we act different parts but are the same?'

'Yes,' Isa answered. 'No,' she added. It was Yes, No. Yes, yes, yes, the tide rushed out embracing. No, no, no, it contracted. The old boot appeared on the shingle.

'Orts, scraps and fragments,' she quoted what she remembered of the vanishing play. (127)

Anmerkungen

1 Virginia Woolf: A Writer's Diary. Being Extracts from the Diary of Virginia Woolf, ed. by Leonard Woolf, London 1953 (hier zitiert nach der Triad Panther-Ausgabe, Frogmore, St Albans 1979, S. 106), Eintrag vom 12. Februar 1927; die folgenden Seitenangaben im Text beziehen sich auf diese Ausgabe.

2 Siehe hierzu meine Habilitationsschrift: Verena Olejniczak: Subjektivität als Dialog. Philosophische Dimensionen der Fiktion. Zur Modernität Ivy Compton-Burnetts, Frankfurt/M. 1991 (erscheint München 1994), besonders Kapitel 1, 3 und 9.

3 Dieter Henrich: Fluchtlinien. Philosophische Essays, Frankfurt/M. 1982.

4 Immanuel Kant: Kritik der reinen Vernunft, B 132.

5 Zur Bestimmung moderner Subjektivität als Schweben zwischen „Weltbindung" und „Weltlosigkeit", „Weltvertrauen" und „Weltangst" vgl. Walter Schulz: Ich und Welt. Philosophie der Subjektivität, Pfullingen 1979.

6 Virginia Woolf: Night and Day, Harmondsworth 1992, S. 288.

7 Virginia Woolf: The Years, Frogmore, St Albans 1979, S. 185. (Dieser Roman Woolfs war mir in der neuen Penguin-Ausgabe, nach der ich ansonsten zitiere, nicht zugänglich.)

8 Vgl. Virginia Woolf: The Waves, Harmondsworth 1992, S. 221.

9 Virginia Woolf: The Years, S. 108; vgl. auch S. 226f., 255, 280, 325f.

10 Zur linguistischen und literaturwissenschaftlichen Relevanz des Begriffs vgl. Brian McHale: Free Indirect Discourse: A Survey of Recent Accounts, in: PTL: A Journal for Descriptive Poetics and Theory of Literature 3 (1978), S. 249-287.

11 Virginia Woolf: The Voyage Out, Harmondsworth 1992, S. 5; die folgenden Seitenangaben im Text beziehen sich auf diese Ausgabe.

12 Zu Woolfs „attraction to a watery element", insbesondere in The Voyage Out, vgl. auch James Naremore: The World Without a Self. Virginia Woolf and the Novel, New Haven/London 1973, S. 2 und passim.

13 Siehe Anmerkung 8.

14 Siehe oben, S. 11 des vorliegenden Aufsatzes; vgl. Anm. 11.

15 Vgl. auch Sue Roe: Introduction zu Virginia Woolf: Jacob's Room, Harmondsworth 1992; Seitenzahlen im folgenden beziehen sich, sofern nicht anders angegeben, auf diese Ausgabe.

16 The Voyage Out, S. 346; vgl. S. 297; vgl. auch Jacob's Room, S. 141: „What for? What for?"

17 The Voyage Out, S. 340; vgl. auch Jacob's Room, S. 155: „Such confusion everywhere!"

18 Virginia Woolf: Mrs Dalloway, Harmondsworth 1992, S. 202; Seitenzahlen im Text verweisen auf diese Ausgabe.

19 Vgl. dazu d. Verf.: Virginia Woolfs Mrs Dalloway. Psychologische Norm und Leseerfahrung, in: Englisch Amerikanische Studien 4 (1985), S. 711-725.

20 Erich Auerbach: Der braune Strumpf, in: Ders.: Mimesis. Dargestellte Wirklichkeit in der abendländischen Literatur, Bern 1946 (3. Aufl. 1964), vor allem S. 513f.

21 Vgl. Auerbach: Der braune Strumpf, S. 491ff., sowie Hermione Lee: Introduction zu V. Woolf: To the Lighthouse, Harmondsworth 1992; Seitenzahlen im folgenden verweisen auf diese Ausgabe.

22 Vgl. auch Max Black: Die Metapher, in: Anselm Haverkamp: Theorie der Metapher, Darmstadt 1983 (= Wege der Forschung, Bd. 389).

23 Zum Konzept des „moment of being“ siehe die autobiographischen Reminiszenzen in Virginia Woolf: Moments of Being. Unpublished Autobiographical Writings, ed. with an Introduction and Notes by Jeanne Schulkind, Frogmore, St Albans 1978.

24 Ich überspringe hier, wie eingangs bereits angemerkt, den in der Werkchronologie folgenden Roman The Years. – Seitenangaben aus The Waves beziehen sich auf die Penguin-Ausgabe Harmondsworth 1992 und erscheinen im Text in Klammern hinter dem jeweiligen Zitat.

25 In jüngerer Zeit hat dies vor allem Gabriele Schwab gezeigt. Vgl. Dies.: Das augenlose Schweigen des inneren Dialogs. Zu Virginia Woolfs The Waves, in: Dies.: Entgrenzungen und Entgrenzungsmythen. Zur Subjektivität im modernen Roman, Stuttgart 1987.

26 Virginia Woolf: Between the Acts, Harmondsworth 1992. Seitenangaben im Text verweisen auf diese Ausgabe.

27 Vgl. zu den folgenden Ausführungen auch d. Verf.: Wirkungsstrukturen in ausgewählten Texten T.S. Eliots und Virginia Woolfs. Eine Untersuchung zur Leserwirkung moderner englischer Literatur, Hildesheim/Zürich/New York 1987, Kapitel 2.2.

28 Vgl. die Zeilen 139-143:

(...) Words after speech, reach
Into silence. Only by the form, the pattern,
Can Words or music reach
The stillness, as a Chinese jar still
Moves perpetually in its stillness.

(T.S. Eliot: Burnt Norton, in: Ders.: Four Quartets, London 1944. Zitiert nach der 8. Aufl. 1974). – Eine poststrukturalistische Sicht der Woolfschen „configurations of silence“ formuliert Patricia Ondek Laurence: The Reading of Silence. Virginia Woolf in the English Tradition, Stanford, California 1991 (S. 4 und passim).

29 Vgl. das oben zu To the Lighthouse Ausgeführte.

Literatur

Virginia Woolf: The Voyage Out, ed. with an Introduction and Notes by Jane Wheare, Harmondsworth 1992.

Virginia Woolf: Night and Day, ed. with an Introduction and Notes by Julia Briggs, Harmondsworth 1992.

Virginia Woolf: Jacob's Room, ed. with an Introduction and Notes by Sue Roe, Harmondsworth 1992.

Virginia Woolf: Mrs Dalloway. Text ed. by Stella McNichol with an Introduction and Notes by Elaine Showalter, Harmondsworth 1992.

Virginia Woolf: To the Lighthouse. Text ed. by Stella McNichol with an Introduction and Notes by Hermione Lee, Harmondsworth 1992.

Virginia Woolf: Orlando. A Biography, Frogmore, St Albans 1979.

Virginia Woolf: The Waves, ed. with an Introduction and Notes by Kate Flint, Harmondsworth 1992.

Virginia Woolf: The Years, Frogmore, St Albans 1979.

Virginia Woolf: Between the Acts, ed. by Stella McNichol with an Introduction and Notes by Gillian Beer, Harmondsworth 1992.

Virginia Woolf: A Writer's Diary. Being Extracts from the Diary of Virginia Woolf, ed. by Leonard Woolf, Frogmore, St Albans 1979.

Virginia Woolf: Moments of Being. Unpublished Autobiographical Writings, ed. with an Introduction and Notes by Jeanne Schulkind, Frogmore, St Albans 1978.

Kommentierte bibliographische Überblicke finden sich in:

Willi Erzgräber: Virginia Woolf. Eine Einführung, München/Zürich 1982.
Christoph Schöneich: Virginia Woolf, Darmstadt 1989 (= Erträge der Forschung, Bd. 266).

Biographien

Phyllis Rose: Woman of Letters. A Life of Virginia Woolf, London/Henley 1986.
Lyndall Gordon: Virginia Woolf. A Writer's Life, Oxford 1986.

Ausgewählte Monographien

Jean Guiguet: Virginia Woolf and Her Works. Translated by Jean Stewart, New York/London 1965.
James Naremore: The World Without a Self. Virginia Woolf and the Novel, New Haven/London 1973.
Hermione Lee: The Novels of Virginia Woolf, London 1977.
Gisela von Wysocki: Weiblichkeit und Modernität. Über Virginia Woolf, Frankfurt/M./Paris 1982.
Rachel Bowlby: Virginia Woolf. Feminist Destinations, Oxford 1988.
Stella McNichol: Virginia Woolf and the Poetry of Fiction, London 1990.

Motorik des Beharrens

Der literarische Produktionsprozeß bei Gertrude Stein

Martina Wedekind

Literaturgeschichtliche Überblicke verleiten zu der Annahme, Gertrude Stein habe den Schriftstellern des 20. Jahrhunderts eine *literarische Technik* übermittelt, deren Hauptkriterium unter dem Stichwort *Wiederholungsprinzip* katalogisiert werden könne. Zwar läßt sich der Einfluß ihrer Schreibweise auf die literarischen Produkte Hemingways, der Vertreter des Nouveau Roman, der seriellen Kunst oder der Konkreten Poesie nachweisen, doch stützt sich die Tatsache, daß sich so unterschiedliche Autoren auf diese berufen, nicht darauf, daß Gertrude Stein eine literarische Technik feilbot. Die „Schriftstellerin für Schriftsteller", wie sie oft bezeichnet wird, gab keine Rezepte. Was von einigen späten Bewunderern oder auch von manchem Parodisten übersehen wurde, ist, daß sie einen Schritt vor jegliche literarische Technik zurücktrat – worauf sich andererseits die Achtung gründete, die man ihr zollte. Um schriftstellerischen Ratschlag gebeten, erteilte sie diesbezüglich den strengen Hinweis:

> Technique is not so much a thing of form and style as the way that form and style came and how it can come again.[1]

Inwiefern in Steins Poetik Form- und Stilfragen von einer ihnen vorgelagerten Position aus entwickelt werden, kann erst eine genaue Betrachtung von Steins Konzept des literarischen Schöpfungsprozesses verständlich machen. Der Begriff des Experiments, der avantgardistische Produktionsweisen wie das Zufallsprinzip im Dadaismus oder das „cut-up"-Verfahren charakterisiert, wäre hier unangebracht: Das mechanistische Herbeiführen einer unvorhergesehenen Neuordnung des Hergebrachten orientiert sich noch am Begriff des literarischen Produktes. Gemeint ist viel eher eine uneigentliche Technik, nämlich eine Disziplinierung des Schreibenden, um den literarischen Schöpfungsprozeß zuzulassen, indem durch die Disziplinierung die Einhaltung der Nichtbeachtung von Regeln ermöglicht wird. Weder einer Introspektion, noch einer neuen Art der Wirklichkeitswahrnehmung, nach der die mit Stein befreundeten kubistischen Maler suchten, sondern dem produktiven Moment „vor" der Wahrnehmung, bzw. der Erzeugung von sprachlicher Wirklichkeit, gilt das Interesse.

Den Verdacht B.F. Skinners, Stein habe sich einer „geheimen" Technik bedient, die den Versuchen in der experimentellen Psychologie unter ihrem Hochschulprofessor Münsterberg entlehnt sei,[2] wehrte sie zeit ihres Lebens ab. Die in den Harvard-Laboratorien im Rahmen der Hysterie-Analyse entwickelte Methode des „automatischen Schreibens" beinhaltet eine Bedingung und eine Möglichkeit des Schreibens, die unvereinbar mit Steins Poetik sind: die völlige Unbewußtheit des Schreibenden während des Prozesses, durch welche die Einhaltung der Nichtbeachtung von Regeln nicht mehr garantiert wäre, sowie das Schreiben nach Diktat. Daß die Erfahrungen aus der Studienzeit dennoch für die schriftstellerische Praxis Steins von Bedeutung sein konnten, läßt sich bereits dem Schwerpunkt der Versuche zur Hysterie-Problematik entnehmen – die Funktionsweise von Motorik und ihre Unabhängigkeit vom Bewußtsein auch bei Nicht-Hysterikern. In ihrem eigenen wissenschaftlichen Aufsatz, den sie der gemeinsam mit Leon Solomons verfaßten Präsentation der ersten Erkenntnisse[3] folgen ließ,[4] beschränkt sich Stein auf die Untersuchung der Gewohnheiten der Aufmerksamkeit, und wie diese, abhängig von der Persönlichkeit des Schreibenden die verschiedenen Formen und Grade der automatischen Motorik bestimmen. Stein behandelt nicht die Beherrschung sprachlichen bzw. imaginativen Materials, sondern es geht ihr allein um Bewegungen rhythmischen Charakters. Hieraus läßt sich ersehen, wie weit die automatische Schreibweise der Surrealisten sich bereits von der Erforschung der Grundlagen des automatischen Schreibens - die auch Grundlagen des Schreibens im allgemeinen und der Malerei sind - vor allem aber der literarischen Schreibweise G. Steins entfernt haben: sollten in ihr doch gerade Gefühle, Erinnerungen und Halluzinationen, an welche die Assoziation geknüpft werden kann, ausgeschaltet werden. Das klingt nach einer geistigen Askese. Doch gehen wir fehl, wenn wir uns diese als einen Prozeß der Loslösung von Vergangenem vorstellen: Wo keine Bindung besteht, bedarf es keiner Loslösung. Nicht Sprachzerstörung, sondern Sprachschöpfung steht am Anfang des literarischen Prozesses. Keine revolutionäre Geste und kein melancholischer Zug begleiten den Prozeß. Im Unterschied zum Aktivismus der Dadaisten und der Futuristen sowie im Unterschied zu dem allegorischen Verfahren von Baudelaire erhalten bei Stein die Wörter ihre Bewegung nicht aus dem Umgang mit ihrer geschichtlichen Vorgeprägtheit, sondern aus der Gegenwart des Schreibprozesses.

Steins Leidenschaft für Paradoxa und ihre Problematisierung dessen, was als literarische Technik angesehen wird, sind es, die neben ihrem Pochen auf Performanz Jean-François Lyotards Zuordnung ihrer Poetik zur Tradition des Erhabenen rechtfertigen. Das von Lyotard unter Absehung von der Naturerfahrung in eine produktionsästhetische Kategorie gewendete Kantische Erhabene, welches, wie Lyotard in „Das Erhabene und die Avantgarde" ausführt, im 20. Jahrhundert in der Frage „geschieht es?" gipfelt, trifft den Kern der Poetik Steins.[5] (Aus dieser Perspektive wird auch der schrullig wirkende Geniebegriff Steins plausibel.) Ausschlaggebend für die künstlerische Avantgarde des 20. Jahrhunderts ist nach Lyotard nicht mehr, „was" geschieht, sondern, „daß" es geschieht.[6] Zu überdenken ist daher die Zeitlichkeit des Geschehnisses, in Abgrenzung zu der Zeitlichkeit einer dargestellten Handlung. Das Moment des Schreckens, das Lyotard im Rekurs auf Burke für die Ästhetik der Moderne und Postmoderne zu veranschlagen versucht, wird jedoch den Voraussetzungen der Schreibweise Steins nicht gerecht: Das Warten auf das Geschehnis wird nicht aus Angst vor der Eventualität, daß nichts geschieht, negativ besetzt, da in der intentionslosen Erwartungshaltung, von der Stein ausgeht, das Geschehen niemals in den Gegensatz eines Nicht-Geschehens gerät. *Daß* es geschieht, stellt sich für Stein nicht als Frage, *ob* es geschieht - zumindest nicht während des Schöpfungsprozesses. Es ist viel eher verwandt mit dem *so* (geschieht es), dessen Erfassen einen Zugang zum Geschehnis ermöglicht, ohne ihm Prädikate zuzuschreiben. In diesem Sinn versteht Stein den Begriff des „Existierens", dem sie den Vorzug vor dem Begriff des Geschehens gibt, da das Geschehen noch als äußerliche Handlung, die abzubilden sich Zeitung und Geschichtsschreibung bemühen, angesehen werden kann. Auf Abbildung eines Geschehens kommt es Stein diesen gegenüber nicht an. Ebensowenig findet sich in ihrer Poetik ein Anhaltspunkt für den „horror vacui" des Schreibenden vor dem weißen Blatt Papier, der nach Lyotard der Schrecken des avantgardistischen Künstlers des 20. Jahrhunderts ist.[7] Vielmehr soll nun die „Erschütterung", die im 18. Jahrhundert durch die Gefühlskombination von Lust und Unlust erklärt wird, erstmalig in der Literaturgeschichte auf dem vorsätzlichen Zulassen motorischer Impulse des Schreibenden beruhen. Die Bewegung wird bei G. Stein ohne Auslöser und ohne einen Widerstand erfahrbar:

> So we have now, a movement lively enough to be a thing in itself moving, it does not have to move against anything to know that it is moving ...[8]

Was nicht durch eine Theorie des Mangels erklärt werden kann und trotzdem unfaßbar ist, stellt sich in Steins Werk in der Form des Rätsels. Zu bewältigen versuchte die Schriftstellerin, laut Lyotard, die Aufgabe, das Undarstellbare darzustellen, ähnlich dem Maler Barnett Newman. Eine treffendere Formulierung dieser Problematik wird sich im 20. Jahrhundert wohl nirgends als in dem künstlerischen Koan G. Steins finden: „Supposing no one asked the Question what would be answer."[9] Wenn beispielsweise ein Satz niemals eine Antwort sein kann,[10] worin besteht die Antwort dann, oder wie ist sie darzustellen? Genügt die von Stein programmatisch vorgenommene Entgrenzung des herkömmlichen Satzes, um die ungestellte Frage zu beantworten? Gibt es literarische Gattungen, die sich nicht zu einer Antwort eignen, oder kommt es auf ihre jeweiligen künstlerischen Formgebungen an – bedenkt man, daß Stein sich u.a. mit Prosa, Poesie, Drama und Oper auseinandersetzte. Beträgt der Umfang der Antwort ein Werk, ein Lebenswerk, oder sprengt die unbekannte Fragestellung den Werkbegriff? Ist die Frage überhaupt unbekannt? Ist sie, wenn man annimmt, daß sie nicht gestellt würde, dann auch nicht sprachlich? Und: Kann die Antwort auf eine nicht gestellte Frage denn in Sprache ausgedrückt oder gegeben werden?

Ob die Rückbesinnung auf das mosaische Bilderverbot[11] als Anstoß für den künstlerischen Versuch, die Grenzen der Einbildungskraft aufzuzeigen, für die jüdische Schriftstellerin G. Stein ebenso ausschlaggebend wie für den jüdischen Maler Barnett Newman war[12], mag dahingestellt bleiben. Eine der Schwierigkeiten, auf die wir immer wieder stoßen, wenn die Literatur Steins mit Werken der Malerei, etwa auch jener der Kubisten, in Zusammenhang gebracht wird, liegt in der Verschiedenheit von Sprache und bildender Kunst. Die Alltagssprache kann nicht in dem Maße wie die Malerei nicht-figurativ sein, die Literatur Steins, welche sich fast ausschließlich der Alltagssprache bedient, daher auch nicht abstrakt genannt werden. Die Wörter der Stilleben in *Tender Buttons* beispielsweise verlieren nicht ihre unmittelbare Bedeutung, und die Satzkonstruktionen verstoßen nicht gegen die formalen Regeln der englischen Syntax. Und doch eignet den sogenannten Stilleben Rätselcharakter. Das liegt nicht nur an Steins Behandlung ihrer quasi-emblematischen Struktur: Die Bedeutung der Wörter eines Stillebens nimmt nämlich nicht Bezug auf dessen Thema, Objekt oder Motto. Es sind überdies die sich aufdrängenden Paradoxien, welche, zum einen durch die Auswahl von Wörtern scheinbar disparater semantischer Zugehörigkeit, zum anderen durch die häufige Verwendung von Konditionalen und ihren nach unserem Verständnis alogischen Folgerungen, die Signifikanz der Worte irritieren und die Erinnerung an die Sinnzuweisung eines Wortes unterminieren. Indem der Sinn eines Satzteils oder eines Wortes auf diese Weise vexierbildartig von Augenblick zu Augenblick wechselt, wird erreicht, daß die Entstehung eines Wortes in jedem Augenblick mitvollzogen werden kann.

Stein geht es um den Schöpfungsakt in einer Gegenwart, die nicht in metaphysischen Zeitbegriffen zu fassen ist. Das „now", das gegenwärtige Zeitmoment, ist nicht mehr situiert zwischen Vergangenheit und Zukunft. Es ist nicht ohne das „so" zu begreifen, welches – sich der diskursiven Erörterung entziehend – auf das Äußerliche des Geschriebenen verweist: auf den Prozeß selbst, in den der Zeitpunkt eingebunden und somit nicht mehr als der Dauer entgegengesetzt gedacht wird.[13] Dem „now" stellt Stein in der Tat die Wendung „and so" voran, welche auf diese Weise einer (manuellen) Geste des Hervorbringens (oder eher noch des Hervorzauberns) gleichkommt:

And so. Now. A poem. Is in.
Full swing.[14]

Steins Kritik der metaphysischen Zeitbegriffe ist daher eine Kritik des Beginnens:

Philosophy tries to replace in the human mind what is not there that is time and beginning and so they always have to stop going on existing. There are consequently practically no masterpieces in philosophy.[15]

Charakteristisch für Meisterwerke hingegen ist nach Stein, daß in dem künstlerischen Prozeß der Gestaltwerdung Anfang und Ende nicht synthetisiert werden können. Ihre Entsprechung findet diese Tendenz zur Entgrenzung des Prozesses und der Form des sprachlichen Kunstwerkes in der bildenden Kunst weniger im Kubismus als in der amerikanischen Malerei der 50er Jahre.

... but then gradually well if you are an American gradually you find that really it is not necessary that anything that everything has a beginning and a middle and an ending and so you struggling with anything as anything has begun and beginning and begun does not really mean that thing does not really mean beginning or begun.[16]

Die Loslösung von der aristotelischen Forderung nach Anfang, Mitte und Ende darf nicht als ein Versuch verstanden werden, die Problematik des Beginnens oder Beendens beiseite zu schieben. Indem Stein von einer Chronologie absieht, verlagert sie ihre Konzentration auf das Beginnen, welches in jedem Moment anvisiert werden muß, da Anfang und Ende zusammenfallen. Jeder Anfang ist somit auch ein Schein-Anfang: „And now begin as if to begin."[17]

Beginnen heißt, einen Anfang fingieren, und dieses Fingieren wird nicht in einer abrupten Setzung transparent. Um das Fingieren eines Anfangs transparent zu machen, kann der Beginn eines Satzes oder Kunstwerkes durch die Verkettung „und" in Beziehung zu allen anderen möglichen Sätzen oder Kunstwerken gestellt werden. Er kann durch eine Wendung wie „and so" eine Geste beschreiben oder durch ein „als ob" in die Schwebe gebracht werden. Eine andere Möglichkeit von Steins Schreibweise besteht darin, endlose Neuanfänge zu benutzen, die hinter den Ausgangspunkt des Schreibens zurückführen. Als die bekannteste Art, in der sich die Problematik des Beginnens stilistisch manifestiert, kann wohl das, was als das Wiederholungsprinzip Steins gilt, betrachtet werden. Warum jedoch gerade der Begriff der Wiederholung als Charakterisierung ihres Schreibens von Stein selbst als inadäquat verworfen wird, macht die Darstellung des Hintergrundes ihrer Reflexionen über das Beginnen verständlich:

... every time one of the hundreds of times a newspaper man makes fun of my writing and of my repetition he always has the same theme, always having the same theme, that is, if you like, repetition, that is if you like the repeating that is the same thing, but once started expressing this thing, expressing any thing there can be no repetition because the essence of that expression is insistence, and if you insist you must each time use emphasis and if you use emphasis it is not possible while anybody is alive that they should use exactly the same emphasis.[18]

Der Begriff des Beharrens („insistence"), den Stein in ihren *Lectures in America* einführt, ist, wie ersichtlich geworden sein dürfte, nicht einfach ein anderer Ausdruck für den

Begriff der Wiederholung. Im Gegenteil. Es sind die Unterschiede zwischen Wiederholen und Beharren, auf die es ankommt. Daß darauf nicht genügend oft hingewiesen werden kann, liegt an der gewöhnlichen Mißachtung des Schreibprozesses, gegen die sich Stein wendet: „I never repeat that is while I am writing."[19]

Die Wiederholung ist in der Definition G. Steins eine Bewegung der Repräsentation: Wiederholung bedeutet Wiederholung eines Selbigen. Da es aber aufgrund der Temporalitätsstruktur von Wiederholung eine Identität von Wiederholtem und Wiederholendem nicht geben kann, muß sich der Schreibende spalten. Er muß zwei Zeiten einhalten: die Zeit des Schreibens und die Zeit des Erinnerns. Da die Erinnerung in Steins Konzept des Schreibprozesses keinen Platz hat, erfährt der Begriff der Wiederholung Steins Ablehnung. Der Erinnerung und Wiederholung setzt sie die rezeptive Produktivität des Schreibenden in der Gegenwart entgegen. Die Fähigkeit des Schreibenden, empfangend kreativ zu sein ohne an Vergangenes anzuknüpfen, vergleicht Stein mit der seltenen Fähigkeit, gleichzeitig Sprechen und Zuhören zu können, was den poetologischen Stellenwert dessen, was gemeinhin als Klatsch bezeichnet wird, in ihrem Werk erhellen soll. Wie Stein in ihrem Vortrag „Portraits and Repetition" ausführt, ermöglicht erst das gleichzeitige Sprechen und Zuhören-Können die Herstellung von Portraits einzelner Personen oder Dinge. Erinnerung ist hierfür nicht vonnöten. Das Portrait im Sinne Steins unterscheidet sich von der Beschreibung, es gründet nicht auf thematische oder formale Ähnlichkeit. Der Begriff des Portraits ist somit daran, *daß* es geschieht, geknüpft – was Stein mit dem Begriff des Existierens auszudrücken versucht –, nicht etwa an ein Geschehen, an welches man sich darstellend, wiederholend, erinnert:

As I say what one repeats is the scene in which one is acting, the days in which one is living, the coming and going which one is doing, anything one is remembering is a repetition, but existing as a human being, that is being listening and hearing is never repetition. It is not repetition if it is that which you are actually doing because naturally each time the emphasis is different just as the cinema has each time a slightly different thing to make it all be moving. And each one of us has to do that, otherwise there is no existing. As Galileo remarked, it does move.

...

No matter how complicated anything is, if it is not mixed up with remembering there is no confusion, but and that is the trouble with a great many so called intelligent people they mix up remembering with talking and listening, and as a result they have theories about anything but as remembering is repetition and confusion, and being existing that is listening and talking in action and not repetition intelligent people although they talk as if they knew something are really confusing, because they are so to speak keeping two times going at once, the repetition time of remembering and the actual time of talking but, as they are rarely talking and listening, that is the talking being listening and the listening being talking, although they are clearly saying something they are not clearly creating something, because they are because they always are remembering, they are not at the same time talking and listening. Do you understand.[20]

Die Wiederholung ist stets eine unterbrochene Bewegung. Sie stellt ein Aufgreifen von etwas dar, das bereits ein Ende hatte. Betrachten wir demgegenüber das Beharren („insistence"). Das Beharren beschreibt eine kontinuierliche Bewegung. Diese hat bereits eingesetzt. Ihr Ursprung ist das Beharren. Einen Anfang gibt es somit nicht. Jeder Moment ist ein Moment des Beginnens. Beharren bedeutet, sich nicht davon abbringen zu lassen, immer wieder von Neuem auf etwas zu dringen. Wenn ich beharre, lasse ich es mir nicht nehmen, fortzufahren, auf etwas Gewicht zu legen: etwas zu betonen. Beharren ist Verlangen. Und: Beharren ist „exciting", um ein Hauptkriterium der Beurteilungen Steins, das sie lakonisch an jedweden Gegenstand anlegt, zu nennen.

Der Begriff des Beharrens wirft nicht nur die grundlegende Frage der Rhetorik des

Erhabenen auf, wie die Emphase technisch herzustellen sei, sondern ferner, inwieweit die Emphase überhaupt eine Frage der *technē* ist:

Then we have insistence insistence that in its emphasis can never be repeating, because insistence is always alive and if it is alive it is never saying anything in the same way because emphasis can never be the same not even when it is most the same that is when it has been taught.[21]

Womit G. Stein in ihrer Schreibweise und Poetik ringt, läßt sich nicht etwa als Versuch ansehen, einen Aspekt der Wiederholung stark zu machen: Die Zeit der Betonung ist nicht einfach identisch mit einem je nach dem jeweiligen Zeitpunkt, an dem Wiederholung stattfindet, variierenden Moment. Es geht Stein um die Zeit der Betonung, die als ein Aspekt der Zeitlichkeit des Materiellen angesehen werden kann. Die Zeit der Betonung ist nicht von der Zeit der Repräsentation her zu denken. Sie ist an die Bewegung eines Körpers im Raum geknüpft, ohne das Körperlich-Materielle, das Betonung ermöglicht, nicht zu fassen. Unterschiede in der Betonung sind am deutlichsten an motorischem Verhalten ablesbar. Die Stimme verleitet uns dazu, auf Repräsentation zu achten, doch auch bei der stimmlichen Äußerung - nicht nur im Gesang - ist die unterschiedliche Betonung wahrnehmbar:

It is very like a frog hopping he cannot ever hop exactly the same distance or the same way of hopping at every hop. A bird's singing is perhaps the nearest thing to repetition but if you listen they too vary their insistence. That is the human expression saying the same thing and in insisting and we all insist varying the emphasising.[22]

Diese Auseinandersetzung mit einer sich dem Bewußtsein widersetzenden Zeitlichkeit der Materie beschreibt J.-F. Lyotard als das Hauptcharakteristikum der Ästhetik des Erhabenen in der künstlerischen Avantgarde des 20. Jahrhunderts. Wie Lyotard in seinem Aufsatz „After the Sublime" hervorhebt, ist es das Stofflich-Materielle (welches nun nicht mehr als ein von der Form her gedachtes Material begriffen wird), das uns vor ein schier unlösbares Rätsel stellt:

Matter doesn't question the mind; it has no need of the mind. It exists, or rather it *insists*, it sists „before" or „outside" questions and answers. It is presence as what is unpresentable to the mind...[23]

Das, was sich dem formalen Zugriff entzieht, was nicht durch Kompositionsverhältnisse eines Kunstwerkes determiniert wird, muß unter formalem Gesichtspunkt als immateriell erscheinen. Wir nehmen nach Lyotard das Materielle in der Empfindung von Timbre, Nuance oder Farbton wahr. Die Aufmerksamkeit kippt aus dem Rhythmus der Komposition und stößt auf ein sich von diesem unterscheidendes Kontinuum, das erfahrbar wird in der Erschütterung. Timbre oder Nuance machen die unvergleichliche Qualität des scheinbar stets Identischen aus und können daher kein Element von Wiederholung sein.

Auch wenn G. Stein immer wieder auf den Vergleich der kubistischen Malweise mit ihrer Schreibweise hingewiesen hat, um die Gemeinsamkeit ihres Konzepts der „modern composition" hervorzuheben, liegt doch die Pointe ihres „ut pictura poesis"-Prinzips gerade darin, das Immaterielle des materiell Gegebenen zu berühren. Ihre Aufgabenstellung, literarische Stilleben in *Tender Buttons* zu fabrizieren, bestand nicht darin, Dinge zu beschreiben oder in Verhältnis zueinander zu setzen, sondern darin, das Verhältnis von Farbe und Klang, bzw. Farbton und Klangfarbe und deren Entsprechung zum Wort zu erkunden:

I began to wonder at about this time just what one saw when one looked at anything really looked at anything. Did one see sound, and what was the relation between color and sound, did it make itself by description by a word that meant it or did it make itself by a word in itself.[24]

Von diesen Überlegungen aus gelang es Stein, die Wörter nicht mehr nur von ihrer Inhaltsebene oder von ihren formalen Eigenschaften her zu beurteilen, sondern auch ihre Masse oder Materialität zu berücksichtigen, indem sie ihre Klangfarbe oder ihr Gewicht einbezog – etwa in einem Versuch, die Teile eines Satzes in ein Gleichgewicht zu bringen.

Timbre und Nuance sind nicht transponierbar. Sie sind an materielle bzw. mediale Gegebenheiten in Zeit und Raum geknüpft. Die Empfindung einer Klangfarbe beispielsweise bezieht das Geräuschhafte eines Tones ein. Wahrnehmen der Nuance einer Bewegung heißt, ihre Vibration zu erfassen. Nicht zufällig beginnt Steins literarische Beschäftigung mit Nuancen in einer Zeit, in der neue technische Medien es ermöglichten, diese Qualitäten, die sich der Schrift, bzw. der literarischen Schriftlichkeit des 19. Jahrhunderts noch entzogen, aufzuzeichnen – in diesem Zusammenhang sei auch auf Steins Beschäftigung mit der japanischen Kalligraphie verwiesen. Das Geräuschhafte des Tons – in F. Kittlers Theorie der „Aufschreibesysteme" in Anlehnung an Lacan als das „Reale" bezeichnet[25] – konnte nun von Tonabnehmern erfaßt werden, und der Stummfilm, auf den Stein in ihrer Poetik vergleichend Bezug nimmt, machte durch die Aufeinanderfolge einzelner, sich minimal verändernder Bilder einen motorischen Ablauf darstellbar.

Eine Literatur, die sich Timbre und Nuance, den Qualitäten des Nicht-Formalen verschreibt und daher nicht von ihrer Materialität zu lösen ist, muß in Kauf nehmen, unübersetzbar zu sein. Der enttäuschte Leser der deutschsprachigen Ausgabe eines Werkes von Stein sei nicht auf die Unzulänglichkeit des bemühten Übersetzers, sondern auf Steins Poetik selbst verwiesen. Das Gewicht geschriebener Worte oder der Farbklang einer Äußerung sind abhängig von der Einzelsprache. Im Unterschied zu dem Versuch der Konkreten Poeten der 60er Jahre, ein modernes Esperanto zu kreieren, widersetzt sich Stein allen universalisierenden Bemühungen. Doch finden sich nicht einmal schwierige Neologismen in der Sprache Steins, welche die Übersetzung erschweren.

Betrachten wir nun das bekannteste Gedicht Steins und kehren wir zu der Unterscheidung zwischen Wiederholen und Beharren zurück. Die Zeile „Rose is a rose is a rose is a rose" aus „Sacred Emily" (veröffentlicht in *Geography and Plays*) machte Stein zu ihrem Wahlspruch, indem sie sie – ihr Ende und ihren Anfang mit einem Punkt verbunden – in Kreisform setzen ließ. Durch Voransetzen des Artikels änderte sie die ursprüngliche Zeile in ein Gedicht des Wortlauts „A rose is a rose is a rose is a rose", das einen hermetischen Zirkel bildet, um dieses schließlich der Öffentlichkeit als Prototyp ihrer Schreibweise anzubieten:

When I said.
A rose is a rose is a rose is a rose.
And then later made that into a ring I made poetry and what did I do I caressed completely caressed and addressed a noun.[26]

Wäre die literarische Technik das einzige, worauf es hier ankommt, dann würde der deutschsprachige Ausdruck „Eine Rose ist eine Rose ist eine Rose ist eine Rose" dem Gedicht adäquat sein. Er ist es aus folgendem Grund nicht. Im englischsprachigen Wortlaut wird durch die mehrfache Verwendung des Substantivs „rose" mit seinem unbestimmten Artikel der klangliche Eindruck, die Rose blühte auf („arose"), hervorgetrieben.

An dieser Stelle sei an das Resultat von Versuchen des erkenntnistheoretischen Konstruktivismus, die sich mit dem produktiven Vorgang der klanglichen Wahrnehmung auseinandergesetzt haben, erinnert: Das Hören auf ein wiederholtes Wort, welches auf eine Tonbandschleife aufgenommen wurde, erzeugt nach einiger Zeit Wechselworte. Die Wahrnehmung springt auf diese anderen Worte aufgrund von deren phonetischer Ähnlichkeit mit dem ursprünglich wahrgenommenen Wort um.[27]

Indem die aufeinanderfolgende mehrfache Verwendung von Wörtern die Grenze unserer Synthetisierungsfähigkeit aufzeigt, ermöglicht sie den vexierbildhaften Umsprung von Wahrnehmung auf andere Wörter. Sie ermöglicht die Reflexion des Prozesses und somit auch die Einsicht, daß Wahrnehmen ein ständiges Produzieren von Hypothesen zur Grundlage hat.

Gleichzeitig konzentriert sich die Wahrnehmung auf die Betonung und ermöglicht, Nuancen zu erfassen. Um Nuancen zu erfassen, muß ich mich nicht an die Proposition des Wahrgenommenen halten, ich muß keine Vergleiche im Formalen der Komposition ziehen. Die Wahrnehmung von Nuancen vollzieht sich unmittelbar. Der Wahrnehmende befindet sich in einem räumlichen Verhältnis zu dem Wahrgenommenen. Er teilt einen gemeinsamen Raum der Bewegung, in dessen Punkten jedoch die Betonung je unterschiedlich ist. In diesem Sinn versteht Stein den Begriff des Wissens. Wissen ist nach Stein nicht mit einem propositionalen Gehalt zu verwechseln, es beruht nicht auf Erinnerung und ist keine passive Aufnahme von etwas. Wissen ist ein Mitvollzug der Bewegung des Wahrgenommenen, Annahme seiner Bewegung, möglicherweise deren Fortsetzung, gleichzeitig jedoch immer schon Umsetzung. Das Begreifen hat seine Motorik.

In Steins Gedicht „A rose is a rose is a rose is a rose" ermöglicht die Viergliedrigkeit des Gedichtes seine Verräumlichung. Nicht schon die dritte, sondern erst die vierte Rose öffnet die Bewegung hin zum Raum. Der Kreis schließt sich in einer Kreisform, die nicht durch eine Linie beschrieben werden kann. Die Schlange beißt sich in den Schwanz. Anfang und Ende fallen zusammen. Logische Widersprüche werden so überwunden, Objekt- und Metaebene unbestimmbar. Vom Ansatz einer „Semiotik des Weiblichen" her, die auf kybernetische Modelle des erkenntnistheoretischen Konstruktivismus gestützt das Verhältnis von „Zählen und Erzählen" untersucht, gelangt Eva Meyer zu einer Deutung von Viergliedrigkeit, die Steins Konzept des literarischen Schöpfungsprozesses nahekommt – Viergliedrigkeit stellt nicht eine die Identität wiederholende Vervielfachung dar:

> Keine Geburt der Reproduktion also, sondern das Beharren auf dem Gebären selbst, oder, wenn man so will, die Geburt der Produktion.[28]

Um ein Gedicht in die Welt zu setzen, muß der Schreibende so tun, als ob er beginnt. Er muß annehmen, er begänne und seinen Beginn annehmen – nicht durch die Wiederholung der Annahme, sondern durch deren Aufrechterhaltung im Beharren. Der Autor beharrt auf der Annahme zu beginnen und hat somit bereits begonnen. Er konstruiert im gleichen Zug einen hypothetischen Fall, den es anzunehmen gilt.

> Suppose, to suppose, suppose a rose is a rose is a rose is a rose.
>
> To suppose, we suppose that there arose here and there that here and there there arose an instance of knowing that there are here and there that there are there that they will prepare, that they do care to come again. Are they to come again.[29]

Das Ausgesagte befindet sich in der Schwebe. Es wird ein Angebot gemacht – und ein Anspruch formuliert. „Stell dir vor...", „Nimm an...". Gefordert wird nicht nur, genannten Fall anzunehmen, sondern die Annahme anzunehmen („Suppose, to suppose, suppose...").

Auch besitzt das künstlerische Koan G. Steins vermutlich nicht zufällig die Form der Annahme. Wenn mir die Frage nicht gestellt würde – gesetzt den Fall –, muß dann die Antwort nicht eine Hypothese sein? Oder ist eine Annahme stets der Versuch, die Frage zu stellen? Zieht man die letzten Worte G. Steins in Betracht, in denen sie, der Legende nach, ihre Frage nach einer Antwort auf eine nicht gestellte Frage in eine Frage nach der Frage überführte, entspricht die Annahme dann der Frage nach der Frage? Liegt in der Annahme vielleicht gleichermaßen die Möglichkeit von Frage und Antwort – auch wenn eine Annahme niemals Frage und Antwort in ihrem Gebrauch gleicht?

Wie die Frage, kann auch die Antwort in einer Ästhetik des Erhabenen nur ein Angebot sein, ihrem Modus nach hypothetisch. Dennoch ermöglicht die Öffnung der Sprache zum Körperhaft-Materiellen eine Bestätigung. Das Beharren interpretiert und bekräftigt wiederum deren Empfang. Artikuliert wird auf diese Weise ein Vorausgesetztes und ein immer wieder Einzulösendes. Das Beharren bereitet jeden Moment eine Annahme vor. Das heißt auch: Im Beharren auf der Annahme liegt immer von Neuem ein Moment des Wissens.

Der Anspruch auf Zustimmung unterscheidet sich grundlegend vom Beharren auf der Annahme. Ebensowenig wie der sinnlichen Neigung die Einstimmung von jedem Anderen zugesichert sein kann, läßt sich in der Empfindung von Timbre und Nuance der Sprache Anspruch auf Allgemeingültigkeit formulieren. Dieser Unmöglichkeit trägt die Geste des hypothetischen Angebots Rechnung. In der Motorik des Beharrens hingegen liegt eine Gewißheit. Was Stein in ihrem Beharren immer wieder in die Sprache einzubringen versuchte, ist, daß eine Annahme bereits am Rand der Sprache stattgefunden hat. Und: Was sie gleichzeitig in ihrem Beharren immer wieder der Sprache abverlangte, ist deren Annahme, Annahme ihrer Ränder, ihres Timbres, ihrer Nuancen.

In dem Textabschnitt eines emblemähnlich strukturierten Stillebens aus *Tender Buttons*, das den Titel „A Seltzer Bottle" trägt, kommt Stein – im Unterschied zu den kubistischen Malern – durch die Hypothetisierung der Einnahme einer Perspektive zuvor, wobei das Prinzip des Perspektivwechsels das Beharren auf der Annahme ermöglicht:

> Supposing a certain time selected is assured, suppose it is even necessary, suppose no other extract is permitted and no more handling is needed, suppose the rest of the message is mixed with a very long slender needle and even if it could be any black border, supposing all this altogether made a dress and suppose it was actual, suppose the mean way to state it was occasional, if you suppose this in August and even more melodiously, if you suppose this even in the necessary incident of there certainly being no middle in summer and winter, suppose this and an elegant settlement is more than of consequence, it is not final and sufficient and substituted. This which was so kindly a present was constant.[30]

Das, was beharrlich angenommen werden sollte, ist, laut Subscriptio, was sich als beständig erwies: die Annahme eines Geschenks, einer Gegenwart.

Anmerkungen

1 John Hyde Preston: A Conversation, in: Atlantic Monthly 156 (August 1935), S. 187-194, hier S. 188.
2 Vgl. Burrhus Frederic Skinner: Has Gertrude Stein a Secret?, in: Atlantic Monthly 153 (Januar 1934), S. 50-57.
3 Gertrude Stein und Leon M. Solomons: Normal Motor Automatism, in: Psychological Review 3 (September 1896), S. 492-513.
4 Gertrude Stein: Cultivated Motor Automatism, in: Psychological Review 5 (Mai 1898), S. 295-306.

5 Vgl. Jean-François Lyotard: Das Erhabene und die Avantgarde, in: Merkur 2 (März 1984), S. 151-164, hier S. 154.
6 Ebd., S. 152.
7 Stein interessiert sich nicht primär für das Verhältnis des Geschriebenen zur Fläche, auf das sich die visuelle Poesie seit Mallarmé konzentriert.
8 Gertrude Stein: Portraits and Repetition, in: Dies.: Lectures in America, Boston 1985, S. 165-208, hier S. 171.
9 Dies.: Useful Knowledge, zitiert nach: A Gertrude Stein Companion. Content with the Example, hrsg. von Bruce Kellner, New York/Westport Ct./London 1983, S. 293.
10 „A sentence is never an answer." (Gertrude Stein: As Fine as Melanctha), ebd., S. 306.
11 Vgl. Immanuel Kant: Kritik der Urteilskraft. Werkausgabe Bd. 10, hrsg. von Wilhelm Weischedel, Frankfurt/M. 1974, S. 201.
12 Vgl. hierzu: Jean-François Lyotard, a.a.O.
13 Die Furcht vor der Implosion des Augenblicks, die Lyotard in seiner Ästhetik als ein Movens der avantgardistischen Setzung beschreibt, kann daher als gegenstandslos erachtet werden.
14 Gertrude Stein: Stanzas in Meditation and Other Poems (1929-1933). The Yale Edition of the Unpublished Writings. Bd. 6, hrsg. von Carl van Vechten u.a., New Haven 1956, S. 166.
15 Dies.: The Geographical History of America or the Relation of Human Nature to the Human Mind, New York 1936, S. 194.
16 Dies.: Narration, Chicago 1935, S. 23.
17 Dies.: Composition as Explanation, in: Dies.: Selected Writings, New York 1962, S. 511-524, hier S. 517.
18 Dies.: Portraits and Repetition, a.a.O., S. 167.
19 Ebd., S. 179.
20 Ebd., S. 179f.
21 Ebd., S. 171.
22 Ebd., S. 167f.
23 Jean François Lyotard: After the Sublime. The State of Aesthetics, in: The States of „Theory". History, Art and Critical Discourse, hrsg. von David Carroll, New York 1990, S. 297-304, hier S. 303.
24 Gertrude Stein: Portraits and Repetition, a.a.O., S. 191.
25 Friedrich A. Kittler: Grammophon, Film, Typewriter, Berlin 1986; Kittlers Vereinnahmung Steins in seiner medientheoretischen Konzeption der Schriftstellerin als einer Sekretärin, die ein männliches Diktat aufnimmt, bedarf wohl keines weiteren Kommentars. (Vgl. Ders.: Aufschreibesysteme 1800/1900, Berlin 1986, S. 231ff.).
26 Gertrude Stein: Poetry and Grammar, in: Dies.: Lectures in America, a.a.O., S. 209-246, hier S. 231.
27 Heinz von Foerster: Sicht und Einsicht. Versuche zu einer operativen Erkenntnistheorie, Braunschweig/Wiesbaden 1985 (Wissenschaftstheorie, Wissenschaft und Philosophie; 21), S. 27.
28 Eva Meyer: Zählen und Erzählen. Für eine Semiotik des Weiblichen, Wien/Berlin 1983, S. 183.
29 Gertrude Stein: An Elucidation, in: Transition (April 1927), S. 64-78, hier S. 75.
30 Dies.: Tender Buttons, in: Dies.: Selected Writings, a.a.O., S. 459-510, hier S. 466f.

James Joyce

Fritz Senn

James Joyce (1882-1941) wurde in Rathgar, Dublin, geboren, als ältester überlebender Sohn in einer kinderreichen Familie, die nach anfänglichem Wohlstand zunehmend in Armut absank. Er besuchte die besten jesuitischen Schulen Irlands, Clongowes Wood College, Belvedere College, und studierte an der neuen katholischen Royal University. Ein kurzer Aufenthalt in Paris wurde wegen des Todes seiner Mutter abgebrochen. Im Oktober 1904 ließ er in Begleitung einer jungen Frau aus Galway, Nora Barnacle, Irland hinter sich, suchte zuerst in Zürich, dann in Triest eine Stelle als Lehrer. Er unterrichtete Englisch an der Berlitz-Schule in Pola und Triest. Ein Sohn, Giorgio (1905), und eine Tochter, Lucia (1907), kamen zur Welt. 1906 versuchte er sich als Bankangestellter in Rom durchzubringen, kehrte dann mit der Familie nach Triest zurück. Im Weltkrieg zog er nach Zürich und blieb dort von 1915 bis 1919. Er erhielt großzügige Unterstützung durch Harriet Shaw Weaver in London. Von Triest ging er 1920 nach Paris, mit dem Erscheinen des *Ulysses* 1922 wurde Joyce international bekannt. 1931 heiratete er seine Gefährtin und ließ sich kurz in London nieder. 1940 suchte er Zuflucht in Zürich, starb aber bereits am 13. Januar 1941.

Werke

Das Werk von Joyce ist von geringem Umfang, lediglich sieben Bücher wurden zu Lebzeiten veröffentlicht. Ihre Quantität wird von ihrer Ausstrahlung bei weitem übertroffen. Symptomatisch ist die Zahl sekundärer Untersuchungen, die im englischen Sprachraum allein hinter Shakespeare zurückliegt, und die vielen Tagungen und Kongresse (seit 1967 findet jedes zweite Jahr in Europa ein Joyce-Symposium statt).

Chamber Music (1907)

Formales Geschick zeichnet die ersten Gedichte von *Chamber Music* aus, 36 sind zu einem Zyklus geordnet. Sie wurden um 1903 niedergeschrieben und erschienen 1906. Joyce hat sich an Vorbilder gehalten, vor allem elisabethanische wie Ben Jonson. Die Gedichte sind kurz, gereimt, mit z.T. altertümlichen Formen, meist zart, gebrechlich, bis blutlos, doch von unterschwelliger Ironie durchsetzt. Ihrer Musikalität wegen sind sie oft vertont worden.

Dubliners (1914)

Mit der Kurzgeschichtensammlung ging Joyce den entgegengesetzten Weg zu einem damals ungehörigen Realismus. Verleger stießen sich an bestimmten Stellen und Wörtern, an der Behandlung heikler Themen, an der Darstellung der ungeschminkten Wirklichkeit und bestanden auf Änderungen. Diese Widerstände zögerten die Veröffentlichung der 1904 bis 1907 verfaßten Geschichten bis 1914 hinaus. Joyce vermittelt einen gleichsam repräsentativen Querschnitt seiner Stadt um die Jahrhundertwende, in oft knappen, wie zufällig herausgegriffenen Ausschnitten aus dem Alltag mit belanglos wirkenden Details. Die Erzählungen scheinen ohne Pointe oder Abrundung aufzuhören und waren in der englischen Literatur beinahe ohne Vorbild. In einer Rechtfertigung gegenüber seinem Verleger gab Joyce als Absicht an, „ein Kapitel der Sittengeschichte meines Landes zu schreiben", und zwar „in einem Stil skrupulöser Niedertracht ... und in der Überzeugung, daß derjenige sehr verwegen sein müßte, der das, was immer er gesehen und gehört hat, in der Darstellung zu ändern oder womöglich zu entstellen wagte. ... Ich kann nicht ändern, was ich geschrieben habe".[1]

Der den ersten Lesern vor allem auffallende schonungslose Realismus enthüllt sich als skrupulös gefertigt. Offensichtlich wird ein fast unfehlbares Gehör für Nuancen der Sprechweise der verschiedenen Gestalten in bestimmten Situationen. Die sorgfältige Konstruktion, Variationen in Auswahl, Perspektive, Stil, die zahlreichen Symmetrien und Querverbindungen, der Hang zur Vollständigkeit und die Implikation von über vordergründiges Geschehen hinausgehenden („symbolischen") Bedeutungen sind erst späteren Generationen aufgegangen. Ein von Joyce in seiner privaten Ästhetik verwendeter Begriff, „Epiphanie", ist oft auf die leisen Enthüllungen angewandt worden. Er verstand darunter (nach den Worten des fiktiven Stephen Dedalus) „eine jähe geistige Manifestation, entweder in der Vulgarität der Rede oder Geste, oder in einer denkwürdigen Phase des Geistes selber"; damit verband sich die Vorstellung vom „Getaste eines geistigen Auges, das seine Vision auf einen ganz bestimmten Brennpunkt einzustellen versucht. In dem Moment, in dem der Brennpunkt da ist, ist das Objekt epiphaniert".[2] Manche Geschichten enden mit einer meist desillusionierenden derartigen Einsicht, Erwartungen werden nicht erfüllt, Ziele nicht erreicht.

Durch die Verzögerung der Herausgabe hatte Joyce Gelegenheit, eine weitere, andersartige Geschichte anzufügen und den Zyklus abzurunden. „The Dead" ist umfangreicher, fast eine Novelle, weniger bitter im Umgang mit Dublin, versöhnlicher und wärmer, mit mehr Resonanzen.

Dubliners haben sich frisch und lebendig erhalten und selbst die Anthologisierung und Behandlung in Schulen überdauert. Sie verleiten Leser zur Vervollständigung und zu extrapolierenden Deutungen. Sie sind wohl der beste Einstieg in Joyces Werk. Der Plan für eine weitere Geschichte, „Ulysses in Dublin", wurde zum Keim für den Roman *Ulysses*, in dem verschiedene Figuren wieder auftauchen.

A Portrait of the Artist As a Young Man (1916)

Der nächste Schritt war *A Portrait*, eine Fortsetzung des Bildungs- oder Künstlerromans mit modernistischen Mitteln. Er schildert das Heranwachsen des Stephen Dedalus von der Kindheit bis in die Studentenjahre. Joyce hatte den Namen „Stephen Daedalus" als Pseudonym und in der früheren Fassung *Stephen Hero* verwendet, im *Portrait* zeichnet er auch seine eigene Jugend nach, so daß der Roman lange Zeit für stark autobiographisch geprägt gehalten wurde. Wiedergegeben wird die prekäre Entwicklung vom schüchternen, introvertierten Knaben zum selbstbestimmten Künstler unter vielfältigen Anfechtungen. Er durchläuft Wandlungen als Kind im Elternhaus bei zunehmender Verarmung, als Schüler in den katholischen Instituten, die auch Joyce besucht hatte, nimmt politische Spannungen wahr, erlebt seine Pubertät zwischen Prostituierten und christlicher Läuterung und wendet sich am Ende einer Art Religion der Kunst zu, ohne daß dieser Anspruch durch schriftstellerische Leistungen unzweifelhaft belegt wäre. Die eigene biographische Entwicklung als Grundlage wird gerafft vorgeführt, mit großer Freiheit, mythologisiert, aber nicht heroisiert.

In fünf Kapiteln werden entscheidende Szenen der verschiedenen Phasen in jeweiligen Rückblenden und Erinnerungen vorgestellt. Neuartig war nicht allein eine nüchterne Darstellung von sonst ausgesparten Widerwärtigkeiten, sondern auch lange Einschübe wie die ausgedehnte Höllenpredigt oder ein Vortrag über Ästhetik. Neuartig war die dem jeweiligen seelischen und intellektuellen Stand zugeordnete formale Wandlung in Sprache und Stil, von einfachen Sätzen und kindlicher Auffassung über verschiedenartige Auswüchse bis zum wortbewußten, oft überheblich posierenden Abtrünnigen, der sich betont, sich selbst als andersartig verstehend, von seiner Umwelt abhebt.

Der Name des 'nicht-mehr-Helden' Stephen Dedalus weist mit uncharakteristischer Deutlichkeit auf den Mythos des Daidalos hin, des ersten Handwerkers und Konstrukteurs, des Erbauers des Labyrinths und Erfinders des Flugs. Ein vorangestelltes Zitat „Et ignotas animum dimittit in artes"[3] weist auf den Augenblick, wo Dedalus, gefangen im Exil auf Kreta, „seinen Geist" auf noch unbekannte Künste oder Techniken „ausschweifen läßt", und darüber hinaus programmatisch auf die Ambition des jungen Dedalus aus Dublin. Es charakterisiert aber auch den Autor, der in der Tat mit immer neuen „artes" zu stets umstrittenen Höhenflügen ansetzte.

Auf frühe Leser wirkte der Roman heterogen und formlos, zum Teil widerwärtig. H.G. Wells schrieb des Autors „Kloakenbesessenheit" seiner katholischen Umgebung zu. Die kunstvolle Orchestrierung ist erst von späteren Lesern bemerkt worden, die die stilistischen Schwankungen als Ausdruck einer verworrenen Evolution mit Unregelmäßigkeiten und Störungen deuten konnten. So scheint der Roman in seinen Verstrickungen, Wiederholungen, in der Variation bestimmter Motive und Wortfolgen immer mehr wie die sorgfältig ausgedachte Konstruktion eines Ingenieurs und Nachkommen des Daidalos. Ganz im Sinn der ästhetischen Abhandlung, die der Student Dedalus im Mund führt (und die Joyce mindestens in seiner Triestiner Zeit selber vertreten hat), tritt der Schöpfer hinter sein Werk unsichtbar zurück und läßt die Figuren selber zu Wort kommen (und dieses Wort auch gestalten). Gleichzeitig bleibt der Künstler „in oder hinter oder jenseits oder über dem Werk seiner Hände"[4] und zieht unsichtbar seine Fäden. Die Werke sind zugleich Zeugnis der Selbstverleugnung des Autors wie von dessen Allmacht; schlichtes Handwerk verbindet sich mit göttlicher Anmaßung.

Exiles (Verbannte) (1918)

Joyce brauchte offenbar eine Abrechnung mit sich selbst aus kritischer Distanz, ähnlich wie der eine, zu seinen Lebzeiten nicht erfolgreiche Versuch zum Drama eine psychologische Notwendigkeit war, eine Art Katharsis, eine Verarbeitung dessen, was aus Joyce mit vergleichbaren Anlagen, aber unter anderen doch denkbaren Gegebenheiten, hätte werden können. Er hatte sich ostentativ für die unbestechlichen Dramen von Henrik Ibsen oder Gerhard Hauptmann eingesetzt. In Triest und Zürich entstand dann sein einziges Theaterstück, *Exiles* (1917), das zu seinen Lebzeiten nur ganz selten aufgeführt worden ist.

Die drei Akte handeln von der Rückkehr eines Joyce selbst nicht unähnlichen Schriftstellers aus Italien, Richard Rowan, mit einer Gefährtin und einem Sohn, und einer Auseinandersetzung mit einem Freund und Rivalen Robert Hand sowie einer früheren Freundin Beatrice, so daß sich zwei Dreiecksgeschichten überlagern, in denen hauptsächlich geredet wird, in denen alle möglichen Verbindungen konjugiert werden und nicht klar wird, was in der Nacht zwischen Robert und Bertha, mit Einverständnis von Richard, vorgefallen ist. Das Stück verbindet Ansätze zu emanzipatorischer Freiheit mit egozentrischer Tyrannei der Hauptfigur.

Ulysses (1922)

Joyce verwendete sieben Jahre an dieses Buch, das am 2. Februar 1922, seinem 40. Geburtstag, in Paris als teurer Privatdruck herauskam und sofort in angelsächsischen Ländern verboten und damit zum Skandal wurde. Auf die ersten Leser wirkte es chaotisch und provozierend, die Handlung war nicht leicht auszumachen, Gedanken schienen kaum unterscheidbar von konfusem Geschehen. Es schien den Strömungen und Provokationen des Dadaismus ähnlich oder wurde als Ausdruck von Nihilismus verstanden.

Ulysses gibt, in anfänglich extrem realistischer Art, nicht ganz einen Tag im Leben weniger Gestalten wieder. Die ersten Kapitel stehen im Zeichen der früheren Figur, dem desillusionierten Stephen Dedalus aus dem *Portrait*. Die meisten der 18 Episoden widmen sich sodann einer ganz anderen Figur, Leopold Bloom, einem wendigen, nie ganz angepaßten und doch immer überlebenden Mann von 38 Jahren von mancherlei Berufen, der als Außenseiter, mit jüdischer Abstammung, genau beobachtet und reflektiert und sich mit patzigem Geschick durch den Tag und eine lange Nacht windet. Seine Frau Marion (Molly) bleibt zunächst im Hintergrund. Ihr langer innerer Monolog, bekannt als stetiger Fluß ohne jegliche Satzzeichen, obszön, erdig, humorvoll, rhythmisch, widersprüchlich, beschließt das Buch in einer Art Epilog.

In seiner Unmittelbarkeit verlegt sich *Ulysses* auf Alltagsgeschehen und zelebriert auf den ersten Blick Unscheinbares. Die Aufmerksamkeit gilt Tod und Ehebruch ebensosehr wie einem Stück Seife, einem Zehennagel oder zwei Fliegen an der Wand. Die Stadt Dublin ist so wiedergegeben, wie sie den Einwohnern zum Bewußtsein kommt, mit großer Präzision, doch ohne explizite Beschreibung, in Vignetten der Wahrnehmung.

Zusehends hatte Joyce die Mittel verfeinert, mit denen er innere Vorgänge schilderte, bis zu der Technik, die als „innerer Monolog" etikettiert wurde: ein Versuch, die Gedanken oft im Augenblick ihres Entstehens sprachlich festzuhalten. Im „Bewußtseinsstrom" („stream of consciousness") wird der Ablauf von Wahrnehmungen, Emotionen, Einfällen, Gedankenschüben unzensiert sprachlich auf eine Weise umgesetzt, die der Nachahmung mentaler Prozesse mehr verpflichtet ist als den Regeln der Grammatik oder gesellschaftlicher Wohlanständigkeit.

Der Titel hebt sich vom vordergründigen Naturalismus ab und weist auf antike Vorbilder. Joyce hatte sich auf die allumfassende *Odyssee* gestützt und deren gewandten und vielgewanderten Helden, der sich in immer wechselnden Situationen in der jeweils optimalen Rolle zurechtzufinden wußte. Die homerischen Analogien (die nicht „parallel" verlaufen) dienten Joyce zur Gliederung und Anregung. Sie erweitern das Geschehen um mythische Resonanzen und laden ein zu ausholenden Vergleichen und Erfindungen. Homer hatte alle menschlichen Konstellationen umgesetzt, so daß jeder neue Versuch immer schon Metamorphose oder Übertragung des alten Epos war. Die Entsprechungen sind vielfältig, zum Teil an Personen nachvollziehbar (Bloom ist auf ungeschickte Art ein gewandter Odysseus, Molly Bloom eine nicht ganz standfeste Penelope, ein irischer Patriot ein einäugiger Zyklop), zum Teil an analogen Orten und Handlungen (der moderne Friedhof entspricht dem Abstieg in den Hades, der Konflikt mit dem Zyklopen wird zur Auseinandersetzung mit politischen oder rassistischen Vorurteilen, die Zauberin Kirke wird zur Bordellmutter). Vieles ist frei gestaltet: die von Aiolos beherrschten, in alle Richtungen fliegenden Winde nehmen moderne Kommunikationsmittel wie Zeitungen, Post oder Telephon und städtischen Verkehr vorweg. Die ganz konkreten Wandlungen der Gestalt des homerischen Proteus werden bei Joyce zur Verwandlung schlechthin als einer treibenden Kraft, die auch das Werk selber in Bewegung hält. Nichts bleibt, wie es scheint.

So ist der *Ulysses* ein modernes Buch der Metamorphosen, das sich von realistischer Schilderung ohne Ausgrenzung oder Verfeinerung bis zu höchster Künstlichkeit wandelt. Im Roman wird auch die sprachliche Struktur in ihrem bestimmten Aufbau und ihrem Wiederholungsprinzip thematisiert. Die Form entspricht radikal dem Inhalt: wo ein Kapitel in eine Zeitungsredaktion anspielt, gleicht es sich der äußeren Erscheinung einer Zeitung an; es enthält schreierische Überschriften in Großbuchstaben. Wo Musik Thema ist, wird Sprache zum Klangkörper mit musikalischen Effekten. Das allgegenwärtige Rollenspiel in der Gesellschaft steigert sich zu einem Kapitel, das sich formal als Bühnenstück verkleidet, sich aber mit seinen Ängsten, Hoffnungen, Erinnerungen und halluzinatorischen Geistern der Vergangenheit zur Hauptsache im Innern aufhält. In betontem Gegensatz hierzu gibt sich ein anderes Kapitel spröde, objektiv, wissenschaftlich als Katalog von pedantischen Fragen und umständlichen Antworten. Manche Episoden ahmen traditionelle Darstellungsformen in parodistischer Verzerrung nach. Sobald sich die Leser in einen Darstellungsmodus eingestimmt haben, ändert sich das Buch nach anderen Grundsätzen, in heutiger Terminologie: nach anderen Programmierungen. Ein Anliegen des *Ulysses* scheint es geradezu, uns dessen Lektüre beizubringen und zu flexibler Beobachtung und Spekulation anzuleiten, um jede vorschnelle Selbstgefälligkeit neu zu durchkreuzen.

Pomes Penyeach (1927)

Nach *Chamber Music* wandte sich Joyce der Prosa zu, die immer wieder poetisch durchsetzt ist. 1927 sammelte er ein Dutzend der später, in Triest oder Zürich, entstandenen Gedichte zu einem kleinen Bändchen. Der Titel erinnert an ein Dutzend Äpfel, jeder für einen Penny („pommes" oder „poêmes"), dazu ein 13. als Zugabe („Tilly"). Nach dem Tod seines Vaters und der Geburt seines Enkels 1932 veröffentlichte er noch „Ecce Puer" (1932).

Finnegans Wake (1939)

Die so revolutionär wirkende neue Form des *Ulysses* war nicht der Endpunkt. Von den zwanziger Jahren an erschienen in Zeitschriften oder Sonderdrucken einzelne Fortsetzungen des neuen Unternehmens, das provisorisch aber nachhaltig zutreffend „Work in Progress" genannt wurde, weil Joyce den Titel erst kurz vor der Veröffentlichung bekanntgab. Die neuen Fragmente gingen weit über das hinaus, was selbst Anhänger des *Ulysses* für zumutbar hielten: Handlung, Plot, Schauplätze, Personen sind bestenfalls andeutungsweise zu erahnen. War Joyce schon bis an die Grenzen der englischen Sprache gegangen, so hielt sich nun das neue Unternehmen nicht mehr an herkömmliche Regeln. Lexikalische wie syntaktische Verstöße und viele fremdartige Anleihen werden zur Norm, so daß eine ganz andersartige Technik des „Verstehens" erforderlich wird, eine Art Auflösung von Wortspielen und semantischen Überlagerungen. Gleichwohl bleibt Nichtverstehen Bestandteil der Lektüre. Zur Veranschaulichung verwies Joyce auf den Traum. Dem einem Tag gewidmeten *Ulysses* mit seinem Bloomsday (der die Nacht einschließt) wird ein Nachtbuch beigegeben: Dunkelheit, Schatten, Verwirrung, Unbestimmtheit gehören zu seinem Wesen. Die Polyvalenz von Bedeutungen, die früher als abartige Randerscheinung abgetan werden konnte, wird nun zum dynamischen Durcheinander und wirkt damit auf alle vorherigen Werke zurück, wo die Keime dieses Verfahrens – immer aus der gesicherten Rückschau – bereits in den *Dubliners* nachzuweisen sind. Natürlich gab es mit Aristophanes, Shakespeare, Lewis Carroll oder dem alltäglichen Witz schon Vorläufer im mehrdeutigen Umgang mit Sprache, aber hier wird er in geballter Form realisiert.

Nachlaß

Neben den publizierten Werken sind frühere Sketche („Epiphanies"), ein großer Teil der Briefe, das Fragment einer Erstfassung des *Portrait (Stephen Hero)*, verstreute Gedichte, Zeitschriftenaufsätze und Gelegenheitsarbeiten („*Critical Writings*") gesammelt worden. Ein Notizbuch aus Triest wurde unter dem Namen *Giacomo Joyce* 1967 von Richard Ellmann herausgegeben.

Zwei Stränge scheinen von Anfang an nebeneinanderzulaufen, beide in extremer Weise: einerseits der Sinn für Fertigkeit und alle Formen der Überlieferung, Literatur als Gestaltung von Sprache. Daneben prägte sich früh ein Hang aus zu dem, was Joyce selber Realität nannte, 'wie es wirklich ist', die Einbeziehung des ganzen Spektrums von Erfahrung, und dies möglichst ungefiltert.

Paradoxien und Dynamismen. „Hearasay in paradox lust" (FW 263)

Joyce darzustellen verlangt nach einer Systematisierung, die konsequent verweigert wird. Die Werke sträuben sich gegen jegliche Einordnung, sie sind Ausbrüche aus bestehenden Ordnungen und eben den Konventionen, die sie vehement fortsetzen. Alle frühen kritischen Reaktionen oder verlegerischen Einwände bezeugen, daß weder *Dubliners* noch *Finnegans Wake* in hergebrachte Kategorien oder gar akademische Stundenpläne passen. Einordnungen sind provisorische Notbehelfe nach unterschiedlichen Gesichtspunkten. Einzelne Kapitel des *Ulysses* reihen derartige Versuche demonstrativ aneinander. Am ehesten scheint man Joyce mit paradoxen Gegensätzen beizukommen. Jede gültige Aussage schließt ihr Gegenteil in sich ein; wie es in *Finnegans Wake* philosophisch formuliert wird: „the centuple celves ... by the coincidance of their contraries reamalgamerge in that indentity of undiscernibles ...",[5] wo sich Identitäten, Einprägungen *(indent)* und Gegensätze in wechselseitiger Choreographie schwer entwirrbar zu vermengen scheinen.

So engt Joyce seinen Bereich auf die ihm vertraute Periode im Dublin um 1900 ein. Ausnahmen sind die sechzehn Heftseiten *Giacomo Joyce*, mit Triest als Hintergrund, die aber als Fingerübungen nie zur Veröffentlichung vorgesehen waren, und *Finnegans Wake*, wo Ort und Zeit der Handlungen global, mindestens europäisch, überdeterminiert bleiben, aber gleichwohl Dublin und Umgebung nie ganz verschwinden. Zunehmend weitet Joyce seine provinziellen Miniaturen in enzyklopädischer Manie aus, will im Grunde nichts auslassen und durch Vertretung letztlich alles unterbringen. Somit wird Dublin repräsentativ für die Großstadt oder ein Leopold Bloom zum modernen Individuum schlechthin, denn er ist sowohl Außenseiter und Niemand (darunter der odysseeische *Outis*) als auch Jedermann. Leser können sich in ihm wiederfinden oder ihn als bloß verbale Fiktion auffassen. Die proteischen Hauptgestalten können geschmeidig und pantomimisch in jede Rolle schlüpfen.

Alle Werke sind ihrer Art nach anders, gleicherweise Teile eines zusammenhängenden Ganzen und doch unverwechselbar *sui generis*. Sie sind ineinander verwachsen, Elemente der vorhergehenden sind in fast jedem späteren neu verwertet. Die Titel aller Kurzgeschichten oder die privaten *Ulysses*-Kapitel verbergen sich in *Finnegans Wake*. Dessen letzte Worte, vereint mit dem Anfang „a long the ... / riverrun", fließen zurück zu der Zeile „There's music along the river ..." im allerersten Gedicht von *Chamber Music*. Das Ende des *Wake* verknüpft sich so in doppelter Schlinge nicht allein mit dessen eigenem Beginn, sondern zugleich mit dem Uranfang. Themen, Schauplätze, Figuren, Motive wiederholen sich in variablen Recyclings, aber anderen Verkleidungen.

Alles hängt zusammen, gleichwohl ist jedes Werk für sich einmalig und auf Anhieb erkennbar. In der Rückschau ergibt sich fast von selber eine ungestüme Evolution von den juvenilen Gedichten bis hin zu den Extravaganzen des nichtkonformen *Wake*. Doch in keiner Phase hätte das folgende Werk vorausgesagt werden können, es war von Joyce meist nicht so vorausgeplant, wie es sich dann unter seiner Hand, in der Werkstatt, ausgestaltete. Aus dem reichlich amorphen Versuch der Selbstbewältigung, der im Fragment *Stephen Hero* erhalten ist, wurde das gestraffte, durchstrukturierte *Portrait*. *Ulysses* war im Ansatz bloß eine weitere Kurzgeschichte, die beiseite gelegt und Jahre nachher wieder aufgegriffen wurde. Sie wuchs zum Roman, der anfangs aus einigermaßen gleichartigen Kapiteln zu bestehen schien, die aber immer mehr auseinanderfächerten, so daß jedes seine eigene Individualität (oder Entartungen) erhielt und schon deswegen einen Namen brauchte - ein Grund, warum sich die homerischen Kapitelbezeichnungen, die nie Bestandteil einer Vorpublikation gewesen waren, auch bei denjenigen in ihrer Bedeutung so hartnäckig durchgesetzt haben, die den klassischen Unterbau eher als Beiwerk abtun.

Wiederverwertung

Joyce organisiert sein Chaos mit achtloser Berechnung. Künstlerische Selektion scheint aufgehoben, es gibt keine offensichtliche Rangordnung. Allem, ob Katastrophe, Geburt, Tippfehler, Rasierbecken oder ein Stück Rotz, kommt dieselbe scheinbar kritiklose Aufmerksamkeit zu. In alter epischer Manier zieht jede noch so geringe Kleinigkeit im Augenblick ihrer Erwähnung die Aufmerksamkeit ungeteilt auf sich. Unterscheidungen des Wesentlichen von Peripherem bleiben Lesern anheimgestellt. Alles wird gleich bedeutsam, doch nichts unwichtig, und nichts scheint verloren zu gehen. Joyce hat meist mit Notizen begonnen, die er in seine Entwürfe einsetzte, der Prozeß durchlief Reinschriften und zahlreiche Revisionen. Haushälterisch hat er nicht verwendete Stellen später ausgewertet, in seinem Kosmos scheint nichts je endgültig zu verschwinden.

Etwas so Nebensächliches wie ein Handzettel („throwaway"), der zerknüllt und weggeworfen wird, wächst im *Ulysses* zum Motiv aus und wird zum Objekt, dessen Mini-Odyssee epische Beachtung verdient. Als Motiv bleibt es verbunden mit einem tatsächlichen Pferd *Throwaway*, Sieger des Ascot-Rennens von 1904, wie um anzudeuten, daß in diesem Minikosmos nichts verlorengeht oder in Vergessenheit gerät. Die Werke inszenieren beständiges Recycling.

Alt und Neu

Joyce als Neuerer steht ganz vorn, das uneinholbare Extrem *Finnegans Wake* behält seinen gesicherten Platz auf der Bestenliste zeitloser Avantgarde. Der junge Joyce fand die Hinwendung der keltischen Renaissance zur legendären Vergangenheit oder zu stilisiert ländlichen Themen verfehlt und trat als Neuerer lautstark für die damals revolutionären Dramatiker Ibsen und Hauptmann ein. Er hatte ein Gespür für Strömungen, wie sie erst später beachtet wurden: die Bedeutung von Denkmustern und Vorurteilen, der Psychologie, der Werbung, der Allgegenwärtigkeit des Kitsches, der Medien (die damals noch keine waren), wie sie sich im Verlauf des Jahrhunderts erst entwickeln würden, oder die Irrwege der Kommunikation waren von Anfang an sein Anliegen. Er war seiner Zeit voraus und hat sich doch betont immer auch rückwärts gewandt, er blieb in vieler

Hinsicht mittelalterlich. Seine frühe Ästhetik war an Aristoteles und Thomas von Aquin orientiert. Der *Ulysses* baut auf dem ältesten literarischen Fundament, der *Odyssee*, das *Portrait* auf dem Mythos des Daidalos auf; die Bedeutung von Dante und den Renaissancedenkern wird erst allmählich erkannt. Er hat später seine Inspiration weniger (mindestens in seinen Bekenntnissen) bei Freud, Einstein, Schönberg oder Picasso geholt, mit denen er verglichen wurde, als bei Giordano Bruno, Giambattista Vico oder den Opern des 19. Jahrhunderts.

Ungewollt hat er angeregt, über das Verhältnis der kreativen Leser zum Text nachzudenken und zu Theorien auszugestalten, aber auch alte Lesegewohnheiten neu aufleben zu lassen. Etwa die gemeinsame exegetische Lektüre in einer Gruppe, zu der Texte wie *Finnegans Wake* geradezu herausfordern, fast wie in Zeiten, wo Texte als Unikate im kleinen Kreis erläutert wurden. In mancher Hinsicht nähert sich die Auseinandersetzung mit Joyceschen Stellen der Zergliederung einer lateinischen Periode. Bedeutungen werden im Leseablauf nicht Schritt um Schritt von selber frei, sondern entstehen durch Abtasten, versuchsweises Verarbeiten und einstweilige Speicherung im Gedächtnis mit ständiger Rückkoppelung an ein vorläufiges, stets revisionsbedürftiges Begreifen. Ein frühes liturgisches Zitat nimmt sich aus wie eine exemplarische Vorbereitung auf das Verfahren an sich: die Folge „Liliata rutilantium te ..." mit zwei ganz verschiedenen, unverbundenen Partizipien und einem Akkusativpronomen ist an dieser Stelle nicht auflösbar und fügt sich erst zusammen, wenn sich in der Fortsetzung „confessorum turma circumdet" (U1.276) „turma" zu „Liliata" gesellt, „confessorum" zu „rutilantium" und das Verb am Ende die Relationen und die Aussageform (Wunsch, nicht Wirklichkeit) preisgibt („möge dich die liliengleiche Schar rötlicher Bekenner umgeben"). In bester klassischer Tradition eröffnet sich der Sinn nach und nach, in einem experimentellen Hin und Her und entgegen der Wortfolge sowie einem linearen Verlauf.

In einer Hinsicht erscheint Joyces Werk als außer Rand und Band mißratene Wucherung, ein kaum gezähmter Wildwuchs, oder aber ein hemmungsloser Ausfluß von Unbewußtem. Er verwandte gern biologische Entsprechungen. Stephen Dedalus schwärmt beim Dichten vom „jungfräulichen Schoß der Imagination", worin „das Wort Fleisch geworden"[6] ist; die abstruseste Episode des *Ulysses* („Oxen of the Sun") verknüpft die Entstehung englischer Prosa mit dem embryonalen Wachstum. Sprache und Literatur werden als evolutionäres Heranreifen mit Fehlentwicklungen erlebt. Im Ansatz scheint jede Zelle das Ganze zu enthalten, ein Grund, warum sich viele Charakteristika bei Joyce von ihren Details her aufschließen lassen. Demgegenüber drängen sich immer wieder statische, architektonische Metaphern auf, wie sie durch den mythischen Erfinder Daidalos, dem Urahn der Technik, vorgezeichnet sind, der das kunstvoll verworrene Labyrinth konstruierte. Von da aus gesehen erscheinen alle Werke als ausgeklügelte Strukturen mit vielfachen Symmetrien, Querverbindungen, Koordinaten (wie im Schema des *Ulysses*) mit offensichtlichen oder verborgenen literarischen, liturgischen oder mythologischen Überlagerungen.

Laut und Zeichen

Literatur ist eine Veranstaltung wirkungsvoller Zeichen bis hin zu den kleinsten Buchstaben. Der Apostroph, der in *Finnegans Wake* fehlt, überdeckt ein Gefüge *Finnegan's Wake* (wie es in wohlmeinenden „Verbesserungen" irrtümlich immer wieder auftaucht) mit einer Vorstellung von Finnegans, gewöhnlichen Leuten, die einmal aufwachen könnten, eben *Finnegans Wake*. Damit bietet allein der Titel syntaktische Alternativen zur

Auswahl. Ein einziger Buchstabe macht, erhebt ein Wort zu einer Welt: „word" bauscht sich in einem Brief durch Tippfehler zu „world" auf, während andererseits Blooms Name in einem Zeitungsbericht zu einem hallenden, ironischen „Boom" verballhornt wird. Ein einziger potenter Buchstabe wird kreativ eingesetzt und wirkt entlarvend.

Die Werke von Joyce sind eine Aneinanderreihung typographischer Zeichen auf gebundenen Blättern. Die Zeichen und ihre Anordnung ändern sich sichtbar, gelegentlich beinahe zu Bildern, wie zu Anfang der Anna-Livia-Plurabelle-Episode, wo sich der Haupttext graphisch als Basis einer nach oben zulaufenden Pyramide darstellt:

O
tell me all about
Anna Livia. I want to hear all
about Anna Livia. Well, you know Anna Livia? Yes, of course,... (FW 196)

Das derart erstehende Dreieck fungiert auch als Delta (D), ein Buchstabe, der aus drei Geraden entsteht (die sich an anderer Stelle zu der Zahl III oder 111 fügen); das griechische Ikon Delta bezeichnet wiederum eine fächerförmige Flußmündung. Wenn Buchstabenkonstellationen Bilder ergeben, läßt sich selbst ein prominenter Buchstaben „O" (dessen Aussprache in Französischen an Wasser erinnert) als Null sehen und damit als das Nichts, aus dem die Welt erschaffen ist, oder aber als Kreis und damit Urform aller anderen Kreisläufe, oder auch als Höhle oder Loch, aus dem Leben quillt, oder, wieder anders gewendet, als der Neumond, d.h. der wechselhafte Mond oder der Monat, der dem weiblichen Archetyp Anna Livia Plurabelle zugeordnet ist. Derartig übertreibende Ausholungen beruhen darauf, daß Buchstaben auch optisch ihren Dienst tun können und sich damit in eine ehrwürdige Tradition der Sprachmagie reihen.

Literatur ist eine sichtbare Aneinanderreihung verschieb- und umtauschbarer Zeichen; doch sie besteht, wie Sprache, auch aus Lauten. Hier geht Joyce ebenfalls bis an die Grenzen, indem er Sprache als Orchestration von Lauten zur Geltung kommen läßt. *Chamber Music* läßt es im Titel bereits anklingen. Alle Werke sind sprechbar, selbst der seiner Natur nach gerade nicht gesprochene innere Monolog. Der Sinn öffnet sich oft durch den Klang lebendiger als über das Wörterbuch. Daß Joyce laut zu lesen sei, gehört zu den zutreffendsten Halbwahrheiten. Selbst kaum verständliche Passagen in *Finnegans Wake* bleiben eminent zitierbar und sind oft von unverkennbar irischem Tonfall, ein Zusammenklang von differenzierten Stimmen, Lauten, Geräuschen, Mißtönen, Dissonanzen wie Echos aus sentimentalen, patriotischen Liedern, Balladen, Opernarien, Music-Hall-Songs, Schlagern bis in die 30er Jahre. Alle Prosa hallt in geborgten Melodien wider. Die Sprache variiert Laute und Rhythmen zu Instrumentierungen von musikalischem Eigenwert. Paradebeispiel ist das „Sirenen"-Kapitel im *Ulysses*, wo nicht allein gesungen wird, sondern die Sprache selber zur Musik hin tendiert und als Klanggebilde die semantische Komponente übertönt. Musikalische Effekte werden nachgeahmt, eine Art Ouvertüre bereitet durch lautliche Motive auf die Handlung vor. Wiederholungen mit Variationen, Operntechniken und Tempi werden variiert: („Bloo smi qui go"; „Her wavyavyeavyheavyeavyevyevy hair un:com:'d", U11.309,808). Eine monosyllabische Folge, „Bald deaf Pat brought quite flat pad ink. Pat set with ink pen quite Dat pad" (U11.847) erweist sich als Tonleiter.

Laut und Zeichen, Ohr und Auge, ergänzen sich und stehen zueinander in einer Spannung. Lesen mit den Augen ist theoretisch nach allen Seiten offen, kann jederzeit angehalten oder wiederholt werden, aber überhört vieles; lautes Vorlesen bringt vitalen

Gewinn, ist aber immer vorweggenommene deuterische Auswahl, die alles stimmlich nicht Präsente aus dem Hörfeld rückt.

Joyce wäre geradezu definierbar anhand von Unmöglichkeiten. Wir verstehen nie alles (*Finnegans Wake* nicht einmal annähernd). In wesentlichen Belangen bleibt Joyce, wie alle Literatur, unübersetzbar. Jedes Lesen ist falsch: ein schneller Durchgang reicht nicht aus, langsames Vorantasten, Satz um Satz, mit allen denkbaren Querverbindungen engt den Blick ein. Wie weit sollten tangentiale Abweichungen (Zitate, Obertöne, Echos) verfolgt oder zu Nebenstudien erweitert werden, also Ausflüge in irische Geschichte, Kirchenväter, Dante, Heraldik, entlegene Tagesereignisse? Kommentare und Anmerkungen verkürzen den Prozeß, andererseits täuschen sie in ihrer Verknappung Prioritäten vor, neigen dazu, forschende Neugier durch kompetente Vorwegnahme zweifelhafter Ergebnisse zu ersetzen. Leser sind auf Berichte von Fachleuten angewiesen; andererseits wandelt Joyce anhand vielfältiger kommunikativer Verschiebungen und Fehlleistungen die Erkenntnis ab, daß Berichten, ob es Tatsachen, Geschichten, Dokumente, Augenzeugnisse oder Gerüchte sind, nie zu trauen ist.

Finnegans Wake läßt sich mittels Kategorien, in die es nicht paßt, beschreiben – es ist kein Roman, kein Epos, kein Kreuzworträtsel, kein Kaleidoskop, keine universale Geschichte, keine Heilige Schrift, kein Rorschachtest, kein Metakalauer, keine Philosophie, keine Beichte des Autors, keine Oper, kein Traum, keine Parodie, kein Welttheater, keine Messe, kein *perpetuum mobile*, keine Schmähschrift, kein Mysterium, kein Witz, keine Orgie reiner Textualität oder aller Pflicht entbundener Signifikanten – und doch ist von all diesen Ansätzen etwas vorhanden.

Alles schon dagewesen

Das verstehende Ausfächern von *Finnegans Wake* beruht auf einem idealen, verschrobenen Universalwissen als abrufbarem Zentralspeicher, unter detaillierter Berücksichtigung Irlands und Dublins, und macht den Umstand, daß alles schon gesagt worden ist, zur Kommunikationsgrundlage. Kultur, Geschichte, Geschichten, wahr oder fiktiv, sind zu widerhallenden Phrasen verkürzt und brauchen bloß angetippt und dann auseinandergefaltet zu werden. „Verstehen" heißt zunächst, das textliche Gewirr mit Vertrautem und Überliefertem oft nur mit Schemen von Möglichkeiten einstweilen zu verknüpfen und nach passenden Bezügen Ausschau zu halten. Der Text, soweit erkennbar, besteht aus Fragmenten überlagerter Nacherzählungen oder Andersschilderungen. Eine Verkürzung „freudhul mistake" (FW 411) genügt, um die Dimension Tiefenpsychologie oder eine Selbstdarstellung des Joyceschen Werks aufzurufen. Ein Hinweis wie „past Eve and Adams" (FW 3) spielt auf den alten Schöpfungsbericht an, aber auch „atoms and ifs" (FW 455) reicht aus oder selbst „what the mischievmiss made a man do" (FW 20), wo sich die Ureltern getreu der Quelle verstecken, Eve in „mischievmiss" und Adam in „a man do" (wobei „amando" gleich noch eine Lesart der Erbsünde vorschlägt).

Joyce bewegte sich in der Nähe der extrapolierenden Wissenschaften. Die vergleichende Philologie rekonstruierte aus bestehenden lexikalischen Elementen ältere Sprachstufen, Urwörter und vielfältige Flexionen; Zoologen erschlossen aus Knochen ganze Skelette; Archäologen konstruierten aus Mauerresten Paläste. Oberflächlichen Symptomen oder bisher übersehenen, belanglosen Fehlleistungen unterlegte die neue Psychoanalyse tiefgreifende Ursachen. Entsprechend bestand eine neue Art der Unterhaltung darin, zu verfolgen, wie ein einzelner (der „Detektiv") vorwiegend kriminelle Taten aufgrund weniger zufälliger Spuren genial aufdeckte. *Ulysses* setzt sich größtenteils aus derartigen

Spuren zusammen; Leopold Bloom sieht sich u.a. als Sherlock Holmes in seinem beständigen Tasten nach Zusammenhängen. Mit dem Unterschied, daß Joyce am Ende weder Thesen noch Lösungen anbietet und alle Synthesen den mitgestaltenden Lesern auf eigene Gefahr überlassen bleiben. Lesen wird zum ausweitenden Vergleichen des textuellen Wissens.

Bewegung

Daß Joyce so viele Geheimnisse im *Ulysses* versteckt hat, damit sich Gelehrte noch Jahrhunderte damit abzugeben hätten, ist eher als Scherz anzusehen, beweist jedoch seine Genugtuung darüber, etwas in Bewegung gesetzt zu haben. Bewegung ist charakteristisch für Joyce, eine Rastlosigkeit, die sich biographisch in den vielen Ortsveränderungen und Umzügen dartut, aber mehr noch in der Dynamik seiner wenigen Hauptwerke, die zu eben den letztgültigen Deutungen herausfordern, die sie gleichzeitig verhindern. Ein starker Anreiz weckt die gleichsam odysseeische Neugier und darüber hinaus den Forschungstrieb, etwas zu verstehen, aufzudecken und intellektuell zu beherrschen, die Wahrheit zu verwalten. Die Ernte ist reich und zugleich flüchtig. Die Werke halten nicht still zur Bewältigung, Erkenntnisse beweisen ihre Vorläufigkeit.

Der erste Roman scheint im Titel die Statik eines Porträts aufzurufen, das eine bestimmte Phase festhält. Doch zeigt allein schon die Umständlichkeit von *A Portrait of the Artist As a Young Man*, daß jede Phase der Entwicklung alle anderen einschließt; das Gleitwort „as/als" enthüllt die Stabilität eines Bildes als momentan und zufällig erstarrte Bewegung. Im Bildungsroman wird sie als fortwährende *Weiter*bildung auch der Perspektive, des Ausdrucksvermögens oder des Stils erlebt und damit als sprachliches Wachstum mit Fehlentwicklungen. Der Roman, eine Reihe bewegter Bilder von Auseinandersetzungen mit Familie, Gesellschaft und sich selber, das Vorantasten auf dem Weg zu einer Bestimmung, zeigt Wandlungen auf, die allenfalls zu dem im Titel evozierten Zustand führen könnten. Im 14. Kapitel des *Ulysses* wird biologisches Wachstum sprachlich vollzogen. Die Entwicklung eines Embryos verschmilzt mit der Evolution der englischen Prosa von den Anfängen bis zum ausgehenden 19. Jahrhundert; dies in einem rapiden Wechsel von hybriden Fälschungen der Stile individueller Autoren oder bestimmter Perioden. Es sind lauter Reproduktionen mit dem Stempel „made in Dublin 1904".

Das sokratische Diktum von der Einstweiligkeit alles Wissens ist von Joyce dynamischer umgesetzt und inszeniert worden, als es die Beharrlichkeit der Leser schätzen mag. Unter der Hand ändern sich allmählich hervortretende Regeln eines nie ganz festgelegten Spiels. Vereinzelt stören andersartige Stellen, oft Einschübe, die nicht in das sich abzeichnende Schema passen und eine Neuorientierung erfordern: Sie bringen das bisherige Koordinatensystem durcheinander und stellen die einigermaßen bewährten Deutungen rückwirkend in Frage.

Joyce hat ständig revidiert, meist hinzugefügt. Die Zeugnisse liegen vor in über 60 Bänden von Faksimiles der Notizen, Entwürfe, Reinschriften, Überarbeitungen, Korrekturen. Spätere Neuansätze verlangten die Umgestaltung der vorangehenden Passagen. Lesen selber wird zur Re-vision, einem Neubetrachten des vermeintlich bereits Vertrauten. Deutende Zurechtfindungen stimmen nicht mehr und werden zu überholten Möglichkeiten mit beschränkter Haftung relegiert. Bewegung zeigt sich als Verwandlung, wenig bleibt, als was es schien. Gewißheit ist mit Zweifel durchsetzt; *Finnegans Wake* ist in Worte gefaßtes Infragestellen ohne sichtbaren Halt. Doch schon die erste Geschichte, „The Sisters", gab mehr Rätsel auf, als sie Antworten anklingen ließ. Unvollständige und wenig zuverlässige Berichte runden sich nicht zu einer Akte über die Tragik des toten Priesters. Nicht umsonst ist die erste gesprochene Rede fragmentarisch und elliptisch: „No, I wouldn't say he was exactly ... There was something queer..." („Nein, ich würde nicht gerade sagen, daß er ... aber er hatte so etwas Komisches ..."[7]). Die Aussage besteht im nicht Gesagten. Sie weist voraus auf unser Verständnis der Joyceschen Herausforderungen.

Übersteigerung

Themen, Motive, Techniken eskalieren, sie ufern aus und verändern sich rasch qualitativ. Dies zeigt sich deutlich in der Steigerung der Gedichte von *Chamber Music* bis zur wirren Polyvalenz von *Finnegans Wake* wie auch in marginalen Einzelheiten. Ein kennzeichnender Ablauf ist die Ausformung eines unscheinbaren Ansatzes zu einem Verfahren, das allmählich überhand nimmt und an einem kaum zu definierenden Punkt in etwas anderes umschlägt, oft in eine Parodie eben dieses Verfahrens. Im *Portrait* steht das Verfahren im Dienst allmählicher psychologischer Differenzierung. Auf diese Weise ist aus der Idee zu einer Kurzgeschichte durch massiven Zuwachs und immer radikalere Umgestaltung der exzentrische *Ulysses* geworden.

Im *Ulysses* unterbricht ganz zu Anfang ein alleinstehendes fremdartiges Wort „Chrysostomos" (U1.26) die übliche Syntax vollständiger Sätze. Ohne Warnung haben sich Perspektive, Stil und Ton verändert; zum ersten Mal taucht vorübergehend der innere Monolog auf, der erst Seiten später behutsam eingeführt wird, zu erheblicher Komplexität anschwillt und bald als Darstellung innerer Vorgänge in den Vordergrund rückt und bereits das dritte Kapitel dominiert. Im 7. Kapitel („Aeolus") wird aus derartigen Einschüben ein auffallendes und beinahe selbständiges Gefüge von neuartigen Überschriften, die den bisherigen Eindruck von einer Unmittelbarkeit durchbrechen, gleichzeitig aber als Wiedergabe von Zeitungstiteln durch die Nachahmung der Presse-Typographie den Realismus auch wiederum übertreiben. Gleicherweise werden sporadische parodistische Ansätze später zum Antrieb ganzer Episoden. Eine leichte Neigung zu theoretischen Einschüben oder dramatisierenden Effekten wuchern aus zu einer Art Shakespeare-Seminar im neunten Kapitel oder werden zu einem expressionistischen unwirklich-grotesken Schauspiel wie im 15. Die Bühnenform des „Circe"-Kapitels hebt dramatische Techniken hervor, die zuvor Randerscheinungen waren, wie das theatralische Gebaren des Buck Mulligan, der den *Ulysses* mit seinen Zitaten und Verstellungen einleitet. Abschweifungen werden zur Hauptstraße. *Finnegans Wake* besteht aus einer Vielzahl von Exkursen; ließen sich früher gelegentliche Wortwitze oder Obertöne als unwesentliche oder störende Marginalien abtun, so werden sie am Ende zur zentral bestimmenden Regellosigkeit. Daß Joyce zu weit ging, war das Urteil vieler Kritiker, die irgendwo nicht mehr bereit waren, ihm zu folgen und ihn eines augenfälligen Übermaßes bezichtigten.

Dieser „Übersteigerungstrieb" – charakterisiert durch Veränderungen der Quantität wie der Wesensart, durch Hypertrophie und Metamorphose, also ein Auswachsen zum Auswuchs – ist ebenso in der Mikrostruktur nachweisbar. Blooms Katze spricht in drei Anläufen, zuerst ein ungewöhnliches „Mkgnao!" (die Abweichung vom landläufigen „miaow" weist auf eigenständige Beobachtung), dann ein leicht verlängertes „Mrkgnao!" und ein noch konsonantischeres „Mrkrgnao!", bis sie zu einem zufrieden schnurrenden „Gurrhr!" wechselt. Durch die Anhäufung von „r" nimmt die Katze Veränderungen des ganzen Buches vorweg wie auch den Grundsatz von Wiederholung und Umwandlung.

Die Kapitel werden zunehmend länger und – gemessen an herkömmlichen Kriterien – abartiger. Sie schlagen aus der Art, die sie übertreiben.

Im ersten Kapitel wird die See zuerst durch eine Metapher, „great sweet mother", aufgerufen und gleich zu „The snotgreen sea", mit einem homerischen Kompositum und einem nicht ganz klassischen Vergleich, verwandelt. Der nächste Schritt steigert das optische Bild zum taktilen und aus dem Rahmen fallenden „The scrotumtightening sea". Innerhalb desselben Schemas ist das Epitheton unvermutet wissenschaftlich und schokkierend genital geworden, gleichzeitig eine Übertreibung *und* Verulkung des homerischen Prototyps „Epi oinopa ponton", was wie eine Art Norm auf den Fuß folgt (U1.77: „eine graue [große] liebe Mutter ... Die rotzgrüne See. Die skrotumzusammenziehende See", U 8-9). Die rapide Steigerung zu einer spektakulär aus der Reihe tanzenden Fortsetzung eben dieser Reihe spiegelt die Spannweite von den ersten zu den mittleren Kapiteln des *Ulysses* oder die von *Dubliners* zu *Finnegans Wake* hin wider. Übertreibungen dieser Art charakterisieren im folgenden ganze Episoden, den „Gigantismus" des Zyklopen-Kapitels mit den skurrilen Einschüben oder die emotionslose Gespreiztheit von „Ithaca".

Das Prinzip der eskalierenden Abwechslung ist auch deutbar als beständig verfeinertes Bemühen, Alltag oder Leben immer anders zu ordnen und sich mit den notgedrungenen darstellerischen Vereinfachungen immer weniger zufriedenzugeben, die Vielschichtigkeit allen Geschehens nachzubilden, einschließlich des Verhältnisses zwischen dem, was sonst in Wirklichkeit, Geist und Sprache auseinandergefaltet worden ist.

Hypertext

Geordnete, lineare Darstellung wird unzulänglich. Jeder Punkt ist Knäuel und Schnittstelle, weist in gegensätzliche Richtungen und umgreift verschiedene Ebenen. Glattes Vorwärtslesen wird gestört durch seitliche Abweichung in Nachschlagewerke oder entlegene Gefilde. Was als Zitat oder Anspielung schattenhaft auftritt, verleitet idealerweise zu Ausflügen in intertextuelle Verästelungen, zu Dante, Sacher-Masoch, Giambattista Vico oder einem vergessenen Schulgedicht, zu verklungenen Melodien aus der Music Hall, in die Theosophie oder, moderner, in eine Anzeige für Guinness. Alle Texte rufen zusätzlich ihre eigene Vergangenheit auf. So wird der Vorgang zu einem Kompromiß zwischen dem Drang, die Lektüre voranzubringen und dabei vieles zu versäumen, und der Notwendigkeit oder Versuchung, in die schattenhaften Umfelder abzugleiten und den Faden aus dem Auge zu verlieren.

Joyce mag auch deswegen zeitgemäß sein, weil er das nicht lineare Vorgehen zu fordern scheint, das die moderne Elektronik erst vor kurzem ermöglicht hat, nämlich die einengende Fläche des gedruckten Papiers zu überspringen. Durch „Hypertext" im Computer sind Optionen gegeben, von jeder Stelle aus dahinter angebrachte Dimensionen aufzurufen. Damit können nach Belieben und in jeder Reihenfolge Verkettungen aufgespürt werden, und die tangentiale Ausschweifung wird zum technischen Werkzeug; grundsätzlich läßt sich der ganze relevante Hintergrund ankoppeln. Wahrscheinlich werden elektronische Verfahren zur zukünftigen, angemessensten Darstellungsform, da sie von jeder Stelle aus je nachdem Zugang zum Sinn, den Strukturen, Motivgeflechten, der Lautlichkeit, den Entsprechungen, Zitaten und ebenfalls dem gesamten sekundären Kommentar usw. erlauben. Joyce-Lektüre fordert geradezu das, was menschlichen Gehirnen versagt bleiben muß: ein gesamtes Gebiet, etwa alle in einem Werk vorkommenden Wörter, jederzeit abrufen zu können. Ironischerweise wäre die ideale Lesevoraussetzung neben einem derart enzyklopädischen Wissen und Gedächtnis auch eine vollkommen naive, unvoreingenommene *tabula-rasa*-Grundhaltung.

Komplexe literarische Werke neigen zu Hypertextdarstellungen. Doch schon im banalsten Sinn sind alle Joyce-Texte *hyper:* was immer sie tun, tun sie überhöht, über die Maßen, sie sind gekennzeichnet durch außergewöhnliche Energien. Sie sind provokativer, beunruhigender, in einem besonderen erhöhten Stand der Erregung, allenfalls krankhaft, pathologisch, verrückt, vor allem mit sich selber beschäftigt. Freuds Beispiele für die Psychopathologie des Alltags gleichen vielzitierten Joyce-Stellen, nur scheinen sie bei Joyce in der Tat zum Alltag geworden zu sein.

Finnegans Wake ist charakterisiert durch semantischen Übereifer, durch Hypertonie von Bedeutungen, oder, anders gewendet: es verleitet Deuter zu betriebsamer, oft irregeleiteter Akrobatik. Joyce-Leser zeichnen sich aus durch Überaktivität, sie sind mit ihren Publikationen und Tagungen umtriebiger oder aufsässiger als andere und setzen das einmal angeregte Spiel im Zauberlehrlingseffekt durch inspirierte Eigenerfindungen fort. Moderne Elektronik eignet sich besser zur Auseinanderfaltung radial in alle Richtungen verlaufender Kräftespiele. Andererseits bildet Joyce geradezu einen Gegenpol zur Tendenz zu binärer oder digitaler Eindeutigkeit.

Sprache

Die Selbstverständlichkeit, daß Literatur zuerst Sprache ist, kommt bei Joyce zu intensiverer Geltung. Die Werke sind ein Tribut an die Leistungen der Sprache und Belege für ihre Ohnmacht. Sprache ist, in konzentrischer Ausdehnung, das Hiberno-Englische (Englisch wie in Irland gesprochen, mit vielen gälischen Unterlagerungen in Phonemik, Syntax und Wortwahl), dann das Englische allgemein in seiner weltweiten Verbreitung und in allen gesellschaftlichen Schichten. *Ulysses* enthält beinahe 30.000 verschiedene Wörter und Wortformen, *Finnegans Wake* über 60.000 (der Nachtrag zum *Oxford English Dictionary* führt Wörter auf, die bei Joyce, und gelegentlich nur bei ihm, belegt sind). Einbezogen werden immer mehr die europäischen und schließlich, wenn auch nur in Ansätzen, alle Sprachen überhaupt – und darüber erhebt sich das Abstraktum Sprache als endlos faszinierendes geheimnisvolles, unzuverlässiges, hinterhältiges Verständigungsmittel und Gestaltungsmedium von oft exhibitionistischem Eigenwert. Alle Texte weisen auch immer auf sich selber als eine Veranstaltung von Buchstaben und Lauten hin, auf ihr *Wie*.

Sprachen sind gewachsen und hybrid, sie enthalten Fremdes, noch nicht assimiliertes linguistisches Neuland, das zu erforschen ist. Von Anfang an machen sich die Figuren Gedanken über seltsame Wörter („gnomon" in der ersten Geschichte, „suck was a queer word" / „Zutschen war ein komisches Wort", *Portrait* 11) oder unbekannte („What does that *teco* mean? Tonight perhaps?", U8.1053). Seltsame und auffällige Wörter und Wendungen werden zu nachhaltigen Motiven: Molly Bloom assimiliert ein theosophisches „metempsychosis" zu „Met him pike hoses" (Metempsychose / „mit ihm zig Hosen", U 4.339, Wollschläger 90). Oft ist es ein Suchen nach dem passendsten Ausdruck: „She trudges, schlepps, trains, drags, trascines her load" (U3.392).

Für Iren war das Englische die Sprache der Kolonialmacht und daher immer mit etwas Distanz und Mißtrauen zu gebrauchen, aber auch mit um so größerer Fertigkeit. Die Entwicklung hin zum „schwer verständlichen" Joyce ließe sich auch als Vergeltung des Provinzlers gegenüber den Machthabern sehen, deren eigene Sprache ihnen nun als etwas selbst ihnen Fremdes präsentiert wird. In *Finnegans Wake* scheint das Fremdartige zu überwiegen, finden sich selbst Einheimische nicht zurecht in einer Art kosmischen Äquidistanz.

Joyce hat früh ein feines Gehör dafür entwickelt, wie sich bestimmte Personen von bestimmtem Hintergrund in bestimmten gesellschaftlichen Situationen ausdrücken, so daß jede mit erkennbarer Tonart und charakteristischem Rhythmus ausgestattet ist. Von der natürlichen Ausdrucksweise hebt sich alles Gestelzte oder Verstellte um so eher ab. Gespräche einer Dubliner Ursituation der männlichen Unterhaltung sind beständiges Thema und Keim vieler Absonderheiten: es wird erzählt, kommentiert, unterbrochen, zitiert, die Stimme verstellt, nachgeahmt, dramatisiert, parodiert, Anklänge basieren auf dem gemeinsamen Hintergrundwissen und einem gemeinsamen Code.

Intensiver als sonst in der Literatur hat Joyce auch die Bedeutungen verwertet, die im Alltag unbewußt ausgeschieden werden. Wörter sind von Natur aus mehrdeutig, sie decken verschiedene Bereiche ab, ohne daß sich die nicht zutreffenden Bedeutungen verwirrend einschalten („Schein", als Licht, Vorgabe oder Papier: „anstellen"; „organ", „sound"). Je nach Umfeld ist „chip" ein Splitter, etwas Eßbares oder ein elektronisches Wunder, aber auch ein vielfältiges Verb. Normalerweise beschränkt der Kontext die semantische Auswahl. Solche kaum bewußte Aussonderung findet bei Joyce nicht mehr ohne weiteres statt. Ob ein simples „It's very close" in einem Gespräch (U10.220) etwas über das Wetter oder ein nahe bevorstehendes Ereignis aussagt, bleibt in der Schwebe.

Die englische Buchstabenfolge „sound" kann vieles bedeuten, das sich im allgemeinen nicht in die Quere kommt. In „sound as agun" (FW 350) oder „The Mookse had a sound eyes right yet he could not all hear" (FW 158) überlagert sich das Adjektiv „gesund, heil" (auch in der Wendung wie „sound as a...") mit einerseits dem Lärm, den eine Kanone hervorbringt, oder mit einem „Laut" innerhalb des Gegensatzes von Sehen-Hören oder Augen-Ohren. Einfachste Wendungen wie „The house was still sitting" (U10.22) wären ohne Kenntnis idiomatischer Gegebenheiten nicht ohne weiteres zu verstehen; in anderen Kulturen wird ein Haus nicht sitzen, sondern ein Parlament, ein Hohes Haus, tagen. Ein Effekt des Joyceschen Modernismus ist die Verlagerung der Schwierigkeiten von den außergewöhnlichen Wörtern („Agenbite of Inwit", „posticipated", „contransmagnificandjewbangtantiality") auf die unauffälligen und vermeintlich vertrauten. „There all the time without you" (U3.27), denkt Stephen Dedalus, der beim Wiederöffnen der Augen feststellt, daß die Welt noch da ist, „without you", und without bedeutet ebensosehr „ohne" wie „außerhalb", und dies im übergeordneten Kontext des proteischen Wandels. Gespielt wird mit den visuellen Erscheinungen der Sprache *(without, lap, air)* oder der akustischen: „air/heir", „see/sea", „hear/here".

Die Hauptwerke von Joyce sind durch eine zunehmende Tendenz zu Sprachspielen, Kalauern, „puns" gekennzeichnet. Derartige Bezeichnungen marginalisieren mehrdeutige Verwendungen als Sonderfälle. Joyce rückt sie wieder ins Zentrum, so daß sich die Abgrenzung der Wort„spiele" – wo Sprache über die Stränge schlägt oder semantische Überstunden leistet, hypertonisch oder ungebärdig daherkommt – von angeblich normalem, eindeutigem Gebrauch als Illusion erweist: Eindeutigkeit ist die Ausnahme und semantische Ausfächerung die Regel.

Im ersten Satz von „The Sisters" – „it was the third stroke" – ist auf Anhieb noch unbestimmt, ob von einem Glockenschlag oder einem Anfall die Rede ist; Zweifel werden sogleich zugunsten der medizinischen Lesart ausgeräumt, und doch schwingt die Vorstellung der ablaufenden Zeit durch die ganze Geschichte hindurch sekundär bedeutungsvoll mit. Die Geschichte „Araby" enthält im Titelwort sowohl eine Anspielung auf die Vision eines geheimnisvollen Orients wie auf einen schäbigen Basar. Ein anderer Titel wie „Grace" bleibt eine Zeitlang unbestimmt; denkbar wäre ein Name (analog zu

„Eveline") oder Anmut („He bore himself with a certain grace" (166)), bis sich gegen Ende die theologische und damit eigentliche Bedeutung aufdrängt („But, with God's grace"), aber nicht ausschließlich. Wendungen wie „by grace of" (D 154) ergeben andere Schattierungen, die alle gegeneinander abwägbar sind. In der nächsten Geschichte stoßen wir auf „grace notes" (193) oder auf die mythologischen „Three Graces" (192). Jedes Wörterbuch listet solcherlei Streuungen auf, Joyce schärft den Sinn für die mannigfachen unbemerkten Leistungen auch der gewöhnlichsten Sprache.

Sekundäre oder homonyme Bedeutungen tragen zu den lexikalischen Eigentümlichkeiten ganzer Episoden bei. Das Sirenen-Kapitel des *Ulysses* versucht sich der Musik auch formal anzunähern. Es beginnt mit einer Sammlung fragmentarischer Motive, die am ehesten als eine Art Ouvertüre zu erfassen sind. Bevorzugt wird ein Vokabular, das offensichtlich („Fit as a fiddle") oder nebenher („if he doesn't conduct himself") auch musikalisch sinnvoll ist. Wendungen wie „fall quite flat" und „Want to listen sharp" (U11.836-9) sind alltäglich, unterschwellig stehen sich in „sharp" und „flat" die beiden Tonarten gegenüber. Gleichwohl sind weder „grace", „without" noch „crossed" noch „carriage" oder „flat" Wortspiele, und schon gar nicht Kalauer, sondern eher etwas wie kunstvoll einbezogene semantische Überblendungen.

Ein modernistisches Merkmal ist die Einbeziehung semantischer Absenzen, die wirkungsvolle Aufdringlichkeit dessen, was nicht buchstäblich präsent ist und durch die Buchstaben aufgerufen wird. Es gibt die Absenz der Aussparung (der Name des Rivalen Boylan wird auch in Blooms Gedanken so konsequent unterdrückt, daß er um so stärker hervortritt) oder der Annäherung, dies vor allem in *Finnegans Wake*. „We cannot say aye to aye. We cannot smile noes hom noes" (FW 114) handelt auf der sichtbaren Oberfläche vom Jasagen: „aye" wie im Parlament, wodurch die beiden „noes" sich zum Gegensatz „no's" verwandeln. Vordergründig zeichnet sich im zweiten Satz ein nicht mögliches Lächeln über einer nur akustisch wahrnehmbaren Nase ab. Ihre Energie bezieht die Stelle einmal aus einem bekannten Bibelvers: „Eure Rede aber sei, Ja, ja, nein, nein" (Mat. 5:37), der gleichfalls nur schemenhaft anwesend ist, denn die englische Bibel sagt „Yea, yea; Nay nay". Semantische Umrisse des einen Satzes färben auf den andern ab. Das Ohr setzt den ersten Satz um in „we cannot see eye to eye" (andere Ansicht haben), in das, was unsere lesenden Augen nicht sehen können. So zeichnet sich langsam ein Gesicht ab mit dem Lächeln und den Augen, in diesen Zusammenhang fügt sich die aus „noes" gewonnene Nase, die dann wiederum „smile" zu „smell" verwandeln kann, so daß sich drei nicht lexikalisch vorhandene Sinneswahrnehmungen durch synästhetische Sprünge gegenseitig bestätigen. Dadurch entsteht die Versuchung, das Nicht-Wort „noes" zum griechischen „noesis" oder „noeo" zu assoziieren, was wiederum mit Wahrnehmung zu tun hat. Es ist fast so, als ob der Text selber suggerierte, wie Bedeutungen durch Vermittlung der Augen oder Ohren zur Verarbeitung aufgenommen werden, und daß Bedeutungen eben gerade nicht auf das eindeutige Ja-Nein reduzierbar sind.

Der Kontext hilft bei der Auslegung des Textes, doch der Text partizipiert an verschiedenen Kontexten. Wenn ein Eingewanderter bösartig als „eyetallyano" (U12.1067) verspottet wird, dann bewegt sich das Wort als Kalauer auf der realistischen Ebene einer Dubliner Kneipe. Es funktioniert im Zusammenhang der irischen Geschichte und Politik: Irland ist beherrscht von Fremden, den Briten, aber die Xenophobie erstreckt sich auf alle Andersartigen (auch auf Bloom, der von semitischer Abkunft ist). Der Sprecher gibt sich naiv und unterlegt dem italienischen *italiano* eine englische Lautung; ein weiterer Kontext ist der Gegensatz zwischen Schrift und Aussprache. Der an sich schale Witz schafft als Nebenprodukt ein großes Auge („tall eye"), das den einäugigen Polyphemos und dessen Fremdenfeindlichkeit in Erinnerung ruft. Er wurde das Opfer einer Bedeutungsverschiebung („Outis", niemand). Gleichzeitig wird auf die Technik des Gigantismus angespielt, die Übertreibung, die das Zyklopen-Kapitel prägt, so daß hier ein einziges Wort ausreichen könnte, um Themen und Bereiche einer ganzen Ebene auseinanderzufächern.

„einen möglichen Irrtum nicht ausgeschlossen" (U 889)

Finnegans Wake hebt an mit „riverrun"; darin steckt der Lauf eines Flusses und, erweiternd, ein heraklitischer Strom aller Dinge. Im nicht ganz konformen Wort findet sich durch Absicht oder von allein die Silbe und das Verb „err" als menschlichste aller Tätigkeiten, mit der alles Erzählenswerte anfing. Joyce veranschaulicht Irrtum, Fehler, Scheitern, Verfehlungen, Gebrechen, Betrug, Verwechslung, Abarten, Unwahrheit, Makel, Unvollkommenheit, Hilflosigkeit – das Chaos in oder vor aller Ordnung („the chaosmos of Alle", FW 118). Er vervielfacht die uralte Thematik der Fehlbarkeit und inszeniert sie neuartig kühn, nicht unbedingt, wie in erster Empörung geargwöhnt wurde, in radikaler Verwertung des eigenen, heruntergekommenen Zeitalters oder in umfassendem Nihilismus, auch wenn sich Joyce gelegentlich abfällig oder moralisierend, sogar prüde, zu geben wußte.

Die Welt ist fehlerhaft, Schöpfungsberichte wie Welt- oder Trivialliteratur in faszinierenden Neufassungen belegen es so gut wie Tagesnachrichten. In der Genesis folgt der Sündenfall unmittelbar auf die Schöpfung; die griechische Quelle europäischer Kultur widmet sich der versuchten Wiedergutmachung einer Reihe folgenschwerer Verfehlungen, angefangen bei den Göttern. Geschichte, irische zumal, zählt vornehmlich Invasionen, Unrecht, Überschreitungen, Benachteiligungen und Vergehen auf. Schonungslos schildert Joyce Fehlentwicklungen, realistische zuerst „mit Dublin als Schauplatz, weil mir diese Stadt das Zentrum der Paralyse zu sein schien".[8]

Varianten ziehen sich von Pater Flynn in „The Sisters", dessen Leben „sozusagen durchkreuzt" war (D 14), über mancherlei Mißgeschicke und Unzulänglichkeiten hin bis zum endlos abgewandelten mysteriösen Fall des Urnichthelden H.C. Earwicker mit seinem Hang zu stotternder Rechtfertigung. *Finnegans Wake* ist durch und durch irr und verfehlt, verrückt, chaotisch, den Normen zuwider, ein Kompendium von „all the errears and erroriboose of combarative embottled history" (FW 140). Die (falsch geschriebenen) Irrtümer oder Abweichungen sind auch Rückstände oder Schulden („arrears"), sie mögen dem Trunk („boose", „embottled") zuzuschreiben sein und sind der Welten Schicksal, wie der Vergleich der Geschichte mit ihren Schlachten aufweist. Selbst die Orthographie greift daneben.

Viele *Dubliners*-Geschichten handeln von der Desillusionierung, vom Zerbrechen an der grimmigen Wirklichkeit, die mit allerlei Täuschungen überspielt werden will. Spielarten des Scheiterns werden abgehandelt. Ausgerechnet in einer Unterhaltung von Männern in „Grace" über die päpstliche Unfehlbarkeit ist beinahe jede Aussage ungenau. Stephen Dedalus im *Portrait* lernt durch Fehler und ausgleichende Berichtigungen und neue Verstöße sich zu behaupten und so etwas wie seinen Weg zu finden. *Ulysses* führt alltägliche Verlegenheiten, kleine Niederlagen, geringfügige Tapsigkeiten vor. Bloom fummelt sich mit dennoch odysseeischem Geschick durch seinen schwierigen Tag, scheint – fatalistisch gestimmt – wenig Anstalten zu machen, seine Ehe instandzuhalten, und übersteht gleichwohl alle Widerwärtigkeiten. Weder Lösung noch Katharsis treten offen zutage, sie werden weder aufgedrängt noch als Möglichkeit unter anderen ausgeschlossen. Der Kreislauf typischer Geschehnisse in *Finnegans Wake* verspricht wenig Hoffnung auf Ausbruch aus den historischen Grundmustern oder allzumenschlichen Gegebenheiten.

Menschen erweisen sich als anfechtbar, sündhaft, unverständig, voreingenommen, Beziehungen halten nicht, Familien zerfallen, Zuflucht finden sie im Alkohol oder in romantischen Scheinwelten oder Tagträumen wie in „Araby" oder im ersten Teil des „Nausikaa"-Kapitels. Figuren bleiben in ihrer Welt von Vorurteilen und Traumwelten befangen. Gedanken formulieren sich nur fragwürdig und werden verzerrt übertragen. Verständnis ist schwierig und zweischneidig. Kommunikation gelingt nur in Ausnahmefällen; die Joyceschen Werke behandeln angewandte Informatik als ein zweifelhaftes Glücksspiel. *Finnegans Wake* ist aus dieser Sicht ein chaotisches Aneinandervorbeireden, das Werk kommuniziert neben den noch so gebildeten Lesern her. Mißdeutungen entstehen aufgrund unzuverlässiger Einsicht oder Information, subjektiven Befangenheiten oder aber Interferenzen („Hirp! Hirp! for their Missed Understandings!", FW 175).

Außer in den parodistischen Stellen greift kein Autor oder hypothetischer Erzähler von oben her berichtigend ein, weder Wortwahl noch Satzbau werden verbessert. Keine höhere Instanz zensiert die Gedanken, schafft Unstimmigkeiten aus der Welt oder hebt die Sprache auf die veredelte Ebene herkömmlicher Literatur. Bezeichnend ist, daß die Joyce-Texte selber nicht ohne beträchtliche Schwierigkeiten oder anfechtbare Entscheidungen in zuverlässiger Form zu etablieren sind, wie die andauernden Kontroversen um die verschiedenen *Ulysses*-Ausgaben kundtun. Von Anfang an sind grammatikalische, stilistische oder auch geschmackliche Verstöße (gemäß damaliger Normen, wie sie in verlegerischen Bedenken zum Ausdruck kamen) nicht bereinigt. Eine alte Frau spricht von neumodischen Kutschen mit „rheumatischen Rädern" (D 15); der Autor korrigiert nicht (einzelne Übersetzer sehr wohl). Ein kleiner Stephen Dedalus verkürzt zwei Liedzeilen zu ungelenker Verballhornung „O, the geen wothe botheth" (P 7; jede bestehende Textausgabe hat das kindliche „geen" zu einem erwachsenen, lexikalischen *green* berichtigt): Unvollkommenheit wird zur Neuschöpfung. Bloom verhaspelt sich in verworrenen Sätzen; er findet den richtigen Ausdruck nicht: „Black conducts, reflects (refracts is it?), the heat" (U4.79). Er wird seinerseits fehlgedeutet, ein belangloser Satz wird als verschlüsselter Tip auf ein Pferderennen aufgefaßt. Dublin ist ein Ort von Projektionen, Gerüchten, Verdrehungen oder witzig-hämischer Nachrede.

Wandlungsfähig manipuliert Joyce die unvermeidlichen Diskrepanzen zwischen Ereignis oder Fakten und deren Berichterstattung. Das Abzubildende verändert sich im Abbild. Jede Darstellung, selbst bei bester Absicht, ist durch Selektion, Auslassung, Betonung, unvollständige Erinnerung, Gewichtung, subjektive Vorgaben verfälscht. Derartige Darstellungen oder Nachrichten verfestigen sich zu Geschichte. Der „Evening Telegraph" des 16. Juni im *Ulysses* verzerrt eine simple Aufzählung der Leidtragenden einer Beerdigung, fügt Namen Abwesender hinzu und benennt einen Unbekannten aufgrund eines Mißverständnisses mit „M'Intosh". Ein fehlender Buchstabe verfremdet Leopold Bloom ironisch zu „L. Boom".

Orthographische Fehlleistungen ergeben in *Finnegans Wake* auf den ersten Blick keinen Sinn. Falsche Artikulation, mangelhafte Wahrnehmung und nichtlexikalische Schreibweise verbinden sich zu kurioser Heterographie. In

We dinned unnerstunned why you sassad about thurteen to aloafen, sor ... (FW 378)

wird nicht richtig Gehörtes entstellt niedergeschrieben und vermengt sich eine Frage mit Verständnisstörungen. Falschschreibung ist Ergebnis von Lärm („din") oder Donner, der betäubt („stunned") und ein einfaches „said" zu „sassad" zerrüttet. „why" und „what" scheinen sich zu überschneiden, als käme ein Satz („why you said it") dem anderen („what you said") in den Weg.

Im 20. Jahrhundert werden Fehlleistungen als Ausdruck innerer Konflikte gedeutet. Zwischen einem beabsichtigten „the wife's advisers" und dem tatsächlich geäußerten „the wife's admirers" (U12.767) liegt nur ein Zungenschlag, doch Blooms Versprecher verleitet zu Ursachenforschung. Beziehungen zwischen dem Fehler oder dem Witz und dem Unbewußten werden veranschaulicht und rücken bei *Finnegans Wake* offenbar ins Zentrum der Pathologie des Textes.

Mehr und mehr scheint Sprache selber ihr eigenes Nicht-Erreichen des Ziels zu ahnen und auszugleichen, ganz als wären sich die Texte selber ihrer eigenen Unzulänglichkeiten bewußt und suchten diese durch beständige Modifikation zurechtzurücken, wie Bloom, der sich verbessernd stets wieder auffangen will. Auch deshalb hat keine einzelne Darstellungsart Vorrang, jede ergänzt alle anderen und beanstandet sie damit. Ein Kraftfeld von korrektiver Unrast zeichnet alle späteren Werke aus. Die verschiedenen Kapitelprogramme des *Ulysses* sind auch Gegensteuerungen, jedes Verfahren hat Vorzüge und Schwachstellen. Der innere Monolog gibt den Assoziationsfluß wieder und schließt objektive Beschreibung aus; die sachliche Pedanterie des „Ithaka"-Kapitels läßt die Nuancen oder Sentimentalitäten etwa der „Sirenen"-Episode vermissen, wo wiederum Konturen zu verschwimmen drohen. Mitunter wechseln Tonart oder Perspektive mitten in einem Abschnitt oder einem einzelnen Satz.

Relativität

In der zutreffenden Ungenauigkeit populärer Verkürzungen ist Joyce mit der Einsteinschen Relativitätstheorie oder einem physikalischen Unbestimmbarkeitsprinzip zusammengebracht worden. Unentschiedene Fragen lösen sich auf in ein immer neu abgewandeltes, unwidersprüchlich subjektives Je Nachdem. Dadurch könnte jede Interpretation in einen Karneval von Beziehungslosigkeit und ein Überangebot von unverbindlich nebeneinanderstehenden Aussagen und Urteile ausarten. Die immer wieder notwendige Modifikation führt zum leichtfertigen Dogma unbeschränkter Relativität, als wäre die Unbestimmtheit absolut, als ließe sich Genaues überhaupt nicht ermitteln und als wäre jeder Deutungsversuch von gleichem Gewicht. Auch wenn der *Ulysses* viele Zweifel offenläßt und zu wechselnder Betrachtung provoziert, ist das Buch nicht nach allen Seiten beliebig diffus, sondern im Gegenteil in vielen Einzelheiten engstens mit dem Dublin von 1900 verbunden und damit eine der positivistisch meistverifizierbaren Fiktionen überhaupt, selbst wenn Verifizierbarkeit und epische Glaubwürdigkeit wiederum als Täuschungen entlarvt werden. In den Passagen von *Finnegans Wake*, die wir einigermaßen zu erhellen glauben, hat das semantisch Ungefähre eine beinahe unheimliche Präzision.

Anmerkungen

1 5. Mai 1906: Joyce's „Dubliner", hrsg. von Klaus Reichert, Fritz Senn und Dieter E. Zimmer, Frankfurt/M. 1985 (Suhrkamp taschenbuch 2052), S. 39-40.
2 James Joyce: Stephen der Held, übersetzt von Klaus Reichert, Frankfurt/M. 1976, S. 224-225.
3 Ovid: Metamorphosen, VIII, S. 188.
4 James Joyce: Ein Porträt des Künstlers als junger Mann, übersetzt von Klaus Reichert, Frankfurt/M. 1988, S. 490.
5 James Joyce: Finnegans Wake, London 1939, S. 49-50 (FW).
6 James Joyce: Porträt, S. 245.
7 James Joyce: Dubliners, Deutsch von Dieter E. Zimmer, Frankfurt/M. (Bibliothek Suhrkamp 418), S. 7-8.
8 Brief vom 5 Mai 1906: Joyce's „Dubliner", S. 40.

Schreiben als Lebens-Surrogat

Egozentrische Tendenzen in der französischen Prosa der Jahrhundertwende und ihre Überwindung

Albert Gier

Die Kunst, keinen Roman zu erzählen

Emile Zola ist der letzte französische Prosaschriftsteller, der eine Schule gebildet hat. Die Naturalisten stellten keine homogene Gruppe dar, und sie haben die Literaturszene nie wirklich beherrscht (das haben frühere Schulen, etwa die Romantiker, ebensowenig); aber im Bewußtsein des lesenden Publikums gehörten die Autoren, die 1880 an der Novellensammlung *Les Soirées de Médan* beteiligt waren, und noch einige andere zusammen. Themen und Stil ihrer Bücher wiesen gewisse Gemeinsamkeiten auf, die Entscheidung, ob ein Roman 'naturalistisch' war oder nicht, fiel im allgemeinen nicht schwer. Als Mitte der achtziger Jahre der Niedergang des Naturalismus einsetzt, tritt nicht *eine* neue Richtung an seine Stelle; schon die Zeitgenossen wußten nicht, wie sie die post-naturalistischen Romanciers klassifizieren sollten: Als der Journalist Jules Huret 1891 mehr als ein halbes Hundert Autoren nach der Situation der Literatur befragte, stellte er den Naturalisten eine sehr heterogene Gruppe von sechs 'Psychologen' gegenüber, von der er noch einmal vier 'Magier' (s.u.) und nicht weniger als zwölf 'Unabhängige' unterschied.[1]

Das Vorbild für die angestrebte, aber offensichtlich mißglückte Polarisierung liefert die Lyrik: Hier stehen sich *Parnassiens* und *Symbolistes et Décadents* gegenüber, und diese Unterscheidung ist viel klarer; auch die neuere Literaturgeschichtsschreibung klassifiziert die Lyrik des Fin-de-siècle großenteils als 'symbolistisch' oder 'symbolistisch/dekadent'. Eine vergleichbare Kategorie fehlt für die Prosa bis heute; in ihrer Ratlosigkeit handeln die Kritiker entweder erzählende Literatur unter dem Rubrum 'Symbolismus' ab, was dazu führen kann, daß plötzlich Jules Verne zum Symbolisten wird;[2] oder sie ziehen sich auf die Etikettierung „Roman des Fin-de-siècle" zurück,[3] die dann als reiner Epochenbegriff verstanden wird: Da die besprochenen Autoren nach ihrem Bekanntheitsgrad beim modernen Leser ausgewählt werden, finden so wenig Fin-de-siècle-typische Autoren wie Alphonse Daudet Berücksichtigung, während eigentlich symbolistische Schriftsteller fehlen.

Im übrigen zeigt schon die gebräuchliche Doppelformel 'Décadence und Symbolismus', daß wir es auch hier nicht mit einer homogenen Gruppe zu tun haben: Die Illusion der Einheit mag dadurch gefördert werden, daß Mallarmé für die Lyrik eine ähnlich zentrale Figur darstellt wie Zola für den Naturalismus,[4] trotzdem kennzeichnet diese Lyrik ein verwirrendes Neben- und Nacheinander von Sekten und Grüppchen, die sich jeweils um eine (meist ephemere) Zeitschrift oder um eine Künstlerkneipe bildeten.[5]

Das verbindende Element dieser verschiedenen Strömungen stellt die Opposition gegen die etablierten Autoren der vorigen Generation dar: Henri de Régnier, eine der markantesten Figuren der symbolistischen Bewegung, definierte diese als „vorläufige

Zuflucht" für all jene, die den Parnassiens und den Naturalisten nicht auf ihren ausgetretenen Pfaden folgen wollten.[6] Auch die erzählende Literatur der Zeit läßt sich am besten ex negativo charakterisieren; Gemeinsamkeiten gibt es vor allem hinsichtlich der Art, wie man sich von den Vorgängern absetzt.

Zunächst einmal werden keine Geschichten mehr erzählt, zumindest nicht so komplexe und spannende, wie man sie aus dem Feuilleton-Roman kennt, und das aus gutem Grund: Der Romancier, der als allmächtiger Gott seine eigene Welt konstruieren will wie Balzac (oder wie Dumas père), gerät, so scheint es, unweigerlich in den Sog des Trivialen – nicht nur Victor Hugos Sozialroman *Les Misérables* (1862), auch Zolas *Rougon-Macquart*-Zyklus weist eine Vielzahl melodramatischer Züge auf. Nach fünfzig Jahren Feuilleton-Roman gab es anscheinend nichts Neues unter der Sonne, jedes spektakuläre, rührende oder grausige Detail war schon einmal dagewesen – die gleiche Erfahrung macht die junge Generation auch in anderen Bereichen. Das Lebensgefühl des Décadent wird dadurch entscheidend geprägt.[7] Ein humorloser Fabrikant von Konsumliteratur wie Georges Ohnet läßt unter wechselnden Namen immer die gleichen Typen in den immer gleichen Geschichten von Liebesglück und -leid auftreten,[8] während ein Gaston Leroux selbst in der Form des Feuilleton-Romans durch groteske Übertreibungen und diskret eingesetzte Ironie darauf aufmerksam macht, daß er traditionelle Versatzstücke nur neu kombiniert. Wenn es aber unmöglich scheint, eine neue Handlung zu erfinden, darf in einem erneuerten Roman die Handlung eben keine, oder nur eine untergeordnete Rolle spielen.

Dies um so mehr, als der Ehrgeiz der Autoren über das bloße Geschichtenerzählen hinausgeht. Sie folgen damit im übrigen dem Vorbild Emile Zolas, der nicht nur wie schon Balzac und Flaubert im Individuellen das Typische zum Ausdruck bringen wollte, sondern den Roman mit dem Experiment in den Naturwissenschaften gleichsetzte; dem *Rougon-Macquart*-Zyklus gab er den Untertitel „Natur- und Sozialgeschichte einer Familie unter dem Zweiten Kaiserreich".

Die Tendenz, den Roman zum bloßen Vorwand für etwas anderes zu machen, kennzeichnet auch Autoren, die Zola und dem Naturalismus strikt ablehnend gegenüberstehen; in den letzten Jahren des 19. Jahrhunderts wird der Roman zu einer Supergattung, in der alle Fragen der Philosophie, Psychologie, Soziologie, Religion, Politik, ja – wie das Beispiel Jules Verne beweist – sogar naturwissenschaftliche und technische Probleme abgehandelt werden können. Speziell die Psychologie, die erst im Begriff ist, sich als eigenständige Disziplin zwischen Philosophie und Medizin zu etablieren, macht zunächst vor allem im Roman von sich reden: Paul Bourget, Paul Hervieu und vor allem Marcel Prévost erheben den Anspruch, speziell die weibliche Psyche zu analysieren;[9] ihre 'mondänen' Romane spielen grundsätzlich in der eleganten Welt, und das Problem, an dem sich der Charakter der Protagonistin enthüllt, ist fast immer das des vollzogenen oder zu vollziehenden Ehebruchs.

Marcel Prévost, der stets bemüht war, die Themen aufzugreifen, die seine Leserinnen bewegten, veröffentlichte 1900 zwei dicke Romane über die Anfänge der feministischen Bewegung *(Les Vierges fortes)*, die er offenbar als soziologische Studie verstanden wissen wollte. Beide Bücher sind noch wesentlich langweiliger als die mondänen Romane, denen der heutige Leser bereits wenig abgewinnen kann; und zwar deshalb, weil Prévost hier in didaktischer Absicht Charaktertypen wie die nach Unabhängigkeit und Selbstverwirklichung strebende, rational geprägte Feministin und daneben eine gefühlsbetonte 'weibliche' Frau auftreten läßt, die keinerlei individuelle Züge haben und deren Verhalten deshalb bis in die Einzelheiten voraussehbar ist. Das ist natürlich ein Fehler des Schriftstellers Prévost, aber wenn man Zolas *Rougon-Macquart*-Romane mit dem späteren Zyklus

Les Quatre Evangiles (1899-1903) vergleicht, fällt gleichfalls auf, daß in den Büchern, die den Weg in die Gesellschaft der Zukunft weisen sollen,[10] nur blutleere Abstraktionen agieren. Hierin liegt das Dilemma der erzählenden Literatur des Fin-de-Siècle, und sicher einer der Hauptgründe dafür, daß diese Literatur relativ bald in Vergessenheit geriet: Der Erschließung neuer Inhalte stehen zunächst keine formalen Innovationen gegenüber; Fragen der Philosophie, der Hygiene oder der mittellateinischen Philologie werden gewöhnlich in der Form des Gesprächs zwischen den Romanfiguren abgehandelt, mit der Folge, daß in vielen Romanen der Zeit herzlich wenig passiert. Anatole France hat offensichtlich versucht, dieses Problem durch eine Synthese von Erzählung und dem von Ernest Renan wiederbelebten philosophischen Dialog zu lösen; allerdings gewinnt bei ihm der Dialog auf Kosten der Intrige mehr und mehr an Bedeutung, so daß ein Buch wie *Sur la pierre blanche*[11] nicht mehr als Roman anzusprechen ist.

Anatole France ist der Prototyp des gelehrten Autors, der seine Kenntnisse der Vererbungslehre Darwins mit der gleichen Selbstverständlichkeit ausbreitet wie seine Belesenheit im kabbalistischen Schrifttum; dabei spricht er jedoch letztlich immer nur von sich, ihn interessieren nicht die Dinge selbst, sondern die Assoziationen, die sie in ihm wecken. Die Naturalisten dagegen halten es noch für möglich, Aussagen über die äußere Welt zu machen; diese Gewißheit geht der folgenden Generation mehr und mehr verloren, man beschäftigt sich nur noch mit sich selbst, seinen Gefühlen, Gedanken und Erfahrungen (die auch Lektüre-Erfahrungen sein können).

Die Tendenz zur Subjektivität, die Tendenz, die Bedeutung der Romanintrige geringzuschätzen, und die Tendenz, die Erzählung zum Vehikel für eine ihr eigentlich wesensfremde Aussage zu machen, sind im französischen Fin-de-siècle weit verbreitet; besonders auffällig sind diese drei Tendenzen bei einer Gruppe von meist jungen Autoren, die großenteils an der symbolistischen Bewegung beteiligt oder von ihr beeinflußt sind, die den in der Generation ihrer Väter vorherrschenden Materialismus scharf ablehnen und nach neuen Idealen suchen. Ihre Suche führt sie in ganz verschiedene Richtungen; ihre Themen, ihr Stil sind sehr unterschiedlich, und zumal für die Zeitgenossen dürfte das Verbindende schwerer wahrnehmbar gewesen sein als das Trennende. In der Rückschau wird hier jedoch eine Traditionslinie erkennbar, die auch für die Entwicklung der Literatur nach dem Ersten Weltkrieg von Bedeutung ist. Viele der hier zu nennenden Autoren sind in den letzten Jahren dem lesenden Publikum durch Neuausgaben (oft sogar im Taschenbuch) wieder vorgestellt worden; die Literaturwissenschaft dagegen hat ihnen generell wenig Aufmerksamkeit geschenkt und die hier behaupteten Gemeinsamkeiten nicht untersucht. So kann es nur darum gehen, einige markante Vertreter dieser Richtung skizzenhaft vorzustellen.

J.-K. Huysmans oder Lebensstationen eines Exzentrikers

1884 veröffentlichte Joris-Karl Huysmans (1848-1907) *A rebours*, das für die Avantgarde der Jungen schnell zum Kultbuch wurde; er machte damit nicht nur breitere Schichten erstmals auf die Lyriker Verlaine und Mallarmé aufmerksam,[12] sondern „befreite eine ganze neue Literatur, die, erdrückt unter einem Haufen Unrat, keine Luft bekam", wie Remy de Gourmont Huret in den Block diktierte.[13] *A rebours* ist ein singuläres Buch, und jedenfalls kein Roman, denn es gibt keine Intrige: Geschildert wird der (mißlingende) Versuch des Duc des Esseintes, vor dem lärmenden Paris in eine luxuriöse Eremitage in Fontenay-aux-Roses (also nicht allzu weit von der Hauptstadt entfernt) zu fliehen. Den erlesenen Genüssen, denen er sich hier hingibt – Bücher, Bilder, ein Gewächshaus mit exotischen Pflanzen, selbstkomponierte Parfums und andere mehr - sind die zerrütteten Nerven dieses letzten Abkömmlings eines alten Geschlechts freilich nicht gewachsen, und ein nervöses Magenleiden zwingt ihn zur Rückkehr in die Gesellschaft, die er haßt und verachtet.

Des Esseintes verkörpert idealtypisch die dekadente Spielart des Dandytums;[14] morbide Exzentrik steigert sich bei ihm zur Neurose, die Faszination des Künstlichen wird verstärkt durch den Glauben an die quasi unbegrenzten Möglichkeiten der modernen Technik: Der „Konsumentenmentalität" des Esseintes' erscheint alles machbar und käuflich.[15] Zur Bibel der Décadents wurde *A rebours* nicht zuletzt durch jene Kapitel, in denen der Arbiter elegantiarum des Esseintes/Huysmans vorführt, was für ein Ambiente ein erlesener Geschmack zu ersinnen vermag, wenn materielle Beschränkungen keine Rolle spielen.

Mit *A rebours* hat sich Huysmans vom Naturalismus abgewandt; Zola sah die Entwicklung seines Mitstreiters mit Unbehagen. In vieler Hinsicht allerdings bleibt Huysmans seinen naturalistischen Anfängen treu: Des Esseintes ist nicht nur durch Erbanlagen (die Lebenskraft seiner Familie hat sich durch Verwandtschaftsehen verbraucht) geprägt, sein Denken und Fühlen wird auch wesentlich durch seinen Gesundheitszustand bestimmt; und Huysmans sucht stets die Genauigkeit im Detail, das treffende Wort, das oft der Fachterminus ist: Wie er in *A rebours* fleischfressende Pflanzen beschreibt, wird er sich 1898 in *La Cathédrale* so in die Architektur der Kathedrale von Chartres vertiefen, daß das Buch geradezu als Führer durch das Bauwerk dienen kann.

Andererseits war Huysmans schon in seiner naturalistischen Phase insofern kein orthodoxer Naturalist gewesen, als er nicht nur auf eigene Erfahrungen zurückgriff, sondern gleichsam selbst in seinen Büchern auftrat: Folantin, die Hauptfigur in *A vau-l'eau* (1882), etwa ist Junggeselle und Büroangestellter wie der Autor, und die vergeblichen Versuche dieses zur Melancholie neigenden Mannes in mittleren Jahren, sich ein behagliches Heim zu schaffen und ein passables Restaurant zu finden, sind weniger als allgemeinmenschliches Dokument im Sinne des Naturalismus denn als Spiegel subjektiver Welterfahrung von Interesse. Des Esseintes unterscheidet sich von Folantin weniger im Charakter als durch seine Lebensverhältnisse, er ist ein Folantin, der sich alles leisten kann.

In *Là-bas* (1891) führt Huysmans dann den Schriftsteller Durtal als Double ein, das in den folgenden Büchern bis zu *L'Oblat* (1903) seine geistige Entwicklung von den Erfahrungen mit Satanskult und schwarzer Magie über die Konversion zum Katholizismus bis zu den Jahren als Laienbruder im Kloster von Ligugé (1900-1903) nachvollzieht und von den zeitgenössischen Lesern mit dem Autor gleichgesetzt wurde. Huysmans ist nicht der erste, der sich auf diese Art selbst zum Helden seiner Bücher macht. Anatole France erfindet sich im Lauf der Zeit verschiedene Doubles, die als Sprachrohre des Autors die Entwicklung seiner Überzeugungen markieren;[16] der Marineoffizier Pierre Loti[17] lädt die Leser seines Tahiti-Romans *Le mariage de Loti* (1880) schon durch den Titel ein, den Autor mit dem Protagonisten (dem er im ersten Satz obendrein sein eigenes Geburtsdatum gibt) zu identifizieren. Durtal allerdings teilt nicht nur das Leben und die Erlebnisse, sondern auch das Schreiben seines Erfinders: In *Là-bas* arbeitet Durtal an einem Buch über den Teufelsanbeter und sadistischen Mörder Gilles de Rais, in *La Cathédrale* (1898) sammelt er u.a Material für eine Biographie der heiligen Lydwine von Schiedam, die Huysmans 1901 wirklich veröffentlichen wird. Der 'Roman' wird damit zumindest teilweise zum Arbeitsjournal, zur Sammlung von Notizen, Gesprächen und Gedanken für eine Vielzahl z.T. ungeschriebener Bücher. Das Verfahren ähnelt nur auf den ersten Blick dem von Remy de Gourmont in *Sixtine* (1890) angewandten (s.u.): Der Protagonist in *Sixtine* schreibt im Grunde seine eigene Geschichte; die Erzählung und die in sie integrierten Abschnitte aus dem Manuskript sind aufeinander bezogen, es ergibt sich ein kunstvoll strukturiertes Ganzes. Eben diese Strukturierung sucht Huysmans zunehmend zu vermeiden. Erzählen *A rebours* und *Là-bas* noch rudimentäre, von zahllosen Reflexionen und Digressionen überwucherte Geschichten, so dokumentiert *La Cathédrale* einen Seelenzustand des Protagonisten: Die Eindrücke, die er aus der Lektüre mittelalterlicher Theologen und Philosophen, aus der Betrachtung der Kathedrale von Chartres und aus Gesprächen vor allem mit Geistlichen empfängt, werden gleichsam tagebuchartig notiert.

Das entspricht durchaus den Prinzipien des Naturalismus: Huysmans schreibt auf, was er beobachtet, nur wendet er seinen Blick nicht nach außen, sondern nach innen. Die Forderung nach einem „spirituellen Naturalismus", die Durtal in *Là-bas* aufstellt,[18] scheint in *La Cathédrale* erfüllt; zugleich aber wird die Kathedrale zum symbolischen Zentrum des Buches, zum Zeichen für Durtals Bemühen, sich über die verhaßte Gegenwart in eine geistige Sphäre zu erheben. Huysmans erscheint so als Vermittler zwischen der älteren Generation der Naturalisten und den Jungen; das ist wohl auch der Grund dafür, daß er zwar Einfluß auszuüben, aber keine 'Schule' zu bilden vermochte.

Symbolistisches Erzählen

Was genau 'Symbolismus' ist, läßt sich nur schwer definieren. In Jean Moréas' symbolistischem Manifest von 1886 geht es offenbar um „Kunst, die hinter der Erscheinung die Idee sichtbar zu machen versteht".[19] In der Lyrik geschieht dies auf höchst unterschiedliche Art; ob ein Dichter zu den Symbolisten gehört (und welcher Symbolismus jeweils gemeint ist), kann durchaus Gegenstand von Diskussionen werden. Dagegen läßt sich symbolistische Erzählkunst, ähnlich wie das symbolistische Drama Maurice Maeterlincks, verhältnismäßig genau beschreiben; Beispiele für symbolistisches Erzählen in reiner Form sind allerdings nicht besonders zahlreich.

1894 veröffentlichte Marcel Schwob (1867-1905) *Le livre de Monelle*. Monelle ist eine junge Prostituierte, in der Schwob einer früh verstorbenen Geliebten ein Denkmal gesetzt hat. Das Thema war seit *La dame aux camélias* von Alexandre Dumas fils (1848) nie mehr aus der Mode gekommen; für die jungen Autoren der letzten beiden Jahrzehnte des 19. Jahrhunderts war die Prostituierte häufig die Frau schlechthin (fast alle jungen Männer machten ihre ersten sexuellen Erfahrungen im Bordell, viele lernten bis zur Heirat keine anderen Frauen kennen), oft wird erzählt, wie ein idealistischer Jüngling ein 'gefallenes Mädchen' zu 'retten' versucht - Charles-Louis Philippe verarbeitet entsprechende eigene Erfahrungen in *Bubu de Montparnasse* (1901). Dieser kleine Roman ist nicht als naturalistisches Sittengemälde gemeint, aber die Lebensumstände der Arbeiterin Berthe, die zur Prostituierten wird, ihres Zuhälters Bubu und des schüchternen Büroangestellten Pierre, der sich in sie verliebt, werden ungefähr so geschildert, wie es der zeitgenössischen Wirklichkeit entspricht.

Marcel Schwob dagegen beginnt *Le livre de Monelle* mit dem Satz: „Monelle me trouva dans la plaine où j'errais et me prit par la main." (39) Das ist ganz offensichtlich keine reale, sondern eine bildlich zu verstehende Situation; man kann an den Dichter Dante denken, der sich im „dunklen Wald" verirrt und erst durch den von Beatrice gesandten Vergil auf den „rechten Weg" zurückgeführt wird.[20] Nach einem solchen Anfang kann sich das folgende Geschehen nur außerhalb von Zeit und Raum abspielen, und es muß extrem einfach sein, denn hinter einer komplizierten Intrige würde die symbolische Bedeutung verschwinden; die symbolistischen Erzähler haben deshalb eine besondere Vorliebe für die Welt des Märchens, und auch für das Mittelalter, von dem sie allerdings im allgemeinen nur eine unklare Vorstellung hatten; sie neigen deshalb dazu, mittelalterliche und Märchenwelt zu identifizieren und sich ein vages Traumreich zu schaffen, das von archetypischen Figuren wie Prinzessinnen, Drachen und Rittern bevölkert ist.[21] Marcel Schwob, der über eine solide philologische Ausbildung verfügte und ein von der Fachwelt anerkannter Villon-Forscher war, übernahm als Dichter gleichfalls jenes 'poetische' Mittelalter-Bild.

Le livre de Monelle gliedert sich in drei Teile: Im ersten spricht Monelle zum Erzähler; sie erinnert ihn daran, daß die „petites prostituées" den Unglücklichen Trost spenden (der Mythos der Frau als Erlöserin ist seit der Romantik Allgemeingut der Literatur) und vermittelt ihm dann eine Philosophie, die in dem Satz gipfelt: „Ne te connais pas toi-même." (48)

Die Sprache ist einfach, wie es dem Märchenton entspricht (und steht in scharfem Gegensatz zu Huysmans' gewundener Syntax und zu seiner Vorliebe für seltene Wörter); die Diktion erinnert an biblische Vorbilder, oder an Litaneien. Die Aussage ist bewußt dunkel gehalten, das Wesentliche an Monelles Botschaft ist wohl, daß man, seiner selbst unbewußt, ganz für den Augenblick leben soll. Der zweite Teil des Buches stellt in elf kurzen Skizzen elf 'Schwestern' Monelles vor, die allerdings, so scheint es, dieser Maxime zuwiderhandeln: Die meisten verbringen ihr Leben mit mehr oder weniger vagen Hoffnungen, die am Ende stets enttäuscht werden. Die Träume der *Rêveuse* (84-87) symbolisieren sieben Krüge, die in den Geschichten, die ihr Vater ihr erzählte, Zauberdinge mit wunderbarem Inhalt waren; über der Erwartung, daß die Wunder endlich sichtbar werden, wird aus dem Mädchen eine alte Frau. Als sie die Krüge endlich zerschlägt, findet sie sie leer.

Der dritte Teil behandelt Monelles Lebensgeschichte, auf die Märchen-Ebene transponiert: Sie erscheint hier als Kind, das nicht erwachsen, das heißt wissend, werden will. Sie zeigt dem Erzähler das einzige Licht in der Dunkelheit, aber das Licht ist trügerisch, es macht, daß die großen Tragödien der Literatur glücklich zu enden scheinen (105f.). Nach ihrem Tod erscheint die wieder auferstandene Monelle inmitten einer Schar von Kindern, die glücklich sind, weil sie nicht nach der Erkenntnis der Wahrheit streben; damit verzichten sie aber auch auf die Liebe, die untrennbar mit dem Leiden verbunden ist. Monelle, die dem Erzähler das Licht (der Phantasie?) gebracht hat, war, so scheint es, nicht reif genug, um wirklich zu lieben; deshalb war eine tiefere Beziehung zwischen ihr und dem Erzähler nicht möglich, deshalb auch bleibt es dem Leser überlassen, wie er die Lehren des ersten Teils beurteilen, ob er ihnen folgen will oder nicht. Es liegt in der Natur des Symbols, daß es mehrdeutig ist.

Remy de Gourmont (1858-1915) hat in *Sixtine. Roman de la vie cérébrale* (1890) die Entstehung eines symbolistischen Romans geschildert und zugleich parodiert: Sein Held, der Schriftsteller Hubert d'Entragues, scheitert in seiner Liebe zu der jungen Witwe Sixtine, weil er über dem beständigen Bemühen, jede seiner Gefühlsregungen zu analysieren, das Handeln vergißt; seine Erfahrungen interessieren ihn nur als Rohmaterial für Literatur. Als 'Psychologe' von der Art Bourgets schreibt er zunächst eine mondäne Ehebruchsgeschichte; seine Beziehung zu Sixtine aber regt ihn zu einem Roman an, dessen Figuren „reine Symbole" (120) sind. D'Entragues verlegt die Geschichte nach Neapel ins späte 15. Jahrhundert; Remy de Gourmont, der die mittelalterliche Literatur gut genug kannte, um ein großes Buch über die christliche Dichtung in lateinischer Sprache zu schreiben,[22] wußte natürlich, daß es in Spätmittelalter und Renaissance idealisierende Liebeskonzeptionen gab, die in d'Entragues' Vorstellungen eine Parallele fanden.

Sein Graf Guido della Preda (dessen Name nicht von ungefähr „Beute" bedeutet) sitzt in strenger Einzelhaft; er versinnbildlicht die Seele im Kerker des Körpers (120). Er wird *L'Adorant* - so der Titel des Romans von d'Entragues -, weil er während des täglichen Spaziergangs auf dem Dach des Kerkerturms eine Marienstatue sehen kann, die für die Frau schlechthin steht und in die er sich verliebt. Die Ironie liegt nun darin, daß die sechs Kapitel der Geschichte Guidos, die in den Roman eingestreut sind, die durchaus zufällige Entwicklung von d'Entragues' Beziehung zu Sixtine spiegeln (nachdem der Schriftsteller versucht hat, die junge Witwe bei einer Prostituierten zu vergessen, läßt er prompt seinen Helden der Madonna zumindest im Traum untreu werden), während sie doch eigentlich einen symbolischen Gehalt haben sollten. Der Höhepunkt ist erreicht, wenn d'Entragues nach dem Scheitern seiner Liebe beschließt, Guido an seiner Stelle sterben zu lassen (305); als dem Gefangenen seine Freilassung, die die Trennung von der Madonna bedeuten würde, angekündigt wird, stürzt er sich vom Dach des Turms in den Tod (311).

Unter den symbolistischen Romanen und Erzählungen sind erstaunlich viele, die das Geschehen in ähnlicher Weise auf einer zweiten Ebene ansiedeln, gleichzeitig Geschichte und Kommentar liefern, mit der logischen Konsequenz der Distanzierung: Ganz ernst nehmen offenbar nur wenige Autoren ihre symbolistischen Texte, sicher auch deshalb, weil die Zahl der 'Symbole', die zur Auswahl stehen, eng begrenzt ist; sie stammen fast ausnahmslos aus dem Fundus der dekadenten Vorstellungswelt,[23] die einige Grundvorstellungen immer wieder variiert. Man kann sich deshalb auch fragen, welcher Stellenwert den sexuellen Obsessionen und Perversionen in dieser Literatur zukommt: Stellen-Suche verspricht hier eine reiche Ausbeute,[24] aber die Möglichkeit, daß das alles ein Spiel ist, von dem die Autoren wußten, daß ihre Leser es durchschauen würden, sollte zumindest erwogen werden.

In besonderem Maße gilt dies, wenn Erotisches in die Form des (Kunst-)Märchens eindringt wie bei Jean Lorrain (1855-1906). Er steht in der Tradition Oscar Wildes,[25] auch als Märchenerzähler; seine in *Princesses d'ivoire et d'ivresse* (1902) gesammelten Geschichten ergeben ein ziemlich vollständiges Inventar der Standard-Obsessionen seiner Epoche, von der Hexe oder der sadistisch gequälten Jungfrau über Androgynie, die Faszination des Ekelhaften (Verwesung, schleimige Tiere etc.) bis zum Mythos 'orientalischer' Indolenz und beispielloser Prachtentfaltung (kostbare Stoffe, Edelsteine etc.) in einem künstlichen Paradies, in dem auch alle sexuellen Wünsche problemlos befriedigt werden können. Das alles hat seine wohlbekannten Wurzeln bei Baudelaire, in der Kunst der Präraffaeliten und anderswo;[26] der moderne Leser vermag einer derartigen Anhäufung von Perversionen gewöhnlich wenig abzugewinnen, aus den Texten wird lediglich auf die 'Verklemmtheit' ihrer Autoren und Leser geschlossen.

Man sollte allerdings nicht übersehen, daß Autoren wie Jean Lorrain (der mit Sicherheit kein genialer Schriftsteller war) sich auf ein neues und riskantes Unternehmen einlassen: Sie geben zweifellos ihre eigenen Zwangsvorstellungen preis, mit der gleichen Radikalität, mit der Huysmans sein Denken offenlegt; was man aus den Abgründen der eigenen Psyche zutage fördert, wird aber in der Masse stereotyper Bilder und Formeln gleichsam versteckt, wohl, weil man sich gegen allzu neugierige Blicke abschirmen will. Auf jeden Fall sind auch die erotischen Phantasien eines Jean Lorrain und anderer Etappen auf dem Weg zu einer neuen, dezidiert subjektiven Literatur, die nach dem Niedergang realistischer und naturalistischer Erzählformen den Weg bereitet für die literarischen Revolutionen des 20. Jahrhunderts.

Inszenierung des Ich

Die Symbolisten erzählen Geschichten; es sind gewöhnlich sehr einfache Geschichten, und das, worauf es eigentlich ankommt, muß aus den geschilderten Ereignissen abstrahiert werden, aber jedenfalls hat das Geschehen einen gewissen Stellenwert. In *A rebours* dagegen dient das wenige, was es an Handlung gibt, nur dem Zweck, den Leser mit verschiedenen Facetten der Persönlichkeit des Esseintes' vertraut zu machen; einziges Thema des Buches ist der Protagonist.

Das gleiche gilt für die erste Romantrilogie des jungen Maurice Barrès (1862-1923), mit dem bezeichnenden Titel *Le culte du moi* (1888-91); der Ich-Erzähler (der erst im dritten Band, *Le Jardin de Bérénice*, den Namen Philippe erhält) ist bestrebt, sich möglichst vielfältige Eindrücke bewußt anzuverwandeln, um sein Ich planvoll zu entwickeln und zu bereichern. Die konsequent betriebene Selbstanalyse machte Barrès zum bewunderten „prince de la jeunesse",[27] der eine ganze Schriftsteller-Generation beeinflußte.[28] Dabei verläuft die Entwicklung Philippes genau parallel zu der des Autors, der 1889 als Kandidat der antiparlamentarischen Bewegung des Generals Boulanger zum Abgeordneten von Nancy gewählt wurde (in *Le Jardin de Bérénice* kandidiert Philippe in Arles).

Das Bestreben, die Etappen der eigenen Biographie zu Büchern zu machen, prägte schon Huysmans' Durtal-Romane; dabei mag der 'Egotismus' im Sinne Stendhals[29] sekundär sein gegenüber dem Versuch, die Trennung von Fiktion und Wirklichkeit aufzuheben. Auch Edouard Dujardin (1861-1949), der seinen kleinen Roman *Les lauriers sont coupés* (1887) als einen langen inneren Monolog[30] anlegt (und dadurch James Joyce dazu anregte, sich in *Ulysses* der gleichen Erzähltechnik zu bedienen), ist offensichtlich bestrebt, die Welterfahrung seines Protagonisten ungefiltert wiederzugeben; die Aufmerksamkeit des Autors konzentriert sich allerdings ganz auf das darstellungstechnische Problem, denn die Beziehung des Erzählers zu der Schauspielerin Léa ist weder interessant noch originell.

Jean de Tinan (1874-1898) bezieht sich in seinem ersten Roman *Penses-tu réussir!* (1897) ausdrücklich auf Barrès, „der sich sehr gut vor mir für die meisten Dinge interessiert hat, die mich interessieren" (122); während allerdings Barrès den Lebenslauf seines Doubles Philippe als zielgerichtet begreift und deshalb auch seiner Erzählung eine gewisse Geschlossenheit gibt, empfindet Tinans Double Vallonges die eigene Existenz als diskontinuierlich, so daß auch sein (autobiographischer) Roman nicht streng durchkomponiert sein kann.[31]

Vallonges sieht sich selbst als typischen Vertreter seiner Generation und eines privilegierten Milieus, in dem man, der Sorge um den Lebensunterhalt mehr oder weniger enthoben, alle Energie darauf verwendet, das Leben bewußt zu genießen; denn der 'Erfolg', den er erstrebt, ist eine wirklich glückliche Liebe, und das Buch evoziert Etappen auf dem Weg zu diesem Ziel (im Roman selbst wird es nicht erreicht, aber am Ende steht ein Widmungsbrief an eine unbekannte Adressatin, mit der Vallonges offenbar das gesuchte Glück gefunden hat, es gibt also einen Abschluß der Geschichte außerhalb der Geschichte). Die Erzählperspektive ist jeweils unterschiedlich: An die kleine Prostituierte Blanche-Marcelle, die ihm zur rechten Zeit die romantischen Illusionen austrieb, erinnert sich Vallonges, während er zigarrenrauchend mit einem Freund plaudert; die unglückliche Liebe zu einem jungen Mädchen aus guter Familie wird durch Tagebuch-Auszüge dokumentiert, die Beziehung zu einer verheirateten Frau schildert ein Brief an die Geliebte. Auffallend ist Vallonges' rücksichtslose Offenheit: Er nimmt es in Kauf, egoistisch, gefühllos oder lächerlich zu erscheinen; andererseits vermittelt er durch diskret evozierte

Details auch eine sehr genaue Vorstellung von den Empfindungen einer Liebesnacht.[32] Die Selbstanalyse beansprucht ausdrücklich dokumentarischen Wert.[33]

Die Literatur ist weniger ein Spiegel des Lebens als das Leben selbst: Vallonges macht nicht nur aus allen seinen Empfindungen eloquente Prosa, er empfindet auch, was er vorher gelesen hat: Der Anblick der Seine im Morgengrauen erzeugt in ihm eine Stimmung, die er sofort als Reminiszenz aus *Aphrodite* von Pierre Louÿs erkennt.[34] Das Bestreben, Literatur und Leben einander anzunähern, kann einerseits zu lebenspraller Literatur, anderseits zu einer papierenen Existenz führen; Autoren wie Jean de Tinan waren sich dieser Gefahr bewußt. Ästhetisch haben sie das Problem nicht immer bewältigt, aber indem sie es ironisch selbst zum Thema machen, lösen sie es zumindest intellektuell.

Vallonges' 'noctambulisme' scheint der Lebensweise des Autors Jean de Tinan[35] und nicht weniger seiner schreibenden Altersgenossen recht ähnlich gewesen zu sein; so findet man ähnliche Formen der Selbstinszenierung auch bei anderen wie z.B. Paul-Jean Toulet (1867-1920). Auf gänzlich andere, noch radikalere Weise sucht Joséphin Péladan (1859-1918), die Trennung von Literatur und Leben aufzuheben.

Péladan zählt zu den 'Magiern', für die Jules Huret 1891 eine eigene Kategorie einführte; 'Magie' meint im Falle Péladans nicht viel mehr als einen auf die Spitze getriebenen Idealismus, der die Überlegenheit des Geistes über die Materie in allen Bereichen voraussetzt. Die wahre Kunst muß folglich idealistisch sein: Péladan gründet den Orden der Rose†Croix, der in den neunziger Jahren Kunstausstellungen und Konzerte mit Ausschnitten aus Wagner-Opern veranstaltet; neben einer Vielzahl von philosophischen und ästhetischen Studien schreibt er einen einundzwanzigbändigen Romanzyklus *La décadence latine*, dessen Hauptfiguren Magier sind, die bereits über die Fähigkeiten verfügen, von denen Péladan träumt: Mérodack (in *Le Vice suprême*) vermag allein durch die Kraft des Geistes einen Angriff mit dem Degen zu parieren;[37] die Neigung der Erzähler, ihre Doubles intelligenter, tatkräftiger, attraktiver zu machen, als sie selbst sind, führt hier zu naiven Allmachtsphantasien. Diese Phantasien versucht Péladan nun aber auch zu leben: Nicht nur, daß er sich mit üppigem schwarzem Vollbart und Gewändern im 'orientalischen' Stil als der Nachfahre der Könige von Babylon präsentierte, für den er sich hielt (deshalb führte er den Titel *Sâr*); wirkliche oder vermeintliche Schikanen durch die Behörden der verachteten (da 'materialistischen') Republik lösen bei ihm auch Gefühle ohnmächtiger Wut aus, die er – da die Kraft des Gedankens die Widersacher leider nicht zu lähmen vermag – schreibend abreagiert.

Barbey d'Aurevilly, der das Vorwort zu *Le Vice suprême* schrieb, fühlte sich an Balzac erinnert, erwartete von Péladan eine neue *Comédie humaine*[38] – das ist gewiß zu hoch gegriffen, aber doch nicht unverständlich: Das Buch bietet eine Vielzahl scharf umrissener Portraits, die Figuren gehören zwar alle der privilegierten Oberschicht, aber doch unterschiedlichen Milieus an; und vor allem wird auch den Widersachern Mérodacks hinreichend Aufmerksamkeit geschenkt. In der Folgezeit verengt sich der Blickwinkel mehr und mehr auf die 'magischen' Praktiken; der neunte Band des Zyklus, *La gynandre* (1891), etwa schildert, wie der Magier Tammuz eine Gruppe lesbischer Frauen von ihrer Veranlagung 'heilt', den Höhepunkt des Buches bildet der Hymnus, den Tammuz bei diesem Anlaß spricht. Ganz offensichtlich soll der Roman magische Praxis nicht beschreiben, sondern ersetzen.

Fast jeder Band des Zyklus enthält einen Widmungsbrief oder ein Nachwort in eigener Sache. Péladan druckt hier offene Briefe z.B. zu kirchenpolitischen Fragen erneut ab, spricht aber auch von Dingen, die nur ihn persönlich betreffen. Der zweite Band (*Curieuse!*, 1886) endet mit knapp dreißig wutschnaubenden Seiten;[39] Anlaß ist eine ganz unbedeutende Strafe (zwei Nächte im Gefängnis), die von der Militärgerichtsbarkeit gegen den Autor verhängt wurde, weil er eine Einberufung nicht zur Kenntnis genommen hatte. Péladans Anklagen gegen das „barbarische" Frankreich, das seine Schriftsteller „mordet", das Ganze datiert „im Jahr 14 des Militärterrors", sind so überzogen, daß sie komisch wirken; wenn die entsprechenden Passagen aber als Ersatz für die Rache des Magiers, als Vernichtung des Widersachers durch das wirkmächtige Wort gemeint sind, ist die Heftigkeit nur folgerichtig.

Bei Péladan haben wir es zweifellos mit einem extremen Sonderfall des Einswerdens von Schreiben und Leben zu tun; er ist allerdings nicht der einzige, der den Weg von literarischer Aktivität im Umfeld des Symbolismus zur Beschäftigung mit mystischen Denkformen ging.[40]

Das Bestreben, die Grenze zwischen Literatur und Leben zu verwischen, läßt sich freilich auch anderswo beobachten. Wenn Willy (1859-1931) seine Frau Colette (1873-1954), deren Claudine-Romane er zunächst unter seinem Namen veröffentlichte *(Claudine à l'école*, 1900; *Claudine à Paris*, 1901; *Claudine en ménage*, 1902; *Claudine s'en va*, 1903), in einer Art Schulmädchen-Kostüm als 'Claudine' vorführt[41] (gemeinsam mit der Schauspielerin, die die Figur auf der Bühne verkörpert), wird das Publikum eingeladen, die Fiktion für Realität zu nehmen (Gerüchte, zu denen das Anlaß geben kann, sind für die Beteiligten nicht unbedingt schmeichelhaft, aber absatzfördernd und werden deshalb in Kauf genommen). Andererseits ist es völlig gleichgültig, welche Namen Léon Bloy (1846-1917) den Protagonisten seiner Romane gab: Die Helden dieses sonderbaren Katholiken äußern alle den gleichen, extremen und gänzlich undifferenzierten Haß auf die Gesellschaft seiner Zeit,[42] der Ton ist deutlich schärfer als etwa bei Huysmans oder Péladan, und unverwechselbar; die Leser müssen genau gewußt haben, daß aus den Hauptfiguren stets Bloy selbst sprach, und gerade deshalb dürften sie umgekehrt alles, was sie über die Lebensumstände dieser Figuren erfuhren, auch auf den Autor rückbezogen haben.

Die neue Weltoffenheit

Die solipsistische Beschränkung auf das eigene Ich führte zu einer Reihe von reizvollen und – gemessen an der Literatur der naturalistischen Epoche – originellen Texten, konnte sich aber auf die Dauer nicht als gangbarer Weg erweisen. Im übrigen scheint die egozentrische Schreibweise einem ganz bestimmten Stadium in der geistigen Entwicklung des jungen Menschen besonders gemäß; die französische Literatur des Fin-de-siècle ist zu einem großen Teil Literatur der Fünfundzwanzigjährigen. Von den hier besprochenen Autoren sind Jean de Tinan, aber auch Jean Lorrain oder Marcel Schwob verhältnismäßig jung gestorben; in welch unerwartete Richtung sich manche anderen im Lauf der Zeit entwickelten, zeigt das Beispiel Maurice Barrès.

Selbstanalyse führt nicht notwendigerweise zur Nabelschau; Jules Renard (1864-1910) etwa entgeht dieser Gefahr, da er die eigene Person vor der Folie einer fremden Lebensweise betrachtet. Der Ich-Erzähler in *L'Ecornifleur* (1892) ist ein junger Mann, der vage von einer Schriftsteller-Karriere träumt und ein etwas phantasieloses bürgerliches Ehepaar mit erfundenen Geschichten beeindruckt, damit sie ihn regelmäßig zum Essen einladen; dieser Schmarotzer, der zum Dank die Frau und die Nichte seines Gönners zu verführen versucht, hat selbst keine hohe Meinung von sich und verschweigt kein Detail, das ihn in ein schlechtes Licht setzt. Er analysiert aber nicht nur sich selbst, sondern zugleich das Ehepaar Vernet; sein Scharfblick erkennt die lächerliche Borniertheit des Mannes wie die unechte Sentimentalität seiner Frau, aber zugleich entwickelt er doch Sympathie für beide und schämt sich seiner Absichten. So gewinnen diese Figuren ein Eigenleben innerhalb des Romans und stehen als Protagonisten beinahe gleichberechtigt neben dem Erzähler, während z.B. in *Penses-tu réussir!* von Jean de Tinan Freunde und Geliebte schemenhaft und austauschbar bleiben.

Auch die Kindheit ist für Renard das andere, Fremdgewordene, von dem man sich absetzt, um die eigene Identität zu definieren. Erinnerungen vor allem an die Schulzeit sind spätestens seit den siebziger Jahren ein beliebtes Thema der Literatur; fast immer beschreibt ein Ich-Erzähler mehr oder weniger traumatische Erfahrungen, und fast immer scheinen diese Erfahrungen noch für den Erwachsenen prägend: Ein typisches Beispiel ist die *Jacques Vingtras*-Trilogie (1879-1886) von Jules Vallès (1832-1885); die Entwicklung vom gedemütigten und mißhandelten Kind über den stellungslosen Abiturienten zum Kämpfer für soziale Gerechtigkeit vollzieht sich scheinbar bruchlos, der Leser glaubt in dem überforderten Sohn eines schlechtbezahlten Lehrers schon den anarchistischen Journalisten zu erkennen.

Jules Renard macht aus einer durchaus vergleichbaren Familien-Hölle ein ganz anders geartetes Buch: *Poil de Carotte* (1894), die Geschichte des unglücklichen kleinen Jungen, der weder bei den Eltern noch bei den Geschwistern Verständnis findet, besteht aus einer Reihe kurzer Kapitel, die jeweils eine Momentaufnahme einer Enttäuschung oder eines Mißgeschicks im Leben des Jungen bieten (mehr als auf jeden anderen trifft auf Jules Renard die Bezeichnung 'impressionistischer Erzähler' zu). Obwohl der Autor seine eigene Kindheit aufarbeitet, sagt er nicht 'Ich' und enthält sich jedes wertenden Kommentars, deutet auch an keiner Stelle an, was später aus dem traumatisierten Poil de Carotte geworden ist: Die Kindheit erscheint als eine abgeschlossene Phase, ohne Verbindung zur späteren Entwicklung der Persönlichkeit.

Aus eben diesem Grund kann sie andererseits auch zum verlorenen Paradies werden wie in *Le grand Meaulnes* (1913) von Henri Alain-Fournier (1886-1914)[43]: Die Erzählung beginnt als anscheinend wirklichkeitsgetreue Schilderung einer idyllischen, allerdings auch ziemlich ereignislosen Kindheit auf dem Lande, der Erzähler ist einmal mehr ein Lehrerssohn; mit dem Auftreten des Freundes, jenes 'großen Meaulnes', der auf rätselhafte Weise so ganz anders ist als die Dorfjungen, verändert sich der Charakter der Geschichte: Meaulnes' 'Abenteuer', seine Ankunft in einer Art verwunschenem Schloß, wo er der ihm bestimmten Frau begegnet, die er dann aber wieder verliert und erst lange Zeit später wiederzufinden vermag, weist alle typischen Eigenschaften eines Märchens auf. Das Besondere an diesem Buch ist, daß zwischen Märchen und autobiographischem Roman ein Gleichgewicht erstrebt und erreicht wird; was Alain-Fournier über die Lebensphase der Pubertät, die Gedanken und Träume des Jugendlichen, aussagt, ist nun in der Tat überpersönlich und „symbolisch" zu verstehen, erreicht aber eine zeitlose Gültigkeit, die man in den im engeren Sinn symbolistischen Romanen und Erzählungen kaum jemals findet.

Unter den fünf Prosa-Skizzen, die Jean Giraudoux (1882-1944)[44] 1909 unter dem Titel *Provinciales* veröffentlichte - sein erstes Buch überhaupt -, geht *Le Petit Duc* von einer ähnlichen Situation aus wie *Le grand Meaulnes*: Ein kleiner Junge, der als Sohn des Zollbeamten unter den Bauernkindern in seinem Heimatdorf keine Freunde findet, fühlt sich zu einem Neuankömmling hingezogen, erfährt allerdings eine Zurückweisung. Der Erzähler (der nicht in *Le Petit Duc*, wohl aber in zwei anderen Texten des Buches in der Ich-Form spricht) erinnert sich an die eigene Kindheit, abstrahiert dabei aber weitgehend von seiner eigenen Person: Ihn interessieren Figuren, deren Verhalten irgendwie von der Norm abweicht, wie *Sainte Estelle*, eine naive alte Frau, die sich von interessierten Mitbürgern in die Rolle der Wundertäterin drängen läßt, oder der Protagonist in *La*

Pharmacienne, der sich in eine ebenso unbedingte wie aussichtslose Zuneigung zu einer für ihn unerreichbaren Frau verstrickt.

Der zeitgenössische Leser fühlte sich durch *Provinciales* an die Bücher von Jules Renard erinnert,[45] die Giraudoux seiner eigenen Aussage nach nicht kannte, als er seine Skizzen schrieb; beiden gemeinsam ist der impressionistische Zugriff auf die Wirklichkeit, aber Giraudoux geht weiter in der Fragmentierung der Wahrnehmung: Eugène Morand (der Vater von Paul Morand, der einer der engsten Freunde Giraudoux' werden sollte) sprach im Zusammenhang mit *Provinciales* vom „Facettenauge des Insekts",[46] und in der Tat fügen sich die Splitter nicht zu einem Gesamtbild zusammen; so auch in *Jaques l'Egoïste,* dem ersten von drei Charakterportraits in *L'Ecole des Indifférents* (1910). Der Titel (der natürlich auch auf *Jacques le fataliste et son maître* von Diderot verweist) läßt eine Studie in der Art von *A rebours* erwarten; der Ich-Erzähler Jacques aber ist zwar mit psychologischem Scharfsinn begabt, aber ein Feind jeder Systematisierung. Zu klug, um sich selbst zu betrügen, konstatiert er etwa: „Mon chagrin est profond. Je me réjouis de le trouver si sincère." (148) Die Personen, mit denen er zusammenkommt, durchschaut er ebenso, aber er zieht nie Schlußfolgerungen. Giraudoux' Texte (die man kaum noch als Erzählungen bezeichnen kann) haben kein Zentrum, schon gar nicht in der Person des Erzählers, dessen einzige Aufgabe das Sammeln von Eindrücken ist.

André Gide (1869-1951) hat den Debütanten Giraudoux geschätzt, *Jacques l'Egoïste* in der Nouvelle Revue Française veröffentlicht[47] und gegen den Vorwurf, Giraudoux ahme Jules Renard nach, die Unterschiede zwischen beiden Autoren herausgestellt.[48] Natürlich hatte Gide selbst, der mehr als zehn Jahre Ältere, seine literarische Individualität auf wesentlich andere Weise entwickelt: *Les Cahiers d'André Walter* (1891), sein erster größerer Prosaversuch, steht ganz im Zeichen der Selbstanalyse; wie André Gide liebt André Walter seine Cousine, gegen den Widerstand seiner Mutter, die (anders als im Leben des Schriftstellers) ihre Verbindung auf Dauer verhindert. Walter erinnert sich an Emmanuèle, die jetzt die Frau eines anderen ist (und bald sterben wird), das heißt, er erinnert sich an das, was er in ihrer Gegenwart empfunden hat; obwohl die junge Frau alle seine Gedanken und intellektuellen Erfahrungen teilt, bleibt sie schemenhaft, nur die Figur des Erzählers tritt deutlich hervor. Die äußeren Ereignisse seines Lebens scheinen ihm keiner Erwähnung wert, seine Notizen beziehen sich auf Fragen der Religion, Philosophie, Literatur, Musikästhetik etc., die ihn beschäftigen.

Über all das will André Walter ein Buch schreiben; der Protagonist soll Allain heißen, und zunächst soll nur sein Charakter in Szene gesetzt werden, ohne Romanintrige,[49] also wohl ungefähr so wie in *A rebours*. Der Plan, den Walter später skizziert,[50] läßt ein symbolistisches Buch erwarten: Die Protagonisten, Engel und Tier, sollen für Seele und Körper stehen; die Handlung soll auf das Wesentliche reduziert und außerhalb von Raum und Zeit angesiedelt sein.

André Walter hat den Roman *Allain* nicht geschrieben; Gide hat sich nur vier Jahre später in *Paludes* (1895) über die symbolistische Schreibweise lustig gemacht: Der Erzähler begehrt auf gegen die Monotonie des Daseins, die er in seinem Freund Richard, einem in bescheidenen Verhältnissen lebenden Angestellten, verkörpert findet; in Gestalt des Schäfers Tityrus aus Vergils *Eklogen* macht er ihn zum Helden eines Buches, das *Paludes* heißen soll. Tityrus, der auf seinem Sumpfland zufrieden ist, ist als Negativbeispiel gedacht; die Ironie liegt darin, daß niemand weniger fähig ist, der Alltagsroutine zu entfliehen, als der Erzähler.

Die Vorbemerkung zu *Paludes* überläßt es dem Leser, den Sinn des Buches zu finden; die Satire richtet sich zweifellos gegen die sterilen Diskussionen in Pariser Literatenzirkeln, die sich ebenso im Kreis bewegen wie alles in dieser Geschichte.[51] An mehreren Stellen allerdings wird die Aufmerksamkeit auf die dichterische Umsetzung der Erfahrungen des Erzähler-Ichs gelenkt, etwa, wenn seine Freundin Angèle nicht begreift, daß der angelnde Tityrus „um der Wahrheit des Symbols" willen nichts fangen darf;[52] und man wird ihrer Beobachtung zustimmen müssen, daß die Notizen des Schriftstellers, der Entstehungsprozeß des Textes, letztlich interessanter sind als das Endergebnis.[53]

André Gide, der Autor, der sein Leben lang in immer neuen Ansätzen „mit der einen Hand auslöscht, was er mit der anderen geschrieben hat",[54] läßt sich nicht auf eine Position festlegen; bei aller gebotenen Vorsicht wird man jedoch in *Paludes* einen ersten Versuch sehen können, schreibend das Schreiben selbst zu thematisieren; von hier führt eine direkte Linie zu *Les Faux-Monnayeurs*[55] (1926), dem Roman ohne *sujet*, der Geschichte des Schriftstellers Edouard, der den Roman *Les Faux-Monnayeurs* schreiben will. Die innovatorische Kraft dieses literarischen Experiments wird allgemein anerkannt; sein Ausgangspunkt liegt jedoch in dem Bemühen, die Egozentrik der Fin-de-siècle-Literatur gleichsam zu objektivieren: Statt seiner Stimmungen analysiert der Schriftsteller sein Schreiben. Bei aller Verschiedenheit in der Art der Darstellung sollte nicht übersehen werden, was auch noch *Les Faux-Monnayeurs* mit Büchern wie *Sixtine* oder *Penses-tu réussir* verbindet.

Anmerkungen

1 Vgl. die Einleitung in: Corbineau-Hoffmann/Gier, S. XVIf.; sowie Huret.
2 So bei Henri Lemaitre: Du romantisme et symbolisme. L'âge des découvertes et des innovations 1790-1914, Paris 1982, S. 589.
3 Vgl. das Kapitel XXII in Winfried Engler: Geschichte des französischen Romans. Von den Anfängen bis Marcel Proust, Stuttgart 1982, S. 403-412.
4 Vgl. Joseph Jurt: Literarische Gruppen zur Zeit des Fin-de-siècle: Symbolisten und 'Décadents', in: Corbineau-Hoffmann/Gier, S. 21-46.
5 Vgl. Erwin Koppen: Décadence und Symbolismus in der französischen und italienischen Literatur, in: Jahrhundertende - Jahrhundertwende (I. Teil), S. 69-102, bes. S. 69-75.
6 Huret, S. 99.
7 Vgl. Jurt, der Verlaine, Félicien Champsaur und Bourget als Kronzeugen zitiert, S. 31f.
8 Vgl. die Kritik von Jules Lemaître an Ohnet, in: J.L.: Les Contemporains. Etudes et portraits littéraires, Paris 1886, S. 337-355.
9 Jules Huret hat in seiner Gruppe der *Psychologues* neben Paul Hervieu u.a. Anatole France, Barrès und Jules Lemaître zusammengefaßt, mußte sich aber von diesem letzten sagen lassen (S. 39), der einzige 'Psychologe' sei Bourget, den Huret aus unbekannten Gründen nicht befragte.
10 Vgl. dazu Regine Lyon: Zolas „foi nouvelle". Zum faschistischen Syndrom in der Literatur des Fin de Siècle, Frankfurt/M./Bern 1982.
11 Vgl. Albert Gier: Der Skeptiker im Gespräch mit dem Leser. Studien zum Werk von Anatole France und zu seiner Rezeption in der französischen Presse 1879-1905, Tübingen 1985, S. 337-341; 357f.
12 Dazu Jurt, S. 30f.
13 Huret, S. 132.
14 Vgl. z.B. Michel Lemaire: Le dandysme de Baudelaire à Mallarmé, Montréal/Paris 1978, S. 153-184.
15 Vgl. Jürgen Sänger: Aspekte dekadenter Sensibilität. J.-K. Huysmans' Werk von „Le Drageoir aux épices" bis zu „A rebours", Frankfurt/M./Bern/Las Vegas 1978, S. 171.
16 Vgl. Gier.
17 Zu ihm Friedrich Wolfzettel: Ce désir de vagabondage cosmopolite. Wege und Entwicklungen des französischen Reiseberichts im 19. Jahrhundert, Tübingen 1986, S. 401-414.
18 Huysmans: Là-bas, S. 36.
19 Koppen, S. 84.
20 Über Monelle als „dekadente Beatrice" vgl. Praz, Bd. 2, S. 322.

21 Zur Affinität des Symbolismus zu Sagen, Mythen u. dgl. vgl. Pierrot, S. 240ff.
22 Le latin mystique. Les poètes de l'antiphonaire et le symbole au moyen âge, Paris 1892.
23 Vgl. Pierrot, S. 181-292.
24 Vgl. die Beispiele bei Praz, passim.
25 Vgl. Praz, S. 309f. zum Einfluß von *The Picture of Dorian Gray* auf *Monsieur de Phocas.*
26 Vgl. Praz, passim; Pierrot, passim; u.a.
27 So der Titel der Biographie von Yves Chiron: Maurice Barrès le prince de la jeunesse, Paris 1986.
28 Vgl. auch Citti, Chap. 6: Le sacrifice du moi, S. 76-109.
29 Der Einfluß Nietzsches macht sich erst in den letzten Jahren des 19. Jahrhunderts verstärkt bemerkbar, vgl. ebd., S. 198-201.
30 Zum inneren Monolog vgl. Raimond, S. 257-298.
31 Vgl. *Penses-tu réussir!*, S. 138; S. 38f.
32 Ebd., S. 160f.
33 Ebd., *Pour servir de préface*, S. 27f.
34 Ebd., S. 286.
35 Vgl. Jean-Paul Goujon: Jean de Tinan, Paris 1991.
36 Vgl. Christophe Beaufils: Le Sâr Péladan. 1858-1918. Biographie critique, Paris 1988.
37 La décadence latine, 1: Le Vice suprême (1886), S. 176f.
38 Ebd., S. IX.
39 S. 332-361.
40 Vgl. z.B. noch Saint-Pol-Roux oder Oscar Milosz, und zu ihm Gabriele Schäfer: O.V. de L. Milosz, Eine Studie zur Identitäts- und Sprachkrise eines modernen Dichters, Essen 1991.
41 Vgl. Yvonne Mitchell: Colette. Eine Biographie, Frankfurt/M. 1979 (= Fischer TB 2135), S. 48f.
42 Vgl. Léon Bloy, dirigé par Michel Arveiller et Pierre Glaudes, Paris 1988 (= Les Cahiers de l'Herne).
43 Vgl. Hans Hinterhäuser: Der französische Roman 1900-1918, in: Jahrhundertende – Jahrhundertwende (II. Teil), S. 35-64, bes. S. 53-57; Raimond, S. 213-223.
44 Zu ihm Raimond, S. 234-237.
45 Vgl. Jean Giraudoux: Œuvres romanesques complètes, vol. 1, S. 1241; 1248-1250.
46 Vgl. ebd., S. 1244.
47 Vgl. ebd., S. 1312f.
48 Vgl. ebd., S. 1249f.
49 André Gide: Œuvres complètes, I, S. 35.
50 Ebd., S. 94-97.
51 Vgl. Diana Brontë: Le symbolisme dans l'œuvre d'André Gide (jusqu'à *L'Immoraliste*), in: Cahiers André Gide 1. Les débuts littéraires d'*André Walter* à *L'Immoraliste*, Paris 1969, S. 225-240, bes. S. 236.
52 André Gide: Œuvres complètes, I, S. 376.
53 Ebd., S. 375.
54 Citti, S. 89.
55 Zu diesem Buch Raimond, S. 343-366.

Literatur

Alain-Fournier: Le grand Meaulnes, Paris 1967 (= Livre de Poche 1000).

Henri Alain Fournier: Der Große Meaulnes. Aus dem Französischen von Cornelia Hasting und Otfried Schulze. Mit einem Essay von Hilde Spiel, Bremen 1990.

Maurice Barrès: Le Jardin de Bérénice. Illustrations d'après les aquarelles de A. Calbet, Paris [1907].

Edouard Dujardin: Les lauriers sont coupés suivi de Le Monologue intérieur, éd. par Carmen Licari, Roma 1977.

Jean Giraudoux: Œuvres romanesques complètes, I, sous la direction de Jacques Body, Paris 1990 (= Bibliothèque de la Pléiade) (enthält *Provinciales* und *L'Ecole des Indifférents*).

André Gide: Œuvres complètes. Edition augmentée de textes inédits établie par L. Martin-Chauffier, I, Paris o.J. (enthält *Les Cahiers d'André Walter* und *Paludes*).

Remy de Gourmont: Sixtine. Roman de la vie cérébrale suivi de Lettres à Sixtine. Préface de Hubert Juin, Paris 1982 (= Collection 10/18 1494).

Jules Huret: Enquête sur l'évolution littéraire. Notes et Préface de Daniel Grojnowski, Vanves 1982.
Joris-Karl Huysmans: Die Misere des Monsieur Folantin. Aus dem Französischen von Christa Schulz. Nachwort von Ulla Momm, Bremen 1988.
Joris-Karl Huysmans: A Rebours, éd. par Marc Fumaroli, Seconde éd. revue et augmentée, Paris 1977 (= Collection Folio 898).
Joris-Karl Huysmans: Là-bas, éd. par Pierre Cogny, Paris 1978 (= Collection Garnier-Flammarion 302).
Joris-Karl Huysmans: Die Kathedrale. Chartres – ein Roman, hrsg. von Susanne und Michael Farin, München 1990.
Jean Lorrain: Princesses d'ivoire et d'ivresse, Choix, préface et bibliographie par Francis Lacassin, Paris 1980.
Joséphin Péladan: La décadence latine. Ethopée, 21 Bde, Reprint Genève 1979.
Jules Renard: Œuvres, Bd. 1, Textes établis, présentés et annotés par Léon Guichard, Paris 1970 (= Bibliothèque de la Pléiade) (enthält *L'Ecornifleur; Poil de Carotte*).
Marcel Schwob: Le livre de Monelle. Spicilège. L'étoile de bois. Il libro della mia memoria, préface de Hubert Juin, Paris 1979 (= Collection 10/18 1391) (enthält *Penses-tu réussir!*).
Paul-Jean Toulet: Œuvres complètes, éd. par Bernard Delvaille, Paris 1986.

Pierre Citti: Contre la décadence. Histoire de l'imagination française dans le roman 1890-1914, Paris 1987.
Angelika Corbineau-Hoffmann/Albert Gier (Hrsg.): Aspekte der Literatur des fin-de-siècle in der Romania, Tübingen 1983.
Jahrhundertende – Jahrhundertwende (I. Teil), hrsg. von Helmut Kreuzer, Wiesbaden 1976 (= Neues Handbuch der Literaturwissenschaft 18).
Jahrhundertende – Jahrhundertwende (II. Teil), hrsg. von Hans Hinterhäuser, Wiesbaden 1976 (= Neues Handbuch der Literaturwissenschaft 19).
Jean Pierrot: L'imaginaire décadent (1880-1900), Paris 1977.
Mario Praz: Liebe, Tod und Teufel. Die schwarze Romantik, 2 Bde, München 1970 (= dtv Wissenschaftliche Reihe 4051/52).
Michel Raimond: La crise du roman. Des lendemains du Naturalisme aux années vingt, Paris 1966.

Marcel Proust

Angelika Corbineau-Hoffmann

il tire l'éternel du
transitoire. (Baudelaire)

Prousts *A la recherche du temps perdu* sei, schreibt Jean-Yves Tadié, „le dernier grand rêve du XIX^ieme^ siècle et le premier roman moderne du XX^ieme^"[1]. Da die Proustforschung im Zeitalter der Moderne entstand, ist es kaum verwunderlich, daß sie die eine Seite dieses janusköpfigen Werkes, die moderne, weitaus stärker betonte als jene andere, traditionelle und passeistische.[2] Doch das – wenngleich nur partielle – Vergessen hat seinen Preis, nicht nur für das Verständnis eines Erinnerungsromans. Dem Bestreben der Forschung, Prousts Modernität als die bestimmende Signatur seines Werkes zu verstehen, sei die Mutmaßung entgegengehalten, daß Proust auf den Spuren der verlorenen Zeit die Relativität der Moderne entdeckt, und zwar gerade dadurch, daß er Züge der Modernität ins Werk setzt – welche, wird zu zeigen sein.

Wie Prousts écriture den Akt des Lesens nicht nur supponiert, sondern vor allem strukturiert,[3] ist auch die Entstehungsgeschichte dieses Romans, der die eigene Genese thematisiert, von besonderer Bedeutung für dessen Verständnis. „Soeben habe ich ein ganzes, langes Buch begonnen und beendet", bekennt der Autor in einem Brief an Mme Strauss.[4] Die eigenartig anmutende Aussage ist pragmatischer, als man zunächst vermuten würde; Proust schrieb tatsächlich zuerst Beginn und Schluß seines Romans und füllte dann gleichsam den Zwischenraum aus, die Extrempunkte dehnend.[5] Ob eine diesem Schreiben entsprechende 'lecture' Aufschlüsse über die Modernität des Romans und über seine 'andere Seite', die traditionsgebundene, zu geben vermag, muß der folgende Versuch zeigen.

Anfang und Ende der *Recherche*, der Beginn mit „longtemps" und das Schlußwort „dans le Temps", weisen den Roman auch jenseits des Titels als eine Reflexion der Zeit aus – als ein Schreiben in der Zeit, das auf der Ebene der Produktion immer mehr zu einem Wettlauf gegen die Zeit wird.[6] Dieses Faktum ist nicht ohne Belang für die Frage nach Prousts Modernität. Obwohl das Etymon 'modernus' mit seinen Bedeutungen 'neu', 'gegenwärtig', 'vorübergehend' nicht unbedingt das literaturhistorische und -theoretische Konzept von Modernität ganz ausfüllen muß,[7] gehört doch die Präsenz des Innovatorischen ebenso zum Begriff der Moderne wie die sich entziehende Zeit. 'Moderne Literatur' gerät damit, der Tendenz nach, zu einer contradictio in adiecto, denn Literatur hat als fixierte (geschriebene und gedruckte) Sprache die Flüchtigkeit des Sprechens schon überwunden. Ihr Problem besteht darin, die Identität des Geschriebenen gegen die Stigmata der Vergänglichkeit zu verteidigen – ein prekäres Unterfangen, denn das Moderne verfällt der Mode und teilt deren Schicksal, von einem Moment zum anderen unmodern zu werden.[8] Als *nur* vergänglich und flüchtig verstanden, begibt sich die moderne Literatur in einen Selbstwiderspruch – wäre sie konsequent, dürfte sie nicht existieren.

Wie bei Proust das Besondere zum Allgemeinen tendiert,[9] bleiben auch jene generellen Überlegungen nicht ohne Bezug zu ihrem speziellen Gegenstand. Proust, der präzise

Kenner Baudelaires,[10] der luzide Kritiker des Symbolismus,[11] weiß sehr wohl um die Risiken der Modernität und des Experiments, kennt aber nicht minder genau deren Reize und Chancen. Der Beginn der *Recherche*, jene lange Eingangssequenz, in der ein nicht näher bezeichnetes 'Ich' aus dem Schlaf erwacht und sich, im Dämmerzustand noch, an verschiedene Zimmer erinnert, die es früher bewohnt hatte, trägt alle Merkmale des Ungewöhnlichen[12] – dessen, was man nicht gewöhnt ist und woran man sich nicht gewöhnt. Die Aussage: „Lange Zeit bin ich früh schlafen gegangen"[13] hat in ihrer lakonischen Kürze und der Eindeutigkeit ihres Inhalts nichts Überraschendes: doch was heißt „früh" („de bonne heure") – früh am Abend oder – am Morgen?[14] Nicht ganz geheuer mutet es an, wie der kaum Eingeschlafene durch den Gedanken erwacht, nun sei es Zeit einzuschlafen. Die Verdrehungen der Seele versetzen bald auch die Erinnerungen in einen Taumel: welches der vielen Zimmer das Ich zu welcher Zeit bewohnte, wo jedes einzelne von ihnen sich befand, ist unerfindlich.[15] Die problematische Identität der Zimmer im Innenraum des Gedächtnisses geht einher mit einer Auflösung der personalen Identität des Ich:

Aber es genügte, daß in meinem Bett mein Schlaf besonders tief war und meinen Geist völlig entspannte; dann ließ dieser den Lageplan des Ortes fahren, an dem ich eingeschlafen war, und wenn ich mitten in der Nacht erwachte, wußte ich nicht, wo ich mich befand, ja im ersten Augenblick nicht einmal, wer ich war: ich hatte nur in primitivster Form das bloße Seinsgefühl, das ein Tier im Innern verspüren mag (...). (12) (I, 5)

Solche Sätze führen die Literatur auf ihren Nullpunkt zurück, der Inhalte als Tribut an die der Sprache inhärente Semantik nur noch zuläßt, um das sprechend-schreibende Ich als Origo des Diskurses zu thematisieren. Was zumal nach dem Symbolismus höchste Kunstfertigkeit suggeriert und die ultima ratio poetischen Sprechens auszumachen scheint, ist bei Proust die prima causa des Romans, die Geburt der Literatur aus den Tiefen der Erinnerung und dem clair-obscur eines noch nicht wachen Bewußtseins. Mit dem Satz: „Meine Erinnerung hatte einen Anstoß erhalten" verdichten sich die Erinnerungsbilder, so als wären die Raum-Zeit-Verschiebungen vorher geradezu statisch gewesen. Es entsteht eine Szene in Combray, „le drame du coucher". Die Welt, eine hier noch enge, bürgerliche, gewinnt Form im Bewußtsein und entsteht erst aus der Orientierungsarbeit der Erinnerung. Prousts Romananfang erinnert an die Schöpfung des Kosmos aus dem Chaos, wenngleich die hier geschaffene Welt zunächst nicht mehr ist als der Erfahrungsraum eines Subjekts.[16]

Das Proustsche Ich bleibt zwar unscharf in seiner Konturierung und gewinnt als Individuum kaum deutliche Präsenz, weist sich aber dadurch um so mehr als origo des Textes aus. „Ein Buch" schrieb Marcel Proust, „ist das Produkt eines anderen Ichs als dessen, das wir in unseren Gewohnheiten, in der Gesellschaft, in unseren Lastern zum Ausdruck bringen."[17] Rimbauds berühmtes Bekenntnis „Je est un autre" klingt nach, obwohl bei Proust das Ich des Werkes gegenüber dem Ich des Lebens das wahre und ursprüngliche ist. Doch als ein wirklich präsentes muß es sich erst noch erweisen. Was der Dämmerzustand von der Vergangenheit verfügbar macht, sind nur Schwundstufen einer verlorenen Totalität. Das Versprechen der Schöpfung wird nicht eingelöst, die Suche nach der verlorenen Zeit hält inne, noch bevor sie recht begann. Von Combray entwirft die Erinnerungsinstanz nur ein traumatisches Tableau und vollzieht die schemenhafte Reduktion eines Lebensraumes auf ein Architekturfragment:[18]

So kam es, daß ich lange Zeit hindurch, wenn ich nachts aufwachte und an Combray dachte, nur einen von tiefer Dunkelheit umlagerten Ausschnitt davon sah, so wie ein bengalisches Feuer oder eine Illumination durch elektrisches Licht helle Partien an einem Gebäude schafft, während die übrigen in der Finsternis verbleiben; an der breiten Basis enthüllt dieser Ausschnitt den kleinen Salon, das Eßzimmer, den Eingang zu der dunklen Allee, auf der Monsieur Swann, der ahnungslose Urheber meiner Kümmernisse, daherzukommen pflegte, das Treppenhaus, in dem ich meine Schritte zur ersten Stufe der Treppe lenkte, die für mich so grausam zu ersteigen war und die ganz für sich allein das Mittelstück dieser unregelmäßigen Pyramide bildete; an der Spitze aber mein Schlafzimmer und der kleine Gang mit der Glastür, durch die Mama erschien; mit einem Worte, es handelte sich nur um die immer zum gleichen Zeitpunkt betrachtete, von allen Dingen der Umgebung losgelöste, für sich allein auf dem dunklen Hintergrund sichtbare, unerläßlich notwendige Dekoration für das Drama meines Schlafengehens; es war, als habe ganz Combray nur aus zwei durch eine schmale Treppe verbundenen Stockwerken bestanden, und als sei es dort immer und ewig sieben Uhr abends gewesen. (62) (I, 43)

Sollte dieses so ruinenhafte wie für die Textökonomie ruinöse Bild aus der noch allzu großen Präsenz des Subjektiven entstehen – aus einem personalen Willen zur Erinnerung, wo doch innere Distanz und Ausschaltung der Intentionalität allein das Emporkommen der Vergangenheit gewährleisten? Die Frage ist rhetorisch und anachronistisch gestellt – in Kenntnis jenes späteren Ereignisses, das als Madeleine-Episode zum locus communis jeder Beschäftigung mit Proust wurde. Die Einsicht, jenes gespenstisch reduzierte Bild von Combray könne nicht die ganze damalige Realität gewesen sein, verläßt den Erfahrungsbereich des Kindes und entsteht erst aus dem Wissen des Erwachsenen. Jene Erinnerung, der Proust den Namen versagt, hieße am zutreffendsten 'mémoire traumatique'. Ruinenhaft erscheint das von Combray in der Erinnerung Verbliebene insofern, als es der Zeit und dem Vergessen widerstand;[19] einen Sinn gewinnt es damit freilich noch nicht. Die Fixierung auf einen Ausschnitt des Ortes und auf einen einzigen Moment kann nicht das ganze Combray ausmachen; aus ihr allein entsteht auch noch kein Erinnerungsroman.

Wäre es bei dieser reduktionistischen Erinnerung und der Fixierung auf ein Trauma geblieben, hätte sich der Roman nur allzu leicht auf die Leiden eines Subjekts beschränkt. Zwar kann aus individuellen Aversionen eine durch ihre Manie und Konsequenz eindringliche Prosa entstehen;[20] Proust aber bescheidet sich nicht mit Raumausschnitten und Zeitpartikeln. Es geht ihm nicht um eine narrative Abfolge von mehr oder minder traumatischen Augenblicken, sondern, wie Anfang und Schluß des Romans belegen, um die Ausdehnung der Zeit und die Fülle des Raumes. Was die *Recherche* zu Beginn entwirft, bleibt freilich dem Detail, das unabänderlich vom Ganzen abgeschnitten zu sein scheint, verhaftet. Das subjektiv Erinnerte und Nachgelebte reduziert die vergangene Wirklichkeit auf einen Ausschnitt, das vom Wissen des Erwachsenen zusätzlich Eingebrachte bleibt dem Erleben fern, ist nur 'mémoire volontaire'.

Combrays traumatisches Tableau läßt sich, die Enttäuschung des Erzählers ins Kunsttheoretische wendend, als Reflexion auf die Mimesis-Problematik lesen. Der Text reproduziert nur, was in der Erinnerung vorhanden ist, dringt aber (noch) nicht zu den Gesetzmäßigkeiten des Sich-Erinnerns vor.[21] Wichtiger als das, was ist, scheint das zu sein, was entstehen kann und, soll der Roman zu seiner intendierten Fülle vorstoßen, was entstehen muß. Es gilt, Combray zu vervollständigen, damit auch der Text der *Recherche* insgesamt die Traumata eines Subjekts überwindet. Ein anderes Ich muß gefunden werden, das sich nicht nur durch seine psychischen Befindlichkeiten, sondern auch durch die ihm inhärente Kreativität definiert,[22] so daß die Mimesis des Faktischen einem die Welt erst generierenden Prozeß weicht.

Wie aber wird aus dem nur leidenden Ich ein schöpferisches, aus den traumatischen Schemata einer vergangenen Welt der Kosmos einer wiedergefundenen? Durch eine Form des Mystizismus, der auf dem Glauben beruht, die Seelen der Verstorbenen seien in irgendeinen Gegenstand, so alltäglich er sei, eingegangen und müßten dort so lange verharren, bis der Zufall uns zu diesem Objekt führt und wir die Eingeschlossenen befreien. So geschieht es lange nachdem alles von Combray, was nicht „le théâtre ou le drame de mon coucher" ausmachte, abgestorben war. Die berühmte 'Madeleine'-Episode mit ihrer assoziativen Analogie zwischen der früheren und der gegenwärtigen Zeit, aus der schließlich Combray wiederersteht, bezeichnet, gewichtig und spektakulär, die Geburt eines neuen Subjekts:

> Ein unerhörtes Glücksgefühl, das ganz für sich allein bestand und dessen Grund mir unbekannt blieb, hatte mich durchströmt. Mit einem Schlage waren mir die Wechselfälle des Lebens gleichgültig, seine Katastrophen zu harmlosen Mißgeschicken, seine Kürze zu einem bloßen Trug unserer Sinne geworden; es vollzog sich damit in mir, was sonst die Liebe vermag, gleichzeitig aber fühlte ich mich von einer köstlichen Substanz erfüllt: oder diese Substanz war vielmehr nicht in mir, sondern ich war sie selbst. Ich hatte aufgehört, mich mittelmäßig, zufallsbedingt, sterblich zu fühlen. (63f.) (I, 45)

Dieses andere Ich, das in Distanz zum gemeinen Leben tritt, schließlich die Zufälligkeit und, was schwerer wiegt, die Sterblichkeit der menschlichen Existenz überwindet, wäre als nur erlebendes Subjekt mißdeutet. Wie ganz Combray aus einer Tasse Tee, entsteht mit oder aus diesem neuen Ich der Roman als recherche – zugegeben eine kühne Deutung, die nur dann dem berechtigten Zweifel widersteht, wenn dieser Anfang des Romans mit dem Ende 'kurzgeschlossen' wird.[23] Was als nur flüchtige Glückserfahrung erscheinen könnte, nicht minder momenthaft als jenes Combray um sieben Uhr, erweist sich im Horizont eines anderen, nicht minder dramatischen 'Theaters' als nicht nur konstant, sondern auch als kunstträchtig. Soll die Aufhebung der Sterblichkeit dem zerstörerischen Zeitverlauf widerstehen, genügt es nicht, sie als Empfindung eines Subjekts darzustellen; sie muß eine höhere Form der Dauer gewinnen und in ein anderes 'Gefäß' eingehen. Doch dazu ist das Glücksgefühl eines Subjekts nicht hinreichend, mag es auch ein Ich auf dem Wege zum Kunstwerk betreffen. In der Madeleine-Episode verharrt der Text noch immer im Subjektiven – in der unhinterfragbaren Evidenz der Individualität; viel später, gegen Ende des Romans, wird die Erfahrung der Vergänglichkeit allgemein, und die zerstörerische Macht der Zeit, ins Generelle gewendet, führt zu der Entdeckung, daß die 'vanitas mundi' überwindbar ist.

Wie das auf einen Ort und einen Zeitpunkt reduzierte Combray in Prousts Metaphorik das Bühnenbild für ein Drama abgibt, steht auch der letzte große Auftritt 'Marcels' auf der Matinée Guermantes im Zeichen der Uneigentlichkeit.[24] Das „décor strictement nécessaire au drame de mon deshabillage" dokumentiert zwar eindringlich die Partialität des Vergangenen, verleiht den Resten aber noch keine Bedeutung – abgesehen von jener subjektiv-traumatischen, die oben schon evoziert wurde. Sollte das Problem der *Recherche* – über die Suche nach der verlorenen Zeit und über die Frage nach den Modalitäten des Sich-Erinnerns hinaus – auch eine noch erst zu findende Hermeneutik des Erinnerten sein? Die wiedergefundene Zeit erlangte unter diesem Aspekt nicht schon durch ihre neugewonnene Präsenz Bedeutung, sondern erst dann, wenn sie Sinn stiftete. Gerade dieses Problemfeld erwies sich, sowohl für Proust selbst als auch für die mit der *Recherche* befaßte Forschung, als schwer begehbar.[25] Bedeutet nicht Zeit, zumal wenn sie, wie in der *Recherche*, kreatürlich-naturhaft verstanden wird, Werden und Vergehen? Die wiedergefundene Zeit, zunächst emphatisch als Entdeckung gefeiert, würde zur erneuten und immer wieder erneuerbaren Einsicht in die Vergänglichkeit des Lebendigen und in den Verfall des Geschichtlichen. Am Ende des Romans, in „Le temps retrouvé", entwirft

Proust oder genauer: sein Ich-Erzähler das düstere Tableau nicht nur einer Ruine, sondern eines ganzen Ruinenfeldes. Als der Erzähler nach langen Jahren die Mitglieder der vorher nicht ohne Distanz und Ironie geschilderten 'guten Gesellschaft' wiedertrifft, bietet sich ihm ein Bild wie aus dem Totenhause:

Manche von den Männern hinkten; man merkte dabei sehr wohl, daß sie es nicht infolge eines Unfalls mit dem Wagen, sondern nach einem ersten Schlaganfall taten und weil sie bereits, wie man sagt, mit einem Fuß im Grabe standen. Während das ihre ebenfalls schon halb geöffnet vor ihnen lag, schienen gewisse halbgelähmte Frauen nicht mehr völlig ihr bereits am Grabstein hängengebliebenes Kleid losmachen zu können; sie vermochten sich nicht mehr gerade aufzurichten. Geneigt und mit gesenktem Kopf folgten sie jener Kurve, die sie eben jetzt zwischen Leben und Tod vor dem letzten Sturz beschrieben. (4042f.) (III, 938)

Es will scheinen, als sei dieses Bild weniger aus der Wahrnehmung (oder der Vorstellung) entstanden als aus der Sprache; die Metapher 'avoir un pied dans la tombe' wird hier 'au pied de la lettre' genommen, so daß der gebeugte oder hinkende Gang aus der Nähe des Grabes entsteht. Wahre 'danse macabre', wird die Matinée Guermantes zum Schauspiel mit vielen Akteuren unter der Regie des Todes.[26] Von der Metaphorik des Theaters durchzogen, könnte die breit angelegte Szene Uneigentlichkeit konnotieren: der Verfall findet nicht wirklich, sondern nur auf der imaginären Bühne statt. Das freilich müßte die Bilder nicht entkräften; vielmehr wird ihre Relevanz aus der Unabänderlichkeit des Zeit- und Lebensverlaufes auf die Ebene der Interpretation transponiert und der Reflexion anheimgegeben. Die entscheidende Handlung findet nicht in jenem imaginären Theater, sondern im Kopf des Betrachters statt.[27] Prousts Ich-Erzähler, nicht zufrieden damit, normale Alterungsprozesse als Totentanz inszeniert zu haben, schafft parallel ein 'mental theater', in dem der Hiatus zwischen Erinnerungsbild und aktueller Wahrnehmung ein dramatisches Geschehen in Gang setzt. Dabei muß, zur Identifizierung der vom Alter bis zur Unkenntlichkeit entstellten Personen, die Kluft zwischen Vergangenheit und Gegenwart überbrückt werden. Nur in einem mühsamen, über viele Stufen sich vollziehenden Prozeß gelingt es 'Marcel', die ihm von früher bekannten Personen wiederzuerkennen:

Der Prinz zeigte immer noch beim Empfang der Gäste die wohlwollende Miene eines Königs aus einem Märchenspiel, die ich das erste Mal bei ihm festgestellt hatte, diesmal aber hatte er sich offenbar selbst der Etikette verschrieben, die er seinen Gästen auferlegte, und sich selbst einen weißen Bart umgehängt, sowie seine Füße mit einer Art von bleiernen Sohlen beschwert (...). Tatsächlich erkannte ich ihn nur mit Hilfe einer Überlegung wieder und indem ich aus der schlichten Ähnlichkeit gewisser Züge auf eine Identität der Person meine Schlüsse zog. (4019f.) (III, 920f.)

Doch diese Erinnerungs- und Identifikationsarbeit ist nicht einmal die schwierigste Aufgabe, die sich Prousts Hauptperson und Ich-Erzähler stellt; er kann sich schließlich der Erkenntnis nicht entziehen, daß auch bei ihm die Zeit ihre Spuren hinterließ:

Da bemerkte ich, der ich seit meiner Kindheit immer nur von einem Tag zum anderen lebte und mir im übrigen von mir selbst und den anderen ein definitives Bild gemacht hatte, an den Metamorphosen, die sich an allen diesen Leuten vollzogen hatten, zum ersten Mal die Zeit, die für sie vergangen war; das aber trug mir die bestürzende Erfahrung ein, daß sie ebenso für mich vergangen war. (4028) (III, 927f.)

Als er dann noch von Mme de Guermantes als „mon plus vieil ami", von einem Gast als „vieux Parisien" bezeichnet wird, bestätigt sich die innere Gewißheit von außen – vermeintlich; denn 'Marcel' versteht „vieux" als alt an Jahren und verkennt damit das wahrscheinlich gemeinte 'langjährig'. Nun scheint jener Totentanz, der den Zuschauer 'Marcel' gegen dessen Willen zum Mitspieler macht, eher ein traditioneller als ein moderner Zug der *Recherche* zu sein - handelt es sich bei der 'danse macabre' doch um eine Gattung des Spätmittelalters, die schwerlich gerade die Modernität der *Recherche* begründen könnte. Dieser Gedanke geht freilich am Problem vorbei und verschiebt wiederum, was sich im Text selbst einer Verschiebung verdankte. 'Totentanz' ist bei Proust eine Metapher, die danse macabre nichts anderes als Sprache. Zur Deutung des bis zur Groteske Befremdlichen rekurriert der Ich-Erzähler auf eine Sprachfigur, deren Funktionsprinzip die Verbindung des Verschiedenen, der Zusammenschluß von Text und Kontext ist[28]: Das Uneigentliche zeigt sich erst in seiner Differenz zum Eigentlichen. Die Frage, was nun das Eigentliche, was das Uneigentliche sei, führt, entgegen dem Anschein des Naiven, zur Modernität des Proustschen Totentanzes; dabei tauscht die momentane Wahrnehmung, das unerwartete Alter, mit der vom Betrachter vollzogenen Deutung, dem Tod, gleichsam die Rollen. Nicht die Metapher vom Totentanz dient dem Verstehen des Alters, sondern umgekehrt führt das Alter zur Einsicht in den Tod. So wird die metaphorisch-uneigentliche Sinnsetzung zur eigentlichen Botschaft jener am Ende des Romans dargestellten, scheinbar nur gesellschaftlichen Matinée Guermantes.

Zeigte der Roman am Anfang die Entstehung von Bildern in der Diffusität eines erwachenden Bewußtseins, so stellt er am Ende den Moment unmittelbar vor dem Vergehen dar - der einzige noch gangbare Weg führt ins offene Grab. Mögen Vergänglichkeit und mehr noch: Flüchtigkeit zur Signatur der Moderne gehören, zieht Proust aus der Negativität der Ereignisebene eine kunsttheoretische Konsequenz.[29] Seine Modernität gewinnt ihre typische Gestalt eben dort, wo angesichts der Prozeßhaftigkeit von Werden und Vergehen eine Reflexion auf die Kunst, genauer: auf das zu schaffende Kunstwerk entsteht. Die *Recherche* ist nicht allein die Sprachform ihrer Inhalte, sondern geht aus den Erfahrungen eines Lebens überhaupt erst hervor - so zumindest innerhalb der Romanfiktion.

Nimmt aber der Leser, dem Erzähler folgend, den Standpunkt außerhalb des Textes ein und betrachtet den Roman als einen noch zu schreibenden, wird dieser zur Bedingung dafür, daß aus diffusen und vom Vergessen bedrohten Erfahrungen Erinnerungen entstehen können. Prousts Problematisierung der Erinnerung zu Beginn des Romans will die vermeintliche Selbstverständlichkeit des Vergangenen im Gedächtnis umwandeln in die Einsicht, daß Sich-Erinnern ein kreativer Akt ist, dem das Geschaffene zu entsprechen hätte. Die *Recherche* schreibt zugleich die Geschichte ihrer Entstehung und erfüllt damit ein zentrales Postulat der Moderne - die Autoreferentialität der Kunst.

Indem das Kunstwerk die Kontingenz des Thematischen überschreitet und damit gleichsam poetisch veredelt, gelangt es jedoch in anderer Weise an eine Grenze. Obwohl die Autoreferentialität die Kunst zu größter Autonomie führt, indem das Werk sich selbst zum Thema hat, liegt in dieser bestechenden Konsequenz auch eine Gefahr. Die Kunst bleibt in sich selbst verhaftet und kommt über eine 'Selbstdarstellung' nicht hinaus. Wenn dies die faszinierende konzeptuelle Errungenschaft der Moderne, zugleich aber ihr non plus ultra ist, kann Prousts *Recherche* nur bedingt als modern gelten. Als sich am Ende des Romans der Protagonist entschließt, zum Erzähler zu werden, will er mehr erreichen als die Selbstthematisierung der Kunst. Vom dem Alterungsprozeß seiner Zeitgenossen schockartig aufgeschreckt, nimmt 'Marcel' auch das eigene Alter wahr. Sogleich aber interpretiert er es im Horizont des zu schreibenden Werkes. Das Alter steht für ihn in Relation zur Jugend, und durch diesen gedanklichen Zusammenschluß gewinnt 'Marcel', auf der Schwelle zum Werk, Einblick in die Größe und Ausdehnung der Zeit:

Das Datum, zu dem ich das Geräusch des Glöckchens an der Gartentür in Combray gehört hatte, jenen Klang, der jetzt so fern und dennoch in mich eingebettet war, bildete einen Markstein in der unendlichen Weite, von deren Vorhandensein in mir ich im Grunde nichts geahnt. Es schwindelte mir, wenn ich unter mir und trotz allem in mir, als sei ich viele Meilen hoch, so viele Jahre erblickte. (4194) (III, 1047)

Gegenüber dem geringen Platz, den die Menschen im Raum einnehmen, ist ihre Größe in der Zeit „unermeßlich ausgedehnt – da sie ja gleichzeitig wie Riesen, die, in die Tiefe der Jahre getaucht, ganz weit auseinanderliegende Epochen streifen, zwischen die unendlich viele Tage geschoben sind" (4195). Wenn am Ende die Zeit als das eigentliche Thema des Romans erscheint, rückt die Selbstthematisierung der Kunst in den Hintergrund. Gemäß der Erfahrung, daß die wahren Paradiese die verlorenen seien, enthüllt sich die Größe der Zeit erst in dem Augenblick, als 'Marcel' bewußt wird, wie wenig Zeit ihm noch bleibt.

In einem kaum übersetzbaren, syntaktisch unregelmäßigen Satz treten das Werk, die Zeit (als Konzept mit Majuskel) und die Lebenszeit in eine schöpferische, das Schreiben motivierende Korrespondenz: „Oui, à cette œuvre, cette idée du Temps que je venais de former disait qu'il etait temps de me mettre." Der Satz sucht eine möglichst große Nähe zwischen œuvre und Temps herzustellen, während die unmittelbar voraufgehende Einsicht („je venais de former") ihren Platz in der Mitte erhält, der Schreibakt (se mettre à l'œuvre) seine Dringlichkeit und seine Dynamik durch die Finalstellung des Verbums erlangt. Es geht nicht mehr um die zwar kontinuierliche, aber in der Vergangenheit diffus gebliebene Intention, einen Roman zu schreiben – es geht darum, ihn *jetzt* zu schreiben. „Aber war es noch Zeit für mich?" Die Darstellung der Zeitidee, deren Ausdehnung der ausgreifende und in seiner Entstehungsgeschichte sich immer weiter amplifizierende Roman zu seinem Schema macht, gerät zu einem Wettlauf mit dem Tod. Was wie ein Opfer erscheinen könnte – jenes lange Schreiben in der Kürze der Zeit – ist in Wahrheit Rettung dessen, was ohne die Kunst dem Vergessen anheimfiele. Die im Verlauf des Lebens gewonnenen Einsichten, die sich sub specie aeternitatis auf der Matinée Guermantes kristallisierten oder – mit Proust – 'zuspitzten', sollen nicht mit ihrem Urheber hinfällig werden und nicht den Weg alles Lebenden gehen müssen: „Der Körper schließt den Geist in eine Festung ein; bald aber wird diese von allen Seiten belagert sein und zuletzt muß der Geist sich ergeben." (4178)

Wenn der Körper den Schutz der Ideen nicht mehr gewährleisten kann, gilt es, sie auf andere und beständigere Weise in Sicherheit zu bringen: im Buch.[30] Das Kunstwerk als schützende Hülle des Fragilen, das Buch als Ort der Bewahrung dessen, was dem Sog der Vergänglichkeit ausgesetzt ist – eine solche Konzeption zieht die Konsequenz aus der modernen Einsicht in die Flüchtigkeit der Welt. Ein schnell verrinnendes Leben und ein wenig verläßliches Gedächtnis bilden eine Bedrohung für das Individuum, das sich nur im Buch noch retten kann: in einem Buch, das die Summe eines Lebens bildet und die Dimensionen einer Enzyklopädie der Subjektivität annimmt. Doch am Ende der *Recherche* nach der gespenstischen Matinée Guermantes und den – auf der Ebene des 'recit' – noch theoretischen Reflexionen auf das Romankonzept scheint der Text den Bedrohungen des Zerfalls und der Fragmentarität weiterhin ausgesetzt. Zwischen dem ruinenhaften Combray und den menschlichen Ruinen der Matinée besteht nach wie vor eine fatale Verwandtschaft. Nur wenn der Leser, sich an den schon gelesenen Text erinnernd, auf den geschriebenen Roman zurückblendet und diesen für den noch zu schreibenden hält, löst sich das Bild der Defizienz in der Fülle auf. Der Leser ist nicht das alter ego der Ich-Instanz, die sich erst anschickt, ihren Roman zu schreiben, sondern das Double des Erzählers, der den Roman schon geschrieben hat.

Die Verhältnisse sind verwirrend und ähneln jenen poetischen Verfahrensweisen, mit deren Hilfe Proust das Panorama eines Lebens und eines Zeitalters als Werk der Erinnerung und als Produkt der Innenschau ausweist. Die „mise en abyme"[31] kennzeichnet auch *A la recherche du temps perdu*. Weder das momenthafte subjektive Glücksgefühl der Madeleine-Episode noch der Entschluß, den Erfahrungsraum eines Lebens im Buch zu objektivieren, gibt der Erinnerung Fülle und dem Werk Substanz. Wenn 'Marcel' die Spärlichkeit des erinnerten Combray konstatiert und um die Masse des Vergessenen weiß, entsteht zwar, wiederum 'modern', die Sehnsucht nach dem Verlorenen,[32] dieses selbst aber bleibt verborgen. Die mit allen Merkmalen des Außergewöhnlichen versehene 'mémoire involontaire' steht nicht nur, trotz aller Wiederholungen, singulär im Leben; sie ist auch, jenseits psychologischer Evidenz, ein Präzedenzfall für die Poetik des Romans:

> Sobald ich den Geschmack der Madeleine wiedererkannt hatte (...) trat das graue Haus mit seiner Straßenfront (...) wie ein Stück Theaterdekoration zu dem kleinen Pavillon an der Gartenseite hinzu (...); und mit dem Hause die Stadt, der Platz, auf den man mich vor dem Mittagessen schickte, die Straßen, die ich von morgens bis abends und bei jeder Witterung durchmaß, die Wege, die wir gingen, wenn schönes Wetter war. (67) (I, 47)

An ein gegebenes Bild lagern sich, entsprechend jener Poetik der Metonymie, die Genette bei Proust entdeckte und beschrieb,[33] alle anderen zur Szenerie gehörenden Bilder an. Die „mémoire involontaire" wird, der Proustschen Theatermetaphorik eingedenk, gleichsam zur Kulissenschieberin – wie um zu zeigen, daß der Raum der Innerlichkeit in der *Recherche* die Domäne des Uneigentlichen ist: Ursprungsort des Kunstwerks und nicht unmittelbare Gegebenheit der Psychologie. Doch solche Erfahrungen ragen singulär aus dem Kontinuum eines Lebens, selbst wenn es als erinnertes zum Kunstwerk wurde, heraus; eine bloße Addition von Erlebnissen der „mémoire involontaire" wäre so unrealistisch wie der diskontinuierliche Gang Golos auf den Scheiben der laterna magica – weder psychologisch einsichtig noch als einziges Konstruktionsprinzip eines so umfangreichen Romans wie der *Recherche* tauglich. Die Notwendigkeit, den gelebten Kern der „mémoire involontaire" zu bewahren, ohne ihn immer wieder als Erlebnis zu reproduzieren, führt zu einer zweifachen Konsequenz.

In dem Bestreben, das metonymische Prinzip der „mémoire involontaire" dem Roman einzuschreiben, erinnert sich der Erzähler immer wieder daran, daß sich die Entfaltung komplexer und der gelebten Realität entsprechender Bilder im Text als Beschreibung niederschlug.[34] Das aus der Tasse Tee entstandene Combray, „tout Combray", findet Eingang in den Roman im Diskursmodus der Deskription. Von dieser ursprünglichen Beschreibung als origo des Romans leiten sich im weiteren Verlauf der Narration die Beschreibungen der *Recherche* ab. Die bekannte und den Leser nicht selten irritierende Komplexität der Proustschen Sprache, die scheinbar entlegene Metaphern bemüht, um Einfaches zu beschreiben, durchsetzt in Wahrheit das erinnerte Objekt mit den Spuren der Erinnerung selbst. In der „mémoire involontaire" entdeckte der Erzähler das Prinzip des Sich-Erinnerns – nicht nur als psychologische Gesetzmäßigkeit, sondern vor allem als Mittel der Poetik. Indem die Beschreibungen an die „mémoire involontaire" und deren raumgreifende Erweiterung des Objekts und des Moments erinnern, vollzieht sich jene 'mise en abyme', in der das Werk sein eigenes Verfahrensprinzip zur Darstellung bringt.

Die zweite Konsequenz betrifft den Ort der Individualität in der *Recherche*. Suggeriert die Form des Ich-Romans, zumal im Fin-de-siècle, ein Ausloten der Subjektivität, erinnert die Darstellung eines Lebens in der Ich-Form an die Gattung der Autobiographie,[35] hält dennoch die *Recherche* bei der Darstellung des Individuellen, die sie freilich zu höchster

Prägnanz steigert, nicht inne. Ihre Intention ist die Freilegung von Gesetzmäßigkeiten in den scheinbar unhinterfragbaren Reaktionen des Individuums. Die große moralistische Tradition der französischen Literatur findet hier erneut Eingang in den Roman[36] – mehr noch: sie bildet eines seiner Fundamente. Chronologisch betrachtet ist „Un amour de Swann" eine Rückblende, da sich das Geschehen vor der Geburt des Protagonisten abspielt. In seiner paradigmatischen Bedeutung aber geht es in die *Recherche* ein und präfiguriert jene Liebe 'Marcels' zu Albertine, die auch nicht eine, sondern *die* Liebe ist und die deshalb, nicht anders als die Liebe Swanns zu Odette, von vernichtender Eifersucht begleitet wird. Die Strategien des Recherchierens und der Überwachung stehen, trotz ihres Scheiterns, im Zeichen der Zerstörung: Sie sind Vivisektionen einer Beziehung. Was sowohl Swann als auch später 'Marcel' an Informations- und Kontrollmitteln ersinnen, gleicht einem autonomen System von Bespitzelung, das sich in eigenständiger Mechanik von der intendierten Transparenz absetzt und das wahre Wesen der Geliebten nur immer opaker werden läßt – paradoxer Umschlag der 'Aufklärung' in Obskurantismus.

Das Raumgreifende der „mémoire involontaire" erfährt im Zusammenspiel von Liebe und Eifersucht eine Umkehrung ins Negative. Schuf das aus der Tasse Tee wiedererstandene Combray jene Fülle neu, von der 'Marcel' zwar wußte, die er aber nicht zu reaktualisieren vermochte, entsteht aus den Erkundungen des Gefühls und aus den weit ausgreifenden Erkundigungen über die Geliebte weder Ruhe noch Sicherheit – alles wird im Gegenteil immer beängstigender und ungewisser. Fand die *Recherche* in ihren Beschreibungen zu einem anderen Diskurs, der poetischen Prosa im größeren Rahmen der Narration, aktiviert die Darstellung traumatischer Liebe und erotisierender Eifersucht die Erinnerung an eine andere Gattung, die, nach dem Gesagten kaum überraschend, auf dem Wege der Metonymie Eingang in die *Recherche* findet – die Tragödie.[37] Je verzweifelter der jeweils Betroffene – Swann oder 'Marcel' – sich seiner Eifersucht zu entziehen versucht, um so enger verstrickt er sich hinein, und aus diesem 'point of no return' entsteht, was Proust Liebe nennt.

Das mystisch untermauerte Prinzip der „mémoire involontaire" führt kraft seiner Verbindlichkeit auf der einen Seite zur Poetik der Metonymie, auf der anderen Seite zur Darstellung psychischer Gesetzmäßigkeiten. Aus diesen beiden 'Seiten' leitet sich ein jeweils anderer Aspekt der Proustschen Modernität ab: die als 'mise en abyme' bezeichnete Autoreferentialität, die Tendenz zu moralistischer Reflexion. Als Versuch mit der Form des Romans ist die *Recherche* ein roman-essai,[38] durch die Manie ihres Autors, allgemeinen Gesetzen auf die Spur zu kommen, ist sie zugleich eine offene Form, die auch allgemeine Betrachtungen nach Art des Essays zuläßt. Wie Prousts Roman schließlich die beiden scheinbar konträren Seiten von Combray, le Côté de chez Swann und le côté de Guermantes, in einem einzigen großen Weg zusammenfaßt, auf dem man von der Seite Swanns bis nach Guermantes gehen kann, bilden auch die beiden Aspekte der Autoreferentialität und der Auffindung allgemeiner Gesetzmäßigkeiten am Ende keine Gegensätze mehr.

Als der Protagonist, schon an der Schwelle zum Schreiben, noch warten muß, bevor er zur Matinée Guermantes Zutritt erhält, schickt er dem noch zu schreibenden Roman eine detailliert entfaltete Kunsttheorie voraus. Wollte 'Marcel' von Beginn an einen philosophischen Roman schreiben, so realisiert sich dieser Wunsch erst dann, als er, in der scheinbaren Kontingenz des eigenen Lebens, die Allgemeinheit von Gesetzmäßigkeiten und Verhaltensweisen aufgespürt hat. Nicht am Anfang, als Anweisung zur rechten Lektüre, enthält der Roman seine Theorie, sondern erst am Ende, als aus den Erfahrungen eines Lebens der Kern des Kommunizierbaren hervorgegangen ist. Über einem Ich-Roman, der im nur Subjektiven verbleibt, steht, als potentielle Bedrohung, der Satz: individuum est ineffabile. Hat dieses in seinen Erfahrungen das Überpersönliche entdeckt, wird es kommunizierbar. Die Überlegungen zur Theorie des Romans, in denen sich Protagonist und Erzähler schon zu überschneiden beginnen, bringen auch die Vorgänge des Lesens und des Schreibens in eine schillernde Korrespondenz. Daß der Leser dieses – je nach Perspektive – noch zu schreibenden oder auch schon (fast) geschriebenen Romans sich selbst lese, mag aus der generalisierenden, 'philosophischen' Tendenz der *Recherche* folgen; doch bleibt zu bedenken, ob sich nicht, als letzte, so konsequente wie im Schillerschen Sinne des Wortes 'spielerische' mise en abyme, der Autor Marcel Proust, dessen unendliche Korrekturen, 'relectures' seines Textes, zur Legende wurden, als sein eigener Leser ein Denkmal setzte.

Die *Recherche* enthält viele der zahlreichen Facetten der Moderne: das Bewußtsein der Geschichtlichkeit und des Zeitenwandels, die dem Roman eingeschriebene Poetik, die Selbstreflexion der Kunst bis hin zur Autoreferentialität, die Ich-Instanz als Ursprung des Diskurses. Sie enthält aber auch, als höchste Stufe der Modernität, da diese, auf die Spitze getrieben, umbricht, die relativierend-kritische Reflexion der modernen Kunst. Zeitflucht und Innovation, Individualismus und Relativität bilden den Anstoß, aus dem Flüchtigen das Dauerhafte zu eruieren. In Prousts Glauben an die bewahrende Kraft der Kunst klingt ein Relikt der Tradition oder besser: eine historische Erinnerung mit, die zurück ins 19. Jahrhundert führt. Der Totalitätsanspruch der *Comédie Humaine* Balzacs, Zolas dokumentarische Genauigkeit in dem Familienbild der *Rougon-Macquart*, Chateaubriands Summierung eines Lebens und einer Epoche in den *Mémoires d'outre-tombe* markieren die vielfältigen Filiationen zwischen den großen Erzählwerken des 19. Jahrhunderts und Prousts *Recherche*. Wenn sich in der Vorstellung einer Transzendenz der Kunst die Tradition idealistischer Kunstphilosophie fortsetzt, artikuliert Proust zugleich Zweifel an der radikalen Modernität, die gerade im nach-modernen Zeitalter (um nicht das Schlagwort von der Postmoderne zu bemühen) an Aktualität gewinnen. Baudelaire, dessen Rang als Theoretiker der Moderne nicht erneut unterstrichen werden muß, formulierte die Einsicht, modern sei das jeweils Aktuelle.[39] Wäre Proust in einem weiteren Sinne 'modern' durch seine Bedenken gegenüber der Moderne?

Anmerkungen

1 A la recherche du temps perdu: vol. I, Paris 1987, Introduction générale, S. X.

2 Cf. Anne Henry: Aspects de la modernité proustienne, in: Avant-garde et modernité (= Littérature moderne, 1), Paris/Genève 1988, S. 87-103; Karl Hölz: Die Recherche im Spiegel einer Ästhetik der Modernität, in: Marcel Proust: Motiv und Verfahren, hrsg. von Edgar Mass, Frankfurt/M. 1986, S. 116-132. Zu einer zwischen Tradition und Modernität abwägenden Deutung gelangt Michel Raimond: Proust romancier, Paris 1984, conclusion. Das Werk von Ramon Fernandez: Proust ou la généalogie du roman moderne (Paris 1979) hat trotz seines griffigen Titels mit der Modernität Prousts allenfalls implizit zu tun.

3 Die für Proust typische Verbindung von Lesen und Schreiben kennzeichnet Volker Roloff wie folgt: „Entscheidend ist für Proust (...) der Versuch, die ästhetische Erfahrung der Lektüre vor allem in ihrer Funktion für die Komposition des eigenen literarischen Werkes darzustellen." Werk und Lektüre. Zur Literarästhetik von Marcel Proust, Frankfurt/M. 1984, S. 224.

4 Correspondance de Marcel Proust: éd. P. Kolb, vol. IX (1909) S. 163 (16. Aug. 1909).

5 Diese merkwürdige Schreibweise könnte aus einer Erfahrung entstanden sein, die Prousts literarische Aktivität schon in ihren Anfängen prägte. Jean Santeuil verliert sich in der Fülle seiner Entwürfe und findet buchstäblich kein Ende. Was lag näher, als das Ende schon mit dem Anfang zu fixieren?

6 „Maintenant, je peux mourir", berichtet Céleste Albaret: Monsieur Proust, Paris 1973, S. 403.

7 Zur Begriffsgeschichte von 'modern' vgl. den instruktiven Artikel von H.-U. Gumbrecht: Modern. Modernität. Moderne, in: Geschichtliche Grundbegriffe. Historisches Lexikon zur politisch-sozialen Sprache und Deutschland, hrsg. von O. Brunner, W. Conze u.a., Stuttgart 1972ff.

8 Baudelaire etwas ungenau paraphrasierend, spricht Jauß davon, daß die Moderne „im unaufhörlichen Umschlag vom Aktuellen zum Klassischen sich selbst zur antiquité wird." Hans Robert Jauß: Literarische Tradition und gegenwärtiges Bewußtsein der Modernität, in: Aspekte der Modernität, hrsg. von Hans Steffen, Göttingen 1965, S. 150-197, hier S. 183.

9 Die Recherche bestehe, so Adorno, aus ineinandergewachsenen Einzeldarstellungen; vgl. Kleine Proust-Kommentare, in: Noten zur Literatur II, Frankfurt/M. (2)1973, S. 95-109, hier S. 95.

10 Die unter dem Titel „Contre-Sainte-Beuve" bekannt gewordenen Vorstudien zur Recherche enthalten einen Baudelaire-Essay; cf. Contre Sainte-Beuve, précédé de Pastiches et Mélanges et suivi de Essais et articles, éd. Pierre Clarac und Yves Sandre, Paris 1971, S. 243-262.

11 Unter dem Titel „Contre l'obscurité" veröffentlichte Proust 1896 in der Revue Blanche einen Artikel gegen die 'Dunkelheit' in der Poesie; vgl. Contre-Sainte-Beuve, op. cit. S. 390-395.

12 Berühmt wurde die Äußerung, die der Direktor des Ollendorf-Verlages, Humblot, nach der Lektüre des Romananfangs tat: „Ich bin vielleicht strohdumm, aber ich kann nicht verstehen, wie ein Herr dreißig Seiten darauf verwenden kann, um zu beschreiben, wie er sich in seinem Bett dreht und wendet, bevor er einschlafen kann." Der Bericht stammt von L. de Robert (Comment débuta Marcel Proust, Paris 1925) und wurde zitiert nach: Jean-Yves Tadié: Proust, Frankfurt/M. 1987, S. 376.

13 Im folgenden wird Prousts Recherche, falls es nicht auf sprachliche Feinheiten ankommt, nach der Übersetzung von Eva Rechel-Mertens zitiert: Auf der Suche nach der verlorenen Zeit: 3 Bde., Frankfurt/M. 1967 – unter Angabe der Seite, denn der Text ist durchnumeriert. Diese Übersetzung verändert oftmals ohne Not das Original und enthält nicht wenige Mißverständnisse. Um den Leser durch die Übersetzung nicht irrezuführen, gebe ich hinter der Übersetzung immer auch die Originalstelle an – mit der römischen Ziffer für den Band, der arabischen für die Seite, zitiert nach: A la recherche du temps perdu, éd. P. Clarac und Y. Sandre, Paris 1954, 3 vols.

14 Dieser Gedanke basiert auf einem Zusammenschluß von Autor und Protagonist, den Proust selbst zwar in Frage stellt, den er aber durch viele auch biographisch begründete Details im Roman selbst provoziert (vgl. Rechel-Mertens 4188, Orig. III, 1043). Kennt der Leser Prousts Lebensrhythmus zur Zeit der Entstehung der Recherche (Proust schlief tagsüber und arbeitete nachts), erhält die Aussage „zu früher Stunde" den möglichen Nebensinn 'am frühen Morgen'.

15 Dies gilt nur für die erste Lektüre; damit aber wird die Notwendigkeit einer zweiten Lektüre signalisiert.

16 Cf. A. Henry: art. cit., bes. S. 91.

17 Contre Sainte-Beuve, op. cit. S. 221f.

18 Zur Bedeutung der Architektur für das Proustsche Werk, die uns hier nicht weiter beschäftigen kann, cf. K. Bourlier: Proust et l'architecture, Montreal 1980.

19 Insofern ist, was bei Proust wie ein Beitrag zur Ruinenpoesie erscheinen könnte – als Einsicht in die vanitas mundi und als Appell an die Imagination (vgl. Roland Mortier: La poétique des ruines en France, Genève 1974) – nur ein rudimentäres Überleben des Vergangenen ohne den Erinnerungswert wiedererlebter Totalität.

20 Das ist heute eindrucksvoll belegt durch die Werke, vor allem die Prosaschriften, von Thomas Bernhard, dessen Beziehung zu Proust unlängst von Rainer Moritz herausgestellt wurde; vgl. Landmarken der Erinnerung. Proust und die deutsche Gegenwartsliteratur in: Proustiana VIII/IX, Frankfurt/M. 1991, S. 55-58, hier S. 57.

21 Diese Problematik erkannt zu haben, ist das große Verdienst der Dissertation von Hans Robert Jauß: Zeit und Erinnerung in Marcel Prousts A la recherche du temps perdu. Ein Beitrag zur Theorie des Romans, Heidelberg 1955; vgl. bes. Kap. II.

22 Als noch ungewiß ist, welche Bedeutung der 'Tasse Tee' zukommt, unterstreicht der Erzähler, sie zu suchen allein reiche nicht; sie müsse geschaffen werden: „Chercher? pas seulement: créer." I, 45. Diese Stelle am Anfang des Romans ist ein Hinweis darauf, daß die 'recherche' letztlich 'création' ist.

23 Eine Theorie des 'Kurzschlusses' für die Proustsche Metapher entwickelt Jean Ricardou: 'Miracles' de l'analogie (Aspects proustiens de la métaphore créatrice), in: Etudes proustiennes II (= Cahiers Marcel Proust, 7), Paris 1975, S. 11-42.

24 Volker Roloff hat unlängst dargelegt, daß die Matinée Guermantes in den Kontext einer generellen Theatralisierung des Romans bei Proust gehört; vgl. Theater und Theatralisierung des Romans in Prousts Recherche, in: Jaarboek van de Nederlandse Vereniging van Vrienden van Marcel Proust, 1989/90, S. 16/17, 34-52.

25 Schon in seinem ersten Romanversuch, Jean Santeuil, hatte Proust durch die Figur eines

Schriftstellers in der Rahmenhandlung und durch die Erzählung eines Lebens aus der Erinnerung wichtige Bausteine des späteren großen Romans verwendet; einen Sinn jedoch gewann damit weder das Schreiben noch das dargestellte Leben. Erst die Interferenz beider führt zur Hermeneutik des Sich-Erinnerns und zur Konzeption des Schreibens als eines wirklichen Schöpfungsaktes. Vgl. dazu den instruktiven Artikel von Hans Robert Jauß: Proust auf der Suche nach der Konzeption des Romans. Zur posthumen Veröffentlichung des „Jean Santeuil", in: Romanische Forschungen 66, 1955, S. 255-304. Das Problem der (Be)deutung des Erinnerten ist Thema der Studie von Gilles Deleuze: Proust et les signes, Paris 1964.

26 Es ist durch den Baudelaire-Artikel belegt, daß Proust das Gedicht mit dem Titel 'Danse macabre' aus den „Tableaux parisiens" kennt; er zitiert daraus Vers 16 „O charme du néant follement attifé" - aus dem Gedächtnis, denn bei Baudelaire steht: „O charme *d'un* néant".

27 Aus solchen Wendungen in den Innenraum bezieht die Proust-Rezeption bei Beckett wesentliche Impulse; vgl. Hans-Hagen Hildebrandt: Becketts Proust-Bilder. Erinnerung und Identität, Stuttgart 1980, bes. Kap. Wiederholung.

28 Cf. K. Stierle: Aspekte der Metapher, in: Id.: Text als Handlung, München 1975, S. 152-185, bes. S. 163f.

29 An diesem Punkt schlägt Prousts Modernität in eine Kritik der Moderne um, da ein Sich-Abfinden mit der Vergänglichkeit auch der Kunst hier so wenig statthat wie in der 'klassischen Moderne' Frankreichs generell. Baudelaires Theorie des Schönen enthält zwar die Modernität als konstitutives Element, aber eben nur als die eine Seite der Kunst, deren andere das Ewige ist: „La modernité, c'est le transitoire, le fugitif, le contingent, la moitié de l'art, dont l'autre moitié est l'éternel et l'immuable." Oeuvres complètes, éd. C. Pichois, 2 vols., Paris 1976, hier II, S. 695.

30 Das schwierige Verhältnis von Tradition und Modernität bei Proust wird an dieser Stelle besonders anschaulich. Auf der einen Seite greift der Gedanke einer 'konservatorischen' Funktion des Buches auf die alte mundus-liber-Tradition zurück, andererseits aber konnotiert er jene Transzendenz des Buches, die auch Mallarmés 'livre'-Projekt kennzeichnet. Dadurch ergibt sich die Frage, ob das am Ende der Recherche konzipierte Werk mit dem bereits geschriebenen identisch sei. Vgl. hierzu Gérard Genette: Discours du récit, essai de méthode, in: Figures III, Paris 1972, S. 235ff.

31 Vgl. hierzu Lucien Dällenbach: Le récit spéculaire. Essai sur la mise en abyme, Paris 1977.

32 Dies ist das Verständnis der Moderne, wie es Schiller, freilich ohne den Begriff in signifikanter Weise zu verwenden, in seiner Abhandlung Über naive und sentimentalische Dichtung entfaltet.

33 Vgl. Gérard Genette: Metonymie chez Proust, in: G.G., Figures III, Paris 1972, S. 41-63 (zuerst in Poetique 2, 1970).

34 Die folgenden Ausführungen basieren auf meiner Darstellung der Beschreibung bei Proust; vgl. Vf.: Beschreibung als Verfahren. Die Ästhetik des Objekts im Werk Marcel Prousts, Stuttgart 1980.

35 Vgl. U. Link-Heer: Prousts „A la recherche du temps perdu" und die Form der Autobiographie, Amsterdam 1988. Bruchlos läßt sich die Recherche gewiß nicht der Autobiographie zuordnen, da diese ein empirisches Ich voraussetzt; inwieweit sie es auch zur Darstellung bringen kann, ist eine andere Frage; vgl. Rebecca M. Pauly: Le berceau et la bibliothèque. Le paradoxe de l'écriture autobiographique, Saratoga/Calif. 1989.

36 Die Untersuchung von Dieter Steland: Moralistik und Erzählkunst von La Rochefoucauld und Mme de Lafayette bis Marivaux, München 1984, wäre insofern gleichsam fortzuschreiben.

37 Die zahlreichen und nicht selten frivolen Theater-Reminiszenzen der Recherche mögen dazu beigetragen haben, daß die Forschung die besondere Bedeutung der Tragödie und insbesondere der Racineschen Phèdre für die Eifersuchts'dramen' des Romans nicht hinreichend zur Kenntnis nahm. (Vgl. J.G. Linn: The theater in the fictions of Marcel Proust, Columbus 1966.) Das furchtbare Ende der Berma, da sie, einsam und mit versteinert-maskenhaftem Gesicht, an die Marmorstatuen des Erechteions erinnert („ein groteskes Schauspiel", wie Volker Roloff meint?; vgl. art. cit. S. 43), steht sowohl im Kontext der Totentänze der Matinée Guermantes als auch im Zusammenhang mit den Einsamkeiten des principium individuationis.

38 Vgl. Alain de Lattre: La doctrine de la réalité chez Proust, Paris 1978, S. 16 und V. Roloff: op. cit. S. 8.

39 Cf. art. cit. S. 695.

Verismo und literarische Moderne

Helmut Meter

Folgt man einer gängigen literarhistorischen Kategorisierung, so stellt der Verismo die italienische Spielart des gesamteuropäischen Phänomens des Naturalismus dar und reproduziert dessen ästhetische und epistemologische Normen. Er erscheint aus dieser Sicht als Manifestation historisch bereits etablierter literarischer Formen, denen im Einzelfall die qualitative Anerkennung zwar nicht zu versagen ist, die aber grundsätzlich nur als Nachbildung anderweitiger, kanonischer Folien fungiert.[1] Dies scheint zumal insofern plausibel zu sein, als die veristischen Texte in besonderem Maße auf den französischen Naturalismus bezogen sind und Autoren wie Zola und die Brüder Goncourt von den Veristen geradezu als Leitfiguren betrachtet wurden. Auch die historische Situation des damals jungen Nationalstaates Italien war geeignet, dieses *a prima vista* einleuchtende Gesamtbild zu bestätigen. Denn eine im Verhältnis zu den nördlichen Nachbarstaaten markante Verspätung der ökonomischen und gesellschaftlichen Evolution spricht durchaus auch für die epigonenhafte Übernahme schon erprobter Literaturmodelle. Da zudem in dem frisch geeinten und nur formal zentralistischen Italien die traditionelle Zersplitterung der Regionen kaum überwunden werden konnte, liegt es darüber hinaus nahe, von der Vorstellung einer partikularistisch-provinziellen Literaturszene auszugehen.

Wenn dieses topische Panorama einer vorwiegend geistesgeschichtlich verfahrenden Literaturgeschichtsschreibung heute in solcher Weise kaum noch aufrechtzuerhalten ist, so hat das zwei entscheidende Gründe: einmal die besonders intensive Ausrichtung des italienischen Kulturlebens auf Frankreich hin nebst den Folgen, die daraus erwuchsen, zum anderen ein literarisch fruchtbares Spannungsverhältnis zwischen den archaischen Regionen Süditaliens und dem fortschrittlichen Norden des Landes. Die Berücksichtigung beider Faktoren führt zur Entdeckung einer neuen Voraussetzungsstruktur veristischen Schreibens, die allmählich auch in die Literaturgeschichten Eingang findet.[2]

Mit Ende der sechziger Jahre des vergangenen Jahrhunderts setzte in Italien eine umfassende Rezeption der realistischen und naturalistischen Erzählliteratur aus Frankreich ein. Die literarisch interessierteren Milieus lasen die Texte Balzacs, Flauberts, Zolas und weiterer Romanciers meist im Original; eine rege Übersetzertätigkeit erschloß die französischen Erzählwerke alsbald einem breiten Publikum.[3] Ende der siebziger Jahre war der italienische Buchmarkt schließlich mit einem reichhaltigen Angebot einschlägiger Texte versehen, nachdem kurz zuvor F. De Sanctis als seinerzeit nationale Autorität in literarischen Belangen mit einem Aufsehen erregenden Aufsatz über Zola und den Naturalismus der neuen Erzählweise sein Plazet erteilt hatte.[4] Die Rezeption der französischen Erzählwerke war insofern eine kompakte und kumulative, als ihre Historizität nicht berücksichtigt wurde.

Dies wiederum erwies sich als geeignete Basis für eine eigenständige Entwicklung der veristischen Erzählformen. Angesichts der massiven Präsenz der französischen Vorlagen konnte eine schlichte Nachahmung ihrer narrativen Techniken und eine plane Übernahme ihrer Sujets kaum von Interesse sein. Etliche Texte im Zeichen einer solchen

Imitation belegen dies durch ihre nur ephemäre Existenz.[5] Literarischer Erfolg konnte im Grunde nur angestrebt werden durch Andersartigkeit, über eine gezielte Referenz auf die Franzosen bei gleichzeitiger Veränderung und Transgression ihrer Erzählweise. Es ist dies ein zentraler Aspekt für den Umstand, daß der Verismo in einer besonderen Weise an der literarischen Moderne teil hat.

Veristische Erzählliteratur bedeutet aber nun auch – trotz einer vielfältigen regionalen Diversifikation der Techniken und Inhalte – Literatur für ein nord- und mittelitalienisches Publikum. Der Bildungsrückstand des Südens – noch 1881 ist von 67 % Analphabeten in Italien auszugehen[6] – erlaubte kaum die Herausbildung eines signifikanten meridionalen Lesepublikums. Doch die meridionalen Erzählstoffe und damit auch Autoren erfreuten sich im Norden großer Beliebtheit. Aus der Differenz von archaischer Lebenswelt einerseits und zunehmend industrieller Gesellschaftsformation andererseits erwächst eine Textsorte, die als solche im zunächst Beispiel gebenden Frankreich nicht denkbar war. Hatten die Pariser doch, nicht zuletzt aufgrund mannigfacher Bindungen in die unterschiedlichsten Landesteile, im Prinzip ein erfahrungsgeprägtes Bild auch entfernter Provinzen.[7] Für die Bevölkerung etwa von Mailand oder Florenz galt das keineswegs. Politisch, ökonomisch, sozial und mentalitätsmäßig bedeutete ihnen der Süden etwas Fremdes schlechthin.[8]

Die sich diesem Umstand verdankende Erzählliteratur stellt folglich eine Besonderheit dar. Sie kann als in abbildhaft intendierter Manier von einer fernen und schwindenden Welt künden. Sie kann freilich auch in verzerrender, verfremdender Weise auf jene dem Publikum unbekannte Welt Bezug nehmen. In jedem Falle liegt es nahe, daß über den Hiat von Autorerfahrung und Leserwissen ein neues narratives Konzept entsteht.

Von daher verwundert es auch nicht, daß die rezeptionsgeschichtlich bedeutsamsten Texte des Verismo dem Süden entstammen, im engeren Sinne Sizilien, der seinerzeit bei weitem archaischsten Provinz. Gewiß, es gibt etliche Erzähltexte anderer regionaler Herkunft, denen eine begrenzte Bedeutung nicht abzusprechen ist. Zu denken wäre hierbei etwa an Renato Fucinis toskanische Prosaskizzen, den in Genua angesiedelten Roman *La bocca del lupo* (1892) von Remigio Zena, das umfangreiche Erzählwerk der Neapolitanerin Matilde Serao und nicht zuletzt an die spätere Nobelpreisträgerin Grazia Deledda, deren Erzählen aus dem sardischen Kulturkreis erwächst. Doch all diese Beispiele sind letzten Endes nur mit Einschränkungen dem veristischen Paradigma zuzuordnen, da sie kaum eine Auseinandersetzung mit der naturalistischen Methodologie erkennen lassen und in vielem noch Manzoni sowie den risorgimentalen Erzählformen von Tommaseos *Fede e bellezza* (1840) sowie von Nievos *Confessioni* (1867) verpflichtet bleiben. Und gerade dies trifft auf die sizilianischen Autoren nicht zu.[9]

Giovanni Verga, Federico De Roberto und Luigi Capuana – so lautet die Trias der immer wieder als idealtypisch beurteilten Veristen aus Sizilien. Freundschaftliche Verbindungen untereinander, ein auffallendes Interesse an der französischen Kulturszene und die gemeinsame Verankerung im Ostteil der Insel zeichnen sie als Gruppe aus. Insgesamt gesehen ist Verga als der Erfolgreichste unter ihnen zu betrachten, De Roberto als der am ehesten theoretisch Ausgerichtete, Capuana als der Vielseitigste. Doch gemeinhin gilt Verga als der Initiator veristischen Erzählens und damit auch als dessen bedeutendster Repräsentant.[10]

In diesem Sinne können die ersten Merkmale eines veristischen Textes in Vergas Novelle *Nedda* (1874) erkannt werden, die die Lebensumstände einer sizilianischen Olivenpflückerin nicht mehr in der Tradition der ländlichen Idylle thematisiert, sondern in den Bahnen einer nahezu positivistisch fundierten Sozialkritik.[11] Es ist dies der Auftakt zu Vergas beiden veristischen Romanen, den wohl bedeutsamsten Ergebnissen veristischen Schreibens. Dabei hat die Literaturkritik fast stets eine klare Präferenz für den ersten dieser Texte, nämlich *I Malavoglia* (1881), bekundet, welchem aus guten Gründen gegenüber dem zweiten, *Mastro-don Gesualdo* (1889), eine größere Originalität der Erzählweise zugesprochen wird.[12]

Handlungsanlage, Sujet und Erzähltechnik der *Malavoglia* lassen in vielem an die Vorgehensweise von Zola denken, und dessen rezenter *Assommoir* (1877) scheint Verga in manchem als motivisch-konzeptioneller Bezugsrahmen gedient zu haben. Dies gilt zumal für das Bestreben, einen chorischen Erzählmodus zu simulieren, der Geschichte einer sizilianischen Fischerfamilie über den sprachlichen und mentalen Habitus der überschaubaren Sozialgemeinschaft des Küstenortes Aci Trezza Gestalt zu verleihen. Damit liegt ein Sonderfall des Erzählens in der dritten Person vor, der in minderer Konsequenz bereits im *Assommoir* zutage tritt, und zwar in dem vom Argot geprägten Soziolekt des Pariser Arbeitermilieus. All dies ist offenkundig auf das Konto des naturalistischen Erzählparadigmas zu verbuchen und legt es nahe, Vergas bahnbrechenden Roman in die Phalanx der zahllosen Konkretisierungsversuche des experimentellen Romans Zolascher Provenienz einzureihen. Veristische Moderne als Variante des naturalistischen Objektivitätsideals kann folglich das Urteil nur lauten.

Doch die *Malavoglia* weisen - abgesehen hiervon - zumindest zwei Charakteristika auf, die geeignet sind, das bislang entworfene Bild entscheidend zu modifizieren. Dabei ist zunächst auf den Aspekt eines geschichtsphilosophischen Pessimismus zu verweisen, der der insgesamt drei Generationen betreffenden Familiengeschichte eignet. Denn in dem Bestreben, ihre traditionsvermittelten Lebensverhältnisse zum Besseren hin zu verändern, erleidet die Fischerfamilie Schiffbruch im Wortsinne, und all ihr Trachten, die Folgen der als schicksalhaft erachteten Notlage zu mildern, führt letztlich dahin, in den Zustand der früheren Existenzbedingungen zurückzufallen. Demnach gibt es für Verga nur eine formale historische Evolution, erweist sich diese im Kern doch als eine fortwährende Wiederkehr des bereits Bestehenden. Zivilisatorischer Fortschritt wird mithin negiert.[13]

Damit liegt der grundlegende Unterschied zu Zolas breit angelegten sozialutopischen Vorstellungen auf der Hand. Schließlich hat Zola des öfteren – und besonders ausführlich in *Le roman expérimental* – auf der sozialevolutionären Dimension seines Erzählens insistiert. So gilt ihm der naturwissenschaftlich-technische Fortschritt tendenziell als Garant einer künftigen, von allen Problemen entlasteten Gesellschaft lauterer Harmonie.[14] Zugleich erscheint ihm dieser zivilisatorische Prozeß in homologen Narrationsformen fixierbar. Der Zyklus der *Rougon-Macquart* untersteht also einer gesellschaftsgeschichtlichen Teleologie, die im zeittypischen Sinne, aber auch aufgrund literarhistorischer Kategorisierungsweisen als ein Ausdruck der Moderne zu verstehen ist.

Stellt Vergas Roman vor diesem Hintergrund einen Rückschritt dar? Die Negation einer wissenschaftlich geleiteten Veränderung sozialer Formationen ist für sich genommen noch kein Beweis dafür. Daß Vergas geradezu unnaturalistische Wissenschaftsskepsis letztlich keiner Regression, sondern einer eigenständigen prospektiven Auffassung gesellschaftlicher Entwicklungsmodalitäten gleichkommt, erhellt das zweite Charakteristikum der *Malavoglia*, mit dem sich der Roman dem positivistischen Erzählmodell entfremdet: das eigentümliche Romanende.[15]

Der Erzählausgang weist nämlich mit dem jungen 'Ntoni eine Figur auf, die nicht mehr in das geregelte System der Familie Malavoglia integrierbar ist, die der einförmig-traditionsorientierten Gruppendynamik von Familienverband wie Dorfgemeinschaft nicht mehr zu entsprechen vermag, und von daher, motivisch betrachtet, aus dem Figurenrepertoire ausgesondert und, konzeptionell gesehen, der sozialen Isolation überantwortet wird. Die Entfremdung ist wechselseitig. Das entscheidende Novum besteht nun aber darin, daß die isolierte Figur des 'Ntoni keiner Rubrik gesellschaftlicher Klassifikation zugewiesen werden kann. Sie steht vielmehr für sich allein und durchbricht damit das ansonsten in den *Malavoglia* noch durchgängig vorhandene Prinzip der dialektischen Korrespondenz von Einzelfigur und übergeordnetem Gruppenverband, was ja denn auch exemplarisch in der Fiktion chorischen Erzählens zum Tragen kommt.

Auf solche Weise aber fungiert Literatur nicht mehr als Reflex einer gesellschafts- oder wissenschaftstheoretischen Programmatik. Sie ist einer solchen vielmehr voraus, gibt das experimentelle Paradigma eines historisch erst noch zu definierenden Sachverhalts ab. So wird die naturalistische Erzählkonvention zum einen beibehalten, zum anderen aber zerstört. Folglich illustriert veristisches Erzählen einen anderen Aspekt der literarischen Moderne als der Naturalismus.

Im Prinzip läßt sich dies auch an Vergas zweitem Roman, *Mastro-don Gesualdo*, nachweisen, der strukturell in größerem Ausmaß in naturalistischen Bahnen verläuft, was insbesondere an dem Umstand ersichtlich wird, daß er sich auf die Juxtaposition szenischer Erzähleinheiten gründet. Wieder einmal modelliert Verga die Geschichte eines Scheiterns, was an die Manier der französischen Desillusionsromane von Balzac bis zu Maupassant gemahnt.

Mastro-don Gesualdo, der dem ländlichen Proletariat entstammt, gelangt durch Fleiß und unternehmerische Initiative zu beträchtlichem Reichtum, bleibt aber dennoch ein Fremdkörper in dem ihm nunmehr gemäßen bürgerlich-aristokratischen Ambiente. Seine Tochter Isabellina ehelicht einen palermitanischen Aristokraten, dessen klingender Name mit ökonomischer Dürftigkeit gepaart ist. So findet sich Gesualdos Reichtum schließlich und endlich im Schoß der historisch im Grunde überwundenen Altaristokratie wieder. Die gesellschaftliche Evolution vollzieht eine Kreisbewegung.

Dies wird dem Protagonisten am Ende und im Angesicht des Todes durchaus bewußt. Auch diesmal fokussiert Verga mithin den Erzählausgang.[16] Der im Palast des Schwiegersohns einsam sterbende Gesualdo erkennt das Illusionäre seiner gesamten Existenz, wobei er nicht zuletzt erahnt, daß Isabellina gar nicht seine leibliche Tochter ist. Ganz wie im Falle der *Malavoglia* schließt der Roman mit einer Szene von geradezu existentieller Einsamkeit. Damit rückt eine isolierte Individualität ins Blickfeld, die nicht als exemplarischer Ausdruck einer übergreifenden sozialen Kategorie faßlich ist, sondern vielmehr dazu dient, das letzten Endes positivistisch inspirierte Modell vorab gegebener Klassifikationstypen zu untergraben. Auf der Folie naturalistischen Schreibens zeichnet sich ein gänzlich anderer Erzählmodus ab.

Betrachtet man Vergas Texte wenn auch nicht als idealtypisch, so aber doch als von autoritativem Gewicht für den Verismo, dann fällt angesichts des bislang Gesagten auf, daß sie in wichtigen Aspekten eher dem Erzählen des frühen 20. Jahrhunderts denn dem naturalistischen Erzählen verwandt sind. Die von der italianistischen Forschung gelegentlich bemühte Achse: Svevo – Pirandello stellt demnach keine verläßliche Grenzmarkierung im Sinne postnaturalistischer Modernität dar.[17]

Inwieweit eine solche Fortentwicklung vom Naturalismus konzeptuell beabsichtigt war, ist kaum zu ergründen. Vergas theoretische Interessen waren eher begrenzt. Außer dem etwas beredteren Vorspann zu seiner Novelle *L'amante di Gramigna* (1880) liegt kaum eine Stellungnahme zu narrativen Verfahrensweisen und deren ästhetischem Bezugsfeld vor.[18] Wenn Verga in dem besagten Text die Ansicht vertritt, das Kunstwerk müsse den Eindruck erwecken, es sei aus sich selbst heraus entstanden, ohne daß die Hand des Künstlers dabei sichtbar werde,[19] so umschreibt dies sowohl das naturalistische

Postulat erzählerischer Objektivität als auch den autonomen Status der Kunst. Zola und die *écriture artiste* der Brüder Goncourt lassen sich hier als Orientierungspunkte herausstellen. Doch eine hybride Einstellung zum natur- und sozialwissenschaftlichen Fundament der naturalistischen Theorie ist unverkennbar.

So gilt im übrigen Vergas teils enthusiastisches Lob an die Adresse Zolas nie dem naturalistischen Präzeptor und Schulbegründer. Es betrifft den fiktionalen Schreiber, den Stilisten, den ingeniösen Gestalter romanesker Universa, kurz: eine Autorität auf literarästhetischem Gebiet, die dem Adepten Verga nachgerade die Feder aus der Hand gleiten läßt.[20]

Entspricht die schreibtechnische Auffassung Vergas nicht den naturalistischen Normen, so trifft dies ebenfalls auf die ideologische Zurichtung der Inhalte zu. Dies läßt sich der Vorrede zu *I Malavoglia* entnehmen, die von einem autonomen zivilisatorischen Fortschrittsprinzip ausgeht, das sich jeder menschlichen Einflußnahme entzieht. So kennt die Menschheitsgeschichte letztlich nur sogenannte *vinti*, Besiegte, die den unablässigen Wellen des Fortschritts zum Opfer fallen. Es handelt sich hierbei also um ein Prinzip mechanischer Evolution menschlichen Handelns, das eine leicht sozialdarwinistische Komponente aufweist, insofern die je aktuellen Sieger im fortwährenden Zivilisationsprozeß auch ihrerseits sogleich zu Besiegten werden.[21] Zolas Vorstellung, der Gang der Zivilisation sei beeinflußbar und einer positiven Finalität zu unterstellen, liegt fern.

Vor dem Hintergrund von Vergas dominierender Leitfunktion betrachtet, wirkt die Schreibweise des Wahlsizilianers De Roberto zunächst desorientierend, so man nach einem einheitlichen Verismo-Konzept sucht. Der Autor wurde in den letzten zwanzig Jahren geradezu erst wiederentdeckt.[22] Diese Wiedergeburt ist entscheidend gebunden an eine Neubewertung seiner Erzählverfahren, zumal was den zentralen und monumentalen Roman *I Vicerè* (1894) betrifft, den ersten Teil einer Art Trilogie, die noch *L'illusione* (1891) sowie *L'imperio* (posth., 1923) umfaßt. Folgt man einem Topos der herkömmlichen Literarhistorie, ist in den *Vicerè* ein mustergültiger naturalistischer Roman zu sehen, dem es aus ebendiesem Grunde an einer originellen Eigenlogik fehle.[23] Dieses Verdikt mag auf ein offenkundig eklektizistisches Erzählverfahren De Robertos zurückzuführen sein, insofern das narrative und motivische Repertoire der Franzosen ausgiebig zur Anwendung kommt. Das reicht von Passagen einer an Balzac erinnernden Auktorialität über Stendhals Konzept des Ausnahmehelden bis zur unpersönlichen Erzählweise Flauberts und – besonders auffällig – dem weiten Arsenal einer Ästhetik des Häßlichen, die etwa thematische Kernfaktoren wie Erbkrankheit, Selbstmord und Sadismus umfaßt.

Nun ist aber die Dichte der vornehmlich naturalistischen Erzählmittel nur bedingt als Reverenz an das Leitbild Paris zu verstehen. Eine zumindest in Teilen ironische oder gar zynische Erzählhaltung ist deutlich erkennbar und läßt den nicht unbegründeten Eindruck entstehen, das Repertoire positivistischer Narration diene nicht zuletzt auch einem parodistischen Zweck. Da dem aber andererseits das ernste Sujet des Romans entgegensteht, manifestiert sich insgesamt eine hybride Erzählauffassung. Wie im Falle Vergas ist eine naturalistische Basis des Schreibens vorhanden, die jedoch narrationsimmanent in Frage gestellt wird. Unter diesem Aspekt geben die *Vicerè* das besonders einprägsame Beispiel eines Gegendiskurses ab.

Der Roman thematisiert die Generationengeschichte der sizilianischen Vizekönige aus dem Geschlecht der Uzeda, d.h. er beschäftigt sich mit einer machtvollen und ertragreichen Institution der spanischen Krone. Trotz sich wandelnder historischer Verhältnisse und, insbesondere, trotz einer fortschreitenden Demokratisierung auch Siziliens im Zuge der italienischen Einigung gelingt es den Uzeda immer wieder, ihre Macht zu sichern. Kernstück der Erzählfabel ist der Lebensweg des jüngsten Uzeda-Sprosses, des Fürsten Consalvo. So wird gezeigt, wie Consalvo seine legal nicht mehr gegebenen Machtbefugnisse zu erweitern versteht, indem er sich scheinbar den neuen demokratischen Regeln unterwirft. Die tradierte Autokratie politischer Machtausübung bleibt mithin bestehen; Geschichte stellt nur eine formale Evolution dar, sie entpuppt sich als die Wiederkehr des fortwährend Gleichen.

Damit kommt die geschichtspessimistische Sicht Vergas auch bei De Roberto zum Vorschein. Zugleich wird die sozialprognostische Problematik wiederum an einer markanten Figur festgemacht. Denn der Potentat Consalvo erkauft sich seine Macht über eine zunehmend gestörte und in letzter Konsequenz krankhafte Persönlichkeitsentwicklung. Indem er ein demokratisches Gebaren an den Tag legen und sich wider Willen, doch de facto als Exponent bürgerlicher Interessen gerieren muß, wird sein altaristokratisch-elitäres Selbstverständnis entschieden beeinträchtigt. Eine Fülle neurotischer Verhaltensweisen ist die Folge. Consalvos psychisches Krankheitsbild kommt freilich in den *Vicerè* erst partiell zum Ausdruck, wiewohl bereits ersichtlich ist, daß seine gespaltene Persönlichkeit nur in einem absoluten Machtstreben ohne authentische Bindungen befriedet werden kann. Die Fortsetzung der *Vicerè* – *L'imperio* – wird den Fürsten dann als uneingeschränkten Diktator zeigen, dessen repressive Härte seinen geistigen und sozialistisch konnotierten Antagonisten verzweifeln und ausdrücklich eine Weltzerstörung herbeisehnen lassen wird.[24]

Auch De Robertos Werk ist demnach nicht für eine positive soziale Teleologie zu vereinnahmen. Er sieht die gesellschaftliche Entwicklung nicht als Extrapolation wissenschaftsmethodologischer Tendenzen und deren Umsetzung in lebensweltliche Strukturen. Sein Versuch, historische Abläufe zu prognostizieren, führt letztlich zur Simulation eines faschistoiden Charaktertypus.[25] Gewiß, eine solche Motivik ist auch dem Spätwerk Zolas keineswegs fremd. Doch was von Zola in durchaus moralischer Überzeugung und teilweise euphorisch als gesamtgesellschaftlicher Fortschritt gepriesen wird, gestaltet sich bei De Roberto als Voraussage einer Katastrophe. Das positivistische Wissenschaftsverständnis fächert sich demnach in nahezu gegensätzliche Facetten der sozialen Konkretion auf.

Dabei dokumentiert sich im Schreiben De Robertos recht signifikant jene Ausprägung der literarischen Moderne, die sich mit den dominanten Faktoren des aktuellen Zivilisationsprozesses nicht einverstanden erklärt. Was bei Verga noch im Gewand eines skeptischen Pessimismus erschien, präsentiert sich nunmehr als negative Gewißheit. Bezeichnenderweise bewegt sich auch das Geschehen von *I Vicerè* im Rahmen der weitläufigen *vinti*-Metaphorik. Ansätze einer negativen Ontologie zeichnen sich im veristischen Erzählen ab, ein Aspekt, der das deterministische Evolutionsmodell der positivistischen – und per analogiam naturalistischen – Schule zu einer substantialistisch angelegten Involution umgestaltet. Von daher erhalten denn auch die relevanten Figurenexemplare ihr eigentliches Gewicht. Denn die historische Entwicklung, so ist zu folgern, bemißt sich nach Kriterien, die von der Innenwelt der Figuren bestimmt werden. Es obsiegt somit ein Konzept der psychologisch geformten Figur. Das geschieht freilich in einer einseitigen Manier: über ein sich verdichtendes Krankheitssyndrom.

Die Figurenkonzeption der *Vicerè* macht dieses neue Paradigma besonders anschaulich. So sind die physiologisch-erbbiologischen Merkmale der Figuren – und folglich auch die genuin naturalistischen Konventionen – durchaus noch vorhanden. Consalvo etwa ist offensichtlich von den degenerativen Erbanlagen seiner Vorfahren betroffen.[26] Dennoch reicht die genetische Festlegung nicht aus, seinen Charaktertypus zu erklären. Der komplexen und heterogenen Psyche fällt vielmehr die Hauptrolle im passiven Registrieren wie im aktiven Formen zivilisatorischer Dynamik zu. Damit tritt die materialistische Anthropologie des klassischen Naturalismus im Verismo zusehends in den Hintergrund.

Anhand des Erzählers Capuana kann das bislang entworfene Bild vervollständigt werden.[27] Gerade Capuana zählte anfangs zu den überzeugtesten Anhängern Zolas. Ist in Vergas *Nedda* der erste Versuch zu sehen, die Schreibkonventionen des Risorgimento zu überwinden, so kann Capuana gleichwohl beanspruchen, den ersten veristischen Roman verfaßt zu haben, einen Roman, der ganz auf den Spuren Zolas Erzählen als eine Form der angewandten Natur- und Sozialwissenschaften begreiflich machen will. Zudem gelingt es dem Autor, einen veritablen Skandal mit seinem *Giacinta* (1879) überschriebenen Text zu verursachen, wodurch eine gewisse Analogie zu *Thérèse Raquin* (1867), dem Erstlingsroman des Vorbilds, zu verzeichnen ist.[28]

Doch die Affinitäten zu Zola sind letztlich nur äußerlicher Natur. *Giacinta* erweist sich nämlich als ein guter Beleg dafür, wie die naturalistische Praxis Frankreichs zur modischen Attitüde gerät, indem weitgehend nur der Anschein einer wissenschaftlich gelenkten Fiktion erzeugt wird.[29] Denn die für den Roman relevante Wissenschaftsorientierung kann nur in Ansätzen als struktur- und diskursbildend bezeichnet werden. Sie ist fast ausschließlich thematisch vorhanden, tritt als argumentativer Inhalt im Räsonnement der auktorialen Erzählinstanz sowie in der Figurenrede zutage. Dies aber entspricht keineswegs den naturalistischen Konventionen. Selbst wenn im Falle Zolas des öfteren ein Bruch zwischen konzeptuellem Anspruch und narrativer Praxis zu beobachten ist – und das zumal im Spätwerk –, so kommt dies dennoch nicht der impliziten Negation theoretischer Positionen gleich. Capuana aber beschreitet unter dem Signum des Naturalismus einen weitgehend anderen Weg. Dem entspricht denn auch die Tatsache, daß seinem Roman am Ende eine eher wissenschaftsskeptische Tendenz zu entnehmen ist.

Protagonistin des Romans ist Giacinta Marulli, die dem mittelitalienischen Provinzbürgertum entstammt und eine freudlose Kindheit verbringt. Noch als Kind wird sie von einem Hausknecht vergewaltigt, was ihr weiteres Leben entscheidend konditioniert, ist all ihr Trachten doch nunmehr darauf gerichtet, sich an der vorgeblich schuldigen Gesellschaft zu rächen. Das zeigt sich besonders deutlich anhand der Tatsache, daß sie sich noch am Tage einer formalen Eheschließung einen Liebhaber zulegt und mit diesem ein Kind zeugt. Als der wankelmütige Geliebte alsbald das Interesse an ihr verliert und die kränkelnde Tochter stirbt, gerät Giacinta in eine seelische Krise, die sich zur fortschreitenden Krankheit entwickelt. Ein junger, in Amerika geschulter Arzt diagnostiziert schließlich einen Fall moralischer Pathologie, ein Krankheitsbild, das nur zum Teil genetische Ursachen habe und über dessen weitere Entwicklung sich nichts anderes sagen lasse, als daß es in eine Katastrophe einmünden werde.[30] Die medizinischen Kenntnisse und Kategorien reichen demnach nicht aus, Giacintas Leiden zu erklären oder zu beherrschen. Auf solche Weise wird ihm der Charakter des Außergewöhnlichen zuteil, des wissenschaftlich letzten Endes nicht Erfaßbaren. Zu einer behelfsmäßigen Erklärung greift der auktoriale Kommentar auf die Kategorie des Wahnsinns zurück, der Giacinta schließlich zum Selbstmord treibt.

Wie in den angeführten Texten Vergas und De Robertos ist somit auch hier das erzählerische Sujet entscheidend an eine Schlüsselfigur gebunden, deren psychische Komplexität sich einer verläßlichen Definition entzieht. In der Tat kann Giacintas Krankheit trotz einer vagen sozialpsychologischen Basis ätiologisch nicht bestimmt werden. Das narrative Figurenmodell ist einem jeden Versuch des wissenschaftlich bilanzierenden Zugriffs voraus. Folglich werden die positivistischen Rahmenbedingungen naturalistischen Erzählens tendenziell überwunden.

Wenn sich auf solche Weise der deterministische Regelkreis öffnet, so kommt das über den Philosophen und Mediziner Follini besonders klar zum Ausdruck. Als Schüler des Bolognesers Camillo De Meis vermag dieser nämlich keinen Primat naturwissenschaftlichen Denkens über reflexiv-hermeneutische Formen von Erkenntnis zu akzeptieren.[31] Damit rückt nicht allein über die exponierte Titelfigur, sondern auch über den argumentativ angelegten Publikumsbezug die Kategorie der Subjektivität ins Blickfeld. Der existentielle Einzelfall darf demnach nur noch bedingt als Beleg eines übergeordneten Prinzips betrachtet werden.

Capuanas Interesse an der Konzeption von Figuren, die psychopathologische Sonderfälle darstellen, ist allenthalben zu beobachten. Man denke etwa an die markanten Beispiele von *Profumo* (1890) und *La sfinge* (1897). Bemerkenswert erscheint jedoch, daß es sich nicht erst im Zuge der Rezeption eines dem Fin de siècle verpflichteten Denkens herausbildet. Lombrosos Theorien und Bourgets Romane mögen durchaus einen Einfluß auf Capuana gehabt haben.[32] Doch die strukturellen Grundlagen seines Interesses sind bereits vorher vorhanden, im aussagekräftigen Paradigma der *Giacinta*. So nimmt es auch nicht wunder, daß Capuanas letzter und qualitativ anerkanntester Roman, *Il marchese di Roccaverdina* (1901),[33] dem Faktor eigendynamischer Subjektivität besonderes Gewicht verleiht.

Diesmal handelt es sich um die tragische Lebensgeschichte des Provinzaristokraten Antonio di Roccaverdina, der sich aus Familienräson von seiner langjährigen Geliebten, einer Landarbeiterin, trennt, diese mit einem seiner Mannen verheiratet, beide zu einem Keuschheitsgelöbnis nötigt und schließlich den Getreuen aus Eifersucht dennoch tötet. Roccaverdina leidet unter der geheimen Mordtat, mehr aber noch unter dem Umstand, daß seiner willentlichen Trennung von der Geliebten in seinem Unterbewußtsein eine nach wie vor starke Bindung an sie entgegensteht. Dieser Problemkreis läßt den Protagonisten mehr und mehr ein ungewöhnliches Verhalten an den Tag legen und am Ende einer rätselhaften Krankheit zum Tode anheimfallen.

Wie in *Giacinta* lassen sich auch hier sozialpsychologische Ursachen für die abschließende Katastrophe anführen. Doch wiederum fehlt es an einer zwingenden Kausalität des Krankheitsbildes. Die behandelnden Ärzte stehen dem Phänomen eher verständnislos gegenüber, zumal im erzählerischen Duktus gelegentlich von einer Erbkrankheit der Roccaverdina die Rede ist. Auf diese Weise liegt mit dem als Stumpfsinn bezeichneten Endzustand des Marchese erneut ein weitgehend psychogenes Krankheitsmuster vor, das diagnostisch gesehen undeterminiert bleibt.[34] Die positivistische Folie des Naturalismus büßt abermals ihre Bedeutung ein.

Der Roman des Verismo akzentuiert demnach in seinen markantesten Exemplaren Konstrukte von Subjekten, die nur noch partiell einer Poetik der mimetischen Repräsentation verpflichtet sind.[35] Literatur als experimentelle Suche nach einer wissenschaftlich nicht fixierbaren Anthropologie heißt die implizite Absicht. Damit löst sich das literarische Schreiben von präskriptiven Normen außerästhetischer Natur und besinnt sich auf eine immanente Finalität. Es ist dies auch insofern ein bedeutsamer Aspekt von Modernität, als in ihm ein Anzeichen zur Herausbildung der historischen Avantgardebewegungen gesehen werden kann. Bezeichnend dafür erscheint im übrigen eine Äußerung des betagten Capuana, wenn er meint, nur sein Alter hindere ihn daran, sich zum – gerade aufgekommenen – Futurismus zu bekennen.[36]

Eine implizite Poetik des im Prinzip dezentrierten Subjekts enthält freilich noch weitere zukunftsweisende Momente. So läßt sich an ihr ansatzweise bereits verfolgen, wie perspektivische Kompetenzen an ein unsicheres wie unstetes Bewußtsein delegiert werden. Die Kontinuität linearer Vermittlungsvorgänge nimmt graduell ab und in ihrem Gefolge die Kohärenz der narrativen Textur. Deshalb gestaltet sich das Geschichtenerzählen zusehends als ein Problem; die Entfabelung des Erzählens liegt nicht mehr fern. Verismo ist mithin eine Ausprägung der modernen Literatur, die sich für keine spezifische gesellschaftliche Teleologie beanspruchen läßt. Die naturalistische *tranche de vie* hat ausgedient. Das Bemühen um „Wahrheit", um das Prinzip des *vero*, von dem sich der Verismo der Bezeichnung nach herleitet, ist letztlich keine Frage eines abbildhaften Wirklichkeitsbezugs mehr. Denn die „Wahrheit" erhält nun viele Gesichter und verliert damit den Charakter unverbrüchlicher Gewißheit.

Anmerkungen

1 Vgl. an traditionellen Arbeiten zum Verismo: Giulio Marzot: Il verismo, in: Questioni e correnti di storia letteraria, hrsg. von Umberto Bosco u.a., Mailand 1949, S. 711-760; Giuseppe Petronio: Dall'illuminismo al verismo. Saggi e proposte, Palermo 1962; Luigi Russo: Ritratti e disegni storici: Dal Manzoni al De Sanctis e la letteratura dell'Italia unita, Florenz 1965; Gaetano Mariani: Ottocento romantico e verista, Neapel 1972.

2 Vgl. an neueren Arbeiten zum Verismo: Carlo A. Madrignani: Ideologia e narrativa dopo l'Unificazione. Ricerche e discussioni, Rom 1974; Giacomo Debenedetti: Verga e il naturalismo, Mailand 1976; Paolo Mario Sipala: Scienza e storia nella letteratura verista, Bologna 1976; Vittorio Spinazzola: Verismo e positivismo, Mailand 1977; Roberto Bigazzi: I colori del vero: Vent'anni di narrativa, 1860-1880, 2. erw. Aufl., Pisa 1978.

3 Vgl. hierzu ausführlich Paul Arrighi: Le vérisme dans la prose narrative italienne, Paris 1937.

4 Vgl. Francesco De Sanctis: Zola e „L'Assommoir", in: Opere, hrsg. von Niccolò Gallo, Mailand-Neapel 1961, S. 1067-1090.

5 Vgl. etwa: Cletto Arrighi: Nanà a Milano, Mailand 1880; Matilde Serao: Il ventre di Napoli, Mailand 1884.

6 Zu diesen und weiteren Zahlen vgl. Henry Bolton King/Thomas Okey: Italy today, London 1901.

7 Mannigfache Hinweise dazu bei Adeline Daumard: Caractères de la société bourgeoise, in: Histoire économique et sociale de la France, Bd. III; L'Avènement de l'ère industrielle (1789-années 1880), Paris 1976, S. 829-896.

8 Vgl. etwa Denis Mack Smith: Storia della Sicilia medievale e moderna, Bd. III, Bari 1976, S. 633-650.

9 Zur Herausbildung einer neuen Poetik vgl. Marina Musitelli Paladini: Nascita di una poetica: il verismo, Palermo 1974.

10 Wichtige neuere Studien zu Verga: Giovanni Pirodda: L'eclissi dell'autore. Tecnica ed esperimenti verghiani, Cagliari 1976; Enrico Ghidetti: Verga. Guida storico-critica, Rom 1979; Verga e il verismo. Sperimentalismo 'formale' e critica del progresso, hrsg. von Guido Baldi, Turin 1980; Sergio Blazina: La mano invisibile. Poetica e procedimenti narrativi del romanzo verghiano, Turin 1989.

11 Vgl. Giovanni Verga: Nedda, in: Tutte le novelle, hrsg. von Corrado Simioni, Bd. I, Mailand 1971, S. 37-59.

12 An Texteditionen der beiden Romane vgl. Giovanni Verga: Tutti i romanzi, hrsg. von Enrico Ghidetti, 3 Bde., Florenz 1983; Giovanni Verga: I grandi romanzi. I Malavoglia. Mastro-don Gesualdo, hrsg. von Ferruccio Cecco und Carla Ricciardi, Mailand 1972 (= I Meridiani).

13 Zur narrativen Entsprechung dessen vgl. Wido Hempel: Giovanni Vergas Roman „I Malavoglia" und die Wiederholung als erzählerisches Kunstmittel, Köln-Graz 1959.

14 Vgl. z.B. Emile Zola: Le roman expérimental, hrsg. von Michel Le Blond, Paris 1928, S. 17.

15 Vgl. Verga, I grandi romanzi, S. 285-289.

16 Vgl. ebd., S. 738-747.

17 Vgl. etwa Renato Barilli: La linea Svevo – Pirandello, 3. Aufl., Mailand 1981.

18 Vgl. Verga: Tutte le novelle, Bd. 1, S. 199-201.

19 Vgl. ebd., S. 200: „[...] la mano dell'artista rimarrà assolutamente invisibile [...]"; „[...] l'opera d'arte sembrera essersi fatta da sè [...]"; („[...] die Hand des Künstlers wird ganz und gar unsichtbar bleiben [...]"; „[...] es wird den Anschein haben, das Kunstwerk habe sich selbst hervorgebracht [...]").

20 So in einem Brief an Felice Cameroni vom 19.3.1881, abgedruckt in Ghidetti, S. 80f.

21 Vgl. die Vorrede zu den Malavoglia in Verga: I grandi romanzi, S. 5-7.

22 Vgl. dazu insbesondere: Vittorio Spinazzola: Federico De Roberto e il verismo, Mailand 1961; Carlo A. Madrignani: Illusione e realtà nell'opera di Federico De Roberto, Bari 1972; Gianni Grana: „I Vicerè" e la patologia del reale. Discussione e analisi storica del romanzo, Mailand 1982; Federico De Roberto, hrsg. von Sarah Zappulla Muscarà, Palermo 1984.

23 Vgl. etwa Giuseppe Petronio: L'attività letteraria in Italia, 6. Aufl., Palermo 1966, S. 787.

24 Siehe Federico De Roberto: L'imperio, neu hrsg. von Carlo A. Madrignani, Mailand 1981, S. 232f.

25 Vgl. z.B. Federico De Roberto: I Vicerè, 2. Aufl., Mailand 1976, S. 625 u. 627 (I Garzanti. I Grandi Libri).

26 Zum Aspekt der Erbkrankheit siehe ebd., S. 593f., 601, 622 u. 650.

27 An wichtigen Monographien über Capuana sind zu verzeichnen: Vincenzo Paolo Traversa: Luigi Capuana. Critic and novelist, Paris-Den Haag 1968; Carlo A. Madrignani: Capuana e il naturalismo, Bari 1970; Aldo Cibaldi: Capuana, 3. Aufl., Brescia 1973; Judith Davies: The realism of Luigi Capuana: A study in the evolution of late nineteenth-century narrative in Italy, London 1979.

28 Drei Fassungen der Giacinta (1879, 1886, 1889) liegen vor. In der zweiten und dritten ist das Moment der Provokation beträchtlich reduziert.

29 Vgl. dazu Helmut Meter: An den Anfängen veristischen Erzählens. Capuanas „Giacinta" und das Verhältnis von wissenschaftlicher Fiktion und fiktiver Wissenschaft, in: Konflikt der Diskurse. Zum Verhältnis von Literatur und Wissenschaft im modernen Italien, hrsg. von Helene Harth u.a., Tübingen 1991, S. 69-90.

30 Vgl. Luigi Capuana: Giacinta, nach der Ausgabe von 1879, hrsg. von Marina Paglieri, Mailand 1980, S. 169.

31 Vgl. ebd., S. 160-161.

32 Lombrosos Genio e follia von 1864 konnte für Capuana nur von geringem Interesse sein; der für ihn ungleich wichtigere Text L'amore nel suicidio e nel delitto erschien erst 1881. – Bourgets Romane lagen erst ab Mitte der achtziger Jahre vor; die Essais de psychologie contemporaine datieren von 1883.

33 Vgl. Luigi Capuana: Il marchese di Roccaverdina, 2. Aufl., Mailand 1976 (= I Garzanti. I Grandi Libri).

34 Siehe ebd., S. 255-268.

35 Vgl. dazu ausführlich Helmut Meter: Figur und Erzählauffassung im veristischen Roman. Studien zu Verga, De Roberto und Capuana vor dem Hintergrund der französischen Realisten und Naturalisten, Frankfurt/M. 1986 (= Analecta Romanica, Heft 51).

36 So 1910 in einem Artikel der Juni-Nummer von Critica Nuova (Teilabdruck bei Guido Davico Bonino: Introduzione, in: Capuana: Giacinta, S. V-XXV, hier S. XXI).

Die Überholbarkeit der Literatur

Elio Vittorinis melodramatischer Avantgardismus

Helmut Pfeiffer

Die Stimme der Wildheit

In einem Vortrag aus dem Jahre 1959 stellt sich Italo Calvino[1] die Aufgabe, gegenüber einem amerikanischen Publikum die – zumindest auf den ersten Anschein – in unüberschaubare Individualismen zersplitterte italienische Erzählliteratur der Gegenwart durch die Benennung von gemeinsamen Tendenzen zugänglicher zu machen. Das Fehlen von Gruppen- und Schulbildungen, das die Situation der Nachkriegsliteratur charakterisiert, signalisiert ja auch, daß die Kohärenz einer ästhetischen Programmatik oder auch das Gewicht unabweisbarer politisch-geschichtlicher Relevanzen geschwunden sind. Die mögliche Stoßkraft literarischer Avantgarden verliert sich in Unübersichtlichkeit. Calvino unterscheidet drei Strömungen des italienischen Nachkriegsromans: erstens eine elegisch-psychologisierend angelegte Literatur, für die beispielhaft Autoren wie Vasco Pratolini, Carlo Cassola oder auch Giorgio Bassani stehen; zweitens eine Literatur linguistischer Spannung, wofür sowohl der Rekurs auf die sprachlichen Ressourcen des Dialekts (z.B. im Werk Pier Paolo Pasolinis) als auch Formen der Sprachenvielfalt im literarischen Text, etwa die spannungsvolle Interaktion von Dialekt, Alltagssprache und literarischen Codes im Œuvre Carlo Emilio Gaddas zu zählen sind; schließlich eine Literatur der phantastischen Transfiguration von Wirklichkeit, und damit eben jene Linie eines literarischen Experimentalismus, in der Calvino sein eigenes Werk sieht.

Alle drei Tendenzen werden von Calvino auf einen gemeinsamen Ursprung zurückbezogen. Dieser hat weniger ästhetischen als politischen Status: die Erfahrung von Faschismus und Widerstand. Sie konstituiert sozusagen eine epische, zur Erzählung treibende Situation – auf ihren Verlust reagiert der Nachkriegsroman in den skizzierten Reaktionsbildungen. Der anfängliche 'epische Schub des Widerstands' ist für Calvino im Rückblick jener Moment vitaler Anspannung, der es erlaubte, sklerotische literarische Repertoires abzustoßen, um im Erzählen noch einmal unmittelbar eine geschichtliche Dynamik präsent werden zu lassen. In dem Augenblick, wo die Resistenza nicht mehr unmittelbare Aktualität, sondern selbst Geschichte ist, manifestieren sich jene prekären Lösungsansätze, denen die Unsicherheit der weiteren geschichtlichen Perspektiven angesichts gesellschaftlicher Restauration eingezeichnet ist. Die Rhetorik, mit deren Hilfe Calvino den Umschlag artikuliert, nimmt im Kleinformat eine hegelianische Argumentationsfigur auf: die Ablösung eines epischen Weltzustandes, in der das Individuum sich noch durch die Tat profiliert, durch die 'Prosa der Verhältnisse', der nur noch individuelle Reaktionsweisen der Verinnerlichung, der Reflexion und der Phantasie angemessen sind. In dem späten Vorwort (1964) zu seinem Romanerstling, *Il sentiero dei nidi di ragno* (1947), hat Calvino noch einmal dargelegt, was es hieß, daß der Romanautor auf den gleichen Gegenstand verwiesen war, den auch der anonyme mündliche Erzähler behandelte, daß er für einen Moment in eine Beziehung der Unmittelbarkeit zu seinem Publikum rückte.[2]

Was mit der Resistenza schlagartig möglich schien, war eine kulturelle Erneuerung, ein *rinnovamanto nella cultura*, von der nicht nur Calvino eine Versöhnung jener Antinomien erhoffte, an denen die Moderne notorisch zu laborieren schien: die Gegensätze von Rationalität und Vitalismus, Subjektivität und Gesellschaft.[3] Der Riß und die Partialität aller Manifestationen der Kultur werden noch einmal in die euphorische Perspektive von Versöhnung und wechselseitiger Steigerung gerückt. Die Literatur der Resistenza hat die ihr hier vorgezeichneten Möglichkeiten bekanntlich nicht zu nutzen vermocht. Es ist deshalb auch bezeichnend, daß das Werk der beiden Autoren, mit denen Calvino die Vorstellung literarisch-kultureller Erneuerung vor allem verbindet, nämlich Elio Vittorini und Cesare Pavese, in die Zeit vor dem zweiten Weltkrieg zurückreicht und ganz offensichtlich nicht ohne weiteres als Reflex der epischen Situation des Widerstandes interpretiert werden kann. Gleichwohl: an beiden macht Calvino eine 'mythische' Spannung aus, in der sich ein neuer Realitätsbezug abbildet.[4] Der repräsentative Charakter der beiden Autoren betrifft ihr Gesamtwerk und darin liegt zugleich ihr Aufschlußwert: das Ende ihrer literarischen Produktivität – Paveses Selbstmord im Jahre 1950, Vittorinis literarisches 'Verstummen' – signalisiert damit zugleich das Ende der 'epischen', 'mythischen' Periode der italienischen Literatur des 20. Jahrhunderts, das Dementi gelingender Vermittlung und den Rückfall in Partialität.

Die Imagination von Möglichkeiten literarischer Erneuerung, die bei Calvino mit der Exzeptionalität eines historischen Moments assoziiert wird, verdankt sich auch einer literarischen Rezeptionssituation. Das poetische Selbstverständnis der sogenannten Neorealisten, zu denen Vittorini und Pavese freilich nur mit Einschränkungen zu zählen sind,[5] bewegt sich durchgängig im Medium jenes Horizonts der Alterität, den die amerikanische Literatur als Verkörperung einer kulturellen Situation, die zum utopischen Horizont der eigenen wird, markiert. Das ist ein vertrauter Befund: Übersetzungen aus dem Amerikanischen,[6] Literaturkritik und anthologische Präsentation (Vittorinis *Americana* von 1941/42) bilden einen essentiellen Bestandteil des jeweiligen Œuvres.[7] Die amerikanische Kultur wird zu einem Projektionsraum, die Literatur zum Ort der Verkörperung neuer, zukunftsweisender Mythen.

Dafür gibt es kein besseres Beispiel als die Sequenz jener erstaunlichen *note di corredo*, die Vittorini für *Americana* verfaßte und die der faschistischen Zensur zum Opfer fielen.[8] Die Anmerkungen erscheinen auf den ersten Blick als eine Art Abrégé der amerikanischen Literaturgeschichte, doch wird schnell deutlich, daß darüber hinaus die amerikanische Literatur ein normatives Kulturmodell vertritt. Vittorinis Interesse richtet sich keineswegs vordringlich auf den Innovationsaspekt literarischer Verfahren (wofür möglicherweise der europäische Roman des späten 19. und frühen 20. Jahrhunderts die besseren Beispiele abgäbe), sondern auf den Vermittlungszusammenhang von Literatur und Leben – seine imaginäre Projektion verlangt selbst schon die Mittel einer poetischen Prosa, die ihr Modell in der poetischen Sprache des Romans hat. Die einzelnen Abschnitte von Vittorinis Erläuterungen sind sozusagen Literaturgeschichte in der Form des Prosagedichts. Die Geschichte der Literatur (beispielhaft der amerikanischen) ist für Vittorini so etwas wie eine totale Geschichte, die alle anderen Geschichten, und namentlich die politische, umfaßt: *la storia per eccellenza dell'uomo*.[9] Sie ist allen anderen Formen des Bewußtseins überlegen und besitzt zugleich die Kraft zur Veränderung, sie ist Wissen und Handeln, Episteme und Praxis zugleich, nicht Mimesis, sondern Transformation von Wirklichkeit.[10]

Vittorinis Text setzt mit einer grundsätzlichen Orientierung ein, die gewissermaßen den Rahmen der Überlegungen bildet und die am Ende, im Hinblick auf die Perspektiven der Zukunft, noch einmal aufgenommen wird. Sie zielt auf das Verhältnis der amerikanischen Literatur zur Erde: „... la prima parola che ci venga in mente, e si fermi davanti a noi, e ci fermi, è quella stessa della terra."[11] Die amerikanische Literatur ist eine Literatur der Erde, ihrer Wahrnehmung und Entdeckung, Erschließung und Kultivierung, Eroberung und Verteidigung. In dieser Beziehung zur Erde liegt ihre Nähe zur Politik, nimmt sie Politik in sich auf, nicht dadurch, daß sie sich in einem abstrakten Engagement zur Magd der Politik machen würde. Vittorinis Text kreist um den 'Nomos der Erde' in der amerikanischen Literatur, um, wie es einige Jahre später heißt, einen „für jede geschichtliche Epoche wesentlichen, raumeinteilenden Grundvorgang", das „strukturbestimmende Zusammentreffen von Ordnung und Ortung".[12] Dieser Nomos mündet für Vittorini nicht in ein unendlich weiterlaufendes Teilen und Aufteilen, sondern schlägt schließlich utopisch in eine versöhnte Beziehung des Menschen zur ganzen Erde um. Weil es in der amerikanischen Literatur wesentlich um diesen Nomos geht, um die Einrichtung in jenem Raum, der die Erde für den Menschen ist, besitzt sie eine Dimension der 'Konkretheit', die ex negativo die Gefahr erkennen läßt, der die Literatur Europas ausgesetzt ist: die Abstraktheit.

Vittorinis Perspektive auf Amerika ist vitalistisch und sie postuliert die Übergänglichkeit von Leben und Literatur. Ungezähmte 'Wildheit' (*ferocia*) prägt das durch Konventionen nicht gefesselte Leben; literarisch manifestiert sie sich als eine *voce ruggente.* Die Metapher der brüllenden Stimme konnotiert nicht nur eine Opposition zum (toten) Buchstaben und zur Schrift insgesamt, sie faßt selbst noch die Stimme gleichsam vor dem Moment ihrer sprachlich-semantischen Artikuliertheit. Die wilde Stimme, in der Leben und Sprache zusammenfallen, wird zum durchgehenden Leitmotiv der Darstellung, von Jonathan Edwards bis zur Gegenwart. Zwar bietet die amerikanische Literatur auch Beispiele für eine Verfallsgeschichte der Literatur: psychologischer Roman, *verismo*, etc. sind Varianten der Literatur der neuen wie der alten Welt - an ihnen lassen sich die Sackgassen eines konventionalisierten Realitätsbezugs der Literatur ablesen, in die Vittorini selbst noch bis zu seinem Roman *Il Garofano rosso* sich verstrickt sah. Demgegenüber stehen aber zwei Epiphanien des Authentischen, wo die amerikanische Literatur die Dynamik des Lebens in sich aufnimmt, ohne ihm - wie im Naturalismus und im psychologischen Roman - seine Offenheit, die vitale Bewegung seiner 'Wildheit' zu rauben. Der erste Moment verbindet sich für Vittorini mit den drei großen Erzählern des 19. Jahrhunderts, Poe, Hawthorne und Melville. Die Wahl ist signifikant, weil sie den emphatischen Vorrang der poetischen Sprache verdeutlicht. Zwar werde die elementare Signatur des amerikanischen Lebens, seine Wildheit, auch bei Philosophen wie Ralph Waldo Emerson und Henry Thoreau zur Sprache gebracht, aber doch nur in einer spezifischen Brechung, nämlich als abstrakter Intellektualismus, der die Vitalität der Stimme, ihren Lebens- und Weltbezug bricht. Emerson und Thoreau laborieren an der Unerlöstheit der *astratti furori*,[13] die auch - unmittelbar vorher - den Ausgangspunkt, das unglückliche und vereinzelte Bewußtsein des Protagonisten in Vittorinis *Conversazione in Sicilia* ausmachten. Die Fülle des neuen Wortes des neuen Menschen, seine Konkretheit und 'Fleischwerdung' aber ereignet sich nur in den Fiktionen der großen Erzähler:

> Occorreva un'elevazione ulteriore, giungere a Poe, Hawthorne, Melville, per trovare parole veramente concrete. Costoro operavano proprio nel sangue, e scatenarono tutta intera la nuova forza.[14]

Eine Literatur der poetischen Entfesselung von Vitalität also, eine Literatur unter dem Pathos der Befreiung. Mit der wilden Stimme der Erzähler des 19. Jahrhunderts ist der

Panzer der Konvention durchbrochen, manifestiert sich eine neue, unvordenkliche Gestalt des Lebens, *un mondo nuovo* (*e ripresa dell'uomo nel mondo*).[15]

Noch einmal bricht eine authentische neue Gestalt des Lebens durch, und zwar im Werk jener 'neuen Klassiker', für die bei Vittorini vor allem Hemingway und Faulkner stehen. Ihre Romane stehen in einer dynamischen Beziehung von Vergangenheit, Gegenwart und Zukunft: sie schreiben das Werk ihrer Vorgänger fort, nehmen die Gegenwart in sich auf und drängen zugleich in eine offene Zukunft. Es mag auch hier überraschen, wie wenig Vittorini Momenten der Gebrochenheit, Negativität und Desillusion Aufmerksamkeit schenkt und wie wenig er auf die literarischen Verfahren der Romane zu sprechen kommt. Gleichwohl zeigt sich gegenüber der Diskussion der 'alten' Klassiker des 19. Jahrhunderts eine bezeichnende Akzentverschiebung, die auf Vittorinis eigene poetologische Problematik verweist. Die Kunst der modernen Klassiker sei, so heißt es, 'emblematisch': „Ma è duplice; per un lato riesprime, ancora legata al verismo, i simboli fittizi della realtà contemporanea; e per un altro lato crea simboli propri, ossia immagini della propria unità morale."[16] Damit aber wird von einer Spannung von Konvention und Innovation, einer Duplizität von tradierter Topik und poetischer Überschreitung ausgegangen. Das Neue muß sich erst gegen den Druck eingeschliffener Verfahren, deren Präsenz noch die eine Seite des Textes prägt, freispielen. Die poetologische Nähe, in der sich Vittorini zu den neuen amerikanischen Klassikern sieht, hat ihr Motiv genau in dieser Duplizität. Faulkners Dilemma liege etwa in einem Mangel an 'Wildheit', was sich im Text darin niederschlage, daß das Verhalten seiner Figuren nicht zu autonomen Symbolen sich verdichte, sondern naturalistischen Erklärungsmodellen unterzogen werde; ähnliches gelte für Hemingway: auch er neige immer wieder zu naturalistischen Verhaltenserklärungen. Damit ist aber nur die eine, rückwärtsgewandte Seite der Medaille benannt; auf der anderen Seite steht für Vittorini eine neue Kunst der 'Symbole', die als 'versiegelte Wörter' (*parole suggellate*) Bedeutungen zum Ausdruck bringen, die sich nicht diskursiv einholen lassen, weil sie auf neue Wirklichkeiten verweisen, die sich den alten Sprachen – denen der Literatur wie den Diskursen des Wissens – entziehen.

'Mondo offeso' und 'parole suggellate': *Conversazione in Sicilia*

Vittorinis imaginatives Konstrukt der Geschichte der amerikanischen Literatur ist schließlich selbst eine Art von (teleologisch angelegtem) 'Roman'.[17] Am Anfang stehen die Pilgerväter mit ihren *astratti furori*, in denen sich die Disjunktion von altem Dogma und neuer Erfahrung niederschlägt, am Ende steht eine 'neue Legende' der Erde und der Verortung des Menschen in den *parole suggellate* der modernen Klassiker, die in dem, was sie sagen, zugleich mehr, Anderes und Zukunftsträchtiges, zum Ausdruck bringen. Der Anfang ist ein Ende und das Ende ist ein neuer Anfang – diese Struktur eignet bei Vittorini sowohl der Geschichte als auch dem Roman. In den 'versiegelten Wörtern' der modernen Klassiker wird Sprache 'konkret' und körperhaft. Ihre Symbole denotieren nicht, sondern bringen zum Ausdruck[18] – und was sie zum Ausdruck bringen, ist eine neue, universelle Figur des Weltbezugs, durch die der Mensch 'mehr Mensch' (più uomo) wird.

Unverkennbar bilden die Texte zu *Americana* weniger eine Literaturgeschichte als eine Reflexion zentraler Aspekte von Vittorinis eigener Poetik. Er nimmt in ihnen ein Thema auf, das er kurz zuvor in seinem berühmtesten Roman, der *Conversazione in Sicilia*, in den Mittelpunkt gerückt hatte. Vittorini hatte den Roman vor der Arbeit an *Americana* geschrieben, er war zunächst 1938-1939 in der Zeitschrift *Letteratura* erschienen, die erste Buchausgabe, noch unter dem Titel *Nome e lagrime*,[19] kam 1941, dem Jahr vor *Americana*, heraus. Es ist aber keineswegs nur die zeitliche Nähe, die dazu veranlaßt, die Literaturgeschichte als gewissermaßen umwegige Reflexion auf die Thematik und Poetik der *Conversazione* zu lesen. Vielmehr werden bereits im Text der *Conversazione* selbst jene Motive zur Sprache gebracht, aus denen sich die Verlaufsfigur der *Americana*-Texte speist. Der individuelle Weg des Protagonisten des Romans ist auf die Oppositionen der amerikanischen Literatur abbildbar – auch er bewegt sich zwischen *astratti furori* und *parole suggellate*.

Die *Conversazione* setzt mit einer Selbstdiagnose des Ich-Erzählers ein:

Io ero, quell'inverno, in preda ad astratti furori. Non dirò quali, non di questo mi son messo a raccontare. Ma bisogna dica ch'erano astratti, non eroici, non vivi; furori, in qualche modo, per il genere umano perduto.[20]

Silvestro Ferrauto laboriert an 'gestaltloser Wut', deren spezifische Qualität er allerdings nicht erörtert: sie ist der Ausgangspunkt, nicht das unmittelbare Thema seines Schreibens. Indem er sich retrospektiv auf sie zurückwendet, spricht er allerdings schon von einem Punkt, von dem aus sie distanziert sind. Es liegt nahe, der verweigerten Explikation der *astratti furori* eben jene Diagnose zu supplementieren, die der Autor selbst Autoren wie Emerson und Thoreau stellen wird: als Sklaven von Vorurteilen, Konventionen und Hemmungen proklamieren sie in der Sprache des Diskurses die Notwendigkeit der Befreiung des Menschen, vermögen aber selbst nichts anderes als *separazione, astrazione, solitudine individuale*[21] zu lehren. Der abstrakte Furor Silvestros bezieht sich auf einen Zustand, in dem das Ich die alten Zwänge bereits intellektualistisch distanziert hat, ohne aber anders auf sie als durch Grenzziehung, Isolierung und Vereinsamung reagieren zu können. Indem Silvestro das Übel beklagt, ist er darüber hinaus; indem er es in einer Sprache der Abstraktion tut, ist er noch mittendrin. Der Eingangsabschnitt des Romans inszeniert die Abstraktheit von Silvestros Befinden im beziehungslosen Nebeneinander von alltäglichem Mißlingen und abstrakt-metaphysischem Protestgestus: seine Befindlichkeit ist ein Zustand der Negativität, der wesentlich über Negationen und abstrakte Begriffe der Privation und des Mangels buchstabiert wird.[22] Was ihm fehlt, ist Vermittlung, Kommunikation, Zugänglichkeit der Welt, deshalb sind seine Leidenschaften abstrakt und nicht heroisch (oder lebendig). Die Aporie seiner Situation verdoppelt sich noch einmal im Gegensatz von Namen und Beruf: der Name Silvestro suggeriert eine konkrete Beziehung zur Erde und zur Natur, der Beruf (er ist Setzer) weist ihn aus als Medium des fremden Wortes. Silvestro bringt die Worte der anderen in die Form des Druckes, aber er liest sie selbst nicht: die einzige Lektüre, zu der er sich noch fähig fühlt, ist das Wörterbuch.

Wo das abstrakte Unbehagen, die Paradoxie desperater Ruhe, in sich selbst kreist, rettet nur konkrete Veränderung. Ihr Programm eröffnet sich für Silvestro als Heimkehr, Rückkehr zu den Ursprüngen. Vittorinis Held ist ein passiver Held, ein Anti-Held: es ist weder ein Bildungsanspruch der Subjektivität noch der Anspruch der Tat, die ihn in die Welt und zu deren Veränderung treiben, sondern seine Leere und Passivität bedarf der Provokation von außen. Die Illusionen der Revolte gegen väterliche Autorität und schulisch-gesellschaftliche Zwänge hatte Vittorini bereits in seinem vorhergehenden Roman, *Il garofano rosso*, am Beispiel des Ich-Erzählers und Protagonisten Alessio Mainardi durchgespielt. Die Funktion der externen Katalyse übernimmt in der *Conversazione* gerade ein Brief des Vaters, der dem Sohn die überraschende Trennung von der in Sizilien verbliebenen Mutter mitteilt. Bereits die Kalligraphie des väterlichen Briefes sprengt die graue Immanenz der Gegenwart: das Wiedererkennen der Schrift des Vaters öffnet den Zugang zur verschütteten Welt der Kindheit, der Heimat.[23] Die Reise nach Sizilien steht damit von vornherein unter dem Aspekt, eine Reise in die eigene Kindheit zu sein, und – als Negation der Negativität – zugleich eine Reise der Selbst- und Weltentdeckung. Silvestros Reise ist eine Reise in seine *mitologia personale*[24] – aber diese Reise ist keine bloße Exploration unbewußter Prägungen, sondern bleibt bezogen auf die Ausgangssituation: die abstrakte Negativität der Beziehung zur Welt.

Auf den Brief des Vaters, der Silvestro den Zeithorizont der Vergangenheit öffnet, reagiert er, indem er sich selbst und seine Situation in einen mythischen Horizont einschreibt, den des 'Herkules am Scheideweg', dessen moralische Alternative er gewissermaßen im Gegensatz von Schrift und Musik wiederholt. Auf der einen Seite steht die abstrakte Welt der katastrophischen Zeitungsnachrichten und der Wörter im Wörterbuch, auf der anderen steht die Lebendigkeit einer bislang in unzugänglichen Tiefen verborgenen inneren Klagemusik:

Mi trovai allora un momento come davanti a due stradi, l'una rivolta a rincasare, nell'astrazione di quelle folle massacrate, e sempre nella quiete, nella non speranza, l'altra rivolta alla Sicilia, alle montagne, nel lamento del mio piffero interno ... (I, 574ff.)[25]

In der hoffnungslosen Ruhe zeichnet sich etwas ab, was noch nicht gestalthaft ist, dessen Richtung aber in die Vergangenheit, in die Topik der eigenen Kindheit zielt. Die Reise selbst gewinnt Form in einer Sukzession von Gesprächen, in der das Gesagte offen ist für Ungesagtes, für andere Semantiken: die Reise ist ein Gespräch, in dem sich die Welten der Vergangenheit und der Gegenwart, des Gedächtnisses und der Phantasie kreuzen.

Bereits die ersten Gespräche Silvestros tragen zum Aufbrechen der Immanenz seines abstrakten Weltbezugs bei. Auf der Fähre trifft er einen Sizilianer mit Frau und Kind, der ihn, den Fremden, für einen Amerikaner hält. Das Gespräch entwickelt sich aus der konkret-sinnlichen Realität des Essens heraus – vor allem aus der befremdlichen Wahrnehmung, daß der Sizilianer seine mitgebrachten Orangen mit einem Gestus der Verzweiflung schält. Während Silvestro Brot und Käse mit neuem Enthusiasmus verzehrt, weil ihm in der Sinnlichkeit des Essens die alte, eigene Welt der Kindheit wieder aufzusteigen scheint, wird er durch den paradoxen Gestus des Sizilianers, der die Orange voller Verzweiflung schält und das anschließende Gespräch über die 'verfluchten Orangen' zu einer metonymischen Bewegung des Sinns veranlaßt, die von den Orangen auf das Faktum des bäuerlichen Elends zielt. Die elementare Szene des Essens ist beispielhaft: immer wieder (und vor allem in der Welt der Mutter) werden Essensszenen, die Sinnlichkeit von Geschmack und Geruch, eingesetzt, um den Horizont einer geschlossenen und abstrakten Gegenwart aufzubrechen und im parallelen Gespräch sich in die Welt der Kindheit voranzutasten, um über sie zugleich die Gegenwart neu zu erschließen. Der Proustsche Gestus einer *mémoire involontaire* ist nur ein Aspekt einer Bewegung, die in die Gegenwart zurückläuft.

Silvestros weitere Reise ins Innere Siziliens, in die Tiefe der Zeit und in die Zugänglichkeit der Welt, ist nach dem Modell eines allegorischen Stationenweges inszeniert. Der erste Teil, mit gelegentlich deutlich satirischer Tendenz, berichtet von den Gefährten der Reise: die Konfrontation mit staatlicher Macht und Willkür in Gestalt der beiden, nur durch die namengebende Minimalunterscheidung differenzierten Polizisten Coi Baffi und Senza Baffi, die Begegnung mit der auf Dante (*Par.* XVII, 70-72) zurückverweisenden Gestalt des Gran Lombardo, der Silvestro zum ersten Mal den Zeithorizont der Zukunft öffnet, indem er von einem neuen Bewußtsein und 'neuen Aufgaben' spricht.[26] Der zweite Teil erzählt die Begegnung mit der Mutter, den Eintritt in eine neue *quarta dimensione* (I, 600), wobei wiederum den Essensszenen eine besondere Funktion als Orte der sinnlich-sprachlichen Vermittlung von Gegenwart und Vergangenheit zukommt;[27] der Zusammenhang des 'Familienromans' konstituiert sich vor allem durch den Gegensatz des (von der Mutter verehrten) Großvaters und des Vaters, der den Frauen nachläuft, Shakespeare deklamiert und sich selbst als Dichter versucht, aber angesichts der fundamentalen Ereignisse des Lebens wie der Geburt der Kinder nur mit hilfloser Empfindsamkeit zu reagieren vermag. Im dritten Teil begleitet Silvestro die Mutter bei ihrem Rundgang durch das Dorf, wo sie den Kranken Spritzen verabreicht: die Reise nimmt eine *nuova ripresa* (I, 634), das sizilianische Dorf wird im *giro delle iniezioni* zum Ausgangspunkt einer Initiation, in deren Verlauf die Mutter den Sohn in die Welten der Sexualität und des menschlichen Leids einführt. Nicht mehr die eigene Welt des Familienromans steht nunmehr im Vordergrund, sondern der exemplarische Charakter, den sowohl Mutter wie Sohn, wenn auch in unterschiedlicher Weise, der Welt Siziliens beimessen. Die Mutter konfrontiert den Sohn mit der Sexualität der Frau, indem sie ihm während des Rundgangs die Nacktheit der Frauen enthüllt – Silvestro gewinnt ihr gegenüber Autonomie, indem er sich den Demonstrationen der Mutter schließlich verweigert. Vor allem aber öffnet die Mutter – ohne diesen Zweck zu verfolgen – Silvestro die Erfahrung von Leid und Krankheit, die ihm den Blick auf die Menschheit, den *genere umano* insgesamt öffnet. Damit vollzieht sich ein entscheidender Schritt: Silvestro tritt aus der Passivität heraus in eine neue Aktivität des Fragens und er überschreitet die Konkretheit des Gegebenen im Interesse einer neuen, abstrakten Allgemeinheit.[28] Der Roman bricht in seinem axialen dritten Teil entschieden aus der Relation individueller Gegenwart und Vergangenheit aus, um die Wirklichkeit Siziliens als eine exemplarische zu begreifen: das Leiden Siziliens wird zum Paradigma der 'gekränkten Welt', des *mondo offeso* insgesamt, das Leiden der Sizilianer exemplifiziert das Leiden der Welt. Man könnte sagen, daß sich Silvestro an dieser Stelle, wo er sich aus der elementaren, Vergangenheit und Gegenwart vermittelnden Sinnlichkeit von Geruch und Geschmack gelöst hat, um ihn durch den 'abstrakten' Sinn des Auges zu ersetzen, zu einer neuen Form der Weltneugier gefunden hat, die sich der abstrakten Ruhe des Romananfangs entgegensetzt. Diese Neugierde manifestiert sich vor allem in unkonventionellen Fragen: Silvestro stellt seiner Mutter *strane domande,* weil er ihre *strane risposte* (I, 646) hören möchte – Antworten, die die Fraglosigkeit, mit der die Mutter ihren Tätigkeiten nachgeht, aufbrechen sollen. Zentrum der Fragen aber ist die Bedeutung des *essere uomo* oder *più uomo:*[29]

> Ma forse non ogni uomo è uomo; e non tutto il genere umano è genere umano. Questo è un dubbio che viene, nella pioggia, quando uno ha le scarpe rotte ... e vede, al di là di se stesso, i massacri del mondo ... Uno perseguita e uno è perseguitato; e genere umano non è tutto il genere umano, ma quello soltanto del perseguitato. Uccidete un uomo; egli sarà più uomo. E così è più uomo un malato, un affamato; è più genere umano il genere umano dei morti di fame. (I, 646)[30]

Die Fragen, die in Silvestros desperater Ruhe angelegt waren, aber noch stumm blieben, treten nunmehr hervor. Auf die konkreten Verrichtungen und Sorgen der Mutter (etwa, daß die Kranken die Spritzen nicht bezahlen könnten) antwortet Silvestro mit verfremdenden Fragen, auf die er Antworten haben möchte, die den vertrauten Umkreis der eigenen, vergangenen wie gegenwärtigen Welt sprengen. Dieser Gestus ist selbst zweideutig, notwendig wie auch problematisch. Zum einen erfüllt Silvestro jene Form exemplarischer Paradigmatisierung der dargestellten Welt, die der Autor der *Conversazione* auch dem Leser des Romans zumutet. In der Tat hat Vittorini an das Ende des Textes eine Bemerkung gestellt, die die autobiographische Dimension herunterspielt, um Sizilien zu einem Exemplum zu machen. Vittorinis Interpreten haben diesen Stellvertretungscharakter der dargestellten Wirklichkeit allemal fraglos vorausgesetzt, wenn sie den Roman als politische Allegorie oder als Wiederkehr von Archetypen lasen. Auf der anderen Seite aber verfällt Silvestro mit seinen *strane domande* selbst wieder in Abstraktion: er überläßt sich nicht mehr einer elementaren und unwillkürlichen Sinnlichkeit, um die Öffnung der Zeiten und der Welt im Gespräch ereignishaft Realität werden zu lassen, sondern versucht selbst in der Herstellung abstrakter Sinnkonstellationen Allgemeingültigkeit zu erzwingen. Es ist kein Zufall, daß gerade im Zusammenhang mit diesen Passagen von der Kritik am nachhaltigsten der Vorwurf ideologischer Simplifikation erhoben wurde: als Roman über die faschistische Epoche entfalte er eine nur moralische (und damit verharmlosende), aber nicht historische (politische, soziale, oder ökonomische) Vorstellung des Faschismus. Damit wird nun allerdings übersehen, wie stark Vittorini die Sprache seines Protagonisten selbst mit der Hypothek sprachlicher Fremdheit und Verfremdung belädt: die *strane domande* und die *strane risposte* überschreiten die Welt Siziliens, produzieren aber nicht schon das, was sich als Intention des Textes ausweisen ließe.

Der vierte Teil des Romans ist für diese Frage einschlägig: für eine politisch gemünzte Allegorese des Romans hatte er immer schon zentrale Bedeutung. Er steht unter der von Silvestro gemachten Voraussetzung, daß Sizilien und die Welt wesentlich identisch sind: „... Sicilia o mondo era la stessa cosa." (I, 663) und hat die Form eines Panoramas divergierender Antworten auf die Frage, weshalb die Welt ein *mondo offeso* sei und wie sich dem abhelfen lasse. Beim Abstieg in das 'reine Herz' Siziliens begleiten Silvestro eine Reihe emblematischer Figuren, die allesamt ihre eigenen Diagnosen und Therapien für den *mondo offeso* haben; Calogero, der Scherenschleifer, träumt von Gewalt, von scharfen Messern und geschliffenen Zähnen und Fingernägeln; der Sattler Ezechiele, der in seiner unterirdischen Werkstatt an einer *storia del mondo offeso* (I, 673) schreibt, predigt eine Religion des Mitleidens, Porfirio, der Tuchhändler, setzt auf den neutestamentlichen Mythos des lebendigen Wassers, Colombo schließlich, der Wirt, setzt auf die reinigende Wirkung des Weines, der freilich in dieser Situation nicht zur Bekräftigung eines Bundes (wie im Abendmahl, auf das die Szene parodistisch anspielt), sondern zur lähmenden Besinnungslosigkeit führt. Man hat wiederholt versucht, Silvestros Begleiter mit den verschiedenen antifaschistischen Bewegungen der dreißiger Jahre, vom revolutionär-terroristischen Attentismus über die (durch Ezechiele verkörperte) intellektuelle Opposition bis zu einer christlichen Demutshaltung zu identifizieren. Wesentlicher ist vielleicht noch, daß Vittorini der Figur jeweils eine Differenz zwischen dem, was durch den Namen suggeriert wird und dem was sie sagt und tut, eingezeichnet hat.[31] Silvestro fühlt sich zunehmend in eine Versammlung von Schatten und Geistern verwickelt: „... le parole furono notte nella notte e noi fummo ombre ..." (I, 680) Wie vorher gegenüber der Mutter, so sieht er sich auch jetzt wieder gezwungen, auf Distanz zu gehen – aber diese Distanz bezieht sich auch auf seine eigene ideologische Verstrickung. Seine Begleiter sind keine Führer, sondern Wesen aus einem Schattenreich, dessen illusionäre Qualität sie im Wein ertränken; Silvestro erkennt, indem er für sich die Erfahrung des platonischen Höhlengleichnisses wiederholt, daß er in der Tiefe des Schattenreiches die Welt nicht gefunden hat: „... in questo non c'era mondo ..." (I, 686).

Der fünfte Teil des Romans führt demgegenüber einen Eintritt in die Welt vor, der allerdings von Silvestro als ein phantasmagorischer erlebt wird, der zwischen Alptraum und Inszenierung schwankt: auf der einen Seite steht der durch den Wein wehrlose

Mensch, der Opfer der *Fantasime di azioni umane* wird, auf der anderen Seite die artistische Inanspruchnahme dieser Gespenster unter dem Zeichen von *Shakespeare o mio padre shakespeariano* (I, 688). Zugleich schließt Silvestro damit seinen anthropologischen Durchgang durch die Armatur der Sinne ab: in den Vordergrund tritt nunmehr das Hören des Wortes.

Auf dem nächtlichen Dorffriedhof, wohin er unabsichtlich geraten ist, wird Silvestro mit dem Geist seines (wie sich herausstellen wird: vor einem Monat gefallenen) Bruders Liborio konfrontiert - die angemessene Wiederkehr eines Sohnes, dessen Vater ein Shakespeareenthusiast ist. Der Geist Liborios kehrt zurück wie der von Hamlets Vater: seine Erscheinung scheint Wahrheit und Tat angesichts des „foul and most unnatural murder" (*Hamlet*, I, 5, 25)[32] zu fordern. Silvestro, der die 'gekränkte Welt' apostrophiert, antwortet eine *terribile voce* mit der enigmatischen Interjektion *Ehm!* Die Erscheinung des erst später identifizierten Liborio spielt noch einmal die beiden Welten der Kindheit und der Gegenwart des *mondo offeso* ineinander. Die Sprache des Bruders, die die beiden Welten in abrupten Konfrontationen aufeinanderprallen läßt und sich immer wieder in die denotationsverweigernde und zugleich bedeutungskonnotierende Interjektion zurückzieht,[33] wird von diesem selbst als ein *parlar figurato* (I, 693) charakterisiert. Wenig später erreicht die Mutter tatsächlich die Nachricht vom Tod des Sohnes. Die Trauer wird zunächst in einer verlogenen Trostrhetorik, in die auch Silvestro einstimmt, abgearbeitet. Dann aber werden die phantasmagorische Wahrheit der Erscheinung auf dem Friedhof und die Sprache der offiziellen Rhetorik des *pro patria mori* in einer Szene, die die Prozession der Figuren des Romans in eine phantastische Simultaneität bringt, noch einmal enggeführt. Silvestro bringt die Statue einer nackten Frau in Verbindung mit seinem gefallenen Bruder, dessen 'Geist' ihm nachts auf dem Friedhof erschienen war. Er verfällt zunächst einer Rhetorik, die das Denkmal als eine Form der Heldenverehrung begreift. Die bedrängende Präsenz des toten Bruders, der ein exemplarisches Opfer des *mondo offeso* ist, wird ein letztes Mal in der Eindimensionalität verfestigter offizieller Bedeutungen verdrängt. Dann bricht die Doppelbödigkeit der Wirklichkeit durch: aus Silvestro spricht eine zweite Stimme, die des toten Bruders. Der abschließende Polylog der Romanfiguren wird unterbrochen durch die Rekurrenz der Interjektion *Ehm!*, die unwillkürlich aus Silvestro hervordringt. Sie sprengt die eindimensionale Semantik, indem sie Semantik verweigert. Den erstaunten Zuhörern erläutert sie Silvestro als eine *parola suggellata.* Die vom toten Bruder im lebendigen Bruder hervorgebrachte Interjektion wird zum 'versiegelten Wort', dessen Bedeutungsmangel als Sog wirkt, sie mit Bedeutungen zu besetzen: die Polizisten vermuten Unbotmäßigkeit, die anderen Figuren signalisieren ein Verstehen, ohne dessen Inhalt zu spezifizieren. Die Verweigerung der Semantik wird zum Appell an den Leser, das versiegelte Wort, in dem sich die in den Begleittexten zu *Americana* entworfene Utopie des poetischen Wortes realisiert, zu entschlüsseln.

Jede Sprache, so wird Vittorini später formulieren, ist auch Nicht-Sprache (*non-linguaggio*) - um so mehr, je mehr sie ästhetische Funktion hat: sie vereinigt zwei Strukturen in sich, eine Struktur sprachlicher Manifestation und eine der Retizenz.[34] Sein Roman einer Reise, die sich als Dialog oder Sequenz von Dialogen realisiert, ist in diesem Sinne ein Roman der Verdoppelungen: die jeweils aktuelle Welt verweist auf eine andere, die Gegenwart auf die Vergangenheit, diese zurück auf eine neuverstandene Gegenwart. Daß alles zweimal wirklich sei (I, 604: *tutto reale due volte, e in viaggio, quarta dimensione*), ist eine Erfahrung, die Silvestro im Zusammentreffen mit der Mutter macht und die dann ausgreift. In der Struktur des Romans erweist sich der - aus elementaren Erfahrungen der Sinnlichkeit herauswachsende - Dialog als Mittel, das Gesagte immer wieder im Hinblick auf ein Ungesagtes zu verdoppeln, den Leser zum Aufdecken möglicher Implikationen zu treiben. Indem der Dialog durch Wiederholungen, Variation und Parallelismen Strukturmerkmale der Lyrik zitiert, konnotiert er die Expressivität des Lyrischen. „Wiederholungen aller Art bilden ... ein Sinngewebe von großer Komplexität, das sich über das allgemeinsprachliche Gewebe legt ...“[35] Der Dialog, der zwischen den Figuren und am Ende in der Figur des Protagonisten selbst spielt, ist der Ort der versiegelten Wörter: er verdoppelt die Oberfläche (des Dialogs, des Ich) durch eine Tiefe, die sich auf der Oberfläche durch das Gelingen oder Scheitern des Verstehens manifestiert. In der *Conversazione* schwanken die Dialoge der Figuren, in denen das Gesagte endlos anaphorisch wiederaufgenommen wird, beständig zwischen der Grenze der Verständnislosigkeit und der eines Verständigtseins, dessen Grund dem Leser entzogen bleibt. In beiden Fällen sieht er sich gezwungen, dem manifesten Gespräch eine zweite Ebene zu supplementieren: unter der *conversation* verläuft eine *sous-conversation*,[36] deren Aufgabe es ist, den 'Untergrund' (*sottosuolo*) des Menschen aufzudecken, *per approfondire, per rendere concrete, o comunque per affiancare le esigenze di rinnovamento*[37] – Tiefe, Konkretheit, Erneuerung, damit sind die Vektoren benannt, unter deren Anspruch die immanente Poetik der *Conversazione* steht.

Die im Roman selbst in der Metapher des versiegelten Wortes thematisierte Differenz von Gesagtem und Ausgedrücktem hat sich in der Rezeptionsgeschichte in zwei dominanten Typen von Bedeutungszuschreibungen niedergeschlagen, die die Differenz in jeweils eine bestimmte Richtung festschreiben. Dem Roman wird entweder eine mythisch-archetypische oder eine politisch-allegorische Bedeutung zugeordnet. In zwei Aufsätzen aus den sechziger Jahren hat beispielsweise Franca Bianconi Bernardi[38] eine Lektüre vorgeschlagen, für die der Roman im wesentlichen erzählerische Inszenierung mythisch-archetypischer Grundsituationen darstellt. Im Rekurs auf Autoren wie Bachelard, Eliade, aber auch die morphologische Märchenanalyse Propps erscheint der Roman als eine Dehistorisierung des Historischen, als Rettung vor dem Schrecken der Geschichte, als Wiederholung des Mythos vom Helden, der sich und in sich selbst die ewige Substanz des Menschen entdeckt.[39] Der neue Mythos der *Conversazione* ist kein anderer als der alte: Vittorinis 'Arbeit am Mythos' (H. Blumenberg) erzählt noch einmal ein archetypisches Grundmuster, das sich immer schon in so heterogenen Erzählformen wie dem Märchen, dem Epos und dem Roman wiederfinden läßt. Die Überfahrt nach Sizilien wiederholt dann die Überfahrt der Handelsreisenden über den Acheron, die Verabreichung der Injektionen wird als Initiationsritus verstanden, der Silvestro mit dem Leiden, aber auch der Sexualität vertraut macht – die Mutter selbst wiederholt an dieser Stelle als Herrin zweier Welten die mythologische Figur der Proserpina; die Friedhofsszene ist natürlich ein klassischer *descensus ad inferos*.

Dem gegenüber steht die Entschlüsselung des Romans als historisch-politische Allegorie des Faschismus, eine Dimension, die meist auch von den Apologeten einer mythologisch-archetypischen Lektüre konzediert wird. Das mythische Substrat ist nur ein Moment der dargestellten Welt, wie Bianconi Bernardi einräumt. Die mythische Referenz funktioniert nicht nur als Abwehr von Geschichte und Politik, sondern auch als deren indirekte, vermittelte Darstellung, der Mythos wird zum Medium, das auszudrücken, was unter den historischen Bedingungen des Faschismus gar nicht anders darstellbar war. Den Apologeten einer politischen Allegorese ist das allerdings zu wenig, das mythische Substrat meist ohnehin verdächtig. Sie klagen die Dekodierung der „eigentliche(n), politische(n) Botschaft“[40] des Romans ein. Beide Lektüremodelle allerdings, die der Archetypenforscher und die politische Allegorese unterwerfen den Roman den konstituierten Diskursen dessen, was Vittorini *lo storico-sociale* nennt, und bezahlen ihre Einsichten mit der Blindheit für die Artistik der Vielschichtigkeit, die die *Conversazione* weit mehr als jeden anderen Roman Vittorinis auszeichnet – eine Vielschichtigkeit, in der allererst der Zukunftsvektor einer Utopie ohne Begriff ins Spiel kommt.

Engagiertes Melodrama

Nur einmal sah sich Vittorini, der die modernistische Skepsis im Hinblick auf die Möglichkeit der poetologischen Explikation der eigenen Texte teilte, genötigt, einem Roman ein erläuterndes Vorwort beizugeben: dem frühen Roman *Il garofano rosso*, der erst 1948, fünfzehn Jahre nach seiner Abfassung, erschien. Das Vorwort wird zu einer poetologischen Selbstverortung, die seine gesamte Romanproduktion einbezieht. Sie wird unumgänglich, weil sich zwischen den Text und seine späteren Rezeptionsbedingungen eine doppelte Distanz schiebt: auf der einen Seite die – eher implizit vorausgesetzte – Diskontinuität der Historie mit der Erfahrung von Faschismus und zweitem Weltkrieg (inklusive der Vittorinischen 'Konversion' vom Linksfaschismus zum Marxismus), auf der anderen Seite die explizit entfaltete Differenz von traditioneller und moderner Romanpoetik: *Il Garofano rosso* steht für seinen Autor im Zeichen einer „estetica romanzesca oggi tradizionale" (I, 439). Ihr Kern, so Vittorini, ist ein psychologischer Realismus, der die Wahrnehmung der dargestellten Welt orientiert: er konstituiert ein eingespieltes Repertoire von Darstellungskonventionen, dessen Antiquiertheit nicht nur damit zu tun hat, daß seine epistemologischen Voraussetzungen fragwürdig geworden sind, sondern auch damit, daß er ein verfehltes Modell der Beziehung des Textes zu seiner Diskursumgebung unterstellt: so als würde der Romancier sich souverän aus deren Angeboten bedienen.

Man könnte Vittorinis retrospektive Ablehnung des psychologischen Realismus (oder Naturalismus, oder Verismus) auf die Formel bringen: Realismus als Realitätsverlust. Der psychologische Realismus konstituiert Wirklichkeit nach der Maßgabe eines vorgängigen konzeptuellen Rahmens, der ihn gegen Erfahrung abdichtet. Vittorini erläutert den Sachverhalt mit einer autobiographisch zentralen Episode. Er hatte 1933 begonnen, den noch unabgeschlossenen Roman in der Florentiner Literaturzeitschrift *Solaria* zu veröffentlichen, als er eine Reise nach Mailand unternahm. Diese wird zur Epiphanie wiedergewonnenen Weltbezugs – einer affektiven Beziehung zu den Dingen und den Namen, die wiederum (wie in der *Conversazione*) das Vorbild der Kindheit aufruft. Die Texte vor dieser Schwelle – etwa die Erzählungen in *Piccola borghesia* und eben der *Garofano rosso* – besitzen für den Autor nunmehr Indexcharakter für die Suche nach der verlorenen Wirklichkeit, sie sind Dokumente der Vergangenheit, nicht gegenwärtige Kunst:

> mi accadeva proprio ora di riprendere con le cose e col mondo il contatto alla cui mancanza, o alla cui ricerca, ora febbrile, ora incredula, m'ero sempre ispirato nel mio scrivere. (I, 426)[41]

Gegen die realistisch-naturalistische Ästhetik setzt Vittorini sein eigenes Konzept des Romans als 'Melodrama'. Dieser Rekurs auf ein Genre mit eher mediokrer Reputation mag zunächst überraschen, reiht sich aber in eine in moderner Literatur häufiger zu beobachtende Tendenz – von Mallarmé über T.S. Eliots *Four Quartets* bis zu Celans *Todesfuge* – literarische mit musikalischen Strukturen in Analogie zu setzen. Andererseits ist das Melodrama immer schon ein hybrides, Drama und Musik integrierendes Genre. Genau auf diese Übergänglichkeit von Sprache und Nicht-Sprache zielt Vittorini mit seinem Konzept des 'melodramatischen Romans',[42] mit dem er noch einmal eine Utopie des Poetischen skizziert und eine literarische Standortbestimmung unternimmt. Ich möchte den Sachverhalt an drei Aspekten profilieren: 1) dem poetischen Wort eignet eine magische Qualität. Im Roman als Melodrama ist das geschriebene Wort kein totes Ding, sondern Erkenntnis und Verwandlung der Welt in einem: die Aufgabe des Schriftstellers erfordere, so Vittorini, den Glauben an die Magie, daß ein Adjektiv oder Adverb etwas zu entdecken oder zu erreichen vermag, was sich dem Zugriff der Vernunft verschließt (I, 424). Damit wird der Roman zugleich zu einem Füllhorn des Sinns: heute glaube er, so Vittorini euphorisch, in vier Worten mehr zu sagen als vorher auf mehreren hundert Seiten. Für den Romancier gibt es unter dieser Voraussetzung nicht die Vielzahl der (partialen) Bücher, sondern nur das eine, jeweils zu schreibende Buch, das die Erschließbarkeit der Welt sichert, weil es als absolut gegenwärtiges Projekt die Wahrheit immer wieder, auch in der Variation, ganz sagen will, „come se non potesse esservi al mondo che un libro solo." (I, 429)

2) Vittorinis Manifest richtet sich nicht nur gegen abgelebte Formen des Romans, es hat, indem es der Dissoziation von Poesie und Prosa opponiert, einen aktuellen, wenn auch implizit bleibenden Gegner. Vittorini setzt sich in einen deutlichen Gegensatz zu jener Poetik des Engagements, die Sartre *in Qu'est-ce que la littérature* ausarbeitet, und die eine ihrer Grundvoraussetzungen in der Trennung von Poesie und Prosa, von *poète* und *écrivain* hat. Sartre läßt im ersten Kapitel (*Qu'est-ce qu'écrire*) seines Buchs Poesie und Prosa radikal auseinanderfallen, indem er sie auf ein konträres Verhältnis zur Sprache festlegt. Sein Ausgangspunkt ist die Frage nach der Möglichkeit engagierter Literatur – beantwortet wird sie durch Überlegungen zum Zeichenbegriff, die eine Grenze zwischen Poesie und Prosa ziehen. Damit geht ein Riß durch die 'Literatur'. Für den (Prosa-) Schriftsteller ist die Sprache ein Werkzeug, die Wörter Zeichen, die auf die Welt verweisen. Der Dichter weigert sich, die Sprache utilitaristisch aufzufassen: die 'poetische Einstellung' (*attitude poétique*) tilgt den Werkzeugcharakter der Sprache, indem sie die Wörter als Dinge, als *mots-choses* auffaßt.[43] Weil der Dichter die Sprache nicht zum Werkzeug macht, wäre es abwegig, ein 'poetisches Engagement' einzuklagen. Für den Schriftsteller hingegen sind die Wörter nicht selbst Objekte, sondern Bezeichnungen von Objekten, derer er sich bedient. Weil er die Wörter als Werkzeuge verwendet, ist für ihn Schreiben Handeln: „L'écrivain est un parleur; il désigne, démontre, ordonne, refuse, interpelle, supplie, insulte, persuade, insinue."[44]

Angesichts der Differenz des Verhältnisses zur Sprache fallen die Welten des Dichters und des Schriftstellers, der Poesie und der Prosa, der Kontemplation und des Engagements, auseinander. Nur im Hinblick auf den Schriftsteller ist die Frage nach dem Zweck des Schreibens legitim, ja unumgänglich: er weiß (oder sollte wissen), daß Schreiben Handeln ist. Weil er die Wirklichkeit enthüllt, um sie zu verändern, ist sein Schreiben ein Appell an die Verantwortung des Lesers. Sartres radikaler Schnitt zwischen Poesie und Prosa ist jene Position, der sich Vittorinis Poetik des Romans entgegensetzt, indem sie sich gegenläufig und grenzüberschreitend gerade auf die Musik beruft. Im Gegensatz zum *linguaggio dei concetti* (I, 432) und seinen expliziten und rationalen Bedeutungen soll die poetische Sprache des melodramatischen Romans zugleich Nicht-Sprache, 'Musik' sein. Sie zielt auf einen Darstellungstypus, der durch die dargestellte Welt hindurch eine umfassende, bislang unzugängliche Gestalt des Weltbezugs, *un sentimento complessivo o un'idea complessiva* (I, 431), ein *grande sentimento generale, di natura imprecisabile* (I, 434) zum Ausdruck bringt. Der melodramatische Roman wird damit zum komplexen Superzeichen, das sich über der Diskretheit seiner einzelnen Zeichen aufbaut.

3) Für Vittorini, den Typus des engagierten Intellektuellen, muß deshalb der Begriff des Engagement (*impegno*) einen anderen Sinn haben als den durch Sartre in Kurs gesetzten. In einer Stellungnahme für die *Rencontres Internationales de Genève* (1948) unternimmt es

Vittorini, seine eigene Konzeption engagierter Kunst zu verdeutlichen. Dabei bestreitet er energisch – und der polemische Bezug auf die Terminologie Sartres ist unverkennbar – die Möglichkeit der 'Wahl' des Engagements: „Io nego che uno scrittore (o un pittore, o un musicista) possa impegnarsi a lavorare in un senso piuttosto che in un altro, e poi averne qualche risultato valido."[45]

Die Reflektiertheit der Wahl (und damit die Möglichkeit von Alternativen) führt zu einer intellektualistischen Sprache des Begriffs. Es gibt demgegenüber auch ein nichtkontingentes, nichtgewähltes 'natürliches' Engagement, das Vittorini mit dem Fundus vorbewußter kollektiver Erfahrungen in Verbindung bringt, denen der Schriftsteller Ausdruck verleiht. Es entzieht sich damit dem Zugriff des Willens. Das 'natürliche' Engagement operiert in der *longue durée* und unter der Oberfläche der Erscheinungen. Nur insofern es nicht *engagement velleitario* ist, vermag es sich der Ideologie und der Entfremdung zu entziehen. Die Wirklichkeit, die in ihm zur Erscheinung kommt, ist nicht die der an der Oberfläche treibenden Meinungen, sondern eine stumme Tiefendimension der Affekte. Indem der Roman diese zur Sprache bringt, legt er eine Dynamik frei, die über die gegebene Gestalt der Wirklichkeit hinausdrängt.

Vittorinis poetologische Repristination des Melodramas schließt, wie gesagt, nicht unmittelbar an eine etablierte Geschichte des 'melodramatischen' Romans an. Sie sucht ihr Recht in einem doppelten Rekurs auf Ursprünge. Biographisch als Erinnerung an eine erste Erfahrung des Melodramas, eine Aufführung von Verdis *La Traviata*, poetologisch in der These einer ursprünglichen musikalischen Einheit des Melodramas vor aller semantischen Differenzierung der Sprache – so wie der Roman seinerseits aus der ursprünglichen Einheit der Poesie hervorgegangen sei. In beiden Fällen geht es Vittorini um ein einheitsstiftendes Prinzip, das die kontingenten Details einer sprachlichen Darstellung zusammenhält, ja sie sich unterwirft, geht es um Entdifferenzierung und Öffnung etablierter Semantik. Nur im Aufbrechen konventionalisierter Bedeutungen und im Hervorbringen neuer Gestalthaftigkeit kann das Poesie und Prosa übergreifende Prinzip des *scrivere figurativo* seiner natürlichen Tendenz folgen, „di portare *altre cose* ad essere poesia ..." (I, 436).

Dieser Anspruch zwingt allerdings dazu, weite Teile der Geschichte des Romans als Verlust des poetischen Einheitsprinzips zu lesen, d.h. als Verfallsgeschichte. Der poetologische Leitfaden des Melodramatischen verlangt eine Neuformulierung des Kanons und Gegenkanons des Romans. Bis ins 19. Jahrhundert, bis zu Gogol oder Stendhal, folgt der Roman seiner ursprünglichen melodramatischen Bestimmung – selbst für Autoren wie Flaubert und Conrad gelte das noch.[46] Bereits im 19. Jahrhundert aber gerät der Roman in eine Krise, der *linguaggio romanzesco* verliert seinen *slancio di linguaggio poetico*, weil er zunehmend – vor allem in Frankreich – den Formen rational-intellektueller oder essayistischer Sprachverwendung verfällt. Dem Druck dieser *intellettualizzazione* sollte sich auch Vittorini nicht auf Dauer entziehen können.

Allegorie und Ideologie: *Le donne di Messina*

Der Roman *Le donne di Messina*[47] ist der längste und strukturell komplexeste, den Vittorini verfaßt hat. Das zweite große Romanprojekt der Nachkriegsjahre, *Le città del mondo*, das mit einem noch komplizierteren Geflecht von Erzählsträngen arbeitet, ist Fragment geblieben. Mit den *Donne* antwortet der Autor auch auf den Einwand, angesichts der 'lyrischen' Struktur seiner Texte nicht fähig zu sein, die epischen Dimensionen eines langen Romans durchzuhalten. Zugleich bietet der Roman ein genuines Beispiel eines *work in progress*: Vittorini arbeitet daran in den unmittelbaren Nachkriegsjahren, zwischen 1946 und 1949; eine erste Buchausgabe erscheint 1949, danach unternimmt der Autor verschiedene Ansätze der Überarbeitung, um schließlich 1964 eine revidierte Ausgabe zu veröffentlichen. Ihr stellt der Autor die Vorbemerkung voran, er habe den ersten Teil nur korrigiert und neugeordnet, den zweiten hingegen neugedacht und neugeschrieben.

Mit dem Fragment der *Città del mondo*, das von den beiden Versionen der *Donne* chronologisch eingerahmt wird, markiert der Roman Vittorinis Versuch, seine Poetik unter den veränderten Bedingungen der Nachkriegszeit fortzuschreiben. Seine Abfassung situiert sich darüber hinaus zwischen und parallel zu den zentralen poetologischen, literatur- und kulturtheoretischen Reflexionen Vittorinis, von *Americana* bis zum Vorwort zu *Garofano rosso*, über die Debatten zum Verhältnis von Literatur und Kunst in der Zeitschrift *Politecnico* bis zu den Reflexionen über das Verhältnis von Wissenschaft, Kunst und Industrie in *Le due tensioni* und andernorts. Wie auch immer indirekt und vermittelt zeichnen sich in den Roman die Aufbruchsituation der ersten Nachkriegsjahre und das Bewußtsein einer industriellen Transformation der Gesellschaft ein. Damit aber geraten die poetischen Verfahren der *Conversazione*, das Verhältnis von manifestem und verdecktem Sinn, von mythischer Referenz und politischer Allegorie, in bemerkenswerte Schwierigkeiten.

Die Version von 1964 besteht aus zwei Teilen, an die sich ein Epilog anschließt. Die Heterogenität, ja Inkompatibilität der beiden Teile – die ja *grosso modo* fünfzehn Jahre auseinanderliegen – ist kaum zu übersehen.[48] Der erste Teil des Romans schildert eine Welt, die aus und auf den Ruinen des Krieges wiederaufersteht – ein Neuanfang als kollektive Robinsonade oder als Wiederholung der Situation der amerikanischen Pilgerväter sozusagen. Der 'Prozeß der Zivilisation', der sich in einem abgelegenen Bauerndorf in den Bergen südlich von Bologna abspielt, exemplifiziert, wie der Erzähler verschiedentlich suggeriert, den Prozeß der Zivilisation insgesamt. Im zweiten Teil, mit dem Eintreffen der als 'Jäger' verkleideten Partisanen, verschiebt sich die Perspektive. Es dominiert nun ein Blick von außen, der den Mikrokosmos des Bergdorfes vor einen anderen Horizont, den der politisch-industriellen Entwicklung der Nachkriegszeit, rückt. Die kleine Welt ist nun nicht mehr ein Beispiel, weder Utopie noch Exemplifikation zivilisatorischer Prozesse, sondern nur noch rückständige Peripherie, die den Anschluß an das progressive Zentrum, die Stadt, verloren hat. Unter dieser 'ideologischen' Perspektive aber verkümmert das dem Dorfkollektiv zugemutete Sinnpotential. Die Jäger treten als Agenten einer modernen, politischen und ökonomischen Rationalität auf; sie sprechen die Sprache des Diskurses, der *concetti storico-sociali*. Ihr Blick auf die Dorfwelt (wie auch der des Erzählers) impliziert ironische Distanz. Die Agenten moderner Politik und Ökonomie sind blind für Allegorien der Geschichte und sehen nur das Faktum historischer Rückständigkeit.

Die Neugründung des zerstörten Dorfes unmittelbar nach dem Zweiten Weltkrieg ist der zentrale Erzählstrang des Romans. In dem abgelegenen Bergdorf läßt sich eine bunt zusammengewürfelte Gruppe von Menschen unterschiedlicher sozialer und geographischer Herkunft (darunter auch die titelspendenden *donne di Messina*) nieder; die bereits in der *Conversazione* praktizierte Technik verfremdender soprannomi unterbricht die Kontinuität biographischer Identität. Auch in den *Donne di Messina* ist der Ausgangspunkt eine Passivität: der Gründungsakt hat zunächst nur ein negativ formuliertes Motiv: das Nicht-mehr-weiter-wollen, die Erschöpfung. Das zerstörte (und im Roman namenlose) Dorf, das den Bewohnern eine neue Heimat wird, liegt bezeichnenderweise an der Italien im Krieg zerteilenden *linea gotica*. Was bisher, durch geographische, aber auch politische Barrieren getrennt war, kommt nun zusammen; die erste Aufgabe der neuen Bewohner wird darin bestehen, das Terrain von den Minen zu befreien, die die Vergangenheit als zerstörerisches Potential hinterlassen hat. Die Minenfelder entlang der Kriegsgrenze sind unfruchtbare Wüste, *il nostro deserto* (II, 45); sie bedrohen den, der sie betritt, mit dem Tod. Erst der Akt ihrer Beseitigung läßt den elementaren Akt der Bearbeitung der Natur wieder zu.

Damit ist bereits eine Beziehung zum komplementären Erzählstrang hergestellt, mit dem der Roman einsetzt: die Reisen des Onkel Agrippa. Der erste der 83 Abschnitte des Romans ist eine aus dem Reisen gewonnene Imagination Italiens: tentativ nimmt der Erzähler verschiedene regionale Identitäten an, um aus ihnen heraus Italien als ein Land des Reisens zu begreifen, „terra appunto da attraversare, fatta apposta per aver voglia di salire su un treno e attraversarla, risalire su un treno e attraversarlo" (II, 4).[49] Italien ist ein Land der Reise; der Krieg hat die unaufhörliche Hin- und Herbewegung des Reisens unterbrochen. Folgerichtig wird die Nachkriegszeit zu einer Periode wiederaufgenommenen, ja entfesselten Reisens. Dafür steht beispielhaft die Figur des Onkel Agrippa: pausenlos durchfährt er Italien im Zug, dabei gerät ihm sein ursprüngliches Vorhaben, seine Tochter Lucia, die ihn verlassen hat, wiederzufinden, zunehmend aus dem Blick. Der Onkel steigt nur noch aus, um sofort wieder einzusteigen, er reist, um zu reisen. Onkel Agrippa aber ist kein einsamer Reisender, sondern begierig, seine Geschichte zu erzählen und die der anderen zu hören. Die überfüllten Züge der Nachkriegszeit erscheinen deshalb vor allem als Räume des Erzählens und Besprechens von Geschichten. Die Verknüpfung der beiden Erzählstränge erreicht Vittorini durch den Kunstgriff, die Welt des Bergdorfes zunehmend zum beherrschenden Gesprächsthema der Reisenden werden zu lassen: die Geschichte der Seßhaften wird zum Thema der Reisenden. Das Verfahren, das Vittorini bereits in seinem Partisanenroman *Uomini e no* (1945) angewandt hatte, dem Raum der Erzählung einen (dort durch Kursivierung eigens hervorgehobenen) Raum des Besprechens und der Reflexion zuzuordnen, wiederholt sich strukturell in den *Donne di Messina*. Das Dorf ist in den Erzählungen und Gesprächen seiner Bewohner, aber auch in den Reflexionen und Kommentaren der Reisenden präsent. Darüber hinaus sind die beiden Welten der 'Erde' und des Reisens auch durch einzelne Figuren miteinander verknüpft, wobei diese häufig nur angedeuteten Beziehungen dem Roman einen kriminalistischen Einschlag verleihen. Eine der Frauen des Dorfes (Siracusa genannt, was der Herkunftsort des Onkels ist) ist wohl die gesuchte Tochter; außerdem ist der bevorzugte Gesprächspartner Agrippas, der Exfaschist Carlo il Calvo, mit dem Dorf bestens vertraut, zunächst weil er dort im Auftrag der alten Besitzer des Landes aktiv ist, aber auch, weil die Figur des Faccia Cattiva (der Liebhaber Siracusas, der bürgerlich Ventura heißt) ihm aus der gemeinsamen faschistischen, nunmehr tabuisierten Vergangenheit vertraut ist.

Auch in der überarbeiteten Version des Romans ist der Modellcharakter des dörflichen Kollektivs unverkennbar: es ist der Protagonist, der im Umgang mit den Ruinen der alten Welt eine neue schafft, die abbreviaturhaft die technologische Entwicklung noch einmal wiederholt und eine Art Kommune ohne Privateigentum verwirklicht. Zwar bleiben Krisen nicht aus. Gleichwohl tragen die Interventionen des Erzählers zur ideologischen Erbaulichkeit des Textes bei: er selbst tritt immer wieder ein, um die allegorische Qualität der Geschichte zu unterstreichen, etwa wenn von der „età del carretto" und der „età del camion" (II, 75) die Rede ist, deren Bedeutung für den Evolutionsprozeß des Dorfes hervorgehoben wird. Daran ändern auch die erzähltechnischen Kunstgriffe, mit deren Hilfe der Autor den Erzähler entlastet, kaum etwas: die Beschreibung der Dorfevolution, vor allem was die technologischen Aspekte angeht, wird zum Teil einem chronikartigen *registro* übertragen, die Erörterung der sozialen Beziehungen läßt die Bewohner selbst zu Erzählern werden. Aber die Komplizierung der narrativen Vermittlungsinstanzen – durch das alltagspragmatische Register einer Chronik, durch die mündlichen Erzählungen der Dorfbewohner selbst – ändert kaum etwas an der exemplarischen Funktion des Dorfes, das ohne bürgerliche Institutionen auskommt. Vittorini erzählt eine realistische Geschichte aus den Nachkriegsjahren, der zugleich durchgängig eine allegorische Dimension zugemutet wird.

Bereits der erste Teil endet mit einer gründlichen Infragestellung der Autonomie des Dorfes und der Logik seiner Evolution. Hatten sich anfänglich die Außenkontakte auf einfache Formen des Handels beschränkt, so tritt nunmehr Carlo il Calvo, der Reisegefährte des Onkels, als fremder Beobachter mit einer zunächst rätselhaften *incombenza* auf. Für das Dorf ist Calvo eine *presenza dell'estraneo* (II, 111) – ein fremder und feindlicher Blick, der die Oberfläche des Lebens durchdringt, nicht um darunter das Spiel verdeckter Bedeutungen aufzudecken, sondern um es auf ein altes Bezugssystem zu beziehen, das die Dorfwelt von außen bedroht. Carlo deckt schließlich selbst seinen Auftrag auf, der eine fundamentale Bedrohung verkörpert. Er handelt als Agent der alten Bodeneigentümer, vertritt also den Anspruch der alten Institution des bürgerlichen Rechts und läßt damit deutlich werden, inwiefern das Dorf eine Oase der Rechtlosigkeit in einer sich wieder nach den Normen des alten Rechts organisierenden Welt darstellt. Carlos Selbstenthüllung nimmt die Form einer Rede über das Bodeneigentum an: „Terreni e case, miniere e officine, con le rive dei fiumi: e i fiumi stessi, e con le spiagge del mare, tutto è segnato sulle mappe del catasto entro una rete di linee sottile le quali indicano a chi appartenga il terreno ..." (II, 221)[50] Die neue utopisch-klassenlose Welt des Dorfes wird von der alten Welt bürgerlicher Rechtsverhältnisse eingeholt und vor die fatale Alternative gestellt, sich entweder auf hoffnungslosen Widerstand (für den vor allem der konvertierte Exfaschist Ventura optiert) oder auf ein Arrangement mit dem rechtlichen Status quo einzulassen.

Die Relation von Dorf und Umwelt, von selbstkonstituierter und restituierter Welt, rückt in der Letztversion des Romans in den Mittelpunkt. In der Version von 1949 hatte Vittorini noch das individuelle Schicksal Venturas in den Vordergrund gestellt. Ventura wird von Carlo verfolgt und schließlich bei den Partisanen denunziert. In die Enge getrieben, tötet Ventura schließlich Siracusa, um dann selbst gerichtet zu werden. Ventura opfert sich und tilgt damit zugleich die Reste faschistischer Gewalt, die noch in ihm sind. Zugleich erhält er wie der Held der Tragödie die Gelegenheit, seinen Tod zu besprechen und das Dorf zum Widerstand aufzurufen. Der ehemalige faschistische Offizier wird zum Zentrum einer Sühnehandlung, die von den *donne di Messina* in einer rituellen *notte dei morti* zelebriert wird. Gegenüber diesem Expiationsritual, das nicht umsonst den Frauen Siziliens (und damit einer Welt kreisförmiger Geschichtslosigkeit) anvertraut wird, bewegt sich die Konklusion des Erzählers mitten in der geschichtlichen Gegenwart, die einen offenen Schluß erzwingt. Das Fortschreiben der Geschichte des Dorfes, die die Gegenwart eingeholt hat, könnte nur die offene Form des Tagebuches annehmen, *volerne scrivere ancora significherebbe continuare sotto forma di diario la nostra storia* (II, 940). Die Frage nach Erfolg oder Mißerfolg, Sieg oder Niederlage der Welt des Dorfes angesichts der wiederhergestellten komplexen Umwelt, von der sie abhängt, bleibt in der Schwebe – die Zukunft der neuen Welt des Dorfes ist noch nicht entschieden, der Erzähler wendet sich von ihm ab und *conoscenze nuove* zu.

Fünfzehn Jahre später konnte und mußte Vittorini seine utopische Gemeinschaft mit den Augen historischer Distanz sehen. Die dargestellte Realität ist kein Raum offenen poetischen Sinns, sondern historisch überholte Wirklichkeit. Anders als es die Poetik postuliert, reicht ihr Sinnpotential offenbar nicht in die *sottosuoli* der Geschichte hinab, sondern bleibt an der Oberfläche einer selbst geschichtlich gewordenen Situation. Das tragische Pathos der Geschichte Venturas schrumpft zu einem privaten Problem seiner Beziehung zu Siracusa; zu seiner Lösung ist nicht mehr ein Tod benötigt, in dem sich die Identität der Gemeinschaft affirmieren kann. Venturas *coming out*, die Enthüllung seiner Vergangenheit, verliert seine Bedeutung und muß deshalb auch nicht mehr rituell bewältigt werden. Gleiches gilt für die Partisanen: sie verlieren das Interesse an der Verfolgung Venturas und hängen stattdessen eigenen Kriegserinnerungen nach. Da sie als selbsternannte Jäger in der verrechtlichten Situation der Nachkriegszeit funktionslos werden, schwelgen sie in sentimentalen Erinnerungen an den Heroismus der *resistenza*: an die Stelle gegenwärtiger Aufgaben rücken die Erzählungen von vergangenen Taten. Auch die Partisanen sind für ihren Autor geschichtlich geworden.

Dafür aber übernehmen sie nun eine andere Funktion. Sie sind nicht mehr Auslöser eines Expiationsrituals, sondern werden zur Instanz einer von außen kommenden Kritik der Gemeinschaft, die zu deren Auflösung führt. Sie sind, so könnte man in der Sprache der *Conversazione* formulieren, Verkünder von *altri doveri*, aber diese neuen Aufgaben haben eine Bestimmtheit, die sie der Sprache der Begriffe zugänglich macht. War das Verhältnis des Dorfes zu seiner Umwelt bisher eine eingeschränkte Beziehung ökonomischen Austauschs, so wird nunmehr die Instanz der Stadt zu dem beherrschenden Thema und dem Blickpunkt, von dem aus die Welt des Dorfes wahrgenommen und distanziert wird: „... non si parlava che di una cosa, della città, della vita in città, della nuova vita in cittá ..." (II, 333) Die Rede der Jäger wird zu einer elementaren Lektion in politischer Ökonomie und aktueller Politik; sie baut eine Opposition von Zentrum (Stadt) und Peripherie (Dorf) auf, deren erwartbares Ergebnis die Desintegration der Dorfgemeinschaft darstellt, unter dem doppelten Aspekt, daß die Errungenschaften der industriellen Zivilisation im Dorf Einzug halten, auf der anderen Seite aber der Exodus der Bewohner das Dorf entvölkert. Die Destabilisierung der Grenze der beiden Welten läßt sozialgeschichtliches Wissen an die Stelle allegorischer Bedeutungen und utopischer Gehalte treten. Die ironische Distanz des Erzählers distanziert die dargestellte Welt und kassiert damit, was für Vittorini immer zentral war: die Öffnung vorformulierter Welten.

Der Epilog, der noch einmal den Onkel Agrippa und Carlo il Calvo im Zug versammelt, setzt mit einer Reflexion über die Zeit und die Zeitgeschichte ein. Deren unaufhaltsames Verstreichen und die Ereignisfülle der Nachkriegszeit (vom Kalten Krieg bis zu den neuesten Kinofilmen) lassen auch den Onkel und seinen Reisegefährten zu anachronistischen Figuren werden. Agrippa setzt seine Reisen unverändert fort, obwohl er inzwischen gewissermaßen aus der Zeit gefallen ist – eine neue Generation von Reisenden ist für seine Geschichten taub. Agrippa und Carlo werden gleichsam Opfer der poetisch-ideologischen Beweglichkeit ihres Autors, der gegenüber der sich bewegenden Geschichte nicht in Rückstand geraten möchte. Nur Ventura entzieht sich diesem Prozeß der Distanzierung, indem er eine radikale Option wählt, aus der Geschichte herauszutreten.[51] Der Mann der Tat, der wie kein anderer den Zivilisationsprozeß des Dorfes vorangetrieben hat, tritt aus der Gemeinschaft in eine Vereinzelung, die zugleich Geschichtslosigkeit ist. Für Carlo, seinen einstigen Genossen und späteren Verfolger, der selbst von der Geschichte überrollt wird, ist er Anlaß einer letzten Reflexion auf das Verhältnis von Geschichtlichem und Nichtgeschichtlichem, die zugleich die insistente Frage aufwirft, was denn das Gegenteil von Venturas *indifferenza* sei, eine andere Geschichte vielleicht als die, von deren Triumph der Roman am Ende berichtet. Geschichte und Nichtgeschichte, *quello che è storico, della storia, e quello che non lo è* (II, 366), geschichtslose Indifferenz und ihr mögliches Gegenteil – der Romanschluß öffnet noch einmal die

Immanenz der Welt eines Textes, dessen langer Prozeß der Überarbeitung und 'Aktualisierung' immer mehr in die paradoxe Konsequenz seiner Historisierung mündete.

Politik, Industrie, Wissen: die Horizonte der Literatur

Vittorinis gesamtes Œuvre trägt Entwurfscharakter, präsentiert sich, wie Calvino es einmal genannt hat, als Projekt des Projekts.[52] Die permanente Selbstüberschreitung ins Futurische, die *Americana* und dem poetologischen Programm der *Prefazione* zum *Garofano rosso* eingeschrieben ist, die Übergänglichkeit von Manifest und Roman, schlägt sich bei Vittorini nach dem Zweiten Weltkrieg in einem Gestus der Überschreitung nieder, der über die Literatur und das Ästhetische insgesamt hinausdrängt. Damit aber muß die Literaturgeschichte aufhören, die Geschichte darzustellen, die alle anderen Geschichten integriert. Die hypertrophe Überforderung der Literatur und ihrer Potentiale der Grenzüberschreitung, die sich in den Texten von *Americana* ablesen läßt, macht einer – insgesamt wenig systematischen, aber doch insistenten, an zahllosen Lektüren im Felde der *sciences humaines* sich abarbeitenden – Reflexion Platz, die nach dem Verhältnis der Literatur (und der Kunst insgesamt) zu den gesellschaftlichen Systemen des Wissens und des Handelns – Wissenschaft, Politik, Industrie – fragt. Nicht umsonst hat deshalb Calvino die Vermutung geäußert, Vittorinis zukünftige Aktualität könne sich in einer 'interdisziplinären Avantgarde'[53] ausmachen lassen.

Im Zentrum der kulturellen Programmatik des *Politecnico*[54] steht das Verhältnis der Literatur zur Politik, namentlich zum Wahrheits- und Fortschrittsanspruch des Marxismus. Diese in der unmittelbaren Nachkriegszeit gesamteuropäisch virulente Diskussion findet in Italien ihre Zuspitzung im Briefwechsel zwischen Palmiro Togliatti und Vittorini. Vittorinis Betonung des performativen Charakters der Literatur hält sich durch: gegen den marxistischen Führungsanspruch insistiert er darauf, daß Politik und Kultur zwar eng verbunden, aber doch zwei verschiedene Aktivitäten seien.[55] Die Kultur besitzt demnach einen dynamisch-unabgeschlossenen Prozeßcharakter und bezieht sich auf Geschichte unter dem Aspekt der *longue durée*. Politik wäre demgegenüber eine zur Tat geronnene Kultur, die sich auf den historischen Augenblick, aber nicht auf die Tiefendimension der Geschichte bezieht. Kultur und Politik stehen in Interaktionsverhältnissen, aber davon bleibt die autonomia per la cultura unberührt: energisch polemisiert Vittorini gegen die von Togliatti und anderen eingeklagte *politicizzazione totale della cultura*, die letztlich zu einer 'neumittelalterlichen' Verarmung der Politik selbst führen müsse. Revolutionärer Fortschritt in der Kultur ist weder identisch mit noch substituierbar durch politische Revolution.[56] Der Diskurs der Politik hält sich an bereits konstituierte Realitäten, lebt von sekundären, versteinerten Bedeutungen, versperrt deshalb den 'konkreten' Zugang zur Wirklichkeit. Die Autonomie der Kultur (der Literatur) zu behaupten, heißt dann, Potentiale der Grenzüberschreitung, der Transformation der Wirklichkeit und ihrer sprachlichen Erschließung zu retten.

Man kann sagen, daß damit der in *Americana* formulierte Anspruch, Literaturgeschichte sei eine Art Megageschichte, im Postulat kultureller Autonomie abgeschwächt wiederkehrt. Fundamentaler setzen die Fragen an, die Vittorini in den fünfziger und sechziger Jahren zum Verhältnis von Literatur und industrieller Welt stellt. In den *Donne di Messina* hatte die industrielle Transformation der Welt ungelöste Darstellungsprobleme aufgeworfen. Es sei nicht zu bestreiten, so Vittorini in dem 1961 in *Il Menabò* erschienenen Aufsatz *Industria e letteratura*, daß die Bezugnahme der Literatur auf die industrielle Umwälzung der Welt noch mehr zurückgeblieben sei als die der Soziologie, der Philosophie der Technik oder auch verwandter Künste wie der Musik oder Malerei: noch besitzt die industrielle Welt den Menschen, dieser aber nicht sie.[57] Die Industrie ist für die Literatur bisher nur ein neuer Sektor der Erfahrung, der mit den alten Wahrnehmungsmodellen erschlossen wird. Damit aber verfehlt die Literatur (wie die anderen Systeme des Wissens), daß mit der Industrie ein neues Niveau der menschlichen Wirklichkeit insgesamt erreicht sei. Es hat selbstkritischen Charakter, wenn Vittorini in diesem Zusammenhang von der *effettiva arcaicità dello scrittore*[58] redet. Nicht um die (naturalistische) Beschreibung industrieller Wirklichkeit kann es mehr gehen, sondern darum, die tiefgreifenden Transformationen, die sie bewirkt hat, in der Form der Darstellung selbst erkennbar werden zu lassen. Die neue Welt darf nicht mit den Darstellungsmitteln, den Erzählverfahren und der Ikonographie der alten in die Literatur eingehen. So wie die literarischen Beschreibungen der präindustriellen Welt sich nicht in der bloßen Beschreibung erschöpften, sondern auf das Ganze eines Weltverhältnisses zielten, so erschließt sich auch die industrielle Welt, der *livello industriale*, nur einem neuen Blick, der die *istanze di appropriazione* und die *istanze di trasformazione ulteriore*, die die neue Welt der Industrie birgt, in sich aufnimmt.[59]

Die Literatur auf der Höhe der Zeit - keine vergangene, sondern eine zukunftsorientierte Form des Weltzugriffs - dieser Anspruch erfordert vor allem ein neues Verhältnis zu den Revolutionen des Wissens. Die späten Reflexionen Vittorinis richten sich immer wieder auf das Verhältnis von Wissen und Literatur - nicht um sich mit der Opposition der 'zwei Kulturen' abzufinden, die C.P. Snow 1959 diagnostiziert hatte, sondern eher umgekehrt: Vittorini fragt, wie Kultur Wissenschaft und Wissenschaft Kultur werden kann.[60] Die späten, in *Le due tensioni. Appunti per una ideologia della letteratura* gesammelten und postum 1967 veröffentlichten Aufzeichnungen kreisen um das Verhältnis von (vor allem durch die Wissenschaften repräsentierter) *tensione razionale* und (vor allem durch die Kunst repräsentierte) *tensione espressivo-affettiva*. Der Begriff der 'Spannung' soll verdeutlichen, daß sowohl Rationalität als auch Expressivität offenen und dynamischen Charakter besitzen. Vittorinis Bedenken richten sich vor allem darauf, daß die Kunst den Anschluß an die Fortschritte der Rationalität verlieren könnte. So wie sie im Zeitalter der Industrie noch die alten Darstellungsverfahren reproduziert, so ist die Literatur nach wie vor einer überholten Form der Rationalität, einem von der *tensione razionale* überschrittenen Paradigma verpflichtet: daraus resultiert das Bedürfnis, den Panzer der alten Rationalität abzuwerfen, dem aber noch keine neuen Formen entsprechen[61]. Vittorinis skizzenhafte Argumentation tendiert dazu, Transformationen der expressiv-affektiven Spannung auf vorgängige Paradigmenwechsel der rationalen Spannung zu gründen: „la tensione affettiva, *rende naturale* (istintivo, affettivo) ciò che la razionale ha propriamente innovato".[62] Das ist eine Position, die in gewisser Hinsicht auf Formulierungen des 19. Jahrhunderts zurückgreift: sie räumt den Primat rationaler Transformationen ein und beschränkt die Kunst darauf, das Esoterische des Wissens exoterisch zu verbreiten. Verständlich wird sie vor dem Hintergrund der Befürchtung, daß die Literatur, die sich seit dem 18. Jahrhundert den Wirklichkeitsbegriff der neuzeitlichen Wissenschaft zu eigen gemacht hat, seither - trotz Joyce und Proust - darüber nicht hinausgelangt sei.

Wie im Falle der Industrie, so kann sich auch die Präsenz einer neuen rationalen Spannung nicht auf den Inhalt, das Dargestellte, beschränken, sondern muß als 'technische Innovation' sich im System der Beziehungen, in Innovationen auf der Ebene der Beschreibung, der Handlung, des Dialogs niederschlagen. Es ist bezeichnend, daß Vittorini zwar die Möglichkeit - im Hinblick auf die Avantgarde - einräumt, daß die Literatur den „processo da tensione razionale a tensione affettiva"[63] einmal umkehrt und auf eine neue affektive Spannung vorgreift, der noch keine rationale entspricht: die Literatur vermag eine neue Beziehung des Menschen zur Wirklichkeit zu antizipieren, ohne auf parallele oder gar vorgängige Transformationen der rationalen Spannung rekurrieren zu können. Man kommt dann von einer *„affettività ch'era la fioritura di una precedente tensione razionale a un'affettività ch'è una fioritura di nessuna tensione razionale,* e ch'è l'espressione di una tensione razionale *latente* che dovrà comunque attualizzarsi –".[64] Aber erkennbarerweise ist für Vittorini gerade diese Vorstellung einer literarisch-künstlerischen Avantgarde, die sich vom Gesamtzusammenhang der 'Kultur' und von der Dynamik der rationalen Spannung löst, unbehaglich. Die Notwendigkeit der Bezugnahme auf eine rationale Spannung bleibt für ihn letztlich unhintergehbar, selbst wenn dadurch der Innovationsertrag einer neuen Affektivität-Expressivität verloren ginge.

Ein solcher Anspruch muß allerdings die Literatur in Schwierigkeiten bringen. Die Reflexion auf das Verhältnis der Kunst zu den großen Systemen des Wissens und der Industrie bereitet jenem Absolutismus des Ästhetischen ein Ende, der die Notizen von *Americana* gespeist hatte. Nicht mehr Avantgarde, sondern Nachhut zu sein, droht das Schicksal der Literatur zu werden. Vittorini war sich offenbar selbstkritisch im klaren, daß sein eigenes Schreiben zunehmend dem formulierten Anspruch nicht gewachsen war. Die euphorische Rhetorik der Selbstüberholung und der Gegenwärtigkeit macht, so scheint es, der Wahrnehmung Platz, daß der seit der *Conversazione* ausgebildete Stil und die ihm korrespondierende Topik dazu tendieren, sich in der Wiederholung abzunutzen und zu erschöpfen. Der Anspruch, ein neues Weltverhältnis erschlossen zu haben, bricht sich am Zweifel, ob der Anschluß an eine neue rationale Spannung und die Umsetzung der neuen Realität der industriellen Welt gelingen könne. Die *Donne di Messina* zeigen, daß dem späten Vittorini seine eigene Schreibweise zur Vergangenheit, zur zitierbaren 'Manier' geworden war. Anders als im Übergang von der 'alten' Schreibweise des *Garofano rosso* zur 'neuen' der *Conversazione* schlägt dieses Bewußtsein sich allerdings nicht mehr in einer *novità tecnica* nieder, sondern in einer Distanznahme, die sich der Mittel des Diskurses, der *concetti storico-sociali,* bedient.

Anmerkungen

1 I. Calvino: „Tre correnti del romanzo di oggi", in: Ders.: Una pietra sopra. Discorsi di letteratura e società, Turin 1980, S. 46-57.

2 Vgl. I. Calvino: Romanzi e racconti, Bd. 1., hrsg. von C. Milanini u.a., Mailand 1991, S. 1186. – Calvinos Vorwort ist freilich auch deshalb aufschlußreich, weil es zeigt, daß gerade auch unter den vermeintlich epischen Bedingungen der Resistenza der Roman von der Reflexion seiner Darstellungsmodalitäten nicht loskommt: der neorealismo ist immer schon ein neo-espressionismo (S. 1190). Calvinos Reflexionen über das ästhetische 'Mißlingen' seines ersten Romans, die zugleich den moralischen Aspekt der 'Ungerechtigkeit' involvieren, demonstrieren die unaufhebbare Distanz der Darstellungstechniken des Romans zu der als 'episch' apostrophierten Situation; sie zeigen, daß der Roman immer schon über jenen Zustand hinaus ist, „wo die Formen kein Zwang sind" (G. Lukács, Die Theorie des Romans, Neuwied und Berlin 1971, S. 26).

3 Una pietra sopra, S. 50.

4 Vgl. ebd. zur Differenzierung dieser 'mythischen Spannung'; zum Kontext vgl. F. Wolfzettel: „Funktionsweisen des Mythos im modernen italienischen Roman (1940-1960)", in: Romanische Forschungen 93, 1981, S. 103-121.

5 Im Gegensatz zum späten Pavese ist neorealismo für Vittorini negativ besetzt. Vgl. Diario in pubblico, Mailand 1957, S. 301ff., v.a. S. 303: es gibt danach zwei Möglichkeiten, sich der Wirklichkeit zuzuwenden, eine die Neues entdeckt (und deshalb auch formal innovativ sein muß), eine zweite, die nur schon bekannte Aspekte der Wirklichkeit bearbeitet und wiederholt. Letzteres wird als neorealismo verstanden, der deshalb auch keine neue, sondern eine 'wiedergekaute' Wirklichkeit sei (S. 304: realtà nuova/realtà rimasticata). Vgl. auch die Überlegungen

in Le due tensioni. Appunti per una ideologia della letteratura, hrsg. von D. Isella, Mailand 1967, S. 67: „... l'errore poi di tutto il neorealismo: credere che la lettura politica dello storico-sociale potesse bastare a mantenere nei libri una problematica storico-sociale – (quella lettura politica era già purtroppo un'interpretazione, una seconda mano)". [„der Irrtum des ganzen Neorealismus: zu glauben, daß die politische Lektüre des Geschichtlich-Sozialen genügen konnte, um in den Büchern eine geschichtlich-soziale Problematik aufrechtzuerhalten – (diese politische Lektüre war leider schon eine Interpretation aus zweiter Hand)."] Zu den Ambivalenzen und Unschärfen des Begriffs neorealismo vgl. auch den Überblick bei D. Schlumbohm: „Der italienische Neorealismus. Zu Begriff und Entstehung", in: Romanische Forschungen 80, 1968, S. 521-529, vgl. S. 525 (Anm. 18) zu neorealismo als italienische Übersetzung von „Neue Sachlichkeit". Informativ ist auch der Artikel Neorealismo von Salvatore Battaglia im Dizionario critico della letteratura italiana.

6 Vittorini übersetzte u.a. Poe, Faulkner (Light in August), Steinbeck, Saroyan; Pavese u.a. Melville (Moby Dick), Sinclair Lewis, John Dos Passos, Faulkner.

7 Vgl. dazu (u.a). V. Amoruso: „Cecchi, Vittorini, Pavese e la letteratura americana", in: Ders.: Le contraddizioni della realtà, Bari 1968, S. 15-84; N. Carducci: Gli intellettuali e l'ideologia americana nell'Italia letteraria degli Anni Trenta, Manduria 1973; zur Bedeutung der amerikanischen Literatur für das Selbstverständnis der italienischen Literaten in den dreißiger Jahren vgl. auch die retrospektiven Bemerkungen Paveses in dem kurzen Aufsatz Ieri e oggi (1947, in: Saggi letterari, Turin 1968, S. 173-175). Giaime Pintor ist in seiner Besprechung von *Americana* („La lotta contro gli idoli", in: Il sangue d'Europa, Turin 1977, 1. Aufl. 1950, S. 148-159) dann noch einen Schritt, von der Literatur zum Film, weitergegangen; für ihn wird das amerikanische Kino zur größten Botschaft, die seine Generation erhalten hat – Schule und Polemik, Unterhaltung und Mythologie in einem (S. 156). Welche Kunstform auch immer paradigmatisiert wird, es geht um die Utopie der neuen Welt, für die ein metaphorisiertes Amerika steht. Der Text, der die Entdeckung eines 'inneren Amerika' feiert, auf das sich alle Hoffnung richtet, stammt von 1943, dem Jahr, in dem der vierundzwanzigjährige Pintor als Partisan ums Leben kam.

8 Vittorini hat seine Anmerkungen später in leicht gekürzter Form in sein Diario in pubblico (1957) aufgenommen. Gestrichen wurde vor allem der letzte Abschnitt, dessen optimistische Zukunftsperspektive der späte Vittorini offenbar nicht mehr teilte.

9 Diario in pubblico: S. 99. – Weil Amerika als Projektion einer inneren Utopie erscheint, liegt es ihm fern, die Geschichte der amerikanischen Literatur (und insbesondere ihre gegenwärtige Situation) als Gegenbild der kulturellen Situation Europas zu begreifen. Anders als D.H. Lawrence, dessen Studies in Classic American Literature sein wesentlicher Prätext sind, verurteilt er die europäischen, namentlich puritanischen Momente keineswegs zugunsten indigenistischer Traditionen: die Pilgerväter verkörperten für ihn immer einen Mythos des Neuanfangs.

10 Vgl. auch Le due tensioni, a.a.O., S. 67.

11 Diario in pubblico, a.a.O., S. 99 [„... das erste Wort, das uns in den Sinn kommt, und vor uns anhält, und uns anhält, ist das Wort Erde selbst."]. – Offenbar erwartete (und erhoffte) Vittorini 1941 eine 'neue Legende', die die alte amerikanische Legende des Westens (der Westen als Symbol eines 'neuen' Menschen) durch eine neue Legende der Erde (der ganzen Erde) ersetzen sollte. Damit würde sich in der Zukunft Amerikas eine neue, universelle Beziehung zur ganzen Erde realisieren (ebd., S. 142).

12 C. Schmitt: Der Nomos der Erde im Völkerrecht des Jus Publicum Europaeum, Berlin 1950, S. 48. Vgl. dazu jetzt die Überlegungen in dem Kapitel „nemein" in: T. Schestag, Parerga, München 1991.

13 Vgl. Diario in pubblico: S. 106: „... parlarono freddamente, col ghiaccio sulle labbra. La forte voce nuova si alzò in essi con ruggiti metafisici, senza scoprire la fiera. E arricchirono la coscienza umana solo in intelletto, non nel sangue: l'arricchirono di astratti furori." [„... ihre Sprache war kalt, mit Eis auf den Lippen. Die starke neue Stimme erhob sich in ihnen nur mit metaphysischem Gebrüll, ohne das wilde Tier aufzudecken. Und sie bereicherten das menschliche Bewußtsein nur im Intellekt, nicht im Blut: sie bereicherten es mit abstrakten Leidenschaften."].

14 Ebd., S. 106. [„Eine weitere Erhebung war nötig, man mußte bei Poe, Hawthorne, Melville ankommen, um wirklich konkrete Wörter zu finden. Sie arbeiteten wirklich im Blut und entfesselten die neue Gewalt ganz."].

15 Ebd., S. 117.

16 Ebd., S. 138. [„Aber sie ist doppelt: auf der einen Seite drückt sie, noch an den Verismus gebunden, die künstlichen Symbole der zeitgenössischen Realität aus; auf der anderen Seite schafft sie eigene Symbole, oder Bilder der eigenen moralischen Einheit."].

17 Vgl. dazu bereits Paveses Bemerkungen in dem Brief an Vittorini, mit dem er auf die Übersendung eines Exemplars der (unterdrückten) Erstausgabe reagiert: „... appunto perché (i.e. le tue note, H.P.) fanno racconto, romanzo se vuoi, invenzione, per questo sono illuminanti." [„gerade weil sie Erzählung sind, ein Roman sozusagen, Erfindung, deshalb sind sie erhellend."] (C.P.: Lettere 1924-1944, hrsg. von L. Mondo, Turin 1966, S. 634. Der Brief datiert vom 27.5.1942).

18 Auch später wird Vittorini die Frage einer Poetik des Ausdrucks beschäftigen, vgl. z.B. die einschlägigen Bemerkungen in Le due tensioni, a.a.O., S. 232 über das Verhältnis von 'konventionellen' und 'ästhetischen' Zeichen.

19 Nome e lagrime, eine kleine Erzählung, die zusammen mit der *Conversazione* veröffentlicht wurde, hat als Ausgangspunkt bezeichnenderweise das Einschreiben (Einritzen, etc.) eines Wortes oder Namens in die Erde – bis in die Tiefe der geheimsten Metalle, die für den Ich-Erzähler alte Namen darstellen.

20 E. Vittorini: Le opere narrative, 2 Bde., hrsg. von M. Corti, Mailand 1974, S. 571 (nach dieser Ausgabe wird im f. mit Band- und Seitenzahl im Text zitiert). [„In jenem Winter war ich von einer gestaltlosen Wut gepackt. Ich werde nicht sagen, welcher Art, nicht davon will ich erzählen. Nur muss ich sagen, dass sie gestaltlos war, nicht heldenhaft, nicht feurig; irgendwie galt sie der verlorenen Menschheit."] (E. Vittorini: Gespräch in Sizilien, übers. v. Trude Fein, Zürich 1977, S. 7; nach dieser Ausgabe im f. mit Seitenzahl).

21 Diario in pubblico, S. 107.

22 Vgl. I, S. 571: „... non vi era più altro che questo: pioggia, massacre sui manifesti dei giornali, e acqua nelle mie scarpe rotte, muti amici, la vita in me come un sordo sogno ..." [„es gab nichts anderes mehr als dies: Regen, Metzeleien in den Zeitungsschlagzeilen und Wasser in meinen zerrissenen Schuhen, stumme Freunde, das Leben in mir wie ein dumpfer Traum", 7]. Zur Negativität des Eingangs vgl. auch A. Girardi: Nome e lagrime: linguaggio e ideologia di Elio Vittorini, Neapel 1974, S. 36 sowie G. Falaschi: La conversazione anarchica di Vittorini, in: Belfagor 27, 1972, S. 373-391, hier S. 376.

23 Zum Motiv der Heimkehr vgl. W. Helmich: Heimatbesuch als Katabasis. Ein Erzählmotiv bei Vittorini und Juan Goytisolo, in: Romanistische Zeitschrift für Literaturgeschichte 15, 1991, S. 124-141. Vgl. auch die Beiträge in H.-G. Pott: Literatur und Provinz. Das Konzept 'Heimat' in der neueren Literatur, Paderborn 1986.

24 Vgl. zu diesem psychologisierenden Mythologiebegriff, mit dem er auf schemi normativi dell'immaginazione affettiva abhebt, C. Pavese: Del mito, del simbolo e d'altro, in: Saggi letterari, S. 271-276, hier S. 274.

25 [„Einen Augenblick lang stand ich wie vor zwei Strassen: die eine führte nach hause, in die Gestaltlosigkeit dieser niedergemetzelten Menschenmengen und in die stetige Ruhe, in die Nichthoffnung zurück, die andere führte nach Sizilien, in die Berge, zu den Klagetönen des Pfeifers in mir", 15].

26 Vgl. I, S. 590: „Avrebbe voluto avere una coscienza fresca, così disse, fresca, e che gli chiedesse da compiere altri doveri, non i soliti, dei nuovi doveri, e più alti, verso gli uomini ..." [„Er hätte gern ein frisches Gewissen, so sagte er, frisch, dass es von ihm die Erfüllung anderer Aufgaben forderte, nicht der gewohnten, sondern anderer, neuer Aufgaben und höherer, den Menschen gegenüber", 45].

27 Der gebratene Hering läßt Silvestro den „odore dei pasti della mia infanzia" (I, S. 602) wiedererkennen; die mütterliche Präsentation der Melonen provoziert eine phantastische Verdoppelung von Gegenwart und Vergangenheit: „Sorrideva, ed era un'apparizione, lei stessa e il ricordo di lei, due volte reale ..." (I, S. 614) [„Sie lächelte, und es war wie eine Erscheinung, sie selbst und die Erinnerung an sie, zweimal wirklich", 93].

28 So heißt es im Blick auf die Wahrnehmung eines Kranken: „Né io vidi il colore dei suoi occhi, vidi in essi soltanto il genere umano ch'essi erano." (I, S. 642) [„Ich sah auch nicht die Farbe seiner Augen, ich sah darin nur die Menschheit, die sie verkörperten", 152]. Alles Akzidentelle der Situation verschwindet in einem abstrahierenden Blick, der nur noch uomo e uomo sieht.

29 S. 648. – Wie die Prefazione zum Garofano rosso verdeutlicht, ist die Formel des più uomo eine Neuprägung, die auf das spanische más hombre zurückgeht, eine Wendung, die Vittorini in spanischen Rundfunksendungen während des Bürgerkrieges wiederholt hörte. Es ist bezeichnend, daß er das Thema des gesteigerten Menschseins durch den Rekurs auf die fremde Sprache

und ihre gleichsam automatische Übersetzung in die eigene zur Sprache bringt. Die Formel öffnet sich damit nicht unmittelbar auf die ihr zugeordnete (politische) Konnotation, sondern erscheint als sprachlicher Fremdkörper.

30 [„Aber vielleicht ist nicht jeder Mensch ein Mensch, und nicht das ganze menschliche Geschlecht menschlich. Das ist ein Zweifel, der einem im Regen kommt, wenn man zerrissene Schuhe hat ... und über sich selbst hinaus die Metzeleien der Welt sieht ... Einer verfolgt, und einer wird verfolgt; und menschlich ist nicht das ganze menschliche Geschlecht, sondern nur dasjenige des Verfolgten. Tötet einen Menschen; er wird um so mehr Mensch sein. Und so ist auch ein Kranker, ein Hungernder, um so mehr Mensch; und menschlicher ist das menschliche Geschlecht der Verhungerten.", 159].

31 Vgl. dazu die Auflösungsversuche in M. Hanne: Significant Allusions in Vittorini's Conversazione in Sicilia, in: Modern Language Review 70, 1975, S. 75-82; so sei etwa Calogero eine „profoundly self-contradictory figure", weil er Militanz predige, während sein Name 'guter alter Mann' bedeute und außerdem noch auf den heiligen Calogerus (der u.a. in Sizilien als Eremit lebte) sowie auf den zeitgenössischen Liberalsozialisten Guido Calogero verweise. Ezechiele ruft natürlich den gleichnamigen Propheten auf, erweist sich aber weniger als Prophet denn als mitleidsvoller Historiker. Ähnliches gilt für Porfirio, dessen Namensvorbild, der Neuplatoniker Porphyrios von Tyros, zum Christentum in massiver Opposition stand, während er selbst eine Sprache christlicher Demut spricht. Colombo ruft einerseits die biblische Assoziation der Taube auf, (die in der Genesis das erste Zeichen der zurückgehenden Sintflut bringt, im Neuen Testament den heiligen Geist repräsentiert), andererseits auch Columbus, den Entdecker der neuen Welt. Beides zusammen mag Glaubensstärke und Entdeckertum suggerieren, während der Colombo des Romans nur den Eskapismus des Weines zu offerieren hat.

32 Auch der Geist von Hamlets Vater steht zunächst unter Redeverbot, vgl. I, 5, 13f.: „... I am forbid / To tell the secrets of my prison-house" - kann aber dann doch - anders als der Geist Liborios - die Geheimnisse seines Todes aufdecken. - Wie stark Vittorini insgesamt seinen Roman mit Shakespeare in Verbindung brachte, belegt auch die kuriose Bemerkung in Le due tensioni (S. 68): „Conv. la storia, nella sua più umana dimensione di vita comune, quotidiana, con felicità e infelicità quotidiane, come un dramma cui tutti partecipiamo, scritto dallo sconosciuto e insondabile poeta del mondo che continua tutt'ora a scriverlo, ma scritto non a priori, scritto a posteriori, e dal poeta continuo che non per nulla è chiamato Shakespeare." [„Conv. die Geschichte, in ihrer menschlichsten Dimension des einfachen Lebens, mit täglichem Glück und Unglück, als ein Drama, an dem wir alle teilnehmen, ist geschrieben vom unbekannten und unerforschlichen Weltdichter, der immer noch daran schreibt, geschrieben nicht a priori, sondern a posteriori, und von dem fortwährenden Dichter, der nicht umsonst Shakespeare genannt wird."].

33 Zur Interpretation der Szene vgl. die einläßliche Analyse in P. Kuon: 'Ehm! Perché ehm?' Kommunikationsstörungen und Sinnkonstitution in Vittorinis Conversazione in Sicilia, in: Romanische Forschungen 102, 1990, S. 207-227, hier S. 216f. (S. 218, Anm. 23 auch die plausible Ableitung des Namens des Bruders von libare, „opfern").

34 Le due tensioni, S. 170.

35 J. Lotman: Die Struktur literarischer Texte, München 1972, S. 196f.

36 Vgl. dazu N. Sarraute: L'ère du soupcon, Paris 1956, S. 97ff.

37 Diario in pubblico, S. 243.

38 „Parola e mito in Conversazione in Sicilia", in: Lingua e stile 1, 1966, S. 161-190 (die Vorbemerkung S. 161 hält fest: „Queste pagine furono lette a Vittorini quando già era infermo, e per quanto sappiamo, non gli dispiacquero." [„Diese Seiten wurden Vittorini vorgelesen, als er schon krank war und - sofern wir wissen - mißfielen sie ihm nicht."]. „Simboli e immagini nella 'Conversazione' di Vittorini", in: Lingua e stile 2, 1967, S. 27-46.

39 „Parola", S. 161.

40 Kuon, a.a.O., S. 226. - Konkretisiert wird sie, indem der Roman insgesamt als ein „überdimensionales 'Ehm'", das Vittorini den „faschistischen Machthabern ins Gesicht schreit". Tadelnswert sind jedenfalls alle jene Leser, die den „Text als allgemeingehaltene Reflexion über den Sinn menschlicher Existenz" verstehen und genießen wollen (S. 226f.).

41 [„gerade jetzt geschah es mir, daß ich den Kontakt mit den Dingen und der Welt wieder aufnahm, dessen Ausbleiben oder dessen mal hitzige, mal hoffnungslose Suche mich seit jeher in meinem Schreiben inspiriert hatte."].

42 Einen bemerkenswerten Versuch, eine (partielle) Geschichte des Romans unter dem Gesichts-

punkt des Melodramatischen zu schreiben, unternimmt P. Brooks, in: The Melodramatic Imagination. Balzac, Henry James, Melodrama, and the Mode of Excess, New Haven/London 1976. Brooks bezieht den melodramatischen Roman auf einen fundamentalen Wunsch, 'alles' auszudrücken (S. 5). Dazu gehört vor allem die Aufdeckung eines moral occult (S. 6), das als manichäistische Grundstruktur unter den Erscheinungen liegt. Auch Brooks sieht ein wesentliches Darstellungsproblem des melodramatischen Romans darin, die angezielte Tiefendimension der Bedeutung an der sprachlichen Oberfläche anzeigen zu müssen: „... the more elusive the tenor of the metaphor becomes – the more difficult it becomes to put one's finger on the nature of the spiritual reality alluded to – the more highly charged is the vehicle, the more strained with pressure to suggest a meaning beyond." (S. 11).

43 Sartre zieht deshalb auch eine Grenze zwischen 'Prosa' und 'Musik' (und anderen Künsten), vgl.: Qu'est-ce que la littérature?, Paris 1985, S. 17f.: „L'écrivain ... c'est aux significations qu'il a affaire. Encore faut-il distinguer: l'empire des signes, c'est la prose; la poésie est du côté de la peinture, de la sculpture, de la musique".

44 Ebd., S. 25.

45 Diario in pubblico, S. 293 [„Ich bestreite, daß ein Schriftsteller (oder ein Maler, oder ein Musiker) sich mehr in dem einen als in dem anderen Sinne engagieren und so ein gültiges Resultat haben kann."] – Bei Sartre ist allerdings der Begriff des Engagements selbst auf zwei Ebenen angesiedelt: er meint erstens so etwas wie eine transzendentale Bedingung des Schreibens (als einer Art und Weise, die Freiheit zu wollen): „si vous avez commencé, de gré ou de force vous êtes engagé." (Qu'est-ce que la littérature?, S. 72). Zweitens meint Engagement aber auch Reaktionen auf historisch unterschiedliche Situationen: auf die grundsätzliche Frage Pourquoi écrire? folgt deshalb die historische Frage Pour qui écrit-on? Gerade in dieser Perspektive aber gewinnt das Engagement jenen intellektualistisch-voluntaristischen Zug, den Vittorini beklagt.

46 Brooks: The Melodramatic Imagination, S. 198, erwägt seinerseits einen Kanon und Gegenkanon des Melodramatischen: auf der Seite des Melodramatischen stehen demnach Autoren wie Balzac, Dickens, Conrad, Henry James, D.H. Lawrence oder Faulkner, auf der Gegenseite radikaler Ironie Flaubert, Maupassant, Beckett, Robbe-Grillet, möglicherweise Joyce und Kafka.

47 Der Titel des Romans geht auf ein anonymes Lied aus dem 13. Jahrhundert zurück, das die Ausgabe von 1949 noch als Epigraph zitiert: „Deh, come è gran pietate / de le donne di Messina, / veggendole scarmigliate / caricar pietre e calcina." (vgl. zit. Ausgabe S. 929). Im Text von 1964, in dem die Rolle der 'donne di Messina' vor allem durch die Änderung des Schlusses ohnehin erheblich geringer ist, schrumpft dieser Bezug dahingehend zusammen, daß einzelne Textfetzen von einem Mitglied der Dorfgemeinschaft erinnert werden (vgl. S. 59f.).

48 Zur stilistischen Dimension der Überarbeitung vgl. G. Amoroso: L'elaborazione de 'Le donne di Messina', in: Ders.: Sull'elaborazione di romanzi contemporanei, Mailand 1970, S. 79-120.

49 [„Ein Land ..., das man durchqueren kann, wie dazu gemacht, daß man in einen Zug steigt und es durchquert, wieder in einen Zug steigt und es nochmals durchquert.", 8] zitiert nach Elio Vittorini: Die Frauen von Messina, übers. von Arianna Giachi, Olten 1965 (im f. nur mit Seitenangabe).

50 [„Auf diesen Katasterplänen sind Grundstücke und Häuser, Bergwerke und Fabriken nebst Flußufern, Flüssen und dem Meeresstrand zwischen einem Netz feiner Linien eingezeichnet, um anzuzeigen, wessen ... Eigentum ... dieses Haus ist.", 236].

51 Vgl. dazu auch G. Bàrberi Squarotti: La forma e la vita: il romanzo del novecento, Mailand 1987, S. 182.

52 „Vittorini: progettazione e letteratura", in: Una pietra sopra, S. 127-149, hier S. 128.

53 Ebd., S. 139.

54 Vgl. dazu L. Grevel: Il Politecnico 1945-1947, Bonn 1976.

55 „Politica e cultura – Lettera a Togliatti", in: Il Politecnico, 35, 1947, S. 3.

56 In den Due tensioni wird die Absicht, Kultur gegen politische Hegemonieansprüche abzusichern, diskurstheoretisch reformuliert: „lo storico-sociale è discorso che un gruppo politico pone in un senso o un altro – dunque un sistema interpretato – secondario (non primario) e generico insieme più che generale (comunque non concreto)" (S. 69). [„das Geschichtlich-Soziale ist ein Diskurs, den eine politische Gruppe in dem einen oder anderen Sinne setzt – also ein interpretiertes System, ein System zweiter (nicht erster) Ordnung und mehr generisch noch als allgemein (jedenfalls nicht konkret)"].

57 Il Menabò 4, 1961, S. 13-20, hier S. 17.

58 Ebd., S. 17. Eine Literatur auf der Höhe der neuen Zeit dürfte deshalb nicht nur die Fabriken als

Thema nehmen, wie in den naturalistischen Romanen der neueren Amerikaner üblich, sondern mußte den Modus der Darstellung selbst verwandeln. Ansätze dazu sieht Vittorini in der école du regard des französischen Nouveau Roman, vor allem bei Robbe-Grillet.

59 Ebd., S. 19.

60 Vgl. dazu auch M. Petrucciani: Scienza e letteratura nel secondo novecento. La ricerca letteraria in Italia tra algebra e metafora, Mailand 1978, S. 19ff.

61 Le due tensioni, a.a.O., S. 7f.

62 Ebd., S. 6.

63 Ebd., S. 13.

64 Ebd., S. 14: [„Affektivität, die die Blüte einer vorhergehenden rationalen Spannung war zu einer Affektivität, die die Blüte keiner rationalen Spannung ist, und die der Ausdruck einer latenten rationalen Spannung ist, die wie auch immer real werden muß"].

Metaphern des Ich

Romaneske Entgrenzungen des Subjekts bei D'Annunzio, Svevo und Pirandello

Rudolf Behrens

In dem Roman Pirandellos, der in Benjamins Essay *Das Kunstwerk im Zeitalter seiner technischen Reproduzierbarkeit* zu einem Kronzeugen für die These vom Verlust der Aura gemacht wird, ist an einer Stelle die Rede von der Metapher des Ich. Wenn man sich nur „(...) für einen Augenblick von dieser Metapher des eigenen Ich befreien könnte, die sich unweigerlich aus unseren zahllosen, bewußten und unbewußten Rollen ergibt", heißt es in *Die Aufzeichnungen des Kameramanns Serafino Gubbio* (1915/25), „(...) dann würde man sofort bemerken, daß dieser Er *ein anderer* ist, ein anderer, der mit ihm selbst wenig bis gar nichts zu tun hat."[1] Die Aufsplitterung des Ich in zahllose Facetten, Rollen und Schichten war bis dahin schon vielfach von Pirandello in seinem Theaterwerk und in seiner Erzählprosa vorgeführt worden. Wenn er hier die Konzeption des Ich, das nur in einer Metapher zusammengehalten wird, aufruft, so ist dies 1915 schon fast eine abgegriffene Polemik gegen einen substantialistischen Subjekt-Begriff. Sigmund Freuds Entdeckung der „Topologie" des Unbewußten und damit die Auffächerung des Ich in einzelne 'Regionen' liegt immerhin schon einige Jahre zurück. Die dritte narzißtische Kränkung, die die moderne Anthropologie nach der 'kopernikanischen Wende' und Darwins Evolutionstheorie in der Behauptung sehen kann, das Ich sei „nicht Herr im eigenen Haus",[2] hatte also längst ihren Anfang genommen. Georg Simmels These von der „Achsendrehung im Begriff des Menschen",[3] 1907 in Hinblick auf Schopenhauers Willenslehre formuliert, evoziert dieses Bild der 'kopernikanischen Wende', die Pirandello selber wiederum in seinem Roman *Il fu Mattia Pascal* (1904) als eine erste Verunmöglichung des Erzählens vom menschlichen Subjekt ausgewiesen hatte. Simmel weist damit auf einen Ahnherrn, der schon zu Beginn des Jahrhunderts Kants Behauptung, ein „Ich denke" müsse alle unsere Vorstellungen begleiten, mit dem Satz beiseite geschoben hatte: „(...) das Ich ist eine unbekannte Größe, d.h. sich selber ein Geheimnis."[4] Friedrich Nietzsche, seinerseits wieder ein Vordenker für Pirandellos Theorie des gespaltenen Ich im *Umorismo*-Essay (1908), hatte dem längst kursierenden Theorem von den pluralen Dimensionen des Ich, wie sie sich in der französischen Psychiatrie des *fin de siècle* bei Alfred Binet und Théodule Ribot darstellen, in *Der Wille zur Macht* (1901) dann die entscheidende Wendung gegeben, die die Rede von der Metaphorizität des Ich erst ermöglicht: Die Einheit des menschlichen Charakters, der als Konglomerat und Schnittpunkt unterschiedlicher Triebe, Regungen und Bewußtseinsbilder bestehe, sei „nur als Organisation und Zusammenspiel Einheit". Es handle sich folglich um „ein Herrschaftsgebilde, das Eins *bedeutet*, aber nicht Eins *ist*."[5] Mit anderen Worten: Unter dem Zwang zur lebensnotwendigen Fiktionsbildung sind Begriffe wie Charakter, Subjekt und Ich nur Signifikanten. Sie verweisen von weitem auf eine Einheit ihres Signifikats. Über eine sprachliche Deviation stellt sich nur der Eindruck eines Ganzen her, die Sache selbst ist als ein Integral ganz ungedeckt.

Der italienische Roman, der vor der Jahrhundertwende das Paradigma veristischen Erzählens verläßt und in den europäischen Horizont der *décadence* einrückt, erzählt auf unterschiedliche Weise von dieser Desintegration des Ich. Für Pirandellos Romane ist das offensichtlich. Ebenso für Italo Svevo, der von ganz anderen kulturellen Voraussetzungen aus, als das bei dem Sizilianer und ehemaligen Bonner Studenten Pirandello der Fall ist, seine Romane an den mitteleuropäischen und französischen Dekompositionen des Subjektbegriffs ausrichten wird. Pirandellos Querlage zur nationalen Tradition, sein Angriff auf die Usancen romanesken Erzählens von einer doppelt peripheren Position aus, finden in Svevos Triestiner Randlage gleichwohl ein strukturelles Äquivalent. Während Pirandello aus dem regionalistischen Kontext heraus über die Rezeption vulgarisierter nietzscheanischer Theoreme sein Thema der pluralen Person der Moderne findet, ist es bei Svevo das Bewußtsein einer gebrochenen kulturellen Identität, das zum Antrieb und Gegenstand seiner Romane führt: Der italienischsprachige k.u.k.-Bürger mit rheinländischen Vorfahren und jüdischem Herkommen nutzt die Drehscheibenposition, die Triest als Stadt zwischen den Nationen und Kulturen einnimmt, auf besondere Weise. Seine drei Triestiner Romane erzählen von den zentrifugalen Kräften, die das Individuum in einer Welt kommerziell bestimmter Lebenswirklichkeit zersetzen. Ihr in der Selbstironie gebremster nostalgischer Zug, der das Verblassen 'kakanischer' Identität als einen latenten Bezugshorizont aufruft, hat dabei auch ambivalente Seiten. Denn Svevos oft konstatierte Affinität zu den kulturellen Zentren Wien und Prag erweist sich besonders in einem Punkt als höchst produktiv: Die Freudsche Psychoanalyse, über Triest gleichsam nach Italien erst eingeführt, gibt in Svevos Hauptwerk *La coscienza di Zeno* (1923) das innere systematische Gerüst ab, an dem sich das Erzählen als ein hartnäckiges Positivieren der 'kranken' Vielfalt des Ich abarbeitet. So spielen Pirandellos und Svevos Romane, von je unterschiedlichen Bezugspunkten herkommend, Varianten der Desintegration des Ich aus.

Die „linea Svevo-Pirandello", die die jüngere Literaturgeschichte deshalb auch als einen endgültigen Vorstoß des italienischen Romans zu den Parametern europäischer Moderne gewertet hat,[6] läßt sich aber unter dem hier gewählten Blickwinkel durchaus um denjenigen Pol erweitern, von dem sich zunächst einmal Pirandello und Svevo polemisch abgesetzt haben, um D'Annunzios frühe Romane nämlich. Sie bilden das erste Bindeglied des italienischen Romans zu den Desintegrationstheoremen des französischen 19. Jahrhunderts. Über D'Annunzio und seine Rezeption französischer Modernitätsanalytiker und ihrer literarischen Ästhetisierung der 'Willenskrankheit',[7] so könnte man etwas vereinfachend sagen, fügt sich der italienische Roman überhaupt erst in den Kontext ein, der ihm bei Svevo und Pirandello dann – unter anderen Vorzeichen allerdings – ganz selbstverständlich wird. Paul Bourgets Essais de psychologie contemporaine (1883), die im Zusammenspiel mit Amiel und Renan eine epochale Diagnose der Seelenzergliederung als Modernitätssyndrom gestellt hatten und mit ihrer Konzeption des „Empfindungsdilettanten" auf die gesamteuropäische Literatur der Jahrhundertwende einwirkten, sind mit Huysmans Kultroman *A rebours* (1884) einer der entscheidenden Prä-Texte, die D'Annunzios erster Roman *Il piacere* (1889) zu einer Inszenierung willenloser Selbstzergliederung seines Helden verarbeitet. So unbestritten Bourgets Rolle im Kontext des „Nervositätssyndroms"[8] der gesamten *fin de siècle*-Literatur nun ist,[9] so pointiert läßt er sich auch als der entscheidende Urheber des D'Annunzianischen Ästhetizismus ausmachen.[10] Zweifellos wird mit *Il piacere* und den folgenden beiden Romanen des Zyklus *Romanzi della rosa* ein ganz anderer Weg der Desintegration des Ich eingeschlagen, als das bei Pirandello und Svevo der Fall ist. Dennoch, wenn auch die späteren Konsequenzen bei D'Annunzio im Gegensatz etwa zu Svevos hintergründiger Positivierung des willenlosen „inetto" dazu führen, daß der Nietzscheanische „superuomo" die Leitfigur der frühen Moderne, den in seinen Ich-Grenzen zerfließenden Selbstanalytiker, ablöst, so lassen sich die frühen Romane D'Annunzios nicht einfach aus dem Zusammenhang der italienischen Moderne ausblenden. Man kann sie nicht von ihren Spätfolgen her als dekadentes Übergangsphänomen der Geschichte abtun.[11] Im Hinblick auf die Transformationen des erzählten und erzählenden Subjekts, die der Roman der Moderne auch in Italien modelliert, bilden sie im Gegenteil das Scharnier, mit dem der italienische Roman in die französischen und gesamteuropäisch wirksam werdenden Theorien des multiplen Subjekts eingelassen wird. Deshalb werden sie auch in unserer Darstellung den Ausgangspunkt bilden.

Entgrenzung des Subjekts im ästhetischen Reiz: D'Annunzio

Die Vorgeschichte des 'modernen' Helden der gesamteuropäischen *décadence*, der mit D'Annunzios *Il piacere* die Romangattung für einige Jahrzehnte bestimmen wird, hat vor allem französische Wurzeln. Charles Baudelaire hat diese Vorgeschichte mit dem Diktum von der Modernität als der Flüchtigkeitserfahrung eröffnet: Der Satz „La modernité, c'est le transitoire, le fugitif, le contingent (...)"[12] umreißt die Rahmenbedingungen, unter denen sich der literarische Held der Moderne als eine Figuration multipler Erfahrung der Desintegration modellieren wird. Zur Jahrhundertwende hin wird dies gängige Münze, vorbereitet durch Autoren wie Joseph Ernest Renan, Henri Frédérique Amiel und andere, die unter dem epochalen Stichwort des „dilettantisme" die willenlose Zerflossenheit des modernen Subjekts andeuten.[13] Am nachhaltigsten prägt sich dies aus bei Paul Bourget, der sich wiederum in seiner Analytik des 'modernen Menschen' auf Baudelaire, Poe, Stendhal, Turgenjew und andere Autoren bezieht. Seinen Thesen zufolge ist der 'moderne Mensch' das Produkt einer pathologischen Entwicklung der Geschichte. Er betreibe und inszeniere seine Entwurzelung, leugne die Traditionszusammenhänge und pervertiere insofern das Gefüge der ethischen Werte. Bourget, dessen Diagnose im Ansatz schon Nietzsche 1876 bei seiner Verhöhnung Wagners als dem Heros einer 'zerfließenden' Kunst der Moderne vorprägte,[14] hat diese Degenerations-Vision der Moderne auch mit biologischen Metaphern belegt, die das Orientierungslose und Flüchtige seiner Zeit bezeichnen wollen. Er bescheinigt dem Menschen ein Wuchern von beliebigen ethischen und historischen Orientierungen. Bourget spricht ebenfalls vom Multiplen als der Signatur seiner Zeit.[15] Und dieses Multiple, das Vielfältige und Beliebige, schlage sich auf der Ebene der psychischen Verfassung in der Nervosität des Modernen nieder. Damit ist nicht bloß eine gewisse Fahrigkeit gemeint. Nervosität bedeutet vielmehr den spielerischen und experimentellen Umgang mit der sensorischen Reizbarkeit. Der Mensch der Moderne ist in diesem Sinne für Bourget geradezu reizsüchtig. Er verzichtet auf tätiges Handeln und macht sich statt dessen zum nervösen Beobachter seiner selbst, wie er sich immer rasanteren Sensationen aussetzt und die Multiplizität seines Ich in der Abfolge von Schmerz- und Lusterfahrungen materialisiert. Baudelaires Spaziergänger durch Paris, das poetische Subjekt der *Fleurs du mal* (1857), das die Monstrositäten der Großstadterfahrung ästhetisch transformiert, gibt hier ein erstes Modell ab. Der Graf Des Esseintes aus dem Roman *A rebours* (1884) von Joris-Karl Huysmans führt diese Nervosität dann in eine groteske Steigerung: Er inszeniert in seinem feudalen Landhaus eine wahre Orgie von Schwarzen Messen, er erprobt die Nahrungsaufnahme per Einlauf und experimentiert mit Farb- und Geruchssynästhesien, um seine Empfindungsfähigkeit zu steigern.[16] Ähnlich werden sich D'Annunzios frühe Helden in einer Art *setting* des nervösen Selbstexperiments bewegen. Sie inszenieren ihre erotischen Abenteuer als lebensweltliche Kunstwerke und verstehen umgekehrt die ästhetische Kunsterfahrung als einen beliebig steigerungsfähigen Sinnengenuß. Die Selbstverdopplung, ein im wahrsten Sinne des Wortes fortgeschriebener Narzißmus, der die Spannbreite der nur noch in der Metapher des Ich zur Einheit gebrachten Spektrums zur Selbstversicherung auslotet, ist dabei die Grundfigur des Subjekts, das sich selber sucht und in der Dynamik der Suche bloß die Spuren der abwesenden Einheit hinterläßt. Hamlet, bei Shakespeare - in Freudscher Perspektive gesehen - der ödipal gehemmte Zauderer, der die Tat durch die ästhetische Spiegelung seiner selbst ersetzt, wird deshalb zu einer epochal wirksamen Identifikationsfigur. Turgenjew, Svevo, Laforgue, Bourget, Heinrich Mann und schließlich Freud umspielen diesen „miroir disponible" (Jean Starobinski),[17] in dem sich die ganze Generation der europäischen *décadents* bespiegelt.[18]

Damit ist ein Gedanke angesprochen, der die imaginäre Verarbeitung des Modernitätssyndroms der Jahrhundertwende ganz entscheidend prägen wird: Das Übel der modernen Zeit, ein Sich-Verlieren in beschleunigten Beliebigkeiten, wird nämlich kompensiert - so schon Bourget - durch ästhetische Erfahrung. Tradition, Moral, Religion und Wissenschaft geben den Modernen keinen verbindlichen Halt mehr. Die ersten drei, weil sie durch den permanenten Erkenntnisfortschritt skeptisch entwertet werden. Die Wissenschaft, weil sie ausdrücklich auf Beschleunigung und deshalb permanente Veränderung ihrer selbst angelegt ist. Einen Ersatz für diesen Verlust der Selbstvergewisserung sucht sich die Moderne dagegen in der Kunst bzw. im Goutieren der Kunstobjekte. Aber auch hier liegt der Akzent bei Bourget auf der Beliebigkeit des Kunstgenusses. Die Verbindlichkeit der Aussage eines Kunstwerkes und sein historischer Wert werden negiert. Der moderne Mensch verdoppelt also die Erfahrung seiner Entwurzelung hier noch einmal, aber er kitzelt aus dieser zweiten Negativ-Erfahrung einen sinnlichen Genuß heraus. Ein Beispiel, das wir im italienischen Roman vor allem bei D'Annunzio wiederfinden werden, betrifft den modernen Typus des Sammlers als dem aristokratischen Pendant des bürgerlichen Museumsspaziergängers. Im Sammler sieht schon Bourget eine typische Figuration der Moderne. Er legt es darauf an, einzelne Objekte aus ihrem originären Kontext herauszulösen und sie in eine subjektiv begründete Reihe des Besitzes einzugliedern. Der Sammler hat also Anteil an der Geschichte nur, indem er sie zerstört und das einzelne Ding in eine willkürliche, auf ihn selbst zentrierte Ordnung bringt. Ähnlich eignet sich der Museumsspaziergänger die Geschichte an. Er sieht die Exponate nicht als Teile einer verpflichtenden Geschichte, die unumkehrbar und ein Ganzes ist. Vielmehr spaziert ja der Museumsbesucher durch die Exponate völlig subjektiv seinen Launen folgend. Er degradiert die Geschichte folglich zu einem Panoptikum von Eindrücken. Er planiert in gewissem Sinne die Geschichte zu einer Schaubühne ein, auf der man je nach Belieben Vergangenheiten auf- und abtreten lassen kann. Diese Enthistorisierung der Geschichte, ihre Einebnung zu einem ästhetischen Bilderbuch, hat ihre Entsprechung in dem historiographischen Diskurs Ernest Renans. Bei ihm gerät die verbürgte Vergangenheit zum Material ästhetischer Anverwandlung; Nietzsche nannte diese relativistisch-skeptizistische Einstellung sarkastisch diejenige des „duftenden Genüßling(s) vor der Historie",[19] aber der Erfolg dieser „dilettantischen" Aneignung des ästhetisch Beliebigen an der Stelle des historisch Verpflichtenden bleibt im europäischen *fin de siècle* ungebrochen bis in die ersten Jahrzehnte des neuen Jahrhunderts. Das Ästhetische tritt also in der beginnenden Moderne in die Position des verlorenen verbindlichen Wissens ein. Im Kunstgenuß annulliert der moderne Mensch - so jedenfalls der Tenor der Bourgetschen Zeitanalyse - die historischen und ethischen Verpflichtungen. Entsprechend ist die Literatur des *fin de siècle* voll von Kunstliebhabern, Sammlern, Dilettanten und Genießern, die ihre Kunstobjekte zum Fetisch machen. In bezug auf den frühen D'Annunzio hat Hugo von Hofmannsthal in einem Essay dies auf den Punkt gebracht: „Modern sind alte Möbel und junge Nervositäten".[20] Besser läßt sich der Zusammenhang zwischen einem Lebensgefühl des Krankhaft-Passiven und der Wende zum Ästhetischen nicht auf eine Formel bringen.

Il piacere, D'Annunzios erster und zunächst wohl auch erfolgreichster Roman,[21] reiht sich in die Linie der romanesken Inszenierungen dandyhafter Weltflucht und ästhetisierender Positivierung des 'krankhaften' Orientierungsverlustes nahtlos ein.[22] Der bloße *plot* ist dabei an sich weniger aussagekräftig als das erzählerische Arrangement, das ihn inszeniert; er handelt von einem jungen Conte aus distinguierter Familie, der in der römischen *upper class* seinem Luststreben auf verschiedene Weisen nachgeht. Die einführende Charakterisierung des Helden ist durch D'Annunzio aus auktorialer Perspektive gegeben und zeigt noch deutliche naturalistische Nachklänge. Die biologische und die soziale Konstitution machen ihn nämlich zunächst zu einem Fall, der in seiner abschüssigen Lebenslinie verfolgt werden kann. In vager Anlehnung an den naturalistischen Roman stellt der Erzähler seinen Helden hier unter dem Gesichtspunkt einer psychisch-physiologischen Mechanik vor.[23] Zwei Fähigkeiten, das ästhetische Empfindungsvermögen und das moralische Unterscheidungsvermögen, sind in diesem Modell als interdependente „Kräfte" gesehen. Sie schöpfen – in der Metaphorik des Erzählers – aus dem gleichen Reservoir, und bei der Verknappung der biologischen Ressourcen dünnt sich die moralische Kraft gegenüber der ästhetischen aus, schon deshalb, weil sie von dem Vater „niedergehalten" wurde. Offensichtlich arbeitet D'Annunzio hier mit einer pneumatischen Metaphorik, geistige Fähigkeiten werden nach dem Bild der kommunizierenden Röhren gedacht. Aber dieser physikalische Blick auf den 'Fall' wird von dem Erzähler nicht beibehalten. Er diagnostiziert in auktorialer Perspektive zwar immer wieder auch die chamäleonhafte Fähigkeit Sperellis, in der permanenten Transformation von Reizzuständen die Variabilität des eigenen Ich auszuloten. Aber dieser sezierende Blick auf die narzißtische Selbstzergliederung des Bourgetschen Empfindungsdilettanten ist ambivalent. Er ist ein bloßes moralisches Feigenblatt. Denn tatsächlich verselbständigen sich im Roman diejenigen Szenen, die als Beleg für die moralische Depravation des Helden dienen könnten. So erzählt der Erzähler zweideutig in dem Sinne, daß das moralische Urteil zum Vorwand wird, um die Verfallsgeschichte überhaupt in Szene zu setzen. Entsprechend gerät der Leser notgedrungen in die Position eines Komplizen.

Die Narration des Geschehens bzw. ihre temporale und strukturelle Gliederung haben an dieser Doppelbödigkeit nicht unwesentlichen Anteil, weil der Leser gleich von Anfang an in die Position eines voyeuristischen Zuschauers einer Inszenierung versetzt wird. Andrea Sperelli wird zunächst dem Leser präsentiert, wie er mit seiner Geliebten Elena Muti an die ursprüngliche Verve ihrer Liebesbeziehung anzuknüpfen versucht. Die erotischen Begegnungen des ersten von vier Romanteilen stehen deshalb schon im Zeichen einer Spannung des Wiedererlangens nicht mehr greifbarer Erfüllung des Begehrens. Tatsächlich indiziert dieses Thema vergeblicher Rückorientierung aber ein anderes, das eigentliche Thema: Sperelli instrumentalisiert seine Geliebte zu einem lebendigen Artefakt, zu der Inkarnation seines Ideals erotischer und kunstmäßig sublimierter Begegnung. Sie tritt als fiktive Rolle in ein schon längst festliegendes Spiel ein, in dem Sperelli der Regisseur der ästhetischen Multiplizierungen seiner selbst ist. Erst wenn sich Elena diesem Zugriff instinktiv entzieht, kommt es zu einer Krise. Sie wird bezeichnenderweise mit einem äußerlichen, zufällig zeitgleichen Ereignis synchronisiert: Bei einem Pferderennen, in dem Sperelli gegen den Konkurrenten gewinnt, kommt es im Affekt zu einer beleidigenden Äußerung, und im nachfolgenden Duell wird Sperelli gefährlich verletzt. Der zweite Romanteil setzt nun im Stadium der Genesung mit einer „vita nova" ein, in der die Ereignisse des ersten Romanteils sozusagen noch einmal – allerdings unter anderen

Vorzeichen – gedoppelt werden. Sperelli hat Rom verlassen und kuriert auf dem Landsitz seiner Kusine die Verletzung. Dabei lernt er die Sieneser Dame Maria Ferres kennen, in der fiktionsinternen Mythenbildung des Romans sowohl strukturelles Duplikat der Elena Muti als auch marienhaft 'reine' Replik ihrer sinnlichen Vorgängerin. Der Beginn dieser Beziehung zu der Ferres, die sich mit ihrem Kind vorübergehend im Landhaus der Kusine Sperellis aufhält, verläuft zunächst in den Bahnen artistischer Sublimation. Sperelli reaktiviert seine Kenntnisse in der Radierkunst und in der Lyrik. Sonett und Radierung fungieren als Medium einer Deviation, in der das erotische Begehren vielfältige Formen annimmt. Als Figuration der 'Mutter' verbleibt Maria Ferres zunächst auch im Bann eines Tabus. Unmerklich gerät sie aber über den Umweg künstlerischer Projektionen in die Fänge des *décadent*; sie infiziert sich sozusagen an der Krankheit des Willens, die Sperelli der Pathographik zeitgenössischer Psychologie gemäß das moralische Handeln unmöglich macht. Gleichzeitig setzt Sperelli Maria Ferres genau in die Position ein, die die verlorene Elena eingenommen hatte. So wird die Ferres in doppelter Hinsicht instrumentalisiert. Sie gerät zum Ersatz, zum reizvoll keuschen Spiegel für das entschwundene Bild der Elena Muti, die ihrerseits schon der bloße Spiegel von Sperellis Fiktionen war. Und erst wenn bei der ersten Liebesbegegnung Sperelli im Zustand der Verzückung Maria mit „Elena" anspricht, erkennt die Ferres die Bedingungen ihrer Beziehung und kündigt sie auf. In Rom nimmt Sperelli deshalb wieder Kontakt mit Elena auf und begibt sich damit endgültig auf eine abschüssige Lebensbahn. An seiner früheren Geliebten erkennt er die Depravation seines eigenen 'dilettantischen' Luststrebens: Sie hat sich zur Komplizin eines reichen Collectioneurs gemacht, der ihm bereitwillig seine Bibliothek mit reichlichen pornographischen Beständen vorführt. Sperellis Ekel angesichts des zusammengebrochenen Ideals sublimer Erotik wird im Text nun wiederum synchronisiert mit einem äußerlich parallelen Ereignis. Denn zeitgleich findet in Rom die Zwangsversteigerung des Mobiliars der Maria Ferres statt, eine Folge des wirtschaftlichen Ruins ihres Ehemanns. So endet der Roman in einem zweifachen Zusammenbruch der Illusionen. Die sozusagen erotische Geliebte enthüllt die Bestialität der menschlichen Natur, und die reine Geliebte gerät in einen wirtschaftlichen Zusammenbruch, von dem nun die „gente bassa" – der pseudofeudalen Ideologie des dekadentistischen Romans entsprechend – durch eine Art Leichenfledderei profitiert. Dagegen ergattert Sperelli in der Versteigerung einen bezeichnenden Gegenstand: einen Buddha – offensichtliches Zeichen der Resignation und Lebensverweigerung im Sinne des Nihilismus Schopenhauers. So überläßt sich der dekadente Held, der das Spektrum seiner Reizbarkeiten vergeblich in dem Spiegel der Objekte, der Kunst und seiner erotischen Phantasmen auszuloten versucht hatte, letztlich der Aufhebung des Willens im Nirwana.

Die Verdopplung fließender Ambiguität, die das Selbstverständnis des Helden bestimmt, in den Erzähldiskurs hinein, der den Leser an der Entgrenzung des Helden teilhaben läßt, ist die eigentlich innovative Pointe, die *Il piacere* auszeichnet. Sie kommt gerade an den scheinbar nebensächlichen Passagen des Textes zur Geltung, bei den Objektbeschreibungen z.B., die die Gegenstände eines Interieurs mit einer erotischen Bedeutung aufladen. So baut sich im komplizitären Erzählvorgang ein hermetischer Kosmos von Sinnbezügen auf. Die Dinge werden sozusagen elektrisiert und in ein Netz von semantischen Überlagerungen eingezogen. Für das Verhältnis des Helden zu seiner eigenen preziösen Sprache gilt dies in gleichem Maße. Ein auktorialer Kommentar hebt dies ausdrücklich in einer quasi-naturalistischen Falldiagnose hervor:

Ein anderer väterlicher Samen war ebenfalls auf perfide Weise in der Seele Andreas fruchtbar geworden: der Samen des Sophismus. „Der Sophismus", sagte jener unbedachte Erzieher, „findet sich an der Quelle eines jeden Vergnügens und jeden menschlichen Schmerzes. Sophismen zuzuspitzen und zu vervielfachen bedeutet folglich die eigene Lust oder den eigenen Schmerz zuzuspitzen und zu steigern. Vielleicht besteht die Kunst des Lebens darin, die Wahrheit zu verdunkeln. Das Wort ist ein tiefgründiges Ding, in dem für den Mann von Geist unerschöpfliche Reichtümer verborgen sind (...)." Ein solcher Samen traf in dem kranken Gemüt des jungen Mannes auf einen günstigen Boden. Nach und nach wurde für Andrea die Lüge weniger gegenüber den anderen als gegenüber sich selbst zu einer so eng mit seinem Bewußtsein verwachsenen Haltung, daß er schließlich niemals völlig aufrichtig sein konnte und niemals mehr über sich selbst frei verfügen konnte.[24]

Die Untergrabung des Wortsinns im Sophismus legt dem Helden folglich eine Spielmöglichkeit der Sprache frei. Wie er mit seinen erotischen Empfindungsfähigkeiten experimentiert, so hat der Vater ihm den Weg zur Entgrenzung der Rede gewiesen. Damit spiegelt sich die Multiplizität des Ich ihrerseits in dem kaleidoskopartigen Geflecht der Semantik, das seine Rede wuchernd vernetzt. Das sophistische Sprechen nutzt die Paradoxien und Mehrsinnigkeiten der Rede aus, um aus ihnen Sätze herzustellen, die keinen eindeutigen Referenten mehr haben. Das Lügen ist für Sperelli deshalb auch etwas anderes als ein banaler Selbstbetrug. Es liegt letztlich in der Sprachbenutzung selbst begründet und legt die Materialität der Sprache wie ein wertfreies Kunstmittel frei, über das beliebig verfügt werden kann. Eben diese Entgrenzung der Rede zum Zwecke effektvoller Klitterei ist aber ein Sachverhalt, der in gewisser Weise auch den Erzählmodus des Erzählers auszeichnet. Geradezu schmarotzerhaft profitiert der Stil mit seiner preziösen Wortwahl und seiner rhetorischen Syntax von dem Programm, nach dem der Romanheld lebt. Insofern er sich, z.T. im „stile indiretto libero", an den Modus der Selbstwahrnehmung des Helden angleicht, bietet er ihn dem Leser in einer Sprache dar, die über genau jene zerfließende Semantik verfügt, derer sich der Protagonist als Äquivalent seiner psychischen Desintegration bedient.

Die nachfolgenden Romane D'Annunzios spitzen diese Programmatik der Aufhebung sprachlicher und subjektbezogener Grenzen noch zu. In dem 1892 publizierten *L'innocente* wirkt sich diese Entgrenzung dreifach aus. Einmal läßt D'Annunzio seinen Helden jetzt in der Ich-Form berichten. Das bedeutet, daß dem überzogenen Subjektivismus nun keine Schranken durch einen relativierenden Erzähler gesetzt sind. Zweitens berichtet dieser Ich-Erzähler von dem Mord, den er an dem Neugeborenen verübt, das seine Frau nach einem Fehltritt ausgetragen hatte; die zweideutig inszenierte Amoralität des dekadenten Helden erhält also eine Dimension der Monstrosität,[25] die den banalen Erotizismus der *décadence* sprengt. Und drittens deutet sich in dem Roman in ersten Umrissen eine Überhöhung des dekadenten Helden an, die im letzten Roman der Trilogie *Trionfo della morte* noch unter einen Vorbehalt des Scheiterns gestellt,[26] mit *Il fuoco* (1900) aber ohne jede Relativierung positiviert wird: Der D'Annunzianische Held ist auf dem Wege zum *superuomo* Nietzscheanischer Prägung. Stufenweise mutiert er zum Repräsentanten einer geschichtsphilosophisch konsekrierten Herrenrasse, die in ihrer biologischen Stärke die Moral als Religion der Schwachen und damit als ineffektiv und letztlich unbegründet ausweist. In *L'innocente* dominiert bei dem Protagonisten allerdings noch der Aspekt entnervender Vivisektion des abulischen Bewußtseins.[27] Tulio Hermil, ein Willenloser im Bourgetschen Sinne, steigert sich allenfalls in sadistische Phantasien hinein, um die Schmach, die aus gesundheitlichen Gründen 'unberührte' Gattin das Kind eines Rivalen austragen zu sehen, zu tilgen. Dabei liegt das eigentlich interessante Element dieser schwülstigen Inszenierung der Genese einer Kindstötung in der nur unterschwellig sichtbaren ödipalen Konstruktion des *plots* begründet. Der hamletisierende Zauderer, dem es nicht gelingt, die Position des übermächtigen Vaters einzunehmen, tötet gleichwohl das Kind seiner sozusagen mütterlich unberührt gelassenen Frau. An diesem Sohn, in dem er einen zweifachen Rivalen fürchtet, vollzieht Tullio Hermil die Aggression, die ihm gegenüber dem übermächtigen Vater – im freudianischen Sinne gesehen – gerade wegen des Hamletsyndroms, der sozusagen blockierten Selbsttötung in der Eliminierung des Vaters, unmöglich ist.[28] So bildet sich auf der Rückseite dieses Textes jenseits der gespreizt erzählten Pathographie des Verbrechens eine Dimension heraus, die die Entgrenzung des Subjektbegriffs in Richtung auf ein Unbewußtes vorführt.

Trionfo della morte von 1894 forciert im Vergleich zu den beiden ersten Romanen D'Annunzios die auflösende Tendenz der erzählerischen Inszenierung des Subjekts. An der Konstruktion der Handlung wird dies schon daran ersichtlich, daß das Projekt des Protagonisten, seine ästhetisierende Willenschwäche in der Selbststilisierung zum dionysischen 'Übermenschen' zu überwinden, scheitert. Es gibt damit der faktischen Zerflossenheit des Bewußtseins des Helden erst recht ein deutliches Profil. An der Versagung des therapeutischen Ziels, die zentrifugalen Tendenzen des Ich in dem Phantasma einer ins Archaische überhöhten Idee der Gewalt zu bannen, wird gerade das dispersive Element des 'kranken' Ich der Moderne augenscheinlich. In dieser Spannung eines unerfüllt bleibenden Begehrens der Einheit, die schließlich nur im wagnerianisch als Liebestod inszenierten Suizid ein Ende findet, ist es nun wiederum die sich entgrenzende Sprache des Erzählers, die das mimetische Instrument zum Nachvollzug dieser Bewegung bieten soll. D'Annunzio hat dies ausdrücklich in seinem Vorwort als ein Erfordernis des „modernen" italienischen Romans eingeklagt.[29] Die neue Prosasprache, schreibt er dort, müsse die Totalität der menschlichen Erfahrung erschließen können, und dies durch ein im Verhältnis zu den analytischen Wissenschaften flexibleres Instrument, mit dem das nicht Analysierbare der menschlichen Existenz vermittelbar sei. Nicht analytische Funktion der Benennung, sondern traumhaftes Ausspekulieren des Inkommensurablen ist das Ziel, zu dem eine musikalisch umspielende Sprache, eben das Italienische als eine die Latinität durch historische Sedimentierungen ausdifferenzierende Sprache, hinführen soll. Daß mit dieser Musikalität ein Schritt auf eine wagnerianische Ästhetik hin gemacht werden soll, liegt auf der Hand; der Roman endet entsprechend in einer Apotheose des Todes unter Wagners Klängen. Aber D'Annunzios verquollene These zeigt auch, daß er – gerade auf dem Wege einer deutlichen Nietzsche-Rezeption, die sich ebenfalls in dem Vorwort in bezug auf die Idee des „Übermenschen" manifestiert – Nietzsches Kehrtwendung und die sarkastische Geißelung der fließenden Wagnerschen „Enharmonik" als dem Signum der Modernität in *Der Fall Wagner* (1888) gar nicht nachvollzieht, sondern auf der Stufe banalisierender Rezeption gängiger Topoi stehenbleibt.

In sechs Teilen wird dem Leser von *Trionfo della morte* eine Krankheit zum Tode vorgeführt, die im ästhetisierten Suizid des Helden und seinem Mord an der Geliebten kulminiert. Der durchschnittliche *décadent* Giorgio versucht zunächst bei Begegnungen und Spaziergängen in Rom die erkaltete Beziehung zu seiner Geliebten Ippolita wiederherzustellen. Ein zufällig beobachteter Suizid steckt dabei den Rahmen der künftigen Handlung und präfiguriert ihr Ende. Die Besonderheit dieser zunächst stereotypen Konstellation liegt nun darin, daß Giorgio und seine Geliebte sich gegenseitig als einen narzißtischen Spiegel benutzt haben und so eine symbiotische Beziehung bildeten, die sich jetzt, zum Eingang der Romanhandlung, noch einmal verschiebt. Giorgio sieht in Ippolita immer mehr die eiskalte und sadistisch grausame *femme fatale*, aus deren Fängen er sich nicht befreien kann. Das zweite Buch schildert den Besuch, den Giorgio im elterlichen Landhaus macht. Hier wird – einer üblichen Konfiguration der *fin de siècle*-Literatur gemäß – die nicht vollendete ödipale Dramatik Giorgios enthüllt. Er soll im Auftrag der geliebten Mutter den Vater zur Rede stellen, der einer Dienstmagd hörig geworden ist und das Haus der Familie längst verlassen hat. In diesem Vater nimmt Giorgio aber nur einen bedrohenden und verhaßten Klumpen Fleisch war, eine unförmige leibliche Masse, die aufgezehrt von abscheulichen Orgien sinnlicher Vitalität dahinsiecht. Gegen diese Verkörperung bestialischen Lebens kommt der schwache Giorgio nicht an und flieht - im dritten Buch - in ein Landhaus der Abruzzen. Er richtet es in Anspielung auf den Tristanmythos mit erlesenen Kunstobjekten geradezu sakral als zukünftige Liebesgrotte ein und erwartet Ippolita, um in der Zweisamkeit von seiner inneren Schwäche zu genesen. Da diese Kur nicht gelingt und Ippolita sich seinem Zugriff entzieht, erscheint sie ihm immer mehr als sphinxhafte Schimäre, die er zwar wie eine Marionette benutzen, die ihm aber nicht die angekränkelte Disposition zur Degeneration rückgängig machen kann. In einer zweiten Handlungsphase, beginnend mit dem vierten Buch, wird deshalb der enge Handlungsraum auf eine Außenwelt hin geöffnet. Was bislang auf die Frau projiziert wurde, das Wunschphantasma lebensspendender Sinnlichkeit, verschiebt sich jetzt auf eine archaisch gezeichnete Welt. Ironischerweise lautet der Titel dieses Teils aber auch „Vita Nuova". Die Anspielung auf Dante und die Thematik der Selbstfindung durch Beatrice, die „donna della salute" und geistige Mentorin des Philosophen, wird nämlich durch ein eigentümliches Programm eingelöst. Das Barbarische und Kulthafte im Leben der Abruzzeser Bergbevölkerung soll nun als Stimulans und gleichsam archaische Initiation wirken. Giorgio sucht den Kontakt mit der „Rasse", heißt es an einer Stelle. Und er meint damit die verschütteten archaischen Kräfte naturhaften Lebens, das durchwirkt ist mit Zeichen und Verweisbeziehungen, deren Textur zu lesen ein dionysisches Heil verspricht. In romanästhetischer Hinsicht ist dies für D'Annunzio die Gelegenheit, noch einmal auf das Repertoire eines folkloristisch angehauchten Verismus zurückzugreifen, um hier eine dumpfe und archaische Gegenwelt zum Verfall bürgerlicher Kultur zu evozieren. Aber auch diese Projektionsfläche hält nicht lange vor. Denn das Romangeschehen mündet ein in die langatmige Beschreibung einer finsteren Bittprozession zu einer Wallfahrtskirche, in der sich die Wendung zum Tode mit düsteren Vorzeichen ankündigt. Diese Szenerien kulminieren in einer Apotheose des Häßlichen, wenn sie die Massenhysterie einer Krankenprozession durch ihren langen Weg der Bergwelt verfolgen. Das fünfte Buch bündelt die vorausgegangenen Motive des Romans noch einmal zu einer Koda im musikalischen Sinne. Aber es läßt damit auch die Sinnlosigkeit der Versuche innerer Genesung erkennen, bevor das letzte Buch unter dem Leitwort „L'invincibile" den 'Liebestod' einleitet.

Allerdings sind die Anspielungen auf Wagners *Tristan und Isolde* sozusagen eine fiktionsinterne Drapierung, deren Semantik durch die Inszenierung des Todes eher dementiert wird: Giorgio versucht mittels gemeinsamen Klavierspiels des Wagnerschen Liebestodes, Ippolita in eine laszive Situation zu bringen, in der der Tod durch eine ideologische Überhöhung in seiner Banalität verbrämt wird. Das Pessimistische dieses Suizids, die schließliche Hinwendung zu einer Schopenhauerschen Verneinung des Willens zum Leben, ist damit in ein ambivalentes Licht getaucht. Der Held will ja noch im gemeinsamen Tod mit der Geliebten das Ekstatische suggerieren, das er im Leben nicht hatte leben können. Damit ist das Projekt, die Entgrenzung des eigenen Ich durch die Assimilierung eines dionysischen Prinzips aufzuheben, gescheitert. Giorgio Aurispa gibt sich letztlich im Sinne der von Nietzsche geprägten antagonistischen Metonymik als apollinischer, der Kunst und der gestaltenden Sublimation ausgelieferter Mensch der Form zu erkennen. Für D'Annunzios eklektizistische Ästhetik, die in der historisch jeweils opportunen Assimilierung wechselnder Modernitätsindices und ihrem gespreiztem Arrangement besteht, bedeutet dies aber auch eine Brücke zu der ungehemmten Enkomiastik des „superuomo" in *Il fuoco* (1900). Die vorbehaltlose Hinwendung zu einer 'dionysisch' eingefärbten Literatur, die die Semantik Nietzscheanischer Geschichtsphilosophie in die politisch zukunftsträchtige Währung faschistischer Herrenwerte ummünzt,[30] ist damit vorbereitet, die Linie einer gleichsam subjektkritischen Literatur, die sich im Kontext der Modernitätssyndrome des europäischen *fin de siècle* bewegt, freilich verlassen.

Svevos Positivierung des multiplen Ich

In gewisser Weise beginnt Svevos Erzählprosa mit einer ironischen Volte dort, wo D'Annunzio die gesamteuropäische Semantik der abulischen Selbstanalytiker zugunsten der Apotheose des nietzscheanischen Willensmenschen verläßt. Dieser „superuomo" erlebt „in der Kralle der Chimäre",[31] im suggestiven Sichausliefern an die Hysterie der Masse, die eigene Rhetorik als eine Erotik der Macht. Nichts ist Svevianischen Romanhelden dagegen fremder als das rhetorische Pathos, die gespreizte Erotik und die ästhetische Stilisierung der Macht. Im Gegenteil kultivieren sie mit verhaltener Selbstironie und im autobiographischen Blick des Autors den Typus des „inetto". Es ist ein zum bürgerlichen Erfolgsleben unfähiger Selbstanalytiker, der die Pluralität seiner Identität als strukturelles Äquivalent einer aus den Fugen geratenen Gesellschaft begreift. Dieser Typus des „inetto" hat in morphologischer Hinsicht gesehen verschiedene Muster und Präfigurationen: den naturalistisch-veristischen „vinto",[32] den durch die Macht der historischen Verhältnisse in die Leidensposition gezwungenen sozialen Verlierer also, dann den hamletisierenden Zauderer und Dilettanten Bourgetscher Prägung[33] und schließlich ein schwerer zu greifendes regionalkulturelles Profil, das die jüngere Forschung zwischen einem mitteleuropäischen Hang zum Arrangement[34] und gebrochener jüdischer Identität ansiedeln will.[35] Für die beiden frühen Romane *Una vita* (1892) und *Senilità* (1898) sind solcherart typisierende Profilierungen der Protagonisten ohne Zweifel geeignet, die reichhaltige Semantik dieser Texte begrifflich zu konzentrieren. Besonders *Una vita* als der Erstling eines Schriftstellers, der von Beginn seiner Tätigkeit an im vollen Bewußtsein lebt, das Schreiben als ein evasives Spiel aus einer bürgerlichen Bank- und Handelskarriere heraus betreiben zu müssen,[36] zehrt von der schlichten Umwertung gattungshistorischer Muster, in denen ein ganz neuartiger Figurentypus mit einer eher konventionellen Handlung des Desillusionsromans zusammengebracht wird. Viel komplexer liegen die Dinge aber in demjenigen Werk, dem Ettore Schmitz alias Italo Svevo[37] den späten Weltruhm und die frühe Enttäuschung über mangelnde Resonanz der italienischen Öffentlichkeit verdankt, dem Roman *La coscienza di Zeno* (1923). Er bildet die summa einer permanenten, den autobiographischen Impetus verpuppenden Literarisierung des Lebens, zu der die beiden ersten Romane sozusagen Probeläufe mit unterschiedlichen Figuren- und Themenkonstellationen waren. In Hinblick auf die erzählerische Entfaltung der Metaphorizität eines auf der Illusion der Einheit beruhenden Ich-Begriffs ist es gerade die *Coscienza*, in der die latente Identitäts-Problematik des Romans der Jahrhundertwende eine Virulenz erhält, die nur noch durch Pirandellos *Uno, nessuno, centomila* (1926) überboten werden kann.

Die Desintegration des Subjekts und ihre narrative Ausfaltung verdanken sich in *La coscienza di Zeno* einer zugleich doppelten und gegenstrebigen Perspektivierung des schreibenden Ich. Zeno Cosini, ein mit sich selbst ironisch verkehrender „inetto" mit allen Schwächen der dekadentistischen Abulie-Tradition, ist zwar ein Romansubjekt, das von sich selbst in einem autobiographischen Diskurs erzählt, aber wer hier spricht, ist damit noch nicht sichergestellt. Denn die Verfügungsgewalt des schreibenden Ich über das zu rekonstruierende Ich ist in mehrfacher Hinsicht gebrochen, einmal durch den Grad der

Komplexion narrativer Bedingungen, unter denen überhaupt erzählt wird; zum anderen durch das besondere Verhältnis, das Zeno zu dem Schreibvorgang einnimmt. Was die Rahmenbedingungen betrifft, so ist zunächst entscheidend, daß der Erzähldiskurs durch eine konzeptuelle Maßgabe angestoßen wird, die er zugleich erfüllt und unterläuft: In thematisch strukturierten Kapiteln betreibt der Protagonist auf Anraten seines Psychoanalytikers eine Art Anamnese, um die Sitzungen der Kur, in der er sich zunächst von dem banalen Syndrom des Rauchens heilen lassen möchte, vorzubereiten. Vom unheilbaren Laster des Rauchens handelt ein erstes Kapitel, ein zweites vom Tod des Vaters, weitere Kapitel handeln von der Geschichte seiner Ehe, von der Gattin und der Geliebten, von der Geschichte eines gemeinsam mit einem verhaßten Rivalen geführten Geschäftsunternehmens, schließlich von der Erfahrung der Psychoanalyse selber, die während der kontinuierlich betriebenen schriftlichen Anamnese schon eingesetzt hat. Dieses verschriftlichte Unternehmen der Selbstbesinnung macht den eigentlichen Teil des Romans aus. Insofern tritt das Erzählen von vorneherein unter dem Anspruch an, eine Authentizität des eigenen Ich durch die narrative Entfaltung seiner biographischen Dimension zu gewinnen. Allerdings wird der Leser des Romans durch die „prefazione" des Arztes Dottore S. auf eine Schieflage des Textes hingewiesen, die ihn ihrerseits in zweifacher Richtung dezentriert. Da die verschriftlichte Anamnese, die ja das eigene Ich und zugleich den Psychoanalytiker zum Adressaten hat, offensichtlich – jedenfalls aus der Sicht des Dottore S. heraus – eher gegen dessen analytische Deutung geschrieben wurde als daß sie sich die ärztliche Hermeneutik wirklich zu eigen machte, gilt sie dem Arzt als Produkt eines Widerstandes und insofern auch als falsch hinsichtlich des autobiographisch klärenden Anspruchs. Da der Analytiker zudem mit gutem Recht gerade in dem letzten Teil des Textes die eigene Person und seine Analysetechnik verunglimpft sieht, will er sich – der Konstruktion der Romanfiktion gemäß – an dem widerspenstigen Patienten rächen. Er publiziert die Anamnese einschließlich seines 'vororientierenden' Vorwortes. So ist die Lektüre des Romans von vorneherein unter den expliziten Verdacht gestellt, die Selbsttransparenz des schreibenden Ich sei verstellt durch den Widerstand, den Zeno der analytischen Aufgabe entgegenbringe. Ein zweiter Verdacht überlagert aber diesen explizit ausgesprochenen. Es ist die in der Lektüre immer greifbarer werdende Vermutung, der Text unterlaufe gezielt die analytischen Rahmenbedingungen, um deren Beschränktheit kontrastiv durch ein gleichsam gegenläufiges Ausspekulieren der eigenen Lebensgeschichte aufzuweisen. Insofern wird die im Text auch nur ironisch aufgerufene „sincerità" der im Schreiben eingeholten Selbsttransparenz auf eine zweite unterschwellige Strategie hin dezentriert.

Die Dinge verkomplizieren sich aber weiterhin, weil ein beträchtlicher Anteil der in der Anamnese erzählerisch gehobenen Befunde durchaus die Berechtigung der psychoanalytischen Deutung durch den Dottore S. nahelegt. Nicht nur, daß Zeno Cosini durch Lektüren psychoanalytischen Schrifttums eine elementare Begrifflichkeit erworben hat, mit der er die eigene Erinnerung stimulieren und ansatzweise konzeptualisieren kann. Auch die Situationen und Konstellationen, die aus solchen Vergegenwärtigungen des vergangenen Ich Gestalt annehmen, sprechen zunächst – und vielleicht auch grundsätzlich – für die Stimmigkeit der analytischen Deutung. Zu nennen sind sowohl das berühmte Kapitel über den Tod des Vaters als auch die durchgängige Thematik der unkontrollierten Sucht des Rauchens, mit dem sich Zeno, nach der Deutung des Dottore, ein sozusagen phallisch aufgeladenes Medium der Konkurrenzstellung gegenüber dem Vater geschaffen hat. Diese und andere Passagen indizieren eine – wenn auch komisch inszenierte – ödipale Problematik, auf die die ärztliche Diagnose abzielt. Erinnerungen, wie diejenige des komplizitären Verhaltens der Mutter gegenüber dem Kind, das dem Vater heimlich

Zigarren stiehlt, fügen sich in diese Deutungslinie so nahtlos ein wie die späteren Beziehungen Zenos zu dem mächtigen Vater seiner mütterlich ihn pflegenden Frau oder das narzißtische Verhältnis des Romanhelden zu einem erfolgreichen alter ego, dem weltgewandten Kaufmann Guido Speier, der im Konkurrenzkampf um die schönste Tochter des Hauses Malfenti Zeno Cosini den Rang abläuft. Zu den literarisch wirkungskräftigsten Passagen gehören auch jene Sequenzen, in denen Zeno durch eine 'versehentliche' Verwechslung zweier Chemikalien seinem verhaßten Konkurrenten und Geschäftspartner Speier zu einem gelungenen Suizid verhilft, während dieser nur zum Zwecke der Beeindruckung seiner Familie einen Selbstmord vortäuschen wollte. All dies hat zu einer reichhaltigen psychoanalytischen Forschung geführt, die das ödipale Substrat des Romangeschehens als einen primären Einstieg in den Roman favorisiert und so den literarischen Widerstand gegen die dem 'analytischen' Erzählen inhärente Reduktion vernachlässigt.[38]

Gerade dies, die im Erzählvorgang komisch gegenläufige und den ins Spiel gebrachten Parametern widerstrebende Tendenz, macht den eigentlichen Reiz dieses Romans aus.[39] Diese erhellt an der zweiten Dezentrierung des Subjekts, von der eingangs die Rede war. Die erste, so wurde bislang ersichtlich, kann man in der gegenstrebigen Dynamik sehen, mit der sich die psychoanalytische Reduktion des Erinnerten auf einen nominell greifbaren Befund und die erzählerische Tiefendimensionierung des Ich wechselseitig ihre Geltung entziehen. An dieser Gegenstrebigkeit entzündet sich i.ü. auch die hintergründige Komik des Helden, der die eigene 'Krankheit' als eine negierte wahrnimmt und in der Positivierung seines Defizits den normativen Befund entwertet. In einer weiteren Hinsicht dezentriert sich aber das erzählende Ich, indem es den Schreibvorgang und die in ihm aufgehobene Ausfaltung der zeitlichen Dimension der eigenen Identität zum Ort immer weiter aufgeschobener Ich-Findung macht. Schreiben, sich einer Sprache zum Zwecke der Fixierung eines Lebenszusammenhangs zu bedienen, das bedeutet für Zeno zunächst einmal: lügen: „Ein geschriebenes Bekenntnis ist immer verlogen. Mit jedem sprachlich reinen Wort lügen wir";[40] durch diese doppelsinnige Aussage erläutert Zeno in seinem letzten Kapitel „Psyco-analisi" seinem Arzt als virtuellem und dem Leser als dem faktischen Adressaten, daß ihm als Triestiner Dialektbenutzer das Toskanische notwendigerweise zu einer Verfälschung der 'Wahrheit' geraten muß. Natürlich ist dies eine hintergründige Argumentation; oberflächlich gesehen spielt sie auf die kulturelle und sprachliche Marginalität des Triestiner Autors an, der nicht nur wegen seiner bizarr scheinenden Thematik, sondern mehr noch wegen seines ungelenk erscheinenden Italienisch zu seinen Lebzeiten wenig Resonanz gefunden hatte. Tatsächlich umspielt die Argumentation aber im Sinne eines die Realität strukturierenden Zugriffs der Sprache auf das Empirische die These der Relativität des erinnerten 'wahren' Bildes der Vergangenheit in Hinblick auf die je vorgängige sprachliche Form, die solche 'Wahrheiten' als Evidenzen überhaupt zustandebringt. In detaillierten Ausführungen erklärt Zeno seinem Leser deshalb auch, daß eine der produktivsten Konsequenzen seiner psychoanalytischen Kur die willkürliche Produktion von „Bildern" der Vergangenheit durch eine gezielte Technik aus seiner Gegenwart heraus sei. Er nutzt sozusagen eine Assoziationstechnik, um aus der Gegenwart in eine beliebige Vergangenheit zu springen, deren Erlebnisqualität nicht mehr von derjenigen der Gegenwart zu unterscheiden ist. So lebt Zeno in einem „tempo misto", in einander durchdringenen Zeitebenen, wie es ein Fragment des nicht zu Ende geführten 'vierten Romans' Svevos formuliert.[41] In dieser menschlichen „gemischten" Zeit, die der „kristallenen Gegenwart" tierischer Existenz entgegensteht, richtet er sich ein, er entfaltet die historische Dimension seiner Identität als das Gleichzeitige des Ungleichzeitigen und lernt in dieser (sprachlichen) Verfügung über die Wahrnehmung, dem eigenen selbstironischen Bekunden nach, „die Natur zu färben." Mehr noch, er liest gleichsam seine eigene Vergangenheit, indem er sie schreibend konstruiert und im Ungenügen über den Effekt der Evokation die Kontinuität des Schreibens braucht. In deren permanenter Tilgung des 'falschen' Bildes ist das Begehren des nie erreichbaren, aber dennoch erschriebenen 'wahren' Bildes der Vergangenheit aufgehoben. Eine hintersinnige Formel des Tagebuchschreibers Svevo, mit der er – als etablierter erfolgreicher Unternehmer – die eigene Abhängigkeit von der autotherapeutischen Wirkung des Schreibens formuliert, bringt dies auf einen Nenner: „Insomma fuori della penna non c'è salvezza"[42] ('Wie auch immer, jenseits des Schreibens gibt es kein Genesen'). Es ist ein Satz, mit dem Svevo selbst sein tägliches „scribacchiare" - sein Kritzeln - als Überlebenshilfe ausweist. Gleichzeitig ist es eine Formel, in der das Repetitive, die unaufhörliche Re-Transformation des Lebens in einen Text und die Lektüre dieses eigenen Textes als Impetus eines Fortschreibens ausgewiesen werden. Es ist die Funktion des Schreibens als eines permanenten Begehrens der nicht erreichbaren Repräsentation des Lebens in der Schrift, was Svevo – und seinen Helden Zeno Cosini – zu einer Literarisierung des Lebens führt.[43] In ihr transformieren sich die Partikularitäten und Kontingenzen des Lebenszusammenhangs zu der ironisch positivierten 'Lüge' seiner schriftlichen Transformation, die auf das Wechselspiel von 'Schreiben' und 'Lesen' angewiesen ist und somit dem Ich gerade in der permanenten Dynamik nicht einholbarer „kristallenen Gegenwart" eine Tiefendimension zurückerstattet. Die Eingangspassage der Erzählung *Die Bekenntnisse des alten Mannes* bringt dieses Programm der Literarisierung des Lebens durch den Entzug des Lebens in seiner Transkription durch die Schrift vielleicht am deutlichsten zum Ausdruck:

> Ich entdeckte dieser Tage etwas Wichtiges in meinem Leben, ja das einzig Wichtige, das mir je widerfahren ist: die von mir verfaßte Beschreibung eines Teils meines Lebens.
>
> Gewisse Aufzeichnungen, die ich für einen Arzt, der mir die verordnete, gesammelt und dann beiseite gelegt hatte. Ich lese und lese sie immer wieder, und es fällt mir leicht, sie zu ergänzen, alle Dinge an den Platz zu setzen, an den sie gehören (...). Wie lebendig ist doch dieses Stück Leben, und wie endgültig tot ist der Teil, den ich nicht erzählt habe. Ich suche ihn zuweilen angestrengt, denn ich fühle mich wie verstümmelt, doch er ist nicht mehr zu finden. Dabei weiß ich, daß der von mir beschriebene Teil meines Lebens gar nicht der wichtigste ist. Er wurde zum wichtigsten, weil ich ihn festgehalten habe. Und was bin ich nun? Nicht derjenige, der gelebt hat, sondern derjenige, den ich beschrieben habe. Oh! Das einzig Wichtige im Leben besteht in der Selbstbesinnung. Wenn dies einmal alle mit der gleichen Klarheit erkennen wie ich, dann werden alle schreiben.
>
> Das Leben wird literarisiert sein. Die eine Hälfte der Menschheit wird sich damit befassen, das, was die andere Hälfte niedergeschrieben hat, zu lesen und zu studieren. Die Selbstbesinnung wird die meiste Zeit in Anspruch nehmen und sie somit dem grauenvollen wirklichen Leben entziehen. Und sollte der eine Teil der Menschheit protestieren und sich weigern, die Ausführungen des anderen zu lesen, um so besser. Jeder wird sich selber lesen. Das eigene Leben mag dadurch klarer oder dunkler werden, aber es wird sich wiederholen, es wird sich korrigieren, es wird sich kristallisieren.[44]

Diese Vision des idealen Lebens als Entzug des Lebens in der Lektüre seiner schriftlichen Transkribierung ist ein Bild, das nicht nur die Aufhebung eines begrenzten Ich in der Erfahrung vieldimensionaler (Selbst-)Lektüren vorführt. Sie zeigt auch an, welche Bedeutung der „senilità" für Svevo zukommt. „Senilità" – wie auch der zweite Roman betitelt ist, der von den komischen Selbstbetrugsmanövern eines 35jährigen Mannes handelt – meint das Alter nur in einem metonymischen Sinne: Svevos Helden, auch diejenigen der Erzählungen und des Theaters, sind nur in beschränkter Hinsicht alt. Entscheidend ist, daß sie den Verzicht auf tätiges Handeln und Eingreifen in Lebenszusammenhänge durch eine Art Stilisierung ihres Alterns begründen. Sie entwerfen und realisieren Strategien der Handlungsverhinderung, indem sie gegenüber dem Erfordernis des tätigen Lebens die Komplexität des eigenen Ich durch die 'senile' Attitüde des Eintauchens in den zeitaufhebenden „tempo misto" ins Spiel bringen. Sie machen sich so zu „inetti", nicht indem sie an einem Projekt scheitern, sondern indem sie das Scheitern von vorneherein zu einem Modus der Lebensführung erklären. Durch ihn erlangt die in der Selbstlektüre gewonnene Komplexität der eigenen Identität einen Mehrgewinn gegenüber dem bürgerlichen Reüssieren. Deshalb kann auch Zenos Erinnerungsarbeit nicht auf das teleologische Ziel eines 'besseren' Selbstverständnisses ausgerichtet sein: „Ich erinnere mich deutlich an alles, aber ich verstehe gar nichts",[45] heißt es einmal im Zusammenhang der Erinnerung Zenos an den Tod seines Vaters. Dies ist keine partikulare, ausnahmsweise fehlorientierte Erinnerung. Geradezu emblematisch könnte der Satz das Programm abgeben, unter dem Zeno mit dem Kaleidoskop seiner memorierten Identitätsanteile umgeht: Auf das 'Verstehen' im Sinne einer definitiven Selbstklärung haben Svevos Helden längst verzichtet. Der Klärung und dem Leitwert letzter Ordnungsgrößen setzen sie eine erfolgreiche Skepsis entgegen. Eine Art prästabilierte Harmonie zwischen dem Weltgeschehen, das durch den Ersten Weltkrieg in das Romangeschehen einbricht, und der mangelnden Verfügungsgewalt des Ich über die Folgen seines Erkennens und Handelns bekräftigt diesen Skeptizismus im übrigen auf eine geradezu zynische Weise. Der Zusammenbruch der Weltmärkte und die Wirren der Kriegswirtschaft erlauben es dem 'unfähigen' Zeno Cosini nämlich, mit seinem Handelshaus dadurch Gewinne zu erzielen, daß er blind kauft, was es auf dem Markt zu kaufen gibt. Der Erfolg stellt sich, wie die zur Gesundheit positivierte 'Krankheit', von der der Analytiker Zeno vergeblich heilen wollte, durch die unsichtbare Hand selbstregulativer Kräfte von allein ein. Auch darin bestätigt sich das so banale wie hintergründige Fazit des Zeno Cosini, daß das Leben weder schön noch häßlich, sondern schlicht „originale" sei.[46]

Pirandellos Zerstörung der Form im Namen des Lebens

Svevos Ästhetisierung des Lebens als einer Bekundung von Originalität entzieht das Leben allen moralischen und pragmatischen Wertmaßstäben. Die vitalistischen Überhöhungen, die bei Nietzsche zu einer Hypostasierung dionysischer Triebhaftigkeit führen, sucht man deshalb bei Svevo auch vergebens. Wenn er mit einer frappierend einfachen Wendung das Leben als „originale" ausweist, dann führt er im Rahmen des längst geläufig gewordenen Antagonismus von Form und Leben gleichwohl eine hintergründige Umwertung vor. Sie rückt das Leben in eine Position ein, die das Kunstwerk als Widerpart ästhetischer Normen spätestens seit der Originalitätsdiskussion des 18. Jahrhunderts beansprucht hatte.[47] Das Leben erweist sich so als permanente Negation des Formwillens. Es zeigt für Svevo in Analogie zur Kunst mit hartnäckiger Insistenz die Mißlichkeit auf, die jedem Versuch zukommt, ihm ein konzeptuelles Gerüst als Maßgabe unterzulegen. Dabei bleibt das Leben aber „originale" eben auch in dem Sinne, daß es sich jeglicher Überhöhung verweigert und sich somit auch nicht für den Antagonismus von dionysischer Vitalität und apollinischer Formgebung vereinnahmen läßt. Dennoch ist dieser Wertung eine gewisse Affinität zu Nietzsche nicht abzusprechen. Denn Nietzsche hatte sowohl in *Menschliches, Allzumenschliches* als auch in den nachgelassenen Fragmenten von 1880 den Originalitätsbegriff entgegen seiner sonstigen Abwertung 'moderner' ästhetischer Originalitätssucht im Bereich des Erkennens und des lebenspraktischen Handelns positiviert. Sein Ruf nach einer „Erziehung zur Originalität",[48] die dem Normativen aller

Moral den Boden entziehen soll, korrespondiert deshalb zumindest ansatzweise mit Svevos Ästhetisierung des „originellen" Lebens, auch wenn Svevo mit Originalität des Lebens letztlich nur seine Entwindung aus kategorialen Ansprüchen meint.

In Pirandellos Romanen läßt sich Nietzscheanisches Denken ebenfalls nicht in griffigen Konturen aufweisen, auch wenn bei ihm die zentrale Opposition von Form und Leben in der Demontage des Subjektbegriffs einen solchen Einfluß unmittelbar nahelegt. Wenn sich bei Pirandello das Ich der Protagonisten als ein inkonsistentes Bündel unterschiedlichster Interpretamente der Selbst- und Fremdsicht erweist, die die Rede vom Ich zur ungedeckten Metapher machen, dann vollzieht sich diese Demontage eines 'Mythos'[49] zwar in einem von Nietzsche vorgeprägten Horizont. Aber eine direkte Filiation ist kaum nachzuweisen.[50] Statt dessen lassen sich, wie eingangs auch für D'Annunzio aufgezeigt, konzeptuelle Vorgaben der französischen Psychologie – insbesondere Ribot und Binet – benennen. Der *Umorismo*-Essay Pirandellos von 1908, in dem sowohl der Antagonismus von Form und Leben als auch die humoristische Konsequenz seiner literarischen Inszenierung entworfen werden, mündet denn auch nicht zufällig in einen Exkurs zur disparaten Persönlichkeit, der sich ausdrücklich an Binet anlehnt.[51] Der Widerstreit zwischen der Multiplizität des Ich und einem notwendig partiellen Bewußtsein seiner selbst wird hier als hervorragender Gegenstand humoristischer Literatur ausgewiesen;[52] Pirandellos Humorismuskonzept, das Hervorbringen einer „Empfindung des Gegenteils" durch die analytische Reflexion auf die komische Anormalität, findet damit seinen eigentlichen Fluchtpunkt. Das menschliche Individuum, das sich fälschlich als ein abgeschlossenes Ganzes versteht und die Unbegrenztheit seines „Fließens" durch eine verabsolutierte „Form" seines Selbstbewußtseins festzustellen sucht, ist denn auch der eigentliche Vorwurf in Pirandellos Romanen. Insofern lassen sie sich allesamt als unterschiedlich komplexe erzählerische Entfaltung eines einfachen Kerngedankens des *Umorismo*-Essays verstehen: „Wir sehen uns leben".[53]

In diesem schlichten Satz ist für Pirandello zugleich die Diskrepanz und die Simultaneität von Bewegung des Lebens und fixierender Begrenzung durch die Reflexion auf den Punkt gebracht. Wie die Rednerstatue im Quirinal in ihrer Gestik Verwunderung über ihr Jahrhunderte währendes Innehalten auszudrücken scheint,[54] so gewahren Menschen generell die Diskrepanz zwischen dem unbegrenzbaren Fluß des Lebens und seinem kulturell erzwungenen Arretieren in Formen, Bildern, Meinungen und Ideen als eine anthropologische Paradoxie. Der humoristische Zugang mag diese Paradoxie in der Reflexion zum komischen Effekt hin aufheben. Er mag mit dem Gestus mitleidender Loyalität auch eine versöhnliche Perspektive einbringen. Die grundsätzliche Dezentrierung der menschlichen Natur ist aufgrund der zentrifugalen Dynamik des Lebens darum nicht reversibel. Die Formen, mit denen die Menschen wie mit „Dämmen" den „flusso continuo" zu begrenzen suchen, sind deshalb notwendigerweise Provisorien. Sie brechen unter dem Ansturm der Fluten irgendwann zusammen[55] und fordern nur zur Konstruktion neuer provisorischer Begrenzungen heraus. So verstehen sich Pirandellianische Romanhelden überhaupt als in einem ständigen Wechsel von Konstruktion und Destruktion begrenzender Formen begriffen: „Ach, Sie glauben, man errichte nur Häuser?", fragt der Protagonist von *Uno, nessuno, centomila* seinen Leser und antwortet sogleich: „Ich errichte mich andauernd, und ich errichte Sie, und Sie tun dasselbe. Und das Gebäude dauert so lange, bis das Material unserer Gefühle zerbröckelt und der Zement unseres Willens verfällt."[56] Auf Dauer gestellte Verwandlung ist demnach der gewöhnliche Aggregatzustand des Pirandellianischen Helden.[57] Er sucht geradezu den „dauernden Schmelzzustand"[58] und betreibt die Desintegration der Bilder des eigenen Ich sozusagen aus eigenem Antrieb. Wenn der Svevosche Held den Verlust der Verfügbarkeit über sich selbst erleidet und seine Dezentrierung als von außen an ihn herangetragen erlebt, dann gefällt sich seine Pirandellianische Replik in einer Flucht nach vorne, indem sie die Zersplitterung einheitsstiftender Metaphoriken immer noch überbieten will.[59]

Es liegt auf der Hand, daß diese Konzeption permanenter „Schmelzung" der Form gleichermaßen morphologische wie anthropologische Implikate hat. Literarische Helden, die erzählend ihr Zentrum nicht suchen, sondern diese Suche durch ein gegenseitiges Ausspielen ihrer imagines in ein Offenhalten von Differenz verwandeln, problematisieren notwendig die literarische Form ihrer Selbstartikulation. Sich einer Gestalt entziehen, indem man sie kontrafaktisch immer wieder verändert, impliziert ja nicht nur eine proteische Schauspielernatur des Menschen als anthropologisches Substrat der Fiktion, über das noch zu sprechen wäre. Zuallererst führt diese Dezentrierung des Subjekts dazu, daß die identitätsverbürgenden Parameter der erzählerischen Artikulation wie zeitliche Linearität, stoffliche Kohärenz und narrative Teleologie aufgebrochen werden. Pirandellos große und wirkungskräftige Romane – *L'esclusa* (1901), *Il fu Mattia Pascal* (1904), *Quaderni di Serafino Gubbio operatore* (1925) und *Uno, nessuno, centomila* (1926) – spielen diese Dezentrierung des Erzählens auf unterschiedliche Weise aus. Von der stofflichen und narrativen Aufsplitterung veristischer Erzählschemata[60] über die Einarbeitung und Verfremdung pikaresker Gattungsmuster[61] und die Funktionalisierung der Groteske[62] bis zur Modellierung der Narration nach Filmtechniken[63] führt der Weg, auf dem Pirandello erzählerische Desartikulationen erprobt. Die These der Vorläuferschaft für die späteren Roman-Avantgarden wie den Nouveau Roman findet darin ihre Begründung.[64] In ein prägnantes Bild gefaßt hat Pirandello solches Erzählen unter den Bedingungen dispersiver Subjektvorstellungen, wenn er die oft für die Moderne bemühte kopernikanische Wende für seinen Romanhelden Mattia Pascal in Anspruch nimmt. Gleich zu Beginn seines Berichts über den provozierten Identitätsverlust berichtet Pascal von seiner Tätigkeit als Hilfsbibliothekar in seinem Heimatdorf. Wenn sein spiritus rector, der Pfarrer Don Eligio, von einer Leiter aus in den hohen Bücherregalen der skurrilen Pfarrbibliothek herumgeistert und zwischen Staubwolken und Spinnweben interessant erscheinende Bücher mit dem Ziel in den Raum wirft, sein Gehilfe könne hier Muster und Anleitungen zu seiner eigenen Lebensbeschreibung finden, so ist dies zunächst ein schönes Bild für die Beliebigkeit und Falschheit literarischer Traditionen. Sie verbürgen eben nur irrigerweise die Transkribierung des Lebens in eine Form. Auf die Provokation durch diese fehlleitende Orientierung antwortet Mattia Pascal denn auch mit der Klage über die Dezentrierung des Menschenbildes und aller anthropozentrischen Orientierungen, die sich aus der historischen kopernikanischen Wende ergeben habe. Mit dem Moment, wo das ptolemäische Weltbild zerstört wird, beginnt für Mattia Pascal die Ära der Relativität aller Verhältnisse. Die menschliche Wahrnehmung gilt nun als notwendiges Produkt einer Sinnestäuschung. Die Maßstäbe sind nicht mehr greifbar, sie korrespondieren jedenfalls nicht mehr mit sinnlichen Eindrücken. Das Erzählen als ein anthropozentrisches Anordnen von Wahrnehmungsdetails steht von nun an also unter dem Verdacht beliebiger Konstruktion. Romansätze wie „Der Herr Graf erhob sich frühzeitig, um punkt halb neun Uhr morgens"[65] können in diesem Horizont nur noch als Karikaturen gelten, Valéry wird das als Topos den späteren Roman-Avantgarden weitergeben.[66] Das Bild der kopernikanischen Wende zeigt aber für Mattia Pascal bzw. Pirandello auch die Wende vom konzentrischen zum relativistisch-dezentrierten Persönlichkeitsbild an. Wie die Vorstellung eines auf die Erde bezogenen Planetensystems revidiert wird, so widerlegt sich parallel zum Aufbrechen anthropozentrischen Erzählens eben auch das Bild eines Persönlichkeitskerns, an dessen Rändern konzentrische Ringe scheinbar äußerlicher, nebensächlicher Schichten liegen, etwa das Anerzogene, die Attitüde, die soziale Rolle oder die auf die Person von außen projizierten Vorstellungen anderer. So sind die Figuren Pirandellos in einem doppelten Sinne kopernikanisch: Die Bewegung ihrer Einzelaspekte folgt fremden und undurchschaubaren Bahnen, die der Einzelne selbst nicht aus einem sicheren Kern heraus zu verstehen, geschweige denn zu bestimmen wüßte; gleichzeitig müssen sie dem Verlust ihrer Mitte in der erzählerischen Transkription des Lebens Gestalt geben, und dies eben durch den springenden, die lineare Form aufbrechenden Erzähldiskurs.

Pirandellos Protagonisten modellieren sich unter diesen Bedingungen unterschiedlich. Besonders prägnant erscheint die Variationsbreite der Selbstentwürfe, wenn man die beiden in der Rezeption erfolgreichsten Romane, *Il fu Mattia Pascal* und *Uno, nessuno, centomila* als aufeinander bezogene Extreme des Identitätsverlustes in den Blick nimmt. Die Protagonisten beider Texte werden mit der Zersplitterung der vorgeblichen Einheit ihrer Person konfrontiert, aber sie bewegen sich dabei in entgegengesetzte Richtung, sozusagen nach innen bzw. nach außen. Mattia Pascal sucht den Festlegungen seines Ich durch den anderen wie einem Gefängnis zu entkommen, indem er die Zuschreibungen einer Identität abstößt und in der Annahme einer konstruierten Fiktion des Selbst eine elementare Erfahrung macht: So unzutreffend und einengend die Identitätsumrisse auch sein mögen, die ihm sein familiäres und soziales Umfeld auferlegen; diesen Konstituenten des Selbst vermag er sich nur um den Preis zu entwinden, daß jede soziale Interaktion gefährdet wird. Aus den skurrilen familiären Verhältnissen, in denen er aufgrund offensichtlicher „inettitudine" aufgerieben wird, flieht er bezeichnenderweise in das Casino von Monte Carlo, wo ihn das Glücksspiel in eine überraschende Position versetzt. Mit einem stattlichen Gewinn will er zunächst in seine Heimat zurückreisen, wenn er in der Zeitung von seinem Ertrinken in einem Bach des sizilianischen Heimatdorfs erfährt. Durch den bizarren Zufall der Umstände seiner sozialen Identität entledigt, ist er nun frei für dasjenige, was ihm die Kontingenz des Lebens an Materialien für eine fiktive Identität zuspielt. Seinen zugleich österlichen („pasqua") und die Verrücktheit anzeigenden Namen („matto") tauscht er aus gegen eine nicht minder willkürliche Namenskombination (Adriano Meis), deren beide Teile er einem in die Groteske ausufernden Gespräch zweier Zugreisender entnimmt. Es kreist, von zwei kuriosen alten Männern geführt, um die Frage nach möglichen Indizien für die Schönheit oder Häßlichkeit des biblischen Christus und verknüpft in skurrilen Digressionen etymologische („vera icon"/ „Veronica"), historische („Adriano") und anekdotische („Camillo Meis") Argumentationsfetzen zu einem karnevalistischen Potpourri von Geschichten.[67] Diesem Knäuel von dispersiven und dennoch miteinander verwobenen Gesprächslinien entnimmt Pascal das Basismaterial für ein fiktives Ich. So stülpt sein neuer Name emblematisch die Arbitrarität einer vorgeblichen Identität nach außen und ist doch motiviert in dem Sinne, daß er die Transformation der Person als eine sprachliche Prozedur von Sinnsetzung durch Textverschmelzung ausweist. Allerdings bleibt diese Eucharistie-Kontrafaktur eine Hohlform; der neue Adriano Meis füllt sie nicht aus und gerät deshalb bei seinem Aufenthalt in einer römischen Pension, wenn er sich in verwickelte Liebesaffären verstrickt, in eine schwierige Lage. Da er sich den Parametern sozialer Identität durch eine bloß private Verwandlung entzogen hat, kollidiert sein Selbstbild mit den Ansprüchen, die man von außen an die Legitimität einer bürgerlichen Existenz stellt. Deshalb retransformiert er sich durch einen fingierten Selbstmord im Tiber und wird zum 'Mattia Pascal selig', der in seiner Heimatstadt als Skandalon die längst über seinen 'Tod' hinausgewachsenen Beziehungen innerhalb seiner Familie ins Unrecht setzt.

Auf dem Hintergrund dieser Erprobung eines Entzugs sozialer Identitätsindices erscheint Vitangelo Moscardas Eingriff in die identitätsstiftende Interaktion zwischen sich und seinem Umfeld geradezu als eine experimentelle Flucht nach vorne. Der Protagonist und Ich-Erzähler von *Einer, keiner, hunderttausend* hat sich das lebensphilosophische Theorem der Divergenz von Form und Leben so sehr zueigen gemacht, daß er die Konfrontation mit der Konvention der Außenwelt suchen muß. Er legt es darauf an, die Position vermeintlichen Irrsinns gegen die angebliche Vernunft reziproker Rollenerwartungen der Alltagswelt auszuspielen. Wo Mattia Pascal introvertiert reagiert, kehrt Moscarda Pirandellos Denken nach außen. „Das Leben ist ständige Bewegung, es kann sich selber niemals sehen"[68] sagt er gegen Ende des Romans als schon von der Gesellschaft Ausgegrenzter. Mit diesem Fazit mangelhafter Fixierung des Lebens in der reflexiven Wahrnehmung eröffnet sich für Moscarda die freilich nicht mehr erzählte Phase mythischer Verschmelzung mit dem formlosen Leben. Zugleich schließt sich mit der Formulierung ein Erfahrungsbogen, der zu Anfang des Romans mit der Einsicht in die Unverfügbarkeit des eigenen Körperbildes begonnen hatte: Sich selbst im Spiegel zu sehen und dabei einen dritten im Spiegel zu beobachten, der einen selbst sieht, ist nicht möglich, muß Moscarda feststellen. Ebensowenig gelingt es ihm, sich als Objekt der Selbstwahrnehmung und gleichzeitig als den zu sehen, den die anderen unabhängig von demjenigen sehen, als den er sich selbst sieht. Gelänge das, dann liefe es, so Moscarda, auf ein „Anhalten allen Lebens"[69] hinaus. Die Kluft von Selbstsicht und beliebig vielen Fremdsichten einer Person ist aber unüberbrückbar; in dieser Differenz pulsiert das Leben, das im Bild nur stillgestellt, nicht aber wirklich dargestellt werden kann. Dennoch fordert die Differenz den Protagonisten zur freilich vergeblichen Tilgung heraus. Er will jenen anderen in sich sehen, den nur sein Gegenüber wahrnehmen kann, und trägt sozusagen aggressiv nach außen, was das Gegenüber in ihm an differenzbildender Wahrnehmung anzusiedeln meint. So, wie seine Frau an ihm eine bislang unbemerkte Rechtsdrehung der Nase diagnostiziert und eine Art Initialdifferenz der Selbstsicht eröffnet hatte, wird Moscarda die Divergenz von Fremd- und Selbstsicht zu seinem Programm erheben. Die Jagd nach dem anderen in ihm bringt freilich nur ans Licht, daß jede Person das Produkt einer Interaktion mit dem Gegenüber ist, das mit seinen Rollen- und Verhaltenszuschreibungen an den anderen dessen Identität als eine Konstruktion mitverantwortet. Aus dieser Einsicht in die grundsätzliche Konstruktivität personaler Identität wird Moscarda gegenüber seinem Umfeld nun grundsätzlich jene virtuellen Gestalten seines Ich aktualisieren, die in der Fremdwahrnehmung zugunsten einer eingeschliffenen Gestalt völlig ausgeschlossen waren. Seinem Aufbegehren gegen die liebevolle Bevormundung durch seine Frau folgt der pazzeske Aufstand gegen die bislang stillschweigend gültige Konvention, daß er in die Geschäfte der väterlicherseits ererbten Bank nicht eingreift. Den Höhepunkt dieser Verweigerung bildet sein erfolgreicher Versuch, den ebenfalls vom Vater geerbten Ruf eines Wucherers zu entkräften, indem er zunächst diese Einschätzung bestätigt, um sie sodann in einer pointierten Volte so gründlich zu dementieren, daß nur die Entmündigung und Einweisung ins Irrenhaus die Konsistenz der fragwürdigen Fremdwahrnehmungen der anderen retten können: Moscarda kündigt einem Mieter, den der alte Moscarda jahrzehntelang stillschweigend ohne Mietzins hatte wohnen lassen. Und er stiehlt gleichzeitig in seiner eigenen Bank die nötigen Unterlagen, um heimlich ein Haus seines Besitzes dem gekündigten Mieter notariell überschreiben zu lassen.

Man mag in dieser verfremdenden Experimentierhaltung[70] Moscardas gegenüber den pragmatischen Schemata personaler Identitätsbegriffe ein destruktives Moment sehen. Die Radikalität, mit der Pirandello hier substantialistische Wertvorstellungen durch die Freilegung sozusagen innerer Masken dementiert, zeigt dann nicht nur den skeptischen Hintergrund an, auf dem er sich bewegt. Wenn sich Pirandello in den 20er Jahren dem Faschismus andient und dies ausdrücklich mit dem Argument tut, Mussolinis aktionistischer „moto rivoluzionario" entspreche vorzüglich jener permanenten Destruktion der Form durch das Leben, deren künstliches Anhalten einer Sklerotisierung des Lebens gleichkäme,[71] dann kann dies den Verdacht bestärken, der zeitgleich erschienene Roman illustriere diesen Wertskeptizismus, Pirandello arbeite damit dem Faschismus geradezu in die Hände. Lukács hat für diese Deutungsmöglichkeit in *Die Zerstörung der Vernunft* immerhin die dogmatische These bereitgestellt, die ästhetische Moderne habe überhaupt durch ihre radikalen Verfahren der Entwertung über ein irrationalistisches Telos dem Faschismus zugearbeitet. Daß dies im Falle Moscardas nicht zwingend erscheint und Pirandellos Skeptizismus in seinem Roman wiederum zu radikal ist, um in die Institutionalisierung einer neuen Werteordnung umzuschlagen, ist allerdings mindestens so offensichtlich.[72] Die gelegentlich betonte Vorläuferschaft zum existentialistischen Denken findet ja gerade in dieser Weigerung, von der Demontage konstruierter Identitäten in eine illusorische Konstruktion überzuspringen, ein einleuchtendes Fundament.[73] So wäre es überhaupt sinnvoll, den ambitioniertesten Roman Pirandellos nicht im Hinblick auf besonders weitreichende, aber nicht belegbare Konsequenzen der Ideologiegeschichte auszudeuten, sondern in den Horizont zurückzustellen, den er selbst durch thematische Anspielungen aufruft. Und dies ist letztlich trotz aller Modernität von Romanform und sozusagen dezentrierter Anthropologie der humoristische Roman in der Nachfolge Laurence Sternes. Würde man *Einer, keiner, hunderttausend* dabei nicht nur, wie dies in der Forschung durchaus gut belegt ist, mit der erzählerischen und personalen Desintegrationsthematik des Tristram Shandy und dessen kontroverse Entwicklung der Authentizitätsproblematik aus der Bildlichkeit des Körpers in Verbindung bringen,[74] sondern die kynische Variante des philosophischen Romans der Aufklärung, den Diderotschen Neveu de Rameau, als einen möglichen Referenzpunkt gelten lassen, dann ließe sich dem radikalen Skeptizismus des Romans immerhin ein solides aufklärerisches Fundament zuordnen. Ließe sich doch in dieser Linie problemlos aufzeigen, wie die skeptische Zersetzung substantialistischer Vorstellungen vom Ich durch die groteske Verpuppung des Romanprotagonisten bewerkstelligt wird, ohne daß daraus ein Umschlag in einen Werte-Nihilismus erfolgte.

Anmerkungen

1 Luigi Pirandello: Die Aufzeichnungen des Kameramanns Serafino Gubbio. Aus dem Italienischen von Michael Rössner, Mindelheim 1986, S. 147. Der italienische Titel, 1925 in seiner definitiven Form publiziert, lautet: Quaderni di Serafino Gubbio operatore. Unter dem Titel *Si gira...* war er 1915 in mehreren Folgen in einer Zeitschrift erschienen, bevor er 1916 unter diesem alten Titel zum ersten Mal in Buchform erschien.

2 Sigmund Freud: Eine Schwierigkeit der Psychoanalyse, in: Ders.: Gesammelte Werke, Bd. XII, London 1947, S. 11.

3 Georg Simmel: Schopenhauer und Nietzsche (1907), Hamburg 1990.

4 Arthur Schopenhauer: Werke in zehn Bänden, Bd. III. Zürich 1977, S. 162.

5 Friedrich Nietzsche: Der Wille zur Macht. Versuch einer Umwertung aller Werte, hrsg. von Peter Gast, Stuttgart 1964, S. 383 (Nr. 561).

6 So die Argumentation bei Renato Barilli: La Linea Svevo-Pirandello, Milano [2]1977.

7 Diesen Zusammenhang deutlich und detailliert herausgearbeitet zu haben, ist das Verdienst von Ezio Raimondi, der in der neuen D'Annunzio-Ausgabe im Mondadori-Verlag (I Meridiani) sowohl in einer umfänglichen Einleitung als auch in seinem begleitenden Kommentar die französischen Quellen dargelegt hat. Vgl. E.R.: Alla ricerca del romanzo 'moderno' (Introduzione), in: Gabriele D'Annunzio: Prose di Romanzi, volume primo, Milano 1988, S. XIII-XLII.

8 Zum Zusammenhang von Literatur, Psychonanlyse und deren Vorgeschichte im Wiener Kontext unter diesem Stichwort sei verwiesen auf Michael Worbs: Nervenkunst. Literatur und Psychoanalyse im Wien der Jahrhundertwende, Frankfurt/M. 1983.

9 Hinsichtlich der deutschsprachigen Literatur sei auf folgende Arbeiten verwiesen, die zum Teil sehr pointiert die Bedeutung Bourgets herausarbeiten: Renate Werner: Skeptizismus, Ästhetizismus, Aktivismus. Der frühe Heinrich Mann, Düsseldorf 1972; Gisa Briese-Neumann: Ästhet-Dilettant-Narziß. Untersuchungen zur Reflexion der fin de siècle-Phänomene im Frühwerk Hofmannsthals, Frankfurt/M./Bern/New York 1985; Ulrich Schulz-Buschhaus: Der Tod des Dilettanten. Über Hofmannsthal und Bourget, in: Aufstieg und Krise der Vernunft. Komparatistische Studien zur Literatur der Aufklärung und des Fin-de-Siècle. Hans Hinterhäuser als Festschrift zum 65. Geburtstag, hrsg. von Michael Rössner und Birgit Wagner, Wien/Köln/Graz 1984, S. 181-195.

10 Neben der vorzüglichen Kommentierung durch Ezio Raimondi (vgl. Anm. 7) ist auch zu verweisen auf Guy Tosi: L'Influence de Bourget dans l'œuvre de D'Annunzio, in: Paul Bourget et l'Italie. Publié à l'occasion du cinquantenaire de la mort de Paul Bourget sous la direction de M.G. Martin-Gistucci, Genève 1985, S. 173-201.

11 Eine gewisse Verlegenheit der Literaturgeschichtsschreibung gegenüber D'Annunzio ist angesichts seiner maßgeblichen Rolle bei dem Entwurf einer faschistischen Ästhetik zu Beginn des Jahrhunderts nur allzu verständlich. Seine Integration in den gattungsgeschichtlichen Kontext des Romans um die Jahrhundertwende ist deshalb zugunsten der viel weiter in die Moderne hineinreichenden Autoren Svevo und Pirandello vernachlässigt worden. Einzig unter ideologiekritischen Perspektiven und dem übergreifenden Dekadenzbegriff, der wiederum nur partiell auf das Romanwerk Pirandellos und Svevos sinnvoll anwendbar ist, hat Leone de Castris in einer Arbeit die drei Autoren miteinander verklammert; Arcangelo Leone de Castris: Il Decadentismo italiano. Svevo, Pirandello, D'Annunzio, Bari 1974.

12 Charles Baudelaire: Le Peintre de la vie moderne, in: Œuvres complètes, hrsg. von Claude Pichois, Paris 1976, Bd. 2, S. 695.

13 Zum ideengeschichtlichen Zusammenhang zwischen „modernité" und „dilettantisme" sei verwiesen auf Jean-François Hugot: Le Dilettantisme dans la littérature française de Renan à Ernest Psichari, Paris 1984.

14 In den *Unzeitgemäße(n) Betrachtungen* formuliert Nietzsche die Gefahr des „Dilettantisierens" Richard Wagners, eine Diagnose, die er 1888 in *Der Fall Wagner* weiterentwickelt und die in dem Theorem der „gefährlichen Lust am geistigen Anschmecken" als epochenspezifisches Syndrom ausgeweitet wird.

15 Dazu vor allem Ulrich Schulz-Buschhaus: Bourget oder die Gefahren der Psychologie, des Historismus und der Literatur, in: Lendemains VIII (1983), S. 36-45.

16 Zur Einordnung dieses Romans in den weiteren Kontext dekadentistischer Literatur künstlicher Reizstimulierung vgl. Jürgen Sänger: Aspekte dekadenter Sensibilität. Joris-Karl Huysmans' Werk von „Le Drageoir aux épices" bis zu „A rebours", Frankfurt/M./Bern/Las Vegas 1978.

17 Hamlet et Œdipe, in: J.S.: L'œil vivant II. La relation critique. Paris 1970, S. 286-319, hier S. 301.

18 Stellvertretend für andere Studien seien zumindest zwei erwähnt, die das Hamlet-Syndrom des *fin de siècle* in bezug auf verschiedene Autoren ausloten, Peter Brooks: The Rest is Silence. „Hamlet" as Decadent, in: Jules Laforgue. Essays on a Poet's Life and Work, hrsg. von Warren Ramsey, Carbondale/Edwardsville 1969, S. 93-110; Paul Pelckmans: Œdipe, Hamlet et le mensonge romantique. Une lecture d'„André Cornélis" de Bourget, in: Neohelicon VII,2 (1980), S. 245-281.

19 Friedrich Nietzsche: Werke in zwei Bänden. Bd. II, München 1967, S. 285.

20 Hugo von Hofmannsthal: Gabriele D'Annunzio (1893), in: H. v. H.: Gesammelte Werke in 10 Einzelbänden. Reden und Aufsätze I/1891-1913, Frankfurt/M. 1979, S. 174-184, hier S. 176.

21 An Forschungsliteratur seien hier aus Platzgründen nur wenige Titel genannt. Eine seriöse biographisch orientierte Einführung bietet neuerdings Eurialo De Michelis: Guida a D'Annunzio, Torino 1988; bei den älteren Gesamtdarstellungen der Romane wird man angesichts der ansonsten enkomiastisch ausgreifenden Forschungsliteratur immer noch zurückgreifen auf die bescheidene Arbeit von Jacques Goudet: D'Annunzio romanziere, Firenze 1976 (Biblioteca di „Lettere italiene" XV); unsere Deutung tangierende Studien sind besonders Hans Hinterhäuser: Fin de siècle. Gestalten und Mythen, München 1977; Wolfgang Drost: Negative Idealität im Denken Gabriele D'Annunzios: eine Lektüre des Romans „Il Piacere" (1889), in: Italienische Studien 3 (1980), S. 45-57; Pietro Aragno: Des Esseintes e Andrea Sperelli: assenza e presenza della donna nell'*iter* edonistico di due „vinti" decadenti, in: Annali d'Italianistica 5 (1987), S. 237-244; Olga Ragusa: Punti di raffronto tra „Il Piacere" e „A rebours", in: Kentucky Foreign Language Quarterly 6 (1959), S. 126-131; D'Annunzio a Yale. Atti del convegno (Yale University,

26-29 marzo 1988), hrsg. von Paolo Valesio, Milano 1989; D'Annunzio a cinquant'anni dalla morte. Atti dell'XI convegno internazionale di studi dannunziani, 2 Bde., Pescara 1989.

22 Die einschlägigen Ausführungen dazu finden sich bei Ralph-Rainer Wuthenow: Muse, Maske, Meduse. Europäischer Ästhetizismus, Frankfurt/M. 1978.

23 Vgl. Gabriele D'Annunzio: Prose di romanzi I, Milano 1988, S. 35f.

24 D'Annunzio: Prose di romanzi I, S. 37 (Übersetzung d. Verf.).

25 Unverzichtbar für diesen Kontext des Transgressiven ist immer noch Mario Praz: La carne, la morte e il diavolo nella letteratura romantica, Firenze 1930.

26 So auch die Deutung bei Giusi Oddo de Stefanis: L'Innocente. Il mito del superuomo e il mondo della 'trascendenza deviata', in: Forum Italicum 20,1 (1986), S. 83-99.

27 Zur Entwicklung des Scheiterns, das dem Protagonisten die eigene Unfähigkeit angesichts seiner nietzscheanischen Visionen vor Augen führt, vgl. die Interpretation bei Ettore Paratore: Il Trionfo della morte, in: Lettere italiane XXXIII,4 (gennaio-marzo 1981), S. 509-528; und Arturo Mazzarella: Il Trionfo della morte contro la 'volontà di potenza', in: Atti dell'Accademia di scienze morali e politiche XCI (1980), Napoli 1981, S. 429-481.

28 Freud hat 1900 in der *Traumdeutung* ganz beiläufig die für das Hamlet-Syndrom des *fin de siècle* interessante These vorgelegt, die Passivität und die Selbstzweifel Hamlets – die ihn zur Projektionsfigur der zweiten Jahrhunderthälfte gemacht haben – rühre aus dem Umstand, daß Hamlet in einer verdeckten ödipalen Konstellation bei einem Racheakt an dem Mörder seines Vaters sozusagen offen in dessen Position einrücken würde. Aus der Verdrängung dieses Tabus heraus, *muß* er vor der Tat zurückschrecken.

29 Vgl. D'Annunzio: Prose di romanzi I, S. 639.

30 Dies ist zuletzt vorzüglich dargelegt bei Helene Harth und Erhard Stölting: Ästhetische Faszination und Demagogie. Zur Entstehung des „faschistischen Stils" in Italien, in: Romanistische Zeitschrift für Literaturgeschichte 11 (1987), Heft 1/2, S. 119-145.

31 Dieses rekurrente Bild bei D'Annunzio, das auch und gerade in *Il fuoco* immer wiederkehrt und die Ambivalenz zwischen erotisierender Faszination und visionärer Position gegenüber der „masse" auf einen Nenner bringt, verfolgt Lea Ritter-Santini: Die Kralle der Chimäre. Gabriele D'Annunzios sprachliche Invention, in: Dies.: Lesebilder. Essays zur europäischen Literatur, Stuttgart 1978, S. 212-250.

32 Vgl. Hans-Günther Funke: Das Thema der 'senilità' im Romanwerk Italo Svevos, in: Italienische Studien 2 (1979), S. 91-107; das Verhältnis von *Una vita* zum französischen Desillusionsroman klärt Dietrich Schlumbohm: Svevo und Stendhal. Zur Interpretation von 'Una vita', in: Romanistisches Jahrbuch 20 (1969), S. 91-112.

33 So die Deutung bei Verf.: Svevos 'Inetti' als Dilettanten. Eine Umwertung im Horizont von Dilettantismusthematik und Modernitätskritik, in: Italo Svevo. Ein Paradigma europäischer Moderne, hrsg. von Rudolf Behrens und Richard Schwaderer, Würzburg 1990, S. 109-130.

34 Diese These, daß auch Svevo zu der Gruppe 'mitteleuropäischer' Autoren Österreichs gehört, die seit dem 19. Jahrhundert aus dem Niedergang und im 20. Jahrhundert aus dem Verfall des kulturellen und politischen Zusammenhangs der k.u.k.-Monarchie heraus eine „kakanische" Trauer verarbeiten, in der – gleichsam archetypisch für die Moderne – die vergangene Totalität aus dem Blickpunkt einer zersplitternden Welterfahrung evoziert wird, ist wiederholt von Claudio Magris aufgestellt worden, zuerst in: Il Mito absburgico nella letteratura austriaca moderna, Torino 1963; präzisiert wird sie in Claudio Magris: La vita e la rappresentazione della vita, in: Italo Svevo oggi. Atti del convegno Firenze 3-4 febbraio 1979, hrsg. von Marco Marchi, o.O. 1980 (Vallecchi editore), S. 68-94. In diesem Zusammenhang fällt auch das Wort von der „tipica tecnica difensiva absburgica, un *forstwursteln*", ebd. S. 86. Von der italienischen Svevo-Forschung her ist Magris' 'germanistische' These übrigens schnell adaptiert worden. Vgl. etwa Giuseppe Antonio Camerino: Italo Svevo e la crisi della Mitteleuropa, Firenze 1974; ebenfalls von der deutschsprachigen Svevo-Forschung, siehe Peter Schärer: Zur psychischen Strategie des schwachen Helden. Italo Svevo im Vergleich mit Kafka, Broch und Musil, Diss., Zürich 1968. Die Fragwürdigkeiten dieser Einordnung sind dagegen dargelegt bei Michael Rössner: Svevo scrittore mitteleuropeo, in: Il Romanzo di Pirandello e Svevo, introduzione di Enzo Lauretta, Firenze 1984, S. 52-64.

35 Für diese These machen sich vor allem stark Giuseppe Antonio Camerino: Il concetto d'inettitudine in Svevo e le sue implicazioni mitteleuropee ed ebraiche, in: Lettere italiane 25,2 (1973), S. 190-214; Brian Moloney: Italo Svevo as a Jewish Writer, in: Italian Studies 28 (1973), S. 52-63.

36 Zu diesem Zusammenhang vgl. bes. Ciampolo Borghello: La coscienza borghese. Saggio sulla narrativa di Svevo, Roma 1977; Mario Lavagetto: L'impiegato Schmitz e altri saggi su Svevo, Torino 1975.

37 Das Pseudonym, mit dem der deutsch-italienische Österreicher Ettore Schmitz eine künstliche Identität schafft, birgt ganz offensichtlich ein integratives Moment, in dem die Beziehung zur 'schwäbischen' Literatur der deutschen Klassik und Romantik mit demjenigen gepaart wird, was den Italienisch schreibenden k.u.k.-Triestiner in eine literarische Marginalitätsstellung gebracht hat: die – mangelnde, aber erwünschte – „italianità".

38 Von den prominentesten Studien dieses Zusammenhangs seien genannt Edoardo Saccone: Svevo, Zeno e la psicanalisi, in: Modern Language Notes 85 (1970), S. 67-82; Ders.: Malattia e psicanalisi nella 'Coscienza di Zeno', in: Modern Language Notes 88 (1973), S. 1-43; C. Fonda: Svevo e Freud, Ravenna 1978; Mario Fusco: Italo Svevo: conscience et réalité, Paris 1973; Elio Gioanola: Un killer dolcissimo, Genova 1979; deutlich sieht dagegen die ironische Verarbeitung der Psychoanalyse Brian Moloney: Psychoanalysis and irony in 'La Coscienza di Zeno', in: The Modern Language Review 67,2 (1972), S. 309-318.

39 In wirkungsästhetischer und gattungstheoretischer Hinsicht ist gegen diese ungerechtfertigte Vorrangstellung der Psychoanalyse als normativem Bezugsrahmen der Deutung pointiert argumentiert worden bei Roland Galle: Wissenschaft und Kunsterfahrung. Zum Verhältnis von Romanform und Psychoanalyse in Svevos 'La Coscienza di Zeno', in: Aspekte des Erzählens in der modernen italienischen Literatur, hrsg. von Ulrich Schulz-Buschhaus und Helmut Meter, Tübingen 1983, S. 125-142.

40 Italo Svevo: Zeno Cosini, aus dem Italienischen von Piero Rismondo, Hamburg 1959, S. 419.

41 Vgl. Italo Svevo: Die Erzählungen, Bd. 2, Reinbek bei Hamburg 1984, S. 366 f. (*Der Greis*): „Wohl befinde ich mich noch immer in einem Konflikt zwischen Gegenwart und Vergangenheit, aber wenigstens drängt sich zwischen diese beiden nicht mehr die Hoffnung, die bange Hoffnung auf die Zukunft. So lebe ich also weiter in einer gemischten Zeit, wie es das Schicksal des Menschen ist, dessen Grammatik jedoch nur reine Zeiten kennt, die für die Tiere gemacht zu sein scheinen, die, solange man sie nicht erschreckt, unbekümmert in einer kristallenen Gegenwart leben."

42 Italo Svevo: Racconti, saggi, pagine sparse, hrsg. von Bruno Maier (Opera omnia III), Milano 1968, S. 816.

43 Die hier vorgelegte Deutung kann sich stützen auf die Darstellungen bei Eduardo Saccone: Commento a 'Zeno'. Saggio sul testo di Svevo, Bologna 1973, S. 17ff. und Jean Spizzo: Svevo ou la pratique auto-analytique de l'écriture, in: Italo Svevo. Ein Paradigma europäischer Moderne, hrsg. von Rudolf Behrens und Richard Schwaderer, Würzburg 1990, S. 189-204.

44 Italo Svevo: Die Erzählungen, Bd. 2, Reinbek bei Hamburg 1984, S. 228.

45 Italo Svevo: Zeno Cosini, S. 33.

46 Italo Svevo: Zeno Cosini, S. 452.

47 Vgl. die einschlägigen Darlegungen im Artikel „Originalität" in: Historisches Wörterbuch der Philosophie, hrsg. von Joachim Ritter und Karlfried Gründer, Bd. 6, Darmstadt 1984, Sp. 1373-1378.

48 Art. Originalität, Sp. 1377.

49 Wie Pirandello seine literarische Arbeit als Zersetzungsarbeit am Mythos versteht und gleichwohl diese Dekonstruktion wieder in neue Mythen einmünden läßt, hat zuletzt Michael Rössner gezeigt: Pirandello Mythenstürzer. Fort vom Mythos. Mit Hilfe des Mythos. Hin zum Mythos, Wien/Köln/Graz 1980.

50 Affinitäten zu einschlägigen Theoremen von der desintegrierten Persönlichkeit bei Nietzsche und Schopenhauer werden aufgezeigt bei Monika Schmitz-Emans: Das gespaltene Ich. Pirandellos Theorie des Subjekts und ihre Korrespondenzen zu philosophischen Konzeptionen Schopenhauers und Nietzsches, in: Pirandello-Studien. Akten des ersten Paderborner Pirandello-Symposiums, hrsg. von Johannes Thomas, Paderborn/München/Wien/Zürich 1984, S. 27-44. Wie wenig wahrscheinlich eine unmittelbare Rezeption Nietzsches durch Pirandello ist, zeigt dagegen in dem gleichen Band Michael Rössner (Nietzsche und Pirandello. Parallelen und Differenzen zweier Denk-Charaktere, S. 9-25).

51 Verwiesen wird ausdrücklich auf Alfred Binets Hauptwerk: Les altérations de la personnalité (1892).

52 Vgl. Luigi Pirandello: Der Humor. Essay; aus dem Italienischen von Johannes Thomas, Mindelheim 1986, S. 193ff.

53 Pirandello: Umorismo, S. 197.
54 Vgl. Pirandello: Der Humor, S. 197.
55 Vgl. Pirandello: Der Humor, S. 196f.
56 Luigi Pirandello: Einer, keiner, hunderttausend; aus dem Italienischen von Piero Rismondo, Mindelheim 1986, S. 52.
57 Debenedetti bezeichnet den Protagonisten von *Il fu Mattia Pascal* deshalb als einen „personaggio in disponibiltà: il che vuol dire che non ha fini propri, e non li ha perché ignora il quid più profondo, originale, originario di se stesso, quella che potremmo chiamare la specifica vocazione della propria energia vitale.", Giacomo Debenedetti: Il romanzo del novecento. Quaderni inediti, Milano 1981, S. 317.
58 Pirandello: Einer, keiner, hunderttausend, S. 53.
59 Einen direkten Vergleich der beiden Protagonisten-Typen bieten mehrere Aufsätze in dem Sammelband: Il romanzo di Pirandello e Svevo. Introduzione di Enzo Lauretta, Firenze 1984; zur Kontrastierung von Pirandellos Konzept des 'humoristisch'-krisenhaften Bewußtseins mit D'Annunzios Verklärung des „superuomo" vgl. Carlo Salinari: Miti e coscienza del decadentismo italiano (D'Annunzio, Pascoli, Fogazzaro e Pirandello), Milano 1960.
60 Vgl. dazu die Darstellung bei Johannes Thomas: Anmerkungen zum „umorismo" in Luigi Pirandellos 'L'esclusa'. Verismus-Debatte: Ein Streit um nichts, in: Ders. (Hrsg.): Pirandello und die Naturalismus-Diskussion. Akten des II. Paderborner Pirandello-Symposiums, Paderborn/München/Wien/Zürich 1986, S. 105-124; vgl. auch die erhellenden Ausführungen zu Strategien der „Desorientierung des Lesers", exemplarisch vorgeführt bei Ulrich Schulz-Buschhaus: Sozialkritik und Rationalitätskritik bei Pirandello. Das Beispiel der Novelle 'Quand'ero matto', in: Michael Rössner, Frank-Rutger Hausmann (Hrsg.): Pirandello und die europäische Erzählliteratur des 19. und 20. Jahrhunderts, Bonn 1990, S. 77-93.
61 So bei Walter Geerts: 'Il fu Mattia Pascal' in the Picaresque Tradition, in: Gian Paolo Biasin, Nicolas J. Perella (Hrsg.): Pirandello 1986. Atti del simposio internazionale, Roma 1987, S. 127-134.
62 Zur Einordnung von *Einer, keiner, hunderttausend* in den weiteren Kontext des humoristischen Romans (Laurence Sterne) vgl. Giancarlo Mazzacurati: Pirandello nel romanzo europeo, Bologna 1987.
63 Vgl. Gavriel Moses: „Gubbio in Gabbia". Pirandello's Cameraman and the Entrapments of Film Vision, in: Modern Language Notes 94, 1979 (Italian Issue), S. 36-60.
64 Auf diese Filiation, die von der Forschung bislang kaum wahrgenommen wurde, hat zuletzt eindringlich Marianne Kesting verwiesen: Pirandello und der „Nouveau Roman", in: Michael Rössner, Frank-Rutger Hausmann, Pirandello, S. 58-76.
65 Luigi Pirandello: Mattia Pascal; aus dem Italienischen von Piero Rismondo, Mindelheim 1987, S. 12.
66 Vgl. die von André Breton im *Manifeste du Surréalisme* (1924) zitierte Äußerung (Manifestes du Surréalisme, Paris 1962, S. 19): „Paul Valéry (...) se refuserait toujours à écrire: La marquise sortit à cinq heures."
67 Ausführlich ist diese komplexe Reinkarnation dargelegt bei Frank-Rutger Hausman: Doppelung und Spaltung in Luigi Pirandellos Roman 'Il fu Mattia Pascal', in: Italienische Studien 2, 1979, S. 67-90, hier bes. S. 75f.
68 Pirandello: Einer, keiner, hunderttausend, S. 174.
69 Pirandello: Einer, keiner, hunderttausend, S. 24.
70 Im Sinne einer „Verfremdung, um die Suche nach einer verlorenen authentischen Kommunikation einzuleiten" wird Moscardas Handeln als absichtsvolle Provokation gedeutet bei Karl Hölz: Doppelsinn und Widerspruch. Theorie und Praxis der Modernität im Werke Luigi Pirandellos, in: Germanisch-Romanische Monatsschrift 31, 1981, S. 173-190, hier S. 180.
71 Vgl. die Belegstellen aus verschiedenen Interviews der 20er Jahre bei Gaspare Giudice: Luigi Pirandello, Torino 1963.
72 Vgl. die verdienstvolle Argumentation bei Johannes Thomas: Dialektik der Dekadenz. Faschismus und utopische Rettung bei Luigi Pirandello, in: Italienische Studien 6, 1983, S. 73-93.
73 In diese Richtung argumentiert grundsätzlich auch Franz Rauhut: Der junge Pirandello oder das Werden eines existentiellen Geistes, München 1964.
74 Ausdrücklich und ausführlich tut das Mazzacurati: Pirandello nel romanzo europeo (in dem Kapitel: „Ombre e nasi: da Tristram Shandy a Vitangelo Moscarda", S. 269-303).

Die schwierige Aufkündigung der Kontinuität: Der spanische Roman 1880-1930

Jochen Heymann

Definitionsprobleme

„Die Modernität ist das Vorübergehende, das Entschwindende, das Zufällige, ist die Hälfte der Kunst, deren andere Hälfte das Ewige und Unabänderliche ist."[1] Der Rückgriff auf Baudelaires metaphorisch durchsetzte, dichterische Definition der Moderne kann den Verdacht erwecken, die Frage nach der Eingrenzung und Präzisierung der begrifflich noch zu ortenden „Moderne" in ästhetischem Wohlgefallen aufheben lassen zu wollen. Tatsächlich steht diese Aussage historisch und kritisch bereits im Mittelpunkt des Problems, gedenkt man der Bedeutung Baudelaires für die Herausbildung der ästhetischen Moderne. Die vielfältigen Implikationen des Begriffs stehen hier nicht zur Darstellung an;[2] festzuhalten bleibt aber die Unschärfe, die ihm hier attestiert wird. Moderne als Anspruch, als Projekt auf die Zukunft gerichtet, wie sie hier verstanden wird, kann nur der Ausgangspunkt für weitere Überlegungen sein, wenn es um die Nachzeichnung von deren Erfüllungsversuchen geht. Um die Moderne erst operativ zu fassen, müssen zwei Seiten des Begriffs berücksichtigt werden, nämlich einmal das Selbstverständnis und die Selbstdarstellung sich als modern verstehender historischer Epochen, und sodann das Maß an Verwirklichung, das davon ausgehend erreicht worden ist. Das ist nicht zu leisten ohne kritischen Bezug auf einen übergeordneten Rahmen eines Moderneverständnisses, das die Dynamik und Heterogenität des Prozesses, auf das Baudelaire anspielt, ebenso berücksichtigt wie das – aus heuristischen Gründen zuerst verabsolutierte, sodann historisch relativierte – Prinzip ständiger Selbstüberwindung und Infragestellung. Das Problem liegt darin, das angesprochene, übergeordnete Verständnis gedanklich so zu fassen, daß es seinerseits als fester Bezug dienen kann: Prozesse lassen sich nicht statisch definieren – ausgenommen ihre Gesetzmäßigkeiten –, sondern nur beschreiben. Die Selbstnormativität der Moderne[3] und der „Verlust epochaler Einheit"[4] zwingen indes nicht zur Immanenz. Die Aufkündigung der Einbettung in einer Tradition – aus der früher die künstlerische Legitimation bezogen wurde –, die die Moderne auszeichnet,[5] bietet gerade das Werkzeug, um sie aufzuspüren. In der Aufarbeitung der Brüche und Kontinuitäten, die gegenüber der Tradition auftreten, kann ihre Eigentümlichkeit festgemacht werden. Die Brüche sind nicht nur ästhetischer Natur, obwohl die Moderne immer in dieser Hinsicht besonders gezeichnet ist; betroffen sind auch Entwürfe zum Verständnis der Welt, Epistemen, die zur Disposition gestellt werden. Auch davon zeugt die Literatur, denn diese außerliterarischen Brüche verursachen Inhalte und Umdeutungen, die ins Ästhetische hineingreifen. Die Traditionsbindung ist im Falle Spaniens besonders wichtig, weil die epochalen Krisen von 1775, 1857 und 1912[6] nicht nur deutlich phasenverschoben, sondern auch – und vor allem – ihrer umwälzenden Dringlichkeit entkleidet auftreten. Die traditionellen Epistemen sind weniger revidiert und beanspruchen auch in literarästhetischer Hinsicht nachdrücklicher als anderswo weiterhin Gültigkeit. Die spanische

Moderne bildet sich heraus in der ständigen Aufkündigung dieser Gefolgschaft und muß dabei versuchen, das Defizit an epistemologischen Alternativen selbst durch die eigenen Leistung zu schließen, so daß sie neben der ästhetischen Erneuerung eine zusätzliche Aufgabe übernehmen muß.

Die Moderne als Mode

Am 7. November 1882 erschien in der Madrider Zeitung *La Epoca* ein Artikel der bekannten Schriftstellerin Emilia Pardo Bazán (1851-1921) mit dem provokanten Titel „Hablemos del escándalo". Sensationslüsterne Leser mögen enttäuscht gewesen sein: Der Beitrag eröffnete eine Reihe von insgesamt zwanzig Artikeln, die unter dem Obertitel *La cuestión palpitante* zuerst in der Zeitung und dann 1883 als Buch erschienen. Die „brennende Frage", der „Skandal", von dem hier die Rede ist, betrifft den literarischen Naturalismus, der seit etwa 1875 durch die Fernwirkung Zolas zum bevorzugten Gegenstand der literarästhetischen Diskussion über die Erzählliteratur geworden war und zu erbitterten Angriffen und Parteinahmen geführt hatte. Im Geflecht von Meinungen und Gegenmeinungen, von persönlichen und literarischen Angriffen und von vielfältigen weltanschaulichen Unterstellungen kommt dem Beitrag der Pardo Bazán eine Schlüsselrolle zu. Das Verdienst der *Cuestión palpitante* liegt darin, Zolas theoretische Schriften zum naturalistischen Roman eingesehen und deren Inhalte vermittelt und erörtert zu haben, was bis dahin durchaus nicht selbstverständlich gewesen war. Ihre Beiträge werden in den darauffolgenden Jahren zum wichtigsten Bezug für alle Autoren, die zum Naturalismus Stellung beziehen. Daß die Angelegenheit weniger „brennend", der Skandal weniger skandalös war, als die Autorin selbst glauben machen wollte,[7] tut der Signalwirkung des Werkes keinen Abbruch. Fast alle bedeutenden Romanciers der achtziger Jahre des letzten Jahrhunderts haben direkt oder indirekt zu dieser Frage Stellung bezogen und ihre Werke in unterschiedlichem Maße davon beeinflussen lassen. Mit einigen Jahren Verzögerung spielt sich also derselbe Prozeß ab, der vorher das literarische Leben in Mitteleuropa bestimmt hat. Nicht diese Tatsache ist aber entscheidend für die Bestimmung des „Beginns" der spanischen Moderne, sondern vielmehr jene andere, die bei genauerem Hinsehen just mit dieser Frage verbunden ist. Die literarische Option des Naturalismus ist aus dem Ausland importiert: Die zwei wichtigsten Romanautoren der zweiten Hälfte des 19. Jh., Benito Pérez Galdós (1843-1920) und Leopoldo Alas „Clarín" (1852-1901), rezipieren intensiv Balzac, Flaubert und Zola.[8] Der Rezeptionsprozeß wird begleitet von einer Reihe von Brüchen, deren Ursachen außerhalb der ästhetischen Formen zu suchen sind. Der französische Naturalismus entsteht in einer Gesellschaft, die in einer Reihe von z.T. gewaltsamen Umwälzungen ein weltanschauliches Koordinatensystem entworfen hat, das nicht nur faktisch die Vorstellungen des Ancien Régime – und seiner Überbleibsel – radikal abgelöst hat, sondern dies auch im politischen Diskurs explizit macht und unter anderem in der Staatstheorie verankert. Bei allen inneren Diskrepanzen besteht ein Grundkonsens über die Gegenwart als neu und in vielen Hinsichten verschieden von der Vergangenheit, als nicht mit ihr vergleichbar. Dies ist in Spanien nicht geschehen. Die zwei mißglückten Revolutionen des 19. Jh., die liberale von 1812 und die republikanische von 1868, enden beide in restaurativen Bewegungen, die in ihrem Selbstverständnis die Herstellung des „status quo ante" anstreben und dies mit staatlichen Mitteln bewerkstelligen wollen. Die Modernität (im politischen Vokabular: Fortschrittlichkeit), die vor allem die Restauration von 1874 zugleich demonstriert, enthält die Zugeständnisse an jene Sektoren, die zuvor die revolutionären Versuche politisch begründet hatten, und ist gleichzeitig von dem Gestus getragen, insbesondere mit Frankreich gleichzuziehen und damit „Normalität" in politischer, wirtschaftlicher und kultureller Hinsicht erreicht zu haben. Die gesellschaftliche Befindlichkeit wird bestimmt vom Auseinanderklaffen zwischen einer tatsächlichen Traditionsbindung und der Nachahmung einer vorgeblich verinnerlichten und kohärenten „Modernität", die mit Fiktionen operiert. Die wirklichen gesellschaftlichen, politischen und ökonomischen Zustände werden von ihnen verdeckt, die heraufziehenden Konflikte ignoriert. Deswegen werden keine gesellschaftlichen und ideologischen Beschreibungsmodelle entwickelt, die darauf – auf die Probleme der Moderne – reagieren, und auch keine Strategien und Alternativen, die die Wirksamkeit der Traditionsbindungen vor den Anfechtungen durch von außen kommenden Weltdeutungen zu schützen vermögen. Das Prekäre dieser Situation liegt auf der Hand und macht die permanente Anfälligkeit für Krisen bis in die 1930er Jahre hinein verständlich.

Die Naturalismusdiskussion ist im ästhetischen Bereich ein markantes Beispiel für diese Krisenhaftigkeit in allen ihren Nuancen, weil das ästhetische Programm, das zur Diskussion steht, eine schwerwiegende Infragestellung traditioneller Werte enthält. Dessen Verteidigung operiert aber mit Argumenten, die es auf das Ufer der Tradition hinüberretten wollen. Neben der Polemik um den ästhetischen Wert einer Literatur, die die Niederungen der menschlichen Natur und Gesellschaft thematisiert und dafür in Kauf nimmt, bestimmte Regeln des Anstandes und des guten Tons zu verletzen, geht es vor allem um den Determinismus in der naturalistischen Theorie, der als Infragestellung religiöser Grundsätze verstanden wird, ja geradezu als ästhetisch begründete Aufforderung, dem Glauben den Rücken zu kehren. Pardo Bazán versucht diese beiden Vorwürfe in der *Cuestión palpitante* auszuräumen, in der sie ihre Kenntnis von Zolas *Le roman expérimental* (1880) und *Les romanciers naturalistes* (1881) zu einer differenzierten – wenngleich nicht sehr tiefschürfenden – Darstellung des literarischen Naturalismus nutzt. Die Verteidigung koppelt das ästhetische Phänomen naturalistischen Schreibens von weltanschaulichen Implikationen ab, insbesondere also von der strengen positivistischen Wissenschaftlichkeit, die für Zola von besonderer Bedeutung ist, und kann so die Frage des Determinismus aushebeln. Damit ist die Grundlage für eine Auslegung geschaffen, die die religiösen Empfindlichkeiten von Autoren und Lesern gleichermaßen berücksichtigt, und die einem spirituell sensiblen Autor, wie etwa Leopoldo Alas, die Anerkennung dieser Ästhetik erlaubt.[9] Die Personen sind in dieser Diskussion ebenso wichtig wie die Argumente; jedes Lager versucht, bedeutende Gestalten des literarischen Lebens zu sich zu ziehen. Deswegen ist für Emilia Pardo Bazán besonders wichtig, die Anerkennung – in doppelter Hinsicht: als Naturalistin und als Katholikin – des Meisters selbst zu gewinnen. Die französische Ausgabe ihres Werkes, 1886 unter dem Titel *Le Naturalisme* erschienen, trägt den Prolog des Übersetzers Albert Savine und einen Brief Zolas an den Direktor der Zeitung *La Epoca*, in dem beide Eigenschaften der Autorin hervorgehoben werden. Diese Anerkennung schien ihr so wichtig, daß sie diese Äußerungen in spanischer Übersetzung in die vierte Auflage von 1891 übernahm.[10] Was sie selbst dabei übersah (und ihre Gegner offensichtlich auch), war die Verwunderung Zolas über das Zusammengehen beider Eigenschaften, des Katholizismus und des Naturalismus, „und ich kann mir das nur erklären durch das, was ich über den Naturalismus dieser Dame gehört habe, daß er rein formell, künstlerisch und literarisch sei." (122) Genauer kann der Standort des Naturalismus *more hispanico* nicht gekennzeichnet werden. Der Anspruch auf Wissenschaftlichkeit, den Zola an seinen eigenen Romanen stellt, ist aufgehoben und in reine Ästhetik überführt worden, und der Anspruch auf außerliterarische Wirkung wurde aufgegeben. Als polemischer Gegenstand bleibt nur noch der umstrittene ästhetische Wert von Themen, die durch krude Darstellung den guten Ton und das Anstandsgefühl der Gesellschaft verletzen. Das aber ist eine Diskussion um die Autonomisierung des ästhetischen Erlebnisses von moralischen Wertzuweisungen, wie sie in Frankreich schon 1857 im Zusammenhang mit *Madame Bovary* und *Les Fleurs du Mal* geführt worden war. Unter der Flagge des Naturalismus wird die realistische Ästhetik diskutiert.

Es ist bezeichnend, daß Emilia Pardo Bazán für die Ausgabe von 1891 jenen Brief Zolas als Beweis der Richtigkeit ihrer Ansichten heranzieht. Im Bewußtsein der Zeit gibt das Ausland das Modell ab, das nachgeahmt und in der eigenen Wirklichkeit umgesetzt werden soll, freilich ohne die vorausgehenden und entscheidenden Prämissen zu übernehmen, die das Wirkungspotential des Modells erst möglich gemacht haben. Die Ablehnung der naturalistischen Hypothese, daß menschliche Handlungen und Gesellschaftsformen wissenschaftlich erfaßbaren Kausalitäten unterliegen statt metaphysisch begründet zu sein, ist ein solcher Fall von Prämissenverneinung. Der Naturalismus, der allein praktizierbar bleibt, beschränkt sich darauf, ästhetische Lizenzen zu erobern innerhalb eines weiterhin traditionellen Umfeldes, das Modernität mit äußeren Erscheinungsformen erreicht und vollzogen glaubt.[11] Während etwa in Frankreich die positivistische Philosophie und die fortschreitende Systematisierung der Gesellschaftswissenschaften die Apperzeption und erkenntnisgerichtete Durchdringung der physischen und gesellschaftlichen Wirklichkeit von externen Deutungssystemen abkoppelt, ist in Spanien die „Krise der Metaphysik" noch nicht offen aufgetreten und wird auf vielfache Weise hinausgeschoben. Den ausdrücklich konservativen, traditionalistischen und ultramontanen Haltungen stehen lediglich nuancierende Alternativen gegenüber; selbst die wirkungsvollste von ihnen, der von Francisco Giner de los Ríos besonders propagierte „Krausismo", ist ein Harmonisierungsversuch, eine Öffnung zur empirischen Erfaßbarkeit der Welt, ohne das metaphysische Primat letztlich in Frage zu stellen.[12]

Diese grundsätzliche Befindlichkeit kann an literarischen Texten konkret nachgezeichnet werden. Pérez Galdós' Roman *Doña Perfecta* (1876) thematisiert den Zusammenprall liberaler Fortschrittlichkeit – verkörpert durch den Protagonisten Pepe Rey – mit dem reaktionären, ultramontanen Traditionalismus Doña Perfectas. Angestiftet von ihrem Beichtvater unternimmt sie es, den Anwärter auf die Hand ihrer Tochter moralisch und, als das nicht gelingt, auch physisch zu zerstören. Die Rechtfertigung ihres Handelns bezieht sie aus der religiös motivierten, moralischen Vorverurteilung ihres vermeintlichen Kontrahenten. Pepe Reys Liberalismus stellt seinerseits nicht die katholische Religion in Frage, sondern eine Auslegung und Praxis, die sie pervertiert, so daß die Konkurrenz der Diskurse unterhalb der urteilsstiftenden Grundanschauungen stattfindet. Der Kampf „Fortschritt gegen Tradition" ist nicht eigentlich derjenige konkurrierender Entwürfe, sondern das Streben des Einen nach Anerkennung seines positiven Wertgehaltes anhand eines vorab anerkannten, tradierten Wertesystems. Dieser Befund kann an zwei epochal wichtigen Romanen bestätigt und erweitert werden. Das erste Werk, Leopoldo Alas' *La Regenta* (1884/85) schildert die Geschichte einer Frau aus der besseren Gesellschaft in einer kleinen Provinzstadt, die sich zwischen einer langweiligen, unbefriedigenden Ehe, mystischer Schwärmerei und der Versuchung des Ehebruchs abspielt. Alas bemüht sich um eine umfassende Darstellung der sehr unterschiedlichen, zuweilen konträren Einflüsse, die auf die Protagonistin Ana Ozores einwirken: ihr Beichtvater Fermín de Pas, der geduldige und verschlagene Galan Alvaro Mesía, die guten Kreise der Stadt, die fehlgeleitete Erziehung Anas. Auf diese Weise entsteht ein Panorama der Gesellschaft, das ihre ganze Verlogenheit offenbart. Die Bedeutung der Figur De Pas' eröffnet die Perspektive auf Religion und Kirche und zeigt damit, aus welchen Gründen Kritik berechtigt ist: Nicht das selbstgewählte Normensystem, die Religion, wird in Frage gestellt, sondern das Auseinanderklaffen von menschlichem und moralischem Selbstanspruch und gesellschaftlich handelnder Wirklichkeit. Der andere Roman macht deutlich, daß die Krisenhaftigkeit sich nicht nur als Religionskritik äußert, sondern auch in der Handhabung drängender sozialer Fragen. *Fortunata y Jacinta* (1886/87), von Benito Pérez Galdós, handelt von einer Dreiecksbeziehung, die eines Mannes (Juanito Santa Cruz) zwischen seiner Ehefrau Jacinta und seiner Geliebten Fortunata. Jacinta und Juanito gehören zum gehobenen Bürgertum, Fortunata zum Volk. Diese versucht mit allen Mitteln, Jacintas Stelle zu übernehmen und von der Familie und den Bekannten Juanitos anerkannt und integriert zu werden, was ihr nur am Schluß des Romans, am Sterbebett, durch die Anerkennung ihres Kindes aus dieser Beziehung gelingt. Das Zusammentreffen der beiden für die Moderne konstitutiven Gesellschaftsschichten, Bürgertum und Volk, erfolgt in charakteristischer Weise: Auslöser und Gegenstand des thematisierten Konfliktes sind strikt privater Natur und gehen niemals darüber hinaus. Fortunata macht Jacinta die Liebe Juanitos streitig, doch gleichzeitig betrachtet sie sie als Vorbild in jeder Hinsicht. Nur die bürgerlichen Gestalten formulieren und vertreten Verhaltensnormen und Werte, die von den Figuren aus dem Volk ohne Abstriche verinnerlicht und als Stufe gesellschaftlicher Integration angeeignet werden. Diese haben weder politisches Klassenbewußtsein noch schichtenspezifisches Gemeinschaftsgefühl, treten also nur individuell auf und bleiben völlig unberührt von den weltanschaulichen Alternativen, die ihre realen Zeitgenossen in der Mitte der achtziger Jahre bereits formulieren. Seit 1879 existiert die Sozialistische Partei und eine Arbeiterbewegung, die die Industriearbeiterschaft und das Landproletariat als Kollektive umfaßt und die entstehenden materiellen und ideellen Bedürfnisse in einen politischen Diskurs kanalisiert.[13] Nichts davon schlägt sich im Werk Galdós' nieder, auch später nicht, als er sich dem Sozialismus zuneigt. Der Harmonisierungsversuch in der Handlung, hier wie im Spätwerk, erfolgt im Lichte der integrationsstiftenden Individualtugenden, beruht also auf der (vorliterarischen) Annahme, daß die tradierten Wertesysteme in der Lage sind, die Auflösung gesellschaftlicher Konfliktsituationen zu leisten. Die Modernität der Zeit, die man bewohnt, haftet damit nur an den Äußerlichkeiten der Lebenswelt, an deren aktuellen Kontingentien.

Diese Rettung traditioneller Epistemen impliziert nicht, daß deren Leistungsfähigkeit im Hinblick auf „innerweltliche Lernprozesse",[14] tatsächlich noch für die Durchdringung und Erklärung der Gegenwart ausreicht. Gerade darin liegt die Problematik der spanischen Ausformung des Naturalismus, daß sie – anders als ihre europäischen Parallelerscheinungen – evident gewordene Bereiche der Wirklichkeit nicht in erkenntnisgerichteter ästhetischer Form aufzugreifen vermag.[15] Die Werke zeigen die Leistungsgrenzen der Epistemen. Bezeichnenderweise verlaufen diese just an Stellen, in denen sie hinsichtlich ihrer Wirksamkeit herausgefordert werden. Galdós' vierter Stand ist der Religion ebenso entfremdet wie derjenige Alas'. Fortunata verfügt nicht über die notwendigen Rudimente, um eine Beziehung zwischen ihrem Verhalten und den Normen christlicher Moral herzustellen: „Sie begriff die Jungfrau, Christus und den heiligen Joseph; sie hielt sie für gute Menschen, doch weiter nichts. Über die Unsterblichkeit und die Erlösung waren ihre Vorstellungen sehr verworren." (I, 482)[16] Was hier auf individuelles Unvermögen zurückzuführen ist, erscheint in *La Regenta* als gesellschaftliches Phänomen. Beim Überblick über die Stadt fällt Fermín de Pas' Blick auf die Arbeitervorstadt:

> Dort lebten die Rebellen; die schmutzigen Arbeiter, schwarz von Kohle und Eisen, mit Schweiß geknetet; die, die mit offenem Mund jenen Besessenen zuhörten, die ihnen Gleichheit, Zusammenschluß, Teilung, tausend Absurditäten predigten [...] (I, 113)[17]

Der Wirkungsbereich der Religion ist beschränkt auf eine schmale gesellschaftliche Schicht, die im einen wie im anderen Roman sie erkennbar als leere Hülle benutzt, um die Amoralität ihres Lebenswandels zu bedecken. Ähnliches gilt für die Optionen politischen Handelns, die sich in den ausgehöhlten Formen des „turno pacífico" erschöpfen, eines Systems, das durch ständige Wahlmanipulation politische Kontinuität unter dem Anschein demokratisch hervorgerufener Regierungswechsel gewährleisten sollte, unter Ausschaltung mißliebiger Konkurrenz.[18] Das Wissen um eine politische Praxis, die einzig zum Zweck der Machterhaltung im bürgerlichen Lager und der Disziplinierung der neu entstehenden Gesellschaftsschichten besteht, entzieht ihr von vornherein die notwendige Legitimität, um als Referenz gelten zu können. Die Nachahmung importierter Modernität ist somit mehrschichtig; sie erstreckt sich auf die Rezeption formalästhetischer Aspekte ebenso wie auf die Reproduktion gesellschaftlicher und politischer Äußerlichkeiten.

Die Krise der nachgebildeten Moderne

Die Offenlegung der Aporien des spanischen Realismus und Naturalismus am Sinnverlust der Paradigmen Religion und Politik bedeutet keineswegs, daß Moderne und politische Fortschrittlichkeit zwangsläufig korrelieren. Ohnehin könnten verschiedene Autoren aufgeführt werden, bei denen die Diskrepanz zwischen ästhetischem Programm und politischer Haltung besonders augenfällig ist. Gleichwohl sind beide symptomatisch für das Maß an Selbstreflexivität, das eine Gesellschaft erreicht hat, und demzufolge Indizien für die korrekte Einschätzung der Reichweite und Bedeutung ästhetischer Entwürfe, die auf die durch sie beeinflußte Lebenswelt reagieren. In dem Maße, in dem ihren Deutungsentwürfen die Anerkennung versagt bleibt, entsteht ein Handlungsbedarf für die Aneignung und Erklärung der Wirklichkeit. Umgekehrt kann die Wirklichkeit diese vorgegebenen Modelle so eklatant in Frage stellen, daß deren Revision unumgänglich wird. In dieser Wechselwirkung kommt dem ästhetischen Diskurs eine Schlüsselrolle zu, denn er stellt eine wesentliche Stufe in der Erschließung der Welt dar. Außerdem gibt die Beleuchtung der Beziehung zwischen ästhetischer Form einerseits und weltanschaulichem Diskurs andererseits Einblick in das Selbstverständnis einer Epoche, die sich selbst als „modern" versteht und bestimmte Ausdrucksformen mit dieser Bezeichnung verbindet. Die kritische Fundierung der Moderne muß ja berücksichtigen, daß in dem Begriff zwei grundsätzlich unterschiedliche Dimensionen aufeinandertreffen, nämlich einerseits die Selbstcharakterisierung jeder Epoche, die diese Bezeichnung für sich selbst beansprucht, und andererseits die kritische Auseinandersetzung *ex post* mit dem Ziel, diesen Anspruch im Rahmen einer übergreifenden Modernetheorie einzuordnen und operativ zu machen.

Der Anspruch dieses Naturalismus auf Modernität gründet, wie gesehen, auf eine Reihe von Nachahmungen und selektierenden Weltkonstrukten, die nur so lange unangetastet bleiben, wie sie nicht von den Wandlungen der Wirklichkeit in Frage gestellt werden. In der Mitte der 80er Jahre ist das Vertrauen auf die „Richtigkeit" der literarischen Welterschließung noch unangetastet und gerät erst im Laufe der neunziger Jahre ins Wanken. Galdós, ebenso wie Pardo Bazán, reagieren darauf mit dem Rückzug in den Bereich individueller Tugend, aus der die Erlösung aus existentieller Bedrohung hervorgeht, gleichsam als Ausfluß göttlicher Gnade. Unübersehbar wird jedoch die Krise des restaurativen Weltbildes 1898, als die letzten Reste des früheren Kolonialreiches verlorengehen in einem Krieg gegen die USA, der alle Illusionen technischer Modernität zunichte macht. Weniger wichtig als der tatsächliche Verlust ist die radikale, geradezu traumatische Erkenntnis, daß alle bislang angewandten epistemologischen Ressourcen wirkungslos geworden sind. Das politische System hat in den Kolonien, ebenso wie im Innern, wirtschaftlich und sozial versagt. Die Kirche handhabt vor der Arbeiterschaft und den pauperisierten Kriegsheimkehrern die Religion als staatserhaltendes Argument. Andere Entwürfe gibt es nicht: Die technische und wissenschaftliche Revolution des 19. Jh. hat in Spanien nicht stattgefunden, das industrielle, technische und freiberufliche Bürgertum ist in der Gesellschaft unterrepräsentiert und hat keine neuen Bewußtseinsstrukturen geschaffen. Vor diesem Hintergrund ist erst erklärlich, warum auf das Datum 1898 eine Fülle von Schriften folgt, die vom Krisenbewußtsein ausgehend die epistemologische Revision und womöglich Erneuerung einzuleiten versucht. Es ist kein Zufall, daß dieser Prozeß insbesondere im Umkreis der krausistisch geprägten „Institución Libre de Enseñanza" (gegr. 1873) seinen Ursprung nimmt, denn nur diese philosophische Richtung bot tatsächlich Möglichkeiten an, traditionelle und moderne Weltsichten miteinander zu verbinden. Aus diesem Umkreis stammt ein wesentlicher Teil der Autoren, die die sogenannte Generation von 1898 bilden. Ausgelöst wird die Revision des bestehenden Bildes allerdings wieder durch die Rezeption europäischer Schriften und Strömungen, insbesondere Nietzsches und der französischen Symbolisten, wodurch es zu einer ästhetischen Neuorientierung kommt, noch bevor die Inhalte und, wichtiger, die epistemologischen Ansätze revidiert werden. Diese Neuorientierung ist nicht nur Ausdruck, sondern auch Auslöser einer korrigierten Weltsicht, deren genaue Gestalt in der Zeit zwischen 1900 und 1925 nicht eindeutig zu bestimmen ist, die aber die Verselbständigung der Moderne von überlieferten Normensystemen zur Vollendung führt.

Dieser Prozeß verläuft in sich keineswegs immer harmonisch oder kohärent und sperrt sich gegen logische Chronologien. Vor allem aber drückt er sich in Texten aus, die von persönlichen Entwicklungen ebenso stark wie von epochalen Bewußtseinsveränderungen geprägt sind, wobei die Autoren selbst, die sich hier zu Wort melden, nicht nur aus einer Krise hervorgehen, sondern selbst eine durchmachen, die die Kohärenz ihres je eigenen Weltbildes angreift. Das ist früh in Azoríns (eig. José Martinez Ruiz, 1875-1967) Romantrilogie *La voluntad* (1902) erkennbar, wo der Protagonist, Antonio Azorín, den Glauben an die Möglichkeit der Gestaltung der Welt verliert, aber auch in der Spätphase in Miguel de Unamunos (1864-1936) *San Manuel Bueno, Mártir* (1933), in dem ein Priester, der seine Amtsführung durch den Verlust des Glaubens selbst in Frage stellt, nur aufgrund strikt menschlichen ethischen Empfindens die Praxis, nicht die Lehre rettet. Bedeutsam ist neben dem Thema auch die Tatsache, daß ausgerechnet Unamuno, der am entschiedensten die Hinüberrettung der Metaphysik in die Moderne versucht hat, dieses Problem aufgreift. Ähnliche Formen der Infragestellung tradierter Epistemen sind in den Werken aller Autoren festzustellen, von denen nur zwei noch hervorgehoben werden sollen. Das vergebliche Ringen, das Unamuno für den religiösen Bereich thematisiert, formuliert Pío Baroja (1872-1956) im Weltlichen, gerade an einem Bereich, der neben religiösen und politisch- historischen Traditionen im 19. Jh. als epistemologische Ersatzhandlung dient, nämlich die Wissenschaften. In *El árbol de la ciencia* (1911) steht der Arzt Andrés Hurtado vor seiner eigenen Ausbildung und seinem eigenen Beruf völlig entfremdet und unfähig, diesem Tun einen Sinn zu geben.[19] Lösungen oder Alternativen bieten sich nicht an, sie werden nicht einmal gesucht: Andrés begeht Selbstmord.

Negation als ästhetischer Entwurf

Während an diesen Autoren die Krisenhaftigkeit nur als unterflächige Strömung auf dem Wege interpretierender Abstraktion festzustellen ist – wobei der jüngere Baroja den

Werteverlust in stärkerem Maße bewußt thematisiert –, wird sie von Ramón del Valle-Inclán (1866-1936) in programmatischer Weise ästhetisch operativ gemacht. Gerade an diesem Autor wird deutlich, daß ästhetische Moderne mit politischer Fortschrittlichkeit nicht korrespondiert und dieser auch nicht zu ihrer Verwirklichung bedarf, trotz der fundamentalen Bedeutung des politischen Diskurses für die Herausbildung einer Episteme. Valle-Incláns Inkonsequenzen in dieser Hinsicht sind nicht Ergebnis einer kritischen Überprüfung politischer Inhalte, sondern zuvörderst ästhetischen Ursprungs. Die Ablehnung der Gegenwart und die Skepsis über die „offizielle" Geschichte ergeben sich aus einer ästhetisch begründeten und motivierten Nostalgie sublimierter Vergangenheit.[20] Gerade dieser Aspekt, der den strukturellen Konservatismus aller registrierten politischen Haltungen Valle-Incláns erklärt, erschließt auch die Mechanik des Auseinanderklaffens von ästhetischer vs. politischer Fortschrittlichkeit. Der Anteil an utopisch gefärbter Negation der aktuellen Wirklichkeit, der jeder modernen Kunst anhaftet,[21] wird hier durch den Entwurf einer ästhetisch idealisierten und von ihrer historischen Referenz losgelösten Vergangenheit artikuliert. Valle-Incláns herausragende Bedeutung für die Ausbildung der literarischen Moderne liegt darin, den Bruch mit der ästhetischen Tradition fortwährend mit solcher Radikalität erprobt zu haben, daß in poetologischer Hinsicht genuin neue Verfahren praktiziert werden, die zur Konstituierung einer ästhetischen Moderne hinreichen.

Die erste Phase seiner Prosa datiert aus dem Anfang des 20. Jh. und umfaßt die vier *Sonatas* (1902-1905), die nach den Jahreszeiten benannt sind und die Memoiren des Marqués de Bradomín, eines dekadenten Don Juan ausmachen. Ulrich Schulz-Buschhaus hat das intertextuelle Geflecht aufgeschlüsselt und interpretiert, nach dem die Einordnung der *Sonatas* vorzunehmen ist und dabei deutlich herausgearbeitet, welche literarischen Filiationen intendiert sind und welche Funktion die damit geschaffene Rückversetzung in die historische Zeit übernimmt.[22] Das evozierte Ancien Régime ist Kontrastmittel und Herausforderung der banalen Wirklichkeit, der Ort, an dem noch außergewöhnliche Lebensläufe möglich sind und Verwirklichung finden können. Entscheidend ist die synthetische, ästhetisch orientierte Beschaffenheit dieser Vergangenheit. Valle-Inclán stellt im wesentlichen Bilder aus Symbolen zusammen und summiert Handlung in einer Aufeinanderfolge von solchen bildhaften „Standphotos",[23] in denen die Textur der Erscheinungswelt deren herkömmliche weltanschauliche Bedeutung ausblendet, das heißt, daß die äußere Erscheinung von heterogenen Bruchstücken der Vergangenheit zu einem neuen Konstrukt gefügt werden, der autonom gegenüber seiner „archäologischen" Referenz ist. Der Vorgang besteht aus zwei Schritten; der erste ist allgemein weltanschaulicher Natur, in dem spezifische Symbole, insbesondere solche aus dem religiös-liturgischen Bereich, umgewertet werden. Der marqués de Bradomín trifft in der *Sonata de otoño* seine frühere Geliebte, Concha, die im Sterben liegt. Die Liebesnacht, die auf diesem Besuch folgt, spielt sich in einem äußeren Rahmen bestehend aus Gegenständen, die zum Ritual des Sterbens gehören, ebenso wie in der *Sonata de primavera*. Auch hier trifft der Protagonist im Haus des sterbenden Prinzen Gaetani ein, auch hier ist die Einrichtung, die Kleidung und das Auftreten der Personen ganz vom religiös begleiteten Ablauf bestimmt, und auch hier wirken all diese Elemente verstärkend auf das erotische Empfinden des Marquis für die Tochter des Hauses, María Rosario. In der *Sonata de estío* erfüllt sich die Liebe zwischen dem Protagonisten und der Niña Chole in einem Kloster. Die religiösen Symbole haben also aus der Sicht des Erzählers nicht eine metaphysische, sondern eine erotische Bedeutung,[24] die scharf mit deren tradiertem Verständnis kontrastieren.

Der zweite Schritt ist ästhetischer Natur. Was oberflächlich als Verklärung und Stilisierung einer vage vergangenen Welt erscheint, besteht bei näherem Hinsehen aus der Zusammensetzung zeitlich erheblich divergierender Elemente. Am deutlichsten ist das erkennbar an den Bezügen aus der bildenden Kunst: Raffael, Leonardo, Andrea del Sarto, Rubens dienen als Quellen für ikonische Bausteine, deren Zusammensetzung zu präraffaelitischen Bildkompositionen führt:

> Sie hatten an einer großen steinernen Bank Platz genommen, um ihre Blumensträuße zu flechten. Auf María Rosarios Schulter hatte sich eine Taube gesetzt, und in diesem unschuldigen Ereignis fand ich die Anmut und das Geheimnis einer Allegorie. (22)

Das Bild vom Vergangenen verschiebt sich ins fiktional autonome Fabulöse, ebenso wie der solcherart konstruierte Raum seine Bedeutung nicht aus der Referenz im Realen bezieht, sondern aus der Situierung des Außergewöhnlichen in ihm. Die Welt, in der das Geschehen angesiedelt ist, ist ein ästhetischer Entwurf, sei es im Rückgriff auf den exotischen Raum (Mexiko in *Sonata de estío*)[25], sei es in der fiktiven Konstruktion eines europäischen Raumes, dessen Bestimmungselemente gleichermaßen unbestimmt fabulös gehalten sind. Der literarische Entwurf setzt sich von der Lebenswelt ab, in der er entsteht, und gleichfalls von der literarischen Tradition, aus der er unmittelbar hervorgeht; insofern erfüllt er zwei wesentliche Kriterien der Modernität.

Die ästhetisch begründete Welt dekadentistischer Prägung kündigt die Verbindung zur Gegenwart auf, doch ist die ihr innewohnende Alternativkraft begrenzt. Die darauf folgende Phase in Valle-Incláns Werk, die als umfassende Wende und neue ästhetische Position verstanden worden ist, läßt sich auch als logisch anmutende Fortführung und Weiterentwicklung der dekadenten Ästhetik der *Sonatas* verstehen. Die exquisit stilisierten Schauplätze und die raffinierte aristokratische Gesellschaft weichen der rauhen Landschaft Nordspaniens sowie einfachen, heroischen Gestalten aus einem archaisch anmutenden Adel und Volk, das verbissen als Anhänger des „carlismo" gegen die Zentralregierung kämpft. Die Sympathie für den Karlismus, der reaktionärsten, demokratiefeindlichsten Form traditionellen Konservatismus in Spanien, aus dynastischen Gründen zwischen 1837 und 1874 im dauernden Krieg gegen Madrid,[26] ist vordergründig eine eindeutige politische Stellungnahme,[27] und die Bevorzugung eines „nationalen" Schauplatzes mit Gestalten, die episch positive Werte verkörpern, eine Absage an die Weltentrücktheit der *Sonatas*. Ein detaillierter Vergleich der bevorzugten Stilmittel würde indes zeigen, daß die Modalitäten der Beschreibung und Modellierung von Gestalten und Situationen ganz ähnlich sind; die vermeintlich politisch motivierte Wahl des Themenkomplexes ist in Wirklichkeit ästhetisch motiviert und radikalisiert nach außen hin die Ablehnung der Gegenwart, indem eine Gegenbewegung zu ihr explizit thematisiert wird:

> – Xavier, ich bitte Dich um einen Rat. Ich überlege, Räuberhauptmann zu werden.
> [...]
> – Ist es ein ästhetischer Rat, oder eine Gewissensfrage? (39)

Deswegen ist es trügerisch, in der Wahl des Karlismus als Hintergrund eine politische Aussage zu erkennen, für die der Text ein Instrument sein soll. Entscheidend ist vielmehr, daß es sich um einen episierbaren Stoff handelt, bei dem die Taten der Akteure alsbald von jedem übergeordneten Deutungs- oder Bewertungsrahmen losgelöst werden und allein unter dem Aspekt außergewöhnlicher, ästhetisch aufgeladener Taten zu betrachten sind. In diese Richtung gehen auch die kritischen und poetologischen Äußerungen Valle-Incláns aus dieser Zeit.[28] Der Unterschied zur Welt der *Sonatas* ist somit nur graduell, denn auch hier werden außergewöhnliche Taten vollbracht (von demselben Protagonisten, dem Marquis de Bradomín), und auch sie sind autonom und wertfrei. Sinngemäß gilt das auch für die Schauplätze, die in beiden Fällen aus stimmungsschaffenden Bausteinen bestehen, die nicht auf die reale Referenzwelt abzielen.In ihrem Beschreibungsmodus läßt sich eine weitere Parallele zur Erzählweise der *Sonatas* ziehen, die Schaffung bildlicher Tableaus mit starken ikonischen Bausteinen. Darin ist das Mexiko der *Sonata de estío* dem Baskenland, Galicien und Navarra der *Guerra Carlista* verwandt.

Stärker und bedeutsamer als an diesem Punkt sind die Unterschiede in der Haltung, die sich nun gegenüber der Lebenswelt und der ästhetischen Tradition abzeichnet. Die Negation ist nunmehr krude formuliert, weltanschaulich durch die Literarisierung einer radikalen, gewaltsamen Opposition, ästhetisch durch die erneute Abkehr von der mittlerweile etablierten Norm; die dekadente Attitüde der *Sonatas*, „art pour l'art", setzte sich bewußt überwindend gegen den Naturalismus ab. Der episch inspirierte, jede Personalisierung und Subjektivierung verhindernde Primitivismus entfernt sich seinerseits von der Ästhetik des Fin de siècle.

Die letzte Phase in Valle-Incláns Romanwerk bedeutet eine Zuspitzung der Haltung, die sich bisher abgezeichnet hat. Im unvollendeten Zyklus des *Ruedo Ibérico* steht gleichsam die Gegenseite der karlistischen Bewegung im Mittelpunkt, nämlich die historisch längst diskreditierte Regierungszeit Isabels II. Freilich wäre es eine Täuschung, aus der vernichtenden Satire dieser Zeit auf eine positive Beurteilung des militärischen, karlistischen Gegners zu schließen. Als dieser Zyklus entsteht, hat der Autor längst seine Sympathie für den libertären Anarchismus entdeckt, und tatsächlich trifft die Kritik Krone, Regierung und Opposition in gleichem Maße. Valle-Inclán verzichtet darauf, Erklärungsmodelle der spanischen Geschichte zu entwerfen, allein schon wegen der konsequenten Unterwanderung chronologischer Kausalität durch Fraktionalisierung der Gesamthandlung in einzelne Szenen, deren Anordnung der zeitlichen Abfolge widerspricht. Die Kunstgriffe in diesem Zyklus sind zu vielfältig, als daß alle zur Sprache kommen könnten. Die Aufsplitterung und Neuordnung der Handlung jedoch steht, als höchste Radikalisierung, auf einer Linie mit den Tendenzen, die im früheren Romanwerk zutage treten. Am sinnfälligsten ist die Entwicklung am unterschiedlichen Einsatz der Erzählerinstanz. Diese nämlich ist es, die in den *Sonatas* die einzelnen, in sich geschlossenen Episoden und „Standbilder" sinnstiftend miteinander verknüpft zu einer zeitlichen Reihenfolge, zu einer linear konstruierten Handlung ordnet und eine bestimmte personenbezogene Bedeutung gibt. Die Verknüpfung des Geschehens mit individuellen Psychologien unterbleibt in *La Guerra Carlista*. Der auktoriale Erzähler durchtrennt seine Verbindung zu den handelnden Figuren und bewerkstelligt die Sinnstiftung durch Überhöhung der Tat. Im *Ruedo ibérico* schließlich stellt der Erzähler die Möglichkeit der Sinngebung im bewußt chaotisch wirkenden Stoff implizit in Frage, ja selbst die Negation der Selbstrechtfertigung verliert ihr Sinnstiftungspotential. An die Stelle des entlarvten Selbstverständnisses der Königin und der Höflinge tritt nichts, keine individualisierende Stellung, keine „bessere" Vergangenheit, keine erkennbare Zukunft. Dadurch sind die Möglichkeiten, epistemologische Gewißheiten wenigstens aus der Vergangenheit zu retten, verbaut, weil sie als Hülse, als Nachstellung entlarvt werden. Die Gleichstellung „Dichter als Demiurg", die im Zusammenhang mit Valle-Incláns letzter Werksphase gerne verwendet wird, zielt gerade auf diesen Umstand: Auf der Ebene der Gesamtstrategie des Textes wird deutlich, daß über Gestalten und Ereignisse verfügt wird; zugleich wird jede Form von Sinnstiftung durch die Erzählerinstanz – selbst in antipodischer Weise – konsequent verweigert. Der radikale Bruch versperrt zugleich den Zugriff zur tradierten Ästhetik, auch zu solcher, die sich selbst schon als Alternative versteht, und überschreitet dadurch endgültig die Schwelle zur ästhetischen Moderne, weil nunmehr der Bedarf nach einem radikal anderen, eigenen Ausdruck erforderlich und gleich erprobt wird. Eine Lösung der epistemologischen Krise ist damit nicht gefunden, weder von Valle-Inclán noch von anderen Generationskollegen. Ihre Ansätze und Versuche finden keine eigentliche Fortsetzung, nicht zuletzt wegen der Ausweglosigkeit, in die sie sich durch ihre konsequente Infragestellung hineinmanövrieren. Die konstruktiven Verfahren für die moderne Literatur werden aus anderen Positionen heraus entwickelt, doch signalisiert dieser Stand der Dinge die Abgeschlossenheit des Entfremdungsprozesses von dem traditionellen Vorstellungen, womit erst richtig eine *moderne* Ästhetik entstehen kann, die aus sich selbst Maßstäbe schöpft.

Anmerkungen

1 Ch. Baudelaire: Der Maler des modernen Lebens, in: Ders., Der Künstler und das moderne Leben, Leipzig 1990 (Reclam 1357), S. 290-320, hier S. 301.
2 Siehe H.R. Jauß: Literarische Tradition und gegenwärtiges Bewußtsein von Modernität, in: Literaturgeschichte als Provokation, Frankfurt/M. 1979, S. 11-66, sowie Ders.: Der literarische Prozeß des Modernismus von Rousseau bis Adorno, in: Studien zum Epochenwandel der ästhetischen Moderne, Frankfurt/M. 1989, S. 67-103, bes. S. 89-96.
3 J. Habermas: Der philosophische Diskurs der Moderne, Frankfurt/M. 1989, S. 16.
4 R. Warning: Surrealistische Totalität und die Partialität der Moderne, in: R. Warning, W. Wehle, Lyrik und Malerei der Avantgarde, München 1982, S. 481-519, hier S. 481.
5 Th.W. Adorno: Ästhetische Theorie, Frankfurt/M. 1990, S. 48.
6 Siehe dazu Jauß: Der literarische Prozeß des Modernismus [...], loc. cit.
7 Der Text und eine umfangreiche Einführung mit Angaben zu den verschiedenen Seiten der Naturalismusdiskussion in Emilia Pardo Bazán: La cuestión palpitante, ed. by J.M. González Herrán, Barcelona 1989. Alle Zitate stammen aus dieser Ausgabe.
8 Über Pérez Galdós' Balzac-Rezeption siehe St. Gilman: Galdós and the Art of the European Novel, Princeton 1981. Den Einfluß Flauberts auf Alas haben H. Hatzfeld: La imitación estilística de Madame Bovary (1857) en La Regenta (1884), Thesaurus 32, 1, Bogotá 1977, S. 40-53. Über seine Auseinandersetzung mit Zola siehe L. López Jiménez: La réplica de 'Clarín' a Le roman expérimental de Zola, Filología Moderna 19, S. 65-67, Madrid 1978-79, S. 209-231.
9 Zu Alas siehe Yvan Lissorgues: La pensée philosophique et religieuse de Leopoldo Alas (Clarín) - 1875-1901, Paris 1983. Alas verfaßte den Prolog für die erste Buchausgabe der Cuestión palpitante, Madrid 1883.
10 Alle Angaben zu den Editionen sowie die Texte der verschiedenen Prologe sind in der zitierten Ausgabe der Cuestión palpitante zu finden.
11 Sehr erhellend dazu H.U. Gumbrecht: Eine Geschichte der spanischen Literatur, 2 Bde., Frankfurt/M. 1991, S. 698ff.
12 A. Jiménez García: El Krausismo y la Institución Libre de Enseñanza, Madrid 1987 (Historia de la Filosofía, 24).
13 Siehe Gabriel Jackson: Annäherung an Spanien 1898-1975, Frankfurt/M. 1982, bes. Kap. I.
14 Im Sinne von Habermas: loc. cit., S. 393.
15 Vgl. dazu Stephan Kohl: Realismus. Theorie und Geschichte, München 1977, S. 191ff.
16 Benito Pérez Galdós: Fortunata y Jacinta, 2 vols., Madrid 1985, ed. by Francisco Caudet. Die römische Zahl gibt den Band an, die arabische die Seite.
17 Leopoldo Alas: La Regenta, 2 vols., Madrid 1987, ed. by Gonzalo Sobejano. Bandangabe in römischen, Seitenangabe in arabischen Zahlen.
18 Siehe Jackson: loc. cit. S. 24ff. und Gerald Brennan: Die Geschichte Spaniens. Über die sozialen und politischen Hintergründe des spanischen Bürgerkrieges, Berlin 1978, Kap. I.
19 Zu Baroja siehe Pere Juan i Tous: Die gefesselte Hoffnung. „El árbol de la ciencia" von Pío Baroja und der Geist der Jahrhundertwende, Frankfurt/M. 1989; zu Nietzsches Einfluß bes. S. 550ff.
20 Siehe Schulz-Buschhaus: Valle-Incláns oppositioneller Historismus. Zu einigen stilistischen und ideologischen Aspekten der Sonatas, in: Ramón del Valle-Inclán (1866-1936), hrsg. von H. Wentzlaff-Eggebert, Tübingen 1988, S. 87-100; W. Glöckner: Valle-Inclán und der spanische Anarchismus, ebd., S. 79-86, bes. S. 85f., und W.B. Berg: Die Diskursivität der Geschichte. Valle-Incláns Geschichtsbild in La corte de los milagros, ebd., S. 243-257.

21 Adorno: loc. cit., S. 55.
22 Schulz-Buschhaus: loc. cit., S. 99.
23 Schulz-Buschhaus, loc. cit., S. 91ff.
24 Robert C. Spires: Transparent Simulacra. Spanish Fiction 1902-1926, Columbia 1988, S. 45.
25 Siehe Lili Litvak: El sendero del tigre. Exotismo en la literatura española de finales del siglo XIX, 1880-1913, Madrid 1986 (Persiles, 172), S. 152ff. und 165f. zur Bedeutung der Präraffaeliten in diesem Zusammenhang.
26 Vgl. Miguel Artola: La burguesía revolucionaria (1808-1869), Madrid 1973 (Historia de España Alfaguara, V), S. 52ff.
27 Diesen Standpunkt vertritt ausführlich M.J. Alonso Seoane in der Einleitung zur Guerra carlista, Madrid 1979, 2 Bde.
28 Seoane: loc. cit. S. XXX und XLVIIIff. Besonders zu beachten ist die verklärende Funktion der Erinnerung, die im Text zur Umsetzung gelangen soll.

Literatur

Leopoldo Alas („Clarín"): La Regenta, ed. by Gonzalo Sobejano, 2 Bde., Madrid 1987.
Pío Baroja: El árbol de la ciencia, Madrid 1981.
Charles Baudelaire: Der Künstler und das moderne Leben, Leipzig 1990.
Emilia Pardo Bazán: La cuestión palpitante, ed. by J.M. González Herrán, Barcelona 1989.
Benito Pérez Galdós: Doña Perfecta, Madrid 1977.
Ders.: Fortunata y Jacinta, ed. by Francisco Caudet, 2 Bde., Madrid 1985.
Ramón del Valle-Inclán: Sonata de primavera. Sonata de estío, Madrid 1984.
Ders.: Sonata de otoño. Sonata de invierno, Madrid 1984.
Ders.: La guerra carlista, ed. by M.J. Alonso Seoane, 2 Bde., Madrid 1979.
Ders.: Viva mi dueño, Madrid 1986.
Ders.: La corte de los milagros, Madrid 1986.
Ders.: Baza de espadas, Madrid 1986.

Theodor W. Adorno: Ästhetische Theorie, Frankfurt/M. 1990.
Miguel Artola: La burguesía revolucionaria (1808-1869), Madrid 1973 (Historia de España Alfaguara, V).
Walter Bruno Berg: Die Diskursivität der Geschichte. Valle-Incláns Geschichtsbild in La corte de los milagros, in: Ramón del Valle-Inclán (1866-1936), hrsg. von H. Wentzlaff-Eggebert, Tübingen 1988, S. 243-257.
Gerald Brennan: Die Geschichte Spaniens. Über die sozialen und politischen Hintergründe des spanischen Bürgerkrieges, Berlin 1978.
Stephen Gilman: Galdós and the Art of the European Novel, Princeton 1981.
Wolfgang K. Glöckner: Valle-Inclán und der spanische Anarchismus, in: Ramón del Valle-Inclán (1866-1936), hrsg. von H. Wentzlaff-Eggebert, Tübingen 1988, S. 79-86.
Hans Ulrich Gumbrecht: Eine Geschichte der spanischen Literatur, 2 Bde., Frankfurt/M. 1991.
Jürgen Habermas: Der philosophische Diskurs der Moderne, Frankfurt/M. 1989.
Helmut Hatzfeld: La imitación estilística de Madame Bovary (1857) en La Regenta (1884), Thesaurus 32, 1, Bogotá 1977, S. 40-53.
Gabriel Jackson: Annäherung an Spanien 1898-1975, Frankfurt/M. 1982.
Hans Robert Jauß: Literaturgeschichte als Provokation, Frankfurt/M. 1979.
Ders.: Studien zum Epochenwandel der ästhetischen Moderne, Frankfurt/M. 1989.
A. Jiménez García: El Krausismo y la Institución Libre de Enseñanza, Madrid 1987 (Historia de la Filosofía, 24).
Pere Juan i Tous: Die gefesselte Hoffnung. El árbol de la ciencia von Pío Baroja und der Geist der Jahrhundertwende, Frankfurt/M. 1989.
Stephan Kohl: Realismus: Theorie und Geschichte, München 1977.
Yvan Lissorgues: La pensée philosophique et religieuse de Leopoldo Alas (Clarín) – 1875-1901, Paris 1983.

Lili Litvak: El sendero del tigre. Exotismo an la literatura española de finales del siglo XIX, 1880-1913, Madrid 1986 (Persiles, 172).
Luis López Jiménez: La réplica de 'Clarín' a Le roman expérimental de Zola, Filología Moderna 19, 65-67, Madrid 1978-79, S. 209-231.
Ulrich Schulz-Buschhaus: Valle-Incláns oppositioneller Historismus. Zu einigen stilistischen und ideologischen Aspekten der Sonatas, in: Ramón del Valle-Inclán (1866-1936), hrsg. von H. Wentzlaff-Eggebert, Tübingen 1988, S. 87-100.
Robert C. Spires: Transparent Simulacra. Spanish Fiction 1902-1926, Columbia 1988.
Rainer Warning: Surrealistische Totalität und die Partialität der Moderne, in: Lyrik und Malerei der Avantgarde, hrsg. von R. Warning und W. Wehle, München 1982, S. 481-519.

Erschriebene Moderne

Rainer Maria Rilkes *Die Aufzeichnungen des Malte Laurids Brigge*

Ortrud Gutjahr

„Wie ist es möglich zu leben, wenn doch die Elemente dieses Lebens uns völlig unfaßlich sind?"[1] So hat Rilke in einem Brief vom 8. November 1915 die Fragestellung seines Romans *Die Aufzeichnungen des Malte Laurids Brigge* und mithin das Zentralproblem der Moderne umrissen. Rilkes einziger Roman, den er am 8. Februar 1904 in Rom begann und erst am 27. Januar 1910 in Leipzig beendete, markiert für sein Werk eine selbstreflektorische Zäsur und darüber hinaus für die Geschichte des Romans in Deutschland eine epochale Veränderung. Mit der Erkenntnis, daß die Welt sich so radikal verändert hat, daß sie mit herkömmlichen Mitteln unsagbar geworden ist, beginnt aus dem Bruch mit der Erzähltradition ein neues Erzählen, dem ein Schwellenbewußtsein inhärent ist. Denn die Unfaßlichkeit des Lebens zur Darstellung zu bringen, bedeutete Rilke nicht nur selbstgestellte Aufgabe, sondern erwuchs ihm als Forderung der anbrechenden Epoche, die sich selbst nicht mehr als „epochale Einheit"[2] zu erfassen vermag. Sie erwuchs ihm als Forderung einer zu gewinnenden literarischen Moderne, zu deren Bildner er mit seinem Roman wurde.

Die Gestalt des in 71 Abschnitte untergliederten Romans durchkreuzt eindeutige Zuordnungen.[3] Die einzelnen Aufzeichnungen, durch einen Ich-Erzähler als *Autor* legitimiert, weisen keine einheitliche Form auf. Sie sind weder durch Kapitelüberschriften gekennzeichnet noch durch einen stringenten Handlungsablauf miteinander verbunden. Die erste Eintragung mit Datum und Zeitangabe: „11. September, rue Toullier" (XI, 709)[4] bleibt nicht nur ohne Jahresdatierung, sondern auch die letzte ihrer Art. Nur noch zweimal sind Aufzeichnungsabschnitte gekennzeichnet, einmal mit dem Aufenthaltsort des Erzählers: „Bibliothèque Nationale" (XI, 741), das andere Mal mit einer Fußnote gleich einer Textsortenangabe: „Ein Briefentwurf" (XI, 774). Einige Sätze der Aufzeichnungen sind in Klammer gesetzt und mit dem Vermerk „*Im Manuskript an den Rand geschrieben" (XI, 810) versehen, als sollte damit der Entwurfcharakter des Schreibens kenntlich gemacht werden. Die Aufzeichnungen, die sich dem chronologischen Erzählen einer Fabel entziehen, finden ihre Zentralperspektive in der Selbstreflexion der Erzählerfigur und damit in einem Erzählen über das Erzählen. Wenn auch das clusterartige Textensemble die Form des traditionellen Romans scheinbar vollkommen aufkündigt, so wird doch das ganze Spektrum erzählstruktureller Möglichkeiten versammelt.[5] Der Erzähler, der sich als Autor seines eigenen Ich zugleich zum Protagonisten des Erzählten macht, durchquert souverän die Formen des Erzählens vom Ich und Wir zum Er und Sie oder Du und Ihr; er wechselt in gleitenden Übergängen aus der Innen- zur Außenperspektive, von der personalen zur auktorialen und neutralen Erzählhaltung.[6] Und doch kommt diesem Ich, das die Klaviatur des Erzählens mühelos beherrscht, nicht die Autorität einer festumrissenen Erzählinstanz zu.

Das Ich oszilliert zwischen unterschiedlichen Erzählebenen, so daß sich sein Ort oft nicht eindeutig festmachen läßt. Dabei ist der topographische Ort des Erzählens Inbegriff der modernen Metropole: die Stadt Paris. Sie ist Ort der Imagination, von dem aus die Reflexion auf das Schreiben und das Erschreiben einer eigenen Geschichte amalgamieren. Gegenwärtige Eindrücke, Kindheitserinnerungen, Lektürebiographie, Historie und Legende werden erzählerisch in ein wechselseitiges Spannungsverhältnis gesetzt. Rilke erzählt in seinem Roman über das Erzählen, indem er seinen Erzähler den Forderungen der Moderne unterstellt. Gleich einem Seismographen der Moderne ist der Erzähler dem Rhythmus und den Sensationen der Stadt ausgesetzt und seinen Assoziationen und Erinnerungen überlassen. Er wird zum Pendler zwischen den Welten (Großstadt – Land) und zwischen den Zeiten (Gegenwart – Vergangenheit). Und er wird Teilhaber an einer unvordenklichen Geschichte (Historie – Legende), welche in seine eigene Lebensgeschichte als erschriebene Geschichte mündet. In dieser Pendelbewegung aber bestimmt sich der Erzähler als Schnittpunkt seiner eigenen Erzählansätze/Aufzeichnungen.

Physiognomie der Stadt

„So, also hierher kommen die Leute, um zu leben, ich würde eher meinen, es stürbe sich hier." (XI, 709)[7] Mit diesem Romananfang läßt Rilke den Erzählstrom des Ich-Erzählers Malte Laurids Brigge aus der Differenz zwischen Leben und Sterben, zwischen dem Ich und den anderen, zwischen der Stadt als topographischem Ort des Erlebens und imaginärem Ort des Erzählens entspringen. Unter der subjektiven Sicht des Protagonisten wird die vitale Metropole zur Nekropole. Der Lebens-Ort des 28jährigen Schriftstellers Brigge, Verfasser einer Studie über Carpaccio, eines Ehedramas und einiger Verse, letzter Sproß eines alten dänischen Adelsgeschlechts, der ohne familiäre Bindungen und ohne Freunde oder Beziehungen ganz auf sich alleine gestellt ist, wird unter den Forderungen des Erzählens ein Ort der (Todes-)Angst. Die Objektwelt bricht mit solcher Wucht in ihn ein, daß er fürchtet, seine Identität als Schriftsteller zu verlieren. Ihn ergreift eine geradezu panische Angst vor dem Neuen und Unbekannten, das ihn „nahm wie Papier" und das ihn „zusammenknüllte und fortwarf" (XI, 768). Er fürchtet, von den neuen Eindrücken vernichtet zu werden, und droht, zur literarischen Makulatur zu werden, wenn es ihm nicht gelingt, die Aufgabe des Erzählens zu bewältigen und das leere Papier zu füllen. Wie ein Kind, das sich im finsteren Wald fürchtet und anfängt zu singen, beginnt er zu erzählen, um die schriftstellerische (Versagens-)Angst zu überwinden. Er treibt wie „ein leeres Papier" (XI, 774) durch die Straßen von Paris und erzählt die Bilder, die sich ihm einschreiben.

Er sucht für das, was er sieht, Anhaltspunkte auf seinem Stadtplan. Es sind zunächst: „Maison d'Accouchement" und „Hôpital militaire". Aber schon die dritte Station ist nicht im Plan verzeichnet und kann nur durch die Schriftzeichen, die auf der Hauswand angebracht sind, dechiffriert werden: „Asyle de nuit" (XI, 709). Kein Plan und keine vorgegebenen Erklärungen ermöglichen es, dem Geschauten einen Sinn zu geben, weshalb der Erzähler das, was er gesehen hat, insistierend in sich selbst erschließen muß. Die Stadt bleibt ein Labyrinth, in dem sich der Erzähler nicht zurechtfindet: „Ich wußte nicht, in welcher Stadt ich war und ob ich hier irgendwo eine Wohnung hatte und was ich tun mußte, um nicht mehr gehen zu müssen." (XI, 765)[8]

Rilke setzt seinen Erzähler einem schockartigen Großstadterleben aus, wie es für die Zeit um 1900 für die Herausbildung einer neuen Wahrnehmungsdisposition relevant wurde.[9] Insbesondere unter dem neu entstehenden soziologischen Blick wurde die Großstadt „Anschauungsobjekt der Moderne"[10]. Schon 1893 konstatierte Emile Durkheim, daß sich in der Großstadt „Ideen, Moden, Sitten und Bedürfnisse"[11] in so raschem Wechsel verändern, daß damit tradierte Ordnungen obsolet werden. Die überwältigende Dominanz der Massenphänomene gegenüber dem Individuum, die für die Künstler in ihrem Streben nach Unverwechselbarkeit zum existentiellen Problem wurde, analysierte Georg Simmel in seinem Aufsatz *Die Großstädte und das Geistesleben* aus dem Jahre 1903. Er spricht vom „Übergewicht dessen, was man den objektiven Geist nennen kann, über den subjektiven"[12] und stellt heraus, daß die Dynamik der Großstadt, die „rasche Zusammendrängung wechselnder Bilder, der schroffe Abstand innerhalb dessen, was man mit einem Blick umfaßt, die Unerwartetheit sich aufdrängender Impressionen"[13] zu einer Steigerung des „Bewußtseins" und des „Nervenlebens" führen. In seiner *Zeitgeist*-Analyse erwies sich der Soziologe als hellsichtiger Vordenker ästhetischer Phänomene. Die sensuell überwältigende Großstadt ist seinen Ausführungen nach als Erfahrungs- und Erkundungsfeld geradezu Bedingung einer Bewußtseinserweiterung im Sinne einer epochalen Wende. Walter Benjamin, für den Paris „die Hauptstadt des XIX. Jahrhunderts"[14] war, hat die neue Großstadterfahrung insbesondere in seiner Abhandlung *Charles Baudelaire. Ein Lyriker im Zeitalter des Hochkapitalismus* in der Figur des Flaneurs habitualisiert: „Die Straße wird zur Wohnung für den Flaneur, der zwischen Häuserfronten so wie der Bürger in seinen vier Wänden zuhause ist."[15] Später führt er im *Passagen-Werk* über den Flaneur aus, daß er „sein Asyl in der Menge"[16] suche.

Auch Rilke läßt seinen Protagonisten in der Stadt unbehaust sein. Ihm ist es nicht möglich, Eindrücke zu botanisieren, sondern er muß erst einen neuen Blick auf die Stadt gewinnen, um überhaupt in Auseinandersetzung mit ihr treten zu können. Rilke führt durch seinen Erzähler eine Wahrnehmungsproblematik vor Augen, die sich am Ende des vorigen Jahrhunderts herauskristallisierte. Entgegengesetzt proportional zur Isolation des einzelnen expandierte die Wahrnehmung und Beobachtung. Mit zunehmendem Prozeß von Arbeitsteilung und Ausdifferenzierung wurden die wahrgenommenen Details jedoch ihrem signifikanten Zusammenhang entzogen. Das traditionelle bildhafte Wahrnehmen, bei dem ein Ausschnitt einem sinnhaften Ganzen zugeordnet werden kann, verlor seine Gültigkeit. Als Antwort auf diese Unübersichtlichkeit der äußeren Verhältnisse läßt Rilke seinen Erzähler sich in neuen Weisen der Wahrnehmung üben:

> Ich lerne Sehen. Ich weiß nicht, woran es liegt, es geht alles tiefer in mich ein und bleibt nicht an der Stelle stehen, wo es sonst immer zu Ende war. Ich habe ein Inneres, von dem ich nicht wußte. Alles geht jetzt dorthin. Ich weiß nicht, was dort geschieht. (XI, 710f.)

Da das Erlebte (Geschaute) nach keinem vorgegebenen Raster erfaßt und in kein Ordnungssystem integriert werden kann, wird ein vollkommen neues Sehen notwendig. Aber nicht nur die Objektwelt bleibt zunächst fremd, sondern diese entfremdet den Sehenden auch von sich selbst. Das Geschaute verwandelt ihn, ohne daß zunächst der Prozeß der Verwandlung überschaut oder gar ein Ende abgesehen werden kann. Dennoch gibt sich der Erzähler mit einem insistierenden „Ich habe gesehen" (XI, 709) seinen Wahrnehmungen hin.

Es sind Wahrnehmungen, die, scheinbar dem naturalistischen Paradigma folgend, das Elend und die soziale Problematik der Stadt in den Blick nehmen[17] und zugleich von der konkreten Wirklichkeit absehen, um sie zum Symbolischen hin zu verwandeln: Hospitäler, einen umsinkenden Mann, eine schwangere Frau, ein starblindes Haus, ein Kind mit einem Ausschlag auf der Stirn (XI, 709). Das Geschaute wird dem Ich zur Chiffre eines unsichtbaren Inneren. So sieht Brigge eine Frau, die „ganz in sich hineingefallen" und deren „Gesicht in den zwei Händen blieb", (XI, 712) als sie sich aufwandte. Er betrachtet nur die Hände der Frau, in denen das Gesicht geblieben war, denn er fürchtet sich „vor dem bloßen wunden Kopf ohne Gesicht." (XI, 712)

Die Szene spiegelt die Angst des Erzählers, zu versagen und sein Gesicht zu verlieren. Sein Blick klammert sich an die Hände, die zum Symbol seines Willens werden, das Geschaute zu *bearbeiten* und ästhetisch zu verwandeln. Die Szene veranschaulicht aber auch die vor Brigge liegende Aufgabe des Sehen-Lernens, die bedeutet: sich über die physiognomische Beschreibung des Äußeren einem Inneren erzählend auszuliefern, auch wenn es Grauen erzeugt. Wichtig ist bei diesem neuen Sehen, daß das Geschaute durch die vollkommene Hingabe des Beobachters zu einer neuen Qualität verwandelt wird, wie dies bei der Szene mit dem blinden Gemüsehändler deutlich wird. Statt in den Louvre zu gehen, anstatt sich also mit einer kanonisierten Bildtradition auseinanderzusetzen, irrt Brigge ziellos in der Stadt umher und erschafft seine eigenen Bilder. Vergleichbar der impressionistischen Malerei, bei der die Vision des Augenblickszustandes in der Komposition von Einzelelementen gesucht wird, erfaßt der Erzähler in der beobachteten Szene nur die ihm wesentlichen Eindrücke. Das neue Sehen *generiert* Bilder statt sie mimetisch abzubilden. Brigge reflektiert dabei sein eigenes Erzählverfahren, als gelte es, mit den Aufzeichnungen eine neue Poetik zu gewinnen.

Er insistiert auf der individuellen Perspektive seines Sehens: „kommt es nicht darauf an, was die ganze Sache für mich gewesen ist? Ich habe einen alten Mann gesehen, der blind war und schrie. Das habe ich gesehen. Gesehen." (XI, 748) Das Sehen ist als subjektive Leistung gefaßt, welche der Vielzahl der Eindrücke und zugleich der Nivellierung in der Masse entgegengesetzt ist. Das Geschaute wird zum physiognomischen Ausdruck des Unsichtbaren, das sich allein durch die subjektive (künstlerische) Leistung des Betrachters erschließt. Damit wird nicht nur ein phänomenologischer Wahrheitsbegriff verabschiedet, sondern auch der mimetischen Kunst eine Absage erteilt. Das Sichtbare ist nicht die Wirklichkeit, sondern lediglich deren Zeichen. Die Wirklichkeit ist diesem Ansatz nach wesenhaft verborgen und kann erst durch das neue (ästhetische) Sehen erschlossen werden. Erfaßt der soziologische Blick auf die Stadt in der Vielzahl der individuellen Wahrnehmungen das Typische als soziales Phänomen, so läßt Rilke seinen Erzähler um eine ästhetische Erschließung des Geschauten ringen.

Schule des Sehens

Der Topos des neuen Sehens, dem Rilke seinen Erzähler unterstellt, geht auf eigene Erfahrungen in der Stadt Paris einerseits und seine Begegnung mit der bildenden Kunst andererseits zurück. Jenseits biographischer Bezüge ist für Rilkes Roman literarhistorisch eine neue Kunstauffassung relevant, die er wie eine Arbeitshypothese seinem Erzähler eingeschrieben hat.[18] Der erste Paris-Aufenthalt Rilkes dauerte vom 28. August 1902 bis Juni 1903.[19] Nach der Heirat mit der Bildhauerin Clara Westhoff und der bald darauf folgenden Trennung von der Familie[20] begann für den damals 27jährigen eine Phase künstlerischer Neuorientierung, die sich von den Erfahrungen im Worpsweder Kreis absetzte. Wie den Malern der Künstlerkolonie war Rilke damals die Landschaft zur Aufgabe geworden.[21] In Abkehr von romantisierender Naturbetrachtung sollte sie nicht mehr Antwort auf die eigene Gefühlslage sein und sich auch nicht mehr vom „voreingenommenen Auge" kolonialisieren lassen, wie es Rilke in der kleinen Schrift *Von der Landschaft*[22] ausführt:

> Und so mußte man auch die Dinge von sich fortdrängen, damit man später fähig wäre, sich ihnen in gerechterer und ruhiger Weise, mit weniger Vertraulichkeit und in ehrfürchtigem Abstand zu nähern. Denn man begann die Natur erst zu begreifen, als man sie nichtmehr begriff; als man fühlte,

daß sie das Andere war, das Teilnahmslose, das keine Sinne hat uns aufzunehmen, da war man erst aus ihr herausgetreten, einsam, aus einer einsamen Welt. Und das mußte man, um an ihr Künstler zu sein; man durfte sie nichtmehr stofflich empfinden auf die Bedeutung hin, die sie für uns besaß, sondern gegenständlich als eine große vorhandene Wirklichkeit. (X, 521)

Der „einsamen Welt" der Landschaft mit der Möglichkeit kontemplativer künstlerischer Selbstfindung setzt Rilke die Stadt, in der die sozialen Probleme der Moderne augenscheinlich werden, diametral entgegen. Die massenhafte Ansammlung von Menschen, die Häuserfluchten und die Künstlichkeit der öffentlichen Gärten, das Verkehrsaufkommen und die Hektik in Paris wurden von Rilke in der Weise erlebt, wie er es seinem Protagonisten Brigge eingeschrieben hat: als Schock. Er sah keine Möglichkeit, sich von der Stadt zu distanzieren, sie drängte sich ihm mit ihren optischen Eindrücken, Gerüchen und Geräuschen impertinent auf. Wie es in zahlreichen Zeugnissen aus dieser Zeit deutlich zum Ausdruck kommt, korrespondierte der verunsichernden Wirkung, die von der Stadt ausging, eine Schaffenskrise.[23] Rückblickend auf den ersten Pariser Aufenthalt schrieb Rilke am 30. Juni 1903 an Lou Andreas-Salomé:

Die Stadt war wider mich, aufgelehnt gegen mein Leben und wie eine Prüfung, die ich nicht bestand. Ihr Schrei, der keine Ende hat, brach in meine Stille ein, ihre Schrecklichkeit geht mir nach bis in meine traurige Stube und meine Augen lagen gedrückt unter den Bildern ihrer Tage.[24]

Paris, das bedeutete Rilke ein Hineingeschleudert-Werden in die urbane Dynamik, die weit in das 20. Jahrhundert hineinreicht. Der historische Prozeß zunehmender Ausdifferenzierung, der Verlust überschaubarer Einheit und die zunehmende Vereinzelung, welche die soziale Physiognomie der Stadt gegenüber der Provinz oder Landschaft auszeichnet, wird ihm zur künstlerischen Herausforderung. Die Handels- und Industriestadt, die als kulturelles Zentrum Inbegriff der Metropole ist, wird für ihn zum Erkundungsfeld modernen Lebensgefühls und zugleich zum Prüfstein, an dem das Epigonale, das bloß *Provinzielle* überwunden werden mußte. Im Bewußtsein, daß die frühere Kunsthaltung (Landschaft) für ihn obsolet geworden war und die neue (Stadt) erst in der Überwindung seiner Angst gewonnen werden mußte, schrieb Rilke am Silvestertag 1902 an den Maler Otto Modersohn nach Worpswede:

halten Sie an ihrem Lande! Paris (wir sagen es uns täglich) ist eine schwere, schwere, bange Stadt. Und die schönen Dinge, die da sind, machen mit ihrer strahlenden Ewigkeit doch nicht ganz gut, was man durch die Grausamkeit und Wirrheit der Gassen und die Unnatur der Gärten, Menschen und Dinge leiden muß. Paris hat für mein geängstigtes Gefühl etwas Unsäglich-Banges.[25]

Diesem traumatischen Erleben aber steht die Vision des eigenen Werkes und der Wille zur künstlerischen Arbeit entgegen, orientiert am Vorbild des Bildhauers Auguste Rodin, über den es im selben Brief wenig später heißt: „Zu alledem ist Rodin ein großer, ruhiger mächtiger Widerspruch, die Zeit fließt von ihm ab, und wie er so arbeitet, alle, alle Tage seines langen Lebens, scheint er unantastbar, sakrosankt und beinahe namenlos."[26]

In Rodin, der zu dieser Zeit 62 Jahre alt und voller Schaffenskraft war, sah Rilke ein Künstlertum erfüllt, bei dem das Leben im Werk aufgeht.[27] Er hatte den Bildhauer zum ersten Mal am 1. September 1902, nur wenige Tage nach seiner Ankunft in Paris, besucht. Tief beeindruckt von der Produktivität und dem künstlerischen Absolutheitsanspruch Rodins schrieb Rilke an seine Frau:

das deutet alles auf dasselbe hin: daß man sich entscheiden muß, entweder das oder jenes. Entweder Glück oder Kunst. On doit trouver le bonheur dans son art ... so ungefähr sagte Rodin auch. Und das ist ja alles so klar, so klar. Die großen Menschen alle haben ihr Leben zuwachsen lassen wie einen alten Weg und haben alles in ihre Kunst getragen.[28]

Nach seiner Entscheidung gegen ein Zusammenleben mit der Familie und für einen ausschließlich am literarischen Werk orientierten Lebensweg wurde der um 35 Jahre ältere Rodin für Rilke Anhaltspunkt und Vorbild für das angestrebte Ziel: „Wirklicher unter Wirklichem zu sein."[29] Von zwei gegenläufigen Strömungen ist Rilkes erster Paris-Aufenthalt also gekennzeichnet: einer Schaffenskrise, die in der Schilderung bedrückender Paris-Erlebnisse ihren Ausdruck findet, und dem Willen zur schöpferischen Arbeit, orientiert am Arbeitsethos Rodins. Dieser nämlich hatte ihm in einem Gespräch über die Besonderheit seiner plastischen Arbeit, das „modelé", zugleich seine Lebensmaxime vermittelt: „il faut travailler, rien que travailler. Et il faut avoir patience."[30] Der Arbeitsbegriff, den Rilke an Rodin beobachtete und erfuhr, umschließt beide Bewegungen des künstlerischen Schaffensprozesses.[31] Einerseits ein vollkommenes Sich-Hingeben an die Dinge, mit dem erst die künstlerische Inspiration möglich wird, und andererseits das handwerkliche Geschick, die Fähigkeit und Fertigkeit, das Geschaute zu einer gesteigerten Wirklichkeit umzubilden.

Über die Auseinandersetzung mit der Kunst Rodins, die in seiner Monographie über den Bildhauer ihren deutlichsten Ausdruck fand, wurde zugleich ein Lernprozeß initiiert. Rilke erlebte die Plastiken gleich einer *Schule des Sehens*, in der er Sprachmöglichkeiten erprobte, die sich in der bildhaften Intensität seiner Sprache niederschlugen.[32] Am 17. März 1926 schrieb Rilke rückblickend: „Unter dem großen Einfluß Rodins, der mir eine lyrische Oberflächlichkeit und ein billiges (aus lebhaft bewegtem, aber unentwickeltem Gefühl stammendes) À peu près überwinden half, durch die Verpflichtung, bis auf weiteres, wie ein Maler oder Bildhauer, *vor der Natur* zu arbeiten, unerbittlich begreifend und nachbildend."[33]

Erziehung der Sinne im Erzählen

Mit dem neuen Sehen läßt Rilke seinen Protagonisten Brigge zu einer Künstlerfigur der Moderne werden, welche dem Arbeitsethos Rodinscher Konvenienz unterstellt ist und die sich im *Atelier der Sprache* bewähren muß. Die Gewißheit, daß dieses Sehen als *sprachliche* Aufgabe zu bewältigen ist, entrückt Brigge aus allen intersubjektiven Bezügen. Da das Sehen, will es wirklich neu sein, in bisher unerschlossene Sprachbereiche führt, ist es dem Erzähler unmöglich, noch Briefe zu schreiben. Sich wie früher kommunikativ-dialogisch mitzuteilen, erscheint ihm sinnlos, da es kein Gegenüber mehr geben kann, das ihn *versteht*. Damit aber wird das Erzählen nicht nur programmatisch monologisch, sondern auch prinzipiell problematisch. Ich und Mitwelt treten so weit auseinander, daß der Erzähler kein beglaubigendes Verfahren ihrer sprachlichen Vermittlung mehr vorweisen kann. So ist es bezeichnend, daß es nur einen „Briefentwurf" im Roman gibt. Zwar wird hier noch ein Du angesprochen, von dem der Erzähler einen „notwendigen Abschied" (XI, 774) genommen hat, aber auf der Textebene erreicht dieser Brief keinen Adressaten.

In diesem Entwurf reflektiert sich Brigge als Briefschreiber, der kein Briefschreiber mehr sein kann. Er teilt mit, wie die übermächtigen Erfahrungen in Paris eine „vollkommen andere Auffassung aller Dinge", eine „veränderte Welt", ein „neues Leben voll neuer Bedeutungen" (XI, 775) verursachen. Durch diese Erfahrungen wird der Erzähler in eine vergleichbare *Sprachkrise* hineingeschleudert, wie sie Hugo von Hofmannsthal in *Ein Brief* von 1902 für seinen Protagonisten Chandos formuliert hatte. Auch Chandos vermag seine Erfahrungen nicht mehr sprachlich adäquat zu vermitteln; auch ihm gelingt es nicht mehr, „sie mit dem vereinfachenden Blick der Gewohnheit zu erfassen."[34] Während Hofmannsthal seinen Chandos in seinem „voraussichtlich letzten"[35] Brief mitteilen läßt, daß er kein Buch mehr schreiben könne, weil er sich nicht fähig fühlt, „über irgend etwas zusammenhängend zu denken oder zu sprechen",[36] läßt Rilke eine solchermaßen sprachskeptische Erkenntnis für seinen Brigge zum Ausgangspunkt des Versuches werden, ein neues Erzählen zu finden. Der Preis dieses Erzählens, das sich in die Sprache und ihre Möglichkeiten versenkt, ist menschliche Einsamkeit.[37] Gerade die kommunikative Sprache, die sich auf die Opinio communis beruft, depriviert den Erzähler von anderen. Er konstatiert aber nicht nur eine Veränderung seiner Wahrnehmung und ihre weitreichenden Folgen, sondern zugleich, daß diese Wahrnehmung Reflex auf eine radikale Veränderung der Welt ist. Diese von ihm erfaßte epochale Wende, mit der Umwertung alles Bestehenden, begründet seine Anfängerschaft:

> Eine vollkommen andere Auffassung aller Dinge hat sich unter diesen Einflüssen in mir herausgebildet, es sind gewisse Unterschiede da, die mich von den Menschen mehr als alles Bisherige abtrennen. Eine veränderte Welt. Ein neues Leben voll neuer Bedeutungen. Ich habe es augenblicklich etwas schwer, weil alles zu neu ist. Ich bin ein Anfänger in meinen eigenen Verhältnissen. (XI, 775)

Rilke situiert seinen sich selbst begründenden Erzähler an den Beginn eines Erzählens in doppelter Hinsicht. Der Erzähler initiiert ein Erzählen seiner selbst unter veränderten Bedingungen, und er beginnt damit, die „veränderte Welt" in ihrer Veränderung überhaupt sprachlich zu fassen. Diesem Erzählen eignet somit wesenhaft Werkstattcharakter. Es ist ein Erzählen in statu nascendi, da es nicht um das Erzählen *von* etwas geht, sondern um das Erzählen selbst, das erst im Prozeß des Aufzeichnens Gestalt annehmen kann. So könnte der Titel des Buches der Christine de Pisan, den Brigge später im Zusammenhang einer erzählten Geschichte erinnern wird, auch der Titel seiner Aufzeichnungen sein: „Der Weg des langen Lernens." (XI, 909) Erzählen lernen aber kann der Erzähler nur, indem er erzählt.

Nach dem Abschiedsbrief an ein dialogisches Du spricht sich der Erzähler in seinem monologischen Sprechen selbst als Du an, das gleich dem Ecce Homo das Leid der Welt auf sich nehmen muß: „alles, was sich an Qual und Grauen begeben hat auf den Richtplätzen, in den Folterstuben, den Tollhäusern, den Operationssälen, unter den Brückenbögen im Nachherbst" (XI, 776). Er diagnostiziert seine eigene Dezentrierung und sieht sich, wie es *Die Verwandlung* Franz Kafkas im Jahre 1912 als eigenständige Erzählung ausgestalten wird, als Käfer, der vernichtet wird:

> Dein Herz treibt dich aus dir hinaus, dein Herz ist hinter dir her, und du stehst fast schon außer dir und kannst nicht mehr zurück. Wie ein Käfer, auf den man tritt, so quillst du aus dir hinaus, und dein bißchen obere Härte und Anpassung ist ohne Sinn. (XI, 777)

Mit dem Erzählen der Pariser Eindrücke wird Brigge gewahr, daß der Mensch in den städtischen Institutionen weder sein Leben noch seinen Tod finden kann. Er fürchtet, in der Masse unterzugehen, und die Banalität des Todes wird ihm zur Chiffre für die Banalität seines eigenen Lebens, wenn er sie nicht durch die Künstlerschaft überwinden kann: „Dieser junge, belanglose Ausländer, Brigge, wird sich fünf Treppen hoch hinsetzen müssen und schreiben, Tag und Nacht. Ja er wird schreiben müssen, das wird das Ende sein." (XI, 728) Es ist ein Ende, welches den alltäglichen, banalen Tod überwinden soll und unter dem neuen Schreiben (Sehen) zur Dichtung wird.

Bildlich wird dieses neue Sehen durch den Blick Brigges auf die Häuserwände, an denen das Innere von bereits abgerissenen Häusern wie im Zitat lesbar wird. Die Oberfläche ist ihm ein Anwesendes, das auf ein Abwesendes, nicht mehr sichtbares Inneres verweist. Das Erzählsubjekt geht in diesem neuen Sehen in seinem beobachteten Objekt auf, und jede Distanz zu ihm scheint momenthaft ausgelöscht. Die Fragmente der längst abgerissenen Häuser ergänzen sich durch seine eigene innere Verfassung zu einem Ganzen: „Ich erkenne das alles hier, und darum geht es so ohne weiteres in mich ein: es ist zu Hause in mir." (XI, 751) Auch bei diesen Beobachtungen fragt sich der Erzähler, ob er sie in einem sprachlichen Verfahren intersubjektiv beglaubigen kann: „Wird man es glauben, daß es solche Häuser gibt? Nein, man wird sagen, ich fälsche." (XI, 749)

Das erzählende Ich ist kein neutral beobachtendes oder sich distanzierendes Ich, sondern es setzt sich dem Wahrgenommenen einfühlend aus, wie dies bei der Beobachtung einer schwangeren Frau deutlich wird:

> Ich habe eine schwangere Frau gesehen. Sie schob sich schwer an einer hohen, warmen Mauer entlang, nach der sie manchmal tastete, wie um sich zu überzeugen, ob sie noch da sei. Ja, sie war noch da. Dahinter? Ich suchte auf meinem Plan: Maison d'Accouchement. Gut. Man wird sie entbinden – man kann das. (XI, 709)

In der Personalisierung seines Erzählens übernimmt Brigge partiell die Wahrnehmung der Frau („schwer", „warm", „ob sie noch da sei"), um dann in die erlebte Rede einzumünden („Ja, sie war noch da"). Mit der kurzen Frage „Dahinter?" sucht das erzählende Ich den Weg der Frau nach. In dem scheinbar beruhigenden „Gut. Man wird sie entbinden" wird zugleich im „man" das Grauen vor der Anonymität der städtischen Institutionen deutlich, in denen schon bei der Geburt (wie auch im Sterben) die Einzigartigkeit des Menschen in der Masse verlorenzugehen droht. Auch Brigge kämpft mit seinem Erzählen dagegen an und sucht nach Anhaltspunkten, an denen er sich orientieren kann.

Zwischen Verlorenen und neuen Vorbildern

Das Erzählen ist zunächst von der Angst geprägt, von den Beobachtungen und Eindrücken überwältigt zu werden, ohne sie schöpferisch umsetzen zu können. Hatte Hugo von Hofmannsthal in seinem Aufsatz *Der Dichter und diese Zeit* die Aufgabe des modernen Schriftstellers darin bestimmt, „zu schaffen wie die Spinne, aus dem eigenen Leib den Faden hervorspinnend, der über den Abgrund des Daseins sie trägt"[38], so wird es Rilkes Erzähler zur Aufgabe, das Labyrinth der Stadt zu bestehen, indem er den Ariadne-Faden erzählerisch aus sich selbst entwickelt. Der Stadt als *terra incognita* korrespondieren die verschlungenen Wege des Unbewußten, in denen das Ich sich in seinem Erzählen zurechtfinden muß. Dabei werden für Brigge die „Fortgeworfenen" (XI, 759), die die Fähigkeit zur Verwandlung verloren haben, zur Allegorie seiner eigenen erzählerischen Situation.

So wird ihm die Wehrlosigkeit eines Sterbenden in der Crémerie zu einem erstrebenswerten Zustand. Er deutet das Sterben als Übergangsphase, die den einzelnen seiner Umgebung bis zur völligen Isolierung entrückt und einem gänzlich neuen Sinn überantwortet. Er versteht das Sterben als Prozeß, der sich in ihm selbst vollzieht: „Ich sage mir: es ist nichts geschehen, und doch habe ich jenen Mann nur begreifen können, weil auch in mir etwas vor sich geht, das anfängt, mich von allem zu entfernen und abzutrennen." (XI, 755) Der Erkenntnisprozeß Brigges schlägt sich unmittelbar in seinem Erzählen nieder. Zunächst beobachtet er den Sterbenden in neutraler Erzählhaltung;

dann spricht sich ihm der innere Vorgang zu, der mit dem Geschauten verbunden ist, und er wechselt zur personalen Erzählhaltung, versetzt sich in den Sterbenden hinein: „Gerade seine Regungslosigkeit fühlte ich und begriff sie mit einem Schlage. Die Verbindung zwischen uns war hergestellt, und ich wußte, daß er erstarrt war vor Entsetzen." (XI, 754) Sein Erzählen, das sich in den Sterbenden hineinversetzt, schleudert Brigge tatsächlich in Todesangst. Er fühlt sich der sozialen Welt ebenso entrissen wie der Welt vorgegebener Bedeutungen: „Wenn meine Furcht nicht so groß wäre, so würde ich mich damit trösten, daß es nicht unmöglich ist, alles anders zu sehen und doch zu leben." (XI, 755)

Hatte Søren Kierkegaard in *Die Krankheit zum Tode* ausgeführt, daß „den Tod sterben bedeutet, es zu erleben zu sterben"[39], so muß Rilkes Erzähler in diesem Sinne den Tod übernehmen. Das Schreiben wird ihm zum notwendigen Sterbensprozeß, der ihn in die völlige Einsamkeit führt, wo ihm Menschen und Dinge so fremd werden, daß er sie unter einer gänzlich anderen Perspektive erfassen kann. „Ich würde so gerne unter den Bedeutungen bleiben, die mir lieb geworden sind" (XI, 756), läßt Rilke seinen Erzähler formulieren, aber er läßt ihn auch ein Bewußtsein davon entwickeln, daß er den vertrauten Bedeutungshorizont verlassen muß.

Auch im Erlebnis mit dem Veitstänzer spiegelt und überwindet Brigge seine problematische (Erzähl-)Situation. Während sich Passanten auf der Straße dem kranken Mann gegenüber distanzierend verhalten, folgt Brigge ihm nach. Der Zuckende, der nur mit Hilfe eines Stockes momenthaft die Selbstkontrolle bewahren kann, wird ihm zum Doppelgänger. Den körperlichen epileptischen Anfall des Kranken erlebt er psychisch im Flottieren seiner Angst. Bevor der Kranke seine Selbstkontrolle verliert, macht Brigge ihm jedoch ein symbolisches Geschenk. Er legt von sich ein „bißchen Kraft zusammen wie Geld" (XI, 773) und bittet den Zuckenden, davon zu nehmen. Diese Gabe wird nicht nur symbolisch übergeben, sondern auch erzählerisch eingelöst. Während beim Kranken die willentliche Kraft versagt und eine „Naturkraft" freigesetzt wird, setzt Brigge aus seiner Angst die Kraft des Erzählens frei, um der Gebärde des Zuckenden Ausdruck zu verleihen.[40]

Wie sehr die Angsterlebnisse sein erzählerisches Vermögen freisetzen, wird wiederum in einer Reflexion auf die Todesfurcht eingeholt. Der Erzähler erkennt, daß ihm die eigene Kraft erst durch die Furcht veräußert wird und sichtbare Gestalt annimmt. Er erfährt, daß die wirkliche Furcht zunimmt, „wenn die Kraft zunimmt, die sie erzeugt. Wir haben keine Vorstellung von dieser Kraft, außer in unserer Furcht." (XI, 862) Die Erfahrung seiner Nichtigkeit setzt eine neue Form der Auseinandersetzung mit sich und der Welt frei, wie sie Kierkegaards Ausführungen in seiner Abhandlung *Der Begriff Angst* vergleichbar ist: „Das Nichts der Angst ist also hier ein Komplex von Ahnungen, die sich in sich selbst reflektieren, sich dem Individuum immer mehr nähern".[41] Die Not, in der sich Brigge in Paris befindet, wird zur *Not*wendigkeit des Schreibens. Da die Angst ihm zum Indiz für das neue Sehen wird, zur Gewißheit, daß er an die Phänomene der Moderne heranreicht, setzt er sich ihr willentlich aus. Die Angst erweist sich als Quelle des Erzählens und zugleich als das mit dem Erzählen zu Überwindende.

Der Identifikation Brigges mit den „Fortgeworfenen" ist seine Auseinandersetzung mit den Künstlern der Moderne entgegengesetzt. Charles Baudelaire, der *Gründungsvater* der Moderne, und sein „unglaubliches Gedicht *Une Charogne*" (XI, 775) werden ihm zum Vorbild in seiner selbstgewählten Aufgabe, „in diesem Schrecklichen, scheinbar nur Widerwärtigen das Seiende zu sehen, das unter allem Seienden gilt." (XI, 775) Indem Rilke seinen Protagonisten dem erzählerischen Paradigma des neuen Sehens unterstellt, mit dem eine Wahrnehmung aller Erscheinungen ohne persönliche Auswahl verbunden ist, bezieht er Position gegen den Ästhetizismus seiner Zeit. Baudelaire, der das Elend und damit das eigentlich Unlyrische ins Zentrum seiner Dichtung hob, wird Brigge zum Verkünder der neuen Dichtung wie Flaubert mit seinem *Saint-Julien-l'Hopitalier*. Gemäß dieses vorgezeichneten Weges lautet sein poetologisches Bekenntnis:

Es kommt mir vor, als wäre das Entscheidende: ob einer es über sich bringt, sich zu dem Aussätzigen zu legen und ihn zu erwärmen mit der Herzwärme der Liebesnächte, das kann nicht anders als gut ausgehen. (XI, 775)[42]

Auch Brigge versucht, seine eigene Furcht zu überwinden, die „Existenz des Entsetzlichen" (XI, 776) wahrzunehmen und sich mit seinem Erzählen den „Fortgeworfenen" hinzugeben. Nach seiner Vorstellung bedarf es dazu des Mutes, alleine neue ästhetische Wege zu gehen, wie er es in der Künstlergestalt Hendrik Ibsens paradigmatisch formuliert sieht. Er bewundert den Dramatiker als Pionier der literarischen Moderne, da er es wagte, die Veränderung der Welt in seiner Kunst zu fassen, bevor sich eine Gruppe bildete, die danach verlangte, „die erlauchten Gerüchte bestätigt zu sehen" (XI, 784). In deutlicher Kritik an den Gruppenbildungen der Jahrhundertwende[43] läßt Rilke seinen Erzähler betonen, daß Ibsen das von ihm Geschaute unabhängig und ohne programmatischen Rückhalt dargestellt habe.

Ist für Brigge in Paris der Weg des Erkundens und Erkennens nicht über einen (Stadt-) Plan nachvollziehbar, so entspricht dies seiner Vorstellung vom wahren Künstler, „dessen Bahn falsch eingezeichnet steht in allen Karten." (XI, 783) In der deutenden Auseinandersetzung mit den Künstlern der Moderne entwirft Brigge implizit die Programmatik seines Künstlertums. So sieht er in Ibsen den Künstlertypus, der aus existentieller Einsamkeit heraus produktiv wird. Er vergleicht dessen Weg mit einer „Hyperbel" (XI, 783), die sich dem Menschlichen nur annähert und in die Einsamkeit zurückkehrt. Neben dieser Einsamkeit wird Brigge das unerbittliche Bestehen auf dem Erkannten und die handwerkliche Genauigkeit zur unabdingbaren Voraussetzung von Kunst. So erinnert er sich an das Sterben Felix Arvers, der noch im Todesaugenblick ein falsch ausgesprochenes Wort korrigieren mußte, denn: „Er war ein Dichter und haßte das Ungefähre" (XI, 863).

Spiegelt der Erzähler die Vorstellung seiner Künstlerschaft in Referenzfiguren der literarischen Moderne, so wird mit dem neuen Sehen die Künstlerschaft Rodins vergegenwärtigt, ohne daß sein Name im Text erwähnt wird. Rodin ist für Rilke Repräsentant des modernen Künstlers, wie er es in seiner Monographie über den Bildhauer ausgeführt hatte: „War nicht wieder eine Zeit gekommen, die nach diesem Ausdruck drängte, nach dieser starken und eindringlichen Auslegung dessen, was in ihr unsagbar war, wirr und rätselhaft?" (IX, 146) Für Rilke sprechen die Rodin-Plastiken die Leiden der modernen Zeit aus, machen sie greifbar:

Aber diese Plastik ist in eine Zeit geboren worden, die keine Dinge hat, keine Häuser, kein Äußeres. Denn das Innere, das diese Zeit ausmacht, ist ohne Form, unfaßbar: es fließt. Dieser hier mußte es fassen; er war ein Former in seinem Herzen. Er hat alles das Vage, Sich-Verwandelnde, Werdende, das auch in ihm war, ergriffen und eingeschlossen und hingestellt wie einen Gott (IX, 240).

In der Kunst Rodins erkannte Rilke die ästhetische Antwort auf das Wahrnehmungsproblem der Moderne, er war fasziniert von der Bedeutungslosigkeit des Gegenständlichen und dem Primat der Form. Die neue Form aber, die „das Innere, das diese Zeit ausmacht", zum Ausdruck bringen sollte, unterscheidet sich signifikant von tradierten Vorstellungen der Einheit und Ganzheit. Der Torso, der Bildausschnitt, das Fragment werden zur neuen künstlerischen Einheit, die nicht mehr mit dem Ding-Ganzen zusammenfallen muß. Der Sinn des Kunstwerks erschließt sich nicht mehr in der vollständigen Komposition des Künstlers, sondern durch den Zusammenhang schaffenden Rezeptionsvorgang. War für die zeitgenössische Malerei die wechselnde Wirkung von Licht und Luft auf die Gegenstände zentrales Gestaltungsproblem, so für Rodin die optische Erscheinung von Licht und Schatten auf die Plastik. Rilke hebt in den Gebärden der Figuren ihre räumliche Komposition hervor. In der Fähigkeit, die innere Versammlung durch die Gestaltung von Oberfläche sichtbar machen zu können, kam für ihn dem Bildhauer Vorbildcharakter zu, denn er hat „allen Künsten ein Zeichen gegeben in dieser ratlosen Zeit." (IX, 201)

Neben Rodin ist ihm der Maler Paul Cézanne, der „die späteren dreißig Jahre seines Lebens nur noch gearbeitet hat"[44], zum Vorbild geworden. In jenem von Cézanne intendierten Schauen, das von aller Subjektivität gereinigt ist und das er „réalisation"[45] genannt hatte, sah Rilke das eigene Programm des genauen Sehens, der „Arbeit, die keine Vorlieben mehr hatte, keine Neigungen und keine wählerischen Verwöhntheiten"[46], auf vollkommene Weise verwirklicht. Die an Rodin und Cézanne orientierte Ästhetik des Blicks wird von Rilke durch die erzählerische Position seines Protagonisten zur eigenen Poetik umformuliert. Brigge imaginiert einen alternden Künstler, der Züge Rodins und Cézannes trägt[47] und der zum Fürsprecher und Vollender eines wahrhaften Künstlertums werden könnte, indem er gedanklich den Bogen vom Beginn der Kunst bis zur Gegenwart schlägt. Diesem fiktiven Künstler, der „längst als Sonderling gilt" (XI, 927), übergibt Brigge seine Erzählposition, und er fordert die Adressatinnen dieses Erzählens, die Mädchen seiner „Heimat" (XI, 927), auf: „Vielleicht überredet ihr ihn zu erzählen." (XI, 928)

Diesem Künstler wird in der Auseinandersetzung mit der Dichterin Sappho nicht nur die „Antike so gewiß" (XI, 928), die durch die Moderne überwunden werden soll.[48] Vielmehr wird ihm die Lyrikerin zum Beispiel einer Frau, die in ihrer Liebesfähigkeit das geliebte Objekt übersteigt und so ihre Künstlerschaft zu erkennen gibt. In einer doppelten Spiegelung/Brechung (ein imaginierter Künstler, der wiederum über Sappho reflektiert) entwickelt der Erzähler seine Vorstellung vom wahren Künstlertum weiter.[49] Der Künstler hat demnach die Aufgabe, diese Liebes-Kunst der Frauen zum Ausdruck zu bringen:

> Es scheint ihm das Äußerste, allein zu sein und wach und um ihretwillen zu denken, wie sehr im Recht jene Liebende war: wenn sie wußte, daß mit der Vereinigung nichts gemeint sein kann, als ein Zuwachs an Einsamkeit; wenn sie den zeitlichen Zweck des Geschlechtes durchbrach mit seiner unendlichen Absicht. Wenn sie im Dunkel der Umarmung nicht nach Stillung grub, sondern nach Sehnsucht. (XI, 930)

Ausführlich reflektiert der Erzähler über die intransitive Liebe bei den „gewaltigen Liebenden" (XI, 833), da er in ihnen die Kronzeuginnen seines eigenen künstlerischen Anspruchs zu finden glaubt. Neben Dichterinnen der Renaissance wie Gaspara Stampa, Marianna Alcoforado oder Louise Labbé ruft er sich auch Marceline Desbordes, Charlotte Haydée und Julie Lespinasse in Erinnerung. Vor allem aber sieht er in Bettine Brentanos Liebe, die „keiner Erwiderung" bedurfte, da sie „Lockruf und Antwort in sich" (XI, 898) hatte, ein dichterisches Testament.[50]

Der Erzähler hält mit den großen Liebenden Zwiesprache und versucht, sie sich so zu vergegenwärtigen: „Eben *warst* du noch, Bettine" (XI, 897). So, wie er in direkter Anrede die längst verstorbene Dichterin anspricht, so fordert er die anderen Frauen wiederum in direkter Anrede auf, von ihrem Lieben zu überliefern: „Blättert zurück in euren Tagebüchern." (XI, 925) Er geht davon aus, daß ihn ein gemeinsames Anliegen mit den Frauen verbindet: „Wir aber, die wir uns Gott vorgenommen haben, wir können nicht fertig werden." (XI, 926) Der Erzähler identifiziert sich so sehr mit den liebenden Frauen, daß damit sein monologisches Sprechen momenthaft aufgehoben wird. Er erfindet ein verstehendes Gegenüber, mit dem er das Gespräch aufnehmen kann. Das Vermächtnis der Frauen wird Brigge zum schriftstellerischen Auftrag, und in den Aufzeichnungen wird neben Baudelaire und Verlaine ein Dichter genannt, von dem es heißt: „Er weiß von Mädchen, die vor hundert Jahren gelebt haben; es tut nichts mehr, daß sie tot sind, denn er weiß alles. Und das ist die Hauptsache." (XI, 745) In der Erinnerung an diesen Dichter[51] malt sich Brigge die Idylle einer Künstlerexistenz aus, die seinem Dasein in der Stadt diametral entgegengesetzt ist. Er imaginiert ein Leben mit den Requisiten seiner eigenen Kindheit: „O was für ein glückliches Schicksal, in der stillen Stube eines ererbten Hauses zu sitzen unter lauter ruhigen, seßhaften Dingen und draußen im leichten, lichtgrünen Garten die ersten Meisen zu hören, die sich versuchen, und in der Ferne die Dorfuhr." (XI, 746) Diese künstlerische Existenzform aber gehört der Vergangenheit als einer für immer verlorenen Zeit an. Einer Vergangenheit, die für Brigge nicht durch die Erinnerung wiederzugewinnen ist, sondern erst über ein vergegenwärtigendes Erzählen erschaffen werden kann, „denn in dem, was aufsteigt, ist eine ausgeruhte, neue Kraft" (XI, 766).

Die Wiederkehr des Vergessenen

Beginnt die Pariser Gegenwart mit den Erfahrungen der Morbidität der Stadt, so führt das Nachdenken über den Tod Brigge in die Vergangenheit zurück.[52] Er denkt „nach Hause", wo man „den Tod *in* sich hatte, wie die Frucht den Kern" (XI, 715), und er erinnert sich an den Tod seines Großvaters, des alten Kammerherrn Christoph Detlef Brigge auf Ulsgaard. Die Rekonstruktion seines Lebens beginnt der Erzähler mit einer Genealogie des Todes. Das Schreiben wird ihm als Form der Selbst-Überlieferung zum Mittel gegen die Furcht: „Ich habe etwas getan gegen die Furcht. Ich habe die ganze Nacht gesessen und geschrieben, und jetzt bin ich so gut müde wie nach einem weiten Weg über die Felder von Ulsgaard." (XI, 721) Das Schreiben nimmt in der Vergegenwärtigung unterschiedlicher Zeiten topographischen Charakter an und unterläuft damit die chronologische Form des Erzählvorgangs. Der Erzähler befindet sich im Augenblick seiner Niederschrift immer in der Gegenwart, auch wenn er über Vergangenes berichtet. Das Schreiben ist ihm einer Wegstrecke in der freien Landschaft vergleichbar und wird damit den Verirrungen in den beschilderten Straßen der Großstadt entgegengesetzt. Während die Gegenwart mit ihren Gerüchen, Geräuschen und visuellen Reizen auf den Erzähler einstürzt, kann er sich die Vergangenheit durch Analogiebeziehungen zu gegenwärtigen Erfahrungen erschließen.

Brigge, der besitzlos und ohne Familie ist, will die Erinnerungen als sein eigentliches Erbe bewahren. Aber er muß sie sich erst erschreiben, denn sie sind nicht mehr vorhanden: „Hätte man doch wenigstens seine Erinnerungen. Aber wer hat die? Wäre die Kindheit da, sie ist wie vergraben." (XI, 721) Die verschüttete Erfahrung des Erzählers blitzt momenthaft in der unwillkürlichen Erinnerung auf, vergleichbar der *mémoire involontaire,* durch die Prousts Erzähler *Auf der Suche nach der verlorenen Zeit* ist und die Benjamin als „in der Dunkelkammer des gelebten Augenblicks" entwickelte Bilder bezeichnete: „Zur Kenntnis der mémoire involontaire: ihre Bilder kommen nicht allein ungerufen, es handelt sich vielmehr in ihr um Bilder, die wir nie sahen, ehe wir uns ihrer erinnerten."[53] In der dichterischen Einbildungskraft werden Analogiebeziehungen zwischen Erlebensfragmenten, die im Unbewußten bewahrt sind, und gegenwärtigen Erlebensmomenten hergestellt. Die Erinnerung geht so nicht auf etwas zurück, wie es denn einmal gewesen ist, sondern stellt eine (Re-)Konstruktion vom gegenwärtigen Bewußtseinsstand aus dar.

So verwirft Brigge seine bisherige schriftstellerische Tätigkeit, da sie sich einerseits an falschen Vorbildern orientiert habe und andererseits nicht wirklich aus solchermaßen dichterisch *gemachten* Erfahrungen erwachsen ist. War der Erzähler mit der Aufgabe des neuen Sehens in die Anfängerschaft geführt worden, so wird auch das Erinnern zur Aufgabe, bei der er sich zunächst als vollkommenes „nichts" (XI, 726) empfindet, das aus dem Vergessen heraus einen neuen Anfang wagen muß. Voraussetzung für diesen neuen Anfang ist es geradezu, daß die Erinnerungen „vergessen" (XI, 724) werden, denn nur so können sie zu einer neuen Erfahrung erschrieben werden.

Siebenmal fragt sich Brigge: „Ist es möglich" (XI, 726f.), um mit diesen Fragen die Leitlinien seines eigenen Schreibens vorzubahnen. Zunächst glaubt er noch, durch seine Erinnerungen an die Kindheit der bedrückenden Gegenwart ein positives Weltbild entgegensetzen zu können. Und in der Tat scheint das frühere Leben in Dänemark (auf dem Lande, in den Schlössern, im Kreise der Familie und ausgestattet mit den Privilegien des Adels) dem Großstadtleben (einsam in der Masse, ohne Besitz und menschliche Bindungen) diametral entgegengesetzt. Aber wie von der Gegenwart kann er auch von der Vergangenheit nur Bruchstücke wahrnehmen.

In der Erinnerung erschließt sich die Kindheit nicht als einheitliche Welt, sondern sie ist ebenso unzugänglich wie die unmittelbare Umgebung.[54] So geht die erste Erinnerung Brigges auf das Haus des Großvaters mütterlicherseits zurück, das, wie es in der Erinnerung auftaucht, gleich einem Labyrinth angelegt ist:

> So wie ich es in meiner kindlich gearbeiteten Erinnerung wiederfinde, ist es kein Gebäude; es ist ganz aufgeteilt in mir; da ein Raum, dort ein Raum und hier ein Stück Gang, das diese beiden Räume nicht verbindet, sondern für sich, als Fragment, aufbewahrt ist. In dieser Weise ist alles in mir verstreut (XI, 729).

Woran sich Brigge deutlich erinnern kann, ist „das Unheimliche" (XI, 730), das er im Saal, in dem die Mahlzeiten eingenommen wurden, empfand. Die Familienmitglieder, die sich hier versammelten, gehörten „in keiner Weise zusammen" (XI, 731), und der Erzähler fühlte sich „wie eine leere Stelle." (XI, 730) Das Unheimliche besteht darin, daß vertraute Unterscheidungen aufgehoben sind. Während in der Erinnerung das Ich des Erzählers trotz Anwesenheit eigentlich abwesend ist, wird mit der geisterhaften Erscheinung der verstorbenen Christine Brahe die Scheidung zwischen Tod und Leben aufgehoben. Sigmund Freud hatte in seinem Aufsatz *Das Unheimliche* formuliert: „Beim Unheimlichen aus infantilen Komplexen kommt die Frage der materiellen Realität gar nicht in Betracht, die psychische Realität tritt an deren Stelle."[55] Das Unheimliche markiert für die „psychische Realität" des Erzählers eine neue Qualität des Erzählens, bei dem die Zeitenfolgen und Raumkategorien verwischen, die Unterscheidung zwischen Anwesendem und Abwesendem aufgehoben ist. Rilke läßt seinen Protagonisten Erlebnisse ausgestalten, die als nicht faßliche hypostasiert werden und die zugleich mit seinem Erzählen zur Darstellung gebracht werden. Wie dem neuen Sehen eignet den Erinnerungen so eine dialektische Struktur, mit welcher das Nichtfaßliche als Nichtfaßliches im Erzählen aufgehoben (faßlich) wird. Mit dieser Struktur gewinnt das Erzählen die Qualität philosophischer Erkenntnis.

Dem Unheimlichen entgegengesetzt ist das Gesicht Mathilde Brahes, einer entfernten Cousine der Mutter, durch das sich ihm das Bild der verstorbenen Mutter „aus hundert und hundert Einzelheiten" (XI, 732) zusammensetzt. Brigge erinnert nicht nur frühere

Zeiten, Räume, Menschen, Begebenheiten und Stimmungslagen, sondern er erinnert sich auch an sein früheres Erinnern. Die erinnerte Vergangenheit hat somit schon teil an einem Erinnerungsprozeß und stellt eine Synthetisierungsleistung aus Fragmenten dar, durch die er zum ersten Mal weiß, wie die verstorbene Mutter ausgesehen hat. Gleich einer bildhauerischen Arbeit muß durch die Erinnerung das Gesicht der Mutter erst modelliert werden, denn es scheint, „als ob ein fremdes Gesicht sich dazwischengeschoben hätte" (XI, 732).

Das Gesicht der Mutter im Erinnerungsprozeß wiederzugewinnen, ist dem Erzähler deshalb wichtig, weil es in der Kindheit alle Schrecken gebannt hatte und somit dem Unheimlichen entgegengesetzt war. Die Mutter besaß die Fähigkeit *des veranschaulichenden Erzählens*. Sie sah, was sie erzählte, und machte es auch ihrem Sohn sichtbar. Diese Anlage der sensitiven, von einer Nadelphobie heimgesuchten Mutter wird aber von ihr nicht weiterentwickelt, denn es gelingt ihr nicht, einen größeren Erzählzusammenhang zu entfalten. So wagt sie sich nicht an die alten Papiere, die in ihrem Schreibtisch aufbewahrt sind, da sie meint, sie seien „zu schwer" (XI, 789) für sie.

Stattdessen überantwortet sie ihrem Sohn die Aufgabe, das Erlebte später in einen Verstehenszusammenhang zu fügen: „Es wäre ganz gut, wenn es jemand gäbe, der solche Sachen versteht." (XI, 787) Dieser Auftrag der Mutter aber, so zu erzählen, daß das Erlebte sichtbar wird, stürzte den kleinen Brigge in Angstzustände, denn er machte Erfahrungen, die nicht mitteilbar sind. Er erlebt die Hand losgelöst von seinem eigenen Körper: „als könnte sie Dinge, die ich sie nicht gelehrt hatte, wie sie da unten so eigenmächtig herumtastete mit Bewegungen, die ich nie an ihr beobachtet hatte." (XI, 795) Er will erzählen, aber findet keine Worte dafür, und es entsteht in ihm zugleich die Angst, daß er den Schrecken noch einmal durchleben muß, indem er Worte dafür findet. Dazu aber hat er noch keine Kraft. Denn diese Kraft wird erst anwachsen, wenn er auch die Furcht als Aufgabe übernimmt.

Was nach dieser Urszene der künstlerischen Inspiration Angst erzeugt, ist nicht, mit der Sprache zu versagen, sondern im Erzählprozeß noch einmal das Erlebte durchleiden zu müssen. Dieser Aufgabe des nochmaligen Durchlebens aber stellt sich der Erzähler nun in seinem Erinnern. Es ist ein Beobachten und eine Anschauung der Dinge, wie sie Rilke durch Rodin erfahren hatte und die er in einem vergleichbaren Bild faßte, wie das Erlebnis Brigges mit der losgelösten Hand:

> Es liegt eine Art Reinheit und Jungfräulichkeit darin, in diesem von sich selbst Fortschauen; es ist, wie wenn man zeichnet, den Blick an das Ding gebunden, verwoben mit der Natur und die Hand geht allein irgendwo unten ihren Weg (...) Mir ist, als hätte ich immer so geschaffen: das Gesicht im Anschauen ferner Dinge, die Hände allein. Und so muß es gewiß auch sein.[56]

Bei dieser Vorstellung vom künstlerischen Schaffensprozeß kommt der Bearbeitung des (Sprach-) Materials besondere Bedeutung zu. Der Blick, der die äußere Wirklichkeit aufnimmt, überprüft nicht die arbeitende Hand, sondern die Sprache gewinnt in der ästhetischen Bearbeitung Autonomie und wird zum eigentlichen Souverän. Mit der Erinnerung an das traumatische Kindheitserlebnis weiß Brigge, daß es seine Bestimmung ist, diese Formen des Arbeitens auf sich zu nehmen. Der Erzähler, der mit großer bildlicher Kraft das Erlebnis der Kindheit erzählt, übernimmt die Aufgabe, die das Kind noch nicht übernehmen konnte. Er findet die Sprache, um diese Szene zu erzählen. Waren es beim neuen Sehen gegenwärtige Eindrücke und Begebenheiten, die sprachlich *sichtbar* gemacht werden mußten, so geht es im Erinnern um eine Archäologie prägender Momente auf dem Weg zum Künstlertum.[57] Die Erinnerung bringt Vergangenes als ein vormals noch Nicht-Leistbares so hervor, daß es sprachlich nun geleistet werden kann.

Diese Struktur setzt sich auch bei anderen Kindheitserinnerungen fort. Brigge erinnert sich, wie er in einem Eckraum des Giebels auf Ulsgaard verschiedene Kostüme ausprobiert hatte: „je vielfältiger ich mich abwandelte, desto überzeugter wurde ich von mir selbst." (XI, 804) Der spielerische Rollenwechsel wird ihm zum identitätsstiftenden Prinzip, das schockartig in Vernichtungsangst umschlägt. In der Verkleidung erscheint ihm sein eigenes Bild im Spiegel wie eine „monströse Wirklichkeit" (XI, 808). Das Spiegelbild wird zum Alter Ego, vor dem er flieht. Während die Dienerschaft über seine Verkleidung lacht, sinkt der kleine Brigge ohnmächtig vor Angst nieder und verliert seine Stimme. Das Mimodrama der Kindheit wird zum Gleichnis der schriftstellerischen Situation. So wie der Erzähler fähig wurde, dem Zuckenden nachzugehen und ihm von seiner (erzählerischen) Kraft zu geben, so wird er durch das Erinnern fähig, dem Ich der Kindheit nachzugehen und es zur Sprache zu bringen. Das erzählende Ich nimmt im Erinnern sich selbst gegenüber eine auktoriale Erzählhaltung ein; es bleibt gegenüber seinem sprachlosen, ohnmächtigen Ich sprachmächtig, analysiert und kommentiert es. Das erzählende Ich leistet somit an seinem früheren, von Ängsten gepeinigten erzählten Ich sprachlich Wiedergutmachung.

War das Kindheits-Ich durch das furchterregende Spiegelbild beherrscht: „denn jetzt war er der Stärkere, und ich war der Spiegel" (XI, 808), so setzt sich nun das erzählende Ich in die Position des „Stärkeren", und das Kindheitserlebnis wird zum Spiegel. Trotz dieser auktorialen Position aber wird die Angst des Ich aus der personalen Innenperspektive geschildert: „Ich starrte diesen großen, schrecklichen Unbekannten vor mir an, und es schien mir ungeheuerlich, mit ihm allein zu sein." (XI, 808) Schließlich wird die erlebte Spaltung durch einen Wechsel der Erzählform in der personalen Erzählhaltung deutlich: „Ich rannte davon, aber nun war er es, der rannte. Er stieß überall an, er kannte das Haus nicht, er wußte nicht wohin" (XI, 808). Während die Imagination anderer Figuren in der Kindheit in Sprachlosigkeit umschlägt, vermag der Erzähler nun, in souveräner Handhabung erzählstruktureller Möglichkeiten die erlebte Szene in Sprache zu fassen.

Mit der Erinnerung an das abgebrannte Haus der Schulins wird die Fähigkeit entfaltet, aus Fragmenten eine eigene Wirklichkeit zu synthetisieren. Wie die Innenwand des abgerissenen Hauses in Paris wird das abgebrannte Haus, von dem nur noch die Treppe stehengeblieben war, zum Zeichen für das nicht mehr Vorhandene, auf dem Brigge bereits als Kind insistierte: „wenn Maman und ich hier wohnten, so wäre es immer da." (XI, 840) Bestärkt durch die imaginativen Fähigkeiten seiner Mutter hat das Kind die Fähigkeit ausgebildet, dem schon Vergangenen Präsenz zu verleihen und dadurch einen Verstehenskontext zu etablieren, den es nur mit der Mutter teilt. In seinem Vorhaben, ein Buch über diese Erfahrungen zu schreiben, tritt an die Stelle der Mutter der Leser. Für Brigge stellt sich nämlich nun die Aufgabe, das Sichtbarmachen des Unsichtbaren durch seine Erzählkunst intersubjektiv zu vermitteln.

Die Erinnerung und das neue Sehen stehen in einer unmittelbaren Koinzidenz. Wie die Spiegelstruktur der jeweiligen Seh- und Erinnerungserlebnisse zeigt, evoziert die gegenwärtige (Schreib-) Erfahrung eine Vergangenheit, die erst im Schreiben zur Erfahrung ausformuliert wird.[58] Die Aufzeichnungen Brigges werden somit zum eigentlichen Gedächtnis, zu einem Journal, bei dem Gegenwart und Vergangenheit ineinander übergehen. Die Ereignisse bleiben dabei arbiträr, insofern sie in der Wirklichkeit der sprachlichen Bearbeitung aufgehoben werden.[59] Gleich einem wiederkehrenden Echo sind die Aufzeichnungen jedoch von der Angst durchzogen, daß ein wirkliches Erzählen nicht gelingen könnte.[60] „Daß man erzählte, wirklich erzählte, das muß vor meiner Zeit gewesen sein" (XI, 844), läßt Rilke seinen Erzähler in Reminiszenz an eine vergangene Erzähltradition formulieren. Das *wirkliche* Erzählen gehört einer unvordenklichen Vergangenheit an und ist deshalb nicht durch eigene Anschauung, sondern nur durch Überlieferung zugänglich. Ist das Erzählen der Mutter auf das Sichtbarmachen des Unsichtbaren dem Sohn gegenüber ausgerichtet, so das wirkliche Erzählen des Großvaters Brahe auf das Nicht-Vergessen der Kindheit. Entscheidend sind nicht einzelne Ereignisse und Erlebnisse der Kindheit, sondern die Formen des Erlebens und Wahrnehmens, in der Realität und Fiktion gegeneinander entgrenzt sind.[61]

Der Großvater mütterlicherseits diktierte seine Erinnerungen Abelone, der jüngeren Schwester der Mutter. Aber das Schreiben ist zu langsam für seinen Gedankenstrom, da er die ganze Fülle seiner Kindheit erzählen will. Auch der Großvater fragt sich, ob die anderen „sehen“ (XI, 847) werden, was er erzählt. Sein Sehen meint einen intransitiven Blick, der die Gegenstände in sich hineinnimmt. Er erinnert sich an die Augen des Marquis von Belmare, die zur Chiffre dieses inneren Blicks werden: „Für diese Augen hätte nichts da sein müssen, die hattens in sich.“ (XI, 848) Dieser Blick ist weder an einen Ort noch an eine Zeit gebunden wie das literarische Kunstwerk. Dieser Blick, der die Welt nicht mehr erschauen muß, sondern sie in sich versammelt hat, ist Gedächtnis wie die Literatur. Denn dieser Belmare gedachte, „in tausend Jahren“ (XI, 849) wiederzukommen, um zu erzählen. Das Erinnern ist gegenüber dem neuen Sehen, wie es Brigge in der Auseinandersetzung mit Paris erprobt hatte, unabhängig von der Außenwelt. Es meint einen inneren Blick auf Erlebensfragmente, die einem neuen Sinnzusammenhang unterstellt werden.

Die Erinnerung an das wirkliche Erzählen ist vielfältig gebrochen. Brigge erinnert sich, was Abelone ihm vom Erzählen des Großvaters erzählte, der wiederum sich an das Erzählen eines anderen erinnert hatte. Das *wirkliche* Erzählen des Großvaters kann Brigge schon allein deshalb nicht aufschreiben, weil seine Mittlerperson (Abelone) versagt, denn bei ihr hatte sich gezeigt, „daß sie nicht erzählen könne“ (XI, 844). Das Erinnern stellt sich als verschachtelter Prozeß von Unvermögen und Erzählvermögen heraus. Spielten für den Großvater die Zeitenfolgen „durchaus keine Rolle“ und bedeutete ihm der Tod nur „ein kleiner Zwischenfall“ (XI, 735), so erinnert sich Brigge, wie er beim Tod seines Vaters erkannte, daß erst im stillgestellten Augenblick die Wirklichkeit faßlich wird. Mit der Erinnerung daran, wie die Ärzte an seinem toten Vater einen Herzstich vorbereiteten und für einen Augenblick die Zeit außer Kraft gesetzt schien, spricht sich ihm das Problem des Erzählens zu:

> Es ist alles aus so viel einzigen Einzelheiten zusammengesetzt, die sich nicht absehen lassen. Im Einbilden geht man über sie weg und merkt nicht, daß sie fehlen, schnell wie man ist. Die Wirklichkeiten aber sind langsam und unbeschreiblich ausführlich. (XI, 854)

Ausführlich erinnert sich Brigge an die Herzstich-Szene, um damit dem Geschehen gerecht zu werden. Die Erzählzeit wird gegenüber der erzählten Zeit gedehnt: „als wäre plötzlich alle Zeit fort aus dem Zimmer. Wir befanden uns wie in einem Bilde.“ (XI, 854) Das Erzählte, das aus der Zeit zu fallen scheint, wird zur Allegorie der zeitlosen Kunst. In diesem Anachronismus der Zeit erfährt Brigge die epochale Wende vom Alten zum Neuen. „Das Herz unseres Geschlechts“ (XI, 855) ist ihm durchbohrt, die Verbindung zu einer lebendigen Tradition, in die er sich einordnen könnte, ein- für allemal verloren. Er weiß sich hinausgeschleudert in eine neue Zeit, die ihm zum „Zifferblatt ohne Zeiger“ (XI, 766) wird, wenn er sie erzählend zu fassen sucht. Beim Gang durch die Stadt wird es Brigge gewiß, daß er die Kindheit noch leisten muß, wenn er „sie nicht für immer verloren geben wollte.“ (XI, 856) In dieser Arbeit an der Kindheit aber wird Brigge nicht zum Endpunkt seiner Familie,[62] sondern zum „Anfang“ (XI, 855) seiner Geschichte.

Das Ende des Erzählens – ein anderer Anfang

Rilke läßt seinen sich selbst reflektierenden Erzähler erfahren und zugleich erkennen, daß das, was ihn ausmacht, nämlich das Erzählen, ihn an den Rand seiner Existenz führen kann. Brigge weiß durch die Erinnerung seiner Kindheit aber auch, daß er nicht an die Tradition des *wirklichen* Erzählens, wie es noch durch die Familie mütterlicherseits repräsentiert war, anknüpfen kann. Neues Sehen und wirkliches Erzählen bilden so die Paradigmen von Gegenwart und Vergangenheit, zwischen denen er seinen eigenen erzählerischen Weg gehen muß. In Brigges Erzählen reicht die Vergangenheit durch den Erinnerungsprozeß in die Gegenwart hinein, die Gegenwart aber nimmt sich in ihrem Anspruch auf Zukunft selbst vorweg. In dieser erzählerischen Entwicklung läßt Rilke seinem Erzähler zur Gewißheit werden, daß die veränderte Zeit eine Form des Erzählens verlangt, in der er selbst nicht mehr Subjekt gegenüber einem Objekt sein kann. Die Prophetie seines Erzählens lautet denn auch:

> Die Zeit der anderen Auslegung wird anbrechen, und es wird kein Wort auf dem anderen bleiben, und jeder Sinn wird wie Wolken sich auflösen und wie Wasser niedergehen. (...) Aber diesmal werde ich geschrieben werden. Ich bin der Eindruck, der sich verwandeln wird. (XI, 756)

In der Erinnerung an seine Adoleszenz, da er an der Schwelle zum Erwachsenenalter stand, spiegelt der Erzähler seine Situation, an der Schwelle zu einer neuen Epoche zu stehen. Damals gingen Brigge „für die unendliche Realität" (XI, 892) des Kindseins die Augen auf. Das Bewahren der Kindheit als schöpferische Fähigkeit erst ermöglicht ihm seine Zukünftigkeit: „Bestand ich aber darauf, daß meine Kindheit vorüber sei, so war in demselben Augenblick auch alles Kommende fort." (XI, 893) Der Künstler wird somit als derjenige charakterisiert, der die Verbindung zur Kindheit nicht verlieren darf und dessen auch gewahr wird: „Ich wußte, daß es nicht aufhören würde, so wenig wie das andere erst begann." (XI, 892)

Den Übergang vom Kindsein zum Erwachsenenalter läßt Rilke seinen Erzähler nicht in Zeitkategorien reflektieren, sondern als Lektüreerlebnis.[63] Daß die Zeit sich nicht abmessen läßt und für die Lebenseinteilung arbiträr ist, wird Brigge in der Erinnerung an seine Leseerlebnisse zur Erfahrung. Das Lesen als unendliche Möglichkeit, mit der Welt zu kommunizieren, bedeutet ihm, daß das Leben *von innen* kommt, während er meint, daß beim Erwachsenen das Leben *nach außen* gerichtet ist. Die äußeren Großstadterlebnisse erzeugen in Brigge also deshalb so viel Angst, weil sie seine Kindheit zu vernichten drohen, und zwar als Fähigkeit verstanden, die Dinge mit dem inneren (künstlerischen) Auge zu sehen. Brigge versucht, sich deshalb über Assoziationsketten seiner Kindheit rückzuversichern. So erinnert er sich, wie ihm Abelone die Briefe Bettine Brentanos vorgelesen hatte und daß ihre Stimme dabei einem Gesang geglichen habe. Wenn er nun das Buch liest:

> so bleibt es unentschieden, ob ich an Bettine denke oder an Abelone. Nein, Bettine ist wirklicher in mir geworden, Abelone, die ich gekannt habe, war wie eine Vorbereitung auf sie, und nun ist sie mir in Bettine aufgegangen wie in ihrem eigenen, unwillkürlichen Wesen. Denn diese wunderliche Bettine hat mit allen ihren Briefen Raum gegeben, geräumigste Gestalt. Sie hat von Anfang an sich im Ganzen so ausgebreitet, als wäre sie nach ihrem Tod. (XI, 897)

In dieser Erinnerung an frühere Lektüreerlebnisse wird deutlich, daß sich für Brigge das Wesen eines anderen erst durch die verdichtende Sprache der Literatur wie durch einen Brennspiegel erschließt. Die Sprache Bettine Brentanos, die er als eine Sprache der (intransitiven) Liebe deutet, wird ihm so zum Anknüpfungspunkt seiner eigenen Entwicklung zum Schriftsteller.

Brigge erinnert sich in einem verschachtelten Prozeß, wie er später wieder an Abelone erinnert wird, als er eine Sängerin in Venedig hörte. Die Stimme, die ihn an die Kindheit erinnert, und die Stadt Venedig werden ihm zum Vergangenheitsraum, der dem modernen Großstadtleben entgegengesetzt ist: „Das schöne Gegengewicht der Welt, das bis in seine Zierrate hinein voll latenter Energien steht, die sich immer feiner vernervten –: dieses Venedig." (XI, 933) Die Liebe zu Abelone hatte im heranwachsenden Brigge die Liebe zur Literatur geweckt. Diese erinnerte Verknüpfung von Liebe und Literatur wird im Erzählen verwandelt: Die Liebesarbeit im Schreiben wird Brigge einer Hinwendung zu Gott analog. Mit seiner Gottesvorstellung aber verknüpft sich die intransitive Liebe, die eine Richtung vorgibt, ohne besitzergreifend zu sein. Brigge fragt sich, warum Abelone, die der Literatur selbst so zugetan war und sie ihm nahegebracht hat, diese Möglichkeit der Hinwendung zu Gott über eigene schriftstellerische Arbeit nicht ergriffen hat: „Ich weiß, sie sehnte sich, ihrer Liebe alles Transitive zu nehmen, aber konnte ihr wahrhaftiges Herz sich darüber täuschen, daß Gott nur eine Richtung der Liebe ist, kein Liebesgegenstand. Wußte sie nicht, daß keine Gegenliebe von ihm zu fürchten war?" (XI, 937) Brigge vermutet, daß Abelone sich vor der Veränderung (durch Schreiben) gefürchtet hat, weil sie durch nichts zu beweisen ist. Brigge beschreitet nicht nur diesen Weg der intransitiven Liebe zu Gott, der ihm durch Abelone vorgezeichnet wurde, sondern er reflektiert in der Erinnerung an die Schwester der Mutter auch sein eigenes Problem, nämlich ohne Beweise seine Veränderungen mitteilen zu müssen im ständigen Erzählen.

Löst der Erzähler die intransitive Liebe ein, die Abelone nicht vermocht hatte, so macht er sich auch an die Arbeit, welche die Mutter nicht leisten konnte: die Neuerzählung von überlieferten Texten. „Dies, scheint mir, wäre zu erzählen gewesen" (XI, 883), meint Brigge über die Erinnerung an die Geschichten aus dem grünen Buch, das er als Kind gelesen hatte. Mit der Erinnerung an das Buch, in dem „Das Ende des Grischa Otrepjow und Karls des Kühnen Untergang" (XI, 882) aufgezeichnet sind, wird die Aufgabe eines zeitgemäßen Erzählens evident, nämlich die Tradition interpretierend neu zu erzählen, das *neue Sehen* auch auf die Literatur anzuwenden.[64] Brigge erzählt die Geschichte des Grischa Otrepjow konzentrisch. Er nähert sich erst allmählich mit zunehmender Dynamik dem zentralen Sinn, der für ihn darin besteht, daß der falsche Zar in seiner Verstellung „niemandes Sohn" (XI, 882) mehr war.

Rilke läßt im (Nach- und Weiter-) Erzählen der erinnerten Geschichte Brigge sich selbst in seiner erzählerischen Funktion reflektieren: „Es wäre jetzt ein Erzähler denkbar, der viel Sorgfalt an die letzten Augenblicke wendet." (XI, 883) Der Erzähler aber löst selbst die von ihm formulierte Möglichkeit ein, indem er die letzten Augenblicke ausführlich erzählt. In auktorialem Verhalten schaltet Brigge einen selbstreflexiven Erzählerkommentar ein, als er zu dem Punkt gelangt, da die Zarinmutter Grischa Otrepjow verleugnet: „Bis hierher geht die Sache von selbst, aber nun, bitte, einen Erzähler, einen Erzähler: denn von den paar Zeilen, die noch bleiben, muß Gewalt ausgehen über jeden Widerspruch hinaus." (XI, 884) Läßt Rilke seinen Erzähler in der Geschichte des Grischa Otrepjow Ansprüche formulieren, die er an sein Erzählen stellt, so läßt er ihn mit der Geschichte Karls des Kühnen Forderungen des neuen Sehens einlösen. Brigge erzählt über das Gesicht des Herzogs von Burgund, das vom Eis und dem Fraß der Wölfe zerstört wurde, ohne Grauen. War es ihm unmöglich, den „Kopf ohne Gesicht" (XI, 712) jener Frau anzusehen, der er zu Anfang seines Erzählens in Paris begegnete, so kann er nun in seinen Erinnerungen über das Gesicht Karls des Kühnen, von dem eigentlich „keine Rede sein konnte" (XI, 889), sprechen.

Wie sehr es Brigge im Erinnern historischer Figuren gelingt, ohne jene Furcht zu erzählen, wie sie für die Paris-Erlebnisse kennzeichnend war, wird mit der Geschichte Karls VI. deutlich.[65] Bereits als Kind hatte Brigge die Geschichte vom kranken König gehört. Er „weiß das alles" (XI, 915), weil durch die neue Wahrnehmung nicht nur seine Biographie, sondern auch seine Lektürebiographie neu erzählbar geworden ist. Dieser König, der schwachsinnig und im Alter von Würmern zerfressen dahinsiechte, der „mitten im Königtum unter die Letzten" (XI, 905) glitt, wird Brigge zum analogen Beispiel für seine eigene Einsamkeit. Im Wahnsinn, der den König einem anderen Weltverständnis überantwortet, sieht Brigge jedoch auch dessen Chance, denn nur so konnte er sich vor seinen Widersachern schützen, „wie Wachsblumen unter einem Glassturz" (XI, 906). Der Wahnsinn umgab den König mit einer Aura der Unantastbarkeit, und wenn er sich dem Volk zeigte, mit einem Lächeln „wie bei steinernen Heiligen" (XI, 909), so war dies „einer jener Augenblicke, die die Ewigkeit sind, in Verkürzung gesehen." (XI, 909)

Die Passionsspiele, die Karl VI. besonders förderte, werden Brigge zu einer Form, in der Literatur und Welt eins werden, da Erzählzeit und erzählte Zeit zusammenfallen: „als machte man einen Globus im Maßstab der Erde." (XI, 912) Der kranke König versucht, an den Passionsspielen teilzuhaben. „Er wollte spielen: aber aus seinem Mund kam nichts, seine Bewegungen ergaben keine Gebärde." (XI, 920) Wiederum löst der Erzähler den Wunsch in seinem Erzählen ein, indem er die Gebärde, die dem kranken König nicht gelingen kann, sprachlich gestaltet. Rilke läßt seinen Erzähler so auch im Neuerzählen der überlieferten Geschichten zum Ausdruck bringen, was seiner Deutung nach in der Vergangenheit noch nicht geleistet werden konnte. Wie in den Kindheitserinnerungen, so wird auch in den „Reminiszenzen seiner Belesenheit"[66] das Vergangene erzählerisch eingelöst. Der Erzähler versichert sich aber nicht nur seiner Lektürebiographie, sondern er schreibt selbst ein Buch im Buch. Die nicht mehr genau erinnerbaren Geschichten aus dem grünen Buch entspringen der vergessenen Erinnerung und zeigen implizit die Struktur auf, nach der sich das Schreiben Brigges organisiert.

Von einem, der auszog, ein Schriftsteller zu werden

Rilkes Erzähler ist als Schriftsteller zugleich als Lernender gekennzeichnet: in seinen Bestrebungen, sich an den Vorbildern der Moderne zu orientieren; seinen Versuchen, zu einem neuen Sehen zu gelangen; seinen selbst gestellten Aufgaben, in der Erinnerung der Kindheit und dem Nacherzählen von Geschichten die Vergangenheit erzählerisch einzulösen. Zugleich aber wird in und über diesen Lernprozeß eine *Lehre* vermittelt. So wendet sich der Erzähler direkt an einen fiktiven *Schüler*, dem er seine Erfahrungen mitteilen möchte: „Junger Mensch irgendwo, in dem etwas aufsteigt, was ihn erschauern macht, nütz es, daß dich keiner kennt." (XI, 782). Diese Formulierungen erinnern an die *Briefe an einen jungen Dichter*, die Rilke an Franz Xaver Kappus während der Arbeit an seinem Roman geschrieben hatte. Rilke hatte Kappus am 17. Februar 1903 zum ersten Mal auf seine Bitte geantwortet, dessen schriftstellerische Versuche zu beurteilen. Der Briefwechsel dauerte bis 1908. In diesen Briefen formuliert Rilke seine Vorstellungen von Künstlerschaft, wie sie auch in seinem Roman ihren Niederschlag gefunden haben. Er rät dem ihm persönlich nicht bekannten jungen Autor, sich eingehend zu prüfen, ob er sein ganzes Leben dem Schreiben-Müssen unterstellen kann: „Ihr Leben bis hinein in seine gleichgültigste und geringste Stunde muß ein Zeichen und Zeugnis werden diesem Drange."[67] Rilke spricht von der „unendlichen Einsamkeit"[68], die der Künstler auf sich nehmen müsse. Nach dem Modell der intransitiven Liebe entfaltet er seinem

Briefpartner gegenüber, daß die eigentliche Liebe eines Schriftstellers im Werk seine Erfüllung finde: „In einem Schöpfergedanken leben tausend vergessene Liebesnächte auf und erfüllen ihn mit Hoheit und Höhe."[69] Rilke rät Kappus, bei der Liebesfähigkeit der Frauen zu lernen, um zu einer wesenhaften Einsamkeit zu gelangen. Als würde er nun selbst, in Umkehrung des Verhältnisses, das er zu Rodin hatte, zu einem Meister, gibt er dem jungen Dichter auf den Weg: „*Geduld* ist alles!"[70] Vor diesem Hintergrund läßt sich Rilkes Roman einerseits als Versuch lesen, die durch Rodin und Cézanne vorgegebene Meisterschaft sprachlich umzusetzen und andererseits in seinem sprachlichen Handwerk selbst wiederum Lehrer zu sein. Rilke faßt in den Briefen an Kappus die Leitlinien seiner Künstlerschaft nochmals zusammen: Einsamkeit, Geduld, das Erarbeiten der Kindheit und das Überwinden der besitzen-wollenden Liebe durch das Kunstwerk.

Im letzten Kapitel der Aufzeichnungen erzählt Rilke die Legende[71] vom verlorenen Sohn[72] als Geschichte dessen, der all diese Bedingungen der Künstlerschaft beispielhaft erfüllt, sich von der Tradition lossagt und im Erringen eines neuen Erzählens zum Heiligen wird. So, wie Rilke die Figur des verlorenen Sohnes in Reminiszenz an das biblische Vorbild, Rodins Plastik[73] und André Gides Erzählung[74] ausgestaltet, durchlebt er gleich seinem Protagonisten Brigge ein Werden zur Künstlerschaft.[75] Dieser Sohn erlebt in seiner Kindheit die Menschheitsgeschichte im Rollenspiel. Er imaginiert sich in historischen Figuren und spürt schon früh die „innige Indifferenz" (XI, 938) seines Herzens. Die Ahnung des Lebens, das vor ihm liegt, ließ ihn die Nähe derer, die ihn lieben, fliehen. Er verließ den „Fußpfad und lief weiter feldein" (XI, 939). Er begibt sich also auf ungeebnetes Feld wie Brigge, der sich auf die Irrwege der Moderne einläßt. Das Gesicht ist der Spiegel seiner Seele, und so schämt er sich vor den anderen. Am Gesicht wird es sich nämlich entscheiden, ob er das „ungefähre Leben" (XI, 940) leben wird, das von ihm erwartet wird, oder ob die „Wahrhaftigkeit seines Willens" siegen wird und er zum Künstler berufen ist.[76]

Die intransitive Liebe, die er sich vornimmt, lernt er nur langsam. Er fürchtet die Geliebten: „Denn er hatte die Hoffnung nicht mehr, die Liebende zu erleben, die ihn durchbrach." (XI, 941) In einer Reflexion, bei der nicht entscheidbar ist, wer spricht, wird die Unmöglichkeit benannt, die Entwicklung zum Künstler tatsächlich zu erzählen:

> Wer beschreibt, was ihm damals geschah? Welcher Dichter hat die Überredung, seiner damaligen Tage Länge zu vertragen mit der Kürze des Lebens? Welche Kunst ist weit genug, zugleich seine schmale, vermantelte Gestalt hervorzurufen und den ganzen Überraum seiner riesigen Nächte. (XI, 942)

Der Erzähler aber sieht die innere Entwicklung dieses Sohnes: „Ich seh mehr als ihn, ich sehe sein Dasein, das damals die lange Liebe zu Gott begann, die stille ziellose Arbeit." (XI, 943)[77] Auch er beginnt wie der Protagonist Brigge mit der künstlerischen Arbeit und kann sich dabei auf keine seiner bisherigen Erfahrungen berufen. „Es war nichts auszudenken, was demütigender sein konnte als diese Anfängerschaft." (XI, 944) Ganz nach dem Arbeitsethos, wie es Rilke durch Rodin erfahren hatte und selbst an Kappus weitergab, muß auch dieser Sohn alles, was er beginnt, „in das klumpige Blei der Geduld" (XI, 944) verwandeln. Er wendet sich dem „Binnenleben" (XI, 944) zu und versucht, es zu bewältigen, denn er glaubt, daß darin seine Liebe enthalten ist und zunimmt. Auch er verändert sich, als er seine Kindheit durcharbeitet und kehrt als Fremder nach Hause zurück. Die Daheimgebliebenen verzeihen dem Heimgekehrten, aber er weiß, daß diese Liebe ihn nicht mehr betrifft, er also die ihn beschränkende Liebe überwunden hat. Damit kommt der Auszug aus dem Vaterhaus einer Rückkehr des Sohnes zu sich selbst gleich, einer Verwandlung seiner selbst zur Künstlerschaft, durch welche er gegenüber den sozial Verankerten sakrosankt geworden ist.

Rilkes Legende vom verlorenen Sohn ist nicht als Kulminationspunkt der Aufzeichnungen zu verstehn. Sie ist in ihrer Funktion für den Roman nicht dem Höhlengleichnis in Platons *Politeia* vergleichbar. Vielmehr verdichtet sich in der letzten Aufzeichnung die selbstreflexive Struktur, die dem Roman eigentümlich ist. Die Gottesvorstellung, die Rilke am Ende der Legende einsetzt, umschließt noch einmal seine Vorstellung vom Künstlertum und der Geschichte der Kunst.[78] In einem Brief an seinen Verleger Anton Kippenberg vom 25. März 1910 faßte Rilke die Entwicklung seines Protagonisten zusammen: „Der arme Malte fängt so tief im Elend an und reicht, wenn mans genau nimmt, bis an die ewige Seligkeit; er ist ein Herz, das eine ganze Oktave greift: nach ihm sind nun nahezu alle Lieder möglich."[79] Den Weg der Kunst einzuschlagen, bedeutet ihm, zum Göttlichen hin zu reifen. „Und jeder Gott ist die ganze Vergangenheit einer Welt, ihr letzter Sinn, ihr einheitlicher Ausdruck und zugleich die Möglichkeit eines neuen Lebens."[80]

Die Möglichkeiten eines neuen Lebens im Schreiben läßt Rilke seinen Brigge ausprobieren. Brigge verlangt es, „das fortwährend ins Unsichtbare sich zurückziehende Leben über Erscheinungen und Bilder sich faßlich zu machen"[81]. Er sucht in seinem Erzählen, das Unsichtbare am Beobachtbaren, das Vergessene im Erinnerten, das Unausgesprochene in der Literatur und das Nichtüberlieferte der Geschichte zu vergegenwärtigen. Der Erzähler leistet dies nach den Vorgaben seiner Vorstellung vom wahren Künstler, um sich selbst hervorbringen zu können. Die drei fundamentalen Arbeitsbereiche Brigges, Sehen, Erinnern und Lieben, sind Vokabeln seines Versuches, die epochale Wende mit einem neuen Schreiben zu erfassen und sich damit als Künstler der Moderne auszuweisen. Rilke läßt seinen Erzähler sich als Künstler bestimmen, um die Bestimmung zugleich *in sich* unbestimmt und offen sein zu lassen. Das Ich des Erzählers bringt sich in Sprachbildern der fortwährenden Spiegelung, des Vergleichs und der Analogie zum Ausdruck. Seine Künstlerschaft geht in seinem „modelé", seinem Umgang mit Sprache auf. Vor diesem Hintergrund wird auch die in der Forschung diskutierte Frage, ob Brigge in seinen schriftstellerischen Versuchen scheitert oder erfolgreich ist, obsolet. Der Roman erweist seine prinzipielle Offenheit, insofern er in seiner Selbstreflexivität nicht nur das erzählerische Bewußtsein Brigges zum Ausdruck bringt, sondern es in den bildhaften Spiegelungen und Brechungen zugleich übersteigt. Rudolf Kassner bestimmte in seinem Essay *Die Mystik, die Künstler und das Leben* die neue Kunst in diesem offenen Sinne: „Und nur die Kunst ist echt, in der die Worte und Linien Durchgang, Symbole und nicht das Ende bedeuten."[82]

Die Form, die Rilke für diesen sich vollendenen Kunstwillen findet, ist ein Mosaik aus Fragmenten.[83] Die sprachlichen Torsi fügen sich durch den Blick des Interpreten je neu zusammen, wie es Rilke in der Werkstatt Rodins beobachtet hatte.[84] Die *Aufzeichnungen* Rilkes lassen sich so als literarische Arbeit verstehen, die ihren Werkcharakter auch zeigen will. Der Erzähler wird zu einem Schreibenden, der dem Diktat seiner Selbstbetrachtung unterliegt. Er schreibt und wird geschrieben. Wie der Erzähler sich als Autor reflektiert, so reflektiert Rilke in seinem Erzähler seine Vorstellung von Künstlerschaft. Er zeigt mit dem Erzähler Brigge eine von ihm gebildete Figur, die selbst wiederum als Autor dieser Aufzeichnungen, als Arbeit zu verstehen ist. So wird der Rezipient der Aufzeichnungen in die Position versetzt, bei dieser Arbeit zuzusehen, ohne daß ein fertiges Gebilde vorgelegt wird.[85] Die doppelte Selbstreflexivität des Romans, vom Autor zum Erzähler und im Erzähler selbst, aber zeigt strukturell auf, daß es in diesem Roman nicht um eine

Rückführung des Neuen in tradierte Kategorien geht, sondern um die adäquate Form der epochalen Wende zur Moderne.

Anmerkungen

1 Rainer Maria Rilke: Brief an Lotte Hepner, vom 8.11.1915, in: Briefe in zwei Bänden, Bd. 1: 1896-1919, hrsg. von Horst Nalewski, Frankfurt/M./Leipzig 1991, S. 599.

2 Hans Robert Jauß: Der literarische Prozeß des Modernismus von Rousseau bis Adorno, in: Epochenschwelle und Epochenbewußtsein (Poetik und Hermeneutik XII), hrsg. von Reinhart Herzog und Reinhart Kosellek, München 1987, S. 243-268, hier S. 260.

3 Die Form des Romans wurde in der Forschung breit diskutiert. Fritz Martini spricht von der „Zertrümmerung des traditionellen Romans" und sieht in den Aufzeichnungen eine „Mischform", mit der die psychische Lage des Protagonisten zum Ausdruck komme. Fritz Martini: Das Wagnis der Sprache, Stuttgart 1964, S. 140. Auch Wilhelm Emrich bezeichnet das Werk als „ersten Deutschen Roman des 20. Jahrhunderts, der die Zertrümmerung der epischen Fiktion als einer zweiten geschlossenen Wirklichkeit radikal durchführt.", Wilhelm Emrich: Protest und Verheißung, Frankfurt/M. 1968, S. 182. Ulrich Fülleborn sieht im Roman ein inneres Formprinzip, das sich „nach musikalischen Kompositionsprinzipien aufbaut" und in dem Komplementarität und Kontrapunktik die entscheidenden Strukturmerkmale sind. Ulrich Fülleborn: Form und Sinn der Aufzeichnungen des Malte Laurids Brigge. Rilkes Prosabuch und der moderne Roman, in: Unterscheidung und Bewahrung. Festschrift für Hermann Kunisch, Berlin 1961, S. 147-169, hier S. 161. – Judith Ryan meint demgegenüber, daß gerade in den erzählenden Passagen des Romans die „Krise des Erzählens" zum Ausdruck komme: „Das Erzählen kann keine zeitlose Ganzheit heraufbeschwören, sondern es kann nur indirekt, auf dem Wege der (...) Hypothese erzählt werden.", Judith Ryan: 'Hypothetisches Erzählen'. Zur Funktion von Phantasie und Einbildung in Rilkes „Malte Laurids Brigge", in: Jahrbuch der deutschen Schillergesellschaft XV, 1971, S. 341-374, hier S. 361. Helmut Naumann spricht davon, daß „die neue Form als Ausdruck eines neuen Kunstwillens" zu verstehen sei. Helmut Naumann: Malte Studien, Rheinfelden 1983, S. 3.

4 Band und Seitenangaben in Klammern nach: Rainer Maria Rilke: Sämtliche Werke, 12 Bde., hrsg. vom Rilke-Archiv, in Verbindung mit Ruth Sieber-Rilke, besorgt durch Ernst Zinn, Frankfurt/M. 1975.

5 Harro Müller-Michaels meint in seinem Aufsatz: „Mehr als ein Roman sind die 'Aufzeichnungen' ein Experiment mit den Wirkungen unterschiedlicher Schreibformen der Ich-Perspektive.", Harro Müller-Michaels: Daß man erzählte, das muß nach meiner Zeit gewesen sein – zu Funktionen des Erzählens in Rilkes 'Die Aufzeichnungen des Malte Laurids Brigge', in: Literatur für Leser, 1, 1985, S. 16-26, hier S. 16. Der Aufsatz muß den Nachweis dieser „Schreibformen" schon deshalb schuldig bleiben, weil die Termini der Erzählforschung beliebig und ohne systematische Zuordnung eingesetzt werden.

6 Zur Begrifflichkeit der Erzählstruktur-Analysen vgl.: Volker Neuhaus: Typen multiperspektivischen Erzählens, Köln/Wien 1971; Jürgen H. Petersen: Kategorien des Erzählens. Zur Systematischen Deskription epischer Texte, in: Poetica 9, 1977, S. 167-195; Eberhard Lämmert: Erzählforschung. Ein Symposion, Stuttgart 1982; Hartmut Steinecke: Romanpoetik von Goethe bis Thomas Mann: Entwicklung und Probleme der 'demokratischen Kunstform' in Deutschland, München 1987; Eberhard Lämmert: Bauformen des Erzählens, Stuttgart 1989; Jochen Vogt: Aspekte erzählender Prosa. Eine Einführung in Erzähltechnik und Romantheorie, Opladen 1990; Cordula Kahrmann u.a.: Erzähltextanalyse. Eine Einführung mit Studien und Übungstexten, Meisenheim 1991.

7 Von Ende August bis Anfang Oktober 1902 wohnte Rilke in einem einfachen Hotel in der rue Toullier 11. Auch in Briefen aus dieser Zeit gibt Rilke diese Adresse in Paris an.

8 Walter Benjamin hat am Anfang seiner *Berliner Kindheit um Neunzehnhundert* ebenfalls die Stadt als Labyrinth beschrieben. Auch hier wird die Stadterfahrung Modell des Schreibens: „Sich in einer Stadt nicht zurechtfinden heißt nicht viel. In einer Stadt sich aber zu verirren, wie man in einem Walde sich verirrt, braucht Schulung. Da müssen Straßennamen zu dem Irrenden so sprechen wie das Knacken trockner Reiser und kleine Straßen im Stadtinnern ihm die Tageszeiten so deutlich wie eine Bergmulde widerspiegeln. Diese Kunst habe ich spät erlernt; sie hat den

Traum erfüllt, von dem die ersten Spuren Labyrinthe auf den Löschblättern meiner Hefte waren.", Walter Benjamin: Berliner Kindheit um Neunzehnhundert, in: Gesammelte Schriften Bd. IV.1, hrsg. von Tillmann Rexroth, Frankfurt/M. 1972, S. 235-305, hier S. 237.

9 Der Roman Rilkes wurde in der Forschung wegen seiner Beschreibung großstädtischer Phänomene wiederholt mit Alfred Döblins *Berlin Alexanderplatz* verglichen. So bei: Susanne Ledanff: Bildungsroman versus Großstadtroman. Thesen zum Konflikt zweier Romanstrukturen, dargestellt am Beispiel von Döblins *Berlin Alexanderplatz,* Rilkes *Aufzeichnungen des Malte Laurids Brigge* und Musils *Mann ohne Eigenschaften,* in: Sprache im technischen Zeitalter, 78, 1981, S. 85-114. Auch Silvio Vietta meint: „Dieser als 'Roman' apostrophierte, aus tagebuchartigen Aufzeichnungen zusammengesetzte Text gehört, zusammen mit Döblins 'Berlin Alexanderplatz', zu den wichtigsten Prosatexten der deutschen Literatur des 20. Jahrhunderts, die sich am Thema Großstadt abarbeiten.", Silvio Vietta: Die literarische Moderne. Eine problemgeschichtliche Darstellung der deutschsprachigen Literatur von Hölderin bis Thomas Bernhard, Stuttgart 1992, S. 305. Rilke ist die Großstadt jedoch nur vermittelt Thema. Sie wird ihm zum Metaphernfeld, in dem die Problematik des Schreibens in der Moderne entfaltet wird.

10 Ilja Srubar: Zur Formierung des soziologischen Blickes durch die Großstadtwahrnehmung, in: Manfred Smuda: Die Großstadt als 'Text', München 1992, S. 37-52, hier S. 37.

11 Emile Durkheim: Über die Teilung der sozialen Arbeit (1893), Frankfurt/M. 1977, S. 337.

12 Georg Simmel: Die Großstädte und das Geistesleben (1903), in: ders.: Das Individuum und die Freiheit, Berlin 1984, zitiert nach: Jürgen Schutte und Peter Sprengel: Die Berliner Moderne 1885-1914, Stuttgart 1987, S. 127.

13 Georg Simmel: Die Großstädte, siehe Anm. 12, S. 125.

14 So der Titel der *Exposés* zum *Passagen Werk,* Walter Benjamin: Gesammelte Schriften Bd. V.1., hrsg. von Rolf Tiedemann, Frankfurt/M. 1982, S. 45-77.

15 Walter Benjamin: Charles Baudelaire. Ein Lyriker im Zeitalter des Hochkapitalismus, in: Gesammelte Schriften Bd. I.2, hrsg. von Rolf Tiedemann und Hermann Schweppenhäuser, Frankfurt/M. 1974, S. 509-690, hier S. 539.

16 Walter Benjamin: Passagen-Werk, siehe Anm. 14, S. 54.

17 Käte Hamburger spricht in Anlehnung an Husserls Phänomenologie von einer „Phänomenologie leidvoller Existenz und Existenzen.", Käte Hamburger: Rilke. Eine Einführung, Stuttgart 1976, S. 67.

18 Die biographischen Bezüge sind vielfältig herausgearbeitet worden. So auch von Matthias Hattemer, der den Roman als fiktive Autobiographie Rilkes liest: „Der reiche Quellenbefund erlaubt es, den Weg nachzuzeichnen, der zu der fiktiven Autobiographie als einem Versuch, die Ich-Krise zu überwinden, geführt hat.", Matthias Hattemer: Das erdichtete Ich. Zur Gattungspoetik der fiktiven Autobiographie bei Grimmelshausen, E.T.A. Hoffmann, Thomas Mann und Rainer Maria Rilke, Frankfurt/M. 1989, S. 119. Ausführlich geht auf die biographischen Bezüge, teilweise unter psychoanalytischen Gesichtspunkten, ein, Erich Simenauer: Rainer Maria Rilke. Legende und Mythos, Frankfurt/M. 1953. Rilke selbst schreibt in einem Brief an Lou Andreas-Salomé: „aber niemand als Du,liebe Lou, kann unterscheiden und nachweisen, ob und wie weit er (Malte, O.G.) mir ähnlich sieht. Ob er, der ja zum Teil aus meinen Gefahren gemacht ist, darin untergeht, gewissermaßen, um mir den Untergang zu ersparen, oder ob ich erst recht mit diesen Aufzeichnungen in die Strömung geraten bin, die mich wegreißt und hinübertreibt.", Rainer Maria Rilke: Brief an Lou Andreas-Salomé vom 28.12.1911, in: Briefe, siehe Anm. 1, S. 368.

19 Der Aufenthalt wurde durch die Reise nach Viareggio im März und April 1903 unterbrochen.

20 Rilke war im Anschluß an die zweite russische Reise von Ende August bis Ende Oktober Gast bei Heinrich Vogeler in Worpswede gewesen. Nach seiner Heirat mit der Bildhauerin Clara Westhoff lebte er vom Mai 1901 bis August 1902 in Westerwede unweit Worpswedes, wo im Dezember 1901 auch seine Tochter Ruth geboren worden war.

21 Bereits in seinem *Florenzer Tagebuch* vom Mai 1898 war Rilke die Metapher der Landschaft Ausgangspunkt künstlerischer Selbstreflexion: „Deshalb muß des Künstlers Weg dieser sein: Hindernis um Hindernis überbrücken und Stufe um Stufe bauen, bis er endlich hineinblicken kann in sich selbst. Nicht angestrengt, gezwungen, auf den Zehen: ruhig und klar wie in eine Landschaft. Nach dieser Heimkehr in sich selbst ist eine müßige Freude Tat um Tat; sein Leben ist eine Schöpfung, und es bedarf der Dinge nicht mehr, die außen sind.", Rainer Maria Rilke: Tagebücher aus der Frühzeit, hrsg. von Ruth Sieber-Rilke und Carl Sieber, Frankfurt/M. 1973, S. 34.

22 Geschrieben im Frühjahr 1902 in Westerwede als erste Fassung einer Einleitung zu der Monographie *Worpswede.*

23 Die Angabe lautet „11. September, rue Toullier." (XI, 709). An diesem Tag des Jahres 1902 schrieb Rilke aus der rue Toullier in Paris einen Brief an seine Frau, in dem er ihr von seinem Besuch bei Rodin in Meudon und seiner Rückkehr nach Paris berichtete:„Dann fuhr ich schwer in die Stadt zurück. O diese schweren Sommerabende! Gar nicht mehr wie im Freien sind sie: eingemauert in Gerüche und Atemzüge. (...) Diese Stadt ist sehr groß und bis an den Rand voll Traurigkeit ...", Rainer Maria Rilke: Brief an Clara Rilke vom 11. September 1902, in: Briefe aus den Jahren 1902-1906, hrsg. von Ruth Sieber-Rilke und Carl Sieber, Leipzig 1929, S. 39. Mit demselben Datum schrieb Rilke in französischer Sprache einen Brief an Rodin, in dem er sein Bedauern darüber ausdrückt, daß er sich ihm wegen mangelnder Sprachkenntnisse nicht wirklich mitteilen könne.

24 Rainer Maria Rilke: Brief vom 30.6.1903, in: ders. u. Lou Andreas-Salomé: Briefwechsel, Zürich/Wiesbaden 1952, S. 46.

25 Rainer Maria Rilke: Brief an Otto Modersohn vom 31.12.1902, in: Briefe, siehe Anm. 1, S. 141f.

26 Rainer Maria Rilke: Brief, siehe Anm. 25, S. 142.

27 Ausführlich zu Rilkes Freundschaft und Auseinandersetzung mit Rodin siehe Ursula Emde: Rilke und Rodin, Marburg 1949.

28 Rainer Maria Rilke: Brief an Clara Rilke vom 5.9.1902, in: Briefe, siehe Anm. 1, S. 136f.

29 Rainer Maria Rilke: Brief an Lou Andreas-Salomé vom 3.11.1903, in: Briefe, siehe Anm. 1, S. 163.

30 Rainer Maria Rilke: Brief an Clara Rilke vom 5.9.1902, in: Briefe, siehe Anm. 1, S. 136. Im Brief an Lou Andreas-Salomé vom 10.8.1903 geht Rilke wieder auf Rodins Arbeitsethos ein: „Lou, das fehlt mir so! Il faut toujours travailler – toujours – sagte er mir einmal als ich ihm von den bangen Abgründen sprach die zwischen meinen guten Tagen aufgetan sind; er konnte es kaum mehr verstehen; er der ganz Arbeit geworden ist". Ebd., S. 156.

31 Wie bereits Baudelaire, Mallarmé und Valéry strebte Rilke danach, den poetischen Schöpfungsakt dem philosophischen Erkenntnisvorgang ebenbürtig werden zu lassen. Hatte der Begriff der Arbeit schon in Baudelaires Poetologie eine zentrale Rolle gespielt, so konnte Rilke seine Vorstellung von künstlerischer Arbeit erst in der Auseinandersetzung mit der Persönlichkeit und dem Werk Rodins präzisieren.

32 Im September 1905 begann Rilkes zweiter Paris-Aufenthalt, bei dem er als Rodins Privatsekretär in einem Häuschen bei Meudon wohnte. Im Mai 1906 kam es zum Bruch mit dem Bildhauer. Nach eineinhalb Jahren nahm Rodin den Kontakt wieder auf, und Rilke kam ihm entgegen. Am 2. September 1908 fand eine Aussprache statt, über die Rilke berichtete: „Mir wärs wie ein Wunder, wenn dieser so weit hinausgeworfene Weg, den ich bis ins Verkanntsein hinein ging, wo er sich trist und verwirrend verlor, nicht allein wiedergefunden sein sollte, sondern auch sich runden wollte zu einem weiten Kreis durch sein ernstes, liebes Befürfnis.", Rainer Maria Rilke: Brief an Clara Rilke vom 3.9.1908, in: Briefe, siehe Anm. 1, S. 306f.

33 Rainer Maria Rilke: Brief an eine junge Freundin vom 17.3.1926, in: Briefe Bd. 2: 1919-1926, siehe Anm. 1, S. 428.

34 Hugo von Hofmannsthal: Ein Brief (1902), in: Gesammelte Werke Bd. 7, hrsg. von Bernd Schoeller, Frankfurt/M. 1979, S. 461-472, hier S. 466.

35 Hugo von Hofmannsthal: Ein Brief, siehe Anm. 34, S. 472.

36 Hugo von Hofmannsthal: Ein Brief, siehe Anm. 34, S. 465.

37 Renate Möhrmann vergleicht Malte Laurids Brigge mit der Figur des Thomas Buddenbrook aus Thomas Manns *Buddenbrooks* bezüglich der „existenzbedrohenden Leiderfahrung" und kommt zu dem Schluß: „Wenn sie sich (Malte u. Thomas, O.G.) dennoch so rückhaltlos dazu bekennen – besonders 'Die Aufzeichnungen' bedeuten ja nichts anderes, als ein einziges, immer wieder variiertes und gesteigertes Bekenntnis zur Einsamkeit –, so deshalb, weil sie in die Gemeinschaft, wie sie sie in der realen Welt gelebt sehen, kein Vertrauen mehr haben.", Renate Möhrmann: Der vereinsamte Mensch. Studien zum Wandel des Einsamkeitsmotivs im Roman von Raabe bis Musil, Bonn 1974, S. 119. Eine solchermaßen sozialpsychologische Deutung der Einsamkeit Brigges läßt außer Acht, daß es sich hier um ein Existential dichterischer Selbstbegründung handelt. Die Einsamkeit ist für Brigge Bedingung künstlerischer Produktivität, die er sucht und bejaht.

38 Hugo von Hofmannsthal: Der Dichter und diese Zeit, in: Gesammelte Werke Bd. 8, hrsg. von Bernd Schoeller, Frankfurt/M. 1979, S. 54-87, hier S. 75.

39 Søren Kierkegaard: Die Krankheit zum Tode (1849), Frankfurt/M. 1984, S. 18.

40 In ihrer Monographie zu Rainer Maria Rilke schrieb Lou Andreas-Salomé: „In diesen furchtbaren und meisterhaften Schilderungen der Ärmsten der Armen, ihrer Krankheiten, Schrecken, Obdachlosigkeiten ist es, als zerfiele der Beobachter selbst in diese Menschen alle, vergespenstere sich in sie, erläge mit ihnen. Nicht Mitleid schrie aus dem Übergroßen dieser Eindrücke, sondern er geriet in sie hinein wie in einen vergewaltigenden Überfall, der *seine* Verzweiflungen in symbolisierende Sichtbarkeit riß: und mitten im Grauen dieses Erliegens stand doch, hochgereckt, der Künstler und *schuf*, faßte es in seine Symbolik.", Lou Andreas-Salomé: Rainer Maria Rilke, Leipzig 1928, S. 31f.

41 Søren Kierkegaard: Der Begriff Angst (1844), Frankfurt/M. 1984, S. 58.

42 Auch in einem Brief an seine Frau kommt Rilke in Ausführungen zu Cézannes Kunst auf Flauberts Neudichtung der Legende von *Saint-Julien-l'Hopitalier* zu sprechen: „Dies Sich-zu-dem-Aussätzigen-Legen und Alle-eigene-Wärme-, bis zu der Herzwärme der Liebesnächte, mit-ihm-Teilen: dies muß irgendwann im Dasein eines Künstlers gewesen sein, als Überwindung zu seiner neuen Seligkeit.", Rainer Maria Rilke: Brief an Clara Rilke vom 19.10.1907, in: Briefe, siehe Anm. 1, S. 280. Im selben Brief kommentiert Rilke das Wesen seines Erzählers Brigge: „Und mit einem Mal (und zum ersten) begreife ich das Schicksal des Malte Laurids. Ist es nicht das, daß diese Prüfung ihn überstieg, daß er sie am Wirklichen nicht bestand, obwohl er in der Idee von ihrer Notwendigkeit überzeugt war, so sehr, daß er sie so lange instinktiv aufsuchte, bis sie sich an ihn hängte und ihn nicht mehr verließ?" Ebd., S. 281.

43 Die literarischen Künstlerkreise der Jahrhundertwende wie *Friedrichshagener Kreis*, *Jung Wien* oder *George-Kreis* stehen Rilkes Vorstellung von der Künstlerschaft, die aus der Einsamkeit erwachsen muß, entgegen. Über ein Gespräch mit Rodin, bei dem er (wie bei Ibsen) die Künstlerschaft aus der Einsamkeit erfüllt sah, schrieb er an seine Frau: „nämlich als ich von Gruppen sprach, die sich zusammentun, von Freunden und meinte, es käme doch nur bei einsamem Streben was heraus, da sagte er es, sagte: Non, cést vrai, il n'est pas bien de faire des groupes, les amis s'empêchent. Il est mieux d'être seul.", Rainer Maria Rilke: Brief an Clara Rilke vom 5.9.1902, in: Briefe, siehe Anm. 1, S. 136.

44 Rainer Maria Rilke: Brief an Clara Rilke vom 9.10.1902, in: Briefe, siehe Anm. 1, S. 271.

45 „La réalisation nannte er (Cézanne, O.G.) es, und er fand es bei den Venzianern, die er früher im Louvre gesehen und wieder gesehen und unbedingt anerkannt hatte. Das Überzeugende, die Dingwerdung, die durch sein eigenes Erlebnis an dem Gegenstand bis ins Unzerstörbare hineingesteigerte Wirklichkeit, das war es, was ihm die Absicht seiner innersten Arbeit schien", Rainer Maria Rilke: Brief an Clara Rilke vom 9.10.1907, in: Briefe, siehe Anm. 1, S. 271.

46 Rainer Maria Rilke: Brief an Clara Rilke vom 18. Oktober 1907, in: Briefe, siehe Anm. 1, S. 278f.

47 Vgl.: August Stahl: Rilke Kommentar. Zu den Aufzeichnungen des Malte Laurids Brigge, zur erzählerischen Prosa, zu den essayistischen Schriften und zum dramatischen Werk, München 1979, S. 243.

48 Bereits in den *Thesen zur literarischen Moderne aus der „Allgemeinen Deutschen Universitätszeitung"* aus dem Jahre 1887 hatte es geheißen: „Unser höchstes Kunstideal ist nicht mehr die Antike, sondern die Moderne.", in: Die literarische Moderne. Dokumente zum Selbstverständnis der Literatur um die Jahrhundertwende, ausgewählt und mit einem Nachwort hrsg. von Gotthart Wunberg, Frankfurt/M. 1971, S. 1-2, hier S. 2.

49 „(...) die Auflösung der kanonischen Tradition der Antike war der Preis für die Freisetzung der autonomen ästhetischen Erfahrung"., Hans Robert Jauß: Studien zum Epochenwandel der ästhetischen Moderne, Frankfurt/M. 1989, S. 7.

50 Hartmut Engelhardt setzt sich kritisch mit Rilkes Mythisierung der Liebe auseinander: „Absenz von Religion wird zur Allgegenwärtigkeit ihres Surrogats. Die Kunst baut es auf und sucht die Modifikation religiöser Motive so zu geben, daß Kunst sowohl an der Würde der Überlieferung teil hat wie die Leere der subjektiven Mythologie überspielt.", Hartmut Engelhardt: Der Versuch wirklich zu sein. Zu Rilkes sachlichem Sagen, Frankfurt/M. 1973.

51 Gemeint ist Francis Jammes (1868-1938), siehe August Stahl: Rilke Kommentar, siehe Anm. 47, S. 176. Unter den Arbeitsvorhaben, die er im Frühjahr 1904 Lou Andreas-Salomé mitteilt, befindet sich auch: „Ein Buch des Dichters Francis Jammes aus dem Französischen übertragen.", Rainer Maria Rilke: Brief an Lou Andreas-Salomé vom 13.4.1904, in: Briefe, siehe Anm. 1, S. 185.

52 In der zweiten Hälfte des Jahres 1904 reiste Rilke nach Schweden und Dänemark und fand hier Quellen („Danske Malede Portraeter" und die sogen. „Reventlowpapiere"), Orte (Kopenhagen) und Stimmungen (auf den Landschlössern), die in seinem Roman ihren Niederschlag gefunden haben. Ausführlicher gibt hier der Kommentar von August Stahl, siehe Anm. 47, Auskunft. Zu

Rilkes Dänemark-Bild durch die Lektüre von Jens Peter Jakobsons *Niels Lyhne* und *Frau Marie Grubbe* und seinem Bestreben, in Dänemark mit dem Kritiker und Literaturhistoriker Georg Brandes in Kontakt zu kommen, siehe Erich Unglaub: Rilke und das Dänemark seiner Zeit, in: Blätter der Rilke-Gesellschaft, Heft 16/17 – 1989/90, hrsg. von der Rilke Gesellschaft, Sigmaringen 1990, S. 91-118.

53 Walter Benjamin: Aus einer kleinen Rede über Proust, an meinem vierzigsten Geburtstag gehalten, in: Gesammelte Schriften Bd. II.3, hrsg. von Rolf Tiedemann und Hermann Schweppenhäuser, Frankfurt/M. 1977, S. 1064-1065, hier 1064.

54 Dieter Saalmann hat die Entsprechung zwischen Brigges Unvermögen zu chronologischem Erzählen und der Form der Aufzeichnungen herausgestellt: „Kompositionsmäßig ist die äußerliche Erscheinung des Prosabuches ein getreues Abbild des Malteschen Geständnisses, die Erlebnisse in keinen erzählerischen Zusammenhang bringen zu können.", Dieter Saalmann: Rainer Maria Rilkes „Die Aufzeichnungen des Malte Laurids Brigge", Bonn 1975, S. 72.

55 Sigmund Freud: Das Unheimliche (1919), in: Studienausgabe Bd. IV, Psychologische Schriften, Frankfurt/M. 1970, S. 241-274, hier S. 271.

56 Rainer Maria Rilke: Brief an Clara Rilke vom 8.4.1903, in: Briefe, siehe Anm. 23, S. 82.

57 „Die Archäologie will verstehen, was fremd bleibt am Fremden.", Dietmar Kamper: Zur Soziologie der Imagination, München/Wien 1986, S. 42.

58 Eine vergleichbare Struktur hat Peter Bürger für Prousts Roman herausgestellt, siehe Peter Bürger: Die Prosa der Moderne, Frankfurt/M. 1988, S. 289ff.

59 Anthony Stephens entfaltet in diesem Zusammenhang Rilkes ästhetisches Verfahren unter dem von ihm selbst verwandten Begriff „Vorwand": „Die oben umrissene Ästhetik hängt letzten Endes davon ab, daß ein Gegenstand oder Thema für den Erlebenden oder Lesenden transparent wird, daß also eine Dualität der Perspektive möglich wird, die erstens die Oberfläche der Dinge oder des Kunstwerks gebührend würdigt, dann aber imstande ist, diese als Vorwand zu erkennen und die Umrisse von dem, was dahinterliegt, auszumachen.", Anthony R. Stephens: Rilkes Malte Laurids Brigge. Strukturanalyse des erzählerischen Bewußtseins, Bern/Frankfurt/M. 1974, S. 140.

60 Die Problematik, daß das tief Empfundene noch lange nicht zur Kunst werden muß, hat Rilke in einem Brief an Lou Andreas-Salomé vom 25. Juli 1903 formuliert: „Mir ist, was ich wirklich empfange, fällt zu tief in mich hinein, fällt, fällt jahrelang, und schließlich fehlt mir die Kraft, es aus mir aufzuheben und ich gehe bang mit meinen beladenen Tiefen umher und erreiche sie nicht.", Rainer Maria Rilke: Brief an Lou Andreas-Salomé vom 25.7.1903, in: ders. u. Lou Andreas-Salomé: Briefwechsel, mit Erläuterungen und einem Nachwort hrsg. von Ernst Pfeiffer, Zürich 1952, S. 69.

61 Inca Rumold interpretiert Brigge als Erben seines Großvaters Brahe, da er selbst zu einer „zeitlosen" Darstellungsweise gelangt. Damit aber wird die neue Qualität, die dem Erzählen Brigges zukommt, unterschlagen, Inca Rumold: Die Verwandlung des Ekels. Zur Funktion der Kunst in Rilkes „Malte Laurids Brigge" und Sartres „La Nausée", Bonn 1979, S. 98ff.

62 Für Ellen Key war dies die zentrale Thematik des Romans: der „Seelenzustand des Letzten eines Geschlechts.", Ellen Key: Ein Gottsucher, in: Seelen und Werke, Berlin 1911, S. 153-232, hier S. 227.

63 Dem Versuch des Lesen-Lernens korrespondiert ein künstlerisches Sehen-Lernen und ein Hören-Lernen. Brigge konstatiert, daß es kein Theater gibt, denn dazu gehöre Gemeinsamkeit. Ohne ihren Namen zu nennen, geht er auf die Schauspielerin Eleonora Duse ein und meint, daß die verändernde Kraft ihrer Schauspielkunst im Applaus abgewehrt wurde (XI, 924). Zur Bedeutung der Schauspielerin Eleonora Duse für das Werk Rilkes siehe Walter Rehm: Rilke und die Duse, Freiburg o.J. Den Grund für die Abwehr der Schauspielkunst der Duse sieht Rilke in der unbewußt bleibenden Zwischenstellung des Menschen. Da außen „vieles anders geworden" (XI, 920) ist, sind die Menschen „weder Seiende noch Schauspieler" (XI, 921). Für Brigge ist es Aufgabe des Künstlers, diesen Übergang sichtbar zu machen und Schwellenbewußtsein zu wecken.

64 Zu den Quellen der Geschichten um Grischa Otrepjow, Karl den Kühnen und Karl VI. siehe Brigitte von Witzleben: Zu den historischen Quellen von Rilkes 'Die Aufzeichnungen des Malte Laurids Brigge', in: Materialien zu Rainer Maria Rilke 'Die Aufzeichnungen des Malte Laurids Brigge' hrsg. von Hartmut Engelhardt, Frankfurt/M. 1974, S. 280-303, hier S. 281ff.

65 Anthony Stephens, der in seiner Untersuchung ausführlich auf die Geschichte um Karl VI. eingeht, hat herausgestellt: „Der Themenkomplex der Aufzeichnungen um Karl VI. ist wohl der

dichteste und komplizierteste im ganzen Werk. (...) fast alle begrifflichen Gegensatzpaare, die den Ideengehalt des Werkes bisher bestimmt haben, treten in seiner Verarbeitung der geschichtlichen Episode wieder einmal auf: Oberfläche-Kern, Vorwand-verborgene Bedeutung, Elend-Herrlichkeit, Theater-Wirklichkeit, Einsicht-Mißverständnis, Vergangenheit-Gegenwart usw.", Anthony R. Stephens: Strukturanalyse, siehe Anm. 59, S. 201.

66 Rainer Maria Rilke: Brief an Witold Hulewicz vom 10.11.1925, in: Briefe aus Muzot 1921-1926, hrsg. von Ruth Sieber-Rilke und Carl Sieber, Leipzig 1935, S. 319.

67 Rainer Maria Rilke: Briefe an einen jungen Dichter, Frankfurt/M. 1991, S. 8.

68 Rainer Maria Rilke: Briefe, ebd., S. 16.

69 Rainer Maria Rilke: Briefe, ebd., S. 23.

70 Rainer Maria Rilke: Briefe, ebd., S. 17.

71 Die Legende berichtet von der Einmaligkeit und Unvergleichlichkeit einer heiligen Gestalt. Helmut Naumann hat darauf hingewiesen, daß die in der Forschung verwandten Begriffe Gleichnis, Parabel oder Perikope an Rilkes eigener Kennzeichnung vorbeigehen, Helmut Naumann: Malte Studien, siehe Anm. 3, S. 5f.

72 Zur Tradition der *Parabel vom verlorenen Sohn* und der Bedeutung des Vater-Sohn-Verhältnisses im Werk Rilkes ausführlich Gertrud Höhler: Niemandes Sohn. Zur Poetologie Rainer Maria Rilkes, München 1979, bes. S. 9f. und S. 227f.

73 In seiner Studie zu Rodin aus dem Jahre 1902 geht Rilke auf Rodins Plastik *L'enfant prodigue* (auch *La Prière* genannt) ein: „So ist jener schmale Jüngling, der kniet und seine Arme empor wirft und zurück in einer Geste der Anrufung ohne Grenzen. Rodin hat diese Figur *Der verlorene Sohn* genannt, aber sie hat, man weiß nicht woher, auf einmal den Namen: Prière. Und sie wächst auch über diesen hinaus. Das ist nicht ein Sohn, der vor dem Vater kniet. Diese Gebärde macht einen Gott notwendig, und in dem, der sie tut, sind alle, die ihn brauchen. Diesem Stein gehören alle Weiten; er ist allein auf der Welt." (IX, 195)

74 Rilke hatte 1914 André Gides Erzählung *Le Retour de l'enfant prodigue* übersetzt, kannte sie aber bereits seit dem Erscheinungsjahr 1907 aus einer Übersetzung, wie aus einem Brief an seinen Verleger Anton Kippenberg vom 22.10.1913 ersichtlich wird: „André Gides 'Retour de L'enfant Prodigue' ist tatsächlich 'aus dem Manuskript übersetzt von Kurt Singer' in der 'Neuen Rundschau' abgedruckt gewesen (Jahrgang 1907, Mai, 5. Heft). Die Übersetzung gab mir damals, da ich das Original nicht kannte, sehr viel.", Rainer Maria Rilke: Briefe an seinen Verleger 1902-1926, 2 Bde., Wiesbaden 1949, S. 194.

75 Auch in Rilkes Gedicht *Der Auszug des verlorenen Sohnes* wird am Ende nach der Notwendigkeit des Fortgehens gefragt: „und fortzugehn: warum? Aus Drang, aus Artung,/ aus Ungeduld, aus dunkler Erwartung,/ aus Unverständlichkeit und Unverstand:// Dies alles auf sich nehmen und vergebens/ vielleicht Gehaltnes fallen lassen, um / allein zu sterben, wissend nicht warum – // Ist das der Eingang eines neuen Lebens?" (II, 492)

76 Vgl. hierzu die parallele Formulierung: „Er war ein Dichter und haßte das Ungefähre." (XI, 863).

77 Zu einer an der Theorie C.G. Jungs orientierten Deutung des Gottes-Begriffes im Werk Rilkes siehe Heinrich Imhof: Rilkes „Gott", R.M. Rilkes Gottesbild als Spiegelung des Unbewußten, Heidelberg 1983.

78 Theodore Ziolkowski hat darauf hingewiesen, daß Rilkes briefliche Äußerungen über den Untergang seines Protagonisten „bis zum Jahre 1907 zu finden sind, also bevor er den zweiten Teil des Romans ausgearbeitet hatte.", Theodore Ziolkowski: Strukturen des modernen Romans, München 1972, S. 311.

79 Rainer Maria Rilke: Brief an Anton Kippenberg vom 25.3.1910, in: Briefe, siehe Anm. 1, S. 340.

80 Rainer Maria Rilke: Tagebücher aus der Frühzeit, siehe Anm. 21, S. 119f.

81 Rainer Maria Rilke: Brief an Witold Hulewicz vom 10.11.1925, in: Briefe, Bd 2: 1919-1926, siehe Anm. 1, S. 372.

82 Rudolf Kassner: Die Mystik, die Künstler und das Leben. Über englische Dichter und Maler im 19. Jahrhundert, Accorde, Sämtliche Werke, hrsg. von Ernst Zinn, Bd. 1, Pfullingen 1969, S. 5-337, hier S. 40.

83 Über die geschichtlichen Abschnitte seines Romans hatte Rilke im Fragebogen seines polnischen Übersetzers Witold von Hulewicz am 10. November 1925 geschrieben: „Fragmentarisch, haben alle diese Episoden ihre Aufgabe, sich innerhalb des Malte mosaikhaft zu ergänzen.", Rainer Maria Rilke: Briefe aus Muzot, siehe Anm. 66, S. 325.

84 Über den Eindruck, den die Bruchstücke und Torsi in Rodins Atelier auf ihn gemacht hatten, schrieb Rilke: „Und doch, je näher man zusieht, desto tiefer fühlt man, daß alles das weniger

ganz wäre, wenn die einzelnen Körper ganz wären. Jeder dieser Brocken ist von einer so eminenten ergreifenden Einheit, so allein möglich, so gar nicht der Ergänzung bedürftig, daß man vergißt, daß es nur Teile und oft Teile von verschiedenen Körpern sind, die da so leidenschaftlich aneinander hängen. Man fühlt plötzlich, daß es mehr Sache des Gelehrten ist, den Körper als Ganzes zu fassen – und vielmehr des Künstlers, aus den Teilen neue Verbindungen zu schaffen, neue, größere, gesetzmäßigere Einheiten... ewigere... Und dieser Reichtum, diese unendliche, fortwährende Erfindung, (...) das ist ohnegleichen in der Geschichte der Menschen.", Rainer Maria Rilke: Brief an Clara Rilke vom 2.9.1902, in: Briefe, siehe Anm. 1, S. 130f.

85 Jürgen H. Petersen, der die bisherige Forschung kritisiert, da sie der vollkommen neuen, strukturellen Offenheit des Romans nicht gerecht werde, plädiert für einen rezeptionsästhetischen Ansatz. Der Roman zwinge den Rezipienten, seine vertraute Leserrolle aufzugeben und einen Paradigmenwechsel vorzunehmen: „Die Position, die der Mensch in der Moderne gegenüber der Welt gewonnen hat, wird hier – wenigstens partiell – ästhetisch gespiegelt (...) daß der Leser auch zum textherstellenden Souverän aufsteigt, so daß man am Ende tatsächlich von einer Parallele zwischen dem Ich-Welt-Verhältnis und dem Leser-Text-Verhältnis sprechen kann.", Jürgen H. Petersen: Der Deutsche Roman der Moderne. Grundlegung – Typologie – Entwicklung, Stuttgart 1991, S. 98.

Die Modernität des Werks von Thomas Mann

Rolf Günter Renner

„Joyce wagte ich manchmal schon als einen Gespielen zu empfinden, wenn auch als einen Gegenspieler; denn ich bin entschieden Traditionalist, ob ich schon öfters mit den alten Formen Jux treibe und sie – mit Andacht – auflöse".[1] Die Forschung zu Thomas Manns Werk hat sich dieser Selbstdeutung weitgehend angeschlossen. Als einen Traditionalisten begreift sie den Autor, indem sie ihn der Linie des bürgerlichen Humanismus zuordnet und ihn zum Exponenten einer realistischen und mimetischen Literatur macht. Der Moderne kann sie ihn nur zurechnen, insofern diese als eine Fortschreibung der Aufklärung verstanden wird, als eine von Vernunft und Rationalität geleitete Beschreibung der Wirklichkeit, die auf der Hermeneutik des Sinns beruht und auf eine lineare Geschichte des Fortschritts vertraut.[2] Die Texte des Autors Thomas Mann werden so auf eine Schreibweise verpflichtet, die mit traditionellen Erzählformen noch unter den Bedingungen einer widerständigen Erfahrungswirklichkeit eine in sich geschlossene fiktionale Wirklichkeit schafft. Eine literarische Moderne in diesem Verständnis ist, ganz im Sinn der gattungstheoretischen Überlegungen von Georg Lukács' *Theorie des Romans*, nichts anderes als eine Rekonstruktion im Bewußtsein des Verlorenen. Sie bedarf keines grundsätzlichen Paradigmenwechsels.[3]

Ohne Zweifel leistet Thomas Manns Werk solchen Überlegungen in mehrfacher Hinsicht Vorschub. In auffälliger Dichte erzählt und zitiert es deutsche Bildungsgeschichte, ist es mit der Philosophie des Neunzehnten Jahrhunderts ebenso verbunden wie mit der neuen Wissenschaft der Psychoanalyse und literarischen Vorbildern wie Goethe, Fontane und Chamisso, um nur einige zu nennen. Diese Beziehungen erschließen sich nicht allein an den fiktionalen Texten Thomas Manns, auch seine Essays und Selbstdeutungen machen das Traditionelle seiner Schreibweise bewußt und reflektieren es. Zudem stellen die Essays die bildungsgeschichtlichen Einflüsse durchweg in den Kontext der deutschen Geistesgeschichte wie des politischen Denkens seiner Zeit. Flankierend dazu beschreiben die Selbstaussagen, Aufzeichnungen und Tagebücher des Autors Mann immer wieder diese Bezugnahmen. Sie benennen den Einfluß von Schopenhauer, Nietzsche und Wagner (XI, 110f.), verzeichnen die unterschiedlichen Quellen und geistesgeschichtlichen Prägungen der eigenen Texte und verweisen auf eine fast lebenslange Orientierung des Autors an Goethe, die Mann selbst als „Goethe-Imitatio" bezeichnet hat.[4] Die Interpreten folgten zunächst diesen Spuren und betonten ihrerseits das Traditionelle an Thomas Manns Schreiben, häufig ohne zu berücksichtigen, daß die Hinweise des Autors nicht einfach Erläuterungen zu seinen Texten, sondern vielfach bereits Konzeptualisierungen von gewünschten Rezeptionen darstellten. Die ausdrückliche Abgrenzung des Autors gegenüber dem „exzentrische(n) Avantgardismus" von *Finnegans Wake* bot zugleich die Möglichkeit, Thomas Mann in eine spezifisch deutsche Tradition zu stellen und sein Werk als deren Fortschreibung anzusehen. Statt der Darstellung unterschiedlicher und einander ablösender Sehweisen, wie sie die ästhetische Moderne seit Baudelaire ausbildet, statt Erfahrung und Entwurf von Veränderung wurde ihm Bewahrung, in letzter Hinsicht Besinnung auf ein dauernd Gültiges zugeschrieben, seit Baudelaire die andere Seite des Ästhetischen.[5]

Es spricht einiges dafür, daß diese Lesart der Forschung nicht zuletzt einer Abwehrbewegung entstammt. Einerseits korrespondiert der Versuch, Thomas Mann ausschließlich als Traditionalisten zu betrachten, einer Zurückweisung der zumindest formal avantgardistischen Moderne, die sich in mancher Hinsicht vor allem in der außerdeutschen europäischen Literatur oder in jener der Emigranten vollendete. Offensichtlich ist diese Einstellung vom Dekadenzvorwurf gegen die moderne Literatur beeindruckt.[6] Andererseits folgt die Rückbindung Thomas Manns an die Tradition fast immer auch der Strategie einer Immunisierung gegenüber dem politisch-kritischen Potential, das insbesondere der *Doktor Faustus* im Spätwerk zum Ausdruck bringt. Die heftige Abwehr, die anfänglich gegen diesen vermeintlich antideutschen Roman deutlich wurde, weist in diese Richtung.[7] Ihr entspricht die neuere Tendenz, Thomas Manns Kritik an Deutschland in einem literarisch-ironischen Spiel aufzulösen und gerade so die kulturkritischen Inhalte seiner Texte wie seiner Essayistik abzuschwächen.[8]

Indessen ist die Provokation der Texte Thomas Manns zunächst in einer ganz anderen Hinsicht zu suchen. Obwohl sie Veränderung nicht thematisieren, durchbrechen sie immer wieder und auf unterschiedliche Weise vorgeblich geschlossene Sinn- und Erzählzusammenhänge. Der Terminus der „radikalen Autobiographie", den man auf den *Faustus*-Roman angewandt und zugleich durch Ästhetisierung wie Anbindung an die Geistesgeschichte entschärft hat,[9] läßt sich auch auf eine psychologische Linie beziehen, die Folgen für die innere Ordnung von Manns Texten hat. Sie bildet sich bereits seit seinen frühesten literarischen Entwürfen aus und ist von der bildungsgeschichtlichen, auf Bewahrung und spielerische Variation des Bestehenden bedachten Inschrift nicht zu trennen, die sie beständig überformt.[10] Diese Linie der Transformation bestimmt entscheidend den ästhetischen Status der Texte Manns, der sich nicht völlig durch geistesgeschichtliche Recodierungen auflösen läßt. Thomas Manns Technik der „doppelten Optik" (IX, 404) spielt mit offenkundigen wie mit verdeckten Bezügen. Sie folgt deshalb schon immer dem Gesetz einer Intertextualität, welche die Dechiffrierungsstrategie des Lesers mitentwirft.[11]

Bereits im *Tod in Venedig* sind dem Text einerseits die den Autor prägenden kulturalen Diskurse von Philosophie und Ästhetik so offen eingeschrieben, daß die Novelle fast wie eine verdeckte Kulturtheorie erscheint, als eine erzählte *Geburt der Tragödie*.[12] Andererseits sind diese Diskurse und die Geschichte der Figur so miteinander verbunden, daß sie einen Subtext entstehen lassen, der sich auf die innere Geschichte seines Verfassers bezieht. Der fiktionale Text wird zur Transformation der ihm vorangehenden außertextuellen Spannungen und Beziehungen. Daraus begründet sich die Doppelbewegung von Verhüllen und Offenbaren, die in nachfolgenden Texten Thomas Manns noch deutlicher wird. Vor allem im *Zauberberg* und späteren Romanen, tritt die spannungsvolle Einbindung der kulturalen Diskurse in den geheimen Text noch klarer hervor. Doch nicht allein das fiktionale Werk Manns bewahrt so die „sukzessiven Stadien des Wunsches";[13] essayistische und biographische Zeugnisse sind gleichermaßen auf eine „innere Biographie" des Autors bezogen.

Solche Referenzpunkte zwischen Werk und Leben belegen eine Transformation psychischer Konflikte im Schreiben, die dem Autor zunehmend bewußt wird und die sich als produktive Selbstdeutung erneut an das Werk vermittelt. Thomas Mann selbst hat die Figuren seiner Texte einmal als „Masken" bezeichnet, mit denen er unter die Menschen gehen könne.[14] Indessen bilden seine erzählerischen Entwürfe nicht allein einen „intermediären Bereich" psychischer Projektionen. Sie gehören zugleich einem ästhetischen

Entwurf an, der Bewußtwerdung wie Selbstreflexion ermöglicht. Gerade insofern sind sie von den Leitvorstellungen einer Moderne geprägt, die auf Fortschritt im Sinne einer fortschreitenden Bewußtheit setzt.

Seinen Gipfelpunkt findet diese Verwandlung außertextueller und psychologischer Bezüge in Textstrukturen im *Joseph*: Infantilismus und Imitatio, psychologische und ästhetische Wahrheit fallen dort in eins. Thomas Manns ästhetische Technik der Imitatio, die sich offen als Nachahmung eines dichterischen Vorbilds, als Imitatio Goethes zu erkennen gibt, ist der Imitatio Gottes durch Joseph vergleichbar. Das Spiel der Figur wie des Autors erscheinen gleichermaßen als „rückständige Kinderei", als ein „In-Spuren-Gehen", das eine psychologische Wahrheit demonstriert, die als Wunschphantasie des Schreibens schon die Venedignovelle durchzieht.[15]

Diesem Sachverhalt korrespondiert im Werk Thomas Manns auch die Wechselbeziehung zwischen den ästhetischen Texten und den diskursiven Essays. Kommentierend arbeiten letztere beispielsweise heraus, daß das Verfahren der Mythisierung nicht nur den zeitgenössischen Mißbrauch des Mythos kritisiert und abwehrt, sondern den Schreibenden zugleich einen Mythos von sich selbst entwickeln läßt; beides ist nicht voneinander zu trennen. Wenn Thomas Mann die doppelte Fähigkeit zu „Mythus und Psychologie" (IX, 32; XI, 137) ganz an das Selbst des Dichters bindet, das sich erst allmählich voll auszubilden vermag, so spricht er zugleich über sich. Vergleichbar damit bedenkt er die Eigenart seiner ästhetischen Entwürfe in einem Essay über Freud. Auch von hier läßt sich der Modernismus Manns bestimmen. Essay und fiktionaler Text sind bei ihm, Musil vergleichbar, unmittelbar aufeinander bezogen, ihre unterschiedlichen Diskurse erläutern sich gegenseitig. In Freud sieht Thomas Mann den Wegbereiter eines neuen Humanismus, dessen Wissenschaft wertet er als eine rationale Anthropologie. Sie rückt den eigenen gedichteten Utopien an die Seite, denn sie stellt nicht nur ein „ironisch-künstlerisches" Verhältnis zum Unbewußten her (IX, 500), sondern die Wissenschaft der Psychoanalyse wird, indem sie im Bewußtsein des Essayisten wiederholt und vollendet, was Philosophie und Literatur schon je versuchten, als ein Produkt kolonisatorischen Geistes verstanden. Freuds Satz „Wo *Es* war, soll *Ich* werden"[16] verweist den Essayisten Mann auf die der Moderne verpflichtete Vorstellung vom fortschreitenden Bewußtsein des Menschen. Dagegen werden, wie später vor allem der *Doktor Faustus* zeigt, die humanistische Tradition und die Idee des Fortschritts in einigen fiktionalen Texten Thomas Manns auch spiegelverkehrt dargestellt oder subvertiert. Allerdings vollzieht sich diese doppelte und gegenläufige Transformation in einem festen Rahmen, der die einzelnen Texte Thomas Manns zueinander in Beziehung treten läßt. Die Abfolge der fiktionalen Texte Thomas Manns zeigt, daß sie häufig nach dem Muster von Spiel und Gegenspiel aufeinander bezogen und auch entstehungsgeschichtlich miteinander verknüpft sind; dies gilt für den Lotteroman und *Doktor Faustus* ebenso wie für den *Tod in Venedig* und den *Zauberberg*. Die Themen des *Tod in Venedig* wiederholen sich beispielsweise im Spätwerk „im Licht inzwischen gewonnener Erfahrung und mit ungleich breiterem Bezug".[17] Entsprechend wird das Einsamkeitspathos, das *Faustus* und *Krull* verbindet, in Heiterkeit und Ironie aufgelöst,[18] und die Illusion, die der *Krull* als „Utopie" erzählt, ist Entfaltung einer Wunschphantasie, deren Bruchstücke bereits die Venedignovelle durchziehen.[19] Von hier ergibt sich eine besondere Intertextualität in Thomas Manns Werk.

Neben diese Transformationen tritt in einigen Texten eine Durchsetzung des realistischen Erzählens mit phantastischen Einbrüchen. Im *Lotte*-Roman nähert sich das zentrale siebente Kapitel, das die schöpferischen Phantasien des erwachenden Goethe schildert, formal an Joyces Technik des „stream of consciousness" an. Das bei der Goethefigur geschilderte Ineinandergreifen des Bewußten und des Unbewußten wird nicht nur in

Symbolen abgebildet; das siebente Kapitel des Goetheromans macht auch bewußt, daß die schöpferische Phantasie einer Vexation entspringt, in der sich wirkliche und erdachte Gefühle als austauschbar erweisen. Schon deshalb ist die Unterredung zwischen Lotte und Goethe im Schlußkapitel des Romans ein phantastischer Diskurs auch im psychologischen Sinn, sie beschreibt eine beständige Überlagerung wirklicher und phantasmatischer Beziehungen zwischen Goethe und Lotte. Der Autor selbst versteht diese psychologische Konturierung des Lotteromans als ironisch-kritische „Realisierung des Mythos".[20]

In anderen Texten führt diese Spannung zwischen offenem und geheimem Text zu einer erzählten Sprachkritik. In der frühen Erzählung *Enttäuschung* verfällt der Herr in Venedig, dessen Enttäuschung über die Differenz zwischen Worten und Erfahrungen einer naiven linguistischen Beobachtung folgt, einer Sprachskepsis, die auf Nietzsche verweist.[21] Jenseits der konventionalisierten Ordnung des sprachlichen Repräsentationssystems (VIII, 68) sucht er nach dem unmittelbaren Ausdruck und nach einer ursprünglichen Erfahrung. Damit setzt er bereits auf die andere Sprachordnung der Poesie, welche die binäre Ordnung von Zeichen und Bezeichnetem hinterlaufen kann, weil sie an den Homosemantismus, an eine verlorene Beziehung zwischen den Wörtern und den Dingen erinnert.[22]

Im Text des *Tod in Venedig,* in dem sich alle Wünsche in vernünftige Diskurse zu transformieren scheinen, überschreitet das Erzählen zumindest einmal, kaum erkennbar für den Leser, die Grenze zum Phantastischen; der Erzähler etabliert eine semantische Zweideutigkeit. Als gäbe es nicht nur für Aschenbach, sondern auch in Wahrheit keine Grenze zwischen Traum und Wirklichkeit, zwischen der Figur des Knaben Tadzio und ihrer erzählerischen Transformation zum Psychagogen, heißt es lapidar über den Protagonisten, der Tadzios Wink ins Meer zu folgen glaubt und dabei stirbt: „Und, wie so oft, machte er sich auf, ihm zu folgen" (VIII, 525).

Dieser Bruch in der erzählten Wirklichkeit des *Tod in Venedig* macht deutlich, was auch die Traumzustände in jener Novelle bestätigen. Immer wieder erzeugt Thomas Mann innerhalb eines Feldes von genauen Bestimmungen und dechiffrierbaren erzählten Diskursordnungen, das heißt hier Ordnungen des Erzählens wie erzählten Redeordnungen, Ambivalenzen und Unsicherheiten.[23] Die Trennung zwischen der äußeren Beschreibung und der Mitteilung innerer Erfahrung erscheint nicht selten labil. Darin nähert sich Thomas Mann Kafka, der seine Texte „Erdichtungen" nennt.[24] Jener Autor spricht eine Kongruenz von Leben und Schreiben, Erfinden und Enthüllen an, die Dostojewski und Poe schreibend schon vorweggenommen haben und die auch in Thomas Manns Werk bestimmend wird. Vor allem Felix Krull macht schließlich erträumte und phantastische Beziehungen zur Grundlage seines bewußten Handelns und löst so die erschriebenen Sozialisationsspiele seines Autors ein. Seine Geschichte steht in einer bemerkenswerten Beziehung zur *Entstehung des Doktor Faustus,* die nicht nur die Entstehungsgeschichte des Romans schildert, sondern zugleich die fließende Grenze zwischen Text und Leben thematisiert. Nach den Worten des Autors verwebt die „phantastische Mechanik des Stoffes" (XI, 165) beide ineinander und bestimmt so die besondere Prägung des Faustromans als „Lebens- und Geheimwerk" (XI, 298).

Es ist daran zu erinnern, wie eng verwandt Kafkas Entwurf des „traumhaften inneren Lebens" mit Gedanken Schopenhauers ist, die auch Thomas Manns poetische Entwürfe und philosophische Rezeptionen immer wieder bestimmen.[25] Auch im Verständnis Manns scheint der transzendentale Entwurf des Philosophen eine psychologische Voraussetzung des Schreibens zu berühren, die zugleich eine poetische Grenzüberschreitung entwirft.

Entschieden deutlicher als der *Tod in Venedig* entfaltet die indische Novelle der *Ver-*

tauschten Köpfe durch ihre psychologische Thematik eine auffällige Ambivalenz. An jeder Stelle schildert sie ein Vertauschen und Verkennen, das aus einem Gegeneinander von unbewußtem Wünschen und bewußtem Handeln zustandekommt. Die „Fehlleistung" der Protagonistin, durch die zwei Männer zu einem Wunschkörper zusammengesetzt werden, ist mehr als eine bloße Verwechslungsgeschichte. Sie zeigt in Form eines kalkulierten Erzählspiels, wie sich die poetische Phantasie zum Wünschen befreit. Damit schreibt sie zugleich jene Sehnsucht nach der Transformation des leiblichen in ein geistiges Zeugen fort, die, wie schon die Notizen zum *Tod in Venedig* bezeugen, frühere Texte Thomas Manns beherrscht und dem poetischen Grundgesetz der Vexation wie dem „vexatorischen Verhältnis von Geist und Trieb" (IX, 578) eine autobiographische Inschrift verleiht.[26]

Dieser Geschichte der Ambivalenzen, Einbrüche und Verwirrungen tritt indessen mit der Vollendung der Joseph-Tetralogie ein Gegenentwurf an die Seite. Die Geschichte dieses Protagonisten läßt sich als Beschreibung eines fortschreitenden Prozesses der Realitätsanpassung ansehen. Joseph gerät im Verlauf seiner Entwicklung zunehmend in scharfen Gegensatz zum mythischen Bewußtsein, das vor allem Ruben und seine anderen Brüder prägt und das auf die argumentative Konstellation von Freuds *Totem und Tabu* verweist.[27] Ebenso ist die Erzählung der Träume und Traumdeutungen Josephs durch Freud beeinflußt, allerdings zeigt sich, daß sie durchaus nicht völlig in dessen Traum- und Kulturtheorie aufgeht. Joseph erscheint zunehmend als ein Wissender, dessen Wissen psychologische Begrenzungen überschreitet. Sein Schritt vom Träumen zum Deuten der Träume anderer macht ihn auch zum Dichter.

Parallel zu dieser emanzipatorischen Auffassung des Ästhetischen geben die Überlegungen des Erzählers eine versteckte Anleitung zu einer textbezogenen Hermeneutik, die mit der Rolle des Erzählers auch die des Lesers entwirft.

> Es ist freilich zweierlei: ein Ding sein und es betrachten. Und doch gibt es Ebenen und Sphären, wo beides auf einmal statthat: der Erzähler ist zwar in der Geschichte, aber er ist nicht die Geschichte; er ist ihr Raum, aber sie nicht der seine, sondern er ist auch außer ihr, und durch eine Wendung seines Wesens setzt er sich in die Lage, sie zu erörtern (IV, 821).

So zeigt das Erzählen nicht nur die psychologische Wahrheit, aus der es hervorgeht; es eröffnet auch einen Freiraum, führt zur Überwindung früherer Determinationen, seien diese durch das Unbewußte oder durch den Mythos bedingt. Eine nur scheinbar allein erzähltechnische Reflexion erschließt diese lebensverändernde Kraft des Ästhetischen:

> Was uns beschäftigt, ist nicht die bezifferbare Zeit. Es ist vielmehr ihre Aufhebung im Geheimnis der Vertauschung von Überlieferung und Prophezeiung, welche dem Worte 'Einst' seinen Doppelsinn von Vergangenheit und Zukunft und damit seine Ladung potentieller Gegenwart verleiht (IV, 32).

Damit korrespondiert die erzählte Sozialisationsgeschichte Josephs einer philosophischen Bestimmung des Zusammenhangs von Reflexion und Phantasie. Aus ihr begründet sie Identität und Selbstbewußtsein des Protagonisten. In seiner *Enzyklopädie der philosophischen Wissenschaften* führt Hegel aus, daß das Selbstbewußtsein „in seiner Unmittelbarkeit [...] *Einzelnes* und *Begierde*" sei,[28] der theoretische Geist dagegen Erinnerung, Einbildungskraft und Gedächtnis durchschreiten müsse, bevor er zum Denken fähig wird.[29] Diesem Weg folgt Thomas Manns Joseph. Seine Orientierung an den mythischen Vorbildern ist eine Erinnerung im philosophischen Verständnis.

Zu unserem *wirklichen Besitztum* werden die in der dunklen Tiefe unseres Inneren verborgen liegenden Bilder der Vergangenheit dadurch, daß sie in der lichtvollen, plastischen Gestalt einer *daseienden* Anschauung *gleichen* Inhalts vor die Intelligenz treten und daß wir sie, mit Hilfe dieser *gegenwärtigen* Anschauung, als bereits von uns gehabte Anschauungen erkennen.[30]

Auch für Joseph erzeugt Erinnerung das Vermögen der Einbildungskraft; der philosophische Paralleltext nennt sie reproduktive Einbildungskraft.

Die in diesem Besitz tätige Intelligenz ist die *reproduktive Einbildungskraft*, das *Hervorgehen* der Bilder aus der eigenen Innerlichkeit des Ich, welches nunmehr deren Macht ist.[31]

Reproduzierende und assoziierende Einbildungskraft binden Bild, Symbol und Wortspiel an das fortschreitende Selbstbewußtseins des subjektiven Geistes, das Thomas Mann mit seinem Protagonisten vorführt, zugleich aber auch an Bestimmungen der ästhetischen Produktion selbst.

Die Intelligenz ist die Macht über den Vorrat der ihr angehörigen Bilder und Vorstellungen und so [...] freies Verknüpfen und Subsumieren dieses Vorrats unter den ihr eigentümlichen Inhalt. So ist sie in jenem in sich *bestimmt* erinnert und ihn diesem ihrem Inhalt einbildend, – *Phantasie, symbolisierende, allegorisierende* oder *dichtende* Einbildungskraft.[32]

Doch die Modernität von Thomas Manns literarischen Entwürfen ist nicht allein diesem Paradigma verpflichtet. Vielmehr gibt es eine Kontrafaktur zum ästhetischen Entwurf des Josephsromans, der sich an der Teleologie des objektiven Idealismus als der Grundfigur einer aufklärerisch bestimmten Moderne orientiert. Der späte Roman des *Doktor Faustus* stellt diesem die Erfahrung des geschichtlichen Widerspruchs entgegen.

Auf den ersten Blick allerdings steht der *Doktor Faustus* in der Tradition des Realismus. Die Geschichte des Künstlers Adrian Leverkühn und seines fiktiven Biographen Serenus Zeitblom entfaltet er auf drei Zeitebenen, die sich auf historische Daten beziehen lassen. Erstens bildet er gesellschaftliche, politische und kulturelle Tendenzen aus der Zeit der Weimarer Republik von 1918 bis 1933 ab. Über diesen Abschnitt berichtet Zeitblom in der Erinnerung an die gemeinsame Schulzeit und an das Studium des Freundes, das zunächst der Theologie gewidmet ist, bevor sich Adrian der Musik zuwendet. Zweitens spiegelt der Text die Situation der Jahre von 1943-1945; es ist die Zeit, in der Zeitblom seinen Bericht schreibt. In diese Darstellung gehen zeitgleiche Erfahrungen Thomas Manns während der Emigration in Kalifornien und seine Überlegungen über das künftige Schicksal Deutschlands ein. Drittens schließlich ist außer diesen beiden Zeitebenen noch eine weitere von Bedeutung. Wesentliche Passagen von Leverkühns Geschichte spiegeln die Situation von 1894-1914, damit die Vorgeschichte des Ersten Weltkriegs. Für die Darstellung dieses Abschnitts hat Thomas Mann auf eigene autobiographische Aufzeichnungen zurückgegriffen.

Doch zugleich ist der *Faustus*-Roman auch Ergebnis einer psychologischen Transformation. Die Verschränkung der erzählten mit der authentischen Geschichte und die besondere Beziehung zwischen dem Protagonisten und seinem Biographen, die Thomas Mann selbst als das „Geheimnis ihrer Identität" (XI, 204) bezeichnet hat, ist „Lebens- und Geheimwerk" (XI, 298) in einem. Das erfundene Künstlerleben hat es mit seinem Erfinder zu tun und zwar in doppelter Hinsicht: der verdeckten geistigen Autobiographie, die den bildungsgeschichtlichen wie den politischen Bezügen des Textes eingeschrieben ist, tritt eine intime Autobiographie an die Seite. Sie bezieht sich auf die Psychologie des Schöpferischen wie im *Lotte*-Roman und berichtet darüber hinaus von einer homoerotischen Irritation, die den Autor Thomas Mann lebenslang begleitet. Indessen überschreitet diese verdeckte Autobiographie entschieden den Bezirk des bloß Persönlichen. Sie zielt auf die Beschreibung der Situation der Kunst in der Moderne, und sie spiegelt zusammen mit der intellektuellen Sozialisationsgeschichte, die Thomas Mann seiner Künstlerfigur zuschreibt, auch die historischen Verführungen des Humanismus durch den Faschismus.[33] Neben die Selbstkritik und die ästhetische Reflexion tritt in diesem Roman Ideologiekritik: Ihre Perspektive auf die Moderne ist nicht anders als jene der Kritischen Theorie aus der Erfahrung des Faschismus begründet.

Allerdings sind bei Mann alle erzählten Positionen eigentümlich gebrochen oder gar durch andere konterkariert. Zudem ist alles Erzählte Teil eines Chiffrensystems, das nicht allein die Differenz unterschiedlicher Textsorten und differenter historischer Diskurse, sondern auch die Grenze zwischen fiktiven und wirklichen Figuren verschwinden läßt. Thomas Mann behandelt nach eigenem Eingeständnis alles authentische Material auf doppelte Weise: als „Kulturprodukt" und als „mythisches Klischee".[34] Die sich daraus ergebenden Ambivalenzen sind von den Interpreten des Romans häufig eliminiert oder gegeneinander ausgespielt worden. Doch vieles spricht dafür, daß der Autor Mann hier ganz bewußt eine Unsicherheit in seinen Text eingeführt hat, die der hermeneutischen Synthetisierung nicht nur Schwierigkeiten bereiten, sondern sich ihr von Anfang an widersetzen sollte. Gerade so thematisiert sein Künstlerroman nicht nur die Krise der Imitatio, der Repräsentanz und der künstlerischen Echtheit, sondern gehört ihr selbst schon an.

Dagegen scheint zunächst Thomas Manns Betonung des Traditionellen seiner Texte zu sprechen.[35] Die Fülle der entstehungs- und bildungsgeschichtlichen Hinweise, die er seinen Interpreten gerade für den *Doktor Faustus* gibt, forderte auch Interpretationen heraus, die aus der Vielzahl philologisch nachweisbarer Bezüge eine eindeutige Linearität und eine übergreifende Sinneinheit des Romantextes ableiteten. Zahlreiche Auslegungen des Textes beschränken sich deshalb darauf, Zeitbloms Deutungen von Adrians Musik und Deutschlands Schicksal nachzuzeichnen und als Ergebnis eigener philologischer Deutungskunst auszugeben.

Daß dies problematisch ist, unterstreichen Detailbeobachtungen. Thomas Manns Technik der Montage führt dahin, daß so gut wie alle zentralen Stellen der Erzählung überdeterminiert sind. Die Darstellung von Kaisersaschern etwa entsteht bekanntlich aus der Montage mehrerer Lexikonartikel, zudem ist sie mit Thomas Manns eigenen Erinnerungen an Lübeck verbunden. Ähnlich komplexe Überlagerungen erfährt das Bildungsmaterial, das der Text zitiert und transformiert. Zu Recht hat man daraus den Schluß gezogen, Thomas Manns sei in seinem Verhältnis zur literarischen Tradition einerseits ein „great sufferer from the anxiety of influence", andererseits aber „one of the great theorists of that anxiety".[36]

In der *Entstehung des Doktor Faustus* führt Thomas Mann aus, daß seinem Künstlerroman durch die Einführung des Narrators eine „polyphone" Verschränkung von Geschichte und Berichtszeit gelinge (XI, 164f.). Indessen kennzeichnet der Terminus Polyphonie bei ihm nicht allein eine Verschränkung unterschiedlicher Erzählebenen und Diskursordnungen, sondern auch eine Nivellierung ihrer Differenz, insofern sie allesamt als gleichwertig behandelt werden. Nicht zufällig ist das Motiv der Indifferenz, die aus Gleichheit entsteht, ein zentrales Bild im Roman (VI, 229). So erweist sich Manns erzählerische Reorganisation des Bildungsmaterials nicht nur als Verfahren zur Rekonstruktion von Einheit und Sinn, es führt in mancher Hinsicht auch zu einer Depotenzierung der einzelnen Textsegmente,[37] deren Verschränkung zudem semantische Zweideutigkeiten freisetzt. Zum einen ist sein Text durch eine „Multiplizität des Zitats" gekennzeichnet, die eine

Diffusion erzeugt, weil sie die Zitate ihrem historischen Kontext entfremdet.[38] Zum anderen durchlaufen zentrale Leitbegriffe des Romans wie der erzählten Diskurse, „Gnade", „Durchbruch", „Humanität", „Freiheit" im Fortgang des Erzählens unterschiedliche Redeordnungen, in denen sie auch differente Bedeutungen erlangen.

Damit entsteht gerade durch die Vielzahl der Bezüge ein Spiel von Differenzen und Oppositionen. Doch der Text entwickelt keinen einheitlichen Code für die Dechiffrierung des Materials,[39] sowenig wie der Biograph Zeitblom zu einer eigenen Sprache findet: Immer wieder ist sein Bericht mit Formeln und Begriffen anderer durchsetzt. Die Worte des literarischen Diskurses erscheinen so einerseits als Objekte und Repräsentationen von Wirklichkeit zugleich, ein für die literarische Moderne typisches Merkmal.[40] Andererseits ist die Erzählordnung von Manns Text durch eine Dialektik von Komplizierung und Vereinfachung bestimmt. Ständig wird das historische und geistesgeschichtliche Material neu organisiert, anders bewertet und verfremdet dargestellt:[41] Aus unterschiedlichen Kontexten entstehen Isotopien, die ihrerseits wieder andere Isotopien suggerieren.[42] Offensichtlich löst Thomas Mann in seinem späten Künstlerroman eine Technik ein, die bereits im Künstlergespräch zwischen Tonio Kröger und Lisaweta verhandelt wird: „Denn das, was man sagt, darf ja niemals die Hauptsache sein, sondern nur das an und für sich gleichgültige Material, aus dem das ästhetische Gebilde in spielender und gelassener Überlegenheit zusammenzusetzen ist" (VIII, 295). Entsprechend handelt *Tonio Kröger* mit Blick auf Hamlet vom Thema der Zweideutigkeit und kritisiert zugleich das „Kaltstellen der Empfindung" durch die Sprache (VIII, 300f.). Der späte Künstlerroman nimmt diese Überlegungen auf, wenn er mit Blick auf Adrian vom „Zitat als Deckung" und von der „Parodie als Vorwand" handelt (VI, 194) und ihn an der neuen Musik deren „Doppelgesicht von Vergangenheit und Zukunft" und ihre „Erneuerung des Verbrauchten durch die Konstellation" hervorheben läßt, Eigenschaften, die unmittelbar auf die „Zweideutigkeit des Lebens selbst" weisen (VI, 258).

Die Musik als ein besonderes Zeichensystem wird im Faustusroman nicht zuletzt durch die theoretische Orientierung an Adornos *Philosophie der neuen Musik* zum Paradigma für die ästhetischen Probleme der Moderne.[43] Noch deutlicher als Theologie und Politik ist sie durch eine fortschreitende Subjektivierung gekennzeichnet, die alte Wertsetzungen und normative Ordnungen fortschreitend beseitigt. Doch auf der Höhe der Subjektivierung entsteht das Bedürfnis nach einer Rekonstruktion des Authentischen als einer verbindlichen Erfahrung. Sie ist allein durch eine Überbietung der geschichtlichen Bewegung möglich, die regressive Züge hat: Sie verlangt die Unterwerfung unter metasubjektive Systeme, die das Bedürfnis des Einzelnen ignorieren. Erst jenseits der Subjektivität vermag neue Unmittelbarkeit zu entstehen.

Ihre Brisanz erhält diese dialektische Denkfigur zweifellos in dem politischen Kontext, den der Künstlerroman entfaltet, indem er ausgerechnet Zeitblom die Idee des Durchbruchs als politische Vision aussprechen läßt, bevor sie in dessen Gespräch mit Adrian zu einem ästhetischen Programm wird (VI, 408-411). Nicht zuletzt daraus ergibt sich eine entschiedene Infragestellung des „Projekts der Moderne", die dieses in die Nähe der „instrumentellen Vernunft" im Sinne der *Dialektik der Aufklärung* rückt[44] und zugleich schon die zentrale Vorstellung von der „Kontinuität der Diskontinuität" der modernen Kunst entfaltet, die Adornos *Ästhetische Theorie* später ausarbeitet. Schon vorher hat der Teufel Adrian einen Durchbruch durch „die Epoche der Kultur und ihres Kultus" verheißen (VI, 324).[45] Später wird die Faustkantate von Zeitblom als das „Gebundenste" von Adrians Werken gedeutet, als Ergebnis von „Hirnleistung" und „kombinatorische[r] Phantasie" (VI, 607) und ein anarchisches Stück zugleich. Es ist nur folgerichtig, daß es von Adrian zur Rücknahme der neunten Symphonie Beethovens erklärt wird (VI, 634).

Diese Parallelisierung politischer Überlegungen und ästhetischer Entwicklungen verweist auf eine Selbstkritik Thomas Manns, der die Wendung der Deutschen zum Faschismus nicht allein auf eine bestimmte geistesgeschichtliche Tradition zurückgeführt, sondern immer auch die politisch folgenreiche Unverantwortlichkeit des Künstlers kritisiert hat. In *Bruder Hitler* von 1938 (XII, 848f.) betont er in schneidender Selbstkritik die Nähe zwischen Künstlertum und Faschismus, die der Teufel im Teufelsgespräch des Künstlerromans wiederholt (VI, 315); im Essay *Deutschland und die Deutschen* von 1945 (XI, 1132f.) begründet er die Unfähigkeit der Deutschen zu politischem Denken und Handeln aus ihrer Musikalität.[46]

Die Musiktheorie, die der Text entfaltet, verbindet so den Prozeß des ästhetischen Progresses in die Moderne mit einer politisch rückschlägigen Entwicklung, einer Regression vom Stand der Vernunft in die Unvernunft des Faschismus. Diese Ambivalenz wird in den musiktheoretischen Passagen des Romans immer wieder angesprochen (VI, 253f.). Die Vorträge des Musiklehrers Kretzschmar, denen Adrian und Zeitblom als Jugendliche zuhören, bestimmen mit Blick auf Beethoven den Gegensatz der homophonen, akkordischen und der polyphonen, kontrapunktischen Kompositionsweise. Die horizontale Polyphonie wird schematisch als Prinzip der Sachlichkeit, die vertikale Homophonie als subjektive Darstellungsweise gedeutet. In Beethovens op. 111, so die erzählte Musiktheorie des Romans, kommt die Sonatenform an ihr Ende, weil in ihr der Gegensatz des Polyphonen und Homophonen aufs höchste gesteigert wird. Unter diesem Blickwinkel ist die Zwölfton-Musik die letzte mögliche Innovation. Sie zerstört bis dahin gültige Hörkonventionen und verpflichtet die ästhetische Erfahrung auf ein strenges System: Allein durch diese Doppelbewegung entsteht ein neues Hören, gibt es wieder Kunst. Es ist eine Überlegung, die unmittelbar an Adornos *Philosophie der Neuen Musik* und ihre Deutung Schönbergs anschließt.[47] Indessen erscheint diese Rückbindung im Roman zugleich als Rückgriff auf überwundene Formen der Musik, die nun auf der Höhe der Reflexion rekonstruiert werden: Adrians Kompositionen wiederholen Klangfiguren, die er schon als Kind von der Stallhanne auf dem elterlichen Hof Buchel erlernt, überdies sind sie durch die Klang-Chiffre h-e-a-e-es zentriert, die an Hetaera Esmeralda erinnert, an jene Prostituierte, bei der sich Adrian infiziert.

Thomas Manns Umgang mit dem bildungsgeschichtlichen Material belegt überdies, daß Kontrapunktik und Polyphonie in seinem Text auch als Diskursmerkmale eingesetzt werden; sie erhalten eine semiologische Bedeutung.[48] Dies betrifft zunächst die Organisation des Romanganzen, es unterstützt aber auch seine implizit erzählte Zeichentheorie. Die Klangvertauschungen zwischen dem Vokal- und dem Instrumentalpart in der „Apocalipsis cum figuris", die Verrückung der „Grenze zwischen Mensch und Ding", die Vexation zwischen dem Bewußten und Unbewußten, die „Idee der Transfiguration" weisen auf eine Ambivalenz der Zeichensysteme, die bereits in Jonathan Leverkühns Naturexperimenten deutlich wurde, die sich mit der „phantastische(n) Zweideutigkeit" der Naturphänomene (VI, 26), der „Einheit der belebten und der sogenannten unbelebten Natur" (VI, 29) und den „Chiffren" der Natur befaßten, die eine „unzugängliche Mitteilung" darstellen (VI, 27). Völlig zu Recht hat man diese Passagen des Romans, hat man die Beziehung von Imitation und Illusion in der Natur zugleich als einen selbstreflexiven Schlüssel für den Status der literarischen Illusion im Künstlerroman gedeutet.[49] Dies unterstreicht die Adorno verpflichtete Kritik am Scheincharakter der Kunst, die Adrians Besucher, dessen frühere Überlegungen zitierend, im 24. Kapitel formuliert (VI, 241, 321). Zugleich läßt sich dieses Thema als eine Infragestellung des anthropozentrischen Weltbilds verstehen.[50] Nicht zuletzt deshalb erscheint Zeitblom die „Rekonstruktion des Ausdrucks", die er sich vom letzten Werk Adrians erhofft, als bloß „paradoxe [..] Möglichkeit". In seinem eigenen Urteil keineswegs gewiß, sondern mit einer rhetorischen Frage ordnet er sie mit den Worten Adornos „der höchsten und tiefsten Ansprechung des Gefühls auf einer Stufe der Geistigkeit und der Formenstrenge" zu, „die erreicht werden mußte, damit dieses Umschlagen kalkulatorischer Kälte in den expressiven Seelenlaut und kreatürlich sich anvertrauender Herzlichkeit Ereignis" werden konnte (VI, 643). Der im Roman entworfene Bezug auf Kleists Aufsatz über das Marionettentheater unterstreicht diese Lesart (VI, 410). Nicht zufällig läßt sich die im Roman vorgestellte Unterscheidung zwischen Musik und Sprache auf Adornos Differenzierung zwischen den Prinzipien von „ratio" und „mimesis" beziehen, die der Philosoph zuerst in einem Aufsatz über den *Spätstil Beethovens* skizziert und später in seiner *Ästhetischen Theorie* entfaltet.[51]

Von hier wird klar, daß die Ästhetik der teleologisch verstandenen Moderne, die ein Fortschreiten der Selbst- wie der Kunstreflexion annimmt und die Manns Text über den latenten Hegelianismus der Musiktheorie Adornos beeinflußt, so konterkariert wird, daß sie nicht einfach in die Tradition zurückgebogen werden kann. „Wahre Leidenschaft gibt es nur im Ambiguosen und als Ironie" hört Adrian von seinem teuflischen Besucher (VI, 323) und in der Tat spricht manches dafür, daß auch das „Geheimnis der Identität" einen subversiven Subtext erhält.[52] Die erzählerische Konstruktion von Zusammenhängen und ihre gleichzeitige kritische und parodistische Aufhebung gehören zusammen (VI, 180). Offensichtlich folgt Thomas Mann damit einem Schreibgestus, den er mit Blick auf Goethes *Faust* als „satirische [..] Selbst-Aufhebung", als Spiel mit literarischen Vorlagen und „Einschränkung ihrer Wirklichkeit", beschreibt (IX, 604). Dies erklärt, warum er selbst sich entschieden von einer Nachzeichnung des Goetheschen *Faust* absetzt, auf die ihn manche Interpreten verpflichten wollen.[53]

Nicht zuletzt dadurch hebt sich die Linearität des Erzählens selbst auf; wie Adrians Komposition von *Doctor Fausti Weheklag* wird auch Manns Roman vom Künstler Adrian „recht eigentlich undynamisch, entwicklungslos".[54] Die erzählerische Gegenbewegung gegen dissonante Erfahrungen und Wahrnehmungen der Moderne, welche die meisten Interpreten an Manns Künstlerroman dechiffrieren wollen und durch hermeneutisch-philologische Exegese noch zu übertreffen suchen, erweist sich als bloße Simulation. Deshalb werden in Manns Roman weder die Anschauungen des Künstlers noch die seines Biographen endgültig ins Recht gesetzt. Vielmehr wird die Position beider relativiert, ihre Beziehung wird zur Signatur jenes Schwebens zwischen Bedeutung, Form und Inhalt, das diesen Text Thomas Manns insgesamt prägt. Der späte Roman überbietet im Rekurs auf die frühromantische Subversion des Wissens schon deren kritisches Potential. Damit enthüllt er das Gesetz einer Moderne, die keine abgeschlossenen Sinnzusammenhänge mehr zuläßt.[55]

So verlangt das Erzählen im *Faustus*-Roman nicht nur nach einer hermeneutischen, sondern zu ihrer Korrektur auch nach einer dekonstruktivistischen Lektüre. Die bewußt gesetzten Ambiguitäten des Textes stellen nicht nur einzelne Inhalte, sondern auch die Identität des erzählenden wie des erzählten Subjekts in Frage. Thomas Manns freier Umgang mit Inhalten, der häufig zu ihrer Depotenzierung oder Destruktion führt, gerät zum Paralleltext von Adornos „tragisch-puritanischer Philosophie der modernen Kunst",[56] weil er ihre Betonung einer Kontinuität der Diskontinuität in der modernen Kunst nachzeichnet. In Übereinstimmung damit wird der Sinnkörper, den der Text zu konstruieren vorgibt, entschieden durch die Schilderung von Adrians Ende konterkariert, die einen der Vernunft beraubten Körper zeigt. Indessen wäre es verfehlt, das Moment der Dekonstruktion, das der Text selbst entwirft, indem er Zweideutigkeiten etabliert und sich vom endgültigen Urteil fernhält, als ein unverbindliches Spiel zu deuten, als postmoderne Strategie. Vielmehr ist es das genaue Gegenteil davon. Der Entwurf des Romans vom Ende der Kunst geht – nicht anders als die Kunstreflexion der Kritischen Theorie – unmittelbar aus dem politischen Urteil, aus Emigration und Abwehr gegen den Faschismus hervor, aus der Erfahrung einer weltgeschichtlichen Differenz. Gerade darin ist Manns Schreiben Baudelaires Entwurf einer dissonanten Moderne verpflichtet.

Von hier begründet sich die Modernität des späten Künstlerromans. Die nur marginalen Parallelen zwischen der Textstruktur des *Doktor Faustus* und dem strengen Satz Schönbergs lassen sich epistemologisch als Entfaltungen der zentralen ästhetischen Überlegungen verstehen. Mit der Nachschrift verfügt der Text über 48 Segmente, die auf die dodekaphone Abfolge von Reihe, Umkehrung, Krebs und Umkehrung des Krebses anspielen. Er verschränkt eine horizontale mit einer vertikalen Ebene, weil er zentrale Motive unterschiedliche historische Zeitstufen und differente Diskurse durchlaufen läßt: im Sinne Thomas Manns Rede- und zugleich Wertordnungen.

Die motivischen Koinzidenzen und übergreifenden Sinnzusammenhänge, die sich zwischen unterschiedlichen Erzählebenen und Sinnbereichen einstellen, widersprechen dem nicht. Vielmehr korrespondieren sie den tonalen Anklängen, zu denen es auch in Schönbergs später Umsetzung der Dodekaphonie wieder kommt.[57] Allerdings zeigt diese Parallelführung, daß die Musik und das Erzählen in diesem Text genau unterschiedene Paradigmen sind. Kritik vermag der Text gerade nicht durch den Entwurf eines ganzen, in sich stimmigen und durchkalkulierten Werks zu leisten, sondern allein als Diskursstrategie. Die „Zweideutigkeit [...] als System" (VI, 66), die Adrian der Musik zuschreibt, ist Paradigma nicht allein für die Zweideutigkeit von Zeichensystemen, sondern für ihre Arbitrarität im Sinne einer fundamentalen Vieldeutigkeit.[58] Bedeutung können diese erst im Zusammenhang übergreifender Strukturen oder konsensualer Setzungen erhalten.[59]

In dieser Hinsicht ergibt sich eine Übereinstimmung zwischen der Erzählordnung und dem musiktheoretischen Paradigma des Romans.[60] Denn auch die Zwölf-Ton-Musik läßt sich als eine syntaktische Struktur verstehen, die bei Befolgung einfacher Grundregeln eine Vielzahl von Kombinationen und kompositorischen Möglichkeiten eröffnet, wenn die Reihengestalten horizontal und vertikal eingesetzt werden (VI, 256f.).[61] Allerdings kennt die syntaktische Struktur der Musik keine Differenz von Zeichen und Bedeutung wie die Sprache, die schon immer über eine Primär-Referenz verfügt.[62] Verbunden aber sind das dodekaphone Komponieren und das moderne Erzählen in Thomas Manns Künstlerroman durch den Gestus der Negation: Schönbergs Ausschluß konsonanter Akkorde in der frühen Zwölf-Ton-Musik korrespondiert Manns Kontrafaktur eines durchgängigen und einlinigen Sinns im Erzählen.[63]

So wie die dodekaphone Musik ihre Eigenart aus der Abwehr musikalischer Gravitationszentren bestimmt, folgt auch der Text vom Ende der Kunst einer ständigen Infragestellung bisher gültiger Wertsetzungen und Sinngebungen. Die Musik wie das Erzählen setzen damit einen historischen Trend der Kunstentwicklung fort; die Selbstkritik der Moderne und ihrer Leitvorstellungen korrespondiert mit einer radikalen Abwehr der Konvention.[64] In Thomas Manns Künstlerroman ergibt sich aus diesen Voraussetzungen eine charakteristische Doppelbewegung: einerseits läßt sich eine entschiedene Depotenzierung von Sinnzusammenhängen beobachten, die einander überlagern. Andererseits läßt sich Manns Erzählen auch insofern dem dodekaphonen Komponieren vergleichen, als der schöpferische Gedanke nicht einfach mehr mit schon bestehenden Strukturen vereinbar ist, sondern sich im Werk eine neue und eigene Hierarchie aufbaut.[65] Das Paradoxon der modernen Musik, „daß eine jede, die geschrieben wird, unterm Zwang steht, ihre eigene Sprache sich erst zu schaffen", wiederholt und verschärft sich so gerade im literarischen Text, wenn er das Bildungsmaterial durch die Erzählordnung seiner ursprünglichen Referenz beraubt.[66]

Der Faustus-Text erweist sich insgesamt als Versuch, in Übereinstimmung mit der modernen Erfahrung des Sinn- und Orientierungsverlusts den Gedanken einer bloß strukturellen Ordnung erzählerisch deutlich zu machen. Er löst vorgeblich feste Bedeutungen in differenten Diskursen auf und zieht die Semantik bestehender Redeordnungen in Frage, indem er diese sich gegenseitig relativieren läßt. Das in einigen Deutungen des Romans vorherrschende hermeneutische Ausspielen des Mannschen Wagnerismus gegen seinen Adornismus[67] und der faustischen Gnadenthematik gegen die Kunstkritik der Kritischen Theorie, die Betonung der „Hoffnung jenseits der Hoffnungslosigkeit" – eine Überlegung, die allein Zeitbloms Kommentar zu Leverkühns Werk entfaltet (VI, 651) – gegenüber der Idee einer kalkulatorischen Strenge, der Kunst gehen deshalb in mancher Hinsicht fehl. Zum einen reduzieren sie den Wagnerismus Manns auf eine Position, die Thomas Mann bereits im frühen *Versuch über das Theater* (X, 48), im Essay über *Die Kunst des Romans* (X, 361) und später mit Blick auf den *Zauberberg* (XI, 611) formuliert, um seine eigene Leitmotivtechnik mit Blick auf Wagner zu charakterisieren. Doch die Bedeutung Wagners für den späten Roman Thomas Manns dürfte vor allem in der Vorbereitung der Zwölf-Ton-Musik liegen. Mit Blick auf die Moderne ist an Wagner gerade nicht die luzide Durchorganisation des musikalischen Materials hervorstechend, sondern der freie und spielerische Umgang mit diesem, das weitgehend aus seiner hierarchischen Einbindung gelöst ist. Nicht ohne Grund spricht Schönberg von Wagners „vagierenden Akkorden", bilden Wagners Kompositionen für Bernstein ein „musikalisches Pandämonium", einen „Gipfelpunkt der Vieldeutigkeit",[68] während Pierre Boulez in seinen Ausführungen zu *Parsifal* die Unbeständigkeit und Unbestimmtheit von Wagners Komponieren hervorhebt, in welchem das Material ein „deutliches Widerstreben gegen Fixierung" erkennen lasse.[69]

So konterkarieren die synthetisierenden Interpretationen den Text Thomas Manns, indem sie von diesem als inkommensurabel gezeigte Wertordnungen wieder zueinander in Beziehung setzen.[70] Doch dieses Verfahren stellt der Roman grundsätzlich in Frage. Ein Beispiel dafür ist die zentrale Frage nach der Gnade und der menschlichen Entscheidungsfreiheit, die sowohl im Sinne der mittelalterlichen Legende von Gregorius (VI, 423-425), als auch unter dem Blickwinkel Augustin (VI, 135, 329), der Unterscheidung von attritio und contritio (VI, 329, 353), der lutherischen Überzeugung der *iustitia iustificans* (VI, 646, 676),[71] schließlich aber im Horizont von Zeitbloms durch die Antike geprägten Humanismus entfaltet wird (VI, 669). An keiner Stelle werden diese unterschiedlichen kontextuellen Einbindungen der Gnadenthematik erkennbar voneinander abgesetzt, zudem gehen die differierenden Gnadenkonzeptionen im Erzählen Zeitbloms immer wieder ineinander über. Diese Unbestimmtheit ist so auffällig, daß sie nicht zufällig sein kann: Sie ist ohne Zweifel eine bewußte Setzung des Autors.

Diesem erzählerischen Verfahren der Perspektivierung und Transformation, das zu einer Depotenzierung unterschiedlicher Sinnzusammenhänge führt, korrespondiert eine signifikante Technik der Auslassung: Der historische Überblick des Romans über Deutschland läßt ganze Epochen, aber auch umfassende intertextuelle Bezugsfelder, unter ihnen ausgerechnet den Goetheschen *Faust*, völlig aus.[72] So beweist sich die Modernität Thomas Manns weniger an der Technik des „stream of conciousness", die das siebente Kapitel des *Lotte*-Romans in enger Anlehnung an Joyce realisiert. Sein erzählerisches Äquivalent zur musikalischen Reihentechnik entsteht aus einer bewußten Durchschneidung von historischen Linien und Traditionen und der permanenten Dekonstruktion von Inhalten,

Bedeutungen und Wertorientierungen im Wechselspiel der unterschiedlichen Diskursebenen des Romans.

Deutlich wird der diskursanalytische und dekonstruktivistische Gestus von Thomas Manns Schreiben dadurch, daß sich jeder erzählte Diskurs als ein Gewebe anderer Diskurse erweist. Dies gilt für Adrians und des Teufels Rede ebenso wie für Zeitbloms Bericht. Dessen Deutung der Werke und der musikalischen Entwicklung Leverkühns etwa zitiert neben eigenen früheren Überlegungen (VI, 498, 645) Adrian (VI, 82, 257, 644) ebenso wie dessen Lehrer Kretzschmar (VI, 75, 498) und den Teufel (VI, 321, 644). Zudem steht sie unter dem Einfluß der Gespräche im Kridwiß-Kreis, die nur zuerst kritisch hinterfragt werden.

Ein Bild für den Modus dieser Vermittlungen gibt das Teufels-Kapitel. Über den vorgeblichen Teufelspakt, allenfalls eine Karikatur des Faustischen Paktes, berichtet Zeitblom auf der Grundlage von Adrians geheimen Aufzeichnungen, die er seinem eigenen Erzähltext einfügt. Was er als Geschichte überliefert, bezeichnet er als Rede, die bei Aussetzen seiner eigenen Rede eingeschoben wird. Zugleich stellt er seinen eigenen Bericht in Frage. Nicht zu klären vermag er, ob es nur Adrians Rede oder ein „Zwiegespräch" ist, was er berichtet, auch hat er Zweifel daran, ob Adrian selbst „in tiefster Seele für wirklich hielt, was er sah und hörte: während er es hörte und sah und nachher, als er es zu Papier brachte [...]". Und er schließt nicht aus, daß alles nur „aus der eigenen Seele des Heimgesuchten" kam (VI, 295). Zeitbloms Bericht ist eine Abschrift, die schon äußerlich als Transposition erscheint: Was Adrian auf Notenpapier geschrieben hat, überträgt er in sein eigenes Manuskript und schon optisch entsteht dadurch eine Einlinigkeit, die in Adrians Handschrift nicht vorhanden ist. So stößt der Philologe Zeitblom auf ein Quellenproblem in doppelter Hinsicht. Das ihm vorliegende Manuskript Adrians ist nicht datiert (VI, 296); er kann lediglich vermuten, daß die schriftliche Niederlegung während des Aufenthalts in Palestrina, in unmittelbarem „Anschluß an die Erscheinung, am nächsten Tage vermutlich" entstand (VI, 296). Doch zweifellos wirkt der als Adrians Niederschrift bezeichnete Text nachträglich dramatisiert: durch seine Strukturierung in Rede und Gegenrede, durch in Klammer gesetzte Schilderungen von Tonfall und Gestus, die wie Regieanweisungen wirken.

Das vorgebliche Zwiegespräch erweist sich als eine Kompilation von unterschiedlichen Diskursen, denen Adrian, Zeitblom und der Erzähler folgen, und deren Grenze fließend ist. Einerseits spricht der Teufel nach einer seiner vielen Verwandlungen mit den Worten der Kunsttheorie Adornos, wenn er gegen das geschlossene Werk, gegen den Schein argumentiert und die Kunst als Kritik bezeichnet. Andererseits nimmt der teuflische Diskurs eine Perspektive von Thomas Manns Essay über *Bruder Hitler* auf, wenn er den Künstler als „Bruder des Verbrechers und des Verrückten" bezeichnet (VI, 315). Darüber hinaus zieht die Rede des Teufels Sprache als sinngebende Struktur in Frage: Der Teufel spricht über etwas, das sich ausdrücklich in Worte nicht fassen läßt, „weil sich das Eigentliche mit den Worten nicht deckt", weil man sich mit „symbolis [...] durchaus begnügen" muß, wenn man von der Hölle spricht. Doch längst hat der Teufel selbst jede feste Kontur verloren, ist er selbst nicht einmal mehr ein Symbol des Teuflischen.[73] So phantasiert Adrians Gesprächspartner mit gutem Grund vom Ende des „anzeigenden Worts" (VI, 326).[74]

Dies läßt sich zu anderen Passagen des Romans in Beziehung setzen, die von Anfang an dessen Konturierung als erzählte Diskursanalyse deutlich machen. In einem Gespräch, das Kretzschmars Vortrag über „Beethoven und die Fuge" auslöst, werden die Ordnungsbegriffe des Humanismus von Adrian, dem Zeitbloms Humanismus ohnehin „mittelalterlich erscheint" (VI, 364), als arbiträr angesehen. Davor versagen Zeitbloms binäre

Bestimmungsversuche: „'Aber die Alternative', warf ich ihm ein, 'zur Kultur ist die Barbarei.' 'Erlaube mir', sagte er. 'Die Barbarei ist das Gegenteil der Kultur doch nur innerhalb der Gedankenordnung, die diese uns an die Hand gibt. Außer dieser Gedankenordnung mag das Gegenteil ganz etwas anderes oder überhaupt kein Gegenteil sein.'" (VI, 82). Anläßlich eines anderen Vortrags über „Die Musik und das Auge" wird die Frage nach der Beziehung von Tonschrift und Buchstabenschrift thematisiert. Kretzschmar handelt vom „bloßen Augenschein notierter Musik", von der Bedeutung des musikalischen „Schriftbild(s)", von den Geheimnissen, welche die Komponisten in ihre Satzschriften „hineingeheimnißt" haben, Dingen, die „mehr für das lesende Auge als für das Ohr bestimmt gewesen" seien (VI, 84). In Übereinstimmung damit wird immer wieder die Korrespondenz von Musik und Sprache thematisiert (VI, 217), vor allem von Adrian, der am Ende sagt, er habe eigentlich keine Sonate, sondern einen Roman schreiben wollen (VI, 605).

Das zentrale Thema des Durchbruchs selbst wird im Text nicht nur mit dem Wort der Erlösung und der Vorstellung vom „Erlöser der Kunst" verbunden, die Adrian selbst „ein romantisches Wort" und ein „Harmoniker-Wort" nennt, es wird auch ausschließlich im Irrealis verhandelt. Dazu kommt, daß dieses Leitwort nicht eindeutig in einem bestimmten Diskurs situiert wird. Zunächst wird es von Adrian im Rückbezug auf ein vorangegangenes Gespräch (VI, 408) als ein Terminus Zeitbloms behandelt: „der *Durchbruch* würdest du sagen. Wem also der *Durchbruch* gelänge aus geistiger Kälte in eine Wagniswelt neuen Gefühls, ihn sollte man wohl den Erlöser der Kunst nennen" (VI, 428). Das sich anschließende Gespräch wirkt, als sprächen Leverkühn und Zeitblom mit vertauschten Rollen: Adrian phantasiert von der utopischen Perspektive einer Kunst, die einem Kultus, einem gesellschaftlichen Ereignis frommer Verehrung im Sinne des Humanisten Zeitbloms nahekäme und doch der Kultur nicht mehr bedürfe, Zeitblom dagegen, gerührt von Adrians sozialer Phantasie, hält diesem seine tatsächliche Haltung strenger Zurückgezogenheit als Forderung vor. „Kunst ist Geist, und der Geist braucht sich ganz und gar nicht auf die Gesellschaft, die Gemeinschaft verpflichtet zu fühlen, – er darf es nicht, meiner Meinung nach, um seiner Freiheit, seines Adels willen" (VI, 429).

Die Trennlinie zwischen dem Diskurs des traditionellen Humanismus und seiner Vorstellung einer sozialisierbaren und sozialisierenden Funktion der Kunst einerseits und der strengen, gesellschaftsfernen Kunst der Moderne andererseits wird in Adrians Werk schließlich beseitigt. Dort kommt es zu einer „seltsame[n] Klangvertauschung [...] zwischen dem Vokal- und dem Instrumental-Part der 'Apokalypse'", wo „Chor und Orchester [...] einander nicht als das Menschliche und das Dingliche klar gegenüber" stehen, die „Grenze zwischen Mensch und Ding verrückt erscheint". Sie findet ihre innere Entsprechung in jener daraus folgenden „Vereinigung des Ältesten mit dem Neuesten", die für Zeitblom nicht eine „Tat der Willkür ist, sondern in der Natur der Dinge liegt: sie beruht, so möchte ich sagen, auf der Krümmung der Welt, die im Spätesten das Früheste wiederkehren läßt" (VI, 498f.).

Die Metapher der Krümmung übersetzt den ästhetischen Paradigmenwechsel in ein Bild, das sich topographisch, historisch und bewußtseinsgeschichtlich zugleich fixieren läßt. Der Weg um die Kugel (VI, 489/494) wird zu einem Bild, das die Linearität und Teleologie neuzeitlicher Expansion aufhebt, welche die Ausbreitung der europäischen Zivilisation nach Westen als den Weg zu Fortschritt und Freiheit des Menschen deutete. Ihr setzt der Künstlerroman ein metaphorologisches Gegenbild entgegen. Um die Kugel herumgehen, im Spätesten das Früheste erkennen, wird zur Signatur einer dissonanten Erfahrung der Moderne, spätestens seit Melvilles Geschichte von Captain Ahab, der den weißen Wal solange verfolgt, bis sich die Kompaßnadel umdreht und der, der nach

Westen gefahren ist, im Osten ankommt. Den Weg um die Kugel beschreitet auch der Künstler Adrian, der seiner Faust-Kantate die Figur des Kreises einschreibt und damit Geschichte sistiert: Schon zu Beginn des Romans deutet der Biograph die „Ähnlichkeits- und Wiederholungsbeziehung" (VI, 39) an, die sich in Adrians Lebensgeschichte durch den verhängnisvollen „Parallelismus" (VI, 520) zwischen Hof Buchel und Pfeiffering, dem Ort der Geburt und dem Ort des ausbrechenden Wahnsinns vollendet.

Diese Metaphorologie des Endes im Anfang, die mit einer Widerlegung der Idee des Humanismus einhergeht,[75] bedeutet für den Autor Thomas Mann, der jahrzehntelang auf das erklärende und erzählende Wort gesetzt hat, die radikalste Infragestellung bisheriger eigener Kunstpraxis. Sie ist Ausdruck einer als einschneidend empfundenen Krise jener sinnzentrierten, in einer humanistischen Tradition befangenen Kunst, an der sich der Autor bis dahin orientierte. Mit Recht ist betont worden, daß der Roman deshalb die Fähigkeit zur Exegese verliert und der Leser bewußt in die Zweideutigkeit entlassen wird.[76] Von hier erhält der Terminus der „radikalen Autobiographie" einen grundsätzlich neuen Sinn. Über diesen Punkt geht Thomas Mann weder theoretisch noch ästhetisch hinaus. Indessen bereitet gerade der Faustusroman die Voraussetzungen für eine neue Kunst. Er zeigt, wie das Erzählen durch eine kritische Kontrafaktur der Tradition sinnzentrierter und mimetischer Kunst zu einer neuen Freiheit des Ästhetischen findet, indem es bewußt einen Paradigmenwechsel inszeniert[77] Allein so kann der Roman einlösen, was seiner Künstlerfigur nicht gelingt: Er schafft Erkenntnis durch Entfaltung einer neuen Ordnung.

Anmerkungen

1 An Erich Kahler, 23. Dez. 1944: Blätter der Thomas-Mann-Gesellschaft Zürich, Nr. 10, Zürich 1970, S. 33; vgl. Tgbb 5, S. 395.
2 Jean-François Lyotard: Das postmoderne Wissen. Ein Bericht, hrsg. v. Peter Engelmann, Graz/Wien 1986, S. 66f., S. 116-119 (= Edition Passagen 7).
3 Georg Lukács: Die Theorie des Romans. Ein geschichtsphilosophischer Versuch über die Formen großer Epik, Berlin 1920, S. 31, 69, 73, 131, 140.
4 TMW XIII, S. 169; Tgbb 3, S. 228, 372.
5 Hans Ulrich Gumbrecht: „Modern. Modernität, Moderne", in: Geschichtliche Grundbegriffe, hrsg. von O. Brunner, W. Conze, R. Koselleck, Stuttgart 1972, Bd. 4, S. 93-131, hier S. 96, S. 111.
6 Leo Kofler: Abstrakte Kunst und absurde Literatur: Ästhetische Marginalien, Wien/Frankfurt/M./Zürich 1970, S. 131, 185.
7 Hans Rudolf Vaget: „Thomas Mann und James Joyce: Zur Frage des Modernismus im Doktor Faustus", Thomas Mann Jahrbuch 2, 1989, S. 121-150, hier S. 142.
8 Dazu neuerlich Helmut Kiesel: Thomas Manns Doktor Faustus. Reklamation der Heiterkeit, in: DVjS 64 (1990), S. 726-743, bes. S. 730.
9 So paradigmatisch Eckhard Heftrich: Vom Verfall zur Apokalypse. Über Thomas Mann, Bd. II (= Das Abendland. Neue Folge 14. Forschungen zur Geschichte des europäischen Geisteslebens), Frankfurt/M. 1982.
10 Heftrich, S. 190.
11 Vgl. dazu vom Verf., Lebens-Werk. Zum inneren Zusammenhang der Texte Thomas Manns, München 1985, bes. S. 11-37.
12 Hans Wysling: 'Mythus und Psychologie' bei Thomas Mann, in: H.W.: Dokumente und Untersuchungen. Beiträge zur Thomas-Mann-Forschung, S. 167-180, hier S. 172 (= Thomas-Mann-Studien, hrsg. von Thomas-Mann-Archiv der Eidgenössischen Technischen Hochschule. Dritter Band).
13 Jean Starobinski: Psychoanalyse und Literatur, Frankfurt/M. 1973, S. 237.
14 Thomas Mann: Briefe an Otto Grautoff 1894-1901 und Ida Boy-Ed 1903-1928, hrsg. von Peter de Mendelssohn, Frankfurt/M. 1975, S. 90.

15 „Die Vaterbindung, Vaternachahmung, das Vaterspiel und seine Übertragungen auf Vaterersatzbilder höherer und geistiger Art – wie bestimmend, wie prägend und bildend wirken diese Infantilismen auf das individuelle Leben ein!" (TMW IX, S. 498f.).

16 TMW IX, S. 501; Sigmund Freud: Studienausgabe (SA). Siebte, korrigierte Ausgabe, Frankfurt/M. 1969, Bd. 1, S. 516.

17 Terence J. Reed: Thomas Mann. Der Tod in Venedig. Text. Materialien, Kommentar zu den bisher unveröffentlichten Arbeitsnotizen Thomas Manns, München/Wien [3]1984, S. 169 (= Literatur-Kommentare unter redaktioneller Mitarbeit von Hans-Joachim Simm, hrsg. von Wolfgang Frühwald Bd. 19).

18 Hans Wysling: Thomas Manns Pläne zur Fortsetzung des Krull, in: H.W.: Dokumente und Untersuchungen, S. 149-166, hier S. 165.

19 Benno v. Wiese: „Die 'Bekenntnisse des Hochstaplers Felix Krull' als utopischer Roman", in: Thomas Mann 1875-1975. Vorträge in München-Zürich-Lübeck, hrsg. von Beatrix Bludau, Eckhard Heftrich, Helmut Koopmann, Frankfurt/M. 1977, S. 189-206, hier S. 192f.

20 Thomas Mann: Tagebücher 4, S. 407.

21 Vgl. dazu Hans Rudolf Vaget: Thomas Mann-Kommentar zu sämtlichen Erzählungen, München 1984, S. 64.

22 Michel Foucault: Die Ordnung der Dinge. Eine Archäologie der Humanwissenschaften. Übersetzt von Ulrich Köppen, 2. Aufl., Frankfurt/M. 1978, S. 82 (= stw 96).

23 Zum Begriff des Diskurses Michel Foucault: Die Ordnung des Diskurses. Inauguralvorlesung am Collège de France, 2. Dezember 1970, Frankfurt/M./Berlin/Wien 1977, S. 7-15, 21-25 (= Ullstein Materialien 3367.); Ders.: Die Ordnung der Dinge. Eine Archäologie der Humanwissenschaften. Übersetzt von Ulrich Köppen, Frankfurt/M. [3]1980, S. 15, 17 (= stw 96); Ders.: Dispositive der Macht. Über Sexualität, Wissen und Wahrheit, Berlin 1978, S. 83 und Manfred Frank: Was ist Neostrukturalismus?, Frankfurt/M. 1984, S. 216 (= es 1203).

24 Peter Cersowsky: Phantastische Literatur im ersten Viertel des 20. Jahrhunderts, Untersuchungen zum Strukturwandel des Genres, seinen geistesgeschichtlichen Voraussetzungen und zur Tradition der „schwarzen Romantik" insbesondere bei Gustav Meyrink, Alfred Kubin und Franz Kafka, München 1983, S. 249.

25 Cersowsky, S. 248f. verweist hier auf die literarische Tradition.

26 Vgl. dazu Reed, S. 87 und vom Verf.: Das Ich als ästhetische Konstruktion. 'Der Tod in Venedig' und seine Beziehung zum Gesamtwerk Thomas Manns, Freiburg 1987, S. 36f. und S. 53-110.

27 Dazu und zu Manns Lektüre von Freuds Totem und Tabu vgl. Manfred Dierks: Studien zu Mythos und Psychologie bei Thomas Mann. An seinem Nachlaß orientierte Untersuchung zum 'Tod in Venedig', zum 'Zauberberg'und zur 'Joseph-Tetralogie', Bern/München 1972, S. 157, 160ff. und S. 249, Anm. 2; vgl. dazu auch Helmut Jendreiek: Thomas Mann. Der demokratische Roman, Düsseldorf 1977, S. 347.

28 Georg Wilhelm Friedrich Hegel: Werke, Frankfurt/M. 1970ff; 10, S. 215, § 426 (= Theorie Werkausgabe. Auf der Grundlage der Werke von 1832-1845 neu edierte Ausgabe. Redaktion Eva Moldenhauer und Karl Markus Michel).

29 Hegel: Werke 10, S. 258-283, §§ 452-465.

30 Hegel: Werke 10, S. 261, § 454 Zusatz.

31 Hegel: Werke 10, S. 262.

32 Hegel, Werke 10, S. 265f., § 456.

33 Stephen D. Dowden: Sympathy for the Abyss. A Study in the Novel of German Modernism: Kafka, Broch, Musil, and Thomas Mann, Tübingen 1986, S. 136 (= Studien zur deutschen Literatur 90).

34 Brief an Adorno vom 30.12.1945, in: Brr 2, S. 469-472.

35 Brr 2, 390.

36 Harold Bloom: The Anxiety of Influence. A Theory of Poetry, New York, Oxford U.P. 1973, S. 52 und Vaget, S. 128.

37 Grundsätzlich ist Vaget zuzustimmen, daß sich hieraus eine „außerordentliche Vibration" des Textes ergibt. Vaget hinterläuft indessen seinen kritischen Ansatz, weil er die systemsprengenden Inhalte des Romans dadurch entschärft, daß er ihre Einbindung in den „Subtext" der Gnadenthematik annimmt. Hans Rudolf Vaget: Thomas Mann und James Joyce: Zur Frage des Modernismus im Doktor Faustus, Thomas Mann Jahrbuch 2, 1989, S. 121-150, hier S. 136, 140, 142.

38 Ulrich Kinzel: Zweideutigkeit als System. Zur Geschichte der Beziehungen zwischen der

Vernunft und dem Anderen in Thomas Manns Roman „Doktor Faustus", Frankfurt/M./ Bern/New York/Paris 1988, S. 29, 26.

39 Christoph Bode: Ästhetik der Ambiguität. Zur Funktion und Bedeutung von Mehrdeutigkeit in der Literatur der Moderne, Tübingen 1988, S. 35.

40 Dazu Richard Rorty: Is there a problem about fictional discourse?, in: Dieter Henrich, Wolfgang Iser: Funktionen des Fiktiven, München 1983, S. 67-94 (= Poetik und Hermeneutik X).

41 Bode, S. 37.

42 Paul Ricoeur: Hermeneutik und Strukturalismus, München 1973, S. 99; vgl. dazu Bode, S. 91.

43 Bode, S. 236f.; Leonard Bernstein: Von der unendlichen Vielfalt der Musik, München [3]1979, S. 270.

44 Zum Projekt der Moderne Jürgen Habermas: Das Zeitbewußtsein der Moderne und ihr Bedürfnis nach Selbstvergewisserung, in: J.H.: Der philosophische Diskurs der Moderne. Zwölf Vorlesungen, Frankfurt/M. 1985, S. 9-33, hier S. 27 und Ders.: Die Moderne – ein unvollendetes Projekt, in: J.H.: Kleine politische Schriften Bd. 1-4, Frankfurt/M. 1981, S. 444-464, hier S. 453; zur instrumentellen Vernunft Theodor W. Adorno und Max Horkheimer: Dialektik der Aufklärung. Philosophische Fragmente, S. 11-14 (= Th.W.A., Gesammelte Schriften Bd. 3, Frankfurt/M. [2]1984).

45 Ehrhard Bahr: Art Desires Non-Art: The Dialectics of Art in Thomas Mann's Doctor Faustus in the Light of Theodor W. Adorno's Aesthetic Theory, in: Thomas Mann's Doctor Faustus: A Novel at the Margin of Modernism, edited by Herbert Lehnert, Columbia SC: Camden House, 1991, S. 145-160.

46 Lieselotte Voss: Die Entstehung von Thomas Manns Roman „Doktor Faustus". Dargestellt anhand von unveröffentlichten Vorarbeiten, Tübingen 1975, S. 233 und Jendreiek, S. 479.

47 Theodor W. Adorno: Philosophie der Neuen Musik, hrsg. von Rolf Tiedemann, Frankfurt/M. 1975, S. 18f. (= Gesammelte Schriften Bd. 12) und Ders.: Über den Fetischcharakter in der Musik und die Regression des Hörens, in: Th.W.A.: Gesammelte Schriften Bd. 14 (Dissonanzen. Einleitung in die Musiksoziologie) Frankfurt/M. 1973, S. 14-50.

48 Manfred Frank: 'Kaum das Urthema wechselnd'. Die alte und die neue Mythologie im 'Doktor Faustus', in: Fugen. Deutsch-Französisches Jahrbuch für Text-Analytik 1980, hrsg. von Manfred Frank, Friedrich A. Kittler, Samuel Weber, Olten/Freiburg 1980, S. 9-42, hier S. 29.

49 Dowden, S. 141.

50 Dowden, S. 144.

51 Theodor W. Adorno: Ästhetische Theorie, Frankfurt/M. 1970, S. 86ff. (= Th.W.A. Gesammelte Werke Bd. 7); vgl. dazu vom Verf.: Die postmoderne Konstellation, Theorie, Text und Kunst im Ausgang der Moderne, Freiburg 1988, S. 166-173.

52 David Roberts: Die Postmoderne – Dekonstruktion oder Radikalisierung der Moderne? Überlegungen am Beispiel des 'Doktor Faustus', in: Kontroversen, alte und neue. Akten des VII. Internationalen Germanisten-Kongresses, Göttingen 1985. Bd. 8, hrsg. von Walter Haug und Wilfried Barner, Tübingen 1986, S. 148-153, hier S. 151.

53 Dowden, S. 140.

54 Roberts, S. 151.

55 Auf die Nähe zur frühromantischen Schreibpraxis weist ebenfalls, wenn auch mit anderer Akzentuierung Helmut Koopmann: 'Doktor Faustus' – Schwierigkeiten mit dem Bösen und das Ende des 'strengen Satzes', in: H.K.: Der Schwierige Deutsche. Studien zum Werk Thomas Manns, Tübingen 1988, S. 125-144, hier S. 143.

56 Roberts, S. 152f.

57 Vgl. dazu Glenn Gould: Von Bach bis Boulez. Schriften zur Musik I, hrsg. und eingeleitet von Tim Page. Aus dem Amerikanischen von Hans-Joachim Metzger, München/Zürich 1984, S. 179.

58 Dazu Dowden, S. 166.

59 Saussure fixiert Bedeutungen im Rahmen gesellschaftlicher Konventionen, dagegen favorisiert Goodmans Zeichenbegriff entschiedener den Gedanken der Struktur. Dazu Nelson Goodman: Sprachen der Kunst. Ein Ansatz zu einer Symboltheorie, mit einem Nachwort von Jürgen Schlaeger, Frankfurt/M. 1973, S. 227-256 und neuerdings Oliver R. Scholz: Bild, Darstellung, Zeichen. Philosophische Theorien bildhafter Darstellung, Freiburg 1991, S. 12-43.

60 Russell A. Berman: The Rise of the Modern German Novel, Crisis and Charisma, Cambridge, Mass.: Harvard U.P. 1986, S. 261-286, hier S. 281.

61 Vgl. dazu Bode, S. 222.

62 Vgl. dazu Bode, S. 78.

63 Vgl. dazu Bode, S. 218.
64 Vgl. dazu Bode, S. 217.
65 Pierre Boulez: Werkstatt-Texte, Frankfurt/M./Berlin 1972, S. 59.
66 Bode, S. 220; Theodor W. Adorno: Über einige Schwierigkeiten des Komponierens heute, in: Hans Steffen: Aspekte der Modernität, Göttingen 1965, S. 129-149, hier S. 138.
67 Vaget: Thomas Mann und Joyce, S. 148 und dagegen Mark W. Roche: Laughter and Truth in Doktor Faustus. Nietzschean Structures in Mann's Novel of Self-cancellations, in: DVjS 60,2 (1986), S. 309-332, hier S. 309.
68 Vgl. dazu Leonard Bernstein: Freude an der Musik, München 1982, S. 189 und Ders.: Musik – die offene Frage. Vorlesungen an der Harvard-Universität, München 1981, S. 225; vgl. dazu Bode, S. 215.
69 Pierre Boulez: Anhaltspunkte. Essays, München 1979, S. 112.
70 Vgl. dazu Kiesel, S. 738; Vaget: Thomas Mann und Joyce, S. 134; Heftrich, S. 288.
71 Schon zu Beginn wird Adrian als Leser des Römerbriefs vorgestellt: Ausgehend von Röm. 1,17 entwickelt Luther die Vorstellung der iustitia iustificans.
72 Vgl. dazu Koopmann, S. 131f.
73 Koopmann, S. 141.
74 Auch bei Musil heißt es vergleichbar in den nachgelassenen Wundersamen Erlebnissen: „Das gesprochene Wort verliert seinen Eigensinn und gewinnt Nachbarsinn." Robert Musil: Gesammelte Werke in 9 Bänden, hrsg. von Adolf Frisé, Reinbek 1978, IV, S. 1084.
75 Darauf verweist nicht zuletzt die Umkehrung des Begriffs Humanismus im Kolleg des Schleppfuß (VI, S. 138).
76 Vgl. dazu Koopmann, S. 139f.
77 Berman subsumiert diesen in seiner Schematik mißverständlich unter den Titel „Social Individuality" und geht offensichtlich davon aus, daß das entwickelte ästhetische Bewußtsein zugleich sozial sei. So Berman, bes. S. 277.

Literatur

Thomas Mann: Gesammelte Werke in 13 Bde., Neudruck der Ausgabe von 1960, erweitert um einen 13. Bd. mit Nachträgen, Frankfurt/M. 1974 (= TMW I-XIII).

Thomas Mann: Gesammelte Werke in Einzelbänden, hrsg. von Peter de Mendelssohn (Frankfurter Ausgabe), Frankfurt/M. 1981ff.

Thomas Mann: Briefe 1889-1936, Frankfurt/M. 1961; Briefe 1937-1947, Frankfurt/M. 1963; Briefe 1948-1955 mit Nachlese ab 1900, Frankfurt/M. 1965, hrsg. sämtlich von Erika Mann (= Brr 1-3).

Thomas Mann: Tagebücher 1918-1921, hrsg. von Peter de Mendelssohn, Frankfurt/M. 1979; Tagebücher 1933-1934, Frankfurt/M. 1977; Tagebücher 1935-1936, Frankfurt/M. 1978; Tagebücher 1937-1939, Frankfurt/M. 1980; Tagebücher 1940-1943, Frankfurt/M. 1982; Tagebücher 1944-1946, hrsg. von Inge Jens, Frankfurt/M. 1986 (= Tgbb 1-6).

Helmut Jendreiek: Thomas Mann. Der demokratische Roman, Düsseldorf 1977.

Eckhard Heftrich: Vom Verfall zur Apokalypse. Über Thomas Mann, Bd. II (= Das Abendland. Neue Folge 14. Forschungen zur Geschichte des europäischen Geisteslebens) Frankfurt/M. 1982.

Ulrich Kinzel: Zweideutigkeit als System. Zur Geschichte der Beziehungen zwischen der Vernunft und dem Anderen in Thomas Manns Roman „Doktor Faustus", Frankfurt/M./Bern/New York/Paris 1988.

Rolf Günter Renner: Lebens-Werk. Zum inneren Zusammenhang der Texte Thomas Manns, München 1985.

Lieselotte Voss: Die Entstehung von Thomas Manns Roman „Doktor Faustus". Dargestellt anhand von unveröffentlichten Vorarbeiten, Tübingen 1975.

Hans Wysling: Narzißmus und illusionäre Existenzform. Zu den Bekenntnissen des Hochstaplers Felix Krull, Bern/München 1982.

Der literarische Expressionismus als Schritt zur Moderne

Hans Esselborn

Die Modernität des Expressionismus

Der Expressionismus ist nur zu verstehen und zu würdigen als Teil der Literatur der Moderne. Dabei soll die in der germanistischen Forschung verbreitete Ansicht vorausgesetzt werden, daß die literarische Moderne in Deutschland mit dem Naturalismus beginnt und der Expressionismus einen weiteren Schritt zur Umwälzung der Kunst bedeutet.

> Im Blick auf die entscheidenden Veränderungen, die in der Kunst vor und nach 1900 vor sich gehen, scheint es mir berechtigt, 'Moderne' auf jene Phänomene zu beziehen, die sich in den Künsten etwa seit den 1880er Jahren beobachten lassen ... So gilt der Expressionismus gemeinhin als der entscheidende Antipode des Naturalismus, aber bei genauerem Hinsehen und Vergleichen dieser 'Epochen' ... kann man manche wichtige Gemeinsamkeiten ausmachen, die als Zeichen jener 'Moderne' zu deuten sind, die sich schon vor der Jahrhundertwende formiert.[1]

Hinzufügen müßte man dieser Einschätzung allerdings, daß der letzte Schritt zur Moderne über den Expressionismus hinaus, der doch in vielem noch traditionellen literarischen Werten verpflichtet war, in Deutschland erst zur Zeit der Weimarer Republik gewagt wurde, die als ein fruchtbares politisches wie kulturelles Experimentierfeld angesehen werden muß. Steht für die letzte Etappe der Moderne auch kein literarischer Epochenbegriff zur Verfügung, da der der Neuen Sachlichkeit zu eng ist, so können doch bis heute maßgebende Autoren wie Benn, Brecht und Kafka beispielhaft die Richtung in Lyrik, Theater und Roman umreißen. Der Durchbruch der Literatur zur Moderne kann als Antwort auf vier zentrale außerliterarische Herausforderungen der Wirklichkeit und Kultur des 19. und 20. Jahrhunderts genauer bestimmt und besser verstanden werden, welche die spezifischen Leistungen des Naturalismus (samt den sogenannten antinaturalistischen Strömungen), des Expressionismus und der Kunst der Weimarer Republik provoziert haben.

Als die erste entscheidende Herausforderung der Realität kann man die *Industrialisierung* ansehen, welche im deutschen Kaiserreich in besonders rapider und umfassender Weise den Rahmen jeder Erfahrung und damit den Ausgangspunkt jeder Literatur geändert hat, und zwar in doppelter Weise, nämlich sowohl die reale Umwelt durch die Technik als auch die gesellschaftliche Ordnung durch den entfalteten Kapitalismus und den bürokratischen Staat. Die modernen Mittel der Fortbewegung von der Eisenbahn bis zum Auto und Flugzeug und der künstliche Schauplatz der hektischen Großstadt werden zu zentralen Themen und Symbolen der Moderne, so wie die neuen Sozialbeziehungen sich im Lebensgefühl der Anonymität und in der Identitätskrise des Individuums ausdrücken. Die durch die neue Umwelt und Gesellschaft veränderte Wahrnehmung und Erfahrung prägt über die Gegenstände hinaus die literarische Darstellungsweise.

Obwohl Deutschland bis 1918 eine autoritäre Monarchie ist, kann es sich doch der zweiten wesentlichen Herausforderung, nämlich dem Trend der modernen Gesellschaft zur *Demokratisierung* nicht entziehen, der seit der Französischen Revolution ständig wächst. Mit der Revolution und der Weimarer Republik, in der öffentlich und nicht zuletzt mit ästhetischen Mitteln um die Macht gekämpft wird, wird die Politisierung ubiquitär. Die Literatur reagiert darauf zunächst mit der Thematisierung der sozialen Frage und dem Ideal der Brüderlichkeit, dann mit dem Versuch des Aktivismus, vom Geist her die Politik zu gestalten und schließlich mit der Funktionalisierung der Kunst für das politische Engagement, speziell für den Klassenkampf. Wenn viele Autoren die Politisierung der Literatur radikal ablehnen und zum l'art pour l'art oder zur absoluten Kunst tendieren, dann ist dies nur eine abweichende Reaktion auf die gleiche Notwendigkeit, nämlich das Verhältnis von Kunst und Politik unter den Bedingungen der neuzeitlichen Gesellschaft neu zu bestimmen.

Nur als autonom institutionalisierte kann die Kunst ihren Wahrheitsanspruch neben dem theoretisch-wissenschaftlichen und dem moralisch-praktischen behaupten, zugleich aber widerstreitet die Institutionalisierung als besondere Sphäre dem immer mitgesetzten Anspruch, wirklich Veränderung zu bewirken ... Politisierung und sakrale Überdehnung der Kunst sind nicht Fehlentwicklungen, sondern Extreme, in die sich die Bewegung der ästhetischen Moderne hineinbegeben muß. Denn die Abtrennung von der Lebenspraxis, deren sie bedarf, ist zugleich das Falsche, das dem Wahrheitsanspruch der Kunst widerstreitet.[2]

Die zwei letzten entscheidenden Herausforderungen gehen von den außerkünstlerischen Sektoren der modernen Kultur aus, und zwar die dritte von der exakten Erkenntnis der *Naturwissenschaft*, die noch im Naturalismus das Vorbild für die Literatur war. Die folgenden literarischen Strömungen weisen den Anspruch der Wissenschaften auf paradigmatische Geltung zurück und können sich dabei auf die Kritik Nietzsches berufen. Doch bleibt die Auseinandersetzung mit den Naturwissenschaften und dem rationalen Denken überhaupt eine Konstante der Moderne, deren Theorie und Praxis ohne die Abgrenzung (Evokation und Konstruktion statt Erkenntnis und Abbildung), aber auch die Analogie (Ideal der Exaktheit, Begriff des Materials und des Experiments) nicht denkbar ist. Es handelt sich um einen Musterfall der Ausdifferenzierung kultureller Bereiche, wie er untrennbar mit der Rationalisierung und Modernisierung der neuzeitlichen Gesellschaft verbunden ist und der mit der Spezialisierung zugleich neue Verbindungen erfordert (vgl. das Verhältnis von Literatur und Politik).

Rationalisierung der Lebenswelt bedeutet Differenzierung und Verdichtung zugleich – die Verdichtung der schwebenden Textur eines Gespinstes aus intersubjektiven Fäden, welches die immer schärfer ausdifferenzierten Bestandteile der Kultur, der Gesellschaft und der Person gleichzeitig zusammenhält.[3]

Eine vierte Herausforderung ist die der modernen *Medienkultur*, die letztlich zur Vergnügungsindustrie mit kollektiver Rezeption tendiert. In den neuen Medien wird die ästhetische Gestaltung zur Frage der Technik und zugleich die Kunst neben der Wissenschaft eine wichtige gesellschaftliche Produktivkraft. Fotografie, Film, Rundfunk, Schallplatte usw. ebenso die Schriftlichkeit als die Grundlage der Literatur und das bisher privilegierte Medium der Verbreitung geistiger Inhalte. Dies zeitigt Wirkungen bis in die sprachliche Verfassung der Kunst hinein, die als Sprachkrise der Jahrhundertwende,[4] aber auch als Schaffung nicht verbaler Ausdrucksmittel (Metaphorik, Pantomimik, filmische Prinzipien usw.) erkennbar werden. Die technische Massenkultur stellt ebenso den elitären und idealistischen deutschen Kulturbegriff in Frage, trennt nicht nur den

Dichter vom Denker, sondern auch entgegen dem klassischen Konzept der Kunst als Bildung die Ästhetik von der Ethik.

Es ließe sich zeigen, wie die Literatur in den drei Phasen der Moderne in Deutschland als Antwort auf die genannten Herausforderungen einen jeweils anderen Kompromiß mit der fortbestehenden Tradition und etablierten Eigengesetzlichkeit der Kunst sucht. Speziell für den Expressionismus soll skizziert werden, welche literarischen Themen und Strukturen sich als Frucht der Konfrontation mit der modernen Welt ergeben. Es versteht sich dabei von selbst, daß die kollektiven Probleme der aktuellen Zivilisation, konzentriert in der Technik und der Großstadt, sowie die politischen Fragen des Pazifismus, der Revolution und der utopischen Ordnung als Antwort auf die Industrialisierung und Demokratisierung wichtige Themen darstellen. Auch die Gefährdung des Individuums, speziell seine Unterdrückung durch die patriarchalische Ordnung, sowie seine Gegenreaktion, nämlich der vitalistische Ausbruch und das Ideal des Neuen Menschen lassen sich davon ableiten.

Schwieriger ist es, die neuen poetischen Strukturen des Expressionismus auf die genannten Herausforderungen zurückzuführen. Dies soll am Beispiel zweier vermittelnder Phänomene, nämlich der Sprachphilosophie Nietzsches und der Kunsttheorie des Expressionismus versucht werden. Am deutlichsten hat der Philosoph den Zweifel an der korrekten Wiedergabe der Wirklichkeit durch die Sprache in seiner posthumen Abhandlung *Über Wahrheit und Lüge im außermoralischen Sinne* formuliert. Die Stoßrichtung geht dabei gegen eine positivistische Wissenschaft, welche die Wahrheit als genaue Abbildung von Details der äußeren Welt auffaßt und trotzdem das Wesen der Dinge erfassen zu können meint. Dem setzt der Philosoph zwei Behauptungen entgegen: 1. Die Erkenntnis ist ein Mittel des egoistischen Interesses und hat deshalb nichts mit Wahrheit zu tun. Die Wissenschaft konstruiert vielmehr ein konventionelles Bild der Welt zum Zweck der Selbsterhaltung des Menschen. 2. Die Sprache ist ungeeignet, die Wirklichkeit wiederzugeben, weil es zwischen Ding und Wort, speziell dem Begriff mehrere verunklärende Transformationen gibt.

> Ein Nervenreiz, zuerst übertragen in ein Bild! Erste Metapher. Das Bild wird nachgeformt in einen Laut! Zweite Metapher. Und jedesmal vollständiges Überspringen der Sphäre, mitten hinein in eine ganz andere und neue.[5]

Die Kritik Nietzsches trifft das Abbildverhältnis zwischen Sprache und Welt, das nicht nur für die philosophische Wahrheit gilt, sondern auch für die traditionelle Bestimmung der Literatur, die eine verwandte künstlerische Wahrheit reklamiert. Zugleich aber macht seine Sprachkritik einer neuen Auffassung und Praxis der Kunst den Weg frei, nämlich einer antimimetischen und subjektiven, welche vom metaphorischen Charakter der Sprache und ihrer souveränen Rolle bei der künstlerischen Darstellung ausgeht. Dadurch gewinnt die Literatur moderne Aufgaben und Formen, sie wird zu einer ästhetischen Konstruktion von Welt vor allem mit Hilfe einer neuen poetischen Bildlichkeit ohne Rücksicht auf die Wahrheit und Realität.

> Jener Trieb zur Metaphernbildung, jener Fundamentaltrieb des Menschen ... sucht sich ein neues Bereich seines Wirkens und ein anderes Flußbett und findet es im *Mythos* und überhaupt in der Kunst.[6]

Von Nietzsches Wissenschaftskritik her läßt sich also die expressionistische Zerstörung der sprachlichen und literarischen Konventionen (vgl. Parataxe und Reihungsstil) und die Schaffung neuer künstlerischer Mittel (entfesselte Bildlichkeit und assoziative Verknüpfungstechnik) verstehen. Ein einflußreiches Modell des bewußten Einsatzes der bildhaften und rhythmischen Möglichkeiten der Sprache bildet Nietzsches *Also sprach Zarathustra* von 1883f., wenn diese hier auch nur der Verstärkung einer philosophischen Botschaft dienen. Vergleichbar ist der Einfluß seiner Lebensphilosophie auf die Kritik an der Rationalität, die Krisenstimmung aufgrund der erstarrten Sozialbeziehungen sowie auf den Aufbruch zu einem utopischen Vitalismus.[7]

Die expressionistische Kunsttheorie verwirft prinzipiell die Wiedergabe der Wirklichkeit als Ziel. So heißt es in K. Edschmids programmatischem Aufsatz *Expressionismus in der Dichtung* von 1918: „So wird der ganze Raum des expressionistischen Künstlers Vision. Er sieht nicht, er schaut. Er schildert nicht, er erlebt. Er gibt nicht wieder, er gestaltet." Damit wird der gängige Begriff der Wirklichkeit in Frage gestellt und dagegen die Kunst über ihre Autonomie hinaus tendenziell zur eigentlichen Realität erhoben. Zweifellos ist hier der Widerspruch gegen eine künstlerische Erkenntnisfunktion und Abbildrelation wirksam, wie sie noch der klassische Literaturbegriff enthält. Ist hier die Frontstellung gegen die Naturwissenschaft spürbar, so ebenso der Einfluß der neuen Medien. Diese erlauben mit ihrem geänderten Verhältnis zur Schrift eine größere Distanz zur Begrifflichkeit wie zu den sprachlich bestimmten anderen Bereichen der Kultur wie Wissenschaft und Recht. Sie begünstigen die Darstellung einer stärker sinnlich, besonders optisch bestimmten Wahrnehmung und damit eine intensivere Wirkung und zugleich eine größere Entfesselung der Phantasie als Prinzip des literarischen Schaffens, das erst sekundär auf die Realität bezogen wird z.B. als Appell zur Wandlung oder zum engagierten Eingriff.

Der *Aktivismus*, eine besonders von K. Hiller und L. Rubiner vertretene Richtung innerhalb des Expressionismus, zielt weniger auf die Politik als Thema der Literatur als auf eine gesellschaftliche Wirkung der Kunst, die von den meisten expressionistischen Autoren angestrebt wird (vgl. das verbreitete Sprachpathos). Hiller schreibt in seinem Aufsatz *Philosophie des Ziels:* „Nicht die Welt zu überwinden gilt es, zum Geiste hin, sondern durch Geist die Welt so zu gestalten, daß sie Geist nicht mehr nötig hat."[9] Damit steht die Neubestimmung der Funktion der Kunst auf der Tagesordnung. Sie wird zwar als spezialisierter Bereich der Kultur selbständiger, muß aber ihr Verhältnis zu den anderen Sparten neu definieren und in ihre Bestimmung selbst hineinnehmen.

Trotz aller geäußerten Zweifel und Schwierigkeiten der Abgrenzung ist der Expressionismus eine literarische Strömung, deren Heraushebung sinnvoll und deren Charakterisierung möglich ist. Die Forschung ist sich weitgehend einig, daß es sich dabei weniger um eine stilistische Einheit handelt, welche einer ganzen Epoche ihr Siegel aufdrückt, als um eine geistige Bewegung, deren Identität im Zusammenhalt von Gruppen begründet liegt[10] und mit den Stichwörtern Krisenstimmung und Aufbruchswillen gekennzeichnet werden kann.[11] Die Doppelheit von Kritik und Utopie, die man nicht zugunsten einer Seite verkürzen darf, stellt zwei Seiten eines Prozesses dar, der einerseits rückwärts gegen die bestehende Gesellschaft gewandt und andererseits in die Zukunft gerichtet ist. Entsprechend lassen sich die Phasen und Autoren der Bewegung jeweils stärker dem einen oder dem anderen Aspekt zuordnen.

Um die Konturen nicht zu verwischen, werde ich weitgehend von Vorläufern, Randfiguren und Nachwirkungen absehen, ganz zu schweigen von gleichzeitigen Autoren, welche vom Expressionismus nicht berührt wurden und denen im Rahmen der vorliegenden Literaturgeschichte meist an anderer Stelle Platz eingeräumt ist. Ein vollständiges Bild ist unter dem Gesichtspunkt der Modernität des Expressionismus, der auch die zeitlichen Phasen, die geografischen Unterschiede und die Stildifferenzen innerhalb der Bewegung zurücktreten läßt, ohnehin nicht zu entwerfen. Diese Perspektive, die eine

Konzentration auf moderne Phänomene in expressionistischen Werken verlangt, stellt einen historischen Ansatzpunkt dar, der die damalige Leistung auch entgegen heutigen Forschungsinteressen und Wertungen würdigt. So werden die gebräuchlichen thematischen und strukturellen Kategorien wie Zivilisationskritik, Identitätskrise und Vitalismus bzw. Reihungsstil, Wandlungsdrama und absolute Prosa unter dem Aspekt der Modernität anders akzentuiert und eingeordnet.

Grundsätzlich wird die Einteilung nach den Gattungen Lyrik, Drama und Prosa eingehalten, auch wenn dadurch ein Autor wie Benn oder Sternheim in zwei Kapiteln erscheint. Wenn der Schwerpunkt des Schaffens dagegen eindeutig auf einem Genre liegt, wird die Arbeit im zweiten vernachlässigt. Innerhalb der Kapitel wird jeweils ein Kompromiß zwischen der Berücksichtigung des historischen Ablaufs und der systematischen Ordnung nach den thematischen und strukturellen Neuerungen gesucht und die Feingliederung nach den bekannteren Autoren vorgenommen. Ein kurzes Schlußwort wird die wichtigsten Aspekte der Modernität in den jeweiligen Gattungen zusammenfassen.*

Die expressionistische Prosa

Die expressionistische Prosa hat in der Forschung nicht so viel Interesse gefunden wie die anderen Gattungen. Zudem ist die mehrfach geäußerte Vermutung nicht von der Hand zu weisen, daß die epische Aufgabe der objektiven Weltdarstellung mit der Subjektivität, Individualität und Pathetik des Expressionismus kollidiert. Es ist jedenfalls auffällig, daß es kaum expressionistische Romane vor 1920 gibt und diese, abgesehen von Döblin, von weniger bekannten Autoren stammen. (Den Grenzfall Kafka möchte ich ganz außer acht lassen). Auf der anderen Seite stellen die bekannten Prosatexte eher experimentelle Kurzformen dar, auch wenn die Bezeichnung Novelle beliebt ist. Schon die Veränderung der Sprache im Expressionismus führt zu kürzeren Werken mit dem Schwerpunkt auf der Darstellungsweise und weniger auf dem Wirklichkeitsgehalt.

Mit dem weitgehenden Verzicht auf den Roman mag es zusammenhängen, daß die großen gesellschaftlichen Themen der Moderne, die Kritik an der Massengesellschaft, der Technik und dem Krieg sowie die Darstellung der Revolution und der Utopie in der expressionistischen Prosa erstaunlich selten auftauchen. Politische und besonders aktivistische Positionen konnten anscheinend besser durch den lyrischen Appell oder die dramatische Dynamik verbreitet werden. Sieht man davon ab, daß die Zivilisationskritik ein Nebenmotiv ist wie in Benns Rönnenovellen oder den Hintergrund individuellen Schicksals abgibt wie etwa in Sternheims *Chronik von des 20. Jahrhunderts Beginn,* so ist das wichtigste kollektive Thema der Krieg, der etwa in A. Latzkos Novellen *Menschen im Krieg* von 1917 angeprangert wird und der in L. Franks Erzählungsband *Der Mensch ist gut* von 1917 eine Entwicklung der verschiedenen Figuren zum Pazifismus und zur Neubesinnung auslöst. Hier läßt sich die thematische Parallele zum zeitgleichen Wandlungsdrama erkennen. Döblin, der die bedeutendsten expressionistischen Romane schreibt, behandelt darin auch die wichtigsten Themen der modernen Zeit, nämlich in *Die drei Sprünge des Wang-lun* von 1915 das Problem der Unterdrückung und revolutionären Gewalt sowie im *Wallenstein* von 1920 den Krieg. Diesem gegenüber bezieht er aber nicht eindeutig Stellung, ebenso wenig gegenüber der Technik in seinen Romanen *Wadzeks*

* Anmerkung der Herausgeber: Das Schlußwort ist dem Aufsatz des Verfassers „Das Drama des Expressionismus" im dritten Band des vorliegenden Sammelwerkes angeschlossen.

Kampf mit der Dampfturbine von 1918 und *Berge, Meere und Giganten* von 1924. Von den Werken, die Krull unter den Titeln „vitalistische und utopische" und „aktivistische und gesellschaftskritische Prosa" anführt,[12] lasse ich die unberücksichtigt, deren Darstellungen von Krieg, Revolution und Utopie erst nach 1920 erschienen sind und zudem nur zum Randbereich des Expressionismus gehören. Die anderen Texte haben nur bedingt eine gesellschaftliche Thematik, da sich der vitalistische Aufbruch hier im individuellen Verhalten, besonders in der Sexualität zeigt.

Kasimir Edschmid genoß lange Zeit den Ruf, mit der Eingangsnovelle *Der Lazo* des Sammelbandes *Die sechs Mündungen* 1915 die expressionistische Prosa inauguriert zu haben. Dies ist sicher eine propagandistische Übertreibung des Autors und seines Verlages, doch ist unbestreitbar, daß Edschmid mit seinen von vitalistischen Motiven bestimmten Novellen damals neue Akzente gesetzt hat. Dies gilt sowohl für das „forcierte Tempo" seiner Werke, das in dem Titel seines zweiten Bandes *Das rasende Leben* von 1916 Ausdruck gefunden hat, und für die „Sprunghaftigkeit und Manieriertheit seiner Erzählweise"[13] als auch für die ekstatische Sprechhaltung, Merkmale, die alle stilbildend für den späteren, modischen Expressionismus wurden. Edschmids neue, vitalistische Moral beruht in Anlehnung an Nietzsche auf einem rücksichtslosen und elitären Ausleben des einzelnen mit deutlichen Akzenten auf der Gewalttätigkeit und Machtausübung, die sich in der Sammlung *Timur* von 1916 mit sexuellen Zügen verbinden. Erst seit dem Roman *Die achatnen Kugeln* von 1920 mit einer weiblichen Heldin wird die frühere, antifeministische und autoritäre Tendenz gemildert.

Eine andere Art des Vitalismus findet sich in den Romanen des Prager Arztes Ernst Weiß, der den Menschen mit Hilfe der Tiermetaphorik als emotional-triebhaftes Wesen zeichnet. Man denke an seinen Roman *Tiere in Ketten* von 1918, dessen Hauptfigur Olga in *Nahar* von 1921/22 wiederkehrt, naturmystisch in eine Tigerin verwandelt. Hermann Sack verwendet in seinen Romanen *Ein verbummelter Student* von 1917 und *Ein Namenloser* von 1919 ebenfalls ein vitalistisches Motiv, nämlich das der naturhaften und sinnlichen Frau, an der der geistig orientierte Mann scheitert, aber die Reflexion des Themas, die Naturdarstellung und die Sprachgestaltung weisen eher auf den Jugendstil als auf den Expressionismus hin.

Verfehlt scheint es mir, Franz Jung auf die Kategorie des Vitalismus festzulegen. Ein Text wie *Übungsstück* aus *Gott verschläft die Zeit* (1920 angekündigt) zeigt, daß der Autor bewußt sprachlich und erzählerisch zu experimentieren versteht und seine Bedeutung eher in strukturellen Neuerungen als im Thema des vitalistischen Ausbruchs liegt. Zwar bevorzugt er Mann-Frau-Beziehungen, die qualvoll zwischen Liebe und Anlehnung bzw. Haß und Gewalt schwanken, wobei oft gerade die zeitweilige Zuneigung des einen die Abwehr des anderen hervorruft, so in der Reihe der Kurzromane von *Kameraden...!* von 1913 bis zum *Sprung aus der Welt* von 1918. Jung geht es aber nicht um das Ausleben von Trieben und die Darstellung extremer Leidenschaften – die Vorgänge werden meist nur lakonisch genannt –, sondern um das Problem der psychischen Identität und der sozialen Beziehungen der schwankenden Figuren, die ihren autobiographischen Charakter und ihre Herkunft aus der Boheme nicht verleugnen können.

Das Irritierendste dabei ist, daß es keine objektiven Tatsachen zu geben scheint und kein richtiges oder falsches Verhalten, denn die Projektionen der haltlosen Figuren dominieren alles. Dem entspricht eine Erzählweise, die unabhängig von der formalen Er- oder Ich-Perspektive sich nicht entscheiden kann zwischen dem objektiven Blick eines allwissenden Erzählers von außen, der meist vergebens die extremen Meinungs- und Verhaltensänderungen in eine verständliche und kohärente Ordnung zu bringen versucht, und dem Einlassen auf die subjektive Sicht der Figuren – bis hin zur Übernahme der

Perspektive eines von Verfolgungswahn Beherrschten in der dokumentarischen Erzählung *Der Fall Groß* aus *Gott verschläft die Zeit* (vgl. *Die Telepathen* von 1914). In seiner Art der Akzentuierung des faktischen Geschehens ohne psychologische Motivation und kausale Logik ergeben sich Ähnlichkeiten mit Döblins modernem „steinernem Stil".

Die extremen, aber schnell umschlagenden Gefühle, denen die Figuren Jungs ausgesetzt sind, markieren den Übergang vom Vitalismus als triebhaftem Ausbruch aus der beengenden Alltäglichkeit zum Wahn als seelischer und geistiger Abweichung. In vielen expressionistischen Novellen ist die Verbindung der antibürgerlichen Zustände Rausch und Irresein auch gestaltet, so etwa in G. Heyms *Der Irre*, wo sich der Wahn mit einem sadistischen Ausleben paart, oder in Benns Rönnenovellen, wo der krankhafte Zustand der Hauptfigur in einer gezielten vitalistischen Entfesselung der Phantasie seine Lösung findet. Ein vitalistischer Ausbruch verbunden mit Zügen der geistig-seelischen Verrückung, die mit dem Gewinn der „eigenen Nüance" belohnt wird, ist der eine Pol der Erzählungen Carl Sternheims, die er von 1914-1918 zunächst einzeln erscheinen ließ und dann unter dem Titel *Chronik von des 20. Jahrhunderts Beginn* zusammenfaßte. Der andere Pol ist die Kritik des Spießbürgers und der modernen Massengesellschaft, womit das Thema der Dramen „aus dem bürgerlichen Heldenleben" im anderen Genre variiert wird. Dabei bedingen sich die Erstarrung in der Konvention auf der einen Seite und der vitalistische, aber oft absurde und tödliche Ausbruch auf der anderen Seite gegenseitig und blockieren somit eine befriedigende Lösung. Die Novellen *Busekow* und *Ulrike* etwa zeigen den „Umschlag aus der ständischen Angepaßtheit ins Abnorme in einen Geisteszustand ..., den zumindest der Bürger als Wahnsinn bezeichnen würde und der für den Autor eine Form der Befreiung und Erlösung darstellt."[14]

Der kleinbürgerliche Polizist und die preußische Gräfin erhalten dabei Unterstützung von Außenseitern, nämlich einer Prostituierten bzw. einem jüdischen Künstler, aber sie müssen ihre Ekstase im Gegensatz zu diesen mit dem Tod büßen. Ihr Ausbruch aus der kritisch dargestellten bürgerlichen Ordnung wird außerdem dadurch relativiert, daß ihm vom Autor kitschige und absurde Züge verliehen werden. Den Hauptfiguren aus zwei anderen Novellen der gleichen Sammlung, Posinsky und Heidenstam, „gelingt es dagegen, ihre Gesellschaftsunfähigkeit und -feindlichkeit in dem dafür von der Gesellschaft zur Verfügung gestellten Freiraum überwintern zu lassen".[15] Sie setzen angeblich gerade im Irrenhaus ihre eigene Individualität durch. Dabei kann man natürlich nur bedingt von vitalem Ausbruch oder Wahn sprechen, da die Figuren weitgehend bewußt die Rolle des Verrückten spielen. Problematisch ist auch die Behauptung der Selbstverwirklichung, da der exterritoriale Raum nur rudimentäre Bedürfnisse zu befriedigen erlaubt. Den Zweifel an der scheinbar perfekten Lösung des grundlegenden Konflikts zwischen individueller Freiheit und gesellschaftlichem Zwang nährt besonders Sternheims Sprache, die deutlicher seine innovatorischen Energien zeigt, als die Komposition, welche die traditionelle Form der Novelle nur punktuell modifiziert. Der umständliche und schwerfällige Stil des Autors enthüllt sich bei genauerem Zusehen als Parodie auf ein wirklichkeitsblindes und bürokratisches Hinwegreden über die Dinge v.a. dann, wenn damit die zentralen stummen und vitalen Vorgänge eingefangen werden sollen. Die Sprache bewirkt damit indirekt eine Ideologiekritik des „juste Milieu" wie der verwalteten Massengesellschaft; sie distanziert sich aber ebenso von der Möglichkeit eines wirklichen Ausbruchs zu einem natürlichen und individuellen, glücklichen Leben.

Das Außer-sich-Sein in Leidenschaft und Wahn, welches Ähnlichkeiten mit dem dramatischen Motiv der Wandlung und des neuen Menschen hat, stellt das wichtigste Thema der expressionistischen Prosa dar, die sich hauptsächlich der Problematik des Individuums widmet. Die Forschung hat in jüngster Zeit vor allem den Wahnsinn als Eigenschaft der Figuren, als Gegenstand der Werke, aber auch als Merkmal der Erzählstruktur herausgestellt. Im Wahnsinnigen, der auf sich allein zurückgeworfen ist, zeigt sich der individualistische Ausgangspunkt, der die bedeutendsten expressionistischen Prosatexte prägt, der aber auch eine Kritik der Gesellschaft ermöglicht. Der Wahn trägt aber ambivalente Züge. Erstens „ist im Sprachgebrauch des Bürgers aus seiner Perspektive alles verrückt, was sich seinen eigenen Ordnungskategorien nicht bruchlos einfügen läßt, und Wahnsinn ist nur der äußerste Punkt der Anormalität".[16] In der Umkehrung kann von einem kritischen Standpunkt aus die gesellschaftliche Ordnung nach Maßgabe ihrer eigenen *vernünftigen* Werte als Wahn verurteilt werden. Auf der anderen Seite hat der Wahn vom Subjekt her gesehen eine utopische Qualität, ist er ein Ausbruch in einen von gesellschaftlichen Zwängen befreiten Zustand.

Dieser wird besonders intensiv und ungebrochen in Heyms Novelle *Der Irre* vorgeführt, wo die gräßlichsten Mordtaten (z.B. das Zerbrechen der Schädel der Opfer) vom Ausnahmesubjekt her einen Sinn als Zerstörung der feindlichen Rationalität bekommen. Zwangsläufig muß aber auf der anderen Seite der einsame Amoklauf des in die eigene Welt eingesperrten Irren in der Selbstvernichtung enden. In Heyms Novelle *Der 5. Oktober* wird die Französische Revolution zum Symbol des gewalttätigen Ausbruchs aus einer Sackgasse, der aber eher massenpsychologisch als politisch motiviert wird.

Alfred Döblins viel beachtete Erzählung *Die Ermordung einer Butterblume* läßt sich als Beschreibung des Ausbruchs einer Schizophrenie lesen. Andere der zehn zuvor im „Sturm" erschienenen Texte zeigen zwar nicht den Wahn als Motiv, aber doch einen extremen Gemütszustand, der eng daran grenzt (vgl. *Die Segelpartie*). Der Wechsel von der manchmal auktorialen zur meist personalen Erzählperspektive erschwert ein eindeutiges Verständnis der entweder psychologisch oder sozialkritisch deutbaren Titelerzählung. Am Anfang bietet die Verunsicherung durch die Natur der Hauptfigur eine Chance zum Ausbruch aus ihrer starren bürgerlichen Rolle in eine intensive Emotionalität mit wahnhaften Zügen. Am Ende dagegen wird das spießerhafte und autoritäre Verhalten noch befestigt, da in Abwehr der vorigen Erschütterung nun alles Natürliche verdrängt wird.[17] Daß hier zuerst der individuelle Ausbruch als Verrücktheit und danach die bürgerliche Ordnung als Wahnsystem erscheint, entspricht dem unentschiedenen Verhältnis Döblins zu den aufgeworfenen Problemen, das auch seine anderen Werke zeigen.

Vom Wahnsinn kann im *Wang-lun* nicht die Rede sein, höchstens von extremen Gemütszuständen und eher von sozialen Ausbruchsversuchen als von individueller Wandlung. Die drei Sprünge der Hauptfigur sind nämlich abrupte Richtungsänderungen, die sich gegenseitig aufheben. Die nicht problematisierten Konstanten des Romans sind die Unmöglichkeit eines friedlichen Überlebens im bestehenden System und zugleich seiner gesellschaftlichen Veränderung. In diesem ausweglosen Zustand führt die Unterdrückung zuerst zum passiven und dann zum gewaltsamen Widerstand; danach wegen dessen Erfolglosigkeit und Widersprüchlichkeit zur todessüchtigen Ergebung. An den Wendepunkten zur Aktivität wird das Thema der sozialen Revolution aktuell, beim Rückzug in die Resignation die Hoffnung auf das Jenseits, die mit religiösen Ekstasen verbunden ist.[18]

Döblins Bedeutung liegt aber weniger in der Darstellung extremer Zustände, die Kritik an der Gesellschaft und Befreiung des Individuums, aber auch seine Selbstzerstörung beinhalten können, als in seiner Theorie und Praxis eines modernen Erzählens unter Verzicht auf psychologische Motivation und kausale Verkettung der Ereignisse. Ein weiterer entscheidender Programmpunkt ist der Rückzug des Erzählers hinter die dargestellten Vorgänge. Die anvisierte Rückkehr zum Epos mit dem „Kinostil" bedeutet aber weniger eine neue Objektivität etwa im Sinne des Naturalismus, auf den sich der

Autor allerdings beruft, als ein Umgehen des Problems der erzählerischen Vermittlung von Subjekt und Objekt durch die unbewußte Projektion des Ich in verselbständigte Fakten oder durch die Übernahme der „verrückten" oder mythischen Perspektive der Figuren.

Sokel hat in einem immer noch grundlegenden Aufsatz A. Döblins objektivierendes Erzählen dem reflexiven C. Einsteins gegenübergestellt, um die beiden prototypischen Möglichkeiten der expressionistischen Moderne zu charakterisieren, die sich von ihrer Theorie her bestimmen lassen. Bei Döblin herrscht das „naturalistisch-bauende Prinzip der Ausschaltung des illusionszerstörenden Erzählers", bei Einstein die „Verwerfung der Mimesis, des mimetischen Ideals der Wahrscheinlichkeit und geschlossenen Folgerichtigkeit".[19] Beide lehnen die kohärente Handlungsfolge und erklärende Psychologie ab; Döblin, weil sie die Autonomie des Dargestellten beeinträchtigt, Einstein, weil die Prosa auf Vorstellung und Reflexion gegründet sein soll und nicht auf Empirie und Mimesis. Döblin gehört in die Tradition des Naturalismus und Futurismus, Einstein in die der Romantik, Nietzsches und A. Gides. Zu seiner Richtung, nämlich einer absoluten Prosa mit einem parabelhaften und aphoristischen Erzählen wären von den Expressionisten v.a. Mynona, Lichtenstein, Flake, Sack und Benn zu rechnen. Dagegen gehören in den Umkreis von Döblins epischer Objektivität mit unpersönlichem Stil und szenisch darstellendem und bildhaftem Erzählen v.a. Heym, Edschmid, Frank, Otten und Sternheim. Beide Richtungen bemühen sich um „Kürze, Wucht, Prägnanz des Ausdrucks", bei Döblin in „Form der syntaktischen Verknappung als Aneinanderreihung oder als Ellipsis", bei Einstein als Aphoristik.[20] Parataxe, Ellipse und syntaktische Verzerrung ist in beiden Richtungen zu finden. Zu den beschriebenen modernen Zügen der Erzählstruktur gesellt sich der innere Monolog als die avantgardistischste Erzähltechnik bei Heym, Döblin, Sack, Benn, Frank, Jung und Weiß.

Über Sokel hinaus läßt sich feststellen, daß beim „steinernen Stil", d.h. der aktionistischen und bildhaften Episierung, der Akzent auf die Objektivität, auf Figuren und Fakten gelegt wird. Daraus kann sich Zivilisationskritik, aber auch ein utopischer Gegenentwurf ergeben. In gewissem Sinne ist damit auch die Zerstörung der Sprachkonventionen und die Schaffung neuer Bildlichkeit impliziert. Dagegen ist die artistisch-parabolische Prosa nicht nur rationaler und reflexiver, sondern v.a. auch subjektiver. Ihre thematischen und poetischen Neuerungen betreffen hauptsächlich den Erzähler. Sie eignen sich für die Auflösung des bewußten Ich und die Sprengung des Wirklichkeitsbezugs wie für die Schaffung eines eigenen Kunstraumes, der mehr als autonom ist, nämlich vorbildlich für die Realität.

Hier ergibt sich eine Berührung mit dem individualistischen Thema des Wahnsinns oder extremen Zustands. „Die Figur des Irren bietet zugleich einen Anlaß, die dargestellte Welt zu verfremden, sie in einer anormalen Perspektive erscheinen zu lassen" und zwar vorwiegend durch die häufige Verwendung einer personalen Erzählweise.[21] Darüber hinaus kann die „verrückte" Perspektive auch zum Wahrnehmungs- und Beurteilungsmuster des Autors werden. Damit ist der Weg zur vollständigen Zerstörung der alten Modelle der Auffassung und Wiedergabe der Welt und der ihnen entsprechenden Sprache freigegeben. „Die scheinbar willkürliche Präsentation von Wirklichkeitspartikeln, die nur lose miteinander verbunden sind, wird sprachlich durch die Aneinanderreihung von Hauptsätzen realisiert".[22]

Carl Einsteins *Bebuquin* stellt die erfolglose Suche der beiden, sich ergänzenden Hauptfiguren Bebuquin und Böhm nach dem ganz anderen, dem Absoluten dar.

Das Begehren nach offensichtlich Unmöglichem verleiht der verzweifelten Radiakalität heroische und zugleich groteske Züge. Bei derart absurden Helden läßt sich nicht einmal von Scheitern reden; sie wissen, daß ihnen auf Erden nicht zu helfen ist ... Bebuquin sehnt sich nach dem Wahnsinn, Böhm nach dem Rausch als Ausweg.[23]

Aber nicht das ganz andere ist das wahre Thema dieser ironisch Roman genannten experimentellen Prosa, die in skizzenhafte Szenen zerfällt, sondern die absolute Kunst, welche den Sprung ins Außerordentliche, Wunderbare und Transzendente leisten soll. Die „Dilettanten des Wunders" sind Künstler (Maler, Dichter) aus dem Bohememilieu (Zirkus, Café), welche über Gott, Logik und Liebe, kurz alle Fragen reflektieren, die Randbedingungen der Dichtung darstellen.
Kausalität und Psychologie sind gänzlich verbannt. An die Stelle realistischer Deskription tritt eine von der absolut gesetzten Einbildungskraft des künstlerischen Subjekts entworfene chiffrenhafte Collage von Realitätspartikeln, die kaum einmal sinnliche Qualität gewinnt. Die Romanfiguren repräsentieren verschiedene erkenntnistheoretische Positionen.[24]
Mit Recht ist die Forschung deshalb ziemlich ratlos gegenüber dem Gehalt des Werkes und hebt die avantgardistische Erzählweise hervor, in der die Bedeutung des *Bebuquin* schon für die Zeitgenossen lag. Dem Begriff der „absoluten Prosa" gegenüber, den erst später v.a. Benn benutzte, um die Lösung von der Realität und die Konzentration auf die Kunstthematik zu bezeichnen, sollte man eher skeptisch sein. Sicherlich handelt es sich bei Einstein um eine weitgehend von Sachreferenzen befreite Sprache, die hauptsächlich selbst die Handlung des Werkes konstituiert, indem sie durch Namen, Begriffe und Vorstellungen unabhängig von einem Realitätsbezug eine Abfolge von Denk- und Gefühlsbewegungen initiiert. Weder Pathos noch Metaphern, die sonst den expressionistischen Stil bestimmen und zwischen Ich und Welt vermitteln, sind für ihn wesentlich. Die Wörter treten mit ihrem geistigen und emotionalen Gehalt in spannungsvollen Kontrast und assoziative Nachbarschaft zueinander und schaffen so kontroverse oder fortführende Gedankenfolgen. Einsteins wichtigster Beitrag zum modernen Erzählen ist aber nicht eine neue Sprache, sondern ein neues Verhältnis der Kunst zur Wirklichkeit. Die Dichtung konstituiert sich als experimentelles, aber abgeschlossenes Modell, in das die Momente der Realität nur über Wortassoziationen und Lesererwartungen vermittelt eingehen. In diesem Sinne könnte man allein von absoluter Prosa sprechen, wenn nicht das tatsächliche Erreichen des der Wirklichkeit Transzendenten, die Schöpfung der Kunst aus dem Nichts gerade im Verlauf der Erzählung als unmöglich gezeigt würde. Auch auf Gottfried Benns Rönnenovellen, die in ihrer poetischen Struktur manches mit dem *Bebuquin* gemeinsam haben, ist der spätere Begriff der absoluten Prosa nur mit Vorsicht anzuwenden.

Benns frühe Prosa erfüllt vieles von dem, was die gleichzeitigen Manifeste fordern. Aber noch ist sie nicht absolut. Noch kennt sie Reste einer empirisch gemeinten Realität, eine fiktive Figur, Relikte von Handlung und einen veritablen Erzähler.[25]

An die Stelle der „Vergegenwärtigung von Welt" treten nun die „Bewußtseinsvorgänge und -erlebnisse" der Hauptfigur, die meist im inneren Monolog wiedergegeben werden. Eines der Hauptthemen ist dabei die Sprache, deren Fremdheit und Ohnmacht gegenüber der Wirklichkeit besonders in *Gehirne* und *Die Insel* herausgestellt wird, während ihre assoziative freie Entfaltung und evokative Kraft vor allem in *Der Geburtstag* demonstriert wird, weshalb dieser letzte Text meist zur Darlegung von Benns neuer Kunstauffassung herangezogen wird. Direkt abhängig von der Leistung der Sprache ist für Benn die

Erfassung und Bewältigung der Wirklichkeit, die entweder als Herrschaft des zupakkenden Begriffs über die Wahrnehmung (vgl. *Die Eroberung*) oder als phantasierte Schaffung von Welt durch das assoziative Wort erscheint (vgl. *Der Geburtstag*). Das gestörte Wirklichkeitsverhältnis und die Unfähigkeit zur menschlichen Kommunikation und gesellschaftlichen Einordnung des jungen Arztes Rönne, dem Benn viele seiner eigenen Erfahrungen in Berlin und Brüssel lieh, ist nicht als individuelles Versagen gestaltet, sondern als symptomatisch für die Gegenwart hingestellt. Deshalb sind die sogenannten „Herren", die militärischen Kollegen Rönnes, bei denen sprachlicher Austausch und Weltbeherrschung noch fraglos zu funktionieren scheinen, tatsächlich nur konventionelle Schemen und deshalb karikatoristisch dargestellt. Dadurch entsteht eine eindrucksvolle Zivilisationskritik besonders durch die Wiedergabe von Gesprächen und sozialem Verhalten, die an Nietzsches Philisterbegriff erinnern.

Angegriffen wird dabei nicht nur das sinnentleerte sprachliche und gedankliche Klischee wie in den Dramen Sternheims, sondern auch die Reduktion der Wirklichkeit auf den beschränkten praktischen Zweck und die Vergewaltigung der Welt durch den wissenschaftlichen Begriff und die Logik. Die verzweifelte Bemühung um geistige Sicherheit durch die Fixierung der Wahrnehmung wird in *Die Eroberung* dadurch parodiert, daß eine Kuh auf einem Bild so beschrieben wird: „Da steht sie nun mit vier Beinen, mit eins, zwei, drei, vier Beinen, das läßt sich gar nicht leugnen; sie steht mit vier Beinen auf einer Wiese aus Gras".[26] Der gestörte Bezug zur Wirklichkeit und zu den Mitmenschen hat seine Entsprechung oder Ursache in der Identitätsproblematik. Rönne ist einerseits als intellektuelles Ich bedroht von der totalen Isolierung, die ihn auf ein abstraktes Bewußtsein reduzieren würde (s. besonders *Die Insel*) und andererseits als individuelle Person vom Aufgehen im umfassenden dionysischen Leben (vgl. die Regression am Ende von *Die Eroberung*).

Immer wieder erscheinen in den Texten die Motive des sinnlichen Lebens mit der phantasierten Landschaft des Südens als Gegenwelt zur trostlosen Stadt und zur deprimierenden Berufstätigkeit und privaten Isolation Rönnes. Mehrmals wird auch der Vorgang der Schaffung der südlichen Welt durch die Sprache direkt vorgeführt, so besonders in der Konstruktion einer imaginierten Frau namens Edmée aus dem Verlangen der Hauptfigur heraus in *Der Geburtstag*. Eine vorbildliche und harmonische Integration des Ich in das umfassende Leben, für das ein fragloses „Geschehen" von Dingen steht, wird am Ende von *Der Geburtstag* dargestellt, wo die Vision in der Kneipe des Elendsviertels durch Flötentöne in Gang gebracht wird. Die Summe des Vorgangs, die auch als Motto des Textes dient, wird so gezogen: „manchmal eine Stunde, da bist du; der Rest ist das Geschehen. Manchmal die beiden Fluten schlagen hoch zu einem Traum".[27]

In den Rönnenovellen finden sich also die wichtigsten Merkmale der expressionistischen Prosa: Auflösung der Personen und Handlung, Krise der Sprache und Wirklichkeit, Zivilisationskritik und vitalistischer Aufbruch, Parodie konventioneller, besonders begrifflicher Sprache und Schaffung einer neuen, bildlichen Ausdrucksweise. Benn selbst betont im späteren Rückblick die poetologische Dimension, nämlich die Konstruktion der Kunst als Gegenwelt mit Hilfe des Wortes. „Also eine Elevation durch das Wort, eine Sakramentation des Worts, ein Heiligungs- und Erlösungsphänomen mit Hilfe des dichterischen Worts – das ist Rönne."[28] Wenn auch hier die spätere artistische Selbstdeutung in die expressionistische Zeit zurückprojiziert wird, so haben doch sicher die Rönnenovellen Teil an der Bemühung der modernen Kunst, sich selbst als eigenständigen, nur durch Sprache und Phantasie geschaffenen Bereich zu etablieren.

Albert Ehrensteins *Tubutsch* von 1911, der in der Tradition des Nuancenstils des österreichischen Impressionismus steht, zeigt ebenso ein Ineinandergreifen von Realitäts- und

Ich-Zerfall. Der Held der aus der Ich-Perspektive berichteten Skizzenfolge reagiert nur noch auf die Außenwelt. Tubutschs Substanzlosigkeit und die Öde seines Lebens wird dem Leser durch eine salopp und geschwätzig präsentierte Dokumentation alltäglicher Banalitäten vor Augen geführt. Ehrensteins einziges bekanntes Prosawerk wird aber oft zu Unrecht in einem Atemzug mit Einsteins *Bebuquin* genannt. Mit mehr Recht rückt man Flakes *Stadt des Hirns* von 1919 in die Nähe dieses Modells des intellektualistischen Erzählens.

Während Einstein durch die Selbstreflexion von Sprache und Kunst die traditionellen Erwartungen zerstört und ein geistiges Experiment an die Stelle der Wirklichkeit setzt, untergräbt Ehrenstein die Bedeutsamkeit der Welt und das Sinnbedürfnis des Individuums durch Langeweile und Enttäuschung. Die bei ihm dominierenden absurden und grotesken Züge – statt der surrealen und phantastischen Einsteins – finden sich auch in Mynonas (= Samuel Friedländer) kurzen Prosastücken, die meist als Grotesken bezeichnet werden (vgl. etwa die Sammlung *Rosa, die schöne Schutzmannsfrau* von 1913). Während die Ästhetik des Häßlichen in der Form der Satire und Karikatur eine kunstimmanente Kritik an der bürgerlichen Konvention und der modernen Zivilisation leistet, desavouiert diese Ästhetik des Absurden den kulturellen Wahrheitsanspruch und die Sinnproduktion der Kunst. Noch radikaler geschieht dies in der dadaistischen Prosa, etwa Richard Huelsenbecks und Raoul Haussmanns, die aber nicht mehr zum Expressionismus zu rechnen sind.

Anmerkungen

1 So Helmut Scheuer in seiner Einleitung zum Sonderheft 2, 1990 des Deutschunterrichts über den Expressionismus, S. 3. Vgl. zur Moderne: Uwe Japp: Literatur und Modernität, Frankfurt/M. 1987 und Hans Robert Jauß: Literarische Tradition und gegenwärtiges Bewußtsein der Modernität, in: H.R. Jauß: Literaturgeschichte als Provokation, Frankfurt/M. 1970, S. 11-66; zur Avantgarde: Peter Bürger: Theorie der Avantgarde, Frankfurt/M. 1974 und Literarische Avantgarden, hrsg. von Manfred Hardt, Darmstadt 1989.
2 Peter Bürger: Prosa der Moderne, Frankfurt/M. 1988, S. 450.
3 Jürgen Habermas: Der philosophische Diskurs der Moderne. Zwölf Vorlesungen, Frankfurt/M. 1985, S. 400, vgl. S. 393.
4 Vgl. Helmut Arntzen: Sprachdenken und Sprachkritik, in: Deutsche Literatur. Eine Sozialgeschichte, hrsg. von Horst Albert Glaser, Bd. 8: Jahrhundertwende vom Naturalismus zum Expressionismus, Reinbek bei Hamburg 1982, S. 247-259.
5 Friedrich Nietzsche: Werke in 3 Bänden, hrsg. von Karl Schlechta, München 1954-56, Bd. 3, S. 312.
6 Nietzsche: Werke, Bd. 3, S. 319.
7 Vgl. Gunter Martens: Vitalismus und Expressionismus. Ein Beitrag zur Genese und Deutung expressionistischer Stilstrukturen und Motive, Stuttgart 1971.
8 In: Paul Raabe: Expressionismus. Der Kampf um eine literarische Bewegung, München 1965, S. 99.
9 In: Wolfgang Rothe: Der Aktivismus 1915-1920, München 1969, S. 39. Vgl. Juliane Habereder: Kurt Hiller und der literarische Aktivismus. Zur Geistesgeschichte des politischen Dichters im frühen 20. Jh., Frankfurt/M. 1981.
10 Vgl. Roy F. Allan: Literary Life in German Expressionism and the Berlin Circles, Göppingen 1974.
11 Siehe Thomas Anz: Expressionismus, in: Moderne Literatur in Grundbegriffen, hrsg. von Dieter Borchmeyer und Viktor Zmegac, Frankfurt/M. 1987, S. 130-140.
12 Wilhelm Krull: Prosa des Expressionismus, Stuttgart 1984.
13 Krull: Prosa, S. 50.
14 Edith Ihekweazu: Verzerrte Utopie. Bedeutung und Funktion des Wahnsinns in expressionistischer Prosa, Frankfurt/M./Bern 1982, S. 69.
15 Edith Ihekweazu: Wandlung und Wahnsinn. Zu expressionistischen Erzählungen von Döblin, Sternheim, Benn und Heym, in: Orb. Litt. 37 (1982), S 327-344, hier S. 332.

16 Ihekweazu: Utopie, S. 23; vgl. auch Thomas Anz: Literatur der Existenz. Literarische Psychopathographie und ihre soziale Bedeutung im Frühexpressionismus, Stuttgart 1977.
17 Vgl. Ihekweazu: Wandlung, S. 330: „Im ersten Teil demontiert der Wahnsinn den Bürger, zum Schluß hin formiert sich ein bürgerlicher Wahnsinn, der die Natur zerstört."
18 Vgl. Ihekweazu: Utopie, S. 52: „Döblins Verquickung von politisch-gesellschaftlicher und naturphilosophischer Thematik bestimmt auch die Ambivalenz der Erzählstruktur zwischen Stationen einer Märtyrer- und Heilsgeschichte und der Kausalität einer Revolutionsgeschichte."
19 Walter H. Sokel: Die Prosa des Expressionismus, in: Rothe: Expressionismus, S. 153-170, hier S. 168.
20 Sokel: Prosa, S. 157.
21 Ihekweazu: Utopie, S. 26.
22 Krull: Prosa, S. 34.
23 Wilfried Ihring: Literarische Avantgarde und Dandysmus. Eine Studie zur Prosa von Carl Einstein bis Oswald Wiener, Frankfurt/M. 1988, S. 57f.
24 Krull: Prosa, S. 34.
25 Klaus Gerth: Absolute Dichtung? Zu einem Begriff in der Poetik G. Benns, in: Bruno Hillebrand: Gottfried Benn. Wege der Forschung, Darmstadt 1979, S. 240-260, hier S. 246.
26 Benn: Werke, Bd. III, Stuttgart 1987, S. 37, vgl. S. 38: „Man muß nur an alles was man sieht, etwas anzuknüpfen vermögen ..., das ist die Wirkungsweise der Vernunft, dessen entsinne ich mich".
27 Benn: Werke, Bd. III, S. 60.
28 Gottfried Benn: Das gezeichnete Ich. Briefe aus den Jahren 1900-1956, München 1962, S. 119.

Literatur

Roy F. Allan: Literary Life in German Expressionism and the Berlin Circles, Göppingen 1974.

Thomas Anz: Literatur der Existenz. Literarische Psychopathographie und ihre soziale Bedeutung im Frühexpressionismus, Stuttgart 1977.

Sigrid Bauschinger: Else Lasker-Schüler. Ihr Werk und ihre Zeit, Heidelberg 1980.

Horst Denkler (Hrsg.): Gedichte der *Menschheitsdämmerung*. Interpretationen expressionistischer Lyrik, mit einer Einleitung von K. Pinthus, München 1971.

Ders.: Drama des Expressionismus. Programm – Spieltext – Theater, München 1972.

Manfred Durzak: Das expressionistische Drama. Carl Sternheim – Georg Kaiser, München 1978.

Ders.: Das expressionistische Drama. E. Barlach – E. Toller – Fritz v. Unruh, München 1979.

Hans Esselborn: Georg Trakl. Die Krise der Erlebnislyrik, Köln 1981.

Christoph Eykman: Denk- und Stilformen des Expressionismus, München 1974.

Winfried Freund: Die Bürgerkomödien Carl Sternheims, München 1976.

Uwe Peter Hohendahl: Das Bild der bürgerlichen Welt im expressionistischen Drama, Heidelberg 1967.

Walter Hinck: Das moderne Drama in Deutschland. Vom expressionistischen zum dokumentarischen Theater, Göttingen 1973.

Edith Ihekweazu: Verzerrte Utopie. Bedeutung und Funktion des Wahnsinns in expressionistischer Prosa, Frankfurt/M./Bern 1982.

Hans Kaufmann: Krisen und Wandlungen der deutschen Literatur von Wedekind bis Feuchtwanger, Berlin/Weimar 1966.

Hans Georg Kemper: Vom Expressionismus zum Dadaismus. Eine Einführung in die dadaistische Literatur, Kronberg 1974.

Gerhard F. Knapp: Die Literatur des deutschen Expressionismus. Einführung – Bestandsaufnahme – Kritik, München 1979.

Erwin Kobel: Alfred Döblin. Erzählkunst im Umbruch, Berlin/New York 1985.

Eva Kolinsky: Engagierter Expressionismus. Politik und Literatur zwischen Weltkrieg und Weimarer Republik. Eine Analyse expressionistischer Zeitschriften, Stuttgart 1970.

Wilhelm Krull: Prosa des Expressionismus, Stuttgart 1984.

Gunter Martens: Vitalismus und Expressionismus. Ein Beitrag zur Genese und Deutung expressionistischer Stilstrukturen und Motive, Stuttgart u.a. 1971.

Kurt Mautz: Mythologie und Gesellschaft im Expressionismus. Die Dichtung Georg Heyms, Bonn 1961.
Horst Meixner und Silvio Vietta: Expressionismus. Sozialer Wandel u. künstlerische Erfahrung. Mannheimer Kolloquium, München 1982.
Franz Mennemeier: Modernes Deutsches Drama. Kritiken und Charakteristiken, 2 Bde., München 1973.
Wolfgang Paulsen: Deutsche Literatur des Expressionismus, Bern/Frankfurt/M./New York 1983.
Paul Raabe: Die Autoren und Bücher des literarischen Expressionismus. Ein bibliographisches Handbuch. Zus. mit I. Hannich-Bode, Stuttgart 1985.
Ders.: Der Expressionismus als historisches Phänomen, in: DU 17 (1965), S. 5-20.
Hans Gerd Rötzer: Begriffsbestimmung des literarischen Expressionismus, Darmstadt 1976.
Wolfgang Rothe: Expressionismus als Literatur. Gesammelte Studien, Bern/München (Francke) 1969.
Ders.: Der Expressionismus. Theologische, soziologische und anthropologische Aspekte einer Literatur, Frankfurt/M. 1977.
Karl Ludwig Schneider: Der bildhafte Ausdruck in den Dichtungen G. Heyms, E. Stadlers und G. Trakls, Heidelberg 1954.
Paul Schultes: Expressionistische Regie, Dissertation, Köln 1981.
Walter F. Sokel: Der literarische Expressionismus. Der Expressionismus in der deutschen Literatur des 20. Jahrhunderts, München 1970.
Hans Steffen: Der deutsche Expressionismus. Formen und Gestalten, Göttingen 1965.
Silvio Vietta und Hans-Georg Kemper: Expressionismus, München 1975.
Annalisa Viviani: Das Drama des Expressionismus. Kommentar zu einer Epoche, München 1970.
Klaus Ziegler: Dichtung und Gesellschaft im deutschen Expressionismus, in: Imprimatur 3 (1961/62), S. 98-114.

Robert Musil und die Moderne

Peter V. Zima

Diese Studie geht nicht von einem der etablierten Gegensätze zwischen *Moderne* und *Postmoderne* aus, mit deren Hilfe die Postmoderne bald als eine Radikalisierung der Moderne, bald als ein Bruch mit ihr gedeutet wird,[1] sondern ist ein Versuch, die Eigenart moderner Literatur anhand von Musils Werk modellhaft darzustellen. Dabei spielt nicht nur *Der Mann ohne Eigenschaften* als Romantorso und Paradebeispiel moderner und modernistischer Kunst eine wichtige Rolle, sondern auch Musils Drama *Die Schwärmer*, das trotz aller Gattungsunterschiede aus einer ähnlichen Problematik hervorgegangen ist wie der unvollendete Roman.

Eine Definition der Moderne scheint mir nur unter zwei Bedingungen möglich zu sein: wenn sie einerseits über den literarischen Bereich hinausgeht und gesellschaftliche, politische und philosophische Entwicklungen miterfaßt; wenn sie sich andererseits an einem spezifischen Textcorpus orientiert und anhand dieses Modells konkretisiert wird. Freilich birgt ein solches Verfahren, das die Frage, was modern sei, auf ein Einzelwerk ausrichtet, die Gefahr der Einseitigkeit, der Kontingenz: Ist Musils Moderne die Moderne *tout court*?

Sicherlich würde man die Komplexität unzulässig reduzieren, wollte man diese Frage ohne Bedenken bejahen. Immerhin werden von Literaturkritikern und Literaturwissenschaftlern auch die avantgardistischen Bewegungen zur Moderne (im englischen Sprachraum zum *Modernism*) gerechnet – und Musil ist sicherlich kein avantgardistischer Autor im Sinne von Breton oder Marinetti.[2] Die bisher vorgeschlagenen Definitionen der Moderne oder des Modernismus sind jedoch so diffus und disparat,[3] daß es sinnvoll erscheinen mag, das Risiko der Kontingenz in der Hoffnung einzugehen, daß die Definition des Modernen anhand eines spezifischen Textcorpus besser in den Griff zu bekommen ist.

Damit die in allen theoretischen Betrachtungen unvermeidliche Heuristik nicht in Willkür ausartet, soll im letzten Teil dieser Darstellung das hier vorgeschlagene Konzept im Zusammenhang mit Hermann Brochs *Schlafwandler*-Trilogie und Italo Svevos *La coscienza di Zeno* überprüft und ergänzt werden. Diese Erweiterung des Objektbereichs widerspricht nicht dem Spezifischen, Modellhaften meiner Studie, da Broch und Svevo nicht nur Zeitgenossen Musils sind, sondern – wie er – auf die gesellschaftliche und sprachliche Situation der Donaumonarchie der Jahrhundertwende reagieren. So greifen hier Besonderes und Allgemeines ineinander, und ich kann hoffen, daß die durchgeführten Analysen zu einer konkreteren Begriffsbestimmung der Moderne und einem besseren Verständnis von Musils Werk beitragen.

Die Moderne: Versuch einer Definition

Die Moderne ist zunächst als eine Zeit der *Krise* aufzufassen, die überlieferte Metaphysiken und Ideologien als unglaubwürdig erscheinen läßt und eine *Kritik* seitens der Intellektuellen, der Philosophen, Schriftsteller und Journalisten, hervorruft. Eine solche Kritik setzte sowohl in Frankreich als auch in Deutschland um 1848 ein, als radikale Philosophen wie Pierre Joseph Proudhon, die Junghegelianer Ludwig Feuerbach, Karl Marx, Max Stirner u.a. die idealistischen Metaphysiken mit anarchistischen und materialistischen Mitteln in Frage stellten und Friedrich Nietzsches radikaler Metaphysik- und Religionskritik den Weg ebneten.

Für die deutsche Moderne ist die Mitte des 19. Jahrhunderts auch deshalb wichtig, weil zu diesem Zeitpunkt das Hegelsche System von den junghegelianischen Polemiken zerrüttet wird und allmählich seine hegemoniale Stellung in den Institutionen verliert. Während Stirner die absolutistische Monarchie als eine Form partikularer Willkürherrschaft erscheint, entlarvt Arnold Ruge die Herrschaftsmechanismen des preußischen Polizeistaates, der bei Hegel noch auf idealistische Art mit dem Prinzip der Sittlichkeit identifiziert wurde:

Hegel – meint Ruge – konnte sich in seinem Verhältnis zum Staat noch 'abstrakt' unter Absehen vom wirklichen Staat, einseitig, auf seiten der Theorie, d.h. seiner Staats*philosophie* behaupten, weil der wirkliche preußische Polizeistaat die Prinzipien seiner Philosophie anerkannt und nicht, wie im Fall von Kant, angefeindet hat.[4]

Schließlich kritisiert der Linkshegelianer Marx Hegels Synthese von Staat und bürgerlicher Gesellschaft als ideologisches Manöver, das die Partikularität der Klassenherrschaft verdecken soll.

Die Mitte des 19. Jahrhunderts ist somit eine Zeit der Kritik, in der herrschende Denkformen als Instrumente der Herrschaft zerlegt und diskreditiert werden. Zugleich werden unter den Junghegelianern Zweifel an Hegels Ästhetik, an seiner Einteilung der Kunstepochen laut, und es ist wohl kein Zufall, daß Friedrich Theodor Vischer, der sich selbst für einen Hegelianer hielt, Hegels letzter, nämlich romantisch-christlicher Kunstepoche eine „moderne" folgen ließ:

Indem ich nun das Moderne als eine selbständige Hauptform des ästhetischen Ideals aufstelle, halte ich dennoch die dreigliedrige Einteilung dadurch fest, daß ich die orientalische Phantasie nicht als eine eigene Form aufstelle, sondern als eine nur vorbereitende unter das antike Ideal subsumiere.[5]

Nicht der Versuch, das triadische Schema des Hegelschen Diskurses beizubehalten, ist hier entscheidend, sondern die Tatsache, daß Vischer sich gezwungen sieht, jenseits der christlich-romantischen (Hegel) eine moderne Ära anzuvisieren, die nicht mehr von Hegels klassizistischem Prinzip der harmonischen Totalität beherrscht wird, sondern Einseitigkeiten, Dissonanzen und Widersprüche aufweist, auf die auch Walter Benjamin in seinen Arbeiten über Baudelaire und die Moderne eingeht.[6]

Auf sie kommt auch Karl Rosenkranz in seiner *Ästhetik des Häßlichen* zu sprechen, wenn er eine Zeit vorausahnt, die sich am Disparaten und Häßlichen weidet:

Ein solches Zeitalter liebt die gemischten Empfindungen, die einen Widerspruch zum Inhalt haben. Um die abgestumpften Nerven aufzukitzeln, wird das Unerhörteste, Disparateste und Widrigste zusammengebracht. Die Zerrissenheit der Geister weidet sich an dem Häßlichen, weil es für sie gleichsam das Ideal ihrer negativen Zustände wird.[7]

Es fällt nicht schwer, in der hier skizzierten Ära die Moderne zu erkennen, die immer wieder mit Hilfe von Begriffen wie Widerspruch, Antinomie (Jaspers),[8] Zweifel und Fragment beschrieben wird. So erwähnt beispielsweise Douwe Fokkema in einer neueren Studie neben dem fragmentarischen Bewußtsein den „epistemologischen Zweifel" („epistemological doubt"), die „metalinguale Skepsis" („metalingual scepsis") des modernen Autors sowie den „Respekt für die Idiosynkrasien des Lesers" („respect for the idiosyncrasies of the reader").[9]

Allerdings fällt auf, daß Fokkemas – reichlich fragmentarische – Charakteristik eher formalen Charakter hat, während die Darstellung des Junghegelianers Anspielungen auf die „negativen Zustände", also auf die gesellschaftliche Situation enthält. Deutlicher als beim konservativen Junghegelianer Rosenkranz tritt diese beim linken Junghegelianer und Hegel-Kritiker Marx in Erscheinung. Schon in seinen Jugendschriften geht er auf den Grundwiderspruch der Moderne ein, der für alle anderen Antinomien und Verzerrungen verantwortlich ist: auf den Widerspruch zwischen Marktgesetz und Kultur, zwischen Tauschwert und Gebrauchswert. Vom Geld heißt es in den Frühschriften u.a.: „Es ist die Verbrüderung der Unmöglichkeiten, es zwingt das sich Widersprechende zum Kuß."[10]

Wenn dies der Fall ist, dann hat auch Nietzsche recht, wenn er als Hegel-Kritiker und Erbe der Junghegelianer den absoluten, undialektischen Gegensatz der idealistischen Metaphysik in Frage stellt und in *Jenseits von Gut und Böse* feststellt:

> Der Grundglaube der Metaphysiker ist *der Glaube an die Gegensätze der Werte.* (...) Es wäre sogar noch möglich, daß das, *was* den Wert jener guten und verehrten Dinge ausmacht, gerade darin bestünde, mit jenen schlimmen, scheinbar entgegengesetzten Dingen auf verfängliche Weise verwandt, verknüpft, verhäkelt, vielleicht gar wesensgleich zu sein.[11]

Während der Junghegelianer Marx von der „Illusion der Ideologen" spricht[12] und die Ideologie als Produkt der Arbeitsteilung und Apologie der Herrschaftsverhältnisse kritisiert, attackiert Nietzsche ihre Dichotomien, ihre dualistischen Schemata, mit deren Hilfe die Trennung von „Gut" und „Böse", „Wahrheit" und „Lüge", „Held" und „Widersacher" gerechtfertigt wird. Doch in einer gesellschaftlichen und wirtschaftlichen Situation, in der das Geld das sich Widersprechende zum Kuß zwingt, wird dieser metaphysische Dualismus unglaubwürdig, verfällt der Ideologiekritik.

In dieser Situation, die von der Zerstörung der Kulturwerte durch den Tauschwert und von der Ideologiekritik, die auf diese Krise des Wertsystems reagiert, geprägt ist, entstehen Bewußtseinsformen, die man als modern definieren könnte: *das Bewußtsein von der Widersprüchlichkeit oder Ambivalenz aller Werte und die komplementäre Kritik am Wahrheitsbegriff; der Zweifel am (Hegelschen) System und an der Möglichkeit, die Entwicklung der Menschheit in einem großangelegten Makrosyntagma darzustellen; die Kritik an der narrativen Syntax (der „anekdotischen Erzählung") in der modernen Prosa; das Bewußtsein von einer Krise des individuellen Subjekts und der Subjektivität allgemein: die Betonung des Zufalls und der Kontingenz der Notwendigkeit gegenüber (bekanntlich versuchte Hegel, den Zufall in die Notwendigkeit zu integrieren); das Auseinandertreten von Subjekt und Objekt sowie das „Unbehagen in der Kultur" und die Darstellung der Natur als einer Befreiung oder Gefährdung des Subjekts.*

Es wird sich zeigen, daß alle diese Elemente der Moderne in Musils *Der Mann ohne Eigenschaften* und in seinem Drama *Die Schwärmer* anzutreffen sind. Beide Texte können an die junghegelianische und nietzscheanische Problematik der zweiten Hälfte des 19. Jahrhunderts angeschlossen werden.[13] Obwohl Musil weder als Marxist noch pauschal als Nietzscheaner bezeichnet werden kann, reagiert er – ähnlich wie die Junghegelianer und Nietzsche – auf die Zerstörung der Kultur durch die Marktgesetze, auf den Zerfall der herrschenden Ideologien und ihrer „Erzählungen" (der „méta-récits", würde Lyotard im Zusammenhang mit der „Postmoderne" sagen), die Krise der Subjektivität und den Ausbruch der Naturkräfte aus der sie domestizierenden Kultur.

Musils Kapitalismus-Begriff widerspricht in vieler Hinsicht dem der Marxisten; insofern hat Josef Strutz recht, wenn er bemerkt: „Musils Begriff von 'Kapitalismus' ist nüchtern und genau; im Gegensatz zu Max Adler fehlt ihm die Dogmatik, die in Analyse und Utopie des Austromarxismus steckt."[14] Mit Recht weist er auch auf die Tatsache hin, daß sich Musil – als Individualist – von der Annahme leiten ließ, daß Ichsucht und Geldinteressen schließlich die Klassensolidarität und den Klassenantagonismus unterlaufen würden. Dennoch zeigt sich immer wieder, daß Musil an der Kritik Marxens und der Junghegelianer anknüpft, etwa wenn er über das Verhältnis von Markt und Bildung schreibt: „Auch die Bildung ist nur bis zu einem gewissen Grad organisatorisch geschützt, im übrigen aber von der kapitalistischen Gesellschaft sich selbst auf dem freien Markt überlassen worden." (GW 8, 1122) Diese Kritik an der Marktgesellschaft ist für die gesamte Moderne charakteristisch und findet sich bei so verschiedenen Autoren wie Joris-Karl Huysmans (in *A Rebours*), André Breton, Jean-Paul Sartre, Albert Camus, Alberto Moravia (*La disubbidienza*), Hermann Hesse und D.H. Lawrence. Dieser schreibt beispielsweise in einem Brief an Bertrand Russell: „Wir *müssen* einen anderen Maßstab als den Geldmaßstab finden, um den *gesamten* Alltag zu messen." („We *must* provide another standard than the pecuniary standard, to measure *all* daily life by.")[15]

Komplementär zu dieser Kritik am Marktgesetz verhält sich bei den Autoren der Moderne die Ideologiekritik, die bei Musil in eine Kritik der „Erzählung", der narrativen Syntax, ausmündet:

> Äußerlich ist die gegenwärtige Krise des Romans so in Erscheinung getreten: Wir wollen uns nichts mehr erzählen lassen, betrachten das nur noch als Zeitvertreib. Für das, was bleibt, suchen nicht 'wir', aber unsere Fachleute eine neue Gestalt. Das Neue erzählt uns die Zeitung, das gern Gehörte betrachten wir als Kitsch. – Das ist aber nun nicht ganz richtig. Kommunisten und Nationalisten und Katholiken möchten sich sehr gerne etwas erzählen lassen. Das Bedürfnis ist sofort wieder da, wo die Ideologie fest ist. Wo der Gegenstand gegeben ist. (GW 8, 1412)

Im letzten Abschnitt dieser Darstellung wird sich zeigen, daß auch Hermann Broch den dualistisch strukturierten ideologischen Diskurs in Frage stellt, indem er – vor allem in seiner *Schlafwandler*-Triologie – die Ambivalenz aller Erscheinungen aufdeckt, die den Manichäismus des Ideologen Lügen straft.

Die extreme Ambivalenz als unaufhebbare Einheit der Gegensätze gehört zu den Grundstrukturen von Musils *Der Mann ohne Eigenschaften* und *Die Schwärmer*; sie wird thematisch die beiden nächsten Abschnitte beherrschen, da sie ein wesentliches Charakteristikum der Moderne ist, das nicht nur bei Nietzsche, sondern schon in der Philosophie und Prosa einiger Junghegelianer eine wichtige Rolle spielte. So schreibt beispielsweise Ewald Volhard über F.Th. Vischers satirischen Roman *Auch einer* (1879): „Vischers Bestreben war stets, das kontradiktorische Entweder-Oder durch das noch viel mehr kontradiktorische Sowohl-Als-auch zu ersetzen. Dieses Verfahren allein ist bei der Interpretation des *Auch Einer* anwendbar."[16] In diesem Roman ist nicht nur die Ambivalenz als *coincidentia oppositorum* zentral, sondern auch der naturwüchsige, unbeherrschte Zufall, dessen Tücke sich gegen alle subjektiven Entwürfe durchsetzt.

Ein subjektiver Entwurf *par excellence* ist das Hegelsche System, und es ist sicherlich *kein* Zufall, wenn Musil, der Erbe Nietzsches und der Junghegelianer, in seinem großen Romanfragment diesen Entwurf als repressives „grand design" radikal kritisiert. Von Ulrich heißt es dort: „Er war kein Philosoph. Philosophen sind Gewalttäter, die keine Armee zur Verfügung haben und sich deshalb die Welt in der Weise unterwerfen, daß sie sie in ein System sperren." (GW 1, 253) Diese Kritik ist nicht nur junghegelianisch und nietzscheanisch, sondern schlechthin modern, weil sie zusammen mit dem philosophischen System auch die narrativen Systeme des 19. Jahrhunderts verabschiedet, deren Autoren – etwa Balzac – mit dem hegelianischen Anspruch auftraten, die Wirklichkeit erzählerisch zu erfassen.[17]

Wo der systematische und narrative Anspruch des Subjekts, die Wirklichkeit, das Objekt zu beherrschen, zurückgewiesen wird, kann die Identität des Subjekts, ja der Subjektbegriff selbst, fragwürdig erscheinen. Musil, der in seinen Tagebüchern bemerkt, ihm werde „alles zu Bruchstücken eines theoretischen Systems",[18] sieht sich mit dem Niedergang des Individualismus und der individuellen Subjektivität konfrontiert. Zu diesem Problem heißt es in seinen nachgelassenen Schriften: „Der Individualismus geht zu Ende. Ulrich liegt nichts daran. Aber das Richtige wäre hinüberzuretten."[19] Dieses Bewußtsein vom Niedergang des Ich ist für die gesellschaftliche und sprachliche Situation der österreichisch-ungarischen Jahrhundertwende charakteristisch. Daher hat Robert Pynsent recht, wenn er im Zusammenhang mit der österreichischen Literatur der Jahrhundertwende Ernst Machs *dictum* zitiert: „Das Ich ist unrettbar" und hinzufügt, daß diese Erkenntnis so verschiedenen Autoren wie Schnitzler, Hofmannsthal, Kafka und Musil gemeinsam ist.[20]

Die Ohnmacht des Einzelnen und die Allgegenwart einer anonymen Organisation wird dem Musil-Leser gleich im ersten Kapitel des *Mannes ohne Eigenschaften* vorgeführt, wo ein Verkehrsunfall dargestellt wird. Keiner der Passanten vermag dem Unfallopfer zu helfen, auch nicht der Herr und die Dame, die sich unter die Schaulustigen mischen. Schließlich versucht der Herr, den Vorfall als Zufall in eine notwendige Ordnung zu integrieren, indem er der Dame erklärt, die Kraftwagen hätten einen zu langen Bremsweg. Sie weiß nicht, was ein Bremsweg ist, aber: „Es genügte ihr, daß damit dieser gräßliche Vorfall in irgend eine Ordnung zu bringen war und zu einem technischen Problem wurde, das sie nicht mehr unmittelbar anging." (GW 1, 11) Diese Flucht in eine anonyme Ordnung ist deshalb fragwürdig, weil sich in den folgenden Kapiteln des Romans herausstellt, daß die Ordnung selbst nicht rational ist und sich der Kontrolle des Subjekts längst entzogen hat. In dieser Hinsicht ist *Der Mann ohne Eigenschaften* als ein „Anti-Hegel" in Romanform zu lesen und als ein Manifest der Moderne.

Zur Moderne gehört schließlich auch die Erfahrung des Subjekts, daß das Objekt ihm tückisch entgleitet und die Natur sich verselbständigt. Vor allem in den *Schwärmern* wird das Subjekt selbst als nicht-soziale und nicht-rationale *energeia* dargestellt, die nur den naturwüchsigen, zufallsbedingten Impuls gelten läßt: „Denn nun ist es wie in der Welt der Hunde. Der Geruch in deiner Nase entscheidet. Ein Seelengeruch! Da steht das Tier Thomas, dort lauert das Tier Anselm." (GW 6, 360) Diese Verwandlung ins Tierische spielt nicht nur bei Musil und Kafka, sondern auch bei Autoren wie Hermann Hesse und D.H. Lawrence eine wichtige Rolle und erscheint dort bald als Befreiung, bald als Bedrohung des Subjekts. Während im *Steppenwolf* Harry Haller im Magischen Theater dem Zerfall seines Ichs im Unbewußten beiwohnt und den Prozeß der Loslösung von kulturellen Zwängen mit gemischten Gefühlen beobachtet, erblickt der Protagonist der *Kurgast*-Novelle in der Natur eine befreiende Kraft. Ihn faszinieren zwei gefangene junge Marder: „Solang es noch Marder gab, noch Duft der Urwelt, noch Instinkt und Natur, solange war für einen Dichter die Welt noch möglich, noch schön und verheißungsvoll."[21] Ähnlich wie Hesse schwankt auch Lawrence als Vertreter der Moderne zwischen dem kulturellen und dem natürlichen Pol: Während er in seiner Novelle *The Virgin and the Gipsy* zeigt, wie nach einem Dammbruch die Naturgewalten zusammen mit dem Haus des Vikars (der *Rectory*) eine unglaubwürdig gewordene Moral hinwegfegen, läßt er in *The Fox* die repressiven Züge von Nietzsches naturwüchsigem Machtinstinkt hervortreten und stellt in seinem Buch über die Psychoanalyse diese als eine Bedrohung von Kultur und Moral dar.[22]

Diesen Ausbruch der Natur aus dem kulturellen Herrschaftsbereich des Subjekts antizipiert der Junghegelianer F.Th. Vischer, wenn er zu Hegels These von der Identität zwischen Subjekt und Objekt, Geist und Natur skeptisch bemerkt:

Er (Hegel) meint, in seiner Weltvernunft die Natur mit dem Begriff beisammen zu haben, aber er hat ihre scheinbar absolute Spaltung, ihre Diremtion, er hat aus der Idee das 'Anderssein' nicht erklärt; daher, weil das Anderssein unerklärt daneben liegen bleibt, fallen sie doch auseinander und ist die Wesensfülle in seiner Vorstellung von der Weltvernunft nur seine ehrliche Vorstellung. Ist also die Natur nicht wirklich abgeleitet, so ist es auch der mit ihr gegebene Zufall nicht, und hieraus folgt zugleich, daß Hegel vom Zufall in der Naturseite des Geistes, also auch vom Traume, geringschätzig wie von allem Zufälligen, nur flüchtig und beiläufig redet.[23]

In dieser Passage treten zusammen mit dem semantischen Raster junghegelianischer Diskurse wesentliche Elemente der modernen Ära in Erscheinung: Das Auseinandertreten von Subjekt und Objekt, der Ausbruch der Natur (des „Andersseins") aus dem Herrschaftssystem des Subjekts, die Aufwertung von Zufall, Traum und Körperlichkeit. Nietzsches Verdienst besteht u.a. darin, daß er alle diese Elemente der Moderne, die zugleich Zerfallsprodukte des Hegelschen Systems sind, zu einer neuen Philosophie gebündelt hat. Es nimmt nicht wunder, daß diese radikale Philosophie auf Autoren der Moderne wie Musil, Baroja, Lawrence, Hesse und Gide eingewirkt hat, denn diese Autoren setzen sich mit einer Problematik auseinander, die Nietzsche antizipiert: mit der Ambivalenz der Kultur, der aus ihr resultierenden Krise des Subjekts und des (narrativen) Systems, der Aufwertung der Natur, des Unbewußten, des Traumes und der Herrschaft der Kontingenz. Alle diese Komponenten der Moderne sind in Musils Roman *Der Mann ohne Eigenschaften* eingegangen.

Der Mann ohne Eigenschaften: Ein moderner Roman

Eines der hervorstechendsten Merkmale dieses Romanfragments ist die Ideologiekritik, die bei Musil aus einer individualistischen Skepsis dem Staat, der politischen Organisation und allen kollektiven Instanzen gegenüber hervorgeht. Entscheidend ist, daß die Ideologiekritik im *Mann ohne Eigenschaften* für die Romanproblematik und Romanstruktur konstitutiv ist und daher nicht als etwas Hinzukommendes, Nebensächliches behandelt werden sollte. Denn dem ideologischen Dualismus und Manichäismus opponiert im Roman die Ambivalenz als Einheit der Gegensätze, als Verknüpfung unvereinbarer Werte; sie zersetzt den dualistischen Diskurs und liefert ihn der Ironie aus.

Wie dies geschieht, zeigen die „Unterhaltungen mit Schmeißer", in denen der dualistische Diskurs des allwissenden sozialistischen Ideologen mit der von Ambivalenzen durchsetzten Ironie des Erzählers und Ulrichs zusammenstößt. Der individualistischen Kritik begegnet der Dogmatiker mit Kollektivismus und Parteidisziplin: „Die Partei hat solche Abenteuer nicht nötig; wir kommen auf unserem eigenen Weg ans Ziel!" (GW IV, 1455) Die Paradoxien und Ambivalenzen der ironischen Rede quittiert der überzeugte Sozialist mit eisigem Schweigen:

'Dann behaupte ich', ergänzte Ulrich lächelnd seinen Satz, 'daß Sie an etwas anderem scheitern werden, zum Beispiel daran, daß wir imstande sind, jemand Hund zu schimpfen, auch wenn wir unseren Hund mehr lieben als unsere Mitmenschen!?' – Ein Spiegel beruhigte Schmeißer, indem er ihm das Bild eines jungen Mannes zeigte, der eine scharfe Brille unter einer harten Stirn trug. Antwort gab er keine. (GW IV, 1457)

Dem Paradoxon, der Antinomie und der Ironie hat der Ideologe nichts entgegenzusetzen: denn diese kritischen und „dekonstruktiven" (Derrida) Elemente der Moderne gehen in seinem linearen, auf Dichotomien gegründeten Diskurs nicht auf; sie können von ihm nicht verarbeitet werden, weil im ideologischen Bereich die Eindeutigkeit der Subjekte, Handlungen und Aussagen nicht angezweifelt werden darf. Zweifel an der ideologischen Eindeutigkeit könnten - wie schon bei den Junghegelianern und Nietzsche - jenseits von Gut und Böse, Wahrheit und Lüge, Links und Rechts führen: „Ironie ist: einen Klerikalen so darstellen, daß neben ihm auch ein Bolschewik getroffen ist (...)." (GW V, 1939)

Der Roman aber, der die ideologischen Diskurse kritisch zersetzt, zerstört zugleich seine eigenen Grundlagen, weil die Romanerzählung als Aktantenmodell und narrative Syntax (im Sinne von Greimas), d.h. als Erzählschema, in dem Helden und Antihelden, Helfer und Widersacher, Auftraggeber und Gegenauftraggeber einander opponieren und um Objekte kämpfen, mehr oder weniger klare Gegensätze und Gegensatzpaare voraussetzt. Zwar wurden diese Gegensätze schon im psychologischen Roman des 18. und 19. Jahrhunderts relativiert und vor allem durch psychische Zweideutigkeiten in Frage gestellt. Der Roman der Jahrhundertwende, der Roman der extremen Ambivalenz stellt jedoch das Schema als solches in Frage, weil er im Anschluß an Nietzsche zeigt, wie Wahrheit und Lüge, Wissenschaft und Mythos, Gut und Böse, Vernunft und Wahnsinn, Held und Schurke unentwirrbar „verwandt, verknüpft, verhäkelt, vielleicht gar wesensgleich" sind. (Nietzsche)

Seine Ideologiekritik ist zugleich Selbstkritik, die zur Auflösung des Aktantenmodells (Held/Widersacher) und der narrativen Syntax führt. Musil muß dieses Problem gesehen haben, als er die - verlorene - Eindeutigkeit epischer Gestalten und Handlungen zur Sprache brachte:

Das Problem entsteht natürlich erst mit dem Roman. Im Epos, auch im wirklich epischen Roman, ergibt sich der Charakter aus der Handlung. D.h. die Charaktere waren viel unverrückbarer in die Handlungen eingebettet, weil auch diese viel eindeutiger waren. (GW 5, 1941)

Im *Mann ohne Eigenschaften* ist diese Eindeutigkeit - ähnlich wie in Hermann Brochs *Schlafwandler*-Triologie und in Italo Svevos *La coscienza di Zeno* - längst verlorengegangen: Nicht nur das Rationale und das Irrationale, Genauigkeit und Seele, Mathematik und Mystik gehen ineinander über, sondern auch das männliche und das weibliche Prinzip bilden eine ambivalente Einheit, die in der Gestalt des Hermaphroditen (Clarisse) und in der Geschwisterliebe zwischen Ulrich und Agathe zum Ausdruck kommt. Zu diesem Thema bemerkt Marianne Charrière Jacquin:

Die Vereinigung von Ulrich und Agathe wäre dann das Gleichnis von der erträumten Totalität, die der Dichtung ihre *Richtung* weist. Schließt der Inzest-Mythos als Variante zum Ouroboros-Mythos symbolisch den Kreis, so verkörpert der Hermaphrodit das ursprüngliche 'geteilt-einige' (...) Verhalten des Menschen zur Welt.[24]

Dieses geteilt-einige Verhalten wird schließlich in Musils Textfragment „Die Reise ins Paradies" zur fiktionalen Realität.

Nicht nur die Dyade Agathe-Ulrich zeugt als hermaphroditische Einheit der Gegensätze von der Ambivalenzproblematik des Romans, sondern auch Ulrich als handelnde und denkende Instanz. Von ihm heißt es gleich zu Beginn: „Ein solcher Mann ist aber keineswegs eine sehr eindeutige Angelegenheit." (GW 1, 17) Ähnliches ließe sich von den anderen Akteuren behaupten, die entweder – wie z.B. Clarisse – hermaphroditische Tendenzen aufweisen oder wie der Sexualverbrecher Moosbrugger als eine „typische Mischung aus Brutalität und Gotteskindschaft"[25] zu charakterisieren sind.

Alle diese Formen der Ambivalenz sind in den gesellschaftlichen Gesamtzusammenhang eingebettet, in dem sie entstanden sind. Es geht um den dialektischen Widerspruch zwischen wert-indifferentem Markt (als Tauschwert) und wertender Ideologie, der in der Gestalt Arnheims, des Kaufmanns und Großschriftstellers, zum Ausdruck kommt:

Durch dieses Zusammenhängen aller Lebensgebilde, das nur blinder Ideologenhochmut vergessen kann, kam Arnheim dazu, im königlichen Kaufmann die Synthese von Umsturz und Beharren, Macht und bürgerlicher Zivilisiertheit, vernünftigem Wagnis und charaktervollem Wissen zu erblicken, zuinnerst aber eine Symbolgestalt der sich vorbereitenden Demokratie (...). (GW 2, 389)

Es ist wohl kein Zufall, daß in dieser Passage gerade der Kaufmann, der Vertreter der Wirtschaft und des Marktes, als Widersacher des Ideologen und seines Hochmuts erscheint: als jemand, der in der Lage ist, Wirtschaft und Kultur, Technik und Seele, Quantität und Qualität in einer großangelegten Synthese zu vereinigen. Obwohl Musil und sein Erzähler diese Synthese, die auf eine Unterordnung der Kultur unter den Tauschwert hinausläuft, kritisieren und parodieren, lassen sie immer wieder erkennen, daß das „zarte Zusammenhängen aller Lebensgebilde", die Realität der Moderne ausmacht und daß in dieser Realität alle ideologischen Dichotomien (etwa Alfred Webers Gegensatz zwischen Kultur und Zivilisation) als fragwürdig erscheinen.

Wo die Eindeutigkeit sowohl im gesellschaftlichen Kontext als auch im Bereich der Romanfiktion von der Ambivalenz als Einheit der Gegensätze und Doppelwertigkeit verdrängt wird, steht – wie bereits angedeutet – der narrative Ablauf des Romans in Frage: Sowohl auf der Ebene der *Erzählung* (der *énonciation*) als auch auf der Ebene der *Handlung* (des *énoncé*) wird die anekdotisch-kausale Verknüpfung von Episoden problematisch. Davon zeugen sowohl Musils autoreflexive Schreibweise als auch seine Bemerkungen zur Schwierigkeit oder Unmöglichkeit des Erzählens: „?Paradoxon: den Roman schreiben, den man nicht schreiben kann", heißt es in den nachgelassenen Schriften. (GW 7, 876) Dies bedeutet keineswegs, daß Musil nicht an die Bedeutung und das kritische Potential des Romans glaubte; es bedeutet vielmehr, daß er an einer Gattung festhielt, deren ideologische Grundlagen (Dichotomie, Held-Antiheld-Schema, Aktantenmodell) er kritisch und selbstkritisch in Frage stellte. So ist das von ihm erwähnte „Paradoxon" zu verstehen.

Dieses Paradoxon tritt auch auf der Ebene des *énoncé*, des Handlungsablaufs, in Erscheinung, wo die vom Autor konzipierte *Geschichte* nicht mehr erzählt werden kann: „Die Geschichte dieses Romans kommt darauf hinaus, daß die Geschichte, die in ihm erzählt werden sollte, nicht erzählt wird." (GW 5, 1937) Diese Unmöglichkeit der Erzählung als narrativer Darstellung eines Handlungsablaufs hängt unmittelbar mit der Ambivalenzproblematik zusammen: mit der Schwierigkeit, Charaktere, Handlungen und Situationen eindeutig zu bestimmen und kausal in neue Situationen überzuleiten.

„Le trait de caractère est la cause de l'action", „der Charakterzug ist die Ursache der Handlung", schreibt Tzvetan Todorov.[26] Dies ist sicherlich der Fall und trifft auf alle psychologischen Romane zu. Wo aber – wie in Musils *Der Mann ohne Eigenschaften* – jeder Charakter als eine ambivalente und widersprüchliche Einheit erscheint, dort verliert Todorovs Maxime ihre Geltung: Die von ihm und anderen Narratologen aufgezeigte

„causalité psychologique" („psychologische Kausalität") wird in einer fiktionalen Welt außer Kraft gesetzt, deren Akteure als „Möglichkeitsmenschen" auftreten, die nach allen Seiten hin offen sind und sowohl A als auch das Gegenteil von A tun können.

Ein Möglichkeitsmensch *par excellence* ist Ulrichs mondäne Bekannte Diotima, die – wie andere Anhänger der „Parallelaktion" – zur Passivität verurteilt ist, weil sie unschlüssig zwischen den Gegensätzen oszilliert: „Diotima hätte sich ein Leben ohne ewige Wahrheiten niemals vorzustellen vermocht, aber nun bemerkte sie zu ihrer Verwunderung, daß es jede ewige Wahrheit doppelt und mehrfach gibt." (GW 1, 229) Die Verdoppelung der Wahrheit, die einen der Ausgangspunkte von Nietzsches Kritik der Metaphysik bildet, stellt die Handlungsfähigkeit des Subjekts grundsätzlich in Frage: „Jedesmal, wenn Diotima sich beinahe schon für eine solche Idee entschieden hätte, mußte sie bemerken, daß es auch etwas Großes wäre, das Gegenteil davon zu verwirklichen." (GW 1, 229)

Dieses Schwanken zwischen den Möglichkeiten ist auch für den Hauptakteur des Romans, für Ulrich, charakteristisch: Seine „drei Versuche, ein bedeutender Mann zu werden", die den Kern des Romananfangs bilden und in einem traditionellen Roman den Handlungsablauf auslösen würden, münden bekanntlich in die Erkenntnis, daß er für die *vita activa* des Offiziers oder des Ingenieurs (Kap. 9 und 10) nicht taugt, so daß für ihn nur die *vita contemplativa* des Mathematikers, des Wissenschaftlers oder – genauer – des in die Wissenschaft verliebten Dilettanten, in Frage kam: „Er war weniger wissenschaftlich als menschlich verliebt in die Wissenschaft." (GW 1, 40)

Auch in diesen „drei Versuchen, ein berühmter Mann zu werden", klingt Musils Paradoxon an: „den Roman schreiben, den man nicht schreiben kann". Die Paradoxie besteht darin, daß der Tatendrang des Helden, der zur Triebfeder traditioneller Romane wird, schon nach wenigen Seiten verpufft und Ulrich sich für ein kontemplatives Dasein entscheidet, das bestenfalls das Ende eines konventionellen Desillusionsromans bilden könnte. Der moderne Roman jedoch fängt mit der Desillusion an, und der Handlungsablauf wird in Frage gestellt, ja er wird überflüssig. Daher trägt auch das erste Kapitel die zugleich ironische und gattungskritische Überschrift: „Woraus bemerkenswerter Weise nichts hervorgeht". Nach der Lektüre dieser Worte kann der an Spannungssteigerung gewohnte Leser marktgängiger Erzählungen das Buch zuklappen.

Musil ist es freilich nicht um Spannung und abenteuerliche Katastrophenschürzungen im traditionellen Sinn zu tun, sondern um die Kritik eines ideologisierten Romandiskurses, der sich am „Geschichten-Erzählen" (Broch) orientiert und ohne ideologische Aktantenmodelle (Held-Antiheld-Schemata) nicht auskommt. Auf seine Romanauffassung ist nicht nur die Bezeichnung „modern", sondern auch das Epitheton „postmodern" anwendbar, wenn man dieses mit Lyotard als „incrédulité à l'égard des métarécits" („Skepsis gegenüber den Metaerzählungen") definiert.[27] Lyotard übersieht allerdings, daß diese „incrédulité" oder „Skepsis" schon in der junghegelianischen Kritik an Hegel (Feuerbach, Stirner, Vischer) eine entscheidende Rolle spielte, und verwechselt die Moderne mit einer Postmoderne, die es möglicherweise gar nicht gibt. (Die Skepsis dem marxistisch-hegelianischen „métarécit" gegenüber klingt in zahlreichen modernen Romanen an.)[28]

In diesen Zusammenhang gehört auch die leidige Frage, wie der fragmentarische Charakter des *Mannes ohne Eigenschaften* zu erklären sei. Unzureichend scheinen mir vor allem die rein biographischen Erklärungen zu sein, die sich ausschließlich vom *common sense* leiten lassen und den fehlenden Abschluß des Romans mit Musils jähem Tod verknüpfen. „Das Rätsel und der Reichtum des Unvollendeten", „het raadsel en de rijkdom van het onvoltooide", von denen in Jacques Kruithofs Musil-Studie die Rede ist,[29] sind nicht mit Common-Sense-Annahmen, sondern nur auf struktureller Ebene zu beschreiben und zu lösen: Der Roman wurde nicht vollendet, weil er als offene, parataktische Struktur konzipiert wurde und nicht als syntaktisch-narrativer Ablauf mit Endpunkt. In einem von der Ambivalenz strukturierten Text ist ein solcher linearer Ablauf nicht mehr möglich. Dies fiel auch Hartmut Cellbrot auf, der in seiner phänomenologischen Studie zu Musils Romanfragment schreibt: „In Wahrheit jedoch werden Varianten offengehalten, und jede von ihnen bedeutet neue Möglichkeiten der Weiterführung."[30] Was Cellbrot im phänomenologischen Kontext beschreibt, wäre semiotisch als paradigmatische Textanordnung darstellbar: Bekanntlich definiert Saussure das Paradigma als offene, assoziative Struktur, die unendlich viele Elemente in unbestimmter Reihenfolge kombinieren kann („ni en nombre défini, ni dans un ordre déterminé").[31]

Es ist aufschlußreich zu beobachten, daß Musil sich nicht nur die Auflösung oder paradigmatische Umwandlung des narrativen Makrosyntagmas, des Romansyntagmas, vornimmt, sondern zugleich versucht, das Satzsyntagma paradigmatisch zu dehnen oder gar zu sprengen:

> Solange man in Sätzen mit Endpunkt denkt, lassen sich gewisse Dinge nicht sagen - höchstens vage fühlen. Andererseits wäre es möglich, daß man sich so auszudrücken lernt, daß gewisse unendliche Perspektiven, die heute noch an der Schwelle des Unbewußten liegen, dann deutlich und verständlich werden.[32]

Es ist sicherlich kein Zufall, daß Saussure die assoziative Struktur des Paradigmas mit dem Unbewußten („inconsciemment") verknüpft; denn im Gegensatz zum Syntagma, daß eine bewußte, kausallogisch fundierte Konstruktion ist, geht das Paradigma aus unbewußten Assoziationen hervor.[33]

Diese bilden eine der Grundlagen des *Mannes ohne Eigenschaften*, eines Romans, der zwar nicht das Satzgefüge in Frage stellt, der aber durch seine radikale Kritik der narrativen Syntax jene „unendlichen Perspektiven" eröffnet, von denen in Musils Tagebucheintragung die Rede ist. Eine solche Kritik erweist sich jedoch als zweischneidiges Schwert: Einerseits befreit sie das Subjekt von syntaktischen Zwängen und erweitert seinen assoziativen Horizont; andererseits stellt sie die Grundlagen der Subjektivität in Frage, denn diese kann sich nicht anders konstituieren als auf syntaktischer Ebene: mit Hilfe von Satzgefügen und narrativen Konstruktionen. Somit ist Musils (Prousts, Joyces, Svevos) Kritik der Syntax seiner Romankritik homolog: Beide münden in eine Aporie, weil sie die Subjektivität des Erzählers, der Akteure und der Romanform in Frage stellen.[34] Subjektivität ist nur als diskursive, d.h. syntaktisch-narrative Anordnung möglich: als Intentionalität und Finalität. Die Auflösung der Syntax zieht notwendig die Auflösung des Subjekts in der „Utopie des anderen Zustands", im „ekstatischen" oder „allozentrischen Erlebnis" nach sich.

Dieses Erlebnis schildert Musil in dem wichtigen Kapitel Sonderaufgabe eines Gartengitters: „Allozentrisch heißt, überhaupt keinen Mittelpunkt mehr haben. Restlos an der Welt teilnehmen und nichts für sich zurücklegen. Im höchsten Grad, einfach aufhören zu sein. Ich könnte auch Hereinwendung der Welt und Hinauswendung des Ich sagen. Es sind die Ekstasen der Selbstsucht und Selbstlosigkeit." (GW 4, 1407)

Aus diesen Erläuterungen Ulrichs geht hervor, daß „Selbstsucht" und „Selbstlosigkeit" eine ambivalente Einheit bilden, weil die Suche nach dem eigenen Ich jenseits der bewußten Zwänge (Moral, Logik, Syntax) die Auflösung des Ichs im Unbewußten - im „allozentrischen Zustand" - bewirkt.

Eine solche Auflösung des Ichs wird in Musils Roman - ähnlich wie in anderen Romanen der Moderne - nicht nur als Befreiung, sondern auch als Bedrohung empfunden: als Auslieferung an den Zufall und an die Zwangsmechanismen der Alltagsroutine, denen Ulrich entgehen möchte. Er versucht, eine neue Gesetzmäßigkeit jenseits von Subjektivität und Objektivität zu finden, die er als die „Utopie des motivierten Lebens" bezeichnet:

Diese Willensfreiheit ist die Fähigkeit des Menschen, freiwillig zu tun, was er unfreiwillig will. Aber Motivation hat mit Wollen keine Berührung; sie läßt sich nicht nach dem Gesetz von Zwang und Freiheit einteilen, sie ist tiefster Zwang und höchste Freiheit. (GW 4, 1421)

Es geht also darum, in einer Synthese von Freiheit und Zwang die zerfallene Subjektivität wiederherzustellen.

Wie Svevo, Hesse und D.H. Lawrence stößt Musil in seiner Kritik der Ideologien, der moralischen und erzählerischen Konventionen schließlich auf den Traum, das Unbewußte und das Tierische: auf Elemente, die jenseits der Kultur und des von ihr verursachten Unbehagens die Integrität des Subjekts in Frage stellen. Es sind Elemente des kritischen Bewußtseins, die zum ersten Mal in der junghegelianischen Kritik an Hegels System in Erscheinung traten und von Nietzsche zu einer Philosophie der Moderne geformt wurden. Auch in dieser Philosophie erscheint die Natur bald als Befreiung von einer unglaubwürdig gewordenen Moral, bald als Bedrohung des sozialisierten Subjekts, das sich im blinden Machtstreben aufzulösen droht.

Das moderne Dilemma „zwischen Natur und Kultur" stellte Thomas Mann in seiner Rede zu Sigmund Freuds 80. Geburtstag anschaulich dar, als er auf das Verhältnis von „Es" und „Ich" zu sprechen kam:

Denn das Unbewußte, das Es, ist primitiv und irrational, es ist rein dynamisch. Wertungen kennt es nicht, kein Gut und Böse, keine Moral. (...) Was nun das Ich selbst und überhaupt betrifft, so steht es fast rührend, recht eigentlich besorgniserregend damit. Es ist ein kleiner, vorgeschobener, erleuchteter und wachsamer Teil des 'Es' – ungefähr wie Europa eine kleine aufgeweckte Provinz des weiten Asiens ist.[35]

Nicht die Frage, ob „Es" und „Unbewußtes" identifiziert werden können, ist hier entscheidend, sondern das Dilemma der Moderne, das hier in Erscheinung tritt: Es geht darum, Kultur, Ideologie und konventionelle Subjektivität zu kritisieren, ohne das Subjekt preiszugeben, es der Natur und der Verdinglichung auszuliefern.

Der Romancier Musil versucht, dieses Dilemma durch eine „Utopie des Essayismus" zu lösen, die in mancher Hinsicht als das formale *pendant* zur „Utopie des motivierten Lebens" anzusehen ist: Es gilt, dem systematischen (hegelianischen, syntagmatischen) Zwang abzusagen, ohne den Gedanken an verbindliche Wahrheit preiszugeben:

Ungefähr wie ein Essay in der Folge seiner Abschnitte ein Ding von vielen Seiten nimmt, ohne es ganz zu erfassen, – denn ein ganz erfaßtes Dingt verliert mit einem Male seinen Umfang und schmilzt zu einem Begriff ein – glaubte er, Welt und eigenes Leben am richtigsten anzusehen und behandeln zu können. (GW 1, 250)

Der Essay ist modern, d.h. nachhegelianisch, weil er der jung-hegelianischen (Vischer, Marx) Erkenntnis Rechnung trägt, daß Subjekt und Objekt nicht identisch sind und daß ein bestimmtes Objekt von verschiedenen Theorien unterschiedlich dargestellt wird. Soll es adäquat erkannt werden, dann darf es nicht seinen „Umfang" verlieren, darf nicht zu einer Abstraktion, einem Begriff zusammenschrumpfen.

Diese Einstellung dem Objekt gegenüber ist zweifellos modern und verbindet den Autor des ersten essayistischen Romans mit dem kritischen Theoretiker Adorno, der vom Essay die Darstellung des Besonderen, des Einmaligen und die Befreiung vom

Systemzwang erwartete.[36] Die parataktische und zugleich paradigmatische (a-syntaktische) Anordnung seiner *Ästhetischen Theorie* erinnert an Musils essayistisches und paradigmatisches Schreiben. Von diesem gilt, was Adorno von seinem postum erschienenen großen Werk sagt: „Das Buch muß gleichsam konzentrisch in gleichwertigen, parataktischen Teilen geschrieben werden, die um einen Mittelpunkt angeordnet sind, den sie durch ihre Konstellation ausdrücken."[37]

Modern sind beide Autoren auch deshalb, weil sie an einem problematisch gewordenen Wahrheitsbegriff festhalten. Gianni Vattimo mag recht haben, wenn er behauptet, daß die Moderne dort endet, wo der Wahrheitsbegriff verabschiedet wird („la stessa nozione di verità si dissolve").[38] Eindeutiger noch als Nietzsche, den Vattimo in diesem Zusammenhang zitiert, haben sich – im Anschluß an Nietzsche – Autoren der Dekonstruktion wie Derrida und Paul de Man vom „metaphysischen" Wahrheitsbegriff distanziert. Ob sie schon deshalb einer „postmodernen" Epoche angehören, will ich hier nicht entscheiden, da andere Komponenten ihres Denkens – etwa die Kritik des Rationalismus und des Systems – ohne weiteres als modern zu bezeichnen sind. Von Musil und Adorno unterscheiden sie sich wesentlich durch ihre Abkehr von der alten Metaphysik: dadurch, daß sie sich nicht mehr mit der Metaphysik „im Augenblick ihres Sturzes" solidarisch erklären.

„Die Schwärmer" als Antidrama

Nur scheinbar sind *Die Schwärmer* – formal betrachtet – ein traditionelles Theaterstück, in dem die drei klassizistischen („aristotelischen") Einheiten gewahrt werden. Insofern hat Egon Naganowski recht, wenn er feststellt: „Die Einheit der Zeit wurde also vollkommen und die des Ortes fast genau eingehalten. Man könnte auch von einer Einheit der Handlung sprechen (...)."[39] Dennoch hält Naganowski *Die Schwärmer* nicht für ein traditionelles Drama, denn: „So wie Musil schon früher im *Törleß* und vor allem in den *Vereinigungen* auf 'das Äußere', 'auf die Handlung keinen Wert legte', wollte er auch in den *Schwärmern* keine Geschichte erzählen (...)."[40] Mit Recht weist er darauf hin, daß sich die Dialoge in diesem Stück verselbständigen und nicht dazu da sind, die Handlung voranzutreiben. In dieser Hinsicht stimmt es strukturell mit dem *Mann ohne Eigenschaften* überein, dessen Handlungsablauf ebenfalls durch sich verselbständigende Dialoge und durch eine essayistisch-paradigmatische Anordnung geschwächt wird.

Es weist auch Ähnlichkeiten mit anderen modernen Dramen auf, in denen die Konversation auf Kosten der dramatischen Handlung entwickelt wird. Im Gegensatz zum Dialog, der folgenträchtig ist und zur kausalen Verknüpfung von Handlungen beiträgt, erscheint die Konversation in Peter Szondis *Theorie des modernen Dramas* als antidramatisches Element: „Sie hat keinen subjektiven Ursprung und kein objektives Ziel: sie führt nicht weiter, geht in keine Tat über. (...) Weil die Konversation keinen subjektiven Ursprung hat, kann sie keine Menschen definieren."[41]

Diese Bemerkungen Szondis führen mitten in die Problematik der *Schwärmer*, die allerdings nicht ohne weiteres als Konversationsdrama im Sinne von Hofmannsthals *Der Schwierige* zu bezeichnen sind: Während sich in Hofmannsthals Lustspiel die stark formalisierte und ästhetisierte Konversation als mondäne Gruppensprache des Großbürgertums und des Wiener Salonadels verselbständigt und vom Grafen Bühl kritisch reflektiert wird,[42] erfüllt sie in Musils Drama, das in einem liberalen Intellektuellenmilieu spielt, eine kritisch-essayistische Funktion. Insofern gehört sie einem anderen Diskurstyp an als die Konversation Hofmannsthals. Beiden Konversationstypen ist jedoch gemeinsam, daß sie den dramatischen Dialog und die Handlung erheblich schwächen.

Zur Schwächung der Handlung trägt in den *Schwärmern* -ähnlich wie im *Mann ohne Eigenschaften* - die Ideologiekritik bei, die zusammen mit dem ideologischen Dualismus das traditionelle Aktantenschema (Held/Antiheld) zerstört. Während der Universitätsprofessor Josef, ein „Mann mit Eigenschaften", versucht, den gescheiterten Dozenten Anselm, der ihm seine Frau Regine abspenstig macht, als „Feind" und Antihelden zu bekämpfen, bemüht sich Thomas, ein Schwärmer und „Mann ohne Eigenschaften", die ideologischen Erzählschemata zu dekonstruieren:

JOSEF: (...) Wir stehen dem gleichen Feind gegenüber.
THOMAS *hartnäckig beschaulich*: Die Fälle sind ganz verschieden (...). (GW 6, 398)

Josef, der liberale Bürger und Tatenmensch, der den Detektiv Stader einsetzt, um Regine und Anselm des Betrugs überführen zu können, wird mit der polymorphen Welt der „Schwärmer" Anselm, Maria, Regine und Thomas konfrontiert, in der sich die festen ideologischen Gegensätze in Ambivalenz und Antinomie auflösen. Der intelligenteste Vertreter dieser Welt ist zweifellos Thomas, der - ähnlich wie Ulrich - dem „Mann mit Eigenschaften" die Ungereimtheiten seiner ideologischen Voraussetzungen vor Augen führt.

THOMAS: (...) Du verlangst Ideale; aber auch, daß man keinen extremen Gebrauch von ihnen mache. Du läßt die Witwer wieder heiraten, aber erklärst die Liebe für unendlich, damit die Wiederverehelichung erst *nach* dem Tode erfolgt. Du glaubst an den struggle of life, aber milderst ihn durch das Gebot: Liebe deinen Nächsten. Du glaubst an die Nächstenliebe, aber milderst sie durch den struggle of life. Du verschaffst den Gesetzen *unbedingt* Geltung, aber begnadigst hinterdrein. Du bist für Besitz *und* Wohltätigkeit. Du erklärst, daß man für die höchsten Güter sterben müsse, weil du schon voraussetzt, daß keiner auch nur eine Stunde lang für sie lebt. (GW 6, 399)

Die Ironie dieser ideologiekritischen Replik, die auch im *Mann ohne Eigenschaften* stehen könnte, wird von der Ambivalenz genährt und erinnert an Ulrichs Gespräch mit dem Sozialisten Schmeißer, welches u.a. zeigt, „daß wir imstande sind, jemand Hund zu schimpfen, auch wenn wir unseren Hund mehr lieben als unsere Mitmenschen". Den Ideologen Schmeißer und Josef ist gemeinsam, daß sie diese Antinomien, die die ideologischen Diskurse im Laufe der Jahrhunderte ausgezehrt und ausgehöhlt haben, nicht wahrnehmen (wollen).

Wo die Ideologie zerfällt und die Ambivalenz herrscht, dort sind auch die Akteure nicht eindeutig zu definieren, und Thomas übertreibt nicht, wenn er Josef kurz nach dessen Ankunft in Thomas' Haus auf diese Schwierigkeit aufmerksam macht: „Ich habe dich in meinem Brief auf schwer bestimmbare Menschen vorbereitet." (GW 6, 366)

Die Schwärmer sind deshalb schwer zu bestimmen, weil sie wandelnde Beweise für Nietzsches These sind, daß Gut und Böse, Wahrheit und Lüge miteinander „verwandt, verknüpft, verhäkelt, vielleicht gar wesensgleich" sind (s.o.). Am Ende des zweiten Aufzugs tritt ihre Ambivalenz (diesmal auch im psychoanalytischen Sinne als „gleichzeitige Anwesenheit einander entgegengesetzter Strebungen")[43] besonders kraß in Erscheinung:

REGINE: Was wütest du gegen ihn! Er haßt dich nicht mehr als er jeden hassen muß, aber er liebt dich viel mehr.
THOMAS: Mich liebt er?! Hergekommen, um Maria zu entwenden!
REGINE: Dich liebt er wie einen Bruder, der stärker ist als er.

ANSELM *hat sich mühsam aufgerichtet*: Ich hasse dich. Wohin ich gehen wollte, immer warst du zuvor. (GW 6, 378)

Kurz vor Ende des zweiten Aufzugs wird uns noch einmal die Verwandtschaft der Gegensätze vor Augen geführt, und ihre Wesensgleichheit erscheint möglich. Von Anselm heißt es dort:

THOMAS: Er hat einen falschen Selbstmord versucht. Aber wahres Gefühl und falsches sind wohl am Ende beinahe das gleiche.
REGINE: Es gibt Menschen, die wahr sind hinter Lügen und unaufrichtig vor der Wahrheit.
THOMAS: Man findet einen Gefährten und es ist ein Betrüger! Man entlarvt einen Betrüger und es ist ein Gefährte! (GW 6, 379)

Der ambivalente Charakter, der in den *Schwärmern* auf Schritt und Tritt inszeniert wird, ist zugleich ein Möglichkeitsmensch im Sinne des *Mannes ohne Eigenschaften*. Anselm, Thomas, Maria und Regine sind stets nach allen Seiten offen, und Thomas beschreibt treffend ihre Einstellung, wenn er sagt, „daß das, was wirklich geschieht, ganz unwichtig ist neben dem, was geschehen könnte." (GW 6, 330) Diese Betrachtungsweise macht ihn zu einem Geistesverwandten Ulrichs, der die geronnene Welt der Wirklichkeitsmenschen, der Realisten durch seinen Möglichkeitssinn wieder in Fluß bringt. Von beiden gilt, was der Erzähler des Romanfragments von den Möglichkeitsmenschen allgemein sagt: „Solche Möglichkeitsmenschen leben, wie man sagt, in einem feineren Gespinst von Dunst, Einbildung, Träumerei und Konjunktiven (...)." (GW 1, 16) Hier ist zugleich von der Welt der Schwärmer die Rede, die nicht nur von unverwirklichten Möglichkeiten und vom Traum, sondern auch vom Zufall beherrscht wird. „Zufällig hat nicht er, sondern Thomas Maria geheiratet", erläutert Regine die Rolle des Zufalls dem entrüsteten Fräulein Mertens, das wie Josef ideologisch denkt und „Eigenschaften" besitzt. (GW 6, 320) Den globalen Zusammenhang faßt Naganowski zusammen:

Im ersten Akt erfahren wir, daß Maria seinerzeit nur 'zufällig' Thomas und nicht Anselm geheiratet hat, so wie Regine auch nur 'zufällig' Johannes und nicht Anselm oder Thomas, denn allen war es eigentlich fast egal, wer mit wem die Ehe schließt.[44]

Naganowski hat zwar recht, wenn er den Zufall im Hinblick auf die sich durchsetzende Indifferenz (als Vertauschbarkeit der Personen) deutet; in dem hier konstruierten Zusammenhang erscheint er jedoch als ein Element der Moderne, das die Assoziationen des Unbewußten und des Traumes beherrscht und die Kohärenz des Subjekts in Frage stellt. Denn der Zufall, den Hegel bekanntlich in die Notwendigkeit zu integrieren suchte und den die Junghegelianer (Vischer) nach dem Zerfall des Hegelschen Systems wiederentdeckten, hat etwas Naturwüchsiges an sich, das die rationale und systematische Herrschaft über die Wirklichkeit negiert.

In den *Schwärmern* hat das Subjekt längst auf diesen Herrschaftsanspruch verzichtet und wird an entscheidenden Stellen mit der nackten Natur konfrontiert. Am bekanntesten ist wohl die eingangs bereits erwähnte Szene, in der der kulturelle Firnis endgültig zerbröckelt, die soziale Subjektivität sich auflöst und die beiden Akteure Anselm und Thomas einander als animalische Individuen gegenüberstehen:

THOMAS: (...) Denn nun ist es wie in der Welt der Hunde. Der Geruch in deiner Nase entscheidet. Ein Seelengeruch! Da steht das Tier Thomas, dort lauert das Tier Anselm. Nichts unterscheidet sie vor sich selbst, als ein papierdünnes Gefühl von geschlossenem Leib und das Hämmern des Bluts dahinter. Habt ihr kein Herz, das zu begreifen?! Jagt es uns nicht in den Tod oder – einander in die Arme?! (GW 6, 360)

Im letzten Satz treten abermals die wesentlichen Aspekte der Moderne in den Vordergrund: Ambivalenz, Vertauschbarkeit, Zufall. An dieser Stelle des Dramas sind sie in den naturwüchsigen Zusammenhang eingebettet, in dem sich die Subjektivität zeitweise aufgelöst hat und die reine Individualität in Erscheinung tritt. Es gehört jedoch zu der besonderen (essayistischen) Dynamik des Dramas, daß der Zerfall der Subjektivität im Grenzbereich zwischen Natur und Kultur, Traum und Wachen, Zufall und Absicht wieder zurückgenommen, d.h. subjektiv reflektiert und überwunden wird.

Ähnliches geschieht am Ende des *Törleß*-Romans, wo der Protagonist die durchwanderte Traumlandschaft der Innerlichkeit verläßt:

Er wußte nun zwischen Tag und Nach zu scheiden; – er hatte es eigentlich immer gewußt, und nur ein schwerer Traum war verwischend über diese Grenzen hingeflutet, und er schämte sich dieser Verwirrung: aber die Erinnerung, daß es anders sein kann, daß es feine, leicht verlöschbare Grenzen rings um den Menschen gibt, daß fiebernde Träume um die Seele schleichen, die festen Mauern zernagen und unheimliche Gassen aufreißen, – auch diese Erinnerung hatte sich tief in ihn gesenkt und strahlte blasse Schatten aus. (GW 6, 140)

Auch *Die Schwärmer* bewegen sich zwischen Tat und Traum, zwischen Absicht und Zufall, zwischen Subjektivität und deren Zerfall. Diese prekäre – man könnte sagen moderne – Situation des Dramas, die an die anderer moderner Werke (etwa des *Steppenwolf*-Romans) erinnert, erklärt nicht nur die essayistische Struktur des Textes, sondern auch dessen langen Entstehungsprozeß, mit dem sich Bianca Cetti Marinoni ausführlich befaßt.[45] Der aus Ambivalenzen und Antinomien hervorgehende Essayismus ist aus strukturellen Gründen mit dem kausalen Ablauf des traditionellen Dramas unvereinbar. Die Tatsache, daß Musil für die Fertigstellung der *Schwärmer* mehr als zehn Jahre gebraucht hat, kann sicherlich auch im biographischen Zusammenhang erklärt werden. Die eigentliche Ursache scheint jedoch struktureller Art zu sein wie im Falle des fragmentarischen Romans, „den man nicht schreiben kann“: Das Drama, das in seiner traditionellen Form durch vorwärtsdrängende Handlung gekennzeichnet wird, verträgt weder die Ambivalenz der Akteure noch den die Handlung verzögernden Essayismus.

Diese beiden Elemente sind jedoch nicht einfach als Zerfallsprodukte oder gar als Erscheinungen der „Dekadenz“ aufzufassen: Ambivalenz und Essayismus sind sowohl im Roman als auch im Drama Aspekte moderner (manche würden sagen: modernistischer) Kritik, die die ideologischen Grundlagen traditioneller Roman- und Dramenformen nicht mehr unbesehen akzeptiert. Sie läßt vielmehr erkennen, wie brüchig diese scheinbar unerschütterlichen Grundlagen geworden sind, indem sie zeigt, daß der Charakter nicht eindeutig bestimmbar ist, daß das Subjekt (als handelnde oder erzählende Instanz) keine Einheit bildet und daß folglich die überlieferten Aktantenmodelle (Greimas) der Literatur nicht mehr funktionieren.

In diesem Kontext sind Musils kritische Bemerkungen zu Struktur und Funktion des traditionellen und des kommerziellen Dramas zu verstehen:

Man schätzt es, wenn man gleich durch die erste Szene wie durch ein Loch in einen Ausblick fällt, wenn viel geschieht, die Personen rasch wechseln und elegante Schürzungen kleinen Verwicklungen einen überraschenden Auslauf geben, den man schon erwartet hat. Wenn man müd ins Theater geht, will man eben, daß auf der Bühne oben etwas gegen diese Müdigkeit geschieht, das sie gleichzeitig berücksichtigt. Fast alles was Technik des Dramas heißt, ist von dieser Art. (GW 8, 1120)

Dies ist nicht nur eine radikale Kritik kulturindustrieller Schemata, sondern zugleich eine Negativdefinition von Musils eigenem dramatischen Projekt. Die Frage lautet konkret: Ist der Roman, ist das Drama als Ideologiekritik und als Kritik der Kulturindustrie möglich und in welcher Form? – Der Versuch, diese Frage zu bejahen, mündet – wie Adornos Entwurf einer nicht-diskursiven, nicht-theoretischen Theorie – in eine Aporie: in den Roman, „den man nicht schreiben kann", in ein Antidrama wie *Die Schwärmer*.

Das Experiment mit diesen kritischen Formen war jedoch nicht vergeblich; denn es läßt alle „postmodernen" Versuche als fragwürdig erscheinen, die Moderne durch Rückgriff auf Tradition und „Verständlichkeit" zu überwinden. Eine so – etwa von Jauß oder Eco[46] – verstandene Postmoderne ist nichts anderes als eine dürftig verschleierte, d.h. klassizistisch verbrämte Konzession an das Marktgesetz. Freilich wäre es auch möglich, die Postmoderne als eine Radikalisierung der Moderne aufzufassen, sofern man es nicht als störend empfindet, daß der Ausdruck „Radikalisierung der Moderne" angesichts moderner Radikalität eine Art Pleonasmus ist. Dazu bemerkt Uwe Japp:

> Nun muß man allerdings bezweifeln, ob der Anspruch der Moderne, insofern er in einer Poetik des Experiments zentriert ist, überhaupt überboten werden kann – oder ob nicht gerade in der (z.B.) von T.S. Eliot betonten Unabschließbarkeit des Experiments das 'Schicksal' der Moderne, kein Ende finden zu können, begründet ist.[47]

Sollte sich diese Ansicht, zu der auch ich neige, als richtig erweisen, dann wäre der aus den USA importierte Begriff der „Postmoderne" eine europäische Fehlinvestition und das postmoderne Projekt etwas, „woraus bemerkenswerter Weise nichts hervorgeht".

Ein Triptychon der Moderne: Musil, Broch, Svevo (Epilog)

Am Ende einer Darstellung, in deren Mittelpunkt das Werk Robert Musils steht, kann kein ausführlicher Vergleich dieser drei Autoren ins Auge gefaßt werden. Im folgenden will ich lediglich versuchen, den hier vorgeschlagenen Begriff der Moderne auf seine Verallgemeinerungsfähigkeit hin zu testen und ihn auf einige Texte von Hermann Broch und Italo Svevo anzuwenden. Bekanntlich sind diese beiden Schriftsteller nicht nur Zeitgenossen Musils, sondern auch Vertreter einer österreichisch-ungarischen Gesellschaft und Kultur, die vor ihren Augen zerfällt.

Mit Broch verbindet Musil das Streben nach einer Erneuerung des Romans, den beide vor dem Sturz in Kommerz und Ideologie bewahren möchten. Der Roman darf sich nicht in ideologischen Entwürfen erschöpfen, er darf sich nicht auf ein ideologisches Weltbild festlegen und soll zu einer Überwindung des ideologischen Dualismus oder Manichäismus beitragen. In diesem Kontext ist Hermann Brochs bekannter Vortrag über „Das Weltbild des Romans" zu lesen, in dem das Plädoyer für einen „polyhistorischen Roman" dominiert: für einen Roman, der sich nicht auf ein ideologisches Weltbild reduzieren läßt, sondern heterogene Weltbilder dialogisch-kritisch aufeinander bezieht.

Der Leser wird an Michail M. Bachtins karnevalistisch-kritisches Konzept eines „polyphonen" Romans[48] erinnert, wenn er bei Broch liest: „Ja, der Roman hat Spiegel aller übrigen Weltbilder zu sein, aber sie sind ihm genau so Realitätsvokabeln wie jede andere Vokabel der Außenwelt. Und genau wie jede der anderen Realitätsvokabeln, die er von der Außenwelt bezieht, hat er sie in seine eigene dichterische Syntax zu setzen."[49] An anderer Stelle heißt es ergänzend: „Der moderne Roman ist polyhistorisch geworden. Seine Realitätsvokabeln sind die großen Weltbilder der Zeit."[50]

Romane, die in einzelnen Weltbildern aufgehen, machen sich der Schönfärberei schuldig und verkommen zu Kitsch und Ideologie. Obwohl Broch sieht, daß Zolas Werk weit über die kommerzialisierte Kitsch-Literatur hinausgeht, zeigt er, daß Zolas *Quatre Evangiles* nicht weit von Kitsch und Ideologie entfernt sind:

(...) Da wird im Rahmen eines naturalistischen Romans ein völlig utopischer Zustand geschildert, ein Zustand, wie er auch nach Erreichung der klassenlosen Gesellschaft sicherlich niemals eintreten wird, ein Zustand, in dem das Gut und Böse nicht nach künftigen, sondern nach den 1880 entstandenen moralischen Begriffen auf die guten Sozialisten und die bösen Antisozialisten verteilt wird (...).[51]

Mit anderen Worten: die sozialistische Ideologie wird nicht im „polyhistorischen" Kontext kritisch durchleuchtet und relativiert, sondern ästhetisch verbrämt, „ästhetisiert". Dadurch nähert sich Zolas Roman, der im sozialistischen Weltbild aufzugehen droht, dem Kitsch.

In der hier zitierten Passage tritt ein weiterer Aspekt von Brochs Ideologie- und Romankritik in Erscheinung, der an Musils kritischen Essayismus gemahnt, den Broch in seinem Vortrag und an anderen Stellen lobend erwähnt[52]: die Kritik des ideologischen Dualismus, der die Welt in „gute Sozialisten" und „böse Antisozialisten" einteilt und die Ambivalenz nicht wahrhaben will. Die Tatsache, daß Musil weniger von Brochs Werk angetan war („er macht den philosophischen Roman suspekt" - GW 7, 850), sollte nicht über die Verwandtschaft der beiden Autoren hinwegtäuschen, die vor allem im Bereich der Ideologiekritik, der Ambivalenz- und Subjektproblematik sowie in der gemeinsamen Entdeckung der Natur, des Unbewußten und des Zufalls zum Ausdruck kommt.

In seiner *Schlafwandler*-Trilogie gelingt es Broch, seine Romantheorie in die Praxis umzusetzen und die verschiedenen ideologischen Weltbilder - das romantische, das anarchistische und das sachlich-kaufmännische - miteinander dialogisch zu konfrontieren. Die ideologischen Diskurse werden nicht nur relativiert, sondern auch als manichäische Schemata in Frage gestellt.

Sowohl der preußische Offizier Junker Pasenow als auch der Anarchist August Esch erscheinen als Manichäer, die sich nur im Rahmen eines Schwarz-Weiß-Schemas orientieren können. Darin gleichen sie dem Sozialisten Zola, den Broch in seinem Vortrag kritisiert. Der Romantiker Pasenow gerät in Panikstimmung, sooft er mit ambivalenten Situationen oder Aussagen konfrontiert wird, und flieht ins Offizierscasino: „Denn im Kasino war alles eindeutig und es galt ja, ja und nein, nein (...)."[53] Die radikal andere politische Gesinnung des Anarchisten hindert ihn nicht daran, in dieser Hinsicht mit dem romantischen Junker übereinzustimmen: „Nichts ist eindeutig, dachte Esch voll Zorn, nicht einmal an solch schönem Frühlingstag (...)."[54] In den *Schuldlosen* attackiert der Lehrer Zacharias, ein Vorbote der Nationalsozialisten, die politische Neutralität, die er mit Krämergeist und Geld in Beziehung setzt: „(...) Der Mensch muß wissen, wo er hingehört, rechts oder links."[55]

Dieser ideologische Dualismus wird bei Broch - ähnlich wie bei Musil - durch Ambivalenz und Ironie zersetzt. Im zweiten Roman der *Schlafwandler*-Trilogie wird der Ideologe Esch durch den ironischen und von der Ambivalenz strukturierten Diskurs des weltmännisch auftretenden Managers Eduard von Bertrand aus dem Gleichgewicht gebracht: Was Eduard von Bertrand, den Esch für das Unglück des Strichjungen Harry verantwortlich macht, zu seiner Verteidigung vorbringt, ist so einleuchtend, „daß das Wagnis, seine ironische Miene nachzuahmen, fast zur Verpflichtung, fast zum Einverständnis werden wollte (...)."[56] Dennoch zeigt ihn Esch bei der Polizei an, um den ideologischen Manichäismus zu erhalten und seine eigene, von Bertrands ambivalenter Ironie bedrohte Subjektivität zu retten: „Man weiß ohnehin nicht mehr, was schwarz und was weiß ist. Alles geht durcheinander."[57] Der Ideologe sorgt dafür, daß es anders wird: Seine Anzeige treibt Bertrand in die Enge und führt seinen Selbstmord herbei.

Radikale Ideologiekritik wie sie von Broch und Musil praktiziert wird, zersetzt nicht nur die manichäischen Schemata ideologischer Diskurse, sondern auch die Subjektivität, die sich in diesen Diskursen (im Rahmen bestimmter Dichotomien und Aktantenmodelle) artikuliert. Wie fragwürdig diese Subjektivität in der modernen Ära geworden ist, läßt Brochs *Massenwahntheorie* erkennen: ein Buch, in dem – ähnlich wie in David Riesmans *The Lonely Crowd* – die Unverantwortlichkeit, die *outer-directedness* des Einzelnen thematisiert wird. Das Individuum lebt nicht mehr bewußt, sondern in einer Art Traumzustand, den Broch als „Dämmerzustand" bezeichnet. In dieser Situation der Unverantwortlichkeit und Subjektlosigkeit setzt sich das Naturhafte des Einzelnen durch:

Seine vegetativ-animalische Natur hat die Oberhand in ihm gewonnen, und was immer er denkt, plant oder unternimmt, handelnd oder nur vorstellungsmäßig, umweltfreundlich oder umweltfeindlich, es ist restlos ins Instinkthafte zurückgeglitten, es dient nur noch den unmittelbaren Triebbefriedigungen, und es vollzieht sich im Rahmen der vorhandenen Umwelt, im Rahmen der hic et nunc gegebenen Umweltbedingungen, deren Akzeptierung ihm von seinem Hindämmern geheißen wird. Es ist eine äußerst an das Tierhafte angenäherte Haltung (...).[58]

In dieser Passage treten – stärker noch als in Musils Darstellungen des Triebverbrechers Moosbrugger – die naturhaften Elemente der Moderne in den Vordergrund: Subjektlosigkeit, Traum, Triebhaftigkeit, Instinkt.

Alle diese Elemente sind auch für das Werk Italo Svevos kennzeichnend, vor allem für seinen großen Roman *La coscienza di Zeno*, der die Ambivalenz-Problematik in deren psychoanalytischer Form verarbeitet. Bewußtsein und Handeln Zeno Cosinis werden immer wieder von einer ambivalenten Einstellung seinem Freund Guido oder seiner Frau Augusta gegenüber in Frage gestellt. Eine der Folgen dieser Krise der Subjektivität ist die Triebhaftigkeit von Zenos Handeln, das in entscheidenden Augenblicken vom Zufall beherrscht wird. Zeno läßt die Gelegenheit, den geliebt-gehaßten Freund Guido von einer zehn Meter hohen Mauer zu stürzen, ungenutzt, weil ihm zufällig der Gedanke kommt, er würde nach einer solchen Missetat nicht schlafen können:

Come avrei potuto dormire se avessi amazzato Guido? Quest'idea salvò me e lui. (Wie aber wäre dieser Schlaf möglich gewesen, wenn ich Guido vorher umgebracht hätte? Dieser Gedanke rettete Guido und mich.)[59]

Überhaupt wird der Handlungsablauf von Svevos Roman vom Zufall beherrscht und nicht mehr vom ideologisch fundierten Programm eines Helden, dem ein Antiheld opponiert. Aufgrund eines tragikomischen Zufalls scheitert Zenos Liebesglück: Während seines Besuchs bei der Familie Malfenti versucht er, unter dem Tisch mit der schönen Ada zu flirten, berührt jedoch irrtümlich den Fuß ihrer Schwester Augusta, und diese Fehlleistung hat gravierende Folgen: Zeno heiratet Augusta, bei der er zwar Treue und Zuneigung findet, nicht jedoch das erhoffte Liebesglück, das er später bei einem um viele Jahre jüngeren Mädchen sucht. Zufallsbedingt ist auch das Leben seines Freundes Guido, der Ada heiratet: Um von seiner Frau mehr Geld zu bekommen, täuscht der unablässig von Geldnöten geplagte einen Selbstmord vor, der zufällig gelingt. In Guidos Tod verschmelzen Ambivalenz und Zufall zu einer unauflösbaren Einheit: Der tragische Charakter des Todes wird von der Komik des Zufalls relativiert.

Wo Ambivalenz und Zufall herrschen, wird zusammen mit der ideologischen Erzählung als Notwendigkeit der Wahrheitsbegriff angezweifelt. In Svevos Aufzeichnungen findet sich ein Text, der zeigt, daß der Glaube an Wesen und Wahrheit der nachhegelianischen Moderne abhanden gekommen ist:

> L'amore alla verità si menifesta in due modi: Affermando il vero e amandolo, o negando il falso e odiandolo. Naturalmente che vero e falso possono scambiarsi, ma amando un'affermazione che si dice vera e odiandone un'altra che si dice falsa, si può asserire di amare la verità, forse ingannandosi. (Die Wahrheitsliebe kann auf zwei Arten zum Ausdruck kommen: Man kann das Wahre bejahen und es lieben oder das Falsche verneinen und es hassen. Natürlich sind Wahrheit und Unwahrheit vertauschbar; aber indem man eine Behauptung liebt, die man als wahr bezeichnet und eine andere haßt, die man als unwahr bezeichnet, kann man beteuern, die Wahrheit zu lieben und sich dabei täuschen.)[60]

Wenn heute Vertreter des Radikalen Konstruktivismus gegen den Wahrheitsbegriff polemisieren, weil er ihnen inadäquat oder fragwürdig erscheint,[61] so entwerfen sie kein neues „Paradigma", sondern verharren mit ihren Gedanken durchaus im Rahmen der Moderne, deren Autoren – von den Junghegelianern und Nietzsche bis Musil und Svevo – die ideologisch-metaphysischen Grundlagen des Denkens zerstörten, die Natur gegen den Geist, das Objekt gegen das Subjekt, den Zufall gegen die Notwendigkeit und das Unbewußte gegen das Bewußtsein ausspielten. Der Wahrheit stellten sie die extreme Ambivalenz als unaufhebbare Einheit der Gegensätze gegenüber und inszenierten so den Sturz der Metaphysik.

Anmerkungen

1 Siehe Uwe Japp: Kontroverse Daten der Modernität, in: Kontroversen, alte und neue. Akten des VII. Internationalen Germanisten-Kongresses Göttingen 1985, Bd. 8, Tübingen 1986, S. 133-134.
2 Obwohl avantgardistische Elemente wie die Kritik der Syntax und die Entdeckung des Unbewußten bei modernen Autoren wie Musil, Broch und Svevo eine wichtige Rolle spielen, sind diese weit davon entfernt, alle Formen surrealistisch oder futuristisch aufzulösen.
3 Auch der deutsche Begriff der „Moderne" ist mit dem amerikanischen des „modernism" oder dem spanischen des „modernismo" nicht deckungsgleich; alle diese Begriffe überschneiden sich jedoch in wesentlichen Punkten.
4 Karl Löwith: Philosophische Theorie und geschichtliche Praxis in der Philosophie der Linkshegelianer, in: Karl Löwith: Die Hegelsche Linke, Stuttgart/Bad Canstatt 1962, S. 29.
5 Friedrich Theodor Vischer: Plan zu einer neuen Gliederung der Ästhetik, in: Ders.: Kritische Gänge, Bd. 4, München 1922, S. 175.
6 Vgl. Walter Benjamin: Charles Baudelaire, Frankfurt/M. 1974, S. 99: „Wenn der Sprachgeist von Baudelaire irgendwo dingfest zu machen ist, so in dieser brüsken Koinzidenz."
7 Karl Rosenkranz: Ästhetik des Häßlichen, Darmstadt 1973, S. 52.
8 Vgl. Karl Jaspers: Psychologie der Weltanschauungen, Berlin/Göttingen/Heidelberg 1960, 5. Aufl., S. 232-247.
9 Douwe W. Fokkema: Literary History, Modernism and Postmodernism, Amsterdam/Philadelphia 1984, S. 19.
10 Karl Marx: Die Frühschriften. Von 1837 bis zum Manifest der kommunistischen Partei 1848, hrsg. von Siegfried Landshut, Stuttgart 1971, S. 301.
11 Friedrich Nietzsche: Jenseits von Gut und Böse, in: Ders.: Werke Bd. IV, hrsg. von Karl Schlechta, München 1980, S. 568.
12 Karl Marx, S. 378.
13 Zu Nietzsches Einfluß auf Musil gibt es zahlreiche Publikationen, von denen ich hier nur zwei neuere erwähne: Charlotte Dresler-Brumme: Nietzsches Philosophie in Musils Roman „Der Mann ohne Eigenschaften". Eine vergleichende Betrachtung als Beitrag zum Verständnis,

Frankfurt/M. 1987 und Josef Strutz: Von der biegsamen Dialektik. Notiz zur Bedeutung Kants, Hegels und Nietzsches für das Werk Musils, in: Josef und Johann Strutz: Robert Musil – Literatur, Philosophie und Psychologie, München (Musil-Studien 12) 1984.

14 Josef Strutz: Politik und Literatur in Musils „Mann ohne Eigenschaften", Königstein/Ts. 1981, S. 72.

15 David Herbert Lawrence: The Collected Letters, hrsg. von H.T. Moore, London 1962, S. 316-317.

16 Ewald Volhard: Zwischen Hegel und Nietzsche. Der Ästhetiker Friedrich Theodor Vischer, Frankfurt 1932, S. 197.

17 Zum Verhältnis von Hegel und Balzac siehe Georg Lukács: Balzac und der französische Realismus, in: Ders.: Probleme des Realismus III, Werke Bd. 6, Neuwied/Berlin 1965, S. 497.

18 Robert Musil: Aus den Tagebüchern, Frankfurt/M. 1971, S. 53.

19 Robert Musil: Der Mann ohne Eigenschaften, Reinbek 1952, S. 1578.

20 Robert B. Pynsent: Conclusory Essay: Decadence, Decay and Innovation, in: Robert B. Pynsent: Decadence and Innovation. Austro-Hungarian Life and Art at the Turn of the Century, London 1989, S. 143.

21 Hermann Hesse: Kurgast, Frankfurt/M. 1970, S. 53.

22 David Herbert Lawrence: The Fox und The Virgin and the Gipsy, in: Ders.: The Complete Short Novels, Harmondsworth (Penguin) 1982.

23 Friedrich Theodor Vischer: Kritische Gänge, Bd. IV, München 1922, S. 482.

24 Marianne Charrière-Jacquin: Der Mann ohne Eigenschaften als Suche nach einer hermaphroditischen Sprache: Wechselspiel des Konvexen und Konkaven, in: Josef und Johann Strutz: Robert Musil – Literatur, Philosophie und Psychologie, München (Musil Studien 12) 1984, S. 90.

25 Karl Corino: Ein Mörder macht Literaturgeschichte. Florian Großrubatscher, ein Modell für Musils Moosbrugger, in: Josef Strutz: Robert Musil und die kulturellen Tendenzen seiner Zeit, München (Musil-Studien 11) 1983, S. 131.

26 Tzvetan Todorov: La Lecture comme construction, in: Poétique 24, 1974, S. 421.

27 Jean-François Lyotard: La Condition postmoderne, Paris 1979, S. 7; Das postmoderne Wissen, Wien 1986, S. 14.

28 Siehe z.B. Jean-Paul Sartres La Nausée/Der Ekel, ein Roman, dessen Held Roquentin an der Geschichte („histoire") als Geschichtswissenschaft zweifelt.

29 Jacques Kruithof: De rijkdom van het onvoltooide. 'Een soort inleiding' bij Robert Musil en De man zonder eigenschappen, Amsterdam 1988, S. 20.

30 Hartmut Cellbrot: Die Bewegung des Sinnes. Zur Phänomenologie Robert Musils im Hinblick auf Edmund Husserl, München 1988, S. 96.

31 Ferdinand de Saussure: Cours de linguistique générale, Paris 1972, S. 174.

32 Robert Musil: Aus den Tagebüchern, Frankfurt/M. 1971, S. 19.

33 Vgl. Saussure, S. 171, 178.

34 Zweifel am Roman finden sich nicht nur bei Musil, sondern auch bei Proust: „Faut-il en faire/un roman, une étude philosophi/que, suis-je romancier?", Le Carnet de 1908, Paris, Cahiers Marcel Proust 8, 1976, S. 61.

35 Thomas Mann: Freud und die Zukunft, in: Sigmund Freud: Abriß der Psychoanalyse. Das Unbehagen in der Kultur, Frankfurt/M. (Fischer Bücherei) 1953, S. 138-139.

36 Vgl. Theodor W. Adorno: Der Essay als Form, in: Ders.: Noten zur Literatur I, Frankfurt/M. 1958, S. 22-23.

37 Theodor W. Adorno: Ästhetische Theorie (Schriften 7), Frankfurt/M. 1970, S. 541.

38 Gianni Vattimo: La fine della modernità. Nichilismo ed ermeneutica nella cultura post-moderna, Milano 1985, S. 175.

39 Egon Naganowski: Die Schwärmer als Bühnenstück, in: Josef und Johann Strutz: Robert Musil – Theater, Bildung, Kritik, München (Musil-Studien 13) 1985, S. 65.

40 Egon Naganowski, S. 67.

41 Peter Szondi: Theorie des modernen Dramas, Frankfurt/M. 1969, 6. Aufl., S. 88.

42 Zur gesellschaftlichen Funktion der mondänen Konversation bei Musil siehe: Alexander Honold: Geschichte als Ordnungsproblem. Topographisches Erzählen in Robert Musils „Der Mann ohne Eigenschaften", Magisterarbeit, F.U. Berlin 1990, S. 138-153 sowie: P.V. Zima: Oscar Wilde und Hugo von Hofmannsthal, in: Ders.: Komparatistik. Einführung in die Vergleichende Literaturwissenschaft, Tübingen 1992.

43 Jean Laplanche, Jean-Bertrand Pontalis: Vokabular der Psychoanalyse, Frankfurt/M. 1973, S. 55.

44 Egon Naganowski, S. 71.

45 Vgl.: Bianca Cetti Marinoni: Essayistisches Drama. Die Entstehung von Robert Musils Stück „Die Schwärmer", München 1991.
46 Vgl.: Umberto Eco: Nachschrift zum 'Namen der Rose', München (DTV) 1986, S. 76-82; vgl. auch: H.R. Jauß: Italo Calvino. 'Wenn ein Reisender in einer Winternacht'. Plädoyer für eine postmoderne Ästhetik, in: Ders.: Studien zum Epochenwandel der ästhetischen Moderne, Frankfurt/M. 1989, S. 280-285.
47 Uwe Japp: Kontroverse Daten der Modernität, in: Kontroversen, alte und neue. Akten des VIII. Internationalen Germanisten-Kongresses Göttingen 1985, Bd. 8, Tübingen 1986, S. 133.
48 Vgl.: Michail M. Bachtin: Probleme der Poetik Dostoevskijs, München 1971, Kap. 5.
49 Hermann Broch: Das Weltbild des Romans, in: Ders.: Schriften zur Literatur (2). Theorie, Frankfurt/M. 1975, S. 115.
50 Ebd.
51 Ebd., S. 97-98.
52 Ebd., S. 116.
53 Hermann Broch: Die Schlafwandler, Frankfurt/M. 1978, S. 77.
54 Ebd., S. 226.
55 Hermann Broch: Die Schuldlosen, Frankfurt/M. 1974, S. 146.
56 Hermann Broch: Die Schlafwandler, Frankfurt/M. 1978, S. 338-339.
57 Ebd., S. 326.
58 Hermann Broch: Massenwahntheorie. Beiträge zu einer Psychologie der Politik, Frankfurt/M. 1979, S. 133.
59 Italo Svevo: La coscienza di Zeno, Milano 1938, S. 171; Zeno Cosini, Hamburg 1959, S. 141.
60 Italo Svevo: Racconti, Saggi, Pagine sparse (Opere III), Milano 1968, S. 586.
61 Vgl. Siegfried J. Schmidt: Der Radikale Konstruktivismus: Ein neues Paradigma im interdisziplinären Diskurs, in: Ders.: Der Diskurs des Radikalen Konstruktivismus, Frankfurt/M. 1987, S. 43.

Literatur

Theodor W. Adorno: Der Essay als Form, in: Noten zur Literatur I, Frankfurt/M. 1958.
Ders.: Ästhetische Theorie (Schriften 7), Frankfurt/M. 1970.
Michail M. Bachtin: Probleme der Poetik Dostoevskijs, München 1971.
Walter Benjamin: Charles Baudelaire, Frankfurt/M. 1974.
Hermann Broch: Schriften zur Literatur 2. Theorie, Frankfurt/M. 1975.
Ders.: Die Schlafwandler, Frankfurt/M. 1978.
Ders.: Die Schuldlosen, Frankfurt/M. 1974.
Ders.: Massenwahntheorie. Beiträge zu einer Psychologie der Politik, Frankfurt/M. 1979.
Marianne Charrière-Jacquin: Der Mann ohne Eigenschaften als Suche nach einer hermaphroditischen Sprache: Wechselspiel des Konvexen und Konkaven (Musil-Studien 12), München 1984.
Hartmut Cellbrot: Die Bewegung des Sinnes. Zur Phänomenologie Robert Musils im Hinblick auf Edmund Husserl, München 1988.
Bianca Cetti Marinoni: Essayistisches Drama. Die Entstehung von Robert Musils Stück „Die Schwärmer", München 1991.
Karl Corino: Ein Mörder macht Literaturgeschichte. Florian Großrubatscher, ein Modell für Musils Moosbrugger (Musil-Studien 11), München 1983.
Charlotte Dresler-Brumme: Nietzsches Philosophie in Musils Roman „Der Mann ohne Eigenschaften", Frankfurt/M. 1987.
Umberto Eco: Nachschrift zum „Namen der Rose", München 1986.
Douwe W. Fokkema: Literary History, Modernism and Postmodernism, Amsterdam/Philadelphia 1984.
Hermann Hesse: Kurgast, Frankfurt/M. 1970.
Uwe Japp: Kontroverse Daten der Modernität, in: Kontroversen, alte und neue. Akten des VII. Internationalen Germanisten-Kongresses Göttingen 1985, Bd. 8, Tübingen 1986.
Karl Jaspers: Psychologie der Weltanschauungen, Berlin/Göttingen/Heidelberg 1960 (5. Aufl.).

H.R. Jauß: Italo Calvino. 'Wenn ein Reisender in einer Winternacht'. Plädoyer für eine postmoderne Ästhetik, Frankfurt/M. 1989.
Jacques Kruithof: De rijkdom van het onvoltooide. 'Een soort inleiding' bij Robert Musil en De man zonder eigenschappen, Amsterdam 1988.
Jean Laplanche, Jean-Bertrand Pontalis: Vokabular der Psychoanalyse, Frankfurt/M. 1973.
David Herbert Lawrence: The Collected Letters, London 1962.
Ders.: The Complete Short Novels, Harmondsworth 1982.
Karl Löwith: Philosophische Theorie und geschichtliche Praxis in der Philosophie der Linkshegelianer, in: Die Hegelsche Linke, Stuttgart/Bad Canstatt 1962.
Jean-François Lyotard: La Condition postmoderne, Paris 1979.
Thomas Mann: Freud und die Zukunft, in: Sigmund Freud: Abriß der Psychoanalyse. Das Unbehagen in der Kultur, Frankfurt/M. 1953.
Karl Marx: Die Frühschriften. Von 1837 bis zum Manifest der kommunistischen Partei 1848, Stuttgart 1971.
Robert Musil: Aus den Tagebüchern, Frankfurt/M. 1971.
Friedrich Nietzsche: Jenseits von Gut und Böse, München 1980.
Egon Naganowski: Die Schwärmer als Bühnenstück, in: Robert Musil – Theater, Bildung, Kritik (Musil-Studien 13), München 1985.
Robert B. Pynsent: Decadence and Innovation. Austro-Hungarian Life and Art at the Turn of the Century, London 1989.
Karl Rosenkranz: Ästhetik des Häßlichen, Darmstadt 1973.
Ferdinand de Saussure: Cours de linguistique générale, Paris 1972.
Josef Strutz: Von der biegsamen Dialektik. Notiz zur Bedeutung Kants, Hegels und Nietzsches für das Werk Musils, in: Robert Musil – Literatur, Philosophie und Psychologie (Musil-Studien 12), München 1984.
Ders.: Politik und Literatur in Musils „Mann ohne Eigenschaften", Königstein/Ts. 1981.
Italo Svevo: La coscienza di Zeno, Milano 1938.
Ders.: Racconti, Saggi, Pagine sparse (Opere III), Milano 1968.
Peter Szondi: Theorie des modernen Dramas, Frankfurt/M. 1969.
Tzvetan Todorov: La Lecture comme construction, in: Poétique 24, 1974.
Gianni Vattimo: La fine della modernità. Nichilismo ed ermeneutica nella cultura post-moderna, Milano 1985.
Friedrich Theodor Vischer: Plan zu einer neuen Gliederung der Ästhetik, in: Ders.: Kritische Gänge, Bd. 4, München 1922.
Ewald Volhard: Zwischen Hegel und Nietzsche. Der Ästhetiker Friedrich Theodor Vischer, Frankfurt 1932.

Vom Ab-schreiben des Körpers in der Schrift

Kafkas Literatur der Schreiberfahrung

Günter Samuel

Bei Franz Kafka (1883-1924) lief das Projekt der literarischen Transformation des Lebens darauf hinaus, die dominierende Erfahrung eines Schreibens, das zwischen Lust und Zwang nie frei verfügbar war, nicht nur zu reflektieren, sondern, im Bestehen auf „Eigentümlichkeit“ (H 165), selber in Literatur zu verwandeln.

Kafkas literarische Anfänge standen noch im Zeichen jener 'Sprachkrise', die – Reaktion auf das Eliminieren der natürlichen Lebenswelt durch die großstädtische Erlebniswelt, das Scheitern traditioneller Weltbilder und idealistischer Denksysteme an Naturwissenschaft und Technologie – um 1900 literarisch wie philosophisch vielfach diagnostiziert wurde.

Der in Hofmannsthals *Brief*-Absage an die Literatur rhetorisch formulierte Wunsch nach einer nicht-signifikativen Dingsprache, die dem empfindenden Körper in Augenblicken einer mystischen 'communio' offenbar würde, hinterließ auch in Kafkas erster bekannter Erzählung, der *Beschreibung eines Kampfes*, seine Spuren. Die grundsätzlichen Zweifel an der Entsprechung von Sprache und Dingwelt sind dort, im Bilde der babylonischen Sprachverwirrung und im Zeichen des Subjektzerfalls, zur Frage nach dem „wahrhaftigen Namen der Dinge“ (BK 32), zum Problem der Metapher verschoben.

Während Hofmannsthal im Bewußtsein der Alternative zwischen allegorisierender Sprachwillkür und sprachlosem Delirium sich wieder der Tradition zuwandte, suchte Kafka sein Schreiben gerade an diesem „Nullpunkt der Literatur“[1] zu begründen, in der Auseinandersetzung mit tradierten Erzählformen dem befürchteten Zerfall der Worte zu entkommen.

Die Ausgangskonstellation einer neuen Literatur bezeichnen zwei Kurztexte, die in Kafkas erster Textsammlung, der *Betrachtung*, konjunktional aufeinander bezogen sind.

Der erste hält schon im Titel, *Wunsch, Indianer zu werden*, die Schwebe zwischen dem Sein des Wunsches und dem Nicht-Sein seines Gegenstands. Was folgt, ist ein elliptischer Satz, dessen Zusammensetzung sich als einzigartiger Einsatz der Literatur am Nullpunkt des Erzählens erweist. Dem Titel zum Trotz richtet die Artikulation des Wunsches im Text sich auf das Sein der Wunscherfüllung aus. „Wenn man doch ein Indianer wäre ...“ (E 34). Denn soll die Erzählung als Transformation eines Subjekts zustande, in Gang kommen, muß wenigstens der Anschein einer allerdings nur fiktiven Realität entstehen. Andererseits würde die Erfüllung des Wunsches aber gerade den Wunsch verschwinden lassen, dessen Sein eben das Nicht-Sein seines Gegenstands voraussetzt. Die Erzählbewegung kann so in der Wunschvorstellung nicht aufgehen und umgekehrt.[2]

In diesem Dilemma sieht sich die Literatur auf ihr eigenes Material, die Sprache, zurückgeworfen. Zwar steht der „Indianer“ als Sprachzeichen „gleich bereit“, um die Stelle des Subjekts einzunehmen. Doch ist das Subjekt hier ein anonymes, eines, das seine Subjektivität der Sprache ausgeliefert hat. Im „Man“ ist, mit Heidegger gesprochen, „Jeder der Andere und Keiner er selbst“.[3] Der Wunsch dieses Subjekts kann nicht auf ein Anderssein, sondern nur darauf gerichtet sein, den vorgegebenen Bedeutungen überhaupt zu entkommen. Von daher ist der „Indianer" als sprachlicher Signifikant gleichsam die natürliche Verkörperung des freibeweglichen Wunsches an sich, des Begehrens. Als solcher wird er zum Vehikel der Erzählung, dessen Bereitschaft ihn – buchstäblich und zugleich bildhaft über die Wortwurzel von „bereit" um- und aufs Pferd gesetzt – sowohl den Ritt der Erzählung antreiben als auch die Verweisungsstruktur des Textes herstellen läßt. Dem „Pferde" als dem ebenso eigentlichen wie metaphorischen Transportmittel der Erzählung übertragen, verschwindet der „Indianer" in einem Bild, das „schief in der Luft" hängt, sich in der zitternden (Schrift-)Bewegung „über dem zitternden Boden" zugleich aufzulösen und, zwischen Konjunktiv und Indikativ, in der Schwebe zu halten scheint (34, 35).

Treibt das Schreiben einerseits, den „Indianer" aufnehmend, die Erzählung voran, bringt es andererseits durch die Materialisierung der Sprachzeichen in der Schrift diese Bewegung auch zum Stillstand, fixiert sie auf dem Papier.[4] Wird die Zeit der Erzählung so in den Bildraum der Schrift zurückgeholt, kommt sie über den Moment des Schreibens nicht hinaus. Da die erwünschte Präsenz des Beschriebenen in der Schrift dem der Abwesenheit ihrer Gegenstände geschuldeten Zeichencharakter verfällt, bleibt der Wunschbewegung nur übrig, die eingebildete Verkörperung der Erzählung zu demontieren. Aus dem Selbstlauf des Schreibens, der dem „Pferde" weder die „Sporen" geben noch „Zügel" anlegen muß, wird in der Spaltung des Subjekts tatsächlich ein indianischer Ritt, der, der Erzählung den „Boden" unter den Füßen wegziehend, das „Land" des „Indianer[s]" ins schiefe Bild der „glattgemähte[n] Heide" setzt und in der Satzbewegung entgleiten läßt. Das paradoxe Verfahrensbild des durchgestrichenen Signifikats[5] – die „Heide" ist unbebautes, unbearbeitetes Land, als „glattgemähte" aber doch bearbeitet, abgeräumt – bietet dem anonymen Subjekt immerhin die Möglichkeit, sich Hals über Kopf fallen zu lassen und metonymisch dem schriftungläubigen „Indianer" Platz zu schaffen (35).

Im anschließenden *Bäume*-Text, der *Beschreibung eines Kampfes* entnommen, erweist sich das „Wir", das, einen Vergleich bestimmend, dem Text seine Stimme verleiht, aus ihm spricht und – darauf macht es aufmerksam – in ihm auch zu sehen ist, als das, was, dem Rohmaterial der „Baumstämme" ursprünglich entstammend, zum Material der Schrift, zu den Buchstaben des gedruckten Textes geworden ist. Mit einer syllogistischen Bewegung reflektiert die Subjekt gewordene Schrift die Scheinhaftigkeit ihres Bildcharakters, ihrer bodenständigen Haftung im Spiegel des Vergleichs, der nur ihre Unselbständigkeit bestätigt (E 35).

Zwischen wunschumsetzender Schreibbewegung, die sich von der repräsentativen Vor-stellung löst, und buchstäblicher Schriftverkörperung, die, der Be-stimmung sich entziehend, der Gefahr der Erstarrung, aber auch der Möglichkeit wiederbelebender Lektüre ausgesetzt ist – so umreißen diese beiden Kurztexte das Dilemma, mit dem Kafkas literarisches Projekt es zu schaffen hat.

Zwar rückte der Rekurs auf Zenons Paradoxa der eleatischen Philosophie das scheinhafte Sein der Schrift, die das Nichts der kontinuierlichen Schreibbewegung in diskontinuierliche Zeichen umsetzt, Bewegung zugleich festhält und vorführt, in den Brennpunkt des literarischen Interesses.[6] Doch konnte mit dem Umschlag der unselbständigen Schrift in eine negative Kraft der Ent-zeichnung die Literatur nicht über den Nullpunkt des Erzählens hinausgelangen.

Um trotzdem erzählen zu können, bedurfte es zum einen der Entwicklung einer von der Bilderschrift des Traums geprägten Schreibweise, die in der Einheit von Sein und Bewegung der Schrift den unbewußten Zugang zum autobiographischen Problemstoff erlaubte, zum anderen der funktionalen Einbindung der Schrift in eine „dynamische Figurenkonstellation",[7] mit der sich die Problematik fiktional distanzieren ließ.

Im *Urteil* schien Kafka die wahre Beschreibung eines Kampfes als Auseinandersetzung mit dem Vater gefunden zu haben – eine Thematik, die ihn äußerlich in die Nähe der Expressionisten rückte. Allerdings wird bei ihm der Versuch des Georg Bendemann, seine Ansätze zur Loslösung aus der Herkunftsfamilie im Brief an den Freund gleichsam festzuschreiben, in den vom Vater allein besetzten Schoß der Familie zurückgeholt. Die Absicht des Sohnes, sich dem Vater mit seiner eigenen Erzählung verständlich zu machen, scheitert, schlägt um in die Wiedergabe einer Erzählung des Vaters, die ursprünglich eine des Freundes war. Von ihr wird mit dem Ende der Erzählung durch die „Inkarnation der Rede im körperlichen Schmerz"[8] unterm Vorzeichen des christlichen Opfers auch das Ende des Sohnes präfiguriert. Dank sprachloser Körperberührung zunächst ins Kindliche zurückgeschrumpft, richtet der Vater sein „Schreckbild" (E 51) wieder auf, indem er sich als Herr nicht nur der Rede, sondern auch der Schrift zu erkennen gibt. So muß Georgs Schreibversuch in der Tasche steckenbleiben, wird ihm die Sprache endgültig verschlagen gibt es für ihn keinen anderen Ausweg, als dem Urteil unterm Gesetz des Vaters zu folgen, es selbst zu vollstrecken. Wenn er, bevor er sich in den „Fluß" fallen läßt, zweideutig als „Jesus" apostrophiert wird (53), ist die Möglichkeit einer Auferstehung rhetorisch allerdings nicht ausgeschlossen.

In der Tat war das Opfer des Protagonisten gleichsam auch die Geburt des Erzählers. Kafka hat das Entstehen dieser „Geschichte", metaphorisch das eigene Geschlecht überschreitend, zuerst als Vorwärtskommen „in einem Gewässer", dann als „regelrechte Geburt mit Schmutz und Schleim bedeckt" umschrieben. Emphatisch setzte er sich, zumindest verbal, von den „schändlichen Niederungen" des stockenden „Romanschreiben[s]" ab und behauptete: „Nur so kann geschrieben werden, nur in einem solchen Zusammenhang, mit solcher vollständigen Öffnung des Leibes und der Seele". Figurenkonstellation wie Aufbau der selbstvergessen „in einem Zug" geschriebenen Erzählung wurden ihm erst hinterher deutlich (T 214 u. 217). Seine nachträglichen Reflexionen hoben, indem sie die Funktion der Schrift, ihre väterliche Aneignung als Entscheidung über die Wortmächtigkeit des Urteils ignorierten und den „Sinn" der Erzählung bestritten (F 394), die auch autobiographisch bedeutsamen Buchstabenspiele der Namen, ihre rhetorisch-textuelle Potenz besonders hervor. Buchstäblich assoziierte „Gedanken an Freud" machten die untergründige Affinität des traumartigen Schreibens zur Psychoanalyse, ihrer sprachlichen Entäußerung der Innerlichkeit bewußt (T 215).

War die Erzählhandlung der Vaterfigur geschuldet, tauchte die mütterliche Seite, als Figur nicht präsent, aus dem materiellen Sprachelement in der rhetorischen Schriftbewegung des Textes auf, um die autoritative Urteilskraft in Zweifel zu ziehen. In dieser Konstellation fand sich aufgehoben, was zuvor Kafkas Tagebuch-Umschreibungen der Schreibschwierigkeiten als körperbezogene Artikulation zum Ausdruck brachten: der Wunsch nach dem Urteil, dem ent-scheidenden, dem 'wahren Wort' in der Satzbindung, in der Erzählung wurde durch ein Begehren unterlaufen, das, mit intensiver Besetzung von Lauten und Buchstaben auf die Präsenz der Stimme als Substitut der Bestimmung drängend, gerade den Entzug der Worte aus dem vorgeblichen Sinnzusammenhang, der diskursiven Formierung betrieb, die Unbestimmtheit und den Zerfall der Worte beschwor.

Kafkas Durchbruch zur Erzählung fiel an den Beginn einer Epoche, in der mit der sozialen Instanz des Familienvaters zugleich die transzendentale Instanz der göttlichen Wahrheit in Frage gestellt, d.h. neben den gesellschaftlichen auch die theologischen Implikationen von Autorschaft und literarischer Schöpfung in Zweifel gezogen wurden. Während einerseits die Prinzipien der 'Inkarnation', der Fleischwerdung des Wortes, wie der 'Transsubstantiation', der Verwandlung der Körper in Zeichen, die jenseitige Grundlage verloren und die Fall-Geschichten der Psychoanalyse, sich der Stimme des Körpers bemächtigend, anstelle der literarischen Erzählung menschliches Verhalten in einen neuen Zeit-Raum abgründiger Bedeutsamkeit einordneten, waren andererseits, von der technischen Entwicklung her, schon die neuen Speichermedien des Grammophons und der Kinematographie dabei, sich Stimme wie Blick mitsamt der Traumschrift anzueignen und den leeren Platz der göttlichen Präsenz diesseitig zu besetzen. Hinzu kam, daß die Verbreitung der Schreibmaschine sowohl den handschriftlichen „Ausdruck des Innern"[9] als auch die männliche Federführung beim Schreibakt überflüssig machte.[10]

Kafka, der, an der Handschrift festhaltend, das Auftreten der Psychoanalyse und die Entwicklung der modernen Kommunikationstechnik kritisch genau reflektierte, sah für sich die Aufgabe, seinem Erzählen dadurch eine eigene Grundlage zu verschaffen, daß er, ohne das Sprachgewand zu zerstören, die Bilder hinter den Worten auf den mit der Selbstbehauptung des Junggesellen scheinbar koinzidierenden Selbstbezug der Sprachbilder zurückführte.

Die Fluchtlinie der Junggesellenthematik verfolgend, griff Kafka über die Transformation des familiaren Strukturmodells im *Heizer* und in der mutterbezogenen *Verwandlung*[11] hinaus auf das gerade abgewertete „Romanschreiben" zurück. Wenn er trotz des Ideals der Arbeit „in einem Zug" an ihm festhielt, so allerdings auch, weil es neben dem Wunsch nach dem zügigen Ablauf der Erzählung noch einen anderen, eher entgegengesetzten gab, den Wunsch, Fortsetzungsmöglichkeiten zu eröffnen, um der endgültigen Unterbrechung des Schreibens zuvorzukommen. Der Roman als Gattung hatte insofern, ähnlich wie das Tagebuch oder der Briefbezug zum Anderen, der Frau, die Funktion eines Schreibstroms, was ihn „zum Geschrieben-, nicht zum Gelesenwerden" (Br 396) prädestinierte. Die teilweise und insgesamt fragmentarische Episodenstruktur der drei Romane ist als Resultat dieser widersprüchlichen Tendenzen zu verstehen.

Liegt es auch nahe, den Titelbegriff des *Prozeß*-Romans juristisch zu deuten, muß doch irritieren, wenn die „Verhaftung" mit alltäglicher Freiheit gleichgesetzt (P 18), das „Verfahren", obwohl der Betroffene von seiner Eröffnung nichts weiß, als schon im Gange bezeichnet wird (8), wenn das „Gericht" auf den Dachböden der Vorstadt tagt, sich aber weder räumlich noch personell fixieren läßt, eine gerichtliche „Untersuchung" (32) von einer politischen Versammlung kaum zu unterscheiden ist. Eine „Verhaftung", die die Einleitung des „Verfahrens" zugleich voraussetzt und bewerkstelligt, kann nur am Anfang jenes „Verfahrens" stehen, das der *Prozeß*-Roman darstellt und als Roman-Prozeß selber bezeichnet. Wird der morgendlichen „Verhaftung" die juristische Referenz des Freiheitsentzuges entzogen, ist sie als Signifikant in die Freiheit ihrer Bedeutungsmöglichkeiten gesetzt, so berührt das einen „Prozeß" insgesamt, der im „Verfahren" schon als anderer gesetzt ist. Sein Fortschreiten, sein Procedere, wird durch die „Verhaftung" – auch das Heften der Zeichen an die Unterlage des Schreibhefts, auf der der Prozeß ablaufen soll – in Gang gesetzt und zugleich arretiert.

Die Gleichzeitigkeit von beschriebenem Vorgang und Vorgang des Be-schreibens, die zunächst als Inszenierung einer „Komödie" (10) erscheint, hebt den traumwandlerischen Umgang mit der Rhetorizität der Sprache, der die vorangehenden Erzählungen und den Roman *Der Verschollene* charakterisiert, auf die Stufe eines neuen literarischen Verfahrens, das sich als prozessuale Schöpfung durch Sprache begreift.

Scheint damit der Machtanspruch des Autors aufs höchste gesteigert, geriert sich der Text im Verfahren doch nicht mehr als repräsentative Umsetzung einer auktorialen Intention, sondern als deren Auslieferung an den erschriebenen Verweisungszusammenhang der Bedeutungsmöglichkeiten. Daß Kafka sich dieser Konsequenz bewußt war, zeigt sein Umgang mit der Buchstabenspur des eigenen Namens, die sich gerade in den Texten abzeichnet, deren selbstreferentieller Zug am weitesten vorangetrieben ist.

Tatsächlich enthält die Roman-Figur, die „verhaftet" wird, der Junggeselle „Josef K." (7), auslautend noch die Initialen des Autors, der dem *Prozeß* unterliegend ihn, ohne das Heft in der Hand zu behalten, hervorgebracht hat. Der Vorname verschwindet sogleich in der Chiffre des Familiennamens, läßt diese damit, ihrem Träger gemäß, als buchstäblichen Vor-namen, als Zölibatär in der Schrift erkennen. Restbestand des Eigennamens in durchgestrichener Eigentümlichkeit oder unvollständiger Distanzierung zu ihm, vermag die Chiffre sich den Text, in den sie eingeschrieben ist, nicht anzueignen, setzt vielmehr, nach dem Eigenen des Namens fragend, den Namen des Autors aufs Spiel.[12] Buchstäblich auf den Punkt gebracht, markiert sie Anfang und Ende eines Prozesses, der, dem Buchstaben den Vorrang vor dem Sinn einräumend, als Zeichenprozeß über die Chiffrierung nicht hinauskommt. Statt die autobiographische Bindung des Textes zu signieren, deutet sie an, daß Eigenleben in Bio-graphie verwandelt wird.

Gleichwohl trägt das Spiel mit der Signatur des Autors auch den geheimen Wunsch nach der Realisierung des Namens, seiner Präsenz in der Schrift. Wenn in der Konfiguration des ersten *Prozeß*-Kapitels die „Bestimmung" der „Wächter" darauf hinausläuft, durch Blickkontrolle dafür zu sorgen, daß K. dem „Prozeß" „verhaftet" bleibt, dann wird dieser als Einheit von Schreiben und Lesen erkennbar, in der die „Wächter", bevor sie in der „Rumpelkammer" der „Drucksorten" verschwinden (P 74), die Möglichkeit der Lektüre eröffnen. Von daher kann einer von ihnen sich auch zunächst als Buchleser am „offenen Fenster" zur Außenwelt präsentieren und mit dem Vornamen des Autors, „Franz", jene scheinbare Freiheit der Individualität in Anspruch nehmen, die die Chiffre des Familiennamens gerade nicht hat (8).

K.s voreiliger Versuch, sich mit Hilfe des aus den „Schubladen des Schreibtischs" gezogenen „Geburtsschein[s]", des Scheins der Geburt, an seinem „Geburtstag" zu legitimieren (9, 10), muß von den „Wächtern" abgewehrt werden, damit der „Prozeß" nicht durch Identitätsfindung „zu einem raschen Ende" gebracht wird (11). Erst als er „vollständig angezogen" ist, schwarz gekleidet wie der „Mann", der ihm am Anfang erschienen war, darf K. sein Zimmer verlassen und die Handlung der Erzählung, ihre Verhandlung, durch den Schritt über die Schwelle zur „Schreibmaschinistin" in Gang setzen (14).

Daß dieses Objekt der Begierde insgeheim den Lauf des Prozesses bestimmt, wird erkennbar, wenn es am Ende als eine Art Leitfigur des Lebens wieder auftaucht und K.s Schritte auf dem Weg zum Richtplatz sich zunächst an seine Spur heften. Dabei erreicht K. an seinem endgültigen Geburtstag, erwartungsgemäß bis zu den Fingerspitzen „schwarz" gekleidet, im „unwiderstehlichen Griff" der „zwei Herren" jene „Einheit", „wie sie fast nur Lebloses bilden kann" – eine Buchstabenkonfiguration, deren „Wegrichtung" er nun, allerdings im „Gleichmaß seiner Schritte und der Schritte der drei anderen",[13] bewußt zu bestimmen vermag (190-192). So steuert K. den Ab-lauf der Schrift doch an der „Seitengasse", die das „Fräulein" aufnimmt, vorbei, um ihn in einem Abbruchunternehmen, einem „Steinbruch" enden zu lassen, dem geeigneten Ort für die Entkleidung und gewaltsame Beseitigung seiner Figur (192, 193). Wenn er trotzdem noch auf die „Hilfe" eines „Mensch[en]" hofft, der sich in der „Höhe" über ihm aus dem „Fenster" „beugte", deutet sich im letzten Moment auch die Distanz des Autors an, der durch das Figurenopfer dem unbekannten „hohen Gericht" bedenklich naherückt (194).

Dem Anschein nach folgt das *Prozeß*-Verfahren dem Muster der traditionellen Allegorie, in der das Andere gesagt und das Eine (mit-)gemeint ist. Wenn aber das Anderssagen als umsetzende Untersuchung des lexikalischen Bedeutungsfelds der Begriffe das Verfahren selbst ist, gibt es weder das Eine und Eigentliche noch das Andere der Bedeutung. Die diachronische Allegorie, die zu wissen behauptet, wie man aus dem Zeichen-Gedächtnis erzählen, dem Gerede entkommen kann, transformiert sich, wenn der Wortsinn im Verweisungszusammenhang der Bedeutungen zirkuliert, zu einer Allegorie des Verfahrens, das Schreiben und Lesen umfaßt, für sich genommen aber keine Bedeutung hat. So tendiert die Allegorie dazu, den Ablauf der Erzählung in die synchronische Ironie des Textes zu überführen, die, das Vergessen des Anderen, der anderen Bedeutung vortäuschend, das Eine zu sagen scheint. Die Bewegung zwischen der allegorischen Erzählung und dem ironischen Text zeichnet im Aufschub von Bedeutung ein Labyrinth der Schrift.[14]

Das Implodieren der *Prozeß*-Erzählung zwischen Anfang und Ende des Romans, den beiden Kapiteln, die Kafka zuerst verfaßt hat und in denen die Einheit von beschriebenem Vorgang und Vorgang des Beschreibens ihre größte Dichte erreicht, ist dieser ungeradlinigen Bewegung geschuldet, die, da die Zeit der Erzählung ständig in den Raum der Textur zurückgeholt wird, beinah zwangsläufig aufs Fragmentarische hinausläuft. Wenn das Ende als Abbrechen markiert ist, unterstreicht es nur, daß es nicht wie im realistischen Roman das Ergebnis einer vorangehenden Entwicklung, ihrer notwendigen Abfolge ist, sondern einen im Grunde endlosen „Prozeß" zum Stillstand bringt.

Sowohl dem „Prozeß" als auch seiner „Verschleppung" dienend (131), steht die anhand von Gemälden reflektierte, den zentralen Begriffen der „Gerechtigkeit" und der „Schuld" aber nicht entsprechende Bildlichkeit der Sprache im Brennpunkt eines literarischen Verfahrens buchstäblicher Ein-bildung von Wörtern und Wendungen, das mit seinem Impetus, das Wort sich in schöpferischer Präsenz verkörpern zu lassen, auf theologisch besetztem Gelände operiert. Denn Schöpfung durch das Wort ist in der Tradition des Judentums die Art, wie Gott die Welt hervorgebracht hat, eine Welt, die, da ihr sprachliches Wesen die göttliche Wahrheit bezeugen soll, zugleich dem Bilderverbot unterliegt. Allerdings widerstreben die haltlosen Bilder im Roman gerade der Neigung seines grundlegenden Verfahrens, tendieren, sinnleer oder undeutlich werdend, eher zur Bildlosigkeit.

Hinter der auf symbolische Einheit von Sprache und Schöpfung zielenden Bilder-Schrift wird die spekulative Tradition der jüdischen Mystik, der Kabbala, erkennbar, für die am Anfang nicht das Wort war, sondern die Schrift, Gott, seinen eigenen Namen verschlüsselnd, die Welt aus den Buchstaben des Alphabets namentlich zusammengesetzt und hervorgebracht hat, um sie durch die „Laut-Werdung der Schrift"[15] in der Sprache der Offenbarung als göttliches Wort in seiner „unendlichen Sinnfülle"[16] vernehmlich werden zu lassen. Haben die Buchstaben der Schrift von vornherein schöpferischen und nicht nur Mitteilungscharakter, kann, abweichend von der biblischen Genesis, die Schöpfung aus dem Nichts als sprachliche Bewegung Gottes in und aus sich selbst, seinem eigenen Namen, oder als Emanation eines namenlosen Unendlichen (En-Sof), in dem Sein und Nichts zusammenfallen, gedacht werden. Der göttlichen Schöpfung kommt so mit der äußerlichen auch eine verborgene Seite zu, der es sich nicht in der sprachlosen 'unio mystica', sondern über die sprachliche Reflexion anzunähern gilt. Das als Organismus der göttlichen Attribute (Sephiroth) in der Schöpfung verstandene kombinatorische System der kabbalistischen Emanationstheorie ist eines der bildlichen Einkleidung von Begriffen, der „Figurationen für Gott, Tropen oder Sprachwendungen, die an Gottes Stelle treten".[17] Von daher tragen die kabbalistischen Bilder als Bilder der Bildlosigkeit, die allegorisch auf den Abgrund, das Nichts der Bedeutung verweisen und zugleich das Sein des göttlichen Ganzen symbolisieren, dem Bilderverbot dennoch Rechnung.[18]

Die „kabbalistische Disposition" des *Prozeß*-Romans,[19] die sich, profaniert, des symbolischen Bezugs entkleidet, darin abzeichnet, daß der Selbstbezug der Schrift zur Voraussetzung einer Sprachschöpfung gemacht wird, in der anstelle der göttlichen Signatur die Initialen des Autors auftauchen, verdankte sich Kafkas anhaltender Auseinandersetzung mit dem formalisierten Anspruch jüdischer Recht-gläubigkeit. Wenn statt Gott ein „unerreichbare[s] Gericht" (136) die höchste Instanz bezeichnet, ist es, juristisch eingekleidet, die normative Tradition des Judentums – von den Kabbalisten keineswegs verleugnet, aber gegenüber der Exilerfahrung für unzulänglich erachtet –, die sich, unterm Gebot der Bildlosigkeit, als Bezugspunkt der Romanbewegung ständig entzieht.

Während für K. beim anfänglichen Blick in die „Gesetzbücher" die Genesis im Bilde des Sündenfalls und der „Roman" als Geschichte des Geschlechterkampfs anscheinend zusammenhanglos nebeneinander stehen (48), werden im „Dom"-Kapitel, die „Grablegung Christi" (175), das Bild der Erfüllung der Schrift durch den Tod des Körpers, zurücklassend, Bild und Schrift zur bildhaften Geschichte verbunden, um anhand dieses Erzählung und Lektüre spiegelnden Textes im Text die Genese des Romans als Lebensgeschichte der Auslegung zu demonstrieren. In einer Szene der mündlichen Unterweisung entpuppt sich der „Geistliche" als eine Art Schriftgelehrter, der, den Geist der Buchstaben unterm Gesetz der Schrift und K.s Lage verdeutlichend, zugleich erkennen läßt, worin das Wesen der Erzählung besteht: darin, nicht im „Gesetz" zu sein, sondern immer „vor dem Gesetz", in den „einleitenden Schriften zum Gesetz" zu bleiben (182).

Wird einerseits der Kommentar, ihren parabolischen Charakter zum Verschwinden bringend, der Erzählung gegenüber aufgewertet, erweist er sich anderseits als Durchlauf einer zum Selbstzweck tendierenden Denkbewegung. Kafka überbietet, indem er die Erzählung sich gegen den einen bestimmten Sinn, eine Lehre verschließen und die Wahrheit durch die Notwendigkeit ersetzen läßt, die gegen die autoritative Tradition des talmudischen Kommentars gerichtete kabbalistische Auffassung vom unendlich sinnerfüllten Text, aus dem die interpretatorische Bewegung, ohne sie endgültig festzulegen, die Wahrheit zu entfalten habe.[20] Notwendigkeit in der Deutungsvielfalt, von K. voreilig mit „Lüge" gleichgesetzt (188), verlangt, da die Wahrheit hier nicht zu ermitteln ist, den Rückbezug der Auslegung auf die Textur einer ihr „unveränderlich" zugrundeliegenden „Schrift" (185), die so ihre herausfordernd vor-gesetzliche Kraft beweist.

Mit diesem Gespann von bildhafter Erzählung und Kommentar setzte Kafka im *Prozeß* wie aus ihm heraus zu einer neuen Schreibweise an, die sich von der Traumform sachlich entfernte und reflektierende, berichtende oder unterweisende Züge annahm. Sie griff dem Hörensagen entstammende erzählerische Grundformen autorloser Übermittlung – neben Legende und Parabel auch Mythe, Sage, Fabel und Gleichnis – auf und ließ die größere Erzählung zur Chronik tendieren.

Daß die traumartige Schreibweise deswegen nicht aufgegeben wurde, zeigt schon der Titel einer anderen kleinen Erzählung, die, im Zusammenhang des *Prozeß*-Romans entstanden, sich von ihm löste, verselbständigte, um später in einen neuen, loseren Zusammenhang eingeordnet zu werden: *Ein Traum*. In dieser Geschichte wird, äußerst verdichtet, das traumartige Schreiben selbst als Geschehen beschrieben, dem die Chiffre des Roman-Protagonisten Josef K. mit ihrem Namenswunsch unterliegt. Was im *Prozeß* sich als Verfahren zu erkennen gibt, die Einheit von beschriebenem Vorgang und Vorgang des Be-schreibens, ist hier als Einheit von Schreiben und Geschriebenwerden dargestellt. Der Lebenslauf des Romans, in der vor-gesetzlichen Legende als unerreichbarer Ursprungsbezug reflektiert, spiegelt sich als ein der Beherrschung entgleitender Selbstlauf, der, obwohl scheinbar zielgerichtet, Gefahr läuft, das ursprüngliche Ziel aus den Augen zu verlieren.

Die „Friedhof[s]"-Szenerie im Zeichen auktorialer Chiffrierung nötigt dazu, auf das ursprünglich intendierte „Spazierengehen" zurückzukommen, es buchstäblich zu zerlegen, etymologisch zu untersuchen. 'Spatium' bedeutet nicht nur Raum, Wegstrecke, Laufbahn, Spaziergang, sondern seit der Erfindung des Buchdrucks auch den Freiraum zwischen den Druckbuchstaben. 'Spatiieren' oder 'Spationieren' ist das Ordnen der Abstände zwischen den Lettern beim Setzen der Druckvorlage. Die Verdoppelung der „Fahnen" durch „Tücher" (etymologisch sind beide identisch) kann dann, aufs Textgewebe anspielend, als sprachbildliche Umsetzung, metaphorische Wendung des vorläufigen Ziels, des Anhaltspunkts der Schriftstellerei, als Abzug der Satzfahnen oder ihr Umschlagen bei der Lektüre gelesen werden. Die stilistisch auffallenden „sehr künstliche[n], unpraktisch gewundene[n] Wege" erscheinen so im Rahmen des befriedeten Gevierts unter der Hand als Bahnen einer Schrift, die, eingebildet, auf den Druck, die Veröffentlichung ausgerichtet zu sein scheint. Wenn K. sich im Vergleich „wie auf einem reißenden Wasser" bewegt, läßt sich der Bezug auf die Entstehung des Urteils erkennen, dessen zügiges Schreiben in 'reißen' (lateinisch 'scribere') etymologisch eingeschrieben ist. Nimmt man hinzu, daß in 'graben', 'Grab' und seinen Zusammensetzungen etymologisch ebenfalls die Bedeutung von schreiben steckt (griechisch 'graphein'), dann ist mit den untergründig wirksamen Verbindungslinien zwischen Schreiben und Tod das thematische wie das Wortfeld umrissen, auf dem sich die Traumgeschichte bewegt, der Lebensraum einer textuellen Szenographie, in der die Chiffre, um sich einen Namen zu machen, sei es auch nur auf dem „Grabstein", verbucht werden will (E 137).

Während im *Prozeß*-Roman die Wörtlichkeit, das Wörtlichnehmen rhetorischer Wendungen dominiert, das mit dem Wunsch nach dem 'wahren Wort', dem Wahren im Wort den grundsätzlich metaphorischen Charakter der Wörter scheinbar verkennt, aber im Erkunden ihres lexikalischen Feldes tatsächlich herausarbeitet, versucht hier die Etymologie die Einheit der Wörter noch dadurch zu retten, daß sie sich archäo-logisch deren Vergangenheit zuwendet. Doch wird sie dabei von der Buchstäblichkeit unterwandert, die auf der Suche nach der eigentlichen Benennung in die Wörter eindringt und sie zerteilt, um über ihre Zusammensetzung auf die elementare Sinnlosigkeit des Sprachmaterials, die differentielle Bedingtheit der metaphorischen Sprachbildung zu stoßen, an der das Ursprungsstreben letztlich zunichte wird.

Kafkas Versuch, der Prosa durch Sprachverkörperung eine Eigenständigkeit zu verschaffen, die sie von ihrem Zeichencharakter her nicht haben kann, mündet als Suche nach dem erschriebenen Sinn auf dem Wege des sprachuntersuchenden Referenzentzuges notwendig in den Aufschub dessen, woran dennoch festgehalten wird: des wahren Wortes, der eigentlichen Benennung. So läuft sein literarisches Projekt darauf hinaus, der Derealisierung des Beschriebenen, der Subversion des Zeichenbezugs die sich durch Selbstbezug intensivierende „buchstäbliche Realität des Geschriebenen"[21] entgegenzusetzen. Damit wird, obwohl sich ein Spielraum der poetischen Reflexivität vor der referentiellen Funktion der Sprache eröffnet, die Schrift in ihrem Doppelcharakter ernst, gewissermaßen beim Wort genommen. Die Selbstreflexivität der Sprache macht der Selbstreferentialität des Textes Platz. Die allegorische Mortifikation weicht dem absoluten Leben der Schrift.

Wenn das „Fortschreiten" der eindrucksvollen Grabstein-„Inschrift", das K. vom „Künstler" begehrt, an dem Punkt ins Stocken gerät, auf der Stelle tritt, wo es um die ursprünglichen Initialen geht, wird die doppelgängerische Figurenkonstellation als Auseinandersetzung über den kabbalistischen Hintergrund des buchstäblich dem Namen Kaf-ka verbundenen Schreibprojekts lesbar. In gegenseitiger „Verlegenheit" kulminiert auch die eingeschriebene Spannung der Geschichte, um mit auktorialem Nachdruck die „Lage des Künstlers" in den Mittelpunkt zu rücken. Mitten im Wort „Verlegenheit" verbirgt sich etymologisch (griechisch 'legein' = legen, lesen) das Gesetz der Lesbarkeit, das aufs Verlegen eines abgeschlossenen Textes – Kafka stets Verlegenheit bereitend – angewiesen ist.

Was für den „Künstler" nur eine Verlegenheitslösung auf Kosten ästhetischer Qualität ist: der „Ausweg" des „Weiterschreiben[s]", erscheint K. theologisch als „Erlösung", verbindet ihn doch der „erste kleine Strich" anscheinend nicht nur mit seinem Vornamen, sondern als transponierter Ansatz zum hebräischen Buchstaben 'Jod' auch mit der ersten, den wahren Namen substituierenden Benennung Gottes, die 'Ich bin' heißt, aber im Sinne der Kabbala, für die Gott Präsenz und Absenz in einem ist, auch auf das Unendliche, das Nichts hindeutet.[22] Der Konsonant 'Jod', dessen lateinische Form der „Künstler" gerade noch „mit dem äußersten Widerstreben" zustandebringt, ist als erster Buchstabe des göttlichen Tetragramms nach kabbalistischer Auffassung der symbolische Urpunkt, aus dem heraus sich die Sprachbewegung in unendlicher Differenzierung entfaltet, in dem sie aber auch, zurückkehrend, ihre Ruhe findet.[23] Die unsagbare „Ursache" der „Verlegenheit" besteht darin, daß die bisher formulierte „Inschrift", da sie dem Wahrheitsanspruch nicht genügt, zwischen dem Tod Gottes und seinem Weiterleben im Schriftzeichen, chiastisch in der Schwebe bleibt, Namensidentität und Autorschaft jedenfalls nicht verbürgen kann.

Was den „Künstler" aus dem Dilemma zwischen Untätigkeit und willkürlichem „Weiterschreiben" befreit, das traumartige „Fortschreiten" wieder in Gang setzt, trägt zwar als Selbsterlösung des Geschöpfes und stellvertretende Grablegung des „Künstlers" neben dem mystisch-messianischen einen christlichen Zug, ob damit jedoch die Erfüllung im Namen der Schrift einhergeht, bleibt selbst im Traum ungewiß. Wenn am Ende „sein Name", ästhetisch vervollkommnet, „mit mächtigen Zieraten" über den Grabstein „jagte", der wie ein Buchdeckel die Schrift beschließt, wird die kalligraphische Assoziation mit der höchsten Macht, der bildhafte schöne Schein, durch die Kafkas Schreiben charakterisierende Jagd-Metapher sofort in Zweifel gezogen (138).

Nicht die fixierte „Ruhmesphantasie",[24] sondern ein buchstäblich sich absetzendes „Fortschreiten der Inschrift", das, über die Grenzen des Epitaphs, den Rahmen des Buches hinausstrebend, im „Ansturm gegen die letzte irdische Grenze" (T 405), die des Schriftzeichens, das Auslöschen des Namens wie des Körpers betreibt und hinter dem Namenswunsch das Schreibbegehren als reinen Sinnentzug, als Begehren nach nichts zu erkennen gibt, charakterisiert eine Literatur, die zuletzt gerade dadurch überlebt, daß sie das wahre Wort, den Namen, indem sie, seine Spur aufnehmend, sich gleichzeitig von ihm ab-schreibt, nicht mitzuteilen vermag.[25]

Welche gravierenden Folgen das Verschwinden des Autors für die Lektüre eines fertigen Textes heraufbeschwören kann, hat Kafka in einer auf andere Weise nicht weniger radikalen Auseinandersetzung mit seinem literarischen Projekt, der Erzählung *In der Strafkolonie*, beschrieben. Als das Romanschreiben stockte, der *Prozeß* nicht vorankam, sollte der Rückblick aufs paradigmatische *Urteil*, sein Zustandekommen, die Erfahrung der nachträglichen Lektüre und der Begegnung mit dem gedruckten Text, die 'Junggesellenmaschine', den körperbezogenen Mechanismus des Schreibens selbst der Beurteilung zuführen. Es entstand eine Erzählung, die ihr eigenes Scheitern als Versuch, sich aus der Beschreibung, dem Aufzählen, der Lektüre heraus in wiederholten Ansätzen zu entwickeln, zum Thema macht und dabei, dem unheimlichen Wuchern einer strukturalen Phantasie ausgesetzt, Geschichte im Zeichen der Technik und Vorgeschichte im Bilde des Mythos verzahnt.

Die Signatur des Autors, schon in der Überschrift eingeschrieben, markiert hier mit der Grenze zwischen deutschen und Fremdwörtern lateinischer Provenienz das Terrain der Auseinander- und Zusammensetzung, auf dem, zwischen Schrift-Kultur und Kult-Ritual, der Text der Erzählung sich ansiedelt.

Mit der Behauptung: „Es ist ein eigentümlicher Apparat" wird nicht nur dieser, sondern auch der Text eingeführt, von einem „Offizier", der ihn „überblickte", dem „Forschungsreisenden" vorgestellt, der auf „Einladung des Kommandanten" die „Exekution eines Soldaten" begutachten soll (E 151). Oberflächlich gesehen, ist der „Apparat" als Gerät, das den Eindruck vermittelt, einen inneren Mechanismus zu verhüllen, doch eine Erscheinung von „eigentümlicher Art", was nicht nur auf eine individuelle Eigenart, sondern auch auf Eigentum und Autorschaft zurückzuführen ist. Insistiert der „Offizier" darauf, daß es sich bei dem „Apparat" um „eine Erfindung unseres früheren Kommandanten" und bei der „Einrichtung der ganzen Strafkolonie" um „sein Werk" handele, das „in sich geschlossen" sei (152), kann der „Apparat" tatsächlich für „fertig" erklärt als Ganzes parat stehen. Im Kreislauf seiner lexikalischen Bedeutungen kehrt er so mit dem Text an seinen Ausgangspunkt zurück. – Dabei darf sich der „Offizier" mit seinen Hinweisen insofern auf den Autor berufen, als dessen Initialen auch im Text, im „früheren Kommandanten" nämlich, zum Vorschein kommen, also bei jemandem, dem aufgetragen war, mit der Hand Weisungen zu geben, Zeichen zu setzen. Wenn der „Offizier" zum Erklären des „Apparates" übergeht und, ihn in den Augen des „Reisenden" zu „seine[r] Sache" machend, sich dazu des „Französisch[en]" bedient, um auf die „volkstümliche[n] Bezeichnungen" hinzuweisen, kommt er zwar der fremden Vor-namensprache des Autors entgegen, streicht aber auch die Volkstümlichkeit der „Bezeichnungen" durch. Seine Andeutung, daß sich diese „im Laufe der Zeit" „ausgebildet" haben (153), legt allerdings nahe, sie durch etymologische Untersuchung zu ergründen, sich, was die eigentliche Benennung angeht, gerade nicht auf die Präsenz eines auktorialen Subjekts im Text zu verlassen. So als systematisches Verfahren legitimiert, strukturiert die Etymologie hier nicht nur untergründig den Text, sondern steuert die Doppel-Figuration der gesamten Erzählung.

Daß für den „Offizier" der bildliche Ausdruck mit dem „Name[n]" identisch ist, läßt seinen namenlosen Namen ins Blickfeld rücken. Seinem Dienst oder Amt gegenüber zum Gehorsam verpflichtet, sind Verhalten und Aussage bei ihm auf Verbindlichkeit abgestellt. Als militärischer Vorgesetzter ist er über ein offiziell-kategorisches Sprachreglement der Öffentlichkeit verbunden. Er kann aber auch Öffentlichkeit herstellen, indem er in einer entsprechenden Einrichtung, einer als 'Offizin' etwas altmodischen Buchdruckerei, eine Dienstleistung erbringt. Von daher erweckt der „Apparat", der sich, im Sinne des „früheren Kommandanten" von ihm eingerichtet, schon als Hülle des Textes, seine Metapher zu erkennen gegeben hat, den Ein-druck eines technisch reproduzierten Textes, der zur Lektüre ansteht.

Doch paßt die namentliche Übereinstimmung, die der „Offizier" den „Bezeichnungen" unterstellt, nicht einmal zu ihm selber. Tatsächlich befindet er sich in einem Widerspruch: Zwar „bedeuten" ihm die „Uniformen" „Heimat", die nicht verloren gehen soll, die „Tropen" der „Strafkolonie", für die sie unpassend sind, also eine Art Exil, doch scheint ihm seine eigene „Uniform" eine Nummer zu groß zu sein, so daß nur die „Damentaschentücher", in übertragener Weise verwendet, sie ihm erträglich machen (151, 152). Die „Uniformen", als Zeichen mit ebenso einfacher wie ursprünglicher Bedeutung zugleich eigentümlich und allgemein, stehen im Gegensatz zu den „Tropen", den rhetorischen Wendungen, der Bildlichkeit der Sprache, in deren Bereich die „Strafkolonie" angesiedelt ist. Diesen „Tropen" ist der „Offizier" nicht nur ausgesetzt, sondern sie dringen, weiblich besetzt, als Zwischenstücke übertragenen Sinns in die Einheitskluft seiner Identität ein, so daß er im Grunde nicht mehr uni-form fungieren kann. Damit ist der Gegensatz zwischen „Uniformen" und „Tropen" zwar nicht beseitigt, aber in ein differentielles Verhältnis überführt, in dem die Substituierbarkeit des Signifikanten die traditionelle Metaphorik ablöst. Daß im „Tropismus der Bedeutung" die Tropen selbst zur Bedeutung werden, kennzeichnet die kabbalistische Auffassung vom Exil der Sprache, die, immer vor dem Namen, gleichwohl auf ihn bezogen bleibt.[26]

Was für den „Offizier" die Eigentümlichkeit des „Apparats" ausmacht, ist, daß er wie er selbst, obwohl uneigentlich geworden, Vaterschaft substituiert, eine wenn auch spiegelverkehrte Buchstabenpräsenz die abwesende Instanz der ursprünglichen Intention ersetzt hat. Der Text wirft also mit seinen kabbalistischen Signaturen die Frage auf, ob und inwieweit der väterlichen Bestimmung der Schrift zu entkommen ist, ob die Eliminierung der familiaren Konstellation des *Urteils* noch Erzählen ermöglicht oder der Tod des Vaters gerade nach Stellvertretung ruft, nach dem Einrücken des Sohnes in die väterliche Position, des „Offiziers" in die des „früheren Kommandanten".

Das „Verfahren", um das es geht und in dem sich der „Offizier" zum „Richter" aufwirft (156, 157), ist eines, bei dem Prozeß, Urteil und Strafe als Vollzug des Gesetzes in einer einheitlichen „Prozedur" zusammenfallen (153), die dem „Verurteilten" „sein eigenes Urteil", das er nicht kennt, ihm „auf den Leib geschrieben", mit tödlicher Konsequenz zu verstehen gibt (155). Erlösender Eindeutigkeit verpflichtet, unterwirft die Urteilsschrift das schuldige Individuum der Allgemeinheit des Gesetzes, indem sie, das Gebot inkarnierend, den individuellen in einen Text-Körper verwandelt, bevor er der Vernichtung anheimfällt.

Da der „Apparat" als Metapher des scheinbar fertig vorliegenden Textes nicht auch dessen Lektüre in der Erzählung figurieren kann, muß er, metonymisch „in Gang" gesetzt, sich notwendig zu einer neuen Metapher transformieren, mit einem Kunstgriff zur „Maschine" werden, die das Zusammengesetztsein des „Apparates" im Funktionieren seiner inneren Mechanik demonstrieren soll. Den beschriebenen „Vorgang" in Beschriftung, körperliche Einschreibung umsetzend, Schreiben und Lesen zusammenführend, setzt die „Arbeit der Maschine" den Text allerdings der Gefahr aus, daß die Erzählzusammenhänge „reißen oder brechen". „Zusammengesetzt" wie das „Verfahren", in dem Urteil und Gesetz identisch sind, oder wie zum Umbruch gesetzte Buchstaben, wendet sich die „Maschine" aber auch, schon im geschlechtlich artikulierten Lautansatz, vom väterlich-auktorialen Aspekt des Schreibens, der signatarischen Selbst-Behauptung in der Erzählung, ab und, Geburtsmetaphorik in die Technik aufnehmend, der mütterlich-materiellen Seite des textuellen Verfahrens zu (160, 161).

Der Versuch des „Offiziers", den „Reisenden" durch Überredung für das „Verfahren" zu gewinnen, ihm die Rede eines Advokaten in den Mund zu legen, muß als Rechtfertigung des entscheidenden Wortes schon daran scheitern, daß er sich mit der Schriftlichkeit des „Verfahrens" nicht verträgt. Die Rhetorik wie ihr Versagen, der Umschlag in die Beliebigkeit des Wortes, das schließliche Mißlingen einer gemeinsamen Lektüre der sowohl bildhaften als auch buchstäblichen Urteilsschrift lassen den „Offizier" aus der Rolle fallen und den „Reisenden", der sich als „Gegner des Verfahrens" bezeichnet (107), die Oberhand gewinnen.

Der finale Koitus zwischen Körper und „Maschine", für den sich der „Offizier" schließlich entscheidet, ist von vornherein zum Scheitern verurteilt, weil der Schrift nur die Funktion zugestanden wird, die repräsentativ aufgezeichnete Rede des Einen, des nunmehr „alten Kommandanten" (163), zu reproduzieren. Am (vorher-)bestimmten Sinn des „Verfahrens" festhaltend, muß der „Offizier" sein Urteil nicht erst im körperlichen Zeichen-Prozeß erfahren. Umgekehrt kann die mit hermeneutischer Einsinnigkeit nur oberflächlich verstandene „Maschine", die sich im selben Moment scheinbar als Subjekt des Textes installiert und die Beherrschung, ihren Zusammenhalt verliert, nicht mehr den Effekt der Rede hervorbringen. Die Textmetapher entzieht sich, um den Preis ihrer Zerstörung, sowohl der repräsentativen Urteilsschrift als auch der Lektüre im Zeichen-Prozeß. Die Sinnproduktion des „Verfahrens" mündet nicht in ein „Zeichen der versprochenen Erlösung" (176), sondern in ein „lautloses Lachen" des noch immer zur Schrift „Verurteilten" (173), den Un-sinn des auseinanderdriftenden Erzählzusammenhangs. In einer verfahrenen Situation verläuft das „Verfahren" „im Sand" (175), gibt sich als sinnentleerte Allegorie des Verfahrens zu erkennen, das im ständigen Wechsel zwischen Schreiben und Lesen seine erzählerische Einheit, metaphorisch vermittelt, nicht zu bewahren vermag.

Wenn am Ende, nachdem er den christlichen Messianismus des schrifterfüllenden Körperopfers am Kommandanten-„Grab" unterm „Teehaus"-Dach verabschiedet hat, der „Reisende" ein „Tau" ergreift, um die Konfiguration der „Strafkolonie", die Schriftverkettung des verurteilten Körpers, endgültig abzuweisen, scheint das Textgeflecht sich doch noch in einem Sinnknoten zusammenzuziehen, der das metaphorische Anderswo aufhebt und das buchstäbliche Sprachzeichen – den Schlußbuchstaben des hebräischen Alphabets – in kabbalistischer Schriftverkörperung mit der Sache selbst identifiziert. Werden so sämtliche Komponenten der Sprachkraft: Buchstäblichkeit, Lautlichkeit, Wörtlichkeit und Bildlichkeit miteinander verknüpft, ist doch das Verweisen durch diese Abweisung nicht stillgestellt, kann das jüdische Schutzsymbol der Fortdauer den Text nicht abschließend beglaubigen, da es sich vom Laut her über das griechische 'tau' buchstäblich auf das lateinische Kreuz des „Teehaus[es]" zurückbezieht (177). Ob der „Reisende" also, dem nicht nur am Lautbild, sondern am Wortlaut gelegen ist, das Festland der Sprachpräsenz wieder erreichen kann, bleibt fraglich. Jedenfalls hat gerade unter den modernisierten Bedingungen der „Strafkolonie" das Opferritual der literarischen Einswerdung von Körper und Gesetz, nicht mehr Gemeinschaft stiftend, mit der Verbindlichkeit seinen Sinn verloren, gerät in den aufreibenden Zwiespalt zwischen christlicher Fleischwerdung des Wortes und jüdischem Insistieren auf der Schrift vor dem Wort, zwischen Metapher und Metonymie.[27]

In der zweiten Hauptphase seiner Produktivität, dem Refugium der Prager Alchimistengasse verdankt, griff Kafka auf jene Ansätze einer 'kleinen Literatur' zurück, die er aus dem *Prozeß*-Roman heraus entwickelt hatte und die ihrerseits an ein Jahre zuvor entworfenes Konzept der minoritären Verständigung anknüpften, dem es mit der Rückwendung zu den „alten Schriften" (T 153) nicht um die Einstimmigkeit auktorialer Meinungsführung, die „hermeneutische Arretierung des Sinns",[28] sondern um das künftige Weiterwirken der Schrift-Spur im metonymischen Aufschub ihrer Bedeutung ging.

Daß Kafkas Sammlung 'kleiner Erzählungen' den Titel *Ein Landarzt* trägt, ist der Auseinandersetzung mit dem Messianismus geschuldet, durch die ein 'Heiland', buchstäblich seitenverkehrt, auf zeitgemäßes Erzählterrain versetzt wird. Formal auf die Pole der traumartigen und der berichtenden Schreibweise bezogen, bewegen sich die Sammlungstexte um die Probleme der Benennung, Übermittlung und Verwandlung an der Zeit-Raum-Grenze, die das Erzählen von der Aufzählung trennt. Mit der Frage nach den Erzählbedingungen wird auch die metaphorische Pferde-Spur wiederaufgenommen.

Die der Titel-Erzählung vorgesetzte Geschichte ist, indem sie das Wenden der „Blätter unserer alten Bücher" zur programmatischen Alternative erhebt, im Rückblick auf die Geschichte selber eine Vor-geschichte, die als *Der neue Advokat*, eine aus bedeutender Vergangenheit, wenn auch nicht namentlich herbeigerufene „Streitroß"-Verkörperung den „Landarzt", seine quasi-messianische Berufung prä-figuriert, als Erzählung aber sich der Versenkung „in die Gesetzbücher" überläßt (E 111).

Wenn dennoch sich Pferde in Bewegung setzen, eine Erzählung zustandekommt, im *Landarzt* nämlich, ist dies dem Umstand geschuldet, daß die Hauptfigur nicht hippokratischer Herr im eigenen Hause ist, sondern, als Ich-Erzähler durch das Begehren des Anderen bestimmt, von der Dynamik unbewußter Triebe überrascht wird, die nur „durch die Kraft der Wendungen" als „unbeherrschbare Pferde" verkörpert zum Vorschein kommen. Die angeblich zu Heilzwecken nötige „dringende Reise" wird, sprachlich versetzt, zur eher unfreiwilligen „Fahrt", durch die der „Wagen" „wie Holz in die Strömung" „fortgerissen" wird, die Etymologie des Schreibens sich metonymisch über die Metapher hinwegsetzt. Wenn diese Bewegung mit ebenso traumhafter Plötzlichkeit, wie sie begonnen hat, zum Stillstand kommt, unter dem „Aufschrei der Familie" in den als Dunstkreis beschriebenen und doch zum „Bezirk" des Ich-Erzählers gehörenden „Denkkreis des Alten" mündet, wird deutlich, daß es sich hier auch um einen Rückfall handelt, der als Rekurs auf das metaphorisch indizierte traumartige Schreiben des *Urteils* in eben der familiaren Erzählkonstellation landet, die mit der Wendung zu den „alten Schriften" überwunden werden sollte. In diesem Zirkel setzt sich zwar die anfängliche Erzählkonstellation des Junggesellen mit „Dienstmädchen" und „Knecht", die Vorstellung des Ich-Erzählers übermannend, immer wieder durch, überlagert, dem Pferde-Doppel teilweise entsprechend, die Familienstruktur, läßt jedoch das Heilverfahren der Erzählung, deren Geradlinigkeit sie ständig in Frage stellt, letztlich mißlingen (E 112-114).

Der „Landarzt", der sich als „Weltverbesserer" angerufen sieht, aber nicht als Heilsbringer versteht, erscheint dabei selber als hilfsbedürftig. Mit „Spitzfindigkeiten", die er sich „aushilfsweise in [s]einem Kopf" zurechtlegt, versucht der Ich-Erzähler die Ausgangssituation seiner Erzählung zu behaupten (114). Die „handtellergroße Wunde", die er dem „Jungen" schließlich zugesteht, erweist sich, „rosa" getönt, infolge ihrer „vielen Schattierungen" zwischen abgründigem Vergleich („offen wie ein Bergwerk obertags"), symbolischer Bedeutung („deine große Wunde"), metaphorischer Substitution („Blume") und charakteristischer Be-zeichnung („im spitzen Winkel mit zwei Hieben der Hacke geschaffen") durch den zeichenuntergrabenden Schrift-Zirkel der Signifikantenbewegung zugleich als 'Wunde Rosa' des „Landarzts" (115, 116). Ist hier die „Wunde" des Geschlechts kein allegorisches Sinnbild, sondern als Bezugspunkt des Schreibens der Abgrund des Sinns, wird sie zum Mal der Kastration, das sich buchstäblich auf dem Körper abzeichnet. Statt die erwartete Rettung zu bringen, kehrt der zum bloßen „Arzt" gewordene „Landarzt", indem er zu dem „Jungen" ins „Bett", „an die Seite der Wunde" gelegt wird, in die eigene Vergangenheit zurück. Das Ritual, das dabei unter Gesang zelebriert wird, ironisiert einerseits die messianistische Erwartung und travestiert anderseits das Verfahren der Psychoanalyse als säkularer Form individueller Erlösung (116).

Die „Pferde", die sich an den Scharnierstellen der Erzählung, dort, wo ihre Geradlinigkeit von der Textur überlagert und in Frage gestellt wird, zunächst noch eigenmächtig bemerkbar machen, sind am Ende, „schattenhaft", dann unirdisch geworden, zwar scheinbar domestiziert, doch führt, da die gelockerten „Riemen" keine Anspannung des Erzählens erlauben, auch der Aufschwung des Ich-Erzählers nicht mehr dazu, daß er tatsächlich auf die erzählerische Ausgangssituation zurückkommen kann (116).

Dennoch ist das Tableau der „Schneewüste", in dem die Erzählung zur Konfiguration der Schrift erstarrt und sich gleichzeitig verläuft – Endzeit-Allegorie und Metapher der Schreibfläche in einem –, von der Zeitstruktur her mit seinem erneuten Präsenssprung zugleich die Voraussetzung dieser ihre eigene Bedingtheit umkreisenden Ich-Erzählung. Über die zweifelhafte Identifikation mit der eigenen Vergangenheit fällt dieser „Landarzt"-Erzähler, zum „alte[n] Mann" geworden, der bedauert, dem „Fehlläuten der Nachtglocke", dem Anruf, der stimmlichen Verführung zum Schreiben, gefolgt zu sein, in den

Zustand des erzählerischen Unvermögens zurück. Indem sich der mangelndem Verständnis geschuldete Irrweg der Erzählung am Ende in einer allegorischen Verdoppelung reflektiert, im „Froste dieses unglückseligsten Zeitalters" als frostige Allegorie des Verfahrens erweist, wird deutlich, daß es für die „blühende Praxis" eines Erfahrung vermittelnden Schriftstellers keinen Raum mehr gibt (117).[29]

Wenn weder Ursprung noch Ziel vorherbestimmt sind, besteht allerdings die Möglichkeit, daß der künstliche Ritt der Erzählung – statt zur „leere[n] fröhliche[n]" (H 33) zur „gefährliche[n] Fahrt" werdend – kein Ende findet, sondern sich, da der Aufschub der Bedeutung der Beendigung des Ablaufs zuvorkommt, endlos „im Kreise" dreht. Mit zwei alternativ konditionalen Satz-Perioden ('Umläufen', 'Kreisläufen', abgerundeten Sätzen), *Auf der Galerie* überschrieben, wird, im Wechsel zwischen Konjunktiv und Indikativ das Verhältnis von Sein und Schein umkehrend, die Allegorie des Verfahrens selber als Problem der Erzählhandlung vorgeführt. Während sich in der „Manege" ('Handhabung', Reitbahn) „Hände" als „Dampfhämmer" gleichsam maschinell verselbständigen und die metaphorische Formulierung „eigentlich" machen, das vom „Chef" ('Haupt') angetriebene Geschehen aber auf den Eingriff von oben angewiesen ist, mündet anderseits dank ästhetischer Einkleidung der Kreisform im „Zirkus" die Erzählung als „Ritt der Träume" (H 285) wie von selbst in einen kunstfertigen „Salto mortale", einen nur scheinbar tödlichen Kopfsprung (E 117, 118).

In *Das nächste Dorf* wird die Zeit der Erzählung gleichsam auf den zenonischen Punkt (zurück-)gebracht, an dem einst der Indianer-Wunsch auftauchen konnte. Da die zum „wahre[n] Maß des Lebens" gewordene Zeit der Erinnerung,[30] sich, in den Raum projiziert, aus lauter „Jetzt"-Punkten zusammensetzt, also diskontinuierlich ist, Erfahrung sich so gerade dem „Entzug der Präsenz" verdankt,[31] hat eine als Vergegenwärtigung des Erlebten verstandene tradierte Erzählung keine Zeit mehr, muß, zumal die Kette der Generationen zwischen „Großvater" und Enkel-Erzähler unterbrochen ist, zur stehenden Rede werden (E 128).

Was im Zeichen des Vergessens, von dem diese Literatur geprägt ist, durch das Haus oder das Werk des Schriftstellers geistern kann, wenn es zwar einen Namen, aber keine Verbindung zum ursprünglichen Sinn gibt und geben wird, hat Kafka in der *Sorge des Hausvaters* demonstriert. Das Grundverfahren der Etymologie wird hier im Hinblick auf das „Wort Odradek" von vornherein für unzulänglich erklärt. Ließe der Stamm des zusammengesetzten Wortes, ob im „Slawischen" oder im „Deutschen" verwurzelt, auch gegenständlich (zwischen deutschem 'Rad' und tschechischer '(Schrift-)Zeile') sehr verschiedenartige „Deutungen" zu,[32] ein „Sinn des Wortes" im ganzen würde sich nicht ergeben. Während einerseits die „Bildung des Wortes" im Dunkeln bleibt, wird anderseits der Name als solcher freigesetzt (E 129). Name im ursprünglichen Sinn aber heißt in der Tradition des jüdischen Denkens gerade nicht Zeichenbestimmung, Signifikation, sondern Übereinstimmung mit dem, was ihm seine Existenz verdankt.

Dadurch daß der Text dem „Studien" unterworfenen, also vorausgesetzten „Wort" seinerseits ein wirkliches „Wesen" unterstellt, „das Odradek heißt", eröffnet er sich zwischen sprachlicher Bezeichnung und Namensschöpfung den Spielraum seiner Entwicklung. In der Beschreibung des angeblich vorhandenen „Wesen[s]" ständig zwischen Schein und Sein hin- und hersspringend, versucht der Text zugleich, diesem „Wesen" eine Wirklichkeit zu verschaffen, die den verschiedenen Bedeutungsmöglichkeiten seines Namens entspricht. Steckt die metaphorische Annäherung im Vergleich „wie eine flache sternartige Zwirnspule" – den Doppelrahmen der Ein-bildung des Textes ab, wird doch „tatsächlich" der Schein des „Zwirn[s]", der die Zweideutigkeit des Textilen in die Textur überführt, bekräftigt. Nicht die „Zwirnspule", sondern „es", das „Wesen, das Odradek heißt", „scheint" „mit Zwirn bezogen" zu sein. Doch handelt „es" sich vermutlich bloß um „abgerissene, alte, aneinandergeknotete, aber auch ineinander verfilzte Zwirnstücke". Auf jeden Fall ist „es", wie der Vergleich zeigt, „nicht nur eine Spule", sondern ein zweiseitiges „Gebilde", das sich mittels „Stäbchen" einerseits und „Ausstrahlungen des Sternes" anderseits „wie auf zwei Beinen" aufrechthalten kann. Trotz der Flachheit deutet sich so ein körperliches, ebenso dies- wie jenseitiges „Wesen" an, das insofern Bestand haben mag, als die „Stäbchen" im „rechten Winkel" das 'Jod' des göttlichen Tetragramms, also die schöpferische Potenz enthalten. Das sich abzeichnende kabbalistische Symbol kann – Buchstabenschöpfung und figurative Emanation in einem – den Stern, der „Odradeks" Radspeichen auf der (Schrift-)Zeile gleichsam transformiert, tatsächlich – „zwar sinnlos, aber in seiner Art abgeschlossen" – als das „Ganze" einer aus dem Namen entstandenen Schriftverkörperung erscheinen lassen, als Textgebilde, das seinen Versatzstückcharakter überwunden hat.

Da der Text als kabbalistisches Ursprungssymbol reine Sinnmöglichkeit ist, gäbe es über das Textwesen „Odradek" weiter nichts zu „sagen", zumal es „außerordentlich beweglich und nicht zu fangen ist", also der Festlegung seines Sinns immer entkommt (129). Doch verleiht die Fähigkeit, sich „wie auf zwei Beinen" und gleichwohl außerhalb der gewöhnlichen Ordnung zu bewegen, dem dinghaften Neutrum die personalen Züge einer Erzählfigur, die trotz männlichem Pronomen „wie ein Kind" behandelt wird. Allerdings kann „er" den väterlichen Versuchen sprachlicher (Orts-)Bestimmung nur mit: „Unbestimmter Wohnsitz" begegnen, von einem Lachen gefolgt, das sich, „ohne Lungen" lautlos „wie das Rascheln in gefallenen Blättern", als Lachen des Textabfalls erweist, dessen Sinnlosigkeit „Odradek" so bezeugt. Wenn „er" ansonsten „stumm" ist „wie das Holz, das er zu sein scheint", taucht aus der in dingliches Sein zurückfallenden Verdoppelung des Scheins die vorgeblich abgewiesene Etymologie der vergessenen „Spule" wieder auf, das flache Holzstück zum Auf- und Abwickeln der Fäden auch der Textur dieses Textes.

Was den „Hausvater" so besorgt machen muß, daß er aus der Distanz des anonymen Subjekts ins Ich verfällt, ist die Vergeblichkeit, aus dem „Odradek", weil man nicht weiß, „was mit ihm geschehen wird", eine Figur zu machen, von der sich wirklich erzählen läßt. Und doch wird sein Name dank der 'Sorge des Hausvaters', auf die seine sprachliche Wurzel verweist, als Einheit von Sein und Nichts „mit nachschleifendem Zwirnsfaden" eine Textspur hinterlassen, die auch künftige Generationen noch irritieren mag (130).

Unter dem Gesichtspunkt nicht nur der Lesbarkeit, sondern der Abschließbarkeit eines Werkes konnte das Umsetzen der Schreiberfahrung auch auf eine größere Erzählung hinauslaufen, in der die Pferde-Ritt-Metapher der Erzählung wie die Maschinen-Metapher des Textes sich an die Bau-Metapher des Werkes verloren. *Beim Bau der Chinesischen Mauer* ist der Versuch, aus der Reflexion auf das bruchstückhafte, weil zeitlich unterbrochene Romanschreiben Erzählung in die Struktur des kommentierenden Berichts, der Chronik einzubetten. Als Form durch sein Objekt bestimmt, ist der Bericht hier selber das „System des Teilbaues"(BK 51), das er beschreibt und dessen Sinn er mit der metonymisch verschobenen Frage nach der ursprünglichen Intention, dem Funktionieren der „Anordnungen" (55), den Bedingungen und Grenzen des kommunikativen Zusammenhangs zu ergründen sucht. Dabei legt es der Berichtende darauf an, im Rekurs auf Berichte anderer, im Bezug auf Schrift, im Durchlauf durch unterschiedliche Diskurse sich selbst als Ich-Erzähler zu situieren, der seine eigene Erfahrung mitteilt. Da das „System des Teilbaues" aber weder von oben noch aus dem Jenseits seiner auch sprachlichen Grenzen zu begründen, sondern, die Unmöglichkeit eines zusammenhängenden

Sinns in sich, in seinen „Lücken" enthaltend (51), auf ein imaginäres Strukturzentrum bezogen ist, kann es einerseits von der Erzählung nicht getragen werden und sie andererseits nicht als Segment integrieren, muß es, statt sich als „Werk" (55) abzuschließen, notwendig fragmentarisch bleiben. So findet die anonyme „Sage" eine Lücke im Bericht, in der sie sich anbietet, die Unmöglichkeit der Übermittlung einer *Kaiserliche[n] Botschaft*, des zentralen Sinns, selber zu übermitteln (E 128), während im *Alten Blatt* der nomadische „Schrei der Dohlen" ins leere Sinnzentrum rückt (E 119), um nicht namenverkörpernd doch noch Autorschaft (tschechisch 'kavka' = Dohle), sondern den Fluchtpunkt vor ihr in der Stimme des Körpers zu bezeichnen.[33]

Die Wiederkehr der Stimme des Körpers wird kennzeichnend für das Kafkasche Spätwerk. Nach längerer Schreibkrise – die aphoristischen *Betrachtungen* (H 30) markierten einen Endpunkt des Schreibens – unternahm Kafka mit dem *Schloß* noch einmal den Versuch, in einem Roman anhand der Chiffre K. das Terrain abzustecken, das seiner Literatur verblieb.

Anders als im *Prozeß* geht es im *Schloß* nicht um ein Verfahren, das mit der Verhaftung des Protagonisten allmählich ins Urteil übergehen soll, sondern um die Ankunft, die Positionsbestimmung in einem abgeschlossenen, sich abschließenden sozialen Gebilde. K.s Winterreise ist ein Weg zurück ins Junggesellenstadium, ein Durchmessen der unermeßlichen Schneewüste, in der „Land" und „Dorf" versinken, was ihn auf „gräfliche[m] Gebiet" trotz seiner Selbsteinstufung als „Landvermesser" eher als „Landstreicher", also außerhalb des Gesetzes stehend, erscheinen läßt (S 8,10). Daß sich K., nachdem er vom gräflichen „Schloß" erfahren hat, scheinbar anmaßend oder vermessen als jemand vorstellt, „den der Graf hat kommen lassen" (8), ist gleichwohl nicht abwegig, wird doch der Herr des „Schlosses" damit auch als ursprünglicher Herr der Schrift (mittellateinisch 'graphio') gekennzeichnet, von dem K. mit Grund erwarten kann, jene berufliche Identität, auf die er sich als Reisender beruft, durch eine fernmündlich vermittelte Berufung bestätigt zu bekommen. Doch bleibt, was K. einerseits als Ernennung, anderseits als „Anerkennung seiner Landvermesserschaft" interpretiert (10), in seiner Bedeutung von vornherein ebenso zweifelhaft wie die Herrschaft des nur „französisch" (14) beredbaren, die Himmelsrichtung angebenden „Grafen" über ein trugbildhaftes „Schloß", in dem sich alles um den buchstäblich verkörperten Trug (tschechisch = 'klam'), den unbestimmt-unfaßbaren „Herrn Klamm", dreht.[34] Was so zunächst eröffnet wird, ist nicht das neue Arbeitsfeld von K., sondern die ebenso irdische wie überirdische Topographie einer Romankonstellation, die sich, ähnlich wie im *Prozeß* das lexikalische Bedeutungsfeld der Namen und Wörter durchmessend, als Realisieren ihrer textgenerativen Möglichkeiten erkennen läßt.

Die Romanbewegung wird durch den Widerspruch angetrieben, daß K. – als bloße Chiffre auf der „Grenze zwischen Körper und Name"[35] – die sinnentschlüsselnde Verbindung zum „Schloß" sucht und gleichzeitig innerhalb des „Dorfes" frei beweglich bleiben will. Da der von ihm unterstellte Bedeutungsgegensatz zwischen „Schloß" und „Dorf", zwischen vertikaler Sinnbestimmung und horizontaler Kommunikationsstruktur, Macht und Gemeinschaft, so nicht besteht, sondern in der Differenz verschwindet, das Erscheinungsbild des „Schlosses" in dem eines „Dorfes" aufgeht, das gleichwohl zum „Schloß" gehört, rückt das „Schloß" in den Brennpunkt einer Parabel, über deren Fluchtlinie ebenso das Erinnerungsbild einer kindlichen „Heimat"-Geschichte (32) wie das „Zeichen" der Totenglocke schwebt (20).

Die Desorganisation der visuellen Wahrnehmung durch die Imagination, das Auseinanderfallen von Bild und Benennung wird im Roman auch anhand einer Momentaufnahme reflektiert, die, den zenonischen Charakter der Kafkaschen Bilderwelt und Gebärdensprache unterstreichend, die vielleicht entscheidende Figur des „Boten", ohne sie zum Engel zu machen, in der Schwebe hält. Genausowenig wie das Sehen des „Schlosses" und das Hörensagen der „Schloßgeschichten" (195) kann der Briefbotenverkehr zu einem sinnvollen Ergebnis, einer Botschaft führen. Doch auch die Hoffnung auf den direkten Draht, den telephonischen Kontakt zum „Schloß" endet als Scheitern der Vermittlung im „Summen" der Leitung, das hinter dem Wunsch nach der wahren Bestimmung einen ganz anderen Wunsch auftauchen läßt: nach dem „Gesang fernster, allerfernter Stimmen", aus dem sich „eine einzige hohe, aber starke Stimme" herauszubilden scheint (24).

Als K. endlich dem nur scheinbar hermetischen Behördenapparat selbst auf den Leib rückt und im „Verbindungssekretär" (245), traumhaft vermittelt, den hermeneutischen Götterboten zu erkennen glaubt, kann die Szene der Unterweisung, die ihm – analog zum „Dom"-Kapitel im *Prozeß* – zuteil wird, da sie sich im hermeneutischen Zirkel um das Nichts der bloßen Möglichkeit dreht, auch nicht weiterhelfen. Das „Schloß" muß K. notwendig verschlossen bleiben, soll es als bürokratisches Schrift-Archiv der „besprochene[n] Welt"[36] den Ort darstellen, um den sich die Auslegungsspirale der supplementären Mutmaßungen, die eigene Möglichkeit mit der Romankonstitution gleichsetzend, bewegt. Der Tod des Protagonisten wäre von daher sinnlos, nicht logischer Vollzug eines Urteils, sondern einfach das Ende einer im Grunde unendlichen Auslegung, der das wahre Wort nicht zugänglich ist.[37] Im *Schloß* läuft die Romanbewegung nicht wie im Prozeß auf eine Erzählung hinaus, die Auslegung nach sich zieht, sondern die Möglichkeit von Auslegung wird ohne hermeneutische Erzählinstanz selber zur Bedingung eines Erzählens, das sich letztlich als Auslegung der „Schloßgesetze" (348) versteht.

Das für Kafkas Spätwerk charakteristische Ineinandergreifen von Erzählung und Kommentar ist als sich unterbrechendes Verfahren in der Erzählung *Der Bau* reflektiert. Vermittelt durch die etymologisch begründete Schreibmetapher des „Grabens", wird in einer sich unangreifbar abschließenden und zugleich unabschließbaren Textbewegung die allegorische Komponente des Schreibens mit der ironischen enggeführt. In einer Art „gleitende[r] Allegorese"[38] kann der „Bau" sowohl als einzelnes abgeschlossenes „Werk" (BK 139) wie auch als Folge von Bauten, die das Gebäude eines „Gesamtbaues" bilden (138f.), als Gesamtwerk also, und obendrein als Bau-Verfahren begriffen werden. Dabei wird im Kontext des als „Erstlingswerk" bezeichneten „Eingangslabyrinth[s]" (138) noch einmal auf die ebenfalls als „Beweis der schon fast traumhaft erscheinenden Nachtarbeit" (136) gesehene Erzählung *Das Urteil*, im „Kreisen" der Gedanken um die „Mitte des Baues" (134), den „Burgplatz", zu dem die „Arbeit" des Grabens „nun auch in direkter Beziehung" steht (153) und der „von der ihn umgebenden Erde" am liebsten „loszulösen" wäre (152), aber vor allem auf den liegengelassenen *Schloß*-Roman angespielt.

Das archi-tektonische Vorbild des babylonischen Stadt- und Turmbaus verschwindet in der Versenkung. Wird beim oberirdischen *Bau der Chinesischen Mauer* das vertikale Streben, sich einen Namen zu machen, in das Stückwerk der horizontalen (Sprach-)Grenzbefestigung umgelenkt und im *Schloß* durch überirdisch-imaginäre Reminiszenz an eine gleichsam mythische Kindheitsgeschichte die irdische Notwendigkeit der Auslegung begründet, kehrt sich hier der babylonische Turmbau in den „Schacht von Babel" (H 280) um, entzieht sich unterirdisch dem Namensstreben wie der Kommunikationsgemeinschaft, verzweigt als textuelles Rhizom und bleibt doch auf ein kryptisches Zentrum bezogen.

So konstituiert sich der Text als Reflexion eines trotz Anonymität seine Autorschaft bekennenden Ichs über ein anscheinend abgeschlossenes Werk. „Ich habe den Bau eingerichtet und er scheint wohlgelungen" (132). Auf „Beobachtungsposten" (144) vor dem verdeckten „Eingang" zum „Bau" (132), reibt sich der Ich-Erzähler, durch seine „Arbeit" der „Stirn" (135) nicht unbedingt als Tier gekennzeichnet, zwischen dem Wunsch, sich zu verbergen, und dem Wunsch, einen „Ausweg" offenzuhalten, an den Denkmöglichkeiten der Gefährdung auf, unterliegt aber auch der „Freude des scharfsinnigen Kopfes an sich selbst" (132), dem Selbstbezug der Einsamkeit, die diesen „Bau" hervorgebracht hat und hervorbringt. Da die „Zuversicht" des „Bau"-Herrn von der „Vorsicht" gegenüber eventuell bedrohlichen Ereignissen überholt wird – „Ach, was könnte nicht alles geschehen" (133) – situiert sich der Text als systematische Verhinderung von Erzählung. Durch permanente antithetische Setzungen, einschränkende und einräumende Wendungen und Sätze wird die quasi-talmudische Reflexionsbewegung in einen Exzeß des Sinnentzuges, der Durchstreichung der Signifikate, ihres schrittweise wechselnden Auf- und Abbaus getrieben, in dem die ironische gegenüber der allegorischen Seite die Oberhand gewinnt, die Selbstreferentialität des Textes sich absolut zu setzen versucht, das „Graben" „nur des Grabens wegen", „ganz ohne Sinn" als denkbar erscheint (155). Wird auf diese Weise dem Leser die Möglichkeit der Auslegung fast verbaut, verliert sich die Vorstellung der sprachlichen Präsenz, die Repräsentation, in der Bewegung der Schrift, so bleibt diese doch gerade in der Abwesenheit auf die Stimme fixiert.

Als dem die „Möglichkeit der Rückkehr" (145) in den „Bau" bedenkenden Ich, nach ergebnislosen Reflexionen zur „Prozedur des Hinabsteigens" (142), in denen sich die Erinnerung an das Entstehen des „Baus" mit der peinlichen Vorstellung, dem „eigenen Gebilde" wiederzubegegnen (139), und „technische[n] Überlegungen", wie der „Traum eines vollkommenen Baues" zu realisieren sei (145), überkreuzen, der Zugang zum „Bau" im charakteristischen Halbschlaf-Zustand tatsächlich gelingt, erscheint ihm das ersehnte „Rauschen der Stille" (153) nur vorübergehend als Selbstbestätigung. Aus dem „Rauschen" wird ein „kaum hörbares" „Geräusch" (149), ein „Zischen" oder „Pfeifen" (150), das keinen „bestimmten Ort" hat und zweifelhaft erscheinen läßt, ob es überhaupt etwas Äußeres ist: „Es ist ja nichts, manchmal glaube ich, niemand außer mir würde es hören" (151). Doch fordert es die „Arbeit" heraus, zwingt zu „Untersuchungen" (150), „Versuchsgrabungen" (149), um „Ursache" (154), „Ort" (150) und „Ursprung" (163) herauszufinden, die „eigentliche Stille"(163) wiederherzustellen. Dabei sieht sich das Subjekt der eigenen Spaltung ausgesetzt, die, den „früheren Plan" unverständlich machend, eine „Umkehrung der Verhältnisse im Bau" herbeizuführen scheint (152). Durch die „Einbildungskraft" zur „Annahme der Existenz des großen Tieres" verführt (159), könnte das Ich im „inneren Widerstreit" (158) als Anderer sich gegenübertreten und so eine Erzählkonstellation schaffen, die als Beschreibung eines Kampfes die „Anfangszeiten des Baues" heraufbeschwört. Nur noch an der „Verteidigung des Baues" interessiert (161), verliert das reflektierende Ich mit dem Unterschied zwischen Realität und Fiktion auch den auktorialen Überblick aus den Augen und fragt sich schließlich: „Wie standen die Dinge zuletzt?" (163). Wird die Möglichkeit der „Verständigung" (164) ebenso wie die Erzählform der Beschreibung eines Kampfes zurückgewiesen, hat das *Bau*-Werk keine weiterführende Perspektive mehr.

Dieser Text macht deutlich, daß Kafkas Schreiben, da es sich gleichzeitig absondert vom gesprochenen Wort und wegstrebt vom Schweigen der Schrift, letztlich im Schrei, in der gestisch sich Luft machenden Reminiszenz an eine Stimme, deren verlorener Körperbezug von der Schrift nur supplementiert werden kann, seinen Fluchtpunkt, nicht aber sein Refugium hat.[39]

Der widersprüchliche Versuch, unterm Vorzeichen kabbalistischer Seelenwanderung die animalische Fluchtlinie aus der Schrift im Wechsel zwischen tierischem und menschlichem Aspekt, nicht etwa im Rekurs auf Natur zu verfolgen, führt in den *Forschungen eines Hundes* zur Einbettung der Lebensgeschichte des Ich-Erzählers in die eher zwanghaft betriebene „kommentatorische Wissenschaft" (BK 209). Was den Lebensweg des Forscherhundes bestimmt, die Begegnung der „Musikkünstler"-Hunde (183), ist ein „unbestimmte[m] Verlangen" geschuldetes Kindheitserlebnis (182), in dem sich die scheinbare Einheit vom Blick und Stimme als eine Art Körpergraphik formiert. Ihre rhythmisierte Konstellation läßt mit „Wendungen des Kopfes" und „verschlungene[n] Figuren" aber auch Kafkas kabbalistisch beeinflußtes Verfahren der Sprachverkörperung im Bild der Schrift erkennen. Die Tendenz zum aufrechten Gang bringt kein paradiesisches Ursprungsbild hervor, sondern ein nachträgliches, menschlich gezeichnetes, das durch die Reflexion des Sündenfalls und der notwendigen Zeichensetzung hindurchgegangen ist. Zeichnet sich in der Schriftverkörperung als Spur jene „Blöße" ab (185), deren Verdrängung die Schrift entstammt, zielt die eingebildete „Musik" dieser Schrift-Körper darauf hin, mit der „Differenz zwischen dem Blick und der Stimme" die Scheidung von Mensch und Tier rückgängig zu machen.[40]

Auf der Suche nach dem „wahre[n] Wort" spiegelt sich in der „Last der Jahrhunderte" (200) auch die des Kafkaschen Literaturprojekts. Die kabbalistisch inspirierte Forschungsfrage, wie „eigentliche Bodenbearbeitung" und künstlerische „Nahrung von oben" zusammenhängen können (203), mündet in eine Spiralbewegung der „wissenschaftlichen Bedeutungslosigkeit" (205), auf die der Hund mit der „Aufhebung der Wissenschaft" (207) im „Hungern" (208) reagiert. Meldet sich dabei die verdrängte „Stimme" des Körpers (213) in der halluzinatorischen Verkörperung seiner „Begierde" (212), wenn auch nicht musikalisch, wieder zu Wort, bleibt der Hund doch, indem er auf die „Musik der Hunde" (214), nun als unzulänglicher Forscher, zurückkommt, dem tautologischen Kreislauf der wissenschaftlichen Erkenntnis verhaftet, was kein Ende dieser Erzählung absehen läßt.

„Musik" taucht hier statt des Schreis an jenem Fluchtpunkt auf, an dem sich, rückwärtsgewandt, das Schweigen der Schrift mit der Stimme des Körpers zu vereinigen scheint. In einer gleicherweise vom Scheitern der Benennung wie der Kommunikation gezeichneten Reminiszenz läßt sie verlauten, daß weder durch Schriftverkörperung noch durch Verwandlung die selbstgegenwärtige Einheit von Name und Körper erreicht werden kann.[41]

Kafkas letzte Erzählungen stehen nicht mehr im Zeichen einer Schrift, die auf der Suche nach dem 'wahren Wort' ihr eigenes Verfahren reflektiert. Wenn in der *Hungerkünstler*-Sammlung, die gar nicht hohen, eher trivialen Künste der Trapezakrobatik und des Schauhungerns Interesse beanspruchen, so weil in ihnen, was Kafka schon früh faszinierte, der Körpereinsatz sich auf sich selbst bezieht, die Körper nicht Zeichen verkörpern, keine Botschaft transportieren, die Kunst nicht mimetisch ist. Allerdings setzt der „Hungerkünstler", indem er das „Schauhungern" (E 196) zur absoluten Verausgabung macht, seinen Körper im Verschwinden eben doch als Zeichen ein, das paradox den Wunsch repräsentiert, „keinen Wunsch zu haben", den Sündenfall der Geschlechtlichkeit rückgängig zu machen.[42]

Wie in den Forschungen eines Hundes der Erkenntnisdrang des Forschenden, so wird in *Josefine, die Sängerin oder Das Volk der Mäuse* die andere Seite der Kafkaschen Schriftstellerexistenz, der Darstellungsdrang des Künstlers, demontiert. Schon im verweiblichten Namen ist das Ende des Namens bezeichnet. Die zugleich erzählende und kommentierende Bewegung des Textes reduziert die anfänglich behauptete „Macht des Gesanges" (E 200) in einem mehrstufigen Abbau der Referenz auf das „allgemeine Volkspfeifen" (202), läßt, was „Kunst" genannt wird, nur als anspruchsvolle Selbstinszenierung des gewöhnlichen Lebensausdrucks erscheinen, der erst im Ritual der stillschweigenden Übereinstimmung, von der sie sich doch abzusetzen sucht, Bedeutung zukommt. Da die Stimme gerade die Trennung vom Körper aktualisiert,[43] bleibt Josefine am Ende nur übrig, mit ihrem Verschwinden im Volkskörper einerseits auf die Abwesenheit als Voraussetzung der Bezeichnung hinzuweisen, anderseits dem Zeichenprozeß selbst ein Ende zu setzen. So müßte sie tatsächlich am eigenen Widerspruch zur tierischen Namen- und Geschichtslosigkeit scheitern, dem Vergessen anheimfallen, wenn es nicht den Wir-Erzähler, den Chronisten gäbe, der im Gegensatz zu seiner Behauptung eben doch Geschichte tradiert und dabei die Überlegenheit des kommentierenden Verfahrens gegenüber der künstlerischen Darstellung zu beweisen sucht. Wird auch im Hinblick auf Josefine von der Möglichkeit einer „gesteigerte[n] Erlösung" (216) gesprochen, die nicht Erfüllung, sondern Auslöschung des Wunsches, der Stimme, des Körpers wäre, läßt der Erzähler doch, indem zum Schluß noch am „Gesang" festhält, seinen eigenen Wunsch erkennen. Gerade weil er ihm von Anfang an die Referenz entzieht, ihn aber im Text als reine Metapher weiter fungieren läßt, wird der „Gesang" zum Signifikanten des verdrängten Erzähler-Wunsches, der eben nicht auf das tierisch unartikulierte „Pfeifen", sondern auf die menschlich artikulierte Verbindung von Wort und Musik, die Aufhebung ihrer geschichtlichen Trennung im Ausdruck des sich selbst gegenwärtigen, der Schrift nicht mehr bedürftigen Lebens gerichtet ist.[44]

Kafka blieb so auch am Ende den Aporien der Schrift verhaftet, die, dem „Spiel von Präsenz und Absenz" verschrieben,[45] den Körper nicht erlösen, sondern nur ab-schreiben kann. Das Streben nach dem 'wahren Wort' wie nach dem verwandelten Körper, dem das zölibatäre Schreiben unterliegt, entkommt letztlich nicht dem testamentarischen Charakter der Schrift, die den gefundenen Namen dem verschwundenen Körper nachträgt.

Anmerkungen

1 Begriff in Analogie zu Roland Barthes: Am Nullpunkt der Literatur, Frankfurt/M. 1982.
2 Vgl. Bernhard Siegert: Kartographien der Zerstreuung. Jargon und die Schrift der jüdischen Traditionsbewegung bei Kafka, in: Franz Kafka: Schriftverkehr, hrsg. von Wolf Kittler und Gerhard Neumann, Freiburg i. Brsg. 1990, S. 222ff., S. 236f.
3 Martin Heidegger: Sein und Zeit, Tübingen 1979, S. 128.
4 Vgl. Siegert, S. 237.
5 Vgl. Detlef Kremer: Kafka. Die Erotik des Schreibens, Frankfurt/M. 1989, S. 61; Siegert, S. 237; Hans-Thies Lehmann: Der buchstäbliche Körper. Zur Selbstinszenierung der Literatur bei Franz Kafka, in: Der junge Kafka, hrsg. von Gerhard Kurz, Frankfurt/M. 1984, S. 213ff., S. 215.
6 Vgl. Siegert, S. 237f.
7 Wolf Kittler: Schreibmaschinen, Sprechmaschinen. Effekte technischer Medien im Werk Franz Kafkas, in: Schriftverkehr, siehe Anm. 2, S. 73ff., S. 90.
8 Wolf Kittler, S. 9.
9 Georg Wilhelm Friedrich Hegel: Phänomenologie des Geistes, Berlin 1967, S. 232.
10 Vgl. Friedrich Kittler: Grammophon – Film – Typewriter, Berlin 1986, S. 27f.
11 Vgl. Wolf Kittler, S. 97ff.
12 Vgl. Philippe Forget: Diskursanalyse versus Literaturwissenschaft?, in: Diskurstheorien und Literaturwissenschaft, hrsg. von Jürgen Fohrmann und Harro Müller, Frankfurt/M. 1988, S. 311ff., S. 317f.
13 Textkorrektur entsprechend der Handschrift. Vgl. Malcolm Pasley: Die Handschrift redet, in: Franz Kafka: Der Proceß, Marbacher Magazin 52/1990, S. 5ff., S. 28f.
14 Vgl. Jacques Derrida: Mémoires. Für Paul de Man, Wien 1988, S. 104ff.
15 Gershom Scholem: Der Name Gottes und die Sprachtheorie der Kabbala, in: Judaica 3, Studien zur jüdischen Mystik, Frankfurt/M. 1982, S. 7ff. S. 53.
16 Gershom Scholem: Zur Kabbala und ihrer Symbolik, Frankfurt/M. 1977, S. 55.
17 Harold Bloom: Kabbala, Poesie und Kritik, Basel u. Frankfurt/M. 1989, S. 29.
18 Vgl. Gershom Scholem: Die jüdische Mystik in ihren Hauptströmungen, Frankfurt/M. 1980, S. 29f.

19 Frank Schirrmacher: Verteidigung der Schrift, in: Verteidigung der Schrift. Kafkas „Prozeß", hrsg. von Frank Schirrmacher, Frankfurt/M. 1987, S. 138ff., S. 166.
20 Vgl. Gershom Scholem: Offenbarung und Tradition als religiöse Kategorien im Judentum, in: Über einige Grundbegriffe des Judentums, Frankfurt/M. 1970, S. 90ff., S. 109f.
21 Lehmann, S. 21.
22 Vgl. Gershom Scholem: Schöpfung aus Nichts und Selbstverschränkung Gottes, in: Über einige Grundbegriffe des Judentums, S. 53ff., S. 80f.
23 Vgl. Scholem: Der Name Gottes, S. 38f.
24 Gerhard Kurz: Traum-Schrecken. Kafkas literarische Existenzanalyse, Stuttgart 1980, S. 7.
25 Vgl. zum ganzen Günter Samuel: Schrift-Bilder/Bilder-Schrift. Textauslegung von Kafkas „Ein Traum", in: Die Fremdheit der Sprache. Studien zur Literatur der Moderne, hrsg. von Jochen C. Schütze, Hans-Ulrich Treichel und Dietmar Voss, Hamburg 1988, S. 65ff.
26 Bloom, S. 86.
27 Vgl. zum ganzen Axel Witte: Die Metaphorik des Schreibens und Lesens in Kafkas Erzählung „In der Strafkolonie", Magisterarbeit Berlin 1980.
28 Siegert, S. 234.
29 Vgl. zum ganzen Hans Helmut Hiebel: Franz Kafka. „Ein Landarzt", München 1984.
30 Walter Benjamin: Gespräche mit Brecht. Svendborger Notizen, in: Versuche über Brecht, Frankfurt/M. 1966, S. 117ff., S. 124.
31 Jacques Derrida: Grammatologie, Frankfurt/M. 1983, S. 285.
32 Vgl. Kremer, S. 164f., Anm. 12 (S. 181f.).
33 Vgl. zum ganzen Wolf Kittler: Der Turmbau zu Babel und das Schweigen der Sirenen. Über das Reden, das Schweigen, die Stimme und die Schrift in vier Texten von Franz Kafka, Erlangen 1985, S. 11ff.
34 Vgl. Hans Dieter Zimmermann: Der babylonische Dolmetscher. Zu Franz Kafka und Robert Walser, Frankfurt/M. 1985, S. 210.
35 Gerhard Neumann: Franz Kafkas „Schloß"-Roman. Das parasitäre Spiel der Zeichen, in: Franz Kafka. Schriftverkehr, siehe Anm. 2, S. 199ff., S. 206f.
36 Günter Heintz: Franz Kafka. Sprachreflexion als dichterische Einbildungskraft, Würzburg 1983, S. 118.
37 Vgl. Maurice Blanchot: Wiederholung und Verdoppelung. Notiz über Literatur und Interpretation, in: Neue Rundschau, 99. Jg., 1988, H. 2, S. 121ff., S. 128f.
38 Hiebel, S. 66.
39 Vgl. Derrida, S. 404; Gilles Deleuze und Felix Guattari: Kafka. Für eine kleine Literatur, Frankfurt/M. 1976, S. 37f.
40 Derrida, S. 336.
41 Vgl. Neumann, S. 220.
42 Gerhard Neumann: Hungerkünstler und Menschenfresser. Zum Verhältnis von Kunst und kulturellem Ritual im Werk Franz Kafkas, in: Franz Kafka. Schriftverkehr, siehe Anm. 2, S. 399ff., S. 415.
43 Vgl. Michael Wimmer: Verstimmte Ohren und unerhörte Stimmen, in: Das Schwinden der Sinne, hrsg. von Dietmar Kamper und Christoph Wulf, Frankfurt/M., S. 115ff., S. 125f.
44 Vgl. zum ganzen Wolf Kittler: Der Turmbau zu Babel und das Schweigen der Sirenen, S. 181ff.
45 Derrida, S. 420.

Literatur

Franz Kafka: Gesammelte Werke, hrsg. von Max Brod, Frankfurt/M. 1983.
Franz Kafka: Erzählungen (E).
Franz Kafka: Der Prozeß (P).
Franz Kafka: Das Schloß (S).
Franz Kafka: Beschreibung eines Kampfes, Novellen, Skizzen, Aphorismen aus dem Nachlaß (BK).
Franz Kafka: Hochzeitsvorbereitungen auf dem Lande und andere Prosa aus dem Nachlaß (H).
Franz Kafka: Tagebücher 1910-1923 (T).
Franz Kafka: Briefe 1902-1924, hrsg. von Max Brod, Frankfurt/M. 1983 (Br).

Franz Kafka: Briefe an Felice und andere Korrespondenten aus der Verlobungszeit, hrsg. von Erich Heller und Jürgen Born, Frankfurt/M. 1983 (F).

Gilles Deleuze und Felix Guattari: Kafka. Für eine kleine Literatur, Frankfurt/M. 1976.
Günter Heintz: Franz Kafka: Sprachreflexion als dichterische Einbildungskraft, Würzburg 1983.
Wolf Kittler und Gerhard Neumann (Hrsg.): Franz Kafka. Schriftverkehr, Freiburg i. Brsg. 1990.
Detlef Kremer: Kafka. Die Erotik des Schreibens, Frankfurt/M. 1989.
Gerhard Kurz: Traum-Schrecken. Kafkas literarische Existenzanalyse, Stuttgart 1980.
Gerhard Kurz (Hrsg.): Der junge Kafka. Frankfurt/M. 1984.

Der Gang des Gehens und Schreibens

Zum Problem der Wahrnehmung und Welterfahrung bei Robert Walser

Sabine Rothemann

Augenfälligstes Merkmal der hier in Betracht kommenden, zu Lebzeiten des Autors unveröffentlichten, um 1925 entstandenen Prosatexte ist deren inhaltliche Stringenzlosigkeit – eine Tatsache, die das Urteil von der „Geschwätzigkeit" Robert Walsers in der Forschung im Rekurs auf den Walser-Aufsatz Walter Benjamins von 1929 befestigt hat.[1] Dies in zweifacher Hinsicht: Kohärenz ist bei Walser weder durch das Textgeschehen gegeben, noch bestätigt diese Prosa die Erwartung einer mit dem Ich-Erzähler trotz aller bestehenden Disparatheit garantierten thematischen Einheit, wobei in der Regel das Moment der assoziativen Gedankenführung des Erzählers bemüht wird.[2]

Was den Begriff der Geschwätzigkeit in seiner ernsthaftesten Ausprägung vor allem aber rechtfertigt und was Benjamin wohl auch in der Hauptsache damit verband, ist das Charakteristikum des niemals abreißenden Sprechens, in dem alles Gesagte von gleichem Wert ist. Darin bildet der Text eine spezifische Oberflächenbeschaffenheit aus. Diese konstituiert sich aus einer neben der Mitteilungsebene ununterbrochen wirksamen zweiten Ebene, die nicht etwa auf die „eigentliche" Bedeutung des Gesagten weist, sondern die suggeriert, daß das Movens des Sprechens jenseits außertextlicher Kohärenzerwartung, die an die Rede gestellt wird, situiert ist und an diesem innertextlichen Ort die disparate Erzählweise hervorbringt. Wenn das Movens des Sprechens außertextlich nicht bestimmt und verankert werden kann, so stellt sich zum einen die Frage nach einer textinternen Kausalität, zum anderen nach der Art des sprachlichen Gestaltungsprinzips, das den Textverlauf motiviert.

Die Geschwätzigkeit Robert Walsers, will man sie nicht auf die bloße Geste unverbindlichen, leichtfertig-spielerischen und gedankenlosen Plauderns des Ich-Erzählers reduzieren, steht daher niemals vordergründig im Zeichen eines Vorwandes, eines Umgehens oder der Ablenkung dessen, was zwar verschwiegen bliebe, aber (über den vermeintlich ornamentalen Zusatz) erschlossen werden könnte. Da das Sprechen keine Konsequenz des Textgegenstandes ist (wie umgekehrt der Text nicht die Essenz möglicher ihm vorausliegender und ungesagter Rede ist), sondern sich ausschließlich über die „Gegenwärtigkeit" des Redeakts definieren läßt, steht mit der Geschwätzigkeit die Tatsache der Artikulation zur Disposition. Über den Hinweis auf das Was und die Art und Weise des Sagens hinausgehend gerät das Gesagte an die Thematisierung des Sagens selbst. Erstes Anzeichen hierfür ist das in der sprachlichen Gestaltung der Schriften Robert Walsers stets einwirkende und den Textverlauf prägende Phänomen des Korrektivs im Wechselspiel von *Rede* und *Gegenrede*. Die Geste des Korrektivs führt zu keiner tatsächlichen Korrektur, sondern weist geradezu auf das Gesagte zurück und hebt damit die Wirklichkeit und Gegenwärtigkeit des Sprechens hervor:

> Gestern begegnete mir im Menschengewimmel, das eine gewisse Architektur, d.h. Regelmäßigkeit aufwies, die mir scharmant erschien, einer, von dem ich mir hatte erzählen lassen, sein Kind sei ihm bald nach der Geburt gestorben, auch 'dahingerafft' wäre vielleicht der passende Ausdruck. Ich

grüßte eine Frau, die mir gestand, das Spazieren so im Rahmen, d.h. im Gewühl der Leute, ermüde sie. (26)

Der Auf- und Abbau von Behauptungen, der einem dialogischen Prinzip der Rede gehorcht, führt bei Walser niemals zur Streichung des bereits Gesagten, sondern bewirkt, daß jede einzelne Äußerung insofern in einen immanenten Widerspruch hineingespannt bleibt, als sich in jedem neuen Sagen die Spur des Ausgelöschten weiterträgt:

Beispielsweise können langweilige Schriftsteller dadurch interessant werden, daß man sich anstrengt, sie als zerstreuend zu empfinden. Jede Zerstreuung ist vielleicht im Grunde keine, man lernt bloß daran glauben, und sobald sich diese Überzeugtheit eingestellt hat, ist sie, was sie womöglich gar nicht ist, was sie aber unter Umständen sein kann. Poetisch ist nichts und gleichzeitig alles, (...). (18)

Ebenso verhält es sich mit der Geste des Widerrufs:

Wenn jede beliebige Täsche glaubt, sie eigne sich als Zielscheibe für Adressierung von blumigen, gebüschigen Briefen, worin meine Phantasie Beweise von Vergnügtheit usw. ablegt, so erkläre ich dies heute für einen zentnerschweren Irrtum, denn vergeblich blicke ich mich seit einiger Zeit nach einem Modell um, das fähig sein könnte, mich mit ihren Augen oder doch wenigsten mit irgendeiner Spezialschönheit zu bezaubern. (...) Eine Täsche stellt die verhältnismäßige ungezwungene Bezeichnung dar, die sich auf eine weibliche Schönheit bezieht, die um ihrer Zier, ihrer Gaben, ihrer Bestimmung willen von ihren Kameradinnen benieden wird, die in die genannte Betitelung allen Widerwillen legen, den sie angesichts eines glücklichen Gegenstandes, der ihnen gleichsam im weg ist, zu empfinden meinen. (13)

Die zweite Äußerung, in der die Unwillensbekundung in der ersten Äußerung widerrufen wird und überwunden zu sein scheint, wirft aber um so stärkeres Licht auf die unausgesprochene Empfindung: mittels der Übertragung des Neides und einem daraus gesteigert hervorgehende Widerwillen auf die „Kameradinnen" wird die Empfindung des Ich vertieft und nun erst als konkretes Gefühl detailliert benannt.

Ein weiteres Element sind die die Texte intermittierenden expliziten Zäsuren, die weder in den Abbruch des Sprechens münden noch den Geltungsanspruch der vorangegangenen Rede untergraben, denn der ausdrückliche Neubeginn oder die Vertröstung des nur Angesprochenen auf spätere Ausführung lösen in der Folge nicht das ein, was sie versprechen. Das folgende Zitat nimmt die angegebene Begründung für den Abbruch des Gesagten im direkten Anschluß auf, indem sie transformiert Anlaß für die weiteren Betrachtungen gibt.

Aus eines Jagdschlößchens Fensterchen schaute eines der verlassensten und zierlichsten Frauchen heraus, die sich je nach einem tüchtigen Aufgemuntertwerden gesehnt haben mochten. Doch still hievon, denn dieser Romantizismus kommt mir allzu zart vor, als das ich ihn für imstande hielte, die Wuchtigkeiten meiner Schriftstellerei auszuhalten, die sich jetzt einem kraftvolleren Gegenstand zuwendet, nämlich einer Art Buffalo Bill, der mich mit der Bemerkung zu beunruhigen bestrebt war, er habe sechs Augen, (...). (11)

Der zwar nicht mehr als Romantizismus *ausgewiesene* Gegenstand „Buffalo Bill" beherrscht aber die Ausführung des amerikanischen Mythos vom Kraftmenschen den gesamten Textverlauf des Prosastücks. Ein solcherart gestalteter Text zeigt die Absage an ein Sprachverständnis, das der Sprache den Stellenwert der Repräsentation für einen abwesenden, nicht gesagten Sinn zuordnet. Sinn und Sinnzusammenhang formieren sich nur innerhalb des Verlaufs eines nicht abreißenden Sprechens, im Vollzug der Rede. Da sich das dialogische Prinzip bei Walser nicht nur in der Aufeinanderfolge einzelner Redeteile manifestiert, sondern sich auch und gerade in der *einzelnen* Äußerung in Geltung bringt, muß angenommen werden, daß eine spezifische Vorstellung der Dialogizität den Texten unterliegt, die das Movens des Sprechens verantwortet, das ein Organisationsgesetz des Textes wiederum erst setzt. Auf der Textoberfläche gelangt das Zusammenspiel von diskontinuierlichem Verlauf und Textantrieb zur Sichtbarkeit. Von einer Textoberfläche kann hier insofern tatsächlich gesprochen werden, als die Bedeutung des Gesagten sowie die Sinnkomponente des Textes nicht durch einen außertextlichen Zugriff bestimmbar sind, sondern nur über die Verkettungen der Wechselrede erschlossen – und damit der Textoberfläche abgelesen werden können. Da bei Walser für die Bestimmung des angesprochenen Sinnmoments der Texte kein Regulativ, verstanden als Instanz der Sprachgestaltung, in Anschlag gebracht werden kann, da Sinn und die Fügung von Sinnzusammenhängen also keinem intentionalen und selektiven Vermögen zu unterliegen scheinen, muß die Frage nach der Intentionalität des Sprachunternehmens an innertextliche Zusammenhänge rückgebunden werden. Nicht nur ist damit ein Folgeverhältnis von Intention und Sinn nicht mehr auszumachen,[3] vielmehr wird der Begriff der Intentionalität als Maßstab jener Subjektivität selbst brüchig, die nach herkömmlichem Verständnis die Wahl der Zeichen und ihre Folge in einem Text bestimmt. Der ebenso auffällige Umstand, daß – in Entsprechung zum oben dokumentierten Mangel einer textregierenden Subjektivität – auch die Welt der Dinge und der Tatsachen keine Sinnvorgaben mehr bereit hält und daher als unlesbar begriffen wird, hat das Zutagetreten „nackter Bedeutung"[4] zur Folge, die sich nicht unmittelbar an Welt anbinden läßt.

Die Wahl des Themas Gehen/Spaziergang und Wahrnehmung im Rahmen der Untersuchung der Prosatexte Robert Walsers liegt nahe, denn zahlreiche der späten Texte zeichnen entweder einen Spaziergang nach oder rekurrieren auf das Spazierengehen. Das Gehen bei Walser aber unter der Relevanz seiner Motivik, des Motivbestandes, verfolgen zu wollen, hieße, sich entweder auf kleinste beschreibende Textpassagen konzentrieren[5] oder die Spaziergänge als metaphorische Umschreibung für eine notwendig gewordene Haltung des hinter dem Ich-Erzähler verborgenen Autors Robert Walser deuten zu müssen.[6] Unter solcher motivisch-biographisch gerichteter Betrachtungsweise geriete in Konzentration auf den Spaziergang das Gehen lediglich als das den Gehalt der Texte gestaltendes Element in den Blick. Da hingegen die Prosastücke, die, wenn sie einen Titel tragen, von Walser als Geschichten, Aufsätze, kleine Dichtungen oder kleine Prosa benannt werden, sich weder an der Erlebnisqualität eines Spaziergangs orientieren noch das Spazierengehen in kreisender Umschreibung als zentralen Textgegenstand etablieren, kann die Bedeutung des Gehens und das Problem der Wahrnehmung bei Walser nicht über eine semantisch orientierte Aneignung der Textpassagen bestimmt werden, die das Spazierengehen erwähnen oder einen Spaziergang beschreiben. Im Aufweis der in den Texten selbst thematisierten Verzahnung von Gehen, Wahrnehmung und Schrift muß also gezeigt werden, daß sie die Untrennbarkeit von Beschreibung und Schreiben, von Textgegenstand und Textkörper vorführen.

So findet sich Wahrnehmung bei Walser niemals in der Eigenschaft bewußtseinsinterner Operation dargestellt, denn der Wahrnehmungsakt wird in seinen Texten nicht als Akt 'an sich' gesetzt, welcher der sprachlichen Artikulation vorgelagert wäre. Die wenigen kurzen Passagen beschriebener Landschaft, die von Vergleichen und Metaphern durchsetzt sind, werden immer mit dem Hinweis auf die Tätigkeit des Schreibens oder mit einer Thematisierung des Geschriebenen abgeschlossen:

(...) und die ganze schöne Landschaft, die sich vor meinem schauenden Gesicht ausbreitete, lachte wie eine in ihrem Schlupfloch verborgene Maus, was gewiß noch nie innerhalb der Schriftkultur dagewesene Vergleichungen sind. (...) Ein vorüberplätscherndes Flüßchen lächelte wie ein unschuldiges Schlängchen, was eventuell etwas ungeschickt geschrieben sein kann. (14f.)[7]

Oder Schreiben, Erleben und Wahrnehmung sind im Text derart ineinander gekoppelt, daß Begriffe aus dem Bereich der Wahrnehmung dem Umgang mit dem eigenen Schreiben appliziert werden. Der Übertragungs- und Umlenkungsprozeß, innerhalb dessen der Schreibakt selbst der Begutachtung als eine Form der Wahrnehmung unterworfen wird und stets unterworfen bleibt, beschreibt in literaturtheoretischer Hinsicht exakt den Moment, an dem sich vollkommene Immanenz der Betrachtung einstellt. So wird auch umgekehrt die Qualität des Essens am Maßstab des Urteils über das Geschriebene gemessen:

Die Suppe, die ich während des Rencontres mit demjenigen, der mich mit benannter Benennung ausstatten zu sollen meinte, (aß), war gut. Ich taxiere die kleine Dichtung, die mir hier zugleich geglückt und mißglückt sein mag, immerhin nur als Prosastück. Zur Suppe aß der Verfasser der Zeilen, auf die sich stützt, was ich soeben gekennzeichnet habe, ein Stück Brot. (22)

Der Erwähnung sinnlichen Empfindens und Erlebens oder dem Aufkommen konkreter Gefühle werden kanonisierte Topoi beigefügt:

Den Boden meines Zimmerchens, das etwas Jean Jacques Rousseauhaftes hat und in einem Inselhaus sein könnte, bedeckt Licht. Was für Licht? Sonnenlicht? Ja. Und ich Schwimme, bade mich. Worin bade ich mich? (24)

Eine Stunde lief ich durch ein langausgestrecktes Tal (...). Mehrmals brummte ich vor mich hin: 'Das lasse ich mir nicht gefallen', wobei ich an einen befreundeten Schöngeist dachte, der mir unaufhörlich zumutet, mich nach Damen und ihren Vortrefflichkeiten zu sehnen, daß die Fetzen davonfliegen und die Schwarten krachen. Meiner Meinung nach fliegen im heutigen Bildungsbereich schon genug Novellenfetzen davon und krachen eigentlich schon zu viele gefühlvolle Gedichte. (14)

Der gehäufte Einsatz von Redewendungen im Text zeigt Sprache als von Ablagerungen angereichert[8]: indem die beiden Phrasen „Fetzen fliegen" und „Schwarten krachen" (die die eingeforderte Gefühlslage hervorbringen sollen, deren Eintritt statt dessen aber verhindern) auf die kritische Beurteilung der seinerzeit literarischen Welt übertragen werden, wird ein Ebenenwechsel vollzogen. Dieser bewirkt, daß sich die Versteinerung der Phrase löst und in die Hervorhebung der Wörtlichkeit des Wortes mündet, worin es seinen Wert hat.

Auffällig für die Sprache Walsers ist, daß die Wörter nicht verwendet, sondern *erwähnt* werden. Nach erfolgtem Durchlauf durch die Stadien der Erwähnung und Zitation endet ein Sprachverlauf oftmals dann, wenn die Wörtlichkeit des als Wort aufgezeigten Wortes hervorgeholt ist.

Die Sprachhandlung Wörter 'erwähnen' kennzeichnet eine Haltung, in der sich das Ich ohne Einschränkung dem Sprachgebrauch ausliefert. Indem es im phrasenhaften Sprechen keine Zäsuren setzt, sondern den Sprachbestand durchläuft, übt das Ich die Funktion eines Mediators aus. Dieser Durchgang, der bei Walser oftmals in sinnentleertes Sprechen mündet (da die Phrase weitere nach sich zieht), konturiert die willkürliche Verwendung der Wörter und macht ihre Abnutzung sichtbar.[9] Die auf diese Weise unterlaufene Starrheit der Phrase läßt einen Riß entstehen, durch den deutlich wird, daß die Phrase nichts spezifisches vorstellt und zur Anschauung bringt, sondern, bar jeden Gehalts, indifferentes Sprachgerüst ist. Mit dem erzeugten Riß im erstarrten Artikulationssystems tritt das Wort als einzelnes, nicht instrumentelles, als Gegenstand „reiner" Selbstverweisung in den Vordergrund. Der Selbstwert des ungerichteten und sozusagen zweckentfremdeten Wortes bleibt notwendig unbestimmt. Denn sein „Wert" liegt nicht „hinter" den Phraseologien oder hinter der auf Gegenständlichkeit zielenden Bezeichnung – unter welcher Voraussetzung das phrasenhafte Sprechen nur Umschreibung einer „eigentlichen Sprache", transzendent im Sinne „wahrer", „reiner" Wörter wäre. Da bei Walser hingegen die Sprachveranstaltung des durch die Phrase hindurch Sprechens an kein Ende gelangt, bezeichnet das Risse und Lücken produzierende Sprechen innerhalb der brüchigen Sprache selbst den transzendentalen Ort, der die Thematisierung der Konstitutionsbedingungen der Artikulation ermöglicht. So weist der Wert des Wortes auf ein vorgegenständliches Sprachapriori, dem sich der Autor über die oben gezeigten Techniken zu nähern versucht. Daß es stets das Anliegen Walsers war, die korrumpierte Sprache von der ihr zugeteilten dienenden Funktion zu befreien, zeigt der Text *Die deutsche Sprache*:

> Sie ließ sich mißbrauchen, da wurde sie häßlich. die, die sie redeten, machten sie zum Ausdrucksmittel alles Banalen. (...) Dabei gefiel sie sich noch, so schlecht war sie gesprochen. Sie starb, d.h. sie schlich hin wie eine Tote (...).[10]

Der Autor stellt sich ganz in ihren Dienst:

> Doch es leben Leute, die sie lieben wie immer und ihr treu bleiben wollen (...) Ganz im Stillen, wo es unscheinbar dunkel ist, pflegen sie sie, damit sie wieder gesunde (...) Dann wird sie sein wie ein sommerlicher Garten (...) rings um sie wird es heiter sein, reich, gut und kraftvoll. (ebd., 395)

Das folgende Zitat, das mit der Erwähnung eines Gesprächs einsetzt, um dieses sodann mit dem Schreiben und mit dem Phänomen der Schrift zusammenzuführen, so daß beides zunächst in einem Verhältnis von Ursache und Wirkung zu stehen scheinen, erhellt ein weiteres wichtiges Merkmal des Textprinzips: die Frage nach dem im Text entfalteten Verhältnis von Rede und Schrift.

> Ich werfe die Behauptung auf, daß es hier insofern einen kleinen, an sich vielleicht nicht unbedeutenden Prosaessay zu konstatieren gibt, als ich mich auf's Behendeste, Lebhafteste und Längste mit einer Trägheitsschönheit unterhielt. (11)

Im weiteren ist von dem Gespräch oder von einer begründeten Unterbrechung bzw. den Hindernissen bei der Wiedergabe seines Inhalts, nicht mehr die Rede. Dagegen wird die Kombination eines zeitlich zurückliegenden mündlichen Dialogs mit der Erstellung des Prosastücks nochmals thematisch in der Zusammenführung des Schreibakts mit einem Verb, das die Tätigkeit des Sprechens bezeichnet. Obwohl die Erinnerung an das Gespräch die Rolle und die Funktion eines Initiatoren für den schwungvollen Präsenzcharakter der mündlichen Rede im Ausdruck 'eine Behauptung aufwerfen' auszuüben scheint, distanziert sich diese Behauptung von vermeintlicher Unmittelbarkeit erneut. Sie geht in die Schrift des Essays ein, indem sie schon ein Teil von ihm ist. Die Frage nach einem möglichen Textgegenstand stellt sich nicht mehr – denn weder das Gespräch noch eine situative Beschreibung der Gesprächspartner begründet Inhaltlichkeit für den weiteren Verlauf der Rede. Die Erwähnung des Gesprächs dient vielmehr der Erinnerung an Sprache, *deren* Thematisierung den Textfortgang garantiert. Die Inkonsistenz der Rede ist somit bloßer Texteffekt. Die Redeführung gestaltet sich hierzu im Unterschied in konsequenter und stringenter Linearität, die sich in den Text verankert, um ihn als Text hervorzubringen.

Diese hergestellten Zusammenhänge bezeichnen zwei Aspekte, die die Pole markieren, in denen sich die Untersuchung des Gehens und der Wahrnehmung bewegt: zum einen das hierin entfaltete Verhältnis von Rede und Schrift, zum anderen die unter diesen Bedingungen gegebene Möglichkeit des Weltzugangs und Weltumgangs.

Der Rekurs auf ein Gespräch und die damit verbundenen Folgen zeigt, daß die mündliche Rede gegenüber der Schrift nicht als Ausdruck der Unmittelbarkeit verstanden wird, die sich der Fixierung durch die Schrift widersetzte. In dem Maße, in dem die aufgewiesenen Zusammenhänge dieses kurzen Textstücks jede Art der Entgegensetzung von Eigentlichem und Uneigentlichem, von Unfixierbarem, verstanden als das Lebendige und Unverstellte, und Fixiertem, verstanden als das Tote, fragwürdig werden lassen, wird deutlich, daß Walser die mündliche Rede nicht als die sprachliche Artikulationsform auffaßt und einsetzt, die jeder verschrifteten Sprache vorausgehe.

Der Annahme, daß mündliche Rede Repräsentation sei, daß mit ihr an etwas Anwesendes appelliert würde, für das sie zu bürgen habe, arbeiten die Texte entgegen. In ihnen wird die traditionelle Entgegensetzung von gesprochenem Wort und Schrift insofern methodisch aufgehoben, als sie signalisieren, daß mündliche Rede in Verschriftetes immer schon eingebunden ist.[11] Demzufolge verliert die ungeschriebene Sprache ihren scheinbar unabhängigen Status gegenüber der Schrift. Die Texte realisieren beides als voneinander nicht genuin Verschiedenes. Eine Differenzierung zwischen Rede und Schrift erfolgt lediglich hinsichtlich ihrer Modi. Der den beiden Formen sprachlicher Artikulation eigentümliche Aufschubcharakter ist, analog der Schrift, ebenso im Vollzug lebendiger Rede immer gegeben. Worauf die Schriften Robert Walsers aufmerksam machen, ist das Wissen um Aufschub und Abwesenheit, das den Vorgang des Bezeichnens immer begleitet und die Voraussetzung für alles Sprechen *und damit* für die Konstitution der Erfahrung als Konstitution zugleich der Gegenstände der Erfahrung bildet. Eine kategoriale Unterscheidung von Redegegenstand und Redevollzug wird hinfällig.

Eingedenk eines solchen Schriftbegriffs und unter Berücksichtigung der oben kursorisch vorgezeichneten Verzahnung von Wahrnehmung und Schreibakt bei Walser sowie der Sprachgestaltung der Texte soll nun der Bewandtniszusammenhang der ontologisch verschiedenen Tätigkeiten des Gehens und Schreibens genauer untersucht werden, um zu klären, wie sich im Verhältnis beider Bewegungen Wahrnehmung und damit Wirklichkeitserfahrung konstituieren. Da von Gehen und Wahrnehmen stets im Zusammenhang mit der Thematisierung der Sprache und der Schrift die Rede ist, ist es erforderlich, den Stellenwert des Gehens unter dem ihm zugewiesenen „formalen" Aspekt zu bestimmen, was für die Beschäftigung mit den Texten Walsers immer zugleich heißt, den „Wirklichkeitsbezug" des in ihnen realisierten Schriftbegriffs herauszustellen. Die inhaltlich stringenzlos verfahrenden Texte begründen einen formalen Typus entgegenständlichen Sprechens, in dem sich das Gehen als ein gegenständlich-motivliches Element nicht zu etablieren vermag. Aufgrund der Tatsache aber, daß das Sprechen von Dingen bei Walser selbst thematisch ist und darin der Text auf die Bedingung der Möglichkeit der Erfahrung von Dingen zurückgeht, wird die Ungegenständlichkeit des Gehens in das Spannungsfeld motivlich-antimotivlicher Konsequenz einer bloß noch zitierten Welterfahrung hineingeführt.

> Faul, will sagen, planlos flanierte ich gestern nachmittag mit freundlicher Leser- und Leserinneneinwilligung, landschaftliche Eindrücke einladend, in mich hineinzuspazieren, im Grünen und allen sonstigen durchweg annehmbaren Farben herum. (11)

Mit diesem Satz beginnt ein Prosastück Robert Walsers. Daß er Einleitung für die Beschreibung eines zeitlich vorausliegenden Spaziergangs sei, dafür spricht zunächst die in ihm artikulierte Intention, ein objektiv Gegebenes im Modus subjektiver Wahrnehmung und subjektiven Urteilens darstellen zu wollen. Zusätzlich eröffnet der Satz mit seiner möglichen Zweiteilung von „Ich flanierte ... in mich hineinzuspazieren" das Bezugssystem Innen/Außen, das das Subjekt einmal als wahrnehmendes oder als selbstreflexives Ich, sodann als äußerlich Wahrnehmbares zeigt. Diese (Schein-)Aktivität des Subjekts unterliegt aber einem Wandel, mit dem hinsichtlich des Bezugssystems und der Gegenüberstellung von Subjekt und Objektwelt Indifferenz eintritt: Das Ich wird, indem es seine Funktion als Subjekt betont, zum Objekt der Betrachtung, wodurch ebenso die Funktion der Objektwelt ins Licht rückt, nämlich für Objektivität insoweit einzustehen, als mit ihr der Anspruch formuliert ist, die Welt der Fakten zu umschließen und als solche auszuzeichnen: ihr Status eines klar umgrenzten Systems und in sich geschlossenen Bereichs wird fragwürdig.

Dies und die Tatsache, daß zum einen nicht die einzelne Wahrnehmung wiedergegeben, sondern der übergreifende, Wahrnehmungen umschließende Begriff des Eindrucks eingesetzt wird, zum anderen die Leseranrede nicht die Hinweisfunktion auf die Entfaltung künftigen Erzählens des vorgegebenen Gegenstandes 'Spaziergang' erfüllt (denn es heißt in direktem Anschluß: „Ich werfe die Behauptung auf, daß es hier insofern einen kleinen, vielleicht nicht unbedeutenden Prosaessay zu konstatieren gibt (...)" (11)), ermöglicht es, die text*internen gegenläufigen* Bezüge des Einleitungssatzes herauszustellen.

Indem Eindrücke aufgefordert werden, spazieren zu gehen, wird von der nahegelegten Intentionalität des Sprechens abgelenkt und diejenige Modalität der Landschaftsdarstellung blockiert, worin Landschaft ihren Ort im wahrnehmbaren Subjekt hätte und Natur im ästhetisch gewordenen Gegenstand 'Landschaft' Anlaß zu Reflexionen gäbe. Die Aufforderung aber appelliert implizit an ein Sich-Zeigen und macht damit deutlich, daß Eindrücke als Gesehenes und Gewordenes und in dieser ihrer Zeitlichkeit als subjektlos begriffen werden. Eindrücke sind immer schon vorformulierte Wahrnehmungen, Gesehenes und Gewordenes, die als Wahrnehmungen in der jeweiligen Reaktivierung durch die Aktualität der Rede (wieder) Gestalt annehmen. Als gewordener Wahrnehmungsinhalt ist daher die Gegenwärtigkeit des einzelnen Wahrnehmungsaktes ein von Eindrücken substantiell nichts Verschiedenes. Der Vorgang seiner Vergegenwärtigung in der Benennung macht Wahrnehmungen als bereits fixierte Inhalte kenntlich. Daß Walser von Schrift und nicht von mündlicher Rede ausgeht, wenn er von Eindrücken spricht, zeigt in diesem Kontext die Funktion der Leseranrede. Die dem Text beinah programmatisch vorangestellte Konfrontation zwischen der Mitteilung eines vergangenen Ereignisses und der Leseranrede bewirkt, daß die Angabe „gestern nachmittag" ihrer zeitlichen Bestimmtheit beraubt und auf die Gegenwärtigkeit der Schrift transponiert wird. Sowohl die direkte Leseranrede als auch die häufige Verwendung des pluralis concordalis 'wir' sind bei Walser niemals über die Mitteilungsebene hinausweisende Gebärden, mit denen eine Metaebene des Textes angezeigt wäre, von der aus auf den Schreibprozeß als Prozeß des in ihm entfalteten Gegenstandes der Betrachtung gewiesen werden würde. Der aus dem Textgefüge scheinbar heraustretende Sprachgestus ist zwar der Form, nicht aber der Funktion nach eine direkte Leseranrede.[12] Da sie als textinterne Bestandteile keinen Bruch im unaufhaltsamen Sprechen markieren, was mit einer an den Leser gerichteten oder am Leseakt orientierten Anrede eintreten würde, müssen sie textimmanent bestimmt werden. Die Leseranrede bei Walser besitzt die Funktion, auf Textualität zu verweisen. Dieser spezifische Verweisungsgehalt verhindert nicht nur eine Bezugnahme auf den Leser in ontologischer Hinsicht, sondern er unterbindet zudem die Möglichkeit, eine implizite Leserposition während des Schreibens zu installieren. Aufgrund ihrer Eigenheit, den Text als Text auszuzeichnen, bleibt eine mögliche Reflexion auf den Textgegenstand aus, der folgerichtig ohnehin als Einheit nicht nur nicht bestimmt werden kann, sondern *nicht gegeben ist*. Daher wird auch mit den Leseranreden, analog der Thematisierung des

Sprechens die Tatsache des Schreibens und des Geschriebenen hervorgehoben. Diese textimmanenten Hinweise auf das Schreiben und die Schrift zwingt es, das Gehen und Wahrnehmen als ihrer Konkretion entledigt anzugeben: Eindrücke gründen sich stets auf vermitteltem Schauen. Der Blick bei Walser ist daher immer ein verstellter, derart, daß die Texte keine Auswahl verschiedener Beschreibungsformen auf der Ebene der Ereignis- und Erlebnisqualität beider Tätigkeiten anbieten und ausführen, weil in ihnen selbst nicht mehr gewählt wird. Die zunächst im Einleitungssatz suggerierte Vorstellung eines Nacheinander der Tätigkeiten des Gehens, Wahrnehmens und der des Schreibens (sowohl eines der Zeitlichkeit als auch eines der Kausalität) ist gestört.

Ebenso wie mittels der Partizipialwendung „einladend" der Prozeß des Gehens mit dem des Schreibens sowie der des Schreibens und Sprechens parallel geschaltet wird (das Ungleichzeitige wird durch den Text auf die Ebene einer Gleichzeitigkeit gebracht: im Appell an die Welt, sich zu zeigen, wird auf die Schrift verwiesen), hat die Leseranrede, die ausschließlich die Präsenz des Textes betont, den Status eines Scharniers für die Gleichursprünglichkeit der Tätigkeiten. Ihre unlösbare Verbindung gründet auf ihrem im Text gestalteten, gegenseitigen Voraussetzungsverhältnis, da sich keine der Tätigkeiten unabhängig von der je anderen realisiert. Indem der Umsetzung eines dualen Verhältnisses der inneren Empfindung und äußeren Wahrnehmung aufgekündigt wird, ist in den Texten die Wahrnehmung (verstanden als Bewußtseinsakt) immer an sprachliche Artikulation gebunden, wie umgekehrt jede sprachliche Artikulation (gewordene) Wahrnehmungsinhalte in sich birgt und weiterträgt. Mit der Bitte um Leser-Einwilligung sowie der Aufforderung an die Eindrücke, in das Ich hineinzuspazieren, wird implizit die Bedingung der Möglichkeit einer Bezugnahme auf Welt formuliert, denn Bedingung ist, daß das Subjekt Wahrnehmungen als Zeichen verfügbar macht. Diese Verfügbarkeit der Welt als wahrgenommene bildet die Voraussetzung dafür, daß Welt in der Auslegung des Wahrgenommenen in den Blick gerät.[13]

Der Text beansprucht so einerseits eine radikale Unabhängigkeit von jeglichem Weltbezug, indem er in Funktionalisierung der Leseranrede die Gegensätzlichkeit der Tätigkeiten Gehen/Wahrnehmung und Schreiben schon im Ansatz der Narration per Schrift destruiert. Andererseits geht er aber nicht in bloßer Selbstbezüglichkeit auf, weil er die Differenz von vergangenem Ereignis und gegenwärtigem Akt nicht streicht, sondern in der Artikulation und der expliziten Bezugnahme auf etwas das Differente geradezu hervorhebt: mit der Thematisierung des Gehens entsteht eine textimmanente Reflexion auf Schrift, deren Relevanz darin besteht, daß die Texte in ihrer Tragfähigkeit Gehen als Gehen ausweisen. Nur unter Einbeziehung dieser Faltung kann von einem Abwesenden (dem empirischen Gehen/Flanieren) als von einer Sache gesprochen werden. Die Tatsache, zu nennen und zu bezeichnen, wird in den Texten Walsers niemals aus den Augen gelassen, sondern ist der Erfahrung des Sprechens von Dingen als Bedingung ihrer Erfahrbarkeit integriert.

Selbstreferentialität des Textes und Weltbezug sind somit *nicht voneinander zu trennen.* Mit der Markierung des Differenten, die in der Abfolge „... flanierte ich gestern nachmittag mit freundlicher Leser- und Leserinneneinwilligung ..." zur Wirksamkeit gelangt, reflektiert der Text zum einen auf die Voraussetzung allen Sprechens, und, indem er sie damit thematisch macht, rekurriert er auf die Bedingung allen Sprechens von etwas (weil nur im und durch das Sprechen von etwas dekonstruierend Sprache als konstitutives a priori aufgeschlossen werden kann). Zum anderen also situiert er das gegenständliche Moment jeder Wahrnehmung innerhalb der konstitutiven Elemente für den Vollzug des Wahrnehmungsvorgangs. Im Zusammenhang der dem Text eingeschriebenen Selbstreferentialität und der Bezugnahme auf ein dem Text Verschiedenes gestaltet sich der Textfortgang: Die Frage, ob der Text ein Folgeverhältnis von Wahrnehmungsinhalt und seinem nachträglichen „Referieren" etabliert, das den Textfortgang vorbestimmt, ob damit objektives Geschehen (z.B. Landschaftsbeschreibung) im subjektiven Wahrnehmungsmodus zur Darstellung gelangt, wird mit dem impliziten Hinweis auf die Zeichenhaftigkeit der Welt, unter der uns Dinge gegeben sind und damit Weltzugang ermöglicht ist, gegenstandslos, wobei die Faktizitätsaspekte des Gehens und Wahrnehmens nicht einfach geleugnet, sondern dem sprachlichen Konstitutionshorizont aller Faktizität unterzogen werden; die Rolle des Faktischen und Empirischen, für Erstes und Ursprünglichkeit einzustehen, wird so herabgestuft.

Was nun die Formel von der Gleichzeitigkeit des Ungleichen, was die Textualisierung des Gehens besagt, soll anhand zweier Zitate, in denen einmal indirekt, sodann ausdrücklich, vom Spazierengehen gesprochen wird, im einzelnen kenntlich gemacht werden: „Gestern gefiel ich mit in meinem Vorbereitetsein auf den Sonntag." (24) Der Tag, an dem dies geschrieben ist, ist der Sonntag, der Tag, mit dem das gefaßte Vorhaben eines Spaziergangs umgesetzt werden sollte. Am Tag des Schreibens, an dem das Vorhaben nicht mehr ein Vorhaben, spazieren gehen zu wollen, sein kann, wird die Ankündigung eines Spaziergangs wirksam, also das, worauf sich die Zukunft in der Vergangenheit bezieht. Das zukünftige Potential der Vergangenheit bildet den Antrieb für die Gegenwärtigkeit des Schreibens.

Im zweiten Zitat holt die sprachliche Geste die Bewegung des Gehens ein: „(...) und da gestern ein prächtiger Sonntag war, ging ich natürlich wieder einmal spazieren." (13) Die zitierte Gleichsinnigkeit des „wieder einmal" entspricht der Gleichförmigkeit der Bewegungen beim Gehen. In der Folge eines solchen expliziten Hinweises auf die Tätigkeit des Gehens gerät auffällig oft die „Beschreibung" der Welt im formulierten Wahrnehmungsakt zum Zeichen des Wahrnehmbaren Wahrgenommenen. In Resonanz auf die Textualität des Spazierengehens unterzieht sich im anschließenden Zitat die gegenständliche Welt selbst der Bewegung des Gehens:

> Ein Fußball flog hoch, und nun kam ein Schloß daherpatriarchelt, daß mir vor seinen Kolossalitäten gruselte, die aus dem Cinquecento stammen. (15)

Die Wiedergabe der in Erscheinung tretenden Welt in ihrer Auslegung als eines Wahrgenommenen erweist sich in der hier dargebotenen Form der Simultaneität von Gehen, Wahrnehmung und Text als ein Panoptikum lebensweltlichen Wissensvorrats. Die Aktualität der Rede thematisiert zum einen das Wissen um die Historizität (Vergangenheit wird als abwesend Abwesendes gefaßt), zum anderen eröffnet sie gerade aufgrund ihrer Aktualität eine Wahrnehmungsmöglichkeit, die, von diesem Wissen befreit, anachronistisch mit ihm jonglieren kann: „Steh still, sprach ich es (das Schloß – Erg. d. Verf.) an, und siehe, es gehorchte mir." (ebd.)

Die besondere Betonung sei auf das herbeizitierte 'Wissen' gelegt, denn (Wissen als Ausdruck alleiniger Zeichenhaftigkeit) die Aspektwahl des angeführten Wissens und anderer tradierter Konnotationen wie 'Patriarch' und 'gruseln' hat zur Folge, daß sich die Elemente „gegenständliche Welt" und „Aktualität" der Rede sowie die Aktualität des Wahrnehmungsaktes und die Textualität des Gehens in diesem kurzen Textstück versammeln und ein ineinander verschlungenes Gefüge formen. Die humoristische Färbung, die es ermöglicht, das genannte Ablagerungspotential in dieser Weise zusammenzustellen, überschreitet den Sinn der bloßen Konstatierung des Vergangenen als Abwesendes. Denn der Humor zieht nicht nur die Sachlichkeit und Vollständigkeit der Kenntnisse in Zweifel, wodurch Gegenstand und Aussage noch in einem Vergleichsverhältnis stehen würden, sondern er unterläuft zusätzlich die mit jedem Wissen scheinbar gegebene und in ihm vorausgesetzte Verbindlichkeit bezüglich seines Gegenstandes, hier die Spuren vergangener Ereignisse und „wirklicher“ Gegebenheiten. Nach Maßgabe der dem Wissen eingeschriebenen Forderung, einzelne auf die Wirklichkeit zutreffende Bestimmungen zu bezeichnen, bleibt hier indessen die Welt der Tatsachen und Fakten gänzlich unbestimmt. Die an die Artikulation des Wissens gestellte Erwartung der Verbindlichkeit, die das Referenzmoment der Aussage am Gegenstand selbst auf 'Richtigkeit' prüft und durch ihn zu bestätigen sucht, wird damit durchbrochen. Indem nur die Eckpfeiler eines Wissens benannt werden, gerät der mit der Aussage immer schon hergestellte Gegenstandsbezug (Schloß – Patriarch – Gruseln) als konnotierte und gesetzte Festlegung in den Blick. Darüber hinaus aber werden durch die Art der Zusammenstellung die bloß tradierten Konnotationen von 'Schloß' und 'Patriarch' überboten und Welt als ausgelegte fokussiert.

Entgegen der Scheidung substantieller Wirklichkeit und ihrer Darstellung, die in der Anschauung von einer in der Sprache anwesenden Präsenz des Wirklichen gründet und damit der Sprache eine bloß supplementäre Funktion zuweist, ist bei der Realisierung des Weltbezugs in den Texten Walsers die unhintergehbare Einheit von Welt und Weltperspektive ausschlaggebend. Weltbezug geht aber nicht in reinem Perspektivismus auf, was eine ausschließliche (und konzeptionell absurde) Selbstbezüglichkeit des Textes zur Folge hätte und ihn dem Vorwurf der Beliebigkeit ausliefern würde. Indes zeigt der folgende Textausschnitt, daß Wahrnehmungsvorgang und Weltzugang in der kategorialen Ununterscheidbarkeit und Gleichursprünglichkeit von Weltperspektive und Welt angelegt sind:

> Nicht weit von mir saß eine Pflegerin in adretter Begleitetheit, neben ihr stand ein Kinderwagen, der sehr fein aussah, der mich darum interessierte, weil die Pflegerin eine ganze Menge Zärtlichkeiten in ihn hineinwarf. Drinnen lag natürlich in den Kissen ein Kind. (...) Indem ich die Pflegerin ihr Anvertrautes so von Herzen lieben sah, so spiegelklar sich auf ihrem Antlitz abspiegelnd, fing ich sofort meinerseits auch an, das Kind lieb zu haben. Ich sah es nicht, denn das Dach des Kinderwägelchens entzog es meinen Blicken, aber nichtangeschaut, nicht betrachtet, fand ich's herzig, fand auch ich es zum Vergöttern schön. Sehen Sie, so geht es zu: (32)

Die Staffelung der Blicke und die Thematisierung der Erschließung objektiven Geschehens führt zu einem radikalen Perspektivismus der Anschauung: Der Wahrnehmungsgehalt des Beobachters wird in ein eindeutiges Abhängigkeitsverhältnis zu den Blicken der zweiten Figur (Pflegerin) gestellt, die ihrerseits schon den Weg durch die Interpretation genommen haben, denn ihre Wahrnehmung ist Re-Aktion auf die Re-Aktion der dritten Figur (Kind), die dem Blick der ersten entzogen bleibt. Daß das objektive Geschehen nicht als gegeben vorausgesetzt wird, verdeutlicht einerseits die Kette der Vermittlung (das Wahrnehmen vollzieht sich über die Wahrnehmung der Wahrnehmung) und belegt andererseits die Tatsache, daß die Schlußfolgerung (die auf der Überzeugung von der interpretatorisch zu leistenden Bestimmung und Wertung des jeweiligen Ausdrucks der Blicke gründet) in der Geste der Selbstverständlichkeit exemplifiziert wird („Drinnen lag natürlich in den Kissen ein Kind.“). Damit ist die fiktionale Wirklichkeit insgesamt als Schein ausgewiesen.[14] Folgerichtig bildet den Schluß dieser Passage die ausdrückliche Nicht-Darstellung fiktionaler Wirklichkeit („Ich sah es nicht, denn das Dach des Kinderwägelchens entzog es meinen Blicken“). Entsprechend dem Hinweis auf die Bedingtheit allen Sehens steht auch das Erleben in Abhängigkeit von Erlebtem: „(...) aber nichtangeschaut, nichtbetrachtet, fand ich's herzig, fand auch ich es zum Küssen, zum Vergöttern schön.“

Die Ununterscheidbarkeit von Weltperspektive und Welt in den durchgeführten „Perspektiven der Anschauung" führt zwar zur Auflösung realer Entitäten, widersteht zugleich aber dem Beliebigkeitsperspektivismus. Dies aus zwei Gründen: die aufeinander bezogenen Blicke und die daraus hervorgehende Blickperspektivierung zeigen die einzelne Wahrnehmung in Abhängigkeit und Eingebundenheit. Diese Bedingtheit wiederum korrespondiert mit derjenigen des gegenständlichen Moments jeder Rede, d.h. mit der Angewiesenheit der Schrift auf etwas, auf das sie zurückgeht und das sie zugleich hervorbringt, etwas, das sich in Schrift fügt und sich in ihr *als* Welt darbietet.

Daß die verwendeten Begriffe wahrnehmen, beobachten und sehen nicht der Wiedergabe eines vorsprachlichen Sinneseindrucks dienen oder in dieser Absicht eingesetzt werden, zeigt jene Textpassage beschließende Äußerung „Sehen Sie, so geht es zu": Indem hier die Verwendung des Wortes 'sehen' ausdrücklich im Kontext des Verstehens und der Erläuterung steht, biegt diese Bemerkung die Darstellungsform ins Dargestellte nochmals zurück. (Eine Variante dieser Tatsache zeigen die mehrfachen Verwendungen des Gehens, bspw. im Kontext kognitiver Prozesse).

Was in der Darstellung zur Erscheinung gelangt, ist somit nicht Welt, verstanden als substantielle Realität, sondern Welt, verstanden *als das, was sich* in aller Deutlichkeit *zeigt* („so spiegelklar sich auf ihrem Antlitz abspiegelnd"): die Zeichenhaftigkeit der Dinge[15] als die Art und Weise, in der die Welt der Objekte dem Denken, der Wahrnehmung und dem Umgang zugänglich sind. Mit der Umsetzung des Bewußtseins der ontologischen Differenz in der mehrschichtigen Vermittlung des Sehens werden objektives Geschehen und die sogenannte Tatsachenwelt auch hier wieder in Unbestimmtheit gelassen. Auf das Unbestimmte und Unbestimmbare der Objekt- und Tatsachenwelt rekurriert der Text explizit an einer Textstelle, in der 'Tatsache' wie ein Phänomen unter Betrachtung genommen und in immer neuen Ansätzen und Variationen angegangen wird:

> (...) und trifft es zu, ist es richtig, beruht es auf Tatsächlichkeit, fußt es auf festen Füßen, daß sich in unserer Stadt zahlreiche hübsche Mädchen finden und daß es (...). (39)

Damit reflektiert Walser nicht etwa auf die Uneinholbarkeit des faktischen Ereignisses in der Darstellung, indem er sich in letzter Konsequenz jeder Darstellung und damit des Schreibens enthielte, sondern er problematisiert dasjenige Verständnis von Wirklichkeit, das sich auf die Gegebenheit einer substantiellen Welt beruft, vermöge welcher die Ursprünglichkeit der Empfindung und Einheit der Erfahrung gewährleistet sei. Aufgrund der damit verbundenen Vorstellung ihrer Authentizität wird Darstellung oder auch nur Wiedergabe der „sprachlosen Empfindung und Wahrnehmung" immer mit deren Überschreitung ineins gesetzt, da der Moment der Artikulation einen Stufenwechsel besiegelte, unter dem beide Formen des Weltbezugs nur noch aus der Perspektive ihres Verlustes aufscheinen würden. Weil sich Wahrnehmung und Erfahrung in den Texten Walsers hingegen niemals als einzelnes, Authentisches gegen schon kommentierte Interpretationen der Weltwahrnehmung behaupten, ist die Wiedergabe der Wahrnehmung in ihnen nicht von einer textuellen Handlung der Nachträglichkeit geprägt. Wahrnehmungen werden nicht auf Wahrheit und Beständigkeit hin geprüft, im Sinne einer hinter den Erscheinungen gelegenen Eigentlichkeit der wirklichen Welt, sondern sie setzen Welt ins Verhältnis, indem sie *entlang* begangener Sprache und entlang artikulierter *und damit* begehbarer Welt verlaufen. Die Texte vollziehen so keinen Prozeß der Interpretation von Realität, sondern zeigen Realität in ihrer Interpretationsabhängigkeit. Wie die „Blick-Szene" bestätigt, ist das Resultat eines solchen Vorgehens aber nicht semantische Vieldeutigkeit des Gesagten, was einer Interpretation entspräche, die sich der Aufdeckung pluralen

Sinnpotentials alles Wirklichen verpflichtet weiß. Im Unterschied zu diesem Begriff der Interpretation, der sich der Standfestigkeit des intentionalen Zugangs auf Welt versichern muß, ist bei Walser das Ineinander von rezipiertem und rezipierendem Bewußtsein als Bedingung der Erfahrung entweder textimmanent gestaltet oder auch, wie an jener Textpassage deutlich wird, beinah exemplarisch vorgestellt. Das Ineinander zweier verschiedener Vorgänge bezeichnet ihre Simultaneität: die „Produktion" einer Wahrnehmung ist gleichzeitig ihre Rezeption, die wiederum im Nachvollzug des bereits Rezipierten aus diesem hervorgeht und damit dem rezipierten Bewußtsein inbegriffen ist.

Für die Darstellung bedeutet der Rekurs auf die Tatsache der faktischen Abwesenheit des Gegenstandes in Walsers Schriften die Irritation des Geltungsanspruchs der einzelnen Äußerung auf Präsenz ihrer Referenz. Daß das Problembewußtsein der Differentialität bei Walser an keiner Stelle verlassen wird, wird daran deutlich, daß innerhalb der dialogischen Struktur des Sprachverlaufs, deren Wirksamkeit auf das Prinzip der Textgestaltung am Widerstreit zwischen Rede und Gegenrede zur Sichtbarkeit gelangt, die Thematisierung der Abwesenheit des Abwesenden einsetzt.

Die Differenz ist in jeder Aussage realisiert, denn durch sie gestaltet sich die Rede als Vorgängiges und Nachträgliches. Jede Äußerung motiviert Antwort und Erwiderung und ist selbst beides zugleich, da sie Gestalt durch das schon Gesagte erhält und vom noch Ungesagten her bestimmt ist. Die Rede weist auf Besprochenes, indem sie es in sich aufnimmt und mit einer möglichen (künftigen) Erwiderung in Verbindung setzt.[16]

Das Moment der Selbstreflexivität des Textes tritt dann zutage, wenn auf das Erwähnte und damit auf das bereits begonnene Sprechen jeweils textintern hingewiesen wird („Faul, will sage, planlos" (11); „... im Menschengewimmel, das eine gewisse Architektur, d.h. Regelmäßigkeit aufwies" (26); „Zunächst schien er nun mit dem schönen Tag, d.h. mit dem Wetter anzufangen" (33).

Diese Thematisierung des „soeben" schon Gesagten verdankt sich nicht der Suche nach dem richtigen Ausdruck eines verinnerlichten, in sich abgeschlossenen, für sich bestehenden Erlebnisses, der Suche nach einer ihm adäquaten Äußerungsform,[17] sondern ist ein jeweils neuer Ansatz des Sagens, der in vorangegangene eingefaßt und von potentiell folgenden Äußerungen bestimmt ist und nur durch deren Grenzen als Ganzes Vollständigkeit erhält.

Eine Redemodalität vollzieht sich niemals in selbstgenügender, in sich abgeschlossener Form. Sie entsteht aus dem Dialog, indem sie ihn fortsetzt. Da das Gesagte zurück wirkt *und* weiter nach vorne treibt und darin eine textinterne Linearität erzeugt, ist das Sprechen nicht an einer sukzessiven Entfaltung eines Textgegenstandes orientiert. 'Faul' steht zu 'planlos' weder in einem synonymen Verhältnis, noch revidiert oder relativiert die scheinbar eine Korrektur intendierende zweite Wendung („will sagen") das vorangestellte Wort. Indem sie sich hingegen jeweilig antizipieren, sind die Momente Antwort und Erwiderung gleichermaßen in beiden Wörtern wirksam und dringen in das als dialogisch angespannt zu charakterisierende Wort ein. Die innere Dialogizität bezeichnet also nicht die Spannung, den Konflikt zwischen zwei Akzenten, die auf ein identisches Subjekt zurückzuführen wären, sondern meint eine Akzentverschiebung, die auf kein schreibendes, erzählendes, wiederholendes Subjekt, sondern auf den Text verweist, der kein letztes und kein erstes Wort mehr kennt, und in dem nicht mehr zwischen „Autorenwort" und „fremdem Wort" (Bachtin) unterschieden werden kann. So findet die Überschneidung nicht erst zwischen zwei schon konstituierten Äußerungen statt, denn die einzelne Äußerung, weil sie im Schnitt ihres vorzeitigen und nachträglichen Moments erzeugt wird, nimmt eine Akzentverlagerung bereits vorweg und zeichnet weitere vor. Dieses differentielle Merkmal der Überlagerung schlägt sich in der einzelnen Äußerung als Akzentverschiebung von der Art „Faul, will sagen, planlos“ nieder.

Auch in denjenigen Textteilen, in denen die Ambivalenzen der oben zitierten Beispiele nicht ausdrücklich werden, gestaltet sich der Textverlauf nach diesem dialogischen Überschneidungsprinzip, mit dem der Text nicht in Vieldeutigkeit mündet, sondern „Redevielfalt“ (Bachtin)[18] hervorbringt. Das Bewußtsein von der der Sprache inhärenten Dialogizität hat zur Folge, daß die Bedeutung eines Ausdrucks bei Walser nicht außerhalb der Rede entschieden werden kann (was zur oben erwähnten Kriterienlosigkeit für den Textverlauf mündet).Die Möglichkeit einer Außenperspektive, die den Text auf Erdeutetes festzulegen sucht, wird damit vereitelt. Wenn ein Zeichen nur insofern etwas bedeutet, als es sich von anderen Zeichen abhebt, bleibt die Sinnkomponente des Textes ganz an ihn gebunden. Die Verwendung eines sprachlichen Ausdrucks erhält ihren Sinn nur vor dem Hintergrund anderer sprachlicher Ausdrücke, gleichwohl aber der Sinnmoment einzelner Textpassagen nicht aus dem Ausdruckssubstrat synthetisiert werden kann. Indem sich hingegen Sinn bei Walser im Schnittpunkt der Äußerungen und im Intervall der Wörter einlagert, ist der Sinnmoment dieser Texte nicht mehr den Zeichen prinzipiell transzendent.[19] Durch die Akzentverschiebungen in der Rede, mit der jeweils neue Setzungen artikuliert werden, legen diese selbst Sinnzusammenhänge in der Weise nah, daß die Rede Sinn an Rede heranträgt, den diese aufnimmt und mit dem Verlauf in Zusammenhänge stellt. So muß „Ausdruck“ und die Thematisierung des Ausdrückens bei Walser als Einwirkung der Sprache auf die Sprache bewertet und Sinn als das Entäußerte des Geäußerten bestimmt werden. Die Sinn-Ausdruck-Synthese, die dem Oppositionsmodell Signifikant/Signifikat zugehört,an den Text anzulegen, wird damit unmöglich. Denn alle Formen des textinternen Rekurses auf die Tatsache des Sprechens und Ausdrückens bekräftigen, daß die Texte der jeweilig eindimensionalen Relation von Ausdruck und Bedeutung, von Bedeutung und Sinn widerstehen.

Die Figur der Rede und Gegenrede, der Antwort und Erwiderung ist in den Texten Walsers auch explizit auf das Besprochene bezogen, wobei zum einen das Besprochene als Besprochenes in seiner Abwesenheit und Abgeschlossenheit kenntlich gemacht wird, zum anderen aber in der Aktualität der Rede das abgeschlossene Abwesende lebendige Gegenwart erhält: das Besprechen des Besprochenen zeigt aktuell, was dasselbe war, wodurch wiederum das Vergangene als nur scheinbar abgeschlossen deutlich wird.

> Dann begrüßte ich noch eine andere Frau, die mir ihrerseits von einer ihr Befreundeten erzählte, an der ich im Geist nun ebenfalls vorüberging. Diejenigen, von denen man uns etwas sagt, steigen aus der Entferntheit vor uns auf, man erblickt sie in unmittelbarer Nähe, redet mit ihnen, leistet ihnen Gesellschaft. Unwillkürlich sieht man diese Abwesenden, Besprochenen so, wie sie einem geschildert werden. (26)

Die eindringlichen Hinweise auf das Sprechen im Modus seiner innigen Verknüpfung mit schon Besprochenem findet eine nochmalige Erweiterung im Element des Verstehens, dessen Scheitern im Zustand eines unausdrückbaren Verharrens vorgezeichnet ist. Es ist die Rede von einem Portrait, das, weder Frau noch Mann, „ganz nur Mensch ist“ (25), ein Bild, das dem Betrachter jede Aussage und damit jedes Verständnis verwehrt, weil es selbst im Unsagbaren bleibt:

> Er ist blaß, wobei eine ganz schwache Röte über sein Gesicht hinfliegt, und es ist, als bedaure er sich unsagbar und können dies nun ganz und gar nicht verstehen (...). (25)

Zum Bild fixiert, entzieht sich das Portrait seinem eigenen Begreifen und bleibt so der Möglichkeit, begriffen werden zu können, verschlossen. Diese Passage mündet in eine

Folge von Fragen, deren jede zur Antwort auf die ihr jeweils vorausgehende Frage wird, da sie vom angesprochenen Gegenüber nicht beantwortet werden. Die letzte Frage lautet folgerichtig: „Ist's ein total Mißverstandener, der hier portraitiert ist?" (ebd.) Sie läuft ins Leere und ist daher nicht von der Qualität einer Frage, die, zwar nicht als Frage formuliert, aber deswegen eine Frage bleibt, weil in ihr das Befragte nicht auf ein Wissenswertes, verstanden als Fixiertes und Abgeschlossenes, hin ausgerichtet ist. Sie läßt ihren Gegenstand unbestimmt, und hält so das Sprechen in Gang:

> Liebe ich z.B. eine Frau, so liebe ich sie halt, ob ich sie nun modern oder altmodisch gekleidet umhergehen sehe. Modern sind die Maschinen. (...) Ich lasse gern derlei Fragen aus Gründen der Bewegungsfreiheit offen, so auch wieder einmal hier. (31)

Dagegen wird das Ich beim Betrachten des Bildes in eine Sprachlosigkeit gestürzt, die einem Verlust seiner „Ichhaftigkeit" gleichkommt: Gegenüber dem Lesen eines „Waschzettels" (25), der, weil er gelesen und kommentiert werden will und zu diesem Zweck das Ich des Sprechens erfordert, heißt es im Vergleich: „Über oben genannten Waschzettel lachte etwas in mir, über das Portrait aber stürzten Tränen ungewunden." (ebd.)

Indem das Portrait weder Ausdruck noch Ausdruckslosigkeit artikuliert und nicht schlichte Bedeutungslosigkeit darstellt, gegen die es innerhalb der durch die bestätigte Fixierung ausgewiesenen Bildlichkeit ohnehin nicht anzugehen vermag, wird nicht nur sein Sein negiert. Zudem ist es aufgrund der unbestimmbaren Leere, die es ausstrahlt, auch als gewesenes Etwas, auf das es scheinbar referiert, grundsätzlich zweifelhaft geworden. Aus der Tatsache aber, daß es trotzdem wahrgenommen werden kann und sich darin dem Faktum, im Zustand der Unbestimmtheit gefangen zu sein, ausliefert, resultiert die Unmöglichkeit des Ich, das Sprechen aufrechtzuerhalten, denn dessen wesentliches Antriebsmoment des dialogbedingten Wortwechsels versiegt mit seiner Auflösung in Tränen.

Auch hieran wird wieder deutlich, daß die Möglichkeit der Erfahrung der Wirklichkeit oder des Erfassens des Gegenständlichen nicht auf einem visuellen Eindruck basiert. Das Portrait ist nur scheinbar ein beschlossenes und verstandenes Leben. In seiner Versteinerung bildet es den Gegenpol zum Prozeß des Verstehens, den Walser als notwendig interaktiven Vorgang begreift, denn das Verstehensmoment ist in seinen Texten mit der Struktur des Ineins von Antwort und Erwiderung, von Reaktion und Vorwegnahme unlösbar verschmolzen. Analog zur Konstitution des Sprechens beruht ebenso der Prozeß des Verstehens auf der Wechselbeziehung zwischen Verstehen und Nicht-Verstehen. Der in den formulierten Fragen unternommene Versuch einer Aktualisierung möglicher Elemente des Fixierten bildet die notwendige Voraussetzung für das in ihnen artikulierte Anliegen, zu verstehen. Damit unterliegt Verstehen denselben Bedingungen wie Sinn: Beides entsteht nur in und mit der Sprache.

Die Herangehensweise der Interaktion zwischen Position und Negation, bzw. zwischen Positionen und immer neuen Setzungen, scheitert beim Betrachten des Bildes. Dagegen wird das Besprochene in der Bezugnahme auf dessen Abwesenheit und Abgeschlossenheit gegenwärtig, wobei wiederum gerade die Eigenschaft, interpretiert zu sein, das treibende Moment ist, um von einer Sache sprechen zu können.

Die bisher herausgearbeitete Parallelität zwischen der in den Texten Walsers realisierten Figur, daß jedes Sehen an immer schon vorinterpretierte Wahrnehmung gebunden ist, und derjenigen, daß jede Rede auf Besprochenes weist, zugleich Gegenrede ist und auf Gegenrede zielt, Verstehen ist und auf Verstehen zielt, soll nun als Folie zum einen für die Stellenwertbestimmung des *einzelnen* Wahrnehmungs*aktes* dienen, zum anderen das Gerüst für die Klärung der Funktion der Ich-Figur abgeben.

Der Prozeß der Wahrnehmung umgreift bei Walser stets ein Doppeltes: Die Aktualität der Wahrnehmung hat ihren Ort innerhalb des immer schon Wahrgenommenen. Als im unrezipiertem Zustand gestaltlos kann eine Wahrnehmung nicht benannt werden; das Rezipierte und Rezipierbare scheint wiederum ausschließlich im Vollzug eines Wahrnehmungsaktes auf, der infolgedessen nicht als Vorstadium, im Sinne eines nicht medialen Aktes gefaßt ist. Die Verquickung beider Momente wird in dem folgenden Beispiel derart komprimiert, daß die Kontamination von Akt und Rezeption innerhalb eines Satzes durch die Weglassung der Objektbestimmung an die Grenze des semantisch Nachvollziehbaren gerät, wobei der erste Teil dieser Phrase das Phänomen der Unverständlichkeit invers vorwegnimmt:

(...) und ich darf mir die Erlaubnis erteilen, zuzugeben, daß ich mich vielleicht längst zu ausgezeichnet auszudrücken lernte und mich die sprachlichen Geschicklichkeiten, worin ich mich in einem fort übe, zu einem Sehnen bringen, ich will nicht sagen, wieder einfacher, aber ich möchte annehmen, hie und da vielleicht ungeschickter, unsicherer zu reden, als atme, prang, blühe es zwischen den Sätzen von reichem Leben, wovon ich nichts wußte, das die Lesenden, in Bilder des Geschriebenen Schauenden sähen, ich nicht, und muß mich nun nicht die schöne Idee frappieren, (...). (22)

Das sprachlich fixierte Wahrgenommene gibt die Bedingung für den Vollzug der aktuellen Wahrnehmung an: Der Schauende ist Wahrnehmender im Wahrgenommenen, ist Teil der Bilder des Geschriebenen. Daher ist sein Wahrnehmungsakt dem Verschrifteten immanent, worin er zum Akt wird und im Licht des Wahrgenommenen hervortritt. Der Leser, der die Bilder des Geschriebenen liest, ist einerseits Schauender auf den Schauenden, andererseits selbst Schauender auf das Geschaute und zeichnet damit das Ineinander von Wahrnehmungsakt und Wahrgenommenem im Lesen der Schrift nach.

Insbesondere die Wortfolge „in Bilder des Geschriebenen Schauenden sähen" belegt, daß der Betrachter nicht als ein außerhalb des Wahrnehmbaren, hier ausdrücklich die in der Schrift beschlossenen Wahrnehmungen, stehendes Subjekt bestimmt ist, das einzelne uneingebundene Wahrnehmungen hat. In der Doppelung von Wahrnehmungsakt und Wahrgenommenen ist das Ich des Sprechens als *Wahrzunehmendes* ein beschriebenes und umschriebenes Ich. Als *wahrnehmende Kraft* schreibt es sich *als* Ich in Schrift ein.

Der Akteur ist nur aus dem Akt heraus zu begreifen, ein Umstand, der die Basis für den Zusammenhalt des zitierten Satzes abgibt. Das Ich zieht ausschließlich aus der Rede seine Referenz. Dieser Sachverhalt und das erörterte Moment des Sprachlosigkeit am Beispiel der Betrachtung des Portraits führt zu der Frage nach der Wertigkeit des (von sich) sprechenden Ich. Das Gefüge von Antwort und Erwiderung, wie die Analysen einzelner Textpassagen gezeigt haben, resultiert in erster Linie nicht aus einem nachhaltigen Perspektivwechsel der Ich-Figur. Vielmehr *unterliegt* das Ich bei Walser gleichermaßen der Inkohärenz des Textes auf der Mitteilungsebene und damit dem Verlauf der dialogisch geprägten Sprachgestaltung. Die Texte vollziehen so immanent eine Transformation von einem Subjekt-Ich, das sich ausspricht, zu einem Ich, das auf das dialogische Prinzip der Rede seismographisch reagiert.Unter Einschluß der Differenz in jedem Sagen und Benennen ist ebenso der Akt der Benennung Voraussetzung für den durchgängigen Gebrauch des Pronomens 'Ich'. Das Ich wird darin zu einem Namen. Im folgenden Zitat wird der Akt der Benennung in direktem Zusammenhang mit Auszeichnung des Ich *als* Ich gestellt:

Noch nicht lang ist es seit einer Sekunde her, die mir die Einbildung zu übermitteln gewußt hat, es sei eventuell prächtig für mich, mich in ein mit heroischer Musik durchflutetes und -duftetes Gemach oder auch bloß Lokal zu setzen, was denn auch prompt vom unermüdlichen Ich ausgeführt wurde, dessen Vorhandensein ich immer wieder lebhaft begrüße. (20)

Auch hier liegt wieder die für die Texte Walsers charakteristische Doppelung vor. Indem die Einbildung personifiziert wird, wird nicht fraglos vorausgesetzt, daß sie einem in Einheit gegebenen Subjekt immer schon zugehört. Aufgrund der analytischen Trennung zwischen dem Ich des Sprechens und dem Vermögen der Einbildung reicht es nicht aus, lediglich 'Ich' zu sagen, vielmehr wird die Verwendung des Pronomens selbst thematisch. Nachdem zuvor auf die Tatsache des Ich-Sagens aufmerksam gemacht ist („...was denn auch prompt vom unermüdlichen Ich ausgeführt wurde"), kann mit dem Akt der Benennung des Ich *als* Ich („dessen Vorhandensein ich immer wieder lebhaft begrüße") von Ich gesprochen werden. Demzufolge muß das Ich als *Ich-Figur* betrachtet werden. Eine in dieser Weise vollzogene Thematisierung des Pronomens 'Ich' steht demjenigen Verständnis vom Verhältnis des Subjekts zur Sprache entgegen, wonach das Subjekt substantiell von Sprache getrennt ist und nur durch seine subjektiven Konstitutionsvermögen zu Sprache und Welt Beziehungen herstellen kann. Wahrnehmung bei Walser müßte demgemäß als subjektive Projektion auf Welt gedeutet werden.

Dagegen korrespondiert hier dem differentiellen Moment innerhalb einer Äußerung die Oszillation zwischen der Abwesenheit des Ich als Substanz (denn mit dem Namen 'Ich' ist nicht das besonders Seiende ausgezeichnet, das unmittelbar von sich weiß, d.h. davon weiß, ein Ich zu sein) und einem die Rede erst produzierenden Ich, in der es sich wiederum nur als abwesendes Subjekt bestätigt. Diese Abwesenheit des Subjekts steht bei Walser aber nicht im Zeichen der Umkehrung des metaphysischen Präsenzdenkens. Die Texte folgen daher auch nicht dem Konzept der sich selbst sprechenden Sprache im Universum der Signifikanten (im Sinne des französischen Poststrukturalismus bei Blanchot, Baudrillard und Lyotard), in dem Subjektivität ex negativo, d.h. das „Subjekt" als abwesendes Zeichen gesetzt wird.

Obwohl das Ich nicht als Verursacher (siehe Anm. 19) bestimmt werden kann, sondern insofern am Text teilhaftig ist, als es als Bestandteil im Geflecht der dialogischen Struktur eingefaßt ist, müssen Abgrenzungen in beide Richtungen der Festsetzung einer entweder im Text artikulierten Subjektverfaßtheit oder eines subjektlosen Textes gezogen werden. Das Problem der Subjektivität bei Walser mit der These von den in den Texten verschwindenden Figuren,[20] also auch der Ich-Figur, zu fassen, kennzeichnet nur den halben Weg. Ebensowenig ist es hinreichend, die differenziertere Variante der Subjekt-Objekt Gegenüberstellung, nach der sich das Ich durch Selbstbeschreibung und Selbstbeobachtung als gestaltetes und gestaltendes Subjekt hervorbringt, als Maßstab an die Texte Walsers zu legen. Unterschiedliche Perspektiven des Ich, in denen es sich reflexiv betrachtet und beurteilt, sind nur innerhalb der dialogischen Struktur des Textes situiert:

> Nach meinem Empfinden fallen alle Entschlüsse eher zu früh als zu spät. Natürlich kann ich mich ja irren. Das gebe ich zu. Gestern ging ich eine Strecke hinter zwei jungen hübschen Damen einher. Das sieht dann immer so aus, als sei man interessiert. (27)

Indem die textinternen Reflexionen auf das „Selbst" dialogisch erzeugt werden und daher in der Folge dieser Struktur stehen, wird die Funktion der Ich-Figur deutlich: Als Textbestandteil übernimmt sie die „Teil"funktion, das Sprechen aufrechtzuerhalten. Die Konstitution des Ich als Ich in der Rede unterliegt der Bewegung der Beobachtung des Beobachteten. Damit entspricht diese Bedingung dem, was Luhmann die „Beobachtung zweiter Ordnung" nennt. Er bezeichnet in jenem Begriff die Prägung der Beobachtung, die auf die beobachtete Andersheit der Beobachtungen gerichtet ist und führt dies u.a. am Beispiel der Autonomie der Kunst aus.[21] Wichtig für den Stellenwert des Ich sowie für die Bedeutung des nicht abreißenden Sprechens in den Texten Walsers ist die mit der Figur der Beobachtung zweiter Ordnung betonte Immanenz des Wahrnehmungsaktes.

Sie kennzeichnet das Ineinander von Aktion und Reaktion, eine Bewegung, die die Sprachgestaltung Walsers nachvollzieht *und zugleich* herstellt. Darin läuft sie der Fixierbarkeit auf eine einzelne und ungebundene Wahrnehmung zuwider. Demzufolge ist ebenso das Ich keine konstante Größe. In seiner Texteigenschaft, aktiv und passiv in einem zu sein, ist es setzendes und konstatierendes Ich („Die Schriftstellerei besteht aus Feststellungen, indem sie sich bemüht, sich dabei erzählerisch zu gebärden, und so gefällt es mir denn zu berichten ..." (118)), ist zu verlöschen drohendes und aufrechterhaltendes Sprechen:

> Stocke ich nun in meinen Ausführungen, oder komme ich damit vorwärts? Ist die Geschwindigkeit, mit der ich stillstehe und vorwärtskomme, eine erhebliche oder belanglose, eine wirklich eilige oder verhältnismäßig langsame, und (...). (39)

Die Reflexion auf den Stillstand wirkt konstitutiv auf den Textfortgang. Sie biegt die Grenzerfahrung, mit dem Abbruch des Sprechens *als* Ich zu verlöschen (eine Erfahrung, die mit dem Sprechen und nur im Sprechen erfahren werden kann) von sich ab und auf die Sprache um. Setzung und Auslöschung markieren die Grenzen des Ich. Innerhalb ihrer ist das Ich Entzug und Gegenzug. Das Moment des sich entziehenden Ich ist in diesem Wechsel eine notwendige Produktion, um im Gegenzug Ich als Ich zu setzen:

> Mir fällt ein, daß ich jemand einen Brief schuldig bin. (...) Hier bin ich nun. Nie wirst du fürchten, es könnte nicht freundlich sein, was ich spreche. (27)

Das Ich „stellt" sich in die Sprache („Mir fällt ein") und ist dort als seinen einzigen Ort sprechendes, bzw. schreibendes Ich („Hier bin ich nun."). Die scheinbare Absicht, einen Brief zu schreiben, erhält hierdurch die Funktion eines Appells an die Präsenz des Schreibens und der Schrift. In der Bewegung zwischen Entzug („die mir die Einbildung zu übermitteln gewußt hat") und Gegenzug („was denn auch prompt vom unermüdlichen Ich ausgeführt wurde, dessen Vorhandensein ich immer wieder lebhaft begrüße") wird das Ich einerseits zum Zeichen für das nicht abreißende Sprechen, andererseits muß die Unaufhörlichkeit im Sprechen provoziert und an die Grenze der Sprachlosigkeit geführt werden, um im Gegenzug das Ich als Ich erneut zur Erscheinung zu bringen: So käme ein tatsächlicher Abbruch des zuvor „geschwätzig" genannten Redeflusses der Annullierung des Grundes und der Möglichkeit der 'Ich'-Behauptung gleich. Als Bestandteil des Textes entwirft das Ich ein Verhältnis zur Welt und versichert sich im anschließenden Zitat ausdrücklich als textuelles Ich in diesem Entwurf:

> Erinnerungswelt, heitere mich auf! Die Gegenwart bietet mir zwar ihrerseits reichlich Grund zu Fröhlichkeiten, wie z.B., daß ich eine Freundin habe, der ich die Erlaubnis erteilte, mich zu duzen, für die ich jedoch nicht zu sprechen bin. Sie darf mir bloß Briefe schreiben. (29)

Der Rekurs auf die Gegenwärtigkeit des Gegenstandes (eine Freundin haben) wird im Hinweis auf die Schrift und das Schreiben (Brief) sogleich wieder in die damit gegebene prinzipielle Abständigkeit der Welt (die Differenz) zurückgedrängt, denn das einzig Präsente ist die Schrift. Diese in der Schrift gegebene Präsenz des ontologisch Differenten aber hält das Präsenzverständnis einer aufs Schreiben beschränkten faktischen Person mit im Spiel, indem die Konstruktion so angelegt ist, daß es zwar die Bewegung in eine Abwesenheit hinein gibt, die aber Präsenzdenken nicht nur nicht ausschließt, nicht nur nicht als „falsch" kritisiert, sondern die im Gegenteil auf die Bedingung von Präsentem (Präsentes *als* Präsentes) hinweist.

Der Entwurf des Verhältnisses zur Welt ist infolgedessen über die sprachliche Verfaßtheit der Welt definiert, in die das textuelle Ich mit eingeschlossen ist. Das aktive

Element im Wahrnehmungsakt, das sich als konstitutives Moment jeder Erfahrung ans einzelne heftet, ist damit zugleich immer an Verfaßtes, Besprochenes, Wahrgenommenes und Interpretiertes in der Weise gebunden, daß es daraus hervorgeht. Erst auf dieser Verständnisfolie wird deutlich, warum in dem zuvor analysierten Einleitungssatz die Wendung „Eindrücke in mich einladend" als Scheinaktivität bezeichnet wurde, und zeigt zudem, was die Aussage, das Ich stelle sich zur Disposition, im Zusammenhang des Bezugssystems Subjekt/Objekt impliziert.

Die Klärung der Ich-Figur in ihrer Funktion für den Textverlauf sowie die Bestimmung des Wahrnehmungsvorgangs bilden die notwendige Voraussetzung, um nun den Entwurf der Weltwahrnehmung bei Walser anhand des in den Texten thematisierten Konstitutionshorizontes gegenständlicher Erfahrung nachzuzeichnen. Daß im textuell vollzogenen Weltbezug das Phänomen der Unbestimmtheit und der unbestimmbaren Objektwelt in immer wieder neuen Ansätzen und Formen realisiert ist, soll im folgenden an einzelnen Beispielen vorgeführt werden. Zunächst sei ein Zitat angeführt, das einem weitaus früher datierten Prosastück (1914) als die bisher vorgestellten Textauszüge entstammt. Der kurze Text trägt den Titel *Die Einladung*.

Ich habe dir ein himmlisch schönes Plätzchen zu zeigen, Himmlische. Der Ort liegt ganz im stillen, bescheidenen, grünen Wald verborgen, wie ein Gedanke in einem Gedanken (...)[22]

Ort und Gedanke scheinen zunächst in ein poetisch codiertes Verhältnis der Korrespondenz gestellt zu sein.[23] In der Hervorhebung ihres integrativen Moments werden sie als zwei voneinander getrennte Entitäten in Bezug gesetzt: der Ort, bestimmt als „ein himmlisch schönes Plätzchen" im Wald; ein Gedanke, eingebettet in das nicht bestimmbare Abstraktum des Denkens und Gedankenhabens. Die eindimensionale Vergleichssetzung zwischen einem Ort und einem Gedanken, die den Satz als die bildliche Umschreibung der „schönen Natur" und des Glücks bewertet, sich darin wahrnehmend und denkend zu finden und zu begegnen, zeigt jedoch eine brüchige Konstruktion; die nochmalige Einbindung des Gedankens in sein eigenes Element („wie ein Gedanke in einem Gedanken"), eröffnet eine zusätzliche, den Vergleich differenzierende Dimension in der Beziehung zwischen Ort und Gedanken, die einerseits in die aufgerissene Korrespondenz eingelagert ist, andererseits aber die vermeintliche Stabilität zersetzt. Diese Erweiterung oder dieser Überschuß im Satz schlägt den Bogen von der Trennung der korrespondierenden Glieder zu ihrer *gegenseitig* überlagernden Bespiegelung, in der Ort und Gedanke als Ort und Gedanken erzeugt werden und eines im anderen zur Anschauung kommt. Die Re-Produktion des Gedankens im Gedanken bewirkt die Zusammenziehung der aufeinander bezogenen Segmente, d.h. die Verdoppelung macht deutlich, daß die Korrespondenz zwischen Ort und Gedanken nicht auf der symbolischen Vermittlung der Welt durch die Sprache als ihrem Supplement ruht: der Ort ist Gedanke in seiner Auszeichnung *als eines* Ortes, wie umgekehrt der Gedanke immer schon Ort ist, indem er den Ereignischarakter eines Ortes besitzt, der immer, wie es dort weiter heißt, „Ort der Tat (...) Ort der Ausübung" (ebd., 80) ist und damit zum Gedanken eines Ortes wird. Daß der Ort nicht den Status eines objektiven Gegenübers hat, zeigt schließlich die Überkreuzung und wechselseitige Bedingung aller *vier* Glieder der im Satz angelegten Korrespondenz: der Wald, der Ort, der Gedanke, das Denken. So erstellt der Satz keine übergreifenden Zuordnungskategorien, mit denen zwischen Einzelnem und Gebundenem, zwischen Besonderem und Allgemeinem, sowie zwischen Welt und Weltperspektive unterschieden würde: Ort ist immer ein bestimmter Ort. Ebenso ist Denken immer entäußerter Gedanke.

Der Gedanke ist dem Ort nichts Äußerliches, weil der Ort erst zu einem Ort in der Bestimmung des konkreten und aktuellen Gedankens wird. Hier bestimmt die Spur des Gedankens *im* Gedanken den Ort als verborgen *im* Wald und prädiziert ihn in Konsequenz seiner Verborgenheit analog dem verborgenen, da eingebundenen Gedanken als „heilig entrückten Ort der Tat" (ebd.). Prädiziert wird ebenso der Wald, dem damit kein übergeordneter Stellenwert mehr, entgegen der allgemeinen Bezeichnung 'Wald', zukommt. Indem der Wald den Ort verbirgt, ist er im Ineinander von Gedanke und Ort geartet: er ist ein 'stiller' Wald.

Die umwegige Einholung der Erfahrung der „gegenständlichen" Welt über den Vorgang ihrer Prädikation zeigt das Bewußtsein der ontologischen Differenz. Welt gibt sich in Schrift und wird darin zugänglich. Die stetigen Hinweise auf die Gegenwärtigkeit der Schrift und die Auszeichnung des Ortes (der „entrückte(n) Ort") erzeugen unter Betrachtung der Logik ein Paradoxon der Präsenz einer Nähe als Ferne des Entrückten, das bei Walser weder im Modus des in der Schrift illusionär anwesenden Wirklichen aufgelöst wird, noch aber der Text den Verzicht auf „Darstellung" von Welt dokumentiert. Indes fängt der Textkorpus das „Paradox" auf, indem er es in die Spannung eines Zugleich der Ferne und Nähe stellt, in welcher sich jene Momente einpendeln. Da hierbei die Gleichzeitigkeit von Anwesenheit und Abwesenheit gewahrt bleibt, gestaltet der Text Weltbezug immer als „Erscheinung einer Ferne, so nah sie sein mag".[24]

Die mit jeder Wahrnehmung in die Ferne gerückte Objektwelt bleibt als solche notwendig unbestimmt. Zugleich aber ist Welt nur mit Wahrnehmung und Schrift Welt, d.h. Weltbezug erstellt die Welt als bestimmte Welt in der Erscheinung, welche sich wiederum gerade mit der Bezugnahme im Vorgang der Prädikation ausschließlich als ferner Ort darbietet. Aufgrund dieser Gleichzeitigkeit ist jener Vorgang stets vorläufige, aber vollgültige Prägung der unbeständigen Welt, deren Unbeständigkeit wiederum „bloß" Ausdruck der in der Dichtung stattfindenden sprachbewußten Bezugnahme auf Welt ist. Die Objektwelt ist „nur" insoweit unbestimmt, als sie sich aus transzendentaler Sprachperspektive als Resultat einer ihr „vorgängigen" Bestimmungsleistung darstellt. Indem allein der sprachliche Horizont Weltbezug konstituiert, zeigt Vorläufigkeit, als das grundsätzliche Wesensmerkmal des Bestimmungsaktes, somit keine defizitäre Form des Weltzugangs. Da Vorläufigkeit bei Walser in der Stringenz der Sprache beschlossen ist, bedeutet sie niemals beliebige Prädikation. Weder ist Inhalt eine zufällige Folge der sich scheinbar in „Geschwätzigkeiten" verlierenden Rede, noch ist Weltbezug textuelles Nebenprodukt, das punktuell aus der Rede auftauchte. Vielmehr liegt die oben als Entwurf bezeichnete Realisierung eines Verhältnisses zur Welt qua sprachlicher Verfaßtheit in der dialogischen Konsistenz der Rede begründet. So ist die sprachliche Gestaltung keine Applikation auf den „Gegenstand" des Dargestellten, im Sinne eines gewählten Darstellungsmodus, sondern der Weltbezug des Textgeschehens steht mit dem disparaten Sprechen auf der Mitteilungsebene in unlösbarer Verbindung. Das Auftreten konkreter Ereignisse und beschreibende oder erläuternde Darstellung sind die Folge textinterner Zusammenhänge. Schilderungen jeglicher Art bleiben bei Walser daher in der Linearität des Textverlaufs verankert. Eine in dieser Weise verstandene Vorläufigkeit zeigen die Texte in immer wieder neuen, graduell unterschiedlichen Ausprägungen.

In Erweiterung und Differenzierung des letzten Beispiels, das die Gestalt der vorläufigen Bestimmung in der notwendig gesetzten Unbestimmtheit der Ferne hatte, realisiert das nun Folgende die Bestimmung des Unbestimmten in der Figur einer bestimmten Unbestimmtheit. Wenn dort „noch" die die genannten Glieder, Ort und Gedanke, ausdrücklich aufeinander bezogen wurden und diese Bezüglichkeit Welt in Ferne als Nähe konstituierte, wird hier die notwendige Gleichzeitigkeit zwischen Ferne und Nähe in das Unbestimmte selbst verlegt.Dieses weitere Beispiel wird herangezogen, weil es aufgrund dieser Implikate als eine „szenische Umsetzung" des Organisationsgesetzes der Texte Walsers gelesen werden muß, in dem „Inhalt" und Form (Sprachgestaltung) zueinander streben und darin ein gegenseitiges Voraussetzungsverhältnis ausbilden:

Fort mit dieser übrigens ganz harmlosen Erinnerung und hervor mit den Löffeln voll Schlagsahne, womit sich plötzlich aus keinem anderen Grund, als um etwas Sensationelles zu erleben, die Gäste aus allen Ecken herausbombardierten. Kleidung und Gesichter erhielten mit wundervoller Präzision durchgeführte Anwürfe, und die Werfenden und Getroffenen bildeten insofern ein Gemengsel von Einander-sich-Ablösen, als die Gebenden sich zu Empfängern auswuchsen und den Empfangenden die Fähigkeit innewohnte, festzustellen, es existierten Feiglinge. Ein Spiegel spiegelte die Kampfpracht, die Kampflust, die Gefechtsfreuden kunstfertig ab. (21)

Weltbezug ruht nun auch auf keinem formal gesetzten Korrespondenzverhältnis mehr, sondern wird über die Spaltung des Unbestimmten vollzogen, derart, daß Welt in eine die Differenz anzeigende Lücke eingelagert ist und aus ihr heraus zur Erscheinung kommt. D.h. die Darstellung zeigt, daß durch die unbestimmbare Objektwirklichkeit selbst ein Riß verläuft, der in der Schrift als bestimmte Unbestimmtheit zum Ausdruck kommt. Was für die Äußerung gilt, nämlich, daß sie stets vorgängige und nachträgliche Rede ist, findet in der Gestaltung und Durchführung dieser konkret umrissenen Inhaltlichkeit ihren Niederschlag. Am entworfenen Ineinander des Nicht-Identischen dieses Textausschnitts wird das Verfahren der stringent dialogisch gestalteten Rede offenkundig: Das Ereignis ist als ein in der Welt sich ereignendes Geschehen und Erleben mittels einer expliziten Zäsur („Fort mit ... und hervor mit") vorbereitet und so in den „Scheinwerfer des lebendigen Interesses"[25] gerückt. Auch diese Zäsur bewirkt keinen Abbruch in der Erörterung des zuvor gegebenen Textgegenstandes und besiegelt daher keinen erneuten „Themenwechsel"; sie steht in der Folge des situativ semantisch vorgegebenen (Gaststube, Buffet) sowie in unmittelbarem Zusammenhang „reflektierender" Bemerkungen und Kommentare zur Gegenwärtigkeit des Schreibens, welche wiederum mit dem Ambiente in kausale Verbindung gestellt werden:

Gegenwärtiges Erzeugnis meiner Werkstatt, ziehe samt den Käseschnitten, die ich in dich hineinlege, weil ich innerhalb der Gaststube auf eine diesbezügliche Ankündigung schaute, in die Welt hinaus. Das Buffet bildete eine uneinnehmbare Festung. (ebd.)

„Scheinwerfer des lebendigen Interesses" bezeichnet nicht die ursächliche Begründung für den Ereignisbericht. Die Wendung findet ihre Berechtigung in der rückgewandten Zusammenfassung des dargestellten Aufbaus „Erlebnis" mittels eines Spiegels, in dem sich lebendiges Interesse scheinwerferhaft zeigt. Dieser Schlußstein der Passage mit dem Hinweis, daß der Spiegel „kunstfertig" abspiegelt, macht die Wiedergabe des Dargestellten thematisch: Das Ineinander des Nicht-Identischen besteht in der Ununterscheidbarkeit der kämpfenden Parteien und der daraus resultierenden Unmöglichkeit, die Kämpfenden innerhalb des „Gemengsels" nach Siegern und Verlierern zu klassifizieren. Ein stetiges „Einander-sich-Ablösen" kommt dem Wechselspiel und Widerstreit zwischen Rede und Gegenrede gleich, sowie der Tatsache, daß Rede immer schon Antwort *und* Erwiderung ist: „als die Gebenden sich zu Empfängern auswuchsen und den Empfangenden die Fähigkeit innewohnte..." (ebd.)

Eine solcherart geprägte Korrespondenz eröffnet auch hier den Raum der notwendigen Gleichzeitigkeit von Präsenz und Absenz.Die Unbestimmbarkeit des objektiven Geschehens stellt der Text zur Disposition: etwas ist etwas, indem es verstellt ist; weiterhin ist etwas (wie die Analyse der Thematisierung des Ausdrückens bei Walser ergeben hat), während es verwechselt wird, analog der Wortüberlagerungen und dem Phänomen der „Versprecher". Da die Spiegelmetapher auf die Unbestimmtheit der Faktizität des objektiven Geschehens aufmerksam macht, wird deutlich, daß der Spiegel nicht als Medium eingesetzt ist und Welt lediglich spiegelverkehrt erschiene. Auch hat er nicht die Funktion eines Doubles, worin er Ausdruck einer simultanen Ausführungsart der Darstellung wäre und die Frage nach dem trügerischen Bild ins Zentrum dieser Textpassage geriete. Indessen lenkt er den Blick auf das objektive Geschehen in der Erscheinung: Das Geschehen ist nicht als durch einen subjektiv notwendig immer verzerrten Blick gefiltert dargestellt, sondern wird als ein stets verstellendes „Einander-sich-Ablösen" im „Gemengsel" des Ineinander von Werfen und Beworfen-Werden auf der Fläche erst sichtbar. Als einziger Mitwisser des Geschehens ist der Spiegel kein Garant für den unverstellten Blick im Sinne der Entdeckung einer Realität hinter den Erscheinungen, die dem Betrachter verborgen bliebe. Er zeigt nicht Welt, „als ob" sie sich in ihm zeige. Vielmehr wird mit dem Einsatz des Spiegels *zusätzlich* das Geschehen als Erscheinung thematisch. In seiner Eigenschaft, „kunstfertig" abzuspiegeln, zeichnet er das Geschehen *als* Geschehen *in* der Erscheinung *als* Erscheinung aus und kennzeichnet so die Relation des Gegenstandes zu seiner Verborgenheit als das einzig zu Kennzeichnende. In dieser seiner Aufzeichnung korrumpiert er das „an sich" und macht Differentialität sichtbar, indem er Welt als das Nicht-Identische abbildet und damit reine Differenz zeigt, aus der heraus bestimmte Erscheinung und Unbestimmtes resultieren. Die Zeichnung auf der Fläche konstituiert die Lesbarkeit des Sichtbaren. Darin ist sie vorläufige Bestimmung des Unbestimmten, ist sie Dialogizität, ist Schrift. Schrift und Schriftlichkeit wiederum sind selbst Spiegel, verstanden als (Text)oberfläche und alleinige Fläche des Zugleich von Wahrnehmung und Lesen. Mit der textimmanenten Reflexion auf den Wegfall von Sinnvorgaben durch die Welt der Fakten und Objekte wird Welt zum „leeren Weltbuch" (Blumenberg). Im Hinweis aber auf die Zeichenhaftigkeit der Dinge reinthronisieren die Texte Walsers Lesbarkeit unter der Konstitutionsbedingung der gegenständlichen Erfahrbarkeit von Welt als ausgelegte.

Wirklichkeitsdarstellung bei Walser negiert nicht die Entfaltung von Realitätsbegriffen (die Werfenden und Getroffenen, die Gebenden und die Empfangenden). Indem er die weltbeschreibende Eigenschaft gerade betont, weist er auf die Notwendigkeit der gestalteten Vorstellung von Realität hin und damit auf die Erfordernis weltidentifizierender Fixierung. Da das Fixierte aber immer wieder gegen eine Erstellung künstlicher Stabilität gewendet wird, bedeutet Fixierung nicht Beharren, sondern Entfaltung des Verhältnisses zwischen sprachtranszendentalen Bedingungen und empirischem Ausdruck von Welt. Eine solche Stabilität in der formalen Bestimmung des Ich als Subjekt und der Welt als des objektiven Komplements suggeriert der anschließende Textauszug, in dem Natur im Modus subjektiver Begegnung dargestellt ist. Dem vergeblichen Versuch des Ich, seine „Herr- und Meister(schaft)" bezüglich der „Alltagsabteilung meiner Geistesadministration Nachtessengedanken" (15) auszuüben, folgt ein Satz, der Welt ausdeutet. Indem das Ich mit substantiellen Bestimmungen und adjektivischer Anhäufung Natur ausstattet und mit Bedeutungen versieht, die es bestätigt wissen will, sucht es über sie zu verfügen:

> Später sank ich in die samtigen Gewänder der mit balsamenen Tupfern wie mit kostbaren Juwelen bestickten Wälder, die Schluchten aufwiesen, in die es mich mit hinreißender Gewalt hinabriß, bis mir der Anblick eines kleinen Sees sagte, ich sei derjenige ziellose Zielbewußte, der sich vor nicht langer Zeit in einer Karussellchaise als Augenblicksgott vorkam. (15)

Zwischen dem ausdrücklichen Versuch, einer Sache „Herr und Meister" zu werden, und der ansatzweise unternommenen Ausführung, der Natur Intentionen zuzuschreiben und einen Willen zu unterstellen, ist ein Satz geschaltet, der den *Vorgang* der Naturbeschreibung zum Gegenstand hat und damit die zitierte Passage einleitet. In der Phrase „O, wie bist du seltsam schön, Land, schrie es unhörbar in meiner nunmehr auf einer Anhöhe weidende Kühe abmalenden Spaziergängerseele" (ebd.) dokumentiert er einen eindeutigen Standpunktbezug, welcher den Wandel im Stellenwert des textuellen Ich manifestiert. Diese Perspektive *auf* Natur bestimmt im folgenden Natur als Einheit und zeigt das Ich als ein in dieser Einheit sich entfaltendes und in ihr versinkendes Subjekt. Mit diesen Setzungen ist eine Haltung umrissen, die in direktem Anschluß innerhalb eines neuen Kontextes als „Poetenpositur" ausgewiesen wird. Diese Auszeichnung dient vordergründig der Charakterisierung „Jean Paulscher Schulmeister und Ethikverfechter", wirkt aber, der Dialogizität entsprechend, auf den vorangestellten Versuch der Verfügbarkeit über Natur unmittelbar zurück und stellt so die eigene Rede in diesen Kontext. (Auch kann dieser Übergang nicht beliebig genannt werden, denn jene Literatur war für Walser bedeutender Ausdruck der beseelten Naturmächtigkeit.) Daß der Text diese begonnene Darstellung der Natur in ihrer Wirkweise auf das Ich abbricht, ist in ihm eigens thematisiert. Nicht nur wird eine Abgrenzung zu Jean Paul gezogen, sondern auch eine deutliche Distanz zu bloß scheinbarer Unmittelbarkeit hergestellt: „Aber es gibt neben schimmernden Seen, die wie die Reinheit selber aussehen, Dichter, die für ihre Unmittelbarkeitsprodukte keine Verleger finden" (16).

Die Naturdarstellung bei Walser macht zweierlei deutlich; eine methodische Teilung der zitierten Passage zwischen der Gewalt der Schluchten und dem Zeitwort 'bis' ist hierzu vonnöten. Diese Zeitbestimmung verweist rückwirkend auf den vom Augenblick bestimmten, sodann fixierten Moment der Wahrnehmung und Empfindung einer Einheit von Natur und Subjekt.

Den ersten Teil des Satzes kennzeichnet den Trotz gegen die Kontingenz des immanenten und selbstlimitierten Systems der Wahrnehmung als Ausdruck des Bedürfnisses nach eindeutiger Sinngebung, um Welt dort zu bewältigen, wo sie sich dem Ich am bedrohlichsten zeigt. Die Geste des Absoluten, des Umgreifens der Welt, der sich das Ich entgegenwerfen will, bleibt an die scheinbar (vor)gegebene, außertextlich bestimmte Identität von subjektiver Projektion auf Welt und einem der Welt zugestandenen Ausdrucksvermögen orientiert sowie an zugeschriebener Intentionalität gebunden, auf die das Ich reagiert: „in die es mich mit hinreißender Gewalt hinabriß." Die Zusammenführung von hinreißend und hinabreißen wird mit dem Übergang der beiden Teile ambivalent. Einerseits vollzieht sie die maximale Annäherung von subjektiver Empfindung und einem in der Anschauung Gegebenen: die Schlucht selbst scheint hinabzureißen („mit hinreißender Gewalt"), und in dieser Produktion einer Art „freien Falls" reißt sie das Ich mit („in *die* es mich hinabriß"). Der auch hier wirksame gegenseitige Verweisungscharakter von 'hinreißen' und 'hinabreißen' verhindert die statische Gegenüberstellung von Subjekt und Objektwelt. Andererseits wird durch die Bedeutungsannäherung beider verwendeter Begriffe die Zeichenfunktion des unmittelbaren Verweisens auf eine außersprachliche Welt in Frage gestellt. Identität von Ausdruck und Auszudrückendem wird nicht länger aufrechterhalten, denn die Intention, auf Präsenz zu beharren, bricht sich an der zeitlichen Dimension der Einmaligkeit, die unweigerlich Distanz zur Folge hat.

Die Hartnäckigkeit des Blickes zerfällt an der Widerständigkeit der Welt: den Rückschlag gegen die artikulierte Intention, über Welt zu verfügen, zeigt die Schlichtheit in der Konstatierung von Weltgegebenheiten. Welt *weist* Schluchten *auf*. Schluchten lassen sich nur im Aufweis bestätigend wahrnehmen („bestickte Wälder, die Schluchten aufwiesen"), aber keinem Zweck und keiner Funktion zuordnen, indem sie attributiv bestimmt werden. Der „Einbruch" des Einmaligen, Einzelnen, das in seiner Unvergleichlichkeit unbezüglich bleibt, verstellt prinzipiell die Möglichkeit, die hier vorliegende Naturdarstellung als Ausdrucksmodus subjektiv bedingter Wahrnehmung zu werten. Indem der Text Einmaligkeit nicht auf den Ausdruck einer spezifisch subjektiven Empfindungsweise festzulegen sucht, die für die Unmittelbarkeit des Erlebens garantierte, kennzeichnet er jene Unbezüglichkeit. Die Titulierung 'Augenblicksgott' nimmt Einmaligkeit nochmals auf und zeigt die abgeklärte, aus der Distanz unternommene Bezugnahme auf zeitliche Punktualität; die Zeitbestimmung 'bis' läßt den Text in zwei aufeinanderbezogene, unterschiedlich gewichtete Teile auseinanderbrechen.

Der zweite Teil des Satzes nun thematisiert das Versprechen auf Präsenz und Authentizität.[26] In der paradoxen Gleichzeitigkeit von 'zielloser Zielbewußtheit' löst sich der auf Gegenständlichkeit fixierte Blick und wird zum *An*blick der erklärtermaßen beseelten Natur in der Metapher des sprechenden Sees („bis der Anblick eines Sees mir sagte"). Diese Prädikation, die die Natur als zu 'Natur' gewordene auszeichnet, motiviert erneut die dialogisch gestaltete Selbstaussage. Darin gerät der See zum entrückten See und verliert seinen scheinbar ontologischen Präsenzcharakter im Text. Als widersinnig „Sprechender" ist der See zeichnende Fläche, die das Nicht-Identische abbildet. Indem die Fläche des Sees analog dem „kunstfertig" abspiegelnden Spiegel das Ineinander der paradoxalen Elemente abzeichnet, ist er Spiegel desselben Sinns. Als figurales Zeichen verweist er auf die Bedingung des Widersinns. Damit wird das Voraussetzungsverhältnis beider Glieder thematisch, und die von Ziellosigkeit geprägte Zielbewußtheit erhält Sinn. Grundlage dieses Gepräges ist das metaphysische Verständnis von 'Ziel'. Ziellosigkeit als Abzug des Ziels oder als dessen Negation, bildet die Voraussetzung, um von Zielbewußtheit sprechen zu können. Die widersprüngliche Zusammenstellung aber läßt das metaphysische Verständnis des Begriffs nicht unhinterfragt. Die mit der Dekonstruktion des Ziels als Ziellosigkeit in der „Paradoxie" umwegig vollzogene Auszeichnung des Begriffs als Begriff hat zur Folge, daß Zielbewußtsein den Zustand der Ziellosigkeit stets impliziert – Ziellosigkeit Ziel bedingt wie auch Ziel auf Ziellosigkeit weist.

Das in Walsers Texten artikulierte Bewußtsein der Unmöglichkeit, Erfahrung über Bedeutung und Sinn der präsenten Tatsachen und Fakten als gegeben zu begreifen, konstituiert umgekehrt auch diejenige Erfahrung, daß Welt, unter der Sinn und Bedeutung abgezogenen Betrachtungsweise, in der Demonstration purer Faktizität, harte Gegenständlichkeit darstellt. Die textinterne Reflexion auf Begrifflichkeit, insbesondere in der Thematisierung des Referenzmoments jeder Bezeichnung, trägt ebendieser Erfahrung Rechnung. Der Hinweis auf den Vorgang des Bezeichnens konkreter Gegenständlichkeit erfolgt oftmals in der Form einer ostentativen Reihung ihrer Begrifflichkeit: „Weggli, Stängli, Ringli, Gipfeli sind Benennungen von Gebäck."[27] Die Stereotypie der Aufzählung isoliert das einzelne Wort. Die Ballung der Wörter gleicht dem ruinösen Einzelnen barocker Manier. Der Gefahr der störenden und verwirrenden kontextlosen Konkretion weicht der Text aus, wenn es unmittelbar darauf heißt: „Wie uns die Baumschätten wohltun." (ebd.)

Das ausschließlich auf den Gegenstand zielende Wort fällt vom Text ab, da es, als beziehungsloses Glied außerhalb jeglicher Kontextualität, nichts mehr bezeichnet. Sprache und Welt treten damit in ein Verhältnis, in welchem das Material 'Wort' dem „Anstarren der Dinge" unverbunden gegenübergestellt ist. Was bleibt, ist das Auflesen der zersplitterten Welt, die nicht mehr gelesen werden kann. Die instabile taxonomische Rettung in der Hinzufügung „sind Benennungen von Gebäck" verdeutlicht die Notwendigkeit zur Klassifikation; es folgt der Bericht von einem „Angesäuselten", von dem es heißt, daß Worte für ihn Ausweg bedeuten: „Worte enthielten einen Ausweg aus des Redenden Verwirrung."[28] Diese textimmanente Reflexion auf das ordnungsstiftende Moment der die Abständigkeit manifestierenden Sprache thematisiert das Bewußtsein der ontologischen Differenz als Bedingung für Weltbezug und Weltumgang. Der Verlauf des Textes kulminiert darin, zu zeigen, daß beides nur mit der Sprache im Benennen und Auszeichnen möglich ist: die umgebende Welt ist aus der Schrift „als" Welt der Dinge und Fakten erschließbar.

Die Annahme einer Identität von Begriff und Gegenstand, im Sinne der Präsenz des Wirklichen in der Sprache, wodurch die mit jeder Artikulation gegebene Abständigkeit getilgt wird, beruht auf der Negation des Bewußtseins ontologischer Differenz. Zugleich aber ist das Vergessen dieser Differenz Voraussetzung für jenes Bewußtsein, weil nur aus der Spannung zwischen dem naiven Präsenzglauben an die Dinge und der Überzeugung eines scheinbar freischwebenden Signifikantenuniversum heraus die ontologische Differenz entdeckt werden kann. Den Prozeß der notwendig zu erstellenden und setzenden Identität vollziehen die Schriften Walsers stets nach. Im folgenden Beispiel zeigt sich Welt unter Abzug dieses Bewußtseins als „Gnusch":

> Inwiefern es hier von Kisten, Knaben, Frauen und Briefenveloppen, worin Briefe liegen, wimmelt, wird mit Recht von einem Gnusch gesprochen werden dürfen. (39)

Die Aufzählung konkreter Gegenständlichkeit erfährt eine nochmalige Steigerung in der Konkretisierung des Konkreten, in der Form, daß faktische Vorkommnisse erwähnt werden, wobei implizit der Anspruch formuliert ist, sie vollständig zu erfassen. Wie das abschließende Textstück zeigt, mündet dieser auf Welt gerichtete Anspruch in Mutmaßungen über deren Gegenstände und Verhältnisse. Im Kontext der Widerständigkeit der Welt, die den Rückstau der Geste auf Verfügbarkeit markiert, bewältigt der Text die bleibende Unbestimmtheit aller sogenannten faktischen Wirklichkeit, indem er die Vielfältigkeit dessen, was „es gibt" (16), auflistet. Diese Bestandsaufnahme schließt mit einem nicht mehr spezifizierten „es gibt", das sich nachfolgender Konkretisierung versagt, nicht aber weiterer Kommentare.

> Aber es gibt neben den schimmernden Seen, die wie die Reinheit selber aussehen, Dichter, die für ihre Unmittelbarkeitsprodukte keine Verleger finden, und es gibt herrisch emmentalwurst- und kartoffelsalatbegehrende mit ihren Unermüdetheiten protzende, von Strecken, die sie zurücklegen, in die Stadt zurückkehrende Sieger über arme, wehrlose Landstraßen, und es gibt in Lokalen Handharfentöne im Verein mit der kolossalbierinempfangnehmende Figur, der vielleicht eine Schnapsflasche, die nicht leer, sondern bis zum Korken hinauf gefüllt ist (...) und es gibt, was es sonst noch irgendwo geben mag, und es ist meiner Überzeugung nach alles so, wie es ist, wir sind, was wir sind und damit punktum. (16)

Die Zusammengehörigkeit des Anwesenheits- und Abwesenheitsmotiv in ihrem sprachbedingten Auseinanderfallen, die Gleichzeitigkeit der Derepräsentation und der Präsentation, die Bewegung der in der Präsenz der Schrift vollzogenen Integration des Nicht-Präsenten als des Nicht-Identischen, sowie die unlösbare Verbindung zwischen der schriftlichen Weltverfaßtheit und eines unverstellt-naiven Weltbegriffs kennzeichnen die wesentlichen Grenzmarken der Schriften Walsers, innerhalb derer sich der Schreibprozeß konstituiert.

Die „es gibt"-Reihung des letzten Zitats verdeutlicht im Zugleich der Gleichgültigkeit alles beliebigen Seienden und einer jeweiligen Bestimmtheit faktischen Gegebenseins das Bewußtsein sprachtranszendentaler Voraussetzung von Welt und die Notwendigkeit, im Weltumgang diese Voraussetzung zu vergessen. In diese beiden Momente bleibt jede Artikulation eingespannt. Die Thematisierung des Sprechens und des Sprechens von etwas, wie auch des Schreibens und des Weltbezugs der Schrift, macht das Differenzwissen ausdrücklich. Der Autor Robert Walser steht so nicht nur im Zeichen und Konsens der epochalen Bestimmungen der Moderne, weil er die Bedingungen metaphysischer Realitätsvorgaben (Ding, Ich, Wille, Subjekt-Objekt) hintergeht, sondern diese Prosa reflektiert darüber hinaus auf das Problem der Modernität, da sie den Differenzgedanken gestaltet: nicht nur realisiert sie die Dekonstruktion der begrifflichen Verbindlichkeit der Sprache, vielmehr zeigt sie zudem den Differenzgrund auf, derart, daß diese Dichtung die Gleichzeitigkeit und damit Gleichursprünglichkeit der Ab- und Anwesenheit, der verstellten und präsenten gegenständlichen Erfahrung, des motivlich- und antimotivlichen Gehens und Wahrnehmens in der Darstellung als Fundament jedes Weltzugangs thematisiert, indem sie das Vergessen ontologischer Differenz im immer neu gegebenen Setzungscharakter gleichermaßen berücksichtigt.

Anmerkungen

1 Walter Benjamin: Robert Walser, in: Gesammelte Schriften, Bd. II,1, Werkausgabe Bd. 4, hrsg. von Rolf Tiedemann und Hermann Schweppenhäuser, Frankfurt/M. 1980, S. 327.

2 Die Tatsache der außertextlichen Kriterienlosigkeit für den Verlauf des Textes läßt sich nicht einem subjektiven Prinzip überantworten, da es sich als substantielle Einheit nicht mehr bestimmen läßt; denn eine Einsicht (der Moderne), die Welt selbst in dem Maße als kriterienlos begreift, in dem diese keine Entscheidung über die Richtigkeit einer Aussage trifft, führt nicht nur dahin, die Sprache als Ausdrucksform, sondern zugleich das Subjekt in seinem Zugang zur Welt selbst in grundsätzlichen Zweifel zu ziehen. Das Wissen um die Leerstelle einer Basis vorgängiger, der Sprache vorgeordneter Kriterien zeigt den Verlust der Sprache als Medium und damit den Verlust einer festgelegten Beziehung zwischen dem Subjekt und der Realität, verstanden als jeweilige Immanenzen. Aufgrund einer daraus resultierenden Unentscheidbarkeit von der Angemessenheit oder Unangemessenheit der sprachlichen Artikulation, muß sich das Subjekt in ein neues Verhältnis zur Sprache setzen. Auf der Höhe des Bewußtseins, „daß wir Sprachen (...) nur miteinander vergleichen können, nicht mit einem Ding namens 'Tatsache' jenseits der Sprache" (48) stellt Rorty als grundsätzliche und notwendige Einsicht heraus: „(...) wenn wir an dem Bild von Sprache als Medium weiter festhalten, als etwas, das zwischen dem Selbst und der nicht-menschlichen Realität steht, mit der das Selbst in Verbindung kommen möchte, dann haben wir keinen Fortschritt erreicht. Dann benutzen wir das Subjekt-Objekt-Bild weiter und bleiben in den Problemen des Skeptizismus, Idealismus und Realismus stecken.", Richard Rorty: Kontingenz, Ironie und Solidarität, Frankfurt/M., S. 33; auch läßt sich die Disparatheit des Mitteilens und der daraus hervorgehende diskontinuierliche Verlauf des Textes nicht in der der Metapher vom Strom der Sprache fassen, in dem sich, wie Adorno zur Dichtung Eichendorffs schreibt, das Subjekt „vertrauend treiben (läßt – Erg. d. Verf.). Für solche Generosität, die nicht haushält mit sich selber, dankt ihm der Genius der Sprache.", Theodor W. Adorno: Zum Gedächtnis Eichendorffs, in: Noten zur Literatur, Frankfurt/M. 1981, S. 69-94, hier S. 83; Walsers Texte zeigen nicht die Auflösung und Auslöschung des Subjekts in der Sprache, indem die Sprache das „Rauschen und einsame Natur" (ebd.) nachbilde und sie damit zur zweiten Natur werde. Im Unterschied hierzu setzen die Texte Sprache und Subjekt in ein Verhältnis, das sich in der Weise gestaltet, daß sich das Subjekt des Sprechens ausschließlich über die Sprache als seinem einzigen Ort konstituiert und in einer differenzierten Faltung „Ich" als Ich setzt, eine Figur, die in und durch die Sprache immer wieder erstellt wird und sich im Sprechen jeweils neu zu bestätigen sucht.

3 Siehe zur Gewichtung der beiden Begriffe Intention und Sinn insbes. Theodor W. Adorno: Ästhetische Theorie, hrsg. von Gretel Adorno und Rolf Tiedemann, Frankfurt/M., S. 226ff.

4 Vgl. Hans Blumenberg, der für die Moderne (Flaubert, Mallarmé, Valéry) den Paradigmenwechsel von der Lesbarkeit der Welt hin zur Verwendung ihrer Mittel, um „Welt noch einmal hervorzubringen", veranschlagt. „Die Welt war durch den leeren Raum, die Spärlichkeit der Massen in ihm, angeschwollen; man konnte sich das nochmals gesteigert denken durch die Geringschätzigkeit gegenüber dem, was geblieben war. Nur durch die Herrschaft über die Negation bestand die 'Lesbarkeit' der Welt fort. Mehr noch: Das Buch über nichts ist das

schlechthin autarke Buch; es hat nichts nötig als sich selbst. Es ist nackte Bedeutung.", Hans Blumenberg: Die Lesbarkeit der Welt. Das leere Weltbuch, Frankfurt/M. 1989, S. 304.

5 Eckhardt Köhn: Straßenrausch. Flanerie und kleine Form. Versuch zur Literaturgeschichte des Flaneurs von 1830-1933, Berlin 1989; insbes. Kap. 3.

6 Guido Stefani: Der Spaziergänger. Untersuchungen zu Robert Walser, Zürich, Artemis 1985 (Züricher Beiträge zur deutschen Literatur und Geistesgeschichte, Bd. 59).

7 Alle Zitate Robert Walsers sind, wenn nicht anders angegeben, folgender Ausgabe entnommen, Robert Walser: Aus dem Bleistiftgebiet. Mikrogramme aus den Jahren 1926-1927, Bd. 4, entziffert und hrsg. von Bernhard Echte und Werner Morlang, Frankfurt/M. 1990.

8 In diesem Kontext vgl. auch Wittengensteins Begriff der Bedeutung sowie den des Gebrauchs und sein daraus resultierendes Argument gegen die Möglichkeit der Privatsprache. Da es sozusagen kein Wort in gebrauchsfreier Form gebe, sei es unmöglich, einem Wort dadurch Bedeutung zu verleihen, indem man es mit einer nichtsprachlichen Bedeutung, mit etwas anderem als anderen Wörtern konfrontiert. „Aber dadurch, daß man die Beschreibungen des Gebrauchs der Wörter einander anähnelt, kann doch dieser Gebrauch nicht ähnlicher werden!" – Ludwig Wittgenstein: Philosophische Untersuchungen, Teil 1, Abschnitt 10, Frankfurt/M. 1984.

9 Eine solche Abnutzung führt Walser in dem Text „FerienI" vor. In ihm stellt der Erzähler seine sprachkritische Reflexion über den Gebrauch des Wortes 'wunderbar' erschöpfend dar: „Wie gern und oft wenden heutige Menschen das Wörtchen 'wunderbar' an. Immer ist irgend ein Baum, ein Bild, ein Mädchen, eine Bewegung, eine Äußerung, eine Gegend wunderbar. Einige fragen sich, was wunderbarer sei: Dichten oder Nicht-Dichten.", Robert Walser: FerienI, in: Sämtliche Werke in Einzelausgaben, hrsg. von Jochen Greven, Frankfurt/M. 1986, Bd. 19, S. 25-27, hier S. 26. Weil alles wunderbar ist, fällt darunter gleichermaßen das Dichten wie auch das Nicht-dichten. Damit wird die willkürliche Bezeichnung ad absurdum geführt und das Sprechen sinnentleert.

10 Ders.: Die deutsche Sprache, in: a.a.O., Bd. 16, S. 394-397, hier S. 395.

11 Zur Dekonstruktion des traditionellen Verständnis vom Verhältnis der mündlichen Rede zur Schrift, wonach der Rede ein ursprünglicherer Status gegenüber der Schrift zugeschrieben wird, vgl. Jacques Derrida: Grammatologie, Frankfurt/M. 1990. Wichtig hierfür ist, daß Derrida keine bloße Umkehrung des Verhältnisses zum Ziel hat, sondern es sein Anliegen ist, das tradierte Voraussetzungsverhältnis, in dem Sprache und Schrift zueinander bestimmt sind, zu dekomponieren: „Diese Tradition zu dekonstruieren (die Bewertung der Schrift als Supplement, Platon im Phaidros – Erg. d. Verf.), kann jedoch nicht darin bestehen, sie umzukehren, die Schrift von Schuld reinzuwaschen; sondern vielmehr darin, zu zeigen, warum die Gewalt der Schrift nicht eine unschuldige Macht überkommt. Es kann eine ursprüngliche Gewalt der Schrift nur geben, weil die Sprache anfänglich Schrift in einem Sinne ist, der sich fortschreitend enthüllen wird. Die 'Usurpation' hat immer schon begonnen." (ebd., S. 66)

12 Vgl. Brigitte Kronauer: „Walser scheint zu bezwecken, das Interesse des Lesers, das Gefühl und Action verlangt, um Gottes Willen wachzuhalten (...) Das ist reine Verstellung! Nicht den ungeduldigen Leser fürchtet er, (...) sondern den Stillstand der Feder.", Brigitte Kronauer: Aspekte zu dem Werk Robert Walsers und Ror Wolfs, in: Aufsätze zur Literatur, Stuttgart 1987, S. 44f.

13 Die Wendung des 'in den Blick kommen der Welt' unterscheidet sich prinzipiell von der subjektiven Wahrnehmungsform des Flaneurs bei Baudelaire und dessen Interpretation durch Walter Benjamin. Nach Benjamin ist die radikale Subjektivierung der Perspektive Bedingung für das Dichten des Flaneurs. Flanieren als notwendige Haltung des Dichters, in der die Intensität des Blickes die Phänomene der Wirklichkeit unterschiedslos aufnehme und damit ästhetisiere, sei das Stigma der Moderne. Der Verlust der auratischen Distanz durch diese bewußte Eliminierung des Abstandes zur Welt mündet zwar in die Veränderung der Bedeutung der Dinge und ist daher Gegenentwurf zur Mimesis, setzt aber notwendig voraus, Wirklichkeit, wenn auch nur versatzstückhaft, für die Konstitution des Ich und damit für das Flaneurgebaren als ein dem Subjekt gegenübergestelltes, objektiv Gegebenes zu begreifen.

14 Dieser ostentative Hinweis auf den Setzungscharakter jeder Schlußfolgerung ist die radikale Wendung der im sogenannten realistischen Roman dargestellten fiktionalen Wirklichkeit. Zum Vergleich sei hier eine Szene aus „Anna Karenina" angeführt, in der sich das objektive Geschehen über die Vermittlung des Blickes der Figur Anna Karenina simultan abzeichnet. Die Schilderung des Pferderennens im 28. Kapitel ist auf zwei Weisen vollzogen; zum einen wird

das Ereignis des Pferderennens beschrieben, zum anderen wird es über das Deuten des Gesichtsausdrucks der Zuschauerin Anna durch die Figur Alexej Alexandrowitsch gebrochen vermittelt. Der wechselnde Ausdruck im Blick der Zuschauerin vollzieht sich analog zum tatsächlichen Verlauf des Rennens: „Alexej Alexandrowitsch sah klar auf Annas bleichem, triumphierenden Gesicht, daß der, an dem ihr Blick hing, nicht gestürzt war.", Lev Tolstoj: Anna Karenina, München 1955, S. 254. Mit der eindeutigen Bezogenheit des Subjekts auf das objektive Geschehen bleiben hier Geschehen und subjektive Wahrnehmung, Empfindung und Ausdruck klar voneinander geschieden. Zum Problem des Realismus in der russischen Prosa vgl. Aleksandar Flaker: Die slavischen Literaturen 1870-1900, in: Neues Handbuch der Literaturwissenschaft. Jahrhundertende und Jahrhundertwende I, hrsg. von Klaus von See, Bd. 18, Wiesbaden 1976, S. 311-358. Ders.: Die slavischen Literaturen zur Zeit des Modernismus. Realistische Traditionen und Modernität in der russischen Prosa, in: a.a.O., Jahrhundertende und Jahrhundertwende II, Bd. 19, S. 391-426, insbes. zu Tolstoj S. 391-398.

15 Erwähnt sei in diesem Zusammenhang der Gedanke Nietzsches von der 'Hautlichkeit' der Dinge, die er als das „Beste an den Dingen" bezeichnet: „Sie (alle Menschen der Tiefe – Erg. d. Verf.) schätzen das Beste an den Dingen – daß sie eine Oberfläche haben: ihre Hautlichkeit – *sit venia verbo.*", Friedrich Nietzsche: Die Fröhliche Wissenschaft, Drittes Buch, Nr. 256, S. 168. Daß 'Hautlichkeit' als das „Beste an den Dingen" genannt wird, möchte ich für die bei Walser realisierte Form des bisher dargestellten Gegenstands- und Weltzugang in Anschlag bringen. Immer vorausgesetzt, Nietzsche bestimme 'Hautlichkeit' oder Oberfläche der Dinge nicht als das den Dingen äußerlich zugehörende und sinnlich Wahrnehmbare, so kann diese Form nicht defizitär genannt werden: indem die 'Hautlichkeit' oder Zeichenhaftigkeit der Dinge die Bedingung der Möglichkeit der Weltwahrnehmung anzeigen, konstituiert dies den aktuellen Zugang auf Welt. Von den Dingen aus betrachtet, setzen sie mit dieser ihrer Zugänglichkeit den Maßstab des Umgangs mit ihnen.

16 Diese Gestalt des Textes, die den Prozeß der Rede und Gegenrede innerhalb einer Äußerung vollzieht, läßt sich mit der Theorie Michail M. Bachtins vom dialogischen Prinzip der Sprache und seinem Begriff der inneren Dialogizität des Wortes am genauesten fassen. Bachtin kritisiert einerseits einen individualistischen Subjektivismus, andererseits einen abstrakten Objektivismus. Sein Begriff der Dialogizität und seine Philosophie des Wortes entspringen der Auseinandersetzung mit den beiden wichtigsten Sprachkonzeptionen des Abendlandes: a) die Vorstellung von Sprache als 'Energeia', die die Redeakte nur als individuelle Leistung betrachtet, setzt ihre Traditionslinie von Hamann, Herder, W. v. Humboldt bis in die psychologische Sprachphilosophie fort; b) die zweite Vorstellung steht in der Tradition der 'Grammatica universalis' von Leibniz, die bis zu dem Begriff 'Langue' der Genfer Schule reicht. Sie abstrahiert von der Konkretheit der Redesubjekte und der Redeakte. Gegenstand der Sprachwissenschaft Bachtins ist die konkrete soziale Äußerung im Sinne der Redevielfalt der Redemöglichkeit. Dialogizität ist nach ihm nur als Äußerungen innerhalb einer Redevielfalt konkret, als Sprache aber namenlos. Denn ebenso wie das Abstraktum Sprache ist das Abstraktum 'inneres Bewußtsein' außerhalb einer Objektivation eine Fiktion: „Der individuelle Redeakt (im wahren Sinne des Wortes 'individuell') ist eine contradictio in adjecto.", Valentin N. Volosinov (= Michail M. Bachtin): Marxismus und Sprachphilosophie, hrsg. und eingel. von Samuel Weber, Frankfurt/M. 1975, S. 163; Bachtin wendet sich damit gegen die duale Struktur Innen/Außen: „Nicht das Erlebnis organisiert den Ausdruck, sondern der Ausdruck das Erlebnis, gibt ihm Form und bestimmt seine Richtung.", a.a.O., S. 145. Die Verwirklichung der Sprache in der Rede bestimmt sich bei Bachtin immer schon als Dialogizität, als ein Eintritt in die sprachliche Interaktion, die nicht erst mit (mindestens) zwei Gesprächspartnern oder mit zwei voneinander unterschiedenen Äußerungen gegeben ist. Weiterhin ist für ihn Rede niemals „der physio-psychologische Akt ihrer Verwirklichung, sondern das soziale Ereignis der sprachlichen Interaktion, die durch Äußerung und Gegenäußerung realisiert wird", a.a.O., S. 159; Bachtin begreift den Dialog als generelle Ausdrucksform der menschlichen Rede. Seinem Verständnis nach ist auch der Monolog immer in einen überordneten Dialog eingebettet, da jede Äußerung den Gegenstand, auf den sie gerichtet ist, „immer schon sozusagen besprochen" vorfindet. Das Wort im Roman, in: Die Ästhetik des Wortes, hrsg. von Rainer Grübel, Frankfurt/M. 1979, S. 168-192, hier S. 169. „Und wirklich, welches Moment der Ausdrucksäußerung wir auch immer nehmen, es wird immer von den Bedingungen der gegebenen Äußerung bestimmt.", Marxismus und Sprachphilosophie, a.a.O., S. 145. Über die Differenzierung der Opposition 'eigene Rede/fremde Rede', in der Weise, daß Bachtin 'fremde Rede' nicht nur als Gegenrede zum Autorenwort (in seinem Fall

Dostoevskijs), als Rede in der Rede und Aussage in der Aussage faßt, sondern zugleich auch als Rede über Rede und Aussage über Aussage bestimmt, gelangt er zu dem Phänomen der inneren Dialogizität des Wortes. „Jedes Wort (...) ist gegenstandsgerichtet und reagiert gleichzeitig gespannt auf das fremde Wort, indem es ihm antwortet und es antizipiert. Das Moment der Antwort und der Antizipation dringt tief in das angespannt dialogische Wort ein. Ein solches Wort nimmt die fremden Repliken gleichsam in sich auf, saugt sie auf und verarbeitet sie angespannt. Die Semantik des dialogischen Wortes ist besonderer Art. (...) Die Berücksichtigung der Gegenrede bewirkt spezifische Veränderungen in der Struktur des dialogischen Wortes. Sie macht das dialogische Wort innerlich ereignishaft und beleuchtet den Gegenstand des Wortes neu, indem sie neue Seiten an ihm zeigt, die dem monologischen Wort (dem als monologisch gesetzten Wort – Erg. d. Verf.) unzugänglich sind.", Probleme der Poetik Dostoevskijs, Frankfurt/M./Berlin/Wien 1985, S. 219f.

17 Die erörterte Fragestellung der Adäquatheit des Ausdrucks führt zu der prinzipiellen Frage nach der Verfügbarkeit des Vokabulars. Rorty negiert die Möglichkeit einer solchen Außenperspektive, mit der die Urteilsfähigkeit über „bessere" Vokabulare gegeben zu sein scheint: „Jedes Argument, das zeigen soll, die uns vertraute Verwendung eines vertrauten Terminus sei inkohärent, leer, konfus, vage oder 'rein metaphorisch', kann nur ungültig und eine *pepetio principii* sein. (...) Solche Argumente sind immer parasitäre, verkürzte Argumente für die Behauptung, ein besseres Vokabular sei verfügbar.", Richard Rorty: Kontingenz, Ironie und Solidarität, a.a.O., S. 30.

18 Vgl. Michail M. Bachtin: Das Wort im Roman. Redevielfalt im Roman, in: Die Ästhetik des Wortes, a.a.O., S. 192-219.

19 Siehe hierzu Manfred Frank, der die Konsequenz aus dem Gedanken der Differentialität, daß kein Zeichen „sich selbst unmittelbar und unzeitlich gegenwärtig ist", für das Sinnmoment, in Abgrenzung zu der Annahme eines 'sens total' oder 'sens central', des Textes und der Literatur benennt: „Sprache und Literatur gedeihen nur in einer gewissen Wärme, die den Fluß: den Austausch und die Neuordnung der Zeichen gestattet. Texte sind immer Transformationen anderer und früherer Texte, so wie Zeichen immer Neuartikulationen anderer und früherer Zeichen (*aposemès*) sind. (...) Macht man sich zusätzlich klar, daß dieser Umweg (durch eine unabsehbare und wechselnde Konfiguration anderer Zeichen) nicht prognostizierbar ist, da er durch die Unendlichkeit läuft, dann hat man der szientistischen Vorstellung aufgekündigt, es gebe eine ursprüngliche, unzeitliche und durch Textanalyse restituierbare Gegenwärtigkeit oder Vertrautheit zumindest eines Sinns mit sich und bei sich selbst (...)", Manfred Frank: Das Sagbare und das Unsagbare. Studien zur deutsch-französischen Hermeneutik und Texttheorie, Frankfurt/M. 1989, S. 208; vgl. auch Jacques Derridas Einbindung des Sinnmoments in die Dekonstruktionstheorie, in der Zeichen und 'Sinn' ins Zentrum seines Schriftbegriffs gestellt sind: „Diese Bezugnahme auf den Sinn eines außerhalb jedes Signifikanten denkbaren und möglichen Signifikats bleibt abhängig von der Onto-Theo-Teleologie (...) Es gilt also, die Idee des Zeichens durch die Betrachtung der Schrift zu dekonstruieren (...)", Jacques Derrida: Grammatologie, a.a.O., S. 128. Im Zugleich von Vorgängigkeit und Nachträglichkeit, die die Aktualität der Rede hervorbringt, entäußert sie ihre punktuelle Präsenz. Sinn, als das entäußerte Moment, tritt hierbei als Effekt und nicht als „Urheber der Artikulation" (Manfred Frank: a.a.O., S. 146) hervor. Sinn wird in diesen beiden Konzeptionen nicht am sinnlichen Ausdruck festgemacht, der auf den intelligiblen Sinn verwiese, sondern als das der Rede Entäußerte gefaßt. Er bildet nach Frank die Komponente des Unsagbaren. „Als *ge*-äußerte und *ent*-äußerte tritt die Rede aus ihrer Aktualität heraus: sie desaktualisiert sich. Ihr Sinn überschreitet den Ausdruck und steht fortan zur Disposition.", Manfred Frank: a.a.O., S. 202.

20 Die Verabschiedung des Subjekts als Konstituente der Moderne macht Jochen C. Schütze auch für Robert Walser geltend: „Merkwürdig ist die Verspätung, mit der das Subjekt als Inbegriff der anthropozentistischen Epoche heute noch einmal verabschiedet wird. Radikale Denker der Moderne wie Nietzsche und Freud haben das bereits vor einem Jahrhundert getan (...) und die Literatur der Moderne erzählt über weite Strecken die Geschichte seiner Abdankung. Anton Reiser, Flauberts desillusioniertes junger Mann, Kafkas und Robert Walsers verschwindende Figuren, Camus Fremder (...)", Jochen C. Schütze: Überlegungen zum Status des Subjekts nach der Moderne, in: Postmoderne – globale Differenz, hrsg. von Robert Weimann und Hans Ulrich Gumbrecht, Frankfurt/M. 1991, S. 323; (siehe auch Ende Anmerkung 2).

21 Nach Luhmann entfaltet der Vorgang, zu unterscheiden zwischen bspw. Semantik und Struktur oder Operation und Beobachtung immer eine Paradoxie, derart, daß diese Unterscheidungen

eine der Operation selber sind, weil sie auf der „Unterscheidung des Beobachters" gründen. Dem Vorwurf, mit der Beobachtung zweiter Ordnung einen scheinbaren Freiraum der Beliebigkeit zu öffnen, hält Luhmann die notwendige Paradoxie der immer gegebene Systemimmanenz entgegen. Die Eigenschaft der Unterscheidung, sich selber zu enthalten, bedeutet auf das System Kunst bezogen, die Selbstlimitierung aller Formen der Beobachtung der Beobachtung oder der betrachteten Beobachtung, die er in der Kunst der Moderne realisiert sieht: „Die Autonomie der Kunst besteht (...) darin, daß sie sich nur noch selbst limitiert. Das letzte Kriterium bleibt: ob es dem Beobachten gelingt, zum Beobachten zu verführen. Das System verwendet zwar in der Poesie Worte, in der bildenden Kunst Materialien, im Tanz Körper, die auch sonst vorkommen, und baut damit externe Referenzen ein (...), aber es diszipliniert sie durch die interne Verwendung, die aber am Ermöglichen der Formenbeobachtung ausgerichtet ist.", Niklas Luhmann: Beobachtungen der Moderne, Wiesbaden 1992, S. 121.

22 Robert Walser: Die Einladung, in: Sämtliche Werke in Einzelausgaben, a.a.O., Bd. 4, S. 79f.

23 Abgrenzend sei in diesem Zusammenhang darauf hingewiesen, daß Guido Stefani in seiner Untersuchung zum Spaziergang bei Robert Walser, siehe Anm.4, im Falle einer solcherart gesetzten Beziehung zwischen Natur und Denken von einem Gedankenspaziergang spricht. Andere Walser-Forscher stimmen dieser Deutung zu.

24 Im Zusammenhang des Begriffs der Aura heißt es bei Walter Benjamins von der Aura der „natürlichen Gegenstände(n)": „Diese letzteren definieren wir als einmalige Erscheinung einer Ferne, so nah sie sein mag", Walter Benjamin: Das Kunstwerk im Zeitalter seiner technischen Reproduzierbarkeit, in: a.a.O., Bd. I,2, Werkausgabe Bd. 2, S. 474-508, hier S. 479.

25 Hans Blumenberg: Die Lesbarkeit der Welt, a.a.O., S. 13.

26 So Harold Bloom: „Präsenz ist ein Versprechen, Teil der Substanz dessen, was man erhofft, ist die Evidenz der Dinge, die man nicht sieht.", Harold Bloom: Kabbalah and Criticism, New York 1975, S. 122.

27 Robert Walser: Der Räuber, in: Sämtliche Werke in Einzelausgaben, a.a.O., Bd. 12, S. 44.

28 Ebd.

Karl Kraus und die Moderne

Gilbert Carr

Karl Kraus polemisierte nicht nur – wie in seiner „Erklärung" vom Juni 1912 gegen den Futurismus der Zeitschrift *Der Sturm* (F 351/353, 1912, 53f.)[1] – gegen allerlei „Ismen", Moden, Gruppierungen, Parteien, allerlei inszenierte literatur-politische Aktionen; er unterzog die programmatischen wie die journalistischen und belletristischen Phrasen seiner Sprachkritik. Seine negative Einstellung zu Richtungen wie Jung-Wien, Expressionismus, Dadaismus, zum modernen Kanon, zum Roman, haben Literaturhistoriker gegen die Verknüpfung „Karl Kraus und die Moderne" auf verschiedene Art voreingenommen. Kraus wurde in den sechziger und siebziger Jahren als Sprachsatiriker etwa gleichzeitig mit Nestroy, als „traditionell" österreichischer Sprachdenker, neu entdeckt.[2] Eine Richtung der Krausforschung hat ja die geistige und moralische Erhabenheit des Einzelgängers Kraus über die Zeitströmungen betont,[3] oder, daran anknüpfend, ihn in eine österreichische Tradition der Verklärung der Vergangenheit, ob des Vormärz ob jener „figürlichen Achtziger Jahre" (F 462/471, 1917, 183) des alten Burgtheaters gestellt.[4] Sein Bekenntnis zum „Ursprung" ist aber zu oft als ein absolutes, ohne Bezug auf die polemisch-funktionelle Eingliederung aufgefaßt worden.[5] Diese wird schon in seinem „Bekenntnis" als „einer von den Epigonen, die in dem alten Haus der Sprache wohnen" (F 443/444, 1916, 28), bei der paradoxen Betonung des Kämpfer-Mythos statt des Nachahmers im Worte „Epigone" sichtbar.

Das polemische Temperament Kraus' hat nicht nur die von ihm beklagte „Hysterie" seiner abtrünnigen expressionistischen Anhänger (F 381/383, 1913, 46) gesteigert, sondern auch den wissenschaftlichen Zugang erschwert. Die Jung-Wien-Forschung hat ihm dessen „Demolierung" überhaupt so übelgenommen, wie die Heine-Forschung ihn als einen willkürlichen, reaktionären Literaturkritiker oder Publizisten gescholten hat.[6] Doch es kann trotz der Häufigkeit seiner satirischen Reaktionen auf die Moderne immer noch verfehlt sein, ohne weiteres nur von den „Fehlurteilen" des „Kritikers" Kraus zu reden.[7] Denn dabei wird über seine unsystematische Beschäftigung mit der modernen Literatur, seine positive Einschätzung Strindbergs, Wedekinds und Brechts, Altenbergs, Trakls und Lasker-Schülers, seine Förderung von Schönberg und Kokoschka oder von den Frühexpressionisten um 1910/1911 hinweggesehen.[8]

Sicher haben seine Einschätzungen kein konsequent „modernes" Konzept verwirklicht.[9] Aber auch bei der Bestimmung der Wiener Moderne geht Jacques Le Rider über ein enges Moderne-Konzept hinaus, das etwa die Befolgung einer zukunftsträchtigen Theorie oder eines literarischen Programms voraussetzt, indem er ihre relative Programmunabhängigkeit hervorhebt.[10] Man stößt sich heute immer noch allzusehr an Kraus' naiver, sicher programmungemäßer Bezeichnung von Hauptmann *und* von Hofmannsthal als „Naturalisten" (FS I,12; I,15),[11] obwohl die dem Naturalismus und dem Ästhetizismus zugrundeliegenden Gemeinsamkeiten inzwischen etwas sichtbarer geworden sind.[12] Kraus hat aber auch den Naturalismus – später, unauffälliger als Hermann Bahr – überwunden. Er wendete sich gegen „das moderne Milieumisère mit ihren vertrackten Echtheiten" (F 114, 1902, 1) und bemängelte den Verlust an Perspektive beim naturalistischen

Berliner Bühnenstil (F 43, 1900, 21). Aber er schätzte erst recht explizit Beispiele für die dramatische Auseinandersetzung mit dem „modernen" Zeitstoff, wie Karl Schönherrs *Sonnwendtag* (F 102, 1902, 16f.) oder Ludwig Thomas *Die Localbahn* (F 129, 1903, 1); bei minderwertigen Zeitstücken stellte er jedoch fest, daß für den aktuellen Stoff noch keine geeignete Form vorhanden sei (F 102, 1902, 17). Erst als er Wedekinds „tiefe Erkenntnis, die die tragische Kluft zwischen blühenden Lippen und bürgerlichen Stellungen begreift" für die einzige erklärt, „die eines Dramatikers wert ist" (F 182, 1905, 2), hat Kraus die Überwindung nicht nur einer überlebten Tradition der Geschlechtsdramatik, sondern des Naturalismus *und* des Ästhetizismus durch ein gesellschafts- und bewußtseinskritisches Dramenmodell bejaht, dessen Sprache „Weltanschauung und Theateranschauung zu absoluter Kongruenz" bringe (F 182, 1905, 11).

Gerade der Zusammenhang seiner Moderne-Kritik mit seiner Zeitgebundenheit und seiner Sprachkunst, die Interaktion zwischen Traditionalismus und Modernismus, zwischen literarischer Rezeption und Produktion sind bis heute zu wenig erforscht worden. Bei seiner „Kunst gegen heute" (F 360/362, 1912, 22) muß man deren Form berücksichtigen, die sie über das Heute hinausretten sollte, aber wohl enger mit der Zeit, mit der Moderne zusammenhängt, als man bisher erkannt hat. In Le Riders mentalitäts- und ideologiegeschichtlichem Zusammenhang – die Wiener Moderne als Krise der Identität, Krise der Geschlechterrollen und Krise der jüdischen Identität – erscheint Kraus als einer der „anti-modernen Modernen".[13] Nur wird in Le Riders Einzelanalysen gerade die Leistung der Moderne allzu sehr reduziert, wenn die Sprachreflexion, die die Identitätsfrage mit einem Sinn für moderne Bewußtseinsstrukturen verbindet, als Abfallprodukt ideologischer Vorurteile hingestellt wird. Der Versuch, Kraus' Sprachkritik als Symptom des „jüdischen Selbsthasses" zu erklären, hat zu den übertriebensten postmodernistischen Mißdeutungen geführt.[14]

Schon nach 1903 hatte sich der engagierte Ethiker Kraus, dessen Vorbild Maximilian Harden gewesen war, zum „Ästheten" gewandelt – etwa in entgegengesetzter Richtung zu Heinrich Mann, der sich zum Aktivismus durchrang. Bei der Entstehung von „Heine und die Folgen" setzte er sich mit Manns Essay „Voltaire – Goethe" (im März 1910 als Manuskript unter dem Titel „Frankreich" der *Fackel* vorgelegt) auseinander, wollte aber trotz politischer Unterschiede den Künstler Heinrich Mann weiter schätzen (F 300, 1910, 18f.). Dieser Ästhetizismus leitete die sogenannte reaktionäre Phase von Kraus ein: Er verdammt zwar wie der George-Kreis die Presse und die Demokratie, er lehnt sich zwar heftig gegen nivellierende Tendenzen, gegen den liberalen Reformismus auf, nur nicht so konsequent reaktionär wie die „Kultur"-„Zivilisation"-Antithetiker Chamberlain und Thomas Mann.[15]

Kraus' literarische und kulturkritische Urteile sind zwar von Antithesen geprägt, aber es handelte sich hierbei nicht immer um dualistische Kontraste von Wert und Unwert. Vielmehr seien „der Politiker" und „der Ästhet (...) gleich weit vom Leben" (F 261/262, 1908, 13). Sogar in „Heine und die Folgen" wird nicht deutsche „Kultur" gegen französische „Zivilisation" ausgespielt, sondern es werden „zwei Richtungen geistiger Unkultur" (F 329/330, 1911, 6) gegenübergestellt. Als er während des Weltkriegs die recht distanziert so bezeichnete „zum Krieg aufgebrochene Antithese" zugunsten der französischen Lebensform entscheidet, sieht er sowohl die „Zweckhaftigkeit" als auch die „Kultur als Aufmachung" in der deutschen verkörpert (F 462/471, 1917, 76). Die Antithese blieb bei ihm ein bevorzugtes Strukturmittel – wie die Dialektik von Nörgler-Optimist in *Die Letzten Tage der Menschheit* zeigt.

Auch bei Kraus sind solche Schemata ein Zeugnis dafür, wie sehr er dem lebensphilosophischen Geist der Moderne verhaftet war. Kraus stimmt mit Weiningers Ablehnung der Charakterlosigkeit des impressionistischen Zeitgeistes überein,[16] auch mit Richard Hamanns Feststellung in *Der Impressionismus in Leben und Kunst* (1907) von einer „Überwucherung des Dekorativen im Leben";[17] auch sonst entspricht Hamanns Impressionismus-Diagnose der Kritik Kraus' an Bahr, an Hofmannsthal oder an Heines „Folgen". Aber andere von Hamann aufgeführten Merkmale deuten eine wenigstens *formale* Verwandtschaft Kraus', der von Hamann auch gar nicht genannt wird, mit der impressionistischen Lebensphilosophie an, eine ähnlich widersprüchliche Verwandtschaft wie die des „ritterlichen" Idealisten Nietzsche zu ihr.[18]

Die gestaltende Kraft, die der Impressionismus an der Erinnerung[19] schätzt, gibt keine äußere Form[20] – die scharfen Umrisse werden aufgelöst, die Assoziationen verleihen dem „Augenblick" den Lebenswert, aber keinen „Zusammenhang". Auch Kraus schätzt das „lebendige Wort" und die Gebärdensprache,[21] Einzelszenen und Nuancen[22] statt der äußeren Form des Dramas, aber er verhält sich dem Text gegenüber nicht willkürlich im impressionistischen Sinn.[23] Obwohl Kraus' Stil im allgemeinen nicht als impressionistisch gelten kann, schätzt er besonders die lyrische Eindruckskunst einzelner moderner Dichter wie die Liliencrons und Altenbergs. Während die Impressionisten mehr als auf Wahrheit oder die Klarheit[24] hohen Wert auf die Anschauung als Zeugnis der Lebensunmittelbarkeit der künstlerischen Steigerung legen, bescheinigt Kraus, der im allgemeinen die ethischen und logischen mit den sinnlichen Werten zu vereinbaren versucht, Liliencrons „nachdenkende(r) Heidelandschaft im Sommermittag" die „Plastik einer Naturanschauung, von der sich zur Seele kaum sichtbare Fäden spinnen" (F 329/330, 1911, 20). Schon der neunzehnjährige Kraus hatte eigens versucht, die „Anschauung" impressionistisch festzuhalten, als er Liliencron vom Bahnhof Attnang um „5 Uhr früh" eine Postkarte schrieb.[25]

Während der Impressionismus relativistisch wirkte, indem er die Unmittelbarkeit statt des aufklärerischen Vermögens der historischen Darstellung pflegte und bekannten historischen Figuren und dem zeitlos Typischen weniger Wert beimaß,[26] definierte Nietzsche das „Pathos der Distanz" als „der Wille, selbst zu sein, sich abzuheben",[27] und er versuchte, eine Werthierarchie der Vornehmheit[28] zu stiften, in seiner Kontrastierung eines „aufsteigenden Lebens" mit dem „absteigenden", des Reichen mit den Armen am Geiste,[29] neue Werte zu schaffen. Auch Kraus setzt den erhabenen Wertmaßstab einer idealisierten Monarchie (F 113, 1902, 23), der großen Persönlichkeit eines Bismarck (F 264/265, 1908, 2) oder der fast übermenschlichen Leistung großer Burgschauspieler (F 391/392, 1914, 31-40). Er ergänzt idealtypisch die weibliche Sinnlichkeit durch das als männlich aufgefaßte „erotisch" schaffende Genie (F 211, 1906, 27). Aber wie bei Wedekind der Sexualtrieb als „Gegenbild" zur „Erstarrung", zur mechanischen,[30] allzu rationalistischen Gesellschaft im lebensphilosophischen Sinne bejaht wird, klagt Kraus ein perverses Rechtssystem an, „wonach Männer, deren Leben eine prolongierte Gymnasialzeit ist – mit guter Sittennote, vielen Büchern und einem Weib – Sexualgesetze schaffen und auslegen, als Familienväter verkappte Vorzugsschüler zu Ordnern im Chaos des Geschlechtsverkehrs bestellt sind" (F 165, 1904, 9). Zu den Ausnahme- und Kontrastfiguren, die Kraus, als Verkörperungen höchster Erlebnisfähigkeit und Echtheit, den die individuelle Freiheit hemmenden „lebensfeindlichen Kräften"[31] entgegenstellt, gehören seit 1902 etwa Prinzessin (F 166, 1904, 1-21) oder Prostituierte (F 211, 1906, 1-28), als Beispiele für die „Anderswertigkeit der Frau" (F 169, 1904, 7), „das Selbstbestimmungsrecht weiblicher Sinne (...), die Anmut des Frauenkörpers" (F 166, 1904, 20f.), die es gegen „Verkrüppelung" durch eine „moralische Bande", die „die Menschheit strangulieren möchte" (F 166, 1904, 20f.), gegen bürgerliche Lüge und Konvention zu verteidigen gilt.

Besonders seine Kritik in *Sittlichkeit und Kriminalität* (1908) an der Doppelmoral, an der Unmenschlichkeit von erstarrten gesellschaftlichen Einrichtungen, die die freie Entfaltung der Persönlichkeit und neuer Werte verhindern, knüpft an Nietzsche an, aber ohne die Kritik an der Genealogie dieser Moral zu übernehmen. Nietzsche war Vorbild für die Bekenntnisse Kraus' zur Erlebnisfähigkeit des sich voll einsetzenden Künstlers, mit Berufung auf die Mahnung Zarathustras: „Schreibe mit Blut: und du wirst erfahren, dass Blut Geist ist." (F 108, 1902, 2)[32] Kraus' Urteile erheben Anspruch auf Legitimität, gerade durch den subjektiven Einsatz der „ganzen Person", wie es auch von Dilthey gefordert wurde.[33] Solche Selbstdarstellung, die einer ganzen Erlebnis- und Leidenschaftsskala fähig ist, entsprach dem Selbstverständnis, Teil des Lebenszusammenhangs[34] zu sein, dem von Dilthey betonten Erlebniswert von Urteilen.[35]

Trotz Kraus' heftiger Ablehnung der jung-wiener Dekadenz scheint die unpersönlich formulierte Erkenntnis: „Die Kraft verblüht, die nicht gezwungen ist, aus sich selbst zu schaffen" (FS II, 45) auf den ersten Blick eine für die Jahrhundertwende typische künstlerische Ohnmacht gegenüber der Fülle der umgebenden Natur zu bezeugen. Aber es gibt bei Kraus sonst kaum einen Beleg für eine Sprachkrise, wie sie im „Chandos-Brief" Hofmannsthals[36] zum Ausdruck kommt. Kraus' Sprachglaube scheint alles andere als das Zeugnis einer persönlichen Krise zu sein, so wie es auch trotz seines heute behaupteten Antisemitismus wenige konkrete Belege für eine auf sein Judentum zurückzuführende Identitätskrise gibt.[37]

Schon die gegenüber Maximilian Harden am 13. Juli 1897 geäußerte Ratlosigkeit, wie denn eine notwendige satirische Beziehung zur Politik herzustellen sei,[38] trägt in sich eigentlich die Lösung – *daß* es eine satirische Perspektive gebe. Edward Timms betont gerade Kraus' Anlehnung an Archetypen aus der Tradition der literarischen Satire.[39] In „Die Hetzjagd auf das Weib" bezieht Kraus seine Perspektive auf die Gesellschaft explizit aus der satirischen Vision Juvenals: „'Dat veniam corvis, vexat censura columbas'. Das ist das perspektivischeste Wort, welches Juvenal geprägt hat: es trifft die Sexualheuchelei der Gesellschaftsordnungen, die Männermoral der Generationen bis ans Ende der Welt." (Kraus übersetzt frei: „Alles verzeihen die Sittenrichter den Raben und peinigen die Tauben") (F 153, 1904, 10f.). Das Bekenntnis zur Tradition schließt so wenig wie sonst bei Kraus eine moderne Intertextualität aus. Der stolze Anspruch auf die Zeitlosigkeit, hier Maßstab der erreichten Erkenntnis, entspricht einer apokalyptischen, wohl antimodernen Denkstruktur; aber er beruft sich ferner auf seine eigene Findergabe, seinen Sinn für Kontraste, für die Ungleichzeitigkeit der Gleichzeitigen, da er zwei kontrastierende Belege für die Hetze auf die sinnliche Frau Spalte an Spalte voranstellt: „Die beiden Zeitungsnotizen, die ich hier zusammenstelle, habe ich an demselben Tag gefunden." Was hier als glücklicher Fund bezeichnet wird, ist schon der Ansatz für die Glossentechnik Kraus', in der ein dem Nietzscheschen vergleichbarer Perspektivismus, „vermöge dessen jedes Kraftzentrum – und nicht nur der Mensch – *von sich aus* die ganze übrige Welt konstruiert",[40] zum Maßstab des Zustands der Welt wird.

Adolf Loos' Darstellung des „Nachzüglers" als Verkörperung des Wiener Anachronismus[41] dürfte auch die widersprüchliche Stellung des misanthropischen „Nörglers" Kraus kennzeichnen, dem seine „Epoche nicht gefällt".[42] Aber sogar Kraus' Ablehnung der Wiener Gemütlichkeit durch die fingierte Anzeige eines anonymen „Stammgasts" (F 339/340, 1911, Umschlag) paßt trotzdem durchaus in ein Loossches Konzept der Rationalität hinein.

Die Behauptung, Kraus hätte die moderne Zivilisation gänzlich abgelehnt,[43] läßt sich nicht nur mit biographischen Hinweisen – sein Fliegen, sein Autofahren oder seine Rundfunksendungen – widerlegen. Kraus' Einverständnis mit Oscar Wildes *Der Sozialismus und die Seele des Menschen*[44] bedeutet eine für das herkömmliche Bild des Polemikers Kraus bemerkenswerte relativistische Anerkennung der historischen Notwendigkeit moderner Errungenschaften (mit Ausnahme der Presse), die ihm außerdem schon bei Peter Altenbergs Zivilisations-Ästhetizismus begegnet war.[45] Kraus wußte sich mit Wildes Bekenntnis zum Sozialismus einig, da auch er die Technik, die staatliche Verwaltung der Lebensgüter und der Arbeit als Voraussetzungen für einen Lebensstil bejahte, der den Menschen von den alltäglichen Sorgen der Arbeitsgesellschaft befreien könnte, damit er zum Genuß der Kultur, der Kunst, zur „Seele" zurückfinde. Der Erste Weltkrieg hingegen bedeutete die letzte Konsequenz einer Politik, „die den Menschen zum Mittel macht" (F 514/518, 1919, 46).

Auch Nietzsches Kritik der modernen Zivilisation – „Die Presse, die Maschine, die Eisenbahn, der Telegraph sind Prämissen, deren tausendjährige Conclusion noch Niemand zu ziehen gewagt hat"[46] – gibt Kraus Motive vor: der unter Zeitdruck gehetzte moderne Kapitalist, der „mit der Uhr in der Hand" denkt, wie er „zu Mittag ißt, das Auge auf das Börsenblatt gerichtet",[47] für das Kriegsgedicht „Mit der Uhr in der Hand" (F 445/453, 1917, 150), und die „Prostitution des Geistes", die bei Nietzsche der „gemeinen" Politik und der „Partei- und Tagesliteratur" dient,[48] eine Lieblingsmetapher Kraus' für den Journalismus. Zu Kraus' großen Themen gehört zwar der Zusammenhang von Technik, Zerstörung der Umwelt und Unmenschlichkeit der modernen Kriegsführung, aber schon 1898 hatte ihm die großstädtische „Sachlichkeit" Berlins (II, 204) als Folie für seine Wien-Satire gedient. Im September 1897, in einer Zeit, wie er meint, wo andere Städte längst elektrisch beleuchtet wären, beobachtet er bei den Grabungen für die ersten Gasleitungen in Wien ein Straßenchaos, einen „seltsame(n) Belagerungszustand: Wien, das sich gegen den Ansturm der Vernunft vertheidigt" (II, 98). Mit dieser Umkehrung des Topos der Türkenbelagerung 1683 meint er eine Barbarei, die *in* Wien schon endemisch sei. Auch im April 1898 sucht er nach einem modernen Deus-ex-machina, der mit der beschränkten „Weltanschauung des Bezirks" dieser Millionenstadt aufräumen könnte: „Ich erwarte mir von der Stadtbahn, deren Ausbau vor der Hand noch viel Gerümpel des alten Wien zusammenwirft, eine gründliche Sanirung unserer Verhältnisse" (II, 204). Seine Auffassung der topographischen „Sanirung" als Symbol einer radikalen Umwälzung und die satirische Betonung der irrational-rückschrittlichen menschlichen Fehler auch bei „progressiven" Verkehrsmitteln (II, 98f.) ist mit Adolf Loos' gebrauchsästhetischer Kritik an öffentlichen Einrichtungen in der „potemkin'schen Stadt" der Ringstraße verwandt.

Schon 1903 behauptete Kraus, die wahre Funktion der Journalistik sei die sachliche, von aller „literarischen" Stilprätention entblößte Informationsvermittlung (F 136, 1903, 18). Eckhardt Köhn erkennt für den Zusammenhang der journalistischen Produktion und der modernistischen Ästhetik den Einfluß der Krausschen Pressekritik als maßgebend, geht aber nicht auf den zwischen Kritik und „kleiner Form" bei Kraus selbst ein.[49] Wenn man wie Le Rider Baudelaires Betonung des „Vorübergehenden", des „Entschwindenden", des „Zufälligen" unqualifiziert als Wegweiser für eine Aufeinanderfolge von jeweils modernen Kunststilen auffaßt,[50] scheint das den „Überwinder" Hermann Bahr zum Vertreter der modernen Ästhetik zu machen, deren Gegner Kraus dann wäre. Aber da Baudelaire selbst es für unentbehrlich hält, daß die schnelle Bewegung „in der tagtäglichen Metamorphose der äußeren Dinge" vom Künstler „die gleiche Geschwindigkeit in der Ausführung" verlange,[51] so erscheinen nicht nur Analogien wie Egon Friedells Zurückführung von Peter Altenbergs literarischer Ökonomie, „immer nur das allernötigste zu sagen", auf das „Zeitalter der Telegraphie, der Blitzzüge und der Automobildroschken"[52] suggestiv. Auch Kraus' Kunst der „Verdichtung" (F 757/758, 1927, 18) in Aphorismen und Glossen, Gattungen, die wenige äußere formale Merkmale aufweisen, konnte in Aperçus den durch den Umgang mit neuen Einrichtungen verursachten Strukturwandel des Bewußtseins beleuchten.

Bei der Gründung der *Fackel* (1899) fragt Kraus anläßlich der schnellen Ablösung der Politiker während der parlamentarischen Krisen jener Jahre in Österreich-Ungarn nach der Gültigkeit der „individualistischen Auffassung" der Geschichte, da die „standrechtliche" Verurteilung von Ministern durch die „Zeit" historische und politische Größenverhältnisse in Frage stellt (F 1, 1899, 12). Dann erfaßt er den Schein der automatischen Kausalität im kulturellen Bereich im Bild einer „Epoche der Zündhölzchen-Automaten (...) eine Epoche des automatisch erzeugten Ruhmes und der sich selbst enthüllenden Monumente" (F 1, 1899, 12f.). Der Zusammenhang – die politische Fragestellung *und* die kulturkritische Analogie –, der eine Stelle in Walter Benjamins Baudelaire-Studien vorwegnimmt,[53] bestimmt Kraus' Abweichung von der rationalistischen politischen Publizistik (etwa Hardens) sowie seinen (von der konventionellen Poetik als „publizistische" Beschäftigung mit dem ungeadelten Stoff der Zeit mißverstandenen) Ansatz, durch eine „Symbolik der Tatsachen"[54] über den Inhalt hinaus die Diskursform zu beleuchten.

Kraus' Gleichgültigkeit gegenüber der Politik entspricht nicht so sehr der Weltfremdheit der jung-wiener Ästheten als vielmehr dem Urteil Zarathustras: „Freiheit brüllt ihr alle am liebsten: aber ich verlernte den Glauben an 'große Ereignisse', sobald viel Gebrüll und Rauch um sie herum ist."[55] Fast als Programm für Kraus' Pressekritik erscheint Nietzsches Verlegung des Schwerpunkts von den „wirklichen" Ereignissen auf die vielfachen, auch die irrigen Reaktionen darauf; von der „sogenannten Weltgeschichte" mit „Helden" auf die „Meinungen über vermeintliche Handlungen und deren vermeintliche Motive, welche wieder Anlass zu Meinungen und Handlungen geben, deren Realität (...) nur als Dampf *wirkt*".[56] Kraus hat zwar mit Nietzsches sprachlicher Erkenntniskritik nichts gemein, wohl aber etwas mit Thesen wie: „Jede Philosophie *verbirgt* auch eine Philosophie; jede Meinung ist auch ein Versteck, jedes Wort auch eine Maske",[57] die erst die poststrukturalistische Sprach- und Ideologiekritik ernstgenommen hat.[58]

Die demolirte Literatur kennzeichnete die Treibhausatmosphäre der jung-wiener Dekadenz vor allem im Konsumverhalten der Literaten;[59] Kraus brauchte bei den Kunstbeflissenen bloß das, was körperlich oder materiell von ihrem Sinn für Höheres störend ablenkte, hervorzuheben, um sie wie Beispiele aus Henri Bergsons Le rire lächerlich zu machen.[60] Aber Bergsons Sinn für das latent Komische liefert nicht nur in der „Vermummung" des gesellschaftlichen Zeremoniells,[61] in „automatischen" Amtshandlungen[62] einen lebensphilosophischen Zusammenhang für die „satirische Beziehung" zur Gesellschaft, die Kraus gesucht hatte; Bergsons stotternder „Richter-Apparat", der eine „moralische Engstirnigkeit" verrate,[63] oder die stereotypen Phrasen, die einmal „abgelöst von dem, der sie ausspricht", den Zitierten einer lächerlichen Anfälligkeit für den Automatismus überführen,[64] lassen darauf schließen, wie die Analogie einer Kritik der Gebärden und der Sprache aus eben diesem lebensphilosophischen Gegensatz auch bei Kraus hervorgehen konnte.[65]

Während bei den Impressionisten der Lebensgehalt der Kunst, das durch Kunst verklärte Leben, Schlüssel zum Dasein wird, benutzt Kraus die gleiche Ästhetik, um den banalsten, minderwertigsten Lebensstoff in einem künstlerischen Durchgeistigungsprozeß satirisch zu „vernichten". Die Kraussche Sprache, die einige von Hamann aufgeführte Stilmittel wie Sperrdruck, Parenthesen, Ausrufungs- und Fragezeichen und eine wechselnde Tonskala aufweist,[66] ist zwar vom Prinzip des gedanklichen Belebens geprägt,[67] aber ihre ästhetische Wirkung erzielt sie nicht willkürlich mit Bildern aus Kunst- und Bildungsstoff, sondern intertextuell aus der Logik der sprachlichen Vielschichtigkeit selbst, wie in der Glosse

Stilblüten sammeln
sollte nur, wer ein Liebhaber ist. Sie auszujäten zeugt von einem schlechten Geschmack, von einem, der da wünscht, daß in der Zeitung nur korrekte Phrasen wachsen. Stilblüten sind die glücklichen Ausnahmen, denen wir in der Wüste der Erkenntnis begegnen. Und ist es nicht von einer ergreifenden Symbolik, wenn einer Zeitung der Satz gelingt: 'Sterbend wurde sie ins Spital gebracht, wo sie einem toten Kind das Leben gab.' Geschieht das nicht unser aller gemeinsamen Liebsten, der Kultur? Sterbend wurde sie in die Redaktion gebracht und gebar die Phrase. Ach, wer doch dem toten Kind das Leben gäbe! Er würde die Mutter retten. (F 347/348, 1912, 7)

Bei allem Wechsel des Tons zwischen Zeitungszitat, scherzhafter (Selbst)parodie, aphoriastischem Wortspiel und Pathos, bei allem vernichtenden Kulturpessimismus, wird hier ein überraschend neuer Zusammenhang von Sprache und Inhalt hergestellt, indem eine konstative Aussage in eine performative umgesetzt wird.[68]

Die lebensphilosophische Antithese, die diesem und anderen Kraus-Texten zugrundeliegt, scheint nicht zufällig zu sein. Auch lebensphilosophische Topoi des „Neubeginns",[69] der Rückkehr zum Ursprung, zur Dynamik und Natürlichkeit der sexuellen Urtriebe[70] prägen sein Werk. Auf den Topos der wiedergewonnenen Unschuld, den „Stilblüten sammeln" verarbeitet, greift Kraus in verschiedener Weise, bei der Wiederherstellung „geschändeter" Texte aus dem Kanon, der Rehabilitierung fälschlich entehrter oder bloß verunglimpfter Künstler und Denker, der Verteidigung wegen „Unsittlichkeit" gehetzter oder wehrloser Frauen, zurück. Der Topos liegt nicht zuletzt der Metapher der eigenen Kreativität zugrunde, wobei die satirische Negation „korrupter" Sprache eine Neubelebung der Sprachmöglichkeiten in seinem Text bedeutete.

Auch einem Aphorismus wie

Einen Aphorismus kann man in keine Schreibmaschine diktieren. Es würde zu lange dauern.[71]

der den aphoristischen „Gedanken" von einem diktierbaren „Meinungsinhalt" poetologisch abgrenzt, aber mit dem Paradox zwischen des „Witzes Kürze" und der „langen" Entstehung spielt, liegt ein lebensphilosophischer Gegensatz zwischen Geist und Maschine (durch die Antithese „*Einen* Aphorismus" / „*keine* Schreibmaschine" noch gesteigert) zugrunde, dem man bei der „Druckfehler"-Thematik Kraus' (F 293, 1909, 26) oder in seiner Anspielung auf Edgar Allan Poes Strafphantasie (F 241, 1908, 18f.) begegnet, die etwa Kafkas In der Strafkolonie vorwegnimmt. Aber der aphoristisch-skeptische „Geist", dem ein künstlicher oder gar mechanischer Abschluß des „offenen" Schaffensprozesses widerstrebt, weiß selbst den Prozeß abrupt abkürzend, eben „geistvoll", mit einem lakonischen Wechsel der metasprachlichen Ebene abzuschließen. Denn die Parodie der Leistungsansprüche der modernen Büroarbeit (daß es „zu lange dauern" würde), die den Gegensatz zwischen Kultur und Geschäft untermauert, wirkt überraschend, gerade indem sie, statt den ersten Satz diskursgerecht mit einer poetologischen Näherbestimmung der Gattung zu begründen, statt bloß über die Sprache zu reden, mit dem Wortlaut gleich den Beweis erbringt, nämlich die für die aphoristische Kunst notwendige verkürzende Vollendung.

Besonders die Aphorismen zeugen von der Spannung zwischen Tradition und Moderne in Kraus' Schaffen. Der Kraus-Kenner Otto Stoessl, der einen Maßstab der Monumentalität an die kleine Form des Aphorismus anlegte,[72] um den Moderne-Gegner Samuel Lublinski für Kraus zu gewinnen, stufte den „in seinen Formen" höchst reichlich fruchtbaren, von „souveräner Willkür" geprägten Kraus in die Ahnenreihe der „Skeptiker" Nietzsche und Champfort ein.[73] Unsere Analyse bestätigt, daß diese Verwandtschaft der Modernität nicht widerspricht. Kraus' poetisches Ziel – daß die prägnante Form ihr eigener sprachkünstlerisch geläuterter Inhalt sei, ganz „Gedanke" werde (F 229, 1907, 11) – entspricht zwar der Synthese von Form und Inhalt, die auch die traditionelle Ästhetik fordert. Aber seine „Synthese" stellt nicht die klassische Ruhe oder die bürgerliche Stabilität, nicht einmal eine „prästabilierte Harmonie" her;[74] auch seine Aphorismen sind Produkte verstreuter „Anlässe", eines Bewußtseins, das die Wirklichkeit zwar in ihrer Zusammenhanglosigkeit wiedergibt, aber dabei eine eigene vielseitige „Souveränität" besitzt, die auf Intensität und Konzentration, auf die dialektischen Mittel, auf Kontraste und Antithesen hin angelegt ist.[75]

Der aphoristisch-skeptische „Geist" ist ein labiles, empfindliches, dem Sinnlichen aufgeschlossenes Bewußtsein. Die Parallele zwischen Adolf Loos' Kritik am Ornament und Kraus' Kritik der Phrase (F 389/390, 1913, 37) ist beispielhaft für einen Durchbruch im Analogie-Denken der Wiener Moderne, wie er auch in der Parallele zwischen Kraus' und Freuds Umgang mit symptomatischen Metaphern zu sehen ist.[76] Wie Freud versteht Kraus sprachliche Zeugnisse als Selbstenthüllungen des Sprechenden (F 15, 1899, 29), den Text als einen Kode mit Subtext (F 111, 1902, Umschlag innen), und er setzt diese kritisch-satirische Erkenntnis auch in seine stilistische Praxis um: „Der Schriftsteller muß sämtliche Gedankengänge kennen, die sein Wort eröffnen könnte, und sich jenen aussuchen, der ihm paßt. Er muß wissen, was mit seinem Wort geschieht. Je mehr Beziehungen dieses eingeht, um so größer die Kunst (...)" (F 256, 1908, 27). Bei Kraus ist dieser Durchbruch der erotisch befreiten Phantasie die Frucht seiner literarischen Werbung um die Befreiung der weiblichen, aber auch männlichen Sexualität. Indem er Metaphern als „die Perversitäten der Sprache" und Perversitäten als „die Metaphern der Liebe" anerkennt (F 256, 1908, 25), fordert er Toleranz und Phantasie in sexuellen Dingen und belebt gleichzeitig die Sprache, fordert den Leser heraus, der Logik ihres Assoziationsreichtums zu folgen, die überraschende Parallelen mit der „Sache" aufzuweisen vermag.

Bergsons Methode, eine Phrase in der „Falle der Sprache"[77] zu „fassen" und gegen den Sinn des Redners aussagen zu lassen, setzte, ebenso wie die komische Isolierung der Gesten von den sinnvollen Handlungen, in denen sich „der ganze Mensch" offenbart,[78] eine ähnliche Entfremdung des Geistes voraus, wie sie Kraus satirisch im Pressediskurs belegt. Entgegen dem Einverständnis der Zeitungsleser mit dem „Fluß" der Nachrichten fixieren und enthüllen Kraus' Glossen einen Sprachgebrauch, der (jeweils) eben beiläufig von der Vorstellung des Verfließens gezehrt hatte. Diese Pressekritik trifft im Grunde noch das Wesen der Medien von heute.[79]

Ausgehend vom lebensphilosophischen Widerspruch zwischen der bewegten Wirklichkeit und dem Eindruck der Erstarrung, den die damals noch neue photographische Erfassung der politischen Persönlichkeiten erweckte, entdeckt die Glosse „Momentaufnahmen" (F 357/359, 1912, 31-34)[80] für die von Kraus dokumentierten Phrasen eine visuelle Entsprechung. Denn während die Journalistik solche nichtssagenden Aufnahmen für Abbilder des Zeitgeschehens ausgibt, fällt ihm die unbeabsichtigte eigentliche Aussage der Bilder dieser Gattung auf – etwa *die Art*, „wie ein Trottel den Reichstag verläßt", als ob er dem Photographen zuliebe „festgewurzelt stehen" bliebe; auch daß die Politiker dem Photoapparat immer „die Schuhsohle" wie in „Fußwohl"-Reklamen zeigen; und daß das Lachen des Deutschen Kaisers scheinbar „regelmäßige Kopfwaschungen mit Pixavon" empfiehlt – wie alle heute Lebenden diese „Mission" zu haben scheinen, „ohne daß sie es selbst wissen" (32f.). Gerade die Ahnungslosigkeit der untergehenden Menschheit, ein Hauptmotiv seiner Kriegssatire, wird hier vorausgeahnt (33), und das satirische Bild der Dummheit hat Ansätze zum gräßlichen Alptraum, zu einem dionysischen „Tanz", den die Momentaufnahme ebensogut belegen könnte wie den „Rundgang" eines Oberbürgermeisters, den der journalistische Begleittext als Bildinhalt behauptet hatte (33).

Da die so erstellte Scheinwelt („Siegfried Wagner eilt zur Probe") jeden kulturellen Inhalt (ob er etwa komponieren könne?) ersetze (33), behauptet Kraus apokalyptisch, „daß wir am Ende der Zeiten stehen und ein höheres Wesen die irdische Schöpfung nicht mehr als das aufgeschlagene Buch, sondern als ein vielfach verhobenes, von Druckfehlern wimmelndes, nur in den Annoncenbildern lesbares, einem kosmischen Abtritt vorbehaltenes Montagsblatt besieht (...)" (32). Das Kontrastbild zur Allegorie der Harmonie wird zwar im Tone des Barockpredigers Abraham a Sancta Clara heraufbeschworen, aber der moderne Mikrokosmos nimmt hier als verstümmelter Diskurs eine Schlüsselmetapher des Poststrukturalismus vorweg.

Kraus beklagt nicht nur polemisch die Lenkung der Menschen durch die Medienkultur, sondern verknüpft gestaltend visionär ihre „Mission", bloß Statisten einer einzigen warenästhetischen Werbungsaktion zu sein, mit den eben dadurch unwesentlich gewordenen Wirklichkeitskategorien des rationalistischen gesellschaftlichen Diskurses in dem die „verkehrte Welt" abwandelnden Topos einer Menschheit, die „wirklich nur tagsüber aus dem Annoncenteil desertiert oder beurlaubt" sei (32). Sein scheinbar versöhnlicher humoristischer Schluß, daß Momentaufnahmen „den Weltgeist auf der Platte" festhalten, ist auch eine parodistische Absage an den Impressionismus, der die Spannung erfuhr zwischen den vitalen „Augenblicken", deren unmittelbarer, ephemerer Lebenswert festzuhalten war, und der Dauerhaftigkeit, deren Erstrebung durch den künstlerischen Ausdruck nun von der Photographie travestierend überholt worden sei.

Kraus' unsystematischer Ansatz in Glossen und Aphorismen, seine These vom unwesentlichen stofflichen „Anlaß" der satirischen Kunst (F 338, 1911, 2) und seine betont kasuistische Geste gegenüber einem solchen „beliebigen" Stoff entsprechen einem impressionistischen Sinn für die „Zufälligkeit des jeweiligen Anblickes und Erlebnisses", für die einleuchtenden „Ähnlichkeiten".[81] Nach Hamann wird die Unmittelbarkeit überhaupt durch Formen wie den Aphorismus, die Antithese und das „verdrehte Zitat" geleistet,[82] ersetzt der Witz ebenso wie Rätsel, Gleichnisse, Sinnbilder die abstrakten Aussagen;[83] aber Kraus verfügt in der negativen Wertung und in der künstlerischen Gestaltung seiner „Anlässe" entgegen ihrer eigenen stofflichen Einzelbedeutung über einen Sinnzusammenhang, der ihn vom Impressionismus unterscheidet.

Seine Erinnerungen an das alte Burgtheater (F 391/392, 1914, 31-40), die Vergangenes und Gegenwärtiges vitalistisch vereinen,[84] wollen auch den *laudator temporis acti* der Zeit entheben. Aber die Erinnerung dient ihm um 1908 (unter dem Einfluß Freuds) als Quelle von Kindheitsmotiven, die er, wie die aus dem Unbewußten geschöpften Träume, Visionen, Halluzinationen, als existentielle Gegenwerte zu seiner Satire, als literarischen Niederschlag der Lebensunmittelbarkeit, in seine Aphorismen aufnahm (F 241, 1908, 9ff.; F 256, 1908, 17f.).[85] Solche „Eindrücke", die von der Außenwirklichkeit gelöst sind, gehören zu den Ansätzen einer expressionistischen Thematik in der Vorkriegs-*Fackel*. Die Gegenwart wird unter dem Zeichen der „Apokalypse" diagnostiziert, das „Chaos" wird begrüßt, da die „Ordnung" versagt habe (F 285/286, 1909, 16); die Zivilisationskritik wird durch die Bejahung des Fremden in Gestalt der sonst gefürchteten Neger oder Chinesen fortgesetzt (F 288/289, 1909, 1-4; F 261/262, 1908, 6); die Naturkatastrophen werden als Rache der Natur an der sie schändenden Zivilisation gedeutet (F 272/273, 1909, 1);[86] in einer Reihe von „Alpträumen" wird die Qual des satirischen Ich in der Wiener Gesellschaft inszeniert, längst bevor der Erste Weltkrieg als „Angsttraum" erlebt wird (F 406/412, 1915, 166f.).[87]

Trotz Traumbildern und Apokalypse-Motiven versuchte Kraus' antirationalistischer Diskurs nicht wie der expressionistische, die Desorientierung des Subjekts gleichzeitig psychoanalytisch zu deuten. Expressionistisch an Kraus ist die Auflehnung gegen einen

„falschen" rationalen Diskurs (in der Poetik wie in der Politik); der subjektive Wahrheitsanspruch wird auch bei ihm in einer hyperbolisch-pathetischen Sprache vorgetragen. Das ist schon 1903 erkennbar, als er die unheimliche Wirkung der Hamburger Aufführung von Oscar Wildes *Salome* wiedergibt:

> Die somnambule Stimmung einer aus Wollust und Grauen bereiteten Vision; das rhythmisierte Tempo des aus schwüler Ruhe zur Katastrophe eines Zeitalters hastenden Fiebertraums; die aus dumpfen Seelen, aus einer Zisterne und aus einem Himmel dräuende Wende zweier Welten, der unsichtbare Galiläer und ein stilisierter Mond, der vom blanken Rund zum scharlachfleckigen Ungetüm alle Phasen irdischen Unheils begleitet, – die Unregelmäßigkeit der aus den Fugen gebrachten Natur: all dies ist auf der Hamburger Bühne, wo die erste öffentliche Aufführung der „Salome" stattfand, möglich gewesen. (F 150, 1903, 11).

Nur bleibt am rhythmischen Höhepunkt des vorletzten Satzteils, bevor an die tatsächliche Verwirklichung erinnert wird, der Schritt zum expressionistischen Chaos aus, da die apokalyptische Unheimlichkeit durch die Anspielung („aus den Fugen") als shakespearisch-schrecklich wieder erkennbar wird.

In den zwanziger Jahren scheint Kraus literatur- und kulturkritisch konservativ zu sein, aber die Sozialdemokratie ist ihm zu kompromißbereit, und er findet bei den Kommunisten Gehör.[88] Er lehnt den konsequenten Ästheten Stefan George ab (F 885/887, 1932, 45-64) und will Shakespeare vor den „Revisoren" von Schlegel-Tiecks Übersetzung retten (F 724/725, 1926, 1-44). Er bekämpft den theatralischen Dekorativismus sowie dessen modernistischen Gegner Erwin Piscator (F 759/765, 1927, 45-75), und sein Theater der Dichtung läßt sich als kulturkonservative Aktion verstehen, seine sonstigen Vorlesungen aber gleichzeitig als wirksames Forum des aktuellen öffentlichen Protests.[89] Aber auch seine Offenbach-Renaissance wird von einigen Schönberg-Schülern als musikalische Anregung rezipiert,[90] und der Form dieses Hörtheaters wurde erst in den zwanziger Jahren von dem Hörspiel technisch entsprochen. Er selbst hat an Radioaufführungen mitgewirkt.[91] Die Form seiner Polemiken schwebte zwischen dem an Kierkegaard anknüpfenden Zeugnis eines Einzelgängers für den Untergang seiner Zeit (F 777, 1928, 16) und einem Engagement, das eine Revolutionierung der literarischen Produktion anregen konnte – Walter Benjamins Paradox des seltsamen Wechselspiels „zwischen reaktionärer Theorie und revolutionärer Praxis"[92] –, wie das schlichte Plakat gegen den Polizeipräsidenten Schober nach dem Massaker vom 15. Juli 1927 (F 766/770, 1927, 46) zeigt. Seine Umfunktionierung von Gerichtsprozessen, in denen er den Gegner Alfred Kerr durch sprachkritische Beweisführung ethisch zu überführen versuchte und „Formen der bürgerlichen Welt zu restloser Anschauung" brachte (F 827/833, 1930, 71), ging dem „soziologischen Experiment"[93] des Brechtschen „Dreigroschenprozesses" voraus. Sein Dokumentartheater *Die Letzten Tage der Menschheit*, das in fruchtbarer Spannung zwischen archetypischer Satire und expressionistischer Montage[94] der Handlungsbezogenheit von Tollers *Die Wandlung* entbehrt, reizte Piscator;[95] sein Zeitstück *Die Unüberwindlichen* gehört nicht nur thematisch in die Nähe von Brechts *Die Dreigroschenoper* und *Die heilige Johanna der Schlachthöfe*. In seiner traditionspflegenden Sprachlehre fallen seine Polemiken um die Irrenhauslyrik auf, in denen er einen Geisteskranken zum lyrischen Genie und Visionär erhob. Sie bestätigen einerseits seine Vorliebe für in epigonische Versform gefaßte, aber echte „Anschauung" vermittelnde Sprachwerte, andererseits die noch expressionistisch geprägte Gegensätzlichkeit von bürgerlichen Normen und irrationalem Außenseitertum, die seiner Kulturdiagnose die polemische Schärfe verleiht.[96]

Anmerkungen

1 Belege aus: Die Fackel, hrsg. von Karl Kraus, Wien 1899-1936, werden im Text mit (F + Heft-Nr., Jahreszahl, Seitenzahl) vermerkt.

2 William M. Johnston: Österreichische Kultur- und Geistesgeschichte. Gesellschaft und Ideen im Donauraum 1848 bis 1938, Wien/Köln/Graz 1972; J. Peter Stern: Karl Kraus's vision of language, in: Modern Language Review 61 (1966) H. 1, S. 71-74; Allan Janik und Stephen Toulmin: Wittgensteins Wien, München 1987.

3 Paul Schick: Karl Kraus in Selbstzeugnissen und Bilddokumenten, Reinbek 1965; Leopold Liegler: Karl Kraus und sein Werk, Wien 1920.

4 W. Edgar Yates: Karl Kraus and the remembrance of things past, in: Sigurd P. Scheichl und Edward F. Timms: Karl Kraus in neuer Sicht. Londoner Kraus-Symposium, München 1986 (Kraus-Hefte Sonderband 1), S. 76-91.

5 Schick, a.a.O.; Liegler, a.a.O. Eine Ausnahme bildet Edward F. Timms: Karl Kraus. Apocalyptic satirist. Culture and catastrophe in Habsburg Vienna, New Haven/London 1986, S. 235, über den Zusammenhang von 'Ursprung' und 'Ziel' mit „conflicting impulses within a single personality".

6 W.H. Perl: Hugo von Hofmannsthal und Karl Kraus, in: Die Presse (Wien), 9/10.8.1969, S. 17; Donald G. Daviau: Karl Kraus and Hermann Bahr, in: Joseph P. Strelka: Karl Kraus. Diener der Sprache. Meister des Ethos, Tübingen 1990 (Edition Orpheus, 1), S. 287-307; Rainer Dittrich: Die literarische Moderne der Jahrhundertwende im Urteil der österreichischen Kritik. Untersuchungen zu Karl Kraus, Hermann Bahr und Hugo von Hofmannsthal (Europäische Hochschulschriften, Reihe 1, Deutsche Sprache und Literatur, Bd. 10.88), Frankfurt/M./Bern/New York/Paris 1988; Mechthilde Borries: Ein Angriff auf Heinrich Heine. Kritische Bemerkungen zu Karl Kraus, Stuttgart/Berlin/Köln/Mainz 1971. Vgl. Friedrich Sengle: Die Biedermeierzeit. Deutsche Literatur im Spannungsfeld zwischen Restauration und Revolution 1815-1848. Bd. 3: Die Dichter, Stuttgart 1980, S. 193f. über den unheilvollen Einfluß des „Publizisten" Kraus auf die Nestroy-Forschung.

7 Wilma Iggers: Karl Kraus. A Viennese critic of the twentieth century, The Hague 1967; Kari Grimstad: Masks of the prophet. The theatrical world of Karl Kraus, Toronto/London 1982; Daviau, a.a.O; Dittrich, a.a.O.

8 Mit Ausnahme von Eduard Haueis: Karl Kraus und der Expressionismus, Erlangen/Nürnberg (Diss., masch.) 1968; Friedrich Pfäfflin: Karl Kraus und Arnold Schönberg, in: Heinz L. Arnold: Karl Kraus. (Text + Kritik. Sonderband), München 1975, S. 127-144; Kurt Krolop: Ästhetische Kritik als Kritik der Ästhetik, in: Stefan H. Kaszyński und Sigurd P. Scheichl: Karl Kraus – Ästhetik und Kritik. Beiträge des Kraus-Symposiums Poznań. (Sonderband der Kraus-Hefte), München 1989, S. 29-53; Leo A. Lensing: Gesichter und Gesichte. Kokoschka, Kraus und der Expressionismus, in: Erika Patka (Red.): Oskar Kokoschka Symposion (hrsg. von Hochschule für angewandte Kunst in Wien/Österreichische Ludwig-Stiftung für Kunst und Wissenschaft/Verein Freunde der Hochschule für angewandte Kunst in Wien), Salzburg/Wien 1986, S. 127-153.

9 Zu Kraus' alternativer Kanon vgl. Christian Wagenknecht: 'Lyrik der Deutschen' – für seine Vorlesungen ausgewählt von Karl Kraus, in: Karl Kraus in neuer Sicht, S. 143-157.

10 Jacques Le Rider: Das Ende der Illusion. Die Wiener Moderne und die Krisen der Identität, Wien 1990, S. 31; vgl. Geschichtliche Grundbegriffe. Historisches Lexikon zur politisch-sozialen Sprache in Deutschland, hrsg. Otto Brunner, Werner Conze und Reinhart Koselleck, Bd. 4 Mi-Pre, Stuttgart 1978, S. 120f.

11 Belege aus Karl Kraus: Frühe Schriften. 1892-1900, hrsg. von Johannes J. Braakenburg, München 1979, werden im Text mit (FS + Band, Seitenzahl) vermerkt. Dittrich, a.a.O. stößt sich an Kraus' Gebrauch der Termini.

12 Christa Bürger, Peter Bürger und Jochen Schulte-Sasse: Naturalismus/Ästhetizismus, Frankfurt 1979.

13 Le Rider, a.a.O., S. 149. Seine These einer Identitätskrise knüpft an Peter Labanyi: 'Die Gefahr des Körpers'. A reading of Otto Weininger's 'Geschlecht und Charakter', in: Gilbert J. Carr und Eda Sagarra: Fin de Siècle Vienna, Dublin 1985, S. 161-186; Carl E. Schorske: Fin de Siècle Vienna. Politics and culture, London 1979; und Albert Fuchs: Geistige Strömungen in Österreich. 1867-1918, Wien 1984 (2. Aufl.) an.

14 Sandor L. Gilman: Karl Kraus, Oscar Wilde and the hidden language of the Jews, in: Karl Kraus. Diener der Sprache, S. 125-138.
15 Sprachwissenschaftliches Kolloquium Bonn: Europäische Schlüsselwörter. Wortvergleichende und wortgeschichtliche Studien. Bd. 3: Kultur und Zivilisation, München 1967; vgl. Sigurd P. Scheichl: Karl Kraus und die Politik (1892-1919), Innsbruck (Diss., masch.) 1971.
16 Otto Weininger: Geschlecht und Charakter. Eine prinzipielle Untersuchung, Wien 1905 (4. Aufl.), S. 198f.
17 Richard Hamann: Der Impressionismus in Leben und Kunst, Köln 1907, S. 142.
18 Hamann, S. 10f. Jens Malte Fischer: Karl Kraus. Studien zum 'Theater der Dichtung' und Kulturkonservatismus, Kronberg/Ts. 1973, versäumte die Chance, Kraus im Zusammenhang mit der Lebensphilosophie zu betrachten.
19 Hamann, S.170 zu Bergsons 'mémoire involontaire'.
20 Otto Bollnow: Die Lebensphilosophie. (Verständliche Wissenschaft, Bd. 70), Berlin 1958, S. 19.
21 Hamann, S. 62.
22 Bollnow, S. 24.
23 Hamann, S. 62.
24 Hamann, S. 99, S. 104.
25 Postkarte Karl Kraus' an Detlev von Liliencron, 9.7.1893; Nachlaß Liliencron, Fasz. 157b, Staats- u. Universitätsbibliothek Hamburg; vgl. Erich Unglaub, Detlev von Liliencron und Karl Kraus. Regesten des Briefwechsels 1893-1895, in: Kraus-Hefte 5 (1978), S. 7.
26 Hamann, S. 95, S. 79.
27 Friedrich Nietzsche: Kritische Gesamtausgabe. Abt. VI/Bd. 3, hrsg. von Giorgo Colli und Mazzino Montinari, Berlin 1969, S. 132.
28 Bollnow, S. 90f.
29 Günter Martens: Vitalismus und Expressionismus. Ein Beitrag zur Genese und Deutung expressionistischer Stilstrukturen und Motive, Stuttgart/Berlin/Köln/Mainz 1971, S. 42.
30 Martens, S. 110; Bollnow, S. 86, S. 88.
31 Martens, S. 110; Bollnow, S. 88; Hamann, S. 108.
32 Nietzsche: Kritische Gesamtausgabe. Abt. VI/Bd. 1, Berlin 1968, S. 44. Zur Schwierigkeit, Nietzsches Einfluß nachzuweisen, s. Timms: Karl Kraus. Apocalyptic satirist, S. 192.
33 Hamann, S. 108.
34 Bollnow, S. 53.
35 Hamann, S. 91, S. 99.
36 Hugo von Hofmannsthal: Gesammelte Werke in Einzelausgaben. Prosa II, hrsg. von Herbert Steiner, Frankfurt/M. 1959, S. 7-20.
37 Ritchie Robertson: The problem of 'Jewish self-hatred' in Herzl, Kraus and Kafka, in: Oxford German Studies 16 (1985), S. 81-108; Le Rider, S. 347-374. Zum Zusammenhang Sprache/Judentum vgl. auch Gilbert J. Carr: Nature and artificiality in Karl Kraus's early writings, in: Fin de Siècle Vienna, S. 104-125, dort S. 120f.
38 Zit. nach: Gilbert J. Carr: Karl Kraus's reception of satire in his early career, in: Karl Kraus in neuer Sicht, S. 109-127, dort S. 122.
39 E.F. Timms: Archetypal patterns in the satire of Karl Kraus, in: Karl Kraus in neuer Sicht, S. 92-108.
40 Friedrich Nietzsche: Der Wille zur Macht. Versuch einer Umwertung aller Werte, Stuttgart 1980 (12. Aufl., Kröners Taschenausgabe, Bd. 78), S. 430.
41 Adolf Loos: Trotzdem. 1900-1930, hrsg. von Adolf Opel, Wien 1988, S. 82.
42 Adolf Loos: Die Potemkinsche Stadt. Verschollene Schriften. 1897-1933, hrsg. von Adolf Opel, Wien 1983, S. 25.
43 Nike Wagner: Geist und Geschlecht. Karl Kraus und die Erotik der Wiener Moderne, Frankfurt/M. 1982, S. 206.
44 Oscar Wilde: Der Sozialismus und die Seele des Menschen, Berlin 1904. Kraus zitiert daraus in F 167, 1904, 10-13; F 173, 1905, 12-15; F 176, 1905, 17-18; F 177, 1905, 3f.
45 Zu Peter Altenbergs ästhetischer Betrachtung der Gebrauchsgegenstände der Zivilisation vgl. Gilbert J. Carr: Kaffeehaus und Großstadt in der Wiener Literatur um 1900, in Eda Sagarra: Deutsche Literatur aus sozialhistorischer Perspektive, Dublin 1989, S. 146-162, hier S. 151.
46 Nietzsche: Kritische Gesamtausgabe. Abt. IV/Bd. 3, Berlin 1967, S. 312.
47 Nietzsche: Kritische Gesamtausgabe. Abt. V/Bd. 2, Berlin/New York 1973, S. 236.
48 Nietzsche: Kritische Gesamtausgabe. Abt. V/Bd. 2, Berlin/New York 1973, S. 77.

49 Eckhardt Köhn: Straßenrausch. Flanerie und kleine Form. Versuch zur Literaturgeschichte des Flaneurs bis 1933, Berlin 1989, S. 10.
50 Baudelaires Aufsatz „Le peintre de la vie moderne“ zit. nach Le Rider, S. 35.
51 David P. Frisby: Georg Simmels Theorie der Moderne, in: Heinz-Jürgen Dahme und Otthein Rammstedt: Georg Simmel und die Moderne, Frankfurt/M. 1984, S. 11.
52 Hans Christian Kosler: Peter Altenberg. Leben und Werk in Texten und Bildern, Frankfurt/M. 1984, S. 145.
53 Walter Benjamin: Gesammelte Schriften, hrsg. von Rolf Tiedemann und Hermann Schweppenhäuser, Bd. I/2, Frankfurt/M. 1974, S. 630.
54 Hamann, S. 101.
55 Nietzsche: Kritische Gesamtausgabe. Abt. VI/Bd. 1, S. 165.
56 Nietzsche: Kritische Gesamtausgabe. Abt. V/Bd. 1, Berlin/New York 1971, S. 226f.
57 Nietzsche: Kritische Gesamtausgabe. Abt. VI/Bd. 2, Berlin 1968, S. 244.
58 Vgl. Gilbert J. Carr: Karl Kraus and Sigmund Freud, in: Gilbert J. Carr und Eda Sagarra: Irish Studies in Modern Austrian Literature, Dublin 1982, S. 1-30, hier S. 3.
59 Vgl. Carr: Kaffeehaus und Großstadt, S. 149f.
60 Carr: Nature and artificiality, S. 104-125.
61 Henri Bergson: Oeuvres, Paris 1970 (Edition du centenaire), S. 408.
62 Ebd., S. 395f., S. 409.
63 Ebd., S. 413.
64 Ebd., S. 440.
65 Ebd., S. 449. Vgl. Carr: Nature and artificiality, S. 110ff.
66 Hamann, S. 110; zu Kraus' Stilmitteln vgl. Timms, S. 175f.
67 Hamann, S. 107.
68 J.L. Austin zit. nach: Jonathan Culler: On deconstruction. Theory and criticism after Structuralism, London/Melbourne/Henley 1983, S. 112.
69 Martens, S. 42.
70 Martens, S. 96f.
71 Karl Kraus: Schriften, hrsg. von Christian Wagenknecht, Bd. 8: Aphorismen. Sprüche und Widersprüche. Pro domo et mundo. Nachts, Frankfurt/M. 1986, S. 116.
72 Gilbert J. Carr: 'Alle zehn Tage anatomiere ich die deutsche Sprache'. Zum unveröffentlichten Briefwechsel Karl Kraus' mit Otto Stoessl, in: Wirkendes Wort 41 (1991), H. 1, S. 62-72, hier S. 70f.
73 Unveröffentlichter Brief Otto Stoessls an Samuel Lublinski vom 14. November 1908, Wiener Stadt- und Landesbibliothek (Handschriftensammlung, H.I.N./161.193). Für die Erlaubnis zur Heranziehung sei Rudolfine Stoessl, Inhaberin der Urheberrechte am Werk Otto Stoessls freundlich gedankt.
74 Liegler, S. 75.
75 Vgl. Gerwin Marahrens: Über die sprachliche Struktur und Genesis der Aphorismen von Karl Kraus, in: Karl Kraus. Diener der Sprache, S. 49-86.
76 Carr: Karl Kraus and Sigmund Freud, S. 3. Zu Ernst Machs und Georg Simmels Analogien vgl. Hannes Böhringer: Die 'Philosophie des Geldes' als ästhetische Theorie, in: Georg Simmel und die Moderne, S. 178-182.
77 Bergson, S. 438.
78 Ebd., S. 455.
79 Helmut M. Arntzen: Karl Kraus und die Presse. (Literatur und Presse. Karl Kraus-Studien Bd. 1), München 1975.
80 Vgl. Timms: Karl Kraus. Apocalyptic satirist, S. 136f.
81 Hamann, S. 90, S. 94f.
82 Hamann, S. 97, S. 115.
83 Hamann, S. 103, S. 114, S. 101.
84 Bollnow, S. 24.
85 Carr: Karl Kraus and Sigmund Freud, S. 26.
86 Edward Timms: 'Rächer der Natur': Zur Ästhetik der Satire bei Karl Kraus und Rosa Luxemburg, in: Karl Kraus – Ästhetik und Kritik, S. 55-69, der (S. 56ff.) auch auf Kraus' Tiermotive eingeht.
87 Timms: Karl Kraus. Apocalyptic satirist, S. 208-225, S. 380ff.; Leo A. Lensing: Gesichter und Gesichte, a.a.O.
88 Eckhart Früh: Karl Kraus und der Kommunismus, in: Gilbert Krebs und Gerald Stieg: Karl Kraus

et son temps. Karl Kraus und seine Zeit, Asnières (Université de la Sorbonne Nouvelle) 1989, S. 27-52.

89 Elias Canetti: Schule des Widerstandes, in: Otto Breicha und Gerhard Fritsch: Aufforderung zum Mißtrauen. Literatur, Bildende Kunst, Musik in Österreich seit 1945, Salzburg, 1967, S. 432-441.

90 Susanne Rode: Alban Berg und Karl Kraus. Zur geistigen Biographie des Komponisten der 'Lulu'. (Europäische Hochschulschriften. Reihe XXXVI. Musikwissenschaft, Bd. 36), Frankfurt/M./Bern/New York/Paris 1988.

91 Sigurd P. Scheichl: Emil, benimm dir! Ein Wiener an der Spree – Karl Kraus und die neuen Medien, in: Film und Fernsehen 15 (1987) H. 11, S. 35-39.

92 Benjamin: Gesammelte Schriften, Bd. II/1, Frankfurt/M. 1977, S. 342.

93 Bertolt Brecht: Schriften zur Literatur und Kunst 1 (Gesammelte Werke 18), Frankfurt/M. 1967, S. 205-209.

94 Timms: Karl Kraus. Apocalyptic satirist, S. 371-402.

95 Vgl. Leo A. Lensing: 'Kinodramatisch': Cinema in Karl Kraus' „Die Fackel" and „Die letzten Tage der Menschheit", in: The German Quarterly 55 (1982), H. 4, S. 480-498, hier S. 491ff.

96 Sigurd P. Scheichl: 'Aus Redaktion und Irrenhaus' – literaturtheoretische und literaturkritische Aspekte einer Krausschen Polemik, in: Karl Kraus – Ästhetik und Kritik, S. 83-102.

Literatur

Die Fackel, hrsg. von Karl Kraus, Wien 1899-1936.

Karl Kraus: Frühe Schriften. 1892-1900. 2 Bde., hrsg. von Johannes J. Braakenburg, München 1979.

Karl Kraus: Schriften, hrsg. von Christian Wagenknecht, 20 Bde., Frankfurt/M. 1986ff.

Christian Wagenknecht: Lyrik der Deutschen für seine Vorlesungen ausgewählt von Karl Kraus. (Sonderband der Kraus-Hefte), München 1990.

Heinz L. Arnold: Karl Kraus. (Text + Kritik. Sonderband), München 1975.

Walter Benjamin: Karl Kraus, in: Ders.: Gesammelte Schriften, hrsg. von Rolf Tiedemann und Hermann Schweppenhäuser, Bd. II/1, Frankfurt/M. 1977, S. 334-367.

Otto Bollnow: Die Lebensphilosophie. (Verständliche Wissenschaft, Bd. 70), Berlin 1958.

Christa Bürger, Peter Bürger und Jochen Schulte-Sasse: Naturalismus/Ästhetizismus, Frankfurt/M. 1979.

Gilbert J. Carr: Karl Kraus and Sigmund Freud, in: Ders. und Eda Sagarra: Irish Studies in Modern Austrian Literature, Dublin 1982, S. 1-30.

Ders. und Eda Sagarra: Fin de Siècle Vienna, Dublin 1985.

Ders.: Kaffeehaus und Großstadt in der Wiener Literatur um 1900, in: Eda Sagarra: Deutsche Literatur aus sozialhistorischer Perspektive, Dublin 1989, S. 146-162.

Albert Fuchs: Geistige Strömungen in Österreich. 1867-1918, Wien 1984 (2. Aufl.).

Richard Hamann: Der Impressionismus in Leben und Kunst, Köln 1907.

Eduard Haueis: Karl Kraus und der Expressionismus, Erlangen/Nürnberg (Diss., masch.) 1968.

Stefan H. Kaszyński und Sigurd P. Scheichl: Karl Kraus – Ästhetik und Kritik. Beiträge des Kraus-Symposiums Poznań. (Sonderband der Kraus-Hefte), München 1989.

Gilbert Krebs und Gerald Stieg: Karl Kraus et son temps. Karl Kraus und seine Zeit, Asnières (Université de la Sorbonne Nouvelle) 1989.

Leo A. Lensing: 'Kinodramatisch': Cinema in Karl Kraus' „Die Fackel" and „Die letzten Tage der Menschheit", in: The German Quarterly 55 (1982), H. 4, S. 480-498.

Leopold Liegler: Karl Kraus und sein Werk, Wien 1920.

Günter Martens: Vitalismus und Expressionismus. Ein Beitrag zur Genese und Deutung expressionistischer Stilstrukturen und Motive, Stuttgart/Berlin/Köln/Mainz 1971.

Jacques Le Rider: Das Ende der Illusion. Die Wiener Moderne und die Krisen der Identität, Wien 1990.

Susanne Rode: Alban Berg und Karl Kraus. Zur geistigen Biographie des Komponisten der 'Lulu'. (Europäische Hochschulschriften. Reihe XXXVI. Musikwissenschaft, Bd. 36), Frankfurt/M./Bern/New York/Paris 1988.

Sigurd P. Scheichl und Christian Wagenknecht (Hrsg.): Kraus-Hefte, 1977ff.

Ders.: Karl Kraus und die Politik (1892-1919), Innsbruck (Diss., masch.) 1971.
Ders. und Edward F. Timms: Karl Kraus in neuer Sicht. Londoner Kraus-Symposium, München 1986 (Kraus-Hefte Sonderband 1).
Carl E. Schorske: Fin de Siècle Vienna. Politics and culture, London 1979.
Paul Schick: Karl Kraus in Selbstzeugnissen und Bilddokumenten, Reinbek 1965.
Joseph P. Strelka: Karl Kraus. Diener der Sprache. Meister des Ethos, Tübingen 1990 (Edition Orpheus, 1).
Edward F. Timms: Karl Kraus. Apocalyptic satirist. Culture and catastrophe in Habsburg Vienna, New Haven/London 1986.
Nike Wagner: Geist und Geschlecht. Karl Kraus und die Erotik der Wiener Moderne, Frankfurt/M. 1982.

Personenregister

Die Autorinnen und Autoren

Helmut Behrens, Dr.phil., ist Professor am Romanischen Seminar, Lehrstuhl Romanische Philologie III, der Ruhr-Universität Bochum.

Gilbert Carr, Dr.phil., ist Akademischer Rat am Germanistischen Institut des Trinity College in Dublin.

Angelika Corbineau-Hoffmann, Dr.phil.habil., lic.ès lett., ist Hochschuldozentin am Institut für Allgemeine und Vergleichende Literaturwissenschaft der Universität Mainz.

Roy C. Cowen, Dr.phil., ist Professor für Neuere Deutsche Literaturgeschichte an der University of Michigan in Ann Arbor.

Hans Esselborn, Dr.phil., ist Professor für Neuere deutsche Literaturwissenschaft am Institut für deutsche Sprache und Literatur der Universität zu Köln.

Albert Gier, Dr. phil., ist Professor an der Universität Bamberg (Romanistik).

Ortrud Gutjahr, Dr. phil., PD, ist Oberassistentin am Deutschen Seminar der Universität Freiburg.

Jochen Heymann, Dr. phil., ist Assistent am Institut für Romanistik der Universität Erlangen-Nürnberg.

Helmut Meter, Dr.phil., ist Professor für Romanistik (Literaturwissenschaft) am Institut für Romanistik der Universität Klagenfurt.

Theo Meyer, Dr.habil, ist Professor für Neuere deutsche Literaturgeschichte am Institut für deutsche Philologie der Universität Würzburg.

Verena B. Olejniczak, jetzt *Lobsien,* Dr.phil., ist Privatdozentin am Institut für England- und Amerikastudien an der Johann Wolfgang Goethe-Universität in Frankfurt am Main.

Helmut Pfeiffer, Dr.phil., ist Professor am Institut für Romanistik der Humboldt-Universität Berlin.

Hans Joachim Piechotta (†), Dr.phil., war Akademischer Oberrat am Institut für Deutsche Sprache und Literatur II der Johann Wolfgang Goethe-Universität in Frankfurt am Main.

Rolf Günter Renner, Dr.phil., ist Professor am Deutschen Seminar 2 der Albert-Ludwigs-Universität in Freiburg.

Sabine Rothemann, M.A., ist Doktorandin am Institut für Deutsche Sprache und Literatur II der Johann Wolfgang Goethe-Universität in Frankfurt am Main.

Günter Samuel ist Doktorand am Fachbereich Germanistik der Freien Universität Berlin.

Josef Schnackertz, Dr.phil.habil., ist Hochschuldozent für Anglistik und Amerikanistik, Fakultät für Linguistik und Literaturwissenschaft der Universität Bielefeld.

Helga Schwalm, Dr.phil., ist Hochschulassistentin am Seminar für Englische Sprache und Kultur der Universität Hamburg.

Dietrich Schwanitz, Dr.phil., ist Professor für englische Philologie am Seminar für Englische Sprache und Kultur der Universität Hamburg.

Fritz Senn, Dr. h.c. (Universität Köln und Zürich), ist Leiter der Zürcher James-Joyce-Stiftung in Zürich.

Martina Wedekind, M.A., ist Doktorandin am Institut für Deutsche Sprache und Literatur II der Johann Wolfgang Goethe-Universität in Frankfurt am Main.

Ralph-Rainer Wuthenow, Dr.phil., ist Professor für Neuere deutsche Literatur am Institut für Deutsche Sprache und Literatur II der Johann Wolfgang Goethe-Universität in Frankfurt am Main.

Peter V. Zima, Dr.phil., ist Professor am Institut für Allgemeine und Vergleichende Literaturwissenschaft der Universität Klagenfurt.

Aus dem Programm Literaturwissenschaft

Gerhard Plumpe

Ästhetische Kommunikation der Moderne

Band 1:
Von Kant bis Hegel

1993. 365 S. Kart.
ISBN 3-531-12393-9

Auf die Ausdifferenzierung der Literatur und Kunst zu einem modernen Sozialsystem reagierte die Philosophie mit der Ausbildung ästhetischer Kommunikation. Deren Geschichte um 1800 wird als Versuch rekonstruiert, die „Autonomie" der Kunst als epochales Ereignis zu begründen, aber auch als Prämisse anspruchsvoller Leistungserwartungen zu überfordern; der Beobachtung sozialer Differenzierungsprozesse werden Mythen der Totalität im Medium der Kunsterfahrung entgegengestellt. Diese romantische Paradoxierung der Kunstautonomie wird in Hegels Ästhetik kritisch reflektiert und durch eine auch soziologisch orientierte Perspektive ersetzt, die der Partikularität moderner Kunst zu entsprechen sucht.

Gerhard Plumpe

Ästhetische Kommunikation der Moderne

Band 2:
Von Nietzsche bis zur Gegenwart

1993. 316 S. Kart.
ISBN 3-531-12400-5

Der zweite Band geht der Verwissenschaftlichung und Politisierung der Kunsttheorie im historischen Kontext der Avantgarde nach und thematisiert die Wiederkehr großer philosophischer Ästhetik in unserem Jahrhundert, die Leitmotive der romantischen Kunstphilosophie noch einmal aufnimmt.

Dietrich Schwanitz

Systemtheorie und Literatur

Ein neues Paradigma

1990. 284 S. (wv studium, Bd. 157) Pb.
ISBN 3-531-22157-4

Der Anschluß der Literaturwissenschaft an die Systemtheorie stellt sich als faszinierender Paradigmawechsel dar: Die Umstellung des Gegenstandsbezugs auf Probleme macht die disparatesten Dinge als ihre Lösungen vergleichbar; die Leitbegriffe dieser neuen Komparatistik sind Selbstbeschreibung und Autopoiesis; der Denkstil ist streng und verspielt; und die Methode steuert sich als Beobachtung von Beobachtung. Entsprechend zeigt das Buch an Beispielen aus der Literatur, was die Systemtheorie in der Anwendung auf klassische Felder der Literaturwissenschaft wie Genretheorie, Erzählforschung, Kulturgeschichte, Kunsttheorie etc. leistet; zugleich stellt es in fiktiven Dialogen zwischen literarischen Figuren zentrale Bestandteile der Systemtheorie dar.

WESTDEUTSCHER VERLAG
OPLADEN · WIESBADEN